PÉGUY, PROSE 1898-1908

ŒUVRES EN PROSE
DE CHARLES PÉGUY
1898-1908

CE VOLUME, LE CENT QUARANTIÈME DE LA « BIBLIOTHÈQUE DE LA PLÉIADE », PUBLIÉE AUX ÉDITIONS GALLIMARD, A ÉTÉ ACHEVÉ D'IMPRIMER SUR BIBLE BOLLORÉ PAR L'IMPRIMERIE FLOCH A MAYENNE LE DIX SEPTEMBRE MIL NEUF CENT SOIXANTE-CINQ

CHARLES PÉGUY

ŒUVRES EN PROSE

1898-1908

INTRODUCTION ET NOTES
PAR MARCEL PÉGUY

CE VOLUME CONTIENT :

INTRODUCTION
CHRONOLOGIE
par Marcel Péguy.

DE LA CITÉ SOCIALISTE

MARCEL,
PREMIER DIALOGUE DE LA CITÉ
HARMONIEUSE

TEXTES PRIS
DANS LES NEUF PREMIÈRES SÉRIES
DES CAHIERS DE LA QUINZAINE
(1900-1908)

PIERRE,
COMMENCEMENT D'UNE VIE BOURGEOISE

NOTES, BIBLIOGRAPHIE, INDEX
par Marcel Péguy.

INTRODUCTION

L*es œuvres que mon père écrivit après* le mystère de la charité de Jeanne d'Arc, *et après* notre jeunesse *sont beaucoup plus connues que celles qu'il écrivit avant 1910. Est-ce à dire que nous devions considérer ces œuvres, écrites avant 1910, comme des œuvres mineures, et qu'il nous faille adopter, en ce qui concerne les œuvres d'un écrivain, une certaine idée du progrès? Mon père n'est pas loin de le faire quand, critique littéraire, il nous parle de cette « triple promotion des tragédies cornéliennes » qui prépare* Polyeucte, *ou quand il note chez Hugo d'innombrables vers, maintenant presque inconnus, qui souvent, des années à l'avance, furent des ébauches de ses strophes les plus belles, les plus justement célèbres.*

Dans l'œuvre de mon père, on pourrait aussi noter parfois de telles « promotions », de telles préparations. Et puisque nous avons cité plus haut le mystère de la charité de Jeanne d'Arc, *nous devons noter, avec mon père lui-même, que cette œuvre a été préparée non seulement par son drame de* Jeanne d'Arc, *écrit en 1897, mais aussi par la première version de* Clio. *Cependant si le drame de* Jeanne d'Arc *fut évidemment une lointaine préparation du* mystère, *nous ne devons nullement le considérer comme une œuvre mineure, et le fait que la première œuvre de mon père ait été, sinon la plus importante, du moins une des plus importantes, doit nous faire abandonner cette thèse que dix ou douze ans auraient été nécessaires à mon père pour que, en pleine possession de son métier, il écrivît enfin des œuvres de premier plan.*

Si d'ailleurs on lit non les œuvres elles-mêmes, mais des morceaux choisis de ces œuvres, — si on lit en particulier les Œuvres choisies 1900-1910, *rééditées sous le titre :* le choix de Péguy, *— on admettra difficilement qu'il y ait eu une sorte de progrès dans l'œuvre de mon père, soit dans la pensée, soit même dans la forme. Et je dirais que c'est souvent dans ses premières œuvres que l'on rencontre les textes les plus fermes. Il y a dans le drame de* Jeanne d'Arc *une variété* *de rythmes que l'on ne revoit pas dans la suite. Mais il s'est trouvé qu'après avoir écrit ses deux premières œuvres, le drame de* Jeanne d'Arc, *et* Marcel, premier dialogue de la cité harmonieuse, *mon père, plus de dix ans durant, a cessé d'écrire des œuvres d'une certaine longueur. Or ce sont les œuvres d'une certaine longueur qui lancent un auteur, beaucoup plus que des essais plus ou moins courts, et mon père lui-même s'en rendait parfaitement compte quand il se mit à lutter contre les circonstances qui le contraignaient à ne publier en une seule fois que quelques dizaines de pages.*

Mais il faut que j'indique sommairement quelles ont été ces circonstances, qui ont amené comme une sorte d'émiettement de l'œuvre de mon père, de 1900 à 1910, et plus particulièrement de 1900 à 1907.

En novembre 1897, alors qu'il aurait dû entrer en troisième année d'École normale, mon père se marie. Il épouse la sœur de son camarade Marcel Baudouin, mort l'année précédente. Sa bourse de normalien est alors transformée en une bourse d'agrégation en Sorbonne.

Ce mariage n'aurait eu que peu d'importance en soi si mon père avait continué à se destiner au professorat. Mais il était depuis quelques années déjà socialiste, et il voulut profiter de ce que la dot de sa femme le mettait à la tête de quelque argent pour fonder dans les plus brefs délais une maison d'édition. Le premier mai 1898 s'ouvrait à l'angle de la rue Cujas et de la rue Victor Cousin cette « librairie socialiste » qui est officiellement une librairie Georges Bellais (Bellais étant alors et étant resté depuis un des plus fidèles amis de mon père) parce que Charles Péguy, encore boursier d'agrégation, ne pouvait ouvrir boutique à son nom.

A cette époque, mon père écrivit quelques articles dans la Revue socialiste. *Il devait, l'année suivante, collaborer aux « notes politiques et sociales » de la* Revue Blanche. *Auparavant il avait écrit deux œuvres considérables (qu'il avait éditées ou allait éditer à ses frais) :* Jeanne d'Arc, drame en trois pièces, *et* Marcel, premier dialogue de la cité harmonieuse. *Le drame a été publié dans le volume des* Œuvres poétiques complètes. Marcel *vient en tête de ce volume-ci.*

D'autres dialogues devaient faire suite au premier dialogue de la cité harmonieuse. *La cité harmonieuse, c'était ce qu'on peut appeler le but à l'infini : la description d'une cité aussi parfaite que peut l'être une cité humaine, une cité qui ne pourra être réalisée qu'en des temps infiniment lointains. Après avoir situé ce but à l'infini, il fallait marquer des étapes, dire ce que pouvait être, en attendant une* cité harmonieuse, *une cité* juste, *une cité* charitable. *De ces dialogues projetés nous n'avons que les pages de titre, avec, il est vrai, des indications typographiques très précises, mais sans la moindre note sur ce qu'il devait y avoir après ces titres.*

D'autre part mon père a écrit à cette époque un début d'autobiographie, Pierre, commencement d'une vie bourgeoise, *texte qui reste inachevé. Nous savons qu'il comptait en faire un gros ouvrage. Mais le temps lui a manqué, parce qu'il y avait la librairie à gérer, ce qui n'était pas une affaire de tout repos. D'autant que l'on était à l'époque de l'affaire Dreyfus, et que la librairie était devenue un poste de commandement pour les dreyfusards du Quartier latin. Au cours d'une bagarre un peu plus vive que les autres, les vitres de la librairie furent un jour brisées.*

S'étant ruiné à éditer des ouvrages socialistes, dont au surplus les socialistes organisaient fort mal la vente (en particulier aucune publicité sérieuse n'était faite dans les journaux socialistes) mon père dut transformer la librairie en une société anonyme à personnel et capital variables : la Société Nouvelle de Librairie et d'Édition. *Puis vint l'affaire du congrès socialiste de 1899. Ce congrès décida de confier ses pouvoirs, jusqu'au congrès suivant, à un Comité général, ce qui était normal. Ce qui l'était moins, c'est que le Comité général reçut mandat de mettre au pas la presse socialiste et de faire chasser des journaux se disant socialistes ceux des rédacteurs qui oseraient critiquer les « militants » bien en cour... Mon père ne pouvait admettre une raison d'État socialiste, comme il n'avait pu admettre une raison d'État bourgeoise, gouvernementale — cette raison d'État qui avait fait condamner Dreyfus. Il demanda donc au Conseil d'administration de la* Société Nouvelle de Librairie et d'Édition *de faire paraître,* à ses frais, *une publication périodique qui échapperait à la mainmise du Comité général, et où l'on pourrait dire la vérité, même si elle devait « blesser » certaines organisations, ou certains chefs socialistes.*

Le Conseil d'administration refusa. Et c'est alors que mon père décida d'éditer, seul, les Cahiers de la Quinzaine.

Ce sont avant tout des « cahiers de documentation » où il y a au moins autant de reproductions de documents que d'articles inédits (si je n'en dis pas plus long, c'est que je ne veux pas reprendre ici, même en l'abrégeant, tout ce programme des Cahiers *qu'est la* lettre du provincial, *que l'on trouvera plus loin, p. 89). C'est si l'on veut, du moins pour la première série, strictement une revue paraissant de quinzaine en quinzaine, et où l'on ne peut faire paraître d'œuvres, même courtes, sans les diviser en articles. C'est le cas de la seule œuvre littéraire parue au cours de la première série,* la lumière, *de Jérôme et Jean Tharaud : cette nouvelle assez brève passe en trois numéros. Et si nous avons :* de la grippe, encore de la grippe *et* toujours de la grippe, *— et non un seul « dialogue », — c'est que la place était mesurée dans ces cahiers, le plus souvent de 72 pages seulement, où il y avait tant de textes à reproduire.*

Je sais bien que ce caractère très strict de « cahiers de documentation » ne se maintient qu'avec la première série. Dès la seconde série, ces cahiers de documentation alternent assez régulièrement avec d'autres cahiers qui sont à proprement parler des œuvres, et souvent dès maintenant des œuvres littéraires. Cela aurait donné à mon père de la place pour y publier des écrits de quelque importance. Mais le travail de gérance ne lui donne pas le temps de les écrire. Et même, maintenant que les Cahiers *ont des collaborateurs, et fort heureusement un peu plus d'abonnés, la gérance se complique, et mon père écrit moins que l'année précédente, où il rédigeait à peu près à lui seul, et pouvait faire paraître quelques textes assez personnels, comme la série* de la grippe, *ou la* demi-réponse à M. Cyprien Lantier. *A cette époque, il n'y avait pas même les grandes vacances, parce que s'il y avait à ces grandes vacances une interruption dans la publication des* Cahiers, *elle était alors d'assez courte durée : on paraissait encore en juillet, parfois même en août. — Et la préparation de la série suivante était, lors des premières séries, une besogne presque aussi absorbante que la publication même de la série.*

Donc, guère de temps pour écrire des œuvres de quelque importance. Mon père se trouvait contraint de faire une besogne de journaliste, une besogne de secrétaire de rédaction, puisque bien souvent il devait se rendre à l'imprimerie pour surveiller la fabrication de ces cahiers de documents pour lesquels il fallait faire vite, et faire vite avec des textes qui arrivaient entre les mains de mon père en mauvais état, sans indications typographiques. — Peu de temps, et en outre la constante nécessité d'écrire pour mettre en valeur les textes des autres.

Mon père écrivait alors, je ne dis pas toujours, mais du moins presque toujours, à propos d'un autre texte. Il pouvait arriver d'ailleurs que son texte à lui l'emportât en importance sur le texte commenté. Mais comme il se présentait toujours de nouveaux textes sur lesquels il y avait quelque chose à dire, cela entraînait bien évidemment une certaine dispersion dans son travail.

Cela ne prit vraiment fin — je dis pour les œuvres en prose, le cas des mystères *est un peu différent — qu'avec* notre jeunesse. *Certes, mon père commence la rédaction de cet ouvrage en parlant d'autres textes, parus ou sur le point de paraître aux* Cahiers. *Il annonce la publication d'une série de documents, d'archives familiales,* une famille de républicains fouriéristes, les Millets. *Surtout il revient, pour la commenter un peu sévèrement, sur l'*apologie pour notre passé, *que Daniel Halévy vient de publier aux* Cahiers. *L'essai commence comme tant d'autres, jadis, mais cette fois-ci, les vacances approchent, et mon père ne se soucie pas de parler de ce qu'il publiera à la rentrée. Ayant dit ce qu'il avait à dire des* cahiers Millet, *et de l'*apologie, *mon père se laisse aller — enfin — à faire œuvre personnelle. Et il continuera avec* Victor-Marie, comte Hugo. *Désormais ses « notes de gérance » ne seront plus qu'une petite besogne d'éditeur, rapidement bâclée, et sans grand intérêt à l'heure actuelle.*

Mais avant? Avant, il n'y a guère que notre patrie, *d'une part, et un peu plus tard les cahiers de la série* de la situation faite *qui soient vraiment des œuvres indépendantes. Des œuvres qui auraient pu tout aussi bien paraître chez un éditeur quelconque, et non des œuvres faites pour les* Cahiers. *Tous les autres écrits, de 1900 à 1910 se rapportent plus ou moins à des textes que mon père a publiés. Même les plus importants. Ne citons que quelques exemples :* De Jean Coste *est écrit à propos de la publication du roman d'Antonin Lavergne,* Jean Coste, ou l'instituteur de village. — *Les* suppliants parallèles, *à propos du poème* les suppliants *de Porché, et du* 22 janvier nouveau style *d'Avenard.* — Zangwill *est une longue introduction à la traduction par Mathilde Salomon d'une nouvelle de Zangwill,* Chad Gadya! *Voilà, au moins, les cas les plus importants.*

Est-ce à dire que mon père, avant 1910, n'ait point cherché à écrire des œuvres personnelles? Nullement. Mais les difficultés, pour écrire de telles œuvres étaient beaucoup plus grandes, et voici pourquoi.

Quand il écrivait un texte ayant plus ou moins la forme d'un « avertissement », le sujet se présentait à lui sous une forme assez simple. Souvent une comparaison : comparaison de la misère, dans notre monde athée, avec l'enfer des époques de foi (de Jean Coste); *comparaison de la pétition de Gapone avec la supplication antique* (les suppliants parallèles); *comparaison de l'autoritarisme anticlérical avec l'autoritarisme clérical* (avertissement au cahier Mangasarian); *etc. Doué d'une force de travail peu commune, mon père arrivait au bout du sujet qu'il voulait traiter en quelques jours, avant d'être repris par d'autres besognes. Mais quand il voulait faire œuvre personnelle, il voulait traiter des sujets autrement vastes, autrement complexes, et il n'avait point le temps d'en venir à bout. Les textes, inachevés, restaient inédits. Le cas du* portrait de Bernard-Lazare *est typique.*

Dans le douzième cahier de la cinquième série du 15 mars 1904, mon père écrit : « Il se peut que j'aie, comme gérant, à écrire quelques introductions ou quelques avertissements; mais comme auteur il ne sortira pas un cahier de ma main que je n'aie publié ce portrait de Bernard-Lazare; *j'ai reçu, j'ai gardé de notre ami et de notre collaborateur une image parfaitement nette; j'ai pu écrire pendant les grandes vacances (Bernard-Lazare était mort le 2 septembre 1903) au moins les soixante premières pages, introduction, de mon travail; mais ce travail se présente à moi comme si considérable que je ne sais pas s'il ne me demandera pas plusieurs années; quelle qu'en soit la durée, il ne sortira pas un cahier de ma main, comme auteur, avant ce cahier de portrait... »*

Quand mon père voulait entreprendre un cahier « comme auteur », le travail était toujours « si considérable » que mon père ne pouvait le terminer. C'est là une règle à peu près générale, avant notre jeunesse. *Et même après, avec le cas de* Clio. *Aux temps de* Clio, *mon père disposait de ses vacances, pour écrire des œuvres personnelles. Mais* Clio *n'était pas une œuvre qu'on achève en deux mois.*

Ces textes inachevés, — qui ont été publiés par les soins de mon frère Pierre et de ma mère, dans les cinq derniers volumes de la grande collection des Œuvres complètes *en vingt volumes — ne seront pas repris dans cette édition, qui ne comprend en principe que des textes complètement au point. Nous ne ferons point ici d'exception comme nous en avons fait une, dans le tome comprenant les œuvres écrites ou publiées de 1909 à 1911, pour* Clio, *texte d'une exceptionnelle importance. — Mais nous en dirons tout de même quelques mots pour montrer mieux les efforts faits par mon père, durant cinq ou six ans, pour arriver enfin à écrire dans ses* Cahiers, *comme auteur, et non comme gérant, des œuvres de quelque importance.*

C'est avec le portrait de Bernard-Lazare *qu'il prend la résolution d'écrire de nouveau un jour des œuvres « considérables ». De n'être plus seulement le gérant des* Cahiers, *mais celui qui avait écrit la* Jeanne d'Arc. *Du moins c'est à l'occasion de ce* portrait *qu'il annonce une telle résolution. Mais les vacances revenues, les vacances de 1905, il ne reprend pas, on ne sait pourquoi, son* portrait de Bernard-Lazare. *Il commence* l'esprit de système. *A l'approche de la rentrée, il abandonne cet* esprit de système *pour écrire, rapidement, et publier le 17 octobre,* notre patrie, *texte qui a une tout autre valeur, une tout autre portée. Il veut donner une suite à* notre patrie : *ce sera* par ce demi-clair matin *dont le début est même envoyé à la composition. Mais encore une fois, il n'achève pas, et laisse* par ce demi-clair matin *pour écrire* les suppliants parallèles. *Une fois de plus le texte que mon père écrit* **comme auteur** *est sacrifié à celui qu'il écrit* **comme gérant**.

Peut-être s'en repent-il, car à partir de cette époque et déjà vers la fin de cette septième série, année scolaire 1905-1906, il ne développe presque plus les textes qu'il écrit comme gérant. Ce ne sont plus que des notes brèves, sans doute rédigées à la boutique des Cahiers *quand il s'y rendait pour gérer cette affaire.*

A la rentrée 1906 paraissent deux grosses plaquettes, deux cahiers de 72 pages : de la situation faite à l'histoire et à la sociologie dans les temps modernes et de la situation faite au parti intellectuel dans le monde moderne. *En réalité c'est un seul texte, coupé en deux pour multiplier le nombre des cahiers dans la série. Mon père avait rédigé ces* situations *pendant les vacances. Peut-être même avait-il commencé de les écrire à la fin de la précédente année scolaire.*

Cette même année, mon père avait rédigé un Brunetière *qu'il ne publia pas. En apparence, ce texte est achevé, et la conclusion est même fort nette. Mais il faut croire que tel n'était pas l'opinion de mon père, puisqu'il écrit en 1913 dans* l'argent suite : « *J'ai commencé un* Brunetière *il y a quelques années quand il vivait. Je ne pourrai l'achever et le publier que quand dix ou quinze ans auront passé sur la mort de ce stoïcien* » *(Cf.* Pléiade, Œuvres en prose 1909-1914 *p. 1123, et note).*

Fin janvier 1907 paraît, à la fin du Bar-Cochebas *des frères Tharaud, une troisième* situation. *Puis nous avons une certaine lacune jusqu'au mois d'octobre, où paraît* de la situation faite au parti intellectuel dans le monde moderne devant les accidents de la gloire temporelle. *Nous avons cette fois-ci un assez gros cahier, renfermant cent trente-sept pages de texte. La correction des épreuves est très soignée, avec quelques anomalies typographiques, voulues, qui font déjà penser à la présentation typographique des* mystères. *Quelques variantes, de ces variantes que je nomme «variantes en fourche», parce que mon père, faisant sauter quelques pages qu'il vient d'écrire, recommence la rédaction de pages nouvelles, sans se soucier des anciennes, sans chercher à raccorder son nouveau texte au texte ancien.*

Suivent deux textes fort longs, écrits dans le courant de l'année scolaire 1907-1908 : Un poète l'a dit... *et* deuxième élégie XXX. *Seul le dernier de ces titres est donné par mon père lui-même. L'autre est formé par les premiers mots de la partie conservée d'une liasse dont le début manque. Un bout de papier, datant de la même époque, porte le titre d'un manuscrit que nous n'avons pas :* de la situation faite au parti intellectuel dans la mémoire scolaire qui est devenue la mémoire même de l'humanité. *Il est fort possible que ce soit là le titre exact du texte qui a été titré, faute de mieux, par les mots* un poète l'a dit...

Ces deux manuscrits, surtout le second, présentent un aspect assez différent des autres manuscrits de mon père. Généralement mon père écrivait sans jamais se reprendre, ajoutant tout au plus un certain nombre de mots, après coup, entre les lignes assez espacées (surtout vers la fin de sa vie) de son manuscrit. Ici mon père travaille avec des ciseaux et de la colle, découpe son texte en petits morceaux pour mettre ensuite des fragments de phrases les uns au bout des autres. Et il reste ensuite des fragments de texte que mon père ne sait pas où intercaler. Les trois gros fragments titrés (dans les Œuvres complètes*)* situations I, II et III *sont des variantes de* un poète l'a dit... *Quant à la* Deuxième élégie XXX *les variantes, fort confuses, forment les* essais courts *qui figurent dans le tome* l'Esprit de système.

Mon père se rend compte sans doute qu'il est fort difficile d'arriver à mettre sur pied de gros ouvrages tout en restant gérant des Cahiers. *Les vacances sont bien courtes, et en cours d'année scolaire il est trop souvent obligé d'abandonner son travail à la maison des Pins, à Lozère pour se rendre à Paris. — Il demande donc à Daniel Halévy de prendre la tête des* Cahiers, *au début de 1908. Mais Halévy se dérobe. Il lui faut donc continuer à faire marcher ces* Cahiers, *où trop souvent l'argent manque.*

Il se décide à frapper un grand coup. Pour la décennale des Cahiers, *qui approche il va éditer par souscription le* Polyeucte *de Corneille, édition qui sera une merveille de typographie. Cette entreprise rapportera en elle-même quelque argent, et elle fera connaître les* Cahiers; *elle leur vaudra de nouveaux abonnements, ces quelques centaines d'abonnements qui manquent. Mais le 31 août, Eddy Marix meurt, et mon père est très frappé par la mort de son jeune collaborateur. Lui-même tombe sérieusement malade, d'une crise de foie plus grave que les autres, et doit garder le lit près d'un mois. La rentrée s'annonce fort mal. On doit renoncer au projet du* Polyeucte *les souscriptions étant en nombre insuffisant.*

Mon père songe donc à renoncer aux Cahiers, *pour aller enseigner quelque part en province. Mais comme il a échoué au concours de l'agrégation de philosophie, il ne peut prétendre qu'à un poste de professeur de collège. Il décide donc d'écrire une thèse, afin de pouvoir essayer de se faire nommer maître de conférences en province. C'était oublier que si l'agrégation n'est pas demandée en droit, elle est exigée en fait. En outre la thèse qu'il écrit alors, en ce début 1909, ne ressemble en rien à ce que l'on nomme une thèse en Sorbonne :* de la situation faite à l'histoire dans la philosophie générale du monde moderne *n'est d'ailleurs point même complètement rédigé. Le manuscrit se présente plutôt comme une ébauche. D'ailleurs, si la gérance des* Cahiers *ne lui laissait guère le temps d'écrire, où aurait-il pu, à cette époque du moins, se faire publier si les* Cahiers *venaient à disparaître? La seule solution possible, et ce fut celle qu'il adopta alors, était d'achever cette lente modification du caractère même des* Cahiers, *qui se poursuivait depuis leur fondation. Ne plus travailler qu'avec quelques collaborateurs sûrs, ayant leur public, ou payant les factures de l'imprimeur, diminuer le nombre des cahiers afin de pouvoir tout régler en deux ou trois après-midi par semaine, à la boutique des* Cahiers, *et rester la majeure partie du temps à Lozère, à écrire trois ou quatre volumes par an, ces volumes que nous avons rassemblés dans le deuxième tome de* la Pléiade.

Quant au manuscrit de « la Thèse », il alla rejoindre les manuscrits dont nous avons déjà parlé, dans une certaine vitrine, où se trouvaient tous ces textes, que mon père comptait reprendre un jour, — et qu'il n'a jamais eu le temps de reprendre.

Donc, nous n'avons point reproduit dans le présent tome toutes les œuvres écrites par Charles Péguy avant 1909, et publiées ou non de son vivant. Il y en a trop. Nous en avons relevé environ deux cents. Dans cette masse de textes, il y a beaucoup de notes assez brèves, se rapportant soit à la gérance des Cahiers, *soit à la publication de documents, dont l'intérêt s'est effacé de nos jours.*

Il fallait faire un choix. On sait combien une telle opération est délicate. Fort heureusement il s'est trouvé que Ch. Péguy avait fait lui-même son choix. A la quatrième page de la couverture de la note sur M. Bergson *— le dernier cahier de Péguy — se trouve un* du même auteur *contenant exactement cinquante titres. Nous avons pris ceux de ces cinquante titres qui se rapportent à la période 1900-1910, et nous les avons classés dans une* première partie *de ce tome.*

Puis, comme nous avions encore de la place, nous avons pu donner d'autres textes, dans une seconde partie. Nous avions d'abord à prendre, parmi les inédits, Pierre, commencement d'une vie bourgeoise. *L'œuvre est inachevée, comme tant d'autres, mais elle offre un intérêt tout particulier, parce que c'est une autobiographie. C'est pour des raisons analogues que nous avons choisi également* pour ma maison, *et* pour moi, *ces deux textes nous donnant l'histoire de la fondation des* Cahiers.

Nous devons nous préparer aux élections... *et* les élections *forment un second groupe d'articles, que nous avons retenus comme particulièrement typiques de ce que Péguy faisait paraître fort souvent dans les* Cahiers.

*Quant à l'*avertissement *au* Monde sans Dieu, *de Mangasarian, c'est la critique la plus systématique que nous trouvons, dans l'œuvre de Péguy, d'une certaine Contre-Église, qui prétend libérer les esprits, mais vise simplement à leur donner une servitude contraire. — Cet* avertissement *est à rapprocher d'*Orléans vu de Montargis, *qui date de la même époque.*

MARCEL PÉGUY

CHRONOLOGIE

Parmi les dates données ci-après, celles qui sont précédées d'un astérisque sont celles de la publication d'un certain nombre de cahiers qui ont eu une importance particulière dans la vie de Charles Péguy. — Les titres sont précédés de deux chiffres : le chiffre romain indique la série, et le chiffre arabe le numéro du cahier dans la série.
Ainsi VII-3 doit se lire : troisième cahier de la septième série.
Seules les dates de parution des œuvres les plus importantes étant indiquées ici, nous renvoyons, pour les dates des autres écrits, à la bibliographie.

1873

7 janvier : naissance, 48 Faubourg-Bourgogne, à Orléans, de Charles Pierre Péguy, fils unique de Désiré Péguy, menuisier, dont les parents étaient originaires de la région, et de Cécile Quéré, rempailleuse de chaise, née à Gennetines (Allier).
Même année : mort de Désiré Péguy.

1880

Octobre : Charles Péguy entre à l'école annexe de l'école normale primaire d'Orléans, — Fautras étant directeur de l'école annexe, et Naudy directeur de l'école normale.

1884

Octobre : Entrée à l'école professionnelle de la rue des Turcies, à Orléans.

1885

Vacances de Pâques : Grâce à une bourse que lui fait obtenir Naudy, Charles Péguy entre en sixième au lycée d'Orléans.

1891

21 juillet : Charles Péguy reçu bachelier ès lettres.
Octobre : Charles Péguy quitte Orléans, et entre comme boursier

d'État au lycée Lakanal, à Sceaux, en première vétérans, pour préparer l'École normale supérieure.
Toussaint : quelques jours à Orléans.

1892

23 juin : épreuves écrites du concours d'entrée à Normale.
Juillet : Échec à ce concours. Charles Péguy apprend que sa bourse ne lui sera point renouvelée.
Septembre : Charles Péguy, devançant l'appel de sa classe, s'engage au 131e régiment d'infanterie (2e compagnie du 3e bataillon) à Orléans, Faubourg-Bannier, où, en qualité de fils de veuve, il ne fera qu'un an de service. — Il loue, avec André Bourgeois, une chambre au village proche des Aydes, et occupe les rares loisirs que lui laisse la préparation du peloton d'élèves caporaux à l'étude de l'histoire de Jeanne d'Arc.

1893

Octobre : Sur la recommandation de son camarade Henri Roy, Péguy obtient une bourse du conseil d'administration au collège Sainte-Barbe. Il suit les cours à Louis-le-Grand, où il a notamment Bompard comme professeur, mais fait le travail d'étude à Sainte-Barbe, où il a comme camarades : Marcel Baudouin, les frères Tharaud, Deshairs, Roy, Pesloüan, Baillet, Lotte, Riby et Poisson.

1894

Juillet : Charles Péguy reçu licencié ès lettres (section philosophie).
Premier août : Reçu à l'École normale, il rentre à Orléans. Le 9 il part pour Orange, où il reste le 11 et le 12 pour assister devant le *mur* à une représentation d'*Œdipe roi,* Mounet-Sully jouant le rôle d'Œdipe. — Puis il va à Lyon, où il rencontre Deshairs. — Retour à Orléans le 17 août.
Octobre : Péguy est reçu bachelier ès sciences.
Novembre : entrée à l'École normale supérieure. — La première année d'École normale étant consacrée à la préparation de la licence, et Péguy étant déjà licencié dispose de loisirs, qu'il emploie à étudier la vie de Jeanne d'Arc.

1895

Août : au début du mois Péguy part comme précepteur chez M. Claret, à Semur-en-Auxois (Côte-d'Or). Il continue à étudier la vie de Jeanne d'Arc.
20 août à 21 septembre : période d'instruction militaire au 131e régiment d'infanterie. A Orléans, puis à Coulommiers.

22 septembre : Charles Péguy est nommé sergent. — Il retourne à Semur.
Octobre : Charles Péguy, revenu à Semur, décide, afin de pouvoir étudier plus librement la vie intérieure de Jeanne d'Arc dans l'œuvre qu'il prépare, de donner à cette œuvre la forme d'un drame, et non celle précédemment prévue d'une étude historique. C'est véritablement le début de la *Jeanne d'Arc*, telle que nous la connaissons.
31 octobre : Charles Péguy quitte Semur. — *2 novembre :* Lunéville, puis Domremy et Vaucouleurs. — *Mardi 5 novembre :* rentrée à l'École normale.
Décembre : Charles Péguy demande à M. Perrot, directeur de l'École normale, un congé d'un an, sous prétexte d'une fatigue des yeux. Il retourne à Orléans. — Il fonde un groupe socialiste et apprend la typographie, mais *surtout* il rédige sa *Jeanne d'Arc.*

1896

7 juin : Marcel Baudouin, qui faisait son service militaire à Dreux, vient en permission à Orléans. C'est en mémoire de la conversation qu'il eut avec lui ce jour-là que Charles Péguy devait bientôt écrire : *Marcel, premier dialogue de la cité harmonieuse. — Domremy,* première des trois pièces qui devaient composer le drame de *Jeanne d'Arc* est alors achevé, puisque Péguy remet le manuscrit à son ami.
25 juillet : Marcel Baudouin, qui était venu en permission chez sa mère, à Paris, meurt d'une fièvre typhoïde contractée au service.
Novembre : Charles Péguy, son congé achevé, entre à l'École normale pour la deuxième année d'études. — Désormais il ne quittera plus Paris, ou la région parisienne.

1897

Février : dans *la Revue Socialiste* (numéro 146) paraît, sous la signature C. P. le premier article de Charles Péguy : *Un économiste socialiste : M. Léon Walras.* — Cinq autres articles suivront, sous la signature Pierre Deloire, le dernier paraissant en février 1898 (numéro 158).
Mars : Ébauche d'une étude sur Alfred de Vigny. — Travail scolaire resté inédit.
Premier mai : fondation d'une caisse qui devait, dix ans durant, rassembler des cotisations pour la fondation d'un journal véritablement socialiste.
Juin : Charles Péguy achève sa *Jeanne d'Arc.*
Août : de la cité socialiste. (*Revue Socialiste,* nº 152, et tirage à part).
20 octobre : Charles Péguy épouse Charlotte Françoise Baudouin, sœur de Marcel Baudouin. — Il est obligé de donner sa démission d'élève de l'École normale. Il reçoit une bourse d'agrégation en

Sorbonne. Il vient habiter un petit appartement, 7 rue de l'Estrapade, entre l'École et la Sorbonne, et près du Panthéon.
Décembre : achevé d'imprimer de la *Jeanne d'Arc.*

1898

13 janvier : article *J'accuse,* de Zola.
15 janvier : article sur la presse, de Deloire, dans *la Revue Socialiste* (nº 157).
26 février : l'épreuve (texte resté inédit).
Avril : Charles Péguy achève d'écrire *Marcel, premier dialogue de la cité harmonieuse.*
Premier mai : Fondation de la Librairie Georges Bellais, dite *librairie socialiste,* 17 rue Cujas. Georges Bellais servait de prête-nom à Charles Péguy qui, boursier d'agrégation ne pouvait faire acte de commerce. — Transformée bientôt en société coopérative, cette librairie devint la *Société Nouvelle de Librairie et d'Édition.*
Juin : achevé d'imprimer du *premier dialogue de la cité harmonieuse.*
Août : Échec de Charles Péguy à l'agrégation de philosophie.
10 septembre : naissance de Marcel Péguy, fils aîné de Charles Péguy.
Fin décembre : Charles Péguy va pour quelques jours à Roquebrune (Var), où sa femme et son fils passent l'hiver.

1899

Janvier : premier article dans la *Revue Blanche,* sous la rubrique : *Notes politiques et sociales.* (En tout onze articles, le dernier paraissant en décembre). — Charles Péguy écrit en outre *Pierre, commencement d'une vie bourgeoise,* autobiographie qu'il n'achève pas et ne publie pas.
14 juillet : Charles Péguy va habiter à Saint-Clair, par Orsay, S.-&-O.
Décembre : Congrès socialiste. Charles Péguy en sort « écœuré » par les décisions prises, qui tendent à faire de la presse socialiste une presse asservie au Comité général. — Il décide de publier des « Cahiers de documentation » qui seront, eux, libres. — Le conseil d'administration de la *Société Nouvelle d'Édition* refuse d'éditer cette publication. — Charles Péguy décide de paraître quand même.

1900

5 janvier : Le premier numéro des *Cahiers de la Quinzaine* paraît. — Provisoirement le siège de cette publication est 19 rue des Fossés-Saint-Jacques, en une chambre que les frères Tharaud avaient louée. — Quelques souscriptions permettent de régler les factures de l'imprimeur.
Février : une sérieuse attaque de grippe vient compliquer la tâche de Charles Péguy.

4 juillet : le onzième cahier paraît. Charles Péguy qui avait sensiblement réussi à paraître de quinzaine en quinzaine est obligé de suspendre la publication, l'argent faisant maintenant défaut.
27 août : le sous-lieutenant Charles Péguy convoqué pour une période d'instruction militaire à Coulommiers.
10 septembre : débarquement au camp de Cercotte. — Manœuvres d'armée, en Beauce, jusqu'au 20.
20 septembre : Charles Péguy revient à Saint-Clair. — Au cours des manœuvres, il avait retrouvé André Bourgeois.
Novembre : Charles Péguy a attendu la rentrée de l'enseignement supérieur pour reprendre la publication des *Cahiers*. C'est qu'en novembre *l'École des Hautes Études Sociales* met à sa disposition un petit bureau dans son immeuble (aujourd'hui détruit) 16 rue de la Sorbonne. André Bourgeois vient rejoindre Charles Péguy comme « administrateur » des *Cahiers,* et prépare le lancement de la série suivante.
16 novembre : douzième cahier de la première série. Charles Péguy déclara achevée la série avec ce cahier. La série suivante commencera immédiatement, et désormais les séries paraîtront au cours d'une année scolaire.
29 novembre : premier cahier de la deuxième série.

1901

Janvier-août : la publication de la deuxième série se poursuit assez régulièrement. Dans cette série apparaissent des œuvres formant des cahiers entiers (généralement des cahiers de numéros pairs). Notamment de René Salomé, Romain Rolland *(Danton),* et Lionel Landry. Le *11 juin* paraît *Jean Coste,* roman de Lavergne auquel Charles Péguy attache une importance particulière.
15 juillet : Charles Péguy vient habiter à Orsay, rue des Sablons.
7 septembre : naissance de Germaine Péguy, fille de Charles Péguy.
Premier octobre : début de la troisième série des *Cahiers*. Charles Péguy a loué une boutique, en commun avec *Pages Libres* et le *Livre pour tous,* 8 rue de la Sorbonne. Ce sera l'adresse définitive des *Cahiers*.
La formule de cette série est sensiblement la même que celle des séries précédentes : des œuvres, de Romain Rolland, Jérome et Jean Tharaud, et surtout de la documentation : sur les peuples persécutés, notamment les juifs. Les textes de Charles Péguy, plus abondants que dans la série précédente, portent notamment sur le cas de Gustave Téry, et sur les élections législatives qui viennent d'avoir lieu.

1902

13 août : la troisième série s'achève avec un compte rendu du Congrès socialiste international, seizième cahier de cette série.

25 août-20 septembre : période d'instruction militaire.
Premier octobre : Début de la quatrième série, qui ne prendra fin que le 25 août 1903, et qui comprendra vingt-deux cahiers. Plus encore qu'au cours de la série précédente, il est maintenant de règle de charger un seul auteur de la rédaction de chaque cahier, et la tâche de Charles Péguy est de ce fait légèrement simplifiée. Sa participation à la rédaction des *Cahiers* est nettement plus importante.
* *4 novembre :* IV-3. — *de Jean Coste.*
* *4 décembre :* IV-5. — *les récentes œuvres de Zola.*

1903

* *24 mars* (cahier pour le premier avril) *la chanson du roi Dagobert.*
* *12 mai :* IV-18. — *débats parlementaires.*
* *16 juin :* IV-20. — *reprise politique parlementaire.*
25 juin : naissance de Pierre Péguy, second fils de Charles Péguy.
Premier septembre : mort de Bernard Lazare.
13 octobre : premier cahier de la cinquième série; qui ne s'achève — ce qui est une date inusuelle — qu'en septembre 1904. Vingt cahiers. — Charles Péguy, du moins en tant qu'écrivain, semble manifester une sorte de lassitude, et ne donne guère d'essais de quelque importance que dans *Petites Garnisons,* et le cahier *Mangasarian.*

1904

Premier au 28 août : période d'instruction militaire.
13 septembre : dernier cahier de la cinquième série (retardé par les 28 jours de Péguy).
27 septembre : premier cahier de la sixième série : *catalogue analytique sommaire de nos cinq premières séries.* Très gros ouvrage de quatre cent vingt pages, formé d'analyses et d'extraits de tout ce qui était déjà paru aux *Cahiers.* Tirage : 10 000 ex. — Ce catalogue fit perdre beaucoup de temps et d'argent à Charles Péguy.
* *25 octobre :* V-3. — *Zangwill.*

1905

9 mai : Charles Péguy interrompt brusquement la publication de la série. Par manque d'argent, la série ayant été tirée au chiffre inhabituel de 3 000 ex.? Ou par suite de la menace allemande et de la mobilisation générale imminente?
Juin : tension franco-allemande.
Juillet-août : Charles Péguy profite de l'arrêt momentané de la publication des *Cahiers* pour écrire une œuvre personnelle, et ce sera la première fois qu'il utilisera ainsi les grandes vacances. Mais il laisse inachevé *l'esprit de système,* qui aurait formé un cahier fort

important, et au cours de la série suivante, ce seront des essais écrits au jour le jour qu'il fera paraître.
9 septembre : le sous-lieutenant Péguy nommé lieutenant. Affecté à la 19e compagnie du 276e.
* *17 octobre :* VII-3. — *notre patrie.*
Novembre : écrivant *par ce demi-clair matin,* Charles Péguy avait déjà fait composer le début de son texte. — Mais il abandonne cette œuvre inachevée.
* *12 décembre :* VII-7. — *les suppliants parallèles.*
* *26 décembre :* VII-8. — *Louis de Gonzague.*

1906

23 janvier : un article d'une cinquantaine de pages, titré : *cahiers de la quinzaine,* paraît dans le cahier de Tharaud, *les frères ennemis.* — Puis Péguy ne fait paraître jusqu'à la fin de la série, qui s'achève le 24 juillet, que de brèves notes sans importance. Écrit-il déjà les deux premières *sitations faites...,* ou des œuvres restées inédites? mais, parmi les inédits que nous possédons, il n'y a aucun texte que nous puissions situer avec quelque vraisemblance à cette époque.
Août : période d'instruction militaire.
Septembre : Début probable de la rédaction des cahiers de la série *de la situation faite...*
30 octobre : VII-3. — *de la situation faite à l'histoire et à la sociologie dans les temps modernes.*
* *27 novembre :* VII-5. — *de la situation faite au parti intellectuel dans le monde moderne.*
11 décembre : répondant à de Pulligny, Péguy commence une troisième *situation,* qui paraîtra le 29 janvier 1907 à la fin d'un cahier de Tharaud, *Bar-Cochebas.*

1907

Janvier-avril. — Charles Péguy est complètement pris par ses besognes de gérant et de chef de la fabrication. Tous les cahiers de la série paraissent à une cadence très serrée. Sans doute Charles Péguy veut-il, en achevant la série beaucoup plus tôt (le seizième et dernier cahier paraît le 14 avril), se donner quelques semaines de liberté pour écrire une nouvelle *situation faite...*
Mai-août : Péguy travaille à cette *situation, — devant les accidents de la gloire temporelle,* l'œuvre la plus importante qu'il ait encore donnée aux *Cahiers.*
Septembre : correction particulièrement minutieuse, avec quelques ajouts, de la *gloire temporelle.*
* *Premier octobre :* IX-7. — *de la situation faite au parti intellectuel dans le monde moderne devant les accidents de la gloire temporelle.*
Après ce cahier, et jusqu'à *à nos amis, à nos abonnés,* qui paraît près

de deux ans plus tard, le 20 juin 1909, — et qui est le premier ouvrage inclus dans le tome suivant, — Charles Péguy ne donne aux *Cahiers* que des notes de peu d'importance. Il ne reste point sans écrire, mais, aucun de ses manuscrits n'étant datés, ce n'est plus qu'approximativement que nous pouvons donner des dates.
Octobre-décembre : Charles Péguy travaille à une nouvelle situation : *de la situation faite au parti intellectuel dans la mémoire scolaire qui est devenue la mémoire même de l'humanité.* — Œuvre inachevée, et dont le début nous manque. La partie conservée figure dans les *Œuvres complètes* sous le titre : « *Un poète l'a dit...* »

1908

Janvier : Charles Péguy quitte la maison de la rue des Sablons, à Orsay, pour venir à la « Maison des Pins », à Lozère, alors hameau agricole.
Il commence d'écrire sa *Deuxième élégie XXX*, restée inachevée. — En même temps il fait le projet, qui n'eut pas de suite, d'abandonner la gérance des *Cahiers* à Daniel Halévy, afin de pouvoir travailler plus librement.
Il compte, afin de pouvoir vivre et faire vivre sa famille, se faire nommer maître de conférences en Sorbonne. Sa thèse principale sera *de la situation faite à l'histoire dans la philosophie générale du monde moderne.* — La thèse secondaire portera sur les erreurs typographiques. La thèse principale (qui d'ailleurs ne se présente guère comme une thèse) est restée à l'état d'ébauche. Quant à la thèse secondaire, rien n'a pu en être retrouvé.
Juillet-août : projet d'une édition de *Polyeucte,* qui doit paraître pour la *décennale des Cahiers.* — Projet abandonné ensuite.
31 août : mort d'Eddy Marix.
10 septembre : Charles Péguy, atteint d'une grave crise de foie, doit garder le lit pendant près d'un mois. Visite de Joseph Lotte, à qui Charles Péguy se déclare revenu à la foi catholique.
Novembre-décembre : Charles Péguy poursuit la rédaction de sa « thèse ». Il continuera encore durant les premiers mois de 1909.

PREMIÈRE PARTIE

LES TEXTES CHOISIS
par Charles Péguy

DE LA CITÉ SOCIALISTE

La Revue socialiste (août 1897).

DE LA CITÉ SOCIALISTE

Dans la cité socialiste les biens sociaux seront bien administrés.

Les socialistes veulent remplacer autant que possible le gouvernement des hommes en société par l'administration sociale des choses, des biens : En effet, les hommes étant variés indéfiniment, ce qui est bon d'ailleurs, on ne peut pas organiser le gouvernement des hommes selon une exacte méthode scientifique; tandis que, les biens n'étant pas indéfiniment variés, on peut organiser selon une exacte méthode scientifique l'administration des biens. Or la plupart des difficultés, des souffrances qui paraissent tenir au mauvais gouvernement des hommes tiennent à la mauvaise administration des biens.

Pour bien organiser l'administration des biens, les socialistes veulent socialiser le travail social, c'est-à-dire l'ensemble du travail qui est nécessaire pour que la cité continue à vivre.

A cette fin, ils veulent socialiser la matière qui est nécessaire au travail social, c'est-à-dire les moyens sociaux de production : la terre en ce qu'elle peut servir à la culture sociale; le sous-sol, mines et carrières; l'outillage industriel, machines, ateliers, magasins; l'outillage commercial, magasins, voies et moyens de communication. Les moyens de production seront socialisés, c'est-à-dire qu'ils seront rendus à la cité, à l'ensemble des citoyens.

Le travail social sera socialisé, c'est-à-dire qu'il sera fait par l'ensemble des citoyens. Les parts individuelles du travail social, c'est-à-dire les parts du travail social qui seront données à la cité par chacun des citoyens, seront, non pas sans doute identiques entre elles, car cela ne se pourrait pas, mais, autant que possible, égales entre elles, en ce sens que les différences qu'elles auront encore ne seront commandées que par les différents besoins de la cité et par les différentes aptitudes individuelles des citoyens comme travailleurs, et en ce sens que ces inévitables différences de qualité, d'intensité, de durée, seront, autant que possible, compensées par d'autres différences de qualité, d'intensité, de durée, de manière que les parts individuelles du travail social soient, autant que possible, égales en quantité.

En échange la cité assurera aux citoyens une éducation vraiment humaine, et l'assistance exacte en cas de maladie ou d'infirmité, enfin l'assistance entière pendant la vieillesse.

L'éducation sera égale pour tous les enfants, non pas, bien entendu, en ce sens que les éducations individuelles seraient identiques entre elles, mais en ce sens que les différences des éducations individuelles ne seront commandées que par les différentes ressources de la cité et par les différentes aptitudes individuelles des citoyens comme élèves.

Les moyens de consommation seront laissés à la libre disposition des citoyens en quantités autant que possible égales entre elles.

Les avantages de ce régime sont à considérer à l'égard de la cité et à l'égard des citoyens.

A l'égard de la cité, ce régime épargnera le travail humain, dont le gaspillage est immoral. Cette épargne sera réalisée par plusieurs causes, dont les trois suivantes :

La concurrence sera supprimée. Or elle est mauvaise. Il semble à première vue qu'elle a de bons effets dans la société présente, mais ces bons effets ne sont que des commencements de réparation aux maux qu'elle a commencé par causer elle-même. Nous ne reconnaissons pas toujours comme elle est mauvaise parce que notre éducation, mauvaise aussi, nous a dressés à travailler par un sentiment de vaine émulation, mauvais, étranger au travail même et à la fin propre du travail. La concurrence est mauvaise en son principe : il est mauvais que les hommes travaillent les uns contre les autres; les hommes doivent travailler les uns avec les autres; ils doivent travailler à faire de leur mieux leur travail, et non pas à se servir de leur travail pour vaincre d'autres travailleurs. La concurrence est cause que les travailleurs ne sont point payés selon ce qu'ils ont fait, ce qui serait juste au sens étroit de ce mot, ni payés d'un paiement normal, ce qui serait juste au sens large, ou harmonieux, mais surtout selon ce que leurs concurrents n'ont pas fait. La concurrence a souvent cet excès que, lorsque l'un des concurrents a reconnu qu'il ne peut pas travailler mieux que ses concurrents, il tâche que ceux-ci travaillent plus mal, pour être sûr de les vaincre quand même, d'où les manœuvres frauduleuses. La concurrence est souvent faussée par la réclame, qui tend à donner l'avantage au travail plus connu sur le travail mieux fait, et par la falsification, qui tend à donner l'avantage au travail mieux paraissant sur le travail mieux fait. Enfin la concurrence internationale est cause de la guerre, de la paix armée, des maux qui suivent, comme la concurrence interindividuelle est cause des procès, de véritables guerres privées, de la plupart des haines publiques et privées, des maux qui suivent.

L'oisiveté sera supprimée. Pour calculer l'épargne de travail social ainsi réalisée, il ne faut pas comparer seulement dans la société présente le nombre des oisifs au nombre total des citoyens; il faut ajouter au nombre des oisifs le nombre de tous les citoyens qui travaillent dans la société présente à pourvoir au luxe individuel des oisifs.

La production sera centralisée autant qu'il est possible; or, si la centralisation est mauvaise pour la vie intérieure des hommes et pour le travail supérieur de l'humanité, surtout pour l'art et pour la philosophie, elle est bonne pour la production sociale, parce qu'elle permet aux citoyens de faire mieux et plus vite le travail social de production, et, justement ainsi, d'être mieux et plus tôt libres pour leur vie intérieure et pour le travail supérieur de l'humanité. La cité socialiste organisera la culture intensive, l'industrie intensive, centralisera le commerce, de manière à tirer de la matière qui est proposée à l'activité humaine le plus des meilleurs moyens de consommation.

A l'égard des citoyens, le régime socialiste aura sur la société présente au moins deux avantages :

Il établira entre et pour tous les citoyens une fraternité, une solidarité réelle et vivante; une justice, une égalité réelle et vivante; une liberté réelle, au lieu d'une fraternité fictive; d'une justice fictive; d'une liberté fictive.

Il amortira autant que possible les à-coups individuels. Dans la société présente on laisse les malheurs individuels tomber de tout leur poids sur ceux des citoyens qui se trouvent au droit, et qui souvent en sont écrasés. Et comme il y a, malgré tout, en fait, des solidarités individuelles indéfinies, ces malheurs ont des répercussions indéfinies, incalculables. Si bien que le progrès même est, en fin de compte, onéreux. Par exemple, quand on invente une machine qui supprime la moitié du travail dans un métier, les consommateurs, en général, en tirent un certain bénéfice parce que les prix baissent, mais la moitié des producteurs sont mis à pied, et ces malheurs individuels ont le plus souvent de telles et si lointaines répercussions que l'ensemble du mal ainsi causé aux citoyens est pire que n'est avantageux le bénéfice donné aux consommateurs. Dans la cité socialiste, au contraire, il suffira, quand on fera pour un métier de telles inventions, de réduire sans à-coup le nombre des travailleurs intéressés, soit en faisant moins d'apprentis de ce métier-là, soit en donnant à certains de ces travailleurs le temps d'apprendre un nouveau métier; en attendant, d'ailleurs, que les mesures prises aient leur plein effet, on en sera quitte pour diminuer le nombre des heures où travailleront les ouvriers de ce métier, ce qui ne sera pour personne un malheur dans la cité.

Ainsi constituée, la cité socialiste sera parfaite en ce qu'elle sera socialiste. En ce qu'elle sera une cité humaine il se pourra qu'elle soit imparfaite encore. Mais elle sera la moins imparfaite possible des cités humaines possibles, en ce sens que toutes les difficultés, toutes les souffrances y seront au pis-aller égales à ce qu'il faut qu'elles soient dans toute société individualiste. Soient les difficultés, par exemple, qui tiennent au choix du métier et à la paresse :

« Comment pourrez-vous », nous dira-t-on, « assurer dans la cité socialiste le service des métiers les plus pénibles, ou les plus ennuyeux, en un mot des métiers « sacrifiés » ? »

Remarquons d'abord qu'à mesure que le machinisme ira croissant les métiers se ressembleront de plus en plus et qu'il y aura de moins en moins de métiers « sacrifiés ». Remarquons ensuite que dans la cité socialiste on pourra toujours compenser par des avantages de durée ce que les métiers sacrifiés auraient encore de pénible ou d'ennuyeux. Et enfin, si, malgré cette compensation, les travailleurs volontaires désertaient certains métiers, il suffira, pour assurer le service de ces métiers, d'en faire un « service commandé », obligatoire, universel et personnel. — « Mais », dira-t-on, « c'est là de la contrainte ! » — Sans doute, c'est là de la contrainte, mais c'est une contrainte juste et officielle. Tandis que dans la société présente sévit une contrainte universelle, d'autant plus redoutable qu'elle est à la fois injuste et sournoise : injuste en ce qu'elle ne s'exerce pas également sur tous les citoyens ; sournoise, car on ne veut pas avouer que l'on contraint certains citoyens à faire certains métiers, mais on est bien content que la misère générale soit telle qu'il y ait des citoyens qui tombent si bas que de remonter jusqu'à ces métiers-là justement leur paraisse un bonheur. Et c'est sur cela que repose toute la société présente. Pour ne pas vouloir faire de certains métiers, de certaines fonctions sociales, de certains services des services commandés, on gaspille de la souffrance humaine : au lieu de faire descendre les travailleurs, s'il y a lieu, des métiers moyens aux métiers sacrifiés, on les laisse tomber, sans vouloir avoir l'air de s'en apercevoir, beaucoup plus bas, assez bas pour qu'ils « aient encore bien de la chance », comme on dit, de remonter jusqu'à ces métiers-là.

« Et que ferez-vous », nous dira-t-on, des « paresseux ? » Remarquons d'abord qu'il y aura beaucoup moins de paresseux quand tous les citoyens auront reçu l'éducation normale. Remarquons ensuite qu'il y aura beaucoup moins de paresseux dans une cité où la plupart des métiers seront sans cesse ouverts à tous, parce qu'il y aura beaucoup moins de fausses vocations, parce qu'il n'y aura point de vocations forcées, parce que les vies mal engagées ne le seront point sans retour possible. Enfin si, dans une cité où trois à quatre heures au plus d'un travail facile suffiront pour assurer la vie quotidienne, si, dans une telle cité, il se trouve encore des paresseux qui refusent toute espèce de travail, ces malades ne mourront pas de faim dans une cité qui sera aussi riche en moyens de consommation, mais on les réduira au strict nécessaire. — « Ils seront donc », dira-t-on, « entretenus aux frais de la cité? » — Sans doute, mais que fait la société présente, sinon de les entretenir aussi, et très cher, dans ses asiles, ses hôpitaux, ses prisons, ses colonies de relégation, ou dans ses plus somptueux hôtels, parasites mendiants ou parasites luxueux, ou bien ouvriers des mauvais métiers.

Selon cette méthode d'analyse exacte et de comparaison, toujours on verra que ce sont justement les pis-allers de la cité socialiste, supposés, qui sont la règle habituelle, réelle, de la société présente.

PIERRE DELOIRE.

MARCEL

PREMIER DIALOGUE
DE LA CITÉ HARMONIEUSE

Librairie Georges Bellais (avril 1898).

MARCEL

QUAND Marcel vint me voir à Orléans, le dimanche 7 juin 1896[1], voici, ce me semble, comme il se représentait la cité dont nous préparons la naissance et la vie :

Je nomme ici cette cité la cité harmonieuse, *non pas qu'elle soit toute harmonieuse, mais parce qu'elle est la mieux harmonieuse des cités que nous pouvons vouloir.*

La cité harmonieuse a pour citoyens tous les vivants qui sont des âmes, tous les vivants animés, parce qu'il n'est pas harmonieux, parce qu'il ne convient pas qu'il y ait des âmes qui soient des étrangères, parce qu'il ne convient pas qu'il y ait des vivants animés qui soient des étrangers.

Ainsi tous les hommes de toutes les familles, tous les hommes de toutes les terres, des terres qui nous sont lointaines et des terres qui nous sont proches, tous les hommes de tous les métiers, des métiers manuels et des métiers intellectuels, tous les hommes de tous les hameaux, de tous les villages, de tous les bourgs et de toutes les villes, tous les hommes de tous les pays, des pays pauvres et des pays riches, des pays déserts et des pays peuplés, tous les hommes de toutes les races, les Hellènes et les Barbares, les Juifs et les Aryens, les Latins, les Germains et les Slaves, tous les hommes de tous les langages, tous les hommes de tous les sentiments, tous les hommes de toutes les cultures, tous les hommes de toutes les vies intérieures, tous les hommes de toutes les croyances, de toutes les religions, de toutes les philosophies, de toutes les vies, tous les hommes de tous les États, tous les hommes de toutes les nations, tous les hommes de toutes les patries sont devenus les citoyens de la cité harmonieuse, parce qu'il ne convient pas qu'il y ait des hommes qui soient des étrangers.

Et ainsi tous les animaux sont devenus citoyens de la cité harmonieuse, parce qu'il ne convient pas qu'il y ait des animaux qui soient des étrangers.

Aucun vivant animé n'eſt banni de la cité harmonieuse.

Les citoyens de la cité harmonieuse sont des bons citoyens, c'eſt-à-dire qu'ils aiment du mieux qu'ils peuvent la cité dont ils sont les citoyens.

Les citoyens de la cité harmonieuse sont ensemble concitoyens en la cité; ils sont des bons concitoyens, c'eſt-à-dire qu'ils aiment de leur mieux les citoyens dont ils sont les concitoyens.

En particulier les animaux sont en la cité concitoyens des hommes : ainsi les hommes ont envers les animaux le devoir d'aînesse, parce que les animaux sont des âmes adolescentes.

Cette cité harmonieuse a besoin d'assurer d'abord sa vie corporelle, parce qu'elle ne peut rien faire et parce que les citoyens ne peuvent rien faire et ne peuvent rien vivre aussi longtemps que la vie corporelle de la cité n'eſt pas assurée.

La cité harmonieuse a besoin d'assurer sa vie corporelle par ses moyens, parce qu'elle n'eſt pas une cité surnaturelle, parce qu'elle eſt une cité naturelle, et qu'ainsi elle ne reçoit du dehors aucune aide surnaturelle merveilleuse.

La cité harmonieuse, pour assurer sa vie corporelle, cueille tous les produits naturels qui lui sont disponibles, parce qu'il ne convient pas que des produits disponibles soient soustraits au bien de la cité; en particulier il ne convient pas que des produits disponibles soient distraits, et ainsi soustraits au bien de la cité par un parti de citoyens ou par un citoyen, par un peuple ou par un individu.

Mais les produits naturels disponibles ne suffisent pas pour assurer la vie corporelle de la cité harmonieuse.

La cité harmonieuse, pour assurer sa vie corporelle, travaille.

La cité harmonieuse, pour assurer sa vie corporelle, travaille, s'il faut, toute la matière naturelle proposée à l'activité des citoyens, parce qu'il ne convient pas que de la matière disponible soit soustraite à l'activité des citoyens et ainsi au bien de la cité; en particulier, il ne convient pas que de la matière disponible soit distraite et ainsi soustraite au bien de la cité p[illegible] citoyens ou par un citoyen, par u[illegible] individu.

Ainsi toutes les terres labourables et toutes les terres de toutes les landes et toutes les terres de toutes les forêts, toutes les terres de toutes les vallées, toutes les terres des coteaux, et des collines, et toutes les terres des montagnes, toutes les eaux de tous les fleuves, toutes les eaux de toutes les rivières, et des lacs, et toutes les eaux de tous les océans, tous les grains pour toutes les semailles, toutes les mines et les carrières, tous les terrains et tous les souterrains, toutes les terres et toutes les eaux, tous les non-vivants et tous les vivants végétaux sont la matière que peut travailler la cité.

La cité choisit de cette matière ce qu'elle a besoin de travailler pour assurer sa vie corporelle.

Aucun travail malsain, c'est-à-dire aucun travail qui puisse déformer les âmes ou les corps des travailleurs, n'est fait pour assurer la vie corporelle de la cité harmonieuse, parce que les travaux qui sont indispensables à la vie corporelle de la cité ne sont pas malsains, et que pour les travaux qui ne sont pas indispensables à la vie corporelle de la cité il ne convient pas de préférer les commodités ou les caprices des consommateurs à la santé de ceux qui travaillent.

Ainsi le labourage des terres, la plantation des arbres et l'abattage des forêts, les semailles et la moisson des blés, la fauchaison des foins, la bâtisse des maisons et la vendange des raisins ne sont pas des travaux à déformer les âmes ou les corps, et pour le reste il ne convient pas de préférer l'inflammabilité des allumettes à la santé des allumettiers.

Les âmes et les corps des travailleurs sont en santé dans la cité harmonieuse par ce que les travailleurs ne font pour assurer la vie corporelle de la cité aucun tra[illegible]ain.

La vie corporelle de la cité harmonieuse n'est assurée que par les produits naturels cueillis et par les produits des travaux non malsains.

En leur ensemble ces travaux sont le travail fait pour assurer la vie corporelle de la cité.

Ce travail est fait par les citoyens.

Les femmes ne font pas de ce travail, parce qu'il ne convient pas que la cité soit à la charge des femmes; et ce travail nuirait à la vie des familles, et ainsi à la cité même.

sont ensemble concitoyens, parce qu'elle est en un mot la cité des citoyens et non pas la rivale des citoyens.

Et les citoyens ne se refusent pas à travailler pour la cité, parce qu'ils sont les citoyens de la cité harmonieuse et non pas les rivaux de la cité.
Car il n'y a pas de rivaux dans la cité harmonieuse et les citoyens ne savent pas ce que c'est que ce que nous, qui vivons dans la société mésharmonieuse, nous nommons des *rivalités*.

Et surtout la cité harmonieuse n'est pas la cité jalouse.

Les travailleurs se partagent les travaux qu'ils ont à faire pour assurer la vie corporelle de la cité.

Ce partage n'est pas fait selon ce que nous appelons dans la société bourgeoise *l'égalité* des travailleurs, égalité selon qui les travailleurs prendraient des parts égales entre elles, parce que toute égalité a pour condition nécessaire le calcul des valeurs et que nous ne pouvons pas calculer la valeur d'un travail humain; d'ailleurs il n'est pas besoin de faire égalité dans la cité harmonieuse, et les citoyens de la cité harmonieuse ne savent pas ce que c'est que ce que nous appelons dans la société bourgeoise *la loi de l'égalité*.

Ce partage n'est pas fait selon ce que nous appelons dans la société qui n'est pas harmonieuse encore *la justice pour les travailleurs*, loi selon qui les travailleurs prendraient des parts proportionnées à leurs forces et à leurs moyens, parce que toute proportion a pour condition nécessaire le calcul des valeurs et que nous ne pouvons pas calculer la valeur d'un travail humain ou la valeur des forces humaines et des moyens humains; d'ailleurs, il n'est pas besoin de faire justice dans la cité harmonieuse, et les citoyens de la cité harmonieuse ne savent pas ce que c'est que ce que nous appelons dans la société qui n'est pas harmonieuse encore *la justice*, et la cité harmonieuse n'est pas la cité juste.

Ce partage n'est pas fait selon ce que nous appelons dans la société qui deviendra la cité harmonieuse *la charité,* parce que toute charité suppose des manques et que la cité harmonieuse ne laisse manquer de rien les citoyens; les citoyens de la cité harmonieuse ne savent pas ce que c'est que ce que nous appelons dans la société qui deviendra la cité harmonieuse *la charité,* la cité harmonieuse n'est pas la cité charitable.

Mais le partage des travaux est fait selon l'harmonie :

Les travaux qui sont à faire pour assurer la vie corporelle de la cité harmonieuse ne sont pas, en leur ensemble, en excès aux forces et aux moyens des travailleurs qui, en leur ensemble, ont à les faire.

Les parts individuelles de ces travaux ne sont pas en excès aux forces et aux moyens des travailleurs qui ont à les choisir.

Chaque citoyen choisit la part de travail pour quoi il se sent le mieux fait parmi celles qui lui sont disponibles, et il y en a une au moins qu'il peut choisir, puisque les parts de travail ne sont pas excessives aux travailleurs.

Si un citoyen, se faisant illusion sur ses aptitudes, avait mal choisi sa part, il n'aurait qu'à refaire son choix parmi les parts de travail qui lui seraient à nouveau disponibles.

Les travailleurs choisissent les parts de travail pour quoi ils se sentent le mieux faits parce qu'ils sont les citoyens de la cité harmonieuse et non pas les rivaux de la cité.

Les citoyens commencent leur apprentissage pour assurer la vie corporelle de la cité quand ils ont fini leur adolescence.

Dans chaque métier, les ouvriers les meilleurs deviennent les maîtres qui enseignent le métier aux apprentis.

Les maîtres sont des bons maîtres, c'est-à-dire qu'ils enseignent de leur mieux le métier aux apprentis; et ils donnent à leurs apprentis les soins les meilleurs qu'ils peuvent à cette seule fin que ces apprentis soient le mieux et le plus tôt possible assez bons ouvriers pour n'avoir plus besoin d'aucuns maîtres; et ils ne sont jamais aussi heureux que lorsque leurs apprentis deviennent ainsi meilleurs ouvriers qu'eux-mêmes, parce qu'ils sont les maîtres et non pas les rivaux de leurs apprentis.

Ainsi les apprentis deviennent les meilleurs ouvriers que l'on peut et qu'ils peuvent.

Les citoyens, pendant qu'ils sont apprentis, sont des bons apprentis, c'est-à-dire qu'ils font leur apprentissage de leur mieux.
Puis ils sont des bons ouvriers, c'est-à-dire qu'ils font leur métier de leur mieux.

Comme ouvriers ils ne pensent qu'à travailler de leur mieux pour le mieux du métier et ainsi pour le mieux de la cité.

Ils ne pensent pas à travailler mieux que leurs concitoyens, parce qu'ils sont les collaborateurs et non pas les rivaux de leurs concitoyens, parce qu'ils travaillent avec leurs concitoyens et non pas contre leurs concitoyens, parce qu'il ne convient pas que les ouvriers soient dérangés de leur travail par la pensée qu'ils travaillent mieux que leurs concitoyens; les citoyens de la cité harmonieuse ne savent pas ce que c'est que ce que nous appelons dans la société mésharmonieuse *émulation,* puisqu'ils ne savent pas ce que c'est que ce que nous y nommons des rivalités.
Ainsi la cité harmonieuse n'est pas la cité des émulations, parce qu'elle n'est pas la cité des ouvriers jaloux, mais la cité des bons ouvriers.
Les ouvriers de la cité harmonieuse ne pensent pas à réclamer à la cité ce que nous nommons dans la société bourgeoise *un prix* ou *un salaire* pour le travail qu'ils

ont fait, parce qu'ils sont des ouvriers et non pas des vendeurs, parce qu'ils sont les citoyens et non pas les rivaux de la cité, parce qu'ils sont les concitoyens et non pas les rivaux de leurs concitoyens.

Ainsi la cité harmonieuse n'est pas la cité des émulations pour le salaire, parce qu'elle n'est pas la cité des ouvriers jaloux pour le salaire, mais la cité des bons ouvriers.

Et les ouvriers de la cité harmonieuse ne pensent pas à se donner ce que nous appelons dans la société bourgeoise *de la renommée* ou ce que nous y appelons *de la gloire,* parce que la renommée est vaine et parce que la gloire est vaine, parce qu'il n'importe pas que nos travaux soient au bas signés de nos noms pourvu que nous les ayons faits du mieux que nous avons pu, parce qu'il ne convient pas que les ouvriers soient dérangés de leur travail par la pensée qu'ils en auront de la renommée ou qu'ils en auront de la gloire.

Ainsi la cité harmonieuse n'est pas la cité des émulations pour la renommée ou des émulations pour la gloire, parce qu'elle n'est pas la cité des ouvriers jaloux pour la renommée ou jaloux pour la gloire, mais la cité des bons ouvriers.

Et les ouvriers de la cité harmonieuse ne pensent pas à se donner ce que nous appelons dans la société bourgeoise *du mérite,* parce que le souci du mérite est vain, parce que c'est déjà démériter que désirer ou que vouloir mériter, parce qu'il n'importe pas que nos travaux soient méritoires, comme on dit, parce qu'il n'importe pas que nous ayons mérité en les faisant, pourvu que nous les ayons faits du mieux que nous avons pu, parce qu'il ne convient pas que les ouvriers soient dérangés de leur travail par la pensée qu'ils en auront du mérite.

Ainsi la cité harmonieuse n'est pas la cité des émulations pour le mérite, parce qu'elle n'est pas la cité des ouvriers jaloux pour le mérite, mais la cité des bons ouvriers.

Les ouvriers de la cité harmonieuse ne classent pas les métiers en métiers majeurs et métiers mineurs, parce que les ouvriers sont tous collaborateurs en la cité pour la cité comme les citoyens sont tous concitoyens en la cité.

Les ouvriers de la cité harmonieuse aiment leur métier ; ils aiment le travail qu'ils font pour assurer la vie corporelle de la cité, parce qu'ils sont les citoyens de la cité ; d'ailleurs ils savent que rien de leur travail n'est soustrait au bien de la cité.

Ils aiment ce travail pour le mieux de ce travail et ainsi pour le mieux de la cité, ils aiment le métier pour le mieux du métier et ainsi de la cité, parce qu'ils ne sont pas des ouvriers jaloux pour le travail, parce qu'ils ne sont pas des ouvriers jaloux pour le métier.

Les ouvriers de la cité harmonieuse ne sont pas des ouvriers jaloux, mais des bons ouvriers.
Ils sont des ouvriers volontaires, des ouvriers de bonne volonté, des bons ouvriers.

Un métier est fait au mieux quand il assure au mieux pour sa part la vie corporelle de la cité.

Ainsi les ouvriers, puisqu'ils font leur métier de leur mieux, assurent du mieux qu'ils peuvent la vie corporelle de la cité.

Cependant le travail que les ouvriers font pour assurer la vie corporelle de la cité harmonieuse est d'ailleurs conformé le mieux possible à ce que demande leur vie intérieure et leur travail désintéressé.

Le travail que les ouvriers ont à faire pour assurer la vie corporelle de la cité harmonieuse leur est devenu facile en particulier parce que les hommes ont avancé loin dans l'usage des machines pour travailler la matière qui est proposée à leur activité.

Ainsi les machines inventées donnent à la cité un grand avantage, et les citoyens, en particulier les inventeurs savent que rien de cet avantage n'est soustrait au bien de la cité.

Toutes ces machines sont inanimées; aucun des vivants animés, aucun des hommes, aucun des animaux ne sert de machine en la cité harmonieuse, parce qu'ils sont les citoyens de la cité.

L'ordonnance et le commandement des travaux qui sont à faire pour assurer la vie corporelle de la cité harmonieuse, étant des travaux eux-mêmes, sont choisis parmi les parts de travail disponibles par ceux des citoyens qui se sentent le mieux faits pour cela.

Le travail de commander n'est pas un travail supérieur et le travail ou les travaux commandés ne sont pas des travaux inférieurs; parce que les citoyens de la cité harmonieuse ne pensent pas à classer les travaux en travaux majeurs et travaux mineurs, puisqu'ils ne savent pas ce que c'est que ce que nous appelons dans la société mésharmonieuse émulation.

Ainsi les citoyens de la cité harmonieuse ne savent pas ce que c'est que ce que nous appelons dans la société bourgeoise *autorité patronale* ou *autorité gouvernementale*.

Les ouvriers de la cité harmonieuse ne sont pas commandés par des *patrons,* ni par des *gouvernements,* mais par ceux des ouvriers qui font le métier de commander.

Ainsi le travail est bien ordonné par les ouvriers qui l'ordonnent, et il est bien commandé aux ouvriers qui obéissent par les ouvriers qui commandent, et il est ainsi facilité.

Ainsi le travail est bien fait et facile pour assurer la vie corporelle de la cité harmonieuse.

Les ouvriers de la cité harmonieuse ne travaillent pas chacun pour soi, ni chacun pour quelques-uns, ni quelques-uns ou tous pour quelques-uns, ni quelques-uns ou tous pour un, et ils ne travaillent pas contre leurs concitoyens; mais ils travaillent, chacun avec ses collaborateurs, pour assurer la vie corporelle de la cité dont ils sont les citoyens, et ils y réussissent aisément.

Tous les produits naturels et tous les produits du travail que les ouvriers de la cité harmonieuse font pour assurer la vie corporelle de la cité sont à la cité, parce qu'il ne convient pas que des produits soient soustraits au bien de la cité; en particulier il ne convient pas que des produits soient distraits et ainsi soustraits au bien de la cité par un parti de citoyens ou par un citoyen, par un peuple ou par un individu.

Ainsi les blés et les seigles moissonnés des plaines labourables, et les arbres abattus des forêts, et les raisins vendangés des coteaux, et les pierres tirées des carrières, et le charbon des mines, le sel de la mer, les fruits des vergers sont à la cité.

Aucun produit n'est soustrait à la cité harmonieuse.

Par ces produits la cité harmonieuse assure la vie corporelle de tous les citoyens, parce qu'il ne convient pas qu'il y ait dans la cité des citoyens qui soient traités comme des étrangers à la cité.

Ainsi toutes les femmes, tous les enfants, tous les malades, tous les vieillards, tous les hommes adultes, valides et jeunes, tous les animaux ont leur vie corporelle assurée par la cité.

Aucun vivant animé n'est dans la cité harmonieuse comme un banni de la cité.

Pour assurer la vie corporelle des citoyens, la cité harmonieuse leur partage les produits naturels et les produits qu'elle a du travail que les ouvriers ont fait pour elle.

Ce partage n'est pas fait selon ce que nous appelons dans la société bourgeoise *l'égalité* des consommateurs, égalité selon qui les consommateurs prendraient des parts égales entre elles, parce que toute égalité a pour condition nécessaire le calcul des valeurs et que nous ne pouvons pas calculer la valeur d'un produit à consommer; d'ailleurs il n'est pas besoin de faire égalité dans la cité harmonieuse, et les citoyens de la cité harmonieuse ne savent pas ce que c'est que ce que nous appelons dans la société bourgeoise *la loi de l'égalité*.

Ce partage n'est pas fait selon ce que nous appelons dans la société qui n'est pas harmonieuse encore *la justice* pour les consommateurs, loi selon qui les consommateurs prendraient des parts proportionnées à leurs besoins et à leurs moyens, parce que toute proportion a pour condition nécessaire le calcul des valeurs et que nous ne pouvons pas calculer la valeur d'un produit à consommer ou la valeur des besoins humains et des moyens humains; d'ailleurs il n'est pas besoin de faire justice dans la cité harmonieuse, et les citoyens de la cité harmonieuse ne savent pas ce que c'est que ce que nous appelons dans la société qui n'est pas harmonieuse encore *la justice,* et la cité harmonieuse n'est pas la cité juste.

Ce partage n'est pas fait selon ce que nous appelons dans la société qui deviendra la cité harmonieuse *la charité,* parce que toute charité suppose des manques et que la cité harmonieuse ne laisse manquer de rien les citoyens; les citoyens de la cité harmonieuse ne savent pas ce que c'est que ce que nous appelons dans la société qui deviendra la cité harmonieuse *la charité,* la cité harmonieuse n'est pas la cité charitable.

Mais le partage des produits est fait selon l'harmonie :

Les produits qui sont à partager aux citoyens par la cité harmonieuse pour assurer leur vie corporelle ne sont pas, en leur ensemble, en défaut aux besoins et aux moyens des consommateurs qui, en leur ensemble, ont à les recevoir.

Les parts individuelles à faire de ces produits ne sont pas en défaut aux besoins et aux moyens des consommateurs qui ont à les choisir.

Chaque citoyen choisit les produits qu'il voit les mieux faits pour lui parmi ceux qui lui sont disponibles, et il y en a au moins une part qu'il peut choisir, parce que les produits ne sont pas insuffisants aux consommateurs.

Pour les citoyens qui ne peuvent pas choisir eux-mêmes le choix eſt fait par ceux de leurs concitoyens qui le doivent; ainsi les parents peuvent choisir pour les enfants, les médecins peuvent choisir pour les malades, et les hommes peuvent choisir pour les animaux; alors les parents choisissent les produits qu'ils voient les mieux faits pour les enfants, les médecins choisissent les produits qu'ils voient les mieux faits pour les malades, les hommes choisissent les produits qu'ils voient les mieux faits pour les animaux, dont les âmes sont toujours des âmes adolescentes.

Les consommateurs ne choisissent pas des produits qui ne leur conviennent pas, parce qu'ils sont les citoyens de la cité harmonieuse et non pas les rivaux de la cité.

L'ordonnance et le partage des produits par qui la cité harmonieuse assure la vie corporelle des citoyens, étant des travaux eux-mêmes, sont choisis parmi les parts de travail disponibles par ceux des citoyens qui se sentent le mieux faits pour cela.

Le travail de partager les produits n'eſt pas un travail supérieur, puisque les citoyens de la cité harmonieuse ne pensent pas à classer les travaux en travaux majeurs et travaux mineurs.

Ainsi les citoyens de la cité harmonieuse ne savent pas ce que c'eſt que ce que nous nommons dans la société bourgeoise *offre et demande, vente et achat des produits,* ce que nous y nommons *autorité commerciale* des individus ou des gouvernements.

Les produits ne sont pas partagés aux citoyens de la cité harmonieuse par des *marchands,* ni par des *gouvernements,* mais par ceux des ouvriers qui font le métier de partager les produits.

Ainsi les produits sont bien partagés aux citoyens de la cité harmonieuse.

La cité harmonieuse ne refuse aucun produit aux citoyens parce qu'elle n'est pas la rivale, mais la cité des citoyens.

D'ailleurs, elle n'a pas à refuser un produit aux citoyens, parce que les citoyens ne lui réclament rien d'excessif, puisqu'ils sont les citoyens et non pas les rivaux de la cité; ainsi les citoyens de la cité harmonieuse ne réclament à la cité rien qui leur soit un luxe individuel, rien dont ils n'aient pas besoin pour assurer leur vie corporelle.

La cité harmonieuse donne les produits à choisir aux citoyens.

En particulier ceux des citoyens qui sont les ouvriers de la cité harmonieuse ne lui réclament aucun produit comme étant le salaire du travail qu'ils ont fait pour elle, parce qu'ils ne sont pas jaloux pour le salaire, parce qu'ils ne travaillent pas pour un salaire, parce qu'ils sont ouvriers et non pas vendeurs de travail.

Comme ouvriers ils font leur métier de leur mieux pour assurer de leur mieux la vie corporelle de la cité, ils donnent ce travail à la cité sans lui demander aucun salaire, et comme citoyens ils ont leur vie corporelle assurée par la cité, ils reçoivent les produits de la cité, qui les leur donne sans leur demander aucun salaire, aucun prix.

Les ouvriers donnent leur travail à la cité; la cité donne les produits aux citoyens.

S'il y avait dans la cité des ouvriers qui devinssent malades, en particulier des ouvriers qui devinssent faibles ou des ouvriers qui devinssent paresseux, ils cesseraient de contribuer leur travail pour assurer la vie corporelle de la cité, mais ils auraient parmi les citoyens qui ne sont pas ouvriers leur vie corporelle assurée par la cité.

Ainsi les ouvriers de la cité harmonieuse ne sont jamais vendeurs, la cité n'eſt jamais acheteuse; la cité n'eſt jamais vendeuse et les citoyens ne sont jamais acheteurs. Le travail eſt donné par les ouvriers à la cité; les produits sont donnés par la cité aux citoyens.

Les citoyens de la cité harmonieuse ne savent pas ce que c'eſt que ce que nous nommons dans la société bourgeoise *offre et demande, vente et achat du travail, offre et demande, vente et achat des produits.*

Les produits naturels et les produits du travail qui eſt fait pour assurer la vie corporelle de la cité harmonieuse sont à la cité.

Ceux des produits qui ne sont pas consommés à mesure qu'ils sont faits demeurent à la cité.

La cité harmonieuse eſt à chaque inſtant sa propre héritière universelle; à chaque inſtant la cité harmonieuse eſt l'héritière universelle de la cité qu'elle était à l'inſtant précédent.

La cité harmonieuse eſt à chaque inſtant héritière de la cité harmonieuse parce qu'elle se continue perdurable d'inſtants en inſtants.

La cité harmonieuse eſt à chaque inſtant héritière universelle de la cité harmonieuse parce qu'il ne convient pas que rien de l'héritage commun soit souſtrait au bien de la cité; en particulier il ne convient pas que rien de l'héritage commun soit diſtrait et ainsi souſtrait au bien de la cité par un parti de citoyens ou par un citoyen, par un peuple ou par un individu.

Ainsi les citoyens de la cité harmonieuse n'héritent pas de leurs parents morts ou de leurs camarades morts, ils ne reçoivent rien de leurs parents ou de leurs camarades vivants, parce que cela serait souſtrait au bien de la cité.

Aucun produit n'eſt légué en héritage particulier ou individuel, aucun produit n'eſt donné en héritage ou en donation particulière ou individuelle.

Les citoyens de la cité harmonieuse ne sont pas leurs propres héritiers; ils ne sont pas à chaque inſtant les héritiers universels des citoyens qu'ils étaient à l'inſtant précédent, bien qu'ils se continuent durables d'inſtants en inſtants, parce qu'il ne convient pas que rien de l'héritage commun soit souſtrait au bien de la cité pour en faire un héritage individuel.

C'eſt la cité qui fait et qui a les réserves de produits dont il eſt besoin pour assurer la vie corporelle éventuelle, prochaine ou lointaine, des citoyens.

Ces réserves sont faites, ordonnées, commandées, partagées comme sont faits, ordonnés, commandés, partagés les produits dont elles sont les réserves; elles sont gardées par des ouvriers, qui font le métier de les garder; le travail de garder les réserves n'eſt pas un travail supérieur, puisque les citoyens de la cité harmonieuse ne pensent pas à classer les travaux en travaux majeurs et travaux mineurs.

Ainsi les ouvriers de la cité harmonieuse assurent la vie corporelle présente, prochaine et lointaine de la cité.

La cité harmonieuse assure la vie corporelle présente, prochaine et lointaine des citoyens.

Les familles, qui sont d'inſtants en inſtants plus durables que les individus, ne sont pas non plus leurs propres héritières; les peuples, qui sont d'inſtants en inſtants plus durables que les individus, ne sont pas non plus leurs propres héritiers; mais la cité harmonieuse, qui a tous les produits, a l'héritage de tous les produits.

Quand les citoyens de la cité harmonieuse ont ainsi leur vie corporelle assurée par la cité, ils deviennent libres pour la vie intérieure et pour le travail désintéressé.

Les citoyens qui ne sont pas ouvriers ont tout leur temps pour la vie intérieure et pour le travail désintéressé.

Les citoyens qui sont ouvriers ont pour la vie intérieure et pour le travail désintéressé le loisir qui leur eſt laissé par la cité harmonieuse; la cité harmonieuse laisse un long loisir à ses ouvriers.

La vie intérieure eſt la vie des sentiments et des volitions.

Une vie intérieure eſt en un citoyen la vie de ses sentiments et de ses volitions.

Le travail désintéressé eſt celui que les citoyens font quand toute vie corporelle eſt assurée dans la cité.

Ainsi l'art, la science, la philosophie sont des travaux désintéressés.

Les vies intérieures sont dans la cité harmonieuse indépendantes et libres de tout, parce qu'il ne convient pas que les vies intérieures soient commandées par ce qui pourrait les déformer; il ne convient pas que même une seule vie intérieure, c'eſt-à-dire la vie intérieure d'un seul citoyen soit déformée par tous les citoyens, ou par un parti de citoyens, ou par un citoyen, par la cité, par un peuple, par un individu.

Ainsi les sentiments et les volitions des citoyens sont libres dans la cité harmonieuse.

Le travail désintéressé est dans la cité harmonieuse indépendant et libre de tout, parce qu'il ne convient pas que le travail désintéressé soit commandé par ce qui pourrait en déformer l'œuvre ou l'effet; il ne convient pas que même un seul travail désintéressé soit déformé par la cité, par un peuple, par un individu.

Ainsi l'art, la science, la philosophie sont libres dans la cité harmonieuse.

Les citoyens de la cité harmonieuse n'ont aucun des sentiments que nous nommons dans la société mésharmonieuse les sentiments *malsains,* c'est-à-dire aucun des sentiments qui déforment les âmes et souvent ainsi les corps.

Les citoyens de la cité harmonieuse n'ont que les sentiments de la santé.

En particulier les citoyens de la cité harmonieuse n'ont pas les sentiments de ce que nous, qui vivons dans la société désharmonieuse encore, nous nommons *la haine;* ils n'ont pas ces sentiments parce que cette haine est tueuse de l'amour.

Et ils n'ont pas les sentiments de ce que nous, qui vivons dans la société mésharmonieuse, nous nommons *la jalousie,* qui est plus malsaine et pire que la haine, parce qu'elle est la malfaçon de l'amour.

Ils n'ont pas les sentiments de ce que nous nommons dans la société bourgeoise *les rivalités.*

Ainsi les citoyens de la cité harmonieuse n'ont pas les sentiments que nous nommons les sentiments de *l'émulation,* de *la rivalité,* de *la concurrence,* les sentiments de *la guerre civile,* de *la guerre étrangère,* de *la guerre économique,* de *la guerre militaire,* de *la guerre privée,* de *la guerre publique,* les sentiments de *l'ambition publique,* de *l'ambition privée, l'animosité, la colère, la vengeance, la rancune, l'envie, la méchanceté.*

Ils ne savent pas ce que c'est que le mensonge.

Non-seulement les citoyens de la cité harmonieuse n'ont pas les sentiments que nous nommons ainsi, mais ils ne savent pas même ce que c'est que ces sentiments, parce que ce serait encore les avoir que d'en avoir la connaissance.

Les citoyens de la cité harmonieuse ne savent pas ce que c'est que ce que nous nommons la haine, et ils ont le bonheur de ne pas savoir ce que c'est que ce que nous nommons la jalousie.

Ainsi les citoyens de la cité harmonieuse ne savent pas ce que c'est que ce que nous connaissons comme étant les maladies des âmes humaines et des âmes animales; mais les âmes des citoyens sont blanches de ces maladies; les âmes des citoyens n'ont et ne connaissent que les sentiments de la santé.

Non-seulement les âmes des citoyens ne savent pas ce que c'est que ce que nous connaissons comme étant les maladies des âmes individuelles et des âmes collectives, mais les âmes des citoyens n'ont pas et ne connaissent pas les sentiments de réparation qui étaient devenus nécessaires dans la société malsaine; ainsi les âmes individuelles et les âmes collectives n'ont pas et ne connaissent pas les sentiments que nous appelons *les sentiments de la justice,* elles n'ont pas et elles ne connaissent pas les sentiments que nous appelons *les sentiments de la charité.*

Ainsi les âmes harmonieuses ne savent pas ce que c'est que bien des sentiments que nous aimons, parce qu'ils sont dans la société non harmonieuse encore les sentiments éveilleurs de la cité harmonieuse; les citoyens de la cité harmonieuse ne connaissent pas le droit amour de la justice, les citoyens de la cité harmonieuse ne connaissent pas la charité penchée, les citoyens de la cité harmonieuse ne connaissent pas la vénérable pitié; ils ont reçu en héritage la cité que ces pieux sentiments leur avaient préparée, mais ils n'ont pas reçu en héritage les sentiments qui leur avaient préparé cette cité, parce que ces sentiments devenaient inutiles et vains et désharmonieux à présent que l'œuvre était parfaite.

Bien que les âmes des citoyens soient blanches des sentiments que nous connaissons comme étant les sentiments malsains, et bien qu'elles n'aient pas les sentiments que nous connaissons comme étant devenus nécessaires et pieux dans la société non harmonieuse encore, cependant les âmes des citoyens ont des sentiments assez actifs, parce que les sentiments que nous connaissons comme étant les sentiments malsains et les sentiments que nous connaissons comme étant devenus nécessaires et pieux dans la société malsaine et mésharmonieuse ne sont pas nécessaires pour que la vie des sentiments soit assez active. Les sentiments qui sont de la santé, les sentiments des âmes saines en la cité saine suffisent pour que la vie des sentiments soit active ainsi qu'il convient.

Comme les ouvriers de la cité harmonieuse n'ont pas inventé la matière proposée à leur activité, mais l'ont reçue en héritage et tenue de la société qui n'était pas harmonieuse encore, ainsi les citoyens de la cité harmonieuse n'ont pas inventé les sentiments qui sont de la santé, mais les ont reçus en héritage de la cité qui n'était pas harmonieuse encore.

Ainsi les citoyens de la cité harmonieuse n'ont pas inventé des sentiments humains pour les âmes animales ou des sentiments surhumains pour les âmes humaines; ils n'ont pas inventé des sentiments nouveaux; ils n'ont pas imaginé des sentiments étranges. Mais ils ont reçu en héritage de la cité qui n'était pas harmonieuse encore les sentiments anciens, les sentiments ordinaires, les sentiments simples de la santé.

D'ailleurs qu'auraient-ils inventé de meilleur ou de plus douloureux que le simple amour?

Car les sentiments de la santé n'étaient pas inconnus dans la société non harmonieuse encore; et même ils y étaient si anciens que l'on ne savait pas quand ils avaient commencé : tels étaient les sentiments de la solidarité humaine et de la solidarité animale, tous les sentiments de toute la solidarité en tous les vivants animés; tels étaient les sentiments de l'art, le sentiment du beau infini et le sentiment du beau fini parfait, le sentiment du beau éternel et le sentiment du beau passager, le sentiment du beau absolu et le sentiment du beau relatif, tous les sentiments de toutes les beautés; tels étaient les sentiments de la science, tous les sentiments du vrai; tels étaient les sentiments de la philosophie, le sentiment de l'infini et le sentiment du fini parfait, le sentiment de l'éternel et le sentiment du passager, le sentiment de l'absolu et le sentiment du relatif, tous les sentiments de tout ce qui est de tout ce qui devient; tels étaient les sentiments de la nation, l'amour de la patrie et de l'âme nationale; tels étaient les sentiments de l'amitié; tels étaient les sentiments de la famille, l'amour maternelle, paternel[1], fraternelle, filiale, et tel était l'amour.

Mais ces sentiments anciens étaient mêlés ou contrariés dans les âmes de la société non harmonieuse encore, parce qu'ils y avaient pour voisins les sentiments malsains ou les sentiments de la société malsaine, tandis qu'à présent dans les âmes harmonieuses les sentiments anciens de la santé naissent et croissent libres et purs en force et en beauté.

Les sentiments de la santé, naissant et croissant ainsi dans les âmes harmonieuses, ne sont pas insuffisants pour que la vie des sentiments soit assez active en ces âmes et assez variée, des extrêmes joies de la présence aux extrêmes souffrances de l'absence.

Ainsi les âmes harmonieuses n'ignorent pas ce que nous nommons douleur ou ce que nous nommons souffrance; mais elles ne connaissent pas les douleurs et ne connaissent pas les souffrances que nous connaissons comme étant les douleurs et comme étant les souffrances de la maladie, comme étant les douleurs et les souffrances malsaines; elles ne connaissent que les douleurs et les souffrances de la santé; elles ne connaissent que les douleurs et les souffrances saines.

Les corps des citoyens dans la cité harmonieuse ne sont pas malades, parce que la vie des corps y est harmonieuse et qu'ainsi les causes des maladies corporelles sont bannies de la cité.

En particulier les corps des ouvriers dans la cité harmonieuse ne sont pas malades parce que le travail qu'ils font pour assurer la vie corporelle de la cité n'est pas malsain.

Cependant les citoyens de la cité harmonieuse n'ignorent pas les douleurs du corps et n'ignorent pas les souffrances du corps; mais ils ne connaissent que les douleurs et les souffrances corporelles de la santé, qui sont peu aiguës et peu graves; c'est ainsi qu'ils connaissent les douleurs et les souffrances des crises corporelles; mais ils ne connaissent pas les douleurs ou les souffrances corporelles de la maladie, les douleurs ou les souffrances corporelles malsaines.

Tandis que les douleurs et les souffrances corporelles saines sont peu aiguës et peu graves, les douleurs saines et les souffrances saines des âmes harmonieuses sont indéfiniment variées; parfois elles sont moyennes et parfois elles peuvent aller jusqu'aux douleurs extrêmes et jusqu'aux suprêmes souffrances, en particulier parce qu'elles ne sont pas diverties par les douleurs et par les souffrances corporelles.

Dans la société qui n'était pas harmonieuse encore les douleurs saines et les souffrances saines des âmes étaient la plupart étouffées ou diverties par les douleurs et par les souffrances malsaines des corps et des âmes; à présent que les douleurs et les souffrances malsaines sont bannies de la cité, puisque les douleurs et les souffrances saines des corps sont peu aiguës et peu graves, les douleurs et les souffrances saines des âmes croissent en force et en beauté, en leur force plus grande et leur beauté majeure jusqu'aux douleurs extrêmes et jusqu'aux suprêmes souffrances de l'absence, en particulier du doute, et des séparations, et de la mort.

Ainsi la cité harmonieuse n'est pas la cité des sentiments heureux, mais la cité des sentiments heureux et malheureux qui sont de la santé.

Tous les sentiments heureux et malheureux qui sont de la santé sont devenus les sentiments des âmes harmonieuses.

Ainsi la cité harmonieuse a reçu en héritage de la société qui n'était pas harmonieuse encore tous les sentiments heureux et malheureux qui sont de la santé.

Mais cet héritage a été accepté sous bénéfice d'inventaire, comme on disait dans la société désharmonieuse, puisque les citoyens de la cité harmonieuse n'ont pas reçu en héritage les sentiments de la maladie qui accompagnaient les sentiments de la santé.

En particulier les anciennes croyances, les anciennes religions, les anciennes vies, les anciennes cultures, les anciennes philosophies, les anciennes vies ont donné des sentiments en héritage aux citoyens de la cité harmonieuse.

Ainsi tous les fidèles de toutes les anciennes croyances, tous les fidèles et tous les saints de toutes les anciennes religions, tous les hommes de toutes les anciennes vies, tous les civilisés de toutes les anciennes cultures, tous les sages et tous les saints de toutes les anciennes philosophies, tous les hommes de toutes les anciennes vies, les Hellènes et les Barbares, les Juifs et les Aryens, les Bouddhistes et les Chrétiens sont devenus sans se dépayser les citoyens de la cité harmonieuse.

A présent que les sentiments de la santé sont devenus l'héritage de la cité harmonieuse, les sentiments harmonieux de chaque âme harmonieuse naissent et croissent en force et en beauté selon ce qu'est chaque âme individuelle; et bien loin que les âmes harmonieuses aient des sentiments semblables entre elles parce que tous ces sentiments sont harmonieux, ces sentiments harmonieux sont variés indéfiniment en leur beauté pure parce qu'ils sont forts et parce qu'ils sont libres.

Dans la société qui n'était pas harmonieuse encore les sentiments de la santé paraissaient peu variés et peu nuancés parce qu'ils étaient la plupart étouffés ou diminués par les sentiments de la maladie; mais les sentiments de la santé sont variés indéfiniment, gradués indéfiniment, et nuancés indéfiniment pour la joie ou pour la douleur.

Et bien loin que dans la cité harmonieuse les âmes soient toutes pareilles entre elles parce que tous leurs sentiments sont harmonieux, les âmes harmonieuses naissent et croissent personnelles en force et en beauté, chacune selon ce qu'elle eſt.

Dans la société qui n'était pas harmonieuse encore les âmes saines paraissaient peu variées et peu nuancées parce qu'elles étaient la plupart étouffées ou diminuées par les malsaines, et qu'ainsi elles croissaient peu selon leur beauté personnelle; mais à présent que leur naissance et que leur croissance eſt libre et pure les âmes saines sont variées indéfiniment et nuancées indéfiniment pour leur joie et pour leur souffrance.

Car tous les sentiments de la santé sont disponibles à la vie des âmes.

Aucun sentiment de la santé n'eſt banni de la cité harmonieuse.

Ainsi les âmes harmonieuses naissent et croissent et se forment en force et selon la beauté qui leur eſt personnelle; car chaque âme a sa beauté qui lui eſt personnelle et selon qui elle se conforme.

Comme les semeurs de la cité harmonieuse n'ont pas inventé les grains pour les semailles et la forme des blés, ainsi les citoyens de la cité harmonieuse n'ont pas inventé la beauté personnelle des âmes et la forme des âmes; cette beauté personnelle et cette forme eſt naturelle à chaque âme.

Dans la société qui n'était pas harmonieuse encore la beauté personnelle des âmes était masquée pour la plupart de ces âmes par les sentiments de la maladie; mais il a suffi que ces sentiments parasitaires fussent morts et oubliés pour que vînt la naissance et la croissance des beautés personnelles.

Les parents n'ont pas dans la cité harmonieuse à enseigner à leurs enfants les sentiments de la santé;

mais les sentiments de la santé naissent et croissent tout seuls dans les familles aux âmes des enfants.

Les parents n'ont pas dans la cité harmonieuse à enseigner à leurs enfants la beauté personnelle de leur âme; les âmes des enfants croissent toutes seules dans les familles selon les beautés qui leur sont personnelles.

Ainsi chaque âme réalise au mieux dans la cité harmonieuse la beauté qui lui est personnelle, chaque âme réalise au mieux ce qu'elle est en beauté, chaque âme devient au mieux ce qu'elle est en beauté, chaque âme devient au mieux ce qu'elle *est*.

Dans la société qui n'était pas harmonieuse encore les âmes ne réalisaient pas les beautés qui leur étaient personnelles, elles ne réalisaient pas ce qu'elles étaient en beauté, elles ne devenaient pas ce qu'elles étaient en beauté, elles ne devenaient pas ce qu'elles *étaient;* elles n'atteignaient pas à leur forme et vivaient déformées.

En particulier les âmes individuelles dans la cité harmonieuse deviennent ce qu'elles *sont;* et elles *sont* variées indéfiniment en leurs beautés personnelles, variées indéfiniment pour les sentiments de la joie et pour les sentiments de la douleur et pour les sentiments qui ne sont pas de la douleur et qui ne sont pas de la joie, et tous ces sentiments sont si nuancés qu'ils satisfont à la vie des sentiments pour les âmes individuelles.

Ainsi les âmes individuelles sont personnelles dans la cité harmonieuse.

Mais les âmes individuelles ne sont pas les seules qui vivent en la cité harmonieuse; quand moins ou plus d'âmes individuelles unissent plus ou moins leur vie, elles forment des âmes collectives : telles sont les âmes familiales, telles sont les âmes amicales, telles sont les âmes nationales, telle est l'âme de la cité.

Ces âmes collectives sont personnelles en la cité harmonieuse.

Non-seulement les âmes individuelles sont personnelles dans la cité harmonieuse, mais elles y sont les éléments personnels des âmes collectives qui sont personnelles; ainsi les âmes individuelles sont élémentaires des âmes collectives, les sentiments individuels sont élémentaires des sentiments collectifs, et les volitions individuelles sont élémentaires des volitions collectives.

Les âmes individuelles sont unes et indivisibles; les âmes collectives sont plurielles et assez divisibles. Mais les âmes individuelles et les âmes collectives sont personnelles dans la cité harmonieuse.

Les âmes familiales sont des âmes collectives naturelles.

Dans la société qui n'était pas harmonieuse encore la plupart des familles naissaient, vivaient et mouraient sans que naquissent et vécussent leurs âmes familiales; mais dans la cité harmonieuse les âmes familiales naissent et vivent pour toutes les familles, et elles atteignent à leur forme sans déformer les âmes individuelles dont elles sont nées.

Ainsi chaque âme familiale réalise au mieux dans la cité harmonieuse la beauté qui lui est propre, la beauté qui lui est personnelle, chaque âme familiale réalise au mieux ce qu'elle est en beauté, chaque âme familiale devient au mieux ce qu'elle est en beauté, chaque âme familiale devient au mieux ce qu'elle est.

Les âmes amicales sont des âmes collectives naturelles et volontaires.

Dans la société qui n'était pas harmonieuse encore la plupart des camaraderies naissaient, croissaient, vivaient et mouraient sans que naquissent et vécussent leurs âmes amicales; mais dans la cité harmonieuse les âmes amicales naissent et vivent pour toutes les camaraderies, et elles atteignent à leur forme sans déformer les âmes individuelles dont elles sont nées.

Ainsi les âmes amicales réalisent au mieux dans la cité harmonieuse la beauté qui leur est personnelle, chaque âme amicale réalise au mieux ce qu'elle est en beauté, chaque âme amicale devient au mieux ce qu'elle est en beauté, chaque âme amicale devient au mieux ce qu'elle est.

Les âmes nationales sont des âmes collectives naturelles et volontaires.

Dans la société qui n'était pas harmonieuse encore la plupart des peuples naissaient, vivaient et mouraient sans que naquissent et vécussent leurs âmes nationales; mais dans la cité harmonieuse les âmes nationales naissent et vivent pour tous les peuples, et elles atteignent à leur forme sans déformer les âmes individuelles et les âmes familiales et les âmes amicales dont elles sont nées.

Ainsi les âmes nationales réalisent au mieux dans la cité harmonieuse la beauté qui leur est personnelle, chaque âme nationale réalise au mieux ce qu'elle est en beauté, chaque âme nationale devient au mieux ce qu'elle est en beauté, chaque âme nationale devient au mieux ce qu'elle est.

L'âme de la cité est une âme collective naturelle et volontaire.

Dans la société qui n'était pas harmonieuse encore les animalités et les humanités naissaient, vivaient et mouraient sans que naquît et sans que vécût une âme qui fût commune à ces animalités et à ces humanités; mais en la cité harmonieuse est née l'âme de la cité; cette âme vit et atteint à sa forme sans déformer les âmes individuelles et les âmes familiales et les âmes amicales et les âmes nationales dont elle est née.

Ainsi l'âme de la cité harmonieuse réalise au mieux la beauté qui lui est personnelle, l'âme de la cité réalise au mieux ce qu'elle est en beauté, l'âme de la cité devient au mieux ce qu'elle est en beauté, l'âme de la cité devient au mieux ce qu'elle est.

Les âmes collectives artistes, savants et philosophes sont des âmes collectives naturelles et volontaires.

Ainsi toutes les âmes, les âmes individuelles et les âmes familiales et les âmes amicales et les âmes nationales et les âmes artistes et les âmes savants et les âmes philosophes et l'âme de la cité, toutes les âmes individuelles et toutes les âmes collectives sont personnelles en la cité harmonieuse.

Toutes les âmes, les âmes individuelles et les âmes collectives, en la cité harmonieuse deviennent au mieux ce qu'elles sont, sans que jamais une seule âme soit déformée par les âmes ses voisines et ses concitoyennes, parce que toutes les âmes harmonieuses vivent en santé, parce que toutes les âmes harmonieuses sont harmonieuses entre elles.

Les citoyens de la cité harmonieuse n'ont pas inventé les âmes collectives; dans la société qui n'était pas harmonieuse encore il y avait des âmes familiales, des âmes amicales, des âmes nationales, il y avait des âmes artistes, des âmes savants et des âmes philosophes, il y avait l'âme de la France, et il y avait eu l'âme de la chrétienté. Mais dans la société qui n'était pas harmonieuse la plupart des âmes collectives ne naissaient pas; et de celles qui naissaient la plupart vivaient diminuées, précaires et déformées; elles n'atteignaient pas aux beautés qui leur étaient personnelles.

En la cité harmonieuse, toutes les âmes collectives naissent et croissent libres et pures en force et selon la beauté qui leur est personnelle.

La vie des sentiments est assez active aux âmes harmonieuses, individuelles ou collectives, parce que les sentiments qui nous paraissent les plus légers parmi ceux qui sont de la santé suffisent, quand ils croissent libres et purs, à emplir et à déborder les âmes vivantes.

C'est pour cela que les âmes harmonieuses n'ont pas besoin de savoir ce que c'est que les sentiments que nous connaissons comme étant les sentiments de la maladie pour que la vie de leurs sentiments soit active ainsi qu'il convient.

En particulier l'âme de la cité ne sait pas ce que c'est que les sentiments que nous connaissons comme étant les sentiments qui sont de la maladie ou qui furent de la maladie dans les animalités et dans les humanités passées.

L'âme de la cité harmonieuse est très ignorante : elle ignore tous les sentiments de la maladie.

En particulier, l'âme de la cité harmonieuse est une âme sans mémoire : elle ignore toute l'histoire de tous ces sentiments, parce que ce ne serait pas les ignorer bien que d'en savoir même l'histoire.

Ainsi l'âme de la cité harmonieuse n'a pas gardé la mémoire des haines et des jalousies, des rivalités et des mensonges dont les animalités passées et les humanités passées avaient souffert; l'âme de la cité harmonieuse n'a pas gardé la mémoire des charités et des justices par qui les animalités et les humanités passées tâchaient de réparer les haines et les jalousies.

Et comme les haines et les jalousies, les charités et les justices commandaient toute la vie des animalités et des humanités passées, l'âme de la cité harmonieuse n'a pas gardé la mémoire des animalités et des humanités qui l'avaient précédée.

En particulier, la cité harmonieuse n'a pas gardé la mémoire des animalités et des humanités qui l'avaient préparée, parce que si la cité avait gardé cette mémoire elle ne serait pas harmonieuse et qu'ainsi les anciens vivants animés n'auraient pas réussi à parfaire leur œuvre.

Si la cité avait gardé la mémoire des vivants animés qui l'ont préparée, elle aurait gardé la mémoire des vivants animés qui leur étaient voisins ou qui leur étaient contemporains, elle aurait gardé la mémoire de toutes les animalités et de toutes les humanités passées qu'elle aurait pu; ainsi elle aurait gardé la mémoire des charités passées et des justices passées, puisque la vie des anciens vivants animés était inséparable des charités et des justices; et ainsi elle aurait gardé la mémoire des haines passées et des jalousies passées, puisque les charités et les justices étaient les réparations tâchées de ces haines et de ces jalousies; et ainsi la cité ne serait pas sans avoir connaissance des charités et des justices, des haines et des jalousies; et ainsi la cité ne serait pas sans avoir quelque part aux charités et aux justices, aux haines et aux jalousies; elle ne serait pas sans avoir quelque part aux sentiments qui ne sont pas de la santé, elle ne serait pas la cité harmonieuse, et les vivants animés des générations passées n'auraient pas réussi à parfaire leur œuvre. La cité est harmonieuse en particulier parce qu'elle a oublié ceux qui l'ont préparée.

Et nous qui vivons dans la société non harmonieuse encore nous devons préparer la cité harmonieuse telle qu'elle nous ignore, qu'elle ne connaisse pas nos sentiments, et qu'elle ne sache pas nos efforts.

Les volitions des âmes dans la cité harmonieuse sont indépendantes et libres de tout, parce qu'il ne convient pas que les volitions soient commandées par ce qui pourrait déformer les âmes, en particulier par ce qui pourrait déformer les volitions; en particulier il ne convient pas que les volitions des âmes individuelles soient commandées par la cité, par un peuple, par un individu.

Rien d'extérieur aux âmes harmonieuses ne commande les volitions de ces âmes.

Rien d'extérieur aux âmes individuelles ne commande les volitions de ces âmes dans la cité harmonieuse.

Personne aussi n'a commandement sur les volitions des âmes individuelles dans la cité harmonieuse.

Les vouloirs des citoyens dans la cité harmonieuse ne sont pas tendus à leur procurer les sentiments et les passions de la maladie, puisque la cité harmonieuse ne connaît que les sentiments de la santé.

Les vouloirs des citoyens dans la cité harmonieuse ne sont pas tendus à leur procurer la vie corporelle, puisque la cité assure la vie corporelle à tous les citoyens.

Mais les vouloirs des citoyens ont pour objet d'assurer la vie corporelle de la cité harmonieuse, puis de vivre la vie intérieure et de participer au travail désintéressé.

Ainsi les citoyens de la cité harmonieuse ne connaissent pas les efforts par qui la plupart des vivants animés voulaient se procurer leur vie corporelle dans la société mésharmonieuse, efforts dont quelques-uns ne nous paraissent beaux et intéressants que parce que nous oublions l'étroitesse de leur objet.

Mais les vouloirs des citoyens dans la cité harmonieuse ne vont qu'à bien assurer la vie corporelle de la cité, puis à bien vivre la vie intérieure et bien participer au travail désintéressé.

Les vouloirs des citoyens dans la cité harmonieuse ne vont qu'à des fins harmonieuses.

Les citoyens de la cité harmonieuse ne savent pas ce que c'est que ce que nous connaissons comme étant les efforts individuels des individus malheureux pour se procurer leur vie corporelle dans la société mésharmonieuse, efforts dont nous admirons souvent le courage et la ténacité désespérée parce qu'ils sont devenus nécessaires dans la société bourgeoise, mais qui supposent des manques individuels, et qui sont inconnus de la cité harmonieuse parce qu'elle ne laisse manquer de rien les citoyens.

Mais les efforts et les vouloirs individuels ne sont pas moins beaux dans la cité harmonieuse, à présent qu'ils vont aux seules fins harmonieuses, à la vie intérieure et au travail désintéressé.

Ainsi les citoyens de la cité harmonieuse ne connaissent pas ce que nous connaissons comme étant les énergies sauvages, farouches, désespérées des lutteurs pour la vie corporelle; mais ils connaissent les vouloirs durables et les continûment lentes volitions des citoyens qui veulent la naissance et la vie des sentiments harmonieux, ils connaissent les vouloirs durables et les continûment lentes volitions des artistes, des savants et des philosophes qui veulent l'œuvre d'art, l'œuvre de science, l'œuvre de philosophie, l'œuvre désintéressée.

Il n'y a pas de désespoir, il n'y a pas de désespérance individuelle dans la cité harmonieuse où puisse trouver matière le courage individuel.

Mais la seule matière proposée au courage individuel dans la cité harmonieuse est la vie intérieure et le travail désintéressé.

Cette matière n'est pas insuffisante à ce que la vie des volitions soit dans les âmes harmonieuses active ainsi qu'il convient, puisque la vie intérieure dans la cité harmonieuse propose aux volitions tous les sentiments de la santé, des extrêmes joies de la présence aux suprêmes souffrances de l'absence, et puisque le travail à faire en art, en science et en philosophie est indéfini.

La matière et les fins harmonieuses ne sont pas insuffisantes à la vie des volitions dans les âmes harmonieuses.

Dans la société qui n'était pas harmonieuse encore les volitions des sentiments qui sont de la saine vie intérieure et les volitions du travail désintéressé paraissaient la plupart peu vivantes, parce qu'elles étaient la plupart écrasées par les volitions brutales de la lutte pour la vie corporelle et pour les passions de la maladie; mais dans la cité harmonieuse, à présent que les volitions mésharmonieuses sont mortes et que la mémoire même en est morte, les volitions harmonieuses emplissent et débordent les âmes vivantes.

Les volitions des âmes individuelles dans la cité harmonieuse sont pures, c'est-à-dire que les citoyens ne veulent que la fin de leurs volitions et ne veulent que pour la fin de leurs volitions.

Les citoyens de la cité harmonieuse ne pensent pas à vouloir mieux que leurs concitoyens, parce qu'ils sont les concitoyens et non pas les rivaux de leurs concitoyens, parce qu'ils veulent parmi leurs concitoyens et non pas contre leurs concitoyens, parce qu'il ne convient pas que les citoyens soient dérangés de leurs volitions par la pensée qu'ils veulent mieux que leurs concitoyens.

Si les citoyens voulaient pour vouloir mieux que leurs

concitoyens, leurs volitions seraient mêlées d'un élément étranger, et déformées; mais les citoyens de la cité harmonieuse veulent ce qu'ils veulent pour ce qu'ils veulent.

Ainsi la cité harmonieuse n'eſt pas la cité des émulations pour le vouloir, parce qu'elle n'eſt pas la cité des citoyens jaloux pour le vouloir, mais la cité des bons citoyens.

Et les citoyens de la cité harmonieuse ne pensent pas à vouloir pour se donner ce que nous appelons dans la société bourgeoise *de la renommée* ou ce que nous y appelons *de la gloire,* parce que la renommée eſt vaine et parce que la gloire eſt vaine, parce qu'il n'importe pas que nos volitions soient connues comme étant de nous pourvu que nous les ayons faites du mieux que nous avons pu, parce qu'il ne convient pas que les citoyens soient dérangés de leurs volitions par la pensée qu'ils en auront de la renommée ou qu'ils en auront de la gloire.

Si les citoyens voulaient pour avoir de la renommée ou pour avoir de la gloire, leurs volitions seraient mêlées d'un élément étranger, et déformées; mais les citoyens de la cité harmonieuse veulent ce qu'ils veulent pour ce qu'ils veulent.

Ainsi la cité harmonieuse n'eſt pas la cité des émulations pour le vouloir glorieux, parce qu'elle n'eſt pas la cité des citoyens jaloux pour la renommée ou jaloux pour la gloire, mais la cité des bons citoyens.

Et les citoyens de la cité harmonieuse ne pensent pas à vouloir pour se donner ce que nous appelons dans la société bourgeoise *du mérite,* parce que le mérite suppose le calcul des volitions et que les volitions sont incalculables, parce que le souci du mérite eſt vain, parce que c'eſt déjà démériter que désirer ou que vouloir mériter, parce qu'il n'importe pas que nos volitions soient méritoires, comme on dit, parce qu'il n'importe pas que nous ayons mérité en les faisant, pourvu que nous les ayons faites du mieux que nous avons pu, parce qu'il ne convient pas que les citoyens soient dérangés de leurs volitions par la pensée qu'ils en auront du mérite.

Si les citoyens voulaient pour avoir du mérite, leurs volitions seraient mêlées d'un élément étranger, et déformées; mais les citoyens de la cité harmonieuse veulent ce qu'ils veulent pour ce qu'ils veulent.

Ainsi la cité harmonieuse n'est pas la cité des émulations pour les volitions méritoires, parce qu'elle n'est pas la cité des citoyens jaloux pour le mérite, mais la cité des bons citoyens.

Enfin les citoyens de la cité harmonieuse ne pensent pas à vouloir pour se donner une volonté plus ferme, et plus forte, une volonté plus vivante, pour s'exercer la volonté, comme on disait dans la société mésharmonieuse, parce qu'il ne convient pas que les citoyens soient dérangés de leurs volitions par la pensée que leur volonté en sera exercée; d'ailleurs les citoyens de la cité harmonieuse n'ont pas peur que leurs volontés soient jamais défaillantes; les volontés des âmes harmonieuses n'ont besoin d'aucun exercice.

Si les citoyens voulaient pour exercer leur volonté, leurs volitions seraient mêlées d'un élément étranger, et déformées; mais les citoyens de la cité harmonieuse veulent ce qu'ils veulent pour ce qu'ils veulent.

Ainsi la cité harmonieuse n'est pas la cité des exercices pour la volonté, parce qu'elle n'est pas la cité des citoyens qui aient besoin d'exercice, mais la cité des bons citoyens.

Tous les éléments étrangers sont bannis des volitions dans la cité harmonieuse; les volitions des âmes harmonieuses sont pures d'éléments étrangers; les citoyens de la cité harmonieuse veulent la fin de leurs volitions pour la fin de leurs volitions.

Les volitions des âmes harmonieuses sont harmonieuses entre elles, c'est-à-dire que les volitions d'une âme harmonieuse ne déforment jamais les volitions d'une seule âme harmonieuse.

En particulier, les volitions des âmes individuelles ne sont jamais déformées par les volitions des âmes individuelles qui leur sont concitoyennes ou par les volitions des âmes collectives.

Les vouloirs des âmes harmonieuses ne vont aux fins harmonieuses que par des moyens harmonieux.

Ainsi les volitions des âmes individuelles dans la cité harmonieuse sont indépendantes et libres de tout; elles sont pures de tout élément étranger; elles sont harmonieuses à toutes les volitions des âmes individuelles qui leur sont concitoyennes et des âmes collectives.

Les volitions d'une seule âme harmonieuse sont harmonieuses entre elles; ainsi les volitions d'une âme harmonieuse ne se démentent pas entre elles et ne se contrarient pas.

Les volitions d'une âme individuelle harmonieuse n'interviennent pas dans la vie de cette âme comme des éléments étrangers, comme des éléments importés du dehors, mais elles sont des éléments intérieurs aux âmes harmonieuses.

Les volitions d'une âme individuelle harmonieuse lui viennent du dedans, de son dedans.

Les volitions d'une âme individuelle harmonieuse n'interviennent pas dans la vie de cette âme comme des éléments non vivants, comme des éléments morts ou comme des éléments qui ne sont pas nés, mais elles sont des éléments vivants dans les âmes vivantes.

Les volitions d'une âme individuelle harmonieuse lui sont vivantes en sa vie harmonieuse.

Les volitions d'une âme individuelle harmonieuse n'interviennent pas dans la vie de cette âme comme des sursauts, mais elles sont des éléments continus dans les âmes à la vie continue.

Les volitions d'une âme individuelle harmonieuse lui sont continues en sa vie continûment harmonieuse.

Ainsi les citoyens de la cité harmonieuse ne connaissent pas les volitions étrangères, les volitions non vivantes, les volitions brusques et soudaines; les volitions des âmes harmonieuses leur sont intérieures et personnelles, vivantes, continues.

Les décisions des âmes individuelles harmonieuses ne sont pas prises, comme on disait dans la société désharmonieuse, à la majorité des mobiles ou des motifs, mais les volitions sont voulues par les âmes individuelles harmonieuses quand elles sont mûres pour que les âmes les veulent.

Ainsi les citoyens de la cité harmonieuse ne connaissent pas la mise en balance des mobiles et des motifs, parce que cette mise en balance est fondée sur le calcul des mobiles et motifs, et que la valeur des mobiles et des motifs est incalculable.

Mais les volitions des âmes harmonieuses sont les maturations des éléments vivants en ces âmes vivantes.

Les volitions ne sont pas survenantes à la vie des âmes harmonieuses, mais elles sont présentes et demeurantes en la vie de ces âmes.

Les volitions des âmes individuelles harmonieuses ne sont pas survenantes à la vie des sentiments harmonieux, mais elles sont présentes et demeurantes en ces sentiments vivants.

Les volitions harmonieuses des âmes individuelles sont inséparablement et continûment fondues aux sentiments harmonieux; et ainsi naissent et croissent les vies intérieures des âmes individuelles dans la cité harmonieuse.

L'effet des volitions harmonieuses aux âmes individuelles est que ces âmes naissent et croissent en force et selon la beauté qui leur est personnelle.

L'effet des volitions harmonieuses aux âmes individuelles est que ces âmes deviennent au mieux ce qu'elles *sont*.

Comme les âmes individuelles sont élémentaires des âmes collectives, en particulier comme les sentiments individuels sont élémentaires des sentiments collectifs, ainsi en particulier les volitions individuelles sont élémentaires des volitions collectives.

Ainsi les volitions individuelles sont élémentaires des volitions familiales, des volitions amicales, des volitions nationales, et des volitions que veut la cité; les volitions familiales et les volitions amicales sont élémentaires des volitions nationales et des volitions que veut la cité; les volitions nationales sont élémentaires des volitions que veut la cité.

Les volitions individuelles sont unes et indivisibles; les volitions collectives sont plurielles et assez divisibles.

Les volitions des âmes collectives dans la cité harmonieuse sont indépendantes et libres de tout comme les volitions des âmes individuelles, parce qu'il ne convient pas que les volitions des âmes collectives soient commandées par ce qui pourrait déformer les âmes collectives, en particulier par ce qui pourrait déformer les volitions des âmes collectives.

Rien d'extérieur aux âmes collectives ne commande les volitions de ces âmes dans la cité harmonieuse.

Personne aussi n'a commandement sur les volitions des âmes collectives dans la cité harmonieuse.

Ainsi les âmes familiales et les âmes amicales et les âmes nationales et l'âme de la cité ne sont commandées par aucune âme individuelle ou collective dans la cité harmonieuse.

Les vouloirs des âmes collectives dans la cité harmonieuse ne sont pas tendus à leur procurer les sentiments et les passions de la maladie, puisque la cité harmonieuse ne connaît que les sentiments de la santé.

Les vouloirs des âmes familiales, des âmes amicales et des âmes nationales dans la cité harmonieuse ne sont pas tendus à procurer la vie corporelle aux familles, aux amis, et aux nations, puisque la cité assure la vie corporelle à tous les citoyens.

La cité harmonieuse veut assurer la vie corporelle à tous les citoyens, pour que toutes les âmes harmonieuses vivent la vie intérieure et puissent participer au travail désintéressé.

Ainsi les âmes individuelles et collectives de la cité harmonieuse ne connaissent pas les efforts par qui la plupart des familles, des amitiés, des nations voulaient se procurer leur vie corporelle dans la société mésharmonieuse, efforts dont quelques-uns ne nous paraissent beaux et intéressants que parce que nous oublions l'étroitesse de leur objet.

Mais les vouloirs des âmes familiales, des âmes amicales, et des âmes nationales ne vont qu'à bien assurer la vie corporelle de la cité, puis à bien vivre la vie intérieure et bien participer au travail désintéressé.

Les vouloirs de la cité harmonieuse ne vont qu'à bien assurer la vie corporelle des citoyens, puis à bien vivre la vie intérieure et bien participer au travail désintéressé.

Les vouloirs des âmes collectives harmonieuses ne vont qu'à des fins harmonieuses.

Les âmes harmonieuses ne savent pas ce que c'est que ce que nous connaissons comme étant les efforts collectifs des familles, des camaraderies et des nations malheureuses pour se procurer leur vie corporelle dans la société mésharmonieuse, efforts dont nous admirons souvent le courage et la ténacité désespérée parce qu'ils sont devenus nécessaires dans la société bourgeoise, mais qui supposent des manques particuliers, et qui sont inconnus de la cité harmonieuse parce qu'elle ne laisse manquer de rien les citoyens.

Mais les efforts et les vouloirs collectifs ne sont pas moins beaux dans la cité harmonieuse, à présent qu'ils vont aux seules fins harmonieuses, à la vie intérieure et au travail désintéressé.

Et les efforts et les vouloirs de la cité harmonieuse sont beaux, efforts et vouloirs qui vont aux fins harmonieuses.

Ainsi les âmes harmonieuses ne connaissent pas ce que nous connaissons comme étant les énergies sauvages, farouches, désespérées des familles, des amis, des nations qui luttent pour la vie corporelle; mais ils connaissent les vouloirs perdurables et les continûment lentes volitions des familles, des amitiés, des nations, de la cité, qui veulent la naissance et la vie des sentiments harmonieux; ils connaissent les vouloirs perdurables et les continûment lentes volitions des artistes, des savants et des philosophes qui dans les familles, dans les amitiés, dans les nations, dans la cité, veulent l'œuvre d'art, l'œuvre de science, l'œuvre de philosophie, l'œuvre désintéressée.

Il n'y a pas de désespoir, il n'y a pas de désespérance collective dans la cité harmonieuse où puisse trouver matière le courage des âmes collectives.

Mais la seule matière proposée au courage collectif dans la cité harmonieuse est la vie intérieure et le travail désintéressé.

Cette matière n'est pas insuffisante à ce que la vie des volitions soit dans les âmes harmonieuses active ainsi qu'il convient, puisque la vie intérieure dans la cité harmonieuse propose aux volitions individuelles et collectives tous les sentiments de la santé, des extrêmes joies de la présence aux suprêmes souffrances de l'absence, et puisque le travail à faire, individuel ou collectif, en art, en science et en philosophie est indéfini.

La matière et les fins harmonieuses ne sont pas insuffisantes à la vie des volitions dans les âmes harmonieuses.

Dans la cité harmonieuse, à présent que les volitions mésharmonieuses sont mortes et que la mémoire en est morte, les volitions harmonieuses emplissent et débordent les âmes vivantes, puisqu'elles ne sont plus écrasées par les volitions brutales de la lutte pour la vie corporelle et pour les passions de la maladie.

Les volitions des âmes collectives dans la cité harmonieuse sont pures comme les volitions des âmes individuelles, c'est-à-dire que les âmes collectives ne veulent que la fin de leurs volitions et ne veulent que pour la fin de leurs volitions.

Les âmes collectives de la cité harmonieuse, les âmes familiales, amicales, nationales ne pensent pas à vouloir mieux que les âmes qui leur sont concitoyennes, parce qu'elles sont les concitoyennes et non pas les rivales des âmes leurs concitoyennes, parce qu'elles veulent parmi leurs concitoyennes les âmes et non pas contre leurs concitoyennes, parce qu'il ne convient pas que les âmes soient dérangées de leurs volitions par la pensée qu'elles veulent mieux que leurs concitoyennes.

Si les âmes voulaient pour vouloir mieux que leurs concitoyennes, leurs volitions seraient mêlées d'un élément étranger, et déformées; mais les âmes harmonieuses, individuelles et collectives, veulent ce quelles veulent pour ce qu'elles veulent.

Ainsi la cité harmonieuse n'est pas la cité des émulations pour le vouloir, parce qu'elle n'est pas la cité des âmes jalouses pour le vouloir, mais la cité des âmes bonnes citoyennes, des bonnes âmes, des âmes harmonieuses.

L'âme de la cité harmonieuse est d'ailleurs incomparable à toutes les âmes citoyennes; comme les âmes citoyennes harmonieuses elle veut du mieux qu'elle peut, de son mieux.

Et les âmes collectives de la cité harmonieuse, les âmes familiales, amicales, nationales ne pensent pas à vouloir pour se donner ce que nous appelons dans la société bourgeoise *de la renommée* ou ce que nous y appelons *de la gloire,* parce que la renommée est vaine et parce que la gloire est vaine, parce qu'il n'importe pas que nos volitions individuelles ou collectives soient connues comme étant de nous pourvu que nous les ayons faites du mieux que nous avons pu, parce qu'il ne convient pas que les âmes soient dérangées de leurs volitions par la pensée qu'elles en auront de la renommée ou qu'elles en auront de la gloire.

Si les âmes voulaient pour avoir de la renommée ou pour avoir de la gloire, leurs volitions seraient mêlées d'un élément étranger, et déformées; mais les âmes harmonieuses, individuelles et collectives, veulent ce qu'elles veulent pour ce qu'elles veulent.

Ainsi la cité harmonieuse n'est pas la cité des émulations pour le vouloir glorieux, parce qu'elle n'est pas la cité des âmes jalouses pour la renommée ou jalouses pour la gloire, mais la cité des bonnes âmes.

L'âme de la cité harmonieuse, comme les âmes citoyennes harmonieuses, veut de son mieux.

Et les âmes collectives de la cité harmonieuse, les âmes familiales, amicales, nationales ne pensent pas à vouloir pour se donner ce que nous appelons dans la société bourgeoise *du mérite,* parce que le mérite suppose le calcul des volitions et que les volitions individuelles ou collectives sont incalculables, parce que le souci du mérite est vain, parce que c'est déjà démériter que désirer ou que vouloir mériter, parce qu'il n'importe pas que nos volitions individuelles ou collectives soient, comme on dit, méritoires, parce qu'il n'importe pas que nous ayons mérité en les faisant, pourvu que nous les ayons faites du mieux que nous avons pu, parce qu'il ne convient pas que les âmes soient dérangées dans leurs volitions par la pensée qu'elles en auront du mérite.

Si les âmes voulaient pour avoir du mérite, leurs volitions seraient mêlées d'un élément étranger, et déformées; mais les âmes harmonieuses, individuelles et collectives, veulent ce qu'elles veulent pour ce qu'elles veulent.

Ainsi la cité harmonieuse n'est pas la cité des émulations pour les volitions méritoires, parce qu'elle n'est pas la cité des âmes jalouses pour le mérite, mais la cité des bonnes âmes.

L'âme de la cité harmonieuse, comme les âmes citoyennes harmonieuses, veut de son mieux.

Enfin les âmes collectives de la cité harmonieuse, les âmes familiales, amicales, nationales ne pensent pas à vouloir pour se donner une volonté plus ferme, et plus forte, une volonté plus vivante, pour s'exercer la volonté, comme on disait dans la société mésharmonieuse, parce qu'il ne convient pas que les âmes soient dérangées de leurs volitions par la pensée que leur volonté en sera exercée; d'ailleurs les âmes harmonieuses n'ont pas peur que leurs volontés soient jamais défaillantes; les volontés des âmes harmonieuses n'ont besoin d'aucun exercice.

Si les âmes voulaient pour exercer leur volonté, leurs volitions seraient mêlées d'un élément étranger, et déformées; mais les âmes harmonieuses, individuelles et collectives, veulent ce qu'elles veulent pour ce qu'elles veulent.

Ainsi la cité harmonieuse n'est pas la cité des exercices pour la volonté, parce qu'elle n'est pas la cité des âmes qui aient besoin d'exercice, mais la cité des bonnes âmes.

L'âme de la cité harmonieuse, comme les âmes citoyennes harmonieuses, veut de son mieux.

Tous les éléments étrangers sont bannis des volitions dans la cité harmonieuse; les volitions des âmes harmonieuses individuelles et collectives sont pures d'éléments étrangers; les citoyens de la cité harmonieuse, les âmes harmonieuses veulent la fin de leurs volitions pour la fin de leurs volitions.

Les volitions des âmes harmonieuses, individuelles et collectives, sont harmonieuses entre elles, c'est-à-dire que les volitions des âmes se forment sans déformer les volitions des âmes leurs concitoyennes.

L'âme de la cité harmonieuse est harmonieuse aux âmes citoyennes, c'est-à-dire que ses volitions se forment sans déformer les volitions des âmes citoyennes.

Les vouloirs des âmes harmonieuses individuelles et collectives ne vont aux fins harmonieuses que par les moyens harmonieux.

Ainsi les volitions des âmes harmonieuses individuelles et collectives sont indépendantes et libres de tout; elles sont pures de tous éléments étrangers; elles sont harmonieuses entre elles dans la même âme et d'âmes en âmes.

Les volitions des âmes harmonieuses individuelles et collectives n'interviennent pas dans la vie des âmes comme des éléments étrangers, comme des éléments importés du dehors, mais elles sont des éléments intérieurs aux âmes harmonieuses.

Les volitions des âmes harmonieuses leur viennent du dedans, de leur dedans.

Les volitions des âmes harmonieuses individuelles et collectives n'interviennent pas dans la vie des âmes comme des éléments non vivants, comme des éléments morts ou comme des éléments qui ne sont pas nés, mais elles sont des éléments vivants dans les âmes vivantes.

Les volitions des âmes harmonieuses leur sont vivantes en leur vie harmonieuse.

Les volitions des âmes harmonieuses individuelles et collectives n'interviennent pas dans la vie des âmes comme des sursauts, mais elles sont des éléments continus dans les âmes à la vie continue.

Les volitions des âmes harmonieuses leur sont continues en leur vie continûment harmonieuse.

Ainsi les âmes harmonieuses individuelles et collectives ne connaissent pas les volitions désespérées, les volitions commandées, les volitions étrangères, les volitions non vivantes, les volitions brusques et soudaines; les volitions des âmes harmonieuses leur sont intérieures et personnelles, vivantes, continues.

Les décisions des âmes harmonieuses individuelles et collectives ne sont pas prises, comme on disait dans la société désharmonieuse, *à la majorité des suffrages,* mais les volitions sont voulues par les âmes harmonieuses quand elles sont mûres pour que les âmes les veulent, quand elles sont en forme à ce que les âmes s'y conforment.

Ainsi les âmes citoyennes en la cité harmonieuse ne connaissent pas la mise en balance des *suffrages,* la comparaison des *votes, la loi des majorités, le respect des minorités, les scrutins,* parce que cette mise en balance est fondée sur le calcul des suffrages, et que la valeur des suffrages est incalculable.

Mais les volitions des âmes harmonieuses individuelles et collectives sont les maturations des éléments vivants en ces âmes vivantes.

Les volitions ne sont pas survenantes à la vie des âmes harmonieuses, mais elles sont présentes et demeurantes en la vie de ces âmes.

Les volitions des âmes harmonieuses individuelles et collectives ne sont pas survenantes à la vie des sentiments harmonieux, mais elles sont présentes et demeurantes aux sentiments vivants.

Les volitions harmonieuses des âmes individuelles et des âmes collectives sont inséparablement et continûment fondues aux sentiments harmonieux; et ainsi naissent et croissent les vies intérieures des âmes harmonieuses, ainsi est fait le travail désintéressé dans la cité harmonieuse.

L'effet des volitions harmonieuses aux âmes individuelles et collectives est que les âmes harmonieuses naissent et croissent en force et selon la beauté qui leur est personnelle, et qu'elles font le travail désintéressé.

L'effet des volitions harmonieuses aux âmes harmonieuses est que ces âmes deviennent au mieux ce qu'elles *sont* et font de leur mieux le travail désintéressé.

Le travail désintéressé est le travail que les citoyens font quand la vie corporelle de la cité est assurée.

Ainsi l'art, la science, la philosophie sont des travaux désintéressés.

Le travail désintéressé est fait pendant le long loisir que la cité harmonieuse laisse aux citoyens.

Le travail désintéressé partage avec la vie intérieure le loisir des citoyens.

Le travail désintéressé est indépendant et libre de tout dans la cité harmonieuse, parce qu'il ne convient pas que le travail désintéressé soit commandé par ce qui pourrait en déformer l'œuvre ou l'effet; en particulier il ne convient pas que même un seul travail désintéressé soit commandé par un individu, par un peuple, par la cité.

Ainsi l'art, la science, la philosophie sont dans la cité harmonieuse des travaux indépendants et libres faits par des travailleurs volontaires.

Les citoyens de la cité harmonieuse, les âmes harmonieuses individuelles et collectives partagent comme ils veulent de leur mieux leur loisir à la vie intérieure et au travail désintéressé.

Comme les ouvriers de la cité harmonieuse n'ont pas inventé la matière proposée à leur activité, comme les citoyens de la cité harmonieuse n'ont pas inventé les sentiments de la santé, ainsi les citoyens de la cité harmonieuse n'ont pas inventé le travail désintéressé, mais l'ont reçu en héritage de la société désharmonieuse.

Ainsi l'art, la science, la philosophie sont venus en héritage aux citoyens de la cité harmonieuse.

Je nomme ainsi le travail « désintéressé » parce que ce travail n'est pas nécessaire pour que les ouvriers assurent la vie corporelle de la cité harmonieuse et pour que la cité assure la vie corporelle des citoyens.

L'art, la science, la philosophie ne sont pas nécessaires pour que les vies corporelles soient assurées dans la cité.

L'art, la science, la philosophie ne tendent pas à ce que les vies corporelles soient assurées dans la cité.

L'art est le travail par quoi les artistes font les œuvres d'art.

Les œuvres d'art sont indépendantes et libres de tout dans la cité harmonieuse, parce qu'il ne convient pas que l'art soit commandé par ce qui pourrait en déformer les œuvres; en particulier, il ne convient pas qu'un seul travail d'art soit commandé par la cité, par un peuple, par un individu.

Rien d'extérieur aux œuvres d'art ne commande le travail des artistes.

Personne aussi n'a commandement sur le travail des artistes.

Dans la cité harmonieuse, les artistes ne font pas les œuvres d'art pour assurer leur vie corporelle, parce qu'il ne convient pas que les artistes soient dérangés de leur travail par le souci d'assurer leur vie corporelle; mais s'ils sont ouvriers ils travaillent pour assurer la vie corporelle de la cité, comme citoyens, ils ont leur vie corporelle assurée par la cité harmonieuse, et comme artistes, ils font les œuvres d'art.

Dans la cité harmonieuse les artistes ne font pas les œuvres d'art pour assurer la vie corporelle de personnes autour d'eux, parce qu'il ne convient pas que les artistes soient dérangés de leur travail, et puisque la cité harmonieuse assure la vie corporelle à tous les citoyens.

Ainsi les artistes sont soustraits dans la cité harmonieuse à tout souci d'assurer la vie corporelle.

Le travail des artistes est pur dans la cité harmonieuse, c'est-à-dire que les artistes ne travaillent que pour faire de leur mieux les œuvres d'art.

Les artistes ne pensent pas à travailler mieux que les artistes qui leur sont concitoyens, parce qu'ils sont les concitoyens et non pas les rivaux des artistes leurs concitoyens, parce qu'ils travaillent parmi leurs concitoyens les artistes et non pas contre leurs concitoyens, parce qu'il ne convient pas que les artistes soient dérangés de leur travail par la pensée qu'ils travaillent mieux que leurs concitoyens.

Si les artistes travaillaient pour travailler mieux que leurs concitoyens, leurs travaux seraient mêlés d'un élément étranger, et leurs œuvres en seraient déformées; mais les artistes dans la cité harmonieuse travaillent à faire de leur mieux les œuvres d'art.

Ainsi la cité harmonieuse n'est pas la cité des émulations pour les œuvres d'art, parce qu'elle n'est pas la cité des âmes jalouses pour les œuvres d'art, mais la cité des bons artistes.

Et les artistes ne pensent pas dans la cité harmonieuse à travailler pour se donner ce que nous appelons dans la société bourgeoise *de la renommée* ou ce que nous y appelons *de la gloire,* parce que la renommée est vaine et parce que la gloire est vaine, parce qu'il n'importe pas que nos œuvres soient au bas signées de nos noms pourvu que nous les ayons faites du mieux que nous avons pu, parce qu'il ne convient pas que les artistes soient dérangés de leur travail par la pensée qu'ils en auront de la renommée ou qu'ils en auront de la gloire.

Si les artistes travaillaient pour avoir de la renommée ou pour avoir de la gloire, leurs travaux seraient mêlés d'un élément étranger, et leurs œuvres en seraient déformées; mais les artistes dans la cité harmonieuse travaillent à faire de leur mieux les œuvres d'art.

Ainsi la cité harmonieuse n'est pas la cité des émulations pour les œuvres d'art glorieuses, parce qu'elle n'est pas la cité des âmes jalouses pour la renommée ou jalouses pour la gloire, mais la cité des bons artistes.

Et les artistes ne pensent pas dans la cité harmonieuse à travailler pour se donner ce que nous appelons dans la société bourgeoise *du mérite,* parce que le mérite suppose le calcul des valeurs et que les valeurs d'art sont incalculables, parce que le souci du mérite est vain, parce que c'est déjà démériter que désirer ou que vouloir mériter, parce qu'il n'importe pas que nos œuvres soient, comme on dit, méritoires, parce qu'il n'importe pas que nous ayons mérité en les faisant, pourvu que nous les ayons faites du mieux que nous avons pu, parce qu'il ne convient pas que les artistes soient distraits de leurs volitions et de leurs travaux par la pensée qu'ils en auront du mérite.

Si les artistes travaillaient pour avoir du mérite, leurs travaux seraient mêlés d'un élément étranger, et leurs œuvres en seraient déformées; mais les artistes dans la cité harmonieuse travaillent à faire de leur mieux les œuvres d'art.

Ainsi la cité harmonieuse n'est pas la cité des émulations pour les œuvres d'art méritoires, parce qu'elle n'est pas la cité des âmes jalouses pour le mérite, mais la cité des bons artistes.

Enfin les artistes ne pensent pas dans la cité harmonieuse à travailler pour se donner un exercice d'art, pour s'exercer le génie ou le talent, comme on disait dans la société désharmonieuse, parce qu'il ne convient pas que les artistes soient dérangés de leur travail par la pensée qu'ils en auront de l'exercice.

Si les artistes travaillaient pour exercer leur génie ou leur talent, leurs travaux seraient mêlés d'un élément étranger, et leurs œuvres en seraient déformées; mais les artistes dans la cité harmonieuse travaillent à faire de leur mieux les œuvres d'art.

Ainsi la cité harmonieuse n'est pas la cité des émulations ou des exercices pour le génie ou pour le talent parce que la cité harmonieuse est la cité des bons artistes.

Tous les éléments étrangers sont bannis des œuvres dans la cité harmonieuse; les œuvres d'art individuelles et collectives sont dans la cité harmonieuse pures d'éléments étrangers; les artistes dans la cité harmonieuse travaillent de leur mieux à faire les œuvres d'art.

Les œuvres d'art sont faites pour elles-mêmes en la cité harmonieuse.

En particulier, les œuvres de l'art ne sont pas faites pour donner aux citoyens de la cité harmonieuse le renseignement sur le réel comme il eﬆ proposé à leur connaissance, parce que cette fonction eﬆ la fonction de la science; mais les œuvres de l'art sont faites pour elles-mêmes et ainsi elles donnent aux citoyens de la cité harmonieuse des renseignements sur le réel proposé à la connaissance des artiﬆes.

Le réel proposé à la connaissance des artiﬆes eﬆ la matière où les artiﬆes choisissent la matière de leurs œuvres; et par le travail des artiﬆes la matière de l'art devient l'œuvre de l'art sans avoir été faussée, par le travail des artiﬆes la matière de l'art eﬆ mise en forme d'art sans avoir été déformée de sa forme.

Les œuvres d'art sont faites pour elles-mêmes dans la cité harmonieuse par les artiﬆes, et ainsi elles donnent aux citoyens des renseignements sur la matière proposée à la connaissance et au travail des artiﬆes.

Et en particulier les œuvres d'art ne sont pas faites pour donner aux citoyens de la cité harmonieuse le sentiment et la connaissance de la beauté, parce que le sentiment et la connaissance de la beauté viennent sans art aux citoyens de la cité harmonieuse; mais les œuvres de l'art sont faites pour elles-mêmes et ainsi elles donnent aux citoyens de la cité harmonieuse une ressouvenance, un ressentiment de la beauté.

La beauté proposée au désir de l'artiﬆe n'eﬆ pas comme un idéal où il choisirait la forme de son œuvre; mais l'œuvre naît et croît en l'âme de l'artiﬆe en force et selon la beauté qui lui eﬆ personnelle.

L'œuvre d'art eﬆ faite pour elle-même en la cité harmonieuse, et ainsi elle donne aux citoyens la ressouvenance de la beauté.

Les œuvres des artiﬆes individuels et collectifs dans la cité harmonieuse sont harmonieuses entre elles, c'eﬆ-à-dire que les œuvres des artistes se forment sans déformer les œuvres des artistes leurs concitoyens.

Les œuvres harmonieuses d'art ne déforment jamais les œuvres leurs concitoyennes.

Ainsi les œuvres des artistes individuels et collectifs dans la cité harmonieuse sont indépendantes et libres de tout; elles sont pures de tous éléments étrangers; elles sont faites pour elles-mêmes; elles sont harmonieuses entre elles dans la même âme et d'âmes en âmes.

Les œuvres des artistes individuels et collectifs dans la cité harmonieuse n'interviennent pas dans la vie des artistes comme des éléments étrangers, comme des éléments importés du dehors, mais elles naissent et croissent intérieures aux âmes harmonieuses.

Les œuvres des artistes leur viennent du dedans, de leur dedans.

Les œuvres des artistes individuels et collectifs dans la cité harmonieuse n'interviennent pas dans la vie des artistes comme des éléments non vivants, comme des éléments morts ou comme des éléments qui ne sont pas nés, mais elles naissent et vivent dans les âmes vivantes.

Les œuvres des artistes leur sont vivantes en leur vie harmonieuse.

Les œuvres des artistes individuels et collectifs dans la cité harmonieuse n'interviennent pas dans la vie des artistes comme des sursauts, mais elles naissent et jusqu'à ce qu'elles soient devenues parfaites elles vivent continûment dans les âmes à la vie continue.

Les œuvres des artistes leur sont continues en leur vie continûment harmonieuse de l'époque où elles sont nées à l'époque où elles sont devenues parfaites.

Ainsi les âmes harmonieuses individuelles et collectives ne connaissent pas les œuvres d'art commandées, les œuvres d'art étrangères, les œuvres d'art non vivantes, les œuvres d'art brusques et soudaines; les œuvres d'art naissent et sont dans la cité harmonieuse intérieures et personnelles aux âmes, vivantes aux âmes vivantes, continues aux âmes continues.

Les artistes dans la cité harmonieuse ont parmi les citoyens connaissance du réel proposé à la connaissance des citoyens, c'est-à-dire qu'ils connaissent de leur mieux les non-vivants, les vivants non animés et les vivants animés; ils connaissent en particulier les sentiments et les volitions des vivants animés.

Le réel ainsi connu est la matière d'où naissent et croissent les œuvres d'art.

Puisque les non-vivants ne sont pas matière à la santé ou à la maladie, et puisque les maladies des vivants sont bannies de la cité harmonieuse, les citoyens de la cité harmonieuse et en particulier les artistes ne connaissent pas ce que nous nommons dans la société mésharmonieuse *les maladies.*

Ainsi le réel proposé à la connaissance des artistes dans la cité harmonieuse est du réel en santé ou du moins du réel sans maladie.

Le réel d'où naissent et croissent les œuvres d'art dans la cité harmonieuse est du réel sans maladie et le plus souvent du réel en santé.

Le réel ainsi connu par les artistes dans la cité harmonieuse, étant du réel sans maladie et pour la plupart du réel en santé, est connu d'une connaissance elle-même saine et qui est un élément en santé dans les âmes à la vie saine.

Ainsi les âmes des artistes ne sont pas déformées par la connaissance du réel d'où naissent et croissent les œuvres d'art.

Le réel ainsi connu des artistes en la cité harmonieuse est la matière d'où naissent les œuvres d'art.

Comme les corps des vivants naissants naissent dans les corps des vivants adultes, et comme les âmes des vivants animés naissants naissent aux âmes des vivants animés adultes, presque ainsi les œuvres d'art naissent aux âmes des artistes. Le réel connu des artistes se forme en leur âme en naissance d'art, en naissance d'œuvre, en œuvre d'art naissante, et puisque ce réel est en santé dans la cité harmonieuse l'œuvre aussi est en santé à sa naissance, l'œuvre naît en santé.

Ainsi les œuvres d'art naissent en santé aux âmes des artistes en la cité harmonieuse.

Et que la naissance des œuvres soit douloureuse ou non, elle est saine.

Tandis que les corps des vivants qui sont nés ne demeurent pas jusqu'à la fin de leur adolescence dans les corps où ils sont nés, tandis que les âmes des vivants animés se séparent en partie avant la fin de l'adolescence, les œuvres d'art qui sont nées demeurent jusqu'à ce qu'elles soient parfaites aux âmes des artistes qui les ont conçues.

Ainsi les œuvres nées aux âmes des artistes croissent en ces âmes leur entière adolescence.

Dans la cité harmonieuse les œuvres naissent et croissent aux âmes des artistes en force et selon la beauté qui leur est personnelle jusqu'à ce qu'elles aient fini leur adolescence et qu'elles soient devenues adultes, jusqu'à ce qu'elles soient devenues parfaites, jusqu'à ce qu'elles soient devenues conformes à leur beauté personnelle.

Dans la cité harmonieuse les artistes aiment et veulent la naissance et la croissance de leurs œuvres, douloureuses ou non; ainsi les œuvres naissent et croissent aimées et voulues par les âmes où elles sont en résidence.

Quand les œuvres sont ainsi devenues conformes à la beauté qui leur est personnelle, quand elles sont parfaites, les artistes les donnent à leurs concitoyens.

Quand les œuvres sont devenues parfaites aux âmes des artistes, les artistes les donnent aux âmes de leurs concitoyens.

Pour donner aux âmes de leurs concitoyens les œuvres qui sont parfaites en leurs âmes, les artistes sont forcés de les reproduire.

Les artistes reproduisent les œuvres qui sont parfaites en leur âme en se servant de la matière et du mouvement; ils combinent la matière et les mouvements de la matière de manière à imiter de leur mieux l'œuvre qu'ils ont parfaite en l'âme.

Les concitoyens des artistes connaissent les reproductions ainsi faites et en leur âme ils peuvent restituer l'œuvre d'art elle-même.

Les artistes apprennent comme ils peuvent auprès des artistes leurs aînés à reproduire les œuvres qu'ils ont parfaites en l'âme.

Les artistes sont individuels ou collectifs, c'est-à-dire que les œuvres d'art naissent et croissent aux âmes individuelles et aux âmes collectives.

Les œuvres d'art naissent et croissent aux âmes individuelles, aux âmes familiales, aux âmes amicales, aux âmes nationales, et en l'âme de la cité.

La cité désharmonieuse n'avait pas ignoré les œuvres d'art collectives : ainsi les compagnons tailleurs de pierre avaient en compagnie bâti les cathédrales et les maisons de villes.

La science est l'enquête que les savants font sur le réel proposé à la connaissance des citoyens.

Les sciences particulières sont les enquêtes que des savants font sur les parties du réel proposé à la connaissance des citoyens.

La science, et en particulier chaque science particu lière est indépendante et libre de tout dans la cité harmonieuse, parce qu'il ne convient pas que la science ou qu'une science particulière soit commandée par ce qui pourrait fausser la connaissance; en particulier il ne convient pas qu'un seul travail de science soit commandé par la cité, par un peuple, par un individu.

Rien d'extérieur à la science ne commande le travail des savants.

Personne aussi n'a commandement sur le travail des savants.

Dans la cité harmonieuse les savants ne font pas leur enquête pour assurer leur vie corporelle, parce qu'il ne convient pas que les savants soient dérangés de leur travail par le souci d'assurer leur vie corporelle; mais s'ils sont ouvriers ils travaillent pour assurer la vie corporelle de la cité, comme citoyens ils ont leur vie corporelle assurée par la cité harmonieuse, et comme savants ils font leur enquête sur le réel proposé à la connaissance des citoyens.

Dans la cité harmonieuse les savants ne font pas leur enquête pour assurer la vie corporelle de personne autour d'eux, parce qu'il ne convient pas que les savants soient dérangés de leur travail, et puisque la cité harmonieuse assure la vie corporelle à tous les citoyens.

Ainsi les savants sont soustraits dans la cité harmonieuse à tout souci d'assurer la vie corporelle.

La cité harmonieuse pour assurer sa vie corporelle utilise les travaux des savants; à mesure que les savants avancent dans la connaissance du réel proposé à la connaissance des citoyens, la cité utilise leur progrès en particulier pour avancer dans l'usage des machines matérielles par qui le travail industriel est facilité aux ouvriers.

Ainsi les ouvriers utilisent les travaux des savants pour assurer la vie corporelle de la cité harmonieuse; mais les savants font leur enquête sur le réel proposé à la connaissance des citoyens.

Les savants ne pensent pas à l'usage que les ouvriers font de leurs travaux, parce qu'il ne convient pas que les savants soient dérangés de leur enquête par la pensée qu'elle sert aux ouvriers pour assurer la vie corporelle de la cité.

Le travail des savants eſt pur dans la cité harmonieuse, c'eſt-à-dire que les savants ne travaillent que pour faire de leur mieux leur enquête sur le réel proposé à la connaissance des citoyens.

Le travail des savants eſt pur dans la cité harmonieuse par ce que les savants ne pensent pas à l'usage que la cité fait de leurs travaux pour assurer sa vie corporelle.

Et les savants ne pensent pas à travailler mieux que les savants qui leur sont concitoyens, parce qu'ils sont les concitoyens et les collaborateurs et non pas les rivaux des savants leurs concitoyens, parce qu'ils travaillent avec leurs concitoyens les savants et non pas contre leurs concitoyens, parce qu'il ne convient pas que les savants soient dérangés de leur travail par la pensée qu'ils travaillent mieux que leurs concitoyens.

Si les savants travaillaient pour travailler mieux que leurs concitoyens, leurs travaux seraient mêlés d'un élément étranger, et leur enquête en serait faussée; mais les savants dans la cité harmonieuse travaillent à faire de leur mieux leur enquête.

Ainsi la cité harmonieuse n'eſt pas la cité des émulations pour les travaux des sciences, parce qu'elle n'eſt pas la cité des savants jaloux pour les travaux des sciences, mais la cité des bons savants.

Et les savants ne pensent pas dans la cité harmonieuse à travailler pour se donner ce que nous appelons dans la société bourgeoise *de la renommée* ou ce que nous y appelons *de la gloire,* parce que la renommée eſt vaine et parce que la gloire eſt vaine, parce qu'il n'importe pas que nos travaux soient connus comme étant de nous pourvu que nous les ayons faits du mieux que nous avons pu, parce qu'il ne convient pas que les savants soient dérangés de leur travail par la pensée qu'ils en auront de la renommée ou qu'ils en auront de la gloire.

Si les savants travaillaient pour avoir de la renommée ou pour avoir de la gloire, leurs travaux seraient mêlés d'un élément étranger, et leur enquête en serait faussée; mais les savants dans la cité harmonieuse travaillent à faire de leur mieux leur enquête.

Ainsi la cité harmonieuse n'est pas la cité des émulations pour les travaux glorieux des sciences, parce qu'elle n'est pas la cité des savants jaloux pour la renommée ou jaloux pour la gloire, mais la cité des bons savants.

Et les savants ne pensent pas dans la cité harmonieuse à travailler pour se donner ce que nous appelons dans la société bourgeoise *du mérite,* parce que le mérite suppose le calcul des valeurs et que les valeurs des travaux sont incalculables, parce que le souci du mérite est vain, parce que c'est déjà démériter que désirer ou que vouloir mériter, parce qu'il n'importe pas que nos travaux soient, comme on dit, méritoires, parce qu'il n'importe pas que nous ayons mérité en les faisant, pourvu que nous les ayons faits du mieux que nous avons pu, parce qu'il ne convient pas que les savants soient dérangés de leurs volitions et de leurs travaux par la pensée qu'ils en auront du mérite.

Si les savants travaillaient pour avoir du mérite, leurs travaux seraient mêlés d'un élément étranger, et leur enquête en serait faussée, mais les savants dans la cité harmonieuse travaillent de leur mieux à faire leur enquête.

Ainsi la cité harmonieuse n'est pas la cité des émulations pour les travaux méritoires des sciences, parce qu'elle n'est pas la cité des savants jaloux pour le mérite, mais la cité des bons savants.

Enfin les savants ne pensent pas dans la cité harmonieuse à travailler pour se donner un exercice de science, pour s'exercer le génie ou le talent, comme on disait dans la société désharmonieuse, parce qu'il ne convient pas que les savants soient dérangés de leur travail par la pensée qu'ils en auront de l'exercice.

Si les savants travaillaient pour exercer leur génie ou leur talent, leurs travaux seraient mêlés d'un élément étranger, et leur enquête en serait faussée; mais les savants dans la cité harmonieuse travaillent à faire de leur mieux leur enquête.

Ainsi la cité harmonieuse n'est pas la cité des émulations ou des exercices pour le génie ou pour le talent, parce que la cité harmonieuse est la cité des bons savants.

Tous les éléments étrangers sont bannis de la science et des sciences particulières dans la cité harmonieuse; les travaux des savants individuels et collectifs sont dans la cité harmonieuse purs d'éléments étrangers; les savants dans la cité harmonieuse travaillent de leur mieux à faire leur enquête.

Cette enquête est faite pour avoir la connaissance du réel proposé dans la cité harmonieuse à la connaissance des citoyens.

Ainsi la science est l'enquête que les savants font pour donner aux citoyens de la cité harmonieuse le renseignement sur le réel comme il est proposé à leur connaissance.

Les sciences particulières sont les enquêtes que les savants font pour donner aux citoyens de la cité harmonieuse les renseignements sur les parties du réel comme il est proposé à leur connaissance.

Les sciences particulières où travaillent les savants dans la cité harmonieuse sont les sciences critiques, les sciences mathématiques, les sciences mécaniques, les sciences physiques, les sciences naturelles, les sciences psychiques, les sciences sociales.

La biologie est l'ensemble des sciences naturelles; la sociologie est l'ensemble des sciences sociales.

Les sciences critiques sont les sciences de la connaissance; les criticiens font de leur mieux leur enquête sur la connaissance que nous pouvons avoir du réel proposé à la connaissance des citoyens.

Puisque ce sont les âmes qui ont la connaissance et puisque les âmes ont souvent connaissance par leur corps, les criticiens sont conduits à enquêter sur les âmes et sur les corps; mais puisque les âmes et les corps sont en santé dans la cité harmonieuse les criticiens de la cité harmonieuse ne peuvent enquêter que sur des âmes saines et sur des corps en santé; ils ne font aucune expérience qui puisse déformer les âmes ou les corps; ils n'étudient que la connaissance saine.

Les criticiens de la cité harmonieuse ont reçu en héritage les résultats de l'enquête que les criticiens avaient faite sur la connaissance saine en la cité qui n'était pas harmonieuse encore.

Ainsi les criticiens de la cité harmonieuse ont hérité des criticiens précédents sous bénéfice d'inventaire, comme on disait.

Les mathématiciens font de leur mieux leur enquête sur les objets mathématiques proposés à la connaissance des citoyens.

Les mathématiciens de la cité harmonieuse ont reçu en héritage les résultats de l'enquête que les mathématiciens avaient faite en la cité non harmonieuse encore sur les objets mathématiques proposés à la connaissance des citoyens.

Ainsi les mathématiciens de la cité harmonieuse ont reçu et ont accepté tout l'héritage des anciens mathématiciens.

Les mécaniciens font de leur mieux leur enquête sur les objets mécaniques, c'est-à-dire sur les objets de masse et de mouvements proposés à la connaissance des citoyens.

Les mécaniciens de la cité harmonieuse ont reçu en héritage les résultats de l'enquête que les mécaniciens avaient faite en la cité non harmonieuse encore sur les objets mécaniques proposés à la connaissance des citoyens.

Ainsi les mécaniciens de la cité harmonieuse ont reçu et ont accepté tout l'héritage des anciens mécaniciens.

Les physiciens et en particulier les chimistes font de leur mieux leur enquête sur les objets physiques, c'est-à-dire sur les objets de matière et de mouvement proposés à la connaissance des citoyens.

Les physiciens de la cité harmonieuse ont reçu en héritage les résultats de l'enquête que les physiciens avaient faite en la cité non harmonieuse encore sur les objets physiques proposés à la connaissance des citoyens.

Ainsi les physiciens de la cité harmonieuse ont reçu et ont accepté tout l'héritage des anciens physiciens.

Les naturalistes font de leur mieux leur enquête sur les corps des vivants proposés à la connaissance des citoyens.

Les naturalistes de la cité harmonieuse ont reçu en héritage les résultats de l'enquête que les naturalistes avaient faite sur les organes sains et sur les fonctions saines des corps vivants proposés à la connaissance des naturalistes dans la société qui n'était pas harmonieuse encore.

Ainsi les naturalistes de la cité harmonieuse n'ont accepté l'héritage des anciens naturalistes que sous le bénéfice d'inventaire; ils ont renié de cet héritage toutes les connaissances de toutes les maladies corporelles.

Les naturalistes de la cité harmonieuse ne connaissent et n'étudient que les organes et les fonctions qui sont de la santé; ils ne font aucune expérience qui puisse déformer les corps des vivants animés; ils n'ont pas connaissance de ce que nous connaissons comme étant les maladies des corps.

Les psychologues font de leur mieux leur enquête sur les âmes des vivants animés proposés à la connaissance des citoyens.

Les psychologues de la cité harmonieuse ont reçu en héritage les résultats de l'enquête que les psychologues avaient faite sur les organes sains et sur les fonctions saines des âmes vivantes proposées à la connaissance des psychologues dans la société qui n'était pas harmonieuse encore.

Ainsi les psychologues de la cité harmonieuse n'ont accepté l'héritage des anciens psychologues leurs aînés que sous bénéfice d'inventaire; ils ont renié de cet héritage toutes les connaissances de toutes les maladies d'âmes.

Les psychologues de la cité harmonieuse ne connaissent et n'étudient que les organes et les fonctions qui sont de la santé; en particulier ils n'étudient que les sentiments et les volitions qui sont de la santé; ils ne font aucune expérience qui puisse déformer les âmes ses vivants animés; ils n'ont pas connaissance de ce que nous connaissons comme étant les maladies des âmes.

Les sociologues font de leur mieux leur enquête sur les citoyens et sur la cité proposée à la connaissance des citoyens.

Les sociologues de la cité harmonieuse ont reçu en héritage les résultats de l'enquête que les sociologues avaient faite sur les citoyens et sur les cités, sur les individus et sur les peuples proposés à la connaissance des sociologues dans la société qui n'était pas harmonieuse encore.

Mais les sociologues de la cité harmonieuse n'ont accepté l'héritage des sociologues leurs aînés que sous bénéfice d'inventaire; ils ont renié de cet héritage toutes les connaissances de toutes les maladies sociales.

Les sociologues de la cité harmonieuse ne connaissent et n'étudient que les organes et les fonctions qui sont de la santé sociale; en particulier ils n'étudient que les sentiments sociaux et les volitions sociales qui sont de la santé; ils ne font aucune expérience malsaine, c'est-à-dire aucune expérience qui puisse déformer les âmes ou les corps des vivants animés; ils n'ont pas connaissance de ce que nous connaissons comme étant les maladies sociales.

En particulier, les historiens de la cité harmonieuse ne connaissent que l'histoire de la cité harmonieuse; ils ne connaissent pas l'histoire des animalités et des humanités mésharmonieuses, ils ne connaissent pas la malsaine histoire des mensonges, des haines et des jalousies; et ils ne connaissent pas l'histoire des efforts par quoi fut préparée la naissance et la vie de la cité harmonieuse, ils ne connaissent pas l'histoire des justices et des charités. Les citoyens de la cité harmonieuse ne connaissent pas le pardon, puisqu'ils ont l'oubli.

Les savants sont individuels ou collectifs, c'est-à-dire que l'enquête est faite sur le réel et sur les parties du réel proposé à la connaissance des citoyens par des âmes individuelles et par des âmes collectives.

Mais la science est collective, c'est-à-dire que tous les travaux faits par les savants continuent la même enquête; les résultats des travaux précédents sont à la disposition des savants suivants et des citoyens et de la cité; les résultats des travaux suivants s'ajoutent sans cesse aux résultats des travaux précédents.

Ainsi l'enquête des savants individuels et collectifs dans la cité harmonieuse est indépendante et libre de tout; elle est pure de tous éléments étrangers; elle est faite pour donner aux citoyens le renseignement sur le réel proposé à leur connaissance; elle est collective par ce qu'elle est continuée la même par le même savant et de savants en savants.

Les savants qui assemblent pour en constituer les résultats généraux de la science les résultats particuliers des sciences particulières ne pensent pas qu'ils travaillent mieux que leurs collaborateurs les savants particuliers, puisque les citoyens de la cité harmonieuse ne pensent pas à classer les travaux en travaux majeurs et travaux mineurs.

Les artistes ne pensent pas qu'ils travaillent mieux que leurs concitoyens les savants et les savants ne pensent pas qu'ils travaillent mieux que leurs concitoyens les artistes, puisque les citoyens de la cité harmonieuse ne pensent pas à classer les travaux en travaux majeurs et travaux mineurs.

L'enquête des savants individuels et collectifs dans la cité harmonieuse intervient dans la vie des savants comme un élément étranger, comme un élément importé du dehors et tendu au dehors.

L'enquête des savants individuels et collectifs dans la cité harmonieuse intervient dans la vie des savants comme un élément non vivant.

L'enquête des savants individuels et collectifs dans la cité harmonieuse n'intervient pas dans la vie des savants par sursauts, mais elle est continue et continuée par le même savant et de savants en savants.

Pour que leur enquête soit continuée perdurable et que les résultats s'en accroissent perdurablement les savants enseignent à ceux de leurs concitoyens qui le veulent où ils en sont de leur enquête et comme il convient de la continuer; ainsi les savants ont des élèves et les nouveaux savants continuent l'enquête commencée par les savants leurs maîtres.

Les artistes n'ont pas d'élèves.

La philosophie est l'art de la science.

Une philosophie est une œuvre d'art dont la science est la matière.

La philosophie est indépendante et libre de tout dans la cité harmonieuse, parce qu'il ne convient pas que la philosophie soit commandée par ce qui pourrait déformer son œuvre; en particulier il ne convient pas qu'un seul travail de philosophie soit commandé par la cité, par un peuple, par un individu.

Rien d'extérieur à la philosophie ne commande le travail des philosophes.

Personne aussi n'a commandement sur le travail des philosophes.

Dans la cité harmonieuse les philosophes ne font pas leur œuvre pour assurer leur vie corporelle, parce qu'il ne convient pas que les philosophes soient distraits de leur travail par le souci d'assurer leur vie corporelle; mais s'ils sont ouvriers ils travaillent pour assurer la vie corporelle de la cité, comme citoyens ils ont leur vie corporelle assurée par la cité harmonieuse, et comme étant philosophes ils font leur œuvre.

Dans la cité harmonieuse les philosophes ne font pas leur œuvre pour assurer la vie corporelle de personne autour d'eux, parce qu'il ne convient pas que les philosophes soient distraits de leur travail, et puisque la cité harmonieuse assure la vie corporelle à tous les citoyens.

Ainsi les philosophes sont soustraits dans la cité harmonieuse à tout souci d'assurer la vie corporelle.

Le travail des philosophes eſt pur dans la cité harmonieuse, c'eſt-à-dire que les philosophes ne travaillent que pour faire leur œuvre de leur mieux.

Les philosophes ne pensent pas à travailler mieux que les philosophes qui leur sont concitoyens, parce qu'ils sont comme les savants les concitoyens et les collaborateurs et non pas les rivaux des philosophes leurs concitoyens, parce qu'ils sont comme les artiſtes les concitoyens et non pas les rivaux des philosophes leurs concitoyens, parce qu'ils travaillent comme les savants avec leurs concitoyens les philosophes et non pas contre leurs concitoyens, parce qu'ils travaillent comme les artiſtes parmi leurs concitoyens les philosophes et non pas contre leurs concitoyens, parce qu'il ne convient pas que les philosophes soient distraits de leur travail par la pensée qu'ils travaillent mieux que leurs concitoyens.

Si les philosophes travaillaient pour travailler mieux que leurs concitoyens, leurs travaux seraient mêlés d'un élément étranger, et leur œuvre en serait déformée; mais les philosophes dans la cité harmonieuse travaillent à faire leur œuvre de leur mieux.

Ainsi la cité harmonieuse n'eſt pas la cité des émulations pour les philosophies, parce qu'elle n'eſt pas la cité des philosophes jaloux pour les philosophies, mais la cité des bons philosophes.

Et les philosophes comme les savants et comme les artiſtes ne pensent pas dans la cité harmonieuse à travailler pour se donner ce que nous appelons dans la société bourgeoise *de la renommée* ou ce que nous y appelons *de la gloire,* parce que la renommée eſt vaine et parce que la gloire eſt vaine, parce qu'il n'importe pas que nos travaux soient connus comme étant de nous et que nos œuvres soient au bas signées de nos noms pourvu que nous les ayons faites du mieux que nous avons pu, parce qu'il ne convient pas que les philosophes soient diſtraits de leur travail par la pensée qu'ils en auront de la renommée ou qu'ils en auront de la gloire.

Si les philosophes travaillaient pour avoir de la renommée ou pour avoir de la gloire, leurs travaux seraient mêlés d'un élément étranger, et leur œuvre en serait faussée; mais les philosophes dans la cité harmonieuse travaillent à faire leur œuvre de leur mieux.

Ainsi la cité harmonieuse n'eſt pas la cité des émulations pour les philosophies glorieuses, parce qu'elle n'eſt pas la cité des philosophes jaloux pour la renommée ou jaloux pour la gloire, mais la cité des bons philosophes.

Et les philosophes ne pensent pas dans la cité harmonieuse à travailler pour se donner ce que nous appelons dans la société bourgeoise *du mérite,* parce que le mérite suppose le calcul des valeurs et que les valeurs des travaux et des œuvres sont incalculables, parce que le souci du mérite eſt vain, parce que c'eſt déjà démériter que désirer ou que vouloir mériter, parce qu'il n'importe pas que nos travaux et nos œuvres soient, comme on dit, méritoires, parce qu'il n'importe pas que nous ayons mérité en les faisant pourvu que nous les ayons faites du mieux que nous avons pu, parce qu'il ne convient pas que les philosophes soient diſtraits de leurs volitions et de leurs travaux par la pensée qu'ils en auront du mérite.

Si les philosophes travaillaient pour avoir du mérite, leurs travaux seraient mêlés d'un élément étranger, et leur œuvre en serait déformée; mais les philosophes dans la cité harmonieuse travaillent à faire leur œuvre de leur mieux.

Ainsi la cité harmonieuse n'eſt pas la cité des émulations pour les philosophies méritoires, parce qu'elle n'eſt pas la cité des philosophes jaloux pour le mérite, mais la cité des bons philosophes.

Enfin les philosophes ne pensent pas dans la cité harmonieuse à travailler pour se donner un exercice de philosophie, pour s'exercer le génie ou le talent, comme on disait dans la société désharmonieuse, parce qu'il ne convient pas que les philosophes soient diſtraits de leur travail par la pensée qu'ils en auront de l'exercice.

Si les philosophes travaillaient pour exercer leur génie ou leur talent, leurs travaux seraient mêlés d'un élément étranger, et leur œuvre en serait déformée; mais les philosophes, dans la cité harmonieuse, travaillent à faire leur œuvre de leur mieux.

Ainsi la cité harmonieuse n'est pas la cité des émulations ou des exercices pour le génie ou pour le talent, parce que la cité harmonieuse est la cité des bons philosophes.

Tous les éléments étrangers sont bannis de la philosophie et des philosophies dans la cité harmonieuse; les travaux des philosophes individuels et collectifs sont dans la cité harmonieuse purs d'éléments étrangers; les philosophes dans la cité harmonieuse travaillent de leur mieux à faire leur œuvre.

Cette œuvre est faite et formée en art en élaborant la matière proposée par la science à la philosophie des citoyens.

Ainsi la philosophie est l'art de la science; la philosophie est l'art dont la science est la matière.

Une philosophie est une œuvre d'art dont la science est la matière.

Les âmes individuelles et collectives ont par la science des renseignements sur le réel proposé à la connaissance des citoyens; ces renseignements étrangers aux âmes y reçoivent l'hospitalité; ils peuvent ainsi recevoir la vie et alors ils croissent en force et selon la beauté qui leur est personnelle.

Une philosophie naît des éléments étrangers que la science a fait recevoir dans une âme.

Les philosophes sont individuels ou collectifs, c'est-à-dire que les philosophies naissent et croissent aux âmes individuelles et aux âmes collectives.

La matière des philosophies est collective, puisque ce sont les renseignements donnés par la science sur le réel proposé à la connaissance des citoyens; mais quand ces renseignements étrangers aux âmes ont reçu l'hospitalité dans les âmes, quand cette matière étrangère aux âmes a reçu dans les âmes l'hospitalité, elle devient individuelle ou collective selon que les âmes sont individuelles ou collectives, et la philosophie naît individuelle ou collective, et la philosophie croît individuelle ou collective jusqu'à ce qu'elle soit formée selon la beauté qui lui est personnelle.

Ainsi les philosophies sont dans la cité harmonieuse indépendantes et libres de tout; elles sont pures de tous éléments étrangers; leur matière est collective, mais de cette matière elles naissent et croissent individuelles ou collectives aux âmes individuelles et aux âmes collectives selon la beauté qui leur est personnelle.

Comme les artistes les philosophes ne pensent pas qu'ils travaillent mieux que leurs concitoyens les savants et comme les savants ils ne pensent pas qu'ils travaillent mieux que leurs concitoyens les artistes, puisque les citoyens de la cité harmonieuse ne pensent pas à classer les travaux en travaux majeurs et travaux mineurs.

Les renseignements donnés par la science aux âmes individuelles et aux âmes collectives sur le réel proposé à la connaissance des citoyens interviennent dans la vie de ces âmes comme un élément étranger, comme un élément importé du dehors; ils y interviennent comme un élément non vivant.

Mais ces renseignements étrangers non vivants importés aux âmes y reçoivent la vie; ainsi naissent et croissent les philosophies.

Puisque le réel proposé à la connaissance des citoyens dans la cité harmonieuse eſt harmonieux, les renseignements donnés par la science aux âmes harmonieuses individuelles et collectives sont harmonieux et les philosophies naissent harmonieuses.

Les philosophies naissent harmonieuses aux âmes harmonieuses.

Et que la naissance des philosophies soit douloureuse ou non, elle eſt saine.

Les philosophies qui sont nées aux âmes harmonieuses y vivent et y croissent libres et pures, en force et selon la beauté qui leur eſt personnelle, puisqu'elles n'y sont pas déformées.

Ainsi les philosophies harmonieuses croissent intérieures aux âmes, vivantes aux âmes vivantes, continues aux âmes continues.

Les philosophies croissent harmonieuses aux âmes harmonieuses.

Et que la croissance des philosophies soit douloureuse ou non, elle eſt saine et harmonieuse.

Les philosophies qui sont nées dans la cité harmonieuse croissent harmonieuses entre elles, c'eſt-à-dire que les philosophies ne sont pas déformées par les philosophies qui leur sont concitoyennes.

Quand les philosophies sont devenues parfaites aux âmes harmonieuses, les philosophes sont forcés de les reproduire pour les donner aux âmes de leurs concitoyens.

Les philosophes reproduisent les philosophies qui sont parfaites en leur âme en se servant de la matière et du mouvement; ils combinent la matière et les mouvements de la matière de manière à imiter de leur mieux la philosophie qu'ils ont parfaite en l'âme.

Les concitoyens des philosophes connaissent les reproductions ainsi faites et en leur âme ils peuvent restituer la philosophie elle-même.

Les philosophes apprennent comme ils peuvent auprès des philosophes leurs aînés à reproduire les philosophies qu'ils ont parfaites en l'âme.

Les philosophes n'ont pas d'élèves.

Fini d'écrire à Paris, en avril 1898,

Pierre Baudouin.

PREMIÈRE SÉRIE

LETTRE DU PROVINCIAL[1]

Premier cahier de la première série (5 janvier 1900).

De la Province,

jeudi 21 décembre 1899.

Mon cher Péguy

Aussi longtemps que l'affaire Dreyfus a duré, je me suis efforcé, à mes risques et périls, et surtout à mes frais, de rester à Paris. Nous sentions que cette crise était redoutable, nous savions qu'elle était en un sens décisive, et, autant que nous le pouvions, nous étions présents. Nous achetions sept ou huit journaux le matin, même des grands journaux, même des journaux chers, comme *le Figaro* bien renseigné. Puis nous achetions des journaux à midi, quand il y en avait. Puis nous achetions des journaux à quatre heures, *les Droits de l'Homme* ou *le Petit Bleu*. Puis nous achetions des journaux le soir. Nous dévorions les nouvelles. Nous passions des heures et des jours à lire les documents, les pièces des procès. La passion de la vérité, la passion de la justice, l'indignation, l'impatience du faux, l'intolérance du mensonge et de l'injustice occupaient toutes nos heures, obtenaient toutes nos forces. Parfois nous descendions en Sorbonne; il fallait repousser l'envahissement nationaliste et antisémitique loin des cours troublés, loin de la salle des Pas-Perdus. Nous nous donnâmes enfin, dans les voies et carrefours, des coups de canne qui n'étaient pas tragiques, mais qui furent sérieux. Ceux qui avaient alors des métiers faisaient comme ils pouvaient pour les exercer tout de même. J'avoue que plus d'un métier fut assez mal exercé, que plus d'un travail fut un peu négligé. Ceux qui n'avaient pas encore de métier ne se hâtaient nullement d'en choisir un. Plus d'un homme de métier fut affreusement surmené. Cela ne pouvait pas durer. Cela ne dura pas. Ces temps sont passés.

Aujourd'hui je suis professeur de l'enseignement secondaire dans une bonne ville de province. Rien n'est aussi dur dans le monde, rien n'est aussi mauvais que ces bonnes villes bourgeoises. Des amis à nous sont partis pour ces provinces internationales plus lointaines encore situées aux pays que les bourgeois nomment les pays étrangers, en Hongrie, en Roumanie[1]. Nous recevons les journaux de Paris avec un, deux ou quatre jours de retard. J'ai 20 heures de service par semaine, environ 200 devoirs à corriger par semaine, 7 compositions par trimestre, sans compter les notes trimestrielles chères aux parents des élèves. Il me reste quelques heures de loin en loin pour savoir ce qui se passe dans le monde habité. Cependant je suis homme, ainsi que l'a dit cet ancien. Il me reste quelques heures pour savoir ce qui se passe dans la France républicaine et socialiste. Cependant je suis camarade et citoyen. L'État bourgeois, moyennant le travail que je lui fournis, me sert le traitement ordinaire des agrégés, moins la retenue ordinaire qu'il me fait pour préparer ma retraite. La vie étant un peu moins chère qu'à Paris, je réussis à nourrir ma récente famille. Mais je réussis tout juste. Il me reste quelques sous pour acheter les nouvelles de ce qui se passe. Les marchands ne vendent que *le Petit Journal.* Je me suis abonné à *la Petite République,* parce qu'elle est un journal ami et parce qu'elle représente assez bien pour moi le socialisme officiel révolutionnaire; je me suis abonné à *l'Aurore,* parce qu'elle est un journal ami et parce qu'elle représente assez bien pour moi le dreyfusisme opiniâtre et révolutionnaire. Je me suis abonné au *Matin,* parce qu'il n'est pas malveillant et donne assez bien les nouvelles intéressantes[2]. Surtout je me suis abonné au *Mouvement Socialiste* pour toutes les bonnes raisons que tu connais. Cela fait déjà 75 francs par an. C'est presque tout ce que je puis. Si j'étais un partisan déchaîné de la glorieuse Luttedeclasse, il y aurait un moyen : je me dirais que, sauf quelques boursiers miséreux, tous ces enfants assis sur leurs bancs à leurs tables devant moi sont des bourgeois, fils et petits-fils de bourgeois, que je dois donc les abrutir et non pas les enseigner, pour précipiter la ruine et pour avancer la corruption intérieure de cette infâme société bourgeoise, qui, à ce que nous ont assuré les orateurs des réunions publiques, travaille de ses propres mains à sa propre destruction. Ce serait un *sabotage* d'un nouveau genre. Je ne préparerais pas mes leçons. Je ne corrigerais pas ou je corrigerais mal mes devoirs. J'aurais ainsi beaucoup de temps de reste. Je pourrais, quand mes élèves seraient ainsi devenus trop faibles pour suivre ma classe, leur *donner,* comme on dit agréablement, des leçons particulières. J'aurais ainsi quelque argent de reste. Mais j'ai la cruauté d'abandonner quelquefois le terrain de la lutte de classe. Il me semble que ces enfants seront un jour des hommes et des citoyens. Je tâche de faire tout ce que je peux pour qu'ils soient plus tard des hommes humains et de bons citoyens. Outre le respect que l'on se doit et que l'on doit à son métier, je ne suis pas immoral. Même j'espère que quelques-uns de ces enfants pourront devenir des camarades. N'avons-nous pas été nous-mêmes au lycée? N'avons-nous pas trouvé dans l'enseignement que nous avons reçu au lycée au moins quelques raisons profondes pour lesquelles nous sommes devenus socialistes? Oh! je ne dis pas que nos maîtres et professeurs l'aient fait exprès. Ils n'étaient pas socialistes, en ce temps-là. Mais c'étaient de braves gens et des hommes honnêtes, ils disaient la vérité qu'ils pouvaient. Sans le savoir ces hommes de métier ont beaucoup fait pour nous introduire au socialisme. Et combien ne connaissons-nous pas, n'avons-nous pas connu de bons socialistes élevés au lycée ou dans les écoles, fils de père et mère bourgeois. Quand un fils de bourgeois devient socialiste, avec ou sans les siens, ou malgré les siens, je dis et je crois que c'est un morceau de la Révolution sociale qui se fait, sans qu'intervienne la dictature impersonnelle du prolétariat. C'est nous qui sommes les révolutionnaires. — Pour toutes ces raisons, je me réserve assez peu de loisirs. Et sur ces loisirs j'emploie un certain temps à préparer et à faire des conférences publiques dans les écoles primaires. Je parlerai ce soir sur *le prince de Bismarck*. Je me suis servi du livre de Charles Andler[1] pour préparer ma conférence. Aux enfants de l'école, aux adultes anciens élèves, aux parents, je conterai comment le chancelier de fer s'est ébréché sur la social-démocratie allemande.

Mes loisirs seront diminués d'autant. Je crois qu'un très grand nombre d'hommes ont aussi peu de loisir que moi. Je crois qu'à Paris même il y a beaucoup d'hommes au moins aussi occupés que moi. Je crois que les instituteurs, les laboureurs, les maçons, les boulangers, les maréchaux-ferrants, les charrons et les forgerons de Paris et de la province ont beaucoup moins de loisir que moi.

Cependant nous ne sommes pas négligeables. Nous sommes les maçons de la cité prochaine, les tailleurs de pierre et les gâcheurs de mortier. Attachés à la glèbe ainsi qu'au temps passé, attachés au travail, à l'atelier, à la classe, nous ne serons pas plus délégués socialistes aux Parlements socialistes que nous n'avons été députés socialistes aux Parlements bourgeois. Nous préparons la matière dont sont faites les renommées et les gloires publiques. Nous aimons ce que nous faisons, nous sommes heureux de ce que nous faisons, mais nous voulons savoir ce que l'on en fait après nous.

Or nous ne le savons pas, nous n'avons pas le temps de le savoir. Sans être aussi affairés que ce guesdiste, qui n'avait le temps de rien lire du tout, parce qu'il fondait des groupes, il est certain que nous n'avons pas le temps de lire tous les journaux et toutes les revues qui nous intéresseraient; il est certain que nous n'avons pas même le temps de chercher ce qui serait à lire dans les journaux et dans les revues que nous ne recevons pas régulièrement et personnellement.

Enfin, dans les journaux que nous lisons régulièrement, nous ne recevons pas la vérité même. Cela devient évident. Tu sais quel respect, quelle amitié, quelle estime j'ai pour la robustesse et la droiture de Jaurès [1]; tu sais quel assentiment cordial et profond je donnais aux lumineuses démonstrations qu'il nous a produites au cours de l'affaire. Ce n'est donc pas sans étonnement et sans tristesse que je lis sous sa signature dans *la Petite République* du jeudi 16 novembre des phrases comme celles-ci : « Zévaès a eu raison de rappeler les principes essentiels de notre Parti. Il a eu raison d'opposer à l'ensemble de la classe capitaliste, que divisent des rivalités secondaires, mais qui est unie par un même intérêt essentiel, la revendication du prolétariat. »... « Et d'autre part ni Zévaès, ni ses amis, ne sont prêts à faire le jeu des nationalistes et de la réaction. »... « Et Zévaès, si élevé que soit son point de vue... » Je ne veux pas me donner le ridicule de poursuivre M. Zévaès; mais enfin nous l'avons connu, et quand on nous parle de son point de vue élevé, si élevé, nous sentons venir la vérité d'État. Or nous avons passé vingt mois et plus à distinguer et à faire distinguer la vérité d'État de la vérité. — Vous avez célébré à Paris *le Triomphe de la République*. Dans *la Petite République* du lendemain je trouve une manchette vraiment grandiose : *Une Journée Historique. — Paris au peuple. — Manifestation triomphale. —* 500.000 *travailleurs acclament le socialisme*. Et dans *l'Aurore* je trouve une manchette plus modeste : *Le Triomphe de la République. — Une Grande Journée. — Défilé de* 250.000 *Citoyens*. Cela fait mauvais effet sur les simples d'esprit. Ne pourrons-nous pas, victorieux, imiter au moins la véracité des généraux anglais battus? Allons-nous avoir une vérité officielle, une vérité d'État, une vérité de parti. Je le crains quand je relis une résolution du récent Congrès :

« Le Congrès déclare qu'aucun des journaux socialistes n'est, dans l'état actuel des choses, l'organe officiel du Parti.

» Mais tous les journaux qui se réclament du socialisme ont des obligations définies qui grandissent avec l'importance du journal et le concours que lui ont prêté dans tout le pays les militants.

» La liberté de discussion est entière pour toutes les questions de doctrine et de méthode; *mais, pour l'action, les journaux devront se conformer strictement aux décisions du Congrès, interprétées par le Comité général.*

» *De plus, les journaux s'abstiendront de toute polémique et de toute communication de nature à blesser une des organisations.* »

J'admets le premier de ces quatre paragraphes. Quand je dis que je l'admets, je ne veux pas dire que je m'arroge un droit de contrôle, une autorité sur les décisions du Congrès : je veux dire, en gros, qu'il me paraît conforme à la raison et à la vérité.

Le second paragraphe présente quelque difficulté. Les *obligations définies* dont on parle ici, et qui grandissent ou diminuent, me semblent des obligations d'intérêts. Avant ces obligations ou ces reconnaissances d'intérêt, je place une obligation de droit, perpétuelle, qui ne subit aucune exception, qui ne peut pas grandir ou diminuer, parce qu'elle est toujours totale, qui s'impose aux petites revues comme aux grands journaux, qui ne peut varier avec le tirage, ni avec les concours ou les utilités : l'obligation de dire la vérité.

Dire la vérité, toute la vérité, rien que la vérité, dire bêtement la vérité bête, ennuyeusement la vérité ennuyeuse, tristement la vérité triste : voilà ce que nous nous sommes proposé depuis plus de vingt mois, et non pas seulement pour les questions de doctrine et de méthode, mais aussi, mais surtout pour l'action. Nous y avons à peu près réussi. Faut-il que nous y renoncions? Qui distinguera de l'action la doctrine et la méthode? Qu'est-ce que la doctrine, sinon l'intelligence de l'action? Qu'est-ce que la méthode, sinon la pragmatique de l'action? Comment la doctrine et comment la méthode peuvent-elles demeurer libres, si l'action doit se conformer strictement aux décisions du Congrès, interprétées par un Comité général. Qui travaille pour un serf n'est pas libre. Et même, à y regarder de près, ce n'est pas la doctrine et la méthode qui sont libres : c'est la discussion qui est entièrement libre pour toutes les questions de doctrine et de méthode. Qu'est-ce qu'une liberté de discussion qui n'emporte pas avec elle une liberté de décision?

Et le paragraphe quatrième nous présente justement un exemplaire de ces décisions de Congrès devant lesquelles, avant toute interprétation de Comité général, je suis forcé de refuser résolument d'incliner ma raison. C'est en effet une question que de savoir si le Congrès ainsi constitué avait le droit de départager les intérêts. Mais il est certain que le Congrès n'avait aucune qualité pour faire passer la satisfaction à donner à ces intérêts avant le droit de la vérité.

Les journaux ont pour fonction de donner à leurs lecteurs les nouvelles du jour, comme on dit. Les journaux doivent donner les nouvelles vraies, toutes les nouvelles vraies qu'ils peuvent, rien que des nouvelles vraies. La délimitation de ce que les journaux doivent donner à leurs lecteurs et de ce qu'ils ne doivent pas leur donner, de ce qu'ils doivent même refuser, doit coïncider exactement avec la délimitation réelle de ce qui est vrai d'avec ce qui est faux, nullement avec la délimitation artificielle de ce qui est ou n'est pas de nature à blesser une organisation nationalement ou régionalement constituée. Cette blessure n'est pas un *criterium*. Certains hommes, comme Zola, sont blessés par le mensonge; mais certains hommes, comme le général Mercier, sont blessés par la vérité. Sans parler de ces cas extrêmes, si la vérité blesse une organisation, taira-t-on la vérité? Si le mensonge favorise une organisation, dira-t-on le mensonge? Vraiment à la vérité blessante on fera l'honneur de ne pas la traiter plus mal que le mensonge blessant? Mais, taire la vérité, n'est-ce pas déjà mentir? Combien de fois n'avons-nous pas produit cette simple proposition au cours de la récente campagne. Aux bons bourgeois, et aussi aux camarades qui voulaient se réfugier commodément dans le silence n'avons-nous pas coupé bien souvent la retraite en leur disant brutalement, — car en ce temps-là nous finissions tous par avoir un langage brutal, — : « Qui ne gueule pas la vérité, quand il sait la vérité, se fait le complice des menteurs et des faussaires! » Voilà ce que nous proclamions alors. Voilà ce que nous proclamions au commencement de cet hiver. Cette proposition est-elle annuelle, ou bisannuelle? Fond-elle avec la gelée? Et voilà ce que nous déclarons encore aujourd'hui contre les antisémites. Cette proposition est-elle, aussi, locale? Non. Elle est universelle et éternelle, disons-le sans fausse honte. Nous demandons simplement qu'on dise la vérité.

Cela peut mener loin, ces blessures faites ou censées faites aux organisations. Il est évident que cette résolution a été proposée au Congrès par sa commission plus particulièrement pour protéger contre la critique certaines organisations. Ces organisations sont justement celles qui ont des chefs et de jeunes ambitieux : seront-elles blessées quand on blessera quelqu'un de leurs chefs? Alors la sanction sera terrible, et vague, et presque religieuse :

« Si le Comité général estime que tel journal viole les décisions du Parti et cause un préjudice au prolétariat, il appelle devant lui les rédacteurs responsables. Ceux-ci étant entendus, le Comité général leur signifie, s'il y a lieu, par un avertissement public, qu'il demandera contre eux ou un blâme ou l'exclusion du Parti ou la mise en interdit du journal lui-même. »

Irons-nous souffler sur des flammes de cierge au seuil des interdits?

La sérénité parfaite avec laquelle ce Congrès a, pour le service intérieur du Parti socialiste, supprimé la liberté de la presse, m'a laissé stupide. Je sais bien que le Congrès était souverain. Mais aucun souverain, quand même il serait l'Internationale humaine, le genre humain, n'a ce droit, n'a le droit de se prononcer contre la vérité. On ne dispose pas de soi contre la vérité. Avons-nous assez répété qu'un homme, un individu n'a pas le droit de s'engager contre la vérité. Cette proposition était naguère un axiome. A moins que les partis n'aient des droits surhumains, allons-nous marcher contre les axiomes? Cela porte malheur à la raison.

Quel chef d'accusation vague : un préjudice causé au prolétariat, et quelle tentation présentée aux avocats généraux de la démagogie! Mais plus que le vague religieux de l'inculpation, des poursuites et du procès, la précision économique de la sanction m'épouvante. C'est le journaliste jeté à la misère, c'est le journal acculé à la faillite pour avoir blessé une des organisations. Les journalistes, cependant, sont aussi des ouvriers. Le Parti qu'ils servent sera-t-il pour eux un patron impitoyable?

Ainsi le Congrès a piétiné sur un de nos plus chers espoirs. Combien de fois n'avons-nous pas déploré que nos journaux socialistes et révolutionnaires eussent, pour la plupart, des mœurs bourgeoises. Mais il faut bien que le journal vive. Il faut que le même papier porte au peuple un article qui le libère et une annonce qui, en un sens, l'asservit. Je n'ai jamais, depuis le commencement de l'affaire, senti une impression de défaite aussi lourde que le jour où Vaughan nous annonça dans *l'Aurore* que le journal publierait, comme tout le monde, un bulletin financier, une chronique financière. Le journal s'envole donc, emportant la parole d'affranchissement et l'annonce d'asservissement, le génie ou le talent révolutionnaire avec l'absinthe réactionnaire, les tuyaux des courses, les théâtres immondes. Le journal emporte le mal et le bien. Le hasard fera la balance, bonne ou mauvaise. Quelle angoisse pour l'écrivain, pour l'homme d'action, pour l'orateur génial, de savoir et de voir que sa prose couche avec ces prospectus indicateurs! Cette angoisse n'a-t-elle pas une résonance profonde au cœur même de son œuvre, n'y introduit-elle pas des empêchements, des impuissances? Comme le talent des uns et comme le génie du grand orateur se déploierait joyeusement, clairement, purement dans la santé d'un journal enfin libre! Or, en admettant que le génie et le talent soient moralement négligeables en eux-mêmes, ils sont considérables quand ils servent à préparer la Révolution sociale. Nous espérions donc passionnément que le Congrès essaierait au moins d'affranchir la quatrième page. Voici au contraire qu'il a commencé l'asservissement de la première.

Le Congrès a entendu, semble-t-il au second paragraphe, régir *tous les journaux qui se réclament du socialisme*. J'espère que la langue lui a fourché. Au paragraphe des sanctions il semble que le Congrès n'a entendu régir que les journaux qui se réclament du *Parti* socialiste ainsi constitué. Car on doit distinguer désormais entre le socialisme et le Parti socialiste ainsi qu'on distingue entre les Églises et le christianisme ou la chrétienté, ainsi qu'on distingue entre la République et les différents partis républicains. Il ne s'agit pas de les opposer toujours, mais il y a lieu de les distinguer, et c'est un symptôme inquiétant que le Congrès n'ait pas de lui-même introduit cette distinction.

Nous avons fait l'avant-dernière et la dernière année un virement redoutable et qui ne peut se justifier que par la conséquence. Nous nous sommes servis de la vérité. Cela n'a l'air de rien. Nous nous sommes servis de la vérité. Nous l'avons utilisée. Nous avons détourné la vérité, qui est de la connaissance, aux fins de l'action. Il s'agit à présent de savoir si nous avons commis une malversation. Car la vérité que nous avons utilisée n'était pas la facile vérité des partis et des polémiques; elle était la vérité scientifique, historique, la vérité même, la vérité. Nous l'avons assez dit. Et c'était vrai. Nous avons prétendu, — et c'était vrai, — que nous opposions aux scélératesses et aux imbécillités antisémitiques exactement l'histoire authentique et scientifique du présent et d'un récent passé. Nous nous faisions gloire, — ceux du moins qui étaient accessibles à la gloire, — de nous conduire, dans cette affaire qui nous étreignait vivants, comme de parfaits historiens. Cette gloire était fondée en vérité. Nous fûmes les chercheurs et les serviteurs de la vérité. Telle était en nous la force de la vérité que nous l'aurions proclamée envers et contre nous. Telle fut hors de nous la force de la vérité qu'elle nous donna la victoire.

Car ce fut la force révolutionnaire de la vérité qui nous donna la victoire. Nous n'étions pas un parti un. Je ne sais pas si nous avions parmi nous des tacticiens. Cela se peut, car c'est une race qui sévit partout. Mais Zola, qui n'était pas un tacticien, prononça la vérité.

A présent que la vérité nous a sauvés, si nous la lâchons comme un bagage embarrassant, nous déjustifions notre conduite récente, nous démentons nos paroles récentes, nous démoralisons notre action récente. Nous prévariquons en arrière. Nous abusons de confiance.

On aurait tort de s'imaginer que ces paragraphes sont insignifiants et peu dangereux. On aurait tort de s'imaginer qu'on peut distinguer entre les vérités, respecter aux moments de crise les grandes vérités, les vérités explosives, glorieuses, et dans la vie ordinaire négliger les petites vérités familières et fréquentes. C'est justement parce que l'on néglige pendant dix ans la lente infiltration des mensonges familiers et des politesses que brusquement il faut qu'un révolutionnaire crève l'abcès. Pourrons-nous trouver toujours un révolutionnaire comme Zola? Il y a beaucoup de chances pour qu'un Comité général commette moins délibérément qu'un homme une de ces terribles imprudences qu'on nomme révolutions salutaires quand elles ont réussi. — Nous ne devons pas avoir une préférence, un goût malsain pour la vérité chirurgicale, nous devons au contraire tâcher d'y échapper modestement par la pratique régulière de la vérité hygiénique.

Tu sais combien nous avons donné, abandonné à la cause de la vérité. Je ne parle plus du temps ni de nos forces, du travail ni des sentiments. Nous avons donné à la vérité ce qui ne se remplace pas, des amitiés d'enfance, des amitiés de quinze et de dix-huit ans, qui devenaient complaisamment plus vieilles, qui seraient devenues des amitiés de cinquante ans. Nombreux sont les dreyfusards qui ont perdu quelques relations mondaines ou quelques amitiés politiques. Cela n'est rien. Mais j'ai traité comme des forbans, comme des bandits, comme des voyous, des jeunes gens honnêtes, perdus dans leur province, qui s'étaient laissé fourvoyer par les infamies plus menues d'Alphonse Humbert ou par les infamies bestialement laides de Drumont. Cette amputation était nécessaire alors. Cette violence était juste, car ces honnêtes jeunes gens contribuaient à maintenir la plus grande infamie du siècle. Ce fut notre force, que cette facilité douloureuse au retranchement, à la solitude, à l'exil intérieur. Ayant subi cela pour la vérité, nous n'accepterons pas qu'on nous force à la lâcher pour ménager les susceptibilités, les amours-propres, les épidermes de quelques individus. — Car au fond c'est cela.

Pour ces raisons je te prie de m'envoyer toutes les quinzaines un cahier de renseignements.

Tu demeures auprès de Paris [1]; tu peux assister à certaines cérémonies, scènes et solennités; tu m'en feras le compte rendu fidèle. Tu peux assister à certains actes. Tu me diras ce que tu verras et ce que tu sauras des hommes et des événements, en particulier ce qui ne sera pas dans les journaux. Non pas que je veuille avoir les derniers tuyaux; non pas que j'attache une importance qu'elles n'ont pas aux grandes nouvelles, vraies et fausses, qui cheminent aux salles de rédaction. Je ne veux pas t'envoyer en ces endroits, où tu n'es pas accoutumé d'aller. Je ne veux pas savoir les secrets des cours. Je consens à ne savoir jamais pourquoi ni comment M. Clemenceau a quitté *l'Aurore*. Je ne te prie pas de m'envoyer les nouvelles privées, mais les nouvelles publiques non communiquées ou mal communiquées par la presse au public. Elles sont nombreuses, importantes, quelquefois capitales.

Tu me diras ce que tu penses des hommes et des événements. Non pas que je m'engage à penser comme toi, ni à penser avec toi. Mais tu me diras ce que tu penses. Tu iras voir les docteurs que tu connais, et tu leur demanderas pour moi des consultations sur les cas difficiles.

Tu me signaleras les articles de journaux et de revues et même les livres que je puisse lire utilement dans le temps dont je dispose. Tu sais que je m'intéresse de près ou de loin à tout ce qui touche la Révolution sociale. Je me réabonnerai à mes trois journaux. Je me réabonnerai surtout au *Mouvement Socialiste*. *La Revue Socialiste* est une grande revue : elle a sa place marquée dans tous les groupes et cercles d'études et de propagande. *Le Mouvement,* plus court, plus portatif, nourri, amical, très largement international, ne quitte guère la poche de ma veste. Pour avoir les autres journaux et revues et les livres, nous avons fondé un cercle d'études et de lecture. Mais il ne suffit pas d'avoir tout cela. Il faut encore s'y retrouver. Tu m'aideras à m'y retrouver.

Tu me transcriras tous les documents ou tous les renseignements qui sont à conserver. On ne peut garder indéfiniment les coupures des journaux que l'on a ou que l'on n'a pas. Un cahier est plus commode. Quand un document est donné au public, tout le monde en parle, on le trouve un peu partout. Trois mois plus tard on ne sait où s'adresser pour l'avoir. Je suis assuré que tu me donneras impartialement les pièces pour et contre. Ce fut notre honneur, au temps de cette affaire sur laquelle je n'ai pas peur de radoter, d'aller chercher dans les témoignages, dans les journaux ennemis les meilleures de nos preuves, les plus invincibles de nos arguments. Renoncerons-nous à ces bonnes habitudes? L'ouvrage dreyfusard le plus efficace ne fut-il pas une Histoire des Variations de l'État-Major fournie par lui-même?

Je te prie de me donner tous les documents et tous les renseignements que tu pourras, même longs, même ennuyeux. Nous devons à la même affaire la publication exacte, historique, de procès-verbaux, de comptes rendus sténographiques, de documents, de papiers, de pièces. Nous avons eu *le Procès Zola, la Revision de l'Affaire Dreyfus, Enquête* et *Débats de la Cour de Cassation,* les publications du *Figaro*. *L'Éclair* donne le compte rendu sténographique des débats qui se poursuivent si ennuyeusement devant la Haute Cour. Ici reconnaissons l'hommage que le vice rend à la vertu. J'ai lu avec plaisir sur la quatrième page de la couverture du *Mouvement* que la *Société nouvelle de librairie et d'édition*[1] allait nous donner le « Compte rendu sténographique officiel du Congrès général des Organisations Socialistes Françaises tenu à Paris en Décembre 1899 ». C'est là de bon style officiel. Voilà de bonne publication. Nous aurons là même les paroles inutiles prononcées dans le grand gymnase pendant que la commission travaillait. Nous aurons les basses démagogies de Ebers aussi bien que l'austère démonstration historique de Lagardelle. Qu'importe? Mieux vaut publier tel que. Il est même intéressant que le Congrès, dans sa deuxième journée, ait résolu que l'on procéderait à cette publication. Il donnait ainsi le bon exemple. On va publier, sur l'invitation formelle du Congrès, sous le contrôle d'une commission spéciale, des discours blessants pour telle ou telle organisation. C'était d'une large liberté. Pourquoi le Congrès n'a-t-il pas continué? — Il y aura dans tes cahiers beaucoup plus d'édité que d'inédit. Mais il y a tant d'inédit que tout le monde connaît d'avance, il y a tant d'édité que tout le monde ignore.

Si enfin quelqu'un te met en mains de la copie[1], joins-la aux cahiers. J'aurai cette copie en communication, je la lirai ou ne la lirai pas selon le temps que j'aurai. Il peut arriver que de la bonne copie ne soit reçue en aucune revue par aucun éditeur. Tu m'enverras de la bonne copie. Tu m'enverras même des vers si tu en reçois. Le vers n'est pas forcément déshonorant. Ce sera une partie facultative des cahiers, facultative pour toi, facultative surtout pour nous.

Je ne te demande nullement de m'envoyer une histoire du monde par quinzaine, ou une géographie du monde par quinzaine, ou une chronologie du monde par quinzaine. Je te prie de m'envoyer des cahiers de renseignements, sans esprit de parti, sur ce qui m'intéresse.

Le Provincial.

RÉPONSE

Paris, lundi 25 décembre 1899.

Mon cher ami,

PENDANT un an, et à titre d'essai, je ferai tout ce que je pourrai pour t'envoyer ces cahiers de renseignements. Le premier cahier partira le 5 janvier prochain. Je t'enverrai le 20 de chaque mois le cahier de la première quinzaine et le 5 le cahier de la seconde quinzaine du mois précédent.

Je tiens dès à présent à te rassurer sur ce Triomphe de la République. Autant que l'on peut nombrer une aussi grandiose manifestation, deux cent cinquante mille citoyens au moins défilèrent. On peut évaluer à un nombre égal au moins les citoyens qui acclamèrent le défilé, qui acclamèrent le socialisme. Ainsi *la Petite République* et *l'Aurore* avaient également raison. Toujours faut-il que l'on s'entende.

De cette fête j'avais préparé un compte rendu, non pas pour toi, mais pour une revue amie [1]. Je t'enverrai, par exception, ce compte rendu dans mon premier cahier. J'y ajouterai les principaux documents de l'affaire Liebknecht, et quelques notes sur les derniers événements de décembre 1899.

LE « TRIOMPHE DE LA RÉPUBLIQUE »[1]

Premier cahier de la première série (5 janvier 1900).

La République avait triomphé le 11 novembre par la décision de la Haute Cour : 157 juges contre 91 avaient ce jour-là repoussé les conclusions de la défense, présentées et défendues la veille par Me Devin, tendant à faire déclarer l'incompétence. Puis la République avait triomphé le jeudi 16 par le vote de la Chambre : 317 députés contre 212 avaient voté l'ordre du jour, présenté par les Gauches, « approuvant les actes de défense républicaine du Gouvernement »; les mots *de défense républicaine* avaient été proposés par M. Vaillant et plusieurs socialistes, et acceptés d'eux par le Président du Conseil.

Enfin la République triompha dans la rue par la procession du peuple parisien le dimanche 19, le grand dimanche.

Comme les prêtres catholiques réconcilient ou purifient par des cérémonies expiatoires les églises polluées par l'effusion du sang ou par le crime honteux, comme ils ont récemment fait une réparation pour l'église Saint-Joseph, ainsi trois cent mille républicains allèrent en cortège réconcilier la place de la Nation.

La Petite République et Gérault-Richard avaient eu l'initiative de cette manifestation, comme ils avaient eu, avec toute l'opinion publique, l'initiative, en des temps plus difficiles, d'aller à Longchamp. Nous rendrons cette justice aux adversaires de la République de constater que cette fois-ci encore ils firent tout ce qu'ils pouvaient pour que la manifestation fût grandiose. M. Paulin Méry fit coller sur les murs de grandes affiches rouges, émanant d'un Comité d'action socialiste et patriotique dont il s'intitulait, bien entendu, le délégué général. Le bureau du Conseil Municipal fit donc apposer des proclamations officieuses. La Commission exécutive de l'Agglomération parisienne du Parti ouvrier français avait fait poser des affiches beaucoup plus modestes, un quart ou un demi-quart de colombier, car officiellement les guesdistes n'ont pas d'argent; ces affiches d'un rouge modeste, au nom de je ne sais plus combien de groupements parisiens, avertissaient le lecteur que, le gouvernement et M. Bellan ayant interdit le drapeau rouge, les vrais socialistes et les vrais révolutionnaires étaient par là-même exclus de la manifestation. Le parti guesdiste s'est apparemment donné la tâche glorieuse de sauver le drapeau rouge des subornations de M. Waldeck-Rousseau. Les guesdistes n'ont jamais mis leur drapeau dans leur poche : demandez plutôt à M. Alexandre Zévaès des nouvelles de son élection. Les guesdistes n'ont pas beaucoup défendu le drapeau rouge contre les brutalités de M. Dupuy ni contre les férocités sournoises de M. Méline. Cela était plus difficile. Enfin ils firent défense à la population parisienne d'aller fêter le Triomphe de la République, puisque cette République de Dalou * n'était pas la République sociale, mais, remarquez-le bien, la capitaliste. Les guesdistes mirent en interdit la manifestation. Immédiatement cette population parisienne s'enfla comme un beau fleuve et par toutes les voies se dirigea vers la place de la Nation.

La Petite République avait annoncé, en grosses italiques fortes et bien situées, que sa rédaction et son administration partiraient à midi. Le Treizième, comme on le nomme amicalement, c'est-à-dire les groupes si puissants et si cordiaux du treizième arrondissement, socialistes et révolutionnaires, le groupe les Étudiants Collectivistes de Paris (non adhérent au Parti ouvrier français), les organisations syndicales et les cinq coopératives du treizième, renforcés du citoyen Coutant et des manifestants de sa circonscription électorale, devaient se réunir place d'Italie à partir de dix heures et demie du matin. Tout le treizième, comme on disait, renforcé

---

* Sur Dalou, son œuvre, et en particulier *le Triomphe de la République*, je renvoie à l'excellent article, si nourri, du citoyen Deshairs [1], paru dans *le Mouvement* du 1er octobre.

de tout Ivry, devait partir en temps utile, suivre l'avenue des Gobelins, la rue Monge, la rue Montmartre, et prendre en passant *la Petite République*.

Midi sonnaient quand nous arrivâmes au coin de la rue Réaumur. Deux ou trois cents personnes attendaient joyeusement au clair soleil sur les trottoirs. Leur disposition même rappelait invinciblement à la mémoire la disposition pareille des militants rangés au bord des trottoirs un peu vides en un jour sérieux de l'année précédente. C'était le jour de la rentrée des Chambres. Dans la seconde moitié de la journée nous attendions au même endroit, pareillement disposés, un peu moins nombreux, sans doute un tout petit peu parce qu'on pouvait se battre sérieusement, mais surtout et beaucoup parce que c'était en semaine et que les ouvriers travaillaient, parce que ce n'était pas jour de fête, parce qu'il ne faisait pas ce soleil admirable, et parce qu'en ce temps-là le peuple ne savait pas encore. Les églantines rouges ne fleurissaient pas alors les boutonnières des vestes, des pardessus et des capuchons, mais à une marque discrète chacun reconnaissait mystérieusement les siens.

L'image de ce jour devenu si lointain par le nombre et l'importance des événements intercalaires, de ce jour déjà devenu comme étranger parce que la situation s'est retournée dans l'intervalle, eut tout le loisir de fréquenter notre mémoire, car le cortège ne partit nullement à midi. Évidemment le service d'État-Major était assez mal organisé. On devisait donc entre amis et camarades. On allait admirer dans la vitrine du journal un bel étendard, un drapeau rouge, mais avec la hampe au milieu, et ces mots brodés en trois lignes transverses : *La — Petite République — socialiste,* et les deux cartouches bleus aux inscriptions dorées : *Ni Dieu ni Maître; Prolétaires de tous les pays, unissez-vous.* L'attente se prolongeait. On remarqua que le mot *pays* sur le deuxième cartouche était mis en surcharge. On achetait des églantines rouges au bureau du journal, au magasin plutôt. Ces églantines ont été perfectionnées depuis Longchamp. Alors on les donnait, à présent on les vend : un sou l'exemplaire, trois francs le cent, vingt-sept francs le mille; à présent on la nomme églantine rouge double. Elle est plus grande, plus grosse; elle a en effet deux rangées de pétales, une à l'extérieur, plus grande et large, une à l'intérieur, plus petite. Naguère les pétales simples étaient fixés sous une petite boule jaune, parfois surmontée de deux ou trois petits fils jaunes, qui figuraient, grossièrement et naïvement, les étamines et le pistil. Aujourd'hui, la boule centrale est plus grosse et toute rouge. Naguère on mettait pour la plupart une seule fleurette à la boutonnière, comme une marque. Aujourd'hui, dans un besoin d'expansion, d'exubérance et de floraison, on met, à toutes enseignes, des bouquets entiers. L'églantine est plus rouge, toute rouge, plus symbolique, mais elle est moins églantine, moins fleur. C'est une fleur sans pollen : lequel vaut mieux? On discute sagement là-dessus. Les partisans du progrès préfèrent la nouvelle églantine; les horticulteurs — on nomme ainsi les hommes qui cultivent leur jardin — aimaient mieux la petite fleur.

Attendant encore on vit passer plusieurs délégations qui n'étaient pas en retard : quelques hommes à la fois, avec ou sans insignes, dont l'un portait quelque bannière, ou fièrement brandie, ou familièrement sous le bras; les uns marchaient au milieu de la route, et c'était un amusant défilé de quatre hommes, sérieux cependant; quelques-uns s'en allaient plus civilement sur les trottoirs. Déjà en venant nous avions rencontré, aux environs de l'Hôtel de Ville, plusieurs francs-maçons, portant librement leurs insignes étonnés de prendre l'air.

Attendant toujours on apprit que Jaurès ne serait pas là, retenu dans l'Ain et dans le Jura par les soins de la propagande. On regretta son absence, non pas seulement parce que ses camarades l'aiment familièrement, mais aussi parce qu'il manquait vraiment à cette fête, qui lui ressemblait, énormément puissante, et débordante.

Il était midi et demie environ quand Gérault arriva, toujours cordial, et gai comme le beau temps. Il venait de quitter le treizième, qui était en retard, et qui regagnait directement par le pont d'Austerlitz. Au treizième, disait-on, ils sont au moins dix mille. — Partons.

Il était midi et demie passé quand on forma le cortège. Quelques vieux militaires âgés de vingt-deux ans, récemment échappés de la caserne, chantonnèrent en riant la sonnerie : *au drapeau!* quand on sortit du magasin le rouge étendard. L'idée que l'on allait marcher en rangs, au pas, au milieu de la rue, éveillait chez beaucoup d'assistants d'agréables souvenirs militaires, car invinciblement une foule qui marche en rangées au pas tend à devenir une armée, comme une armée en campagne tend à marcher comme une foule. Et ce qui est mauvais dans le service militaire, c'est le service, la servitude, l'obéissance passive, le surmenage physique, et non pas les grandes marches au grand soleil des routes. On se forma. Quelques-uns commandèrent en riant : *En avant!* Le premier rang était formé de porteurs de *la Petite République*. Ils avaient leur casquette galonnée, l'inscription en lettres d'argent. Trois d'entre eux portaient l'étendard et les deux cartouches. Quand on aura socialisé même les fêtes socialistes, les militants porteront eux-mêmes leur drapeau. Je ne désespère pas de voir Jaurès porter un drapeau rouge de ses puissantes mains.

Nous partîmes cinq cents, par la rue Réaumur, mais nous fûmes un prompt renfort pour *l'Avenir de Plaisance,* la puissante société coopérative de consommation, avec laquelle nous confluâmes au coin de la rue Turbigo, et qui avait une musique, ce qui accroissait l'impression de marche militaire. Place de la République, c'est déjà la fête. Quelques gardes républicains à cheval ne nuisaient nullement au service d'ordre. Au large de la place, des files de bannières luisaient et brillaient. Un peuple immense et gai. Nous allâmes nous ranger boulevard Richard-Lenoir, je crois. Il y avait tant de monde que l'on ne reconnaissait plus les rues, les larges avenues de ces quartiers. Nous étions auprès de la statue du sergent Bobillot. Un porteur de *la Petite République* explique à son voisin pourquoi il préfère un homme comme Bobillot à un homme comme Marchand. Nous attendons là longtemps, insérés dans les groupes ouvriers en costume de travail. C'est nouveau. Près de nous le vaste et muable moutonnement des chapeaux de feutre enfarinés aux larges bords : ce sont les forts de la Halle*, coltineurs non débiles, qui stationnent pesamment, puissamment. Nous sommes directement sous la protection de Lépine, qui est là tout près, au sergent Bobillot, disent

* Ou plutôt les forts aux farines.

quelques-uns. Grâce à la protection de Lépine, continuent-ils en riant, nous allons défiler en bonne place dans le cortège. Tout cela n'empêche pas que si on refait la Commune on le fusillera tout de même, dit près de moi un vieux communard universellement connu comme un brave homme. Je crois qu'il plaisante et veux continuer la plaisanterie. Avec quoi les fusillera-t-on? — Avec des balles, comme les autres, me répond-il sérieusement. Je le regarde bien dans les yeux, pour voir, parce que sa parole sonne faux en cette fête. Il a toujours les mêmes yeux bleus calmes et la même parole calme. Ces vieux communards sont extraordinaires. On ne sait jamais s'ils parlent sérieusement ou par manière de plaisanter. Ils ont avec nous des mystifications froides comme les vieux soldats du second Empire en avaient avec les recrues. Ils sont de la même génération. Ils ont, comme eux, fait la guerre. Et cela doit marquer un homme. Deux hommes, adossés au mur d'une maison adjacente, pour se reposer de la longue station, disent gravement : C'est tout de même beau, une fête comme ça, c'est tout de même beau. Et ils répètent profondément sur un rythme las : C'est beau. C'est beau. Il passe des enfants, petits garçons et petites filles, délégations des écoles ou des patronages laïques. On leur fait place avec une sincère et universelle déférence. On pousse en leur honneur de jeunes vivats. Ils y répondent. Ils passent en criant de leurs voix gamines, comme des hommes : *Conspuez Rochefort, conspuez*. Cela est un peu vif, un peu violent, fait un peu mal.

Mais par-dessus toutes les conversations, par-dessus tous les regards, par-dessus toute rumeur montaient les chants du peuple. Dès le départ, et sur tout le trajet, et pendant la station, et puis tout au long du cortège, le peuple chantait. Je ne connaissais pas les chants révolutionnaires, sauf *la Carmagnole,* dont le refrain est si bien fait pour plaire à tout bon artilleur, et que tout le monde chante. Je ne connaissais que de nom l'immense et grave *Internationale*. A présent je la connais assez pour accompagner le refrain en ronronnant, comme tout le monde. Mais le ronron d'un peuple est redoutable. Ceux qui savent les couplets de *l'Internationale* sont déjà des spécialistes. Aussi quand on veut lancer *l'Internationale,* comme en général celui qui veut la lancer ne la sait pas, on commence toujours par chanter le refrain. Alors le spécialiste se réveille et commence le premier couplet.

Les chants révolutionnaires, chantés en salles closes, n'ont assurément pas moins de paroles déplaisantes que de paroles réconfortantes. Chantés dans la rue contre la police et contre la force armée, ils doivent être singulièrement et fiévreusement, rougement ardents. Chantés pour la première fois dans la rue avec l'assentiment d'un gouvernement bourgeois républicain, ils avaient un air jeune et bon garçon nullement provocant. Ces chansons brûlantes en devenaient fraîches. Mais plus volontiers que les chansons traditionnelles, plus fréquentes encore, les acclamations et les réprobations rythmées traditionnelles, moitié chant, moitié verbe et moitié tambour, les *conspuez* et les *vive* scandaient la marche du peuple. On redisait inlassablement les anciens rythmes, et, comme on était en un jour d'expansion, on improvisait de nouvelles paroles. Si les ennemis de M. le marquis de Rochefort — on m'assure qu'il en a gardé quelques-uns — s'imaginaient que sa popularité a diminué, ils auraient tort. Elle s'est retournée seulement. Je ne crois pas que jamais le peuple de Paris ait aussi tempétueusement crié ce nom de Rochefort. Il était beaucoup plus question d'un certain *Boubou* que d'un certain *Barbapoux*. La guerre inexpiable de la rime et de la raison se poursuivait parmi ce peuple en marche. Les rimes en *on* étaient particulièrement recherchées, parce que, sous une forme écourtée, elles introduisent le refrain populaire *ton ton ton taine ton ton*. Les rimes en *on* avaient l'avantage d'être particulièrement nombreuses. Mais elles avaient le désavantage de n'être pas toutes convenables. Comme on était dans la rue, et comme il y avait beaucoup de femmes et d'enfants dans le cortège, et dans la double haie des spectateurs, le peuple choisissait souvent celles des rimes en *on* qui étaient convenables. Ainsi le peuple chantait que *Rochefort est un vieux barbon*, que *plus il devient vieux, plus il devient bon*. Le comparatif *meilleur* était ainsi négligé. Ce peuple n'avait aucune colère ni aucune pitié contre Déroulède, qu'il envoyait simplement et fréquemment à Charenton. Il n'avait même aucune réserve, aucune fausse honte, rien de ce sentiment qui nous retenait malgré nous envers un prisonnier et un condamné de la veille. Nous aurions été gênés pour faire allusion à la petite condamnation de Déroulède. Le peuple, plus carrément, et peut-être plus sagement, ne se contentait pas d'envoyer Déroulède à Charenton. Les malins imaginaient des variantes et les lançaient : *Ah! Déroulède trois mois de prison; Ah! Déroulède est au violon.* Un nouveau chant parlé commençait à se répandre, plus volontaire, plus précis, plus redoutable, inventé sur-le-champ : *au bagne, Mercier, au bagne.* Le mot *bagne,* ainsi chanté, avec rage, résonne extraordinairement dans la mâchoire et dans les tempes. Un brave homme, petit et mince, entendant mal, criait avec acharnement : *au bal, Mercier.* Quand il s'aperçut de son erreur, il m'expliqua que, dans sa pensée, il donnait au mot *bal* ce sens particulier qu'on lui donne au régiment, où, par manière de plaisanterie amère, on désigne ainsi le peloton de punition.

Cependant que la grave *Internationale,* largement, immensément chantée, s'épandait comme un flot formidable, cependant que le *Mercier, au bagne!* rythmé coléreusement, scandait la foule même et la déconcertait, le cortège longuement, lentement, indéfiniment, se déroulait tout au long du boulevard Voltaire, avec des pauses et des reprises. Arrivés au milieu, on ne voyait ni le commencement ni la fin. Au-dessus du cortège une longue, immense file de drapeaux rouges, de pancartes bleues, d'insignes et ornements triangulaires et variés, se défilait en avant et l'on se retournait pour la voir se défiler en arrière. Avec nous nos bons camarades, la *Ligue démocratique des Écoles,* portaient leur pancarte bleue aux lettres dorées. On ne pouvait lire les pancartes plus éloignées qui se perdaient au loin. Aussi je préfère emprunter à *la Petite République* les beaux noms de métier des ouvriers qui avaient promis leur concours à la manifestation. Je lis dans *la Petite République* du matin même, datée du lundi, les convocations suivantes, à la file : *Chambre syndicale des gargouilleurs; — Syndicat de la chèvre, mouton et maroquin; — Chambre syndicale des tailleurs et scieurs de pierre du département de la Seine; — Chambre syndicale professionnelle des façonniers passementiers à la barre; — Fédération des syndicats de Boulogne-sur-Seine; — Chambre syndicale des corps réunis de Lorient, Morbihan; — Syndicats des bonnes, lingères, filles de salle, blanchisseuses; — Chambre syndicale des infirmiers et infirmières; — Chambre syndicale des ouvriers balanciers du département de la Seine; — Chambre syndicale des ouvriers peintres de lettres et attributs.* Comme ces noms de métier sont beaux, comme ils ont un sens, une réalité, une solidité, comparés aux noms des groupements politiques, tous plus ou moins républicains, socialistes, révolutionnaires, amicaux, indépendants, radicaux-socialistes, aux unions, aux associations, et aux cercles, et aux cercles d'études sociales, et aux partis. Loin de moi la pensée de calomnier les groupements politiques. Ils sont pour la plupart beaucoup plus actifs, travailleurs, énergiques, efficaces que leurs noms ne sont spécifiques. Mais tout de même comme c'est beau, un nom qui désigne les hommes et les groupes sans contestation, sans hésitation, par le travail quotidien. On sait ce que c'est, au moins, qu'un forgeron, ou un charpentier. Je voudrais les citer tous, car je ne sais comment choisir. Je trouve dans la même *Petite République* les *travailleurs du gaz*, les *charrons*, la *Fédération culinaire de France et des colonies*, les *employés des coopératives ouvrières*, le *Syndicat ouvrier de la céramique*, les *comptables*, les *ouvriers fumistes en bâtiment*, les *ouvriers serruriers en bâtiment*, les *tourneurs-robinetiers*, les *horlogers en pendules*, les *tourneurs-vernisseurs sur bois*, l'*Imprimerie nouvelle*, les *ouvriers étireurs au banc*, les *scieurs*, *découpeurs*, *mouluriers à la mécanique*, les *correcteurs*, la *sculpture*, les *garçons nourrisseurs*, les *ouvriers jardiniers du département de la Seine*, les *ouvriers jardiniers et parties similaires de la Ville de Paris*, *le bronze imitation*. Toute l'activité, tout le travail, toute la nourriture et tout l'ornement de Paris. Je renonce à donner les noms que je vois dans *la Petite République* de la veille, datée du dimanche. Ma liste serait longue autant que fut le cortège.

Enveloppant de leurs plis lourds ou de leurs déploiements les pancartes, les bannières et les drapeaux rouges défilaient. L'ordonnance de police du 15 février 1894 est ainsi conçue en son article premier :

> Sont interdits, dans le ressort de la Préfecture de police, l'exposition et le port de drapeaux, soit sur la voie publique, soit dans les édifices, emplacements et locaux librement ouverts au public.

Mais heureusement qu'elle est ainsi conçue en son article deuxième :

Sont exemptés de cette mesure les drapeaux aux couleurs nationales françaises ou étrangères, et ceux servant d'insignes aux Sociétés autorisées ou approuvées.

Cette ordonnance, promulguée au temps de la terreur anarchiste, était libéralement interprétée pour le triomphe de la République. Il suffisait que les drapeaux eussent une inscription pour passer. Ainsi les drapeaux flamboyants qui n'auraient pas passé tout seuls passaient parce qu'ils portaient en lettres noires des inscriptions comme celles-ci : *Vive la Commune! — Vive la Révolution sociale! — 1871.* L'honorable M. Alicot a vu là une transaction qui serait une véritable hypocrisie. Sans aucun doute s'il y avait eu un marché formel entre le gouvernement et le peuple, ce marché n'aurait été, des deux parts, qu'un marchandage hypocrite. Mais le gouvernement n'entendait assurément pas ainsi sa bienveillance. Et le peuple ne faisait guère attention à ce détail de procédure que pour s'en amuser bonnement. Il ne s'agissait pas du tout de vendre au gouvernement l'appui du peuple moyennant une tolérance honteuse. L'explosion de la fête était supérieure et même rebelle à tout calcul. Non. Il était simplement réjouissant qu'une ordonnance de la police bourgeoise, rendue contre le drapeau rouge au moment que l'on sait, présentât ainsi un joint par où passait librement le drapeau rouge commenté, à présent que les bourgeois républicains reconnaissaient la valeur et l'usage du socialisme républicain. Cela plaisait à ces gamins de Paris devenus hommes de Paris qui, en immense majorité, composaient le cortège.

A mesure que la fête se développait énorme, la pensée du robuste Jaurès revenait parmi nous. Quand nous chantions : *Vive Jaurès!* la foule et le peuple des spectateurs nous accompagnaient d'une immédiate et chaude sympathie. Jaurès a une loyale, naturelle et respectueuse popularité d'admiration, d'estime, de solidarité. Les ouvriers l'aiment comme un simple et grand ouvrier d'éloquence, de pensée, d'action. L'acclamation au nom de Jaurès était pour ainsi dire de plain-pied avec les dispositions des assistants. Continuant dans le même sens, plusieurs commencèrent à chanter : *Vive Zola!* Ce cri eut un écho immédiat et puissant dans le cortège, composé de professionnels habitués dès longtemps à se rallier autour du nom protagoniste. Mais la foule eut une légère hésitation. C'est pour cela que nous devons garder à Zola une considération, une amitié propre. Il faut que cet homme ait labouré bien profondément pour que la presse immonde ait porté contre lui un tel effort de calomnie que même en un jour de gloire la foule, cependant bienveillante, eût comme une hésitation à saluer le nom qu'elle avait maudit pendant de longs mois. Cela est une marque infaillible. Voulant sans doute pousser l'expérience au plus profond, quelques-uns commencèrent à chanter : *Vive Dreyfus!* un cri qui n'a pas retenti souvent même dans les manifestations purement dreyfusardes. Ce fut extraordinaire. Vraiment la foule reçut un coup, eut un sursaut. Elle ne broncha pas, ayant raisonné que nous avions raison, que c'était bien cela. Même elle acquiesça, mais il avait fallu un raisonnement intermédiaire, une ratification raisonnée. Dans le cortège même il y eut une légère hésitation. Ceux-là mêmes qui avaient lancé ce cri sentirent obscurément qu'ils avaient lancé comme un défi, comme une provocation. Puis nous continuâmes avec acharnement, voulant réagir, manifester, sentant brusquement comme l'acclamation au nom de Dreyfus, l'acclamation publique, violente, provocante était la plus grande nouveauté de la journée, la plus grande rupture, la plus grande effraction de sceaux de ce siècle. Aucun cri, aucun chant, aucune musique n'était chargée de révolte enfin libre comme ce *vive Dreyfus!* « Faut-il que ce Dreyfus soit puissant pour avoir ainsi réuni sur une même place et dans un même embrassement... » disait *l'Intransigeant* du jour même, sous la signature de M. Henri Rochefort*. M. Henri Rochefort avait raison. Le capitaine Alfred Dreyfus est devenu, par le droit de la souffrance, un homme singulièrement puissant. Ceux qui l'ont poursuivi savaient bien ce qu'ils faisaient. Ils ont marqué cet homme. Ils ont marqué sa personne et son nom d'une marque pour ainsi dire physique dans la conscience de la foule, au point que ses partisans mêmes sont un peu étonnés d'eux-mêmes quand ils acclament son nom. C'est pour cela que nous gardons à M. Dreyfus, dans la retraite familiale où il se refait, une amitié propre, une

* Cité dans *le Matin* du dimanche. Il vaut mieux ne pas lire *l'Intransigeant* dans le texte.

piété personnelle. Nous-mêmes nous avons envers lui un devoir permanent de réparation discrète. Nous-mêmes nous avons subi l'impression que la presse immonde a voulu donner de celui en qui nous avons défendu la justice et la vérité. Ceux qui ont fait cela ont bien fait ce qu'ils ont fait. Mais ceux qui ont voulu cela n'ont pas prévu au-delà de ce qu'ils voulaient. Ils n'ont pas prévu la résistance désespérée de quelques-uns, la fidélité d'une famille s'élargissant peu à peu jusqu'à devenir la fidélité en pèlerinage de trois cent mille républicains. — Le *Vive Dreyfus!* ne dure que quelques minutes. On en use peu, comme d'un cordial trop concentré.

A mesure que l'on approche de la place de la Nation les stations deviennent plus fréquentes, comme lorsqu'on approche, pour un défilé, d'un rassemblement militaire. On stationnait patiemment. C'était l'heure choisie où la verve individuelle, dans cette fête collective, s'exerçait plus aisément. Sans doute on ne pouvait se mettre à la fenêtre pour se regarder passer dans la rue, cela étant défendu par les traités de psychologie les plus recommandés. Mais on s'amusait à quitter le cortège pour aller, au bord du trottoir, voir passer les camarades. Cela devenait une heureuse application de la mutualité aux défilés du peuple. On mesurait ainsi du regard tout ce que l'on pouvait saisir du cortège inépuisable. Il se produisait ainsi une pénétration réciproque du cortège et de la foule. Plusieurs défilèrent, qui n'étaient pas venus pour cela. Tout le monde approchait pour lire en épelant les inscriptions des drapeaux et des pancartes. Ce jour de fête fut un jour de grand enseignement populaire. Il se formait des rassemblements autour des plus beaux drapeaux, autour des beaux chanteurs. Les refrains étaient chantés, repris en chœur par une foule grandissante. Un jeune et fluet anarchiste — c'est ainsi qu'ils se nomment, compromettant un nom très beau — qui s'était fait une tête de la Renaissance italienne, essayait de se tailler un succès personnel en chantant des paroles extraordinairement abominables, où le nom de Dieu revenait trop souvent pour une démonstration athée. Il prétendait que si l'on veut être heureux, « pends ton propriétaire ». Ces paroles menaçantes ne terrorisaient nullement les petites gens du trottoir et des fenêtres, en immense majorité locataires. Ainsi déjà les petits bourgeois, tout au long du parcours, avaient écouté sans aucune émotion, du moins apparente, que *tous les bourgeois on les pendra*. Un excellent bourgeois avait même poussé la bienveillance, au 214 du boulevard, jusqu'à pavoiser son balcon d'une foule de petits drapeaux inconnus. Discussions dans la foule et dans le cortège. Que signifiaient ces drapeaux? ces pavillons? Était-ce une bienvenue en langage maritime? Une lettre de ce M. Pamard, adressée à monsieur Lucien Millevoye, et reproduite dans *la Petite République* du mercredi 29, nous apprend que « ces *petits mouchoirs*... n'étaient autres que les pavillons respectés de toutes les nations; et, au milieu d'eux, le nôtre flottait en bonne place ». La lettre de M. Pamard nous apprend que « celui qui accrocha à son balcon ces pavillons qui flottent habituellement sur son yacht est un vieux républicain. » Nous n'en savions pas aussi long quand nous défilâmes devant ce pavoisement. Mais la foule ne s'y trompa point. Évidemment, ce n'était pas une manifestation nationaliste. Plusieurs personnes à ce balcon, et en particulier ce vieux républicain, acclamaient le cortège, applaudissaient, saluaient le drapeau rouge. Inversement le peuple acclamait ce bourgeois, levait les chapeaux. Il n'était pas question de le pendre : heureuse inconséquence! ou plutôt heureuse et profonde conséquence! — Combien de bourgeois défilèrent parmi les francs-maçons et dans la Ligue des Droits de l'Homme!

Je soupçonne tous les gens des fenêtres de n'avoir entendu de tout cela que le brouhaha immense de la rue qui se mouvait. Les camarades traitaient le bizarre compagnon, le compagnon de la Renaissance italienne, avec beaucoup de bonne humeur, comme un enfant terrible, capricieux, négligeable. Mais le grand succès fut pour le bon loustic, le loustic inévitable, plus ancien que la caserne et plus durable qu'elle. Au moment où la station devenait une véritable pause, quand on commençait à s'impatienter un tout petit peu, le bon loustic se mit à chanter, au lieu de : *Ah! Déroulède à Charenton, ton, taine,* sur le même air, ces paroles ingénues : *Allons vite à la place de la Nation, ton taine*. Ayant dix syllabes à caser au lieu de huit, il courait pour se rattraper. Cela réussit beaucoup.

Alerte. Sursaut. Scandale. Un cri court au long de la colonne : *A bas la patrie!* Grand émoi, car un tel cri n'est poussé que par un agent provocateur ou par des internationalistes excessivement prononcés. Soudain on comprend. Et on rit. Des camelots harcelaient les manifestants et la foule en criant : *La Patrêe*. Les manifestants avaient répondu en criant : *A bas la Patrie,* et non pas *à bas la patrie*. Pour dissiper le malentendu, on commença : *Conspuez Millevoye,* mais sans insister, disant : « Il n'en vaut pas la peine », ou : « Il est trop long. »

A mesure que l'on approchait de cette place, le service d'ordre, insignifiant d'abord, devenait notoire. Il avait été convenu qu'il n'y aurait pas de police. De fait la haie, très clairsemée, un simple jalonnement au milieu du boulevard, était faite par des gardes républicains. Mais il y avait de place en place des réserves d'agents massées sur les trottoirs, taches noires ponctuant la mobilité de la foule. Si ces hommes aux poings lourds ont des âmes subtiles, les officiers, sous-officiers, brigadiers et simples gardes, les commissaires de police, les officiers de paix, les brigadiers et les simples agents durent s'amuser chacun pour son grade. En fait, plusieurs de ces gardiens de la paix riaient dans leurs moustaches. La plupart se tenaient obstinés à regarder ailleurs avec une impassibilité militaire. Quelques-uns se tenaient un peu comme des condamnés à mort, ce qui était un peu poseur, inexact, mais compréhensible. Ce qui devait le plus les étonner, c'était de se voir là. Nous sommes si bien habitués nous-mêmes à ce que les hommes ainsi costumés nous sautent sur le dos quand nous poussons certaines acclamations, que nous demeurions stupides, poussant ces acclamations qu'ils n'en fussent pas déclenchés. Eux qui doivent avoir, depuis le temps et par la fréquence, une autre habitude que nous, comme ils devaient s'étonner de ne pas se trouver automatiquement transportés sur nos épaules! Mais ils ne bougeaient pas, droits, encapuchonnés d'obéissance passive. Au long du boulevard nous les considérions comme on regarderait si une locomotive oubliait de partir au coup de corne du conducteur. Ils négligeaient de partir. Le peuple était d'ailleurs d'une correction parfaite. Sans doute il s'amusait à crier en passant devant eux les acclamations qui naguère les faisaient le plus parfaitement sauter hors de leur boîte, les *Vive la Commune!* et les *Vive la Sociale.* Mais de cette foule immense et toute-puissante pas un mot ne sortit qui fût une attaque particulière à la police adjacente; pas une allusion ne fut faite aux *vaches* ni aux *flics,* et cela en des endroits où il y avait dix-huit cents manifestants pour un homme de police.

Pas un instant le peuple ne faillit à ce calme courtois. Quelques ivrognes vinrent contre-manifester. « Si nous voulons », disaient-ils, crier « *Vive Déroulède!* nous en sommes bien libres. » — « Parfaitement, monsieur, c'est justement pour la liberté que nous manifestons. » A une fenêtre à droite un prêtre catholique gesticule, crie, applaudit, se moque. On lui crie : *à bas la calotte!* ce qui est bien, et *Flamidien! Flamidien!* ce qui est pénible et un peu violent. On ne crie presque pas : *A bas les curés!* On pousse les mêmes cris à l'église *Saint-Ambroise,* à gauche, qui sonne ses cloches. A une fenêtre à gauche un sous-off rengagé, avec une femme genre *honneur de l'armée.* Pas une injure ne sort de la foule : *à bas les conseils de guerre! au bagne Mercier!* Un capitaine est à sa fenêtre, à gauche, avec sa femme et un petit garçon : *Au bagne Mercier! Vive Picquart!* Un M. Mercier fabrique des voitures en tout genre à gauche, au bout du boulevard Voltaire. Sa maison est le signal d'un redoublement de fureur amusante. Il sait parfaitement que ce n'est pas lui que nous voulons envoyer au bagne.

Si lentement que l'on aille à la place de la Nation, si éloignée que soit cette place, tout de même on finit par y arriver. Depuis longtemps *la Carmagnole* avait à peu près cessé, abandonnée un peu par les manifestants, un peu moins respectée, plus provocante, moins durable, un peu délaissée. *L'Internationale,* toute large et vaste, régnait et s'épandait sans conteste. Le tassement de la marche nous avait peu à peu mêlés au groupe qui nous suivait. Ce groupe avait un immense drapeau rouge flottant et claquant. On y lisait en lettres noires : *Comité de Saint-Denis,* et, je crois, *Parti ouvrier socialiste révolutionnaire.* Un citoyen non moins immense tenait infatigablement ce drapeau arboré, brandi à bout de bras, et chantait infatigablement la chanson du *Drapeau rouge.* Les camarades groupés autour du drapeau accompagnaient en chœur, à pleine voix, le refrain. Cela pendant des heures. Cette admirable chanson réussissait beaucoup, parce qu'elle était lente et large, comme une hymne, comme un cantique et, pour tout dire, comme *l'Internationale*. C'était un spectacle admirable que la marche, que la procession de cet homme au bras et à la voix infatigables, fort et durable comme un élément, fort comme un poteau, continuel comme un grand vent. Et ce qui parfaisait le spectacle était que l'homme et ses camarades chantaient une chanson qui avait tout son sens. Le drapeau rouge qu'ils chantaient n'était pas seulement le symbole de la révolution sociale, *rouge du sang de l'ouvrier,* c'était aussi leur *superbe drapeau rouge,* porté à bout de bras, au bout de son bras, présent, vraiment superbe et flamboyant.

Soudain les barrages, les haies se resserrent. On sépare le cortège de la foule. Pelotons de gardes républicains, pied à terre. Compagnies de pompiers, attention délicate. Nous y sommes. Il est convenu qu'en passant devant Loubet on lui criera *Mercier au bagne, Mercier,* pour lui signifier que le peuple ne veut pas de l'amnistie. Nous y sommes. Plus de soldats, mais seulement des gardiens paisibles aux habits bleus ou verts, gardiens de squares et jardins. Tout à coup un grand cri s'élève à cinquante pas devant nous : *Vive la République!* Nos prédécesseurs ont oublié Mercier. Nous-mêmes sommes saisis devant la République de Dalou et nous crions comme eux : *Vive la République*. Ce n'était pas vive la République amorphe et officielle, mais vive la République vivante, vive la République triomphante, vive la République parfaite, vive la République sociale, vive cette République de Dalou qui montait claire et dorée dans le ciel bleu clair, éclairée du soleil descendant. Il était au moins quatre heures passées. Tout cela en un seul cri, en un seul mot : *Vive la République,* spontanément jailli à l'aspect du monument, cri condensé où l'article *la* recouvrait sa valeur démonstrative. Aussi quand le monument se leva pour nous, clair et seul par-dessus l'eau claire du bassin, nous n'avons pas vu les détails de ce monument, nous n'avons pas vu les détails de la place. Nous n'avons pas vu les deux anciennes colonnes du Trône, si libéralement attribuées par les journalistes à Charlemagne, à Philippe-Auguste, et à Saint-Louis [1]. Nous avons vu le triomphe de la République et nous n'avons pas vu les moyens, les artisans de ce triomphe, les deux lions attelés, le forgeron, madame la justice et les petits enfants. La République triomphante, levée sur sa boule, s'isolait très bien de ses serviteurs et de ses servantes. Nous l'acclamions, nous la voyions seule et haute, et nous passions au pas accéléré, car il fallait que le fleuve de peuple coulât. Quand nous voudrons regarder à loisir le monument de Dalou, nous retournerons à quelques-uns place de la Nation, et nous emporterons dans nos poches le numéro du *Mouvement* où est l'article de Deshairs [1].

Il est bien peu de citoyens qui n'aient alors donné un souvenir, une rapide pensée à Déroulède, qui était venu chercher deux régiments si loin de l'Élysée et si près de la soupe du soir.

Vite on se ressaisit pour passer devant la tribune officielle, à gauche. On avait, au long du cortège, crié quelque peu : *Vive Loubet*. On s'entraîne, on s'aveugle, on s'enroue sur le *Au bagne Mercier,* les chapeaux en l'air, les mains hautes, les cannes hautes. On marche porté, sans regarder sa route. On tourne autour du bassin. On est enlevé. On arrive. On cherche Loubet, pour qui on criait tant. Il n'est pas là. Vraiment, à la réflexion, il eût été fou qu'il restât là pour tout ce que nous avions à lui dire. De la tribune on répond à nos *Vive la Sociale!* Beaucoup d'écharpes aux gens de la tribune. Ces citoyens n'en sont pas moins ardents. Un dernier regard au peuple innombrable qui suit et qui tourne autour de ce bassin. C'est fini. Au coin quelqu'un me dit : « Ça a été violent ici au commencement, la police a enlevé un drapeau noir. » Cet incident passe inaperçu dans le perpétuel mouvement du peuple.

Je n'oublierai jamais ce qui fut le plus beau de la journée : la descente du faubourg Antoine. Le soir descendait, la nuit tombait. Tout ignorants que nous soyons de l'histoire des révolutions passées, qui sont le commencement de la prochaine Révolution sociale, nous connaissons tous la gloire de la légende et d'histoire du vieux faubourg. Nous marchions sur les pavés dans cette gloire. Avec une sage lenteur, les porteurs de *la Petite République* marchaient en avant de ce nouveau cortège. Les gens du faubourg s'approchaient, épelaient, lisaient *la — Petite — République — socialiste; Ni Dieu — ni —*

maître, applaudissaient, acclamaient, suivaient. Rien ne distinguait plus le cortège et les spectateurs. Le peuple descendait dans la foule et se nourrissait d'elle. On rechanta la vieille *Marseillaise,* récemment disqualifiée auprès des socialistes révolutionnaires par la faveur des bandits nationalistes. Tout le faubourg descendait dans la nuit, en une poussée formidable sans haine.

La dislocation eut lieu pour nous place de la Bastille. Ceux de la rive gauche s'en allèrent par le boulevard Henri IV. Groupés en gros bouquets aux lueurs de la nuit, les drapeaux rouges regagnaient de compagnie leurs quartiers et leurs maisons. Les bals commençaient bientôt.

Avec la fatigue de la journée, des inquiétudes et des scrupules me venaient. Je sais bien qu'il n'y a plus de *lanternes,* je sais bien que les bourgeois ont fait construire par des ouvriers des becs de gaz qui ne sont plus des lanternes, sans les anciennes cordes et sans les anciennes potences. Plusieurs des refrains de la journée ne me trottaient pas moins par la tête, violents et laids. Sera-t-il dit que cette révolution d'amour social et de solidarité sera faite avec ces vieilles paroles de violence, de haine, et de laideur. Cela se peut. Il se peut que nous ayons parfait la Révolution sociale avant qu'un architecte de génie nous ait donné la maison du peuple nouveau, avant qu'un poète de génie nous ait donné le poème ou le chant de la révolution nouvelle, de la cité nouvelle. Ce ne sera pas la première fois qu'il en sera ainsi, que le flot de la vie universelle aura devancé les maturations de l'art individuel. En attendant, *l'Internationale* de Pottier est et demeure un des plus beaux hymnes révolutionnaires qu'un peuple ait jamais chanté. Groupons-nous autour de *l'Internationale.*

Des incidents de la journée continuaient à m'attrister quand le soir, dans le train, j'ouvris une petite brochure dont j'avais bourré mes poches, pour la distribuer, comme on le doit. C'était la petite brochure de Le Pic, intitulée : *Pour la République!* (revue politique mensuelle, nº 1, novembre 1899), où il entreprend *le Petit Journal* sur ses infamies du Panama et sur ses atrocités de l'Arménie. Voilà la vraie brochure de propagande. L'auteur ne commence pas par supposer que son lecteur connaît aussi bien que lui ce qu'il veut lui dire. Il ne suppose pas que le lecteur sait. Il ne procède pas par allusions. Il procède par narration. Il annonce la narration : Je vais vous conter une histoire qui est arrivée. Il annonce : « De quels crimes est capable l'infâme *Petit Journal*, je vais le montrer par une preuve unique* mais décisive, par le relevé des sommes qu'il a touchées pour faire tomber l'argent de ses malheureux lecteurs dans la grande escroquerie du Panama. » Plus loin, il annonce : « Vous pensez qu'en jetant ces milliers d'humbles à la ruine pour gagner sa commission de 630.000 francs, il a atteint à la limite du crime et de l'infamie? Eh bien! il a trouvé moyen d'être plus criminel et plus infâme encore!

« Écoutez et retenez cette histoire : »

Suit l'histoire de M. Marinoni et du Sultan.

L'auteur procède comme il faut. Une brochure bien faite ressemble à une histoire de grand-père contée à la veillée :

Il y avait une fois, au pays des Infidèles, un méchant roi qui fit massacrer, dans les supplices les plus effroyables, trois cent mille de ses sujets chrétiens. — Le grand-père n'insiste pas sur les supplices, pour ménager l'imagination des petits.

— Pourquoi donc que le pape n'est pas allé à leur secours, grand-père?

— Je ne sais pas, mes enfants.

— Et le roi de France, pourquoi donc qu'il n'y a pas été?

— Parce qu'il n'y a pas de roi de France.

— Et les Français qui ne sont pas rois?

— Parce que le mauvais roi avait donné de l'argent au *Petit Journal* pour faire croire aux Français que c'étaient les chrétiens qui s'étaient révoltés.

— C'est le même *Petit Journal* qu'on achète au bourg chez l'épicier?

— Oui, mon garçon.

— Ah vrai!

La brochure de Le Pic invite à cette imagination.

Je lus passionnément cette brochure bien faite. Et

* Cela ne l'empêche pas de donner une seconde preuve, justement comme dans les histoires bien faites.

quand je revis contre quelles sournoiseries, contre quelles sauvageries, contre quelles atrocités, contre quelles barbaries ce peuple révolutionnaire avait conduit dans Paris ce triomphe de la République, cette inoubliable manifestation me sembla toute saine et toute bonne, et les scrupules de détail que j'avais eus me semblèrent vains.

DE LA GRIPPE

Quatrième cahier de la première série (20 février 1900).

IMMOBILISÉ par une grippe soudaine, je ne pus aller voir d'abord le docteur moraliste révolutionnaire[1]. Aussitôt que ma tête redevint un peu saine, je résolus de compléter le recueil que j'avais commencé de documents et de renseignements sur la préparation du Congrès socialiste national. Mais au moment où j'avais en mains les ciseaux pour découper ces derniers documents et ces derniers renseignements dans *la Petite République*, le citoyen docteur entra dans la cuisine, où je travaillais l'hiver[2].

— Bonjour, citoyen malade, allez-vous un peu mieux?

— Je vous remercie, docteur : je vais un peu mieux.

— J'ai su facilement que vous étiez malade; le neveu du boulanger l'avait dit au garçon boucher; celui-ci l'avait redit à la nièce de la marchande de volailles : ainsi vont les nouvelles par ce simple pays.

— J'ai eu la grippe. Et je l'ai encore un peu.

— Ainsi vous avez justifié par un nouvel exemple ce que vous m'avez dit à la fin de la quinzaine passée, que vous étiez un homme ordinaire : l'homme ordinaire a eu la grippe ces temps derniers.

— Vous ne l'avez pas eue, citoyen docteur.

— Le moraliste n'a jamais la grippe, — à condition, bien entendu, qu'il règle ponctuellement sa conduite sur les enseignements de sa morale. Je vous dirai pourquoi.

— Je suis bien heureux, citoyen docteur, que vous soyez venu, car il m'a semblé, en y réfléchissant, que nous avions négligé une considération importante en cette question des personnalités : la considération du privé.

— Nous en causerons, mon ami, quand vous aurez la tête un peu plus solide; aujourd'hui, et si cela ne vous fatigue pas beaucoup, voulez-vous me conter l'histoire de votre maladie.

— Elle est peu intéressante, citoyen. Le vendredi soir j'avais donné le bon à tirer pour les trente-six premières pages du troisième cahier; les trente-six suivantes étaient pour ainsi dire prêtes; et les soixante-douze dernières étaient fort avancées; je me promettais d'avoir fini le samedi à midi et que les imprimeurs finiraient le samedi soir; j'étais content parce que les cahiers, pour la première fois de leur vie, allaient paraître ponctuellement; je me réjouissais dans mon cœur : insensé qui se réjouit avant l'heure de sa mort! Au moment que je me flattais d'un espoir insensé, tout un régiment de microbes ennemis m'envahissaient l'organisme, où, selon les lois de la guerre, ils marchaient contre moi de toutes leurs forces : non pas que ces microbes eussent des raisons de m'en vouloir; mais ils tendaient à persévérer dans leur être. Où avais-je pris ces microbes ennemis? Les avais-je empruntés au siège de ces cahiers, 19, rue des Fossés-Saint-Jacques, ou à l'imprimerie[1], ou aux voitures de la compagnie de l'Ouest, ou aux voitures de l'Orléans, ou aux maisons de ce village, où tout le monde est contaminé : je n'avais eu que l'embarras du choix. Le vendredi soir, de retour à la maison, je sentis que ça n'allait pas. Le samedi matin, je me harnachai volontairement. Au moment de partir, le cœur me manqua. Je m'effondrai brusquement. Je me couchai. J'étais malade. Je fis téléphoner aux imprimeurs, qui finirent le cahier à peu près sans moi.

— Il n'en est pas plus mal.

— Il n'en est pas plus mal. Ce sont les imprimeurs qui ont relu en tierces la deuxième tournée. J'eus à peine la force de relire pour le sens la troisième et la quatrième tournée. Ils ont relu pour la correction. Puis je devins incapable de tout travail. J'étais malade.

— Sérieusement?

— Sérieusement.

— Quels furent vos sentiments?

— J'étais sérieusement vexé parce que j'avais toujours vécu sur cette idée que je ne serais jamais malade.

— Ainsi. Et sur quoi fondiez-vous cette idée?

— Je ne la fondais pas; je croyais vaguement et profondément que j'étais solide.

— Ainsi les sociétés et les partis croient vaguement et profondément qu'ils sont solides.

— J'étais comme les sociétés et comme les partis. Je croyais.

— C'était donc une simple hypothèse?

— Une simple hypothèse, et que les événements ont démentie.

— Vous avez renoncé à cette hypothèse vaine?

— J'ai renoncé à cette vanité.

— Vous n'avez point pensé que c'étaient les événements qui avaient tort et l'hypothèse qui avait quand même raison?

— Je ne l'ai point pensé.

— Vous n'avez point prétendu que vous alliez d'autant mieux que vous étiez plus douloureusement éprouvé?

— Je ne l'ai point prétendu.

— Voilà qui est fort heureux, et vous avez été bien bon. Ignorez-vous que ce que vous n'avez pas fait se fait communément aujourd'hui?

— Je m'en doutais bien un peu.

— Quels furent vos ennuis?

— Je pensais qu'en tombant malade j'avais justifié les prophéties; mais cette justification ne me donnait aucun orgueil.

— Quelles prophéties?

— La prophétie qu'il arriverait malheur aux cahiers, parce que l'on ne fondait jamais une entreprise considérable sur un seul homme.

— Ces prophètes étaient de bon conseil.

— Ils oubliaient que je n'étais pas tout à fait seul, et que, si presque tout le travail me revenait, j'avais de solides amitiés pour me donner du courage.

— Qu'arriva-t-il ensuite? comme on dit dans les livres élémentaires.

— Sur la recommandation de mon ami Jean Tharaud, qui m'en avait dit le plus grand bien, je pris ma petite édition classique des *Pensées* de Pascal, publiées dans leur texte authentique avec un commentaire suivi par Ernest Havet, ancien élève de l'École Normale, Maître de Conférences à cette École, Agrégé de la Faculté des Lettres de Paris, et dans cette édition, qui me rappelait de bons souvenirs, je lus la *Prière pour demander à Dieu le bon usage des maladies*. J'admirai comme on le doit cette passion religieuse et, pour dire le mot, cette foi passionnément géométrique, géométriquement passionnée, si absolument exacte, si absolument propre, si absolument ponctuelle, si parfaite, si infiniment finie, si bien faite, si bien close et régulièrement douloureuse et consolée, enfin si utilement fidèle et si pratiquement confiante, si étrangère à nous.

— Moins étrangère que vous ne le croyez. Mais dites-moi sincèrement pourquoi vous avez lu cette prière au commencement de votre maladie.

— Devenu avare après plusieurs déceptions financières, j'étais heureux d'utiliser le temps de ma maladie à lire un bon texte. J'étais heureux de lire du Pascal, parce que j'ai gardé pour ce chrétien une admiration singulière inquiète. J'étais heureux de lire une prière que mon ami venait d'admirer. Enfin l'appropriation de cette prière à mon nouvel état me plaisait.

— N'y avait-il pas un peu d'amusement dans votre cas?

— Malade pour la première fois depuis un très long temps, je m'amusais un peu et puérilement de ma situation nouvelle. Ainsi les mauvais révolutionnaires s'amusent de la nouveauté quand les premières agitations des crises troublent la tranquillité provisoirement habitable du présent. Je jouai un peu au malade. Mais cet amusement ne dura pas. Mon corps monta rapidement jusqu'à la température de quarante centigrades. Le reste à l'avenant. Je n'en voulus rien dire. Mais j'eus peur. Et pendant trois quarts de journée, moitié par association, moitié par appropriation d'idées, je considérai l'univers sous l'aspect de la mortalité, *sub specie mortalitatis*, docteur, si vous permettez.

— Je permets tout à un convalescent.

— Cet aspect de la mortalité est pour nous mortels ce qui ressemble encore le mieux à l'aspect de l'éternité. Pendant seize ou vingt heures je formai des pensers que je n'oublierai de ma vie et que je vous dirai plus tard. Ce sont des pensées à longue échéance. Croyez que j'avais laissé tous les livres de côté. Je délirais, ce qui est d'un malade, et cependant je voyais extraordinairement clair dans certaines idées saines. Un souvenir singulièrement douloureux me hantait : au moment où j'avais formé le dessein de publier ces cahiers, je m'en étais ouvert à plusieurs personnes en qui j'avais confiance; une de ces personnes me répondit presque aussitôt : « Je vous préviens que je marcherai contre vous et de toutes mes forces. »

— Celui qui vous parlait ainsi était sans doute quelque guesdiste.

— Vous m'entendez mal, citoyen docteur : je n'aurais pas eu confiance en un guesdiste. Il y a plus d'un an que j'ai cessé d'avoir confiance au dernier des guesdistes en qui j'avais confiance, et qui était, vous ne l'ignorez pas, le citoyen Henri ou Henry Nivet. Non, le citoyen dont je vous parle, un citoyen bibliothécaire[1], qui me promit de marcher contre moi de toutes ses forces, et qui tint parole, avait naguère été un excellent dreyfusard. Mais quand l'idée de l'unité catholique est entrée dans l'âme d'un moine, et quand l'idée de l'unité socialiste est entrée dans l'âme d'un citoyen, ces hommes sont méconnaissables.

— C'est une question que de savoir si un bon citoyen doit marcher contre vous de toutes ses forces, et si vous êtes un mauvais citoyen. Mais nous traiterons ces questions quand vous irez mieux. Je ne veux pas vous tuer.

— Pendant que je considérais l'univers sous l'aspect de la mortalité, je me disais précisément que nous pouvons tuer beaucoup de gens sans l'avoir voulu. Dans le plein tissu des événements heureux et surtout des événements malheureux, de faibles efforts peuvent avoir des conséquences incalculables. Souvent toutes nos forces ne déplacent pas un grain de sable, et parfois nous n'avons pas besoin de toutes nos forces pour tuer un homme. Quand un homme se meurt, il ne meurt pas seulement de la maladie qu'il a. Il meurt de toute sa vie. Je ne veux pas, citoyen docteur, attribuer trop d'importance à des idées troubles qui me venaient dans l'ardeur de la fièvre. Mais je me disais qu'avant de déclarer — sincèrement — à un homme isolé que l'on marchera de toutes ses forces contre lui, on doit au moins examiner si vraiment cet homme seul est un grand criminel.

— Je veux seulement vous demander un bref renseignement. Ces bons citoyens qui marchèrent de toutes leurs forces contre vous mauvais citoyen connaissaient-ils ces prophètes qui vous avaient prédit que les cahiers ne réussiraient pas et qui vous avaient, en passant, donné ce qu'on nomme un bon conseil?

— Je ne sais s'ils se connaissaient, mais ils étaient identiquement les mêmes hommes.

— Je m'en doutais bien un peu, répondit en souriant le citoyen docteur. Quand certains hommes ont prophétisé du mal à une institution ou à des individus, ils deviennent redoutables à cette institution et à ces individus. Il faudrait que des prophètes fussent extraordinairement forts et justes pour ne prêter pas les mains à l'accomplissement de leurs prophéties. Ne demandons pas aux hommes une force et une justice extraordinaires. Il est si agréable d'avoir prophétisé juste. Nous devons sagement nous estimer heureux quand ces prophéties complaisamment réalisées ne sont pas élevées ensuite à la dignité de lois naturelles.

— Pendant que je considérais l'univers sous l'aspect que je vous ai dit, je formai le ferme propos, si j'en réchappais, de ne marcher de toutes mes forces contre aucune personne comme telle, mais seulement contre l'injustice. Après quoi je demandai le médecin au moment même où ma famille avait la même pensée.

— Voilà qui est extraordinaire, mon ami : comment! vous étiez gravement malade, et vous avez demandé le médecin! Nous en usons plus astucieusement pour les maladies sociales. Comment! Vous n'avez fait procéder à aucun scrutin, soit par les habitants de votre commune de Saint-Clair[1], soit au moins par un conseil élu, par le conseil municipal, soit enfin par les différentes personnes de votre famille! Vous n'avez pas tenu quelque assemblée, un bon congrès, un concile, ou un petit conciliabule! Vous n'avez pas pris l'avis de la majorité! A quoi pensiez-vous?

— Je pensais à me guérir. Alors nous avons fait venir le médecin.

— Étrange idée! et comme vous connaissez peu les avantages du régime parlementaire. Nous, quand un parti est malade, nous nous gardons soigneusement de faire venir les médecins : ils pourraient diagnostiquer les ambitions individuelles aiguës, la boulangite, la parlementarite, la concurrencite, l'autoritarite, l'unitarite, l'électorolâtrie, mieux nommée ainsi : électoroculture; nous ne voulons pas de cela; nous réunissons donc dans des congrès les malades, qui sont nombreux, les bien portants, qui sont moins nombreux, et les médecins, qui sont rares. Les malades ont de une à cinq voix, les bien portants de une à cinq voix, les médecins de une à cinq voix. Nous sommes, en effet, partisans de l'égalité. Puis la majorité décide.

— De quoi décide-t-elle?

— De tout : du fait et du droit; de savoir si telle proposition eſt ou n'eſt pas dans Jansénius; et de savoir si cette proposition eſt ou n'eſt pas conforme à la juſtice. Vous n'ignorez pas que la majorité a évidemment raison; — et ils feront venir tant de *cordeliers* qu'ils finiront bien par emporter le vote. — Quel homme était-ce, au moins, que ce médecin?

— Je vous l'avouerai sans détour : c'eſt un bourgeois[1]. Depuis vingt-sept ans, par toute saison, par les candeurs de l'été, par les candeurs de l'hiver, par les inquiétudes et les incertitudes essoufflées copieuses du printemps, par les incertitudes automnales, ce bourgeois fait le tour du pays, suivant à peu près l'itinéraire du facteur. Un cocher fidèle, nommé Papillon, conduit sa voiture de campagne. Je crois que c'eſt un bourgeois. Il prend cinq francs par consultation aux gens qui ont de quoi ou qui sont censés avoir de quoi, deux ou trois francs à ceux qui ont moins, rien à ceux qui n'ont rien, beaucoup aux gens des châteaux. C'eſt toujours un bourgeois. Quand on a besoin de lui, on prévient quelques voisins; comme il va toujours quelque part, les voisins l'arrêtent et vous l'envoient. Ce procédé primitif n'a jamais donné de mécompte. Au moment où ce médecin bourgeois pénétra dans ma chambre de malade, j'avais *la Petite République* et *l'Aurore* grandes ouvertes et non lues sur mon lit. Si cet homme avait été partisan d'une certaine lutte de classes mal entendue, mon affaire était bonne. Heureusement il n'avait pas lu les auteurs et n'était qu'un médecin de campagne. Il ressemblait assez aux bons médecins de Zola, non pas tant au docteur Pascal, qui eſt un type et non pas seulement un médecin, qu'à ce bon docteur Boutan, qui donnait de si bons conseils dans *Fécondité*, qui était plus philosophe et meilleur que les Froment. Il nous demanda la permission de se chauffer à mon bon feu de malade, un feu rouge de coke. Il avait grand froid aux pieds, de faire sa tournée par un temps pareil. Il tombait une neige glacée qui se plaquait par terre. Il n'y avait plus que le facteur et lui qui continuaient de marcher. Encore le facteur traînait-il depuis trois jours une grippe envahissante. Le cantonnier avait depuis longtemps déserté la route nationale de Chartres et s'était réfugié dans quelque abri. Pendant que le médecin se chauffait les pieds, la consultation s'allongeait en conversation.

— Dites-moi d'abord, mon ami, ce qui est de la consultation.

— Vous savez bien ce que c'est que la consultation d'un docteur médecin : examen attentif et sincère de toutes les références, tâter le pouls, frapper dans le dos et ausculter.

— N'accélérons pas, mon ami : pourquoi ce médecin vous examinait-il ainsi?

— Curieuse question, docteur : pour savoir ce que j'avais.

— Nous en usons plus astucieusement pour savoir ce que c'est que les maladies sociales : nous allons chercher dans nos bons auteurs, dont quelques-uns sont morts depuis dix-sept ou trente-six ans, des renseignements complets sur ce qui nous arrive et quelques renseignements sur ce qui nous arrivera.

— Mon docteur médecin avait lu quand il était étudiant les bons auteurs de la médecine, de l'anatomie et de la physiologie animale et humaine, et de l'art médical. Puis il s'était tenu au courant des progrès médicaux. Il avait lu ce que les bons auteurs avaient écrit de la grippe. Il avait lu même les statistiques. Mais il ne se croyait pas dispensé pour cela d'examiner les cas particuliers et les cas nouveaux. Il examinait les cas nouveaux avec un esprit nouveau. Il n'avait pas des formules toutes faites et dispensatoires. Il m'ausculta moi-même. Il ne me dit pas du seuil de ma chambre : « Parfaitement, monsieur, vous avez la grippe : nous savons ce que c'est; c'est connu, classé, catalogué, j'ai là une formule imprimée, copiée dans un bon livre, et qui assure infailliblement la guérison. » Non, il entra posément et se dirigea vers mon lit en me regardant. Puis il regarda les journaux qui étaient sur mon lit. Mais il ne se servit de ses forces médicales que pour me donner remède. Et moi-même, citoyen, j'avais beaucoup de bonnes raisons pour ne marcher pas contre lui de toutes mes faibles forces. Il me demanda tous les renseignements qui lui étaient nécessaires pour établir son diagnostic.

— Vous lui avez répondu la vérité?

— Naturellement. On répond toujours la vérité aux médecins.

— Vous n'avez pas essayé de jouer au plus fin, de jouer au plus malin, de duper le médecin, de lui donner illusion?

— Vous plaisantez, docteur : je me serais considéré comme le dernier des imbéciles, et non pas comme l'avant-dernier, si j'avais voulu jouer au plus fin avec le médecin.

— Pourquoi donc, citoyen malade?

— Parce qu'il est évident que c'est moi que j'aurais dupé; j'aurais compromis ma future santé.

— Mais cette vérité que vous disiez à ce médecin pouvait porter atteinte à votre amour-propre.

— Je n'avais plus aucune considération, docteur, pour mon ancien amour-propre. N'espérez pas que vous ajouterez jamais, dans vos énumérations, l'honneur du malade à l'honneur du soldat. Le malade est un malheureux sans honneur professionnel.

— Nous en usons plus astucieusement pour les maladies sociales : nous masquons, nous déguisons, nous fardons, nous altérons, nous inclinons la vérité pour ne pas mécontenter, pour ne pas blesser, pour ne pas vexer tous ceux qui sont malades et qui nous contaminent, les ambitieux individuels et collectifs, les autoritaires, les unitaires, les boulangistes, les concurrents, les électoroculteurs, les parlementaires.

— Je sais ce que c'est, docteur, que les individus ambitieux individuels; je connais moins les ambitieux collectifs.

— C'est une race d'ambitieux considérablement plus redoutable. Ce sont eux qui ont inventé les syndicats et coopératives de production et de consommation d'ambition. Le guesdisme était jadis le culte et la vénération de Guesde : il a commencé naguère à devenir, et il devient de plus en plus un syndicat de jeunes ambitieux.

— Qui nommez-vous les autoritaires?

— Parmi tous ceux qui se croient révolutionnaires, je nomme autoritaires, ou autoritariens, et je juge en un sens réactionnaires : ceux qui veulent commander par la force à leurs camarades, au lieu d'essayer de les convaincre par la raison. Je nommerais autoritaristes ceux qui font et professent la théorie de l'autoritarisme. Mais ces derniers mots me déplaisent.

— Qui nommez-vous les unitaires?

— Parmi tous ceux qui se croient socialistes, je nomme unitaires, ou unitariens, et je juge en un sens ecclésiastiques : ceux qui veulent réunir, par la force même, ceux qui ont raison à ceux qui ont tort, au lieu d'agir simplement et petitement avec ceux qui ont raison. Je nommerais unitaristes ceux qui font et professent la théorie de l'unitarisme. Mais ces derniers mots me déplaisent.

— Je crois savoir qui vous nommez les boulangistes.

— Vous ne le saurez jamais assez : le boulangisme a d'abord été une maladie épidémique à rechutes à peu près régulières; mais il tend à devenir une maladie endémique redoutable.

— Qui nommez-vous au juste les concurrents?

— Je pourrais distinguer les concurrents et les concurrentistes; mais ce dernier mot me déplaît. Les concurrents sont ceux qui, nommés socialistes, se livrent cependant aux pires excès de la concurrence individuelle et collective. Les concurrentistes seraient ces bonnes gens comme nous en voyons, qui, animés eux-mêmes des sentiments les plus doux, ont gardé cependant pour la vieille concurrence un respect religieux et la veulent restituer, disposée, adaptée, honorée, au cœur de la cité socialiste. Ces derniers sont de braves gens qui n'ont jamais pu oublier les distributions de prix bourgeoises où ils furent couronnés.

— Je ne connais que trop ce que vous nommez la culture de l'électeur.

— Vous ne la connaissez pas encore assez. Vous ne pensez ici qu'à l'électeur né ou devenu ou censé devenu français, que l'on cultive pour devenir conseiller municipal, ou conseiller d'arrondissement, ou conseiller général, ou député, selon le suffrage universel. Et vous pensez encore à l'électeur devenu ou censé devenu sénatorial, que l'on cultive pour devenir sénateur, selon le suffrage restreint. Vous pensez aux élections académiques, à la cooptation. Mais vous ne pensez pas que nous avons à présent nos élections, à nous, et nos électeurs, à nous, nés ou devenus ou censés devenus socialistes. Nous cultivons à l'intérieur. Nous cultivons pour devenir délégués, selon le suffrage universel, que nous avons adopté. Nous cultivons pour devenir du Comité général, selon les lois du suffrage restreint, que nous avons introduites.

— Je crois savoir qui vous nommez les parlementaires.

— Vous ne le savez pas encore assez. Vous ne pensez qu'aux socialistes parlementaires et aux parlementaires socialistes introduits dans les Parlements bourgeois, peu à peu inclinés aux mœurs parlementaires. Vous ne pensez pas aux socialistes ayant introduit chez eux pour eux les mœurs parlementaires, l'unanime inclinaison devant la majorité, fût-elle factice, et tous les trucs des Parlements bourgeois, le vote par division, le vote par paragraphes et le vote sur l'ensemble, et toutes les motions, et les motions d'ordre, et la question préalable, et le vote en commençant par la motion la plus éloignée, et le vote sur la priorité, et le vote sur la forme, et le vote sur le fond, et le vote par tête, et le vote par ordre, et le vote par mandats, et le vote avec les mains, et le vote avec les pieds, et le vote avec les cannes, et le vote avec les chapeaux, sur les tables, sur les chaises, et le vote en chantant, et les formules heureuses de conciliation. Je nommerais parlementaristes ceux qui font et professent la théorie du parlementarisme.

— Mais ces derniers mots me déplaisent. Parfaitement. Vous donnez à vos malades et à vos maladies des noms bien peu français.

— Les noms sont bien peu français; les actes que j'ai nommés sont bien peu français et bien peu socialistes.

— Et quand le médecin vous eut bien ausculté?

— Ce médecin leva les bras au ciel, non pour adorer, car depuis longtemps les médecins sont devenus peu adorateurs, mais pour marquer son étonnement. « Eh madame! » dit-il à ma femme, — les médecins négligent de s'adresser au malade lui-même, — « quelle maladie extraordinaire! je n'ai pas encore vu deux cas qui se ressemblaient. » Entendant ces paroles, je me rappelai cette proposition : qu'il n'y a pas de maladies, qu'il n'y a que des malades.

— Proposition qui paraît modeste et même humble,

mais qui est présomptueuse et veut réduire les aspects du réel; pour moi je ne l'ai pas plus reçue en mon entendement que la proposition contraire, qu'il n'y aurait pas de malades, qu'il n'y aurait que des maladies : ce sont là deux propositions qui ne me paraissent pas empiéter moins sur le réel social que sur le réel individuel, qui est lui-même un peu un réel social. J'oserais dire qu'il y a des maladies qui se manifestent chez des malades, et qu'il y a des maladies sociales qui se manifestent chez des malades individuels et collectifs. Il y aurait donc à la fois des maladies et des malades. C'est parce qu'il y a des maladies qu'il faut que l'on travaille dans les documents et dans les renseignements des livres. C'est parce qu'il y a des malades que nous devons les ausculter individuellement ou particulièrement. Des microbes identiques ou à peu près identiques donnent aux différents organismes des lésions différentes, et demandent, s'il est permis de parler ainsi, des traitements différents. Quelles étaient vos lésions?

— Vous n'avez jamais eu de pneumonie? me demanda le médecin.

— Jamais, docteur.

— C'est curieux, vous avez la poitrine assez délabrée. Enfin, vous auriez tort d'avoir peur. Vous pourrez vous rétablir avec beaucoup de soins. Vous êtes jeune encore. Quel âge avez-vous, trente et quelques?

— Non, docteur, j'ai vingt-sept ans seulement.

— Tiens, tiens, voici qui est plus sérieux. Vous avez vraiment la poitrine assez délabrée.

— Je vous arrête ici, mon ami : pensez-vous que ce médecin vous disait la vérité?

— Je le pense : les médecins disent toujours la vérité.

— Ne généralisons pas trop. Admettons seulement qu'ils disent naturellement la vérité; admettons qu'ils disent la vérité quand on veut bien la savoir.

— Si vous le voulez. Je crois que ce médecin me disait la vérité.

— Mais cette vérité n'était pas flatteuse pour vous.

— Ce médecin n'était pas là pour me flatter, mais nous l'avions fait monter pour qu'il me dît la vérité qu'il saurait de la santé de mon corps.

— Nous en usons plus astucieusement pour les maladies sociales : nous nous gardons soigneusement de dire le peu de vérités que nous savons; nous risquerions de blesser une organisation nationalement ou même régionalement constituée; nous risquerions de blesser le Directoire, que nous nommons Comité général, ou quelqu'un du Directoire, ou quelqu'un qui tienne à quelqu'un du Directoire; nous risquerions de blesser la grande Chambre des députés socialistes, que nous nommons Congrès; nous risquerions de blesser quelqu'un qui ait été, qui soit ou qui devienne un jour délégué à quelque Congrès; et puis nous devons respecter les Congrès internationaux, et les Congrès simplement régionaux, et les congrès provinciaux, et les congrès départementaux, et les congrès d'arrondissement, et les congrès cantonaux, et les congrès municipaux, et les groupes, et les groupés, et les arrière-petits-cousins et les fournisseurs des citoyens délégués. Nous avons établi des respects indéfinis, un respect universel. Cela gêne un peu la critique. Mais enfin, nous sommes libres comme sous l'ancien régime, et même, étant intervenu le progrès des mœurs, nous le sommes un peu plus, et pourvu que nous ne disions rien de personne qui tienne ou qui touche à quelque chose... Notre plus grand souci, notre unique souci est donc de plaire; la grande règle de toutes les règles n'est-elle pas encore de plaire? Nous plaisons! nous plaisons! nous plaisons! nous sommes plaisants! nous disons des paroles plaisantes et non pas des paroles vraies. Nous plaisons à tout le monde. Nous sommes les amis du genre socialiste, amis nationaux et internationaux. Nous respectons les amours-propres et quelquefois nous les flattons. Nous respectons les passions et souvent nous les flattons. Nous respectons les envies et les haines et rarement nous les flattons. Nous sommes respectueux. Nous disons aux malades qu'ils se portent bien, et nous leur faisons nos compliments de leur santé. Ainsi tout le monde est content et nous sommes unis. Tout le monde est content, excepté quelques hérétiques. Mais on les brûlera, si le gouvernement bourgeois nous le permet. *Credo in unam sanctam*...

— Le médecin me demanda si je ne m'étais pas gravement surmené depuis quelques années.

— Quel homme indiscret! Quel homme étonnant! Pourquoi toutes ces demandes? Et que ne se fiait-il bonnement à l'excellente mine que vous avez toujours eue, que vous avez encore aujourd'hui, que vous avez gardée sans doute au plus fort de la maladie.

— Malheureusement.

— Comment, malheureusement?

— Ce que vous nommez ma bonne mine a fait plusieurs fois mon malheur : ainsi, au régiment, quand j'étais fatigué, si je le disais, mes meilleurs amis me riaient doucement au nez; j'ai fini par ne plus le dire jamais, bien que je sois d'un naturel un peu geignant. Et tout récemment encore il m'est arrivé une aventure assez malheureuse.

— Peut-elle m'intéresser?

— Je ne le crois pas.

— Contez-la moi donc.

— Je travaillais pour un patron collectif.

— Comment cela?

— J'étais employé pour une Société anonyme à capital et personnel variables; ce que je nomme un patron collectif était, si vous le voulez bien, le conseil d'administration de cette Société[1]. Un matin je me sentis malade. C'était le commencement de ce qui vient de se consommer. Je fis dire à mon patron que je ne pourrais pas y aller. Puis, par endurance et par vanité, je me levai quand même et je me harnachai. Le harnois soutient la bête. Quand on a des souliers cirés, on marche, à moins d'en être où j'en suis aujourd'hui. Quand j'arrivai à mon bureau, je vis clairement que mes patrons voulaient bien ne pas me faire voir qu'ils ne croyaient pas un mot de ce que je leur avais fait dire.

— Cette histoire en effet m'intéresse peu. Nous la retiendrons cependant pour quand nous causerons du patronat individuel et du patronat collectif. C'est une question considérable. Beaucoup de socialistes s'imaginent que la Révolution sociale consistera sûrement à remplacer le patronat capitaliste par un certain patronat de fonctionnaires socialistes.

— Je m'imagine au contraire que la révolution sociale consistera sans doute à supprimer le patronat : aussi on me nomme anarchiste.

— Ne nous laissons pas effrayer par les mots. Pensez seulement à la misérable situation de tous les ouvriers qui ont l'air d'aller plus ou moins bien et qui sont délabrés par l'exercice du métier.

— J'y pensais, bien avant que je ne fusse tombé malade; mais il est vrai que j'y pense à présent comme à une réalité propre.

— Pourquoi donc ce médecin ne s'est-il pas fié seulement à votre bonne mine?

— Sans doute parce qu'il savait que nous ne devons pas nous fier aux apparences. Tel est du moins le sens d'un vieux dicton. Il savait que quelques personnes ont l'air malade et se portent bien, qu'un grand nombre de personnes ont assez bonne mine et sont délabrées.

— Nous en usons plus astucieusement pour les maladies sociales : nous nous gardons soigneusement de critiquer les apparences; pourvu que les groupes soient nombreux et acclament des résolutions retentissantes, pourvu que les meetings soient vibrants, pourvu que les manifestations fassent pleuvoir les pommes de terre sur la voiture de Rochefort, pourvu que les congrès finissent en chantant *l'Internationale,* qui est une hymne admirable, pourvu que les délégués s'intitulent socialistes et le soient politiquement à peu près, pourvu que les élections marchent à peu près, pourvu que les suffrages montent, et surtout pourvu que *l'on n'abandonne pas le terrain de la lutte de classes,* nous nous gardons soigneusement d'examiner ce qu'il y a là-dessous, nous nous gardons soigneusement d'examiner si les âmes jouissent de la santé socialiste ou si elles travaillent du mal bourgeois.

— Pourquoi donc, citoyen, s'il est permis que je vous interroge à mon tour.

— Surtout par habitude, un peu par paresse, et aussi parce que nous avons peur des belles découvertes que nous ne manquerions pas de faire.

— Dans le civil on a peur au contraire que le médecin ne fasse pas toutes les découvertes qui sont à faire.

— Je crois savoir pourquoi vous vous êtes surmené depuis quelques années; mais puis-je vous demander connaissance des circonstances particulières?

— Depuis que je me connais, je mène une vie peu intelligente et je me surmène : il fallait que cela cassât. Un peu plus tôt un peu plus tard, il fallait que le délabrement se manifestât. Il s'est manifesté un peu plus tôt, parce que ces dernières années furent exceptionnelles. Il s'est manifesté récemment pour des causes très déterminées.

— Quelles furent ces causes?

— Elles seraient très longues à dire et fatigantes.

— Je vous demande pardon, j'oubliais que vous étiez malade.

— Naturellement.

— Je vous dirai ces causes tout à loisir quand nous causerons du patronat collectif, ou des autoritaires, ou quand nous traiterons la décomposition du dreyfusisme en France. Revenez me voir demain : vous ayant aujourd'hui conté l'histoire de ma grippe, il convient que demain je vous conte l'histoire de mon remède et celle de ma convalescence et de ma guérison.

ENCORE DE LA GRIPPE

Sixième cahier de la première série (20 mars 1900).

Le lendemain dans l'après-midi — et il y a de cela déjà plus d'un mois passé — le citoyen docteur socialiste révolutionnaire moraliste internationaliste [1] revint donc me voir. Il avait à la main, — et non pas sous le bras, car on n'a jamais porté pour marcher un livre sous le bras, — il avait un livre de bibliothèque. J'allais encore un peu mieux. Mais j'avais toujours des essoufflements qui m'inquiétaient. Ces essoufflements pouvaient présager la rechute légère que j'eus depuis.

— Citoyen malade, nous avons hier oublié le principal.

— Cela n'est pas étonnant, citoyen docteur : presque toujours on oublie ainsi le principal.

— J'ai oublié de vous demander pourquoi vous pensiez à vous guérir?

— Je n'y pensais pas seulement, docteur, je le désirais et je le voulais. Je le désirais profondément, sourdement, obscurément, clairement, de toutes façons, en tous les sens, de tout mon corps, de toute mon âme, de tout moi. Je le voulais fermement. Je voulais aussi l'espérer. Mes parents et mes amis le désiraient, le voulaient, et plusieurs l'espéraient. J'étais d'accord avec eux là-dessus. Le médecin aussi le voulait. Enfin je suis assuré que tous mes adversaires le désiraient sincèrement et je crois que la plupart de mes ennemis ne le désiraient pas moins.

— Voilà beaucoup d'accords. Voulez-vous que je commence par vous?

— Je vous dirai que je serai sans doute embarrassé pour donner réponse à vos interrogations. Je n'étais pas bien fort sur l'analyse quand j'étais malade. Il y avait en moi des sentiments et des raisons pour lesquelles je voulais guérir. Mais le désir et la volonté que j'en avais me paraissaient tellement naturels que je ne cherchais pas à en discerner les causes.

— Le devoir et le savoir ne sont pas identiquement conformes à la nature. Je vous aiderai. Nous commencerons par les raisons, parce que c'est plus commode, et nous finirons par les sentiments. Mais avant nous remarquerons que les malades veulent guérir pour échapper à la mort, ou pour échapper à la maladie, ou, naturellement, pour échapper aux deux. Nous aimons le remède, la convalescence et la guérison par amour de la vie, ou par amour de la santé, ou, bien entendu, par amour de la vie saine.

— Ce sont là, docteur, de grandes questions, et que ces simples consultations et conversations ne suffiront pas à délier : la passion de la vie et de la mort, de la maladie et de la santé, de la joie et de la douleur. Il y faudrait au moins des dialogues.

— Ou un poème. Ou des poèmes. Ou un drame. On en a fait. Beaucoup. Nous dialoguerons si la vie et l'action nous en laisse l'espace et la force, plus tard, quand nous serons mieux renseignés. Alors nous dirons des dialogues. Aujourd'hui nous causerons à l'abandon, comme il convient à un convalescent. Pour quelles raisons vouliez-vous échapper à la mort?

— Autant que je me rappelle et que puis démêler, je savais que ma mort causerait une épouvantable souffrance à quelques-uns, une grande souffrance à plusieurs, une souffrance à beaucoup.

— Bien. Nous sommes ainsi reconduits de la considération de la mort à la considération de la douleur et du mal.

— J'aurais eu de la peine réciproquement si je m'étais représenté que la mort consistait sans doute à quitter les survivants. Mais je n'arrivais pas à me donner cette représentation.

— C'est un défaut de l'imagination.

— Je pensais très vivement au contraire que je laisserais inachevés plusieurs entreprises que j'ai commencées, un livre que j'ai commencé, plusieurs livres que j'espérais commencer, continuer et finir, ces cahiers mêmes, essayés au moins pour un an, où vous savez que je mets tous mes soins.

— Cela prouve, citoyen convalescent, que vous vous intéressez à ce que vous faites.

— Cela prouve surtout que je le travaille. Je ne vous le dirais pas aussi brutalement si on ne me l'avait sévèrement reproché.

— Vous auriez tort : on doit toujours dire brutalement.

— Un abonné assez éventuel...

— Qu'entendez-vous par là?

— J'entendais un abonné qui sans doute s'affermira. Cet abonné m'a fait des cahiers une critique sévère et dont j'ai usé. Il m'a reproché que mon style était voulu. C'est-à-dire travaillé.

— Que lui avez-vous répondu?

— Je ne lui ai pas répondu, puisque je n'ai pas le temps. Je lui ai répondu en moi-même. Je ne sais pas ce que c'est qu'un style qui n'est pas travaillé, qui n'est pas voulu. Ou plutôt je crois savoir que ce n'est pas un style. On se moquerait beaucoup d'un sculpteur qui taillerait un Balzac sans s'en apercevoir. Pourquoi veut-on que l'écrivain taille et découpe sans l'avoir voulu? Laissons ces plaisanteries. Je ne prétends pas que le travail puisse rien tirer du néant, du moins le travail humain, et c'est le seul que je connaisse. Mais je n'ai jamais rien vu de sérieux que l'auteur n'eût pas travaillé. Les romantiques encore nous ont abrutis là-dessus.

— Quels romantiques? Vous avez eu un mot violent.

— Ne croyez pas, docteur, que je cherche des mots grossiers pour qualifier une influence grossière.

— Quels romantiques?

— Les prosateurs et les poètes romantiques français, les seuls que j'ai lus. J'en ai fait mes ennemis personnels. Un jour je vous dirai pourquoi. Pour aujourd'hui je retiens seulement qu'ils ont puissamment contribué, avec toute leur littérature, à déconsidérer le travail. Vous savez : *Ainsi quand Mazeppa qui rugit et qui pleure.* Vous aussi vous avez déclamé ces vers en pleurant de bonheur et d'admiration.

— Je les ai déclamés quand j'étais écolier. C'étaient de beaux vers :

Ainsi lorsqu'un mortel sur qui son dieu s'étale

— Quand ils voulaient faire des vers, je persiste à croire qu'ils ne se faisaient pas attacher sur un fougueux cheval nourri d'herbes marines : ils avaient encrier, plume et porte-plume, et papier, comme tout le monde. Et ils s'asseyaient à leur table sur une chaise, comme tout le monde, excepté celui qui travaillait debout. Et ils travaillaient, comme tout le monde. Et le génie exige la patience à travailler, docteur, et plus je vais, citoyen, moins je crois à l'efficacité des soudaines illuminations qui ne seraient pas accompagnées ou soutenues par un travail sérieux, moins je crois à l'efficacité des conversions extraordinaires soudaines et merveilleuses, à l'efficacité des passions soudaines, — et plus je crois à l'efficacité du travail modeste, lent, moléculaire, définitif.

— Plus je vais, répondit gravement le docteur, moins je crois à l'efficacité d'une révolution sociale extraordinaire soudaine, improvisée merveilleuse, avec ou sans fusils et dictature impersonnelle, — et plus je crois à l'efficacité d'un travail social modeste, lent, moléculaire, définitif. Mais je ne sais pas pourquoi vous abordez d'aussi grosses questions, que vous avez vous-même réservées, quand je vous demande seulement des renseignements sur les raisons et sur les sentiments que vous avez eus la semaine passée.

— Pardonnez-moi, citoyen qui découpez des interrogations : pardonnez-moi d'échapper parfois à vos limites provisoires ; pardonnez-moi sur ce que le réel n'est pas seulement fait pour se conformer à nos découpages. Mais ce sont nos découpages qui parfois sont conformes aux séparations du réel, et souvent sont arbitraires.

— Particulièrement arbitraires quand nous traitons des hommes et des sociétés qu'ils ont formées. — Avez-vous au moment du danger pensé à ceci : à l'immortalité de l'âme ou à sa mortalité ?

— Non, docteur, puisque je vous ai dit que je ne me représentais pas que je partirais, que je quitterais, qu'ensuite je serais sans doute absent. Quand j'étais en province au lycée, en ma première philosophie, un professeur âgé, blanc, honorable, très bon, très doux, très clair, très grave, à la parole ancienne, aux yeux profondément tristes et doux, nous enseignait [1]. Nous lui devons plus pour nous avoir donné l'exemple d'une longue et sérieuse vie universitaire que pour nous avoir préparés patiemment au baccalauréat. Il traitait simplement et noblement devant nous les questions du programme. L'immortalité de l'âme était sans doute au programme. Il traita devant nous de l'immortalité de l'âme. Il ne s'agissait de rien moins que de savoir si son âme à lui, à lui qui promenait régulièrement son corps en long et en long dans la classe, et qui plaçait régulièrement le pied de son corps sur les carreaux en brique de la classe, — donc il s'agissait de savoir si son âme à lui était immortelle ou mortelle; et il ne s'agissait pas moins de savoir si nos âmes à nous, qui utilisions diligemment les mains de nos corps à copier fidèlement le cours, — il ne s'agissait pas moins de savoir si nos âmes à nous étaient immortelles ou mortelles. Ce fut un grand débat. Le professeur équitable nous présenta les raisons par quoi nous pouvons penser que les âmes humaines sont immortelles; puis il nous présenta les raisons par quoi nous pouvons à la rigueur penser que nos âmes humaines sont mortelles : et dans ce cours de philosophie austère et doux les secondes raisons ne paraissaient pas prévaloir sur les premières. Le professeur équitable penchait évidemment pour la solution de l'espérance. Tout l'affectueux respect que nous lui avons gardé ne nous empêchait pas alors de réagir. Continuant à protester contre la croyance catholique où l'on nous avait élevés, commençant à protester contre l'enseignement du lycée, où nos études secondaires finissaient, préoccupés surtout de n'avoir pas peur, et de ne pas avoir l'air d'avoir peur, nous réagissions contre la complaisance. Nous étions durs. Nous disions hardiment que l'immortalité de l'âme, c'était de la métaphysique. Depuis je me suis aperçu que la mortalité de l'âme était aussi de la métaphysique. Aussi je ne dis plus rien. Le souci que j'avais de l'immortalité individuelle, et qui selon les événements de ma vie a beaucoup varié, me reste. Mais l'attention que je donnais à ce souci a beaucoup diminué depuis que le souci de la mortalité, de la survivance et de l'immortalité sociale a grandi en moi. Pour l'immortalité aussi je suis devenu collectiviste.

— On ne peut se convertir sérieusement au socialisme sans que la philosophie et la vie et les sentiments les plus profonds soient rafraîchis, renouvelés, et, pour garder le mot, convertis.

— C'est une angoisse épouvantable que de prévoir et de voir la mort collective, soit que tout un peuple s'engloutisse dans le sang du massacre, soit que tout un peuple chancelle et se couche dans les retranchements de bataille, soit que tout un peuple s'empoisonne hâtivement d'alcool, soit que toute une classe meure accélérément du travail qui est censé lui donner la nourriture. Et comme l'humanité n'a pas des réserves indéfinies, c'est une étrange angoisse que de penser à la mort de l'humanité

— Reste à savoir, mon ami, s'il vaut mieux que l'humanité vive ou s'il vaut mieux qu'elle meure.

— Pour savoir, docteur, s'il vaut mieux que l'humanité vive ou s'il vaut mieux qu'elle meure, encore faut-il qu'elle vive. On ne sait pas, quand on ne vit pas. On ne choisit pas, quand on ne vit pas.

— La proposition que vous énoncez ici, mon ami, est à peu près ce qu'on nomme une lapalissade.

— Mieux vaut proclamer une lapalissade que d'insinuer une erreur.

— Ou plutôt il n'est pas mauvais de proclamer une lapalissade, et il est mauvais d'insinuer une erreur. — Vous avez sans doute ici les *Dialogues philosophiques* de Renan?

— Bien entendu, docteur, que je les ai.

— Voulez-vous me les donner?

Comme je n'avais pas encore la permission de sortir, on monta chercher les *Dialogues*. Le docteur moraliste posa sur ma table ronde le livre qu'il avait apporté, ouvrit les *Dialogues et fragments philosophiques*, s'arrêta aux *Dialogues*, les parcourut, les relut, relut des passages, entraîné continûment des certitudes aux probabilités et des probabilités aux rêves. Cela dura longtemps.

— Il faudrait tout citer. Ces dialogues ont un charme étrange et une inconsistance merveilleuse, une admirable continuation de l'idée acceptée à l'idée inacceptable. On ne saurait, sans fausser le texte, isoler un passage, une idée, un mot. Les propositions ne sont pas déduites, ne paraissent pas conduites, s'interpénètrent, s'internourrissent. Étrange mutualité de l'incontestable et de l'indéfendable. Jamais nous ne saisirons dans ce tissu la formule entièrement fausse et plusieurs fois nous y subissons la certitude entièrement vraie. Mais la certitude même y laisse place à la défiance. Écoutez. Je lis presque au hasard :

EUTHYPHRON.

... Le nombre des corps célestes où la vie peut se développer à un moment donné est, sans doute, dans une proportion infiniment petite avec le nombre des corps existants. La terre est peut-être à l'heure qu'il est, dans des espaces presque sans bornes, le seul globe habité. Parlons d'elle seule. Eh bien, un but comme celui dont vous venez de parler est au-dessus de ses forces. Ces mots d'omnipotence et d'omniscience doivent être laissés à la scolastique. L'humanité a eu un commencement; elle aura une fin. Une planète comme la nôtre n'a dans son histoire qu'une période de température où elle est habitable; dans quelques centaines de milliers d'années, on sera sorti de cette période. La Terre sera probablement alors comme la Lune, une planète épuisée, ayant accompli sa destinée et usé son capital planétaire, son charbon de terre, ses métaux, ses forces vives, ses races. La destinée de la Terre, en effet, n'est pas infinie, ainsi que vous le supposez. Comme tous les corps qui roulent dans l'espace, elle tirera de son sein ce qui est susceptible d'en être tiré; mais elle mourra, et, croyez-le, elle mourra, comme dit, dans le livre de Job, le sage de Théman, « avant d'avoir atteint la sagesse ».

— Je reconnais, docteur, et je ressens cette sérénité. Mais Renan...

— Il ne s'agit pas de Renan, mon ami. Voyez sa préface :

... Je me résigne d'avance à ce que l'on m'attribue directement toutes les opinions professées par mes interlocuteurs, même quand elles sont contradictoires. Je n'écris que pour des lecteurs intelligents et éclairés. Ceux-là admettront parfaitement que je n'aie nulle solidarité avec mes personnages et que je ne doive porter la responsabilité d'aucune des opinions qu'ils expriment. Chacun de ces personnages représente, aux degrés divers de la certitude, de la probabilité, du rêve, les côtés successifs d'une pensée libre; aucun d'eux n'est un pseudonyme que j'aurais choisi, selon une pratique familière aux auteurs de dialogues, pour exposer mon propre sentiment. »

— J'entends, docteur; et je n'adresserai ma réponse qu'à ce philosophe Euthyphron, cet homme *au sens droit* qui, dans les premiers jours du mois de mai 1871...

— Vive la Commune! citoyen.

— ...qui dans les premiers jours du mois de mai 1871, accablé des malheurs de sa patrie, se promenait dans une des parties les plus reculées du parc de Versailles, avec le philosophe Eudoxe, l'homme *à la bonne opinion*...

— ...et le philosophe *ami de la vérité,* le citoyen Philalèthe.

— Si ce citoyen philosophe avait parfaitement aimé la vérité, il eût opposé une résistance un peu moins complaisante aux probabilités de celui qui vint le lendemain, le deuxième jour, de Théophraste, qui sans doute *parlait de Dieu.*

— C'est que ce Théophraste en réalité introduisait ses probabilités sur les certitudes que ce Philalèthe avait posées. L'objection de l'homme *au sens droit* n'atteint pas ce Théophraste : « Nous ne disons pas que l'absolu de la raison sera atteint par l'humanité; nous disons qu'il sera atteint par quelque chose d'analogue à l'humanité. Des milliers d'essais se sont déjà produits, des milliers se produiront; il suffit qu'il y en ait un qui réussisse. Les forces de la Terre, comme vous l'avez très bien dit, sont finies. » Et il recommence. Et encore : « Du reste, peu importe. Il est très possible que la Terre manque à son devoir ou sorte des conditions viables avant de l'avoir rempli, ainsi que cela est déjà arrivé à des milliards de corps célestes; il suffit qu'un seul de ces corps accomplisse sa destinée. Songeons que l'expérience de l'univers se fait sur l'infini des mondes. »

— Ne poursuivez pas, docteur, vos citations insaisissables. Nous ne pouvons pas critiquer cela ainsi. C'est proprement un charme. Il faudrait le rompre. Il faudrait lire du commencement à la fin, mot par mot, puis phrase à phrase, puis dialogue à dialogue, puis d'ensemble, et à tous les degrés on commenterait et on critiquerait cet admirable texte comme un texte ancien. Au peu que vous m'avez cité, docteur, que de commentaires et que de critiques! Sous l'apparente humilité de la forme, sous la sérénité imposante et charmeuse des mots, sous la savante impartialité de la proposition, quelle présomptueuse autorité de commandement, quelle usurpation, conduisant à quelles tyrannies! Nous n'avons jamais eu de plus grand ennemi que ce Théophraste, qui se promenait à Versailles, sinon le Versaillais qui se promena le troisième jour avec eux, Théoctiste, celui qui *fait la fondation de Dieu.* Les réactionnaires les plus dangereux n'ont jamais prononcé sur tout ce que nous aimons, sur tout ce que nous préparons, sur tout ce que nous faisons, sur tout ce pour quoi nous vivons, des paroles aussi redoutables, d'une injustice élégante aussi profonde que ces deux idéalistes. Il ne suffit pas de sous-intituler un dialogue *Probabilités* ou *Rêves :* il convient que l'incertitude réside au cœur des probabilités, et que l'improbabilité réside au cœur des rêves.

— N'oublions pas *l'Avenir de la Science.* Renan l'annonce lui-même en note : « Je publierai plus tard un essai, intitulé *l'Avenir de la Science,* que je composai en 1848 et 1849, bien plus consolant que celui-ci, et qui plaira davantage aux personnes attachées à la religion démocratique. La réaction de 1850-1851 et le coup d'État m'inspirèrent un pessimisme dont je ne suis pas encore guéri.

— Je ne crains pas beaucoup que M. Jules Roche ait fait campagne au *Figaro* contre le socialisme. Je crains un peu plus que Macaulay intervienne au débat. Mais je redoute que ce Théophraste et que ce Théoctiste prononcent assurément leurs propositions inintelligentes admirablement vêtues. Je redoute que ces probabilités soient présentées sur un certain mode comme si elles étaient certaines, et que ces rêves ne soient pas présentés vraiment sur un mode improbable. Donnez-moi ces *Dialogues.* Merci. Écoutez ce Théophraste en ses probabilités. Attendez un peu. Je vais le trouver. Le voici. Écoutez bien : « Voilà pourquoi les pays où il y a des classes marquées sont les meilleurs pour les savants; car, dans de tels pays, ils n'ont ni devoirs politiques, ni devoirs de société; rien ne les fausse. Voilà enfin pourquoi le savant s'incline volontiers (non sans quelque ironie) devant les gens de guerre et les gens du monde. Le contemplateur tranquille vit doucement derrière eux, tandis que le prêtre le gêne avec son dogmatisme, et le peuple avec son superficiel jugement d'école primaire et ses idées de magister de village.

— Il me paraît certain que ce Théophraste ingénieux n'avait pas imaginé l'affaire Dreyfus, ni connu M. Duclaux.

— Considérons seulement comme une probabilité qu'il n'avait pas imaginé cette *malheureuse affaire*. Je ne lui en fais pas un reproche, mais je lui ferais volontiers un reproche, ayant oublié d'imaginer cette imminente affaire, d'avoir assurément généralisé, présomptueusement prophétisé, d'avoir annoncé les temps éternels, d'avoir escompté l'espace infini. C'est un peu de l'astrologue qui avait oublié un puits très terrestre. Il y a beaucoup de puits. Et je lui reproche, ayant fait cet oubli, d'avoir aussi dédaigneusement négligé ma socialisation des moyens d'enseignement. « Le peuple avec son superficiel jugement d'école primaire et ses idées de magister du village » : voilà qui est bientôt dit, mais, monsieur, — c'est à ce Théophraste que je parle, et non pas à Renan, qui depuis nous a donné cet *Avenir de la science,* qu'il avait produit au temps de sa jeunesse — mais, monsieur, toutes vos généralités deviennent improbables si nous réussissons à donner au peuple cette culture que nous lui devons, que nous n'avons pas toute, que nous recevrons et que nous nous donnerons en la lui donnant. Cela sera long. Cela sera difficile. Mais cela n'est pas impossible. Et même cela est plus facile à organiser que les communications interplanétaires. Et cela n'est pas, en un sens, moins intéressant. Et j'irai plus loin, monsieur — c'est toujours à ce M. Théophraste que je m'adresse, et non pas à M. Renan — je dirai plus : en attendant que nous ayons socialisé, universalisé la culture, si je m'arrête à la considération du présent soucieux et d'un avenir prochain, dans le village où nous demeurons, celui que vous nommez le magister, celui qu'on nommait naguère le maître d'école, et que nous intitulons sérieusement l'instituteur n'est pas un homme insupportable au contemplateur tranquille. Et il est un auxiliaire indispensable au contemplateur inquiet, que nous nommons communément homme d'action. L'instituteur au village ne représente pas moins la philosophie et la science, la raison et la santé, que le curé ne représente la religion catholique. Si ce village de Seine-et-Oise ne meurt pas dans les fureurs et dans les laides imbécillités de la dégénérescence alcoolique, si l'imagination de ce village arrive à surmonter les saletés, les horreurs et les idioties des romans feuilletons, nous n'en serons pas moins redevables à ce jeune instituteur que nous n'en sommes redevables au Collège de France. Et encore nous n'en sommes redevables aux corps savants que parce qu'ils n'ont pas accompagné Théophraste en ses probabilités et Théoctiste en ses rêves. Sinon...

— Vous avez raison, mon ami, mais vous vous excitez. Puisque nous sommes revenus à parler des morts collectives, traitons posément, le voulez-vous, des morts collectives? Il vaut mieux faire ce que l'on fait.

— Pas encore, citoyen, je veux dire tout ce que je veux dire à ce M. Théophraste. Et que ne dirai-je pas à son ami M. Théoctiste. Écoutez un peu, docteur, ce qu'il me dit :

« En somme, la fin de l'humanité, c'est de produire des grands hommes; le grand œuvre s'accomplira par la science, non par la démocratie. Rien sans grands hommes; le salut se fera par des grands hommes. L'œuvre du Messie, du libérateur, c'est un homme, non une masse qui l'accomplira. On est injuste pour les pays qui, comme la France, ne produisent que de l'exquis, qui fabriquent de la dentelle, non de la toile de ménage. Ce sont ces pays-là qui servent le plus au progrès. L'essentiel est moins de produire des masses éclairées que de produire de grands génies et un public capable de les comprendre. Si l'ignorance des masses est une condition nécessaire pour cela, tant pis. La nature ne s'arrête pas devant de tels soucis; elle sacrifie des espèces entières pour que d'autres trouvent les conditions essentielles de leur vie. »

Voici ce qu'il dit.

— Le fait est, mon ami, que les paroles de ce Théoctiste ne sont pas beaucoup favorables à nos récentes universités populaires. Il avait encore dit : « Qu'importe que les millions d'êtres bornés qui couvrent la planète ignorent la vérité ou la nient, pourvu que les intelligents la voient et l'adorent ? » Nous avons connu, depuis, combien il importe que quarante millions de simples citoyens n'ignorent pas et ne nient pas la vérité, non seulement la vérité scientifique, mais aussi la vérité historique — pour Théoctiste surtout la vérité historique est partie inséparable de la vérité scientifique — nous avons connu qu'il ne suffit pas que quelques intelligents la voient ; nous avons renoncé à toute adoration, même à l'adoration de la vérité. Tout se tient ici. Parce que Théophraste et parce que Théoctiste n'ont pas imaginé l'affaire Dreyfus, ils prononcent des paroles défavorables à ce grand mouvement salubre des universités populaires. Comme leurs propos sont éloignés de cette heureuse, de cette saine allocution qu'Anatole France prononça naguère à l'inauguration de *l'Émancipation*, et que vous avez mise au commencement du troisième cahier. On m'a dit que le même citoyen parlerait bientôt à la fête inaugurale de l'Université populaire du premier et du deuxième arrondissement. Attendons, si vous le voulez, qu'il ait participé à cette inauguration. Nous aurons encore plus de courage à ne pas accompagner le deuxième, l'annonciateur, le Baptiste, en ses probabilités et le troisième, le fondateur, en ses rêves. Un charme de vérité nous protégera contre un charme d'erreur.

Ayant ainsi parlé, le docteur me souhaita une heureuse convalescence. Quand il revint, le mardi 6 courant, au matin, j'allais un peu mieux de la rechute que j'avais eue la veille. Le docteur ne me fit pas ses compliments.

— Je vous reconnais bien là, me dit-il. Nous avons à peine essayé d'éclaircir le tout premier commencement de votre chute, et vous me faites une rechute. On m'avait bien dit que vous allez toujours trop vite. Vous n'attendez jamais les enregistrements ni les explications.

— Pardonnez-moi, docteur, et supposons que je ne suis pas retombé. Ainsi, nous continuerons ce que nous avons commencé, comme si de rien n'était. *La Petite République* d'hier matin, datée d'aujourd'hui mardi 6 mars, nous a donné l'allocution attendue. Devons-nous la relire ici-même ou devons-nous la garder pour quand nous recueillerons les documents et les renseignements *pour et contre les universités populaires*.

— Mieux vaut, mon ami, les relire aujourd'hui. Cette allocution de France accompagne aisément celle que vous avez déjà donnée. Enfin, quand nous causerons des universités populaires, nous négligerons un peu, si vous le voulez bien, celles qui sont nées glorieuses pour étudier attentivement celles qui sont restées ordinaires.

— Lisons donc. Et entendons :

PROLÉTARIAT ET SCIENCE

Hier, dans l'après-midi, a eu lieu, sous la présidence d'Anatole France, la fête inaugurale de l'Université populaire du premier et du deuxième arrondissement.

Le préau de l'école de la rue Étienne-Marcel était trop étroit pour contenir tous les assistants, qui débordaient dans la cour. Les citoyens Allemane et Jaurès ont prononcé des discours très applaudis. Nous sommes heureux de donner le texte complet de l'allocution d'Anatole France, dont les principaux passages ont été acclamés :

Citoyens,

En poursuivant sa marche lente, à travers les obstacles, vers la conquête des pouvoirs publics et des forces sociales, le prolétariat a compris la nécessité de mettre dès à présent la main sur la science et de s'emparer des armes puissantes de la pensée.

Partout, à Paris et dans les provinces, se fondent et se multiplient ces universités populaires, destinées à répandre parmi les travailleurs ces richesses intellectuelles longtemps renfermées dans la classe bourgeoise.

Votre association, *le Réveil des premier et deuxième arrondissements,* se jette dans cette grande entreprise avec un élan généreux et une pleine conscience de la réalité. Vous avez compris qu'on n'agit utilement qu'à la clarté de la science. Et qu'est en effet cette science? Mécanique, physique, physiologie, biologie, qu'est-ce que tout cela, sinon la connaissance de la nature et de l'homme, ou plus précisément la connaissance des rapports de l'homme avec la nature et des conditions mêmes de la vie? Vous sentez qu'il nous importe grandement de connaître les conditions de la vie, afin de nous soumettre à celles-là seules qui nous sont nécessaires, et non point aux conditions arbitraires, souvent humiliantes ou pénibles, que l'ignorance et l'erreur nous ont imposées. Les dépendances naturelles qui résultent de la constitution de la planète et des fonctions de nos organes sont assez étroites et pressantes pour que nous prenions garde de ne pas subir encore des dépendances arbitraires. Avertis par la science, nous nous soumettons à la nature des choses et cette soumission auguste est notre seule soumission.

L'ignorance n'est si détestable que parce qu'elle nourrit les préjugés qui nous empêchent d'accomplir nos vraies fonctions, en nous en imposant de fausses qui sont pénibles et parfois malfaisantes et cruelles, à ce point qu'on voit, sous l'empire de l'ignorance, les plus honnêtes gens devenir criminels par devoir. L'histoire des religions nous en fournit d'innombrables exemples : sacrifices humains, guerres religieuses, persécutions, bûchers, vœux monastiques, exécrables pratiques issues moins de la méchanceté des hommes que de leur insanité. Si l'on réfléchit sur les misères qui, depuis l'âge des cavernes jusqu'à nos jours encore barbares, ont accablé la malheureuse humanité, on en trouve presque toujours la cause dans une fausse interprétation des phénomènes de la nature et dans quelqu'une de ces doctrines théologiques qui donnent de l'univers une explication atroce et stupide. Une mauvaise physique produit une mauvaise morale, et c'est assez pour que, durant des siècles, des générations humaines naissent et meurent dans un abîme de souffrance et de désolation.

En leur longue enfance, les peuples ont été asservis aux fantômes de la peur, qu'ils avaient eux-mêmes créés. Et nous, si nous touchons enfin le bord des ténèbres théologiques, nous n'en sommes pas encore tout à fait sortis. Ou pour mieux dire, dans la marche inégale et lente de la famille humaine, quand déjà la tête de la caravane est entrée dans les régions lumineuses de la science, le reste se traîne encore sous les nuées épaisses de la superstition, dans des contrées obscures, pleines de larves et de spectres.

Ah! que vous avez raison, citoyens, de prendre la tête de la caravane! Que vous avez raison de vouloir la lumière, d'aller demander conseil à la science. Sans doute, il vous reste peu d'heures, le soir, après le dur travail du jour, bien peu d'heures pour l'interroger, cette science qui répond lentement aux questions qu'on lui fait et qui livre l'un après l'autre, sans hâte, ses secrets innombrables. Nous devons tous nous résigner à n'obtenir que des parcelles de vérité. Mais il y a à considérer dans la science la méthode et les résultats. Les résultats, vous en prendrez ce que vous pourrez. La méthode, plus précieuse encore que les résultats, puisqu'elle les a tous produits et qu'elle en produira encore une infinité d'autres, la méthode vous saurez vous l'approprier, et elle vous procurera les moyens de conduire sûrement votre esprit dans toutes les recherches qu'il vous sera utile de faire.

Citoyens, le nom que vous avez donné à votre Université montre assez que vous sentez que l'heure est venue des pensées vigilantes. Vous l'avez appelée *le Réveil,* sans doute parce que vous sentez qu'il est temps de chasser les fantômes de la nuit et de vous tenir alertes et debout, prêts à défendre les droits de l'esprit contre les ennemis de la pensée, et la République contre ces étranges libéraux, qui ne réclament de liberté que contre la liberté.

Il m'était réservé d'annoncer votre noble effort et de vous féliciter de votre entreprise.

Je l'ai fait avec joie et en aussi peu de mots que possible. J'aurais considéré comme un grand tort envers vous de retarder, fût-ce d'un instant, l'heure où vous entendrez la grande voix de Jaurès.

— Nous n'avons pas entendu la grande voix de Jaurès, mais nous avons eu de lui, le même jour, un article bref et significatif :

UNIVERSITÉS POPULAIRES

Elles se multiplient à Paris, et les prolétaires assistent nombreux, fidèles, aux leçons et séries de leçons que leur donnent de bons maîtres.

Le prolétariat aspire évidemment à sa part de science et de lumière; et si limités que soient ses loisirs, si accablé que soit son esprit de toutes les lassitudes du corps, il ne veut pas attendre l'entière transformation sociale pour commencer à penser. Il sait que ce commencement de savoir l'aidera dans son grand effort d'émancipation révolutionnaire.

Ce n'est pas seulement dans l'interprétation de l'univers naturel, c'est dans l'interprétation de l'univers social que le prolétariat, selon le conseil excellent d'Anatole France, doit appliquer la méthode libératrice de la science. Dans l'ordre social aussi il y a une théologie : le Capital prétend se soustraire à l'universelle loi de l'évolution et s'ériger en force éternelle, en immuable droit. Le capitalisme aussi est une superstition, car il survit, dans l'esprit routinier et asservi des hommes, aux causes économiques et historiques qui l'ont suscité et momentanément légitimé.

Dans l'ordre social aussi, les fantômes de la peur troublent le cerveau des hommes. Ce ne sont pas seulement les possédants qui s'effraient à l'idée d'un changement complet dans le système de propriété : il y a encore une part du prolétariat qui a peur de tomber dans le vide si on lui retire soudain la servitude accoutumée où s'appuie sa pensée routinière.

Voilà pourquoi la science, en déroulant sous le regard des prolétaires les vicissitudes de l'univers et le changement incessant des formes sociales, est, par sa seule vertu, libératrice et révolutionnaire. Nous n'avons même pas besoin que les maîtres qui enseignent dans les Universités populaires concluent personnellement et explicitement au socialisme. Dans l'état présent du monde, c'est la science elle-même qui conclut.

On me dit qu'il y a des socialistes qui voient encore un calcul machiavélique de la bourgeoisie et un piège pour les travailleurs dans les universités populaires, comme ils voient un piège dans la coopérative, dans le syndicat. Oh! qu'ils ont peu de confiance en la force historique du prolétariat : à l'heure où nous sommes, *il ne peut plus être dupe :* car les ruses mêmes qui seraient imaginées contre lui ne serviraient qu'à accroître sa force.

Est-ce que notre parti aussi serait transi par la peur des fantômes? Et allons-nous, décidément, nous retirer de l'action dans la crainte vague d'être égarés par des feux follets sur des chemins de perdition? Pour nous, quelles que soient les interprétations venimeuses, nous sommes absolument résolus à continuer, d'accord avec le prolétariat militant et agissant, l'œuvre d'organisation ouvrière et d'émancipation intellectuelle qui est la condition même de la Révolution, et même un commencement de Révolution. »

— Oh! oh! docteur, voilà des paroles un peu fortes, surtout venues de Jaurès. Mais laissons cela. Nous reparlerons de l'action socialiste. Nous reparlerons de l'unité socialiste. J'ai relu attentivement, depuis la dernière conversation que nous avons eue, les *Dialogues philosophiques*. J'ai lu aussi *Caliban*. Je m'en tiens à ce que nous avons dit.

— Vous avez raison. Il conviendrait de commenter ces dialogues au moins aussi scrupuleusement que l'on commente en conférences les dialogues de Platon. Ils valent ce commentaire. Alors on distinguerait les discontinuités de la pensée admirablement voilées sous la continuité de la phrase, du mouvement. Alors on apercevrait les inconsistances de la pensée admirablement maintenues par la tenue de la forme. Alors on demanderait au moins quelques définitions préalables.

— Il est vrai, docteur, que ces dialogues, souples et merveilleux, réconcilient avec ces excès de définition que présentent certains dialogues platoniciens, moins souples et moins merveilleux. Ils réconcilieraient presque avec les manies scolastiques. Ils réconcilient avec tous les échafaudages de Kant. Ils font aimer plus que jamais les bonnes habitudes scolaires des honnêtes professeurs de philosophie. Et même ils feraient aimer les gens qui ont eu souci de *baralipton*. Et ils feraient pardonner aux jésuites leurs *distinguo*.

— Vous parlez de Kant, mon ami : quelle ignorance — voulue — ou quelle méconnaissance des frontières kantiennes, frontières non revisées pourtant, et frontières sans doute inrevisables. Tout comme l'auteur, ayant inscrit *Probabilités* au fronton du second dialogue et *Rêves* au fronton du troisième, a négligé un peu dans son texte même que les probabilités n'étaient pas certaines et que les rêves étaient improbables, tout à fait ainsi, ayant nommé Kant, par Eudoxe, au commencement des *Certitudes,* se heurtant aux antinomies de Kant, par Euthyphron, à la fin des *Rêves,* il a dans son texte même oublié un peu ce que je me permets de nommer la prudence et que l'on pourrait aller jusqu'à nommer la mégarde kantienne. Et même avant Kant. Eudoxe, au commencement du premier jour, portait sur lui un exemplaire des *Entretiens sur la métaphysique,* de Malebranche. Mais ces grands philosophes avaient un soin préalable de leurs définitions et de leurs distinctions. Une simple distinction du très grand, de l'indéfini et de l'infini, une simple distinction du perdurable, du temporel indéfini, du temporel infini et de l'éternel annulerait plusieurs paroles de Théophraste, plusieurs fondations de Théoctiste : elle endommagerait ainsi le Dieu qu'ils annoncent et qu'ils fondent. Au courant de ses probabilités, le citoyen Théophraste esquisse une théorie des probabilités qui n'est pas incontestable. Une simple définition ou distinction de la nature et de la morale, distinction considérable au moins, immobiliserait beaucoup de comparaisons dégénérant en assimilations et en identifications. L'impératif catégorique est un peu facilement englobé. En vérité, ce Renan me ferait aimer le pédantisme. Je ne suis pas très partisan des spéculations immenses, des contemplations éternelles. Je n'ai pas le temps. Je travaille par quinzaines. Je m'attache au présent. Il en vaut la peine. Je ne travaillais pas dans la première et dans la deuxième quinzaine de mai 1871. Comment l'aurais-je fait, si je n'étais pas né? Je travaille dans les misères du présent. Mais quand on se fonde sur l'immensité des rêves éternels pour démolir ma prochaine socialisation des moyens d'enseignement, je ne puis m'empêcher d'examiner un peu si les rêves sont rêvés selon les lois des rêves humains : car il y a des lois des rêves humains, il y a des frontières des rêves humains. Et si ces rêves ne sont pas humains, si on les nomme surhumains, je les nomme inhumains, et j'en ignore : Je suis homme, et rien de ce qui est inhumain ne m'est concitoyen.

— Et quand on se fonde, citoyen, sur l'immensité des rêves éternels pour me distraire de la considération des mortalités prochaines, je résiste invinciblement. Et quand on se fonde sur l'immensité de l'espérance éternelle pour me consoler de la prochaine épouvante, je refuse. Non pas que l'inquiétude et l'angoisse ne me soit douloureuse, mais mieux vaut encore une inquiétude ou même une épouvante sincère qu'une espérance religieuse. Tous ces fils de Renan, qui dialoguaient, étaient des savants religieux.

— Ou plutôt une inquiétude et même une épouvante, si elle est sincère, est bonne; au lieu qu'une espérance enchanteresse est mauvaise. Ne nous laissons pas bercer. Croyons qu'une souffrance vraie est incomparable au meilleur des enchantements faux. Ne soyons pas religieux, même avec Renan.

— Ne nous retirons pas plus du monde vivant pour considérer les sidérales promesses que pour contempler une cité céleste. Il me paraît que l'humanité présente a besoin de tous les soins de tous les hommes. Sans doute elle aurait moins besoin de nos travaux si les hommes religieux qui nous ont précédés avaient travaillé un peu plus humainement et s'ils avaient prié un peu moins. Car prier n'est pas travailler. Il me paraît incontestable que l'humanité présente est malade sérieusement. Le massacre des Arméniens, sur lequel je reviendrai toujours, et qui dure encore, n'est pas seulement le plus grand massacre de ce siècle; mais il fut et il est sans doute le plus grand massacre des temps modernes, et pour nous rappeler une telle mort collective, il nous faut dans la mémoire de l'humanité, remonter jusqu'aux massacres asiatiques du Moyen-Age. Et l'Europe n'a pas bougé. La France n'a pas bougé. La finance internationale nous tenait. Nous avons édifié là-dessus quelques fortunes littéraires et plusieurs succès oratoires. Pas moi. Ni vous. Ni le peuple. Mais ni le peuple, ni vous, ni moi, nous n'avons bougé. La presse infâme, vendue au Sultan, abrutissait déjà le peuple. Et puis, cause d'abstention plus profonde : l'Europe est malade, la France est malade. Je suis malade. Le monde est malade. Les peuples et les nations qui paraissaient au moins libérales s'abandonnent aux ivrogneries de la gloire militaire, se soûlent de conquêtes. La France a failli recommencer les guerres de religion, — sans avoir même la foi. Les jeunes civilisations, comme on les nommait, sont plus pourries que les anciennes. Les rois nous soûlaient de fumées, comme on le chante encore, selon Pottier. Mais à présent, ce sont les peuples qui se soûlent de gloire militaire, comme ils se soûlent d'alcool, eux-mêmes. Auto-intoxication. La pourriture de l'Europe a débordé sur le monde. L'Afrique entière, française ou anglaise, est devenue un champ d'horreurs, de sadismes et d'exploitations criminelles. Réussirons-nous jamais à racheter les hideurs africaines, les ignominies commises par nos officiers au nom du peuple français. Mais non, nous ne le pourrons pas. Car il n'y a pas de rachat. Ceux qui sont morts sont bien morts. Ceux qui ont souffert ont bien souffert. Nous n'y pouvons rien. C'est à peine si nous pouvons atténuer un peu le futur. Par quels remèdes? Nous essayerons de l'examiner plus tard. Mais quand je vois toutes ces morts collectives menaçantes, quand je vois l'empoisonnement alcoolique et l'épuisement industriel, et quand je pense à la grande mort collective qui clorait l'humanité, je refuse audience à l'enchanteur : « Qu'importe, m'a dit l'enchanteur, qu'importe que l'humanité meure avant d'avoir institué la raison? qu'importe que mille humanités meurent? Une humanité réussira. » Quittons, docteur, je vous en prie, quittons la morale astronomique, et soyons révolutionnaires. Préparons dans le présent la révolution de la santé pour l'humanité présente. Cela est beaucoup plus sûr. Travaillons. En vérité, je vous le dis, ce Théophraste et ce Théoctiste sont parmi nos plus grands et nos plus redoutables ennemis. Tous les deux ils sont de grands détendeurs de courages.

— On peut et on doit relâcher les courages qui seraient tendus contre la justice et contre la vérité. J'admets que l'on soit détendeur de courages, que ce soit un métier. Mais je n'admets pas que l'on séduise les faibles et que l'on relâche les courages par des enchantements faux pour des enchantements indémontrables.

Laissons, mon ami, puisque ainsi vous-même l'avez demandé, laissons l'espérance intersidérale et continuons à causer de ce monde malade. Connaissez-vous des gens qui n'aient pas pour la mort les sentiments que vous avez eus.

— J'en connais, docteur, et j'en ai connu beaucoup, parce que j'ai connu beaucoup d'hommes. Il me souvient d'un camarade que j'avais et qui sans doute serait devenu mon ami, un tuberculeux, un poitrinaire, qui mourait depuis longtemps, grand, gros, doux, barbu d'une barbe soyeuse et frisée assez, très doux, bonne mine, calme et fort, très bon, l'un des deux hommes les plus bons que j'aie connus jamais. Il mourait lentement en préparant ponctuellement des examens onéreux. Il était très bon envers la vie et envers la mort, sans croyance religieuse et tout dévêtu d'espérance métaphysique ou religieuse. A peine s'il disait qu'il retournerait dans la nature, qu'il se disperserait en nature. Il est mort jeune embaumé de sérénité comme un vieillard qui a parfait son âge. Aucun de ses camarades, aucun de ses amis, quels que fussent déjà nos sentiments divergents, n'omettait de l'admirer, de l'aimer. Il avait évidemment pour la vie et la mort des sentiments tout à fait étrangers aux sentiments que j'ai, que j'avais ces jours-ci étant malade...

— Et que vous ne m'avez pas dit.

— J'y viendrai. Aucun de nous qui n'admirât cette singulière et laïque santé des sentiments au déclin de sa vie ordinaire et patiente.

— Cette admirable soumission patiente, cette admirable conformation consciente ne serait pas sans doute aussi rare parmi nous si l'invasion des sentiments chrétiens ne lui avait rapidement substitué la soumission fidèle. Comparez la *Prière pour demander à Dieu le bon usage des maladies* avec la résonance de certaines résignations stoïciennes.

— Je ne sais pas d'histoire, docteur. Je ne connais pas l'histoire de l'invasion chrétienne au cœur du monde ancien.

— Au cœur de la Ville et du Monde. Comparez seulement ces textes authentiques, la *Prière* au *Manuel*. Avez-vous pu analyser les sentiments, étrangers à vous, que votre ami avait sur la vie et la mort. Je suis assuré que ces sentiments étaient apparentés aux sentiments stoïciens.

— Je pourrais les analyser, docteur, mais non pas sans faire des recherches longues et difficiles parmi les souvenirs de ma mémoire. Et quand dans les connaissances de ma mémoire je me serais représenté les images des sentiments de mon ami, j'aurais à vous les présenter. Comment vous présenter ces nuances parfaitement délicates? Comment vous conter ces événements doux, menus, profonds et grands? A peine un roman pourrait-il donner cette impression. Et s'il vous faut un roman, docteur, allez le demander à mes amis Jérôme et Jean Tharaud. C'est leur métier, de faire des romans. Chacun son métier. Continuons la conversation.

— Quelles personnes avez-vous connues encore, mon ami, qui n'avaient pas les mêmes sentiments que vous devant la mort?

— Je ne saurais, docteur, vous les citer toutes.

— Pouvez-vous m'en citer une au moins dont l'histoire ait fait sur vous plus d'impression.

— Oui, docteur. J'étais tout petit quand cette histoire s'est passée. Aussi ne l'ai-je pas entendue à mesure que je l'ai connue. Quand j'étais petit je l'ai connue et suivie attentivement, parce que je sentais confusément qu'elle était sérieuse. Quand je fus devenu grand je l'ai à peu près entendue. Elle est simple. C'était une pauvre femme, une assez vieille dame, riche, mariée à un officier de l'Empire, qui vivait en retraite, un pur voyou, comme il y en avait tant parmi les officiers de l'Empire. La malheureuse était tombée dans la dévotion. Quand je dis tombée, je cède à l'habitude, car je ne sais nullement si elle en fut remontée ou descendue. Elle devint en proie aux bons Pères, comme on les nommait, qui avaient une petite chapelle dans le faubourg.

— Était-ce déjà les révérends pères Augustins de l'Assomption?

— Non, citoyen, c'étaient les pères Lazaristes. J'ai connu beaucoup de gens qui croyaient qu'il y a un Paradis comme je crois que je cause avec vous. Mais je n'ai connu personne au monde qui se représentât aussi présentement le bon Dieu, les anges, le diable et tout ce qui s'ensuit. Cette pauvre femme avait ainsi la consolation dont elle avait besoin. Mais je vous donnerais une impression un peu simple et vraiment fausse, docteur, si je vous laissais croire que la malheureuse croyait par égoïsme inconscient ou conscient, simple ou compliqué, particulier ou collectif. Elle croyait. Cette croyance étant donnée, elle y avait sa consolation. Elle attendait impatiemment que son Dieu lui accordât la permission de passer de ce monde militaire et misérable aux saintes douceurs du ciel, adorables idées. Je pense que beaucoup de chrétiens sont ainsi. Elle se livrait à des exercices extraordinaires qui tuaient son corps et délivraient son âme. Les bons Pères attendaient le testament. Dans la vie ordinaire et un peu facile du faubourg, cette malheureuse dame riche me paraissait surnaturelle et difficile. Tous les matins, hiver comme été, avant l'heure où les pauvres femmes allaient laver la lessive chez les patrons, pour vingt sous par jour[1], non nourri, autant qu'il me souvienne, la déplorable chrétienne s'en allait à la première messe, dans la neige imbalayée ou dans la fraîche tiédeur du matin païen. « Avoir des rentes comme elle et se lever si matin ! » disaient les femmes qui allaient laver la lessive, « au lieu de rester au lit : faut-il qu'elle soit innocente ! » Cette innocente eut ce qu'elle devait avoir. Son Dieu lui fit la grâce de la rappeler à lui pendant la sainte semaine. Elle n'eut pas la grippe, encore ininventée ; un jour de la semaine des Rameaux, le printemps étant froid, elle eut un courant d'air dans la petite chapelle. Quand son médecin lui annonça qu'elle avait une fluxion de poitrine, elle en reçut la nouvelle comme l'annonce et la promesse du tout proche bonheur éternel. Elle entra en béatitude. La fluxion de poitrine l'emporta au bout de ses neuf jours, comme tout le monde. Je crois qu'elle fut sérieusement complice de sa mort. Elle était profondément malheureuse et chrétienne. J'en conclus que les chrétiens peuvent avoir une soif religieuse et faire un commencement d'exécution de cette mort que nous redoutons.

— Cette conclusion générale me paraît admissible, mais seulement parce qu'elle n'engage que les possibilités. Je suis d'accord avec vous que beaucoup de chrétiens sans doute ont ainsi désiré le ciel jusqu'à faire un commencement d'exécution, — involontaire et parfois presque volontaire, — de leur mort individuelle. Mais je ne vous accorderais pas que cette conduite soit proprement chrétienne. J'ai peur, mon ami, que vous n'ayez mal entendu la *Prière pour demander à Dieu le bon usage des maladies*. J'ai peur que vous n'ayez interprété cette soumission parfaite comme je ne sais quelle complaisance, quelle facilité à la mort, comme une complicité. Vous avez tellement peur de la mort que ceux qui n'en ont point cette peur vous paraissent en avoir le désir.

La position de ce chrétien géomètre était, comme il convient, rigoureusement exacte. Avez-vous cette petite édition des *Pensées* où vous avez lu le texte? Merci. *Vie de Blaise Pascal, par madame Perier (Gilberte Pascal)*, sœur aînée de Pascal. —

— Histoire un peu favorable.

— Histoire où transparaît la piété fraternelle, presque un peu maternelle, sévère comme en ce temps, chrétienne et janséniste.

— La *Prière pour demander à Dieu le bon usage des maladies* a été composée en 1648 : Pascal avait alors vingt-quatre ans. Ce que je vais vous dire paraît se rapporter au même âge :

« Cependant mon frère, de qui Dieu se servait pour opérer tous ces biens, était travaillé par des maladies continuelles, et qui allaient toujours en augmentant. Mais, comme alors il ne connaissait pas d'autre science que la perfection, il trouvait une grande différence entre celle-là et celles qui avaient occupé son esprit jusqu'alors; car, au lieu que ses indispositions retardaient le progrès des autres, celle-ci au contraire se perfectionnait dans ces mêmes indispositions par la patience admirable avec laquelle il les souffrait. Je me contenterai, pour le faire voir, d'en rapporter un exemple.

» Il avait, entre autres incommodités, celle de ne pouvoir rien avaler de liquide qu'il ne fût chaud; encore ne le pouvait-il faire que goutte à goutte : mais comme il avait, outre cela, une douleur de tête insupportable, une chaleur d'entrailles excessive, et beaucoup d'autres maux, les médecins lui ordonnèrent de se purger de deux jours l'un durant trois mois; de sorte qu'il fallut prendre toutes ces médecines, et, pour cela, les faire chauffer et les avaler goutte à goutte : ce qui était un véritable supplice, qui faisait mal au cœur à tous ceux qui étaient auprès de lui, sans qu'il s'en soit jamais plaint.

» La continuation de ces remèdes, avec d'autres qu'on lui fit pratiquer, lui apporta quelque soulagement, mais non pas une santé parfaite; de sorte que les médecins crurent que pour se rétablir entièrement il fallait qu'il quittât toute sorte d'application d'esprit, et qu'il cherchât, autant qu'il pourrait, les occasions de se divertir.

Mon frère eut de la peine à se rendre à ce conseil, parce qu'il y voyait du danger : mais, enfin, il le suivit, — écoutez bien : — croyant être obligé de faire tout ce qui lui serait possible pour remettre sa santé, et il s'imagina que les divertissements honnêtes ne pourraient pas lui nuire; et ainsi il se mit dans le monde. Mais, quoique par la miséricorde de Dieu il se soit toujours exempté des vices, néanmoins, comme Dieu l'appelait à une grande perfection, il ne voulut pas l'y laisser, et il se servit de ma sœur pour ce dessein, comme il s'était autrefois servi de mon frère lorsqu'il avait voulu retirer ma sœur des engagements où elle était dans le monde. »

Et plus loin :

« Il avait pour lors trente ans, et il était toujours infirme; et c'est depuis ce temps-là qu'il a embrassé la manière de vivre où il a été jusqu'à la mort. » — Ici M. Ernest Havet rectifie que Pascal avait alors non pas trente, mais trente et un ans, car sa seconde et dernière conversion s'accomplit à la fin de l'année 1654.

Voici qui semblerait confirmer un peu ce que vous avez dit :

« Les conversations auxquelles il se trouvait souvent engagé ne laissaient pas de lui donner quelque crainte qu'il ne s'y trouvât du péril; mais comme il ne pouvait pas aussi, en conscience, refuser le secours que des personnes lui demandaient, il avait trouvé un remède à cela. Il prenait dans les occasions une ceinture de fer pleine de pointes, il la mettait à nu sur sa chair, et lorsqu'il lui venait quelque pensée de vanité, ou qu'il prenait quelque plaisir au lieu où il était, ou quelque chose semblable, il se donnait des coups de coude pour redoubler la violence des piqûres, et se faisait ainsi souvenir lui-même de son devoir. Cette pratique lui parut si utile qu'il la conserva jusqu'à la mort; et même, dans les derniers temps de sa vie, où il était dans des douleurs continuelles, parce qu'il ne pouvait écrire ni lire, il était contraint de demeurer sans rien faire et de s'aller promener; il était dans une continuelle crainte que ce manque d'occupation ne le détournât de ses vues. Nous n'avons su toutes ces choses qu'après sa mort, et par une personne de très grande vertu qui avait beaucoup de confiance en lui, à qui il avait été obligé de le dire pour des raisons qui la regardaient elle-même.

» Cette rigueur qu'il exerçait sur lui-même était tirée de cette grande maxime de renoncer à tout plaisir, sur laquelle il avait fondé tout le règlement de sa vie. »

Cela semblerait donner quelque apparence à vos généralités. Mais nous distinguerons.

Plus loin :

« Voilà comme il a passé cinq ans de sa vie, depuis trente ans jusqu'à trente-cinq, — ici M. Ernest Havet rectifie que : il fallait dire seulement quatre ans de sa vie, depuis trente et un ans jusqu'à trente-cinq — travaillant sans cesse pour Dieu, pour le prochain, et pour lui-même, en tâchant de se perfectionner de plus en plus, et on pourrait dire, en quelque façon, que c'est tout le temps qu'il a vécu; car les quatre années que Dieu lui a données après n'ont été qu'une continuelle langueur. Ce n'était pas proprement une maladie qui fût venue nouvellement, mais un redoublement des grandes indispositions où il avait été sujet dès sa jeunesse. Mais il en fut alors attaqué avec tant de violence, qu'enfin il y a succombé; et, durant tout ce temps-là, il n'a pu en tout travailler un instant à ce grand ouvrage qu'il avait entrepris pour la religion, ni assister les personnes qui s'adressaient à lui pour avoir des avis, ni de bouche ni par écrit, car ses maux étaient si grands, qu'il ne pouvait les satisfaire, quoiqu'il en eût un grand désir.

» Ce renouvellement de ses maux commença par un mal de dents qui lui ôta absolument le sommeil. »

— Plus loin :

« Cependant ses infirmités continuant toujours, sans lui donner un seul moment de relâche, le réduisirent, comme j'ai dit, à ne pouvoir plus travailler, et à ne voir quasi personne. Mais si elles l'empêchèrent de servir le public et les particuliers, elles ne furent point inutiles pour lui-même, et il les a souffertes avec tant de paix et tant de patience, qu'il y a sujet de croire que Dieu a voulu achever par là de le rendre tel qu'il le voulait pour paraître devant lui : car, durant cette longue maladie, il ne s'est jamais détourné de ses vues, ayant toujours dans l'esprit ces deux grandes maximes, de renoncer à tout plaisir et à toute superfluité. Il les pratiquait dans le plus fort de son mal avec une vigilance continuelle sur ses sens, leur refusant absolument tout ce qui leur était agréable :

— Ne croyez pas, citoyen, que cela favorise beaucoup ce que vous avez avancé. Je continue :

« ...et quand la nécessité le contraignait à faire quelque chose qui pourrait lui donner quelque satisfaction, il avait une adresse merveilleuse pour en détourner son esprit afin qu'il n'y prît point de part : par exemple, ses continuelles maladies l'obligeant de se nourrir délicatement, il avait un soin très grand de ne point goûter ce qu'il mangeait; et nous avons pris garde que, quelque peine qu'on prît à lui chercher quelque viande — viande, c'est-à-dire sans doute nourriture — agréable, à cause des dégoûts à quoi il était sujet, jamais il n'a dit : Voilà qui est bon; et encore lorsqu'on lui servait quelque chose de nouveau selon les saisons, si l'on lui demandait après le repas s'il l'avait trouvé bon, il disait simplement : Il fallait m'en avertir devant, car je vous avoue que je n'y ai point pris garde. Et, lorsqu'il arrivait que quelqu'un admirait la bonté de quelque viande en sa présence, il ne le pouvait souffrir : il appelait cela être sensuel, encore même que ce ne fût que des choses communes; parce qu'il disait que c'était une marque qu'on mangeait pour contenter le goût, ce qui était toujours mal.

» Pour éviter d'y tomber, il n'a jamais voulu permettre qu'on lui fît aucune sauce ni ragoût, non pas même de l'orange et du verjus, ni rien de tout ce qui excite l'appétit, quoiqu'il aimât naturellement toutes ces choses. Et, pour se tenir dans des bornes réglées, il avait pris garde, dès le commencement de sa retraite, à ce qu'il fallait pour son estomac; et, depuis cela, il avait réglé tout ce qu'il devait manger; en sorte que, quelque appétit qu'il eût, il ne passait jamais cela; et, quelque dégoût qu'il eût, il fallait qu'il le mangeât : et lorsqu'on lui demandait la raison pourquoi il se contraignait ainsi, il disait que c'était le besoin de l'estomac qu'il fallait satisfaire, et non pas l'appétit.

» La mortification de ses sens n'allait pas seulement à se retrancher tout ce qui pouvait leur être agréable, mais encore à ne leur rien refuser par cette raison qu'il pourrait leur déplaire, soit pour sa nourriture, soit pour ses remèdes. Il a pris quatre ans durant des consommés sans en témoigner le moindre dégoût; il prenait toutes les choses qu'on lui ordonnait pour sa santé, sans aucune peine, quelque difficiles qu'elles fussent : et lorsque je m'étonnais qu'il ne témoignât pas la moindre répugnance en les prenant, il se moquait de moi, et me disait qu'il ne pouvait pas comprendre lui-même comment on pouvait témoigner de la répugnance quand on prenait une médecine volontairement, après qu'on avait été averti qu'elle était mauvaise, et qu'il n'y avait que la violence ou la surprise qui dussent produire cet effet. C'est en cette manière qu'il travaillait sans cesse à la mortification. »

— Je passe pour aujourd'hui le témoignage que madame Perier nous a donné de la pauvreté, de la pureté, de la charité, le service du roi, la simplicité.

Je continue :

« Je tâche tant que je puis d'abréger; sans cela j'aurais bien des particularités à dire sur chacune des choses que j'ai remarquées : mais comme je ne veux pas m'étendre, je viens à sa dernière maladie.

» Elle commença par un dégoût étrange qui lui prit deux mois avant sa mort : son médecin lui conseilla de s'abstenir de manger du solide, et de se purger; pendant qu'il était en cet état, il fit une action de charité bien remarquable. Il avait chez lui un bon homme avec sa femme et tout son ménage, à qui il avait donné une chambre, et à qui il fournissait du bois, tout cela par charité; car il n'en tirait point d'autre service que de n'être point seul dans sa maison. Ce bon homme avait un fils, qui était tombé malade, en ce temps-là, de la petite vérole; mon frère, qui avait besoin de mes assistances, eut peur que je n'eusse de l'appréhension d'aller chez lui à cause de mes enfants. Cela l'obligea à penser de se séparer de ce malade, mais comme il craignait qu'il ne fût en danger si on le transportait en cet état hors de sa maison, il aima mieux en sortir lui-même, quoiqu'il fût déjà fort mal, disant : Il y a moins de danger pour moi dans ce changement de demeure : c'est pourquoi il faut que ce soit moi qui quitte. Ainsi, il sortit de sa maison le 29 juin, pour venir chez nous, — ici M. Havet nous renseigne : rue Neuve-Saint-Étienne, — rue que nous nommons rue Rollin et rue de Navarre — maison qui porte aujourd'hui le numéro 22. Pascal demeurait *hors et près la porte Saint-Michel* — et il n'y rentra jamais; car, trois jours après, il commença d'être attaqué d'une colique très violente qui lui ôtait absolument le sommeil. Mais comme il avait une grande force d'esprit et un grand courage, il endurait ses douleurs avec une patience admirable. Il ne laissait pas de se lever tous les jours et de prendre lui-même ses remèdes, sans vouloir souffrir qu'on lui rendît le moindre service. Les médecins qui le traitaient voyaient que ses douleurs étaient considérables; mais parce qu'il avait le pouls fort bon, sans aucune altération ni apparence de fièvre ils assuraient qu'il n'y avait aucun péril, se servant même de ces mots : Il n'y a pas la moindre ombre de danger. Nonobstant ce discours, voyant que la continuation de ses douleurs et de ses grandes veilles l'affaiblissait, dès le quatrième jour de sa colique, et avant même que d'être alité, il envoya quérir M. le curé, et se confessa. Cela fit bruit parmi ses amis, et en obligea quelques-uns de le venir voir, tout épouvantés d'appréhension. Les médecins même en furent si surpris qu'ils ne purent s'empêcher de le témoigner, disant que c'était une marque d'appréhension à quoi ils ne s'attendaient pas de sa part. Mon frère, voyant l'émotion que cela avait causée, en fut fâché, et me dit : J'eusse voulu communier; mais puisque je vois qu'on est surpris de ma confession, j'aurais peur qu'on ne le fût davantage; c'est pourquoi il vaut mieux différer. » M. le curé ayant été de cet avis, il ne communia pas. Cependant son mal continuait; comme M. le curé le venait voir de temps en temps par visite, il ne perdait pas une de ces occasions pour se confesser, et n'en disait rien, de peur d'effrayer le monde, parce que les médecins assuraient toujours qu'il n'y avait nul danger à sa maladie; et, en effet, il eut quelque diminution en ses douleurs, en sorte qu'il se levait quelquefois dans sa chambre. Elles ne le quittèrent jamais néanmoins tout à fait, et même elles revenaient quelquefois, et il maigrissait aussi beaucoup, ce qui n'effrayait pas beaucoup les médecins : mais, quoi qu'ils pussent dire, il dit toujours qu'il était en danger, et ne manqua pas de se confesser toutes les fois que M. le curé le venait voir. »

La fin du paragraphe est de la pauvreté.

Il joignait à cette ardente charité pendant sa maladie une patience si admirable, qu'il édifiait et surprenait toutes les personnes qui étaient autour de lui, et il disait à ceux qui témoignaient avoir de la peine de voir l'état où il était, que, pour lui, il n'en avait pas, et qu'il appréhendait même de guérir; et quand on lui demandait la raison, il disait : C'est que je connais les dangers de la santé et les avantages de la maladie. Il disait encore au plus fort de ses douleurs, quand on s'affligeait de les lui voir souffrir : Ne me plaignez point; la maladie est l'état naturel des chrétiens, parce qu'on est par là comme on devrait toujours être, dans la souffrance des maux, dans la privation de tous les biens et de tous les plaisirs des sens, exempt de toutes les passions qui travaillent pendant tout le cours de la vie, sans ambition, sans avarice, dans l'attente continuelle de la mort. N'est-ce pas ainsi que les chrétiens devraient passer la vie? Et n'est-ce pas un grand bonheur quand on se trouve par nécessité dans l'état où l'on est obligé d'être, et qu'on n'a autre chose à faire qu'à se soumettre humblement et paisiblement? C'est pourquoi je ne demande autre chose que de prier Dieu qu'il me fasse cette grâce. Voilà dans quel esprit il endurait tous ses maux.

» Il souhaitait beaucoup de communier; mais les médecins s'y opposaient, disant qu'il ne le pouvait faire à jeun, à moins que de le faire la nuit, ce qu'il ne trouvait pas à propos de faire sans nécessité, et que pour communier en viatique il fallait être en danger de mort; ce qui ne se trouvant pas en lui, ils ne pouvaient pas lui donner ce conseil. Cette résistance le fâchait, mais il était contraint d'y céder. Cependant sa colique continuant toujours, on lui ordonna de boire des eaux, qui en effet le soulagèrent beaucoup : mais au sixième jour de la boisson, qui était le quatorzième d'août, il sentit un grand étourdissement avec une grande douleur de tête; et quoique les médecins ne s'étonnassent pas de cela et qu'ils assurassent que ce n'était que la vapeur des eaux, — ici M. Havet ose remarquer qu'il ne sait si ces mots expriment une idée bien nette, de même que ceux qu'on trouve plus bas, *ne lui restant plus qu'une vapeur d'eau* — il ne laissa pas de se confesser, et il demanda avec des instances incroyables qu'on le fît communier, et qu'au nom de Dieu on trouvât moyen de remédier à tous les inconvénients qu'on lui avait allégués jusqu'alors; et il pressa tant pour cela, qu'une personne qui se trouva présente lui reprocha qu'il avait de l'inquiétude, et qu'il devait se rendre au sentiment de ses amis; qu'il se portait mieux, et qu'il n'avait presque plus de colique; et que, ne lui restant plus qu'une vapeur d'eau, il n'était pas juste qu'il se fît porter le saint sacrement; qu'il valait mieux différer, pour faire cette action à l'église. Il répondit à cela : On ne sent pas mon mal, et on y sera trompé; ma douleur de tête a quelque chose de fort extraordinaire. Néanmoins, voyant une si grande opposition à son désir, il n'osa plus en parler; mais il dit : « Puisqu'on ne me veut pas accorder cette grâce, j'y voudrais bien suppléer par quelque bonne œuvre, et ne pouvant pas communier dans le chef, je voudrais bien communier dans ses membres. »

J'aurais à ne pas lire, mon ami, la fin de ce paragraphe, où le témoignage est de la pauvreté surtout et de la charité; je le passerais, comme j'ai passé le témoignage où madame Perier nous indiquait pourquoi Pascal n'est pas devenu socialiste, je le passerais si la pauvreté n'y était liée indissolublement à la maladie et à la souffrance :

et pour cela j'ai pensé d'avoir céans un pauvre malade à qui on rende les mêmes services comme à moi, qu'on prenne une garde exprès, et enfin qu'il n'y ait aucune différence de lui à moi, afin que j'aie cette consolation de savoir qu'il y a un pauvre aussi bien traité que moi, dans la confusion que je souffre de me voir dans la grande abondance de toutes choses où je me vois. Car quand je pense qu'au même temps que je suis si bien, il y a une infinité de pauvres qui sont plus malades que moi, et qui manquent des choses les plus nécessaires, cela me fait une peine que je ne puis supporter; et ainsi je vous prie de demander un malade à M. le curé pour le dessein que j'ai.

« J'envoyai à M. le curé à l'heure même, qui manda qu'il n'y en avait point qui fût en état d'être transporté; mais qu'il lui donnerait, aussitôt qu'il serait guéri, un moyen d'exercer la charité, en se chargeant d'un vieux homme dont il prendrait soin le reste de sa vie : car M. le curé ne doutait pas alors qu'il ne dût guérir.

» Comme il vit qu'il ne pouvait pas avoir un pauvre en sa maison avec lui, il me pria donc de lui faire cette grâce de le faire porter aux Incurables, parce qu'il avait grand désir de mourir en la compagnie des pauvres. Je lui dis que les médecins ne trouvaient pas à propos de le transporter en l'état où il était, ce qui le fâcha beaucoup; il me fit promettre que, s'il avait un peu de relâche, je lui donnerais cette satisfaction.

» Cependant cette douleur de tête augmentant, il la souffrait toujours comme tous les autres maux, c'est-à-dire sans se plaindre; et une fois, dans le plus fort de sa douleur, le dix-septième d'août, il me pria de faire faire une consultation; mais il entra en même temps en scrupule, et me dit : Je crains qu'il n'y ait trop de recherche dans cette demande. Je ne laissai pourtant pas de la faire; et les médecins lui ordonnèrent de boire du petit-lait, lui assurant toujours qu'il n'y avait nul danger, et que ce n'était que la migraine mêlée avec la vapeur des eaux. Néanmoins, quoi qu'ils pussent dire, il ne les crut jamais, et me pria d'avoir un ecclésiastique pour passer la nuit auprès de lui; et moi-même je le trouvai si mal, que je donnai ordre, sans en rien dire, d'apporter des cierges et tout ce qu'il fallait pour le faire communier le lendemain matin.

» Les apprêts ne furent pas inutiles, mais ils servirent plus tôt que nous n'avions pensé : car environ minuit, il lui prit une convulsion si violente, que, quand elle fut passée, nous crûmes qu'il était mort, et nous avions cet extrême déplaisir, avec tous les autres, de le voir mourir sans le saint sacrement, après l'avoir demandé si souvent avec tant d'instance. Mais Dieu, qui voulait récompenser un désir si fervent et si juste, suspendit comme par miracle cette convulsion, et lui rendit son jugement entier, comme dans sa parfaite santé; en sorte que M. le curé, entrant dans sa chambre avec le saint sacrement lui cria : Voici celui que vous avez tant désiré. Ces paroles achevèrent de le réveiller; et comme M. le curé approcha pour lui donner la communion, il fit un effort, et il se leva seul à moitié, pour le recevoir avec plus de respect; et M. le curé l'ayant interrogé, suivant la coutume, sur les principaux mystères de la foi, il répondit distinctement : Oui, monsieur, je crois tout cela de tout mon cœur. Ensuite il reçut le saint viatique et l'extrême-onction avec des sentiments si tendres, qu'il en versait des larmes. Il répondit à tout, remercia M. le curé; et lorsqu'il le bénit avec le saint ciboire, il dit : Que Dieu ne m'abandonne jamais! Ce qui fut comme ses dernières paroles; car, après avoir fait son action de grâces, un moment après ses convulsions le reprirent, qui ne le quittèrent plus, et qui ne lui laissèrent pas un instant de liberté d'esprit : elles durèrent jusqu'à sa mort, qui fut vingt-quatre heures après, le dix-neuvième d'août mil six cent soixante-deux, à une heure du matin, âgé de trente-neuf ans deux mois. »

Quand le docteur eut fini de me lire tout ce qu'il avait librement choisi dans l'histoire de la vie et de la mort de Blaise Pascal, je ne pensai pas à lui demander pourquoi il m'avait fait une aussi longue citation; mais nous demeurâmes longtemps sous l'impression de ce témoignage.

TOUJOURS DE LA GRIPPE

Septième cahier de la première série (5 avril 1900).

Le docteur le premier se rappela que son métier n'était pas de rester sous l'impression des témoignages les plus beaux, mais de les analyser du mieux qu'il pouvait, et de les critiquer.

— Nous n'aurons pas la présomption, mon ami, d'interpréter cette histoire. Vous l'avez parfaitement entendue. Elle vous donne incomplètement raison. Elle me donne raison complémentairement.

— Avant de nous partager, docteur, les morceaux incomplets ou complémentaires de cette histoire, si vous osez le faire encore, permettez-moi.

— Je vous permets.

— À mesure que vous avez avancé dans la narration que nous devons à la piété fraternelle et sévère de madame Perier, j'ai connu en moi un double sentiment, deux sentiments voisins non conciliables d'abord. Je m'apercevais que ces faits m'étaient nouveaux. Je reconnaissais que ces faits m'étaient connus.

Je m'apercevais que ces faits m'étaient vraiment nouveaux. J'avais pourtant lu, ou du moins j'avais parcouru, au temps que j'étais écolier, ce long texte imprimé fin, menu et dense, durant que je préparais des examens indispensables et des concours utiles. Mais la narration n'était pas entrée dans ma mémoire profonde.

— Cela n'est pas étonnant, mon ami.

— Cela n'est pas étonnant. Les concours et les examens que nous devons subir et où nous contribuons à envenimer l'antique émulation, toutes les rivalités d'enfance, toutes les compétitions scolaires où nous nous faisons les complices de la vieille concurrence donnent malgré nous à tout le travail que nous faisons pour les préparer non seulement un caractère superficiel, mais je ne sais quoi d'hostile et d'étranger, de pernicieux, de mauvais, de malin, de malsain. Les auteurs ne sont plus les mêmes, et il y a toujours quelque hésitation quand Blaise Pascal est un auteur du programme. Cette incommunication est aussi un empêchement grave à tout enseignement, primaire, secondaire, ou supérieur. Je me rappelle fort bien que tout au long de mes études je me suis réservé la plupart de mes auteurs pour quand je pourrais les lire d'homme à homme, sincèrement. Nous venons de le faire, en première lecture, pour quelques passages d'une histoire qui est en effet une introduction naturelle aux *Pensées*. Pourrons-nous faire un jour les lectures suivantes, les deuxième, troisième et suivantes lectures, toujours plus approfondies. Ferons-nous jamais quelque lecture qui soit définitive.

— Je ne pense pas que jamais nos lectures soient finales. Et d'abord savons-nous ce que c'est que lire, et bien lire, et lire mal?

— Je ne le sais; mais je sais qu'alors je ne lisais pas bien mes auteurs, que je me les réservais, et qu'à présent, quand j'ai le temps, je les lis mieux. Mais ce n'était pas cela, docteur, qui me frappait le plus pendant que je vous écoutais. En ces faits, qui m'étaient nouveaux, je reconnaissais profondément les événements anciens qui avaient obscurément frappé mon enfance contemporaine. L'histoire du grand Blaise et l'histoire de la pauvre dame innocente et vieillie en dévotion, que je me suis permis de vous conter, c'est à bien peu près la même histoire. Admettez que pour un instant je réserve les éléments de cette histoire que je crois afférents à vos interrogations. Admettez que je laisse les détails. Dans l'ensemble cette histoire est la même. La pauvre dame à la fluxion de poitrine, émerveillement des femmes qui allaient laver la lessive, édification des vieilles dévotes aigres, illustration des campagnes et du faubourg, scandale des esprits faciles, tout ignorante qu'elle était, bourgeoise, vieille, pauvre d'esprit, laide sans doute, insignifiante, insane si vous le voulez, provinciale ignorée au fond d'un faubourg de province, la pauvre dame « entortillée par les curés », comme on disait, n'en avait pas moins toutes les passions, tous les sentiments et presque toutes les pensées d'un Pascal. Vraiment ils étaient les mêmes fidèles. Docteur je me demande si là n'est pas toute la force de la communion chrétienne, et en particulier de la communion catholique. La malheureuse fidèle avait la même foi, les mêmes élancements, la même charité, les mêmes sacrements. Elle aussi reçut enfin celui qu'elle avait tant désiré, qu'elle avait désiré de même. Et sans jouer immoralement avec les assimilations, je me demande si une ou plusieurs communions socialistes semblables ne seraient pas puissamment efficaces pour préparer la révolution de la santé.

— Je vous entends peu, et mal.

— Je vous propose là, docteur, des imaginations mal préparées. Je vous les représenterai plus tard. Mais voici, tout simplement, ce que je voulais dire : je constatais ou croyais constater que l'étroite parenté des sentiments chrétiens de ceux que nous nommons les grands aux sentiments chrétiens de ceux que nous nommons les humbles donnait une force redoutable à la religion que nous avons renoncée; ainsi je désirais qu'une étroite parenté s'établît ou demeurât des sentiments socialistes de ceux que nous nommons les savants aux sentiments socialistes de ceux que nous nommons les simples citoyens. Je compte beaucoup sur certaines idées simples. Je compte beaucoup sur la diffusion, par l'enseignement, des idées simples révolutionnaires. J'espère que la révolution se fera surtout par l'universelle adhésion libre, l'universelle conversion libre à quelques idées simples moralistes socialistes. C'est pourquoi l'on m'a quelquefois dénommé obscurantiste, ou ignorantiste.

— Laissons ces misères. Moi non plus je ne crois pas que le socialisme soit aussi *malin* qu'on nous le fait souvent. Laissons pour aujourd'hui ces débats. Vous avez pu distinguer dans la narration dont je vous ai vraiment donné connaissance deux tendances chrétiennes, et deux méthodes qui se composent. Première méthode : le malade soigne son corps, travaille à la guérison de son corps de son mieux, pour des raisons que nous allons donner. Mais comme cette première méthode est la seule qui nous importe aujourd'hui, nous allons d'abord éliminer la seconde. Seconde méthode : le malade s'aperçoit que les soins donnés à son corps ou que l'atténuation de la souffrance naturelle constitue un plaisir des sens, ou simplement, si vous le voulez bien, le malade, au lieu de considérer les soins et les remèdes comme étant nécessaires à la guérison, les considère comme étant un plaisir des sens; alors, par esprit de pénitence, ou bien il se prive de certains soins, ou bien, ce qui pour nous revient au même, il se donne certaines sévérités qui atténuent, balancent, ou surpassent l'effet des remèdes et des soins. Nous laisserons pour aujourd'hui la pénitence. Mais nous ne négligerons pas la première méthode. Selon cette méthode le chrétien donne aussi bien que vous tous ses soins à la santé de son corps. Dieu l'a créé. Dieu l'a mis au monde. Dieu le tient au monde. Dieu le rappellera du monde. Quand il a voulu. Comme il veut. Quand il voudra. La vie humaine est en un sens un dépôt. Elle est en un sens une épreuve. Elle est en un sens un exil, une résidence de captivité :

> Sur la terre d'exil pourquoi resté-je encore?
> Il n'est rien de commun entre la terre et moi.

La terre est un lieu de punition. Le chrétien est un dépositaire. Il est un éprouvé. Il est un exilé, un puni, un condamné à temps. Il peut devenir un condamné à perpétuité, un damné à éternité, un réprouvé. Il n'est pas le maître de l'heure. Il n'y a aucune hésitation sur ce point : que l'Église, commandant pour Dieu, interprétant le commandement de Dieu, la cinquième loi, *Tu ne tueras pas,* interdit le suicide. Or négliger la santé de son corps c'est exactement commettre un suicide partiel, un suicide préparatoire, un commencement d'exécution de suicide. C'est avancer l'heure du compte rendu, la fin de l'épreuve, le retour de l'exil, avancer le *nostos* toujours convoité; c'est diminuer le temps de la punition, avancer l'heure de la libération. C'est faire intervenir quelque misérable fantaisie humaine au cœur du décret divin. C'est empiéter sur la puissance du Créateur. C'est commettre un sacrilège et tomber en péché mortel. Si votre pauvre dame a vraiment contribué à sa propre mort, j'ai grand peur que, tout de suite après, son Dieu ne l'ait fort mal reçue.

— Vous citez du grec, docteur, non moins abondamment que le citoyen Lafargue.

— Le citoyen Lafargue est un savant homme et je ne suis pas surpris que tous les intellectuels ensemble aient conjuré de lui envier son érudition universelle, ne pouvant la lui ravir. Dans les *Recherches* qu'il a faites *sur l'Origine de l'idée de Justice,* et qu'il a bien voulu donner à insérer à *la Revue Socialiste,* et que nous avons ainsi connues en juillet 1899, il nous a dévoilé une loyauté intellectuelle non moins impeccable que celle qui transparaît au *Manifeste* contemporain. Mais ce que les regards les mieux avertis ne sauraient voir au *Manifeste,* qu'il rédigea pour un tiers, les regards les moins intellectuels sont forcés de le constater dans les *Recherches,* que sans doute il rédigea pour les trois tiers. Je veux parler ici de cette incomparable érudition, de ce savoir universel. On dirait déjà une exposition, avant celle qui vient. L'auteur connaît le sauvage et le barbare; il connaît les Peaux-Rouges d'après l'historien américain Adairs; il connaît le Figien; les femmes slaves de Dalmatie; le proverbe afghan; le Dieu sémite; les Moabites; les Hamonites; l'Hébreu comme le Scandinave; les Érinnies de la mythologie grecque; le chœur de la grandiose trilogie d'Eschyle, criant à Oreste; Achille, Patrocle, Agamemnon, les Achéens, Hector et Troie; Clytemnestre; encore les Érinnies et le ténébreux Érèbe; encore les Érinnies d'Eschyle, et Oreste; et l'Attique; et le Dieu sémite et la poétique imagination des Grecs...

— Arrêtez-vous, docteur, je vous en supplie!

— J'en ai encore vingt-trois pages, monsieur!

— Ayez pitié d'un malade!

— J'aurai pitié. Ce que je vous ai dit, et qui était si long, tenait en deux pages. Ne croyez pas, mon ami, que jamais M. Alfred Picard, le commissaire général, fera tenir l'univers en aussi peu de place. Et ne croyez pas non plus que jamais M. Pierre Larousse, d'heureuse mémoire, distribuant la science humaine au hasard des alphabets, ait aussi rapidement passé des pôles à l'équateur. Que ne puis-je continuer mes citations de ces citations. Vous auriez entendu Vico en sa *Scienza nuova;* vous auriez entendu Aristote et connu le Verbe, et vous auriez connu les Hecatonchyres de la mythologie grecque, et Fison et Howitt, ces consciencieux et intelligents observateurs des mœurs australiennes, et le *wehrgeld,* et Sir G. Grey, la Dalmatie, les Scandinaves et les Eddas, Jésus-Christ, Saint-Paul[1] et les apôtres. Je passe Lord Carnarvon, *Reminicenses of Athens and Morea,* et Sir Gardner Wilkinson, *Dalmatia and Montenegro,* et les ordonnances d'Édouard premier d'Angleterre, et Caïn, chassé de son clan après le meurtre d'Abel, dans la *Genèse* (IV, 13, 14). Je passe l'Australien, et Fraser; et les mânes d'Achille, et Polyxène, la sœur de Pâris; et Darwin rapportant dans son *Voyage d'un naturaliste* une anecdote caractéristique : il vit un Fuégien; César et les barbares qu'il avait sous les yeux; le plus grand chef des Peaux-Rouges d'après Volney. Nous aurions continué par Plutarque, Aristide et Philopœmen; le *thar,* loi du sang des Bédouins et de presque tous les Arabes; et nous serions revenus aux Germains et aux Scandinaves. Et nous serions retournés à Jéhovah, qui ne craint pas de se contredire, et au *Deutéronome* (XXIV, 16). Alors nous serions derechef revenus à Pyrrhus, le fils d'Achille, naguère délaissé. Mais Caillaud nous eût hardiment conduits chez certaines tribus du désert africain. Et Fraser en Perse. Et Lafargue en Norvège. Quant à Athènes, le pouvoir civil se chargea de frapper le coupable, le plus proche parent assistait à l'exécution. Et nous serions repartis d'Athènes, sans manger ni boire, sans dormir ni penser, méconnaissant l'antique hospitalité. A peine arrêtés aux Égyptiens par Diodore de Sicile, G.-W. Steller nous emportait, tout harassés, jusque chez les Itelmen du Kamtchatka. Mais vous-même, citoyen convalescent, je dois vous fatiguer?

— Point : je n'écoute pas. Quand j'ai vu que vous passiez outre à mes prières, quand j'ai vu que vous aviez recours à cette misérable figure de rhétorique, intitulée, je crois, prétérition ou prétermission, figure, autant qu'il m'en souvienne, hypocrite, et qui, autant que je me rappelle, consiste à faire semblant de passer sous silence tout ce que l'on veut quand même infliger à l'auditeur, j'ai fait la grève de l'auditeur.

— C'est dommage, monsieur. Nous aurions continué. Nous aurions dévoré tout cru toute cette érudition. Nous nous serions instruits. Et puis nous nous serions écriés : Comme c'est beau, la science! Et nous aurions fini par la *Déclaration des droits de l'homme et du citoyen,* des bourgeois révolutionnaires de 1789, et par le pape Léon XIII, dans sa fameuse encyclique sur le sort des ouvriers. Mais vous ne voulez pas m'écouter. Serait-il vrai que vous fussiez un ignorantiste?

— Le citoyen Lafargue n'est pas un ignorantiste. Il

n'est pas un ignorant. Et dans tout ce que vous m'avez cité, docteur, il n'y a presque pas de fautes d'orthographe. Je préfère à vos citations ironiques ou sérieuses le grec modeste que vous avez spontanément, et sans doute sans le faire exprès, introduit dans le tissu de vos discours.

— Des professeurs honorables, sévères, doux et ponctuels, purement universitaires, m'enseignèrent ce grec au lycée. De la cinquième à la rhétorique, lentement et communément, devinant et balbutiant, nous avons lu les poètes hellènes, à la fois étrangers à nous et jeunement hospitaliers à nos jeunes imaginations. Les mœurs des hommes antiques, des héros, des rois, des cités et des dieux nous étaient nouvelles, car elles différaient notablement des mœurs bourgeoises florissantes alors en la bonne ville d'Orléans : les poètes antiques nous paraissaient d'autant plus beaux. Je me rappelle fort bien que l'exil antique inspirait alors aux misérables une singulière épouvante et que le retour, le *nostos,* était désiré comme le grand bonheur, comme une renaissance. Il me semble que les chrétiens ont hérité de ces sentiments mais qu'ils ont divinisé l'épouvante et le désir. Quand la cité fut devenue, ainsi que vous le savez, l'universelle, l'éternelle cité de Dieu, la terre, que nous labourons, devint, comme nous l'avons dit, la résidence d'exil, résidence d'épouvante, et la mort, que nous redoutons, devint le suprême retour. Mais de quel droit retourner dans la cité céleste avant que le Maître de la cité vous eût rendu vos droits de citoyen, ou vous eût conféré les droits du citoyen. Sinon, quelle intrusion. Suffira-t-il que le misérable intrus embrasse les autels des dieux ou qu'il invoque Zeus hospitalier. En vérité, je vous le répète : Si votre pauvre dame a vraiment contribué à sa mort, j'ai grand peur que son Dieu ne l'ait mal reçue.

— Non, docteur, je suis assuré que son Dieu lui a pardonné ; car ce Dieu, tueur des dieux, a hérité des dieux qu'il a tués ; il est devenu après Zeus le Dieu des hôtes ; et son hospitalité est infinie ; et il accueille les misérables. Il est devenu infiniment hospitalier, infiniment miséricordieux, et il aura bien voulu considérer que depuis le commencement de la grâce il avait admis beaucoup de saintes et beaucoup de saints tombés au même péché, d'avoir hâtivement désiré la patrie céleste.

— Le chrétien n'a pas à compter sur la miséricorde pour se donner la marge de tomber au péché mortel. Aussi Pascal croyait-il *être obligé de faire tout ce qui lui serait possible pour remettre sa santé*. Je m'en tiens à cette expression. Il était soumis à Dieu. Il avait une admirable patience. Mais il mettait précisément sa soumission, et il exerçait précisément sa patience admirable à bien recevoir et à bien se donner et se faire donner les traitements, les remèdes et les soins que les médecins qui le venaient visiter lui avaient prescrits. En quoi faisant il se conduisait comme un parfait géomètre et comme un parfait chrétien. Il ne voyait pas moins clair alors dans l'ordonnance de sa piété qu'il ne voyait clair, malgré les assurances des médecins, dans la marche et dans l'aggravation de son extraordinaire maladie.

— Quels étranges médecins que ces médecins de Pascal. Quelle quiétude! et quelle méconnaissance. Mais nous aurions tort de nous imaginer que nous aurions tout dit quand nous aurions dit qu'ils sont aussi les médecins de Molière. Non avertis, des médecins modernes ou contemporains ne s'y seraient pas moins trompés. Ils attendaient en Pascal des maladies communes, ordinaires. Je ne sais pas s'il travaillait de ces maladies; mais il me semble qu'il travaillait surtout du mal de penser et de croire; il avait commencé par le mal de penser; il continuait par le mal de penser aggravé du mal de croire : ce sont là des maux redoutables, sinon inexpiables, et que les bons médecins n'avaient pas en considération. Nous qui avons les *Pensées,* nous avons par là même sur la vie et sur la mort de Blaise Pascal, sur la souffrance et le délabrement de son corps, des renseignements que ses médecins n'avaient pas; nous avons des lueurs qu'ils n'avaient pas; nous avons des intelligences nouvelles; et, sans faire de métaphysique, nous savons que son corps travaillait de la souffrance de son âme. Le mal de croire est donné à tout le monde, et ma pauvre dame l'avait ainsi que l'avait eu Pascal. C'est un mal qui est devenu plus rare. Le mal de penser n'est pas encore donné à tout le monde. Il est resté un peu plus professionnel. C'est, pour dire le mot, un mal intellectuel. Je ne crois pas qu'il soit déshonorant. L'excès du travail intellectuel délabre l'âme et le corps sans déshonorer la personne ainsi que l'excès du travail manuel délabre le corps et l'âme sans déshonorer la personne. Un travailleur intellectuel abruti est aussi misérable et n'est pas plus méprisable qu'un maçon infirme ou qu'un vigneron bossu. Mais il n'est pas plus recommandable. Ou plutôt la maladie intellectuelle n'est pas plus recommandable que la maladie ou que l'accident manuel. Pour tous les travailleurs, et pour le citoyen Pascal même, la santé, seule harmonieuse, est aussi la seule qui soit recommandable.

— Suspendons, mon ami, ces affirmations téméraires et vaguement religieuses. Nous en sommes aux médecins de Pascal.

— C'étaient de bonnes gens, et je n'en saurais plus dire. Je voulais vous faire observer avec moi, docteur, comme il serait dangereux de découper trop nettement les méthodes que nous croyons distinguées dans le réel. Vos première et seconde méthodes se composent pour les chrétiens en s'associant, en se renforçant, même en se confondant beaucoup plus souvent qu'elles ne se contrarient. Les traitements, les remèdes et les soins, les tisanes, les drogues écœurantes et les potions fades leur servent à deux fins : naturellement les soins préparent ou font la guérison; moralement, ou plutôt religieusement, puisque les drogues sont désagréables, pénibles, douloureuses, elles fournissent un exercice de pénitence.

— Dont la valeur est diminuée d'autant pour les fidèles qui auraient naturellement peur, comme vous, de la maladie et de la mort. Inversement avez-vous un seul instant, au moment du danger, redouté ce que peut redouter un chrétien sincère?

— Non, docteur, pas un seul instant je n'ai redouté le Jugement et la Réprobation. Les treize ou quatorze siècles de christianisme introduit chez mes aïeux, les onze ou douze ans d'instruction et parfois d'éducation catholique sincèrement et fidèlement reçue ont passé sur moi sans laisser de traces. Tous les camarades que j'avais à l'école primaire, qu'ils soient devenus des travailleurs manuels ou des travailleurs intellectuels, qu'ils soient devenus des paysans ou des ouvriers, qu'ils soient devenus ou non socialistes et républicains, ne sont pas moins débarrassés que moi de leur catholicisme. C'est cela qui rend si inquiétant l'incontestable envahissement de l'Église catholique, et si redoutable. Quelle que soit la beauté de plusieurs catholiques individuels, toute la puissance de l'Église contemporaine eſt fondée ou sur l'hypocrisie intéressée, ou sur le cynisme intéressé. Voir Jaurès : « Inoculer au peuple naissant l'hypocrisie religieuse de la bourgeoisie finissante. » Non seulement on a essayé ce crime : la perpétration n'en eſt pas mal avancée. Iront-ils jusqu'à la consommation? Faut-il que nous soyons, ma foi, tartufiés? Cela aussi eſt une maladie collective.

— Des plus graves, et de celles qui nous conduisent le plus laidement à la mort collective. Le plus laidement et le plus sûrement.

— J'ai un ami qui eſt reſté catholique[1].

— Vous avez un ami qui eſt reſté catholique?

— J'ai un ami qui eſt reſté catholique, ou, ce qui revient au même, un catholique eſt reſté mon ami. Je le vois quelques heures tous les deux ou trois ans, quand il passe à Paris. Car c'eſt aussi un provincial. Mon ami eſt prêtre.

— Vous avez un ami qui eſt prêtre catholique?

— J'ai un ami qui eſt devenu prêtre catholique. Il eſt reſté mon ami. C'eſt une amitié qui, pour aujourd'hui, ne vous regarde pas. Si j'étais reſté catholique, sans doute je serais devenu prêtre avec lui. Quand je dis qu'il eſt devenu prêtre, je ne suis pas bien renseigné là-dessus. Nous nous voyons si peu souvent. Il était séminariſte. Il s'eſt de degrés en degrés avancé régulièrement, rituellement, de l'Église enseignée à l'Église enseignante. Je ne sais où il en eſt. Je crois qu'il a fini. Je ne connais pas même ces degrés. En quoi j'ai tort.

Mon ami a été malade. Je me rappelle à présent fort bien qu'il se soigna ponctuellement. Il eſt très jeune encore. Il était lésé profondément. Poitrine et syſtème nerveux. Pendant des semaines et des mois, pendant des années, muni de sa douceur auſtère et sage, de sa patience inaltérable et renseignée, de sa soumission longue et haute, vêtu de sa fidélité droite, invulnérable et lente, non seulement il eut soin de se soigner par des remèdes et des soins déterminés, comme au temps de Pascal, mais adoptant pieusement les données les plus proprement scientifiques de la science moderne, il suivit avec la même soumission et fidélité ce que nous nommons un régime. C'eſt-à-dire qu'au lieu d'avoir dans sa vie en danger des heures où il aurait vécu et des minutes où il aurait médicalement soigné son corps, loin de là, toutes ses minutes étaient données aux soins, et la vie elle-même était incorporée aux soins. Il suivait un régime. L'hygiène inséparablement se confondait pour lui avec la médecine. Il avait soumis toute sa vie au commandement de ce régime. Il quitta ses camarades, ses amis, ses maîtres, ses parents, son pays et alla s'enfermer des demi-années entières dans l'établissement luxembourgeois[1] où un docteur luxembourgeois avait pour les malades introduit les derniers aménagements. Il abandonna pour un long temps ses études, qui étaient cependant des études sacrées. Il tempéra, il diminua régulièrement et considérablement ses exercices, qui étaient cependant des exercices de piété. Je ne sais pas s'il eut à demander pour cela des dispenses aux autorités ecclésiastiques. Mais ce que je sais bien, c'est que sa prière même était soumise aux commandements de son régime. Et ce que je sais de certain, c'est qu'il n'avait aucun attachement naturel pour la vie et qu'il avait d'elle un détachement religieux, et que la prière lui était infiniment précieuse. Mais évidemment il pensait et croyait qu'il devait se priver de prier Dieu pour demeurer fidèlement sur la terre où Dieu l'avait envoyé. »

— Ne croyez pas, mon ami, que l'institution du régime soit exclusivement moderne. Les anciens pensaient déjà qu'il était nécessaire que l'athlète suivît un régime. Et dans ce que je vous ai lu sur la vie et la mort de Blaise Pascal apparaît par fragments la préoccupation d'un régime. Le malade n'exerçait pas seulement sa patience et sa soumission dans les moments de crise à bien accepter les remèdes pénibles et douloureux comme il acceptait les souffrances mêmes : il exerçait la patience et la même soumission dans les périodes ordinaires ; il réglait alors sa nourriture selon des lois contestables, mais qui lui paraissaient bonnes, sages, qui sans doute répondaient à peu près en son esprit à ce que nous nommons les lois de l'hygiène. Il ne mangeait pas au delà d'une certaine quantité, même quand il avait encore faim, et il mangeait toujours une certaine quantité, même quand il n'avait pas appétit.

— J'admets, docteur, que ces lois lui paraissaient à peu près intervenir ainsi que nous paraissent intervenir ce que nous nommons les lois de l'hygiène et les lois d'un régime. Je remarque seulement que ces lois nous paraissent désormais grossières dans leur brutalité.

— Non, mon ami : elles ne sont proprement ni grossières, ni brutales. Mais elles sont comme on devait et comme on pouvait les faire au temps de Pascal. N'oubliez pas qu'alors les sciences que nous nommons naturelles n'étaient pour ainsi dire pas nées ; l'histoire naturelle n'était pas née encore et l'histoire humaine était mal poursuivie ; et la chimie aussi n'avait pas été instituée. Au contraire la mathématique, les mathématiques, la physique mathématique, la mécanique mathématique avaient donné brusquement des résultats extraordinaires. La mécanique céleste avait donné des justifications admirables. Vous ne pouvez nier que l'admirable coïncidence des phénomènes célestes aux calculs humains, que la fidélité des planètes, vagabondes, aux rendez-vous astronomiques n'ait donné à la plupart de ces philosophes et de ces savants une satisfaction encore inouïe et parfois comme un orgueil nouveau. Ils étaient sans doute orgueilleusement géomètres, et la résonance de cet orgueil, également inadmissible à des chrétiens, à des moralistes et à des naturalistes, retentit de la physique, de la métaphysique, de l'anatomie et de la physiologie cartésiennes à la philosophie leibnizienne et jusque sur la critique de Kant. Pascal s'en évada comme un chrétien, par la contemplation de la sainteté :

« La distance infinie des corps aux esprits figure la distance infiniment plus infinie des esprits à la charité, car elle est surnaturelle.

» Tout l'éclat des grandeurs n'a point de lustre pour les gens qui sont dans les recherches de l'esprit. La grandeur des gens d'esprit est invisible aux rois, aux riches, aux capitaines, à tous ces grands de chair. La grandeur de la Sagesse, qui n'est nulle part sinon en Dieu, est invisible aux charnels et aux gens d'esprit. Ce sont trois ordres différant en genre.

» Les grands génies ont leur empire, leur éclat, leur grandeur, leur victoire et leur lustre, et n'ont nul besoin des grandeurs charnelles, où elles n'ont pas de rapport. Ils sont vus non des yeux, mais des esprits ; c'est assez. Les saints ont leur empire, leur éclat, leur victoire, leur lustre, et n'ont nul besoin des grandeurs charnelles ou spirituelles, où elles n'ont nul rapport, car elles n'y ajoutent ni ôtent. Ils sont vus de Dieu et des anges, et non des corps, ni des esprits curieux : Dieu leur suffit.

» Archimède, sans éclat, serait en même vénération. Il n'a pas donné des batailles pour les yeux, mais il a fourni à tous les esprits ses inventions. Oh! qu'il a éclaté aux esprits! Jésus-Christ, sans bien, et sans aucune production au dehors de science, est dans son ordre de sainteté. Il n'a point donné d'invention, il n'a point régné; mais il a été humble, patient, saint, saint, saint à Dieu, terrible aux démons, sans aucun péché. Oh! qu'il est venu en grande pompe et en une prodigieuse magnificence, aux yeux du cœur, et qui voient la Sagesse! »

« Nous connaissons la vérité, non seulement par la raison, mais encore par le cœur. »

« Ceux que nous voyons chrétiens sans la connaissance des prophéties et des preuves ne laissent pas d'en juger aussi bien que ceux qui ont cette connaissance. Ils en jugent par le cœur comme les autres en jugent par l'esprit. C'est Dieu lui-même qui les incline à croire; et ainsi ils sont très efficacement persuadés. »

— Voilà pourquoi votre pauvre dame avait les mêmes sentiments et pour ainsi dire les mêmes pensées que Pascal. Vous voyez que Pascal ne l'ignorait pas.

— Je ne veux pas, docteur, me laisser encore séduire à des comparaisons dont je ferais des assimilations déplacées. Mais je connais à présent beaucoup d'hommes et beaucoup de citoyens : Ceux que nous voyons socialistes sans la connaissance des prophéties et des preuves ne laissent pas d'en juger aussi bien que ceux qui ont cette connaissance. Ils en jugent par le cœur, comme les autres en jugent par l'esprit. C'est la solidarité même qui les incline à croire, et ainsi ils sont très efficacement persuadés.

— Je vous entends honnêtement et sans complaisance aucune et sans accueillir une exagération, mais je ne suis pas étonné, mon ami, que la solidarité vous paraisse avoir pour les socialistes, et en faisant les mutations convenables dans les attributions respectives, la même fonction que Dieu même avait pour les chrétiens. Car leur Dieu n'agissait en eux que par les voies naturelles, que nous nommons les lois naturelles, et par les voies surnaturelles de la grâce, à laquelle répondait la charité. Vous savez quel sens parfaitement efficace Pascal donne à ce mot de *charité,* que tant de chrétiens ont détourné à des sens vulgaires. Nous aussi, mon ami, rien ne nous empêche de restituer au mot de *solidarité,* que tant de socialistes ont monnayé vulgairement, un sens non moins parfaitement efficace, non moins précis, non moins valable. Ainsi entendue, ainsi aimée, ainsi voulue, ainsi connue, ainsi exercée, ainsi profonde et libre, la solidarité socialiste jaillit fréquemment au cœur des humbles et des pauvres, au cœur des ignorants.

— C'est bien là ce que j'entendais : nous avons nos saints et nous avons nos docteurs.

— Mais nous ne devons pas négliger pour cela le raisonnement, le travail patient et le savoir. Il y a des saints qui sont des docteurs, il y a eu des saints parmi les Pères de l'Église grecque et de l'Église latine et du Moyen-Age. Les deux se composent :

« Et c'est pourquoi ceux à qui Dieu a donné la religion par sentiment du cœur sont bien heureux et bien légitimement persuadés. Mais ceux qui ne l'ont pas, nous ne pouvons la donner que par raisonnement, en attendant que Dieu la leur donne par sentiment de cœur, sans quoi la foi n'est qu'humaine, et inutile pour le salut. »

— Je vous entends comme il convient.

— Je continue :

« Il eût été inutile à Archimède de faire le prince dans ses livres de géométrie, quoiqu'il le fût. Il eût été inutile à notre Seigneur Jésus-Christ, pour éclater dans son règne de sainteté, de venir en roi : mais qu'il est bien venu avec l'éclat de son ordre !

» Il est bien ridicule de se scandaliser de la bassesse de Jésus-Christ, comme si cette bassesse était du même ordre duquel est la grandeur qu'il venait faire paraître. Qu'on considère cette grandeur-là dans sa vie, dans sa passion, dans son obscurité, dans sa mort, dans l'élection des siens, dans leur abandon, dans sa secrète résurrection, et dans le reste; on la verra si grande, qu'on n'aura pas sujet de se scandaliser d'une bassesse qui n'y est pas. Mais il y en a qui ne peuvent admirer que les grandeurs charnelles, comme s'il n'y en avait pas de spirituelles; et d'autres qui n'admirent que les spirituelles, comme s'il n'y en avait pas d'infiniment plus hautes dans la Sagesse.

» Tous les corps, le firmament, les étoiles, la terre et ses royaumes, ne valent pas le moindre des esprits; car il connaît tout cela, et soi; et les corps, rien. »

— L'homme n'est qu'un roseau, le plus faible de la nature, mais c'est un roseau pensant. Il ne faut pas que l'univers entier s'arme pour l'écraser. Une vapeur, une goutte d'eau, suffit pour le tuer. Mais quand l'univers l'écraserait, l'homme serait encore plus noble que ce qui le tue, parce qu'il sait qu'il meurt, et l'avantage que l'univers a sur lui l'univers n'en sait rien.

» Toute notre dignité consiste donc en la pensée. C'est de là qu'il faut nous relever, non de l'espace et de la durée, que nous ne saurions remplir. Travaillons donc à bien penser : voilà le principe de la morale. »

« Ce n'est point de l'espace que je dois chercher ma dignité, mais c'est du règlement de ma pensée. Je n'aurai pas davantage en possédant des terres. Par l'espace, l'univers me comprend et m'engloutit comme un point; par la pensée, je le comprends. »

— Le passage que vous me citez, mon ami, est le plus connu.

— Je le citerai quand même, citoyen. Je suis parfaitement décidé à citer même les stances de Polyeucte, si elles résident sur le chemin de nos conversations. Nous ne courons pas après l'inédit; nous ne courons pas après l'inconnu; nous ne courons pas après l'extraordinaire : nous cherchons le juste et le convenable, et beaucoup de juste et beaucoup de convenable fut dit avant nous mieux que nous ne le saurions dire.

— Ce n'est pas moi, mon ami, qui vous en ferai un reproche. Moi, non plus, je ne cours pas après le bizarre comme tel. Mais quand le bizarre est juste, vrai, convenable, harmonieux, j'accueille le bizarre et même je le recherche; et quand c'est le connu, le banal qui est juste, vrai, convenable, harmonieux, j'accueille ce banal que je n'ai pas eu à chercher. Je vous disais seulement que le passage que vous m'avez cité est le plus connu. La vigueur, la justesse, la nouveauté, la fraîcheur de la métaphore l'a installé dans la mémoire des hommes et les bons examinateurs l'ont souvent donné à *développer* au baccalauréat : Développer cette pensée de Pascal : L'homme n'est qu'un roseau, le plus faible de la nature, mais c'est un roseau pensant. Alors, il fallait redire en six pages de mauvais français tout ce que le grand Blaise avait si bien dit en douze lignes. Cet exercice conférait l'entrée à l'apprentissage des arts libéraux. Du baccalauréat il remontait à la licence, dispensait ainsi du service militaire pour deux années, conférait l'entrée universitaire et le droit officiel d'enseigner. Je ne suis pas assuré qu'il ne soit remonté plus haut encore, jusqu'à l'auguste agrégation, où les bons se distinguent décidément des mauvais. Provisoirement écartés de ces grandeurs, mon ami, nous n'avons pas à développer cette pensée de Pascal. Nous remarquerons seulement qu'elle ne porte que sur la distance du premier au deuxième ordre, sur la distance des corps aux esprits, et qu'enfin cet écart intéresse beaucoup moins Pascal que la dernière distance du deuxième au troisième ordre, que la distance des esprits à la charité. Au point que dans le morceau que j'ai commencé à vous lire, et que je vais continuer, morceau plus long, sans métaphore, plus important, la distance infinie des corps aux esprits figure seulement la distance infiniment plus infinie des esprits à la charité, car elle est surnaturelle. Et croyez bien que si Pascal avait connu que l'usage de la métaphore déplacerait plus tard dans la mémoire des hommes l'importance qu'il voulait donner respectivement à ces deux distances, il aurait sans doute négligé la métaphore, car il n'était pas homme à préférer la plus belle des comparaisons à la plus infime raison.

— Je continue :

« Tous les corps ensemble, et tous les esprits ensemble, et toutes leurs productions, ne valent pas le moindre mouvement de charité; cela est d'un ordre infiniment plus élevé.

» De tous les corps ensemble, on ne saurait en faire réussir une petite pensée : cela est impossible, et d'un autre ordre. De tous les corps et esprits, on n'en saurait tirer un mouvement de vraie charité : cela est impossible, et d'un autre ordre, surnaturel. »

— J'entends tout cela comme il convient, docteur. Il est vrai que la solidarité socialiste soit en laïcité comme la charité chrétienne est en chrétienté, non moins profonde, non moins intérieure, s'il est permis de parler ainsi, non moins entière, non moins première, non moins différente en genre, et non moins située en un ordre propre. Ainsi la science, l'histoire des hommes et des sociétés peut conduire et conduit souvent au sentiment de la solidarité, mais elle n'est pas le sentiment de la solidarité même et ne peut remplacer le sentiment de la solidarité.

— Nous en causerons, mon ami, quand nous causerons de l'enseignement : car la fréquente et heureuse introduction de la science à la solidarité, mais parfois l'incommunication de la connaissance à l'action, cette contrariété réside au cœur de l'enseignement et se manifeste surtout au cœur de l'enseignement. Pascal avait vivement et profondément senti quel saut il faut faire, au moins en théorie, à qui veut passer du deuxième ordre au troisième, aller de la connaissance à l'action, de la science à la religion, de la géométrie à la charité, qui est la sainteté humaine. Il avait ressenti d'autant plus proprement quel était l'écart intermédiaire qu'il avait été lui-même, et qu'il était demeuré quand même un géomètre, ayant abandonné bien plutôt la matière que la méthode et que le sens de son ancienne géométrie. Et c'est ici que nous nous retrouvons. Comme il demeura ce que nous nommons un mathématicien dans l'exercice rigoureusement exact de la charité, ainsi et sans doute involontairement il demeurait un arithméticien dans l'administration de son estomac. Toujours la même quantité de nourriture, que l'estomac en voulût plus ou moins, qu'il en voulût ou qu'il n'en voulût pas. Évidemment, il considérait son estomac comme une simple machine, et non pas comme un organe, c'est-à-dire qu'il ne le considérait pas comme une machine vivante, pièce d'un vivant, d'une plus grande machine vivante. A conférer avec l'anatomie et la physiologie cartésiennes, simplistes. Et il voulait régir son estomac par les lois mécaniques mathématiques, arithmétiques, par quoi les mécaniciens régissent les machines inanimées, inorganiques. C'est qu'il ne s'était évadé de la mathématique universelle que par la contemplation de la sainteté, par le sens de la charité. Au lieu que nous, qui nous sommes évadés de la mathématique et de la mécanique universelles par la considération de la morale, par la volonté de l'action, par le sens de la solidarité, outre cela nous nous sommes évadés de la mécanique universelle, ou plutôt l'humanité moderne s'est évadée de la mécanique universelle par le progrès de la physique même et, un peu plus, de la chimie, et surtout par l'institution et par le progrès des sciences naturelles indépendantes, par la liberté de l'histoire naturelle et de l'histoire humaine. Et c'est pour cela que nous n'aurions pas l'idée à présent de nous traiter l'estomac comme on traite, ou plutôt comme on n'oserait pas traiter une chaudière de machine à vapeur.

— Concluons, docteur.

— Non, mon ami, ne concluons pas. Que serait-ce, conclure, sinon se flatter d'enfermer et de faire tenir en deux ou trois formules courtes, gauches, inexactes, fausses, tous les événements de la vie intérieure que nous avons si longuement et si soigneusement tâché d'élucider un peu. Ne nous permettons pas de faire un de ces résumés qui sont commodes à lire quand on prépare un examen. Nous ne parlons pas pour les gens pressés, pour les citoyens affairés, qui lisent volontiers les tables des matières. Nous parlons pour ceux qui veulent bien nous lire patiemment.

— Laissons cela, docteur, pour quand je vous conterai l'institution de ces cahiers.

— J'admets que l'on essaye de ramasser en formules, qui sont simples, tous les événements simples, qui sont assez nombreux, et tous les devoirs simples, qui sont beaucoup plus nombreux. J'admets en particulier que l'on essaye d'établir des formules pour la pratique, pour la morale. Mais comment formuler toutes les nuances que nous avons tâché de respecter; comment formuler toutes les complexités, tous les rebroussements, toutes les surprises, tous les retournements, toutes les sous-jacences et tous les souterrainements que nous avons tâché de respecter. Tout au plus pourrions-nous dire, tout à fait en gros, qu'il est proprement chrétien de soigner son corps de son mieux, mais que l'attrait du Paradis séduit beaucoup de chrétiens, parmi les meilleurs. Ainsi le christianisme serait caractérisé à cet égard par une résistance officielle exacte opposée à la maladie et à la mort, mais l'application du christianisme serait compromise au point de nous présenter souvent une incontestable complicité avec la maladie et avec la mort.

— Mes conclusions, docteur, si vous me permettez d'employer ce mot, seraient, si vous le voulez bien, beaucoup moins favorables au christianisme. Il me semble que nous avons négligé une importante considération. Laissons les attraits plus ou moins involontaires qui peuvent séduire le chrétien de la terre et l'effet plus ou moins inconscient de ces attraits sur la maladie et sur la mort des chrétiens. Il me semble que nous avons encore à faire une importante considération. Il me semble qu'outre cela le christianisme encore démunit le chrétien devant la maladie et devant la mort. Permettez-moi, docteur, de vous rappeler ce que nos bons professeurs de philosophie nommaient l'influence du moral sur le physique.

— Je me rappelle parfaitement, citoyen, il y avait aussi l'influence du physique sur le moral. Cela nous fournissait de belles antithèses.

— Pour cette fois, docteur, l'antithèse correspondait à une réelle contrariété. Il ne me semble pas que je m'avance inconsidérément, si je prétends que les dispositions morales d'un malade influent considérablement sur sa maladie et sur son retour à la bonne santé. La tristesse, l'ennui, la gêne, le désespoir collaborent à la péricilitation comme la joie et le bonheur travaillent au rétablissement. Je crois l'avoir senti moi-même au temps que j'étais en danger. Il me semble que je le sens très bien à présent que je suis en convalescence. Et il me semble que c'est ici que les chrétiens sont désarmés, profondément faibles. Ceux qui ont parmi eux l'imagination un peu efficace doivent se représenter la béatitude avec un élancement tel que, même avertis, même le voulant, même y tâchant, ils doivent n'avoir pas ce goût profond de la vie et de la santé qui est sans doute un élément capital de la longévité.

— Oui, vous avez raison. Un bon chrétien doit manquer d'un certain attachement profond à la vie, animale, et je dirais presque d'un enracinement végétal. D'où sans doute une certaine hésitation dans la défense la mieux intentionnée, une certaine incertitude, inexactitude et maladresse à la vie. D'ailleurs, il ne me serait pas difficile de trouver dans le christianisme un remède à cela. Il est dit qu'il y aura peu d'élus, et si les chrétiens n'étaient pas présomptueux la peur de comparoir les inciterait à reculer au plus loin qu'ils pourraient l'heure de la mort. Mais beaucoup de chrétiens sont présomptueux. D'ailleurs, une certaine épouvante, en même temps qu'elle veut échapper à la mort, peut affaiblir le malade jusqu'à le livrer inerte, au lieu qu'une certaine sécurité, en même temps qu'elle désire la mort, peut réconforter le malade et contribuer à son rétablissement. Vous voyez comme tout cela est toujours compliqué. Il y a toujours des croisements et des bifurcations.

— Il y a toujours des croisements et des bifurcations dans nos passions et dans nos sentiments. Mais il me paraît incontestable que le christianisme est en particulier compliqué. Il embrasse tant de contradictions intérieures ou introduites qu'il peut de soi donner réponse à tout. Il embrasse presque tous les excès, et ainsi les excès qui donnent réponse aux excès contraires, et il enveloppe aussi les tempéraments, qui donnent réponse à tous les excès, et il embrassait les excès, qui donnent réponse même à l'excès du tempérament. Il paraît à première vue aussi compliqué, aussi riche que la vie. Et c'est pour cela qu'il paraît souvent se suffire à lui-même. Il ne paraît se suffire à lui-même, citoyen, que par l'insuffisance de son exigence. Beaucoup d'hommes se sont imaginé qu'il était toute une vie. Mais à peine est-il tout un monde. Et il n'est qu'un semblant de la vie, une image grossière, une étrange combinaison d'infini déraisonnable et de vie assez malade. J'irai jusqu'à dire qu'il est une contrefaçon, une malfaçon de la vie. Sous prétexte que ce qui n'est pas vivant est en général beaucoup moins complexe que ce qui est vivant, nous sommes en général beaucoup trop portés à nous imaginer que la complexité — ou même que la contradiction intérieure — garantit la vie. Non : elle y est nécessaire, au moins à la vie ainsi que nous la connaissons. Mais elle n'y est pas suffisante.

— Remarquez, mon ami, que ces chrétiens à qui vous reprochez d'avoir aimé la maladie et la mort n'aimaient la maladie humaine et la mort, n'aimaient le martyre — souffrance, maladie et mort pour le témoignage — que pour s'introduire à la vie éternelle et ainsi à l'éternelle santé.

— N'ayez pas peur, citoyen : citez le Polyeucte.

— Je le citerai :

Saintes douceurs du Ciel, adorables idées,
Vous remplissez un cœur qui vous peut recevoir.
De vos sacrés attraits les âmes possédées
Ne conçoivent plus rien qui les puisse émouvoir.
Vous promettez beaucoup et donnez davantage,
Vos biens ne sont pas inconstants,
Et l'heureux trépas que j'attends
Ne nous sert que d'un doux passage
Pour nous introduire au partage
Qui nous rend à jamais contents.

— Remarquez, docteur, car il est temps de le dire, que ces chrétiens à qui je reproche d'avoir aimé ou bien reçu la maladie et la mort humaine admettaient aussi, admettaient surtout qu'il y eût une souffrance éternelle, et une maladie éternelle, et une mort éternelle contemporaine, ou, pour parler exactement coéternelle à tout leur bonheur, à leur vie éternelle, à leur béatitude et à leur santé.

— Cela, mon ami, est un article de leur foi.

— Je m'attaquerai donc à la foi chrétienne. Ce qui nous est le plus étranger en elle, et je dirai le mot, ce qui nous est le plus odieux, ce qui est barbare, ce à quoi nous ne consentirons jamais, ce qui a hanté les chrétiens les meilleurs, ce pour quoi les chrétiens les meilleurs se sont évadés, ou silencieusement détournés, mon maître, c'est cela : cette étrange combinaison de la vie et de la mort que nous nommons la damnation[1], cet étrange renforcement de la présence par l'absence et renforcement de tout par l'éternité. Ne consentira jamais à cela tout homme qui a reçu en partage, ou qui s'est donné l'humanité. Ne consentira jamais à cela quiconque a reçu en partage ou s'est donné un sens profond et sincère du collectivisme. Ne consentira pas tout citoyen qui aura la simple solidarité. Comme nous sommes solidaires des damnés de la terre :

Debout! les damnés de la terre.
Debout! les forçats de la faim.

tout à fait ainsi, et sans nous laisser conduire aux seuls mots, mais en nous modelant sur la réalité, nous sommes solidaires des damnés éternels. Nous n'admettons pas qu'il y ait des hommes qui soient traités inhumainement. Nous n'admettons pas qu'il y ait des citoyens qui soient traités inciviquement. Nous n'admettons pas qu'il y ait des hommes qui soient repoussés du seuil d'aucune cité. Là est le profond mouvement dont nous sommes animés, ce grand mouvement d'universalité qui anime la morale kantienne et qui nous anime en nos revendications. Nous n'admettons pas qu'il y ait une seule exception, que l'on ferme la porte au nez à personne. Ciel ou terre, nous n'admettons pas qu'il y ait des morceaux de la cité qui ne résident pas au dedans de la cité. Certitudes, probabilités ou rêves, réalités ou rêves, ceux de nous qui rêvent, nous sommes aussi parfaitement collectivistes en nos rêves et en nos désirs que nous le sommes et dans nos actions et dans nos enseignements. Jamais nous ne consentirons à un exil prolongé de quelque misérable. A plus forte raison ne consentirons-nous pas à un exil éternel en bloc. Ce ne sont pas seulement les événements individuels, particuliers, nationaux, internationaux, politiques et sociaux qui ont opposé la révolution socialiste à la réaction d'Église. Mais ces événements sont l'expression et presque je dirais que cette opposition est le symbole d'une contrariété foncière invincible. L'imagination d'un exil est celle qui répugne le plus à tout socialisme. Jamais nous ne dirons oui à la supposition, à la proposition de cette mort vivante. Une éternité de mort vivante est une imagination perverse, inverse. Nous avons bien assez de la vie humaine et de la mort humaine.

— Pour la mort vivante, les anciens avaient commencé, non seulement ceux que vous n'aimez pas, les barbares, mais ceux que vous leur préférez. Pour que la cité de

Thèbes résistât aux ravages de l'anarchie — déjà — le roi Créon avait jugé indispensable que la fraternelle et coupable Antigone fût enfermée vivante dans un cachot naturel,

> Avec des aliments en juste quantité
> Pour que sa mort ne puisse entacher la cité.

« Avez-vous un Sophocle, mon ami?

— Sans doute, que j'en ai un, docteur.

Nous cherchâmes longtemps le Sophocle que je croyais avoir. Il n'y en avait pas.

— Je vous demande pardon, docteur, d'avoir été ainsi présomptueux. Je croyais bien avoir un Sophocle. Je me rappelle celui que j'avais au collège, un vieux bouquin mince, cartonné en papier marbré, une vieille et mauvaise édition que je lus passionnément. Depuis j'ai un souvenir si présent du texte grec, une représentation si nette que je croyais avoir le texte même sur quelque planche de ma bibliothèque.

— Vos souvenirs si présents ne vous permettraient seulement pas de me faire de mémoire une citation correcte.

— Il est vrai.

— Un bon souvenir ne vaut pas un bon texte. Quand vous irez à Paris vous achèterez pour quelques sous une petite édition classique nouvelle.

— Je n'y manquerai pas. Ne confondons pas, docteur : avoir une représentation fidèle d'une statue ou d'un texte, avec : pouvoir les reproduire. Ce sont là deux opérations distinctes. Les identifier supposerait que la représentation d'une statue est une petite statue et que la représentation d'un texte est un petit texte. Beaucoup d'anciens se le sont représenté communément. Mais nous avons renoncé à ces psychologies un peu enfantines. Souvent je préfère la représentation que j'ai à l'objet lui-même, ce qui revient à dire que je préfère la représentation que j'ai dans ma mémoire, l'image où tous mes souvenirs ont travaillé, à la nouvelle présentation que j'aurais. Mais si vous préférez les textes, j'achèterai un petit Sophocle. La première fois que j'irai à Paris, j'irai en acheter un à la Société nouvelle de **librairie et d'édition, 17, rue Cujas**[1].

— Pourquoi là, mon ami?

— Pour beaucoup de raisons que je vous donnerai plus tard, docteur, mais surtout parce que cette maison est, à ma connaissance, la première et la seule coopérative de production et de consommation qui travaille à l'industrie et au commerce du livre. En attendant que nous ayons le texte original, contentons-nous, docteur, de ce que nous avons : *Antigone* mise à la scène française par Paul Meurice et Auguste Vacquerie, et nous avons encore la musique de Saint-Saëns, partition, chant et piano. Je crains que les vers ne vous paraissent bien mauvais.

— Je m'en contenterai d'autant plus volontiers pour aujourd'hui que cette adaptation assez fidèle nous fut heureusement représentée aux Français. Écoutons ce Créon :

Je sais dans un lieu morne et loin de tout sentier
Un antre souterrain qu'entoure l'épouvante.
J'y vais faire enfermer Antigone vivante...

Mouvement d'effroi du Chœur.

Créon continue :

Par son cher dieu Pluton peut-être obtiendra-t-elle
Que sa prison sans air ne lui soit pas mortelle.
Sinon, elle apprendra qu'ils ne nous servent pas
Les stériles honneurs rendus aux Dieux d'en bas!

Antigone se lamente :

Dans un rocher murée! oh! quelle mort cruelle!
La morne Niobé
Périt ainsi soudée à la pierre.

Antigone se lamente et sa lamentation me paraît apparentée à la lamentation chrétienne :

quoi! leurs rires me suivent
Sans pitié ni remords,
Dans ma prison tombeau, morte pour ceux qui vivent,
Vivante pour les morts!

La condamnation prononcée, annoncée par Créon me paraît comme une indication des futures damnations :

Ne savez-vous donc pas que ce chant funéraire
Ne cessera que quand la mort l'aura fait taire!
Allons! exécutez mon ordre souverain;
Qu'on la porte sur l'heure au caveau souterrain
Et, là, laissez-la seule et fermez-en l'entrée.
Puis, qu'elle y meure! ou bien qu'elle y vive enterrée!
Nous n'aurons pas sur nous son sang. Mais que ses yeux
N'aient plus désormais rien à voir avec les cieux!

Antigone se lamente, et l'expression de sa lamentation même est à la fois païenne avec des indications chrétiennes :

Tombeau! mon lit de noce! O couche souterraine
Où la mort pour la nuit éternelle m'entraîne!

Et le chœur lui rappelle fort opportunément que ce genre de supplice, que vous ne m'empêcherez pas de considérer comme une esquisse de l'enfer, avait souvent été infligé à de grands personnages :

Tu n'es pas la première
Qui perdit la lumière
Et la vie à la fois.
Le malheur qui t'éprouve
Terrible se retrouve

Chez les dieux et les rois.

Le chœur donne les exemples :

Comme toi condamnée
Danaé fut traînée

Elle aussi, loin du jour

Et durement captive
Se vit enterrer vive

Dans l'airain d'une tour.

Que nous pouvons lire à volonté, car il y a une variante :

Comme toi dans la pierre
Danaé toute fière

Que le Dieu souverain
Le grand Zeus l'eût aimée
Pourtant fut enfermée

Dans une tour d'airain.

Après une réflexion salutaire sur la force du Destin, le chœur bien renseigné donne un nouvel exemple :

Il eut ce qu'on te donne
Ce fils du roi d'Édone

Insulteur de l'autel.

Et Bacchus le fit taire
En l'enfermant sous terre

Dans un rocher cruel.

Nouvelle réflexion salutaire et nouvel et dernier exemple :

Sur la rive traîtresse
Où l'on voit Salmydesse

En proie à tous les vents

La marâtre effrénée
Des deux fils de Phinée

Les enterra vivants.

Et leur mère, ô ma fille,
Était de la famille

D'Érechthée! et ses jeux,

Borée étant son père,
Affrontaient le tonnerre

Sur les monts orageux!

Sur la glace, intrépide
Et fière et plus rapide

Qu'un cheval furieux

Elle allait sans rien craindre.
La Parque sut atteindre

Cette fille des Dieux!

Antigone sort.

Mon ami, ces vers lyriques de Messieurs Paul Meurice et Auguste Vacquerie ne valent pas les stances de Pierre Corneille. Vous connaissez les causes de cette imparité. MM. Paul Meurice et Auguste Vacquerie ne sont ou n'étaient pas des poètes comparables à l'ancien Pierre Corneille. D'ailleurs il est plus difficile de traduire en poète que de donner, de produire, soi-même en poète. Je vous assure que ces plaintes et ces consolations, s'il est permis de les nommer ainsi, étaient redoutables quand elles étaient chantées à la scène, et qu'elles étaient accompagnées.

— Je les entendis, docteur, au temps que j'étais jeune [1]. Les lamentations harmonieuses d'Antigone et les lâches consolations harmonieuses du chœur me paraissaient redoutables, mais nullement épouvantables comme les imaginations de l'enfer chrétien. Jamais les païens, qui aimaient la vie et la beauté, n'ont pu ni voulu réussir à de telles épouvantes. Il faut qu'il y ait au fond du sentiment chrétien une épouvantable complicité, une hideuse complaisance à la maladie et à la mort. Vous ne m'en ferez pas dédire.

— Les lamentations antiques et les consolations du chœur vous paraissaient harmonieuses représentées sur la scène aux Français. Nul doute qu'elles ne fussent harmonieuses représentées devant les Athéniens. Mais j'ai peur que dès ce temps-là, mon ami, la maladie et la souffrance, la mort et l'exil ne fussent pas harmonieux aux misérables qui les enduraient dans la réalité. Il y a loin de la douleur tragique aux laideurs de la réalité. Vous n'avez pas oublié toutes les horreurs de l'histoire ancienne, les horreurs barbares que les Hellènes ont connues, et, aussi, les horreurs helléniques, les haines et les guerres civiles parmi les cités et dans les cités, les massacres et les ravages, puis la haine et la guerre des pauvres et des riches, les tyrannies, les oligarchies et les démagogies, et, déjà, la triste résignation dure d'Hésiode. Non, mon ami, je ne suis pas fasciné par la mémoire de mes versions grecques au point d'avoir oublié cela.

— Moi non plus, docteur, et je ne voulais pas instituer une cité antique harmonieuse et factice. Mais vous n'allez pas non plus m'instituer une cité antique identique au moyen âge de la chrétienté. Sans faire aucune espèce de métaphysique, je suis bien forcé d'accepter qu'il y a eu un génie antique et un génie chrétien et que le génie chrétien est à beaucoup d'égards différent du génie antique. Cela étant admis, je prétends, et je maintiens, et je maintiendrai toujours que le génie chrétien est beaucoup plus favorable à toute maladie. Quand nous disons que l'Église catholique est opposée au socialisme — et c'est cela qui rend si délicate la situation des socialistes chrétiens sincères, très peu nombreux en France — nous n'entendons pas seulement par là qu'elle veut tenir des militants exilés des biens de ce monde : nous entendons plus profondément qu'elle veut tenir d'anciens militants exilés des biens éternels, qu'elle admet côte à côte une Église triomphante et un Enfer, une résidence de béatitude et une résidence de maladie et de mort. Là est vraiment le *non possumus*. Imaginé ou non pour épouvanter les pécheurs, l'enfer a plus encore épouvanté les chrétiens les meilleurs.

— Vous me l'avez déjà dit.

— Je vous demande pardon. Mais cette épouvante me tient au cœur.

— Elle vous empêche de réserver que nous ne croyons pas aux propositions de la foi catholique parce que ce n'est pas vrai.

— J'essayais de comparer seulement, docteur, l'idée que nous avons de ce que nous voulons à l'égard de la maladie et de la mort à l'idée que les chrétiens ont de ce qu'ils croient aux mêmes égards. Leur épouvante me tient à l'âme. Il n'y a pas seulement, des catholiques à nous, la distance d'une imagination vaine à une sincère critique universelle; cela ne serait rien en comparaison de ce qu'il y a : mais, vraiment, il y a l'inconciliabilité d'une imagination perverse à une raison modeste amie de la santé. J'ai pensé beaucoup à cela pendant plusieurs années que mes amis Marcel et Pierre Baudouin travaillaient à un drame en trois pièces qu'ils finirent d'écrire en juin 1897 et que les imprimeurs finirent d'imprimer en décembre de la même année[1].

— Au revoir, mon ami, me dit le docteur, et portez-vous bien. Je reviendrai vous voir encore une fois, car je sais les honneurs que les gens bien portants doivent aux convalescents. Puis c'est vous qui reviendrez chez moi.

— Car je sais les honneurs que les simples citoyens doivent aux moralistes. Revenez vite, monsieur l'honorable, revenez bientôt.

— Je ne saurais, car j'ai beaucoup de commissions à faire à Paris.

— Hâtez-vous, monsieur le commissionnaire, hâtez-vous, car j'attends mon cousin.

— Qui donc ce cousin?

— Et quand mon cousin est là, docteur, on ne peut plus causer tranquille. Mon cousin n'aimera pas beaucoup les lenteurs et les longueurs de nos dialectiques attentives. C'est un garçon impatient.

— Mais qui donc, ce cousin?

— Je vous dis qu'il est impatient comme vous. Sachez donc, ô docteur, que j'ai en province un cousin que je nomme respectueusement et familièrement mon grand cousin, et qui moins respectueusement, et plus familièrement, me nomme réciproquement son petit cousin. Cet intitulé tient à ce qu'il est plus vieux que moi et qu'ainsi quand j'étais petit lui au contraire, il était grand. Et nous avons continué à nous intituler ainsi d'autant plus commodément qu'il est grand et fort, haut en épaules, tandis que je suis petit et bas. Il est de son métier ouvrier fumiste[1].

— Ouvrier fumiste?

— Ouvrier fumiste. Comme le nom l'indique, il travaille à tous les appareils qui produisent de la fumée aux cheminées, poêles, fourneaux et calorifères. Il ne vient nullement à Paris, comme un lecteur astucieux, pourrait l'en soupçonner faussement, pour introduire quelque variété en nos débats. Car nous n'avons que faire de nous varier, docteur? — Nous ne causons pas pour nous varier, mais nous cherchons la vérité. Il accourt à Paris pour l'Exposition.

— Naturellement, puisqu'il vient de la province.

Il accourt à Paris pour l'Exposition. Universelle. C'est-à-dire interprovinciale, internationale, et aussi intermétropolitaine. On lui a dit qu'il y avait à l'Exposition des cheminées monumentales, sans compter la tour Eiffel, des tuyaux de poêle extraordinaires, des fourneaux compliqués, des chaufferettes agencées pour la plus grande gloire de l'industrie nationale et des calorifères bien faits pour témoigner de la grandeur de l'esprit humain.

Comme homme, comme Français, comme fumiste, mon cousin accourt à l'Exposition, déjà glorieux de la gloire commune et de la gloire professionnelle. Mon grand cousin est un garçon qui aime à voir par lui-même. Il devait arriver cette semaine.

— Cette semaine? L'Exposition n'ouvre que le 14 avril.

— Justement. Mon cousin prétend que pour bien voir ces machines-là il faut les voir avant qu'elles aient commencé. Une idée à lui.

— Comment serait-il entré?

— Il est des accommodements. Quelque camarade en fumisterie lui aurait prêté sa carte d'exposant. Mon cousin comptait venir cette semaine. Il escomptait l'adoucissement habituel de la température en cette saison. Quand la température est plus douce, la fumisterie est moins urgente. Mais l'adoucissement escompté n'est pas venu. Mon cousin nous arrivera dès qu'il pourra quitter pour quelque temps son travail.

— Quel est son caractère?

— Je ne sais pas si vous lui plairez.

— Je ne sais pas non plus s'il me plaira.

— C'est un grand bon garçon malin. Ancien élève des Frères des Écoles chrétiennes, il a pour les chers Frères un peu de reconnaissance et beaucoup de mauvaises paroles. Il a eu son certificat d'études. Il a beaucoup lu de mauvais romans, de feuilletons, qui n'ont pour ainsi dire pas laissé trace en son imagination. Il a une belle écriture douce qui ne lui ressemble pas. Il calcule parfaitement, et c'est lui qui fait les comptes de son patron. Une bonne instruction primaire. Bon ouvrier, comme ouvrier. Habile de ses mains. Comme il travaille dans une toute petite maison de province — le patron, deux compagnons, un ou deux goujats — il fait un peu de tous les métiers : maçon, carreleur, plâtrier, marbrier, serrurier, tôlier, et non pas seulement pur fumiste. Audacieux, et téméraire même : ainsi le veut le métier. Les fumistes sont encore plus téméraires que les couvreurs, puisque les cheminées sont plus hautes que les toits. D'ailleurs ce qui nous semble témérité chez eux est une espèce particulière de sérénité, une accoutumance à demeurer dans les hauteurs. Il aime à causer. Vous parlez à lui, vous allez, vous allez, vous parlez devant lui. Enfin à un mot, à un geste, vous vous apercevez qu'il vous faisait poser, qu'il vous faisait marcher, qu'il faisait la bête, qu'il savait parfaitement ce qu'il vous a fait dire. C'est une espèce d'humeur qui m'a semblé très fréquente parmi les ouvriers, au moins en cette province, en particulier parmi les ouvriers du bâtiment. Les ouvriers du bâtiment sont naturellement des faiseurs de palabres, des organisateurs de conférences. La place publique et la rue leur est naturelle. Beaucoup de blague, souvent de bonne blague, surtout de blague à froid. Tous les jours, il achète sa *Petite République,* chez la marchande de journaux, qui lui garde aussi les romans populaires paraissant en livraisons. Il doit acheter aussi l'*Histoire Socialiste,* parce qu'elle est socialiste, parce qu'il aime l'histoire, parce qu'elle paraît en livraisons identiques, parce que l'éditeur est le même, c'est encore du Rouff. Mon cousin lit tout cela en mangeant, à déjeuner, lit *la Petite République* et croit assez que c'est arrivé, lit ses livraisons et sait parfaitement que ce n'est pas arrivé, lit son *Histoire* et croit tout à fait que cela est arrivé. Mon cousin est un socialiste classé. Il vient me demander compte.

— Vous demander compte?

— Me demander compte. Mon cousin est, vous le pensez bien, membre — et membre très actif — du *Groupe d'études sociales d'Orléans,* adhérent au Parti ouvrier français. Un vote régulier du groupe, auquel mon cousin avait pris part, m'avait institué délégué de ce groupe au futur ancien Congrès général des Organisations Socialistes françaises. Heureusement que le Conseil national veillait. Survint le bon guesdiste, le fidèle dûment recommandé. Le groupe eut une seconde réunion, beaucoup plus régulière que la première, procéda ensuite à un second vote, beaucoup plus régulier que le premier. La minorité me demeura fidèle. Mais la majorité me renia. Mon cousin, ayant été de la minorité, prétend que je fus moralement son délégué au Congrès.

— Je ne sais pas bien ce que c'est qu'un délégué moral.

— Moi non plus. Mais mon cousin est entêté. Il nous dira ce qu'il veut dire.

— Et de combien était cette minorité fidèle?

— Quoique absent, j'obtins quatre voix.

— Avouez que c'est bien peu. La majorité infidèle était sans doute au moins égale à cinq voix?

— Égale à cinq voix, docteur, elle eût été valable. Mais elle était beaucoup plus considérable : elle montait jusqu'à six voix — sur dix votants. Il n'y eut aucune abstention. — Au revoir [1].

Le docteur en allé revint sur ses pas :

— J'allais vous laisser le livre que j'avais apporté. Je n'y pensais plus. Il faut que je le rende avant les vacances de Pâques à la bibliothèque où je l'ai emprunté. Ce sont *les Provinciales*. Quand votre cousin vous demandera compte, vous pourrez lui faire quelques citations intéressantes :

« Et si la curiosité me prenait de savoir si ces propositions sont dans Jansénius, son livre n'est pas si rare, ni si gros, que je ne le pusse lire tout entier pour m'en éclaircir, sans en consulter la Sorbonne. »

— Ne croyez pas, docteur, que mon grand cousin ni ses camarades entendent ces allusions.

— S'il est ainsi que vous me l'avez dit, je suis assuré qu'il entendra au moins ce qui suit :

« Il n'y eut jamais de jugement moins juridique, et tous les statuts de la Faculté de théologie y furent violés. On donna pour commissaires à M. Arnauld ses ennemis déclarés, et l'on n'eut égard ni à ses récusations ni à ses défenses; on lui refusa même de venir en personne dire ses raisons. Quoique par les statuts les moines ne doivent pas se trouver dans les assemblées au nombre de plus de huit, il s'y en trouva toujours plus de quarante, et pour empêcher ceux de M. Arnauld [c'est-à-dire les amis, les partisans d'Arnauld] de dire tout ce qu'ils avaient préparé pour sa défense, le temps que chaque docteur devrait dire son avis fut limité à une demi-heure. On mit pour cela sur la table une clepsydre, c'est-à-dire une horloge de sable, qui était la mesure de ce temps; invention non moins odieuse en de pareilles occasions que honteuse dans son origine, et qui, au rapport du cardinal Palavicin, ayant été proposée au concile de Trente par quelques-uns, fut rejetée par tout le concile. Enfin, dans le dessein d'ôter entièrement la liberté des suffrages, le chancelier Séguier, malgré son grand âge et ses incommodités, eut ordre d'assister à toutes ces assemblées.

Près de quatre-vingts des plus célèbres docteurs, voyant une procédure si irrégulière, résolurent de s'absenter, et aimèrent mieux sortir de la Faculté que de souscrire à la censure. M. de Lannoy même, si fameux par sa grande érudition, quoiqu'il fît profession publique d'être sur la grâce d'un autre sentiment que saint Augustin, sortit aussi comme les autres, et écrivit contre la censure une lettre où il se plaignait avec beaucoup de force du renversement de tous les privilèges de la censure une lettre où il se plaignait avec beaucoup de force du renversement de tous les privilèges de la Faculté. »

Allons, au revoir, au revoir. Ce que je vous ai lu n'est pas du Pascal. C'est un exposé que Racine a fait dans une *Histoire de Port-Royal* qu'il a laissée en manuscrit, et qu'on a placée depuis dans ses œuvres. M. Havet nous a donné cet exposé au commencement des remarques sur la première provinciale. Quand le gouvernement et le pape étaient d'accord, on ne tenait pas compte de la règle faite contre les moines.

ENTRE DEUX TRAINS

Neuvième cahier de la première série (5 mai 1900).

Le samedi saint, comme je l'avais annoncé à la troisième page de la couverture du septième cahier, j'administrai, de une heure à quatre heures et demie, au siège de ces cahiers, chez mon ami Tharaud, 19, rue des Fossés-Saint-Jacques, solitaire [1]. Les Parisiens étaient partis pour la province. Et les provinciaux n'étaient pas venus à Paris. Un coup de sonnette. Mon ami René Lardenois [2].

— Bonjour. Je viens te dire bonjour entre deux trains. Je suis arrivé à onze heures cinquante-neuf en gare d'Orléans, ce matin. Ou du moins je devais arriver à onze heures cinquante-neuf. Mais les trains ont souvent un peu de retard, à cause des vacances.

— Tu es toujours à Bayonne?

— J'ai tant roulé que je ne regardais plus même l'heure aux cadrans intérieurs des gares. Je confondais le jour et la nuit, ce qui est la dernière des perversités. — Oui, toujours, au Lycée de Bayonne. J'avais demandé le Nord-Est. Mes parents demeurent à Belval. C'est la dernière station avant Mézières. Une simple halte. A défaut du Nord-Est, j'avais au moins demandé le Nord. A défaut du Nord, j'avais au moins demandé l'Est. On m'a nommé à Bayonne. Un bon lycée. Je repars ce soir à huit heures quarante-cinq, par la gare du Nord. Je serai chez moi demain matin à huit heures, dimanche de Pâques. Mais il y aura du retard, à cause des fêtes. Ainsi, j'ai un quart d'heure à passer avec toi, montre en main. J'ai un tas de courses à faire dans Paris, et les rues sont toujours aussi impraticables. J'avais un quart d'heure. Il me reste encore dix minutes.

Et il posa sa montre sur la table.

— En dix minutes on ne peut rien dire. Ce n'est pas

la peine de commencer. Nous parlerons de tes cahiers quand nous aurons le temps.

— Nous parlerons de ta province et de ta classe quand nous aurons le temps.

— Aux grandes vacances, au commencement d'août, je passerai plusieurs jours à Paris.

— L'Exposition?

— Naturellement. Ne suis-je pas provincial? Et puis vous, les Parisiens, vous raillez, pour avoir l'air spirituels, mais vous y allez tout de même. Seulement, comme vous êtes lâches, vous faites semblant d'y aller pour piloter vos cousins. Vous êtes bien contents d'avoir des cousins. A peine le tien, le fumiste orléanais, nous avait-il annoncé sa venue éventuelle que déjà M. Serge Basset, du *Matin,* avait sur le dos, depuis trois jours, son cousin Bernard, notable commerçant de Quimper-Corentin, si nous le voulons, en tout cas un cousin plus sérieux que le tien, et plus rapide.

— Que veux-tu, mon ami, le sien est un cousin quotidien et le mien n'est qu'un modeste cousin bimensuel, à peu près bimensuel.

— Parlons des copains.

— Quand es-tu parti?

— Les vacances commençaient mercredi soir. Mais j'avais jeudi matin une répétition que je ne pouvais pas, et que je ne voulais pas remettre.

— Tu donnes des leçons?

— Non, je les vends.

— C'est ce que je voulais dire.

— Parlons proprement.

— Ce mot que tu as dit — et par manière de plaisanterie je faisais le dégoûté en souriant — me paraît peu compatible avec la dignité des professions libérales.

— Mettons que je suis fort obligeant, fort officieux; et sans que je me connaisse fort bien en lettres françaises, en lettres latines et en lettres grecques, je laisse les parents de mes élèves apporter chez moi de tous côtés ceux qui sont timides en grec, en latin et en français, et qui cependant, pour des raisons purement désintéressées, désirent, comme on dit, subir heureusement la première partie des épreuves du baccalauréat classique — et j'en donne à mes amis pour de l'argent.

— Tu possèdes bien tes auteurs.

— Ce n'eſt pas étonnant : je m'en nourris.

— Alors?

— Alors, j'ai donné ma leçon jeudi matin. Puis j'ai fait le voyage en plusieurs fois. Jeudi je suis allé de Bayonne à Bordeaux, vendredi de Bordeaux à Tours, aujourd'hui samedi de Tours à la rue des Fossés-Saint-Jacques. Cette nuit, en pleine nuit, j'aurai encore plus de trois heures et demie à passer à Laon. Total : quatre jours au moins. Autant pour le retour, le *noſtos,* hélas! non convoité. Total général : huit à neuf jours. Nous rentrons de mardi matin en huit...

— Le mardi de la Quasimodo?

— C'eſt cela. Il faut que je sois rentré de la veille au soir, si je ne veux pas dormir en classe. Il faut donc que, dès jeudi soir, je pense au départ et que vendredi matin je quitte mes parents, comme le conscrit :

> Adieu mon père, adieu ma mère,
> J'ons tiré un mauvais numéro.

J'aurai eu cinq jours de vacances. Le gouvernement encourage peu la vie de famille. As-tu vu quelqu'un?

— Je n'ai vu personne encore et, sans doute, je ne verrai personne. Aucun de nos camarades ne m'eſt signalé. L'année dernière, il en était venu beaucoup pour les vacances de Pâques.

— Ce n'eſt nullement que le monde nous abandonne. Jusqu'à l'année dernière le congrès des professeurs de l'enseignement secondaire avait lieu à Pâques. Cette année-ci, on le tiendra au mois d'août.

— J'entends : ce sera un des innombrables congrès qui font partie de l'Exposition.

— Ils ne sont pas innombrables : il y en avait cent vingt-six d'annoncés avant le commencement de l'exposition.

— Ce n'eſt rien. De qui tiens-tu, monsieur, ces renseignements officiels?

— Sache que le citoyen ſténographe eſt mon ami. Aussi m'a-t-il envoyé en province un papier, une piqûre officielle.

— Une piqûre : tu parles comme un brocheur.

— Parlons proprement. Tiens : *République française* —

— *Liberté, égalité, fraternité* —

— Non, cela ne se met que sur les monuments publics.

— *Ministère du commerce, de l'industrie, des postes et des télégraphes* —

— *et de l'Exposition.*

— Surtout de l'Exposition. Mais cela n'est pas officiel.

— Comme tu parles bien. On voit bien que tu es devenu ministériel.

— *Exposition universelle internationale de 1900. — Liste des congrès internationaux de 1900.* — Vraiment, j'ai passé là un bon quart d'heure. Il y a le congrès *de l'Acétylène* avec le congrès *des Actuaires,* le congrès *de l'Alimentation rationnelle du bétail,* le congrès *d'Aquiculture et de Pêche.* Tu connais l'aquiculture?

— Non seulement je la connais, mais je la pratique : j'ai dans mon bassin deux poissons rouges et un brun vert.

— Il y a le congrès *d'Arboriculture et de pomologie,* celui des *Bibliothécaires.* Le papier officiel ne porte pas seulement les noms des congrès, la date et la durée, mais il donne encore les noms des présidents et des secrétaires généraux des commissions d'organisation. Le congrès *d'Agriculture* a pour président un certain monsieur Méline, rue de Commailles, 4, et le congrès *des Sciences de l'Écriture* a pour secrétaire général un M. Varinard, 8, rue Servandoni.

— Comme on se retrouve.

— Tous les oubliés reparaissent ici. M. Léon Bourgeois, rue Palatine, 5, préside à l'organisation de trois congrès : celui *de l'École de l'Exposition,* celui *de l'Éducation physique,* —

— Et celui *de l'Éducation morale* —

— Non : et celui *de l'Éducation sociale.* —

— Ah ah! Selon les doux et mesurés élancements de la solidarité radicale —

— M. Casimir-Perier, rue Nitot, 23, a aussi ses trois congrès : le congrès *d'Assistance publique et de bienfaisance privée,* —

— Utile.

— celui *de l'Enseignement agricole,* et, vers la fin, celui *des Stations agronomiques.* Il y a le congrès *des méthodes d'Essai des matériaux.*

— Très utile.

— Oui. Et le congrès *pour l'étude des Fruits à pres-*

soir. Celui *des Mathématiciens* a pour secrétaire général un M. Laisant, avenue Victor-Hugo, 162. Il y a le congrès *du Matériel théâtral,* sans date ni durée, non plus que le congrès *pour l'unification du Numérotage des fils des textiles.* Celui *des Associations de Presse* n'a ni date, ni durée, ni président, ni secrétaire général, ainsi que celui *de la Ramie.* Qu'est-ce que la ramie?

Je sautai sur mon petit *Larousse.* Le mot n'y était pas.

— La ramie est une espèce d'ortie, *urtica utilis,* qui pousse en abondance à Java, et dont on fait des fils, des câbles et même des tissus.

— Tu sais tout?

— La culture générale, aidée d'un vieux dictionnaire que j'ai à la maison. Il y a l'inévitable congrès *de la paix,* ironique plus douloureusement encore cette année. M. Boutroux, rue Saint-Jacques, 260, préside à l'organisation du congrès *de Philosophie.* As-tu quelque idée de ce que c'est : un congrès de philosophie.

— Je n'en ai aucune image intéressante.

— Il y a dans Descartes, au *discours de la Méthode pour bien conduire sa raison et chercher la vérité dans les sciences,* à la fin de la troisième partie, un passage où ce philosophe réprouve non seulement le congrès, mais la simple fréquentation mutuelle des philosophes :

— Le voici :

« Mais ayant le cœur assez bon pour ne vouloir point qu'on me prît pour autre chose que je n'étais, je pensai qu'il fallait que je tâchasse par tous moyens à me rendre digne de la réputation qu'on me donnait; et il y a justement huit ans que ce désir me fit résoudre à m'éloigner de tous les lieux où je pouvais avoir des connaissances, et à me retirer ici, — en Hollande — en un pays où la longue durée de la guerre a fait établir de tels ordres, que les armées qu'on y entretient ne semblent servir qu'à faire qu'on y jouisse des fruits de la paix avec d'autant plus de sûreté, et où, parmi la foule d'un grand peuple fort actif, et plus soigneux de ses propres affaires que curieux de celles d'autrui, sans manquer d'aucune des commodités qui sont dans les villes les plus fréquentées, j'ai pu vivre aussi solitaire et retiré que dans les déserts les plus écartés. »

— Je lis au cours de la sixième partie :

« Mais je crois être d'autant plus obligé à ménager le temps qui me reste, que j'ai plus d'espérance de le pouvoir bien employer; et j'aurais sans doute plusieurs occasions de le perdre si je publiais les fondements de ma physique; car encore qu'ils soient presque tous si évidents qu'il ne faut que les entendre pour les croire, et qu'il n'y en ait aucun dont je ne pense pouvoir donner des démonstrations, toutefois, à cause qu'il est impossible qu'ils soient accordants avec toutes les diverses opinions des autres hommes, je prévois que je serais souvent diverti par les oppositions qu'ils feraient naître. »

— A la suite :

« On peut dire que ces oppositions seraient utiles tant afin de me faire connaître mes fautes, qu'afin que, si j'avais quelque chose de bon, les autres en eussent par ce moyen plus d'intelligence; et, comme plusieurs peuvent plus voir qu'un homme seul, que, commençant dès maintenant à s'en servir, ils m'aidassent aussi de leurs inventions. »

Cela serait favorable, sinon au congrès, du moins au commerce des philosophes, au travail en commun, à la mutualité.

Mais encore que je me reconnaisse extrêmement sujet à faillir, et que je ne me fie quasi jamais aux premières pensées qui me viennent, toutefois l'expérience que j'ai des objections qu'on me peut faire m'empêche d'en espérer aucun profit : car j'ai déjà souvent éprouvé les jugements tant de ceux que j'ai tenus pour mes amis que de quelques autres à qui je pensais être indifférent, et même aussi de quelques-uns dont je savais que la malignité et l'envie tâcheraient assez à découvrir ce que l'affection cacherait à mes amis; mais il est rarement arrivé qu'on m'ait objecté quelque chose que je n'eusse point du tout prévue, si ce n'est qu'elle fût fort éloignée de mon sujet, en sorte que je n'ai quasi jamais rencontré aucun censeur de mes opinions qui ne me semblât ou moins rigoureux ou moins équitable que moi-même. Et je n'ai jamais remarqué non plus —

Ceci va non seulement contre tout congrès et tout commerce de philosophes, mais contre toute académie et contre la vénérable institution des thèses :

— Et je n'ai jamais remarqué non plus, que par le moyen des disputes qui se pratiquent dans les écoles, on ait découvert aucune vérité qu'on ignorât auparavant; car pendant que chacun tâche de vaincre, on s'exerce bien plus à faire valoir la vraisemblance qu'à peser les raisons de part et d'autre; et ceux qui ont été longtemps bons avocats ne sont pas pour cela par après meilleurs juges. »

— M. Boutroux ne présiderait donc pas à l'organisation d'un congrès de philosophie — car ces raisons doivent lui sembler valoir, non pas seulement parce qu'elles sont de Descartes, mais parce qu'elles ont de la valeur — s'il n'avait sans doute résolu de conduire souvent sa raison et ses actions selon les trois ou quatre maximes de la morale que Descartes s'était formée par provision. Je lis au commencement de la troisième partie :

« La première était d'obéir aux lois et aux coutumes de mon pays, retenant constamment la religion en laquelle Dieu m'a fait la grâce d'être instruit dès mon enfance, et me gouvernant en toute autre chose suivant les opinions les plus modérées et les plus éloignées de l'excès qui fussent communément reçues en pratique par les mieux sensés de ceux avec lesquels j'aurais à vivre. Car, commençant dès lors à ne compter pour rien les miennes propres, à cause que je les voulais toutes remettre à l'examen, j'étais assuré de ne pouvoir mieux que de suivre celles des mieux sensés. Et encore qu'il y en ait peut-être d'aussi bien sensés parmi les Perses ou les Chinois que parmi nous, il me semblait que le plus utile était de me régler selon ceux avec lesquels j'aurais à vivre; et que, pour savoir quelles étaient véritablement leurs opinions, je devais plutôt prendre garde à ce qu'ils pratiquaient qu'à ce qu'ils disaient, non seulement à cause qu'en la corruption de nos mœurs il y a peu de gens qui veuillent dire tout ce qu'ils croient, mais aussi à cause que plusieurs l'ignorent eux-mêmes; car l'action de la pensée par laquelle on croit une chose étant différente de celle par laquelle on connaît qu'on la croit, elles sont souvent l'une sans l'autre. Et, entre plusieurs opinions également reçues, je ne choisissais que les plus modérées, tant à cause que ce sont toujours les plus commodes pour la pratique, et vraisemblablement les meilleures, tout excès ayant coutume d'être mauvais, comme aussi afin de me détourner moins du vrai chemin, en cas que je faillisse, que si, ayant choisi l'un des extrêmes, c'eût été l'autre qu'il eût fallu suivre. »

Or, il est incontestable que les lois, les coutumes et la religion de ce pays, c'est de faire l'exposition universelle, et quand on n'a pas l'honneur de la faire —

— On a du moins l'honneur de l'avoir entreprise.

— Non, mais on a l'honneur d'y aller, et l'honneur de chanter en son honneur un *Te Deum* laïque d'honneur. Ainsi font nos philosophes. Ils contribuent leur philosophie à la splendeur de l'exposition. Ils exposent en congrès leurs philosophies, ou leur philosophie, ou leurs personnes philosophiques.

— Allons, allons, admettons qu'ils y aillent par provision, qu'ils se gouvernent en ceci suivant les opinions les plus modérées et les plus éloignées de l'excès, qu'ils suivent les opinions des mieux sensées; admettons que ce ne seront pas des philosophes internationaux réunis en congrès, mais que ce seront des congressistes internationaux qui d'ailleurs et de leur métier seront des philosophes ou des professeurs de philosophie.

— Comment, comment?

— Rien, je distingue et je concilie.

— Ah bien. — Il y a le congrès *du Repos du dimanche*, le congrès *des Sapeurs-pompiers (des officiers et sous-officiers)*, celui *de Sociologie coloniale*, celui *des Spécialités pharmaceutiques*. Je pense que des sténographes sténographieront le congrès *de Sténographie :* on n'est jamais si bien servi que par soi-même.

— Et l'on n'est jamais trahi que par les siens. Il y a le congrès *des Syndicats agricoles*, et c'est M. le marquis de Vogüé, rue Fabert, 2, qui préside à son organisation. Il y a le congrès *du Tabac (contre l'abus)*. Je ne vois aucun congrès antialcoolique, et c'est dommage.

— Il n'y a que le congrès *Végétarien*. Encore n'a-t-il ni Président, ni Secrétaire général.

— En revanche, il y a deux congrès *pour l'Alcoolisation française*.

— Comment deux congrès pour l'Alcoolisation française.

— Mon ami si on les nommait ainsi on ne pourrait pas décemment donner la croix d'honneur aux Présidents et la rosace violette aux Secrétaires généraux. Et alors à quoi servirait le Congrès? A quoi servirait la grande Exposition? Mais rassure-toi : le premier sera le congrès *du commerce des Vins, Spiritueux et Liqueurs;* le second sera modestement le congrès de Viticulture. Nous devons encourager la viticulture, la sylviculture, l'horticulture, que préside humblement M. Viger, de Châteauneuf-sur-Loire ou des environs, 55, rue des Saints-Pères, Paris, sans doute avec la finesse épaisse un peu antisémitique et grasse qui lui est habituelle. Toutes les gloires nationales que ces présidents, les gloires modestes et les gloires proprement glorieuses. M. Gaston Boissier, 23, quai Conti, préside à l'organisation de l'Histoire comparée. Les congrès des enseignements sont nombreux : congrès *des Associations des anciens élèves des Écoles supérieures de commerce; de l'Éducation physique* et *de l'Éducation sociale,* déjà nommés, celui *de l'Enseignement agricole,* déjà nommé, celui *de l'Enseignement du dessin,* celui *de l'Enseignement des langues vivantes,* celui *des Sociétés laïques d'Enseignement populaire,* celui *de l'Enseignement primaire,* celui *de l'Enseignement secondaire,* celui *de l'Enseignement des sciences sociales,* celui *de l'Enseignement supérieur,* celui *de l'Enseignement technique, commercial et industriel,* — celui *de l'Épicerie*. Non, je suis allé trop loin sur la liste. Rends-moi mon papier, imprimé à l'Imprimerie nationale. Tu n'as vu personne, alors? Que devient notre ami Gaston Desbois [1]?

— Il va bien. Il est marié. Il est abonné aux cahiers. Il s'est abonné à vingt francs. Il était riche, quand il s'est abonné. Je viens de lui faire son changement d'adresse.

— Il a déménagé?

— Oui, on l'a déménagé.

— Comment ça? il était en rhétorique à Bordeaux?

— Oui, on lui a donné de l'avancement. On l'a envoyé en troisième au Lycée de Vesoul. Pour le récompenser d'avoir travaillé aux Universités populaires.

— Ah oui, *aux petits teigneux?* Il était aussi des *petits teigneux?*

— Comment, des petits teigneux? Quels petits teigneux?

— Tu n'as donc pas lu l'interview de Guesde, que lui a prise un rédacteur du *Temps*.

— Ah! c'est ça tes petits teigneux! Si, je l'ai lue. Non seulement je l'ai lue dans *la Petite République* —

— Malheureusement *la Petite République* ne donnait qu'un extrait, comme toujours.

— Non seulement je l'ai lue dans *la Petite République,* mais le prochain cahier, si les nécessités de la mise en pages nous le permettent, la donnera tout entière d'après *le Temps,* avec les annexes.

— Alors depuis ce temps-là, en province, on ne s'appelle plus que *les petits teigneux : Bonjour, teigneux, bonjour. — Comment va la teigne? — Allons, au revoir, teigneux.* Ce n'est pas spirituel spirituel. C'est comme toutes les plaisanteries scolaires, militaires, célibataires et régimentaires. Mais il faut nous pardonner cela. — Ainsi ce vieux Desbois est devenu teigneux. Écoute, ça me fait plaisir. Quand il était en Sorbonne, il esthétisait un peu. Mais ça devait se passer, parce que c'était un bon garçon, très sincère. Je suis content qu'il en soit. Quand tu le verras, tu lui donneras le bonjour pour moi. On n'aurait pas dit, dans le temps, qu'il serait des premiers à trinquer.

— Oui, et sérieusement. Il avait un recteur qui n'était pas assez teigneux. Un soir il avait osé dire au peuple que l'hypothèse de Dieu n'était pas plus intéressante que l'hypothèse du droit de propriété. Alors, tu comprends, la circulaire Leygues —

— J'entends bien. C'est vraiment un très brave garçon. Et notre camarade Léon Deschamps?

— Il a encore été refusé à l'agrégation de grammaire. Alors il enseigne le français et l'allemand au collège de Coulommiers. C'est un bon poste. Il est près de Paris.

— Le français et l'allemand? Mais il me semble qu'il voulait devenir latiniste. Il travaillait de préférence le latin, à l'école —

— Le français, l'allemand, l'histoire de l'art et un peu de philosophie. Toujours la culture générale.

— Cela me rappelle avantageusement un vieil ami de ma famille, un ancien instituteur, qui était devenu professeur de français et de gymnastique à la pension Vion, à Gien. Mais il y a longtemps.

— Deschamps vient à Paris de loin en loin.

— Il a tout de même plus de deux heures de chemin de fer. Je connais bien Coulommiers. J'y ai fait mes vingt-huit jours.

— Il s'est abonné à huit francs, parce qu'il n'est pas riche. Il est à dix-huit cents.

— Teigneux?

— Teigneux.

— Bien. Raoul Duchêne?

— Il vient d'avoir un garçon. J'ai reçu la circulaire. Il était à Brest, en seconde. On l'a récemment envoyé à Chambéry, en troisième. Il avait dit devant plusieurs instituteurs que l'hypothèse du droit de propriété ne s'imposait pas plus dans les relations sociales que l'hypothèse de Dieu ne s'impose dans les enquêtes scientifiques.

— Ça ne m'étonne pas de lui. Toujours il a dit partout ce qu'il pensait et toujours il a pensé cela.

— Toujours.

— Il est abonné?

— Je lui sers éventuellement les cahiers. Il ne m'a pas répondu encore.

— Il s'abonnera.

— Il s'abonnera.

— Tout de même c'est amusant, que ce soient Desbois et Duchêne ensemble qui aient payé les premiers pour les Universités populaires. Tu te rappelles un peu le léger dédain que Desbois avait pour les manifestations intempestives et un peu ridicules de Duchêne? Et tu te rappelles tout le mépris que manifestait hautement Duchêne pour les esthétismes de Desbois? Il est admirable que tout cela ait aussi bien tourné.

— Ils étaient aussi profondément, aussi sincèrement, aussi professionnellement universitaires l'un que l'autre, Desbois avec ses excès de finesse, et Duchêne avec ses excès de simplicité rugueuse. Alors, quand ils ont été lâchés dans la vie, invinciblement ils ont fait tous les deux leur métier d'universitaires, qui consiste à enseigner. Ils ont pris leur travail au sérieux. Ils ont pris leur classe au sérieux. Ils ont eu sur leurs élèves, ou du moins sur la plupart de leurs élèves, ou, au pis aller, sur quelques-uns de leurs élèves, une heureuse influence. Et comme ils n'enseignaient pas encore assez à leur gré, ils ont naturellement pensé à enseigner le peuple. Comme ils n'enseignaient pas assez dans la journée, ils ont naturellement pensé à enseigner le soir. Ils ont à plaisir aggravé ce métier d'universitaire, qui est un des plus onéreux, des plus meurtriers. Ils ont enseigné. Ils ont surenseigné. Ils continueront. Et quand un jour, sous le prochain ministère Méline — Ribot — Barthou — Poincaré — Leygues — Charles — Dupuy — Deschanel — Sarrien — Léon-Bourgeois — Mesureur — Lockroy — Peytral — Zévaès — car ce ministère espéré finira bien par nous tomber sur le dos — quand un jour le hasard des persécutions gouvernementales antiteigneuses les aura tous les deux assemblés en quelque trou perdu de province où ils crèveront communément de faim, tous les deux, l'ancien esthète et l'ancien brutal pourront se donner une poignée de mains solide. Et quand sera venu le Jour du Jugement dernier, qui est une hypothèse, quand Dieu, qui est une hypothèse, pèsera dans sa balance hypothétique les actions non hypothétiques des hommes, il se trouvera que ces deux professeurs, l'ancien esthète et l'ancien brutal, auront plus fait pour préparer ce que nous nommons indivisiblement la révolution sociale et la révolution morale que tout le Comité général ensemble.

— Tais-toi, tais-toi, mon vieux, tu t'emballes, et cela t'empêche de parler proprement. Tu voulais dire sans doute que ces deux professeurs, nos anciens camarades, auront plus fait pour préparer la révolution sociale que nos dignitaires du Comité général n'auront fait pour la discréditer et pour l'enrayer.

— C'est cela que je voulais dire.

— Je te demande pardon. C'est une habitude que j'ai, de corriger toujours tout ce qu'on me dit, et tout ce qu'on dit devant moi, comme si c'étaient des devoirs ou des leçons. Ne m'en veuille pas. C'est une habitude professionnelle. Je n'en ai pas honte. Mon père est incapable de marcher vite, parce qu'il est paysan. Et puis, crois-tu que toi-même tu ne sois pas universitaire?

— Je le sais bien.

— Crois-tu que tes cahiers ne soient pas universitaires?

— Je le sais bien.

— Crois-tu qu'il n'y ait pas dans ce que tu écris aux cahiers des insistances maladroites qui sentent leur professeur?

— Je le sais bien.

— A la bonne heure. — Qu'est devenu notre ancien camarade Hubert Plantagenet, qui passa plus d'un an de sa vie aux dialogues de Platon?

— Il enseigne la philosophie à Coutances [1]. Il a donné récemment une conférence publique et populaire sur l'alcoolisme. J'attends qu'il me l'envoie. Il a laissé supposer à tous ces Normands, m'a-t-on dit, qu'ils n'étaient pas la première et la seule race du monde. Il a laissé supposer qu'il n'est ni beau, ni bon, ni bien — ni patriotique de se soûler. Ces nouveautés pénétraient dans la mémoire des assistants.

— Julien Desnoyers?

— Il enseigne les sciences naturelles dans une région voisine. Il fait bon ménage avec les instituteurs. Il a donné récemment une conférence publique et populaire sur la géologie. On m'a dit qu'il avait tout simplement déclaré en commençant à ses auditeurs que lorsqu'on veut étudier scientifiquement la création du monde, et toute son histoire, on examine attentivement les pierres et les eaux, les couches de terrains, et la lente action des eaux sur les formations des couches de terrains, mais qu'on ne se guide pas aveuglément sur la sainte Bible. Il ne parla pas de la lutte des classes.

— L'auditoire?

— L'auditoire fut un peu étonné, mais entendit bien.

— François Desmarais?

— Toujours agrégé, heureux, prospère. Syndicataire aux cahiers. Il m'envoie ponctuellement dix francs par mois.

— Tiens, cela me fait penser que j'ai un mois de retard. Mars et avril.

— Rassure-toi, je te les aurais demandés directement.

Ici, mon ami René Lardenois, m'ayant demandé si j'avais la monnaie de cinquante francs, que j'avais, me donna dix francs pour ses deux mois.

— Il vaut mieux que je te les donne tout de suite. En rentrant de chez moi, je n'aurai plus un sou. Et puis je n'aurai pas le temps de m'arrêter à Paris.

La vue de la monnaie que je lui rendais sembla déterrer de sa mémoire une réflexion négligemment ensevelie.

— Crois-tu, me dit-il brusquement, que la vie et le budget de tes cahiers ne soient pas une vie et un budget universitaires?

— Je le sais bien.

— Ta classe et tes leçons payantes, ce sont les abonnements à huit francs, les abonnements à vingt francs, les souscriptions mensuelles régulières et les souscriptions extraordinaires.

— Je le sais bien, mais plus libres.

— Naturellement, tout à fait libres. — Et tes abonnements gratuits, ce sont nos conférences et nos leçons populaires.

— Je le sais bien.

— La preuve en est que ce sont nos salaires de classe et de leçons qui nourrissent tes cahiers.

— Je le sais mieux que toi.

— Mes cinq francs par mois représentent une demi-heure de leçon. Tu ne le sais pas mieux que moi.

— Je voulais dire que je m'en suis aperçu avant toi, puisque c'est l'économie même de ces cahiers.

— Parlons peu, mais parlons bien. Parlons proprement. Et Lucien Deslandes?

— Pas plus agrégé qu'avant, toujours timide, malade et malheureux. Il est en congé en Sologne chez ses parents, qui sont pauvres. Il m'envoie ponctuellement à la fin de chaque mois une souscription de vingt sous, exactement de vingt et un sous, sept timbres de trois sous dans la lettre où il me donne de ses nouvelles. C'est quelqu'un de vraiment rare.

— Il a des sentiments rares et son cœur est muni de tristesse. Dans ton avant-dernier cahier, tu as parlé finalement de notre ami Pierre Baudouin. Qu'est-il devenu?

— Marcel Baudouin est mort. Pierre Baudouin a été sérieusement malade[1]. Je suis allé le voir la semaine passée.

— Il demeure toujours à la campagne?

— Oui, en Seine-et-Oise, à une heure de Paris-Luxembourg. Je suis allé le voir, sachant que le docteur n'aurait pas le temps de revenir me voir de sitôt.

— Le docteur n'est pas revenu?

— Non, il m'a fait dire que les commissions qu'il avait à faire à Paris étaient beaucoup plus longues et plus difficiles et plus ingrates qu'on ne pouvait raisonnablement le penser. Il ne pouvait donc venir chez moi et il était inutile que j'allasse le demander chez lui. Je suis allé voir Pierre Baudouin dans la maison de campagne où il demeure. C'était à l'aube du printemps. Les arbres en fleurs avaient des teintes et des lueurs, des nuances claires et neuves et blanches de bonheur insolent semblables aux nuances que les Japonais ont fidèlement vues et qu'ils ont représentées. Les branches des arbres des bois transparaissaient merveilleusement au travers des bourgeons et des feuilles ou des fleurs moins épaisses comme la charpente osseuse d'un vertébré transparaît dans les images radiographiques de son corps. Notre ami Pierre Baudouin, qui est un classique, et même, en un sens, un conservateur, me dit qu'il redoutait l'incertitude anxieuse de cette jeunesse et la transparence mystérieuse des arbres. Il attendait impatiemment l'heure prochaine où les arbres auront leur beauté pleine, où le feuillage épais cachera normalement, naturellement, décemment, convenablement, modestement la charpente intérieure. Il admet qu'en hiver les arbres à feuilles caduques soient des squelettes, parce que l'hiver est la saison de la mort. Mais il demande qu'aussitôt que la saison de vie a rayonné du soleil et rejailli de la terre nourrice, les arbres se vêtent rapidement de leur feuillage habituel. Car il convient, me disait-il, que nos regards humains nous donnent humainement les images végétales des végétaux patients. Mais il ne convient pas que nos regards humains nous donnent d'eux sans appareil je ne sais quelle image mystérieuse, animale et radioscopée.

— Je le reconnais bien là. Il est toujours aussi extraordinaire.

— Mais il n'en est pas moins capable d'accepter la beauté de ce printemps. Vois, me disait-il, aucun arbre à fleurs, soigneusement et artificiellement cultivé par des jardiniers déocrateurs, n'est aussi beau que les fleurs utiles des arbres à fruits. Quelle fleur de parade, quels catalpas, quels magnolias et quels paulownias sont aussi beaux que ce vieux poirier tout enneigé de ses flocons de fleurs? Quel enseignement pour qui sait voir.

— Je le reconnais bien là : il déteste le langage figuré, mais il est passionné d'instituer des paraboles. Parfois, il est extraordinairement sage, et souvent je me demande s'il n'est pas un peu fou. Croit-il toujours que l'on ne peut parler aux hommes sinon en instituant des dialogues.

— Il veut toujours instituer. Et c'est un spectacle touchant, lamentable et ridicule que celui de ce pauvre garçon qui ne sait pas bien comme il fera pour donner du pain l'année prochaine à sa femme et à ses enfants, mais qui attend comme une bête de somme que la vie ingrate lui laisse l'espace d'instituer des dialogues, des histoires, des poèmes et des drames ainsi que pouvaient le faire les auteurs des âges moins pressés.

— Il a toujours cette incapacité parfaite à sentir le ridicule?

— Toujours. Aucun homme, autant que j'en connaisse, n'est plus incapable que lui de s'apercevoir comme il est parfois ridicule.

— C'est un garçon extraordinaire. Croit-il toujours que l'on ait le droit de lancer dans la circulation un drame en trois pièces[1] comptant un nombre incalculable d'actes bizarres, avec des indications ridicules, exigeant, tout compte fait, six ou huit heures de représentation, d'une représentation qui ne viendra jamais, exigeant, en attendant, 752 — je dis sept cent cinquante-deux pages d'impression, d'ailleurs non foliotées, ce qui, vraiment, n'est pas commode, pages dont la moitié sont restées tout à fait blanches, ou à peu près, et dont la seconde moitié portent de si rares et de si singulières écritures que, vraiment, ce n'était pas la peine, — un volume, si j'ai bonne mémoire, mesurant vingt-cinq centimètres de long sur presque seize centimètres et demi de large et au moins quatre centimètres et demi d'épaisseur, mesuré au dos, — et pesant, tout sec, entends bien : pesant 1 kilo 520 — un kilogramme cinq cent vingt grammes, c'est-à-dire plus d'un kilo et demi, plus de trois livres.

— Il ne désespère pas de faire un jour des livres dont le poids aille jusqu'à passer deux kilos et qui sans doute serviront à ceux qui les auront de la main de l'auteur, car personne jamais ne les achètera. Ceux qui les auront de la main de l'auteur et qui, n'ayant aucun jardin à labourer, seront forcés de faire de la gymnastique en chambre, seront heureux d'avoir à leur disposition des livres aussi lourds, qui les dispenseront d'acheter des haltères.

— Croit-il toujours qu'il faille aligner à la fin des livres les noms, tous les noms de tous les citoyens qui les ont industriellement faits, compositeurs, metteurs en pages, correcteurs, imprimeurs, prote et ceux que j'ignore?

— Toujours. Il cherche le moyen d'y mettre aussi les fondeurs de caractères et les fabricants de papier. Il finira par les chiffonniers qui ont ramassé le chiffon.

— Il finira par avoir l'air d'être payé pour faire de la réclame.

— Il finira suspect : encres Lorilleux, papier Darblay, d'Essonnes.

— Que pense-t-il des cahiers?

— Je le lui ai demandé : Je suis ton ami, me répondit-il. Quel dommage que tu passes tout ton temps, que tu dépenses tous tes soins à un travail aussi futile. Qu'importent ces quinzaines? Et qu'importent les événements de ces quinzaines? Et qu'importent ces attaques et ces accusations quinzainières. Je sais aussi bien que toi, — sans en avoir l'air, car je ne suis pas nouvelliste et je n'en fais pas profession, — je sais aussi bien que toi que M. Vaillant est devenu un redoutable maître d'école et M. Guesde un archevêque dangereux pour la santé sociale. Je sais aussi bien que toi que M. Alexandre Zévaès est un misérable escroc de consciences, en admettant qu'il n'ait jamais été un jeune escroc d'argent. Je sais tout cela. Et j'en sais bien d'autres. Mais qu'importe le passage de ces misérables événements? Le temps que vous passez, les forces que vous dépensez à ces attaques et à ces accusations est la contribution que vous faites aux méfaits de ces gens. Vous accroissez l'effet nuisible de leurs combinaisons si par vous, et autant qu'il est en vous, elles sont cause efficiente qu'un honnête homme ait sa vie honnête interceptée, ait son travail honnête interrompu. Vous alourdissez inconsidérément. A ce moment — je le priai de me reparler à la deuxième personne du singulier, puisque ces cahiers n'engagent que ma responsabilité personnelle, individuelle. Tu alourdis inconsidérément ta vie et ta pensée, inconsidérément la vie et la pensée de tes amis, camarades, correspondants et lecteurs en les appesantissant sur ces laideurs et sur ces vilenies. Cela est malsain. Mieux vaut garder son âme sereine et traiter les grandes questions. J'espérai un moment que tes cahiers tourneraient ainsi. L'heureux et providentiel avertissement de la grippe, ainsi que l'auraient nommé nos amis chrétiens, faillit te détourner des contingences vaines. Alors tu revins au Pascal. Mais pour traiter honnêtement cette grande question de l'immortalité de l'âme ou de sa mortalité, je ne dis pas pour l'épuiser, à peine les cahiers entiers d'une année entière, ou plutôt à peine les cahiers entiers de quatre ou cinq ans pouvaient-ils suffire. Mais tu as redouté le ridicule, qui n'existe pas, et qui n'est qu'une imagination sociale; toi qui n'es pas un peureux, tu as redouté le ridicule, et pourtant le ridicule n'est qu'une imagination des peureux. Et tu as redouté l'autorité des censeurs, toi qui fais profession d'ignorer toutes les autorités. Pressé de toutes ces peurs, tu nous as donné quelques misérables citations du grand Pascal, citations lamentablement mesquines et déplorablement tronquées et inconvenablement brèves : au lieu qu'il était honnête simplement de nous donner des citations quatorze ou quinze fois plus longues, puisque les citations capitales afférentes à la question que tu osais mettre en cause étaient au moins quatorze ou quinze fois plus longues. Tu as négligé tout bonnement, — et cela serait scandaleux s'il y avait quelque scandale, — tu as négligé bonnement cette considération que toute la démonstration de la vérité de la foi chrétienne, et la théorie du miracle, et celle des prophéties, pour m'en tenir aux toutes prochaines, sont liées indissolublement à cette question de la vie et de la mort. Comment, en effet, examiner utilement la question de l'immortalité de l'âme ou de sa mortalité si l'on n'a pas examiné d'abord la question de savoir si vraiment il y a eu quelque miracle, et, avant tout, ce que c'est qu'un miracle et surtout la question capitale de savoir si en un sens tout n'est pas miracle, ou n'est pas un miracle. J'admets que l'on résolve ces questions par la négative et pour ma part d'homme, après y avoir longtemps pensé, crois bien que je suis disposé à nier qu'il y ait des miracles particuliers ou individuels, tout en réservant pour longtemps encore mon opinion sur la question de savoir s'il n'y a pas miracle ou un miracle universel — car l'universel est d'atteinte un peu plus difficile. Comment examiner un peu la question de l'immortalité de l'âme si l'on n'a pas commencé par étudier la question du salut, qui enveloppe celle de la grâce et de la prédestination. Et qui a commencé à étudier à la question de la grâce et de la prédestination, il sait bien quand il a commencé, mais il ne sait pas bien quand il en finira. Et derechef et inversement, comment aborder une seule des questions qui sont afférentes à cette vie avant d'avoir au moins essayé d'examiner la question de la vie et de la survie et de la mort. Comment procéder à l'action quotidienne, et comment se guider aux incessantes combinaisons inévitables, comment voter aux élections municipales voisines si l'on n'a pas commencé par essayer au moins de commencer d'examiner les grands problèmes. Sinon, et si vous êtes aveugle, qu'importent les spectacles accidentels; et si vous êtes sourd, qu'importent les auditions accidentelles. Mais tu as été lâche, tu as eu peur de l'opinion; qui sait? tu as sans doute eu peur de tes abonnés, de tes souscripteurs, que sais-je? malgré ce que tu dis au commencement de la deuxième page de ta couverture, que la souscription ne confère aucune autorité sur la rédaction ni sur l'administration : ces fonctions demeurent libres. Ainsi tu as préféré maltraiter les questions, parce que tu t'es imaginé, comme un ignorant que tu es, qu'elles ne se défendent pas. Et tu as préféré maltraiter Pascal, — car c'était le maltraiter, que de le citer aussi brièvement, — parce qu'il est mort, et que tu crois qu'il ne peut plus rien dire, — au lieu de te représenter, comme tu le devais selon les conseils de ta cupidité naturelle, qu'étant mort il ne pouvait te réclamer aucun droit d'auteur et qu'ainsi tu pouvais en citer tant que tu voulais sans alourdir ce que tu nommes l'établissement de tes cahiers. Mais non, tu préfères t'attaquer au citoyen Lafargue, un homme qui n'existe pas, que pas un de tes lecteurs ne connaît, qui n'est ni un orateur, ni un savant, ni un écrivain, ni un homme d'action, ni un auteur, ni un homme, et en qui je soupçonne à présent que tu introduis arbitrairement quelque apparence d'existence pour avoir ensuite le facile plaisir de le combattre. Vanité littéraire de ce facile plaisir. Comment n'as-tu pas vu, si tu es sincère, que tu fais le jeu de ces gens-là quand tu imprimes leurs discours et quand tu les critiques. N'as-tu pas vu que tu fais le jeu de ces joueurs-là, que tu leur donnes une importance artificielle, et qu'ainsi que je te l'ai dit, le méfait le plus redoutable qu'ils pourraient commettre serait de s'imposer à l'attention de braves gens, comme le sont sans doute la plupart de tes lecteurs, de distraire les honnêtes gens de leur vie et les travailleurs de leur travail et les ouvriers de leur œuvre.

» Là est le vice capital de tes cahiers : ils sont intéressants. Je ne te reproche pas, comme on l'a fait, qu'ils sont trop personnels, trop individuels, et qu'on t'y voit trop. D'abord cela n'est pas rigoureusement exact. Et ensuite j'aime encore mieux qu'on parle et qu'on écrive à la première personne du singulier, et même à la troisième, comme César, mais en se nommant, que de se manifester sous le nom de critique objective ou de méthode proprement sociologique. Votre ami Pascal me semble avoir été injustement sévère à l'égard des écrivains et en général des auteurs. Ce mot d'écrivains, et surtout ce beau mot d'auteurs, pour qui l'entend au sens originel, a un sens professionnel très honorable et tout ce que l'on peut dire c'est qu'il y a beaucoup moins de bons auteurs que de bons charpentiers. Mais ce n'est pas de la faute aux bons auteurs s'il y avait et surtout s'il y a plus de mauvais auteurs que de mauvais charpentiers. Ou plutôt c'est un peu de la faute aux bons auteurs, qui sont trop faciles aux camaraderies littéraires; mais ce n'est pas beaucoup de leur faute; et si l'on avait le temps d'essayer d'en faire le calcul, on s'apercevrait aisément que la faute en est aux mauvais auteurs eux-mêmes, et surtout au public et aux snobs, qui est beaucoup trop indulgent pour cette espèce d'exercices. Croyez bien que si le public avait reçu comme il convenait ce *Cyrano de Bergerac,* dont les journaux ont dit tant de bien, M. Edmond Rostand n'aurait jamais osé lui proposer ce jeune *Aiglon,* dont les journaux ont dit tant de bien. « Quand on voit le style naturel », dit Pascal, « on est tout étonné et ravi; car on s'attendait de voir un auteur, et on trouve un homme. Au lieu que ceux qui ont le goût bon, et qui en voyant un livre croient trouver un homme, sont tout surpris de trouver un auteur. *Plus poetice quam humane locutus es.* Ceux-là honorent bien la nature, qui lui apprennent qu'elle peut parler de tout, et même de théologie. » Passage auquel M. Havet a mis les notes suivantes : après *style naturel :* « C'est-à-dire, quand on voit que le style est naturel. » Après : *et on trouve un homme,* il nous renvoie à Méré, *Discours de la Conversation,* page 76 : « Je disais à quelqu'un fort savant qu'il parlait en auteur. Eh quoi ! me répondit cet homme, ne le suis-je pas ? — Vous ne l'êtes que trop, repris-je en riant, et vous feriez beaucoup mieux de parler en galant homme. » A quoi M. Havet ajoute : « C'est plutôt encore Montaigne que Méré qui a dû inspirer à Pascal cette pensée : et à qui s'applique-t-elle mieux ? » Après la citation latine, au mot *poetice,* M. Havet nous apprend que cette phrase est de Pétrone, au chapitre 90, où elle n'a pas le même sens que dans Pascal. Mais il pense que Pascal emprunte sans doute à quelqu'un cette citation. Enfin, après ces mots, *et même de théologie,* M. Havet se demande si c'est là un retour sur *les Provinciales.* Je suis d'accord avec Pascal sur ce que l'on est tout étonné et ravi quand on s'attendait de voir un auteur et qu'on trouve un homme. Seulement cela suppose que l'on n'est ni étonné ni ravi quand on s'attend de voir un auteur et qu'on ne trouve personne. Et je ne suis pas si difficile que Pascal. Je ne demande pas toujours l'étonnement et le ravissement. Ainsi quand je crois trouver un homme et que je trouve un auteur, sans doute je suis surpris, mais je me dis qu'après tout c'est encore cela, que c'est un homme qui fait son métier, et que si cet homme fait son métier honnêtement et consciencieusement, je n'ai pas à me trouver malheureux, mais seulement moins heureux, ce qui est tout à fait différent. Je suis un peu comme ce quelqu'un de Méré, non pas que je sois fort savant. Mais si l'on me reprochait de parler en auteur, je répondrais comme ce quelqu'un : « Après tout, ne le suis-je pas ? » Et je ne vois pas bien ce que l'on pourrait m'opposer. Je ne vous reproche donc pas, en méthode générale, que l'on ne voie que vous dans vos cahiers. Je ne vous reproche pas non plus, dans l'espèce, que je ne voie que vous dans vos cahiers. J'admets très bien que ceux qui vous ont assez vu n'aillent pas vous voir encore dans vos cahiers. Mais, moi, je ne vous ai pas vu bien souvent, surtout depuis que je suis malheureux. La question ne se pose pas pour moi. »

— Je le laissais ainsi aller, à la deuxième personne du pluriel, parce que j'entendais bien qu'il ne s'adressait qu'à moi seul; mais je constatais que ce pluriel convenait à ce que ses phrases fussent bien pleines.

Il continua :

— Mais ce que je vous reproche, mon ami, c'est l'effort visible, — trop souvent et trop visible, — que vous faites pour que vos cahiers soient intéressants. Cela est insupportable. On sent que vous faites vos cahiers intéressants. Vous voulez qu'ils soient intéressants, qu'ils intéressent monsieur le lecteur, qu'ils intéressent monsieur le provincial. Et vous y réussissez trop souvent. Vous présentez les demandes et les réponses, les problèmes et les solutions comme elles seraient si elles étaient intéressantes, comme elles seraient intéressantes, ou parfois comme elles sont intéressantes, mais non pas comme elles sont. Écoutez, je suis votre ami : je me demande certains jours si vous ne cherchez pas à plaire. Je te préviens qu'à ce jeu-là tu ne risques rien moins que la probité native.

Je ne fais aucune réserve sur ta sincérité; mais je ne me fais aucune illusion sur ton intelligence : elle est moyenne, et peu perspicace. Tu as une aversion sincère de la démagogie, et tu tends à exercer une espèce particulière de la démagogie, une agogie de quelques-uns, une aristagogie, qui est la plus dangereuse agogie, parce qu'elle est la moins grossière. Tout homme qui veut plaire est à sa manière un démagogue. Tu lis beaucoup de journaux, trop de journaux, pour ta santé, beaucoup trop de quotidiens, et nous savons combien est vaine l'action du journaliste, et toi-même, si je te pressais, tu en conviendrais. Alors? pourquoi t'es-tu fait journaliste? Car tu es journaliste. Au lieu que tu pourrais employer ta jeunesse finissante à lire les bons auteurs, qui sont nombreux, que l'on connaît mal, et que tu ne connais pas. Puis tu emploierais ta maturité commençante à quelque travail épais, honnêtement ennuyeux. Les travaux épais font plus pour l'action que les fantaisies plus ou moins réussies, que vous croyez légères. Descartes et Kant ont plus fait pour préparer ce qu'il y a de bon dans ce que vous nommez la Révolution sociale que toutes les boutades et tous les calembours des journalistes. Faisons des livres épais.

— Très lourds.

C'était mon ami René Lardenois qui se réveillait.

— Non, mon ami, je n'interrompais pas notre ami Pierre Baudouin. Le malheureux continuait comme il voulait. Et je me serais fait un scrupule de le troubler. D'abord je connais à peu près bien tous ses sentiments, et je ne m'en moque jamais, surtout devant lui. Puis rien de sa part ne saurait m'étonner. Enfin le pauvre malheureux, s'il est parfaitement décidé à n'écrire que des dialogues, poèmes, histoires, drames, et autres grandiloquences, a été si longtemps privé d'écrire ce qu'il voulait et de parler comme il voulait, qu'il se laisse inattentivement aller à laisser déborder sa parole non écrite, sous n'importe quelle forme, et qu'il y aurait eu quelque cruauté à vouloir endiguer ce débordement.

— Alors il consent à parler en prose?

— Il parle comme il peut.

Je lui demandai seulement si, après cette vive critique, il avait encore l'intention de s'abonner aux cahiers, que je lui servais éventuellement.

— Oui, me répondit-il, comme si cette réponse allait de soi. Car j'ai beau vous désapprouver hautement, je sais trop comme il est difficile de faire le commencement de n'importe quoi, loin qu'on puisse faire n'importe quoi, pour me donner le désavantage de contribuer à vous tuer, vos cahiers et vous. Je suis occupé à vendre une terre que ma femme avait en Bourgogne; cette vente me rapportera quelques centaines de francs. Elle me rapporterait beaucoup plus si ma terre demeurait sur la place de la Concorde. Mais on fait ce qu'on peut. Aussitôt que je les aurai touchés, je vous donnerai une cinquantaine de francs. Moyennant quoi vous me compterez comme abonné ferme. Ce sont mes réserves dernières; mais je suis trop pauvre pour ménager mes réserves. Je ne sais même pas si nous avons le droit de nous ménager des réserves. Je préfère vous donner d'une seule fois tout ce que je pourrai pour le moment, car si je vous promettais de vous verser des souscriptions mensuelles régulières, je ne le pourrais pas, et même si je le pouvais je ne tiendrais pas ma promesse, pourtant sincère; je ne m'aperçois pas quand les mois passent. Il faut me le pardonner. Si le facteur ne m'apportait pas un nouveau calendrier pour avoir ses étrennes, je ne saurais pas qu'un an s'est passé, je ne saurais pas que je vieillis. Vous pouvez donc me compter parmi vos abonnés fermes.

— Je te compterai quand tu auras versé.

— Tu feras comme il te plaira.

— S'il en est ainsi, tu trouveras aux cahiers, aussitôt que j'aurai le temps d'en exposer l'institution, une réponse non négligeable aux reproches que tu m'as faits.

— Oui, dit Lardenois, c'est un des nombreux articles que tu as promis et que tu ne feras jamais.

— Nous verrons.

— Nous verrons.

— Puis je lui demandai ce qu'étaient devenus les exemplaires de ce drame en trois pièces dont j'ai un exemplaire et dont j'ai gardé la mémoire.

L'œuvre avait à peine atteint son milieu quand Marcel Baudouin cessa d'y travailler. Il est mort en effet le samedi 21 juillet 1896[1]. Pierre Baudouin la continua et finit d'écrire à Paris en juin 1897. Puis, comme il avait quelque argent, et qu'il ne prévoyait pas les disettes futures, il fit imprimer. On tira mille exemplaires et on clicha, car ce Pierre Baudouin n'avait alors aucune idée de ce que c'est qu'une opération de librairie. Sur ces mille exemplaires, l'auteur en donna au moins deux cents à ses amis, à ses camarades, aux amis de ses amis et aux camarades et amis de ses camarades et amis. Ceux qui avaient quelque argent et qui savaient que l'auteur n'en avait pas beaucoup achetaient le volume au prix marqué : dix francs. Ceux qui n'avaient pas d'argent, et ils étaient nombreux, l'acceptaient bien amicalement. On ne fit aucun service de presse, l'auteur déclarant que la véritable publication n'aurait lieu que plus tard. Les exemplaires qui demeuraient dormirent un long sommeil dans les maisons de plusieurs amis et pour la plupart dans la librairie de *la Revue Socialiste,* alors autonome et domiciliée passage Choiseul, 78. Un seul exemplaire fut vendu commercialement, et encore l'auteur est-il autorisé à considérer cet achat comme un témoignage de cordialité personnelle. Un bon nombre d'exemplaires furent perdus, parce que le brocheur inattentif, dépourvu de tout foliotage, ahuri de l'aspect inaccoutumé des pages, avait effectué des interpolations extraordinaires. La publication n'eut jamais lieu. C'est une opération qui déplaît invinciblement à ce Pierre Baudouin. Et si elle avait lieu elle ne réussirait pas. Il fit transporter plus tard les exemplaires impubliés chez Georges Bellais, libraire, 17, rue Cujas. Ils sont échus aujourd'hui à la Société Nouvelle de librairie et d'édition, dont ils doivent encombrer le magasin extérieur. Un recensement récent a permis de savoir qu'il en restait 670 exemplaires.

Ici mon ami René Lardenois prit sur ma table un vieux petit crayon et un morceau de papier blanc déchiré, marmonna quelques mots incompréhensibles : « Sept fois deux quatorze et je retiens un; sept fois cinq trente-cinq et un trente-six, et je retiens trois; sept et trois dix.

Six fois deux douze et je retiens un; cinq fois six trente, et un, trente et un, et je retiens trois; six et trois neuf.

Quatre; six et deux huit; un; neuf et un dix. » Un chiffre à droite. Il mit une virgule.

Et s'écria brusquement : mille dix-huit kilos, quatre cents grammes : il n'est pas étonnant qu'il soit encombré, le magasin.

J'entendis alors qu'il avait calculé le poids total de ces six cents ou six cent soixante-dix volumes. Je lui répondis :

— Je ne sais ni par expérience ni par témoignage que le magasin soit encombré. C'est sur le calcul aussi que je fondais cette supposition.

Notre ami Pierre Baudouin, me conta qu'il avait alors de grandes ignorances et qu'il avait eu soin de signer les exemplaires qu'il vendait et donnait à ses amis et camarades; et même, ayant un respect superstitieux de sa signature et de toute écriture sienne, il avait eu soin d'éviter que les mots qu'il soussignait fussent de simples formules vaines et menteuses. Mais, depuis, il advint cette histoire incroyable : que pendant une certaine affaire dont le nom m'échappe et qui, m'a dit Baudouin passionna la France et le monde au cours des deux dernières années, pendant cette certaine affaire dont Baudouin m'a cependant livré le nom —

— N'est-ce pas de l'affaire Dreyfus qu'il t'a voulu parler?

— Je crois me rappeler que tel fut bien le nom qui frappa mon tympan.

— A Bayonne il y a quelques personnes encore, plusieurs historiens, qui n'ont pas oublié ce nom.

— Pendant l'affaire Dreyfus donc, si tel est bien le nom que nous devons lui donner, il advint cette histoire incroyable : que plusieurs de ceux qui avaient accepté les exemplaires les plus amicalement et sincèrement signés s'imaginèrent que l'auteur, leur ami, était affilié à un mystérieux syndicat formé à seule fin de livrer aux bourgeois étrangers, en particulier aux Anglais, la France entière, de Calais à Perpignan, de Brest à Nice, de Domremy à Orléans, passant par Jargeau, Reims et Rouen, sans compter les colonies. Ceux qui voulaient pourtant lui garder leur estime ancienne imaginèrent que, sans être affilié, il contribuait sottement ou naïvement à faire les affaires de ce syndicat. Il saisit rapidement cette occasion qu'il avait de faire quelque démarche ridicule. Un jour que la menace d'un coup de force définitif était plus imminente, il écrivit à un de ses anciens amis que ces soupçons lui devenaient insupportables, et que l'ami eût à y renoncer, ou à lui renvoyer la *Jeanne d'Arc*. L'ami lui renvoya la *Jeanne d'Arc*. Pierre Baudouin était à peine remis de cet émoi que déjà l'affaire dont le nom m'échappe était oubliée. Alors il advint à ce malheureux une histoire encore plus incroyable : parmi les destinataires qui étaient censés affiliés au même syndicat de livraison que lui, une respectable minorité, peu nombreuse, mais compacte, se déclara, qui pensa tout haut et sincèrement que par sa conduite individuelle, et sans qu'il y eût syndicat, mais seulement anarchie et personnalisme, à présent l'auteur trahissait le socialisme révolutionnaire, à qui, en particulier, le poème est dédié. Pierre Baudouin n'est pas remis encore de cette inculpation ou de ce malentendu; il n'y comprend rien, et de cette incompréhension lui vient cet air stupide que nous lui voyons quelquefois.

Quand je vis que Pierre Baudouin me confiait ainsi le résumé, au moins partiel, de l'histoire extérieure et de l'histoire morale de son livre, je m'enhardis jusqu'à lui demander quelques explications sympathiques sur la disposition intérieure du poème. Résolument, mais posément, il m'arrêta aux premiers mots : Non, mon ami, je ne puis vous donner les quelques explications que vous me demandez bienveillamment. Car les quelques renseignements que vous me demandez sont liés indissolublement aux idées, ou, si vous le voulez, aux opinions que j'ai sur l'art, en particulier sur l'art dramatique. Et pour exposer mes opinions sur l'art dramatique, il est indispensable que l'on fasse au moins un dialogue —

— Naturellement, interrompit mon ami Lardenois.

— un dialogue, assez long, et que je préfère écrire moi-même, aussitôt que j'en aurai le temps, ce qui ne saurait tarder.

Ne voulant pas lui faire de peine en contrariant sa manie habituelle, je me gardai bien de sourire et je n'insistai pas. Je me permis alors de lui demander ce qu'il pensait faire des six cents exemplaires inemployés.

— Vraiment, mon ami, me répondit-il, je n'y pensais pas. Mais puisque vous me le demandez, je serais heureux que ces exemplaires fussent lus. Seulement je ne sais pas du tout comment je les pourrais faire lire. Jamais le public ne les achètera. Ils sont trop chers, trop lourds, trop singuliers. Je ne veux rien devoir à aucun journaliste. Je ne veux faire aucune sollicitation. Et s'il est tout à fait impossible de vendre, il est à peu près impossible de donner. Le temps n'est plus où il me restait quelque argent. Après avoir été assez riche pour faire imprimer ces gros volumes, je suis devenu assez malheureux pour ne pouvoir plus payer les frais, qui sans doute seraient considérables, de l'envoi que j'en ferais aux hommes libres à qui je les enverrais.

Voyant que ce malheureux auteur était accablé d'un vain désir, je ne pus lui dissimuler plus longtemps que ces cahiers étaient devenus récemment une puissance d'argent formidable et qu'il ne s'en fallait plus que de quelques lieues terrestres qu'ils atteignissent aux confins enchantés des régions où règne l'opinion publique. Il en parut un peu mécontent, et inquiet pour moi. Mais sans lui laisser le temps de s'abandonner à son malheureux naturel : S'il en eſt ainsi, lui dis-je, permettez-moi d'organiser la diſtribution de ces exemplaires.

A ce mot d'organiser, son visage douteux se rasséréna soudain : Oui, me dit-il, je sais que vous êtes le grand organisateur, et ce qui me plaît en vous, c'eſt que ce que vous organisez se porte assez volontiers mal. Je suis écœuré des gens qui réussissent. Vous, au moins, vous n'organisez pas pour la réussite. Et cela se voit. Je vous permets donc d'organiser la dispersion des volumes. Agissez comme il vous semblera bon. Mais, conclut-il en riant, je ne veux rien savoir de toute cette cuisine.

— Je veux croire, lui répondis-je très sévèrement, que tu n'es pas de ceux qui mangent la cuisine et qui méprisent le cuisinier. J'exige que tu m'entendes. Voici mon plan :

Je vais demander à la Société Nouvelle de librairie et d'édition de vouloir bien mettre à ma disposition gratuitement et sans condition les six cent soixante-dix exemplaires dont elle a reçu le domaine et l'administration. Autant que je connaisse le conseil d'administration de cette Société, il se fera un plaisir cordial de me les accorder.

Aussitôt que j'aurai sa réponse favorable, je ferai transporter une centaine environ de ces exemplaires au siège des cahiers, mais non pas tous à la fois, pour ne pas écraser les porteurs. Et à tous les abonnés fermes et gratuits, mais non pas, bien entendu, aux éventuels, qui viennent le lundi et le jeudi me donner le bonjour, je leur en donnerai à chacun au moins un exemplaire. Ainsi nous serons débarrassés de quelques-uns, sans frais.

Ici commenceront les difficultés financières. J'ai reconnu, après une longue expérience et de nombreux déboires, que la seule manière d'en venir à bout eſt d'ouvrir un compte. On n'eſt pas forcé de savoir ce que l'on y mettra. Mais on ouvre un compte. Un *doit et avoir*. *Doit* M. Pierre Baudouin, auteur peu solvable, auteur dramatique à peine solvable, tant d'envois de la *Jeanne d'Arc* à nos abonnés fermes et gratuits de Paris, de la province, et de l'extérieur, mais non pas à nos abonnés éventuels, bien entendu, et encore seulement à ceux de nos abonnés fermes et gratuits qui n'auraient pas reçu le volume à la première expédition ou distribution. A M. Pierre Baudouin. Sais-tu ce que tu as?

— Je sais que je n'ai rien.

— Tu ne te doutes pas de ce que tu as : homme ignorant et inhabile. Tu as le produit d'une souscription que j'ouvre aux cahiers et que nos camarades ne manqueront pas d'accueillir aux *Journaux pour tous*. Qu'adviendra-t-il de cette souscription, c'est ce que tu sauras en lisant de quinzaine en quinzaine, ou de mois en mois, c'est selon, la couverture des cahiers.

— Je lis toujours attentivement la couverture, me répondit-il naïvement, parce que c'est le plus intéressant.

— Pour ménager les finances qui te reviennent, je commencerai par expédier aux Parisiens. Autant que je me rappelle mon ancien métier de libraire.

— C'est vrai, tu fus libraire.

— Autant que je me rappelle mon ancien métier, les colis postaux de Paris pour Paris, jusqu'à cinq kilos, ne coûtent que cinq sous. Cent exemplaires pour vingt-cinq francs : c'est pour rien. Il est même ennuyeux que l'on ne puisse pas envoyer trois exemplaires à la même personne. Cela ne reviendrait pas plus cher. Les difficultés financières commenceront à devenir sérieuses pour la province, où réside la banlieue, et pour l'extérieur. Envoyé par la poste, un imprimé ordinaire, sous bande, ou un imprimé expédié sous forme de lettre ou de carte postale ou sous enveloppe ouverte peut avoir jusqu'à quarante-cinq centimètres sur toutes les faces : nous sommes donc au-dessous du maximum accordé, nous résidons à l'intérieur des limites instituées. Le poids maximum est de trois kilos : ici encore, nous sommes au-dessous ; et ici, du moins, n'aurions-nous pas le désavantage et le remords de ne pas épuiser nos avantages, ou plutôt nous aurions le désavantage de ne pouvoir envoyer un livre avoisinant trois kilos, mais nous n'aurions pas le remords de n'avoir pas à envoyer deux ou plusieurs volumes à la même adresse, car deux volumes ensemble passeraient les trois kilos. Malheureusement, l'administration des postes exige alors qu'on affranchisse l'envoi à cinq centimes par cinquante grammes. Ainsi est fixée la taxe d'affranchissement. A ce taux et selon ce tarif, chacun des exemplaires nous reviendrait, avec l'emballage, à trente-et-un et trente-deux sous. Nous serions donc obérés, si la vile complaisance des prédécesseurs de M. Mougeot et de M. Millerand n'avait institué les colis postaux. L'affranchissement des colis postaux est obligatoire au départ. Ils ne doivent contenir ni matières explosibles, inflammables ou dangereuses, ni articles prohibés par les lois ou règlements de douane ou autres, ni lettres, ni notes ayant le caractère de correspondance. Toutefois, l'envoi peut contenir la facture ouverte réduite aux énonciations constitutives de la facture. Tout cela nous convient. Poids : trois, cinq ou dix kilos : nous allons bien. Pour les raisons dessus dites, nous choisissons le colis postal de trois kilos. A domicile ou poste restante 0 fr. 85, dix-sept sous : nous serons moins obérés. Aucune condition de volume ni de dimension n'est exigée pour les colis de 0 à 5 kilos circulant à l'intérieur de la France, de l'Algérie, de la Corse, ou entre la Corse et la France. Bien. Nous passons. Mais l'administration ne nous dit rien des colis de 0 à 5 kilos circulant de l'Algérie à la Corse ou de l'Algérie à la France. Pourrons-nous passer? Enfin nous verrons. D'ailleurs les conditions de dimensions et de volume exigées des colis de 5 à 10 kilos transportés à l'intérieur de la France continentale ou à l'intérieur de la Corse et de l'Algérie sont si larges que je suis moralement rassuré : ces colis ne peuvent excéder la dimension de un mètre cinquante sur une face quelconque. De plus, les colis de cinq à dix kilos échangés entre la France, la Corse, l'Algérie et la Tunisie peuvent atteindre la longueur de un mètre cinquante, à la condition de ne pas excéder le volume de cinquante-cinq décimètres cubes. En tout ceci nous sommes loin de compte, et nous pouvons hardiment passer. Où passerons-nous? Jusqu'à dix kilos, les colis peuvent circuler à l'intérieur de la France, de la Corse et de l'Algérie et dans les relations entre la France, la Corse, l'Algérie, la Tunisie, la Belgique, le Luxembourg et la Suisse. Au delà, commencent les régions mystérieuses hérissées de tarifs bizarres. Mais on ne saurait quitter son pays sans risquer la mâle aventure. Enfin, je prends tout sur moi : cent exemplaires demandés à domicile, environ zéro franc; cent exemplaires envoyés dans Paris, environ vingt-cinq francs; moins de cinq cents exemplaires envoyés en province et ailleurs, allons, cinq cents francs nous suffiront largement pour le tout. Il est bien entendu que je commencerai par envoyer à ceux de nos abonnés qui me feraient la commande ferme et qui m'enverraient le montant des frais d'envoi. Je suis, par ailleurs, curieux de voir que les cahiers puissent ramasser pour cinq cents francs de souscriptions à cette fin.

Que ce fût par devoir ou par politesse que notre ami Pierre Baudouin écoutât mes calculs, je soupçonne à la fin qu'il écoutait fort distraitement, car j'avais à peine achevé qu'il me dit un petit oui de complaisance et qu'il donna passage à une réflexion malencontreusement retardée : Mon ami, dit-il en me reconduisant par-delà le vieux poirier non moins blanc, pour plaire à vos beaux esprits, vous parlez un peu légèrement de votre première philosophie. Je plains tout jeune homme qui ne s'est pas alors passionné pour ou contre la liberté, pour ou contre le déterminisme, pour ou contre l'idéalisme, pour ou contre la morale de Kant, pour ou contre l'existence de Dieu, pour ou contre Dieu, comme s'il existait. Je plains tout jeune homme qui, peu après qu'il se fut assis, lui douzième, aux bancs en escalier devant les tables noires étroites, ne s'est pas violemment passionné pour ou contre les enseignements de son professeur de philosophie. Et je plains tout homme qui n'en est pas resté à sa première philosophie, j'entends pour la nouveauté, la fraîcheur, la sincérité, le bienheureux appétit. Ne plus s'occuper des grandes questions, mon ami, c'est comme de fumer la pipe, une habitude que l'on prend quand l'âge vous gagne, où l'on croit que l'on devient homme, alors que c'est que l'on est devenu vieux. Heureux qui a gardé la jeunesse de son appétit métaphysique.

Ainsi conclut provisoirement notre ami Pierre Baudouin. Mon pauvre ami, continua-t-il en me quittant, méfiez-vous du bel air. Il est toujours dangereux. Mais il est plus particulièrement désagréable quand on y tâche laborieusement. Soyez comme un de vos jeunes abonnés de province. On m'a dit qu'un très jeune ami, à vous, tout récemment sorti du lycée, à ce que je pense, naturellement simple ou gardé du faux orgueil par la convenance de sa vie ordinaire, soldat ou récemment libéré, employé modestement quelque part, vous avait écrit que vous aviez traité la question de l'immortalité de l'âme d'une manière qui lui plaisait, et vous demandait de traiter ainsi la question de Dieu. J'admire la simplicité de ce jeune homme, s'il s'est imaginé que vous aviez traité la première question. Mais j'aime le soin qu'il a eu de vous demander ce qu'il vous a demandé.

Ainsi finit Pierre Baudouin. Je le quittai, sans plus.

— Il est temps, que tu l'aies quitté. Car je te quittais avant. Et je l'eusse déjà fait, si je n'avais oublié de corriger un point de ce que tu as dit. Quelqu'un qui t'aurait tout à l'heure entendu, se serait imaginé que tu pensais que le prochain Congrès de l'Enseignement Secondaire entrait en série avec les congrès précédents.

— Non : ami, si peu que je sois perspicace, et de si moyenne intelligence que je sois, quand j'ai vu que la Commission d'organisation du prochain congrès était présidée par l'honorable M. Croiset, rue Madame, 54, et quand j'ai vu que le secrétaire général en était l'honorable M. H. Bérenger, 8, rue Froidevaux, j'ai bien pensé qu'il y avait quelque cérémonie de changée. On n'était pas habitué à voir de tels noms aux congrès de l'enseignement. Il me reste quelque souvenir encore des anciens congrès. J'ai en mains : *Université française : Second Congrès des Professeurs de l'Enseignement Secondaire Public* — 1898 — *Rapport général par Émile Chauvelon,* alors *professeur au lycée Saint-Louis,* édité chez Armand Colin. Le premier congrès, tenu en 1897, avait été rapporté généralement par M. Gaston Rabaud, alors et encore professeur au lycée Charlemagne, si j'en crois l'annuaire. J'avais, à tout hasard, fait demander quelques renseignements à quelqu'un de particulièrement bien situé pour savoir : Il y aura un congrès d'enseignement secondaire *officiel* — administratif par son esprit, sa direction et tout le reste — international. Ce n'est pas sans peine que le congrès de Pâques 1899 avait renoncé à en conserver l'initiative, — car M. Bourgeois avait *autorisé* les Professeurs à tenir un congrès international en 1900. Mais le congrès de 1899 y renonça parce que tout le monde sentait bien que l'on ne pourrait faire autrement, parce que tous étaient fatigués de lutter contre les petites querelles et les tracasseries qu'on nous suscitait. C'est ce congrès officiel qui se tiendra du 31 juillet au 6 août. Aura-t-on un congrès des professeurs de l'Enseignement national « mais largement ouvert aux étrangers » — comme l'avait décidé ce même congrès de 1899? D'après ce que m'a dit ce soir un de mes collègues, la question est encore pendante, malgré plusieurs démarches faites auprès du ministre. Mon impression est qu'il n'aura pas lieu, que personne n'y tient, — et mon opinion est que, dans les circonstances actuelles, il n'est guère à désirer qu'il ait lieu, car toute action d'ensemble me paraît impossible.

Tels furent les renseignements que me donna quelqu'un de particulièrement bien situé pour savoir.

— Bien. Qui t'aurait tout à l'heure entendu pouvait s'imaginer que je pensais que nos honorables collègues de l'Enseignement secondaire public venaient aux congrès à seule fin de participer à je ne sais quels banquets somptueux ou, comme on dit, à des agapes fraternelles, ou pour se faire décorer gouvernementalement.

— Je sais qu'il n'en était rien. Les compagnies de chemins de fer n'accordaient pas même une réduction. Je lis dans le *Rapport général* que j'ai, au discours de M. Rabaud :

En avril 1897, cent neuf établissements étaient représentés; nous avons aujourd'hui — en 1898 — l'adhésion de cent cinquante-trois lycées ou collèges, et beaucoup de professeurs assisteront, à titre personnel, à nos réunions.

Tous, délégués ou non délégués, ont d'autant plus de mérite à avoir fait le voyage que, malgré nos efforts, nous n'avons pu le leur faciliter. A notre demande de réduction de tarif, les compagnies de chemins de fer, même celle de l'État, ont répondu avec ensemble par un refus bref, net et sec.

Nous avons prié M. le ministre de l'instruction publique d'intervenir et il a saisi aussitôt de la question M. le ministre des travaux publics. Celui-ci a répondu :

Sollicitées déjà l'an dernier* d'accorder cette faveur aux mêmes congressistes, les Compagnies ont répondu par un refus basé sur la prolongation de la validité des billets d'aller et retour qui est exceptionnellement consentie à l'occasion des vacances de Pâques. La situation étant exactement semblable cette année, une nouvelle

* Ni le ministre de l'instruction publique, ni celui des travaux publics n'avaient fait l'an dernier de démarches en notre faveur.

démarche aboutirait vraisemblablement à un nouvel échec; vous reconnaîtrez avec moi qu'il eﬆ préférable de ne pas s'y exposer.

Pour le miniﬆre, le conseiller d'État,
directeur des chemins de fer.

Signé : Lethier.

Hein : eﬆ-il bon, ce conseiller des chemins de fer, qui ne veut pas vous exposer. Je ne sais pas ce qui advint l'année suivante.

— A présent, messieurs, que nous avons fini mes corrections, au revoir, je me sauve.

Il était déjà au premier passé, quand je le rappelai :

— Tu oublies ta montre.

Elle reposait sous le Descartes.

— Prends-la : il ne faut jamais exagérer l'exactitude.

— Je devais reﬆer un quart d'heure. Je suis reﬆé cinquante-six minutes. Je vais manquer la moitié de mes commissions.

— Tu prendras le Montrouge-Gare de l'Eﬆ pour aller plus vite. Il eﬆ à moitié à traction mécanique.

— Ah! On attelle un cheval et un moteur?

— Non je veux dire qu'il y a encore des voitures où on attelle trois chevaux, et qu'il y en a déjà, d'affreusement peintes, où on attelle un moteur.

— Au revoir. C'eﬆ le progrès. Au revoir. Adieu.

RÉPONSE BRÈVE A JAURÈS

Onzième cahier de la première série (4 juillet 1900).

Quand je retournai chez Pierre Baudouin[1], il était triste. Il avait en mains, comme tout le monde, *le Mouvement Socialiste,* — numéros 33 et 34 du premier et du 15 mai. Il avait lu et venait de relire attentivement le compte rendu sténographique de la conférence donnée par Jaurès à la Porte Saint-Martin sur *l'art et le socialisme.* Sérieusement, il marchait sous le vieux poirier défleuri.

— J'ai connu par les journaux, me dit-il, que ce compte rendu paraissait aussi dans *la Revue Socialiste*[2], numéro 185 du 15 mai 1900. Je ne suis pas heureux qu'un même compte rendu paraisse en deux publications — surtout socialistes — simultanément. Sans doute, je connais à cet arrangement cordial mutuellement conclu que les deux grandes revues socialistes vivent en bonne intelligence, et mieux vaut la bonne intelligence que la concurrence bourgeoise. Mais mieux vaut encore la bonne économie du travail, par laquelle nous évitons le double emploi. Il est d'une mauvaise économie que le même texte paraisse en même temps dans deux revues amies, que les communs lecteurs l'aient deux fois —

— que les communs imprimeurs l'aient composé deux fois, la première en Didot, la deuxième en Elzévir, et l'aient imprimé deux fois —

— Il n'y a pas de raison pour que cela finisse et pour que vos cahiers à présent ne donnent pas ce même texte.

— Ils s'en garderont bien.

— Je sais que vous ne donnez rien qui soit dans les deux revues dont vous êtes le complément. Il est désirable que ces deux revues se considèrent ainsi mutuellement comme étant complémentaires la deuxième de la première et la première de la deuxième. Qu'elles soient mutuellement comme les cahiers sont avec elles. Non seulement, elles peuvent exister, mais elles doivent prospérer toutes les deux. Elles ont leurs formats, leurs publications, leurs aspects, leurs mœurs, leurs habitudes, leurs manières, leurs entourages personnels. Qu'elles se donnent sincèrement leurs fonctions personnelles. Qu'elles s'adressent franchement à la même clientèle, aux mêmes lecteurs. Qu'elles accueillent — utilement — les mêmes auteurs écrivant à des densités différentes. Si j'étais le directeur de *la Revue Socialiste* et le directeur du *Mouvement Socialiste,* au lieu de m'entendre amicalement, mais accidentellement, pour publier en même temps le même texte, je m'entendrais organiquement pour publier ensemble des articles complémentaires.

— Je n'ai pas toujours pensé ainsi, mais je pense à présent que vous avez raison.

— Voilà qui serait de la véritable unité, non pas de l'unité factice, artificielle, extérieure, ecclésiastique, mais de la vivante unité intérieure, l'unité ouvrière de bons ouvriers préparant et faisant de bon travail. Sinon j'ai peur que la conférence de Jaurès ne paraisse mise dans *la Revue* pour dispenser le lecteur d'acheter la sténographie du *Mouvement*. Cela me fait de la peine.

J'ai peur que quelqu'un de nos amis ne se soit laissé aller à considérer les avantages commerciaux que peut donner à une revue la publication d'une conférence prononcée par Jaurès. Gardons-nous de cela. Gardons-nous de la réclame. Et gardez-vous de la publicité même. A la rigueur j'admets, provisoirement et par condescendance, qu'un journal, écrasé de charges financières, emporté par les mœurs quotidiennes, soigne sa vente en proposant à sa clientèle bourgeoise des noms populaires. Je consens qu'on organise des conférences retentissantes et qu'on mette un nom populaire au programme : c'est là satisfaire loyalement et modestement aux exigences de l'action journalière. Mais heureusement les revues sont encore les revues, — et les cahiers sont encore les cahiers. Les revues ont leurs mœurs, et heureusement les mœurs des revues ne sont pas les mœurs quotidiennes. Soyons conservateurs quand il convient. Conservons soigneusement les mœurs des revues. Ce qui était l'article intense d'action quotidienne ou le discours vibrant d'émotion publique devient dans la revue et, un peu moins, dans le cahier, une simple contribution à une étude. J'attends le jour où à la première page de *la Revue Socialiste* il y aura : Lire dans *le Mouvement Socialiste* la contribution rapide et attachée que nos amis fournissent aux études que nous poursuivons, et où dans *le Mouvement Socialiste* il y aura, en première page : Lire dans *la Revue Socialiste* l'abondante contribution que nos amis fournissent aux études qui nous sont communes. Alors, je serai moins malheureux. J'ai peur qu'on ne se soit dit : Du Jaurès! Excellent pour la vente au numéro. Parfait pour l'abonné. Gardons-nous de ces mœurs. Si l'abonné ferme, éventuel ou gratuit, accroche aux noms seuls une attention patronale, que nous importe, alors, que l'abonné soit ou ne soit pas content.

L'inconvenance des calculs commerciaux, qui sont démagogiques, en un sens, aux considérations ouvrières est plus pénible encore dans l'espèce. Croyez bien que si j'avais assisté à la représentation, j'aurais applaudi Jaurès non seulement aux admirables passages poétiques, dramatiques, pragmatiques où le citoyen sténographe a recueilli les applaudissements; mais j'eusse applaudit beaucoup plus souvent, car je me connais bien, et j'aurais plusieurs fois applaudi en moi-même jusqu'à en pleurer, car cet orateur, cet homme est irrésistible. Mais il ne s'agit plus de cela. Je suis chez moi. Je reçois *le Mouvement Socialiste*. Je suis un abonné difficile, non patronalement, mais laborieusement. J'entends par là que je n'ai pas pour *le Mouvement* la sévérité autoritaire du patron pour son employé, mais la libre et la mutuelle exigence de l'ouvrier pour son camarade et son compagnon l'ouvrier. Je suis chez moi. Je reçois *le Mouvement*. Je lis la conférence de Jaurès. Première partie. J'attends une quinzaine. Et deuxième partie. Je lis attentivement. J'ai relu. Elle m'a laissé une grande impression d'incertitude stérilement optimiste.

C'est un discours d'apparat, prononcé dans une cérémonie d'apparat. Vous savez combien ces luxueuses représentations, — moralement luxueuses, — me sont peu intéressantes, représentations, auditions et spectacles où des bourgeois viennent se donner le plaisir nouveau d'une socialiste éloquence. Mais passons pour aujourd'hui. Tout ce que je retiens, c'est que le discours est malheureusement fait pour l'assistance, et que l'aspect du discours est conforme à l'aspect de la salle. Involontairement le discours s'ordonne sur l'ordonnance du théâtre, et comme ces représentations mondaines sont le commencement de nos séances académiques, le discours devient un commencement de discours académique.

A la fois un commencement et une survivance. En lisant ce discours, je voyais remonter les exercices d'école auxquels nous avons si péniblement échappé. Il y a là du Normalien et du Sorbonnard. Il y a là une excellente leçon d'agrégation, et de bons éléments pour la thèse française d'un doctorat ès lettres à sujet pan-philosophique. Ce classement symétrique et facile des hommes et des événements, ce raide classement des hommes lâches et des événements mous, des hommes instables et des événements mystérieux, ce classement clair et faux des simples idées me rappelle un peu les articulations de monsieur Brunetière. Enfin il y a là des passages, mon ami, où j'ai peur que Jaurès ne se soit laissé aller à faire du Jaurès. Écoutez bien ceci :

J'ai vu quelquefois, dans nos chemins de campagne, de pauvres vieilles paysannes qui revenaient de la forêt; elles rapportaient non pas sur leurs épaules, mais sur leur dos, toute une charge de verts rameaux... *(Bruits divers, la voix d'un protestataire est couverte par des acclamations.)*

Je suppose que ce protestataire ne protestait pas pour les raisons pour lesquelles je vais protester. Continuons :

Et le vent qui passait sur ce feuillage éveillait, tout autour de la vieille paysanne, comme un vaste bruissement de forêt; mais elle n'entendait point et cheminait d'un pas automatique, sans comprendre cette chanson de rêve que murmurait à son oreille le peu de forêt qu'elle avait emporté... Eh bien, le prolétaire paysan marche ainsi, enveloppé du souffle de la nature, mais il ne l'entend pas.

Vous avez bien écouté : il y a là-dedans au moins deux représentations qui sont d'un grand poète, c'est-à-dire qui sont vues : les vieilles paysannes portent la charge non pas sur leurs épaules, comme les hommes, elles portent le bois sur leur dos; — et le peu de forêt qu'elle avait emporté. Tout le tableau, toute l'histoire est d'un grand poète spontané; mais dans la poussée de la narration, dans l'imposition du tableau je ne sais quels arrangements douteux interviennent. Je saisis sur le fait ces arrangements à des expressions comme celles-ci : *chanson de rêve,* et surtout *verts rameaux*. Mais non. Elle ne porte pas des verts rameaux, cette femme : elle porte du bois vert, des branches vertes, et au pis aller des rameaux verts. Tout compte fait cette paysanne représente admirablement ce qu'elle doit représenter. Mais que dirons-nous de cette comparaison gratuite :

Je ne prétends pas, notez-le bien, que la fécondité créatrice de ce que j'appelle la démocratie bourgeoise, de celle qui est sortie de la philosophie du dix-huitième siècle et de la Révolution de 89, je ne prétends pas que cette fécondité créatrice soit totalement épuisée; de nouveaux chefs-d'œuvre peuvent surgir avant que l'ère socialiste soit précisément ouverte. Vous savez bien qu'à la fin des journées d'été, alors que les nuages du couchant s'illuminent et tout à coup s'éteignent, on croit que cette illumination suprême du soleil est terminée; et soudain une autre cime de nuages s'allume, s'enflamme ailleurs; l'horizon a été tellement gorgé de lumière, dans ces longues journées d'été, qu'il ne parvient pas, pour ainsi dire, à l'exhaler, et que le soleil, même disparu, prolonge et envoie de loin des adieux splendides à l'horizon qu'il vient à peine de quitter. Il se peut que la révolution bourgeoise continue à illuminer encore les œuvres des hommes, même à l'heure où l'aurore d'une révolution nouvelle se lève! *(Applaudissements prolongés.)*

Je ne prétends pas non plus résumer dans la brève sécheresse d'une formule l'œuvre de création et de beauté accomplie depuis cent vingt ans, sous l'inspiration de la pensée révolutionnaire bourgeoise; je reprends mon image de tout à l'heure, et je dis que, de même que dans une journée d'été chaque minute a sa nuance, sa coloration propre, de même, dans cette longue et éclatante période de création et d'art, chaque minute a eu sa nuance; et je ne prétends pas confondre toutes ces diversités et les éteindre dans une formule abstraite. Pourtant, nous pouvons dès aujourd'hui résumer et caractériser à grands traits l'œuvre d'art de la période humaine qui s'est ouverte, il y a environ cent cinquante ans, par les œuvres des penseurs qui précédèrent et préparèrent immédiatement la Révolution.

C'est un beau tableau. Mais j'ai peur qu'il ne soit pas indispensable ici. Et j'ai peur que l'explication cosmographique, l'horizon tellement gorgé de lumière, ne soit pas indiscutable. Gardons-nous des métaphores littéraires que nos amis les savants désavoueraient. C'est ainsi que j'entends une alliance honorable de l'art littéraire et de la science. Mais laissons l'expression et relisons la conférence pour les idées :

Il est bien entendu que je passe les nombreux morceaux où nous sommes entièrement d'accord avec Jaurès. Nous commenterons le reste :

Je continue :

Des jeunes gens, littérateurs, artistes, m'ont demandé de vous dire ce soir ce que, pour nous, dans notre conception socialiste, représentait l'idée de l'art;...

Je m'arrête aussitôt, et je proteste contre ces jeunes gens, et contre celui qui les a bien accueillis. Ces mots : *ce que, pour nous, dans notre conception socialiste, représente l'idée de l'art,* n'ont pour moi aucun sens. Ou bien s'ils avaient un sens ils donneraient à penser que nous avons, comme socialistes, une représentation particulière de l'art. Au lieu que nous avons une idée de l'art uniquement parce que nous sommes des hommes — et d'ailleurs nous préparons la révolution sociale afin que l'art apparaisse — libre — à la connaissance des hommes. Il y aurait danger à laisser croire que nous avons une conception socialiste de l'art. Non seulement nous risquerions la faillite, mais nous instituerions la faillite. Nous nous donnerions une réputation frauduleuse. Car nous n'avons pas en caisse une conception socialiste de l'art. Nous en avons une conception humaine, — ou plusieurs conceptions humaines, — à moins que nous n'en ayons aucune conception du tout : cela dépend des espèces. La conception que nous avons se heurte aux servitudes bourgeoises, aux servitudes sociales bourgeoises, aux servitudes économiques bourgeoises. Comme socialistes nous travaillons de toutes nos forces à l'en affranchir. Pareillement nous éviterons soigneusement qu'elle ne retombe sous des servitudes patronales autoritaires bourgeoises démagogiques prétendues socialistes. La révolution sociale, au sens où nous l'entendons, nous donnera la libération de la conception que nous avons de l'art.

Plus encore, il y aurait danger à laisser croire qu'il peut y avoir un art socialiste. Il ne peut pas plus y avoir un art socialiste qu'il ne peut y avoir une histoire socialiste. Soyons socialistes, et, si nous sommes historiens, faisons de l'histoire. Soyons socialistes, et, si nous sommes artistes, faisons des œuvres d'art. Ne soyons pas historiens socialistes. Ne soyons pas artistes socialistes. Ou plutôt ces derniers mots et ces avant-derniers n'ont aucun sens. La création d'art contemporaine se heurte aux servitudes bourgeoises. Comme socialistes, nous travaillons de toutes nos forces à l'affranchir de toutes les servitudes. La révolution sociale nous donnera la libération de l'art. Elle nous donnera un art libre, mais non pas un art socialiste.

Quand nous disons qu'il y a eu un art chrétien ou un art païen, nous nommons ainsi la représentation en art de l'humanité chrétienne et de l'humanité païenne. Or, l'humanité ne sera pas socialiste ainsi qu'elle fut chrétienne et païenne, au sens où elle fut l'humanité antique et l'humanité moderne. Elle sera libre. Même et surtout libre de nous. Libre par nos efforts, mais libre de notre histoire, libre de nos histoires, libre de nos contes, libre de l'histoire de nos efforts. C'est pour cela que le socialisme a dans l'histoire du monde cette importance première. C'est pour cela que nous ne recommençons pas, que nous n'imitons pas. C'est pour cela que nous sommes nouveaux. Pour la première fois depuis le commencement de l'histoire du monde, et à ne considérer que les vastes mouvements, nous ne sommes pas des hommes qui préparons des hommes pour qu'ils soient faits comme nous, mais nous sommes des hommes qui préparons les hommes pour qu'ils soient libres de toutes servitudes, libres de tout, libres de nous. En particulier, nous préparons l'humanité pour que les artistes y soient libres, non pour qu'il y ait plus tard des artistes qui soient faits comme nous.

Je continue :

j'ai répondu joyeusement à leur appel, et je commence un dialogue avec eux, car j'espère bien que sinon aujourd'hui, un peu plus tard du moins, ils me répondront; ils sont tentés d'aller vers la vie militante, d'y chercher un principe nouveau, une force nouvelle de beauté.

Singuliers militants, mon ami, que ceux qui seraient tentés d'aller chercher dans *la vie militante un principe nouveau, une force nouvelle de beauté*. Singuliers militants, et dont je m'inquiète un peu. Braves gens sans doute, et hommes de bonne volonté, mais tout de même un peu apparentés à ceux que nous nommons les snobs et à ceux que nous nommons les cabotins. Malheureux ceux qui vont chercher dans la vie militante ce qu'elle n'est pas faite pour donner, pour nous donner. Malheureux ceux qui n'y cherchent pas uniment la réalisation du modeste idéal. Malheureux d'abord parce que sans doute ils sont immoraux. Malheureux ensuite parce que sans doute ils seront déçus. Continuons :

Ils ont vu, dans un drame récent qui a bouleversé la conscience humaine, que le conflit des forces sociales, le conflit de l'iniquité et du droit, du mensonge et de la vérité suscitait dans les âmes des émotions si pleines, si fortes, si véhémentes, que toutes autres à côté paraissaient médiocres et futiles, — et c'est à la vie renouvelée qu'ils veulent demander un renouvellement de l'art et de la beauté elle-même. Ce premier mouvement des consciences éveillait de telles et si nobles émotions, qu'ils ont pressenti que, d'un renouvellement complet, d'une transformation complète de la société, dans le sens de la justice, des formes nouvelles d'art pouvaient surgir.

Malheureux parce que sans doute ils sont immoraux. Singuliers dreyfusards, et dont je m'inquiète beaucoup, mon ami, singulier dreyfusard que celui qui aurait eu seulement le soupçon que ce drame épouvantable pouvait donner matière à de la littérature. Moi aussi je fus dreyfusard, et vous n'ignorez pas que je suis un des quinze ou vingt dreyfusards notables qui restent par le monde. Vous en êtes un deuxième. Rappelez-vous ce que fut l'action dreyfusiste. Pourquoi Jaurès lui-même a-t-il donné dans *les Preuves* un monument incomparable? Parce qu'il n'est pas un mot de ces *Preuves* qui ne tende uniment à la démonstration de la vérité, à la réalisation de la justice. Quand nous constatons que *les Preuves* sont un monument incomparable, entendons-nous : elles ne sont comparables d'ensemble à aucun ensemble, mais à certains égards elles sont comparables à la beauté de la géométrie, à certains égards elles sont comparables à la beauté de la dialectique, partout elles nous présentent la beauté de la logique et la beauté de l'histoire. D'ensemble vraiment elles sont incomparables. Mais je le demande à vous, qui les avez lues si passionnément, je vous le demande : aurions-nous donné aux *Preuves* cet assentiment sincère, spontané, libre, efficace, entier, si nous n'avions pas eu à chaque instant cette impression que l'auteur ne pensait pas un seul instant à demander au conflit des forces sociales, au conflit du droit et de l'iniquité, du mensonge et de la vérité, des émotions pleines ou fortes, ou véhémentes, — pour tout dire, qu'il ne cherchait pas dans la réalité de l'action la matière du chef-d'œuvre qu'il a donné. Que l'auteur eût ces émotions à une intensité inouïe et les communiquât au lecteur, cela est incontestable, mais là n'est pas la question. Je prétends que c'est justement parce que pas un mot du texte ne tendait sinon à la réalisation de la justice et à la démonstration de la vérité que tout en nous, la raison efficace et la passion nourricière, accompagnaient l'opération. Là même était, en un sens, la vertu de l'opération. Là fut la cause et la condition de son incomparable réussite. Non qu'il n'y ait dans *les Preuves,* une fois rassemblées en un volume, plusieurs hésitations d'écriture et plusieurs métaphores incertaines. Seulement l'incertitude et l'hésitation venaient de l'action même, rapide, chaude et lourde, elles ne venaient pas alors d'un arrangement. Ainsi les gaucheries des admirables *Lettres* de Zola. Et je le demande à Jaurès : n'est-il pas vrai qu'il ne se le pardonnerait pas, s'il avait eu un seul instant l'imagination de demander à la vie et à l'action vivante quelque résultat qui ne fût pas uniment la modeste réalisation d'un modeste idéal de justice. Par quelle bonté, par quelle charité toujours vraiment chrétienne accorder à ces jeunes gens ce qu'il se refuserait à lui-même, ce qu'il ne s'est jamais accordé. Gardons-nous du snob et du faux artiste. Gardons-nous du faux homme d'action. Séparons les fonctions. Distinguons les fonctions séparées. J'admets que l'action, dramatique, donne certaines jouissances d'émotion passionnelle aux grands poètes, et aux petits garçons qui commencent. Il est permis aux tout jeunes gens de s'imaginer que l'action est un combat, qu'elle est une bataille, qu'elle est une guerre, et d'y avoir les sentiments mêlés des militaires militaristes. Mais nous avons dès longtemps renoncé, mon ami, à ces comparaisons et à ces assimilations militaristes. Nous savons de certain que l'action contemporaine est un perpétuel effort, un perpétuel travail, un perpétuel essai de la guérison d'une majorité malade par une minorité saine. L'action est une remédiation perpétuelle, une perpétuelle réparation. Je ne demande pas que le médecin soit fasciné par la douloureuse contemplation de la souffrance et de la maladie et du mal jusqu'à en devenir un médecin fatigué, c'est-à-dire un mauvais médecin. Mais je demande qu'au moins le médecin garde quelque mémoire de ceci : qu'il est institué pour soigner des malades. Nous n'acceptons pas volontiers que les médecins et les prêtres aient une certaine gaîté insolente. La plupart des médecins ont un arrière fond de saine tristesse. Ils nous plaisent ainsi. Malheur au médecin qui se laisserait séduire à la dangereuse beauté de l'opération. Et je le demande à Jaurès encore, je le demande à Zola, je le demande à toux ceux qui sont entrés profondément ou entièrement dans l'action dreyfusiste : qu'y avons-nous vu, sinon en face de nous un tel amas de saletés et de laideurs qu'à moins de nous en faire les complices nous avons dû désirer de toutes nos forces que cela n'eût jamais eu lieu dans l'histoire du monde et de la déplorable humanité.

Là est la première différence profonde qui se présente à nous entre l'art et la vie : et il est immoral de détourner les actes de la vie, de séduire les actes aux fins de l'art, comme il est disconvenant de vouloir asservir les œuvres de l'art aux fins de la vie. Nous aussi nous avons été dreyfusards. Nous le sommes restés. Ce mot n'avait pour nous aucun sens extraordinaire. Nous voulions que toute la justice fût recouvrée dans l'affaire Dreyfus. Tout bonnement. Tout simplement. Nous n'y avons pas mis malice. Nous nous sommes donnés à cette action. Mais nous ne lui avons rien demandé. Ni récompense de puissance ni promesse d'art. Aucune récompense de jouissance. Parce que nous ne sommes pas commerçants. Nous n'avons pas cherché à faire la bonne affaire.

Quelle jouissance de vie ou d'art lui aurions-nous demandée? N'étant pas militaristes, la guerre ne nous apporte aucune jouissance. Et pas plus la guerre civile que la guerre étrangère. La guerre civile ne nous est pas moins odieuse que la guerre étrangère. C'est pour cela que nous avons déploré que beaucoup d'antimilitaristes eussent des mœurs militaires ou militaristes. Que si nous avons reçu parfois les impressions d'une admirable beauté civique, ce bonheur, ou plutôt cette consolation nous fut donnée par surcroît, sans que nous l'eussions demandée ni aux hommes ni aux événements. Et je suis assuré que Zola, et je suis assuré que Jaurès ont fait comme ils ont dû, c'est-à-dire qu'ils ont pour ainsi dire fait ces chefs-d'œuvre de l'action à leur corps défendant. Ils ont moralement fait tout ce qu'ils ont pu pour n'avoir pas à nous donner le premier sa Lettre au Président de la République et le deuxième ses immortelles *Preuves*. Récemment, encore, soyez assuré que Zola n'a pas écrit sa *Lettre aux sénateurs* pour le plaisir, si je puis parler ainsi, pour l'éloquence, ou pour n'importe quoi, mais uniment pour l'action. C'est pour cela que de tels actes sont efficaces. Car ils sont efficaces, plus que ne se l'imaginent les politiciens et les politiques. Ou plutôt ce sont vraiment les seuls actes qui soient efficaces. Le reste pèse peu. C'est le propre de l'action que ce que les citoyens y font de plus beau cependant ne soit pas désirable, parce que c'est de la remédiation à du mal, parce que c'est de la réparation. Le citoyen Jaurès et le citoyen Zola ont tout fait pour que ni l'orateur Jaurès ni l'orateur écrivain Zola ne fissent les chefs-d'œuvre d'action qu'ils nous ont proposés.

Malheureux ceux qui ne cherchent pas uniment dans

l'action la réalisation du modeste idéal, parce que sans doute ils seront déçus. Moi aussi, mon ami, si vous permettez, je fus un militant. Et il ne faut pas me compter des histoires sur la militation. C'est un triste métier. Je le fus tout aussi longtemps que j'eus quelque argent et assez de forces, car le métier de militant ne va malheureusement pas sans quelques ressources personnelles. Et vous savez bien que malgré tous mes grands serments aussitôt qu'il me sera venu, ce qui ne saurait tarder, quelques subsistances, nous recommencerons à militer. Si le mot de militer nous est désagréable, vous savez bien que le métier est souvent pénible. Permis aux jeunes soldats d'imaginer la gloire et la victoire. Nous connaissons, nous, les fatigues et les déceptions, les peines et les écœurements. Et c'est parce que nous les connaissons que nous recommencerons du mieux que nous pourrons le plus tôt que nous pourrons.

Je vous parais exagérer, mon ami. Espérez-le. Je suis méfiant parce que je suis malheureux. Je le suis aussi parce que j'ai acheté quelque expérience. Gardons-nous. Ce que l'on nomme inexactement le parti anarchiste fut naguère envahi par une quantité de gens qui n'y cherchaient pas uniment la réalisation de la liberté universelle. J'ai peur que ce que l'on nomme un peu moins inexactement le parti socialiste ne soit un jour envahi par beaucoup de gens qui n'y chercheraient pas uniment l'arrachement de tout le monde aux servitudes économiques. On me dit qu'il y a des jeunes gens qui vont au peuple. C'est bien. Mais soyons du peuple, simplement. Cela vaudra mieux.

Je continue :

Ils ne se sont pas demandé, ils ne me demandent pas de dire sous quelle forme, dans quelle mesure, par quels moyens, les artistes seront rémunérés de leurs efforts dans l'ordre socialiste que nous voulons fonder.

Ils pouvaient le demander, s'ils ne le savaient pas. Il n'y a aucune honte à demander son chemin, même à un sergent de ville. Surtout, il n'y a aucune honte à demander son pain.

Je vais plus loin, mon ami, on doit demander son pain à la société, à la cité, comme on doit travailler pour la cité. Ce serait de la vertu chrétienne ou bien il serait d'une fausse élégance bourgeoise de demander à la société du pain pour son prochain, pour ses voisins, et de n'en demander pas pour soi. Mais il est conforme à la solidarité socialiste, ainsi que nous nous la représentons, ainsi que nous l'aimons, ainsi que nous la préparons, que la cité donne à tous les citoyens le pain de chaque jour. Et nous sommes inclus parmi tous les citoyens. Parce que nous sommes réciproquement, mutuellement, le prochain du prochain, le voisin des voisins, le concitoyen de nos concitoyens.

Je continue :

> ils n'ont point cette préoccupation; d'abord parce qu'ils sont à l'âge heureux où le fardeau des besoins matériels et des habitudes sociales ne pèse pas encore sur la vie.

Ces jeunes gens ont tort; ou plutôt ils ne sont pas encore socialistes. On devient socialiste non pas le jour où l'on s'imaginerait que les seuls besoins matériels détermineraient la vie universelle, mais vraiment le jour où l'on s'aperçoit que les besoins matériels pèsent comme un fardeau de servitude sur toute vie. Ces jeunes gens, que je ne connais pas, demeurent, mangent et boivent, comme tout le monde, puisque l'homme ne vit pas seulement de toute parole qui sort de la bouche de Dieu. Et même ils ne peuvent donner des œuvres d'art, s'ils sont artistes, qu'à cette condition qu'ils demeurent, mangent et boivent. Car les gens qui travaillent bien sans manger, mon ami, c'est de la légende bourgeoise romantique. Ou bien le fardeau des besoins matériels pèse directement, loyalement sur leur personne et sur leurs efforts et sur leur production. Ou bien ils ont soigneusement passé à leur voisin le fardeau des besoins matériels, déloyalement, et ils sont des bourgeois parasitaires. Que s'ils sont encore nourris par leurs familles, ce que je ne sais pas, le même problème se pose au deuxième degré.

Je continue :

> et puis parce qu'ils ont vu qu'à travers les formes successives des sociétés, l'art trouvait toujours moyen

de se faire sa place. Ils savent que, lorsqu'une société attache à l'idée de beauté le prix qu'elle y doit mettre, c'est-à-dire le prix souverain, elle trouve toujours moyen d'assurer de larges éléments de travail et de vie aux ouvriers de la beauté devenus les frères et les amis des autres.

Évitons ici un contresens : l'auteur n'a pas dit que dans tous les âges de l'humanité l'art avait trouvé moyen de se faire sa place. Il a bien fait de ne pas le dire, parce que vraiment ce serait un peu fort. L'auteur a dit seulement qu'à travers les formes successives de la société, des sociétés, l'art trouvait toujours moyen de se faire sa place. Nous retombons ainsi de l'histoire, qui, ainsi affirmative, serait inexacte, à la sociologie, qui est, par définition, inexacte. Je ne suis pas hanté, comme l'était évidemment le poète Alfred de Vigny, par la légende et par l'histoire des artistes, des poètes et des penseurs malheureux. Mais je suis forcé de n'oublier pas que la majorité des grands artistes a vécu misérable. Et quand ils n'étaient pas misérables, ce n'était pas toujours parce qu'ils étaient de grands artistes. Et souvent dans leur travail d'art même ce n'étaient pas les meilleures qualités qui leur donnaient la meilleure fortune. Heureux, quand ils n'achetaient pas la meilleure fortune ou le simple adoucissement de la fortune au prix de leurs meilleures qualités.

Laissons cela, qui demanderait toute une exposition.

— Pour ainsi dire.

— Pour ainsi dire. Mais je ne puis laisser passer sans une protestation brève l'ancien sophisme. Sous prétexte que nous connaissons les artistes qui ont survécu, mal ou bien, nous allons vaguement nous imaginer que les artistes vivent et survivent. Imagination grossière. Je ne sais pas si Vigny ne s'est pas fortement élevé là-contre. Je ne me rappelle plus. Mais enfin c'est le vieux sophisme des *ex voto;* et il était déjà ancien du temps des anciens : nous voyons les rames et les morceaux de toile accrochés aux murailles des temples par ceux des fidèles qui ont échappé au péril de la mer. Savons-nous pour cela, combien de fidèles ont subi jusqu'au bout leur mauvaise fortune. Il est pénible que les vieux sophismes reparaissent aussi infatigables. Cela dénote une mauvaise économie du travail humain. Diagoras étant venu à Samothrace, Diagoras que l'on nomme *l'Athée :* Toi qui penses, lui dit un ami, que les dieux négligent les affaires humaines, à tant de tableaux ne remarques-tu pas combien d'hommes ont dû à leurs vœux d'échapper à la force de la tempête et de parvenir sauvés jusqu'au port. — *Vous avez raison, puisque nulle part ne sont peints ceux qui ont fait naufrage et qui ont péri dans la mer.* Ce sophisme est si grossier que vous, qui avez gardé quelque respect humain, vous hésiteriez à le démonter. Il était déjà vieux du temps de ce vieillot de Cicéron.

Laissons aux bourgeois le soin de dire : le talent perce toujours, le génie perce toujours, — comme s'ils avaient quelque idée de ce que c'est que l'art et le génie. En parlant ainsi, les bourgeois ont tort, mais ils sont conséquemment bourgeois. Toute leur justification est fondée là-dessus. Par quelle gratuité de complaisance fausse leur accorder leurs faux postulats ? Toujours cette maladresse de la complaisance. L'adresse m'est désagréable. Mais la maladresse ne m'est pas moins désagréable, quand elle est fausse. De tous les hommes, les artistes sont les plus difficiles à vivre. En ce sens notamment que, les mauvais engouements mis à part, — et les mauvais engouements ne vont jamais aux bons artistes, — c'est aux artistes qu'il est le plus difficile de gagner le pain quotidien. Les deux principales causes de cette infériorité commerciale sont la singulière préoccupation du travail et la particulière apparente inutilité de l'œuvre. Si donc les artistes réussissaient à gagner leur pain dans la présente société bourgeoise, comme Jaurès paraît se l'imaginer, à plus forte raison les autres y réussiraient-ils. Et alors nous n'aurions pas à préparer la révolution sociale. Dans tout ce discours, Jaurès paraît traiter la question de savoir comment la cité socialiste maintiendra aux artistes les avantages que leur a conférés la société bourgeoise. Tandis que la seule question qui se pose est celle de savoir comment nous donnerons la respiration aux artistes, présentement étouffés.

Mais nous reviendrons là-dessus. Laissons aussi l'identification, que Jaurès paraît supposer accordée, de l'art au travail de beauté. Je n'accorderais nullement l'identité. Mais la distinction demanderait une sérieuse dialectique. Je m'en tiens provisoirement à l'installation des artistes au cœur de ma république. Je lis dans *l'Avenir de la science* :

Supposez un homme instruit et noble de cœur exerçant un de ces métiers qui n'exigent que quelques heures de travail, bien loin que la vie supérieure soit fermée pour cet homme, il se trouve dans une situation beaucoup plus favorable — non, je lis mal : — dans une situation mille fois plus favorable au développement philosophique que les trois quarts de ceux qui occupent des positions dites libérales. La plupart des positions libérales, en effet, absorbent tous les instants, et, qui pis est, toutes les pensées; au lieu que le métier, n'exigeant aucune réflexion, aucune attention, laisse celui qui l'exerce vivre dans le monde des purs esprits. Pour ma part, j'ai souvent songé que, si l'on m'offrait un métier manuel qui, au moyen de quatre ou cinq heures d'occupation par jour, pût me suffire, je renoncerais pour ce métier à mon titre d'agrégé de philosophie.

— Heureux homme, il pouvait renoncer à ce titre.

— Je vous préviens que vos interruptions me déplaisent. — car ce métier, n'occupant que mes mains, détournerait moins ma pensée que la nécessité de parler pendant deux heures de ce qui n'est pas l'objet actuel de mes réflexions. Ce seraient quatre ou cinq heures de délicieuse promenade, et j'aurais le reste du temps pour les exercices de l'esprit qui excluent toute occupation manuelle. J'acquerrais pendant ces heures de loisir les connaissances positives, je ruminerais pendant les autres ce que j'aurais acquis. Il y a certains métiers qui devraient être les métiers réservés des philosophes, comme labourer la terre, scier les pierres, pousser la navette du tisserand, et autres fonctions qui ne demandent absolument que le mouvement de la main.

Ici, une note mal intéressante. Je continue le texte :

Toute complication, toute chose qui exigerait la moindre attention, serait un vol fait à sa pensée. Le travail des manufactures serait même à cet égard bien moins avantageux.

Croyez-vous qu'un homme, dans cette position, ne

serait pas plus libre pour philosopher qu'un avocat, un médecin, un banquier, un fonctionnaire? Toute position officielle est un moule plus ou moins étroit; pour y entrer, il faut briser et plier de force toute originalité. L'enseignement est maintenant le recours presque unique de ceux qui, ayant la vocation des travaux de l'esprit, sont réduits par des nécessités de fortune à prendre une profession extérieure; or, l'enseignement est très préjudiciable aux grandes qualités de l'esprit, l'enseignement absorbe, use, occupe infiniment plus que ne ferait un métier manuel.

Je passe plusieurs exemples historiques et quelques explications hypothétiques douteuses.

Plusieurs hommes dévoués aux travaux de l'esprit s'imposent journellement un nombre d'heures d'exercices hygiéniques, quelquefois assez peu différents de ceux que les ouvriers accomplissent par besoin, ce qui, apparemment, ne les abrutit pas.

Ici une note intéressante, parce qu'elle donne un sentiment précis :

La gymnastique, par exemple, est considérée par plusieurs comme une utile diversion au travail intérieur. Or, ne serait-il pas plus utile et plus agréable d'exercer pendant deux ou trois heures le métier de menuisier ou de jardinier, en le prenant au sérieux, c'est-à-dire avec un intérêt réel, que de se fatiguer ainsi à des mouvements insignifiants et sans but?

Je continue le texte :

Dans cet état que je rêve, le métier manuel serait la récréation du travail de l'esprit. Que si l'on m'objecte qu'il n'est aucun métier auquel on puisse suffire avec quatre ou cinq heures d'occupation par jour, je répondrai que, dans une société savamment organisée, où les pertes de temps inutiles et les superfluités improductives seraient éliminées, où tout le monde travaillerait efficacement, et surtout où les machines seraient employées non pour se passer de l'ouvrier, mais pour soulager ses bras et abréger ses heures de travail; dans une telle société, dis-je, je suis persuadé (bien que je ne sois nullement compétent en ces matières) qu'un très petit nombre d'heures de travail suffiraient pour le bien de la société et pour les besoins de l'individu; le reste serait à l'esprit. « Si chaque instrument, dit Aristote, pouvait, sur un ordre reçu ou même deviné, travailler de lui-même, comme les statues de Dédale ou les trépieds de Vulcain, qui se rendaient seuls, dit le poète, aux réunions des dieux, si les navettes tissaient toutes seules, si l'archet jouait tout seul de la cithare, les entrepreneurs se passeraient d'ouvriers et les maîtres d'esclaves. »*

L'homme spirituel, dit Renan, ne vit jamais de l'esprit. Copernic ne vécut pas de ses découvertes; il vécut de son exactitude au chœur comme chanoine de Thorn. Les bénédictins du dix-septième siècle vécurent d'anciennes fondations n'ayant en vue que les pratiques monacales. De nos jours, le penseur et le savant vivent de l'enseignement, emploi social qui n'a presque rien de commun avec la science.

Au risque de ne pas vous sembler moins ignorant que je ne le parais à la plupart de nos contemporains, je vous avouerai que je connais dans ces quelques morceaux, sinon tout le socialisme, au moins l'indication de tout le socialisme ainsi que je l'entends. Vous me demandez pourquoi M. Renan n'est pas devenu ou demeuré socialiste, ainsi que nous le sommes. Je vois à cela beaucoup de raisons, et vous les voyez aussi, venues de son caractère et de son histoire. Mais la raison prochaine est, ce me semble, que l'auteur a mal entendu ce que lui-même il avait prononcé, il a entendu en un sens défaillant ce qu'il avait prononcé en un langage convenable, — ou plutôt il n'entendit pas bien personnellement comme spectateur le personnage qu'il nous avait dramatiquement proposé. Vous savez que ce ne fut pas la première fois qu'il en advint ainsi dans l'histoire de la pensée. Vous savez, en particulier, que ce n'est pas la seule fois qu'il en soit advenu ainsi dans l'histoire de la

* Aristote, *Politique*, livre I, chapitre II, 5. (Traduction Barthélemy Saint-Hilaire.) — *Note de Renan.*

pensée de M. Renan. Renan est un de nos grands poètes dramatiques, et il a oublié son personnage socialiste, révérence gardée, comme Racine oublia Phèdre et comme le vieux Corneille oublia son génie même. Les personnages cornéliens n'en ont pas moins gardé leur vie intérieure. Il y avait longtemps que Pierre Corneille était redevenu un homme de talent, que son fils Polyeucte restait le fils d'un homme de génie. Et il y a longtemps que Pierre Corneille, il y a presque longtemps que Renan sont devenus ce que je ne sais. Mais les personnages qu'ils nous ont légués sont encore vivants parmi nous, agissants parmi nous. Il me paraît incontestable que cette représentation du socialisme, que cette approbation au socialisme, qui n'ont pu déterminer M. Renan à participer à l'action socialiste, ont déterminé beaucoup de ce que vous me permettez de nommer des vocations socialistes. Beaucoup de ces hommes que nous nommons socialistes le sont devenus par l'exemple et par les leçons de ce personnage inoublié, inoublieux. La république ainsi représentée par M. Renan est aussi ma république.

Nous avons tous nos républiques, cités que nous aimons et dont nous préparons la naissance et la vie. Ceux de nous qui font semblant de n'avoir pas de république, ceux de nous à qui l'on demande quelle est leur cité idéale et qui répondent négligemment, passant la main sur les poches de leur gilet : Non monsieur, je n'ai pas cela sur moi, — ceux-là, mon ami, ont tout de même une république, mais ils ont une république dissimulée. Ceux qui vont demander à la sociologie et à la seule histoire les lois de leur cité nouvelle ont une république aussi. Mais elle est factice ou elle est au futur antérieur.

Ma république, donc, est en un sens avant tout une république où on laissera les gens tranquilles. Dans ma république, on laissera les gens les plus tranquilles que l'on pourra. Je bâtis la cité de la tranquillité. Ce n'est pas en vain que les anciens philosophes ont annoncé la perfection de l'ataraxie. Je demande l'ataraxie sociale. Je laisserai tout le monde tranquille, pourvu, bien entendu, que l'on ne fasse point de mal à ses concitoyens. Et c'est ici que je reprocherai à Jaurès d'avoir donné ou d'avoir au moins indiqué une solution mauvaise parce qu'il avait mal posé la question.

Il ne s'agit pas du tout de savoir si les artistes auront la nourriture et l'accueil dans la cité socialiste. Ce serait supposer qu'il y aura des hommes qui n'auront pas la nourriture et l'accueil dans la cité socialiste. Il ne s'agit pas du tout de savoir comment les artistes, comme artistes, auront de la cité les moyens de leur existence. Nous supposerions par là seul qu'il y aurait des hommes qui n'auraient pas de la cité les moyens de leur existence. Mais la cité dont nous préparons la naissance et la vie aura soin de tous les hommes[1]. Tous les hommes, sans aucune exception, seront les citoyens de ma cité. Au temps qu'ils seront dans la force de leur âge, ils donneront à la cité l'indispensable, ce que je nomme le travail social, c'est-à-dire le travail à faire pour assurer la vie corporelle de la cité. Ma cité leur donnera les moyens de leur existence. Mais pendant tout le temps de leur enfance et de leur adolescence, pendant tout le temps de leur vieil âge, pendant tout le temps de leur loisir, qui sera le plus considérable à beaucoup près, mon ami rassurez-vous : ma cité laissera les citoyens tranquilles. Au sens respectable où j'entends présentement ce mot de tranquillité, à peu près comme la saine jouissance de la liberté humaine, je crois que ce dont l'homme a naturellement et moralement le plus besoin, ce qui serait naturellement et moralement le meilleur à l'homme, ce à quoi l'homme a droit en premier, c'est l'exercice de sa tranquillité. Ma cité donnera donc aux citoyens les moyens de leur tranquillité du même geste que les moyens de leur existence, de leur vie corporelle. Ma cité n'aura pas même à encourager les arts, car ils n'y auront besoin d'aucun encouragement. Comme elle n'aura jamais besoin de commander aucune réquisition pour l'exercice du travail social, ainsi elle n'aura jamais l'intention de commander aucune réquisition pour le travail de science ou pour le travail d'art, qui, au sens où nous les entendons, ne sont nullement du travail social, mais du travail humain. Nous retombons ici sur la confusion initiale.

Sachons distinguer l'humanité de la société. Sachons considérer les hommes et les événements parfois sous l'aspect de la société, qui est particulier, et souvent sous l'aspect de l'humanité, qui est général au premier. Préparons ma cité où la société fera organiquement les affaires des citoyens pour que les citoyens puissent faire tout à fait librement les affaires de l'humanité.

Comme il donne à tous de toutes mains, non moins généreusement Jaurès a voulu donner aux artistes ce dont ils n'auront pas besoin, puisqu'ils seront uniment les citoyens de la cité sans exil. Nous n'aurons pas à leur donner des moyens d'existence, puisqu'il suffira que nous les débarrassions des causes d'oppression. C'est la société bourgeoise qui les affame. C'est la société bourgeoise qui les tue. Je lis dans Renan, un peu plus loin :

Ce qui tue, c'est le partage. Le philosophe est possible dans un état qui ne réclame que la coopération de la main, comme le travail des champs. Il est impossible, dans une position où il faut dépenser de son esprit et s'occuper sérieusement de choses mesquines, comme le négoce, la banque, etc. Effectivement, ces professions n'ont pas produit un seul homme qui marque dans l'histoire de l'esprit humain.

Je ne veux pas fermer ce livre sans vous citer quelques passages de la table, simplement, où je suis tombé en cherchant l'indication de ce que nous avons lu. Je trouve à la table analytique des matières, au chapitre XVII :

Plus de barbares! Dangers du suffrage universel avec des barbares. L'intrigue et le mensonge aux enchères. Le souverain de droit divin, c'est la raison. La majorité ne fait pas la raison.

Je passe l'*idée d'un gouvernement scientifique*. Je continue :

Le suffrage d'un peuple ignorant ne peut amener que la démagogie ou l'aristocratie nobiliaire.

Je passe que *le peuple n'aime pas les sages et les savants*. Mais je retiens encore ces fragments :

Il n'y a qu'une chose à faire : *cultiver* le peuple. Tout ce qu'on fera avant cela sera funeste. — Nos institutions n'ont de sens qu'avec un peuple intelligent. Droit à la culture qui fait homme.

Je m'arrête, mon ami. Vous me pardonnez d'avoir suspendu un instant mon commentaire pour laisser place à des préoccupations tristes non moins profondes.

Jaurès veut donner à nos artistes ce dont ils n'auront pas besoin. Ou plutôt il vend aux artistes ce que ma cité donnera aux hommes. Je lis mon texte :

Ils ne s'effraient point à l'idée que les œuvres d'art, cessant d'être la propriété individuelle de quelques amateurs privilégiés, deviendront la propriété collective, commune, de tous les hommes admis à les contempler et à les admirer; ils ne s'en effraient point car c'est vers la propriété collective, vers la propriété commune, que va naturellement l'œuvre de beauté. Un chef-d'œuvre est diminué à n'être possédé que par quelques-uns! Comme un miroir qui ne réfléchirait éternellement qu'un même visage, et qui contracterait lui-même les rides de ce visage obstiné et importun, le chef-d'œuvre est rapetissé à n'être admiré que par quelques-uns; le chef-d'œuvre humain veut que l'humanité tout entière vienne mirer en lui son âme changeante! *(Applaudissements)* Pour moi, je ne sais pas d'émotion plus belle, plus large, plus auguste et sacrée que celle qui saisit l'âme à certaines heures dans les grands musées où sont réunies pour tous les œuvres des maîtres. Rappelez-vous la tombée du jour et ces minutes indécises précédant le congé que nous signifie le gardien brutal; rappelez-vous l'émotion qui s'empare de l'esprit devant tous ces chefs-d'œuvre assemblés et offerts à l'admiration de tous les hommes; on dirait un Olympe où il n'y a que des Dieux emplissant l'espace sacré de leurs rêves. Oui, c'est là la grande beauté, celle qui est faite pour tous; et je ne crains pas que ceux qui rêvent de gloire aient peur du communisme, car la gloire est le communisme suprême! Elle est le communisme suprême puisqu'elle suppose que l'artiste, le créateur, sortant des limites étroites et misérables de son individualité, a su donner à son œuvre une valeur impersonnelle et éternelle; elle est le communisme puisque par elle l'humanité tout entière s'approprie les plus hautes richesses de l'esprit humain, et qu'à chaque génération les esprits qui passent tirent un sens nouveau, une force nouvelle et une nouvelle joie de l'œuvre éternelle, immuable et toujours renouvelée! *(Vifs applaudissements.)*

Ce morceau de mon texte est si copieux que je ne sais par où commencer. Je laisse la comparaison du miroir, qui est fausse : on n'a jamais vu un miroir contracter les rides d'un visage obstiné et importun. C'est même cela qui est extraordinaire : que tout vivant contracte l'habitude, et qu'en un sens aucun non vivant ne contracte aucune habitude. Il est dommage que pour la vanité de la comparaison littéraire on efface la mystérieuse distinction du vivant et du non vivant. Je laisse *le gardien brutal* et ces arrangements de l'expression. Il conviendrait que mon commentaire fût ordonné sur l'ordonnance du paragraphe. Mais je ne me retiens pas de protester contre l'inévitable invasion de la gloire. Malheur à l'artiste qui aime la gloire. Et malheur à l'homme d'action qui aime la popularité. Non moins ignominieuse et non moins lâche et non moins vile et non moins basse que la popularité, la gloire est toujours l'effet de quelque démagogie. Malheur à l'artiste qui aime la gloire. Il aime ce que vous savez, car la gloire humaine s'est prostituée au viol de tous les bandits. Malheur à l'artiste qui aime la gloire. Loin qu'elle soit le communisme suprême, la gloire, au sens où nous la connaissons, n'est qu'une singulière combinaison de tout ce que l'émulation bourgeoise a pu nous communiquer d'autorité jalouse et de servitude envieuse. Non, mon ami, entendez-moi bien : non, je ne demande pas que l'homme d'action fasse exprès de rester inconnu ou de devenir impopulaire, je ne demande pas tout à fait que l'artiste fasse exprès de rester inglorieux ou de devenir impopulaire. Mais je suis comme cet orateur ancien : quand l'homme d'action commence à devenir populaire, je le prie qu'il veuille bien commencer à se méfier, parce que sans doute il a fait au moins quelque bêtise, et quand l'artiste commence à devenir populaire, je le prie amicalement qu'il veuille bien commencer à se méfier, parce que sans doute il a dit quelque sottise, ce qui est sa manière à lui de faire des bêtises. Où avez-vous vu que les grands philosophes, les grands poètes, les grands artistes, les grands penseurs, — je dis les grands, vous m'entendez bien, fussent populaires. Je ne parle pas des grands savants, parce qu'alors mon interrogation vous semblerait un indice de ma démence. On voit mal Descartes glorieux, Kant glorieux. Raisonnons. Un jour que vous aurez quelque temps, parcourez la mémoire que vous avez acquise de l'histoire de l'humanité, de Socrate à Vigny, de Platon au même Renan, et demandez-vous si ceux que nous aimons et ceux que nous n'aimons pas, mais enfin qui eurent quelque existence, furent populaires, furent glorieux. Ne me faites pas dire ce que je ne pense pas. Je sais que plusieurs vrais artistes furent vraiment glorieux. Je ne leur en veux pas. Je ne nie pas que beaucoup d'artistes n'aient eu de leur vivant un accompagnement plus ou moins large de célébrité. Mais quand vous aurez distingué de la gloire propre, de la gloire démagogique, de la gloire, que je nie, une certaine réputation aristocratique ou publique, presque professionnelle, que j'admets, auprès du prince, auprès des artistes, auprès des connaisseurs, auprès d'un entourage, auprès d'un peuple choisi, auprès d'un peuple natif, — mais auprès de la foule, jamais, — vous me direz ce qui reste à la gloire. Et parmi nos modernes et nos contemporains vous me direz ce que vous pensez de ceux qui sont devenus glorieux de leur vivant. Si naïf que vous soyez encore, et tant peu documenté que je sois, nous savons à présent ce qu'il y a de saletés et de platitudes sous une gloire bien bâtie. Nous savons combien il y avait de mensonge démagogique et de lâcheté sous une gloire échafaudée comme était celle de Victor Hugo. Nous savons assimiler la réclame éditoriale à toute la réclame électorale, ou plutôt nous reconnaissons l'identité des deux. Nous savons qu'il ne faut pas avoir commis moins de laideurs pour obtenir un tirage à cent quarante mille que pour obtenir cent quarante mille voix. Cela n'empêche pas l'auteur ou le député d'avoir du talent; mais cela peut souvent empêcher que l'homme honnête soit élu ou qu'il soit publié. L'acheteur ne vaut pas mieux que l'électeur, parce que c'est le même homme qui est acheteur aux galeries de l'Odéon, ou qui achète un parterre, et qui le dimanche va voter. Nous savons surtout que dans le temps où nous vivons, mon ami, on ne devient pas populaire sans y avoir un peu contribué. Nous en savons assez pour que l'on ne puisse plus faire la bête avec nous. On ne devient pas populaire sans s'en apercevoir. On ne devient pas populaire malgré soi. Pas plus que l'on n'est décoré malgré soi. La popularité n'est que la décoration de la démagogie. Nous connaissons les trucs de cette élévation. Nous savons de certain qu'il est toujours loisible à l'honnête homme de devenir impopulaire. Je n'aimais pas beaucoup Zola, parce que le régulier entassement de ses mauvaises qualités, plutôt que le lent accroissement de ses qualités bonnes, lui donnait peu à peu une immense popularité. Heureusement que cet homme s'est brusquement ressaisi, et d'un grand geste civique il s'est rejeté sans retour dans la salubre impopularité. Car il est marqué pour la vie, n'en doutez pas, et sa mémoire seule pourra s'en sauver. Demandez-vous parmi les anciens, parmi les modernes et les contemporains qui furent et qui sont glorieux, demandez-vous si ce fut pour leurs meilleures qualités qu'ils devinrent le plus glorieux. Et si ce ne fut pas souvent par les mauvaises, par les pires. Demandez-vous ce qui dans Pasteur a séduit la foule et ce qui dans Renan a séduit les bourgeois. Bien entendu j'omets l'épreuve inverse, j'omets toutes les gloires qui ont crevé à la mort des glorieux. Il y en aurait trop.

Malheur à l'artiste qui aime la gloire. Que si l'on veut donner un seul et même nom, ce nom de gloire, à la célébrité d'un Tolstoï et à celle d'un Victor Hugo, je proteste. Je suis comme cet inglorieux Pascal. Je demande la préalable définition des mots. Aux artistes qui auraient ouvertement ou sournoisement agencé le dessein de remplacer moins ou plus Napoléon premier dans l'imagination des peuples, nous laisserons ce mot militaire et contaminé, romain, pour tout dire, de gloire.

Malheur à l'artiste qui aime la gloire. J'aime l'artiste qui aime son art.

Je sais bien que Jaurès m'opposerait que la gloire est ainsi contaminée à nos regards parce qu'elle s'élabore dans la société contaminée bourgeoise; mais que dans la cité socialiste les gloire seront pures comme les hommes seront purs, que, par un élargissement étendu jusqu'à l'universel, dans la cité socialiste la gloire sera justement ce que sera devenue la réputation professionnelle que j'admets. On tient ce langage aussi de l'émulation; et l'on s'efforce d'imaginer des émulations qui seraient pures. Vanité de ces ménagements. Ce n'est pas seulement parce que la gloire s'exerce dans la société bourgeoise qu'elle me dégoûte et que je la redoute, c'est aussi et surtout parce qu'elle est profondément bourgeoise. Elle est bourgeoise en elle-même. Et la révolution ne consistera pas plus à remplacer la vieille gloire bourgeoise par une gloire socialiste brevetée avec la garantie d'un nouveau gouvernement qu'à remplacer la vieille concurrence bourgeoise par une émulation socialiste habilement enrubannée. La gloire est en un sens l'autorité de la réputation. Ma révolution supprimera toute autorité. Sans quoi elle ne serait pas définitive, elle ne serait pas la révolution.

Je reviens au commencement de mon paragraphe. Jaurès paraît s'imaginer que la révolution sociale de l'art serait faite parce que les œuvres d'art, cessant d'être la propriété individuelle de quelques amateurs privilégiés, deviendraient la propriété collective, commune, de tous les hommes admis à les contempler et à les admirer. Il me semble qu'il y a là quelque confusion. L'important, l'intéressant n'est pas que tous les hommes soient admis à contempler ces œuvres et à les admirer. Le convenable est que les œuvres de l'art soient librement accessibles aux hommes à qui elles conviennent. Je vous assure que la différence est capitale. Si je m'entends bien, je travaille à ce que les œuvres de l'art, cessant d'être la propriété individuelle de quelques amateurs privilégiés, ne soient plus enfin l'objet d'aucune propriété, d'aucune possession sociale, d'aucune propriété sociale. N'oublions pas que la propriété collective, commune, est encore de la propriété, sociale. Nous demandons le déclassement de l'art et de la science. Nous demandons que le travail de science et que le travail d'art soient libres, c'est-à-dire soustraits à l'action sociale aussi. Nous demandons que les savants, comme savants, et les artistes, comme artistes, soient dans la cité affranchis de la cité. Nous demandons que la science, l'art et la philosophie ne soient pas socialisés, justement parce que la socialisation des grands moyens de production et d'échange, ou plutôt du travail indispensable pour assurer la vie corporelle de la cité aura donné à cette cité le loisir et l'espace de ne pas socialiser ce qui ne lui revient pas, mais revient à l'humanité même. Ce n'est que parce que nous n'avons pas encore socialisé le travail indispensable que les servitudes sociales pèsent aujourd'hui sur l'art et sur la science. Nous demandons que les savants et les artistes ne soient pas affranchis des patronats individuels et particuliers pour tomber sous les lois d'un patronat collectif ou universel. Nous demandons enfin que l'œuvre d'art ne soit pas faite comme la société l'aura décidé, mais librement comme les artistes l'auront désirée, l'auront voulue, l'auront eue.

Présentement, toutes les servitudes bourgeoises pèsent de tout leur poids sur toute la production de l'art, comme elles pèsent toutes sur tout le travail humain. Nous ne remarquons d'ordinaire que les manifestations extérieures ou accidentelles de cette pesée. Mais les asservissements intérieurs constants sont beaucoup plus redoutables. Nous n'avons pas à redire ici les histoires incroyables que vous connaissez de la vente et de l'achat des œuvres de la peinture et de la statuaire. Mais, comme Renan l'a si profondément et si délicatement senti, quel métier plus déplorable pour l'artiste que d'enseigner le dessin comme un travailleur mercenaire à l'élève souvent mal doué, sinon le lamentable métier d'exécuter des tableaux et des bustes pour le bourgeois mauvais payeur? Quel métier plus déplorable pour le compositeur que d'enseigner la musique et même le piano, sinon le lamentable et déshonorant métier de composer pour la foule bourgeoise. Et quelle décadence que de tomber de la foule bourgeoise mauvaise payeuse aux snobs encore plus avilissants. Les histoires douloureuses nous reviennent à la mémoire et vous vous représentez l'écrasement de la mode bourgeoise et de la foule et de la mode snob sur la déplorable production de l'art. Vous vous représentez les tentations qui assaillent les meilleurs, et les capitulations de conscience. Mais représentez-vous la perpétuelle oppression de l'écrivain sous son patron le lecteur. Je consens qu'on siffle un drame insincère, parce qu'un drame insincère est en un sens une action mauvaise et qu'à l'action mauvaise nous devons opposer un acte énergique. Mais telle n'est pas l'intention des habituelles sévérités. Tel n'est pas le sens des habituelles réclamations. Ce ne sont pas les drames insincères qui tombent ou qui ne sont pas joués. Le monsieur qui a payé sa place entend que les artistes lui plaisent, le flattent, et le spectateur perché au poulailler, s'il est permis de parler ainsi, n'est pas un moins tyrannique patron que le spectateur assis au fauteuil habituel; tous les deux ont des sentiments apparentés de près aux immondes sentiments de mes ennemis les Romains siégeant aux bancs ovales des amphithéâtres. Et le monsieur qui achète un journal d'un sou entend bien que ce journal aussi lui plaise. Il faut que le journal soit amusant, intéressant, excitant au moins pour un sou. De là les ignominies des journaux que nous aimons le mieux. Quant à l'abonné, surtout l'abonné des grands journaux, des revues, des grandes revues, son abonnement lui devient avant tout un moyen de domination. L'expression *Je me désabonne* est l'expression d'un perpétuel chantage. Que devient dans tout cela, sous cette oppression, la liberté de l'écrivain. Vous savez aussi bien que moi qu'elle est nulle, puisqu'elle n'est pas entière et que souvent elle est imperceptible. C'est pour cela que j'aime l'institution de vos cahiers. Vous avez des abonnés à vingt francs, des abonnés à cent francs, des abonnés à huit francs, des abonnés à zéro franc; vous avez des souscripteurs mensuels ordinaires et des souscripteurs extraordinaires. Quand un de vos amis ou de vos camarades étudiant, quand un professeur, quand un ouvrier manuel, quand un instituteur désapprouve un article, un commentaire, il vous écrit et vous lui répondez, ou, ce qui vaut mieux, il vient vous trouver; vous causez tous les deux; vous présentez vos raisons tous les deux; vous discutez raisonnablement; vous discutez en hommes libres; vous êtes égaux. Mais votre ami ne vous dit pas : Mon cher Péguy, je t'ai donné dix francs pour le mois de mai, tu ne m'as plu que pour quarante sous : tu me redois huit francs. Votre ami vous présente sincèrement et fortement ses raisons. Vous lui présentez sincèrement et fortement vos raisons. Puis à cinq heures votre ami vous conduit à la gare et vous quitte. Il vous quitte libre. S'en allant il vous laisse libre. Abandonnant vos raisons vous adoptez librement les siennes, ou s'il vous plaît vous vous en tenez au jugement que vous aviez d'abord formé, ou enfin vous composez les deux jugements, ou vous faites ce que vous voulez. Votre ami en partant vous a laissé libre. Parce qu'il sait bien que vous êtes un honnête homme, un homme ordinaire, que vous travaillez du mieux que vous pouvez. D'ailleurs, et sans se faire aucune illusion sur la valeur que vous pouvez avoir, il sait de certain qu'un Péguy abruti d'objurgations vaut encore moins qu'un Péguy laissé libre et seul avec son travail, comme un Durand et un Dupont abrutis d'objurgations valent moins qu'un libre Dupont et un libre Durand. Je vous le dis en vérité : la liberté de l'institution est ce qu'il y a de vraiment nouveau dans tes cahiers. Tu n'en uses pas encore assez, à mon sens. Tu t'occupes encore trop de ton public. Mais en somme, tu es libre. Dans la servitude universelle, mon ami, cela m'intéresse beaucoup plus que toutes les proses que tu peux faire insérer.

Mais il est une servitude encore, une servitude intime auprès de quoi celle que nous avons démasquée n'est rien; il est une servitude, non plus qui tienne à l'universelle autorité, mais qui tient à la solidarité universelle, non plus d'écrasement supérieur, mais de resserrement, d'écrasement latéral mutuel. Nous n'avons pas aimé beaucoup le Mathieu Froment de Zola parce qu'il faisait presque indéfiniment des enfants sans considérer qu'il instituait ainsi un commencement de race envahissante, un commencement de peuple conquérant, un commencement de nation[1]. Que dirons-nous de l'enfantement d'art. Au lieu que l'œuvre d'art pousse libre à côté de l'œuvre d'art libre, ensemble avec l'œuvre d'art, — par l'implacable organisation de la concurrence bourgeoise, elle pousse à présent contre l'œuvre d'art. Le journal tue le journal, comme la revue tue la revue, et malgré toutes les précautions que vous avez prises ne soyez pas aussi assuré que vos cahiers ne soient pas un peu meurtriers. Le drame tue le drame, et le poème le poème, et le poète le poète. Le livre tue le livre. L'artiste tue l'artiste. Ayant saupoudré Paris de monuments rapides, M. Denis ou Denys Puech n'a pas seulement encombré nos voies et nos carrefours comme un repavage en bois, il n'a pas seulement encombré nos pelouses et diminué injustement le royaume des fleurs, il n'a pas seulement rompu nos plus belles perspectives anciennes : il a tué sans doute avant leur éclosion des monuments qui eussent appartenu à ce que je me permets de nommer la statuaire d'art. L'artiste vraiment tue l'artiste. Et je plains le malheureux en qui cette constatation n'aurait pas ou n'aurait pas eu un profond retentissement d'art et de vie.

Non seulement l'artiste tue l'artiste, mais, comme tout le monde, il tue tous ses concitoyens. La distinction du travail social et du travail humain libre n'étant pas faite encore dans la société bourgeoise et le travail social y étant rendu insuffisant, le total du travail utile étant d'ailleurs à chaque instant limité, toute force donnée au travail d'art est directement une force ôtée au travail social insuffisant. Toute force donnée à l'œuvre d'art est directement une force ôtée à l'action sociale. Je plains tout artiste où cette constatation n'aurait pas eu un profond retentissement. Un grand poète, qui est vraiment mort il y a quelques années, M. Sully-Prudhomme, ayant vivement senti comme il est redoutable de fonder une race, n'a pas moins justement senti comme il est redoutable de donner son temps, sa vie et sa force à l'œuvre d'art. Il est même admirable que ce soit justement à propos de ce Louvre, dont Jaurès va nous parler, que le scrupule de conscience le plus clairement vif soit venu au poète. Vous n'avez pas oublié ce poème où il s'émeut que les statues aient des palais quand la déplorable chair humaine est abandonnée au climat injurieux. Un tel scrupule ne vient pas spontanément aux optimistes. Mais il est impossible qu'il ne soit pas venu à tout profond artiste ayant un certain sens de la vie et des antinomies morales. Ce poète, qui n'est jamais parvenu à l'établissement des seules réponses péremptoires, avait alors un sens critique assuré des questions. Il n'a jamais su les solutions, mais il n'a guère ignoré de problèmes. Tout ce qu'il y a de bon dans cet admirable poème de *la Justice* est la position douloureuse de la question sociale, de la question majeure. Il n'est donc pas étonnant que le poème s'achève sur la position de la question même que l'article de Jaurès nous a proposée :

Je t'invoque, ô Chénier, pour juge et pour modèle!
Apprends-moi, — car je doute encore si je trahis,
Patriote, mon art, ou chanteur, mon pays,
Qu'à ces deux grands amours on peut être fidèle;

Que l'art même dépose un ferment généreux
Par le culte du beau dans tout ce qu'il exprime;
Qu'un héroïque appel sonne mieux dans la rime;
Qu'il n'est pas de meilleur clairon qu'un vers nombreux,

Que la cause du beau n'est jamais désertée
Par le culte du vrai pour le règne du bien;
Qu'on peut être à la fois poète et citoyen
Et fondateur, Orphée, Amphion et Tyrtée;

Que chanter c'est agir quand on fait sur ses pas
S'incliner à sa voix et se ranger les arbres,
Les fauves s'adoucir, et s'émouvoir les marbres,
Et surgir des héros pour tous les bons combats!

O Maître, tour à tour si tendre et si robuste,
Rassure, aide, et défends, par ton grand souvenir,
Quiconque sur sa tombe ose rêver d'unir
Le laurier du poète à la palme du juste.

Vous vous demandez, mon ami, pourquoi ce malheureux poète a laissé depuis échapper la plus belle occasion que l'on ait jamais eue d'associer ainsi le laurier du poète à la palme du juste. Il ne me semble pas que M. Sully-Prudhomme soit comme Renan dramatique, au sens où nous entendons ce mot, c'est-à-dire qu'il ait institué quelque personnage indépendant de lui, mais il serait plutôt un lyrique. M. Sully-Prudhomme semble avoir manqué d'achèvement véritable, de réalisation, de finissement. Il attendait l'opposition de la poésie et de l'art au civisme et à la justice, mais il n'attendait pas une opposition de la justice au patriotisme, ayant imprudemment confondu la justice et le patriotisme au cœur de l'action civique. Dans les vers que je vous ai récités résident les éléments d'un nationalisme. Enfin il était réservé d'agir pour la réalisation du modeste idéal aux citoyens qui ont dès longtemps renoncé aux palmes, renoncé aux lauriers, renoncé au tombeau même.

Il n'en est pas moins vrai que la question posée ici par M. Sully-Prudhomme est, en faisant les mutations convenables, exactement la question que Jaurès nous proposait. Étendons la patrie de M. Sully-Prudhomme jusqu'à ce qu'elle soit devenue la cité humaine, la cité universelle. Aussitôt le problème se repose, mais avec une extension universelle. A ce problème universalisé,

Jaurès ne répond qu'en donnant la réponse présente universalisée : les artistes seront de bons citoyens, parce qu'ils seront de bons artistes. C'est parler avec Sully-Prudhomme. Je demande le déclassement, qui me paraît nouveau, qui me paraît convenable, qui me paraît indispensable, qui me paraît dû : Les artistes seront de bons citoyens comme tous les citoyens. Un point. Un tiret. — Les artistes seront librement des artistes.

Ne vous imaginez pas, mon ami, que je me dépense en dialectiques inapplicables. Toutes les raisons que je vous propose, portant sur les profondeurs de nos contrariétés humaines, sont applicables directement et indirectement aux détails échafaudés sur ces contrariétés profondes. Jaurès ne sait pas d'émotion plus belle, plus large, plus auguste et sacrée que celle qui saisit l'âme à certaines heures dans les grands musées où sont réunies pour tous les œuvres des maîtres. Vous vous rappelez la tombée du jour et ces minutes indécises qui précèdent le congé. Vous vous rappelez l'émotion qui s'empare de l'esprit devant tous ces chefs-d'œuvre assemblés et offerts à l'admiration de tous les hommes ; on dirait un Olympe où il n'y a que des Dieux emplissant l'espace sacré de leurs rêves. Oui, c'est là la grande beauté, celle qui est faite pour tous. Attention, jeune homme, attention. Nous avons nous aussi gardé quelque mémoire de ces sentiments. Quand de nos provinces respectueuses nous arrivâmes à Paris, élèves au lycée Lakanal, au risque de sembler niais à ceux de nos camarades qui avaient des passe-temps moins lourds, nous allâmes au Louvre. Vous n'avez pas oublié, car il est inoubliable, de quel émoi religieux nous saluâmes la nouvelle blancheur des statues, l'application des toiles et le silence du monument. Je ne sais si jamais vivants nous eûmes un émoi religieux comparable à celui qui nous envahit à la première de ces visitations. Mais enfin, nous ne connaissons les sentiments humains de l'amour qu'un peu longtemps après que nous en avons franchi anxieusement le seuil religieux. Pareillement nous avons connu les sentiments humains de l'art assez longtemps après que nous en eûmes religieusement franchi le seuil majestueux. Quand je veux me représenter la mystérieuse initiation religieuse à la beauté de l'art, j'y réussis assez volontiers, car l'initiation marque de sa nuance pour ainsi dire tous les sentiments qui suivent, et derrière ces sentiments je la revois par transparence. Quand je veux l'analyser, autant que l'analyse peut éclairer un sentiment religieux, il me semble que j'y aperçois comme un irréductible noyau religieux correspondant au passage d'une vie inférieure à une vie supérieure, correspondant à l'initiation même à toute vie supérieure. Mais ce mystérieux sentiment de promotion dans l'être s'appuyait incontestablement sur beaucoup de sentiments secondaires qui me sont devenus ennemis parce qu'ils me paraissent mauvais. Il y avait sans doute en moi, comme une admiration servile ou serve à l'égard de ces maîtres obscurément contemplés comme des autorités d'art et comme des autorités sociales. Mystérieusement, religieusement soumis et flatté comme un fidèle introduit, j'admirais, j'adorais, je priais, je servais. Je ne voyais pas. S'il m'était resté à présent quelque respect humain, je rougirais en moi-même au seul souvenir de plusieurs de ces tableaux devant qui nous agenouillâmes une admiration religieuse. Là est le danger des sentiments religieux. Le fidèle risque d'adorer quelque dieu imbécile, et cela suffit pour que l'adoration devienne un peu imbécile aussi. Vraiment, j'étais alors un petit garçon. Vous n'avez pas oublié comment nous courions au Musée, nous transportant pour des journées entières, parcourant des kilomètres de salles, remontant des Égyptiens rectangulaires aux honneurs du salon carré. Et les vêpres descendaient jusqu'à l'heure où nous obéissions au gardien, éternisant l'adieu douloureux, pour nous en aller, soûlés d'art, les jambes cassées, la tête lourde, bourdonnante d'images, nous endormir au dortoir comme des brutes. Nous étions deux petits garçons.

Le temps infatigable passa. Nous devînmes des hommes. Nous allâmes au régiment. Nous revînmes, à Sainte Barbe. A mesure que nous avancions dans la connaissance des couleurs et des formes, l'initial sentiment religieux doucement et chèrement s'effaçait, ou plutôt il s'éloignait : passant à des plans de connaissance et de sentiment de plus en plus lointains, il finissait par devenir comme le fond de nos sentiments, comme un fond inamovible où se détachaient librement les variations nouvelles de nos sentiments humains. Nos visitations devenaient d'un peu plus fréquentes et beaucoup moins longues visites. Nos admirations n'étaient plus globales et universelles, mais elles distinguaient. C'était l'heure aussi où nos amitiés d'enfance apparemment les plus inébranlables, se déclassaient ou s'éloignaient, laissant l'introduction libre à des amitiés d'élection, bien ou mal choisies, mais librement. Comme à nos risques et dangers humains nous avons peu à peu, et presque involontairement, mais spontanément et toujours librement choisi ceux de nos camarades qui devenaient nos amis, abandonnant pour les affinités d'élection les fatalités religieuses des confinités naturelles, à peu près ainsi nous avons choisi les œuvres d'art qui nous devenaient pour ainsi dire amies. Que nous ayons choisi mal ou bien, telle serait la question à laquelle nous aurions à donner réponse établie si nous traitions de l'art; mais nous causons uniquement de la question sociale de l'art. A mesure que nous avancions dans la connaissance des œuvres, nous cessions de nous transporter au Louvre pour y arpenter des kilomètres. Mais selon nos besoins, nos peines et nos désirs d'hommes, cherchant et demandant l'encouragement ou la consolation, l'engourdissement ou la rénovation, l'achèvement ou le recommencement, cherchant l'impression du beau ou l'impression d'art, ou toute impression qu'il y avait lieu, nous allions voir certaines œuvres et nous n'allions pas voir certaines œuvres. Un commerce proprement et purement humain d'admiration paire, d'estime égale, d'intelligence, de compréhension, d'entente mutuelle, de reconnaissance non inégale, d'acquiescement éclairé, de consentement libéré, naissait de l'artiste à nous par la considération des œuvres. A mesure que nous avancions dans la connaissance des lignes et des couleurs les œuvres que nous avions globalement et confusément adorées se classaient et se déclassaient parmi nous, ou plutôt, car cette expression pourrait impliquer une intention de commandement, d'autorité, de priorité méritoire, les œuvres ne se classaient pas, mais elles se situaient parmi nous, elles se disposaient, se composaient, s'habituaient, choisissaient librement elles-mêmes la situation qui leur convenait parmi nos sentiments et nos occupations. Combien de désillusions accompagnaient ce détail involontaire et peu à peu voulu, et combien de pénibles éliminations! Le Louvre n'était plus un Olympe où il n'y avait que des Dieux emplissant de rêves l'espace religieux, mais il redevenait pour nous ce que vous savez bien qu'il a toujours été, un musée, un monument humain où résidaient, accueillis et placés plus ou moins intelligemment par les conservateurs, emplissant les salles humaines et garnissant les murs humainement maçonnés, les productions, les essais d'œuvre et les œuvres de beaucoup d'artistes. A mesure que nous avancions ainsi disparaissait le cléricalisme d'art initial. A mesure naissait et croissait le libre examen. A mesure s'avançait l'apprentissage indispensable, l'apprentissage de voir, car bien loin que nous soyons de ceux qui savent tout sans avoir jamais rien appris, nous sommes comme tout le monde, nous sommes de ceux qui ne savent pas beaucoup ayant tâché de se donner beaucoup de connaissances. Et la science et l'art de voir, comme tout ce qui est humain, d'un côté n'est jamais inventé ou suppléé par l'enseignement, mais d'un côté ne prospère jamais sans les soins de l'enseignement. Tandis que le religieux peut pousser comme un sauvageon, j'entends surtout le religieux païen, qui est le plus profondément religieux. A mesure que s'avançait l'apprentissage, l'espace nous devenait non plus religieux mais proprement artistique. Nous osions penser et sentir humainement devant les tableaux, et devant les statues des salles fraîches. A mesure que nous avancions, l'expression de chef-d'œuvre, avec ce qu'elle implique d'inclinaison capitale, nous devenait étrangère et comme inintelligible, cependant que le simple mot, le simple nom d'œuvre avançait audevant de nous avec la plénitude et sous l'aspect d'un sens nouveau. La considération de l'œuvre que l'on voit refoulait au dernier plan la contemplation du chef-d'œuvre que l'on adore. Et nos attentions ignoraient de plus en plus ce dernier plan. L'expression de maître, que l'on doit prononcer en bâillant et bêlant un peu, la bouche ovale et toutes les dents à l'air, disparaissait de nos entretiens.

Nous en étions là de cette révolution quand le mouvement en fut singulièrement renforcé d'un renseignement qui nous vint. Nous assistions alors, — pourquoi nous en taire, — aux cours de l'école normale. Pourquoi nous en cacher, s'il est vrai, comme je le crois, que les récentes promotions de cette école ont mis dans la circulation aussi peu que possible de ce que nos vieux amis de province nomment encore des normaliens. Nous assistions aux conférences, écoutant ce qui nous plaisait, entendant ce qui nous convenait. Nous avions lu les deux livres de M. Henri Bergson. Heureux qu'il eût enfin été nommé maître de conférences à l'école, heureux d'avoir enfin cette impression personnelle que rien ne peut remplacer, nous entendions tout ce qu'il disait. Il parlait pendant toute la conférence, parfaitement, sûrement, infatigablement, avec une exactitude inlassable et menue, avec une apparence de faiblesse incessamment démentie, avec la ténuité audacieuse, neuve et profonde qui lui est demeurée propre, sans négligence et pourtant sans aucune affectation, composant et proposant, mais n'étalant jamais une idée, fût-elle capitale, et fût-elle profondément révolutionnaire. Vous vous rappelez donc ce qu'il nous dit un jour posément, et que je ne puis vous redire aussi bien. Il se peut, disait-il à peu près, qu'il n'y ait pas entre les différentes productions d'art, entre les différentes productions littéraires les relations que nous imaginons. Nous imaginons communément qu'entre les œuvres les plus belles et les productions les plus vulgaires il y a pour ainsi dire, diminution continue de la beauté, enlaidissement ou appauvrissement continu, nous nous imaginons volontiers que par des transitions insensibles, et à la condition de faire un assez long chemin, nous pourrions passer comme en série linéaire des œuvres que nous qualifions de géniales à celles où nous reconnaissons du talent, et de celles-ci à celles où l'on dit que nous reconnaissons quelque talent. Selon cette imagination assez communément admise, du génie au talent il y aurait degrés, passage graduel, gradation, sériation. Mais il se peut aussi que les progrès d'une sérieuse psychologie nous conduisent un jour à modifier ce jugement. Il y aurait alors du génie au talent différence de nature et non pas seulement distance de degrés, différence comparable par exemple à celle qui peut séparer la vie de la non vie. Les œuvres du génie, mal ou bien, seraient vivantes, et les productions du talent, bien ou mal, belles ou laides, seraient, pour ainsi dire comme des décorations inanimées. Ainsi s'expliqueraient certains pressentiments que nous avons comme lecteurs, auditeurs ou spectateurs ; ainsi s'expliqueraient certains sentiments avoués ou manifestés par certains auteurs ; ainsi s'expliqueraient le fréquent défaut du talent au génie, les apparentes grosses maladresses de la plupart des hommes de génie.

Cet aperçu, ou, si vous préférez, cette hypothèse, qui peut faire la révolution de la critique littéraire et de la critique d'art, de l'histoire littéraire et de l'histoire de l'art, mais non pas sans doute, la révolution de l'art même, car l'art n'attend guère, et n'a pas attendu la critique d'art et l'histoire de l'art, — cette hypothèse considérable vint en son temps et passa posément devant nous, parmi les idées et les hypothèses neuves innombrables du cours. Nous l'accueillîmes. Et nous la retînmes. Je vous rappellerais pour quelles raisons puissantes, si nous causions de l'art. Nous l'avons retenue et nous l'entendons en deux sens. Mais nous causons de la question sociale de l'art. Je retiens donc seulement que l'acceptation de cette hypothèse précipita la désagrégation des sentiments qui nous avaient envahis au seuil de nos initiations. Elle introduisit un élément nouveau de dissociation ; elle nous donna de l'audace humaine ; elle produisit une rupture profonde ; elle contribua plus que tout à briser le musée.

Ainsi naissaient et croissaient en nous les sentiments humains de l'art. Et nous avions peu à peu l'audace de nous avouer à nous-mêmes ces sentiments. Les tableaux nous devenaient familiers, en un sens, et les statues nous devenaient familières. Nous osions regarder. Nous osions voir. Nous osions, audace capitale, audace inévitable, audace indispensable, aimer ou n'aimer pas, comme dans la vie. Les artistes nous devenaient des hommes, les œuvres nous devenaient humaines. Oubliant volontairement, spontanément et heureusement le peu que l'on nous avait enseigné d'histoire classificatrice toute faite, acquérant le plus que nous pouvions d'histoire narrative explicative bien faite, nous nous mettions nous-mêmes devant les œuvres elles-mêmes. Et nous osions discerner. Combien d'œuvres alors mouraient à nos regards ! Mais combien d'œuvres naissaient ou renaissaient de l'extase religieuse, qui est affiliée à la mort, — à la vivante vie humaine. Et parmi ces œuvres qui parvenaient à nous pour la première fois, nous osions choisir. Sans condamner celles qui ne nous étaient pas amies, car une expérience croissante nous enseignait qu'il était bon que le monde fût varié, nous osions les déserter franchement, les abandonner, n'y aller pas, ne leur faire plus aucune politesse religieuse de présence. A mesure que nous pensions qu'il était bon que le monde des œuvres fût varié, nous constations qu'il nous apparaissait aussi de plus en plus varié. Nos découvertes successives, et pour ainsi dire laborieuses, nous conduisaient à constater à la fois des correspondances profondes et des variations indéfinies. Nous allions franchement à ceux que nous aimions. A eux seuls. Nous vivions avec eux. Parmi eux. Familièrement. Nous avions l'audace plus grande encore de nous avouer que dans ceux que nous aimions il y avait des parties que nous n'aimions pas. Mais, dès lors, nous avions renoncé à exiger que les hommes et les œuvres nous plussent tout entiers. Nous n'allions plus au Louvre comme à la messe, régulièrement, mais juste quand nous en avions besoin ou quand cette visite nous convenait. Et nous y restions peu longtemps, parce que nous étions moins jeunes, et surtout parce que, depuis que nous regardions, la fatigue venait vite. Et la nuit n'était jamais tombée quand nous repartions dans la ville, emportant dans nos mémoires des images discutées.

À mesure que naissaient et croissaient en nous les sentiments humains, nous commencions à distinguer les familles innombrables d'artistes, et l'utilité perpétuelle ou du moins la convenance finale nous apparaissait moins d'un monument où *la victoire de Samothrace* demeure à quelques paliers des Vinci et des Rembrandt. Les invraisemblables juxtapositions du *salon carré* ne nous paraissaient plus comme au commencement constituer la chambre des dieux supérieurs. Un malaise nous venait de ces rassemblements inopinés. Analysant alors un peu plus avant les sentiments religieux de l'initiation, nous y aperçûmes résolument certains éléments douteux et certains éléments déplaisants, plusieurs éléments mauvais. Dans l'initiale extase il y avait sans doute eu beaucoup de faux orgueil et beaucoup de vanité, beaucoup de sentiments provinciaux bourgeois. Pendant de longues années scolaires, nous avions attendu le moment où nous aurions l'honneur d'avoir accès dans le premier musée du monde, et nous avions englobé le Louvre dans les sentiments nationalistes qui nous venaient de l'Histoire Lavisse et de la Géographie Foncin. Le Louvre était le premier musée du monde comme la Bibliothèque nationale était la première bibliothèque du monde. Paris était la capitale du monde. La France était encore la nation capitale. Vraiment il y avait dans l'espèce communication du sentiment nationaliste au sentiment religieux, mais ces communications nous sont devenues moins étonnantes. Il y avait aussi dans le sentiment religieux beaucoup de vanités et beaucoup d'émulation. Vanités de parvenus. Nous étions admis, nous petites gens, à la contemplation des grandes œuvres. Nous étions introduits, nous, pauvres et fils de pauvres, à la contemplation, presque à la fréquentation de trésors uniques, de richesses incomparables. Nous étions introduits au magistral. Nous étions introduits au temple. Nous étions introduits au palais. Nous étions introduits à la contemplation de ce qui n'est pas ailleurs, de ce que tant d'hommes ignorent, de ce que tant d'hommes que nous connaissions ne verraient pas, de ce dont tant d'hommes seraient à jamais forclos. Cette analyse nous rendait nos sentiments premiers moins vénérables et nous rendait d'autant plus estimables les sentiments seconds où nous resterons définitivement. Par ces sentiments seconds nous sommes conduits à distinguer parmi les œuvres. Nous distinguons de formidables, ou de puissantes, ou de riches personnalités. Nous distinguons des personnalités amies et des personnalités rebelles, peu de personnalités qui nous soient indifférentes. Nous distinguons des familles. Nous disposons et nous situons les personnalités individuelles et familiales, bien loin que nous en composions un ensemble divin. Nous restaurons les diversités humaines un peu confondues dans la divinité du mélange, dans la sublimité du rassemblement. La convenance d'un Musée universel nous apparaît d'autant moins. La répulsion profonde que nous avons pour l'Exposition, sans que nous soyons à classer dans les catégories de M. Julien Benda[1], nous l'avons eue déjà, et nous l'avons, moins forte, pour le Musée Universel. Attention, mon ami, faites attention à ne pas me faire dire ce que je ne pense pas. Je ne veux nullement qu'on démolisse nos musées. Pas plus que vous, je n'ignore que dans la peine et dans la laideur universelle, nos musées demeurent les derniers asiles de l'art véritable et de la véritable beauté. Je ne suis nullement pour que l'on démolisse les consolations et les refuges. Mais enfin, nous préparons justement la naissance et la vie d'une cité qui n'ait besoin d'aucun refuge, puisqu'elle n'aura même aucune connaissance de la peine et de la laideur. Je n'oublierai jamais tout ce que nous devons aux musées. Pour tout dire d'un mot, je n'oublierai jamais la profonde et copieuse bonté du Louvre. Mais je crois qu'il y aurait un très gros danger à laisser imaginer que le Louvre, ou qu'un Louvre encore mieux que le Louvre soit le définitif idéal humain. N'est-ce pas Michelet, qui s'est fortement élevé contre l'ancienne institution des musées. Vous ne vous rappelez plus. Vous ne savez rien. Moi non plus. Mais quelqu'un de vos abonnés, qui le saura, nous le dira. Il me semble bien que Michelet s'est fortement élevé quelque part contre l'institution bourgeoise des musées, contre l'entassement, et la brutalité de la cohabitation. Cette attitude nouvelle tient à deux raisons, dont l'une était que Michelet fut un visionnaire, et dont la deuxième était que Michelet fut un historien. Visionnaire et historien visionnaire. Vous savez ce que c'est qu'un visionnaire. Quand j'étais au régiment, le jour que l'on fit la fameuse évaluation des distances, au long de la route kilométrée, j'expliquais à mon caporal, un brave et doux Solognot soumis foncièrement anarchiste, que j'étais hypermétrope, c'est-à-dire que je voyais normalement à l'infini, comme tout le monde, mais que j'accommodais mal aux petites distances. D'où mon binocle pour lire. Mon caporal m'écouta longuement. Puis il me répondit, sérieusement, doucement : Je vous entends bien. Vous êtes bon visionnaire au loin. Mais de près vous vous fatiguez. Ce caporal avait raison. En définitive, ceux que nous nommons les visionnaires sont ceux qui voient. Michelet fut un bon visionnaire au loin. Parce qu'il fut un bon historien. Le temps est passé où des critiques superficiellement exactes nous empêchaient d'aimer Michelet autant que nous en avions le désir intérieur, d'avouer en lui sans doute le plus profond, en un sens le plus exact et le plus vraiment historien de nos historiens.

Ce sont justement les bons historiens qui font les

bons visionnaires. Parce qu'ils ont vu profondément dans le passé, parce qu'ils voient profondément dans le présent, du même regard ils voient profondément dans le futur. Ce serait une imagination grossière que de se faire accroire que ceux qui n'entendent rien au présent, qui n'entendent rien au passé, en sont comme affranchis pour se représenter le futur. Non. Qui a vu, verra. Qui n'a pas vu, ne verra pas. Michelet eut des aperçus extraordinairement neufs, parce qu'il avait eu des vues exactement vieilles. Comme historien, il sentait vivement l'insuffisance artistique et historique des musées pour deux raisons. Il savait comment se sont faits les musées. Il savait comme ils sont artificiels, et comme ils sont militaires. Quand nous contemplons les tableaux alignés et les statues plantées, nous oublions volontiers leur histoire. Plus mou de tendresse, Michelet se remémorait sans doute l'histoire des acquisitions. Depuis les guerres d'Italie et les conquêtes de François premier jusqu'aux guerres de l'Empire en passant par les conquêtes de Louis XIV, toute cette histoire se résume admirablement en un symbole. Pendant sa glorieuse campagne d'Italie le général Bonaparte nourrissait son armée, nourrissait le Directoire, nourrissait ses collègues. Il nourrissait aussi nos musées. Quand par la force des armes françaises, devenues indécisément autoritaires, de libres qu'elles avaient commencé, il entrait victorieux dans quelque principauté italienne, il stipulait soigneusement que le vaincu lui remît quatorze mille florins, huit grands tableaux, cinquante-cinq chevaux, dix-sept tableaux moyens, mille huit cents bottes de paille, quarante petits tableaux, trente-neuf statues et cinq cents sacs de blé. C'était par de tels moyens que ce bas-officier s'imaginait que l'on cultive les arts. Peu m'importe que les alliés nous aient revolé d'un coup en 1815 tout ce que nous leur avions volé moins instantanément. Michelet n'avait pas oublié sans doute l'histoire militaire de la première acquisition. Cette histoire de réquisitions me semble un raccourci et vraiment un symbole de toute l'acquisition. Car nous savons bien, nous socialistes, que les violences d'argent ne sont pas moins odieuses, ne sont pas moins des violences que les violences d'armes. Les violences financières ne nous sont pas moins ennemies que les violences militaires. Il nous déplaît que des nations commerçantes riches aient ainsi dévalisé des peuples artistes pauvres. Honteux comme nous le sommes, que les armées françaises victorieuses aient razzié les trésors de la renaissance italienne sous le général Bonaparte, nous ne le sommes pas moins que des finances françaises victorieuses aient razzié des Hollandais, des Italiens ou des Flamands, — que des négociations françaises aient utilisé l'écrasement barbare de la Grèce. Nous admettons que les Italiens modernes aient pris des mesures contre le jeu spécieusement libre de la loi de l'offre et de la demande, contre la vente et l'achat des chefs-d'œuvre dont ils sont provisoirement et nationalement les propriétaires, dont ils sont régionalement les dépositaires. Nous ne pouvons pas nous dissimuler que sans l'invasion des Romains barbares, des Chrétiens croisés, des Turcs, la *Vénus de Milo* ne serait pas à Paris. Nous nous associons donc en nous-mêmes au vœu de Renan. Nous prévoyons les nations modernes, en cortège expiatoire, ayant désagrégé leurs musées nationaux, reportant les œuvres de l'art hellénique dans la région maternelle et dans le climat. Il y a sans doute eu quelque remords dans les récentes expositions régionales. Vous savez qu'elles vont se multiplier. Il ne faut pas que ce nom commun d'expositions nous abuse. Il peut désigner deux opérations inverses. Autant, il me paraît inintelligent et immoral d'entasser à Paris des productions désorientées, autant il me convient que les Hollandais assemblent les Rembrandt dispersés, que les Espagnols recueillent les membres de Murillo et les Goya. Ceci est de la reconstitution, de la réorganisation. L'Exposition est de la déconstitution, de la désorganisation. Par ce même sentiment de remords nous avons été conduits à installer au Louvre une salle des Rubens, une galerie de la *Vie de Marie de Médicis*. Nous tendons nous-mêmes à désagréger nos anciennes salles, nos anciens musées. Nous faisons amende honorable. Nous inaugurons des accueils pour les œuvres que nous avons d'un même artiste. Qui ne voit que cela nous conduit internationalement à restaurer des accueils régionaux pour toutes les œuvres que l'humanité a reçues d'un même artiste. Nous commençons par mettre ensemble chez nous les œuvres qui sont nées du même artiste. Qui ne voit que nous n'aurons pas fini tant que nous n'aurons pas libéré, tant que nous n'aurons pas mis ensemble chez elles toutes les œuvres qui sont d'un même art, qui sont nées du même artiste et du même peuple artiste. Alors, seulement, nous aurons effacé les traces criminelles de nos conquêtes. C'est en ce sens aussi que nous sommes internationalistes. Nous n'abandonnons pas moins l'héritage national que nous n'avons abandonné l'héritage familial. Et il est intéressant que ce qui peut s'opposer aux premiers remaniements soient précisément les droits de l'héritage bourgeois, les droits par exemple que pourraient faire valoir les héritiers de M. Lacaze, exigeant que toutes les œuvres léguées par ce collectionneur fussent perpétuellement entassées dans la même salle.

Nous sommes conduits aux mêmes résolutions par le sentiment que nous avons des régions. Michelet historien devait sentir profondément combien les œuvres déracinées de leur terre, dépaysées de leur climat sont par cela seul défaites, altérées. Une véritable œuvre d'art ne naît pas pièce de musée. Mais elle naît dans un pays parmi des hommes et des mœurs. L'idéal n'est pas que les œuvres soient couchées quelque part dans un cimetière universel, mais l'idéal est que les fleurs et les œuvres naissent, poussent, croissent, demeurent libres dans la terre natale, et qu'elles y accueillent le visiteur en voyage. Aujourd'hui, au contraire, c'est le visiteur inerte qui fait voyager les œuvres. Mais je n'insiste pas, car nous serons conduits aux mêmes résolutions, et beaucoup plus largement, par le commentaire étendu que nous allons commencer à présent sur la fin de ce paragraphe.

— Je voudrais bien m'en aller.

— Allez-vous-en. Quand vous voudrez bien revenir, vous reviendrez. Quand vous voudrez bien recommencer, nous recommencerons à l'endroit même où nous en sommes restés. Je suis rebelle aux dispersions.

Je m'en allai par les routes rurales. J'avais la tête épaisse de l'insistance et de l'instance avec laquelle Pierre Baudouin m'avait introduit ses idées personnelles. De toutes ces idées, que je me promettais de revoir, une surnageait. Me rappelant ma malheureuse enfance il me semblait en effet que, sauf d'honorables exceptions, les gens qui m'avaient élevé m'avaient toujours élevé pour eux-mêmes. Au lieu que vraiment nous n'élevons par nos élèves et nos enfants pour nous.

DEMI-RÉPONSE A M. CYPRIEN LANTIER

Douzième cahier de la première série (16 novembre 1900).

Nous publions cette réponse comme elle était prête à partir au commencement des vacances.

Mon cher Lantier,

Il est facile à toi de me railler agréablement sur ce que je n'ai pas encore donné mon *histoire* projetée *de la décomposition du dreyfusisme en France*. Mais nous avons le temps. Le dreyfusisme continue à se décomposer. Tu admets sans doute avec moi que tous les citoyens, qui sont devenus ou deviennent partisans d'une certaine amnistie, ont renoncé ou renoncent par le fait même aux principes et aux méthodes qui pour nous — et pour tout le monde alors — constituaient la force et la règle de l'action dreyfusiste. A ce compte, les renonciations et les abdications se sont multipliées et se multiplient parmi nos protagonistes, parmi nos chefs et parmi nos sous-chefs. Au moment où l'amnistie antidreyfusiste comparaissait devant le Sénat, le citoyen Jaurès renonçait avec un certain éclat. M. Waldeck-Rousseau renonçait avec une véritable éloquence. Tout le gouvernement renonçait. Le Sénat renonçait. La Chambre n'avait pas même à renoncer. Les électeurs non plus. Le Congrès national des organisations socialistes françaises avait renoncé au milieu d'un enthousiasme indescriptible. Autour de nous, parmi des amis et connaissances, on a renoncé, on renonce, on va renoncer. Notre camarade François Daveillans, — un collègue et même un successeur à moi, puisqu'il est devenu quinzenier à la *Revue blanche*, — qui avait si fortement contribué à établir l'*Histoire des variations de l'état-major,* a fort bien expliqué pourquoi il renonçait. Notre ami le germaniste est venu me voir tout exprès pour me faire des remontrances et pour m'enseigner *que l'on doit d'abord avoir la puissance.* Nous pensions naguère que l'on doit d'abord tenir la vérité. Enfin, j'ai pu causer quelques minutes avec l'un de nos meilleurs professeurs de philosophie et il ne m'a pas caché *que nous devons de plus en plus abandonner aux nécessités de l'action, à la véritable solidarité des droits de la critique et même les droits de la pensée.* Alors, moi, j'attends que la décomposition soit finie.

Mon cher Lantier, c'est une grosse erreur que vous commettez en province que de vous imaginer que je suis bien avec le Comité général. Assurément, si j'avais présenté moi-même ta requête à ce vénérable Comité, sans aucuns débats il serait passé à l'ordre du jour, comme un simple Conseil d'arrondissement passe outre à la pétition d'un obscur cantonnier ou d'un télégraphiste importun. Heureux, encore, s'il ne m'eût pas flétri par et dans un ordre du jour fortement motivé. Mais le grand désir que j'avais de te donner une réponse authentique me rendit astucieux. J'allais trouver un indépendant, non pas un de ces indépendants qui dépendent, mais un indépendant qui ne dépendait pas. Il y en a plusieurs. Je ne te dirais pas son nom, car il serait perdu d'honneur socialiste si l'on savait qu'il a des communications avec ces cahiers. Il voulut bien présenter au Comité vénérable, dont il fait parti, cette requête : *Que devons-nous faire des Juifs quand les antisémites feront la deuxième Saint-Barthélemy?* À cette requête, il demandait une réponse formelle.

Ajournée de semaine en semaine, la requête vint enfin le samedi 35 juillet dernier*. La séance du vénérable Comité s'annonçait comme une séance orageuse. Il y avait là beaucoup de ministériels et beaucoup d'antiministériels. Mais il y avait peu de véritables socialistes et de véritables révolutionnaires. Il y avait là des délégués titulaires et des délégués suppléants. Les guesdistes étaient tous venus, suppléants ou titulaires, comme

* Il suffit que le lecteur se reporte à cette date : il reconnaîtra qu'il s'agit ici de l'ancien Comité général.

toujours, et manœuvraient avec une admirable discipline, assez souvent inintelligente et grosse dans le détail, mais toujours attentive et soigneusement envieuse. Vaillant était là. Guesde, malade, s'était fait suppléer. On ne sait par qui. Les guesdistes avaient une réoccupation soucieuse, qui était d'embêter le ministère et de diminuer Jaurès. D'heureux antécédents leur faisaient penser qu'ils y réussissaient tout doucement. M. Lafargue continuait de ressembler à M. le marquis de Rochefort. Les blanquistes faisaient la même chose que les guesdistes. Les allemanistes se demandaient par quelle exactitude ils réussiraient à sauver les vieux principes, sans faire le jeu de la démagogie astucieusement attentive. Les broussistes non plus n'étaient pas des broussistes. Les indépendants ministériels ne se souciaient pas de laisser voir qu'ils étaient ministériels. Mais les simples indépendants avaient beaucoup de tristesse et n'avaient aucune arrière-pensée. Le seul, Jaurès, pensait ardemment aux moyens de consolider encore cette unité socialiste qui lui apparaissait fortement instituée.

La prudence la plus élémentaire m'interdisait de laisser voir dans les parages de l'auguste Assemblée les traits importuns d'un visage défavorable et défavorisé. Je ne puis donc te donner du siège et du voisinage la description que tu attendais à bon droit. Je ne sais rien de cette rue Portefoin, sinon ce que ta sagacité a pu en deviner : qu'elle porte un de ces vieux noms français qui nous réjouissent au plus profond. Je vois sur mon plan de Paris que joignant la rue des Archives à la rue du Temple — encore un vieux nom bien français — elle est située presque en plein cœur du vieux Paris que nous aimons. Là, est venu résider l'encéphale du Parti. Là, s'exerce le commandement intercongressionnel. On se réunissait d'abord au 17, siège que le Comité général avait hérité de son antécédent Comité d'entente. C'était au fond d'une cour l'habituelle petite salle de petite réunion. Beaucoup de ceux qui vinrent là, fraîchement investis par le Congrès de l'autorité souveraine, s'imaginaient sincèrement qu'ils tenaient en leurs faibles mains les destinées de la grande Révolution. Ils délibéraient sérieusement aux lueurs de lumières mal éclairantes. Ils négligeaient de savoir, mon ami, que la réaction sociale est sensiblement égale à l'action, et qu'il n'est pas d'agitation formelle ou de combinaison qui puisse remplacer le sincère labourage des consciences*. On me dit que, depuis ces commencements, ceux des souverains qui étaient de bonne foi sont devenus modestes.

Pour cause de difficultés, le Comité général a été transféré en face, au 18, une boutique sur la rue. La séance du 35 juillet commença comme d'habitude. Le citoyen Grados présidait. A neuf heures, on lut le procès-verbal de la séance précédente. Il y eut quelques réclamations, suivies de quelques rectifications, parce que la rédaction du citoyen Dubreuilh était un peu trop intelligente. La requête figurait au seuil de l'ordre du jour. Bien qu'on l'y eût placée d'un commun accord à la fin de la séance précédente, il fallut encore procéder à deux scrutins : le premier pour savoir si vraiment la discussion de cette requête viendrait aujourd'hui, et le second pour savoir si vraiment la discussion de cette requête viendrait au commencement de la séance d'aujourd'hui. Le secrétaire proclama que le premier et que le second vote avaient donné les résultats suivants : que l'unanimité des délégués présents avaient décidé que la requête viendrait aujourd'hui, — et que l'unanimité des délégués présents avait décidé que la requête viendrait au commencement de la séance d'aujourd'hui. En effet, les guesdistes voyaient dans la querelle sémitique une bonne occasion d'embêter Jaurès. Les blanquistes faisaient la même chose que les guesdistes. Les allemanistes étaient heureux d'affirmer tout ce que leur dreyfusisme avait eu de profondément révolutionnaire. Les broussistes n'étaient pas fâchés de prononcer ce que leur dreyfusisme avait eu de fructueusement républicain. Le tiers des indépendants, radicaux assez peu socialistes, avant tout ne voulaient pas déplaire aux guesdistes, puisqu'ils étaient leurs ennemis. Les indépendants révolutionnaires sympathisaient aux allemanistes. Sur tout, on avait le commun désir d'en venir aux mains une bonne fois.

---

* Je laisse dans cette réponse l'expression que j'y avais mise au commencement des vacances. Il se trouve à présent qu'elle est répétée ailleurs dans le même cahier. Je prie le lecteur de vouloir bien s'habituer tout de suite à ce que nous disions souvent la même chose, parce que c'est toujours la même chose.

Jaurès parla longtemps. Jamais, il ne fut plus beau. Il se donnait tout entier, comme s'il eût parlé devant les quinze mille hommes d'une immense assemblée révolutionnaire. Évidemment, il ignorait l'assistance. Il parla deux heures, de cette voix qui sort de tout son être et qui prend tout être en commençant par le ventre. Nourri de tout le vin de la générosité humaine, il parla deux heures, et de loin en loin et peu à peu de plus en plus pressé le rythme de son oraison reconduisait la gravité de ce refrain : *Les Juifs sont des hommes comme nous.* L'orateur haletant touchait au seuil de sa péroraison quand le citoyen Ebers, animé d'une négligence mauvaise, laissa tomber, de cette voix grinçante et graisseuse de Montmartre que vous ne connaissez pas, vous qui n'avez pas eu le bonheur d'assister au premier Congrès général des organisations socialistes françaises, le citoyen Ebers laissa tomber au seuil de l'admirable péroraison ces paroles non ailées : *Allons, pas d'effet de tribune.*

Ces paroles, incroyablement envieuses, tombèrent sur l'orateur comme un sceau d'eau froide. Il eut cette suffocation de la douche froide; son masque fut empreint d'une incroyable tristesse; — et dans son âme il pensait que ce jour encore il aurait donc à faire plaisir à ce citoyen Ebers. Nivet souriait de ce sourire doux, que nous lui avons connu. Le citoyen Lucien Roland était heureux.

Le citoyen Jaurès était déjà moins malheureux de penser que le citoyen Ebers avait rendu heureux plusieurs citoyens. D'une voix plus grave encore, et, en un sens plus redoutable, il recommença la parole et la respiration : Comment, citoyens, disait-il, comment, au moment même où dans ce Comité nous donnons tous nos soins à traiter les questions capitales qui nous sont proposées, comment peut-il y avoir parmi nous des citoyens qui se soient imaginé, témérairement, que nous étions préoccupés de la forme que revêtaient nos idées. — Il continua ainsi, mais négligea de donner sa première péroraison. Il sentait, et on sentait que cela était devenu impossible.

Après le citoyen Jaurès, le citoyen François Desmarais demanda la parole. Ce jeune citoyen, né en Beauce et nommé dans le civil James Hendaye, est un précieux échantillon du guesdisme universitaire, beaucoup plus

Telle était la motion que le citoyen Jaurès devait d'abord présenter à l'approbation du Comité général. Mais pendant que Vaillant parlait, Jaurès eut l'impression que l'interruption d'Ebers avait lézardé sa motion. Beaucoup de raisons d'ailleurs militaient, comme on dit, pour que Jaurès ne présentât pas la motion qu'il avait inconsidérément l'intention de présenter. La première de ces raisons était que Jaurès n'ignorait pas que sa motion serait mise en minorité, parce qu'elle venait de lui et que tout le bloc guesdiste voterait *contre* avec le bloc blanquiste et plusieurs morceaux des indépendants. Mieux valait donc éviter au Parti socialiste la honte et le déshonneur de repousser une simple motion d'humanité; Jaurès fut heureux de penser qu'il était si facile de lui éviter ce déshonneur en ne lui présentant pas cette motion. Outre que l'humanité du Parti serait plus tard diminuée par cela seul que le Comité général aurait ainsi repoussé une simple motion d'humanité. Mieux valait donc ne pas lui donner l'occasion de la repousser. Sans compter que lui, Jaurès, n'ignorait pas non plus qu'il était diminué de jour en jour parce qu'il était successivement mis en minorité sur toutes les questions. Et il éprouvait le besoin de rester moins diminué, pensant qu'il y aurait encore des jours où la révolution sociale aurait encore besoin de lui. La deuxième raison principale pour laquelle, décidément, il ne présenterait pas sa motion était que si on allait aux voix sur cette motion, le scrutin allait encore opposer les deux inévitables moitiés du Parti. Dans combien de scrutins déjà, venus à la même heure des séances, les deux inévitables moitiés du Parti socialiste, la moitié démagogique et la moitié démocratique, ne s'étaient-elles pas affrontées comme deux blocs. Pénibles précédents. Évidemment, la meilleure façon de fomenter l'unité attendue était d'éviter la régularité de ces votes fâcheux. Mieux valait donc se rallier à quelque motion ennemie éventuellement capable de rallier l'unanimité des suffrages. On verrait plus tard à mieux guider le Parti, l'unifier. Mais il fallait réaliser d'abord l'unité du Parti.

Ces deux raisons, les divisions et les subdivisions de ces raisons encombraient l'esprit de Jaurès, confusément claires, mais d'autant plus redoutables dans la croissance de la fatigue. Justement, le citoyen Vaillant manifestait l'intention de n'accabler pas ses adversaires, pourvu qu'ils se rendissent à discrétion. Tant de bonté fondit toute résistance. Vraiment, Jaurès ne pouvait se montrer moins bon que le citoyen Vaillant. Le citoyen Vaillant, inépuisable, expliquait rapidement que le Parti n'avait à s'occuper que des gens qui étaient du Parti, et que tout le reste est contraire à la lutte de la classe ouvrière contre la classe capitaliste.

Or il faut que je te dise qu'il y a deux Juifs qui font parti du Comité général et que tous deux assistaient à la séance. L'un est un brave garçon, nullement antisémite, qui ne veut rien savoir. Il se nomme Jacob Isaac. Il a un certain talent littéraire. Un peu avant le commencement de l'affaire Dreyfus, il avait donné aux imprimeurs la copie d'un volume, le bien connu premier volume de vers. Il avait préféré signer d'un pseudonyme, et les imprimeurs avaient déjà composé le nom qu'il avait choisi : *Jacques Delespinière,* — sans doute en souvenir de Spinosa qu'il aimait beaucoup — pour le titre et pour la première page de la couverture. Survint l'affaire Dreyfus, à peu près dans le même temps qu'il recevait les épreuves de la mise en pages. On commençait à crier dans les rues : *Mort aux Juifs*. Le jeune Isaac n'hésita pas. Sans demander conseil à personne, il rétablit sur son livre, au lieu du pseudonyme, son nom d'homme et de citoyen : Jacob Isaac, en assez grosses lettres. Il y ajouta même son prénom de Simon, qu'il négligeait dans l'usage habituel.

Fort différent du jeune Isaac, le second Juif du Comité général était antisémite, comme le sont devenus les trois quarts de la haute bourgeoisie juive, la moitié de la bourgeoisie moyenne, et le tiers de la petite bourgeoisie. Au commencement de l'affaire Dreyfus, il s'était précipité dans les rangs du Parti ouvrier français. Un instinct profond lui avait enseigné de bonne heure que les persécutés doivent se concilier leurs ennemis, puisqu'ils n'ont rien à redouter de leurs amis. Sans tarder un seul instant, il se mit en devoir de se donner un pseudonyme, alléguant que tel était l'usage au Parti ouvrier français. Il choisit innocemment le nom de Roger Dumanoir. Il vaut toujours mieux avoir un nom bien français. Et même il est toujours bon d'avoir un nom qui commence par un *du* ou un *des*. Sachons prévoir les malheurs de si loin. Par le malheur des temps, il peut toujours advenir que l'on soit forcé de couper sa signature en deux et de s'intituler Roger du Manoir. Le citoyen Dumanoir avait fini par oublier totalement son nom véritable et ses camarades l'avaient oublié avec lui.

Le citoyen Vaillant s'arrêta comme il avait commencé, en plein, et sans aucune raison. Il eut seulement soin que sa dernière phrase finit sur *la lutte de la classe ouvrière contre la classe capitaliste*. Aussitôt qu'il eut finit, le citoyen Jacob Isaac dit froidement :

— Je m'en tiens à la conclusion indiquée par le discours du citoyen Jaurès.

Le citoyen Jaurès fut désolé que quelqu'un s'en fût tenu au discours qu'il avait prononcé lui-même au commencement de la séance. Heureusement que le citoyen Roger Dumanoir vint à son aide. Le citoyen Roger Dumanoir s'éleva vivement et un peu vulgairement contre la manie que l'on avait à présent de vouloir toujours sauver tout le monde et son père. Ici, Nivet sourit doucement, parce qu'il paraît que c'était une méchanceté très spirituelle et d'un usage fréquent contre le citoyen Jacob Isaac, dont le père est connu pour n'avoir pas précisément des opinions socialistes. Même qu'il vient de déshériter son fils avec un certain éclat.

Jaurès respirait, quand survint l'accident inattendu. Le citoyen Charles Longuet, qui depuis deux heures bougonnait et ronchonnait dans son coin, le vieux Longuet demanda la parole. Heureux les citoyens que leurs concitoyens nomment amicalement le vieux Longuet, le vieux Fabérot*. Heureux les vieux que les jeunes appellent familièrement le père Fabérot et le père Longuet. On avait commencé à dire aussi le père Vaillant, quand on s'est brusquement arrangé pour qu'on ne le dît plus.

Depuis au moins deux heures, le vieux Longuet ne tenait plus en place. Il grommelait tout haut et se disputait avec ses voisins. C'est un homme qui n'aime pas beaucoup les escamotages. Et il se débattait contre un escamotage qu'il sentait venir. Il avait une indignation

---

* Je laisse dans cette réponse la phrase comme elle était au commencement des vacances. Nous aurons l'occasion de dire combien la concurrence électorale d'Allemagne et de Fabérot nous semble révéler une inquiétante mentalité.

comparable à celle que nous lui avons connu à la fin du Congrès national, avant dernière séance, quand il vit bien que l'on s'arrangerait d'un commun accord pour ne pas revenir sur l'affaire Dreyfus. Comme quelqu'un qui veut en finir, le vieux Longuet demanda la parole :

— Je dépose la motion suivante, vous savez bien pourquoi :

Il avait oublié de rédiger sa motion sur un morceau de papier. Il fut obligé de l'improviser en parlant. Aussi fut-elle plus violente et plus incohérente qu'il ne voulait :

Considérant que tous les citoyens qui ne marchent pas délibérément contre l'antisémitisme font le jeu de la réaction; le Comité Général décide que nous devons marcher résolument contre l'antisémitisme.

Ce fut une stupeur. Cette motion n'était pas de celles qui sont prévues et faites exprès pour les scrutins. Comment pourrait-on voter là-dessus? Cette motion innocente avait des substructures redoutables. On ne pouvait pas voter *contre :* on aurait ainsi donné à supposer qu'il y avait dans le Comité général des gens qui n'étaient pas décidés à marcher résolument contre l'antisémitisme et la réaction. Mais on ne pouvait pas voter *pour,* parce qu'on aurait eu l'air d'emboiter le pas au citoyen Longuet et parce que cette formule : *Tous les citoyens qui ne marchent pas délibérément contre l'antisémitisme* s'appliquait visiblement aux signataires de l'ancien fameux manifeste. On ne pouvait voter blanc. Tout le monde était fort embarrassé en soi, quand le citoyen Viviani, fort au courant des mœurs parlementaires, demanda la parole. Avant qu'il eût commencé, tout le monde fut soulagé.

Le citoyen Viviani parla posément sans mécontenter personne : « Avant de nous prononcer, disait-il, sur la motion de l'honorable citoyen Longuet, l'usage demande que nous attendions pour voir s'il ne se produira pas quelque proposition extrême. Le règlement des assemblées délibérantes porte que l'on met d'abord aux voix les propositions les plus éloignées, les amendements les plus éloignés du texte proposé par la Commission. Nous pouvons envoyer à la Commission de contrôle, — car il s'agit au fond d'un contrôle à exercer sur les antisémites, — ou à telle Commission qu'il vous plaira la motion de l'honorable citoyen Longuet. Ou plutôt il nous est permis de présumer que nous pouvons considérer la motion de l'honorable citoyen Longuet comme étant moins distinctive, moins éloignée du texte qui nous serait apporté par la Commission, si elle était consultée, que telle motion qui nous serait présentée. »

La motion Dumanoir ne se fit pas attendre, car on l'avait rédigée à plusieurs pendant que Viviani commençait à parler.

— Je demande la parole, dit ce jeune citoyen au milieu d'un brouhaha favorable.

— J'ai l'honneur de soumettre au Comité général cette motion, pour laquelle je demande la priorité.

— Vous l'avez de droit, dit un peu inconsidérément Viviani.

Dès lors, l'exécution fut rapide.

— Je l'ai de droit, comme le fait si bien remarquer le citoyen Viviani, dit en souriant le citoyen Dumanoir, puisque cette motion est pour ainsi dire extérieure à la proposition de l'honorable citoyen Longuet. — Il était intelligent, avait une faculté prodigieuse d'assimilation, aimait à parler bien, s'écoutait parler bien, et les guesdistes l'écoutaient complaisamment, heureux d'avoir un intellectuel pour embêter les intellectuels.

Considérant que le premier devoir du Parti socialiste unitairement constitué est d'assurer la victoire du prolétariat dans la lutte, que la classe ouvrière soutient contre la classe capitaliste;

Regrettant que l'on ose proposer au prolétariat des devoirs de luxe, quand le peuple suffit à peine au commencement d'exécution de ses devoirs nécessaires;

Constatant que les devoirs modestes et nécessaires doivent passer avant les devoirs de luxe, — et d'orgueil;

Ce dernier mot fut placé avec un art scénique irréprochable.

Considérant que le Comité général est institué non pour séduire le prolétariat, mais pour l'éclairer sur ses véritables intérêts;

Le Comité général

décide qu'il sera donné aide et protection à tout Juif qui sera membre du Parti;

c'est-à-dire qui, — c'est-à-dire qui. —

Mais il s'arrêta, pensant, non sans raison, qu'il en avait assez lu pour commencer.

En vain, le citoyen Longuet, par un dernier effort, demanda-t-il que l'on votât par division sur chacun des considérants et sur le dispositif. On lui refusa bruyamment la division. On oublia qu'elle était de droit. L'ensemble fut voté à mains levées. Le seul citoyen, Longuet, leva la main à la contre-épreuve.

— N'oublions pas, dit le citoyen Desmarais, que nous devons donner à la décision un sens restrictif, c'est-à-dire limitatif.

Le citoyen Dumanoir avait déjà rédigé la phrase. Il reprit pour s'appuyer :

Décide qu'il sera donné aide et protection à tout Juif qui sera du Parti;

Une rumeur favorable courut.

Mais que le Parti sera forcé de négliger les Juifs qui ne sont pas du Parti.

Une seconde rumeur favorable courut. La phrase fut votée. On se hâtait.

— N'oublions pas, dit le citoyen Desmarais que nous devons bien expliquer qui est du Parti, pour qu'il n'y en ai pas qui s'y glissent.

— Nous n'avons, répondit le citoyen Dumanoir, qu'à nous en tenir à la formule qui nous a si bien réussi aux récentes élections municipales, après avoir servi de base à la convocation du Congrès de Paris. A cette fin, nous n'avons qu'à insérer, après la phrase :

décide qu'il sera donné aide et protection à tout Juif qui sera du Parti;

cette explication :

c'est-à-dire qui fera adhésion explicite au programme commun à toutes les fractions du Parti socialiste :

Entente et action internationales des travailleurs; organisation politique et économique du prolétariat pour la conquête du pouvoir et la socialisation des moyens de production et d'échange, c'est-à-dire la transformation de la société capitaliste en une société collectiviste ou communiste.

— Je propose, dit le citoyen Nivet, que le Comité général remplace les mots *fera une adhésion explicite* par les mots *aura fait une adhésion explicite.* Il ne s'agit pas que les Juifs ne donnent leur adhésion qu'au moment même où ils seront en danger.

— Il me semble que cette observation est fort judicieuse, dit le citoyen Dumanoir.

— Adopté.

— Mais comment saurons-nous, dit le citoyen Isambert, comment saurons-nous que tel ou tel Juif aura fait ou n'aura pas fait l'adhésion explicite? Et comment distinguerons-nous l'explicite de l'implicite?

— Il me paraît indispensable que chaque Juif signe une attestation ainsi conçue :

Je, soussigné, ... Jules Simon Weill, ... né à Paris le 9 janvier 1867,... demeurant audit Paris,... 191, rue du Temple, déclare que je fais une adhésion explicite au programme commun à toutes les fractions du Parti socialiste français :

Entente et action politique internationale des travailleurs; organisation politique —

Ici le citoyen Dumanoir eut l'élégance, la suprême élégance de réciter à haute et intelligible voix, sans consulter son texte, comme l'écolier qui sait admirablement sa leçon :

et économique du prolétariat pour la conquête du pouvoir et la socialisation des moyens de production et d'échange, c'est-à-dire la transformation de la société capitaliste en une société collectiviste ou communiste.

En foi de quoi, j'ai signé le présent procès-verbal.

Jules Simon Weill.

— Je demande, répéta le citoyen Nivet, je demande que l'on mette une date sur ces attestations et qu'il soit, bien entendu, qu'elles ne seront valables que six mois après que le bénéficiaire les aura signées. Il y aurait trop d'attestations soudaines.

— Parfaitement, répondit le citoyen Dumanoir. *Fait à Paris, le 35 juillet 1900, valable à partir du 35 janvier 1901.* C'est facile et nous éviterons les surprises.

La délibération commune était devenue un dialogue accommodant de plusieurs citoyens.

— Il ne me semble pas, recommença le citoyen Desmarais, que cette attestation puisse avoir quelque valeur, si elle n'est pas contresignée par quelqu'un qui nous présente quelque garantie.

— Parfaitement, répondit le citoyen Dumanoir. Nous aurons ou plutôt nous exigerons que deux signatures, que les signatures de deux socialistes notoires et notables nous garantissent la signature du bénéficiaire.

— Il ne me semble pas, recommença le citoyen Desmarais, que cette attestation puisse avoir la valeur que nous lui accordons si elle n'est pas officielle.

— Parfaitement, répondit le citoyen Dumanoir, parfaitement. Nous exigerons que cette attestation porte la signature d'un membre du Comité général.

— Si cette attestation est garantie par la signature d'un membre du Comité général, nous avons le droit et le devoir d'exiger qu'elle soit plus explicite et que l'autorité de ce Comité général y soit formellement reconnue.

— Parfaitement. Après les mots : *collectivistes ou communistes,* nous ajoutons cette phrase : *Autorité souveraine incontestée du Comité général institué par les congrès, avec pouvoir d'appel au prochain Congrès tous les ans pendant plusieurs jours.*

— Il me semble, dit Desmarais, que nous pouvons supprimer cet appel. Jamais, les congrès nationaux n'aurons le temps d'examiner les cas individuels. C'est à peine s'ils peuvent effleurer les questions générales.

Isambert intervint :

— Nous sommes l'émanation du Congrès. Nous n'avons pas à diminuer son autorité souveraine. S'il n'a pas le temps de juger les cas individuels, ce sera de sa faute. Nous devons accepter qu'on les lui soumette en deuxième instance. Et puis, s'il n'a pas le temps, il nous commandera de prononcer en cassation sur les demandes que nous aurons examinées en premier.

— Le Congrès règne trois jours et nous régnons douze mois, dit étourdiment le citoyen Lafargue.

— Alors, dit Desmarais, je demande que l'appel soit suspensif, c'est-à-dire que pendant tout le temps de l'instance le Juif bénéficiaire n'ait pas de bout de papier.

— Parfaitement, répondit Dumanoir.

Isambert intervint :

— Il serait préférable que cette attestation fut scellée d'un sceau officiel. Or, nous n'avons aucun sceau officiel.

— C'est vrai, dirent les assistants, effarés à la pensée soudaine qu'ils n'avaient aucun sceau officiel.

— Parfaitement, dit Dumanoir. Nous mettons à l'ordre du jour de la prochaine séance la fabrication et le choix d'un sceau officiel.

— Mais comment pourrons-nous éviter les attestations fausses, dit le citoyen Bracqueur. Ce dernier avait une peur épouvantable des faux depuis qu'il avait éprouvé que tous les faux de l'état-major n'avaient servi qu'à étayer *les Preuves* de Jaurès.

— Un des meilleurs moyens d'éviter les faux, dit Dumanoir, est encore d'imaginer un sceau d'une imitation difficile, un cachet d'une empreinte compliquée, un symbole inextricable, un papier d'une pâte inconnue, d'un grain nouveau, d'un aspect mystérieux, et nous ferons filigraner dans ce papier le sceau du Comité général du Parti socialiste français. Nous exigerons que les attestations soient données sur ce papier. — Pas d'opposition? C'est entendu.

On partait.

— Attendez, dit le citoyen Dumanoir. Il ne suffit pas d'avoir décidé. Il faut nommer. Comment nommerons-nous dans nos procès verbaux les citoyens qui auront obtenu l'attestation?

— Nous les avons nommés les citoyens bénéficiaires, dit froidement le citoyen Jacob Isaac.

— Bien. Les deux citoyens qui garantiront la signature du citoyen bénéficiaire?

— Les citoyens témoins?

— Les citoyens témoins, bien. Le membre du Comité général...

— Nous pouvons encore les nommer les citoyens parrains, dit froidement le citoyen Jacob Isaac.

Il faut que je te dise que le citoyen Jacob Isaac avait conçu l'ingénieux dessein d'emmener, comme on dit, le citoyen Dumanoir. Et le citoyen Dumanoir, enivré de réussite, écoutant sa propre parole, hâté de la hâte environnante, marchait infatigable.

— Les citoyens parrains, bien. Le citoyen membre du Comité général...

— Quand il y aura une citoyenne, recommença froidement le citoyen Jacob Isaac, nous aurons le citoyen parrain et la citoyenne marraine.

— La citoyenne marraine. Entendu. Le citoyen membre du Comité général...

Isambert intervint.

— Il vaut mieux que ce soit toujours le même membre du Comité général qui soit proposé à la signature des attestations.

— Bien entendu. Comment nommerons-nous le citoyen membre du Comité général qui sera préposé à la signature des attestations.

— Nous le nommerons évidemment le citoyen garde des sceaux, dit Jacob Isaac.

— Le citoyen garde des sceaux, bien. Comment nommerons-nous l'acte lui-même, la pièce elle-même? Enfin, le bout de papier, le billet?

Isaac laissa dire.

— *Attestation de profession de foi,* proposa Bracqueur, dont la langue s'embarrassait un peu.

— Non, dit rapidement Dumanoir. Il y a trop de mots en *tion* là-dedans. Et le mot de *foi* est un mot catholique, un mot clérical. Nous ne pouvons pas. Il faut aussi remplacer *attestation,* qui est lourd.

— *Attestation de profession de foi socialiste,* hasarda le citoyen Bracqueur.

— Cela ne fait que souligner la relation cléricale. Nous avons besoin d'un seul mot qui remplace *profession de foi.*

— *Confession,* dit posément le citoyen Jacob Isaac. Nous nommerons l'acte un *billet de confession.*

Dumanoir, soudain, pâlit de colère. Il venait de

s'apercevoir que tous les mots adoptés à l'instigation de Jacob Isaac, *bénéficiaire, témoins, parrain, marraine, garde des sceaux* étaient des mots éminemment bourgeois et cléricaux. Profondément humilié d'avoir marché, il dit vivement, balbutiant un peu :

— Nous renvoyons à une séance ultérieure le choix définitif de tous ces vocables.

On partait. Le citoyen Grados, qui ne suivait plus la discussion, entendit qu'un de nos camarades du Parti ouvrier français avait parlé de renvoyer à une séance ultérieure. Machinalement, il déclarait que la séance était levée, quand le citoyen Loyal, ancien huissier, qui se reposait au Comité d'avoir expulsé beaucoup de locataires, sans compter plusieurs propriétaires, dont un certain M. Orgon, demanda la permission de dire quelques mots. Le citoyen président y consentit.

Au moment que le citoyen Loyal commençait à parler, plusieurs assistants, moins fatigués que leurs voisins, s'aperçurent que le citoyen Isaac leur avait joué un mauvais tour. Ils en furent très profondément vexés. Ils furent aussi très profondément vexés, et sincèrement surpris de ce que, pour désigner une action bourgeoise et cléricale, on avait été naturellement conduit à des expressions cléricales et bourgeoises.

Le citoyen Loyal aimait les affaires bien faites. Puisque nous passons un contrat avec les Juifs, dit-il, nous devons envisager certaines éventualités. Les dispositions que vous avez adoptées me semblent sages, mais incomplètes. Vous avez négligé de fixer la durée de la validité de ce billet. Vous penserez avec moi qu'un an suffira, c'est-à-dire que les bénéficiaires auront à le renouveler tous les ans. Vous avez négligé de régler la question des *duplicata*. Vous penserez avec moi que nous ne pouvons accorder la double expédition. Ce serait encourager les fraudes. Surtout que tous les Juifs ont le même nom. Tant pis pour ceux qui auront perdu le billet : vous demeurez, par exemple, à Castelréactionnaire. Un Juif se présente à vous et vous demande aide et protection. Avez-vous le billet? — Oui. — Montrez-le-moi. — Je l'ai perdu au buffet de Mauléon dans mon dernier voyage à Bayonne. Ou bien : Je l'ai perdu à l'hôtel de Notre-Dame de Bon-Secours dans mon dernier voyage à Perpignan. C'est fort bien. Je ne vous connais pas. Mais faites une demande en règle et dans six mois vous repasserez. Enfin, vous avez négligé de prévoir le cas de force majeure : Un Juif eﬆ poursuivi à Versailles par une foule furieuse. Il eﬆ inadmissible qu'un brave citoyen, qu'un honorable militant, précieux au Parti, et dont la perte serait irréparable, risque de se faire casser les reins pour subvenir à ce Juif. Ainsi penserez-vous avec moi que dans la motion que nous avons votée, après la phrase :

Autorité souveraine inconteﬆée du Comité général inﬆitué par les congrès, avec pouvoir d'appel au prochain Congrès tous les ans pendant plusieurs jours;

nous devons ajouter :

sous réserve que l'intervention exercée en faveur du bénéficiaire sera conforme aux intérêts du Parti socialiﬆe.

— Je vous laisse, messieurs, je vous laisse. Mais vous avez négligé de considérer que la fabrication de ces billets nous reviendrait bon prix et que nous avons des finances très obérées. Le citoyen trésorier ne me démentira pas. La souscription que nous avons ouverte en faveur de l'organisation du Congrès international ne marche pas. Le peuple eﬆ capricieux. Les ouvriers, qui ont donné plus de deux cents mille francs de leur pain aux mineurs et aux verriers de Carmeaux ne nous donnent rien pour nos cérémonies indispensables. Nous n'aurons pas un billet de cinq cents francs. Nous avons besoin d'argent. Nous ne pouvons pas donner à ces Juifs ce qui nous aura coûté à fabriquer.

Il faut que je vous dise ici que ce M. Loyal, connu comme antisémite, avait reçu et recevait quelque argent des grands Juifs, ce qui l'encourageait à leur en demander davantage.

— Nous ne pouvons pas donner à ces Juifs ce qui nous aura coûté à fabriquer. Nous sommes des commerçants comme eux. Ils doivent nous payer au moins le prix de revient, où je compte les frais généraux. Ils doivent enfin payer l'efficacité de la proteℭion que nous leur accordons? Messieurs, continua-t-il, entraîné par une vieille habitude, messieurs, il faut une feuille de soixante centimes.

Ainsi fut inﬆitué le papier timbré socialiﬆe.

DEUXIÈME SÉRIE

CASSE-COU

Septième cahier de la deuxième série (2 mars 1901).

QUAND mes amis[1] me revinrent, ils me trouvèrent alité. Une attaque un peu sérieuse de la grippe habituelle m'avait surpris par le mauvais temps dans un excès de fatigue survenu après un excès de travail. Je me hâtai de les rassurer.

— Je dois vous avouer que cette maladie a fort incommodé le dilettantisme où l'on sait que je me complais. Mais soyez sans inquiétude. Je vais beaucoup mieux, parce que j'ai employé les moyens révolutionnaires.

— Serait-ce, dit Pierre Baudouin, que vous vous êtes frappé la poitrine à tour de bras, que vous êtes monté sur les tables, que vous avez poussé des clameurs inarticulées, assommé votre médecin, battu votre femme, incendié votre maison.

— Point. Je me suis couché de mon long dans mon lit et tenu tranquille.

— Comment serait-ce là cette fameuse méthode révolutionnaire?

— Quand le samedi matin je me réveillai malade je reconnus la grippe. Il me restait à choisir entre la méthode bourgeoise et la méthode révolutionnaire. La méthode bourgeoise consiste à s'imaginer que l'on porte remède aux maux utilement sans toucher aux causes réelles des maux. La méthode révolutionnaire consiste ici à constater que l'on ne porte remède aux maux utilement qu'en s'attaquant aux causes réelles des maux. Souvent il advient que c'est la méthode bourgeoise qui fait du tapage et la méthode révolutionnaire qui est la silencieuse. La méthode bourgeoise consiste à farder grossièrement les aspects de la vie. La méthode révolutionnaire consiste à changer de vie. La méthode socialiste révolutionnaire demande que l'humanité change de vie sociale.

— Tu parles beaucoup pour un malade, interrompit Pierre Deloire. Il me semble que tu retombes aux moyens bourgeois.

— Nous y retombons souvent. Mais cela ne sera rien. Quand j'eus reconnu la grippe solennelle, je me couchai de mon long dans mon lit bien chaud. Le médecin vint. Je suivis ponctuellement ses ordonnances. Il me commanda de cesser tout travail. Je reposai pendant deux jours, dormant ou sommeillant, la tête aussi débarbouillée de soucis que si je ne dusse plus jamais fournir de copie et n'eusse pas signé pour des échéances mensuelles des traites lourdes. Je vais mieux. Laissez-moi dormir. Demain, je me lèverai. Après-demain, je travaillerai. Ne bravons pas. Suivons les méthodes révolutionnaires.

— Puisque je suis venu, dit Pierre Baudouin, permets que je travaille ici. Mets à ma disposition tes collections de journaux et de revues. Il y a longtemps que j'ai envie d'écrire deux mots à Jaurès. Il finira bien par me lire sérieusement et j'espère qu'il me répondra justement, aussitôt qu'il aura donné réponse à tous les grands de ce monde politique. Nous te laissons.

— Comment feras-tu pour écrire, dit Pierre Deloire, impatient que tu es, et grand amateur des phrases parlées, qui vont plus vite.

— Assieds-toi là, répondit Pierre Baudouin. Puisque tu es historien, tu découperas et tu colleras les fragments dont je ferai citation.

« Mon cher Jaurès,

» Dans *la Petite République* datée du mardi 8 janvier 1901, vous avez publié un article que je vous demande la permission de vous reproduire en entier :

LA PHILOSOPHIE DE VAILLANT

Depuis quelques semaines le citoyen Vaillant, s'élevant au-dessus des passagères querelles et des dissentiments secondaires qui troublent encore l'action socialiste, semble tracer avec une haute sérénité les grandes lignes de sa méthode. Il reste le révolutionnaire de combat qu'il a toujours été, prêt à seconder, à encourager, demain comme hier, les mouvements généreux et soudains par lesquels les opprimés brisent leurs chaînes. Il lui paraît douloureux que, si souvent, le progrès humain soit acheté au prix de la violence, et il désire que le développement intense de la démocratie, en donnant un jeu plus libre, plus aisé et plus vaste à l'action populaire, dispense le prolétariat des moyens sanglants qui ont affranchi la bourgeoisie révolutionnaire. Mais il sait qu'il ne dépend pas de la classe ouvrière seule de régler les méthodes de révolution. Elle aura peut-être à se défendre contre les agressions brutales des dirigeants, contre les violences des privilégiés; et la bestialité que le nationalisme « décerveleur » déchaîne dans les « hautes » classes et les classes moyennes ne permet guère l'idyllique espérance d'une évolution pleinement pacifique.

Mais, et c'est ici surtout qu'il convient d'insister, il s'en faut que le citoyen Vaillant conçoive la révolution sous la forme soudaine et théâtrale qu'on lui donne trop souvent.

« Pour être un révolutionnaire de pied en cap, dit-il avec ironie, il faut se créer à soi-même, dans l'illusion optimiste, les conditions imaginaires qui mettent le résultat à la portée immédiate de l'effort. »

Ainsi, ceux qui semblent rêver à tout propos d'un coup de main décisif, ou même espérer d'une catastrophe l'entier renouvellement social, sont les dupes à demi volontaires d'une illusion. Or, selon le citoyen Vaillant, cette illusion devient de plus en plus malaisée à mesure que le socialisme se surcharge de considérations doctrinaires, c'est-à-dire à mesure qu'il comprend mieux la complexité des faits sociaux et la loi d'évolution qui impose à toute pensée révolutionnaire une longue période de préparation économique et politique.

***

Longtemps on a cru qu'il suffirait de briser quelques rouages du mécanisme capitaliste, pour le remplacer tout entier. On le conçoit aujourd'hui « comme un organisme transformable », qui doit évoluer vers le socialisme, sous la direction consciente du prolétariat organisé. Longtemps aussi on a cru utile, pour animer le prolétariat, à l'action d'amoindrir dans des prophéties à court terme les chances de durée et les forces de résistance du capitalisme. Il a encore bien des moyens de renouvellement : l'expansion coloniale fournit une issue à sa production surexcitée. Il est certainement condamné à périr, mais il serait téméraire d'assigner la date de sa fin : « A travers quelles étapes arriverons-nous à notre but? dit le citoyen Vaillant. Nul de nous ne peut le déterminer. »

Nous ne pouvons même dire avec assurance que les progrès prochains des sciences de la mécanique, de l'électricité, de la chimie, créeront automatiquement, par l'accroissement prodigieux de la production, les conditions suffisantes du communisme.

Il faut que le prolétariat connaisse bien le milieu où il agit, c'est-à-dire il faut qu'il connaisse bien les résistances formidables qu'il a encore à vaincre. « Ainsi, dit le citoyen Vaillant, nous aurons moins d'illusions, mais nous aurons moins de déceptions. » Ce n'est point par la vaine excitation des songes, c'est par le sévère et noble enthousiasme de la vérité que le citoyen Vaillant anime la classe ouvrière à l'infatigable action, à l'effort continu de révolution.

Cette philosophie politique et sociale du citoyen Vaillant se rattache à sa philosophie générale de l'univers et de la vie. Il déclare souvent qu'il est matérialiste et athée, et c'est bien, en effet, la traduction la plus populaire, et dans la langue de la philosophie française, la plus exacte, de sa pensée. Mais, au fond, c'est le grand esprit de la philosophie allemande qui l'anime, l'esprit de Spinosa, de Fichte, de Hegel et de Feuerbach. Il est *moniste*, c'est-à-dire que pour lui tous les phénomènes de l'immense univers, toutes les forces en apparence les plus diverses ou les plus contraires se ramènent à l'unité de principe, de substance ou de loi. Il n'admet pas la dualité et l'opposition de ce qu'on appelle matière et de ce qu'on appelle esprit; et si le spiritualisme lui fait horreur, c'est parce qu'il coupe la réalité en deux, et qu'en instituant deux principes, il livre nécessairement l'un à la tyrannie de l'autre. Qui dit dualité dit oppression; car des deux forces opposées l'une doit dominer l'autre, à moins que ces deux forces ne s'équilibrent et ne se neutralisent dans le néant.

C'est ainsi que l'Église a soumis la vie naturelle à la tyrannie de l'âme, artificiellement isolée du corps. C'est ainsi que le christianisme et le spiritualisme ont soumis le monde à la tyrannie de Dieu. Le dualisme engendre donc oppression et terreur. Au contraire, si tous les phénomènes et tous les êtres sont les manifestations infiniment variées d'une même force ou d'une même idée, aucun ne peut prétendre à opprimer les autres; et une libre et croissante harmonie des énergies et des êtres est possible dans l'immense et mouvante unité. Quelle est la nature de cette force une qui enveloppe à la fois ce que nous appelons matière et ce que nous appelons esprit? Le citoyen Vaillant paraît considérer la réponse comme secondaire.

Il a écrit expressément il y a quelques années, que le monisme, qu'il fût matérialiste ou idéaliste, répondait en tout cas au besoin de la pensée qui aspire à unifier le monde, et au besoin de la vie qui ne veut se plier à aucune force extérieure. Je me garderai bien d'entrer ici, et aujourd'hui, dans ces grands problèmes. Je veux dire seulement au passage qu'à mes yeux l'heure approche où le prolétariat socialiste et révolutionnaire devra s'approprier une doctrine organisée de l'univers et de la vie. Ce qu'a été l'Encyclopédie pour la bourgeoisie révolutionnaire, il faudra qu'une encyclopédie nouvelle, infiniment plus hardie et plus vaste, le soit pour le prolétariat.

Il faudra reprendre le mouvement de la pensée humaine depuis Kant jusqu'à Renan, en passant par Hegel, Comte et Marx. Il faudra reprendre le mouvement de la science de Laplace à Maxwell, en passant par Darwin, proposer les principaux résultats et les tendances principales au prolétariat qui veut vivre de la pleine vie et projeter sur l'univers une ardente lumière où les clartés de la pensée individuelle se mêleront à l'ardent rayonnement de la vie sociale. Cette organisation vivante d'une encyclopédie socialiste sera une des plus hautes tâches qui s'imposeront demain à notre parti et à l'humanité.

***

Mais je reviens à la belle conception moniste du citoyen Vaillant, et je dis que cette unité profonde de toutes les forces, de tous les phénomènes, implique que d'une force à l'autre, d'un phénomène à l'autre la réalité peut se mouvoir par des degrés continus. Il y a perpétuelle transformation, perpétuel effort, et sous les fausses apparences des formes figées, éternelle fluidité, incessante aspiration de la vie. De là, dans l'ordre social, la philosophie à la fois profondément évolutionniste et hardiment révolutionnaire du citoyen Vaillant.

Il n'y a pas de forme sociale immuable et nécessaire qui puisse arrêter la poussée des forces économiques et l'élan des énergies humaines. Voilà la pensée de révolution. Et aussi, même quand il semble qu'il y a passage brusque d'une forme de vie à une autre, d'une forme de société à une autre, c'est par un sourd travail, c'est par un obscur réarrangement moléculaire, c'est par l'infatigable rongement du flot sur le roc, du désir et de l'action sur le privilège, que les transformations révolutionnaires sont préparées. Le citoyen Vaillant répugne à tout ce qui immobilise et catégorise. Ce qu'il reprochait, par exemple, au programme agraire du Parti ouvrier français, ce n'était pas de maintenir provisoirement la petite propriété paysanne, ce n'était pas d'instituer une transition, mais c'était d'en faire, si je puis dire, une transition figée : c'était de ne pas assez dire que, même avant de se perdre enfin dans le communisme, la petite propriété paysanne serait déjà modifiée par le contact ou même par les approches du communisme; c'était de la poser comme une pierre au bord du flot, hors du courant des transformations.

Cette philosophie profonde et subtile lui donne le sens très délié de toutes les réformes de transition, de toutes les évolutions nuancées qui préparent et qui commencent la Révolution. Il ne consentira jamais à dire, comme tant d'autres socialistes, que telle réforme, telle action, telle institution est impossible tant que le capitalisme ne sera pas tombé tout entier. C'est, pour lui, comme si on disait que l'aube incertaine est impossible tant que n'a pas disparu toute la nuit.

La vérité est que telle institution de solidarité sociale et de dignité ouvrière aura, dans le milieu capitaliste, une forme plus basse, une efficacité moindre que dans le milieu socialiste. Mais le citoyen

Vaillant ne conclut pas que ce désaccord entre l'institution nouvelle et le milieu capitaliste rend impossible l'institution. Il conclut, au contraire, que la multiplicité des institutions nouvelles de solidarité et de dignité finira par rendre impossible le milieu qui les déforme et les abaisse.

***

Voyez, par exemple, la conclusion si nette, si importante au point de vue de la méthode, de l'article qu'il publiait récemment dans *le Petit Sou*, sous le titre : « Assurance sociale ». Il s'agit d'assurer tous les travailleurs contre l'intégralité des risques qu'ils courent : accidents, vieillesse ou invalidité, chômage :

« C'est à la contribution propriétaire et patronale de tous ceux qui sont employeurs de salariés; c'est aux budgets actuels de l'assistance de fournir les fonds nécessaires, et à l'État de compléter annuellement tout ce qui peut manquer pour le fonctionnement de l'assurance et son développement.

« *Dans l'égalité de fait de la société socialiste, l'assurance disparaîtra à son tour dans les formes plus hautes des institutions de solidarité, comme aujourd'hui elle doit absorber et transformer les institutions vieillies de l'assistance et les essais partiels et incomplets d'assurance. La charité, l'assistance publique et l'assurance sociale sont les trois étapes successives qu'il nous faut franchir avant que l'émancipation de la classe ouvrière et la République sociale les rendent inutiles.* »

C'est une vue admirable de netteté, tout ensemble, et d'ampleur. J'ajouterai seulement que ce n'est pas sur cette seule ligne de l'assistance et de l'assurance que des étapes et des demi-étapes doivent être marquées : c'est sur toutes les voies convergentes qui aboutissent à l'ordre socialiste. Ainsi, par exemple, de la condition du salarié isolé et dans la dépendance absolue du patronat au travailleur pleinement affranchi de la cité communiste, plusieurs transitions décisives peuvent être marquées. Mais ce que je retiens, c'est l'idée même de ce mouvement, de cette progression.

Et je dis qu'à l'heure présente notre effort passionné doit tendre à assurer, à hâter cette marche méthodique. Trois conditions, à mon sens, sont nécessaires, que je ne puis aujourd'hui qu'indiquer d'un mot :

1° Il faut qu'une philosophie générale, à la fois révolutionnaire et révolutionniste, se communique peu à peu à l'élite consciente du prolétariat, et de proche en proche au prolétariat tout entier. C'est cette Encyclopédie socialiste et prolétarienne dont je parlais plus haut, et sur laquelle je reviendrai.

2° Il faut que le prolétariat s'organise en un parti politique de classe unifié, ayant une conscience très nette de son but suprême, et sachant marquer, aussi, dans toutes les questions, dans la question de l'enseignement, dans la question de la propriété individuelle ou agricole comme dans la question de l'assistance et de l'assurance, les étapes que le prolétariat devra franchir. Ce sera l'objet du programme d'action que tracera le Parti unifié.

3° Enfin, il faut qu'à cette action évolutive et de transition, il faut qu'à cette *société de transition* corresponde un organe législatif et gouvernemental approprié. Évidemment, puisque le citoyen Vaillant nous propose cette marche par étapes, cette action évolutive par des lois de plus en plus populaires, il croit possible un appareil législatif et gouvernemental capable de produire ces lois et de les appliquer.

***

Quel sera cet organisme constitutionnel de transition? Quelle part y sera faite au parlementarisme transformé, à l'initiative populaire, au referendum? Je ne sais. Mais voici ce que je sais bien : la condition première, absolue, de tout ce mouvement, de toute cette évolution réglée et hardie que le citoyen Vaillant prévoit dans un ordre particulier de questions et qui s'étendra à toutes, c'est que la force législative et gouvernementale soit républicaine, démocratique et agissante. Notre premier devoir est donc, à cette heure, d'arracher le Parlement et le gouvernement aux forces de réaction systématique à la Méline et au chaos impuissant et hurlant des bestialités nationalistes.

Voilà pourquoi la formation d'une majorité de gauche, si timide qu'elle soit, soutenant avec constance un gouvernement de gauche, si hésitant ou insuffisant qu'il soit, est à mes yeux un fait d'une importance extrême. C'est, selon moi, le rudiment informe, mais nécessaire, de l'organisme législatif et gouvernemental qui devra diriger prochainement le mouvement de notre société vers les fins suprêmes d'égalité voulues par nous. C'est une première manifestation, à bien des égards infirme, incohérente et décevante, de la puissance organique de la démocratie faiblement pénétrée de socialisme.

Il se peut que le gouvernement actuel ne combatte que mollement et maladroitement l'Église et le prétorianisme. Mais il a contre lui le pape, les congrégations, les coteries militaires qui haïssent le général André, et aussi les affamés de servitude cosaque. Il a tout cela contre lui, *et il dure*. C'est le signe qu'avec un nouvel effort de la démocratie et avec une organisation plus puissante du prolétariat, des gouvernements de gauche, mais plus hardis et plus agissants, seront possibles. Je m'étonne qu'après le règne presque continu des Périer, des Ribot, des Dupuy, des Méline et des Cavaignac on paraisse faire fi de ce symptôme et de cette promesse. C'est dans ce sens que je suis et que je reste ministériel.

***

Je ne crois pas, malgré les trésors de talent et de sincérité passionnée que Péguy dépense à sa thèse dans les *Cahiers de la Quin-*

zaine, qu'il nous suffise, en une sorte d'anarchisme moraliste, de susciter, de conscience individuelle à conscience individuelle, la fierté du juste et du vrai. Il faut forger encore, à l'usage du prolétariat, l'outil de gouvernement et de législation. Il se peut très bien, d'ailleurs, que le premier outil sorti de la forge soit élémentaire et maladroit, souvent réfractaire à notre vouloir. En connaissez-vous, maintenant, un meilleur?

Je voudrais aussi rassurer un peu Lagardelle qui, dans *le Mouvement Socialiste*, s'afflige de notre racornissement. Peut-être pensera-t-il que l'action législative et gouvernementale de notre parti doit se rattacher à sa conception générale. Or, si nous devons, comme l'indique avec tant de force Vaillant lui-même, passer par une société de transition, il nous faut susciter aussi, dans la démocratie, une action législative et gouvernementale de transition. Et il ne faut point dédaigner les ébauches qui annoncent, même de loin, la possibilité de cet organisme.

Lagardelle, par le docte intermédiaire d'une citation de Marx, nous accuse tranquillement de « crétinisme parlementaire ». Non, je me trompe; nous n'y sommes pas tout à fait arrivés encore. Là aussi il y a évolution, et nous sommes seulement en marche vers cet état fâcheux. Ah! qu'il est donc cruel d'avoir doublé le cap de la quarantaine! Les hommes entre deux âges ont toutes les infortunes. Nos aînés nous accusent formellement d'intrigue ambitieuse, et nos cadets nous accusent presque de « crétinisme », avec définition doctrinaire, je le veux bien, et atténuante. Nous sommes dans une ruelle étroite, et des deux toits opposés, il pleut également sur nous. Vienne enfin le beau soleil de l'unité socialiste pour nous sécher un peu!

Lagardelle est assez grand garçon pour s'expliquer avec vous. Péguy[1] aussi vous donnera les explications qu'il vous doit. Je veux, moi, vous en demander plusieurs qui me paraissent indispensables.

Vos amis avaient remarqué, dès longtemps que vous introduisiez vos articles sous le couvert d'une autorité camarade. Vos formules préférées étaient les suivantes : *C'est avec beaucoup de raison qu'à la tribune Sembat s'est élevé* — ou : *Dans son dernier article de* la Revue Socialiste *Rouanet dit fort bien.* — Distribution où vos ennemis, comme il convient, avaient la meilleure part.

Cette politesse avait de nombreux avantages : elle exerçait l'humilité qui vous est chère, elle flattait la vanité de vos amis, elle pouvait calmer ou ajourner l'animosité de vos ennemis. Elle vous permettait d'échapper ou vous promettait que vous échapperiez au personnalisme jaurésiste que vous redoutez sur tout. Elle faisait plaisir autour de vous. Elle vous noyait un peu dans la masse. Elle vous diminuait.

Elle n'avait qu'un inconvénient : elle n'était pas sincère. Vous la vouliez sincère sans doute, mais elle n'était pas sincère, puisque vous superposiez des parrains inutiles à des idées qui devaient et pouvaient fort bien se présenter toutes seules, vous étant venues toutes seules. Aujourd'hui nous ne savons plus, dans l'insincérité de cette politesse, où commence et où finit la vérité. Je défie le lecteur le plus attentif de distinguer dans l'article que je vous ai reproduit où commence et où finit ce qui est mis pour faire plaisir à Vaillant et ce qui est mis parce que c'est la vérité, ou du moins parce que vous croyez que c'est la vérité.

Vous avez tort de vouloir plaire ainsi au citoyen Vaillant. On ne doit jamais vouloir plaire par des compliments mondains. Cette complaisance n'est pas seulement insincère et injuste. Elle est vaine. Elle ne sert qu'à renforcer et à fonder le grossier mépris qu'un autoritaire comme Vaillant peut avoir pour un homme comme vous. Quand vous nous vantez la *haute sérénité* du citoyen Vaillant, il ne voit dans le compliment qu'un témoignage grossier de faiblesse. Étant grossier il voit grossièrement. Ayant beaucoup tapé sur vous, il sait qu'au fond vous êtes un faible, un bon faible, c'est-à-dire un qui cède à la peur de déplaire à ses ennemis, à la peur de leur faire de la peine, et un peu, à la peur de leur autorité.

Je laisse pour aujourd'hui la politique et m'en tiens à ce que vous nommez *la philosophie de Vaillant*. Je ne puis croire que vous n'ayez pas au moins soupçonné ce que c'est. Demi-ingénieur et demi-médecin, empileur de lectures et compilateur de textes, Vaillant est l'inépuisable bafouilleur tiède. Nous l'avons entendu dans les congrès et dans les réunions. Quand vous l'intitulez philosophe, puisque vous le connaissez comme il est, ou bien vous oubliez ce que c'est qu'un philosophe, ou bien vous vous moquez de nous, pauvres pécheurs, pour la plus grande gloire de l'unité socialiste.

Quand vous dites que le citoyen Vaillant s'élève au-dessus des querelles et des dissentiments, vous nous mentez, pour l'unité socialiste. Vous savez bien que le vieux conspirateur blanquiste romantique jouit dans les dissentiments, les querelles et les combinaisons. Vous savez quel jeu inquiétant il joue, allant de la brutalité guesdiste sectaire à la fausse universalité du Comité général, demeurant au Congrès pour y faire le jeu de ceux qui avaient quitté le Congrès. Vous savez aussi de quel caprice fou de capitaliste véreux et noceur *le Petit Sou* nous est né. Pourquoi traiter ce journal d'ignobles affaires comme un asile de la philosophie?

Pourquoi traitez-vous de passagères les querelles et de secondaires les dissentiments qui partagent le socialisme français. Et ne voyez-vous pas que cette habileté facile de polémique charitable se retourne contre vous. Si des querelles passagères et des dissentiments secondaires produisent toutes les colères haineuses, tous les ressentiments envieux et les jalousies recuites que vous ne pouvez nous cacher, qu'avons-nous donc à redouter d'un dissentiment grave et de querelles qui ne seraient pas secondaires? Qu'aurions-nous de plus grave à redouter de dissentiments primaires? Pourquoi nier l'indéniable, et que l'appétit furieux de puissance autoritaire a douloureusement rendu malade le socialisme français. Mais ce qu'il y a d'incroyablement fou, et d'incroyablement dangereux, c'est de masquer ainsi la vérité dans le même temps que l'on prêche le respect de la vérité : *Ce n'est point,* dites-vous, *par la vaine excitation des songes, c'est par le sévère et noble enthousiasme de la vérité que le citoyen Vaillant anime la classe ouvrière à l'infatigable action, à l'effort continu de révolution.* Mais vous, citoyen Jaurès, en parlant ainsi, par quoi donc animez-vous la classe ouvrière? et comment traitez-vous le peuple?

Vous traitez le peuple en enfant qu'il faut encourager, par le mensonge au besoin et par l'illusion. Nous demandons pour nous, peuple, un enseignement sérieux. Pas un professeur de philosophie, respectant ses élèves, n'oserait leur tenir le langage que vous tenez au peuple. Que dis-je? Vous êtes, vous Jaurès, professeur agrégé de philosophie. Oseriez-vous faire en classe la leçon qui vous semble bonne pour le peuple?

Cette philosophie politique et sociale du citoyen Vaillant se rattache à sa philosophie générale de l'univers et de la vie. Êtes-vous fou? Nommer *philosophie politique et sociale du citoyen Vaillant* le ramassis d'inanités par quoi il maintient son autorité soupçonneuse. Mais *sa philosophie générale de l'univers et de la vie!* Les mots me manquent. Je voulais vous demander raison. Mais les mots me manquent.

Cette simple phrase embrasse tant d'impudence naïve sous sa facilité bénévole ou tant d'ignorance voulue que j'en reste idiot.

Il va donc falloir à présent que l'on soit matérialiste et athée. Il va falloir que moi Baudouin, que Deloire, que Péguy et tous ses abonnés nous soyons matérialistes et athées avec le citoyen Vaillant. Comme si le matérialisme n'était pas une métaphysique, et l'athéisme une théologie. Quand un bourgeois français inculte et grossier proclame qu'il est matérialiste, cela veut dire en gros qu'il a envie d'outrager la morale usuelle. Et quand il dit : *Je suis athée,* cela veut dire en gros qu'il a envie d'embêter les curés. Je ne vois pas quel avantage nous aurions, ni quel intérêt, à imiter les vieux bourgeois dans ce qu'ils ont de grossier et d'inculte, à imiter les vieux-radicaux dans leurs infirmités mentales ou morales.

On m'a d'ailleurs assuré que le citoyen Vaillant n'entendait pas son matérialisme et son athéisme au sens grossièrement vieux-bourgeois, mais en un sens philosophique. Ou plutôt en un sens pseudo-philosophique. C'est-à-dire non pas au sens où les entendrait un véritable philosophe mais au sens où les retiendrait un bon cuistre de philosophie, dont la mémoire inévitable serait barbouillée de courtes éruditions livresques inintelligentes. Et c'est ici que toute la gravité de votre imagination redoutable apparaît. C'est ici qu'apparaît tout l'imprévu de votre invention inconsidérée.

Pour le philosophe le matérialisme est un système de la métaphysique parmi les systèmes assez nombreux de la métaphysique. Permettez-moi de le caractériser d'un mot en disant qu'il tend à réduire tout à la matière, comme le spiritualisme tend à réduire tout à l'esprit. Beaucoup de gens aimeraient que tout fût réduit à la matière. Ils ne savent pas ce que ça veut dire, mais ça leur ferait plaisir tout de même. On ne sait pas pourquoi, mais ils aimeraient ça. Non seulement, beaucoup de vieux-bourgeois en seraient contents pour embêter les moralistes, mais beaucoup d'intellectuels, ayant gémi sous des professeurs cousiniens, désirent plus ou moins confusément se revancher ainsi des persécutions cousiniennes. Et puis le matérialisme a un aspect de nouveauté, de hardiesse, il a l'air d'embêter les sergots. Il plaît ainsi aux amateurs de manifestations faciles. On ferait plaisir à beaucoup d'électeurs si l'on réduisait tout à la matière.

Le malheur est que cette réduction ne marche pas toute seule. Nous avons de la matière une idée plus confuse encore et moins utilisable que celle que nous avons de l'esprit. Placé devant cette idée assez inutile, ou bien le matérialiste y réduira brutalement l'univers des idées : ce sera pour ainsi dire un coup d'État métaphysique, puisque le matérialiste ne pourra effectuer la réduction demandée qu'en niant arbitrairement les immatériels de l'univers, c'est-à-dire la plupart de la réalité. Ou bien, placé devant cette idée stérile, sèche, le matérialiste y réintroduira sournoisement les qualités et le contenu des immatériels : ce sera, si vous permettez d'employer ce mot, un coup de jésuitisme métaphysique, puisque le matérialiste ne pourra effectuer la réduction demandée qu'en insinuant frauduleusement, sans les nommer et sans en avouer l'origine, les qualités des immatériels dans l'idée confuse que nous pouvons avoir de la matière.

Ainsi non seulement le matérialisme est pour le philosophe une métaphysique parmi les métaphysiques, mais ce matérialisme, où se résume selon vous la philosophie du citoyen Vaillant, est de toutes les métaphysiques la plus intenable, celle qui d'abord présente les difficultés les plus redoutables, et, à dire vrai, les impossibilités les plus insurmontables, demandant une singulière grossièreté si on l'entend au sens grossier, mais exigeant une singulièrement rare subtilité si on l'entend au sens habile. Et cela est si vrai, cette position est si intenable que vous-même l'abandonnez aussitôt que vous l'avez occupée. Après nous avoir déclaré que le matérialisme est l'expression, *la traduction la plus populaire, et dans la langue de la philosophie française la plus exacte*, vous sautez rapidement du matérialisme, qui est un monisme, au monisme en général. Cet empiétement n'est pas plus justifié que celui qui consisterait à sauter du monisme spiritualiste au monisme en général.

Pareillement l'athéisme est une métaphysique et une théologie. Or autant nous entendons ce que nous disons quand nous affirmons que nous ne croyons pas au

Dieu des chrétiens, en particulier au Dieu des catholiques, ou que nous ne croyons pas aux dieux des païens, autant nous serions embarrassés de nous prononcer sur l'athéisme absolument, c'est-à-dire indifféremment parlant. Un athéisme suppose un Dieu que l'on nie, ou des dieux que l'on nie, et la définition de ce que l'on nie. Au moins en ce sens un athéisme est ou suppose une théologie métaphysique. Réduisant au monisme en général, après le matérialisme de Vaillant, l'athéisme de Vaillant, vous faites une opération de métaphysique théologique, et sans doute une opération de métaphysique théologique arbitraire.

Laissant l'opération, je m'en tiens provisoirement au résultat. Nous en sommes au monisme, et vous tenez à ce que ce monisme soit *le grand esprit de la philosophie allemande, l'esprit de Spinosa, de Fichte, de Hegel et de Feuerbach.* Si vous parlez ainsi pour accompagner la mode, je vous plains, et vous êtes en retard de quarante ans, ou de vingt. Le grand bateau de la philosophie allemande est aujourd'hui abandonné. Demandez aux philosophes de ce temps quelle part Fichte — comme philosophe — Hegel et Feuerbach ont eue dans la formation philosophique des générations nouvelles. Et jusqu'où leur philosophie a-t-elle été allemande, ou humaine, ou scolaire, ou vivante, ou sociale, ou vaine? Et pourquoi voulez-vous attribuer Spinosa, né juif portugais d'Amsterdam, à la famille allemande? Est-ce de la politesse internationale? Ne soyons pas Allemands. Ne soyons pas nationalistes allemands. Ne soyons pas non plus nationalistes français. Soyons exactement internationalistes, c'est-à-dire français devenus internationalistes.

Après Spinosa, Fichte, Hegel et Feuerbach, et en leur compagnie Vaillant est *moniste, c'est-à-dire que pour lui tous les phénomènes de l'immense univers, toutes les forces en apparence les plus diverses ou les plus contraires se ramènent à l'unité de principe, de substance ou de loi.* Amertume et vanité. Que nommez-vous unité? Serait-ce comme l'unité socialiste? Que nommez-vous principe? Que nommez-vous substance? Que nommez-vous loi? Que nommez-vous forces? Que nommez-vous apparence? Que nommez-vous diverses? Que nommez-vous contraires? Quelle définition hâtive, incomplète. Et surtout quelle définition dangereuse. Par là si vous entendez qu'au moment que Deniel tenaille Dreyfus, au moment que le Boxeur tourmente le missionnaire, et le soldat le Chinois, au moment que les bourgeois de Calais affament leurs ouvriers, en ces moments exemplaires les jarrets de Dreyfus et le poignet du bourreau, la peau du missionnaire et les doigts du Boxeur, la peau du Chinois et les doigts du soldat, le ventre creux des ouvriers et le ventre plein des patrons appartiennent au même système cosmique, physique, chimique, physiologique, mécanique, vous prononcez au moins une inutilité. Que si vous allez plus loin, si à votre définition arbitraire théoriquement vous voulez donner je ne sais quelle prolongation pratique, elle devient singulièrement dangereuse.

De ce que les bourgeois de Calais et leurs ouvriers appartiennent au même système matériel, et, en un sens, au même système mental, et, quelque peu, au même système moral si vous concluez, comme il semble, à je ne sais quelle résignation métaphysique; de ce que l'injuste et le juste, le faux et le vrai appartiennent, en un sens, au même système, au même monde si vous concluez plus ou moins confusément que l'injuste et le juste, le faux et le vrai rentrent dans je ne sais quelle unité supérieure, prenez garde : à force de bonté, d'optimisme, c'est la Providence même que vous nous rétablissez. Vous finirez par nous avouer que tout revient au même, parce que tout est dans les voies insondables de l'Un métaphysique.

La Providence divine a été sans doute imaginée en particulier par de braves gens qui, d'âme religieuse, assistaient impuissants et navrés à l'accomplissement des péchés de ce monde. Ils imaginèrent la Providence parce qu'ils aimaient passionnément la bonté finale. Si consolante pourtant que fût l'hypothèse de la Providence, nous avons délibérément refusé de l'admettre. Vous savez pour quelles raisons. Allons-nous la rétablir sous la forme que vous nous proposez. A la place de la Providence chrétienne allons-nous instituer la Providence laïque, sous les espèces du monisme métaphysique. La Providence religieuse, la Providence chrétienne supposait le monisme religieux, le seul Dieu chrétien, tout puissant, créateur du ciel et de la terre et souverain seigneur de toutes choses. Inversement un certain monisme laïque emporte une institution de Providence laïque. Or ne croyez pas que nous ayons renoncé à l'hypothèse de la Providence religieuse pour y substituer l'hypothèse de la Providence laïque, du monisme optimiste, ou de l'optimisme moniste. Vous savez pour quelles raisons. Permettez-moi de vous les rappeler à mesure que je relis le texte que vous nous avez proposé.

Le citoyen Vaillant *n'admet pas la dualité et l'opposition de ce qu'on appelle matière et de ce qu'on appelle esprit;* — moi je veux bien, pourvu que le citoyen commence par définir ce qu'il entend par matière, ce qu'il entend par esprit, ce qu'il entend par dualité, ce qu'il entend par opposition. Quand il nous aura défini ses mots, nous pourrons causer; nous verrons si nous pouvons lui accorder la réduction qu'il nous demande, ou plutôt que vous semblez nous commander. En attendant nous constatons que le réel nous présente non seulement des dualités, mais des multiplicités, des pluralités. Que l'on puisse et que l'on doive réduire ces pluralités à l'unité, cela est un problème, cela est en question, mais cela n'est pas résolu d'avance, et ne se résout ni par un commandement, ni par un enthousiasme, ni par un coup d'autorité, ni par un coup de la grâce.

Et si le spiritualisme lui fait horreur, c'est parce qu'il coupe la réalité en deux. Non, citoyen, ce n'est pas le spiritualisme qui coupe la réalité. La réalité nous paraît et se présente coupée en beaucoup. Le spiritualisme est innocent aussi longtemps qu'il n'introduit pas de coupures factices. Les coupures et les soudures ne sont valables que si elles ne sont pas factices.

Et qu'en instituant deux principes, il livre nécessairement l'un à la tyrannie de l'autre. Où avez-vous connu que la dualité ou la pluralité comporte nécessairement la tyrannie de l'un des deux ou de l'un des plusieurs? Cela est vrai si l'un des deux est tyrannique et le deuxième servile, mais cela n'est pas vrai si le premier a la modestie et le deuxième la fierté de l'homme libre. Je me permets de faire intervenir l'homme libre dans ces discussions métaphysiques, parce qu'il devient évident ici que vos préoccupations métaphysiques sont commandées par vos soucis politiques. Vous êtes moniste en métaphysique, parce que vous êtes et comme vous êtes unitaire en politique. En politique aussi, vous croyez qu'en instituant deux principes on livre nécessairement l'un à la tyrannie de l'autre. C'est que dans vos évaluations vous négligez totalement la considération de la liberté. L'homme libre, qu'il soit l'un des deux dans la dualité ou l'un des plusieurs dans la pluralité, n'exerce pas la tyrannie et ne la supporte pas. Le véritable anarchiste a encore un dégoût plus profond pour exercer l'autorité que pour la subir. C'est même la raison pour laquelle un orateur qui veut lancer la foule des grévistes à la queue d'un drapeau noir, ou qui, armé d'un fusil, monte la garde auprès de ce drapeau, est tout ce que l'on voudra, mais non pas un véritable anarchiste.

Qui dit dualité dit oppression; car des deux forces opposées l'une doit dominer l'autre, à moins que ces deux forces ne s'équilibrent et ne se neutralisent dans le néant. C'est exactement ici qu'est le vice intime de votre mentalité métaphysique et politique. Le jour où *la Petite République* publia l'article que je vous commente, je dis à plusieurs camarades combien cet article me paraissait un symptôme inquiétant. — Laisse donc, me répondirent-ils, c'est un article hors série, aussitôt oublié. Demain Jaurès n'y pensera plus, et ses lecteurs encore moins. — Je crois au contraire, je vous fais l'honneur de croire que cet article travaillé vous exprime profondément, exprime sincèrement en ces passages, les arrière-pensées, les arrière-idées qui depuis longtemps commandent votre politique et toute votre action. Je crois que vous êtes profondément moniste en métaphysique et profondément unitaire en politique. Je crois que de là viennent les hésitations et les inconstances, les déviations, les faillites et les amnisties récentes. Je dois donc saisir avec empressement la révélation profonde que vous nous faites cette fois. Vous croyez profondément que l'unité est la condition de tout, qu'il faut faire l'unité avant tout, que de l'unité tout viendra. De la dualité, de la pluralité vous n'attendez rien que la tyrannie victorieuse de l'un sur l'asservissement du deuxième, ou la neutralisation dans le néant d'un équilibre stérile.

C'est ainsi, dites-vous, — c'est-à-dire par la dualité — *que l'Église a soumis la vie naturelle à la tyrannie de l'âme, artificiellement isolée du corps.* Il est toujours téméraire de ramasser en quelques mots une histoire aussi vaste et aussi profonde que celle de l'Église. Mais il me semblerait plutôt que l'Église a failli par un excès d'unité. Unité du dogme, qui liait les consciences. Unité du rite, qui liait les gestes. Unité de l'organisation, qui liait les vies. Unité formelle, au moins. Mais n'est-ce pas celle que l'on veut nous imposer? L'asservissement du corps à l'âme était le résultat d'un mystique monisme spiritualiste. *C'est ainsi,* dites-vous, *que le christianisme et le spiritualisme ont soumis le monde à la tyrannie de Dieu. Le dualisme engendre donc oppression et terreur.* Singulière conclusion. Rapide, facile, téméraire conséquence. Il paraît plutôt que c'est encore un besoin mystique de monisme religieux qui a poussé les chrétiens à ramasser en l'unité d'un Dieu créateur l'indéfinie variété des créatures. Il n'y aurait donc pas à dire que le dualisme livre le monde à la tyrannie de Dieu, le corps à la tyrannie de l'âme; il n'y aurait pas à dire que la dualité livre un principe esclave à la tyrannie d'un principe maître. Mais il y aurait à dire tout simplement que la vieille autorité s'exerce en dualisme et en monisme; elle aime à s'exercer partout; en dualisme elle tend à établir un asservissement extérieur; en monisme elle tend à établir un asservissement intérieur. Vous attribuez complaisamment à Vaillant une solution métaphysique, une révolution métaphysique; politesse vaine à une révolution vaine; elle consisterait à substituer un asservissement intérieur à un asservissement extérieur. J'ai peur que cette mutation de servitude métaphysique ne symbolise exactement la révolution que vous rêvez dans l'installation du parti socialiste. Ne peut-on dire, dans l'état des hommes et des événements, que, voulant unifier le parti socialiste, vous ne voulez rien que substituer aux haines extérieures les déchirements intérieurs, aux envies extérieures les ressentiments domestiques.

Il faut que je vous presse en politique sur le sens de votre unité, il faut que je vous presse en métaphysique sur le sens de votre monisme. Ce monisme vous laisse des remords et vous en relâchez la définition. Comme les matérialistes font rentrer sournoisement les immatériels dans leur idée de la matière, ainsi vous distendez bonnement, pour ne mécontenter personne, les parois de votre unité métaphysique. Par une remarquable analogie, en vous la franchise, la droiture philosophique chancelle devant le monisme ainsi que la droiture politique a chancelé devant l'unité. *Si tous les phénomènes et tous les êtres sont les manifestations infiniment variées d'une même force ou d'une même idée, aucun ne peut prétendre à opprimer les autres.* On serait aussi fondé à dire : Si tous les hommes sont frères, aucun ne peut prétendre à opprimer les autres; ou bien : si tous les chrétiens sont frères en Jésus-Christ, aucun ne peut prétendre à opprimer les autres; ou bien : si tous les Français sont fils de la même patrie, aucun ne peut prétendre à opprimer les autres; ou bien : si tous les socialistes ont le même Comité général, aucun ne peut prétendre à opprimer les autres. Il faut avoir la candeur d'un enfant et l'insolente confiance que vous aimez pour oser proposer de tels remèdes. L'histoire tout entière, publique et privée, de l'humanité s'élève contre cet enfantillage dangereux. Les ressentiments domestiques, les haines intérieures ont une aigreur qui les rend plus redoutables que la plupart des autres mauvais sentiments.

Que vous le vouliez ou non, votre unité infiniment multiple ou votre multiplicité une se réduit pour la pratique en ses deux éléments, se résout en sa multiplicité matérielle et en son unité formelle. En vain vous admettez qu'*une libre et croissante harmonie des énergies et des êtres est possible dans l'immense et mouvante unité.* Si vous laissez à la multiplicité des énergies et des êtres toute sa valeur, votre unité devient surérogatoire et encombrante. Une libre et croissante harmonie peut se passer, doit se passer d'une supérieure unité, si mouvante et immense que l'on distende cette unité. Si vous laissez vraiment à la multiplicité toute sa variété libre, il n'y a aucun avantage à garder quelque part, sous le nom d'unité, je ne sais quelle survivance d'un Dieu que nous avons renoncé. *Quelle est la nature de cette force une qui enveloppe à la fois ce que nous appelons matière et ce que nous appelons esprit? Le citoyen Vaillant paraît considérer la réponse comme secondaire.* Il a tort, et je vais lui donner une réponse importante : la véritable nature de cette force comme il peut se la représenter est la nature divine. *Il a écrit expressément il y a quelques années, que le monisme, qu'il fût matérialiste ou idéaliste, répondait en tout cas au besoin de la pensée qui aspire à unifier le monde.* On m'a répété tout au long de mes classes que la pensée humaine éprouvait le besoin d'unifier le monde. Je croyais que c'était vrai, parce que j'étais un enfant docile. Je l'ai répété moi-même aussi longtemps que je fus un élève discipliné. Cette répétition me valut des prix et des accessits. Elle n'en était pas moins la répétition d'une insincérité. Quand je m'interrogeai moi-même, il me sembla que je n'éprouvais nullement ce besoin. Je fais pourtant partie de la pensée humaine. J'ai connu des paysages variés. Je n'ai pas éprouvé le besoin que la plaine fût la montagne ou que le plateau devînt identique à la vallée. Je n'ai pas même éprouvé le besoin que la vallée de l'Yvette fût identique à la vallée de la Bièvre. Aujourd'hui, j'éprouve ce besoin moins que jamais. Quand les servitudes économiques me laissent quelque loisir, mon esprit se promène en bon bourgeois, je veux dire en honnête homme, parmi la variété des phénomènes, parmi la variété des événements, parmi la variété des hommes. Je connais Pierre et je connais Paul, et je n'éprouve aucunement le besoin que Pierre soit Paul ou que Paul soit Pierre ou que Pierre et Paul soient un Tiers supérieur. Pierre est Pierre. Paul est Paul. Jaurès est Jaurès. Vaillant est Vaillant. Je sais ce que cela veut dire. Je vais plus loin. Quand je me rappelle, dans ces loisirs, l'avancement de ma pensée humaine, il me semble que la plupart des fois elle avançait en distinguant des nuances nouvelles dans ce qui me paraissait jusqu'alors homogène. Je me rappelle un temps, mon cher Jaurès, où les socialistes me paraissaient tous des hommes qui indistinctement avaient abandonné leur personne et leur bien à la préparation de la Révolution Sociale. Je m'imaginais que Vaillant, Guesde, Lafargue, Jaurès, Baudin l'ancien, Fournière, Sembat, Zévaès, étaient identiquement le même homme. J'avais donc laissé régner dans ma mémoire entre les images que j'avais de ces hommes une remarquable unité, mieux réussie que toutes celles que vous essayerez. Faut-il en conclure que je devais rester toute ma vie aussi stupide? Oserez-vous dire que cette stupidité unitaire valait mieux que les difficultés multiples où nous nous débattons à présent?

Je n'éprouve aucun besoin d'unifier le monde. Plus je vais, plus je découvre que les hommes libres et que les événements libres sont variés. Ce sont les esclaves et les servitudes et les asservissements qui ne sont pas variés, ou qui sont le moins variés. Les maladies, qui sont en un sens des servitudes, sont beaucoup moins variées que les santés. Quand les hommes se libèrent, quand les esclaves se révoltent, quand les malades guérissent, bien loin qu'ils avancent dans je ne sais quelle unité, ils avancent en variations croissantes. Les élèves à l'école ou au catéchisme sont beaucoup plus près de l'unité. L'adolescence n'est pas seulement de la croissance en âge et en grandeur et en sagesse, elle est avant tout la croissance en variété. Les ouvriers écrasés de fatigue sont en général beaucoup plus près d'une certaine unité. A mesure que la révolution sociale affranchira l'humanité des servitudes économiques, les hommes éclateront en variétés inattendues.

Il a écrit expressément il y a quelques années, que le monisme, qu'il fût matérialiste ou idéaliste, répondait en tout cas au besoin de la vie qui ne veut se plier à aucune force extérieure. Vous jouez sur les mots. L'extérieur ne me restera pas moins extérieur parce que nous serons vaguement englobés, lui et moi, dans un tout externe ou subsumés à un tout supérieur. Vous ne fondez pas le Boxeur dans le chrétien ni le chrétien dans le Chinois parce que vous constatez qu'ils appartiennent à la même humanité. Vous ne fondez pas l'Anglais et le Boer parce que vous constatez qu'ils appartiennent à la même race blanche. Vous ne fondez pas le tulliste et son patron quand vous constatez qu'ils sont de la même France. Vous ne me fondrez ni avec Zévaès ni avec Vaillant quand vous aurez institué entre eux une artificielle et formelle unité socialiste. Quand Zévaès veut exercer une autorité sur moi, cette autorité m'est extérieure. Quand Zévaès, demeurant exactement le même à l'égard de la justice et de la vérité, mais insinué dans l'unité formelle factice, voudra exercer une autorité sur moi qui, du moins je l'espère, serai demeuré le même aussi aux mêmes égards, l'autorité de Zévaès ne me sera pas moins extérieure.

Nous touchons au point où le danger de votre invention prend définitivement corps. A vos yeux *l'heure approche où le prolétariat socialiste et révolutionnaire devra s'approprier une doctrine organisée de l'univers et de la vie.* Non, citoyen. L'heure approche où le prolétariat socialiste et révolutionnaire devra s'approprier au moins les grands moyens de production et d'échange ou de communication. Vous êtes séduit par des analogies trompeuses. Mais comparaison n'est pas raison. *Ce qu'a été l'Encyclopédie pour la bourgeoisie révolutionnaire, il faudra qu'une encyclopédie nouvelle, infiniment plus hardie et plus vaste, le soit pour le prolétariat.* Je ne sais pas s'il n'est pas dangereux de se référer ainsi à l'ancienne révolution bourgeoise quand on veut se représenter la prochaine révolution sociale. Quelque passionnantes que fussent la grandeur dramatique et la grandeur historique des principaux révolutionnaires bourgeois et du peuple contemporain, le moins que l'on puisse dire de la Révolution française est qu'elle n'a pas réussi, puisque nous avons à la recommencer tous les jours. Il y a dès lors présomption pour qu'elle soit un modèle et même un précédent au moins incomplet. S'il est vrai d'ailleurs que le succès de ces événements vient pour la plupart de leur préparation, si en particulier pour la Révolution française les héroïsmes les plus rares, les dévouements les plus généreux ont abouti à peu près à une immense faillite, il est permis de penser que cette révolution non seulement fut poursuivie suivant de mauvaises méthodes révolutionnaires, mais surtout avait commencé après une insuffisante ou mauvaise préparation révolutionnaire. Cela me diminue considérablement la valeur de la grande Encyclopédie. Non pas que je ne reconnaisse et n'admire la grandeur de cet effort. Plus que personne je respecte les précurseurs. Mais, justement parce qu'ils furent nos précurseurs, il est probable que nous les avons dépassés. Les mépriser serait d'une imbécile fatuité. Mais les imiter servilement serait d'une admiration docile un peu niaise. Croyez bien que s'il revenait parmi nous, Diderot serait le premier à n'imiter pas Diderot, vu qu'il était peu imitateur.

» J'entends bien que vous n'imiteriez pas servilement l'Encyclopédie. Vous avez de plus hautes ambitions : *Il faudra reprendre le mouvement de la pensée humaine depuis Kant jusqu'à Renan, en passant par Hegel, Comte et Marx. Il faudra reprendre le mouvement de la science de Laplace à Maxwell, en passant par Darwin, proposer les principaux résultats et les tendances principales au prolétariat qui veut vivre de la pleine vie et projeter sur l'univers une ardente lumière où les clartés de la pensée individuelle se mêleront à l'ardent rayonnement de la vie sociale. Cette organisation vivante d'une Encyclopédie socialiste sera une des plus hautes tâches qui s'imposeront demain à notre parti et à l'humanité.* Et vous revenez *à la belle conception moniste du citoyen Vaillant.* Je n'y reviens pas encore avec vous. Je reste à la première des *trois conditions* qui *sont nécessaires* pour *assurer, hâter la marche méthodique :*

1º *Il faut qu'une philosophie générale, à la fois révolutionnaire et évolutionniste, se communique peu à peu à l'élite consciente du prolétariat, et de proche en proche au prolétariat tout entier. C'est cette Encyclopédie socialiste et prolétarienne dont je parlais plus haut, et sur laquelle je reviendrai.*

» Je me permets d'arrêter sur ces lignes l'attention des censeurs. Pourquoi vous arrêter, m'a-t-on dit, à ces projets en l'air. Je réponds qu'ils sont sérieux, qu'ils vous tiennent à cœur, qu'ils sont dans le sens de toute une école en formation, qu'ils ont déjà reçu un commencement d'exécution. Quand on se permit d'intituler *Histoire socialiste* une histoire contemporaine où devaient collaborer après vous et un peu sous votre direction tous les fragments de l'unité socialiste, bien peu de vos amis vous furent assez dévoués pour vous crier *casse-cou.* Vous recommencez donc, et vous aggravez. Je recommencerai aussi, et j'aggraverai. L'histoire n'est pas socialiste. Elle est historique. La philosophie n'est pas socialiste. Elle est philosophique. Et une véritable encyclopédie ne sera pas socialiste. Il est déjà impossible qu'elle soit encyclopédique.

Je vous sais gré d'avoir dans le mouvement de la pensée humaine, outrepassant ce que vous nommez la pensée allemande, restitué Renan, Comte et Laplace. Mais ce légitime élargissement déjà fait éclater à nos yeux la variété des philosophes anciens, des philosophies devenues historiques. C'est usurper le passé commun de l'humanité que de vouloir y installer une laborieuse unité factice. Parce que vous êtes moniste en métaphysique et unitaire en politique, vous voulez arbitrairement que la pensée humaine soit, en ses travaux variés, la matière d'une histoire unitaire et moniste. Mais il vous serait beaucoup plus impossible, pour ainsi dire, d'accorder Kant et Renan, Hegel et Comte, Fichte et Spinosa, que de vous arranger avec le citoyen Vaillant. Car les grands philosophes aimaient leur liberté. C'est même un peu pour cela qu'ils furent de grands philosophes.

Soyez assuré que s'ils vivaient parmi nous les cinq ou six que vous avez nommés ne tiendraient nullement des congrès pour instituer le grand parti de l'unité philosophique. Mais ils vivraient librement, — et sans doute séparément, — leur vie. Librement, — et sans doute séparément, — ils feraient leur métaphysique ou leur physique ou leur philosophie. Professeur plus ou moins ignoré, ouvrier syndiqué en instruments de précision, répétiteur de mathématiques, ils travailleraient librement et non pas unitairement. La seule différence qu'il y aurait serait sans doute que la vie matérielle, indispensable, préliminaire, leur serait beaucoup plus pénible, parce que la société bourgeoise, où nous vivons, est plus dure pour le libre travail intellectuel que ne le furent la plupart des sociétés précédentes. Mais ne croyez pas qu'ils feraient des comités, tiendraient des séances, ouvriraient et fermeraient des sessions, proposeraient des motions, rédigeraient des ordres du jour, procéderaient à des scrutins. Toute l'économie de la liberté philosophique repose d'abord sur ce fondement : qu'un seul peut avoir contre tous raison, et même qu'il peut y avoir des temps où aucun n'ait raison. Les grands philosophes dont les vies dans l'histoire ont jointé n'ont, en général, manifesté aucun enthousiasme pour le travail en commun. Cela ne prouve pas que le travail en commun soit négligeable, mais cela me semble prouver que le travail en commun, comme le travail en retraite, a son domaine et ses convenances.

Il vous plaît que le mouvement de la pensée humaine soit un mouvement linéaire pour qu'il soit un mouvement unitaire, la ligne étant une. Il vous plaît de situer les grands philosophes et les grands savants à la queue leu leu comme les petits enfants des écoles. Il vous plaît de vous représenter et de nous représenter les grands cœurs et les grands esprits comme attachés à réaliser un progrès continu de la pensée humaine où chacun serait le continuateur du précédent et le prédécesseur exact d'un nouveau continuateur. Cette imagination scolaire ne me paraît pas conforme à la réalité. Elle n'est pas conforme à l'idée que la plupart des grands philosophes ont eue d'eux-mêmes et de leur philosophie. A moins d'attribuer une assez grossière vanité à des hommes qui n'en paraissent pas tous capables, on est forcé de remarquer et d'accepter ce fait considérable, que la plupart des grands philosophes ignoraient ou méconnaissaient beaucoup de leurs prédécesseurs et beaucoup de leurs contemporains. Et encore ceux qu'ils n'ignoraient pas ou ne méconnaissaient pas, ils se les appropriaient souvent, les adaptaient, les adoptaient, les accaparaient un peu. Ils ne se considéraient pas comme les transmetteurs fidèles de la pensée humaine, comme les gardiens, comme les intendants de l'humanité. Ils n'avaient, pour la plupart, aucun soin d'assurer l'unité linéaire de la pensée humaine, l'unité de la pensée humaine à travers l'histoire. Tout au plus faisaient-ils aboutir à eux-mêmes ce qu'ils connaissaient de l'histoire de la pensée humaine. La plupart négligeaient de fabriquer cette singulière unité de la pensée humaine à laquelle vous tenez tant, parce que vous voulez préposer l'unité historique à l'unité socialiste et à l'unité métaphysique. Les grands philosophes n'ont pas pensé à continuer et à compléter leurs prédécesseurs, mais bien plutôt à les rafraîchir et à les renouveler. Ils n'ont pas pensé à se faire continuer et compléter par leurs successeurs, mais ou bien ils croyaient sincèrement tenir la vérité définitive, au moins essentielle, ou bien ils pensaient, ils comptaient que les successeurs les traiteraient comme ils avaient traité eux-mêmes les prédécesseurs, ils comptaient qu'on les renouvellerait et qu'on les rafraîchirait. Vous eussiez sans doute surpris un homme comme Renan si vous lui aviez parlé de compléter Kant en passant par Hegel, Comte et Marx. Il était historien et connaissait mieux ces grands philosophes ou professionnels de la philosophie. Et il était avisé. Il connaissait mieux l'art et la philosophie et la vie même et sans doute il pensait qu'il faut, comme on dit, en prendre et en laisser. Vous n'en voulez pas laisser. Mais qui trop embrasse n'étreint pas.

L'humanité n'est pas un capitaliste avare qui entasse et superpose, monceau à monceau, strates sur strates, les trésors accumulés d'un savoir mort. Cette conception que vous avez n'est même pas tout à fait vraie de la science. Elle n'est nullement vraie de l'art. Elle n'est pas vraie de la philosophie. Même en science, nous connaissons par l'histoire que les avancements se sont faits souvent par violence mentale, révolution intellectuelle, effraction, non pas seulement par la capitalisation lentement régulière des résultats modestes. L'introduction, ou l'intervention des différentielles en mathématiques n'a pas été la simple continuation d'une épargne ancienne. Sans doute les événements, les observations, les expériences, les faits se capitalisent — en capitaux parfois écrasants pour le savant ou l'historien —; mais l'interprétation ou la simple pénétration de la matière ainsi capitalisée peut avancer par soubresauts. Or une attentive analyse laisse voir que l'interprétation et la pénétration font partie des faits mêmes, qu'en un certain sens nous faisons les faits. A plus forte raison la philosophie avance-t-elle souvent par sursauts. Le véritable philosophe remet à chaque instant tout en question, ou du moins, si une entière instabilité est intenable, au seuil de sa méthode, au seuil de son enquête, au seuil de son œuvre, au seuil de sa vie enfin, au seuil d'un travail il remet tout en cause. Il utilise ou non ses prédécesseurs : c'est son affaire, sous sa responsabilité personnelle de philosophe. Il est évident qu'en fait il ne les ignore pas. Mais il est incontestable que sa philosophie est caractérisée d'abord parce qu'il remet tout en cause, absolument, et non parce qu'il utilise plus ou moins adroitement tel ou tel des anciens philosophes.

La condition préliminaire, indispensable, sans laquelle on peut devenir un historien de la philosophie, mais sans laquelle on ne peut pas, on n'est pas un véritable philosophe est qu'au moins une fois on ait tout remis en cause. Personnellement, sous sa responsabilité, à son compte, à ses frais, à ses risques. Pareillement on n'est pas un véritable artiste si l'on n'a pas remis en cause pour son compte les données antérieures. Mais, plus profondément que dans l'art, et plus profondément que dans la philosophie, on n'est pas un homme si dans la vie on n'a pas une fois tout remis en cause. Malheureux celui qui n'a pas au moins une fois, pour un amour ou pour une amitié, pour une charité, pour une solidarité, remis tout en cause, éprouvé les mêmes fondements, analysé lui-même les actes les plus simples. Malheureux et peu révolutionnaire.

Car c'est ici que vous jouez de male chance : les formes de la pensée, les formes de l'action que vous éliminez en accordant je ne sais quel monopole à quelle unité de la pensée humaine sont justement celles qui sont exactement révolutionnaires. La science n'eſt pas révolutionnaire. Quand Zola répète que la science eſt révolutionnaire, il entend par là qu'elle fournit aux révolutionnaires les moyens les plus puissants de la révolution, et il entend que l'application des résultats scientifiques souvent conduit à des pratiques ou à des effets révolutionnaires. Mais la science pure n'eſt pas révolutionnaire. Elle n'eſt rien du tout, que scientifique, sincère et patiente. Elle ne peut nous donner que des renseignements, des indications, puisqu'elle n'eſt qu'une enquête poursuivie par l'humanité sur certains objets proposés de la réalité. Dès que l'on passe à l'action, dès que l'on quitte la connaissance pure, on fait de l'art, de la philosophie ou de l'action. C'eſt-à-dire que l'on remet en cause, et que l'on eſt révolutionnaire.

La science même eſt tout enveloppée d'art. Quand les incultes comme Vaillant parlent de science, on croirait que l'univers eſt un mécanisme rigide, un jeu de ficelles. Mais quand, au lieu d'avoir affaire à des agrégés de philosophie, — je ne dis pas cela pour vous, je parle pour des agrégés de philosophie que je connais, qui sont tombés dans la sociologie, et qui veulent nous faire une sociologie plus raide que la mécanique des mécaniciens, — quand, au lieu d'avoir affaire à des agrégés de philosophie, on cause avec de véritables savants, avec de véritables arithméticiens, avec un véritable géographe, ou avec un naturaliſte qui a poussé au delà du P. C. N. indispensable, on eſt tout surpris de voir comme le véritable savant eſt baigné d'art, comme les mathématiques sont harmonieuses, plaſtiques, intuitives, comme l'hiſtoire naturelle suppose de la souplesse et de la mobilité, comme en toute science les découvertes, les inventions et le jeu des hypothèses demande la fraîcheur, la nouveauté, le renouvellement, le rafraîchissement, — et ce fécond irrespect de la continuité, de l'unité de la pensée humaine que nous nommerons proprement le sentiment révolutionnaire.

Si nous sommes socialiſtes révolutionnaires, citoyen, c'eſt juſtement parce que, parvenus à l'âge d'hommes et n'écoutant plus nos maîtres, nous avons rompu en nous, chacun pour sa part d'homme et sous sa responsabilité, l'unité antérieure de la pensée humaine, ainsi qu'elle parvenait jusqu'à nous, c'eſt parce que nous avons remis en cause la société, le monde social, sans nous attarder à considérer que nous étions pauvres, faibles, ignorants, et que nos aînés étaient beaucoup savants. Nous avons remis en cause les actes les plus simples, les pratiques les plus coulantes, comme de manger, boire et dormir, d'acheter et de payer, d'aimer ou de n'aimer pas. Cette remise en cause nous a fait faire, n'en doutez pas, des découvertes merveilleuses. Non parce que nous faisons merveille, mais parce que toute remise en cause révolutionnaire sera féconde en résultats.

Il m'a été donné de causer plusieurs fois quelques minutes avec Duclaux. Vous ne contesterez pas qu'il ne soit un véritable savant. On est tout surpris qu'il ait cette souplesse et cette mobilité. Ces hommes sont toujours prêts à douter de tout ce qu'ils ont fait, pourvu qu'on leur démontre que cela est douteux. Ils accueilleront toujours l'hypothèse nouvelle, pourvu qu'elle soit plus probable, eux-mêmes ils propageront l'idée nouvelle, pourvu qu'elle soit ou leur semble juste, quand même leurs trente ans de laboratoire en seraient inutilisés, quand même l'unité de leur vie en serait rompue. C'est en cela qu'ils sont profondément révolutionnaires. C'est pour cela que dans la vie publique ils donnent quand ils s'y mettent l'action profondément révolutionnaire que vous connaissez. Ils préfèrent la vérité à l'unité. Ou plutôt ils croient savoir ce que c'est que la vérité. Mais quand on leur parle de l'unité, ils se demandent ce que cela peut bien vouloir dire. Ils font profession de chercher et parfois ils trouvent la vérité. Ils ne cherchent pas l'unité pour elle-même. Péguy a depuis trois mois et publiera dans quelques semaines la sténographie de la leçon que M. Duclaux fit à l'*École des hautes études sociales* pour l'inauguration du cours préparatoire à l'enseignement des universités populaires. Vous y verrez comme l'auteur est peu préoccupé d'assurer l'unité de l'enseignement. Duclaux doit savoir un peu comme on doit enseigner les sciences. Bien loin qu'il veuille unifier l'enseignement, c'est-à-dire étendre à l'enseignement populaire les méthodes et les moyens de l'enseignement bourgeois, ou à l'enseignement primaire les moyens de l'enseignement secondaire, même en mathématiques ce révolutionnaire demande que l'on change, que l'on rompe l'unité, que l'on enseigne les mathématiques populairement pour les enseigner plus vraiment. Il ose ne pas respecter un mathématicien, dont le nom s'impose à la plus jeune enfance. Vous verrez ça.

Le nom de *l'Encyclopédie* ne vous a-t-il pas abusé? Fut-elle en son temps un monument de la pensée humaine, un répertoire de l'humanité? Ne fut-elle pas plutôt une machine de guerre, lourde et redoutable? Je n'ai jamais lu *l'Encyclopédie*. Mais j'ai entendu attentivement sur *l'Encyclopédie* les leçons soignées d'un maître consciencieux. L'impression qui en ressortait n'était pas que ce dictionnaire d'articles fût un monument universel du savoir humain, de la pensée ou de la philosophie. J'ai lu le *discours préliminaire :* c'est la pauvreté même. Il n'y a là d'intéressant que la répartition des articles et les noms des collaborateurs. Les exemples que vous citez se retournent contre vous. Les grandes philosophies ou les grandes œuvres dont vous faites les chaînons de votre unité humaine sont l'œuvre de personnes individuelles. Ni Kant ni Renan n'étaient des congrégations, des syndicats, des collectifs. Et votre *Encyclopédie,* jusqu'où fut-elle œuvre collective? Jusqu'où au contraire fut-elle individuellement l'œuvre de Diderot? Eût-elle été sans l'incessante action individuelle de Diderot? Ne vérifierait-elle pas cette loi que dans les œuvres collectives, qui marchent, il y a presque toujours *quelqu'un?*

Pour faire cette Encyclopédie nouvelle, vous demanderez des Encyclopédistes. Nous savons qui vous répondra. Si *l'Universitaire* avait quitté sa classe pour enseigner la vérité au peuple, s'il avait cessé d'enseigner les fils de bourgeois pour aller enseigner les fils du peuple, s'il avait quitté sa classe trop petite pour un auditoire plus vaste, nous lui eussions souhaité la bienvenue parmi nous. Mais dans *la Petite République* datée du vendredi 26 octobre 1900, nous avons lu avec beaucoup de peine cet article démagogique :

A BAS LA CALOTTE !

DANS LES UNIVERSITÉS POPULAIRES. — A PROPOS D'UNE CONFÉRENCE DE L'ABBÉ DENIS. — NOTE TACTIQUE ENVERS LES CLÉRICAUX.

C'est encore la question de la liberté de l'enseignement que M. Deherme et son nouveau collaborateur, l'abbé Denis, viennent de poser à la Coopération des idées. Nos camarades du faubourg Antoine se sont chargés de la résoudre avec autant de simplicité que de promptitude : ils ont mis le « curé » à la porte.

J'étais là. Tout s'est passé très honnêtement. J'étais venu pour entendre l'abbé Denis, curieux de savoir ce qu'il oserait nous dire sur le « rôle social du christianisme ». Et je me proposais de lui donner la réplique, de l'inviter en termes courtois à nous commenter deux ou trois articles du *Syllabus*. Mais j'ai pu me rendre compte, dès l'abord, qu'un débat contradictoire n'était pas nécessaire pour éclairer la religion des fidèles de l'Université populaire. Et je me suis réjoui de les entendre crier : « A bas la calotte! » Quand il s'agit de réfuter la doctrine du bayado, je goûte fort les objections présentées sous cette forme vigoureuse et synthétique.

Je sais bien ce que vont nous dire les gazettes bourgeoises, ce que nous a dit Deherme avant-hier, lorsqu'il nous a présenté le citoyen-curé :

« A la Coopération des idées, comme son nom l'indique, tout le monde a le droit de formuler sa pensée. On laisse à chacun le soin de comparer les opinions en présence, d'en apprécier la valeur et de se faire une conviction raisonnée. »

Là-dessus, Deherme nous a rappelé quelques phrases éloquentes d'un discours de Gabriel Séailles, et il en a conclu que nous devions écouter religieusement l'homélie de M. Denis. Je ne serais pas éloigné de croire que Deherme s'est mépris quelque peu sur la pensée de M. Séailles; si l'éminent professeur avait entendu les commentaires dont la citation fut accompagnée, j'imagine qu'ils auraient pu lui paraître indiscrets. Quoi qu'il en soit, n'est-il pas très affligeant de voir que M. Deherme s'est laissé prendre aux sophismes des prétendus libéraux, et que son erreur risque de compromettre le succès de son œuvre?

Il ne faut pas, en effet, que sous couleur de libéralisme, les cléricaux se paient notre tête, — fût-ce au prix de quelques actions d'un futur palais du peuple. Le prêtre qui nous fait des avances nous invite à méditer la déclaration cynique de Veuillot : « Nous leur demandons la liberté parce qu'elle est dans leurs principes; nous la leur refusons, parce qu'elle n'est pas dans les nôtres. » Puisque nous sommes prévenus, tâchons de ne pas être dupes. Si cette phrase résume très exactement toute la politique cléricale, elle nous indique du même coup quelle attitude nous devons observer à l'égard du catholicisme. Cette attitude défiante et défensive n'est que trop justifiée. Puisque les cléricaux ne veulent pas de la liberté, ils ne sauraient prétendre qu'on la leur refuse. Ils se sont enlevé le droit de se plaindre. Comme le disait Ferry, dont j'aime à évoquer la mémoire, pour faire plaisir au *Temps :* « Il serait absurde et criminel d'avoir de la tolérance pour les intolérants. »

Non seulement Deherme ne s'est pas conformé à son programme, comme il paraît le croire, mais encore il s'est mis en contradiction flagrante avec ses principes. A l'Université populaire du faubourg Antoine, l'on expose librement toutes les idées. C'est fort bien. Mais cela ne peut vouloir dire qu'une chose : qu'on accueille avec la même sympathie tous ceux qui se présentent et qui parlent *au nom de la raison.* Or, de son propre aveu, le catholicisme n'est-il pas la négation brutale de tout ce qui est rationnel? N'est-ce pas l'absurdité même érigée en dogme? Nous autres, nous parlons raison; et nous ne pouvons nous entretenir avec ceux qui ne parlent pas notre langue.

C'est pourquoi je me joins à Maurice Bouchor pour supplier Deherme de ne pas confondre l'esprit et le Saint-Esprit. Qu'il ouvre largement sa porte à ceux qui viennent lui apporter ou lui demander de la lumière; mais qu'il la ferme à ceux qui viennent pour souffler sur le flambeau. « A bas la calotte! » signifie : « A bas l'éteignoir! »

Sans doute il n'eût pas été sans élégance de dire à l'abbé Denis :

— Admirez notre tolérance. Jamais vous n'auriez permis à un libre penseur de prendre la parole dans votre église. Mais nous autres, nous sommes d'esprit plus large et plus généreux : nous consentons à vous écouter. Reconnaissez de bonne grâce que c'est nous qui mettons en pratique le précepte de votre Christ : C'est nous qui rendons le bien pour le mal. »

N'est-ce pas là ce qu'a voulu Deherme? Je suppose que s'il a sollicité ou accepté le concours de cet ecclésiastique, c'est moins par faiblesse que par coquetterie. Mais le moment est-il bien choisi pour flirter avec l'Église? Ce n'est pas à l'heure où les cléricaux rôdent autour des universités populaires et cherchent à s'y glisser sournoisement « afin d'en modifier l'esprit », qu'il convient de leur ouvrir les bras et d'essuyer leur baiser Lamourette.

On a crié, l'autre soir : « Il ne faut pas introduire le loup dans la bergerie ». N'exagérons rien : Je suis tout disposé pour ma part à considérer l'abbé Denis comme un loup très redoutable; mais j'ai pu me convaincre, avant-hier, que nos camarades du faubourg ne sont pas prêts encore à se laisser dévorer.

***

Il ne saurait y avoir d'équivoque sur le sens de leurs protestations. Le peuple n'a pas assez de loisirs pour écouter les théologiens. Il est un petit nombre de vérités acquises, de postulats qu'il est inutile de remettre sans cesse en question. En venant à l'Université populaire, l'abbé Denis perd son temps, et le nôtre.

D'ailleurs, voilà bientôt deux mille ans que les gens d'Église ont la parole; nous commençons à savoir ce qu'ils ont à nous dire. Et ils ont encore assez de chaires pour le répéter à ceux qui désirent les entendre. S'ils veulent nous permettre d'aller chez eux leur donner la réplique, s'ils invitent Jaurès ou Pressensé à venir exposer la doctrine socialiste aux fidèles de Saint-Sulpice ou de Notre-Dame, alors nous serons charmés de leur rendre leur politesse. D'ici là, que les cléricaux ne s'étonnent point si dans nos rapports avec eux nous leur faisons l'honneur d'adopter la politique cléricale.

Un Universitaire.

Je ne veux pas traiter incidemment l'incident Deherme. Je crois que cette affaire, oubliée aujourd'hui, mais qui reviendra sous quelque forme, reste moralement la plus grave et la principale de toute cette année. Je ne connais pas Deherme. Je ne connais pas bien son affaire. Je me renseignerai là-dessus. Mais j'attire l'attention des honnêtes gens, de vous, de *l'Universitaire,* qui est un honnête homme, sur le ton de cet article. Écrit par un polémiste, il serait inquiétant, mais habituel. Écrit par un universitaire, il est déplorable. Je vous le dis en vérité, Jaurès : toutes les fois que la parole articulée est couverte par du bruit, par de la clameur inarticulée, quand même la parole serait celle de nos pires ennemis, et quand même la clameur serait de nos amis, pour qui sait voir au fond, c'est nous qui sommes vaincus.

Les symptômes se multiplient. Aveugle qui ne les voyez pas. Dans *la Petite République*, datée du mercredi 9 janvier 1901, le même *Universitaire* écrit :

En revanche, ce qui me déplaît dans le manuel de M. Brunetière — que, par un orgueilleux hommage à son maître Bossuet, il qualifie lui-même de *Discours sur l'histoire de la littérature* — c'est qu'il nous apparaît comme une manière d'appendice au *Discours sur l'histoire universelle;* ce qui m'effraie, c'est qu'il est animé du même esprit sectaire et qu'il pourrait porter le même sous-titre : « Pour expliquer la suite de la religion »; ce qui me paraît monstrueux, c'est qu'un professeur laïque, dont le premier devoir est d'apprendre à ses élèves la valeur et le bon usage de la raison, s'applique insolemment à convaincre la raison d'erreur, d'imposture et d'imbécillité...

Crime de haute trahison, s'il en fût! Et je n'exagère point. Esterhazy, révélant à Schwarzkoppen le mécanisme du 120 court, fut-il plus coupable en vérité que ce maître de conférences à l'École normale et au Vatican, qui prétend livrer à l'Église l'âme de la jeunesse française?

Je vous le demande, Jaurès, vous qui avez des premiers mesuré pour nous le crime d'Esterhazy, admettez-vous que la trahison de M. Ferdinand Brunetière soit identique à la trahison du commandant comte? Si, comme je le crois, *l'Universitaire* eſt sérieux, si vraiment le crime de M. Brunetière eſt comme le crime de M. Esterhazy, le même crime emporte la même sanction et vous apercevez le chemin qui mène au bûcher des livres, en attendant le bûcher des auteurs. Si *l'Universitaire* n'eſt pas tout à fait sérieux, de quel droit n'écrit-il pas sérieusement pour le peuple qui lit sérieusement son journal?

Ailleurs que chez vous les symptômes se multiplient. La manie de la persécution et la manie des grandeurs qui altèrent la mentalité de Gohier y exercent des ravages croissants. Vous avez connu la brutalité toute militaire avec laquelle hier et naguère il a traité un homme comme Jean Grave. Dans *l'Aurore* du mardi 5 février il écrivait :

Puisqu'on exige, pour appliquer la loi contre la soutane, que l'exhibition de la soutane soit un sujet de scandale et une cause de désordre, rien n'eſt plus facile que de remplir cette condition.

Dans les communes où la municipalité eſt assez républicaine pour prendre les arrêtés dont il s'agit — la majorité des électeurs eſt assez républicaine pour en faciliter l'exécution.

Que les anticléricaux fassent donc le nécessaire.

Qu'on voie des frocs et des soutanes dans les cabarets les plus bruyants, dans les établissements les plus mal famés. Que tous les ivrognes arrêtés sur la voie publique se trouvent, comme par hasard, affublés d'une soutane. Que l'apparition d'une soutane excite dans le village, comme par enchantement, les hurlements des chiens et les huées des galopins.

Les juriſtes les plus exigeants seront satisfaits, et le mai rc interviendra dans la plénitude de ses pouvoirs.

Vous savez lire assez pour que ces lignes se passent de commentaires. Des quotidiens ces mœurs ont débordé dans les revues, qui, par leur inſtitution même et par leur clientèle, avaient quelque tenue encore. Dans *la revue blanche* du premier avril 1900, François Daveillans publiait cette *note politique et sociale*[1]. De tout ce que l'on a publié de cynique sur l'amniſtie, cette note eſt ce qu'il y a de plus cynique. C'eſt sur elle et sur son auteur que retombe le plus lourdement la lettre de Zola et l'irréprochable lettre du colonel Picquart. Je vous reproduis cette note :

Il conviendrait de l'aborder une bonne fois entre dreyfusards de l'avant-veille, entre dreyfusards violents et intransigeants — dont je suis, — mais j'entends de l'aborder autrement que par des ululements ou des rodomontades, ou autrement aussi que par des silences et des abstentions. Il faut voter oui ou non et donner de son vote *des raisons*.

1° Notre cause nous autorise-t-elle à y sacrifier des innocents? Voilà sur quoi d'abord il faut se prononcer. Je compte nos otages. Puisque, n'est-ce pas? nous avons confiance dans la partialité de la justice militaire et que même un ministre de la guerre dreyfusard, lui ordonnant, par innovation, d'être effectivement une justice, ne serait pas obéi, le colonel Picquart, s'il arrive devant le conseil de guerre qui le menace, recevra de deux à cinq ans de prison. Puisque nous comptons sur un jury nationaliste à Versailles, Émile Zola, qui n'aura pas dans sa poche un ordre écrit donné par le ministre aux juges d'Esterhazy, n'aura pas fait la preuve et recevra peut-être bien un an de prison. Puisque nous nous défions, par expérience, du jury possible à Paris même, nous devons tenir pour possible une année de prison à Joseph Reinach. Avons-nous le droit, non de laisser accomplir, mais de *faire* accomplir le sacrifice qu'offrent ces hommes à notre cause?

2° Les compensations à ce sacrifice, que maintenant je suppose s'accomplissant (avec ou sans notre aveu), valent-elles? Comptons. Le général de Boisdeffre, le général Gonse, le général de Pellieux, le général Chamoin, le colonel Maurel, le commandant Lauth, l'archiviste Gribelin, — j'en passe, — pour les divers crimes, faux témoignages, faux et complicité de faux, falsifications de dossiers judiciaires, collusion, etc., dont ils peuvent être accusés, sont justiciables de conseils de guerre. C'est assez dire. Faut-il ajouter qu'en l'espèce ces « tribunaux » seraient d'autant plus suspects qu'ils se composeraient d'officiers plus élevés en grade? D'autre part, il nous répugnerait (car nous avons eu et nous aurons de ces délicatesses), de faire abolir la compétence des conseils de guerre en matière de droit commun, par une loi qui, pour être justifiable en équité et applicable en droit, n'en coïnciderait pas moins trop étroitement avec la circonstance. Et obtiendrions-nous cette loi? Reste le général Mercier, qui pourrait être déféré à la haute Cour. Mais outre que cette procédure, sans précédent depuis notre constitution présente, serait par la suite aléatoire, quels griefs seraient invoqués pour la poursuite? La communication de pièces secrètes à des juges, qui est sans doute un crime abominable, a le défaut de n'être pas expressément prévue par notre Code. Ici, en matière de pénalité et non plus de procédure, une loi ne pourrait rétroagir sans violer un principe fondamental de droit public. Alors quoi? Faux et usage de faux (usage du texte inexact de la dépêche Pannizzardi)? Ou quoi encore?

Ce qui n'est pas chanceux, ce qui ne dépend pas d'une déficience regrettable de la loi, c'est que cet homme, pour la plupart des consciences que nous connaissons, est, de toute certitude, de toute conviction, un criminel. Eh bien, ne peut-il pas purger, par nous seuls, au milieu de nous, une peine plus redoutable qu'aucun code ne pourrait lui en infliger? Avez-vous déjà rencontré cet homme, dans une rue, l'œil fuyant et malgré tout inquiet, le dandinement de la démarche trop « crâne » pour n'être pas affecté? Cet homme, je vous le dis, a peur de se sentir reconnu, reconnu de ces passants, de ces enfants qu'il ne connaît ni ne reconnaît, lui, — et qui ont la conscience tranquille. Nous, simples citoyens, de notre propre et légitime autorité, nous pouvons à nous tout seuls décider, et, par des portraits répandus, par des conférences, par une vaste publicité édificatrice, nous pouvons à nous tout seuls faire exécuter ce châtiment du général Mercier : *que partout, que toujours il soit reconnu.*

3° Les questions, ainsi qu'elles sont posées actuellement, le sont-elles au mieux de notre cause? Les dreyfusards qui, dans l'affaire Dreyfus, n'ont vu que Dreyfus ne comprendront pas ce doute. Je m'adresse aux autres. Il est entendu que le capitaine Dreyfus ne peut être dépouillé de son droit d'homme, du droit de se démontrer innocent et se réhabiliter légalement. Dès lors, avons-nous lieu de consacrer une ou plusieurs années de lutte, à démontrer que le colonel Picquart n'a pas livré le dossier Boulot et n'a pas trahi le secret des pigeons voyageurs? Avons-nous chance, sur le reste de l'histoire, ou sur le principal même, d'arriver je ne dis pas à ce que la vérité totale apparaisse, mais seulement à ce que la part de vérité conquise à ce jour soit reconnue vérité par des adversaires rivés à leur mauvaise foi ou à leur imbécillité? Avons-nous chance d'entraîner, à l'œuvre de cette conversion impossible, la masse républicaine du pays? — Par contre je vois notamment une autre position de la question. Des jésuites et de nous, eux sont de trop, ou bien nous, dans le même pays, pour la même « république ». Ici le terrain est large, ici il est solide, ici nous serons suivi. « Allons-y! »

François Daveillans.

Je ne m'attarde pas à vous commenter cette note. Vous savez encore lire. Je vous l'ai reproduite parce qu'elle représente exactement la mentalité de vos prochains encyclopédistes. L'auteur est un homme important, le plus important de vos jeunes encyclopédiques. Il est agrégé de philosophie. Reçu premier, je crois. Il est l'un des quatre auteurs de l'*histoire des variations de l'État-Major*. Il y aurait à écrire une lamentable *histoire des variations des auteurs et des lecteurs de l'histoire des variations de l'État-Major*. Enfin c'est quelqu'un dont M. François Simiand a la plus haute opinion. Dans la *revue blanche* du premier février 1901, sous ce titre : *Ce que comprendront les électeurs*, il publiait cette leçon d'immoralité politique. Je vous répète que l'auteur a de hautes ambitions et vous me direz si votre conscience d'honnête homme est rassurée.

Saisis, bon gré mal gré, de la question par le vote de la Chambre qui impose à leur attention, dans tous les coins du pays, les grandes affiches blanches portant le discours de M. Waldeck-Rousseau, les électeurs vont-ils s'initier à la controverse subtile des jurisconsultes, prendre parti pour ou contre « la cause ou l'objet contraire à l'ordre public », et avoir une opinion précise sur le droit commun ou le droit d'exception applicable aux congrégations religieuses?

Leur jugement, sans doute, sera moins technique et plus simple. Les uns jugeront que « la République » déclare la guerre à « la Religion », c'est-à-dire à leur religion, au catholicisme. Les autres jugeront que « l'Esprit moderne » entame une nouvelle lutte avec « l'Esprit du passé ». Faut-il respecter ou bien faut-il, une fois de plus, essayer d'entraver le catholicisme militant en France? Voilà la question sur laquelle se comptera la majorité.

Les députés peut-être nuancent un peu davantage leur jugement, et peut-être s'arrêtent un peu plus à des scrupules de doctrine, par conscience illusoire de législateurs dont le grossier empirisme s'imagine volontiers être et développer un système rationnel de principes. Mais, en gros, les députés *représentent* assez exactement le simplisme des électeurs.

Que nous en ayons regret ou non, il ne dépend pas de M. Waldeck-Rousseau que la volonté démocratique, dont, en cette affaire, il tire sa force et son élan, soit soucieuse et ravie de fonder une belle construction juridique. Là n'est pas son œuvre. Elle est d'abattre le jésuitisme et de fortifier la démocratie. C'est affaire aux avocats de trouver les raisons de parade derrière lesquelles l'intérêt de conservation, ayant encore des timidités à affirmer purement et simplement sa légitimité, abrite volontiers sa défense, et de choisir les formules honnêtes qui, revêtues de la généralité de la loi, assureront les fins poursuivies dans le cas présent, sans risquer pour l'avenir, d'en compromettre d'autres, également chères et également fondées.

Mais que, par amour de leurs fictions réalisées, et par superstition de leurs systèmes inadéquats à la vie concrète du droit et des mœurs, ces délégués à la formule juridique aboutissent à gêner les mouvements de la démocratie elle-même alors qu'ils ont pour seule mission de gêner ceux de ses adversaires, voilà ce que la volonté *démocratique* ne comprendra et ne supportera pas. Le but ne sera pas, pour nous, subordonné aux moyens.

Il faut espérer, pour la part du but qui nous est commune, et pour le succès de l'œuvre totale, amorcé ou compromis au premier détail, que les divergences pressenties dans le bloc de la majorité, dont le cabinet Waldeck-Rousseau a jusqu'ici mérité et obtenu l'appui, sauront s'atténuer et devenir entente nouvelle et meilleure, assez vite et assez tôt pour que le commun et attentif adversaire soit une fois encore déçu.

FRANÇOIS DAVEILLANS.

COMPTE RENDU DE MANDAT

Onzième cahier de la deuxième série (25 avril 1901).

Nos anciens abonnés n'ont pas oublié que mon grand cousin de province [1] devait venir me voir avant le commencement de l'Exposition. Pourquoi il ne vint pas, cela ne vous regarde pas. Et si vous n'êtes pas contents, vous aurez affaire à lui.

— Bonjour, mon petit cousin, bonjour. Je viens te demander le compte rendu que tu me dois depuis quatorze mois passés.

— Bonjour, mon grand cousin. Mais je n'ai guère le temps.

— Tais-toi, tu n'as pas besoin de réclamer. Tu es mon délégué. Tu dois m'obéir comme un qui va les pieds devant.

— Mais oui, mais oui mon grand cousin. Seulement j'ai eu la grippe. J'ai du rhume. J'ai des abonnés.

— Je m'en fous. Je suis le public, le peuple, enfin, les citoyens, le peuple souverain. Je ne t'avais pas commandé d'avoir la grippe. Rends-moi mon compte.

— J'y consens, mais encore faut-il que le compte soit régulièrement rendu. Où est l'assistance des citoyens, où le bureau, où les assesseurs, et le verre d'eau, et la carafe?

— Où est l'assistance des citoyens électeurs, pour fumer, boire et chanter pendant le compte rendu : *Vive la Sociale! Vive la Révolution sociale! Vivent les Syndicats! Vive la République sociale! Vive la Commune! A bas les ministériels! A Chalon! A bas les démagogues!* Edwards en manches de chemise. Delory aussi. *A bas les intellectuels! Silence là-bas! Vivent les coopératives de consommation! Vive la grève générale! A bas les papes! A bas l'empereur! Silence aux calotins! Et l'exode? Assassins! assassins! C'est la lutte finale — groupons-nous et demain —*

— Où est le président?

— Où le président de séance à la tapette infatigable : *Citoyens, citoyens, allons citoyens, citoyens, citoyens, citoyens, voyons citoyens. N'oubliez pas, citoyens, n'oublions pas que vous êtes assemblés, que nous sommes assemblés pour que le citoyen Péguy vous rende, nous rende compte, citoyens, du mandat, citoyens, que nous, que vous lui avez confié, citoyens, pour le, allons citoyens, pour le premier congrès national des organisations socialistes françaises. Voyons, citoyens, quel spectacle donneriez-vous aux bourgeois qui vous regarderaient. N'oublions pas, citoyens, que nous travaillons tous pour la même cause. Vive la Sociale! Voyons citoyens, laissez parler l'orateur. Nos camarades du Parti Ouvrier Français parleront à leur tour. La réunion est contradictoire.*

— Où les chaises, l'estrade et le bureau? Où sont les formes indispensables d'un compte rendu?

— Elles y seront, car je suis un homme juste.

— Laisse-moi donc un certain délai. Il faut que je me prépare. Un peu. Il faut que j'y pense.

— On ne se prépare pas à dire la vérité. On ne se prépare pas à parler en public. Les grands orateurs bafouillent sans préparation. Es-tu donc un misérable cabotin, que tu veux te préparer à me faire un compte rendu. Ce soir, tu m'entends, cette après-midi, et pas demain. Quand tu devrais en crever. Convoque tes amis. Je suis bon prince. Et puis je n'ai apporté aucun citoyen dans ma valise.

A deux heures sonnantes, heure fixée, mes amis Pierre Baudouin et Deloire[1] passaient le seuil de la porte.

— Je suis patient, dit mon grand cousin. Mais il me déplaît qu'on me fasse poser. Tes amis ne se pressent pas. Je vois les deux premiers qui arrivent en se balançant comme deux gendarmes en retraite. Quand les autres vont-ils nous arriver? quand nous arrivera la foule de tes amis?

— Les deux que tu vois sont les seuls que j'ai demandés.

— Les deux que je vois? Tu n'as donc pas une foule d'amis?

— J'en ai moins depuis que je suis malheureux. Mais

ils sont meilleurs. Les deux qui nous attendent sous le gros poirier sont les seuls qui demeurent dans mon pays.

— Descendons. Je me contenterai de cette assistance. Nous ferons une réunion réduite. Et nous ajournerons le grand cérémonial, que l'on ne doit pas profaner.

Le philosophe Pierre Baudouin et l'historien Pierre Deloire se taisaient ensemble au pied du vieux poirier. Pierre Deloire salua d'un geste sobre. Mais Pierre Baudouin, qui avait une espérance intérieure d'événement heureux, manifestait un commencement d'exubérance. Il s'avança droit sur mon cousin, le dévisagea, le toisa de la tête aux pieds, reconnut en lui quelqu'un qui aimait à faire marcher pour de bon. Il s'arrêta net, retira cérémonieusement son chapeau, salua; puis d'une voix grossièrement grosse :

— Bonjour monsieur.

Mon cousin le regarda fixement, reconnut son homme, celui qui ferait semblant de marcher. Il assura sa casquette sur sa tête, remit ses deux mains dans ses poches; puis d'une voix violente :

— Bonjour citoyen.

Mais Pierre Baudouin répéta :

— Bonjour monsieur.

— Je ne sais pas qui vous êtes, répondit mon cousin avec emportement, puisque mon abruti de petit cousin a complètement oublié de me le dire. Mais sachez que je n'admets pas qu'on m'appelle monsieur. Qu'est-ce que je vous ai fait pour que vous m'appeliez monsieur devant tout le monde. Un jour de compte rendu de mandat, encore. Dans une réunion. Sachez qu'à Orléans je m'appelle toujours citoyen. Quand je veux allumer ma cigarette, en m'en allant, le matin, dans la rue Bourgogne, j'avise le premier fumeur qui passe : Pardon, citoyen, voulez-vous me donner du feu? — Mais oui, qu'il me répond, citoyen. Tant plus qu'on en prend, tant plus qu'il en reste. Et puis quand je veux prendre mon apéro, pour ne pas faire suisse, à onze heures, j'appelle mon copain : Dis donc, citoyen, tu viens en boire une à la santé de la Sociale? — Mais oui, qu'il me répond, citoyen. Faut jamais refuser.

— Il y a tant de capitalistes, répondit Pierre Baudouin, tant de rentiers, millionnaires et gros bourgeois qui se font appeler citoyens, à présent, que j'ai recommencé à nommer tout le monde monsieur, et messieurs quand il y en a plusieurs. Ainsi, je ne fais pas de jaloux. Vous avez tort de divulguer le beau nom de citoyen. Vous avez tort de fumer des cigarettes. Vous avez tort de vous alcooliser.

— J'ai tort? dit mon cousin, comme si le mot l'étranglait.

— Vous avez tort : si tous les républicains qui s'intitulent socialistes ou seulement bons républicains avaient envoyé à nos amis de Calais l'équivalent de ce qu'ils ont bu et fumé dans le même temps, nos amis les tullistes auraient tenu des années entières. Au lieu que nous les avons lamentablement laissés crever de faim, de misère et de froid. Nous sommes des lâches.

— J'ai tort, dit mon cousin, comme un qui s'essaye à prononcer un mot inconnu.

— Vous avez tort. Si tous ceux qui s'intitulent socialistes renonçaient au mauvais boire, la véritable révolution sociale serait avancée de plus de soixante et onze ans. Nous sommes des lâches.

— J'ai tort, j'ai tort, mais savez-vous, monsieur, que vous êtes un homme singulier. Vous êtes nouveau, vous. Vous êtes un homme qui a de l'audace. Vous m'enseignez des mots nouveaux. Un mot nouveau. Vous prétendez que j'ai tort. Savez-vous que vous êtes le premier qui ait osé me dire que j'ai tort. Quand je vais trouver les conseillers municipaux de mon pays, au moment des élections, ils ne me disent pas que j'ai tort; ils me disent toujours que j'ai raison, qu'ils sont de mon avis, qu'il faut que je vote pour eux. Jamais un conseiller d'arrondissement ni un conseiller général ni un député ne m'a dit que j'avais tort. Et pourtant ce sont des hommes haut placés, capables, librement choisis par les suffrages de leurs concitoyens. Ils doivent s'y connaître un peu mieux que vous. Pourquoi dites-vous aussi qu'il y a des capitalistes qui se font appeler socialistes. Jamais M. de Rothschild, M. Lebaudy, M. Schneider, M. Chagot ne se sont fait appeler socialistes révolutionnaires.

— Aussi n'est-ce pas eux que je voulais dire. Mais nous avons des journalistes qui touchent des dix, douze et quinze cents francs.

— Quand cela serait, lui répondit mon cousin, on

n'est pas capitaliste pour si peu. Ainsi, moi, mon patron me paie quatre francs par jour. Ça me fait près de quinze cents par an. Et je ne me prends pas pour un capitaliste.

Pierre Baudouin eût ainsi fait marcher mon cousin quelque temps. Mais Pierre Deloire intervint pour la première fois. Mon ami a l'esprit un peu lourd, un peu distrait, un peu bourré de faits. Il ne saisit pas toujours bien les nuances du *faire marcher*. Il me pardonnera ces quelques indications. Elles étaient indispensables.

— Monsieur, dit pédantesquement Pierre Deloire, c'est par mois et non par année que nos journalistes gagnent ces sommes considérables.

Pierre Baudouin esquissa un mouvement de mauvaise humeur. Mon cousin s'assit lamentablement. Il nous regarda un instant pour douter encore. Tout espoir de doute lui étant désormais fermé, il s'écrasa et compta comme en lui-même.

— Quinze cents par mois. Douze fois quinze font 180. Dix-huit mille par an. 180 000 en 10 ans. 1 800 000 en cent ans. Dix-huit millions en mille ans.

— Tenez-vous-en là, dit Pierre Baudouin. Vous savez bien compter.

— J'ai appris chez les frères, quand j'étais petit, dit mon cousin. Les problèmes ressemblaient à ce que je vous dis. Les chers frères m'ont aussi enseigné la règle de trois et les calculs d'intérêts. Donnez-moi un crayon.

Pierre Deloire avait toujours sur lui de quoi prendre des notes.

— 18 000, qui multiplie 100 sur 3. Deux zéros. 1 800 000, divisé par 3.600 000. Tout se passe comme si nos journalistes socialistes possédaient chacun 600 000 francs et vivaient chacun de ses rentes, sans toucher au fonds, l'argent supposé placé à 3 %, placement modeste. Vous voyez que je ne suis pas un ignorant. Mais comment les journaux peuvent-ils subsister?

— Il y a les annonces, les affaires, la pornographie, les paletots, le blanc. On n'est plus sûr qu'il n'y ait pas quelques fonds secrets. Il y a enfin les économies réalisées sur le petit personnel.

— Comment! tout le monde n'est pas payé pareil?

— On paie très cher le rédacteur en chef et la grande signature. Mais le commun des rédacteurs touchent de cent à cent cinquante.

— Par mois, dit Pierre Deloire.

— Il y a aussi les rentiers natifs. Le grand orateur belge a la situation d'un gros bourgeois. Nous avons des rentiers qui vont de quinze à trente mille.

— Par an, dit Pierre Deloire.

— On se demande s'il n'y en a pas plus d'un qui monte à la cinquantaine. Lafargue a moins. Mais il a beaucoup. Nous avons des citoyens qui ajoutent le montant de gros traitements au montant de grosses rentes. Nous avons eu des journalistes qui à leurs gros traitements socialistes, ajoutaient de gros traitements venus des journaux réactionnaires. On n'est pas bien sûr que ce régime soit passé. M. Millerand, qui est riche, n'a quitté *l'Éclair*, journal absolument indépendant, qu'un temps considérable après que les simples bourgeois honnêtes avaient fait leur paquet.

Mon cousin se leva sincèrement ému :

— Monsieur, dit-il, vous avez eu l'honneur de me faire marcher, avec toute cette histoire de mois que j'ai pris pour des années. Vous avez été plus fort que moi. N'ayez pas peur : je rends aux maîtres l'hommage que je leur dois. Écoutez, monsieur, vous pouvez m'en croire : c'est la première fois de ma vie que je marche. Mais aussi, monsieur, pouvais-je penser qu'il se passait des choses comme ça dans le parti. Pouvais-je imaginer tant de monnaie. J'en suis encore tout abruti.

— Asseyez-vous un peu, répondit Pierre Baudouin, ça va se passer. Vous en verrez bien d'autres à Paris, si vous restez quelque temps parmi nous. N'oubliez pas qu'aujourd'hui vous nous devez un compte rendu.

— Comment, je vous dois un compte rendu! Vous abusez de votre victoire. C'est moi qui suis venu demander à mon petit cousin le compte rendu qu'il me doit depuis quatorze mois passés.

— Pourquoi vous doit-il un compte rendu?

— Parce qu'il fut vraiment mon délégué au premier congrès national des Organisations socialistes françaises, tenu à Paris en décembre 1899.

— Nous devons donc savoir comment vous l'avez délégué.

— C'est bien simple :

Quand nous eûmes lu dans les journaux que les socialistes français allaient tenir leurs

États généraux pour commencer la révolution sociale, — immédiatement on s'est dit qu'il fallait que le *Groupe d'études sociales* d'Orléans fût représenté dans ces États-Généraux.

— Qui était ce Groupe d'études sociales?

— Un groupe d'études sociales, quoi. Vous savez bien ce que c'est.

— Sans doute, sans doute. Mais faites comme si je ne le savais pas.

— Je vous vois venir, avec vos gros sabots. Vous voulez à présent me faire parler.

— Oui.

— Vous voulez me faire causer?

— Oui.

— Sachez donc ce qui en est. C'est mon petit cousin qui m'a fait entrer dans le groupe d'études sociales d'Orléans. Il en était avant moi.

— Qu'est-ce qu'il y faisait?

— De la propagande. Il travaillait avec Nivet à remonter le groupe qui était descendu. Ils étaient toujours d'accord ensemble. Dans ce temps-là.

— Comment faisait-il de la propagande?

— Vous voulez tout savoir, et ne rien payer, vous. Je vous connais bien. Il parlait le samedi, quand on se réunissait, — quand *le Groupe* se réunissait. On se réunissait le samedi, parce que c'est le jour de la paye —

— Chez un marchand de vin?

— Bien sûr, un marchand de vin qui avait la bonté de nous donner tous les samedis sa grande salle sans nous demander seulement un centime. On se réunissait aussi le samedi parce qu'on pouvait rester longtemps le soir. Le lendemain matin, on restait au lit. Le dimanche on pouvait faire la grasse matinée.

— On avait le droit de consommer, chez le marchand de vin?

— Oui, on consommait.

— Combien?

— Ça dépend, trois francs, cent sous. Quelquefois plus.

— En combien?

— Ça dépend, huit, dix, douze, quinze personnes.

— Sur combien?

— Je ne sais pas. On a été cinquante, soixante inscrits. Il y en a qui disent quatre-vingts. Mais ils ne payaient pas leurs cotisations. Mais on ne les rayait pas. Il faut que le groupe soit important.

— Sur combien d'habitants, dans la ville?

— Cinquante et quelques mille, en comptant les faubourgs. Mais il y a aussi le *comité ouvrier républicain socialiste,* qui est plus nombreux. En tout ça fait deux ou trois pour mille.

— Et quand il y avait réunion, est-ce qu'on faisait des quêtes?

— Faut bien. Dans une casquette. Pour les grévistes.

— On ramassait combien?

— Ça dépend, quarante, cinquante sous. Quelquefois moins.

— Alors, quand il y avait réunion, qu'est-ce qu'on faisait?

— Il y avait mon petit cousin qui parlait. Nivet n'aimait pas beaucoup parler, parce qu'il était fonctionnaire, et qu'il n'avait pas encore appris. Alors, c'était presque toujours mon petit cousin.

— Bien?

— Ça dépend. Non. Il parlait comme tout le monde. Il ne parlait pas comme un orateur. En commençant on trouvait que c'était bien. Parce qu'on n'en avait jamais vu d'autres. On n'en avait pas encore vu. Mais une fois qu'on a eu vu et entendu les grands orateurs de Paris, alors nous avons connu ce qu'était la véritable éloquence. Pensez, monsieur, pensez que le citoyen Alexandre Zévaès lui-même est venu jusqu'à Orléans. Nous n'avons jamais pu avoir Jaurès. On ne sait pas pourquoi. Mais nous avons eu le citoyen Alexandre Zévaès. Il n'est pas aussi capable que Jaurès. Mais c'est un fameux orateur tout de même. Quelle flamme! Un grand orateur. Il était jeune alors. Mais il parcourait déjà la France pour semer la bonne parole. C'en est un orateur, avec sa tête ronde noire en petite boule. Et son nez au milieu. Vous l'avez vu quand il balance le bras? Le monde bourgeois ne pèse pas lourd au bout d'un bras comme le sien. Alors nous avons connu que mon petit cousin n'était que de la Saint-Jean, comme on dit dans le pays. Mon petit cousin parlait assis, les deux coudes sur la table, comme un homme ordinaire, et il avait l'air de faire attention à ce qu'il disait. Il cherchait même, des fois, ce qu'il allait dire. Au lieu que Zévaès, il sait tout ça par cœur, lui. On ne peut pas lui en remontrer.

— De quoi qu'on parlait, quand il y avait réunion?

— Mon petit cousin parlait de quelque chose. Alors ce n'était pas intéressant. Les grands orateurs parlent de tout. Zévaès vous dépeint toute la révolution sociale en quarante minutes. Après ça, il faut encore vingt-trois minutes pour démontrer la république sociale. Parce que la révolution sociale, c'est quand on fait la république sociale, et la république sociale, c'est quand on a fait la révolution sociale. Je sais tout ça comme un Parisien. Je l'ai entendu dire assez souvent dans les réunions. Je ferais un orateur comme tout le monde. Seulement je ne sais pas parler. Et puis ce n'est pas mon métier. De mon métier, je suis ouvrier fumiste. Mon petit cousin, aussi, ne parlait pas assez longtemps. Il était tout de suite au bout de son rouleau. Il ne savait pas développer. Il parlait trop court. Trop sec. Pas assez de grands mots. Il nous faut des grands mots, n'est-ce pas? Ça excite. Quand il avait fini, il ne disait plus rien. Quand il ne savait pas, il disait : Je ne sais pas. Ça faisait mauvais effet. Le grand orateur sait toujours tout. Le véritable orateur ne doit jamais avouer qu'il ne sait pas. Tenez, encore un détail qui me revient : mon petit cousin voulait nous faire causer, causer avec nous. Il nous demandait ce que nous savions, ce que nous pensions. Ça nous faisait réfléchir. C'était fatigant. Il voulait nous faire étudier, quoi. Le véritable orateur doit toujours parler lui-même. Et puis quand on demande à son voisin, on a l'air de ne pas savoir soi-même. Le véritable instituteur ne fait jamais parler son élève. Et puis je n'en finirais pas. Mon petit cousin n'aimait pas trinquer. Il buvait de l'eau. Il avait l'air de faire un peu la leçon à ceux qui buvaient du vin, ou autre chose de bon. Un bon verre de vin, moi, j'ai toujours aimé ça. Il voulait nous faire lire des brochures, des livres. C'est fatigant la lecture. Il nous avait fait abonner aux revues socialistes. C'est pas amusant. Ce qui est beau, c'est quand un orateur gueule bien, comme Zévaès, et qu'il sait balancer les deux bras. Ça, c'est passionnant. C'est aussi beau que dans *les Deux Gosses*. Moi, j'ai vu des vrais drames. J'ai vu du Victor Hugo. Mais chez soi tout seul avec un livre, c'est rasant. Ça fatigue. Mon petit cousin dépensait tout ce qu'il pouvait ramasser d'argent à nous payer des brochures. Alors, il avait l'air un peu bourgeois. C'est pas ce qu'il nous faut. *L'émancipation des travailleurs par les travailleurs eux-mêmes.*

Le *Groupe d'études sociales d'Orléans* se réunit pour élire enfin son délégué au premier congrès général des Organisations socialistes françaises. Mon gamin de petit cousin fut élu sans grosses difficultés. Le Groupe ajouta que cette élection était définitive.

Le samedi suivant, je crois, ou peu s'en faut, le *Groupe d'études sociales* d'Orléans se réunit à nouveau pour élire enfin son délégué au premier congrès général des Organisations socialistes françaises. Mémorable séance où siégèrent jusqu'à onze membres. Et où mon étourneau de petit cousin fut dégommé, ce qui fut bien fait pour lui. Je lui avais dit de venir. Mais il n'en fit rien, comme je vais avoir l'honneur de vous le conter.

Mais il faut que je commence par vous dire que le *Groupe d'études sociales d'Orléans* est adhérent au *Parti ouvrier français*. Adhérent, ça veut dire qu'il adhère, quoi. Il tient, comme qui dirait, au *Parti Ouvrier Français*. Le *Parti ouvrier français,* vous savez ce que c'est : le Parti des ouvriers français, comme nous. Vous n'avez qu'à lire le nom sur une affiche : *Parti—ouvrier—français*. Un enfant saurait tout de suite ce que ça veut dire. Nous sommes des ouvriers français, nous, pas vrai? Alors, c'est pour ça que c'est notre parti.

Je crois bien me rappeler que c'est mon petit cousin, qui était une rude gourde, qui a fait adhérer le *Groupe d'études sociales d'Orléans* au *Parti ouvrier français*. Parce qu'il faut vous dire qu'on n'obtenait jamais d'orateurs pour les réunions publiques. On demandait à un député, à un militant. — Non, qu'il nous répondait, vous n'êtes pas de mon organisation. — Pourtant, qu'on lui disait, il y a besoin de propagande à Orléans. Il y a du travail à faire. — Vous n'êtes pas de mon organisation. — Les bourgeois y ont des orateurs. — Vous n'êtes pas de mon organisation. Si vous ne savez pas ce que c'est qu'une organisation, c'est comme qui dirait le *parti ouvrier français*. Quelque chose pour qu'on y adhère. Alors mon petit cousin disait : Toutes les organisations socialistes sont évidemment parfaitement bonnes, puisqu'elles sont socialistes. Adhérons à n'importe laquelle. On adhéra au *Parti ouvrier français,* à cause du citoyen Vinciguerra, qui en était, et du citoyen Nivet, qui en devenait.

Il faut croire que le *parti ouvrier français* ne fut pas content de ce que le *groupe d'études sociales d'Orléans* avait élu le citoyen Péguy pour le représenter au premier Congrès général des organisations socialistes françaises. Le *Conseil national* du *Parti ouvrier français* n'aimait pas le citoyen Péguy. On n'est pas forcé d'aimer tout le monde, pas vrai. Alors, ils envoyèrent le citoyen Lucien Rolland, ou mieux Lucien Roland, qui était du Parti.

Vous ne savez peut-être pas ce que ça veut dire. Dans les commencements, quand on parlait de quelqu'un devant moi, et qu'on disait : Il est du Parti, j'entendais qu'il était du Parti socialiste. Ignorance grossière où je languissais. Grossier malentendu où dépérissait mon enfance intellectuelle. Sachez, monsieur, si vous êtes aussi bête que je le fus, connaissez que lorsqu'on dit de quelqu'un devant vous : Il est du parti, cela veut dire qu'il est du *parti ouvrier français.* Il y a des fois où je me trompe encore. Mais c'est que ça m'échappe.

La séance commença pour l'élection définitive. J'avais prévenu mon petit cousin. Tous ses amis l'avaient prévenu. — Viens, qu'on lui avait dit. Mais il nous avait répondu que le travail qu'il fournirait à Paris comme libraire éditeur pour le même prix et dans le même temps serait plus utile pour la préparation de la Révolution sociale que d'aller soutenir sa candidature sur place. Il avait tort, car la question n'est pas de travailler plus efficacement à la meilleure préparation de la Révolution sociale; mais la seule question est de savoir plaire aux citoyens électeurs. Un voyage à Orléans, aller et retour, ne coûte pas dix francs de chemin de fer. En troisième classe. Mettons vingt francs avec les frais. Mettons deux jours, en comptant la fatigue. Mon petit cousin pensait que vingt francs de sa monnaie et deux jours de son travail à Paris donneraient beaucoup plus d'effet socialiste révolutionnaire qu'un bafouillage de trois quarts d'heure au *groupe d'études sociales d'Orléans,* devant quinze personnes. Il avait raison. Seulement, il avait tort tout de même, parce que ces pensées-là on les garde pour soi. Nous savons tous que vingt francs d'éditions et deux jours de librairie valent beaucoup mieux, pour la préparation de la Révolution sociale que tous les bafouillages de groupes. Seulement ça ne se dit pas, ces choses-là. Il faut faire croire aux électeurs que leur compagnie est la plus agréable du monde, que leur entretien est la plus utile occupation, qu'il vaut mieux parler pour eux quinze que d'écrire pour dix-huit cents lecteurs, que tout mensonge devient vérité, pourvu qu'on leur plaise, et que toute servitude est bonne, à condition que l'on serve sous eux.

— S'ils veulent savoir ce que je pense, disait mon cousin, qu'ils regardent mes articles. S'ils veulent savoir ce que je veux faire et ce que je fais, qu'ils regardent ce que j'écris, et qu'ils vous demandent les renseignements complémentaires. Vanité grossière de cuistre. Demander à des électeurs de lire, à un groupe d'acheter des publications. Il faut que je vous dise que c'est dans la *revue blanche* que mon petit cousin écrivait dans ce temps-là. Demander à des électeurs de se déranger, de travailler, de se casser la tête. Invention grossière d'une imagination intellectuelle. Ça n'est pas ça qu'il faut aux citoyens électeurs, au véritable peuple, au vénérable militant. Il faut qu'on lui apporte son candidat devant lui. Comme ça il peut le faire marcher, le faire causer, le faire tourner, le faire monter, le faire baisser, le faire biaiser, le faire lever, le faire asseoir, le faire chanter, le faire jaser, le faire coucher, le faire emballer. Il faut bien que le citoyen électeur ait quelques amusements dans la vie.

N'oublions pas que le citoyen délégué est l'obligé du citoyen électeur. Le citoyen électeur est quelqu'un qui possède quelque chose. Il possède sa voix. Le citoyen candidat est quelqu'un qui demande quelque chose. Il demande cette voix. Il ne faut pas que tu te montes le coup là-dessus, mon petit cousin. Le citoyen candidat demande la voix du citoyen électeur. Comme disait ma grand mère, qui était aussi la tienne, quand on demande la charité, il ne faut pas faire le fier. Comme dit mon patron, les affaires sont les affaires. Et les mendiants sont les mendiants. Quand on tend la main, il ne faut pas lever la tête. Ainsi parlait grand mère, mon ami, et je suis peiné que tu n'aies pas gardé le sens de ses leçons anciennes.

Les affaires sont les affaires. Tu veux que le citoyen

électeur te donne sa voix. Il faut que tu lui donnes en compensation. Si tu étais député, tu lui donnerais des faveurs gouvernementales. Mais les délégués aux congrès socialistes n'ont encore aucuns bureaux de tabac. En attendant, il faut que tu paies la voix que tu demandes. Il faut que tu paies. Si tu allais chez un marchand de parapluies et si tu lui disais : Le temps se couvre. Il me faut un parapluie. — Dans quels prix, monsieur, qu'il te demanderait. Pareillement, quand tu te portes candidat, il faut que tu donnes un prix des voix. Si tu étais venu toi-même, c'était donner au citoyen électeur, pour le prix de sa voix, cet avantageux sentiment qu'il pouvait te déranger à sa guise. C'est une antique jouissance, et dont la saveur n'est pas encore évaporée, que de tenir un homme, de lui faire sentir sa supériorité, de le tenir dans sa dépendance, de le plier à son caprice, de le subjuguer, de lui faire éprouver son autorité. Avoir à sa disposition le candidat plat. Jouir de ses platitudes. Voilà ce qu'il nous faut. Nous sommes le peuple souverain. C'est comme qui dirait que nous sommes tous des rois. Il nous faut donc des courtisans. Seulement, dans le temps il n'y en avait qu'un seul qui était roi. Et il avait beaucoup de courtisans. Cela n'était pas juste. C'est pour ça qu'on a fait la révolution. Alors à présent, tout le monde est roi, et c'est le même courtisan qui sert pour plusieurs. C'est moins commode. Mais l'égalité avant tout.

Mon petit cousin ne vint pas. Il envoya une lettre. Inutile communication. Une lettre épouvantable, insolite, où, avec une incroyable audace, il attaquait violemment Guesde et Lafargue pour l'attitude qu'ils avaient eue pendant l'affaire Dreyfus. Inconcevable maladresse. Venant de quelqu'un qui a fait ses études. Grossier manque de tenue. Nous savons tous que Guesde et Vaillant ont lâché pendant l'affaire, qu'ils ont abandonné, comme vous dites, la justice et la vérité. Mais il ne faut pas dire ça dans le parti. Mon petit cousin parlait aussi de guesdistes. Il n'y a pas de guesdistes. Il n'y a que le *Parti ouvrier français*. Tous les membres du parti sont égaux entre eux. Moi qui vous parle, sachez que le citoyen Guesde n'est pas plus que moi dans le parti. Quand le *Conseil national* du *Parti ouvrier français* lance des manifestes, le citoyen Jules Guesde signe à sa place alphabétique : *a b c d e f g :* Guesde. Le citoyen Jules Guesde eſt même le secrétaire du Parti : *secrétaire* pour l'intérieur. Vous savez ce que c'eſt qu'un secrétaire. Quand vous êtes le secrétaire de quelqu'un, c'eſt lui qui vous commande. Puisque le citoyen Guesde eſt le secrétaire du parti, ça veut dire que c'eſt nous, le parti, qui lui commande.

— Ce n'eſt pas, dit Pierre Baudouin, ce que l'on croit généralement.

— Ce n'eſt pas ce que l'on croit généralement. Le monde eſt si mal renseigné. Le citoyen Roland vint en personne. Il était envoyé par le *Conseil national* du *Parti ouvrier français,* ou par quelqu'un du *Conseil national,* peut-être bien par le secrétaire pour l'intérieur du *Conseil national* du *Parti ouvrier français*. Nos candidats délégués nous sont en général envoyés de Paris. C'eſt ce que nous nommons les manifeſtations spontanées du pays socialiſte, le choix spontané de nos groupes de province, un mouvement profond, l'autorité du peuple socialiſte, la voix du peuple enfin. Tout ainsi des résolutions, ordres du jour, approbations, condamnations, indignations, propositions, notations, flétrissures et signalements. Tout nous vient de Paris. Ça nous demande moins de travail. Nous pratiquons ce que les républicains sous l'empire nommaient la candidature officielle. Nous nous apercevons que c'eſt fort commode. Nous recevons les candidatures toutes faites, aussi bien les citoyens candidats dignitaires que les textes candidats manifeſtes. Ça dispense d'inquiétude. Ça dispense de savoir. Ça dispense d'étude. Ainsi quand ce renégat de Millerand, vous savez, le miniſtériel, a fait voter par sa Chambre à tout faire son infâme loi scélérate Millerand-Colliard, que je ne connais pas, si on avait eu à se prononcer soi-même, il aurait fallu au moins regarder l'*Officiel,* demander, se renseigner auprès des camarades qui demeurent en ville, qui travaillent dans ces ateliers-là, dans ces usines-là, causer, discuter, réfléchir, — travailler. Tandis qu'avec la merveilleuse unité, avec l'inaltérable centralisation que nous devons aux bons soins de Son Éminence ou Excellence Armand Jean du Plessis, cardinal de Richelieu et de Sa Majeſté l'empereur Napoléon premier, un mot d'ordre part de Paris, et *rran* cette loi criminelle eſt flétrie comme il faut, clouée au pilori.

— Qu'eſt-ce que le pilori, demanda Pierre Baudouin.

— C'eſt quelque chose pour qu'on y cloue Millerand. Millerand l'infanticide! Voyez l'utilité : moi je n'ai pas mon pareil à Orléans pour engueuler quelqu'un. Eh bien, jamais je n'aurais trouvé un mot comme ça. Infanticide! On a beau dire. Infanticide! Il n'y a encore que ces avocats de Paris. Infanticide!

Seulement, ce qu'il y a de roulant, c'eſt que Millerand s'en fout autant que nous, parce qu'il eſt à la coule.

— A la coule de quoi?

— A la coule de la centralisation, puisqu'il eſt miniſtre. Alors, il peut organiser pour sa loi des manifeſtations spontanées.

Moi, voyez-vous, il me faut de l'unité. J'aime l'unité. Je suis partisan de l'unité. J'aime l'alignement, l'ensemble. Si on laissait les provinces lointaines imaginer des manifeſtations disparates, non seulement ça manquerait de littérature, mais on n'obtiendrait par ces admirables concerts, ces puissantes symphonies.

— Antiphoniques.

— Laissez-moi la paix. Quand j'emploie un mot savant, pour faire de l'effet, je vous défends d'employer un mot plus savant. J'en étais à symphonies. Et je maintiens que nous en avons donné une admirable. *Infanticide, infanticide, infanticide*, ça roulait de Quimper à Barcelonnette comme l'immense flot du son de la voix de la clameur du reproche et du remords de la conscience du peuple des citoyens du monde socialiſte. Vous voyez bien que je réussis à faire des phrases longues. C'eſt pour cela que nous fûmes heureux de conſtater que le grand *Conseil national* de Paris du *Parti ouvrier français* avait bien voulu penser à nous. Il témoignait ainsi de la singulière eſtime où il nous tient. Qu'ils sont beaux les pieds de celui qui vient au nom du gouvernement. Car enfin qui forçait le grand Conseil à s'occuper des quelques misérables épars que nous sommes. Et un tel désintéressement ne vaut-il pas de la reconnaissance?

Le candidat national convenait exaƈtement. Il plaisait même. On l'avait choisi, désigné avec le sage discernement qui fait un bon miniſtre de l'intérieur. Miniſtre, c'eſt-à-dire secrétaire d'État pour l'intérieur. Le *Conseil national* du *Parti ouvrier français* nous avait désigné le citoyen Roland, un enfant du pays. Mais non pas un enfant du pays comme l'était mon petit cousin. Mon petit cousin aussi eſt du pays, puisqu'il eſt venu au monde faubourg Bourgogne. Je lui ai même servi de parrain. Seulement depuis qu'il eſt venu à Paris, sous prétexte qu'il a beaucoup à travailler, il nous dédaigne, il ne vient pas nous voir. Au lieu que le citoyen Roland eſt toujours fourré chez nous. C'eſt un homme infatigable. Ce n'eſt pas lui, quand on le demande, qui dit qu'il a beaucoup à travailler. On ne l'avait pas vu au commencement, quand le groupe allait mal. Mais depuis que ça marche un peu, que nous sommes une quinzaine, et que nous avons une voix dans les congrès, il va au-devant de tous nos souhaits. Il s'eſt rattrapé. Réunions publiques ou privées, punch, conférence, fête, sauterie, allocution, programme, il ne nous refuse rien. Son dévouement eſt inépuisable. Toujours en chemin de fer. Et ce n'eſt pas lui qui s'abrutit les yeux dans les livres, comme tous ces sales intelleɥtuels.

— De quoi vit-il, demanda Pierre Baudouin.

— Cela ne vous regarde pas, citoyen. Nous n'avons pas à franchir le mur de la vie privée, comme disait Schneider, ou quelqu'un des siens. Charbonnier eſt maître chez soi, comme disait Rességuier. Le citoyen Roland, homme public, nous appartient corps et âme. Le citoyen Roland, homme privé, doit nous demeurer totalement inconnu. Du moment où nous le recevons à la gare jusqu'au moment où le punch a fini de flamber, tout citoyen propagandiſte eſt à nous. Le punch éteint, commence la vie privée. Nous avons dans le parti un grand nombre de militants dont la vie privée serait douteuse, au cas où on l'examinerait. Mais elle n'eſt pas douteuse, puisque nous n'avons pas à l'examiner. Je ne sais si vous êtes assez intelligent pour saisir la diſtinɥtion.

— J'y tâcherai, lui répondit Pierre Baudouin.

— C'eſt que je vais vous dire. Moi, qui ne suis pas la moitié d'une bête, comme on dit, je n'ai jamais bien entendu la différence. Mais il faut qu'elle soit capitale, puisque tout le monde le dit. Alors, je l'ai apprise par cœur. Et je la sais bien, parce que je me la suis fait répéter souvent. Connaissez donc, mon ami, qu'il y a deux domaines : le domaine public, où les hommes sont nos esclaves, et le domaine privé, où ils sont, s'ils veulent, esclaves de leurs mauvaises passions. Ces deux domaines sont — attendez que je retrouve le mot qu'on m'a dit. Oui : ces deux domaines sont incommunicables. Incommunicables, ça veut dire que le même homme eﬆ mauvais dans le privé, bon dans le public. Dans le privé il eﬆ voleur, menteur, ivrogne, lâche, noceur, il a tous les vices. Dans le public il eﬆ honnête, sobre comme un chameau, rangé comme un employé de chemin de fer. Ainsi le veut la théorie. On a même remarqué dans le Parti qu'une expérience conﬆante semblait démontrer, confirmer, vérifier que c'étaient les plus crapuleux qui avaient le plus de talent. C'eﬆ pour cela que nous leur avons confié les meilleures places. La haute pauvreté de Guesde couvre tout. Comme la grande honnêteté de Jaurès pour les indépendants. Et puis si les bourgeois ne sont pas contents, ils auront affaire à moi. Nous les valons bien. Nous avons bien le droit d'avoir un parti aussi sale qu'eux.

Mon petit cousin, qui n'eﬆ décidément pas fort, avait envoyé sa lettre à son ami Roy, qui devait la lire en séance et la commenter. Il avait aussi averti son vieil ami Pierre le Febvre. L'ami Roy ne devait pas plaider pour mon petit cousin, mais il faisait comme qui dirait le commissionnaire. Il arrivait, lisait la lettre, et disait ce que mon petit cousin aurait dit s'il avait été là. Parce que dans une lettre on ne met pas ce qu'on veut. Et puis mon petit cousin dit toujours qu'il n'a pas le temps d'écrire. Alors c'était Roy [1] qui devait parler pour lui. Seulement, mon imbécile de nigaud de petit cousin avait négligé le principal. Devinez.

— Je ne puis deviner ce qui était le principal.

— Ne faites pas l'innocent. Devinez un peu. Voyons, le principal.

— Vraiment, je ne sais.

— Vous n'êtes pas malin non plus, vous. Le principal, c'eﬆ que Roy n'eﬆ pas inscrit au groupe. C'eﬆ roulant, hein !

— Oui, c'eﬆ roulant.

— Vous n'êtes pas gai, aujourd'hui. Mais je me roule encore, moi, rien que d'y penser. Alors, au moment que Roy pensait parler, le citoyen Roland demande innocemment si le citoyen eﬆ inscrit au groupe. Non, mais il remplace le citoyen Péguy. — Le citoyen Péguy n'avait qu'à venir lui-même. Si le citoyen que nous ne connaissons pas n'est pas inscrit au groupe, je ne puis lui donner la parole. Ainsi intervint le citoyen président de séance, qui s'était entendu sans doute avec le citoyen Roland. On pensa bien que c'était un coup monté à deux ou trois. Cela nous donna un supplément de considération pour des citoyens qui pratiquaient aussi doctement les moyens parlementaires.

— Je serais heureux, dit Pierre Baudouin, de vous demander un renseignement.

— Vous voulez dire, mon ami, que vous seriez heureux d'avoir le renseignement que vous voulez me demander. Vous ferez bien de surveiller votre langage. Vous bafouillez.

— C'est vous, monsieur, qui m'intimidez.

— J'en suis heureux. Vous me flattez. Je vous écoute.

— Les parlementaires qui avaient monté le coup étaient sans doute les pires ennemis de votre petit cousin?

— Point : c'étaient ses meilleurs amis. Ainsi le veut la politique. Vous oubliez tout ce que je vous apprends. Incommunicable. Dans le privé on a des amis et des ennemis. Vos amis vous aiment. Vos ennemis vous haïssent. Vos amis vous tendent la main. Vos ennemis vous tournent le dos. Vous savez à quoi vous en tenir. Du moins c'est comme ça que je l'entends. Moi, si j'avais un copain qui trinquerait le samedi avec moi, et puis le dimanche matin qui me débinerait quand j'ai le dos tourné, vous savez, je suis patient, mais dame je cognerais. Parce que c'est des saletés qu'on ne se fait pas entre copains. Dans le privé, il faut être franc. Et quand on veut me rouler, moi, je fous la beigne, est-ce pas? Vous savez ce que ça veut dire.

— Oui, un agrégé de philosophie, dans une assemblée générale de société anonyme à capital et personnel variable[1], traduisait ainsi : *foutre* ou *donner sur la gueule à Péguy*.

— Voilà un agrégé qui me plaît. Si tous les agrégés de philosophie avaient cette vigueur, on pourrait peut-être consentir à faire une petite place dans le parti à tous ces rabougris d'intellectuels. Dites-moi son nom, mon ami, que j'aille lui présenter mes respects.

— Je vous le dirai *entre quatre-z-yeux*.

— *Entre quat'z yeux*, qu'il faut dire. Vous n'êtes pas

accoutumé au langage vraiment populaire. On m'avait bien dit que vous êtes un aristocratiste et un personnaliste. Quand vous verrez cet agrégé vous lui ferez tout mes compliments. C'est un rude camarade. Peu de manuels parleraient aussi bien. Vraiment, monsieur, vous m'avez surpris, avec cet agrégé. On m'avait dit que tous ces intellectuels perdaient leur temps à des discussions, à des raisonnements, à des démonstrations. Quelque envieux, sans doute. On m'avait dit qu'ils gâchaient leur jeunesse et la force de leur âge en des spéculations rationnelles, qu'ils pâlissaient en Sorbonne et attrapaient des migraines. Je suis heureux qu'il y en ait de rouges, de barbus et de brutaux. Un *fort en gueule* intellectuel fait beaucoup dans mon esprit pour le relèvement de sa classe, qui en a besoin.

Je vous disais donc, mon ami, que dans le privé on n'admet pas les trahisons, félonies, jésuiteries, mansonges, roublarderies, escobarderies et duplicités. Mais, par un juste retour ces ignominies non seulement on les admet dans la politique, mais sachez qu'elles en sont l'ornement, le couronnement, et pour ainsi parler, la fleur avec le fruit. Dans le privé nous sommes les amis de nos amis et nous aimons nos amis et les amis de nos amis. Dans le privé nous portons droitement le regard de nos yeux. Dans le privé nous tenons la parole que nous avons donnée. Dans le privé nos poignées de mains sont quelquefois sales, mais elles ne sont sales que de suie ou de plâtre ou de fumée. Dans le public, dans la politique, nous avons imaginé d'abord que l'on doit passer en brutalité les nationalistes eux-mêmes, afin d'embêter les nationalistes. Puis, nous avons imaginé que l'on doit passer en jésuitisme les jésuites eux-mêmes, afin d'embêter les jésuites. Nous les embêtons ainsi doublement. Comme adversaires nous les embêtons en leur portant des coups jésuites. Et comme concurrents nous les embêtons en faisant mieux qu'eux dans la même partie. Ce qu'ils doivent marronner. Sans compter qu'ainsi nous finirons bien par les éliminer totalement. Puisque, pour parler comme les savants, messieurs, *on ne supprime jamais que ceux que l'on remplace*. Nous nous exerçons utilement à supprimer les jésuites noirs. Tout nous fait espérer que nous y réussirons.

Non seulement nous avons imaginé que l'on doit

passer les barbares en barbarie et les jésuites en jésuiterie, mais nous affirmons délibérément que ceux qui ne veulent pas, comme nous et avec nous, passer les jésuites en jésuitisme, à seule fin d'embêter les jésuites, sont incontestablement vendus aux jésuites. Ainsi, nous pratiquons l'affirmation stupide, qui a si bien réussi à monsieur le marquis de Rochefort, et l'affirmation sans preuves, qui a si bien réussi à M. Édouard Drumont. Nous nous apercevons que c'est fort commode. Nous reconnaissons, après tous les grands antisémites, qu'il est beaucoup plus facile de répéter une condamnation que de motiver une accusation, et que cela réussit beaucoup mieux. Nous avons éprouvé que les condamnations les plus stupides sont, à beaucoup près, celles qui obtiennent le meilleur accueil, et que les calomnies les plus grossières sont celles qui trouvent le plus large crédit. Nous utilisons pour le mieux de nos intérêts la mentalité démagogique depuis longtemps instituée par nos adversaires les plus précieux. Nous cultivons parmi nous cette singulière *mentalité du traître,* sur laquelle nous avons fait de si beaux articles au cours de l'affaire, mentalité où tout homme qui pense librement apparaît comme un espion et pour tout dire comme un vendeur de bordereau. Nous semons à pleines mains la suspicion. C'est beaucoup plus facile que de semer l'éducation. Nous poignardons les gens que nous aimons le mieux. Pour leur bien. Parce que nous les aimons. Pour assurer leur salut éternel. Nous les étouffons de tendresse. Quand c'est de tendresse feinte, le résultat est déjà remarquable. Mais quand c'est de tendresse vraie que nous étouffons les gens que nous aimons, nous touchons à la politique sublime. Il a dû y avoir des moines aussi beaux. Tourner les mauvais sentiments en actions mauvaises demande un certain métier, mais détourner les sentiments de l'amour aux fins de la haine exige un sens religieux de la politique. Nous devons convertir les infidèles. Mais, surtout nous devons sauver quand même les hérétiques. Nous devons sauver l'hérétique malgré lui. Nous avons laïcisé tout cela. Car la bonne laïcisation n'est plus de faire sauter le joug religieux qui alourdissait la nuque de l'humanité. La bonne laïcisation est de laisser le joug religieux, commode aux gouvernements. Seulement, parce que nous sommes les anticléricaux, nous écrivons *laïque* sur le joug. Ceux qui ne savent pas lire sont priés de s'adresser à leur voisin. J'oubliais de vous dire : nous écrivons *laïque* en lettres rouges, parce que nous sommes les socialistes révolutionnaires. Nous avons inventé l'honneur du rouge. Nous avons longtemps raillé l'honneur du tricolore. Mais nous reconnaissons qu'il est bon d'avoir une couleur. C'est commode. Il faut du rouge pour le peuple.

Je vous disais donc, mon ami, que dans le privé on n'admettait pas les trahisons, mais qu'elles sont la fleur de la politique. Les deux ou trois citoyens qui avaient manœuvré si supérieurement contre la candidature Péguy étaient les meilleurs amis — politiques — de Péguy. Des hommes qui jadis lui serraient la main chaudement. Mon cher Péguy par-ci, mon cher Péguy par-là. Et en ce mémorable samedi, au commencement de la séance, ils imaginèrent ce moyen scrupuleusement régulier d'intercepter la parole, de couper la communication à mon petit cousin absent. Telles sont les singulières beautés de la politique. D'abord, elles nous paraissaient douteuses. Mais on a fait notre éducation. Nous aussi nous sommes devenus des connaisseurs. Et nous savons apprécier les beaux coups.

Pour un beau coup parlementaire, vous êtes forcé d'avouer que c'était un beau coup parlementaire, parfait sous tous les aspects. Ça se dit comme ça : — *imitant des acteurs de comédie bourgeoise* — Je demande la parole pour une observation préalable : pouvons-nous savoir si le citoyen qui demande la parole est régulièrement inscrit au groupe. — *Sourire aimable du citoyen président :* Voulez-vous nous dire, citoyen, on demande si vous êtes régulièrement inscrit au groupe. Citoyen, vous entendez? — *stupeur du citoyen :* Mais, citoyen, puisque je remplace — — — *le président sévèrement heureux :* Non, citoyen, j'en suis au désespoir. Mais si vous n'êtes pas régulièrement inscrit au groupe, il m'est rigoureusement impossible de vous donner la parole. — *Stupidité du citoyen remplaçant ainsi interloqué.* Il n'y a rien à dire à cela. Vous n'êtes pas inscrit : vous n'êtes pas inscrit. M. Péguy est inscrit, mais il n'est pas là. Vous êtes là, mais vous n'êtes pas inscrit. C'est clair. C'est vrai. C'est la vérité même. Vous qui aimez tant la vérité.

J'en suis au désespoir : mot admirable de politique, et dont moi-même je fus ému. Par un excès de bonté, avec l'assentiment de l'assistance, on permit à Roy de lire la lettre sans commentaire aucun. L'impression fut glaciale. Cette lettre sans commentaires se présenta comme un squelette. J'admirai à part moi l'habile bonté du président. Toujours la tendresse. Le citoyen Roland laissait aller.

Pierre le Febvre [1] demanda la parole. Ce Pierre le Febvre est le plus vieil ami que mon cousin ait jamais eu dans Orléans. Un homme à l'âme ancienne. Aimant comme un père. Solide comme une barre. Ça ne bouge pas. Il a contribué beaucoup à former mon petit cousin. C'est un ancien ouvrier forgeron. Il a beaucoup beaucoup lu. Il sait beaucoup des livres et beaucoup de la vie. Tout appris lui-même. Comment nommez-vous ça?

— Un autodidacte.

— Un autodidacte. Moi, vous savez, je n'aime pas ça, l'autodidacture.

— L'autodidascalie.

— L'autodidascalie. Je suis pour la dictature impersonnelle, comme le citoyen Vaillant.

— Je vous assure que ces deux mots n'ont rien de commun.

— Taisez-vous. Je ne vous demande pas des renseignements. Je suis pour la dictature impersonnelle du prolétariat. Je vais vous dire. Je n'aime pas l'autodidascalie, parce qu'on m'a dit que les autodidactes s'en ressentaient toujours un peu. Je n'aime pas non plus l'autre didascalie, parce que, n'est-ce pas, il ne faut jamais asservir sa pensée. Alors, je ne m'instruis pas du tout. C'est comme ça que nous faisons tous dans le parti. Ainsi, nous restons libres. Et puis on n'a pas besoin de savoir ce qu'il y a dans le monde bourgeois, puisqu'on va le remplacer un de ces quatre matins. Et ce qu'il y aura dans le monde socialiste on le sait d'avance : tout le monde sera guesdiste. Ou bien les livres sont contraires au programme du Parti, — et alors ils sont dangereux. Ou bien ils sont conformes au programme du parti, — et alors ils sont oiseux. Nous ne lisons jamais. Et puis c'est fatigant. Et puis c'est rasant. Et puis c'est intellectuel.

Ce Pierre le Febvre a donc beaucoup lu pour se

former et vivre comme un homme et, par cela même il nous est désagréable. Et puis c'est un radical. Nous nommons radicaux les vieux républicains de province qui nous gênent. Le programme radical, c'est nous qui l'avons ramassé. Nous faisons de l'anticléricalisme bourgeois aussi fructueusement que les meilleurs élèves de Clemenceau. Le débat redoutable où nous assistons, parmi nous vient de ce que la moitié des socialistes sont devenus des opportunistes pendant que la moitié devenaient des radicaux. Viviani est gambettiste. Zévaès est clemenciste — — —

— Monsieur, demanda Pierre Deloire, qui de l'unité ôte les deux moitiés, il ne reste rien.

— Je ne parlais que de l'État-Major, monsieur, et nous pouvons espérer qu'il ne pèsera pas lourd. Vos interruptions sont donc oiseuses. Nous voulons bien que Zévaès parle exactement comme le citoyen Pichon discourait. Vous savez les fameux discours, *avant l'ambassade*. Nous voulons bien que Viviani parle un peu plus bourgeoisement que Jules Ferry. Mais nous ne voulons pas accueillir parmi nous, en province, les vieux républicains. Vous entendez la différence. Quand nous usurpons le programme radical, auquel ce pays est habitué, ou même le programme opportuniste, nous socialisons un excellent moyen de production. Quand nous fermons la porte au nez aux vieux républicains, nous sauvegardons nos moyens de consommation. Vous suivez?

— Nous tâchons.

— Le programme opportuniste et le programme radical produisent beaucoup de mandats. Pour des raisons que nous examinerons plus tard. Et les mandats produisent beaucoup d'avantages. Quand donc nous captons les voix des électeurs opportunistes et radicaux en calquant nos programmes sur les programmes opportunistes et sur les programmes radicaux, nous accroissons d'autant nos moyens de production. Au contraire si nous faisions place aux vieux républicains parmi nous, cela réduirait nos parts dans les moyens communs de consommation. Il y a si peu de places. Le monde est si étroit. Vous m'entendez à présent?

— Nous y atteignons.

— Un exemple vous facilitera l'entendement. La République, c'est la maison. Les républicains, c'est l'habitant.

Nous avons un double intérêt à nous approprier la maison, et à en chasser l'habitant. Comme le dit si éloquemment l'admirable vers de Vandervelde :

La maison eſt à moi : c'eſt à vous d'en sortir.

— Monsieur, dit Pierre Deloire, ce vers n'eſt pas de Vandervelde.

— Comment, il n'eſt pas de Vandervelde, Émile Vandervelde. La preuve c'eſt que je le lui ai entendu dire en province dans une tournée. Ailleurs qu'à Orléans. Si vous saviez comme il dit bien. L'admirable conférencier. Il eſt parfait. Il fait une grande grande phrase. Il attend un moment. L'auditoire, qui sent le coup, attend aussi. Et il vous envoie ça :

La maison eſt à moi : c'eſt à vous d'en sortir.

On appuie sur *vous*. Vous, c'eſt les bourgeois. Nous, moi, c'eſt les bons socios. Alors nous on applaudit frénétiquement.

—Monsieur, répéta Pierre Deloire, ce vers n'eſt pas de Vandervelde : il eſt de Molière.

— Qui ça Molière? Je vous dis qu'il eſt de Vandervelde. La preuve c'eſt que le citoyen Roland nous a dit que c'eſt là-dessus que le grand orateur belge a bouclé son grand discours au congrès international. Je dis bouclé, parce que je ne sais pas le mot. Je ne sais pas tout, moi. Quand on finit un discours, enfin, quoi, le grand coup. Au moment qu'on garde le meilleur pour la fin.

— Monsieur, répéta pour la dernière fois Pierre Deloire, ce vers n'eſt pas de Vandervelde. Il eſt de Molière. Molière, comme le disaient nos professeurs de littérature, Molière le met dans la bouche de Tartuffe. Et il eſt déplorable que, séduit par l'éloquence du grand orateur belge, tout un congrès socialiſte international ait aussi frénétiquement acclamé un vers de Tartuffe.

— Je vois bien, dit mon cousin, quand son premier étonnement fut passé, je vois bien, monsieur, que je devais me méfier de vous, qui ne disiez rien en commençant, et non pas de ce Pierre Baudouin qui parle à tort et à travers. Les silencieux sont dangereux. Vous imaginez des diversions pour me couper le fil de mon histoire. Vous savez bien que je veux vous dire vos vérités, qui vous déplaisent. M. le Febvre a donné pour la république tout ce qu'il avait de temps, d'argent, de santé, de force, de vie. Je n'avais pas bu ma première absinthe qu'il avait déjà ses trente ans de service républicain. Il a commencé sous l'empire, que je n'étais pas encore venu au monde. Seulement je vous conterai son histoire la prochaine fois, parce que c'est encore une diversion que vous essayez. Enfin, M. le Febvre avait tout pour nous déplaire. Il est inscrit au groupe. Le citoyen Roland voulut bien lui laisser la parole.

M. Pierre Le Febvre parla mal, parce qu'il était ému profondément, parce qu'il était sincère, parce qu'il croyait qu'il avait raison, et qu'ayant pendant sa jeunesse fait son apprentissage pour le métier de forgeron il ne l'avait pu faire pour le métier d'orateur socialiste. Les moins avertis s'aperçurent aussitôt qu'il aimait beaucoup mon petit cousin et que les calomnies l'écœuraient et que ces calomnies en particulier lui faisaient beaucoup de peine. Alors les assistants convoitèrent de calomnier son jeune ami. Les assemblées populaires sont parfois pitoyables aux faibles, aux malheureux. Mais les assemblées parlementaires ne connaissent aucune jouissance plus profonde que d'écraser les faibles, et les malheureux peinés, qui sont les faibles des faibles. Quand les assistants connurent que l'échec de Péguy ferait une grosse peine à son vieil ami le Febvre, un désir politique leur monta de précipiter l'échec de Péguy.

M. le Febvre allait au-devant de leurs vœux. Il présentait timidement des arguments ridicules : que mon petit cousin avait pour ainsi dire fondé le groupe au commencement, qu'il avait contribué beaucoup à l'entretien du groupe ensuite, qu'à Paris, comme libraire, il travaillait beaucoup pour le socialisme révolutionnaire, enfin qu'il saurait, au congrès, travailler efficacement à la préparation de la révolution sociale.

On écouta patiemment ces arguments misérables. Puis le citoyen Roland demanda la parole. Notez qu'il parlait le dernier. Par un excès de politesse.

Perpétuel enchantement. Nous connûmes aussitôt que la politesse était son fort. Le citoyen Roland n'est pas de ces forcenés comme l'est devenu mon petit cousin, qui se répandent bruyamment en accusations injurieuses contre les plus vénérables militants. Il conserve scrupuleusement, au plus fort de ses haines, cette savoureuse mansuétude recuite que nous reprochons si violemment aux jésuites, mais que nous admirons au fond et que nous aimons tant dans nos comités. Il conserve cette fausse égalité d'humeur qui fait les beaux parlementaires. La politesse bourgeoise nous plaît quand parmi nous elle nous vaut des compliments et des respects. Le citoyen Roland commença par n'imiter pas les brutalités de mon petit cousin.

— Monsieur, dit Pierre Deloire, je vous ai déjà demandé comme il vivait, de quoi il vivait.

— Monsieur, je vous ai déjà répondu que cela ne vous regardait pas. Vous avez la tête dure comme un Solognot.

— Monsieur, demanda Pierre Deloire, voulez-vous me dire pourquoi, au premier Congrès national ou général des organisations socialistes françaises, tenu à Paris en décembre 1900, quand le citoyen Roland monta, comme on dit, à la tribune, il fut accueilli par les huées de la moitié de l'assistance, voulez-vous me dire pourquoi les allemanistes étaient particulièrement furieux, et pourquoi un allemaniste qui siégeait dans mon dos — —

— Un allemaniste qui siégeait dans votre dos?

— Pourquoi un allemaniste qui était assis à la table qui était derrière celle où j'étais assis lui cria violemment : *Va donc t'établir à Orléans!*

— Monsieur, répondit mon cousin, vous devez savoir que ce fut le régime ordinaire des discussions au premier congrès de Paris. Quand un orateur venu de la moitié gauche montait à la tribune, la moitié droite le huait. Mais quand un orateur venu de la moitié droite montait à la tribune, la moitié gauche le huait. Justice impartiale. Équitable distribution. Roland ne fut pas plus mal traité que la plupart de nos grands orateurs. Huer un orateur veut dire qu'on est de l'autre moitié. Cela n'a pas grande importance et l'unité socialiste avance quand même. Les allemanistes n'aiment pas le citoyen Roland. C'est qu'il a été des leurs, et que les quittant il est devenu guesdiste. On ne hait jamais personne autant que les gens qui vous quittent, si ce n'est ceux que l'on quitte. Il avait cependant le droit de quitter les allemanistes pour les guesdistes. On est libre. Mais les allemanistes ne sont pas contents quand on les quitte. Surtout pour aller aux guesdistes. Les allemanistes n'aiment pas les guesdistes. *L'unité avant tout.* Nous n'aimons pas les allemanistes. *L'unité quand même.* Il y a des allemanistes à présent qui prétendent qu'on a chassé du parti le citoyen Roland. *Vive l'unité!* On a chassé tant de citoyens de tant de groupes et de tant de partis, on a chassé tant de groupes et tant de partis de tant de groupes et de tant de partis que l'on ne peut plus savoir à quoi s'en tenir sur ces menus incidents. Ce sont ce que les bourgeois nomment les mille incidents de la politique journalière. Le citoyen Roland est guesdiste. Il a été allemaniste. A qui cela n'est-il pas arrivé? C'est presque de la vie privée. Nous ne devons pas respecter seulement la vie privée des citoyens. Nous devons respecter la vie privée du parti. Ce sont là des querelles de ménage, des guerres domestiques, des haines cordiales, des meurtres fraternels. Comme l'écrit si excellemment le citoyen Léon Blum : *En dépit des fautes, des rancunes, des violences, l'unité socialiste était en marche...*

— Monsieur, demanda Pierre Deloire, voulez-vous me dire ce que c'est que ce que vous nommez *l'unité socialiste*. Si j'ai bien suivi le discours que vous nous tenez, vous intercalez *l'unité* à des places non fortuites. Qu'est-ce que cette unité?

— C'est un mot fort commode, qui fait qu'on peut se battre et se tuer la conscience tranquille. Vous, par exemple, monsieur, quand je vous donne un coup de poing, c'est une violence légère; si je vous donne un coup de bâton, c'est une violence grave; si je vous donne un coup de couteau, c'est une tentative d'assassinat; si je vous tue, c'est un assassinat. Tout ce mal vient de ce que nous n'avons pas encore *fait l'unité.* Quand au contraire on a fait l'unité avec une personne, les coups de poing, les coups de bâton et les coups de couteau deviennent permis, sinon encouragés. Quand on a fait l'unité, les haines, restant haineuses, deviennent piétés; les jalousies, demeurant envieuses, deviennent béatitudes. Que si l'on massacre et l'on ravage *pour l'unité socialiste,* les haines, parvenues pieuses, deviennent inexpiablement méritoires, les béatitudes envieuses deviennent jouissance infinie, sainte douceur du ciel, adorables idées. Le mal, demeurant mal, devient bien. Le mot d'unité est un mot merveilleux. Par lui nous faisons des miracles. Nous valons bien les curés. Nous avons bien le droit de faire des miracles. Seulement nos miracles à nous sont incontestables, prouvés, authentiques, et non pas de ces miracles douteux comme l'Église romaine. C'est pour cela que nous invoquons toujours l'unité au moment que nous nous disputons le plus. C'est pour cela que dans mon discours, aux endroits de haine et de guerre, j'intercale régulièrement le nom de l'unité comme une litanie : *Sainte unité, priez pour nous, sainte Unité, sainte Unité,* — — —

Notre attitude envers l'unité est bien simple : nous la combattons en nous réclamant d'elle; plus nous la combattons, plus nous nous réclamons d'elle; nous la démolissons de toutes nos forces, et nous l'acclamons de toutes nos voix. Nous avons d'abord pensé à l'accaparer, mais nous y avons renoncé : chacun des cinq ou des sept ou des quinze compétiteurs est trop faible pour s'approprier l'unité, mais trop fort pour la laisser approprier au voisin. Alors nous marchons contre la paix au nom de l'unité, nous marchons contre l'unité au nom de l'unité. Ce qui permet au citoyen Léon Blum, habileté suprême, et douce bienveillance, d'aller chercher *salle Vantier* les preuves de l'unité socialiste.

Pierre Deloire tira de sa poche le nº 7 de la *bibliothèque socialiste* récemment inaugurée par la *Société Nouvelle de librairie et d'édition : les Congrès ouvriers et socialistes français,* par Léon Blum.

— Il faut avouer, dit Pierre Baudouin s'emparant du livre, que ce citoyen Blum est un homme singulièrement heureux, et, comme on disait, fortuné. Il vit sans doute en quelque pays de rêve. *Lisant :*

Cependant les délégués du Parti ouvrier, réunis salle du Globe, puis salle Vantier,

Parlé :

Il s'agit de la grande scission des guesdistes au récent congrès de Paris. Je continue :

puis salle Vantier, sous la présidence du citoyen Delory, votaient à l'unanimité les résolutions suivantes « appelées à réaliser à bref délai l'unité socialiste révolutionnaire ».

Ils expliquaient tout d'abord qu'en rompant « avec de prétendus camarades qui, après avoir piétiné sur les décisions du

Comité général, dépouillé de toute représentation, au moyen du vote par tête, le plus grand nombre de ses organisations, validé tous les groupes fictifs, escroqué toutes les présidences... ont été jusqu'au guet-apens contre — — —

— Comme c'est vigoureux, interrompit mon cousin, *guet-apens, escroqué*. Les voilà bien les vrais révolutionnaires.

Puis il se ressaisit, se signa, et dit : vive l'unité.

— escroqué toutes les présidences... ont été jusqu'au guet-apens contre les rapporteurs de la Commission de propagande... », *le Parti ouvrier avait accompli son devoir envers le prolétariat conscient.*

Puis les délégués décidaient :

1° *D'approuver les rapports de Dubreuilh, Bracke et Andrieux;*

2° *De reprendre* « *le vote de désapprobation — ou de blâme* » *émis par le Comité général à l'égard de plusieurs élus socialistes.*

Pierre Baudouin scanda nettement le troisième paragraphe :

3° « *De réaliser entre tous les socialistes révolutionnaires non seulement l'union, mais l'unité, au moyen d'un nouveau Comité général ouvert à toutes les organisations inébranlables sur le terrain de la lutte de classes.* »

— Vous voyez bien, s'écria mon cousin triomphant, ça y est. *Non seulement l'union, mais l'unité.* Il y a des militants qui s'imaginent en province que nous manquons d'unités. Nous en avons plusieurs. Nous en avons de trop. Pendant que mon petit cousin attaquait sottement le Comité général, nous les guesdistes, nous en réclamions un deuxième. Quand on prend du Comité général — — Oui, le citoyen Zola disait éloquemment : *L'unité est en marche, et rien ne l'arrêtera.*

— Monsieur, fit remarquer Pierre Deloire, le citoyen Zola n'a pas parlé de l'unité, mais de la vérité. Il a dit : *La vérité est en marche, et rien ne l'arrêtera.* Quand ce grand citoyen prononçait ces paroles mémorables, il ne prévoyait pas que d'ingénieux dreyfusards jetteraient l'amnistie dans les jambes de la vérité.

— Oui, dit mon cousin, ça retarde la marche, une amnistie.

— Ce n'est pas le citoyen Zola, c'est le citoyen Léon Blum qui a écrit en manière de conclusion —

— L'un vaut l'autre, tous les citoyens se valent.

— Tous les citoyens se valent. C'est le citoyen Léon Blum qui a écrit en manière de conclusion. *Reprenant le livre :*

Malgré toutes les réserves incluses dans cette phrase, le Parti ouvrier, lui aussi, parlait donc non plus d'union, mais d'unité. En dépit des fautes, des rancunes, des violences, l'unité socialiste était en marche.

Monsieur, j'ai un renseignement à vous demander.

— Faites, répondit mon cousin, je sais presque tout.

— Quand le citoyen Léon Blum écrivait cette conclusion, pensez-vous qu'il était sérieux?

— Comment l'entendez-vous?

— Pensez-vous qu'il était sincère?

— Qu'est-ce que cela veut dire?

— Pensez-vous qu'il croyait ce qu'il écrivait?

— Nous n'entendons pas ce langage.

— Enfin, si quelque auteur avait tenu au citoyen Léon Blum lecteur le raisonnement suivant : *la preuve que l'unité socialiste fait des progrès, c'est que les guesdistes retirés salle Vantier réclamèrent l'unité pour eux-mêmes,* que pensez-vous que le citoyen Blum eût répondu à l'auteur? Se serait-il fâché ou aurait-il marché?

— Il eût souri, répondit Pierre Baudouin.

— N'y a-t-il pas quelque danger à publier pour le peuple des raisonnements dont on sourit soi-même?

— Ce ne sont pas des mensonges, répondit vivement mon cousin. Ce sont des consolations. Et des encouragements. Il faut bien consoler le peuple. Il est si malheureux. Et il faut bien l'encourager. Il est si mou.

— Je me demande, continua Pierre Deloire poursuivant sa pensée, je me demande ce que voulait Léon Blum au moment où il écrivait cette singulière conclusion. Transportait-il aux âpres événements cette souriante indulgence que nous lui avons connue dans la critique littéraire? Transportait-il aux misérables événements la facile philosophie des heureux de ce monde? ou fait-il de la mondanité, de la politesse mondaine à l'usage du peuple? était-ce embourgeoisement? était-ce calcul politique et habileté parlementaire?

— Taisez-vous, malheureux, interrompit mon cousin. Vous avez franchi la frontière du privé. Il n'y a pas seulement le privé des citoyens et des partis. Mais il y a le privé des auteurs, le privé des orateurs, le privé des députés, le privé des journaux, le privé des ministres, et le privé du président de la République. On l'a bien vu sous Félix Faure. J'oubliais le privé des sociétés anonymes à capital et personnel variables [1]. Quand nous vous présentons un texte, vous devez le lire exactement comme s'il n'avait jamais été fait par personne. C'est ce que nous nommons l'impersonnalisme objectiviste, ou, plus familièrement, l'objectivisme impersonnaliste.

— Cependant, répondit Pierre Deloire, quand nous lisons les textes monuments des anciens âges, nous commençons par nous entourer de tous les renseignements qui nous sont parvenus sur les auteurs de ces textes. Nous voulons savoir comme l'auteur était né, de quelle race, de quelle famille, de quelle terre, sous quel ciel, en quel climat, comme il vivait, comme il aimait, comme il travaillait, comme il mourait, comme il est mort. Nous voulons savoir comme il a conduit sa part de la recommençante et de la non décevante vie. Et nous ne pensons pas que nous aimons ces renseignements par fantaisie, ou par curiosité vaine, ou par admiration servile. Mais nous sommes assurés que ces connaissances sont indispensables pour l'intelligence du texte, parce que l'intelligence d'un texte est la renaissance, le recommencement et la revie. Or, je me disais : au moins pour nos contemporains, nous avons ce bonheur que les renseignements nous soient prompts. Nous vivons avec eux. Nous les connaissons. Nous les voyons. Nous avons d'eux ces renseignements de première main, ces renseignements exacts que nous désirons si souvent pour l'intelligence des textes anciens. Comme il est heureux que nous soyons aussi bien partagés pour l'intelligence des textes qui nous sont contemporains. Donc je me disais : Quel bonheur que nous vivions dans le même temps que nos contemporains.

— Monsieur, dit mon cousin, vous avez dit une forte lapalissade.

— Une lapalissade vaut mieux qu'un mensonge. Ou plutôt une lapalissade ne vaut rien. Mais un mensonge vaut mal. Ce n'est pas du même ordre. Aussi aimerais-je mieux dire toute ma vie des lapalissades que de commettre un seul mensonge. Quand on dit beaucoup de lapalissades, on n'est qu'un sot. Mais quand on dit un mensonge on est un malhonnête homme.

— Et par peur de tomber dans le malhonnête, vous versez abondamment dans le sot.

— Oui. Je me disais, au nom de la même méthode historique, je me disais que nous devons recueillir, honnêtement mais scrupuleusement, honnêtement mais soigneusement, tous les renseignements que nous avons sur les auteurs dont nous lisons les textes. Nous devons, honnêtement mais attentivement, pénétrer leurs intentions, percevoir leurs modalités. Nous devons enfin nous entourer de tous les renseignements nécessaires, indispensables pour la connaissance du texte.

— On voit bien, dit mon cousin, que vous ne connaissez pas les deux méthodes.

— Les deux méthodes?

— Ne faites pas la bête. Vous connaissez bien les deux morales?

— Quelles deux morales?

— Alors, c'est moi qui dois vous enseigner. Permettez que je remette à plus tard. Je suis naturellement paresseux. Et on doit vivre conformément à sa nature. Sachez en bref qu'il y a deux morales, qui sont la morale publique et la morale privée. Incommunicable, comme je vous l'ai dit. Et de même que nous avons deux morales, nous avons aussi deux méthodes. Pour étudier les textes anciens nous recueillons les renseignements qui leur sont contemporains. La méthode historique le veut ainsi. Mais pour étudier les textes qui nous sont contemporains nous ignorons tous les renseignements qui nous sont communs contemporains. Nous feignons que les textes se sont écrits tout seuls, eux-mêmes. C'est une fiction parmi tant de fictions. Comme la morale politique s'oppose à la morale privée, ainsi et non moins utilement la méthode politique s'oppose à la méthode historique. C'est ce qui permet à des historiens avérés de faire bonne figure sur le terrain politique. Historiens des âges révolus, ils y aiment surtout la vérité. Mais, citoyens de l'âge présent, ils y aiment sur tout l'unité. Ils juxtaposent dans leur conscience l'unité contemporaine à la vérité périmée. Je ne sais pas si ça y fait bon ménage, parce que je n'y suis pas allé voir. Puisque c'est du privé. La double morale nous sert à sauver la double méthode. Incommunicablement incommunicable. Dans ma conscience à moi, pour ainsi dire, c'est beaucoup plus simple. L'unité est le commencement, le principe de la consommation. C'est un mot sans réplique : *l'unité, l'unité,* sur l'air des *Lampions.*

Sachant ce que l'on doit à l'unité, le citoyen Roland commença par n'imiter pas les brutalités de mon petit cousin. La règle de nos réunions est la suivante, elle est bien simple : quand on est dans l'auditoire on a le droit et la licence et le devoir de huer les camarades, pourvu qu'ils soient de la seconde moitié. Mais quand on est à la tribune, je parle pour ceux qui ont le privilège d'y monter, à la tribune le devoir est de respecter en apparence l'adversaire et de vanter l'unité socialiste. Quand on est en haut, il faut de la tenue. Le même citoyen, qui vient de gueuler *assassins, assassins,* doit inaugurer son discours par un redoublement de politesse obséquieuse. Telles sont les règles du genre. Nous ne sommes pas de ces révolutionnaires qui bouleversent les règles des genres. Quand le citoyen Roland commence à parler, on sent tout de suite qu'il respectera les lois de la véritable éloquence parlementaire. Il commence par dire du bien de son adversaire. Cela paraît d'autant plus méritoire que l'on voit bien dans le même temps qu'il ne pense pas un mot du bien qu'il dit. Quand il eut ainsi rendu à mon petit cousin l'hommage que mon petit cousin ne mérite pas, il se mit alors, mais alors seulement, à démolir, en douceur, la candidature Péguy.

Ce fut une rare jouissance pour des provinciaux longtemps sevrés d'éloquence et de politique. Je me sens bien incapable, moi simple citoyen, de vous produire une image même lointaine et même effacée d'un aussi habile et aussi balancé discours. L'éminent conférencier n'avait pas fini l'éloge de mon petit cousin que déjà tous les assistants reconnaissaient que le candidat Péguy n'était qu'un socialiste à la secousse.

— A quelle secousse, demanda Pierre Deloire.

— Vous ne connaissez pas l'argot. Vous n'êtes pas un travailleur. Ça veut dire un socialiste à la manque.

— Ah bien.

— Dans des considérations générales dont je ne puis vous redonner l'écho même affaibli, l'éminent conférencier nous remontra que la lutte de classe interdisait aux véritables militants de participer à l'affaire Dreyfus, que le prolétariat ne devait jamais se laisser duper, que le prolétariat doit toujours laisser tous les bourgeois se manger le nez les uns les autres. Vous savez ça aussi bien que moi : on l'a mis dans tous les journaux. Mais où il fut inimitable, ce fut dans la polémique individuelle. Après les bagatelles de la porte et beaucoup d'ambages, il pénétra hardiment au cœur du sujet et nous démontra clair comme le jour que mon petit cousin n'était qu'un vil intellectuel.

— Monsieur, demanda Pierre Deloire, qu'est-ce qu'il est, lui, le citoyen Roland?

— Roland : il est typographe. Il nous démontra hardiment — —

— Attendez un instant : Vous l'avez vu typographier?

— C'est-à-dire que je ne peux pas l'avoir vu, parce qu'il n'a pas le temps. Mais il est typographe tout de même.

— Alors, il est typographe et ne fait pas de typographie.

— C'est cela même. Il est typographe et ne fait pas de typographie.

— C'est un ouvrier manuel?

— Oui, que c'est un ouvrier manuel, puisqu'il est typographe.

— Alors il est ouvrier manuel et ne travaille pas de ses mains?

— C'est cela même. Il est ouvrier manuel et ne travaille pas de ses mains. Vous commencez à devenir intelligent. Vous gagnerez beaucoup à causer avec moi. Je ne suis pas une bête. Je sais les distinctions.

— Classons un peu. Le citoyen Roland est un ouvrier manuel qui ne travaille pas de ses mains.

— Exactement : il est ouvrier manuel et ne travaille pas de ses mains.

— Entendu. Et le citoyen Péguy.

— C'est un intellectuel, puisqu'il a été au lycée.

— Bien, mais il est devenu libraire éditeur.

— Ça ne fait rien : c'est un intellectuel tout de même.

— Il a été aussi longtemps qu'il a pu libraire éditeur et il est redevenu éditeur puis éditeur libraire. Comme éditeur il travaille avec les typographes, à l'atelier — — avec des vrais typographes — — —

— Vous aurez beau dire c'est un intellectuel tout de même.

— Il travaille avec les typographes, à l'atelier, pour faire de belles pages, de belles couvertures; il corrige les épreuves, s'abrutit les yeux. Comme libraire il fait des paquets, colle des timbres, dresse des listes, établit des fiches, aligne des commandes, empile des volumes. Il travaille de ses mains.

— Vous l'avez dit : Mon cousin travaille de ses mains, mais il n'est pas un manuel.

— Pour nous résumer :

a) Le citoyen Roland est un manuel, et il ne travaille pas de ses mains;

b) Le citoyen Péguy n'est pas un manuel, et il travaille de ses mains; seconde proposition que l'on peut énoncer aussi :

b) Le citoyen Péguy travaille de ses mains, et il n'est pas un manuel.

— Vous y êtes. Je suis fier de vous. Vous ferez honneur à votre maître. Vous serez l'honneur de ma vieillesse, admirable élève, la gloire de mes cheveux blancs. Sachez donc, monsieur, que le citoyen Roland travaille de la langue. Il est orateur en pied dans le parti ouvrier français. Il fait des tournées interminables en province. Il est causeur infatigable. Tous les soirs il fait des réunions. Toujours en chemin de fer. Mais il suffit pour nous qu'il ait une fois fait quelque apprentissage manuel. Vous savez que l'ordination confère aux curés un caractère indélébile, qui les suit jusqu'en enfer. Dans notre église à nous c'est l'apprentissage manuel qui donne cette consécration. Et l'apprentissage intellectuel donne la consécration contraire. Un ancien manuel, quand il deviendrait le plus retors et le plus riche des politiciens, est toujours du vrai peuple. Un ancien intellectuel, quand il serait pauvre comme le citoyen Job, et quand il serait devenu maçon, est toujours fâcheusement noté. Il est toujours un aristo. Nous ne faisons d'exception que pour les médecins et pour les avocats.

— C'est dit.

— Le citoyen Roland n'eut pas de peine à nous démontrer que mon petit cousin n'était qu'un de ces vils intellectuels, un dreyfusard, un bourgeois, qui veulent commander au prolétariat, duper le prolétariat, le détourner de ses devoirs et de ses intérêts propres, lui faire oublier la lutte de classe. Puis il examina, comme il disait, la seconde face de la question. Le citoyen le Febvre avait dit que mon petit cousin, participant au congrès, y ferait un travail plus utile que le citoyen Roland. — J'admets, répondit le citoyen Roland, que le citoyen Péguy s'est rendu beaucoup plus fort que moi. — Nous lui sûmes le plus grand gré de cette humilité feinte. — J'admets que le citoyen Péguy est beaucoup plus fort que moi. La question n'est pas là. Mais la question est beaucoup plus précise. — Nous aimons les questions précises, n'est-ce pas. Nous sommes des hommes d'affaires, et non pas des hommes parleurs.

La question n'est pas de savoir qui travaillera le plus et le mieux dans le congrès à la préparation de la révolution sociale; mais la question est de savoir qui soutiendra le plus dans le congrès les intérêts du groupe. L'électeur avant tout. Nous valons bien les bourgeois. Nous avons longtemps déclamé avec eux pour le scrutin de liste contre le scrutin d'arrondissement. Le scrutin d'arrondissement substituait à la politique d'idées la politique d'affaires locales. Mais quand nous eûmes à constituer nos assemblées parlementaires, nous imaginâmes un scrutin près de qui le scrutin d'arrondissement paraît vaste ainsi que le vaste monde. Nous imaginâmes le scrutin de groupe, ou de quartier. Enfin nous pratiquons pour nos assemblées parlementaires ce suffrage restreint et ce suffrage à deux degrés, et à plusieurs degrés, contre lesquels nous avons mené de si ardentes campagnes. A l'usage nous nous apercevons qu'ils sont fort commodes.

Un exemple vous facilitera l'entendement. Quand les électeurs de la première circonscription d'Orléans sont convoqués pour élire un député, ils ne se demandent pas qui sera le meilleur député. Car le député d'Orléans n'est pas le délégué d'Orléans à la meilleure administration de la France *avec* les délégués des autres circonscriptions françaises. Mais, puisque nous vivons sous le régime universel de la concurrence, et puisque la concurrence politique est la plus aiguë des concurrences, le député d'Orléans est exactement le délégué d'Orléans à soutenir les intérêts orléanais *contre* les délégués des autres circonscriptions, qui eux-mêmes en font autant. Le meilleur député d'Orléans sera donc celui qui défendra le mieux le vinaigre et les couvertures, et le canal d'Orléans à Combleux. Ainsi se forme ce que le citoyen Daveillans nomme à volonté la volonté démocratique du pays républicain, ou la volonté républicaine du pays démocratique.

Les députés socialistes que nous envoyons au Parlement bourgeois obéissent au même régime. Ceux qui sont du midi sont pour les vins, et ceux qui sont du nord sont pour la betterave. Ceux qui représentent le midi protègent vigoureusement les courses de taureaux. Mais ceux qui sont du nord ont un faible pour les combats de coqs. Il faut bien plaire aux électeurs. Et si on ne leur plaisait pas, ils voteraient pour des candidats non socialistes.

Les délégués socialistes que nous envoyons au Parlement socialiste obéissent au même régime. Le délégué du groupe d'études sociales d'Orléans n'est pas le délégué du groupe d'études sociales d'Orléans à la meilleure administration de la préparation de la révolution sociale en France *avec* les délégués des autres groupes français. Mais, puisque nous aussi nous vivons sous le régime universel de la concurrence, et puisque la concurrence politique socialiste est la plus aiguë des concurrences politiques, le délégué du groupe d'études sociales d'Orléans est exactement le délégué du groupe d'études sociales d'Orléans à soutenir les intérêts du groupe d'études sociales d'Orléans *contre* les délégués des autres groupes d'études sociales, qui eux-mêmes en font autant. Le meilleur délégué d'Orléans sera donc celui qui est le plus utile au groupe. Et sur ce terrain-là il était évident que mon petit cousin ne pouvait soutenir la concurrence avec le citoyen Roland.

Quand on passa au vote, la candidature du citoyen Roland obtint six voix. Mais la candidature du citoyen Péguy obtint cinq voix, minorité respectable inattendue : la voix du citoyen le Febvre, ma voix, parce qu'on est bien forcé de voter pour son cousin, et les trois voix des trois citoyens qui se disputaient le plus franchement avec mon petit cousin quand il venait au groupe.

Ainsi parvenu à la conclusion de son compte rendu, mon grand cousin prit un air solennel et continua :

— Ici, continua-t-il, ici intervint une opération mystérieuse, une opération singulière, sur laquelle vous me renseignerez sans doute, messieurs les intellectuels, vous qui savez tout.

Nous dressâmes l'oreille, intrigués.

— Aussitôt, continua froidement mon cousin, aussitôt que le président de séance eut proclamé le résultat du vote, aussitôt que le citoyen président de séance eut proclamé que le citoyen Roland avait obtenu six voix, tandis que le citoyen Péguy n'avait obtenu que cinq voix, d'un commun accord il fut proclamé que le citoyen Roland serait au premier congrès général des organisations socialistes françaises le délégué du groupe d'études sociales d'Orléans. Et il ne fut plus question du citoyen Péguy. Si bien que le citoyen Roland, ayant obtenu six voix, valut pour onze, et que le citoyen Péguy, ayant obtenu cinq voix, valut pour zéro. Voulez-vous m'expliquer, messieurs les intellectuels, ce que c'est que cette opération d'arithmétique par laquelle six est égal à onze, et cinq égal à zéro.

Nous nous regardâmes hébétés.

— Monsieur, dit Pierre Baudouin, ma philosophie n'avait pas considéré cela.

— Monsieur, dit Pierre Deloire, c'est une opération que l'histoire a fort souvent enregistrée, mais les opérations les plus nombreuses ne sont pas pour cela raisonnables. Je vous avoue que je n'y avais pas encore pensé.

— J'ai fort oublié mon arithmétique, dit Pierre Baudouin. Il faut que nous allions chercher le maître d'école.

— Je savais mon arithmétique à l'école primaire : allons chercher le maître d'école.

— Il ne pourra pas venir aujourd'hui, répondis-je, car il est secrétaire de mairie et doit s'occuper de l'élection. Moi-même je vais vous quitter pour aller voter. Le scrutin ferme à six heures. Vous savez que c'est aujourd'hui que nous donnons définitivement un successeur à M. Marcel Habert. Je tiens à voter, car je ne suis pas un abstentionniste, comme le prétendent mes noirs ennemis. Je vais voter pour le candidat *patriote*.

Ce mot sur mon cousin fit un effet prodigieux. Tout le temps que mes deux amis s'étaient récusés, il rayonnait, attendant le maître d'école. Mais au mot de *patriote* il fit un saut prodigieux.

— C'est donc vrai, hurla-t-il avec des éclats terribles,

on me l'avait bien dit que tu trahissais la République. Tu vas voter pour un sale nationaliste, pour un militariste, pour ce comte de Caraman dont j'ai vu sur la route les affiches tricolores.

— Non, les affiches tricolores étaient de M. l'abbé Louis Georges. Je vais voter pour M. Olivier Bascou, candidat de la défense républicaine. C'est lui qui a mis sur une affiche : *patriote avant tout*, en lettres grosses comme le doigt.

TROISIÈME SÉRIE

COMPTE RENDU DE CONGRÈS

Premier cahier de la troisième série (premier octobre 1901).

PENDANT les loisirs des vacances, — Il est temps, dit Pierre Baudouin [1], que vous nous rendiez compte ainsi que vous nous l'avez promis.

— Et même il est plus que temps, dit brutalement mon cousin.

— Il est toujours temps, dit posément Pierre Deloire.

Pierre Deloire paraissait soucieux. — Oui, dit-il à mon cousin, j'ai un ami qui dépérit. On le voit blanc de peau, l'œil cave, les yeux cernés, les joues creuses, décharné, fiévreux, sans appétit, mal osseux. Il rentre à minuit, une heure, deux heures, trois heures du matin. J'ai peur que des bandits l'attaquent en passant les ponts.

— Serait-ce, demanda Pierre Baudouin, qu'il va dire bonsoir à son amie.

— Vous nous conterez son histoire, dit mon cousin, aussitôt — me montrant d'un coup d'épaule — qu'il aura fini son compte rendu.

— Je ne sais comment procéder. Le premier congrès général des Organisations socialistes françaises a été tenu à Paris du 3 au 8 décembre 1899; le deuxième congrès général des Organisations socialistes françaises a été tenu à Paris du 28 au 30 septembre 1900; le cinquième Congrès socialiste international avait été tenu à Paris du 23 au 27 septembre 1900. Je ne suis pas allé au congrès de Lyon.

— Une bibliothèque, dit Pierre Deloire, une bibliothèque monumentaire des récents congrès est ainsi constituée :

I. — Congrès général des organisations socialistes françaises, tenu à Paris du 3 au 8 décembre 1899, —

compte rendu sténographique officiel, — édité par la Société nouvelle de librairie et d'édition, 17, rue Cujas, Paris.

Je continuai, comme libraire :
— *un volume in-16 de VIII-502 pages* *4 francs*

Pierre Deloire :

II. — Deuxième Congrès général des organisations socialistes françaises, tenu à Paris du 23 au 30 septembre 1900, — *compte rendu sténographique officiel,* — édité par la Société nouvelle de librairie et d'édition, 17, rue Cujas, Paris.

Je continuai :
— *un volume in-16 de IX-389 pages* *3 francs*

III. — Premier Congrès national et international de la Coopération Socialiste, tenu à Paris du 7 au 10 juillet 1900, — *compte rendu officiel,* — édité par la Société nouvelle de librairie et d'édition, 17, rue Cujas, Paris.
— *un volume in-16 de 214 pages* *2 fr. 50*

Mais nous laissons pour aujourd'hui ce congrès, où je n'assistai pas.

IV. — Nous avons du cinquième Congrès socialiste international, tenu à Paris du 23 au 27 septembre 1900, deux comptes rendus :

a) un compte rendu *analytique officiel,* — édité par la Société nouvelle de librairie et d'édition, 17, rue Cujas, Paris.
— *un volume in-16 de 121 pages* *1 fr. 25*

b) un compte rendu *sténographique non officiel,* — qui est le seizième cahier de la deuxième série.
— *Un cahier de 216 pages* *3 fr. 50*

— Nous avons ou nous aurons du IIIe Congrès général — devons-nous continuer à le qualifier ainsi? — des organisations socialistes françaises, tenu à Lyon du 26 au 28 mai 1901, deux comptes rendus :

a) un compte rendu *analytique non officiel* établi par mademoiselle Louise Lévi[1] et publié dans le quatorzième cahier de la deuxième série.

— *un cahier ordinaire de 72 pages* *1 franc*

b) un compte rendu *sténographique officiel* annoncé par la Société nouvelle de librairie et d'édition, 17, rue Cujas, Paris.

— *un très fort volume in-16* *3 fr. 50*

Ce volume vient de paraître : il a 581 pages.

— Il me semble souhaitable, continua Pierre Deloire, que des éditeurs volontaires fassent au moins sténographier les congrès socialistes importants. Il me semble indispensable que des éditeurs volontaires publient les comptes rendus des congrès socialistes. Puisque les partis socialistes nationalement et régionalement constitués en France ne peuvent pas souscrire les fonds nécessaires à ces éditions, il est bon que des citoyens de bonne volonté se substituent aux partis. Cela est d'un bel exemple, et d'un salutaire enseignement. Il importe que l'on sache que les partis qui font profession de révolutionner le vaste monde ne peuvent pas établir un volume à trois cinquante. Jadis, le Comité général, quand il était à peu près général, et qu'il avait besoin d'argent pour tenir les congrès même, louer la salle et payer l'éclairage, faisait donner par Jaurès, qui voulait bien, de véritables représentations théâtrales. De gros bourgeois juifs, à ce que l'on m'a dit, louaient cher beaucoup de places. Mais le Comité n'est plus qu'à peine à demi général; Jaurès ne serait plus reçu à donner des représentations à Paris, au moins pour quelque temps; et la plupart des bourgeois juifs ont laissé aux Juifs pauvres le soin de continuer à payer pour la libération d'Israël.

Nous, historiens, nous avons une reconnaissance commune aux citoyens de bonne volonté qui font le travail des partis, à la *Société nouvelle de librairie et d'édition* qui établit les comptes rendus officiels, aux *cahiers* qui établissent les comptes rendus non officiels. Car les premiers nous sont utiles, et les seconds ne le sont pas moins. Nous avons besoin d'avoir des comptes rendus officiels revus par les orateurs, comme le sont les comptes rendus de la Chambre et du Sénat publiés au *Journal officiel* de la République française, nous avons besoin d'avoir des comptes rendus officiels, revus, acceptés par les comités et par les gouvernements des partis, ainsi que nous avons besoin d'avoir des actes notariés, juridiques, des constitutions, des lois, décrets et arrêtés, et des contrats : nous connaissons là les expressions que les commettants et que les contractants veulent que leurs sentiments et que leurs volontés civiles, civiques et familiales aient —

Ici Pierre Deloire hésita, parce qu'une aussi longue phrase, et aussi ingrate, retombait sur un verbe monosyllabique. Mais il affectait de ne pas s'arrêter aux difficultés de l'oraison. Il avait prononcé ce *ait* sur un ton élevé, d'un accent fort, comme s'il dût y appuyer des compléments nombreux. Quand les compléments lui manquèrent, il ne chercha pas d'équilibre qu'en répétant plusieurs fois *ait, — ait, — ait,* d'un ton descendant et d'un accent décroissant, comme un boiteux qui retombe à petits coups sur la même béquille. Cela fit beaucoup rire mon cousin qui commençait à s'ennuyer sérieusement.

— Nous avons besoin, recommença Pierre Deloire, nous avons besoin d'avoir des comptes rendus officiels. Nous connaissons là exactement ce que les orateurs veulent expressément avoir dit. Un compte rendu est officiel quand on communique aux orateurs la sténographie de leurs discours. Les orateurs lisent, relisent, travaillent selon qu'ils sont plus ou moins négligents, modifient selon qu'ils sont plus ou moins honnêtes. Nous avons ainsi l'expression arrêtée de l'idée ou du sentiment qu'ils ont voulu avoir, une expression en repos, stable, signée, enfin déterminée dans le silence du cabinet, une expression qui vaut acte, une expression encadrée, livresque, notariée, notée, notable, notaire, bibliothécaire, nécropolaire, actuaire, faisant foi, parlementaire, protocolaire, juridique, archivique, référendaire, documentaire, monumentaire, et comme on le dit de M. de Malbrout : morte et enterrée. Selon ce compte rendu, M. Émile Vandervelde parle en prose : « Sortez de la maison. Elle est à nous ! Nous sommes dignes d'y entrer. » *(Ovations prolongées.)*

Moins solennel, mais vrai, à condition qu'il soit vrai, le compte rendu non officiel, non soumis aux auteurs, aux orateurs, au gouvernement des comités, nous donne, aussi exactement que les sténographes sont exacts, aussi impartialement que l'analyse est impartiale, cette simple énonciation de l'événement, près de quoi rien ne vaut.

— Tous ces volumes sont en vente à la librairie des cahiers. Je ne sais comment vous faire ce compte rendu. La matière est confuse.

— Débrouille-toi, dit mon cousin.

— Moi-même je suis confus, inquiet, embarrassé.

— Débrouille-toi.

— Moi-même j'ai varié. Je suis en variation. Quand j'assistai au premier congrès national, au congrès Japy, j'eus des hommes et des événements, des gestes et des discours, des mouvements une certaine représentation, une certaine image qui sans doute se plaça dans ma mémoire au courant de ma durée, après les représentations des événements précédents, avant les représentations des événements suivants. Et ainsi de suite les représentations ou pour parler exactement les présentations des congrès se placèrent à mesure dans ma mémoire, parmi les représentations des événements au courant de ma durée. Et non pas seulement elles, mais entre elles toutes les représentations des événements intercalaires.

Mon cousin riait comme un fou. Jamais, dit-il, jamais on n'a ainsi bafouillé à la salle des Fêtes.

— A la galerie des Machines? lui demanda Pierre Deloire.

— Non, la salle des Fêtes, à Orléans. Et vous dites que vous savez la géographie! C'est là qu'on tient les comptes rendus de mandats.

— Mais les images processionnelles des événements processionnels qui s'étaient placées dans ma mémoire au courant de ma durée n'y demeuraient pas inactives, puisqu'elles n'y étaient pas mortes. Vivantes elles travaillaient, agissaient, réagissaient mutuellement, se modifiaient donc et s'altéraient. Et incessamment les images nouvelles étaient grossies et en majeure partie formées des images précédentes. L'image du premier congrès demeurait au cœur du deuxième, et l'image du premier et l'image du deuxième ainsi grossie de l'image du premier demeuraient au cœur du troisième. Et incessamment, dans l'intérieur de chaque, toute image nouvelle était grossie des précédentes et continuant le mouvement s'apprêtait déjà pour ainsi dire à grossir les suivantes. Et non seulement elles, mais entre elles vivaient, agissaient et réagissaient et mutuellement s'éclairaient les images non négligeables des événements intercalaires. Et quel, désormais, voulez-vous que je vous fasse un compte rendu si à la confusion de la matière et à ma faiblesse vient s'ajouter cette altération perpétuelle de la matière par l'organe aux fins de la vie et aux fins de l'action, si à la faiblesse de l'ouvrier se vient ajouter la perpétuelle altération de la matière par l'instrument, par l'outil, et si cette altération n'est pas anormale et de la maladie, mais si au contraire elle est si normale et saine et si naturelle que ce serait si elle ne se produisait pas que je serais malade, que j'aurais quelque maladie de la mémoire.

— Il me semble, me répondit Pierre Baudouin, que vos réponses préliminaires ne sont pas étrangères à la philosophie de M. Bergson.

— Je l'avoue et vous pouvez être assuré que ce qu'il y a de bien dans ce que je vous dis vient de lui, et que ce qu'il y a de mal, s'il y a quelque mal vient de moi.

Pierre Baudouin. — Je n'y ai point vu de mal.

— J'ai peur, dit Pierre Deloire, que ce ne soient des faux-fuyants.

Moi. — J'ai lu attentivement les rares livres de ce véritable philosophe et je suis assidûment son cours au Collège de France.

Pierre Baudoin. — Vous m'y avez toujours trouvé.

Moi. — Le vendredi à quatre heures trois quarts : et je suis assuré que c'est l'heure la mieux employée de ma semaine.

— Je ne suis pas philosophe, répondit Pierre Deloire, et je ne vais pas à ce cours.

— Vous avez tort, dit un peu vivement Pierre Baudouin. Vous n'êtes pas un *honnête homme,* au sens que nous conservons soigneusement à ce nom, si vous n'avez pas entendu et si vous n'entendez pas les leçons, le cours et même la conversation de ce véritable philosophe. Je n'ai nullement pour lui cette amitié respectueusement hostile dont l'entourent la plupart de nos jeunes agrégés. Je suis peiné quand un candidat sociologue au doctorat es lettres éprouve le besoin de renoncer un peu hautement et un peu sec un enseignement qui est la plus grande beauté du temps présent. Parce que je garde envers ce rare philosophe la liberté de ma critique, je me suis permis de l'accompagner scrupuleusement.

— En pensée?

— En démarche et en pensée.

— N'étant pas philosophe de mon métier, continua Pierre Deloire, je n'ai pas bien suivi tout ce que vous avez dit. Mais il me semble que cela revient à ce que m'enseignait mon professeur de philosophie, qu'à l'extrême rigueur logique pour se remémorer deux ans et six mois il faudrait aussi deux ans et six mois.

— C'est cela, et ce n'est pas seulement cela. Les découvertes et les recherches énoncées dans l'*Essai sur les données immédiates de la conscience* et dans *Matière et mémoire* ne se peuvent réduire aux cours de l'enseignement secondaire. Mais votre observation concerne ces découvertes et ces recherches principales.

— Au demeurant je lirai ces deux livres et j'écouterai ce cours. Je ne demande qu'à me renseigner. Je n'oublie pas que les événements de la vie intérieure sont les premiers des événements. Des examens lourds et assez mal institués m'ont dispersé malgré moi parmi les événements souvent moins intéressants du monde extérieur. Mais la vie est longue, pourvu qu'on le veuille.

En attendant que je reçoive l'enseignement qui m'a fait défaut, suis-je incapable d'écouter le compte rendu que Péguy nous doit de ces congrès? J'ai déjà, dans ma vie, entendu beaucoup de leçons et plusieurs comptes rendus, depuis le temps que ma grand mère me contait les histoires du temps qu'elle était jeune [1]. Et je ne me suis jamais aperçu que la connaissance de cette philosophie me manquât pour écouter bien.

— Quand vous ne l'avez pas, vous ne connaissez pas qu'elle vous manque, mais à mesure que vous l'acquérez vous connaissez qu'elle vous manquait. Les découvertes qui ont marqué les étapes de l'humanité n'ont presque jamais été désirées par les contemporains. C'est nous qui à présent découvrons qu'elles manquaient. Et en général ces découvertes n'ont pas consisté à surajouter au monde connu des suppléments nouveaux, mais c'était le monde connu qu'elles pénétraient, qu'elles animaient d'un esprit nouveau. Ainsi les découvertes admirables obtenues par l'attentive observation de la mémoire éclairent d'un jour nouveau — nouveau pour nous, mais plus ancien que les précédents, puisqu'il eﬆ plus fidèle à l'antique réalité — un monde connu, moins connu. Avant ces découvertes les petits enfants des écoles apprenaient par cœur les fables de leurs fabliers, mais les grandes personnes avaient peu ou mal ou n'avaient pas noté comme ils apprenaient. Avant ces découvertes, on faisait de l'aﬆion et de l'hiﬆoire et, pour tout dire, l'humanité vivait. Mais on avait peu ou mal ou moins, que nous ne le pouvons faire noté comme l'aﬆion se fait et comme se fait l'hiﬆoire. Par ces découvertes, nous connaissons d'un regard mieux avisé la connaissance et l'aﬆion et la relation de la connaissance à l'aﬆion. Pour moi, c'eﬆ une singulièrement grave découverte que celle-ci, que l'altération des images dans la mémoire eﬆ une simple fonﬆion de la santé. Car les hiﬆoriens étaient tentés de considérer comme les meilleurs témoins non pas ceux qui étaient les hommes les meilleurs, les hommes ayant la mémoire la meilleure, mais les hommes au contraire qui avaient la mémoire la plus conservante, c'eﬆ-à-dire la moins vivante, enfin les hommes qui étaient le plus commodes, le plus commodément utiles aux hiﬆoriens. Ils aimaient qui leur servait. Et ils aimaient à croire qu'on leur servait parfaitement. Les documents, monuments et témoignages leur paraissaient volontiers inattaquables, quand ils avaient satisfait à certaines règles, résiﬆé à certaines épreuves, quand les témoins étaient impartiaux et qu'ils s'accordaient. Mais voici que nous reconnaissons de toute évidence que ces témoins même, impartiaux et concordants, leurs témoignages n'étaient pas des monuments de pierre, mais des aﬆes vivants, des effets vivants, des monuments vivants, au sens où un homme eﬆ le monument de sa race, les éléments vivants d'une conscience vivante, d'une mémoire vivante. Et dominant, mais ne les annulant pas, dominant les anciennes règles des méthodes scientifiques, et commandant aux anciennes prudences, et se les subordonnant, apparaît aux hiﬆoriens cette loi capitale de modeﬆie : que le témoignage initial eﬆ *fait,* que tant soit honnête homme le témoin, et si probe qu'on le veuille, son témoignage eﬆ *fait*. Que si nous voulions descendre un peu plus profond, non seulement son témoignage eﬆ fait au moment où il vous le donne, hiﬆoriens, mais le témoin *fait* l'image première dont il témoignera quand vous le citerez. Non seulement le témoignage est fait, mais le modèle du témoignage, l'origine, le fait est fait. Le témoin ne l'a pas fait tout, mais il y a contribué, principalement sans doute. Il a de toute sa vie antérieure préparé, entouré, fomenté le fait où vous vous jetez, vous historiens, comme sur un morceau de pain sec. On vous rappelle ainsi à la modestie indispensable. On vous présente la contrariété qui est pour vous. Ne niez pas. Elle est fondamentale et je vais vous le montrer sur cet exemple.

Vous, Pierre Deloire, historien, assis posément sur une chaise en bois, vous demandez à Péguy, assis devant nous sur une chaise de jardin, le compte rendu des congrès où il assistait.

Qui est Péguy? S'est-il présenté aux congrès comme un compte rendeur, un compte rendeur professionnel, un compte rendeur automatique? Non, il y est venu en congressiste, comme tout le monde. Tout est là. S'il y était descendu en compte rendeur prétendûment impartial et froid, en fonctionnaire compte rendeur, en appareil enregistreur, indifférent, impassible, inactif, si, en un mot, il y était descendu comme cet historien sans aucune *cité* qui a servi tant de fois aux dissertations latines, c'est vous le premier, monsieur l'historien, qui ne seriez pas là pour l'écouter. Car vous vous débattez vainement contre cette contrariété : quand vos témoins sont présents à l'universel travail, vous faites profession de les récuser comme étant partiaux; mais quand ils sont absents de l'universel travail, quand ils ne travaillent pas pour leur part d'homme, quand ils ne font pas la part qu'ils doivent du travail commun, quand ils désertent, quand ils sont des regardeurs, vous sentez bien alors, vous sentez profondément, si vous ne le dites pas toujours, qu'en vous-mêmes vous les récusez plus que jamais, parce que vous savez bien que la pire des partialités est de se refuser, que la pire ignorance est de n'agir pas, que le mensonge le pire est de se dérober. C'est pour cela que je vais vous faire sauter...

— Je ne saute pas, répondit posément Pierre Deloire, un peu sec.

— Si, quand je vous dirai que Michelet demeure pour

moi le premier des historiens, le meilleur des historiens, le plus grand historien, parce qu'il est le plus entré dans son histoire, et qu'il n'est pas demeuré sur le bord. La plupart de vos historiens regardent couler leur histoire comme les pêcheurs à la ligne. Ainsi, vos témoins ne sont jamais de purs témoins; et ce serait justement s'ils étaient de purs témoins que vous les récuseriez. Je le répète : Si Péguy avait assisté aux congrès en pur témoin, s'il n'y avait assisté qu'en témoin, vous ne vous seriez pas dérangé aujourd'hui. Mais vous savez qu'il y est allé comme les camarades, avec des passions. Et vous êtes aussitôt venu. Mais s'il est allé avec des passions, il va donc nous faire aujourd'hui un compte rendu passionné. Il doit nous faire un compte rendu passionné. Même je dis que s'il ne nous faisait pas un compte rendu passionné, ce serait alors qu'il mentirait, et que nous ne pourrions plus l'en croire. J'attends que vous sortiez de là.

— N'attendez pas, répondit Pierre Deloire d'un ton ferme et légèrement désobligé. N'attendez pas. — Je ne demande qu'à me renseigner. Je lirai ce qu'il faut lire. Et j'écouterai celui qu'il faut que j'entende. Mais dès à présent vous me paraissez avoir tort de braver. Si j'ai quelque peu entendu les contrariétés que vous opposez aux historiens, Péguy ne pourrait pas nous faire le compte rendu des congrès socialistes.

a) parce qu'il n'y était pas pur témoin mais qu'il y participait;

b) plus profondément et non moins généralement par cette infirmité universelle que les images vivent. Si bien qu'il y aurait deux limites à la narration, au compte rendu, au témoignage, une limite longitudinale, pour ainsi dire, et une limite latitudinale :

a) une limite que je nomme *longitudinale* si par exemple Péguy nous énumérait, nous énonçait, nous prolongeait en série linéaire exactement toutes les représentations, toutes les images des congrès qu'il a reçues en sa mémoire;

b) une limite que je nomme *latitudinale* si par exemple Péguy nous proposait, nous élargissait en coupe le faisceau d'images que sont devenues aujourd'hui les images linéairement enregistrées.

Pierre Baudouin suivait en l'air, comme un qui regarderait au loin une intersection de lignes et de poteaux télégraphiques, le discours de son ami. Et on voyait qu'il était profondément content que son ami parlât ainsi. Pierre Deloire continua péniblement, aventuré comme un arpenteur dans des chemins mal établis :

Si Péguy suivait la série que j'ai nommée longitudinale, nous verrions déplier à la queue leu leu exactement toutes les images qu'il a eues des congrès. Chacune reviendrait en sa place exactement comme elle s'est produite pour la première fois.

Si Péguy au contraire pratiquait ce que j'ai nommé la coupe latitudinale, et qu'il vaut mieux nommer la coupe transversale, nous serions placés comme au dessus d'un tronc coupé. Nous aurions la carte, le plan de la mémoire que Péguy a aujourd'hui des congrès.

Ces deux limites me paraissent différer en nature. Si Péguy tend vers la transversale, vers la coupe, il ne lui reste plus à combler que l'écart inévitable de toute réalisation, fût-elle intérieure, à sa limite et, en général à son expression mathématique, et le deuxième écart inévitable de l'expression parlée à la réalité correspondante. Car cette coupe est la coupe d'une réalité naturelle. Péguy a la réelle mémoire naturelle des images qu'il a reçues des congrès. Dans le faisceau de ces images il peut pratiquer une coupe. Et nous aurions le compte rendu des images que Péguy a aujourd'hui des congrès.

Nous n'aurions pas le compte rendu des congrès. Nous n'aurions pas proprement le compte rendu des congrès. Or, c'est le compte rendu des congrès que nous voulons, que nous voulons surtout. Par une singulière curiosité, perversion morale de la mémoire, commencement de perversion mentale, besoin de rajeunissement, appétit d'usurpation.

— sur les vies que nous n'avons pas vécues; désir et passion de les vivre au long comme si elles étaient nôtres; et plus profondément que tout sans doute épouvante sourde du néant, aversion de la mort; par quoi non seulement nous aimons à remonter le passé, mais, pour nous donner la jouissance d'une liberté souveraine, souveraine toute, encore nous aimons à nous remonter à un point du passé pour de là nous laisser couler au courant descendant des jours; au fond, besoin sourd et passion sourde que nous avons de recommencer le nom recommençable, de représenter l'aboli. N'en doutez pas, mon ami, c'est là une singulière passion, couchée basse aux couches les plus profondes. Elle est au fond du terrain. Et beaucoup de maisons passeront, qui seront dessus. Passion que l'on sent par émois brusques après qu'on a passé trente ans, mais qui peut donner beaucoup plus tôt. Quand j'étais petit garçon et que je me passionnais dans un vieux Duruy pour les batailles militaires de la France — je n'en rougis pas, je ne rougis pas, je ne rougirai jamais du petit garçon que je fus, que j'étais né, que l'école primaire me fit, et il vaut mieux avoir passé de ce nationalisme sincère au véritable internationalisme, il vaut mieux avoir élargi un nationalisme honnête initial en véritable internationalisme, que de chercher dans un faux internationalisme un prétexte à n'exercer pas certains devoirs[1] — quand j'étais petit garçon, combien de fois n'ai-je pas recommencé dans mon Duruy la bataille d'Azincourt et la bataille de Crécy et la bataille de Poitiers, et la bataille de Waterloo. Combien de fois n'ai-je pas, depuis, recommencé *la guerre,* ainsi qu'on la nommait, la seule guerre sans doute pour les gens de mon pays, la guerre de soixante-dix. Combien de fois n'ai-je pas recommencé les défaites. Je n'aimais pas les victoires. J'aimais recommencer les défaites. Combien de fois n'ai-je pas recommencé les défaites avec cette étrange impression qu'à chaque fois que je les recommençais elles n'étaient pas consommées encore, elles n'étaient pas consommées encore, elles n'étaient pas. N'en doutez pas, mon ami, c'est le même besoin de recouvrance qui fait qu'au lieu de demander à Péguy le transversal, c'est le longitudinal que nous lui demanderons ensemble. Car dans le longitudinal au moment que les organisations socialistes françaises convoquées généralement se réunirent dans la salle du gymnase Japy, boulevard Voltaire, ce n'était pas du tout le premier congrès général des Organisations socialistes françaises tenu à Paris du 3 au 8 décembre 1899 : ce n'était pas moins que les grands États Généraux et l'ouverture de la grande révolution. Ainsi le pensaient toutes les bonnes bêtes. Ainsi le voyait Péguy. Et dans le longitudinal nous aurons vraiment l'inauguration de la souveraine révolution sociale. Mais j'ai bien peur que dans le transversal ce premier congrès ne soit plus devenu que la première des assemblées parlementaires où s'égare assurément le socialisme français, où nous pouvons redouter que s'égare le socialisme international. Et tout historien que vous êtes, je vous connais, ce que vous demandez, ce n'est pas la section transversale d'une réalité présente, mais la reconstitution artificielle des réalités abolies. Tout historien que vous êtes vous renoncez à l'humble ou à la modeste assurance d'une certitude sans épaisseur pour vous donner la troublante jouissance d'un sondage dans l'épaisseur d'un temps épuisé, d'un âge révolu. Je dis un âge et non pas quelques mois, car nous avons vieilli rapidement, d'amères déceptions nous ont rendus rèches, un dur apprentissage nous a rassis, des peines lourdes nous ont aggravés, mûris, et nous sommes aujourd'hui plus éloignés du récent premier congrès national oublié en arrière que nous ne sommes éloignés du jour de la mort négligé en avant. Quoi que nous fassions de travail, quoi que nous labourions d'action dans les trente ou dans les cinquante années que nous allons tâcher de travailler, dès à présent nous sommes assurés que le dernier regard que nous pourrons jeter sur le monde contemporain sera beaucoup moins écarté du regard d'aujourd'hui que ce regard d'aujourd'hui n'est écarté du regard d'il y a deux ans. Car ces deux ans demeurent les années de notre apprentissage. Désormais nous n'aurons plus à faire que de l'application. Plus ou moins dure, plus ou moins amère, plus ou moins lourde elle ne sera que de l'application. Nous sommes aujourd'hui déterminés. Nous sommes aujourd'hui résolus. Mais pendant ces deux dernières années nous nous sommes enfin déterminés, nous nous sommes enfin résolus. Ces deux années demeurent les années de notre apprentissage. Après elles nous n'avons plus à faire que de l'application. Avant elles nous n'avons jamais fait que de l'entraînement. Avant elles, nous avons été des soldats qui servaient sous des chefs. Après elles nous serons des ouvriers qui travaillent ensemble. Mais pendant elles nous avons été vraiment des jeunes hommes libres. Nous avons subi la plus grande commotion morale sociale. Pour demeurer sincères nous avons renoncé à la plus vaste espérance immédiate, nous avons rompu la plus étroite amitié. De l'espoir que l'on nous avait donné de faire en quelques décrets la révolution du monde, nous sommes revenus au ferme propos de travailler du mieux que nous pourrons, à ce que nous pourrons trouver de mieux. Mais, par je ne sais quel besoin — ne serait-il pas un besoin pervers — de nous retremper aux sources du vieil orgueil, vous voulez, tout historien que vous êtes, et je veux, tout philosophe que j'essaie de me faire, nous voulons revivre un instant la vie que nous-mêmes avons condamnée. Je ne m'abuse pas sur la qualité morale de ce besoin. Quand l'enthousiasme était sincère, il était beau, il était bon, et sans doute il était juste. Mais à présent que nous savons que cet enthousiasme était mal justifié, que nous voulions le ressentir, j'ai peur qu'il n'y ait là une indélicatesse.

— Non, répondit Pierre Deloire, il n'y a là aucune improbité. Vous vous laissez encore emporter au christianisme que vous avez renoncé. Vous avez des scrupules qui sont d'un malade. Vous avez toujours un vieux fond religieux. Quand j'étais petit et que ma grand mère me contait les histoires du temps qu'elle était petite, j'écoutais les histoires du temps passé comme elle me les contait, sans scrupule aucun. Elle était femme forte, et active, et quand elle contait une histoire ancienne elle ne s'occupait pas de savoir si elle empiétait sur le décret de quelque Providence. Et même elle contait les histoires de son grand père, qui était bûcheron. Quand donc elle me contait les histoires du temps qu'elle gardait les vaches, et comme elle s'était battue avec le loup quand elle gardait les moutons, elle avait de la joie neuve[1]. Et moi petit, j'avais de la joie neuve ensemble et pas plus qu'elle je ne m'occupais de savoir si avec elle je remontais le temps à l'envers. C'est qu'elle était profondément inchrétienne, autant que le sont tous les paysans de France et du Bourbonnais. Elle n'avait aucun scrupule religieux. Elle aimait la belle histoire. Vieille et cassée en deux, comme elle disait, elle aimait conter la belle histoire. Jeune, elle avait aimé, aux veillées neigeuses d'hiver, écouter la belle histoire. Et moi jeune et venu au monde en des temps moins intelligents, j'aimais écouter la belle histoire. Et c'est ainsi que je suis devenu historien. Car le meilleur historien, — et je le dirai au risque de mécontenter quelques cuistres, mais qu'importe, disons ce que nous pensons — le meilleur historien est tout de même celui qui aime le mieux la belle histoire. Michelet.

— Michelet.

— Michelet, répéta mon cousin pour se moquer d'eux.

— Mais je ne saurai jamais conter aussi bien que ma grand mère. Je ne crois pas qu'il soit immoral de se débarrasser momentanément du présent, fût-ce du devoir présent, et du travail présent, pour se représenter du passé. Pas plus que ma grand mère ne péchait, pas plus que je ne péchais, l'humanité ne pèche quand elle se complaît à l'histoire. L'histoire est à elle, enfin. C'est elle qui l'a faite. Et quand même elle aurait une jouissance à recouvrer un passé que le temps lui dérobe automatiquement, ne lui dérobons pas, nous hommes, la joie de cette recouvrance. Quand j'étais en cinquième, et que je commençai à lire dans le grec les histoires du temps que l'humanité gardait les vaches, avec une singulière impression d'agrandissement, c'est-à-dire de libération, je connus, pour ma part d'humanité, cette unique joie : de savoir que j'entendais ces poètes irréparablement morts et depuis la mort de qui tant de poètes étaient morts par couches. N'en doutez pas : la popularité de Priam et d'Astyanax, et d'Andromaque, d'Œdipe et Antigone, et de Prométhée parmi nous vient de là, et d'ailleurs aussi, de causes fortes, et non pas du baccalauréat, comme on voudrait nous le faire croire, comme nous le veulent faire croire ceux qui substitueraient des cuistreries modernes aux cuistreries des modernes sur l'antique, au lieu d'exterminer de la cité la cuistrerie et les cuistres. Et naguère enfin, quand notre ancien maître, M. Joseph Bédier, nous eut restitué l'unique, le parfait, l'admirable *roman de Tristan et Iseut,* outre toute la beauté du poème, n'avons-nous pas senti la singulière joie de recevoir comme un contemporain cette impérissable beauté?

Que l'humanité aime les histoires de trois mille ou de six cent cinquante ans et que j'aime une histoire de deux ans qui nous est devenue si lointaine, je ne consens pas qu'on nous le reproche. La saine ivresse du souvenir et du rajeunissement vaut mieux que l'ivresse fumeuse du scrupule catholique. Réjouissons-nous donc dans la jeunesse de l'humanité. Réjouissons-nous, retremponsnous dans la jeunesse du socialisme. Et c'est ici que je vous reprends au demi-tour, c'est ici que je ferme le circuit que vous avez si imprudemment ouvert. Au commencement vous avez bravé parce que la perpétuelle opération de la vie interdisait au chroniqueur une exacte narration. Mais c'est aussi l'opération de la vie qui exige que cependant, il y ait des narrations. L'histoire est la mémoire de l'humanité. Autant la mémoire individuelle est indispensable non seulement pour les travaux, mais pour les actes les plus simples, pour manger, boire et marcher, pour dormir, autant l'histoire est indispensable à la commune humanité. L'acte commun le plus simple, comme d'acheter et de payer, de chanter en chœur ou de parler à des enfants suppose beaucoup d'histoire. La vie et l'action commune exige l'histoire. L'histoire est donc plus vieille que nous, monsieur le philosophe, et plus forte que vous. Et si nous les historiens ne lui contons pas des histoires bien faites, l'humanité se contera des histoires mal faites. Si nous ne lui faisons pas des histoires authentiques, elle se fera des histoires fausses. Nous devons donc lui faire son histoire.

L'impossibilité logique de la méthode n'a jamais empêché la découverte scientifique. La possibilité logique de la méthode n'a jamais institué la découverte scientifique. La méthodologie a été faite pour les cours de l'enseignement secondaire. Elle permet aux jeunes bourgeois qui font leur philosophie de s'imaginer qu'on peut travailler dans les laboratoires sans être un ouvrier. Un véritable philosophe disait devant moi qu'il ne pensait pas que les fameuses tables et méthodes aient jamais *fait faire* une seule découverte physique. Il disait vrai. Si vous n'êtes pas chimiste, la présence et l'absence et la variation concomitante ne vous feront jamais faire de la chimie. Le savant travaille après la nature. Il chasse à la nature. S'il est chimiste, s'il a développé en chimie le vieux flair et la vieille astuce, il fera de la chimie. Bacon et Mill passe après. Jamais la grammaire n'a *fait faire* une seule page. Êtes-vous historien? vous ferez de l'histoire. Sinon c'est en vain que vous lirez tous les *traités de la manière d'écrire* —

Vous avez beau démontrer que le témoignage est rigoureusement impossible. Nous avons nos témoignages et nous savons les classer et les utiliser. Vous avez beau démontrer que l'histoire est impossible en rigoureuse raison. Vous avez raison avant de commencer la danse. Mais quand l'histoire est faite, c'est la raison qui a eu tort. Quand l'histoire est faite, elle est bien ou mal faite, ou à demi bien ou mal, ou aux trois quarts, ou à peu près, — et non pas *toujours mal faite* comme il vous plaît de vous l'imaginer. La même action, qui domine la connaissance, et qui au commencement exigeait que la connaissance ne fût et ne demeurât pas pure exige en cette fin qu'avec cette impure connaissance nous fassions tout de même une histoire. Elle exige, au commencement que la mémoire s'écarte et à la fin que cet écart disparaisse.

— Péguy, répondit Pierre Baudouin, Péguy fera comme il voudra. Mais je tiens que la contrariété que je vous opposais me paraît insurmontable.

— Non monsieur, Péguy fera ce qu'il pourra. Quand il aura fini, alors, seulement nous saurons s'il a surmonté la contrariété, car ces contrariétés sont vraiment insurmontables, pourvu qu'on ne les surmonte pas, à condition qu'on ne les soumette pas. L'effet seul a qualité pour décider ici. Elles sont rigoureusement insurmontables, jusqu'à ce que l'auteur les ait surmontées. L'effet seul fait preuve. L'œuvre seule de l'ouvrier est plus forte que la critique du logicien, et que la méthodologie du philosophe.

Péguy fera comme il pourra. L'artiste fait comme il peut. Le savant, qui est un artiste quant aux moyens de son enquête, aux quêtes de son investigation, le savant fait aussi comme il peut. On ne lui demande que de réussir. L'œuvre faite, le critique ne sera pas embarrassé de la justifier. Quelque table y pourvoira. Et, même les tables n'y pourvoient pas toujours. Un ami que nous avons, que l'on nous a dit qui s'entendait à la chimie physique, me quittait naguère un peu vivement, parce qu'il était pressé : Nous allons, me dit-il, en Sorbonne, au cours de M. Géruzez, où nous lisons ensemble des mémoires allemands, que nous expliquons, sur plusieurs découvertes qu'ils ont faites. Ce n'est pas commode. Les découvertes sont là. On ne peut les nier. Elles sont évidentes. Elles sont importantes. Mais il me semble que les raisonnements ne tiennent pas debout. Ce sont ce que le cousin de Péguy nommerait *des raisonnements de chevaux de bois.*

— Vous êtes bien aimable, dit mon cousin.

— Il suffit, continua Pierre Deloire, il suffit d'avoir fréquenté quelques scientifiques pour garder cette impression que la raison critique arrive après la bataille. Vous savez bien comme ils disent. Leur grand souci n'est pas que ce soit conforme à ce qu'a demandé la raison critique : leur grand souci est que *ça colle*. Une hypothèse n'est pas jugée selon qu'elle est plus ou moins raisonnable, mais *ça colle* ou *ça ne colle pas*. Cela dit tout.

Ainsi de l'histoire. Quand vous aurez démontré irréfutablement que l'histoire est impossible, qu'un historien vienne, et fasse une histoire, et vous aurez tort tout aussitôt après. L'art a des raccourcis que la raison n'a pas comptés. Les candidats aux différents examens dissertent pour savoir si l'histoire est un art ou une science. Mieux avisé, tout historien qui a mis la main à la pâte sait qu'il faut que l'historien soit un artiste. Il m'est égal que la reconstitution soit artificielle, pourvu qu'elle soit artistique.

Il y eut un silence.

Pierre Deloire compléta ainsi :

— Au sens où nous entendons ce mot.

— Je suis heureux, conclut mon cousin, que vous ayez fini. Vous m'avez amusé beaucoup. Mais il est temps d'aller déjeuner. Vous, monsieur du val de Loire, vous avez parlé de boire et de manger. Vous avez raison. Il faut que tout amusement finisse. Vous m'avez creusé.

Pendant qu'on se levait, — Rien n'est aussi amusant, continua mon cousin, que de voir gesticuler deux pantins dont les paroles vous sont inconnues. Vous, monsieur, qui gesticulez en large, qui embrassez comme un faneur qui fane les foins. Et vous, monsieur, qui faites celui qui n'est pas en colère, mais qui gesticulez en coupant, comme un charcutier qui fait du hachis. Vous avez parlé d'ivresse. Il est bien vrai que si je ne savais pas que vous n'êtes pas soûls, je le croirais. Vous vous disputez comme si vous vouliez faire l'unité socialiste. Et vous avez fini par escamoter le compte rendu comme un président camarade escamote un vote ennemi. Je veux bien revenir la semaine prochaine. Seulement c'est à la condition que l'on commencera par le compte rendu.

Pendant qu'on rentrait : Sinon vous empêcherez encore de commencer. Il faut de la discipline. Je demande qu'à la prochaine séance le prévenu — mon petit cousin, quoi, parle d'abord, et que pas un n'ouvre la bouche avant.

— S'il en est ainsi, répondit Pierre Baudouin, permettez qu'aujourd'hui j'insiste encore sur le désir que j'ai que le compte rendu soit quelque peu profond. J'ai dit que Péguy était allé aux congrès en congressiste. Mais ce que nous demandons ce n'est pas seulement le compte rendu pour ainsi dire professionnel d'un congressiste. C'est le compte rendu d'un homme, interrogeant sa conscience et non pas seulement sa mémoire.

Tant d'exigences finirent par me révolter. Je me permis d'intervenir, moi le principal intéressé :

— Messieurs, laissez-moi : je ferai de mon mieux. Je suis venu embarrassé de ce que je dirais. Vos discussions, toutes respectables qu'elles soient, n'ont fait que m'embarrasser davantage. Il est dangereux d'agiter certaines questions avant de commencer à travailler. Cela coupe l'appétit. Mieux vaut, je crois, se jeter dans le travail tête baissée, sans regarder tant à droite et à gauche. Il ne faut pas raffiner sur le commentaire. Il faut commencer par commencer. Laissez-moi le temps d'oublier les raisons pourtant si pertinentes que vous vous êtes opposées. Je ne croyais pas me faire une affaire. Je ne croyais pas que je remuerais d'aussi gros intérêts. Je tâcherai. J'essaierai simplement de vous faire le compte rendu de ce que j'ai vu, de ce que j'ai fait, de ce que j'ai éprouvé dans ces malheureux congrès. Où me suis-je embarqué? Laissez-moi la paix. Laissez-moi mes vacances.

— Et vous, monsieur Pierre Deloire, demanda mon cousin, qui ne perdait point la mémoire, c'est après déjeuner que vous nous conterez l'histoire de votre ami décharné qui va voir sa connaissance?

— Non pas, répondit Deloire levant à hauteur du menton, comme un abbé qui veut devenir évêque, les doigts de la main droite; il n'y a pas d'histoire; mon ami est un honnête homme, qui demeure avec sa femme.

— Quoi qu'il fait, alors, le soir?

— Il participe aux séances du Comité général. Il est de la commission de propagande et de contrôle. C'est lui qui examine le cas Jaurès.

VRAIMENT VRAI

Deuxième cahier de la troisième série (17 octobre 1901).

Nos abonnés ont ici de M. Charles Guieysse, le secrétaire général de la Société des Universités Populaires, un cahier, qui lui est personnel, sur ces mêmes Universités[1]. Nous publierons bientôt un cahier de documents et renseignements qui nous sera fourni par la Société même. Enfin, nous publierons quelque jour, de M. Romain Rolland, tout un cahier sur le théâtre populaire[2].

Il y a deux enseignements, et il n'y a que deux enseignements. Si nous conservons les dénominations usuelles, et nous pouvons provisoirement les conserver, il y a et il n'y a de fondés en raison et de distincts que l'enseignement *supérieur* et l'enseignement *primaire*. L'enseignement *secondaire,* qui est socialement si considérable, n'existe, en raison, que parce qu'il fait la préparation de l'enseignement supérieur et la continuation, ou l'achèvement, de l'enseignement primaire.

L'enseignement supérieur, entendu à peu près au sens usuel, commande l'enseignement primaire, et à plus forte raison l'enseignement secondaire, qui fait le trait d'union. Et de l'enseignement primaire à l'enseignement supérieur, en passant par l'enseignement secondaire, il n'y a pas continuité, progrès continu, mais conversion et révolution, altération, crise, formation.

Étant donné que tout enseignement tend à communiquer de la connaissance à des élèves, on peut nommer enseignement supérieur celui qui fait passer avant tout la considération de la connaissance, et enseignement primaire celui qui fait passer avant tout la considération des élèves. L'enseignement secondaire est le trait d'union parce que, tout en formant des élèves, il commence à leur enseigner à faire avancer la connaissance humaine.

L'enseignement supérieur ne reçoit aucun commandement; il se commande lui-même; ou plutôt il n'est commandé que par le réel dont il cherche la connaissance vraie; il ne tend qu'à la recherche de la vérité dans la philosophie et dans les sciences; à la limite, et rigoureusement, il n'a pas à se préoccuper des élèves. Il ne tend qu'à faire avancer la connaissance que l'humanité peut avoir du réel proposé à son enquête. Le professeur à l'École des Hautes-Études ou au Collège de France poursuit pour sa part la perpétuelle et l'universelle investigation de l'humanité sur le réel proposé à cette investigation. Il ne court pas après les élèves. Ils viennent à lui, comme au Dieu d'Aristote, suivent son cours, l'entendent de leur mieux, travaillent, au besoin se préparent à l'écouter. Normalement il n'a pas à se préoccuper de leur insuffisance. Mais c'est à eux d'y pourvoir. Parlant rigoureusement on peut dire qu'ils sont faits pour le cours, et que le cours n'est pas fait pour eux, puisqu'il est fait pour l'objet du cours. Ainsi quand M. Vidal de la Blache fait un cours d'enseignement supérieur sur le système orographique de l'Europe, il ne s'agit pas que des élèves donnés trouvent le cours agréable, commode, utile, facile; mais il s'agit, absolument, que le professeur prononce la connaissance la plus exacte qu'il pourra, scientifiquement, géographiquement, des hauteurs européennes réelles. Quand un philologue fait une leçon d'enseignement supérieur sur un texte ancien, il ne s'agit absolument que de reconstituer et d'interpréter, le plus exactement que l'on pourra, l'ancien texte réel. Enfin quand un philosophe, historien, fait un cours d'enseignement supérieur sur la philosophie d'Épicure, il ne s'agit, absolument, que de reconstituer et d'interpréter, le plus exactement que l'on pourra, la philosophie réelle d'Épicure. C'est aux élèves à s'être mis d'eux-mêmes et d'avance en mesure d'écouter ces cours. Il faut qu'ils aient d'avance appris la technique, le vocabulaire, la géologie, la cosmographie, la physique et la chimie générale, assez d'histoire naturelle, assez d'histoire. Il faut qu'ils aient appris la grammaire, le vocabulaire, la métrique. Il faut qu'ils sachent le grec, et au moins un peu l'histoire de la philosophie grecque avant Épicure.

Entendons-nous, et ne laissons pas prétexte à la parodie. L'enseignement supérieur n'est pas celui qui ferait exprès d'être inintelligible à son auditoire. Il ne méprise pas ses élèves. Il s'efforce de se faire écouter, de se faire entendre. Mais telle n'est pas sa fin essentielle. Sa fin essentielle est de contribuer à la philosophie et à la science humaine. Il travaille sous l'aspect de l'humanité. Que le professeur, en sauvegardant l'entièreté de la philosophie et l'entièreté de la science, les rende intelligibles à l'auditoire qui lui est donné, c'est affaire à lui comme artiste, mais nous réservons, dans ce raisonnement et dans ce classement schématique, la considération de l'art et des moyens. Nous n'examinons que les intentions et les volontés. L'intention de l'enseignement supérieur est philosophique et scientifique. Le meilleur enseignement supérieur est celui qui fait la meilleure philosophie et la meilleure science.

Le meilleur enseignement primaire est celui qui fait les meilleurs élèves. L'enseignement primaire commence par être intelligible. Son intention est pédagogique. Il travaille sous l'aspect des hommes. Il veut former des hommes et des citoyens.

Nous savons que la distinction que nous voulons établir est schématique. Mais nous ne croyons pas qu'elle en soit moins profonde. Nous savons que de l'enseignement primaire à l'enseignement supérieur, en passant par l'enseignement secondaire, de l'alphabet au laboratoire, et de l'instituteur au professeur, s'étagent les innombrables nuances de l'art et de la vie. Mais nous croyons aussi que l'apparente continuité, que la continuité organique réelle de ces nuances recouvre une réelle rupture logique, morale, et peut-être métaphysique. Dans la vie de tout homme intéressant, et à s'en tenir aux fonctions de la connaissance, il y a un moment où l'on cesse d'être un bon élève. Par l'histoire de la pédagogie nous connaissons qu'il s'en faut de beaucoup que les meilleurs élèves soient devenus les meilleurs philosophes et les meilleurs savants. Par l'histoire de la philosophie et des sciences nous connaissons que beaucoup de bons philosophes et beaucoup de bons savants n'avaient pas été de bons élèves. Et ceux qui furent de bons élèves et puis qui devinrent de bons philosophes et de bons savants, ce fut par des qualités fort différentes, sinon contraires. Il y a l'enfance et l'adolescence, où l'on est élève; et il y a l'âge adulte, où l'on est homme, savant ou philosophe. Il y a, pour passer du premier âge au deuxième, une révolution mentale aussi, crise intellectuelle et morale, conversion, changement de regard. Un élève est normalement un enfant puis un adolescent que l'on cultive et qui lui-même se cultive de plus en plus, de mieux en mieux. Un adulte, un homme cultive la philosophie ou la science. Eu égard aux fonctions de la connaissance, il ne se cultive plus que pour l'objet de son investigation.

Je crois que l'on avancerait beaucoup vers la solution de problèmes importants si l'on introduisait dans la recherche la nouvelle considération de l'enseignement supérieur et de l'enseignement primaire ainsi distingués, si on se demandait à chaque instant ce qui dans l'enseignement est fait pour l'élève, et ce qui est fait pour l'objet de la science et pour l'objet de la philosophie. Les deux intentions se combattent souvent. L'Université de l'État, dont quelques radicaux veulent nous faire un monopole infaillible, et qui ressemble tant à l'Église d'État, a beaucoup retardé, beaucoup faussé le passage de l'enseignement primaire à l'enseignement supérieur en instituant des examens et concours tardifs, comme l'agrégation. Si les Facultés et l'École normale réussissent assez souvent à donner de bons résultats, à former des esprits libres, c'est que la plupart des professeurs et maîtres de conférences réagissent tant qu'ils peuvent contre l'institution, réduisent tant qu'ils peuvent le bachotage, introduisent tant qu'ils peuvent le véritable travail de lettres, de sciences, de philosophie.

Beaucoup de problèmes seraient éclairés si l'on commençait par se demander expressément ce que l'on veut faire pour l'élève et ce que l'on veut faire pour l'objet : ainsi l'organisation de l'enseignement primaire, laïque; l'élimination de l'enseignement congréganiste; la composition des programmes; la succession des études; le monopole universitaire; la succession des examens et concours; le fédéralisme universitaire; l'enseignement littéraire et l'enseignement scientifique; l'enseignement classique et l'enseignement romantique; l'enseignement par l'antique et l'enseignement par le moderne; l'enseignement par le français et l'enseignement par les étrangers; l'enseignement par les maîtres, et l'enseignement par les camarades, et l'enseignement par les amis, et l'enseignement par soi-même; l'enseignement par l'émulation et l'enseignement sans émulation; les méthodes; l'utilisation ou la suppression des grandes Écoles militaires et universitaires; la neutralité; l'extension universitaire; l'internat, l'externat ou la famille.

On s'apercevrait ainsi que parmi les difficultés qui mettent si heureusement en fuite les snobs antérieurs, outre les difficultés économiques, politiques, sociales qui sont généralement indiquées, les Universités populaires présentent la difficulté pédagogique suivante : il faut qu'elles fassent de l'enseignement primaire à des auditeurs qui ont déjà reçu l'enseignement supérieur de la vie même.

Ailleurs, les hommes reçoivent l'enseignement primaire pendant l'enfance et l'adolescence, puis ils passent normalement à l'enseignement supérieur, s'ils y passent. Mais, dans les Universités populaires les auditeurs qui reçoivent un enseignement primaire ne sont plus pour la plupart des enfants ni des adolescents; ils sont des adultes, souvent des vieillards. Ils ont tous reçu le maître enseignement de la vie. Et ils ont presque tous reçu le maître enseignement de la pauvreté. Ils en savent, en un sens, autant que leurs instituteurs et professeurs, ils connaissent comme eux le monde et le réel s'ils ont connu eux-mêmes l'amour et la mort.

Dans les écoles primaires l'instituteur a sur l'élève cet avantage que son avance de savoir est doublée, autorisée par une avance de vie. Dans l'université populaire l'instituteur, le professeur a l'avance de savoir, mais il n'a plus l'avance de vie. Même il peut avoir un certain retard de vie. L'ouvrier et le paysan, s'ils ont été plus malheureux, plus pauvres, peuvent avoir une connaissance plus âpre, plus profonde, plus valable de la vie. Ainsi, l'université populaire cumule avec les difficultés pédagogiques de l'enseignement primaire, avec les difficultés de l'enseignement supérieur, des difficultés propres.

Beaucoup de questions seraient éclairées, en dehors des questions étroitement universitaires, si l'on introduisait dans la recherche la distinction de l'enseignement primaire et de l'enseignement supérieur, car on doit considérer beaucoup de questions, au moins en partie, sous l'aspect de l'enseignement : la presse, les journaux, cahiers et revues; les romans feuilletons; les annonces; les polémiques; le théâtre; les campagnes électorales; les livres; la politique; les affiches.

Nous examinerons modestement ces questions dans les cahiers à mesure que nous le pourrons. Nous n'introduirons aujourd'hui la distinction de l'enseignement primaire et de l'enseignement supérieur que pour demander non pas l'indulgence mais la patience de nos nouveaux abonnés et de nos abonnés éventuels.

J'ai souvent dit que *Pages libres*[1] est un périodique d'enseignement primaire. On pourrait spécifier que leur institution correspond exactement à celle des Universités populaires. Comme les Universités populaires, *Pages libres* font de l'enseignement primaire en ce sens que la considération des lecteurs, la formation des élèves y passe au premier plan. Comme les Universités populaires, *Pages libres* font de l'enseignement primaire à un public, à un auditoire qui a déjà reçu l'enseignement supérieur de la vie. Ainsi les collaborateurs de *Pages libres* ont sur les abonnés une avance de savoir, mais ils n'ont pas une avance de vie. Et toutes les difficultés de l'enseignement primaire, les difficultés de l'enseignement supérieur, les difficultés propres des Universités populaires se cumulent pour la rédaction et pour l'administration de *Pages libres*. Et ce n'est point par hasard que M. Guieysse, ayant travaillé aux Universités populaires, a fondé ensuite ce périodique populaire.

Je n'ai jamais dit, mais je puis dire, à présent, que nous avons défini les mots, que nos cahiers font de l'enseignement supérieur. Que nous y réussissions plus ou moins, il appartient à l'événement de le dire. Mais telles sont nos intentions. Nous tâchons de faire pour la préparation de la révolution sociale, au sens où nous l'entendons, exactement ce que l'enseignement supérieur fait pour l'orographie de l'Europe, le texte ancien, ou la philosophie d'Épicure. Nous publions vraiment ce que nous croyons la vérité, sans faveur et sans défaveur, sans accommodation, facilité, ni agrément.

Nous croyons qu'il est indispensable que cet enseignement supérieur soit produit quelque part. Dans la croissante mêlée des mensonges démagogiques, il est indispensable qu'un périodique publie librement tout ce qu'il peut de vérité libre, sans aucun souci de partialité, sans aucun souci de basse utilisation, — sans aucun souci d'enseignement primaire, de mise à la portée.

La génération pour qui nous travaillons ne vaut pas la génération précédente. Sachons le dire. Sachons le lui dire. Les républicains de la veille, qui nous préparèrent la République, si mal, sous l'Empire, étaient en présence d'un public beaucoup plus intelligent, et plus travailleur que nous. J'ai connu dans mon enfance plusieurs de ces vieux républicains de province, ouvriers ou très petits patrons[1]. Ces hommes lisaient beaucoup, attentivement, avec zèle, avec persévérance. Ils travaillaient. Leurs auteurs, un peu inégaux, ne les valaient pas toujours, et ne méritaient pas toujours ce zèle. C'étaient Michelet, Quinet, Hugo, Raspail, Eugène Suë, Gambetta, Paul Bert, Thiers, Louis Blanc. Ces républicains se passionnaient pour l'histoire de la Révolution et de l'Empire. Ils s'efforçaient. Ils travaillaient. Si la présente république n'est pas plus habitable, ce n'est nullement de leur faute, mais cela tient au bourgeoisement ou à l'embourgeoisement de leurs chefs.

Nous auteurs, éditeurs et gérants, nous sommes aujourd'hui moins favorisés. On ne lit plus. Non seulement le public est mauvais, mais il n'y a plus de public. Pour des causes que nous examinerons plus tard, en particulier par l'invasion de la pédagogie d'agrément, ou pédagogie complaisante, l'ancien public s'est désagrégé. Le nouveau public est à faire. Nous nous y employons autant que nous le pouvons, sans aucune servilité ni complaisance. Que nos abonnés nous y aident. Au moment où nous publions ce deuxième cahier, nous ne pouvons encore savoir combien la troisième série sera lue. Nous recevons le témoignage et la preuve d'amitiés profondes. Si ce mouvement continue constant, nous aurons avancé d'un pas dans cette œuvre indispensable préliminaire : obtenir qu'un public libre soutienne et lise un périodique libre.

Au moment où nous mettons sous presse[2], la lâcheté la plus révoltante s'étale.

Je prie qu'on veuille noter que je suis un des plus grands ennemis — loyaux — de Jaurès. Même je suis son plus grand ennemi, s'il est vrai qu'il n'y a pas de socialiste en France qui ait comme lui l'amour de l'unité mystique, et s'il est vrai qu'il n'y a pas de véritable anarchiste qui ait plus que moi la passion de la liberté. J'ai critiqué Jaurès en un temps où des nuées innumérables de flagorneurs l'environnaient. Je lui ai dit ce que je croyais la vérité en un temps où presque tout le monde cultivait ses erreurs. Je l'ai[1] critiqué très durement dans ces cahiers mêmes. Je recommencerai aussitôt qu'on pourra le faire honnêtement. Je suis l'adversaire le plus résolu de son ministérialisme et d'un certain parlementarisme qu'ils ont. Mais il ne s'agit pas de cela.

Il s'agit d'un guet-apens vulgaire et d'un assassinat concerté. On dit dans les salles de rédaction, mauvais lieux, et on répète qu'on le tient cette fois, qu'on l'attendait là, qu'on va lui casser les reins, qu'il faut qu'il en crève, et qu'il n'en revienne pas, et qu'on n'entende plus parler de lui. Et devant les gueulements de tous les chiens de toutes les meutes, certains amis se taisent, attendent, écoutent la voix de la sagesse.

Qu'il me soit donc permis de renouveler formellement à Jaurès l'assurance de mon ancienne amitié. Elle vaut ce qu'elle vaut. Elle n'est pas l'amitié d'un puissant de ce monde. Elle est rugueuse. Mais elle est gardée contre certaines amnésies. L'homme qui s'est littéralement épuisé le corps et la force dans la grande grève de Carmaux, l'homme qui s'est épuisé dans l'affaire Dreyfus mérite qu'on le combatte loyalement. Et tout homme a droit qu'on le combatte loyalement.

Je prends donc date et je m'inscris pour ceci : que j'attends pour dire tout ce que je crois avoir à dire sur et contre la politique de Jaurès, la tactique de Jaurès, l'action de Jaurès, la philosophie de Jaurès, la théorie et la pratique de Jaurès, que la ruée odieuse des barbares et des ingrats, des mufles et des envieux, des nationalistes et des antisémites, et des militaristes, des brutes et des rageurs, des ennemis et des faux amis se soit un peu apaisée.

Enfin, je m'inscris pour ceci : j'admire plus que personne l'ardeur de M. Gohier. Je déclare qu'il a eu un talent presque unique. J'ajoute qu'il a eu très souvent[2] raison. Il peut redevenir un des soutiens de la République. Mais s'il se met sur le pied de nous mener dans la démence par la terreur de la dénonciation, je ne marche pas.

Je ne veux pas engager les cahiers dans une aussi grave déclaration personnelle. Mais on admettra qu'ayant sauvegardé ici autant que j'ai pu toutes les libertés, et la parfaite liberté de tous nos collaborateurs, je sauvegarde aussi la mienne.

CHARLES PÉGUY.

DE LA RAISON

Quatrième cahier de la troisième série (5 décembre 1901).

Avant qu'on étudie à leur tour ces études[1], avant qu'on y soit même introduit par l'auteur, il est indispensable que l'on soit averti que l'auteur n'y fait appel qu'à la raison. Cela est indispensable en un temps où la raison a presque autant que jamais des ennemis, qui sont dangereux, où elle a plus que jamais des faux amis, qui sont plus dangereux. On doit nommer ennemis de la raison les déments qui exercent leur démence contre la raison. Et on doit nommer les faux amis de la raison les déments qui veulent que la raison procède par les voies de la déraison.

La raison ne procède pas par la voie de l'autorité. Comme elle n'admet de celui qui enseigne aucune intimidation, chantage ni menace, comme elle ne reçoit aucun exercice de force, aucun excès de pouvoir, aucun pouvoir, commandement, abus ni coup d'État, elle ne suppose de celui qui est enseigné aucune lâcheté. C'est donc trahir la raison, c'est faire déraisonner la raison que de vouloir assurer le triomphe de la raison par les moyens de l'autorité.

La raison ne procède pas de l'autorité gouvernementale. C'est donc trahir la raison que de vouloir assurer le triomphe de la raison par des moyens gouvernementaux. C'est manquer à la raison que de vouloir établir un gouvernement de la raison. Il ne peut y avoir, il ne doit y avoir ni ministère, ni préfecture, ni sous-préfecture de la raison, ni consulat, ni proconsulat de la raison. La raison ne peut pas, la raison ne doit pas commander au nom d'un gouvernement. Faire ou laisser opérer par un préfet des perquisitions dans la chambre d'une institutrice[1], quand même le préfet serait un préfet républicain, quand même l'institutrice ne serait pas une institutrice républicaine, ce n'est pas attenter à la liberté seulement, c'est attenter à la raison. La raison ne demande pas, la raison ne veut pas, la raison n'accepte pas qu'on la défende ou qu'on la soutienne ou qu'on agisse en son nom par les moyens de l'autorité gouvernementale. En aucun sens la raison n'est la raison d'État. Toute raison d'État est une usurpation déloyale de l'autorité sur la raison, une contrefaçon, une malfaçon.

En particulier la raison ne procède pas de l'autorité militaire. Elle ignore totalement l'obéissance passive. C'est trahir la raison que de vouloir assurer la victoire de la raison par la discipline qui fait la force principale des armées. C'est faire déraisonner la raison que de l'enseigner par les moyens militaires. La raison ne demande pas, n'accepte pas l'obéissance. On ne commande pas au nom de la raison comme on commande à la manœuvre. Il n'y a aucune armée de la raison, aucuns soldats de la raison, et surtout il n'y a aucuns chefs de la raison. Il n'y a même, à parler proprement, aucune guerre de la raison, aucune campagne, aucune expédition. La raison ne fait pas la guerre à la déraison. Elle réduit tant qu'elle peut la déraison par des moyens qui ne sont pas les moyens de la guerre, puisqu'ils sont les moyens de la raison. La raison ne donne pas des assauts; elle ne forme pas des colonnes d'attaque; elle n'enlève pas des positions; elle ne force pas des passages; elle ne fait pas des entrées solennelles; ni elle ne couche comme le vainqueur militaire sur le champ de bataille.

La raison ne procède pas de l'autorité religieuse. Il fallait une insanité inouïe pour oser instituer le culte de la déesse Raison. Et si l'on peut excuser une insanité dans un temps d'affolement, déclarons-le haut : la froide répétition politique de cette insanité, la commémoration concertée de cette insanité constitue l'indice le plus grave d'incohérence ou de démence, de déraison. Non la raison ne procède pas par la voie du culte. Non la raison ne veut pas d'autels. Non la raison ne veut pas de prières. Non la raison ne veut pas de prêtres. C'est trahir le plus gravement la raison, c'est faire déraisonner le plus gravement la raison que de la déguiser en déesse, en cabotinage et musique; c'eſt la trahir que de lui fabriquer des fêtes religieuses, des imitations en simili-culte, avec tout ce qu'il faut. Et même l'admirable prière que Renan fit sur l'Acropole après qu'il fut parvenu à en comprendre la parfaite beauté n'a plus aucun sens, lue ou déclamée sur les planches devant la foule inépuisablement trompée.

Déclarons-le sans peur. Et sachons nous faire les ennemis qui voudront. La raison ne veut aucune Église. Il ne peut pas, il ne doit pas y avoir une Église de la raison. Les pratiques cérémonielles, cultuelles et rituelles sont totalement étrangères à l'honnêteté de la raison. Les pratiques surhumaines, religieuses, infernales ou divines, inhumaines, sont totalement étrangères à l'humanité de la raison. La raison eſt honnête homme. Il n'y a pas un clergé de la raison. Nous n'avons pas renoncé, nous n'avons pas dénoncé les religions d'hier pour annoncer la religion de demain, pour prêcher quelque religion nouvelle. Nous sommes irréligieux de toutes les religions. Nous sommes athées de tous les dieux. Dans le douloureux débat de la raison et de la foi nous n'avons pas laissé la foi pour la foi dans la raison, mais pour la raison de la raison. La raison n'admet ni prophéties ni déclamations ni proclamations, — ni dogmes ni décrets des conciles, ni brefs des papes. Et c'eſt tromper lamentablement le peuple perpétuel que de lui présenter les vérités de la raison sur le même ton et comme on lui annonçait les vérités prétendues révélées.

La raison ne procède pas de l'autorité parlementaire. Elle ne tient ni de ces longues assemblées, que nous nommons parlements, ni de ces assemblées courtes, que nous nommons congrès. La raison n'a ni président, ni assesseurs, ni secrétaire, ni aucun bureau. Elle manque souvent de ſténographes. Elle n'a pas toujours un procès-verbal, un compte rendu. Elle ne conſtitue aucun comité directeur. Elle ne procède pas par votation. Elle n'eſt pas soumise à la loi de majorité. Elle n'eſt pas proportionnelle au nombre. Beaucoup peuvent se tromper. Il se peut qu'un seul ait raison. Même il se peut que pas un n'ait raison. La raison ne varie pas avec le nombre.

Elle ne flatte pas plus les foules qu'elle ne flattait les grands. Elle ne flatte pas plus les peuples qu'elle ne flattait les rois. Elle ne flatte pas plus les démocraties qu'elle ne flattait les monarchies ou les oligarchies. Nous savons qu'il y a eu dans le passé de longs temps et de vastes régions où la raison ne résidait qu'en des minorités, en des unités. Même il y a eu des nations où la raison ne résidait pas. Elle peut s'absenter aujourd'hui encore.

La raison ne procède pas de l'autorité démagogique. Ameuter les masses, lancer les foules est un exercice d'autorité non moins étranger à la raison que d'amasser quelque majorité, de lancer quelque régiment. Nous sommes aujourd'hui sous le gouvernement de la démagogie beaucoup plus que sous le gouvernement de la démocratie. Les tribuns, les avocats et les journalistes nous gouvernent lourdement. Libre de la monarchie, de l'oligarchie et de la démocratie, gouvernements réguliers, la raison est libre aussi de la démagogie, gouvernement de fait. Elle n'est pas plus soumise aux nouveaux courtisans qu'elle n'était soumise aux anciens. Ni les manifestations de la rue ni les manifestations des meetings ne valent au regard de la raison. La raison ne monte sur aucuns tréteaux. Les mouvements des masses ne pèsent pas plus que les révolutions de palais. Le peuple abusé ne peut pas faire que la raison ne soit pas la raison, et que la déraison devienne la raison. La foule abusée ne peut pas plus que ne pouvait le monarque abusé. Le peuple n'est pas souverain de la raison.

La raison ne procède pas de l'autorité manuelle. Autant il est vrai que la raison n'exerce aucune autorité, autant il est vrai que le gouvernement des intellectuels serait le plus insupportable des gouvernements, — autant il est réciproquement vrai que la raison, qui n'accepte aucune autorité, qui ne subit aucun gouvernement, n'accepte pas une autorité manuelle, ne subit pas un gouvernement manuel. C'est fausser la raison que d'imaginer, comme l'a rêvé Renan, un gouvernement spirituel de la terre habitée, un gouvernement des intellectuels omnipotent. Une république de cuistres ne serait pas moins inhabitable qu'une république de moines. Si on la laissait se former, une caste intellectuelle serait plus agaçante et pèserait plus lourd sur le monde que toute caste. Mais c'est aussi manquer à la raison que d'ameuter contre les intellectuels sérieux les autorités grossières des travailleurs manuels mal renseignés. La justice, la raison, la bonne administration du travail demandent que les intellectuels ne soient ni gouvernants ni gouvernés. Qu'ils soient modestement libres, comme tout le monde.

Dans la société présente, où le jeu de la spécialisation s'est outré automatiquement, les fonctions intellectuelles et les fonctions manuelles ne sont presque jamais attribuées aux mêmes ouvriers ; les ouvriers intellectuels délaissent presque tout le travail des mains ; les ouvriers manuels délaissent presque tout travail de l'esprit, presque tout exercice de la raison. Dans la cité harmonieuse, dont nous préparons la naissance et la vie [1], les fonctions intellectuelles et les fonctions manuelles se partageront harmonieusement les mêmes hommes. Et la relation de l'intellectuel au manuel, au lieu de s'établir péniblement d'un individu à l'autre, s'établira librement au cœur du même homme. Le problème sera transposé. Car nous n'avons jamais dit que nous supprimerions les problèmes humains. Nous voulons seulement, et nous espérons les transporter du terrain bourgeois, où ils ne peuvent recevoir que des solutions ingrates, sur le terrain humain, libre enfin des servitudes économiques. Nous laissons les miracles aux praticiens des anciennes et des nouvelles Églises. Nous ne promettons pas un Paradis. Nous préparons une humanité libérée.

Les chefs audacieux et les foules blasées, les meneurs menés, les candidats et les électeurs trouveront sans doute que ce programme est insuffisant. Mais nous savons par l'histoire de l'humanité, par l'histoire des sciences, des arts, de la philosophie, qu'un changement de plan est un événement, une opération considérable. Dans tous les genres de travail deux progrès sont ouverts. On peut d'abord avancer par évolution en continuant dans le même sens. Mais il vient presque toujours un moment où le travailleur a l'impression que le sens est épuisé : aucune application, aucune insistance ne peut plus tirer du réel ce que le réel n'a plus dans le sens commencé. Des vies entières consommées dans un travail ingrat ne rendraient plus ce qu'elles coûteraient. Alors intervient la révolution. Vu d'ailleurs, attaqué d'ailleurs, le réel recommence brusquement à couler à pleins bords. Et pourtant le réel est le même qu'il était. Mais il n'est plus vu du même regard, il n'est plus vu le même, il n'est plus connu le même. C'est ainsi que nous sommes révolutionnaires. Nous voulons que la même humanité se donne la liberté nouvelle.

Nous ne méprisons pas les humanités passées, nous n'avons ni cet orgueil, ni cette vanité, ni cette insolence, ni cette imbécillité, cette faiblesse. Nous ne méprisons pas ce qu'a d'humain l'humanité présente. Au contraire, nous voulons conserver ce qu'avaient d'humain les anciennes humanités. Nous voulons sauver ce qu'a d'humain l'humanité présente[1]. Nous évitons surtout de faire à l'humanité présente la plus grave injure, qui est de la vouloir dresser. Nous n'avons pas la présomption d'imaginer, d'inventer, de fabriquer une humanité nouvelle. Nous n'avons ni plan ni devis. Nous voulons libérer l'humanité des servitudes économiques. Libérée, libre, l'humanité vivra librement. Libre de nous et de tous ceux qui l'auront libérée. Ce serait commettre la prévarication maxima, le détournement le plus grave que d'utiliser la libération pour asservir les libérés sous la mentalité des libérateurs. Ce serait tendre à l'humanité comme un guet-apens universel que de lui présenter la libération pour l'attirer dans une philosophie, quand même cette philosophie serait étiquetée philosophie de la raison.

Attacher au socialisme un système, lier au socialisme, fût-ce au nom de la raison, un système de science, ou d'art, ou de philosophie, c'est littéralement commettre un abus de confiance envers l'humanité. Attirer l'humanité vers sa libération pour la précipiter dans un système, c'est commettre au nom de la raison, la malversation que l'Église a commise au nom de la foi. C'est vendre à l'humanité ce que nous devons lui donner. C'est vendre un objet que nous ne devons pas laisser tomber dans le commerce économique. Par une libération, c'est introduire à un asservissement. Disons plus : vendre à l'humanité sa libération économique pour l'établissement d'un système, ce n'est pas seulement tromper et voler l'humanité, ce n'est pas seulement trahir l'humanité, ce n'est pas seulement vendre l'invendable, ce n'est pas seulement laïciser la malversation de l'Église, recommencer en laïque la prévarication de l'Église, qui vend aux pauvres le pain pour le billet de confession, pour la respectable prière et pour la sainte communion, c'est commettre le crime le plus grave pour un socialiste : c'est monnayer à son avantage la servitude économique même.

Attacher au socialisme libérateur une augmentation de système pour que ça passe avec n'est pas seulement une opération inélégante, laide, mufle, de mauvais ton, de mauvaise tenue, de mauvaise culture, de mauvais goût, de mauvaise allure; ce n'est pas seulement une opération immorale, injuste, perverse, inverse, et de mauvaise administration; c'est une opération proprement, particulièrement contraire au socialisme. L'idéalisme ou le matérialisme, l'idéaliste ou le matérialiste, le déterministe ou le libéraliste qui feraient du socialisme avec l'arrière-pensée plus ou moins confuse que leur système en soit avantagé ne joueraient pas seulement un jeu laidement déloyal, mais leur jeu serait un perpétuel reniement du socialisme; ils ne joueraient pas seulement faux, ils joueraient bourgeois. Utilisant à leurs fins intéressées le désir, le besoin, la passion de libération économique, ils utiliseraient en effet, au second degré, l'asservissement précédent, la servitude même à laquelle on veut échapper. Ils n'exerceraient pas seulement un chantage, mais ils exerceraient précisément le chantage économique, vice propre de la société bourgeoise, du régime bourgeois.

Nous n'avons pas plus à vendre la terre que les chrétiens n'avaient à vendre le ciel. Nous n'avons pas à laïciser les marchandages des clercs. Bien loin que le socialisme repose officiellement sur un système d'art ou de science ou de philosophie, loin qu'il tende à l'établissement, à la glorification d'un système, loin qu'il soit matérialiste ou idéaliste, athéiste ou théiste, au contraire, le socialisme est ce qui laissera l'humanité libérée libre enfin de travailler, d'étudier, de penser librement. C'est l'effet d'une singulière inintelligence que de s'imaginer que la révolution sociale serait une conclusion, une fermeture de l'humanité dans la fade béatitude des quiétudes mortes. C'est l'effet d'une ambition naïve et mauvaise, idiote et sournoise que de vouloir clore l'humanité par la révolution sociale. Faire un cloître de l'humanité serait l'effet de la plus redoutable survivance religieuse. Loin que le socialisme soit définitif, il est préliminaire, préalable, nécessaire, indispensable mais non suffisant. Il est avant le seuil. Il n'est pas la fin de l'humanité, il n'en est pas même le commencement. Il est, selon nous, avant le commencement. Avant le commencement sera le Verbe.

Il ne faut pas que les idées soient arrivistes ni qu'on les fasse passer en contrebande. Il ne faut pas qu'elles soient parasitaires, qu'elles s'attachent au socialisme ainsi que de malheureux jeunes gens deviennent les secrétaires des hommes influents. L'écœurement que nous avons des petits ambitieux qui se veulent pousser dans les emplois du socialisme ministériel et dans les identiques emplois du socialisme antiministériel, nous l'aurons des systèmes qui voudraient arriver par le socialisme et dans le socialisme. Enfin c'est un insupportable abus de l'autorité paternelle que de vouloir imposer aux générations neuves les radotages des générations fatiguées, vieilles, que nous sommes. Justement, parce que nous les aurons libérées, elles sauront beaucoup mieux que nous ce qu'elles auront à penser. La raison ne procède pas de l'autorité paternelle. Ne faisons pas au nom de la raison des vœux perpétuels pour nous-mêmes. Et n'en faisons pas pour les perpétuelles générations. Laissons l'humanité tranquille. Une révolution qui entend nous débarrasser des intérêts doit être absolument désintéressée.

Réciproquement c'est trahir la raison, comme on trahissait le socialisme, que d'introduire dans les débats de la raison des poids additionnels. Dans le débat des systèmes rationnels, ajouter à certains systèmes, au matérialisme, à l'athéisme, le surpoids des volontés socialistes, leur infuser la sève et le sang des passions révolutionnaires, c'est fausser le jeu de l'action par des interventions étrangères à l'action; mais réciproquement, c'est fausser le jeu de la raison par des interventions étrangères à la raison. C'est procurer à certains systèmes une importance démesurée dans l'histoire de la pensée. La raison ne procède pas de l'autorité socialiste, en supposant qu'il y ait une autorité socialiste. La raison ne procède pas de l'autorité révolutionnaire, en admettant que les jacobins aient vraiment institué une autorité révolutionnaire. La raison ne dépend pas plus des masses révolutionnaires que des masses réactionnaires ou des masses inertes. Elle ne dépend d'aucunes forces. Elle ne dépend pas plus des armées révolutionnaires que des armées militaires. Elle ne dépend pas des masses populaires. Elle ne dépend pas de l'autorité manuelle.

C'est trahir la raison et c'est trahir le peuple que de vouloir établir sur le peuple un gouvernement, un commandement, une autorité de la raison. Mais c'est trahir aussi la raison et c'est trahir aussi le peuple que de vouloir établir sur la raison, par la démagogie ou par la pédagogie, un gouvernement, un commandement, une autorité des ouvriers manuels. Entendons-nous : les ouvriers manuels, parce qu'ils sont des hommes, et qu'ils ont leur part de la raison commune, ont le droit et le devoir de penser dans la mesure de leur compétence. Mais c'est un des modes les plus dangereux de la démagogie que de masquer au peuple ses incompétences inévitables, provisoires, mais provisoirement inévitables. Dénoncer au peuple des ouvriers manuels un ouvrage de philosophie parce qu'il se vend sept cinquante chez Alcan, dénoncer au peuple un ouvrage de métaphysique parce qu'il y a quinze fois le mot Dieu à la page 28 et quatre-vingt-douze fois le mot Dieu à la page 31, dénoncer au peuple cet ouvrage comme entaché de cléricalisme, je dis que c'est du jésuitisme, et je dis que c'est de l'Inquisition.

C'est du jésuitisme et c'est de la duplicité, car le journal a deux clientèles, deux régions. Si le journal n'était lu que par des intellectuels, une inculpation de cléricalisme intentée à une thèse de philosophie, — échafaudée sur ce que le mot Dieu y paraît, ne serait pas dangereuse, parce que le lecteur, avisé, y reconnaîtrait un amusement. Un amusement d'un goût douteux, assez pervers, mais un amusement enfin. Si le journal n'était lu que par des ouvriers manuels, si l'auteur de l'accusation était lui-même un manuel, cette accusation serait dangereuse, mais elle serait sincère. Ce qui fait la duplicité, c'est qu'un auteur intellectuel délibérément jette cette accusation devant un double public. L'auteur, intellectuel, sait ce que c'est que la métaphysique et la théodicée. L'auteur ne peut pas croire que son accusation existe. Et parce qu'il a du talent l'accusation insidieuse est énoncée en termes attentivement violents. Les intellectuels verront bien que c'est une bonne blague et ne mépriseront pas le journaliste comme ignorant. Les ouvriers manuels prendront pour argent comptant. La réputation littéraire sera sauve auprès des premiers, la réputation morale sera sauve auprès des seconds.

Je ne crois pas que rien soit aussi dangereux pour le peuple et pour la raison que ces malentendus à double malentente. M. le marquis de Rochefort y excellait. Il savait admirablement inventer la calomnie qui ferait sourire les gens d'esprit et qui soulèverait l'émotion du peuple. Faire la calomnie assez grosse pour que sa grosseur même avertisse les gens avertis qu'on est averti soi-même; et utiliser cette même grosseur pour soulever une grosse émotion du peuple : c'est à ce double jeu que M. de Rochefort était un joueur que l'on croyait inimitable. De toutes les solutions que l'on peut imaginer au problème intellectuel-manuel, celle-ci est la plus injurieuse à la fois pour les intellectuels et pour les manuels, car elle suppose que les intellectuels sont si sensibles aux plaisirs douteux d'un amusement pervers qu'ils en oublient les plus simples éléments de la moralité commune, et elle suppose que les ouvriers manuels sont si empressés d'indignation grossière qu'ils ne se renseignent jamais sur le bien fondé, sur la vérité, sur la justice des réquisitoires que des procureurs de complaisance, que des avocats-généraux de journalisme leur jettent.

Ce n'est pas cette solution injurieuse, douteuse, double, que nous acceptons. En attendant que par le changement préliminaire de plan qui nous paraît capital dans la future, dans la prochaine histoire de l'humanité, la santé du travail manuel avec la santé du travail intellectuel soit dévolue à tous les hommes, en attendant que la relation du manuel à l'intellectuel se pose librement en tout homme, puisque dans la société présente les répartitions sont faites entre individus et non entre élaborations du même individu, de la même personne, du même homme, puisque le travail manuel et le travail intellectuel sont distribués à des individus différents, sans communication normale, puisque, sauf exceptions, peu nombreuses, les uns ne travaillent guère que de leurs mains, et les autres de la raison, notre solution sera la simple solution de la liberté professionnelle. Pour la même raison que les boulangers ne font pas les maisons, et que les laboureurs ne font pas les habits, pour la même raison les ouvriers manuels, boulangers et maçons, moissonneurs, tisseurs et tailleurs n'ont à faire ni à défaire les thèses de philosophie.

Exactement comme on n'admet pas l'autorité professionnelle de l'ouvrier manuel sur l'ouvrier manuel dans des corps de métier différents, exactement ainsi on ne doit admettre aucune autorité professionnelle de l'ouvrier manuel sur l'ouvrier intellectuel. Comme les boulangers sont ignorants de la bâtisse et les moissonneurs de la taille et du tissage, exactement ainsi les boulangers et les maçons, les moissonneurs et les tisseurs, comme tels, sont ignorants de la théodicée. On peut la leur enseigner, s'il y a des raisons pour qu'on la leur enseigne. On peut ne pas la leur enseigner, s'il y a des empêchements ou des raisons contraires. Mais c'est les flatter bassement que de leur dénoncer par des accusations politiques un travail où ils n'ont pas encore acquis la compétence. Déclarons-le hautement : un professeur de philosophie peut et doit faire de la théodicée quand et comme la raison le demande. Et il n'est responsable et comptable de sa théodicée que devant la raison, devant la raison raisonnante, devant la raison en travail, devant la raison critique.

Ne fondons pas, ne laissons pas fonder une religion de la raison. Nous avons renoncé une religion qui nous commandait de faire maigre le vendredi saint; ne fondons pas une religion qui nous forcerait à faire gras ce même jour. Nous avons renoncé une religion qui nous commandait de croire en un Dieu personnel, en trois personnes, souverainement bon, souverainement aimable, tout-puissant, créateur du ciel et de la terre, et souverain seigneur de toutes choses; ne fondons pas une religion qui nous interdirait de prononcer même un nom dont le moins que l'on puisse dire est qu'il a eu quelque fortune dans l'histoire de l'humanité. La raison ne procède pas de l'autorité presbytérale. Une religion de la raison cumulerait tous les vices religieux avec tous les envers des vertus rationnelles. Ce serait un cumul rare, singulier, culminant, unique de vices communément inconciliables, habituellement séparés, logiquement contradictoires. Ce serait comme une gageure de cumulation. Un catéchisme est insupportable. Mais un catéchisme de la raison tiendrait en ses pages la plus effroyable tyrannie. A la fois parodie et texte.

La raison ne procède pas plus des autorités officieuses que des autorités officielles. Ni le publiciste, ni le journaliste, ni le tribun, ni l'orateur, ni le conférencier ne sont aujourd'hui de simples citoyens. Le journaliste qui a trente ou cinquante ou quatre-vingts milliers de lecteurs, le conférencier qui a régulièrement douze ou quinze cents spectateurs exercent en effet, comme le ministre, comme le député, une autorité gouvernementale. On conduit aujourd'hui les lecteurs comme on n'a pas cessé de conduire les électeurs. La presse constitue un quatrième pouvoir. Beaucoup de journalistes, qui blâment avec raison la faiblesse des mœurs parlementaires, feraient bien de se retourner sur soi-même et de considérer que les salles de rédaction se tiennent comme les Parlements. Il y a au moins autant de démagogie parlementaire dans les journaux que dans les assemblées. Il se dépense autant d'autorité dans un comité de rédaction que dans un conseil des ministres; et autant de faiblesse démagogique. Les journalistes écrivent comme les députés parlent. Un rédacteur en chef est un président du conseil, aussi autoritaire, aussi faible. Il y a moins de libéraux parmi les journalistes que parmi les sénateurs.

C'est le jeu ordinaire des journalistes que d'ameuter toutes les libertés, toutes les licences, toutes les révoltes, et en effet toutes les autorités, le plus souvent contradictoires, contre les autorités gouvernementales officielles.

Nous, simples citoyens, vont-ils répétant. Ils veulent ainsi cumuler tous les privilèges de l'autorité avec tous les droits de la liberté. Mais le véritable libertaire sait apercevoir l'autorité partout où elle sévit; et nulle part elle n'est aussi dangereuse que là où elle revêt les aspects de la liberté. Le véritable libertaire sait qu'il y a vraiment un gouvernement des journaux et des meetings, une autorité des journalistes et des orateurs populaires comme il y a un gouvernement des bureaux et des assemblées, une autorité des ministres et des orateurs parlementaires. Le véritable libertaire se gare des gouvernements officieux autant que des gouvernements officiels. Car la popularité aussi est une forme de gouvernement, et non des moins dangereuses. La raison ne se fait pas de clientèle. Un journaliste qui joue avec les ministères et qui arguë du simple citoyen n'est pas recevable. Cela aussi est double, et cela est trop commode.

Quand un journaliste exerce dans son domaine un gouvernement de fait, quand il a une armée de lecteurs fidèles, quand il entraîne ces lecteurs par la véhémence, l'audace, l'ascendant, moyens militaires, par le talent, moyen vulgaire, par le mensonge, moyen politique, et ainsi quand le journaliste est devenu vraiment une puissance dans l'État, quand il a des lecteurs exactement comme un député a des électeurs, quand un journaliste a une circonscription lectorale, souvent beaucoup plus vaste et beaucoup plus solide, il ne peut pas venir ensuite nous jouer le double jeu; il ne peut pas venir pleurnicher. Dans la grande bataille des puissances de ce monde, il ne peut pas porter des coups redoutables au nom de sa puissance et quand les puissances contraires lui rendent ses coups, dans le même temps il ne peut pas se réclamer du simple citoyen. Qui renonce à la raison pour l'offensive ne peut se réclamer de la raison pour la défensive. Il y aurait là déloyauté insupportable, et encore duplicité.

La raison ne procède pas de la terreur, qui est la forme aiguë de la force. La raison ne procède pas de la suspicion, qui est la forme sournoise de la terreur. Le régime de la terreur, que ce soit de la terreur gouvernementale ou de la terreur populaire non moins gouvernementale, quand même ce régime dresserait des autels à la raison, et surtout si ce régime dressait des autels à la raison, n'est pas un régime de la raison. Le régime des suspects, où l'exercice de la force exercée est mystérieusement agrandi par la peur de la force exerçable, quand même les suspects seraient les ennemis de la raison, et surtout si les suspects étaient les ennemis de la raison, le régime des suspects est le plus contraire à la raison. Mais il n'y a pas seulement à redouter pour la raison un régime officiel des suspects, agrandissant quelque terreur officielle. Plus redoutable encore, plus odieux, plus ennemi de la raison, plus haïssable un régime officieux des suspects, comme celui auquel nous soumet le gouvernement de la presse. Ni les dénonciations calomnieuses, ni les allégations sans preuves ne sont de la raison. La raison n'est pas policière. Elle n'est pas plus policière de presse que policière d'État.

La raison ne procède pas même de cette popularité plus fine et plus aérée qui s'obtient dans les régions de culture. Ni les décorations d'État, ni les distinctions corporatives, ni les cooptations, ni les grades professionnels, ni les académies, ni les fêtes scientifiques, ni les cinquantenaires, ni les centenaires, ni les statues, ni les bustes, ni les noms inscrits aux plaques des rues, ni les banquets, quand même on les nommerait dîners, ni la renommée, ni la gloire ne sont proprement de la raison. Tout cela suppose quelque émulation. Or la raison ne procède pas par l'émulation. Tout cela suppose une application aux travaux de la raison de grandeurs qui ne sont pas du même ordre. La raison n'admet pas la rivalité, mais la seule collaboration, la coopération. Toute idée de récompenses ou de punitions, de sanctions, fussent-elles élégantes, spirituelles et psychologiques, est étrangère à la raison. Dans les sciences mêmes il est souvent difficile de proportionner les cérémonies aux travaux dont elles sont la consécration. Dans les lettres, dans les arts et dans la philosophie, cela est littéralement impossible. Au contraire les œuvres les plus fortes sont aussi les plus inattendues, les moins entourées ou les plus enviées. Enfin les cérémonies laïques ressemblent toujours à des cérémonies religieuses.

La raison ne procède pas de l'autorité historique. Pas plus que les majorités contemporaines, les majorités historiques des générations mortes ne peuvent commander à la raison. Pas plus qu'elle n'est toujours et proprement révolutionnaire, la raison n'est toujours et proprement traditionnelle. Mais elle est proprement rationnelle et raisonnable. C'est la méconnaître que de l'assimiler ou de l'identifier à la révolution; c'est la méconnaître aussi que de l'assimiler ou de l'identifier à la tradition. Elle est la raison. Et n'obéissant pas à la révolution, n'obéissant pas à la tradition, elle n'obéit pas non plus à la coïncidence des deux, à la tradition révolutionnaire. Car par un accouplement singulier, par un retour inattendu, nous voyons de plus en plus les poussées révolutionnaires se cristalliser en formes traditionnelles. De plus en plus, la révolution, qui est la rupture de la tradition, tend à constituer elle-même un appareil traditionnel. Et en face de ces nouvelles traditions révolutionnaires, doublement nouvelles, comme étant des traditions, puisqu'elles sont révolutionnaires, et comme étant révolutionnaires, puisqu'elles sont des traditions, la raison n'a pas trop de ses deux libertés propres : liberté qu'elle sait garder en face de la tradition, liberté qu'elle sait garder en face de la révolution.

De tout temps, les mouvements révolutionnaires, les ruptures de tradition, essentiellement libres d'origine, ont eu de la tendance à retomber dans l'ancien automatisme. Ainsi, la conservation recommençait, la tradition renaissait avec la matière même que lui fournissait la révolution. Mais jamais, comme aujourd'hui, le mouvement révolutionnaire n'a été amorti en des formes aussi traditionnelles, aussi conservatoires. Par une étrange inconséquence, ou par une étrange insuffisance de pensée, le précédent constitué par la Révolution française, par la grande révolution bourgeoise, a fasciné les révolutionnaires socialistes, les fascine aujourd'hui plus que jamais. Les journées de 1830, les doubles journées de 1848, les mois de la Commune ont contribué à former, ont complété comme un code révolutionnaire. Jamais, comme aujourd'hui, les partis révolutionnaires, les comités, les commissions, les congrès, les conseils n'ont été liés, ne se sont liés, ne se sont figés, n'ont lié leurs commettants et leurs commis par autant de cérémonial, par autant d'étiquette, par autant d'habitude, par autant de protocole, par autant de tradition, par autant de conservation.

Par une ingratitude mentale singulière, les gouvernements révolutionnaires, les autorités socialistes opposent à la raison, à la liberté, dont ils sont nés, des traditions supplémentaires, des conservations surencombrantes. La raison ne doit se soumettre à ces traditions onéreuses ni parce qu'elles sont traditionnelles, ni parce qu'elles sont révolutionnaires. Imiter les anciens révolutionnaires, les vieux révoltés, ne consiste pas à penser en face du monde que nous connaissons identiquement les pensées qu'ils avaient en face du monde qui leur était contemporain. Mais c'est les imiter bien que d'avoir en face du monde que nous connaissons la même attitude, le même sentiment de liberté, de raison, qu'ils avaient en face de leur monde. Imiter servilement, ponctuellement leurs idées, comme on accepterait un héritage inerte, mort, avoir en face du monde présent les idées qu'ils avaient en face du monde passé, recommencer nos anciens, qui étaient justement des révolutionnaires parce qu'ils ne recommençaient pas leurs anciens, calquer leurs idées, ce serait n'imiter ni leur conduite, ni leur méthode, ni leur action, ni leur vie. Ce serait n'imiter pas l'usage qu'ils ont fait de la raison.

Imiter bien les anciens révolutionnaires, c'est nous placer librement en face du monde comme ils se plaçaient librement en face du monde. Ce n'est pas nous placer servilement en face de leur monde. C'est user de la raison comme ils en usaient, sans aucun artifice d'école ni retard factice. Pas plus que nous ne devons attacher à la révolution sociale et imposer aux humanités futures nos systèmes, nous ne devons pas plus leur imposer des systèmes hérités, fussent-ils hérités de révolutionnaires. Nous ne devons pas leur imposer, leur communiquer en passant par nous des systèmes anciens. Nous ne devons pas plus transmettre des autorités que nous ne devons en instituer. L'opération serait la même. Que le système imposé plus tard au nom de la révolution soit né parmi nous ou que nous l'ayons nous-mêmes reçu de nos aînés, le résultat serait le même. Ce serait toujours marquer l'humanité au lieu de la libérer. Ce serait toujours marchander et fausser l'affranchissement. Ce serait toujours opprimer la raison, faire sur la raison libre peser les anciennes œuvres d'une raison moins libre. Ce serait toujours monnayer la servitude économique pour avantager déloyalement le personnel révolutionnaire.

Nous n'apportons pas avec nous, nous n'apportons ni comme une invention ni comme un héritage des sentiments inédits, fabriqués exprès pour nous, et portant la marque de cette fabrication. Nous n'entendons pas remplacer, suppléer, remettre au magasin les vieux sentiments qui ont fait la joie ou la consolation, le bonheur et la beauté du monde. Nous n'avons pas des sentiments nouveaux qui remplaceraient l'antique amour, l'amitié, les affections, les sentiments et les passions de l'amour, les sentiments et les passions de l'art, des sciences, de la philosophie. Nous ne sommes pas des dieux qui créons des mondes. Nous voulons devenir des économes utiles, des gérants avisés, des ménagers diligents. Nous ne demandons pas à créer des animalités ni des humanités, mais modestes nous demandons que les biens économiques de la présente humanité soient administrés pour le mieux, afin que la servitude économique étant soulevée des nuques, les têtes libres se redressent, les corps vivent en santé, les âmes aussi. Nous sommes avant tout modestes. Un socialisme orgueilleux serait une aberration. Un métaphysique serait criminel ou fou.

La raison ne procède pas de la pédagogie. Nous touchons ici au plus grave danger du temps présent. Malgré la complicité des mots mêmes, il ne faut pas que la pédagogie soit de la démagogie. C'est la pédagogie qui doit s'inspirer de la raison, se guider sur la raison, se modeler sur la raison. Il ne faut pas qu'après avoir souffert de notre négligence le peuple aujourd'hui soit déformé par notre complaisance. Il ne faut pas qu'ayant souffert de l'ignorance où il était laissé, il soit aujourd'hui déformé par un demi-savoir, qui est toujours un faux-savoir. C'est l'immense danger de l'enseignement primaire, à programmes encyclopédiques indigestes, c'est encore plus l'immense danger de l'enseignement primaire supérieur, c'est au plus haut degré l'immense danger et l'immense difficulté des universités populaires[1]. Des individus admirablement dévoués, parfaitement sages, des personnes entendues, préviennent, évitent le danger, tournent, surmontent la difficulté, mais elles sont aussi les premières à les avoir mesurés. Ceux qui aiment le primaire, les instituteurs et le peuple, au lieu de les exploiter, en sont justement soucieux.

Ce serait fausser irréparablement l'esprit du peuple, ce serait donc trahir la raison la plus nombreuse, faire déraisonner la raison la plus nombreuse, encourager l'insanité générale, cultiver la démence et semer à pleines mains la déraison que de faire ou de laisser croire au peuple des travailleurs manuels, aux différents degrés de l'enseignement primaire, que le travail de la raison obtient ses résultats sans peine, sans effort et sans apprentissage. D'autant plus que le peuple sait fort bien, le peuple admet fort bien, mieux que les bourgeois, le peuple connaît par son expérience professionnelle que dans aucun ordre du travail manuel on n'obtient des résultats gratuits, donnés. Dans tous les métiers manuels tout le monde sait qu'il faut qu'on travaille et qu'il faut qu'on ait appris. Par quelle injuste infériorité, ou par quelle complaisance au fond démagogique, par quelle flatterie ferait-on croire ou laisserait-on croire au peuple que la science, que l'art et que la philosophie, que les travaux intellectuels, que les travaux de la raison ne sont pas aussi sérieux.

Ce serait rendre à la démocratie le pire des mauvais services que de vulgariser, d'étendre au peuple des ouvriers l'ancien préjugé nobiliaire. Il ne faut pas que le peuple non plus veuille tout savoir sans avoir jamais rien appris. Il ne faut pas que le peuple non plus ne se soit donné la peine que de naître peuple. Jamais on n'aurait l'idée de faire du pain sans avoir appris la boulangerie, ni de labourer sans savoir le labourage. Pourquoi veut-on traiter des grands problèmes sans avoir fait l'apprentissage indispensable. On accorde à peu près à la science qu'elle exige un apprentissage; mais on le dénie trop souvent aux lettres, aux arts, à la philosophie. On introduirait ainsi la présomption la plus dangereuse; on se préparerait les déceptions les plus graves, les plus méritées. Ce qu'on doit enseigner au peuple, ce n'est ni une vanité, ni un orgueil, c'est la modestie intellectuelle, et cette justesse qui est la justice de la raison. Au lieu de le lancer sur l'existence, ou, ce qui revient au même, sur l'inexistence de Dieu, sur l'immortalité de l'âme ou sur sa survivance ou sur sa mortalité, sur le déterminisme ou l'indéterminisme, sur le matérialisme ou la philosophie de l'histoire, enseignons-lui modestement des matières plus prêtes. Cela seul sera probe. Et c'est seulement ainsi que nous le respecterons.

Non pas que nous voulions interdire au peuple l'accès de la raison. C'est nous au contraire qui ne voulons pas qu'il aille se casser le nez à de fausses portes. Nous demandons qu'il avance raisonnablement, sagement, rationnellement dans les voies de la raison, aussi loin qu'il peut, mais en toute probité. La raison n'use pas du mensonge, quand même le faux serait plus court. Si l'on est en face d'un auditoire qui n'entend pas la démonstration du théorème afférent au carré de l'hypoténuse, il ne faut pas fabriquer une démonstration fausse mais saisissable aboutissant à la même proposition et la présenter au peuple avec cette arrière tranquillité que ça ne fait rien puisque la vraie démonstration fournit une assurance éternellement valable, une certitude. Non, mais on dit honnêtement à ceux qui ne sont pas géomètres : Les géomètres démontrent que le carré construit sur l'hypoténuse est équivalent à la somme des carrés construits sur les côtés de l'angle droit. — Il ne faut pas oublier que la plupart des grands problèmes sont plus difficiles et demandent plus de préparation que le théorème du carré de l'hypoténuse.

Non pas que pour assurer l'indépendance, la pleine liberté de la raison, nous voulions lui instituer quelque royaume en dehors et au-dessus de l'humanité. C'est dans l'humanité même et pour l'humanité que nous entendons que la raison fonctionne. C'est l'intérêt commun de la raison et de l'humanité que l'humanité entende la voix de la raison. Les deux intérêts sont ici inséparables. Mais le fonctionnement, le travail de la raison a ceci de propre, que dans ce travail on ne doit rien sacrifier à la réussite extérieure. Il faut que la raison pénètre de plus en plus l'humanité; il faut que la raison s'insère de plus en plus dans l'action, mais à cette condition que par cette pénétration, par cette insertion la raison ne soit jamais entamée. Les avantages que la raison tire de son travail propre et les avantages que la raison et l'humanité tirent de sa propagation ne sont pas des avantages du même ordre qui se balancent et peuvent s'équivaloir. Mais les avantages propres de la raison travaillant sont rigoureusement conditionnels, constituent la condition indispensable sans quoi l'avantage extérieur est annulé.

On doit travailler de son mieux à faire avancer la raison dans son travail propre; on doit travailler de son mieux à faire entrer la raison dans l'action de l'humanité, mais ces deux efforts ne sont pas du même ordre; le deuxième est rigoureusement conditionné par le premier. Le premier est absolument libre du deuxième.

La raison n'est pas tout le monde. Nous savons, par la raison même, que la force n'est pas négligeable, que beaucoup de passions et de sentiments sont vénérables ou respectables, puissants, profonds. Nous savons que la raison n'épuise pas la vie et même le meilleur de la vie; nous savons que les instincts et les inconscients sont d'un être plus profondément existant sans doute. Nous estimons à leur valeur les pensées confuses, les impressions, les pensées obscures, les sentiments et même les sensations. Mais nous demandons que l'on n'oublie pas que la raison est pour l'humanité la condition rigoureusement indispensable. Nous ne pouvons sans la raison estimer à sa juste valeur tout ce qui n'est pas de la raison. Et la question même de savoir ce qui revient à la raison et ce qui ne revient pas à la raison, ce n'est que par le travail de la raison que nous pouvons nous la poser.

Ce que nous demandons seulement, mais nous le demandons sans aucune réserve, sans aucune limitation, ce n'est pas que la raison devienne et soit tout, c'est qu'il n'y ait aucun malentendu dans l'usage de la raison. Nous ne défendons pas la raison contre les autres manifestations de la vie. Nous la défendons contre les manifestations qui, étant autres, veulent se donner pour elle et dégénèrent ainsi en déraisons. Nous ne la défendons pas contre les passions, contre les instincts, contre les sentiments comme tels, mais contre les démences, contre les insanités. Nous demandons que l'on ne fasse pas croire au peuple qu'on parle au nom de la raison quand on emploie des moyens qui ne sont pas les moyens de la raison. La raison a ses moyens propres, qu'elle emploie dans les arts, dans les lettres, dans les sciences et dans la philosophie. Ces moyens ne sont nullement disqualifiés pour l'étude que nous devons faire des phénomènes sociaux. Ce n'est pas quand la matière de l'étude est particulièrement complexe, mouvante, libre, difficile, que nous pouvons nous démunir d'un outil important, ou que nous devons le fausser.

LETTRE A M. CHARLES GUIEYSSE

Cinquième cahier de la troisième série (19 décembre 1901).

Un professeur dans une école normale primaire du Sud-Ouest nous écrivait récemment qu'il ne s'abonnerait pas à la troisième série de nos cahiers parce que ces cahiers lui paraissaient moins *indispensables* que « *Pages libres* » et autres publications. Je suis ainsi conduit à publier la lettre ouverte que j'adressais à M. Charles Guieysse au commencement de l'année scolaire et que lui-même a fort libéralement publiée dans « *Pages libres.* »

Cahiers de la Quinzaine, 8, rue de la Sorbonne.

Samedi 12 octobre 1908.

Mon cher Guieysse,

Nous avons des abonnés communs. L'un d'eux hésite à s'abonner à la troisième série des *cahiers,* qu'il aime beaucoup, parce que les *cahiers,* dit-il, ne lui profitent qu'à lui seul.

Vous le connaissez; nous le nommerons pour la commodité du récit le docteur Durand : médecin dans un petit village de la Brie, abonné à « *Pages libres* », il est venu vous voir au 16 de la rue de la Sorbonne, où nous demeurions[1]. Dans le petit village où il exerce, parmi les paysans, les *cahiers* n'intéressent rigoureusement que lui.

Est-ce une raison pour qu'il interrompe un abonnement commencé au cours de la deuxième série? J'ai peur qu'il ne s'abuse, comme la plupart de nos amis communs, sur l'extension possible de la véritable propagande.

Que dans un petit village il y ait un homme à qui les

cahiers profitent, c'est un résultat que ma modestie trouve déjà considérable. Et s'il y avait beaucoup de villages où les *cahiers* profiteraient même à un seul homme, un tel résultat passerait nos espérances d'aujourd'hui. Enfin, si nos *cahiers* étaient brusquement lus dans tous les villages de France, nous commencerions à nous méfier, nous serions les premiers à nous méfier, parce que ce serait sans doute que nous aurions dit des bêtises. Et non seulement nous aurions de la méfiance, mais nous aurions peur, que cette soudaine réussite universelle ne devînt dangereuse pour la liberté, pour la variété de l'esprit français.

Laissons désormais ces rêves de despotisme déguisés. Renonçons à tenter le coup de la grâce. Reconnaissons que la conversion soudaine en masse est dans le temps présent toujours grossière et causée par des malentendus. Sachons que la propagande est soumise aux lois ordinaires du travail, que l'on n'a rien sans peine, — et sans peine lente. Sachons que la formation d'un esprit n'est pas l'application d'une étiquette. Habituons-nous à cette idée que d'avoir contribué à former un seul esprit dans le monde est un résultat déjà considérable. Nous ne sommes pas des grands capitalistes d'esprits et de consciences. Nous ne sommes pas des grands propriétaires d'hommes. Sachons procéder par élaboration laborieusement lente. Sachons nous adresser aux esprits individuels, aux consciences personnelles. Soyons modestes.

Notre abonné commun ne peut donner ses *cahiers* à lire aux paysans. D'abord, il peut, il doit leur donner à lire le *Jean Coste*. Il a pu leur donner à lire les *Courriers de Chine,* l'histoire d'Hervé, le *Danton* même, en les y aidant un peu, au besoin en les y aidant beaucoup. Il peut leur donner à lire nos *Mémoires et Dossiers* [1]. Je m'en tiens à ces quelques exemples, ne voulant pas refaire ici mon catalogue.

Mais je veux pénétrer avec lui au cœur du débat. Je sais qu'en effet la plupart de nos *cahiers* ne lui servent qu'à lui, en ce sens que seul dans son village il peut les lire. Et je maintiens que ces *cahiers* à extension limitée ne sont pas moins indispensables.

Quand un instituteur a mis son brevet supérieur par-dessus son brevet simple, quand un professeur a mis son agrégation par-dessus sa licence, la première fois qu'il se trouve devant un auditoire non figuré d'élèves, il commence un nouvel apprentissage, l'apprentissage de la réalité. Quand ensuite il continue son métier, tout le monde sait qu'il faut qu'il se rafraîchisse perpétuellement l'esprit. On aura beau avoir été reçu premier au brevet supérieur; on aura beau avoir amplement passé l'agrégation; même on aura beau avoir scrupuleusement préparé ses programmes : celui qui vivrait toute sa vie sur sa première préparation professionnelle, celui qui referait perpétuellement les mêmes leçons, qui resservirait perpétuellement les mêmes cours, les mêmes notes, quand même ces cours à l'origine, auraient été les cours des meilleurs maîtres, celui-là ferait bientôt des leçons de plus en plus mauvaises, raides, sèches, mortes. Celui-là s'encroûterait.

C'est la condition même et la loi de la liberté que l'esprit ne puisse pas se répéter identiquement, que toujours il faut qu'il se transforme, s'élabore, se recommence, que la simple stagnation pour lui soit déjà de la dégénération. L'esprit vivant obéit ainsi à la loi générale de la vie. L'esprit ne peut pas échapper à la loi de la vie; et l'enseignement ne peut pas échapper aux lois de l'esprit.

Mais parmi tous les enseignements s'il y en a un qui ne puisse pas échapper aux lois générales de l'esprit, c'est bien cet enseignement dont la matière est la variable humanité. Qu'un professeur de mathématiques se tienne assez mal au courant, c'est moins grave. Mais qu'un instituteur d'action ne se renouvelle pas régulièrement, cela est inadmissible.

Je vais plus loin : n'y aurait-il pas quelque orgueil, — venu du catholicisme? — à nous imaginer que nous pouvons enseigner le prochain sans commencer par nous enseigner nous-mêmes, cultiver le voisin sans avoir commencé par nous cultiver nous-mêmes, apprendre au concitoyen sans avoir commencé par nous avoir appris à nous-mêmes. C'est une illusion dangereuse que de croire que l'on peut publier sans recevoir, écrire sans lire, parler sans écouter, produire sans se nourrir, donner de soi sans se refaire.

Tout ce que nous savons, au contraire, de biologie et en particulier de psychologie tend à nous démontrer, à nous confirmer ce que le simple raisonnement faisait

supérieur de l'humanité, ce travail sera fait bourgeoisement, c'est-à-dire mal, et nous n'aurons gardé pour nous qu'un travail décapité. L'intérêt commun de l'humanité laborieuse et de l'opérariat humain exige au contraire que ce soient les socialistes qui fassent, tant qu'ils peuvent, le travail supérieur de l'humanité.

Il faut donc justement que ce soit nous qui lisions les documents, les études et contributions, les œuvres qui ennuieraient les paysans et les ouvriers. Si les seuls bourgeois les lisent, outre qu'ils n'en seront pas bons lecteurs, comme ils garderont pour eux ce qu'ils auront lu, rien de ce qu'il y a de mieux dans l'humanité ne passe aux paysans, aux ouvriers. Si nous lisons, nous, il en passera toujours quelque bien. Ne croyons pas que la seule transcription, le seul décalque des connaissances ait des résultats. Ayons l'esprit plus libre. Il n'est pas indispensable que la connaissance reçue ait son application immédiate. La nourriture de l'esprit est à plus longue échéance. Elle est aussi à élaboration plus souple. Il ne s'agit pas qu'on reçoive en son esprit des connaissances d'art, de philosophie ou de science, et qu'on les transvase, toutes crues, dans l'esprit du paysan. Ni les opérations de la vie corporelle, ni à plus forte raison les opérations de la vie mentale ne sont aussi grossières. Un élément reçu ne ressortira que dans quinze ans, et quand il ressortira, qui le reconnaîtrait? L'esprit l'a décanté, analysé, composé, travaillé, filtré, parce que l'esprit vit.

Je ne veux pas, mon cher Guieysse, traiter ici des questions de méthode que les *cahiers* sont justement faits pour traiter, autant qu'on traite les questions. Mais nous serions peinés, vous et nous, que l'entente amicale si heureusement instituée entre nos deux administrations n'eût pas comme un reflet parmi nos amis communs.

Je demeure

Votre abonné,

CHARLES PÉGUY.

Nous publierons dans un prochain cahier la réponse ouverte que j'ai reçue de M. Charles Guieysse à la distinction que j'ai reconnue entre l'enseignement primaire et l'enseignement supérieur.

PERSONNALITÉS

Douzième cahier de la troisième série (5 avril 1902).

Quelques-uns de nos abonnés se sont émus de ce que j'avais fait des personnalités dans le septième cahier de la troisième série[1]. *On peut lire dans le deuxième cahier de la première série*[2] *:*

Quand j'eus recueilli tous ces renseignements sur la lutte personnelle qui suivit l'explosion du manifeste, je voulus commencer à chercher les renseignements sur la conversation générale qui accompagna bientôt cette lutte personnelle, mais je m'aperçus que j'avais déjà presque un plein cahier, puisque je voulais donner une place dans ce courrier à la discussion de la loi sur le travail des enfants, des filles mineures et des femmes dans les établissements industriels. Je ramassai donc tous mes documents, et je m'en allai trouver le citoyen docteur socialiste révolutionnaire moraliste internationaliste. Mais j'étais un peu confus de ce que je lui apportais. Car j'avais en mains un cahier presque tout entier plein de personnalités. Or on m'a dès longtemps et fort pertinemment enseigné à négliger les personnalités; nous devons, m'avait-on dit, négliger les personnalités : nous sommes les soldats d'une armée universelle; nous travaillons et nous combattons pour un idéal universel; nous préparons la révolution sociale universelle; nous n'avons à considérer ni les spécialités, ni les particularités, ni les individualités, ni même les personnalités, mais seulement les généralités et les universalités : ainsi me l'enseignaient naguère des maîtres que j'avais. Je présentai mes scrupules au docteur, car étant moraliste il est casuiste : j'entends par là qu'il travaille dans les cas de conscience; non pas qu'il donne avec autorité des ordonnances et des commandements, mais il présente modestement des consultations, il propose pour la résolution de ces cas les solutions qui lui paraissent conformes à la raison.

— Citoyen docteur, je voulais faire un cahier avec les documents et les renseignements que j'aurais sur la préparation du Congrès socialiste national, tout récemment tenu à Paris, dans un gymnase mémorable. Mais nous ne pouvons pas maîtriser le destin. J'avais résolu de commencer par classer tous les documents et tous les renseignements personnels : je négligeais artificieusement les documents et les renseignements venus des groupes et des organisations : car pendant que les individus citoyens engageaient la conversation tumultueuse et de plus en plus générale dont vous avez en mains les premiers éléments principaux, un immense mouvement naissait dans les provinces lointaines et dans les rangs lointains des soldats ignorés. Pendant que les personnages continuaient à s'adresser des paroles subtiles ou dures, soudain et lentement le chœur s'émouvait. Ce chœur n'était pas composé de vieillards thébains, mais de citoyens français, hommes libres amis de la droiture. Aussi le chœur ne laissait-il pas échapper des soupirs, des sanglots et des paroles de lâcheté, mais il prononçait des paroles dures et libres et droites, audacieux et lui-même étonné d'introduire la grosseur de sa voix dans la conversation des chefs. Je pensais donc qu'il y aurait dans ce cahier la grandissante voix de la foule et du peuple anonyme envahissant l'audience publique et pour la première fois s'imposant aux conciliabules des chefs. J'aurais mis enfin dans ce cahier, avec la conversation des chefs et l'envahissement du peuple, tout ce travail organique et officiel des organisations, qui dès le jeudi 20 juillet aboutissait à cette acceptation qui permettait à *la Petite République* d'annoncer en une robuste manchette les *États-Généraux du Parti socialiste*. Telles étaient les trois parties dont j'avais pensé que se composerait ce cahier. Première partie : attaque soudaine et précautionneusement violente des principaux chefs aux principaux hommes libres; riposte ferme, défense et contre-attaque mesurée des hommes libres aux manifestants; intervention générale des amis et des camarades; conversation générale et de plus en plus broussailleuse. Deuxième partie : le peuple silencieux longtemps et indéfiniment patient des simples soldats et des simples citoyens a été intimement secoué, remué à des profondeurs insoupçonnées par l'injustice du manifeste; le peuple s'émeut redoutablement; le chœur s'émeut et du fond des provinces et du fond de Paris commence à faire parvenir la voix de ses résolutions; gagnant de proche en proche le mouvement redoutable se propage immense; les chefs et les manifestants commencent à s'apeurer, les hommes libres à se radoucir; l'armée socialiste presque entière impose le silence aux manifestants, le peuple socialiste impose le silence aux personnages. Troisième partie : enregistrant un peu grossièrement, exprimant un peu lourdement le vaste et souple soulèvement des masses profondes, les organisations nationalement constituées; les anciennes organisations elles-mêmes entrent en conversation, l'une introduisant, la deuxième accueillant, les deux et demie suivantes acceptant des propositions de communication. Mes trois parties auraient concouru à cette annonce des États généraux, où commence la préparation immédiate. C'était bien arrangé. Comme il est dommage que les personnalités de la première partie aient envahi et débordé tout mon cahier!

— N'ayez aucun remords extraordinaire, citoyen, d'avoir laissé envahir tout un cahier par ces personnalités, car elles ont commis bien des envahissements beaucoup plus pernicieux. Ces cahiers vous paraissent importants parce que vous y travaillez, mais ils n'ont pour moi quelque intérêt que s'ils me présentent l'image fidèle de la réalité. Loin donc que je sois scandalisé que ces personnalités vous aient ainsi envahi tout un cahier, comme vous dites un peu avaricieusement, j'en suis heureux pour vous, car ce cahier est ainsi devenu l'image plus fidèle de la réalité. La réalité même, citoyen, a été dangereusement envahie par ces personnalités. Vous m'avez exposé, un peu verbeusement, comme un auteur qui a manqué sa pièce, un plan de cahier en trois parties bien disposées et bien composées : ces personnalités ont dérangé beaucoup de plans d'action mieux composés que vous ne composerez jamais vos cahiers. Vous avez dû ajourner aux prochains cahiers la fin de la première partie, la deuxième et la troisième : ces personnalités ont fait ajourner des actions beaucoup plus urgentes que ne le sera jamais la publication de vos cahiers.

— Je ne savais pas, citoyen, que mon cahier manqué fût une image ainsi fidèle de la réalité. Vous croyez qu'en me laissant envahir par les personnalités je me suis, sans le faire exprès, conformé au seul modèle que je me sois jamais proposé. Mais la question que je vous soumets, parce qu'elle m'a donné des scrupules, est justement celle-ci : Doit-on se conformer toujours à la réalité? En particulier doit-on se conformer à la réalité quand elle nous présente l'action personnelle des personnalités?

— Quand la question est ainsi posée, il me semble, citoyen, que la réponse n'est pas douteuse.

— Aussi n'est-ce pas ainsi que la question m'embarrasse. Un jeune camarade, un citoyen des mieux renseignés, disait un jour devant moi : « Nous ne devons jamais faire de personnalités. Quand même on nous attaquerait avec des personnalités, nous devons négliger ce moyen de défense. En combattant les idées et les personnalités par les seules idées, nous donnons à la bataille un caractère plus noble, un caractère digne : il vaut mieux que la révolution sociale ait ce caractère, et en attendant que la révolution sociale soit parfaite il vaut mieux que la vie humaine ait ce caractère. » Telles étaient à peu près ses paroles. Naturellement je les rédige pour vous les rapporter, mais elles avaient, à très peu près, le sens que je vous donne.

— Je vous entends. Continuez.

— Ces paroles furent prononcées devant moi dans une discussion très vive, justement au moment du manifeste. J'étais intervenu dans la bagarre et je ne m'étais pas privé de faire des personnalités. J'entendis ces paroles comme une leçon que je recevais. Je leur donnai la plus grande considération, une considération toute particulière, personnelle, profonde. Celui qui les avait prononcées avait quelque autorité pour les prononcer, car il avait une situation personnelle irréprochable, inabordable à tous égards, et il défendait ainsi préalablement contre lui-même et ses propres amis un adversaire, dont la situation personnelle était parfaitement accessible. J'admirais sa modération, sa réserve, sa bonté. Je me demandai sérieusement si je n'avais pas été un mufle en faisant les personnalités que j'avais précédemment faites.

— Continuez, citoyen.

— Cette hypothèse de remords et cette hésitation de méthode m'a poursuivi sans relâche depuis lors. J'ai cherché à me renseigner en considérant les autres hommes : les uns, comédiens vulgaires, déclaraient tous les quatre matins qu'il ne faut pas faire de personnalités et passaient le reste de leur temps à démolir sourdement les personnalités qui les embarrassaient; les autres, autoritaires inconséquents, faisaient les mêmes déclarations et partaient ouvertement en guerre féroce contre qui les gênait; les tiers, ceux qui ressemblaient à ce jeune camarade, — et parmi ces tiers je mets Jaurès au premier rang, — déclaraient qu'il ne faut jamais faire de personnalités et conformaient bonnement leur conduite à leur parole : on avait beau les attaquer personnellement, sans doute ils se défendaient personnellement, mais ils ne contre-attaquaient jamais personnellement. Quand je me comparais à ces derniers, — comment en effet se donner les références morales nécessaires à la conduite si l'on ne se compare pas? — il m'apparaissait que j'étais laid en comparaison d'eux; ils étaient évidemment franchement bons. Mais cette constatation ne me suffisait pas, car je savais par une expérience douloureuse qu'il ne suffit pas qu'une action ait une apparence ou même une évidence première belle pour qu'elle soit morale; souvent, une action belle emporte avec soi des corollaires ou des conséquences inaperçues, mais inséparables et immorales; inversement j'avais connu qu'il y a des actions apparemment laides qui non seulement sont morales mais qui sont rigoureusement commandées par la loi morale. J'étais donc malheureux d'avoir eu l'air mufle, ou grossier, ou impoli. Mais je ne savais pas assurément si j'avais eu tort. Mon trouble n'a point cessé. Je vous pose donc la question. Est-il permis de faire des personnalités? Doit-on faire des personnalités?

— Cette expression : *faire des personnalités* a deux sens un peu distincts selon que nous l'employons dans l'ordre de l'action ou dans l'ordre de la connaissance.

Le docteur commença ainsi, sans aucune honte, et surtout sans fausse honte; il ne pensait pas qu'il fût pédant ou poseur, quand on traite un sujet de philosophie ou quand on regarde en philosophe les actions, même les plus familières, d'employer le langage de la philosophie; au contraire, il pensait qu'il est pédant et poseur d'éviter mal à propos les mots de son métier, comme il est pédant et poseur de les employer mal à propos; donc, il pensait que l'on doit parler induction et déduction quand il faut, ainsi que le menuisier parle tenons et mortaises.

— Dans l'ordre de la connaissance, continua le docteur, *faire des personnalités* ne peut avoir qu'un sens : attribuer à certaines personnalités une action donnée. Je suppose que tel événement se produise : on dira que nous faisons des personnalités si nous attribuons à telle personnalité telle part dans ces événements.

— Voulez-vous, docteur, choisir un exemple? Tous ces *tel* embarrassent un peu le champ de mon raisonnement.

— Vous ferez bien, citoyen, de vous habituer un peu aux raisonnements abstraits : les raisonnements abstraits sont souvent commodes, pourvu qu'ils soient fidèles, et que l'on ait soin de les rapporter en définitive à la réalité concrète.

— Rapportons, citoyen docteur, voulez-vous?

— L'exemple est tout choisi : je constate que le manifeste se produit : on dira que nous faisons des personnalités si nous attribuons à la personnalité même de Vaillant, de Lafargue et de Guesde la plupart de cet événement.

— Mais alors, citoyen docteur, comment ne pas faire de personnalités?

— C'est ce que je me demande en vain, et j'en arrive ici à ne plus même saisir le sens de la question que vous m'avez posée.

— Pourtant, citoyen docteur, au moment où je vous l'ai posée il me semblait bien qu'elle avait un sens. Dans toutes les discussions publiques, aussitôt qu'on réplique à un orateur : « vous faites des personnalités », ou bien : « ne faites pas de personnalités », l'orateur se tait et s'excuse; il recommencera l'instant d'après, mais, sur le moment, il croit devoir faire cette concession, témoigner cette déférence à l'opinion commune, ainsi formulée : « On ne fait pas de personnalités. » Enfin, dans les discussions les moins nombreuses, toujours l'interlocuteur s'arrête à ce reproche, comme s'il avait brusquement, et par inadvertance, violé la règle du jeu. Depuis que j'assiste aux discussions publiques, privées, et mi-parties, je n'ai jamais entendu un seul citoyen répondre à l'interrupteur : « Parfaitement, monsieur, je fais des personnalités, parce que je dois faire ici des personnalités. » Non, toujours des excuses, des balbutiements, des reconnaissances, des promesses de ne pas recommencer, tenues ou non tenues, selon les caractères et selon les occasions. Si donc nous concluons que nous avons le droit, et que nous avons le devoir de faire des personnalités, dans l'ordre de la connaissance, nous serons opposés à l'opinion commune, à l'opinion générale de tous nos camarades et concitoyens, du public même. Enfin nous n'aurons pas pour nous ceux qui font des personnalités, qui mangent des personnalités, qui nourrissent des personnalités, car ils ne l'avoueront jamais. Souvent ils n'osent pas se l'avouer à eux-mêmes.

— Je préfère n'avoir pas ces derniers avec moi, répondit le docteur. Mais vous ne m'effrayez pas en me déclarant que nous n'aurons jamais personne avec nous. Moi non plus je n'ai pas *l'orgueil du troupeau :* je ressemble ici au vénéré doyen. Je ne suis pas même épouvanté à l'idée que l'on pourrait me mettre en interdit, car il y a bien longtemps que je suis un hérétique : j'étais élève au lycée, en seconde, quand je fus hérétique, et encore je ne sais pas si c'était mon commencement : les taupins et les cornichons, — c'est ainsi que l'on nommait ceux de nos camarades, plus glorieux et plus courageux que nous, qui préparaient les concours d'entrée à l'École polytechnique et à l'École spéciale militaire de Saint-Cyr, — voulurent me mettre en quarantaine : je m'étais vivement insurgé contre la prétention qu'ils avaient de régenter la cour des grands, où je venais d'arriver; je m'étais vivement insurgé contre ces brimades par lesquelles on voulait nous démontrer la supériorité des anciens sur les nouveaux et des militaires sur les civils; ces élèves supérieurs des classes dirigeantes voulurent à peu près me mettre en quarantaine, et cela, si je n'avais peur d'employer un gros mot, pour me persécuter : ce fut ainsi que je connus le commencement de l'antisémitisme; je fus heureusement défendu par un bon nombre de civils aux poings vigoureux, qui sauvaient en moi le président d'une association scolaire d'exercices physiques et jeux de plein air; les civils battirent les militaires, comme il arrive assez souvent quand les militaires ont laissé leur sabre à la maison; — j'ai le regret de vous avouer qu'un assez grand nombre de ces bons civils sont aussi devenus depuis des antisémites; — je ne sais pas si ce fut la première fois que je fus mis en interdit, mais, assurément, ce ne fut pas la dernière; et si jamais un Comité général me met en interdit parce que j'aurai fait des personnalités, dans l'ordre de la connaissance, croyez bien que cette fois-là ne sera pas encore la dernière; je me suis insurgé contre toutes les brimades et tous les canulars et toutes ces vieilles institutions par lesquelles un certain contingent d'autoritaires en nom collectif imposent ou veulent imposer à quelques libres individus la marque de la supériorité commune; il ne faut pas m'en conter sur l'utilité de ces institutions pour assouplir les caractères et pour adoucir les mœurs; c'est au régiment que j'ai le moins eu à m'insurger contre ces brimades; je ne sais si j'ai eu le bonheur de tomber sur une compagnie ou sur un bataillon ou dans un régiment mieux recruté; sinon je proposerais cette simple explication, que les régiments sont surtout fournis par le peuple, que l'immense majorité de mes anciens étaient des hommes du peuple, que le véritable esprit de camaraderie est plus florissant dans le peuple, que l'esprit de parti et l'esprit d'autorité y sévissent moins que dans la bourgeoisie; je ne parle pas de la discipline, entendue le plus souvent comme une brimade collective; dans ma ville de province, les conservateurs m'interdisaient parce que je devenais républicain, les catholiques m'interdisaient parce que je devenais libre penseur, les bonnes gens m'interdisaient parce que je faisais de la politique, — c'est ainsi qu'ils nomment l'action —; les bourgeois m'interdisaient parce que j'étais socialiste; plus tard, les antisémites m'interdirent parce que j'étais dreyfusard; il se peut que le Parti socialiste un jour m'interdise parce que je suis anarchiste; et je ne désespère pas qu'un jour plus tard quelque anarchiste ne m'interdise parce que je suis un bourgeois. Cela ne tire pas à conséquence.

— Docteur, je vous demande pardon, mais il me semble que vous parlez ici non plus comme un docteur, mais avec une certaine amertume, une certaine âpreté, si vous voulez. D'abord vous m'avez conté votre histoire avec une certaine étendue et avec une incontestable complaisance. Puis vous avez, j'en ai peur, employé l'ironie, et nous devons nous garder soigneusement d'employer l'ironie. Enfin j'ai peur que vous n'ayez l'orgueil de celui qui n'est pas du troupeau.

— Vous avez à peu près raison, mon ami, sur le second point. Mais vous n'avez pas raison sur le premier et vous n'avez pas raison sur le troisième : je suis beaucoup trop malheureux pour avoir aucun orgueil; je suis malheureux que le Parti socialiste récemment institué ait inauguré sa constitution précisément en prenant à l'égard de la libre pensée, à l'égard de la justice, à l'égard de la vérité, la vieille attitude autoritaire des cités antiques, des Églises, des États modernes et bourgeois; depuis ce temps-là, je suis détraqué; je me promène en sabots, par ce grand froid, dans mon jardin, et je me dis comme une bête : « Ils ont supprimé la liberté de la presse! Ils ont supprimé la liberté de la tribune! » — car la presse est la tribune la plus ouverte, la tribune de ceux qui ne sont pas orateurs, de ceux qui ne sont pas députés, de ceux qui ne sont pas délégués, la presse est la tribune de tous ceux qui ne peuvent pas monter à la tribune. Je n'en reviens pas, j'en suis navré de déception, malade, et c'est pour cela que j'emploie l'ironie, qui est malsaine. Il m'est douloureux d'assimiler l'attitude socialiste aux attitudes bourgeoises précédentes; je n'attendais pas ces recommencements; vraiment, j'espérais que nous ferions du nouveau dans l'histoire du monde. Je ne veux pas encore désespérer; je veux croire que ce Congrès, brusquement promu souverain d'un parti, a eu sa raison obscurcie de sa grandeur, son imagination troublée de sa puissance. Nous devons espérer qu'il entendra les conseils d'une simple sagesse; nous lui dirons et nous lui redirons que le peuple souverain n'est souverain que de ce qui est soumis à la souveraineté humaine ordinaire; nous lui dirons et nous lui redirons que la justice et que la vérité sont inaccessibles aux mains souveraines; et nous serons ennuyeux; et nous serons importuns, comme les anciens philosophes importunaient les tyrans de Syracuse; et tout de même on nous croira sans doute : j'entends par là que le peuple admettra nos propositions comme étant vraies; car le peuple est foncièrement juste, aussi longtemps qu'il n'écoute pas les discours de ses courtisans les démagogues. Mais il se peut aussi que les démagogues soient pour un temps les plus forts, et je n'ignore pas qu'à force d'avoir été mis en interdit par tout le monde on finit par se trouver tout seul, et que les amitiés se font rares, et qu'en face d'un parti commode à ses partisans celui qui est seul et malheureux finit toujours par avoir tort.

Le docteur continuait lentement et bassement; il regardait en soi et parlait tristement; je le laissais continuer; il avait abandonné la consultation qu'il avait commencée pour moi; je connus à cela que je n'avais plus affaire à un docteur, mais à un homme, et que cet homme était profondément malheureux; il avait quitté ce masque d'assurance habituelle dont il se garantissait contre les regards acérés des hommes : je connus à cela que je commençais d'entrer dans son amitié; je ne faisais rien pour m'y pousser, car j'avais résolu de tenir mon jugement et mes sentiments en suspens jusqu'à la fin de mon enquête; je le laissais aller parce que son discours donnait réponse à plusieurs questions de mon enquête, parce que je compatissais involontairement à sa tristesse, parce que la révélation de sa tristesse lui faisait du bien.

Quand nous prêchions, continuait l'homme, la nécessité, la beauté, la convenance et la bonté de la révolution sociale, et que les bourgeois se moquaient de nous, qui nous eût dit que le Parti officiel de la révolution sociale s'embourgeoiserait à cet égard aussi rapidement? Ils ont supprimé la liberté de la presse! Ils ont supprimé la liberté de conscience. Quand nous prêchions la révolution sociale, nous voulions universaliser la liberté individuelle, toutes les saines libertés individuelles, et en particulier la liberté individuelle de penser et de parler comme un honnête homme : tout fraîchement. Nous voulions universaliser l'affranchissement, donner surtout à tous les hommes les moyens d'échapper à l'écrasement économique bourgeois; nous ne supposions pas qu'aux premiers linéaments de la révolution sociale, on ajouterait l'écrasement économique du parti à l'écrasement économique des adversaires du parti. Vraiment, ils ont supprimé la liberté de la conscience!

Et quand nous prêchions l'importune vérité, la

vérité dreyfusarde, et que les réactionnaires se moquaient de nous, qui nous eût dit que le jour était si proche où le parti que nous aimons couperait en deux la vérité, admettrait pour l'extérieur la vérité défavorable aux bourgeois, repousserait de l'intérieur la vérité défavorable à quelques personnalités.

Prononçant ce dernier mot au cours de sa confidence, le docteur soudain se réveilla, haussa légèrement les épaules sur lui-même, et continua :

— Je vous demande pardon, citoyen, mais je ne sais plus où j'en suis de la consultation que vous m'avez demandée. Croyez qu'il faut que je sois bien détraqué par la déception pour avoir ainsi négligé mon métier.

— Je vous avais demandé si vous n'aviez pas l'orgueil de celui qui n'est pas du troupeau.

— Et je vous répondais que je n'ai pas cet orgueil; je ne crois pas que la minorité ait plus forcément raison que la majorité : cela dépend des espèces; il n'y a que la raison qui ait forcément raison; tantôt, c'est la majorité qui a tort, et tantôt c'est la minorité, quelquefois, c'est l'unanimité; la théorie démocratique de l'unanimité n'est pas plus fondée en raison que la théorie aristocratique de la minorité, de l'élite; mais elle ne l'est pas moins : elles ne le sont nullement toutes deux; la raison demeure en un pays où ces deux théories n'atteignent pas : elles ne valent, et ne peuvent engager la compétition, que dans la région des intérêts. Nous formulerons donc cette proposition préalable :

Le nombre des partisans et des adversaires est indifférent pour ou contre toute proposition soumise à la raison.

— Docteur, il ne me semble pas que cette proposition soit bien extraordinaire, et nous avons suivi un chemin bien long pour en venir à une vérité triviale.

— J'espère que nos propositions ne seront jamais extraordinaires, car la vérité morale est communément simple. Cependant, nous admettrons aussi les propositions vraies qui seraient extraordinaires. Je conviens avec vous que cette proposition est triviale : convenez avec moi que nous l'oublions et que nous la méconnaissons dans la plupart de nos raisonnements, si bien que ce nous sera vraiment une grande nouveauté que d'avoir toujours en considération cette proposition triviale. Sans doute, il est humain, sinon juste rigoureusement, d'accorder audience aux propositions un peu d'après les introducteurs ; mais l'audience accordée, la séance commencée, il convient d'oublier tout à fait les introducteurs.

La mémoire me revient, continua le docteur. Vous m'avez reproché de vous avoir conté complaisamment mon histoire. Je vous répondrai bientôt. — Je reviens donc à la question des personnalités, dans l'ordre de la connaissance.

Au moment où vous m'avez opposé le consentement universel, je croyais que l'on doit faire des personnalités dans cet ordre. Il me semblait que l'on doit faire des personnalités comme l'on fait du reste ; il en est des personnalités comme du reste : quand leur influence est réelle, on doit la constater ; quand leur influence est nulle, on doit constater qu'elle est nulle ; quand elle est faible, on doit constater qu'elle est faible ; et quand elle est forte on doit constater qu'elle est forte. Et quand c'est toujours la même chose, on doit constater que c'est toujours la même chose. On ne doit pas faire des personnalités en ce sens qu'on inventerait, qu'on imaginerait des personnalités qui ne seraient pas réelles ; mais on doit faire les personnalités qu'il y a ; on doit faire, s'il est permis de parler ainsi, les personnalités que l'on doit faire. Sinon, comment pourvoir à cette vacance dans la pleine complexité des événements ?

— C'est bien là ce qui m'inquiétait. Mon camarade alla jusqu'à dire, emporté par sa bonté dans le feu de la discussion : « Quand même je saurais que c'est pour une raison personnelle qu'un adversaire m'attaque, l'historien doit tout expliquer par des considérations générales. » Je protestai en moi contre ces paroles.

— Vous avez protesté avec raison. Nous devons expliquer par des considérations générales tous les événements et les seuls événements qui ont eu des causes et des circonstances générales ; nous devons expliquer par des considérations particulières tous les événements et les seuls événements qui ont eu des causes et des circonstances particulières ; ainsi nous devons expliquer par des considérations individuelles tous les événements, même publics ou généraux, qui ont eu des causes et des circonstances individuelles. Nous ne devons attribuer à l'histoire aucune valeur nouvelle, aucune dignité artificielle, aucune étrangère noblesse. L'histoire est l'image des événements. L'histoire des personnalités est personnelle, comme l'histoire des généralités est générale, comme l'histoire des beautés est belle, comme l'histoire des laideurs est laide; l'histoire des indignités est indigne, l'histoire des infamies est infâme, l'histoire des petitesses est petite. Pourquoi mettre à l'histoire des faux talons? Histoire généralisée, histoire légalisée, histoire anoblie est d'autant faussée. Ne faisons pas de l'histoire universelle, ne faisons pas de l'histoire philosophique, ne faisons pas de l'histoire morale, ne faisons pas de l'histoire polie, ne faisons pas de l'histoire générale, ne faisons pas de l'histoire légale, ne faisons pas de l'histoire sociologique, ne faisons pas de l'histoire bourgeoise, ou réactionnaire, ne faisons pas de l'histoire socialiste, ou révolutionnaire; soyons socialistes et révolutionnaires, et faisons de l'histoire exacte, faisons de l'histoire historique, faisons de l'histoire. Ne sociologiquons pas l'histoire, ne la généralisons pas, ne la légalisons pas. Soyons socialistes et disons la vérité.

Je laissais le docteur abonder en expressions verbeuses, bien que j'eusse au premier mot saisi sa pensée, qui ne m'était pas nouvelle, et qui, soit dit sans l'offenser, n'était pas nouvelle du tout. Mais il se plaisait évidemment beaucoup à la manifestation de cette pensée assez commune et je n'eus pas le courage de me refuser à lui abandonner cette consolation.

— Mon pauvre ami, continua le docteur en me reconduisant, le réel est le grand maître; et quand on fait de l'histoire il est le seul maître; et quand on conte un événement, fût-il récent de cinq minutes, on fait de l'histoire. La vérité ne vieillit pas avec les générations qui passent; mais elle ne rajeunit pas non plus avec et pour les minutes récentes; elle ne doit avoir aucun âge.

Et pendant que j'approchais de la porte le docteur achevait : Et quand on manque à la vérité, mon ami, on manque forcément à la justice : à vérité incomplète, justice incomplète, c'est-à-dire injustice; la part des événements, causée par des personnalités, que nous refusons d'attribuer à ces personnalités, pour les ménager, nous l'attribuons forcément, pour masquer la vacance, à quelqu'un ou à quelque chose : or, quelqu'un et quelque chose tiennent en général à quelque personnalité, non plus considérable, et ménageable, mais humble, et assurément négligeable. C'est toujours le vieux système du remplacement : quand nous refusons d'attribuer aux personnalités marquantes la part qu'elles ont dans les événements, nous transférons cette part aux petites personnalités des soldats oubliés et de la misérable foule.

Comme j'arrivais sur le seuil de pierre, le docteur ajouta : N'ayons pas de la matière à généraliser comme les bourgeois ont de la chair à canon. Vous n'imaginez pas à quelle injustice, à quel malheur cela pourrait nous conduire.

Et me donnant la poignée de mains révolutionnaire, il conclut en manière de formule :

— *Nous pouvons et nous devons, dans l'ordre de la connaissance, constater toutes les personnalités que le réel nous présente.*

— *En règle générale, nos cahiers ne seront pas réimprimés. Jusqu'à ce que nous y soyons morts,* et tout fait croire que ce ne sera pas de sitôt, *nous regarderons le travail à faire et non pas le travail fait. Je me permets de reproduire aujourd'hui ces anciens entretiens parce qu'il ne nous reste plus de la première série que cinq collections complètes, parce que ces collections valent cent francs chaque, parce que la région de nos abonnés actuels a peu d'abonnés communs avec l'ancienne région de nos rares abonnés à la première série.*

On lit dans le troisième cahier de la première série :

— Vous me demandez si nous pouvons et si nous devons faire des personnalités dans l'ordre de l'action. Toutes les raisons que je vous ai proposées dans l'ordre de la connaissance me paraissent valoir dans l'ordre de l'action. Dans la pleine complexité du réel où nous agissons, nous attaquerons injustement les misérables personnalités de la foule anonyme si nous n'attaquons pas les personnalités évidentes que nous devons attaquer, et nous attaquerons en outre les pauvres personnalités que ces personnalités évidentes poursuivent : car le neutre est complice, ne l'oublions pas. Si nous refusons de constater que les grands chefs et les petits jettent la peur et le trouble dans l'âme et dans le cœur des hommes ignorés, nous supposerons faussement, et nous dirons faussement, comme on l'a dit, que le peuple est naturellement peureux et trouble, que le peuple est mou, que le peuple est lâche. Nous sommes si enserrés dans cette complexité pleine, vivante et douloureuse, que nous ne pouvons ménager charitablement nos grands adversaires qu'en accablant injustement nos moyens et nos petits adversaires, qu'en sacrifiant injustement nos amis, grands, petits et moyens. Nous sommes coincés. Nous n'avons pas fait ce réel, ou du moins nous avons contribué bien peu à le faire; nous en sommes aussi peu responsables; ayons-en du remords si nous le voulons, mais qu'au moins ce remords ne se résolve pas en fausses délicatesses, réellement injustes et barbares pour plusieurs. Quand nous ménageons les personnalités que nous devons attaquer, pour cette seule raison que nous ne voulons pas faire des personnalités, comme les coups de cognée ou de hache, dans cette étrange forêt de la réalité, retombent toujours quelque part, nous abattons et nous meurtrissons, au lieu des arbres désignés, des arbres et des arbustes vivants immérités. Et qu'avons-nous fait, pendant cette campagne aujourd'hui importune, indispensable naguère, qu'avons-nous fait, sinon des personnalités? Qu'avons-nous fait si nous n'avons pas personnellement défendu des personnalités, attaqué des personnalités, défendu les personnalités injustement poursuivies en attaquant les personnalités qui les poursuivaient injustement. Et comment les aurions-nous défendues, comme nous le devions, si nous n'avions pas fait des personnalités. Comment sauver l'assassiné sans sauter au collet de l'assassin, en admettant qu'il ait un collet, ce qui était le cas. Et il est à peu près impossible de sauter au collet de quelqu'un sans faire à son égard quelque personnalité. Nous avons fait la personnalité de M. le général Mercier, la personnalité de M. le général de Boisdeffre, et celle de M. du Paty de Clam, et celle de M. Deniel. Avons-nous assez fait de personnalités? En tout cas n'avons-nous pas fait la personnalité de M. Alfred Dreyfus, un capitaine jadis ignoré. La personnalité de l'attaque suppose la personnalité de la défense, et inversement. Et quand nous crions encore aujourd'hui, dans nos processions et dans nos manifestations : *au bagne Mercier, au bagne,* est-ce que nous faisons, oui ou non, une personnalité. Or, nous devons même au général Mercier l'égalité de la critique et de la méthode. Les gendarmes sont des citoyens qui font des personnalités. Or nous avons fait les gendarmes dans toute cette affaire, avouons-le, ou plutôt déclarons-le hautement : nous avons remplacé les gendarmes injustement empêchés. Ce devoir pénible, et en dehors de nos habitudes, nous l'avons fait. Il fallait bien que nous le fissions : qui n'était pas contre la personnalité de Mercier était contre la personnalité, alors lamentable, de Dreyfus; qui n'était pas contre la personnalité de Vaillant et de Guesde était contre la personnalité de Jaurès et ainsi contre la personnalité du même Dreyfus. D'ailleurs en ce temps-là on ne nous reprochait pas de faire des personnalités. Maître Labori ne faisait pas trop de personnalités; Zola n'avait pas fait trop de personnalités; vous-même, s'il est permis de vous introduire ici, vous ne faisiez pas trop de personnalités.

— Vous avez un bon souvenir : au moment où les machinations des scholarques poignardaient dans le dos les hommes libres engagés au premier rang de la bataille, j'intervins modestement et je dénonçai la trahison; pendant plusieurs quinzaines, je fis des personnalités; je publiai dans la *Revue blanche* une série d'articles sur l'affaire Dreyfus et la crise du Parti socialiste; je disais ce que je pensais, ce que nous pensions tous alors de plusieurs personnalités; j'allais jusqu'à faire des personnalités contre une personnalité amie qui, à mon sens, n'avait pas attaqué assez vivement les personnalités dangereuses, sans doute surtout pour ne pas faire de personnalités. Tout le monde alors trouvait que j'avais raison.

— Cela ne prouve pas que vous eussiez raison en effet.

— Mais cela ne prouve pas non plus que j'aie eu tort d'avoir continué. Tout le monde en ce temps-là trouvait que j'avais raison. Je n'étais pas devenu alors un pur anarchiste, ni un métaphysicien, ni un esthète. Non seulement, on m'approuvait hautement et vivement, mais on m'eût encouragé si j'avais eu besoin d'un encouragement. Je n'en demandai aucun. J'avais raison d'attaquer ainsi Guesde et Vaillant, j'avais raison de leur dire leurs vérités; ce que je leur disais était bien leurs vérités. Je ne peux pas m'imaginer comment ce qui était alors des vérités est devenu depuis des erreurs.

— Cette altération ne serait admissible que si M. Guesde et M. Vaillant avaient apporté depuis des rectifications.

Mais je ne crois pas qu'ils en aient produit aucune. Ce sont eux, au contraire, qui ont bien voulu pardonner à leurs accusateurs et à leurs accusés : ce sont eux qui ont pardonné à tout le monde. Ils ont amnistié. Ils sont cléments.

— Ce que vous m'avez répondu sur la question des personnalités, dans l'ordre de l'action, ne me paraît pas valoir contre la considération du relèvement moral, que vous n'avez pas envisagé : quand même il serait vrai que nous eussions à faire des personnalités, dans l'ordre de l'action, nous devons agir par généralités, dit-on, parce qu'ainsi l'action est meilleure et plus noble, ainsi la révolution sociale est meilleure et plus noble, et en attendant que nous ayons parfait la révolution sociale, c'est la vie humaine et l'action journalière qui est moralement meilleure et plus noble. À des laideurs personnelles, ne répondons pas en opposant des laideurs personnelles, ne faisons pas du talion, ne démoralisons pas la politique.

— Ceux qui parlent ainsi confondent plusieurs questions et nous distinguerons les réponses. Nous n'avons jamais pensé à faire aucun talion, en particulier aucun talion personnel. Mais nous pensons qu'on peut et qu'on doit faire des personnalités comme on peut et comme on doit faire des généralités, comme on peut et comme on doit faire tous les actes permis et dus, dans les mêmes limites, aux mêmes égards, par les mêmes moyens. Nous n'avons nullement voulu instituer un privilège immoral en faveur des personnalités, mais nous voulons que les personnalités demeurent soumises comme les généralités aux commandements de la loi morale, en particulier à la loi de vérité. On nomme aristocratiques ou mieux oligarchiques les théories de ceux qui veulent soustraire quelques personnalités à l'égalité de la loi morale. N'instituons aucune oligarchie au cœur de la cité socialiste.

Nous sommes ainsi conduits à nous poser la question universelle : pouvons-nous et devons-nous, par une opération volontaire et factice, réaliser prématurément et apparemment nos souhaits, donner à la bataille humaine un aspect plus beau que nous croyons meilleur, au lieu de lui laisser l'aspect moins beau que nous savons plus vrai. C'est ici une question d'enseignement : elle se pose dès qu'on veut élever les petits enfants, elle se pose pour la nourricière Université, pour les instituteurs, pour les professeurs, pour les pères de famille, avant de se poser pour les hommes d'action. Nous serons mieux situés pour la traiter quand vous m'aurez apporté les documents et les renseignements que vous aurez recueillis *pour et contre la liberté de l'enseignement.*

Si vous pensez que le manifeste a été inspiré par l'orgueil personnel des scholarques, vous avez bien fait d'écrire, mon ami, ce que vous pensez, et tous ceux qui vous ont approuvé, s'ils pensaient comme vous, ont eu raison. Que vous ayez eu raison ou tort sur le fond, nous l'examinerons quand nous étudierons la présente organisation du Parti socialiste.

Avez-vous remarqué, mon ami, le sans-gêne avec lequel vous vous êtes cité vous-même?

— J'ai fait un métier où j'ai connu plusieurs auteurs : je me suis facilement aperçu que l'auteur désirait naturellement qu'on le lût; je n'ai connu aucune exception à ce régulier désir. Et il convient qu'il en soit ainsi : l'auteur sérieux désire communiquer son travail comme le boulanger sérieux désire communiquer son pain; je nomme auteur sérieux celui qui n'écrit qu'autant qu'il a vraiment à écrire. Il n'est pas vrai que le *moi* soit haïssable. Rien n'est haïssable d'abord. Le *moi* n'est pas plus haïssable d'abord que les *autres,* qui sont aussi des *moi.* Cette affectation à ne parler pas de soi peut avoir deux sens : ou bien elle est sincère, injuste envers le *moi,* favorable aux *autres :* c'est alors de l'humilité chrétienne, et je ne suis pas chrétien; la modestie socialiste, qui est le sens de la mesure gardée en évaluant justement les relations du *moi* aux *autres,* se distingue de l'humilité chrétienne ainsi que la solidarité socialiste se distingue de la charité chrétienne; ou bien cette affectation, comme il advient communément, n'est pas sincère, et nous devons laisser aux cabotins de bas étage un tel *trompe l'œil.* Ce qui revient à dire que nous pouvons et que nous devons nous choisir souvent comme exemple, extraordinaire si nous sommes extraordinaires, commun si nous sommes communs. Je suis commun et moyen, je *me* suis trop et trop longtemps abandonné aux *autres,* et c'est par moi surtout que je sais ce qui peut arriver à un socialiste moyen commun sincère longtemps battu par les forts et longtemps roulé par les malins.

— Vous serez souvent battu par les forts et souvent

roulé par les malins; mais les forts ne battent pas et les malins ne roulent pas les idées. — Je suis heureux que vous ayez donné une aussi bonne réponse à l'observation que vous m'aviez faite la quinzaine passée, que je vous avais conté un peu complaisamment mon histoire. Et notre loi générale des personnalités est ainsi vérifiée dans le cas particulier où c'est nous qui sommes la personnalité. Même, alors, *nous pouvons et nous devons agir envers toutes les personnalités que le réel nous présente.*

Cela étant publié depuis deux ans, dans le deuxième et dans le troisième cahier de la première série, voici comme on accueillit le septième cahier de la troisième :

Ce cahier causa un assez grand émoi. Beaucoup de nos abonnés nous écrivirent ou vinrent nous voir.

Tous les anarchistes que j'ai vus ou lus, sans aucune exception, — je ne vois que des anarchistes sérieux — me déclarèrent que le cahier était trop doux. Quelques-uns ajoutèrent : Beaucoup trop doux.

Tous les socialistes peuple que j'ai vus ou lus, sans aucune exception, me déclarèrent que le cahier était trop doux. Quelques-uns ajoutèrent : Beaucoup trop doux.

Le scandale commença parmi les universitaires. Les Brestois ne furent pas contents. Les gens de Thiers furent mécontents. Un Toulousain, de l'enseignement supérieur, moraliste ardent, écrivait familièrement à « Pages libres » : Si Péguy recommence à faire des personnalités, zut! La plupart de nos abonnés mécontents m'opposèrent le courrier d'Indochine. C'est ainsi, disaient-ils, que l'on doit travailler. Challaye, n'ayant pu me joindre aux jours gras, aussitôt rentré, m'écrivait dans le même sens. Il pense en outre que je fus injuste. Ceux qui n'étaient pas mécontents étaient inquiets. M. Rauh voulut bien m'affirmer que je défendais la Société Condorcet contre un danger un peu imaginaire. Quelqu'un à qui je n'ai jamais rien fait, M. Beaulavon, m'écrivit une lettre injurieuse. Les gens de lettres furent presque aussi effrayés que les universitaires.

Depuis plusieurs mois beaucoup de nos abonnés veulent bien regretter que nous n'ayons pas continué nos anciens entretiens. Pourquoi, me disent-ils, pourquoi n'allez-vous plus trouver ce docteur socialiste révolutionnaire moraliste internationaliste, qui vous donnait de si fructueuses consultations? Pourquoi n'êtes-vous jamais retourné voir ce vieux docteur monarchiste conservateur, qui avait si solidement conservé le sens de la conservation nationale et sociale. Ce vieux docteur blanc ne méritait pas une aussi prompte insouciance? Pourquoi n'entendons-nous pas votre ami Pierre Baudouin le philosophe, qui faisait des phrases grandes, et votre ami qui parlait sec, l'historien Pierre Deloire. Qu'est devenu votre cousin le fumiste, votre grand cousin, dont nous avons gardé un si bon souvenir.

Je ne saurais suffire à tout. Pendant que je m'occupe à la gérance et à la fabrication de ces cahiers, je ne puis aller voir les docteurs. Mes amis sont occupés aux travaux de leurs métiers. Pierre Baudouin fait de la philosophie, ce qui est singulier pour un philosophe, en un temps où les philosophes se croiraient déshonorés s'ils ne faisaient quelque politique. Pierre Deloire fait de l'histoire, et cela est nouveau pour un historien. Tous deux travaillent pour nourrir leurs femmes et leurs enfants. Ils ne sont pas révoqués. Mon cousin travaillait à faire des feux sans fumée. Tant que l'hiver était aussi dur, on ne pouvait penser qu'il viendrait ici causer.

Quand la troisième série sera un peu déblayée, je serai heureux d'aller consulter les docteurs. Quand le beau temps sera incontesté, je serai heureux de réunir mes deux amis. Mon cousin viendra pendant la morte saison. D'ici là je me défendrai tout seul, et en bref.

Je dois avouer que survenant après trois semaines au moins de maladie et de fatigue, au milieu des soucis que j'ai, l'émoi causé parmi certains universitaires par le septième cahier m'a fait beaucoup de peine. Je suis profondément heureux que nos abonnés me communiquent aussi sincèrement, aussi entièrement, sans réserve sans déperdition, en toute probité, aussi sévèrement, aussi instantanément, leurs impressions. Mais je fus profondément peiné que certains de nos cahiers eussent été lus aussi vainement.

Je suis frappé de ceci : aucun de nos abonnés non universitaires, aucun de nos abonnés non intellectuels, aucun de nos abonnés peuple, aucun de nos nouveaux abonnés ne s'est plaint que nous eussions fait des personnalités.

Le peuple, qui met sa peau tous les jours dans les batailles où nos chefs n'exposent pas même leurs commodités, le peuple entend très bien que dans les redoutables batailles civiques on y aille corps pour corps. Le peuple entend, quand on se bat, qu'on reçoive des coups, et qu'on en donne. Et des coups pour de bon, non des coups pour la démonstration.

Je suis frappé de ceci : aucun de nos abonnés peuple ne s'est plaint que nous eussions fait des personnalités- Le peuple, qui reçoit tous les jours tous les coups pour de bon, le peuple qui subit tous les jours toutes les servitudes pour de bon, le peuple sur qui retombent tous les jours toutes les répressions réelles, qui est tous les jours, comme je le suis, menacé dans son pain, dans sa famille, dans sa santé, dans sa vie et dans sa liberté, le peuple sait d'instinct que la guerre est la guerre, et, quand on se bat, qu'on tape. Le peuple sait que la vie est sérieuse, et que la vie est dure. Nous lui montrerons, par les persécutions que l'on nous prépare, que la guerre contre la démagogie est la plus dure de toutes les guerres.

Je le sens bien, ce soir, que je suis seul. Nous avons contre nous toutes les habitudes pliées de tous les intellectuels, de tous les professeurs. Quand dans une éruption d'indignation je commençai les cahiers, j'espérai naïvement que mes camarades et que mes amis normaliens et universitaires feraient et resteraient le noyau de l'abonnement. Car il ne s'agissait que de mettre en œuvre les idées de ces camarades et de ces amis, les idées qui leur étaient communes avec moi. Il ne s'agissait que de réaliser. J'avais compté sans la puissance de l'envie. J'avais compté sans l'automatisme intellectuel.

Je suis frappé de ceci : loin que l'abonnement de nos cahiers se soit constitué autour de mes amis et de mes camarades, l'abonnement régulièrement, péniblement, constamment croissant s'est produit contre eux, sans eux, s'élargit laborieusement sans eux, contre eux. Non pas que nous n'ayons beaucoup d'universitaires, d'intellectuels, parmi nos abonnés, parmi nos abonnés nouveaux. Non pas que nous n'ayons quelques normaliens et d'anciens normaliens parmi nos abonnés. Mais ils sont abonnés parce qu'ils sont des hommes libres, parce qu'ils ont l'esprit libre, non parce qu'ils sont universitaires, et normaliens. Ce n'est pas suivant leur habitude qu'ils nous lisent, mais contrairement à soi-même.

Rien n'est aussi dangereux que la fausse culture. Et il est malheureusement vrai que presque toute la culture universitaire est de la fausse culture. Le peuple, avant la culture, le peuple qui se bat contre la misère et la maladie et la mort, contre le vice et le dépérissement, contre la laideur et la saleté, contre les servitudes et les impôts, le peuple sait d'instinct et d'épreuve que toute bataille est ingrate et dure. Quand l'élève commence à recevoir la fausse culture, on lui enseigne la politesse, et que la bataille humaine est une cérémonie. En même temps qu'on lui apprend à danser, on lui apprend qu'il ne faut pas se commettre à faire des personnalités. Les vertus salonnières font commettre plus de crimes par plus de lâchetés que tous les vices n'en font commettre par toutes les faiblesses de droit commun.

L'automatisme intellectuel a une incroyable force. Vieillis avant l'âge par la fausse culture, les esprits automatiques ne répondent plus au perpétuel rajeunissement de la réalité universelle. Je suis frappé de ceci : que ce ne sont pas, à beaucoup près, les universitaires, comme tels, qui lisent le mieux nos cahiers. Ce sont les esprits inhabitués, c'est-à-dire neufs, les esprits inhabituables, c'est-à-dire poètes, perpétuellement neufs, puis les esprits universitaires laborieusement déshabitués, rafraîchis, qui nous entendent comme il nous plaît.

Ce qui me navre, ce n'est évidemment pas que l'on ne soit pas de mon avis. J'aime toute liberté. Ce qui m'attriste, c'est que nos cahiers servent si peu, au moins auprès d'un certain public. Le jour où quelqu'un m'enverra une réfutation sérieuse de la démonstration que je viens de reproduire, je serai heureux de publier cette réfutation. Mes opinions n'ont jamais eu dans nos cahiers une hégémonie économique sur les opinions différentes ou contraires. Si donc on m'avait réfuté ma démonstration, j'aurais publié puis à mon tour discuté la réfutation. Nous aurions causé en hommes libres. Nous nous serions entendus en hommes libres. Mais il ne s'agit pas du tout de cela.

J'ai publié dans le deuxième et dans le troisième cahier de la première série une sérieuse démonstration *des personnalités*. Tous mes camarades et mes amis, même ceux qui n'étaient pas abonnés aux cahiers, même ceux qui me lâchaient ou qui me trahissaient, lurent ma démonstration. J'en suis à me demander si les agrégés savent lire. Je connais plusieurs agrégés qui savent lire. Mais ils savent malgré leur agrégation. Les agrégés ont tant lu pour préparer des examens et des concours, ce qui n'est pas la meilleure manière de lire, ils ont tant chauffé de programmes, ils ont tant préparé d'auteurs que leurs lectures n'entrent pas dans leur âme profonde, à supposer qu'ils aient une âme profonde. Nous qui sommes affrontés à la rude réalité de la vie, à la rude réalité de l'action, nous sommes ainsi contraints, quand telle ne serait pas notre intention première, à classer nos idées, pour classer nos intentions. Mais, dans l'enseignement, les idées les plus contradictoires, les plus inconciliables peuvent juxtaexister. Les élèves sont beaucoup plus accommodants que la vie. De là sans doute le perpétuel émoussement des universitaires. Ceux qui sont restés âpres le doivent à leur génie et non à leur métier. Nous qui sommes affrontés à la rude pauvreté, nous qui avons à faire nos budgets mensuels, nos budgets quotidiens, la vie se charge de nous rafraîchir l'âpreté native. Et nous n'avons pas pour les personnalités dangereuses l'émoussement indulgent des universitaires accoutumés, des professeurs garantis.

Le métier universitaire en cela ressemble au métier politique. Dans la politique aussi les idées les plus inconciliables peuvent juxtaexister. Comme les élèves, les électeurs, pourvu qu'on les flatte, sont beaucoup plus accommodants que la vie. C'est une raison pour quoi les députés tiennent, sans danger pour eux, le langage le plus incohérent. C'est une raison pourquoi ils nous servent, aux veilles d'élections, ces bafouillages immensément énormes. Si nos actes parlaient à la réalité le langage que les députés parlent à leurs électeurs, nous aurions les reins cassés en moins d'une législature.

On obtient ce résultat : j'ai publié au commencement de ces cahiers la démonstration que nous avons dû reproduire aujourd'hui. Tous mes camarades et tous mes amis lurent la démonstration. Pas un ne fit d'objection. Je pensai qu'ils tombaient d'accord. Je pensai que c'était entendu. Je n'avais pas fait ma démonstration pour mon usage personnel. J'avais depuis longtemps noté que le préjugé des personnalités était un des plus fréquents et des plus dangereux. Je constatais que ce préjugé portait le préjudice le plus grave à l'action socialiste. Je fis ma démonstration pour un usage universel.

Quelques mois plus tard, le malheur des temps, l'injustesse et l'injustice des hommes, voulut que ma démonstration précédente universelle me servit pour ma défense personnelle et pour la défense personnelle de nos cahiers. Tout se passa dès lors comme si je n'avais pas fait ma démonstration. Par un malentendu double, ou par un contresens, ou par une fausseté double, ou par inadvertance, les mêmes amis, les mêmes camarades qui veulent que l'on fasse *comme s'*il n'y avait pas de personnalités firent *comme si* je n'avais jamais proposé aucune démonstration.

Le résultat ne se fit pas attendre. Tous les formulards et tous les formuleurs, tous ceux qui formulent pour se dispenser de penser, tous ceux qui amassent des fiches pour se dispenser de travailler, tous les pourvus et tous les casés me tombèrent dessus. Ils voulurent bien se concerter ou ne se concerter pas pour étouffer la personnalité Péguy. Ces grands impersonnalistes s'occupèrent beaucoup de ma personnalité. Je dus à leur sollicitude quatre mois de maladie, en deux fois, deux ans de fatigues, des peines atroces, des anxiétés financières non encore épuisées.

Quand nos cahiers peu à peu se relevèrent un peu, je pensai que ma démonstration avait compté. Au commencement de cette série de nouveaux indices me firent douter. Débarrassés des personnalités, nos cahiers de mois en mois élargissaient leur effort. On voulut bien m'en féliciter. Mais on ne reconnaissait pas qu'enfin débarrassés de personnalités contraires ils allaient de leur mouvement propre aux fins propres de leur institution propre. On ne reconnaissait pas que j'avais déblayé l'atelier où je veux travailler toute ma vie. On me complimenta comme si me repentant d'une ancienne attitude j'avais adopté une attitude nouvelle.

Je n'adopte aucune attitude. L'ouvrier qui travaille et qui pense au travail qu'il veut faire ne pense pas à son attitude. Je ne reviendrais pas sur une ancienne et douloureuse polémique si, pendant un mois, les perpétuels censeurs ne m'avaient dit ou écrit uniformément : Vous allez faire des personnalités comme l'année dernière. — Puisque l'on veut croire ou faire semblant de croire que j'ai renié ma deuxième série, je tiens à faire hautement cette déclaration :

Je ne renie rien de ma vie, rien que l'excès de la confiance accordée aux camarades qui devaient me lâcher, aux amis qui devaient me trahir.

Des camarades et des amis communs, ayant d'abord accompagné plus ou moins ces camarades contraires et ces amis ennemis, ont bien voulu adopter depuis envers nos cahiers une attitude moins hostile, ou plus favorable, ou même amie. Je leur en suis profondément reconnaissant. Mais il ne faut pas que les amitiés ou que les sympathies revenues empiètent sur les amitiés et les sympathies demeurées fidèles. Nous ne parlerons pas de ralliement, puisque nous ne faisons pas de politique. Mais nous ne pouvons abandonner à nos amis revenus la conduite et le gouvernement de notre institution. Il serait injuste qu'un aussi faible contingent, un cinquantième au plus de nos abonnés, exerçât sur nos cahiers une autorité de commandement que personne jamais, ni l'unanimité des abonnés, ni la majorité des abonnés, ni les auteurs, ni le gérant n'y exercent. Il ne suffit pas que ce contingent soit formé d'amis que j'avais avant la fondation des cahiers et qui ont bien voulu me redevenir amis depuis le commencement de cette série. N'étant pas catholique, je n'ai pas autant de joie pour un abonné qui revient que pour cent abonnés demeurés solides. Pour les mêmes raisons que j'aime la modestie et non l'humilité, pour la même raison nous aimons mieux la solidité continue que le péché, la confession, la pénitence et la rémission. Non que le retour d'un ami véritable ne me soit très sensible, mais rien ne me vaut la parfaite, la modeste, et la continue constance. Et pour satisfaire aux besoins constants de l'action, pour donner réponse aux fermes exigences de la réalité, nous avons surtout besoin de fermeté.

On me dit d'un air entendu, voire d'un air confit : Attention, mon cher, vous retombez aux erreurs de la première et de la deuxième série. — Je ne pensais pas que je fusse relaps. — Vous refaites aujourd'hui de ces personnalités que vous même vous avez regretté. Si par ces condoléances et par ces compassions bénévoles on veut me forcer ou me conduire à condamner ma première et ma deuxième série, à la renier, à me renier moi-même à deux ans de distance, à me désavouer, je ne marche plus, comme dit Beaulavon. Non je ne renierai pas cette pauvre première et deuxième série, commencée, continuée dans la pauvreté, dans la misère, dans la fatigue et dans le froid, dans la maladie, contre toutes les démagogies, contre toutes les faiblesses, contre toutes les politiques, envers tout le monde. Je ne sais pas ce que nous ferons dans la vingtième ou dans la trentième série, mais je crois bien savoir que ce sera plus facile à faire, quoi que ce soit, que ce que j'ai fait dans cette âpre année du commencement. Je n'avais pas cent abonnés fermes. Je n'avais pas trente amis serrés. J'ai tenu. On escomptait ma mort. De semaine en semaine. Ceux qui veulent bien me bénir n'auraient pas à me bénir aujourd'hui si je m'étais laissé tuer dans le temps.

Je ne suis pas un pénitent. Quand je dis que je regrette ou que je déplore les personnalités que je fis, j'entends qu'elles sont regrettables et déplorables en ce sens qu'elles firent beaucoup de peine à tout le monde, aux personnalités visées, à l'entourage, aux amis communs, à mes amis, à moi, qui suis, comme un assez grand nombre de gens, une personne. Ce qui revient à dire que ces personnalités étaient généralement douloureuses. Moi le premier j'en ai senti toute l'amertume et connu l'ingratitude. Mais je n'ai jamais promis que je donnerais aux devoirs d'agrément un privilège injuste sur les devoirs de peine et de désagrément, sur les devoirs ingrats. Je n'ai jamais promis que ces cahiers seraient un jardin délicieux, fleuri d'aisance et de béatitude. Nous sommes ici pour travailler. Nés dans une société ingrate et laide, il n'est pas étonnant que nous ayons des devoirs ingrats et laids. Car c'est justement en déblayant les ingratitudes et les laideurs proposées que nous courons le risque suivant : que nos actes se nuancent d'ingratitude et s'éclaboussent de laideur. Mais depuis quand devons-nous fuir les risques? C'est justement en balayant la route que le cantonnier amasse de la boue en hiver et de la poussière en été. Suit-il que le cantonnier doive rester chez soi? Devons-nous laisser la route sale ou poussiéreuse?

Quand donc je dis que je déplore les personnalités

que je fis, j'entends que j'aimerais mieux ne pas les avoir faites, que j'aimerais mieux ne pas avoir eu à les faire, j'entends qu'il est déplorable que certaines personnes ou certains individus ou le jeu des événements ou l'âpreté du réel m'aient contraint à faire ces personnalités. Je me plains d'y avoir été contraint. J'ai pitié de moi-même. Juste assez. Pas trop. J'aimerais que cela n'eût pas eu lieu. Mais je ne puis me blâmer en arrière. Je ne puis me blâmer d'avoir fait ce que je croyais dû. Je le ferais encore si j'avais à le faire.

Quand je dis que je déplore les personnalités que je fis, j'entends que je les ai faites sans aucun plaisir, sans bonheur et sans goût, sans zèle. Mais je ne les ai pas faites sans vigueur. Je hais surtout la tartuferie. Se défendre, c'est-à-dire se battre, c'est-à-dire donner des coups et en recevoir, et en même temps larmoyer sur les victimes lamentables que nous sommes et que vous êtes, m'a toujours semblé un geste écœurant. Prier, pleurer, gémir est également lâche. Nous n'avons pas fait la vie et nous n'avons pas fait les hommes. Quand par l'événement de la vie et par l'injustice nous sommes acculés à la bataille, battons-nous sans fausse honte et sans fausse commisération, sans fausseté aucune. Réservons pour la paix et pour les fonctions de la paix les qualités qui sont de la paix. Ce serait manquer à ces qualités mêmes que de les introduire dans la lutte, après qu'elle est devenue inévitable. Assommer l'envahisseur, bouter hors l'oppresseur et dans le même temps et du même geste pleurer toute l'eau de ses yeux sur les déplorables victimes ainsi faites, assommer d'un crucifix, étrangler d'un bénissement, m'a toujours fait l'effet d'un acte odieux, m'a toujours semblé d'une révoltante fausseté, que je nommerais protestante, si tant de catholiques et tant de juifs, et tant d'anticatholiques, ne l'avaient exercée, que je nommerais anglaise. Mais quelle nation de la terre ne l'a pas quelque jour pratiquée.

Je vais plus loin. Je prétends que la paix n'est valable et que la paix n'est ferme que si la guerre précédente, après qu'elle fut devenue inévitable, a été conduite loyale. Or je connais au moins deux loyautés, et la seconde n'est pas moins indispensable que la première. La première loyauté consiste à traiter nos adversaires et nos ennemis comme des hommes, à respecter leur personne morale, à respecter dans notre conduite envers eux les obligations de la loi morale, à garder, au plus fort du combat et dans toute l'animosité de la lutte, la propreté, la probité, la justice, la justesse, la loyauté, à rester honnêtes, à ne pas mentir. Cette première loyauté est surtout morale. Je la nommerais la loyauté personnelle. Je reconnais une seconde loyauté, sur laquelle s'est portée beaucoup moins l'attention des moralistes. Cette seconde loyauté, qui est mentale autant que morale, consiste à traiter la guerre elle-même, après qu'elle est devenue inévitable, comme étant la guerre et non pas comme étant la paix. Tout bêtement elle consiste à se battre pour de bon, quand on se bat. Elle consiste à faire la guerre sérieusement, dans son genre, comme on doit faire sérieusement tout travail, dans son genre. Elle consiste à se battre corps pour corps. Elle consiste à ne pas commettre le mensonge qui consiste à faire de la guerre comme si c'était de la paix, mensonge de moralité, comme tout mensonge, mensonge aussi de mentalité, comme toute erreur volontaire de jugement et d'attitude. Je la nomme la loyauté réelle.

Je prétends que la paix n'est ferme, dans son genre, que si la guerre précédente a été ferme, dans son genre. Ici l'amertume est salubre. Et c'est la tiédeur, la fadeur, la quiétude et la moiteur des complaisances moisies qui est pernicieuse. Loin que l'amertume et l'aigreur, comme on le croit communément, soient deux degrés, le degré suprême et le degré supérieur, d'un même genre, le genre de l'amertume est ce qu'il y a de plus contraire au genre de l'aigreur. L'aigreur est de la famille de la blague, de la gaieté, du badin, du plaisant, du calembour et du précieux. L'amertume est de la grande famille opposée de la tristesse et de la joie. L'amertume est saine et féconde. Les batailles amères laissent le champ libre au travail sain. L'expérience le confirme entièrement. Je ne suis pas suspect d'avoir sur beaucoup de questions la même opinion que M. Daveillans. Je l'ai attaqué fortement en ces cahiers, même au temps où il nous vantait l'amnistie. Je dis que c'est justement parce que j'ai gardé envers lui toute ma liberté, toute ma franchise, parce qu'il sait que je suis prêt à recommencer, que j'ai pu, dans une assemblée générale d'une Société[1] qui nous était commune, et qui m'est plus chère qu'à personne, librement travailler avec Simiand à faire décréter les mesures qui nous paraissaient indispensables. Si j'avais été son compère dans les affaires précédentes, je n'aurais pu ce jour lui apporter que la doublure de sa propre action, ce qui n'est rien, je ne lui eusse apporté qu'une force de compérage, moins que rien, au lieu de lui apporter ce que je lui apportai, le renforcement, le contrefort, l'appui, l'étai d'une action montant d'ailleurs et momentanément concourante. Il faut par définition que des contreforts, des arcs-boutants, n'aient pas le même pied. Des contreforts sont des contrepieds. Pareillement quand dans un débat loyal, ouvert, Téry, Hervé, moi, loyaux mutuellement, du moins je l'espère, et loyaux envers nous-mêmes, et loyaux envers le débat, nous aurons ici-même exposé nos raisons, en toute amertume et en toute profondeur, plus tard si pour des fins déterminées nous jugeons convenable de travailler ensemble, et si nous sommes alors d'accord sur la méthode, je me représente bien que de nouveau nous fassions œuvre commune. Au lieu que si j'avais laissé le dissentiment profond s'envenimer en silence dans l'aigreur sournoise des consciences blessées, c'est alors que toute notre action future eût été originellement viciée.

Quelques-uns m'ont dit, Challaye m'a écrit que mon cahier était injuste, ou leur semblait injuste. C'est ici une tout autre question, et dans l'examen de laquelle je ne puis entrer aujourd'hui. C'est la question de fait, d'espèce, d'application. Beaucoup de mes amis m'ont demandé pourquoi j'avais publié la fin de la lettre, qui était confidentielle. On doit croire qu'en la publiant je savais ce que je faisais. Je m'en expliquerai. Quand j'aurai publié, comme je le dois, les réponses de Téry, la réponse de Hervé, l'intervention d'Adolphe Landry, alors, et encore ce n'est pas sûr, mais au moins seulement alors on pourra se prononcer en connaissance de cause. Il y a deux questions. J'examine aujourd'hui, la question générale de savoir si l'on peut et si l'on doit faire des personnalités, si l'on fait bien ou mal de faire des personnalités. Nous examinerons dans un cahier suivant la tout autre question de savoir si dans le cahier Téry j'ai bien ou mal fait les personnalités que je pouvais et devais faire. On lira les réponses des intéressés. Il demeure entendu, seulement que je me réserve le droit de répondre à ces réponses. Le droit de réponse, que je maintiens pour tous dans ces cahiers, je le maintiens autant pour moi.

On avait commencé par maltraiter ces cahiers même. On a changé de tactique, ou de méthode. On oppose la troisième série aux deux premières. Pour justifier en arrière la rigueur dont on accueillit ces deux premières, on feint que je me suis totalement transformé. Je n'accepte pas cette interprétation. L'institution première de nos cahiers en était l'entière institution. Ce n'est pas nous qui nous sommes attardés à faire des personnalités. Ce furent ces personnalités qui se trouvèrent sur notre chemin. Ce n'est point par un virage que nos cahiers ont changé d'aspect, de contenu. C'est par un déblayage. Et quand nous eûmes écarté les personnalités qui s'étaient présentées devant nous, ce fut par la continuation d'un mouvement intérieur, ce fut par le développement spontané de nos intentions recouvrées, que nous passâmes à des travaux qui enfin nous plaisaient.

D'autres, poursuivant plus profondément la même séparation, opposent des cahiers à des cahiers, opposent dans le même cahier des articles à des articles. Ainsi, on opposait le courrier de Challaye à la polémique Téry. J'avoue que la distinction, l'opposition, la séparation ainsi introduite me fait particulièrement de la peine. Je sais, mieux que personne, étant au centre des communications, ce qu'il y a dans les cahiers. L'ouvrier sérieux sait mieux que le spectateur le plus attentif ce qu'il a mis dans le ventre de l'œuvre. Je sais que tous les cahiers ne reviennent pas au même. Et c'est de cela que je suis le plus content. Et cela n'est pas étonnant, puisqu'ils sont faits exprès pour cela. Si je voulais présenter mon travail de gérant sous une forme un peu grossière, je dirais : Je révèle ici un secret de ma gérance. Tous les cahiers, sans aucune exception, les jaunes et les blancs, sont faits pour mécontenter un tiers au moins de la clientèle. Mécontenter, c'est-à-dire heurter, remuer, faire travailler. Ce que je redoute le plus, aujourd'hui que nous nous sommes recruté un certain public, c'est que dans ce public fomenté comme en vase clos, sans inquiétude, sans fermentation, sans vibration, il se forme peu à peu un esprit particulier qui serait l'esprit des cahiers, sans recherche, ni curiosité, ni étonnement, un esprit mort de statique et d'équilibre. Encourager, pousser à la formation de cet esprit, ce serait le moyen d'assurer sans frais la pérennité de nos cahiers. Mais, si l'on veut bien y regarder, ce serait notre démagogie à nous, une autointoxication par complaisance mutuelle, un empoisonnement par la respiration d'un air confiné en chambre close d'admiration perpétuelle. Pour cette raison, et pour des raisons que je dirai ailleurs, nos cahiers sont variés, libres. Jusqu'à présent, parmi tant de malheurs, nous avons eu ce bonheur que ce régime a parfaitement convenu aux auteurs des cahiers indépendants. Épuisant eux-mêmes leur liberté, ils admettaient, ils demandaient que le voisin de droite ou de gauche, d'avant ou d'arrière, d'envers ou d'endroit épuisât la sienne. Ce régime a parfaitement convenu aux auteurs, matériellement plus engagés, des articles indépendants. Je dis matériellement plus engagés, car la cohabitation typographique dans un même cahier impliquerait une responsabilité commune, si la force de notre institution ne garantissait toute liberté. Non seulement chacun sans se croire lésé laisse au voisin toute sa liberté; mais il y a eu des assentiments merveilleux. Si deux formes d'art diffèrent, c'est bien celle de Tharaud et celle de Salomé. S'il est une troisième forme dont ces deux formes diffèrent, c'est bien celle de Lavergne. C'est donc avec une joie profonde que j'entendais Tharaud admirer fougueusement la charpente impeccable du *Jean Coste,* et que je reçus de Salomé, qui demeure à Bruxelles, une lettre écrite exprès pour m'annoncer qu'il avait lu d'une traite, en une nuit, ce roman de réalité passionnante.

Entendons-nous. Il ne s'agit pas que l'admiration mutuelle, écartée sous sa forme de servitude, reparaisse masquée sous une forme de liberté. Quand ces heureux assentiments se manifestent, je les reçois comme une joie supplémentaire. Quand ils ne se manifestent pas, nous rentrons dans l'ordre commun. Et cet ordre commun est tel : chacun des auteurs laisse au voisin toute liberté, toute responsabilité. Le gérant traite les auteurs comme les auteurs se traitent mutuellement. Le gérant se traite, comme auteur, comme il traite les autres auteurs.

A peine ai-je besoin de dire que je ne m'accorde, comme auteur, aucun avantage. Ma copie attend comme les autres copies. J'ai depuis près d'un an plus de vingt pages rédigées de ma *réponse à M. Bjoernstjerne Bjoernson*[1]. J'ai depuis plus de six mois plus de vingt pages rédigées de mon *compte rendu des congrès*. J'ai depuis plus de trois mois plus de vingt pages rédigées de mon *témoignage* dans *le cas Hervé*. Je ne sais quand je finirai tout cela. Un bon tiers de nos abonnés insiste pour que j'écrive plus souvent dans les cahiers. Je résiste à ce tiers comme aux autres tiers. Je ne m'accorde d'écrire que quand j'ai assuré le travail de gérance et le travail de fabrication.

Ceux de nos auteurs qui n'ont jamais remis de copie aux mains d'un éditeur bourgeois, ne peuvent mesurer l'avantage de liberté que notre institution leur confère[2]. Il serait déplorable que l'ignorance où ils sont de cet avantage les rendît présomptueux. Nous nous heurtons ici au dilemme redoutable de l'éducation. Quand on rend les enfants malheureux, on est un criminel, et on risque de les tuer. Quand on les rend heureux, on a raison, mais on risque de les rendre niais, présomptueux, insolents. Quand on laisse un jeune auteur aux mains des éditeurs bourgeois, ils peuvent le tuer ou l'abâtardir, par l'inanition ou par la déformation. Mais quand on publie d'emblée un jeune homme, on risque de le rendre orgueilleux. On risquait de tuer son talent et de briser son caractère. Secondement on risque de tuer son génie et son âme. Il serait déplorable qu'un jeune homme accueilli aux cahiers oubliât l'effort antécédent du gérant et des autres auteurs. Il serait déplorable qu'un jeune homme oubliât une solidarité déjà ancienne.

Je sais que je fais un métier misérable. Mais tout le monde ne peut pas être une bouche d'ombre, ni le clairon sonnant dans les ténèbres, de manière à faire trembler les vertèbres. Cela ferait trop d'ombre, trop de fanfare et trop de tremblement. Je passe un grand tiers de mon temps à l'établissement industriel des cahiers, à la correction des épreuves. Je corrige les épreuves avec une sollicitude si méticuleuse qu'elle m'a rendu légèrement risible, surtout quand, tant de soins ne suffisant pas, il y passe quelque coquille. Je puis donner ici l'assurance que j'ai autant de contentement, autant de joie, autant de bonheur à faire un beau cahier avec de la copie que l'on m'apporte qu'avec de la copie que je fournis. Que l'on regarde la collection. Je corrige aussi soigneusement les épreuves des autres que les miennes. Je passe un petit tiers de mon temps à l'établissement commercial des cahiers à la gérance. La diligence de Bourgeois m'a beaucoup allégé les soucis administratifs de la gérance. Il m'en reste les gros soucis généraux.

Je passe les deux tiers de mon temps à ces besognes misérables de commerce et d'industrie. Et même je n'ai pas la consolation de faire du grand commerce et de la grande industrie, d'être un grand négociant, un grand industriel, un grand patron, et d'avancer d'autant, comme on sait, la définitive révolution sociale. Je suis un pauvre industriel et, comme on dit, un petit boutiquier. Je le suis parce que je dois l'être. Je suis heureux de l'être. J'exerce avec passion deux métiers réels. Ces deux métiers m'ont appris sur les réalités économiques, politiques, morales et sociales, plus que ne m'avaient enseigné en cinq ans mes maîtres et mes sous-maîtres. Je ne me méprise pas d'exercer deux petits métiers. Je commence à m'apercevoir qu'il vaut mieux exercer deux petits métiers que de n'exercer aucun métier du tout, c'est-à-dire d'être un homme politique, parlementaire ou journaliste. Il serait déplorable qu'un jeune auteur me méprisât. Je sais que je fais de la cuisine, en ce sens que je fais de l'économique. Je suis un économe, un gérant, un intendant, un cuisinier, un employé, un commis. Mais je me suis laissé dire que le socialisme revenait à restaurer dans leur dignité morale ces modestes fonctions de la vie économique sans quoi l'univers de la pensée s'arrêterait de fonctionner aussi. Le jour où tous les cuisiniers cesseraient de faire toutes les cuisines, le jour où les laboureurs cesseraient de labourer, — et qu'est-ce que le labourage; n'est-ce pas la cuisine initiale, la cuisine première, la principale cuisine de la terre et du grain, la fomentation des germes, — le jour où cesserait de fonctionner la cuisine universelle, nos échevelés, nos romantiques, se tairaient.

Je constate que la vie économique est l'indispensable soutien de la vie mentale. Je crois que l'on doit assurer loyalement la vie économique pour assurer loyalement la vie intellectuelle. Sans quoi on tombe dans le parasitisme, qui est en un sens le pire des crimes sociaux, qui est certainement, des crimes sociaux, le plus contraire au socialisme.

C'est pour cette raison, parmi beaucoup de raisons, que j'attribue au travail économique des cahiers tout ce que je peux de temps et de forces

Le tiers qui me reste, j'écris. J'écris ce que je peux, comme je peux. J'écris utilement de modestes cahiers. Moi aussi j'aimerais mieux faire des œuvres plus considérables, sinon plus sereines. J'aimerais mieux faire des nouvelles, des contes, des romans, des dialogues, des poèmes ou des drames. Et je crois que je n'en suis pas incapable. J'ai depuis plus de trois ans plus de cent pages rédigées d'un grand dialogue, *Pierre,* que j'ai dû laisser inachevé. J'aimerais mieux travailler à de grandes œuvres. Mais je dois faire ce que je dois, et non pas ce que j'aime le mieux. Dans ces cahiers même j'ai dû ajourner les modestes entretiens qui étaient comme des dialogues un peu journaliers. Je les continuerai aussitôt que je le pourrai. Mais ce n'est pas ce qu'il y a de plus pressé.

Ce qu'il y a de pressé, d'urgent, c'est de barrer la route à la démagogie politique et sociale, intitulée socialiste, à la démagogie littéraire. En aucun temps le public ne fut aussi bête, et aussi abêti. Les artistes, les poètes antiques avaient un public. Les prophètes hébreux avaient un public. Le moyen-âge avait un public. La Renaissance eut un public. Le dix-septième siècle français eut un public. Le dix-huitième siècle français eut un public. Tolstoi a un public. Les plus grossiers, les plus profonds chanteurs nègres ont un public. Il y a eu en France des survivances de public jusqu'à la fin du Second Empire. Il n'y a plus aucun public en France depuis le mensonge révolutionnaire et depuis l'infection romantique.

Refaire un public en ce pays contre le perpétuel adultère d'âme ou de corps ou d'art ou de philosophie, contre le vice bourgeois, contre la démagogie populacière, contre le mensonge romantique, refaire un public ami de la vérité sincère, de la beauté sincère, un public peuple, ni bourgeois ni populace, ni faisandé, ni brute, c'est la tâche redoutable où nous sommes attelés. Nous ne l'avons pas mise en programme solennel. Nous laissons aux politiciens de presse ou de Parlement les déclarations retentissantes. Nous aimons mieux faire que dire. Nous aimons faire et ne pas dire. Cette œuvre est capitale, immense. L'immense majorité de nos abonnés ne s'y eſt pas trompée. Des esprits avisés ne pouvaient s'y tromper. Seuls quelques anciens camarades, et quelques anciens amis, n'y ont rien vu, ou rien voulu voir. M. Seignobos, qui fait profession de désapprouver les cahiers et de ne s'y abonner pas, me disait tout joyeusement, dans une tierce maison : Oh! moi, si j'étais le maître, je commencerais par supprimer une bonne moitié des jeunes revues; je fondrais le reste ensemble; dans celle que cela ferait, on les laisserait se chamailler tant qu'ils voudraient. Véritablement joyeux fossoyeur. Voilà ce que deviennent, dans l'esprit d'un notable universitaire, les travaux et les débats où nous mettons tout ce que nous avons de santé, de force et de finance. Voilà quelle image, quelles traces caricaturales nous laissons de notre action dans un esprit notoirement sérieux. Ces défigurations ne nous décourageront pas. Nous savons ce que nous faisons. Il faut être aussi mal renseigné qu'un professeur éminent d'histoire pour s'imaginer que nos cahiers sont une petite revue, ou une jeune revue. Si nous étions une petite revue, nous n'aurions pas soulevé dès le principe ces grandes réprobations. S'imaginer que nos cahiers sont une jeune revue parmi tant de jeunes revues, c'est commettre un contresens correspondant à celui qui consiste à croire que le cours de M. Bergson est un cours parmi tant de cours.

Nous avons raison ou nous avons tort, et nous demandons qu'on nous examine et qu'on nous critique. Mais nous savons que notre méthode est nouvelle. Non pas nouvelle en imagination, car on y a pu penser avant nous, mais nouvelle en réalisation, car nous sommes les premiers en date qui ayons réussi à publier la vérité que nous savons de ce qui tient à la révolution sociale, au sens où nous l'entendons.

A cette vérité nous voulons obtenir l'audience d'un certain public, de plus en plus large. C'est ce que nous entendons quand nous parlons de faire, ou de former un public. Il est évident qu'il ne s'agit pas de fabriquer, par un artifice arbitraire, un public factice qui nous plairait, à qui nous plairions. Mais, étant donné qu'entre les œuvres et le peuple intervient un engorgement de puissances comme il n'y en a jamais eu, éditeurs, administrateurs, directeurs, journalistes, politiciens, politiques, soiristes, critiques, lundistes, ministres, courriéristes, publicistes, professeurs quelquefois, amis, camarades, maîtres, chers, compagnons, copains, et toutes autres individualités, nous voulons donner de l'air aux œuvres et au peuple étouffé. C'est par déblayage que nous voulons restituer un public. Dans ce déblayage nous aurons à faire des individualités. On ne peut déblayer un champ de ses individualités, des individualités qui l'encombrent, sans faire des individualités.

Combien serons-nous à la tâche? Nous ne pouvons compter que sur nous-mêmes. Le moins que l'on puisse dire du *Mouvement Socialiste* [1] est qu'il nous fait défaut. *Les opinions des hommes varient,* comme le dit si malheureusement Lagardelle dans son numéro du samedi premier mars, *et il est parfois des retours imprévus!* Les hommes de mon temps n'avaient pas prévu que Lagardelle retournerait aussi rapidement au guesdisme, qui fut sa première discipline. Les hommes de mon temps, qui ont contribué de toute leur force à l'institution de l'ancien *Mouvement,* ne prévoyaient pas qu'un jour un nouveau *Mouvement* accueillerait de la littérature banale et complaisante. Je lis dans ce numéro, sur *Victor Hugo poète,* un article de M. A. Ferdinand Hérold. Le moins qu'on en puisse dire est que cet article est platement faux. Je n'ai jamais lu plus basse démagogie littéraire. On veut nous y faire croire qu'Hugo fut le poète des humbles. Et vraiment, il en fut l'exploiteur le plus éhonté. Jamais avant Hugo un bourgeois n'avait aussi impudemment exploité la description criante de la misère pour se faire du luxe, de la puissance, des rentes et de la table. Un lecteur non averti croirait d'après M. Ferdinand Hérold que Hugo fut un socialiste. Or, il n'y eut pas de pire exploiteur. Je dis que s'il y a une revue où l'on ne puisse pas laisser croire que Hugo fut un socialiste, c'est *le Mouvement.* Ou *le Mouvement* n'a aucune institution, ou il est fait parmi nous pour ne pas laisser avachir le sens du socialisme, pour garder au mot même, et pour exiger qu'on lui garde son intégrité.

Nous ne pouvons compter que sur nous-mêmes. Partout ailleurs les opinions des hommes varieront, et il y aura des retours imprévus. Nous n'aurons pas seulement contre nous les démagogues affirmés que nous attaquerons. Nous aurons contre nous, plus encore sans doute, les complaisants, les faibles, qui ne veulent pas se battre, et qui ne pardonnent pas que l'on se batte sans eux.

Nous aurons souvent avec nous des auxiliaires momentanés. Nous les accueillerons toujours sincèrement. Nous leur accorderons toujours le crédit le plus long que nous pourrons. Nous travaillerons loyalement avec eux. J'ai une théorie du crédit moral que j'exposerai aussitôt que je le pourrai. Nous ferons toujours comme s'ils devaient continuer définitivement avec nous. Justement parce que nous combattons sans feinte, nous pouvons asseoir des paix non boiteuses. Il y aura des retours imprévus. Quand Fradet vint me voir il me dit : Tous ces ministériels me dégoûtent. A la bonne heure les antiministériels. Je vais représenter la Fédération de l'Yonne aux Socialistes Révolutionnaires. — Allez-y. Vous m'en reparlerez dans un mois. Il revint au bout de cinq ou six semaines. — Hélas! me dit-il, j'ai vu Lafargue. Il s'arrêta, comme ayant tout dit. Quand Lagardelle, ayant épuisé le guesdisme et sa politique, puis en trois ans la politique unitaire, la politique bissectrice, la politique demi-bissectrice, la politique antiministérielle, aura épuisé le guesdisme revenu en *action parallèle,* s'il est enfin dégoûté de toute politique, nous serons heureux de travailler avec lui.

Dès ce jour, nous voyons des retours imprévus, et nous les accueillons comme il faut. Dans *la Petite République* datée du mercredi 5 mars, M. Louis Lumet parle de Victor Hugo avec une fierté sévère que nous ne lui connaissions pas. C'est en effet par un singulier retour que M. Hérold faisait de la démagogie, dans *le Mouvement,* et que M. Lumet, au contraire, dans *la Petite République,* faisait des fiertés et des sévérités. Nous devons à M. Lumet un compte rendu honnête, probe, de la cérémonie scandaleuse brocantée à l'Hippo-Palace pour l'élection de la Muse. Nous sommes heureux de le lui devoir. Nous savons par M. Lumet que le compte rendu publié par Téry dans *la Petite République* le lendemain de ce cabotinage était plus que faux, malhonnête. Nous sommes heureux de le savoir par lui. Nous savons par M. Lumet à quoi nous en tenir sur les dangereuses fadeurs niaises innovées par M. Gustave Charpentier. C'est bien. Nous recevons de toutes mains la vérité.

Nous aurons des auxiliaires inattendus. Dans *la Petite*

République datée du vendredi 7 mars, deux jours après, Téry revient totalement sur l'impression qu'il nous avait voulu donner de l'élection, de la Muse, et de la fête.

Pendant longtemps, les concours imprévus ne compenseront pas les coalitions contraires. Souvent, longtemps, les politiciens en apparence les plus ennemis les uns des autres se réconcilieront pour tâcher de nous étrangler. Nous le savons.

J'ai reçu des lettres littéralement honteuses, pour ceux qui me les avaient envoyées. Elles commençaient ainsi : Mon cher Péguy, je ne connais pas Téry, mais... — Mon cher Péguy, je n'ai pas lu un mot de Téry depuis un an mais il ne faut pas faire de personnalités. Enfin, pour qui me prend-on? Que diraient nos professeurs de lettres si, au commencement de la classe, un élève se levait et disait : Monsieur, je n'ai jamais lu un mot de Pierre Corneille, mais je persiste à croire qu'il était un alcoolique invétéré, — de géométrie, si un élève d'abord se levait et disait : Monsieur, je n'ai aucune idée de ce que c'est qu'un triangle isocèle, mais je puis vous certifier que ça danse très bien dans un quadrille, — et de chimie si un élève se levait : Monsieur, j'ignore totalement le permanganate de potasse, mais je garantis que mélangé avec deux fois et quart son poids de pommes de terre frites, il constitue un explosif des plus dangereux. Nos professeurs feraient cette conjecture, qu'on leur prépare un chahut sérieux. C'est pourtant à ce raisonnement, pour ainsi parler, que se réduisent exactement les communications que l'on m'a faites. Sauf la lettre de Beaulavon, toutes les lettres pouvaient se schématiser ainsi : Je ne sais pas un mot de la question, mais tu as tort, parce que tu fais des personnalités. Dois-je croire que ces professeurs me préparaient un chahut?

N'oublions pas que je lis scrupuleusement tout ce que Téry publie dans *la Petite République*.

Le peuple, avant la culture, a les proverbes, qui sont déjà dangereux, mais qui ne sont pas tout à fait dangereux, parce que l'on ne croit pas tout à fait que c'est de la pensée. Certains intellectuels, après la fausse culture, ont les formules, qui sont grossières comme les proverbes, et qui sont tout à fait dangereuses, parce que l'on croit tout à fait que c'est de la pensée. Quand le faux intellectuel répète : Il ne faut pas faire de personnalités, il n'analyse pas plus cette formule que le paysan n'analyse un proverbe de la lune rousse. Mais comme le faux intellectuel croit savoir, il n'écoute pas l'analyse qu'on lui apporte. Cette surdité mentale atteint, affecte les esprits les plus sérieux. Quand M. Seignobos ou M. Aulard parlent de la démocratie; quand Lagardelle et même Révelin parlent du prolétariat; quand Daveillans parle de la démocratie et du prolétariat, ils posent vraiment ces mots comme des logismes, des symboles morts. Ils refusent vraiment de repenser la réalité que ces mots ont pu recouvrir.

Faut-il donc qu'aujourd'hui je recommence ma démonstration? Est-elle surannée? Les événements échus pendant que nous réalisions la première et la deuxième série, et le commencement de la troisième, jusqu'à ce cahier, nous ont-ils démentis? Le gouvernement de M. Waldeck-Rousseau a-t-il été un gouvernement personnel? N'avons-nous pas vu toute la vie publique suspendue pendant que M. Waldeck-Rousseau avait la gorge malade? Et quand il s'agit de former ce ministère de défense républicaine et d'action qui ne nous a jamais promis de se substituer à nous pour faire la révolution sociale, trouva-t-on un autre homme que M. Waldeck-Rousseau. Je le demande. Y eut-il deux candidats?

Je ne demande pas si la constitution de ce ministère fut heureuse ou non; je ne demande pas si le gouvernement de ce ministère fut bon ou mauvais : nous examinerons en son lieu. Je demande si le gouvernement de ce ministère fut ou ne fut pas le gouvernement personnel de M. Waldeck-Rousseau. Et sous l'aspect des institutions parlementaires je demande si nous n'avons pas subi, ou eu un gouvernement personnel.

Je vais plus loin. Non seulement le gouvernement des différents ministères particuliers fut sous la personnalité de M. Waldeck-Rousseau un gouvernement sous-personnel de personnalités secondes ou d'individualités, mais l'opposition de gauche faite au ministère Waldeck-Rousseau ne fut pas plus que l'opposition de droite faite par des mouvements du peuple, par des mouvements de masse, par des mouvements d'ensemble, par des mouvements profonds et larges. Les antiministères latents pour qui travaillaient, inconsciemment ou non, les antiministériels, étaient, aussi, des ministères demi-personnels d'individualités, ou de personnalités secondaires. M. Méline existe.

Je ne demande pas s'il est bon qu'il en soit ainsi. Je demande s'il en est ainsi. Et je demande s'il n'est pas vrai que le cocher de M. Waldeck-Rousseau conduisant la voiture ne jouait pas d'un seul coup les prochaines élections. Je demande si les deux mécaniciens des deux tramways ne faisaient pas la plus efficace, la plus redoutable des oppositions, une opposition corporelle, mécanique, physique, littéralement une opposition à mort. Je demande si, à parler exactement, le cocher et les deux mécaniciens n'exerçaient pas sur les destinées de ce pays une action beaucoup plus considérable que le congrès de Tours, sans compter le reste.

Contre nous, et je remonte aux exemples que je citais au commencement de la première série, contre nous ce qui manqua aux persécuteurs d'une illustre victime, ce ne fut pas seulement d'avoir la justice, mais ce fut d'avoir des hommes, d'avoir un homme. C'est la loi de la réalisation que la justice et l'injustice, contraires, se ressemblent en ce qu'elles veulent des hommes. L'action antisémitique, nationaliste, réactionnaire, manqua de personnalités, soit qu'en effet il n'y en eût pas du tout parmi eux, soit, comme il est probable, qu'elles fussent étouffées par les non-valeurs. Car le mal parlementaire n'a sévi nulle part autant que parmi les antiparlementaires césariens, comme le mal ministériel ne sévit nulle part autant que parmi les antiministériels. J'ai vu de très près M. Jules Guérin fonctionner en des journées inoubliables. Je crois que s'il avait eu le commandement en chef des forces, nous n'en serions pas où nous en sommes. Mais ces grands militaires se faisaient conduire par des vieux généraux autrichiens.

Parmi nous, et je continue les exemples que je citais au commencement de la première série, parmi nous, n'est-il pas vrai, que le jeu des personnalités a tenu toute l'action. N'est-ce pas des individualités, sans mandat, qui ont joué dans les congrès de moins en moins généraux des partis socialistes français? N'est-ce pas des individualités qui jouaient au Comité général? Et des individualités au Groupe socialiste parlementaire? Et des individualités, identiquement, au Groupe socialiste révolutionnaire? La partie Hervé n'a-t-elle pas été jouée toute par deux individualités. La question si grave, et si difficile, de la participation au pouvoir ministériel n'a-t-elle pas été viciée toute, originellement, parce qu'avant tout il fallait se ruer sur la grande personnalité de Jaurès. La personnalité de M. Millerand est-elle demeurée étrangère au débat. La haineuse personnalité de Vaillant, l'ardente personnalité de Guesde n'ont-elles pas passionné le débat. Et les entourages de toutes ces personnalités n'ont-ils pas déshonoré le débat? Et la tension nerveuse de M. Gohier n'est-elle pas devenue un pouvoir constitué en ce pays?

Je ne dis pas que cela soit bon; mais que cela soit niable, je le nie. Moi aussi j'aimerais mieux que ce peuple regorgeât de sève, de santé, de personnalité. Moi aussi j'aimerais mieux que de ce pays montât un peuple si abondant de sa personnalité propre que les personnalités individuelles y passeraient inaperçues, un peuple de luxuriance, une race copieuse, de grande croissance, de poussée drue et de production harmonieuse. Moi aussi j'aimerais mieux que de la terre grasse il vînt un regorgement de moissons sans fils de fer et de forêts d'arbres sans tuteurs. Mais nous n'en sommes pas là. Et en attendant les squares ne sont pas méprisables. Aussi longtemps que l'alcoolisme nous fera pauvres de race et le parlementarisme pauvres de pensée, tant que le vice nous fera pauvres de corps et le vice d'autorité pauvres de cœur et de liberté, tant que nous n'aurons pas débarrassé ce pays du vice bourgeois, qui est le luxe, et du vice populaire, qui est le luxe de la démagogie populacière, nous ne pourrons ni méconnaître ni négliger les personnalités individuelles ou familiales.

Plus près de nous je vois que les institutions ne prospèrent qu'autant qu'elles ont pu se constituer un personnel. Je me demande ce que serait *le Mouvement* sans Lagardelle et quelques-uns, sans Buré. Je me demande ce qu'il deviendrait si Lagardelle et Buré n'étaient pas là, c'est-à-dire ou bien s'ils en sortaient, ou bien s'ils cessaient d'y être eux-mêmes. Les maisons qui changent de directeur ne vont pas. De très grandes revues marchent mal parce qu'elles n'ont pas de gérant. Au contraire, les *Journaux pour tous* ont le plus beau jeu de fiches de France, parmi les républicains, parce qu'un homme en a fait son affaire. *Pages Libres*[1] a le plus fort jeu d'abonnement pour des raisons, dont l'une est que les deux administrateurs en ont fait leur affaire.

Chez nous aucune humilité, fausse, ne nous fera dire que la gérance de nos cahiers aurait marché, marcherait toute seule, sans moi, que l'administration aurait marché, marcherait toute seule, sans Bourgeois. Et quand nous publions des contributions ou des œuvres, nous savons que ces contributions et que ces œuvres ont toutes été faites par quelqu'un. Je croyais quand j'étais petit que les groupes travaillent. Aujourd'hui, nous savons que les groupes ne font aucune œuvre. Ils font de l'agitation; ils ne font pas de l'opération, qui est presque le tout de l'action. Je révèle à tout gérant de périodique et d'éditions un secret du métier : quand on veut qu'un cahier soit fait, on le demande à quelqu'un; quand on tient absolument à ce qu'il ne soit pas fait, on le demande à un groupe; à un comité, de préférence à un comité de rédaction. Les cahiers que je connais ont été faits par Jérôme et Jean Tharaud, René Salomé, André Bourgeois, Pierre Deloire, Hubert Lagardelle, Romain Rolland, Léon Deshairs, Pierre Baudouin, Lionel Landry, Antonin Lavergne, par M. Sorel, par mademoiselle Lévi, par Charles Guieysse, par Jaurès, par Georges Delahache, Jean Hugues, Félicien Challaye, Bernard Lazare, par Tolstoï. Les cahiers que nous préparons seront faits par les mêmes, par Pierre Quillard, par Louis Gillet. Tous ces auteurs, sauf le respect que je leur dois, sont des personnes. Je ne me représente pas ce que serait un cahier qui ne serait fait par aucun. Le compte rendu sténographique du cinquième congrès socialiste international même, tenu à Paris en septembre 1900, ne fut pas établi par un groupe officiel. On avait officiellement oublié ce détail d'organisation. Le congrès avait officiellement oublié de se faire enregistrer.

Quand nous publions un cahier établi par la Société des Universités populaires, cela ne signifie pas qu'un groupe intitulé Société des Universités Populaires nous a donné de la copie qu'il avait faite. Cela veut dire que les initiateurs, les fondateurs, les secrétaires, les commissaires, les fonctionnaires des différentes Universités avaient, sur demande et convocation répétée, établi des rapports, des comptes rendus, et que ces rapports, assemblés par le secrétaire de la Société, aidé de son secrétaire adjoint, nous furent apportés au nom de cette Société. Dans tout groupe qui travaille, c'est qu'il y a quelqu'un ou quelques-uns.

Le courrier de Challaye n'avait toute la valeur qu'il a que parce que nous connaissons personnellement Challaye, parce qu'ainsi nous savons qu'il dit la vérité. Pour ceux qui ne le connaissent pas personnellement, il reçoit à son avoir comme un endossement de personnalité, une communication de confiance personnelle, un report de crédit. Ceux de nos abonnés qui ne connaissent pas personnellement les auteurs, le public en général, qui ne connaît pas personnellement les auteurs, accepte en garantie cette espèce de crédit personnel général que le faisceau des personnalités qui travaillent aux cahiers a pour ainsi dire capitalisé sur leur nom. Parce que l'on sait que notre institution garantit la vérité des contributions et des œuvres, parce qu'on sait que réciproquement nos auteurs se conforment à l'institution commune, chacun de nos abonnés accorde un crédit personnel aux auteurs qu'il ne connaît pas personnellement. Et c'est ce crédit personnel qui donne au témoignage de nos auteurs, dans les contributions et dans les œuvres, sa valeur d'audience publique.

Si l'on m'oppose que tant de crédits, de mutations et d'endossements sont parfaitement inutiles, parce qu'il suffit de lire le courrier de Challaye, comme il suffisait de lire les courriers de Landry, pour savoir que c'est vrai, si l'on m'oppose que le courrier de Challaye, comme les courriers de Landry, se suffit à lui-même, parce qu'on y reconnaît d'abord le ton de la vérité, c'est ici que ma thèse devient inattaquable. Qu'est-ce en effet que le style, qu'est-ce que le ton, si ce n'est pas la manifestation la plus profonde, la plus exacte, la plus vraie de la personnalité. Plus que la figure du corps, plus que le geste, plus que la démarche, plus que l'aspect, plus que la forme du corps, plus que les traits du visage, plus que le regard des yeux, plus que le son de la voix, plus que le ton de l'éloquence, plus que le verbe, plus que la parole parlée, le style est de l'homme même. La phrase est l'écriture de la physionomie. Les trucs, les faux talents et les faux génies des faux écrivains n'ont jamais trompé que ceux qui ne savaient pas lire, encore plus que les faux regards n'ont jamais trompé que ceux qui ne savaient pas voir, et que les faux langages parlés n'ont jamais trompé que ceux qui n'entendaient pas. Quand donc on m'opposerait que Challaye et que Landry n'ont pas besoin de personnalités étrangères qui les recommandent, pour cette raison que leur style même les recommande, il ne s'en suit pas qu'ils n'aient besoin d'aucune personnalité, il s'ensuit au contraire qu'ils sont eux-mêmes une personnalité, que cela se lit. C'est parce qu'ils sont une personnalité qu'ils n'ont pas besoin de recevoir de la personnalité.

Ce qui m'intéressait dans les courriers que Landry nous envoyait de Chine, ce qui m'intéresse dans le courrier que Challaye nous apporta d'Indo-Chine, c'est justement que ces deux personnes, ayant voyagé dans ces deux pays, et y étant demeurées, nous contèrent ce qu'elles y virent. Qu'est-ce que le courrier de Challaye, sinon la narration personnelle de ce que Challaye vit en Indo-Chine. Et quand Bourgeois nous fit un courrier de Montceau, qu'était-ce que ce courrier, sinon la narration personnelle de ce que Bourgeois avait vu à Montceau[1]. — J'étais là, telle chose m'advint : toute l'histoire est là. Si Bourgeois avait fait authentiquer son compte rendu par le comité de la grève, par les assemblées générales des grévistes, par Maxence Roldes, par Bouveri, par les journaux, par le Comité général, ou au contraire s'il avait fait authentiquer son compte rendu par le sous-préfet de Chalon, par le capitaine de gendarmerie, par le préfet de Saône-et-Loire, par le général commandant la subdivision de région, par les ministères du commerce et de l'intérieur, c'est alors que je refuserais formellement d'y entendre. Et s'il avait eu l'idée d'appuyer son compte rendu sur un ordre du jour préalablement voté à la Chambre, c'est alors que nous n'eussions pas eu l'idée de le lire. Pareillement Challaye, s'il avait fait authentiquer son courrier par les résidents et les vice-résidents, par la représentation coloniale, par les journaux, par l'infanterie de marine et par la flotte et par le gouvernement général, par le ministère des colonies, ou au contraire s'il avait fait authentiquer son courrier par la Mission, c'est alors que son courrier serait comme s'il n'était pas. Landry ne s'est pas fait certifier par M. le général Voyron.

Le courrier de Challaye serait sans valeur s'il n'était pas la narration de ce que quelqu'un a vu quelque part en quelque temps.

Nous publierons dès que nous le pourrons le journal de route, que Challaye nous a donné de son expulsion de Vladivostock[1]. Ce journal de route n'est plus même un courrier. Dans ce journal de route il ne s'agit plus même de savoir ce qu'une personne a vu, dans un pays, de la vie générale. Il s'agit de savoir ce qu'une personne a subi, dans un pays, comme traitement particulier. Or cette relation a été composée à l'imprimerie et je l'ai lue en épreuves : rien ne m'intéresse autant, rien ne me renseigne autant sur le fonctionnement du despotisme russe, que cette histoire particulière vraie d'un voyageur particulier véridique, des événements, des accidents même qui sont survenus à ce voyageur.

On me dit : Les révélations de Challaye intéressent vingt-cinq millions d'hommes, le courrier de Challaye importe au sort de vingt-cinq millions d'hommes; et votre polémique avec Téry concerne un seul personnage. On confond ici la matière du travail avec la matière de son effet. Je crois qu'en effet ce que nous faisons intéresse les quarante millions de Français, et puisque la France n'a pas encore perdu l'audience des nations, je crois que tout ce que nous faisons intéresse l'humanité entière. Par sa forme politique la France est à l'avant-garde, comme on le dit, de la démocratie; par sa forme mentale elle est et demeure la terre de plus grande liberté. Il importe à l'humanité que la démocratie française ne se pourrisse pas en démagogie, que la liberté française ne se pervertisse pas en vice et en autorité. Il importe en particulier aux cinquante millions de sujets français, aux vingt-cinq millions de sujets français gouvernés en Indo-Chine, que le personnel gouvernemental français ne soit pas tout composé d'arrivistes cruels. Quand nous barrons la route à un jeune ambitieux sans scrupules, nous courons une chance de sauver à vingt millions de nos indigènes un Gouverneur général sans scrupules.

Si l'on voulait approfondir le débat que l'on peut commencer sur le courrier de Challaye, on n'irait pas

qu'elles se refusent obstinément à recevoir des livres. Ce qui étudie dans les groupes d'études, ce qui lit dans les groupes de lecture, ce sont certaines personnes. Et dans les groupes où nos cahiers ont tenu, c'est qu'il y avait quelqu'un qui les tenait, ou quelques-uns.

Il semblerait à première vue que les citoyens s'assemblent pour contribuer. Ils s'assemblent au contraire pour parasiter. Quand plusieurs contribuables ont fondé un groupe, ils ne disent pas : Puisque nous sommes un certain nombre, nous allons nous envoyer un peu plus d'argent, pour vous aider à vivre, à travailler. Ils disent : Puisque nous sommes un assez grand nombre, vous ne manquerez pas de nous consentir un abonnement de propagande. Et pendant ce temps deux instituteurs qui font leur année de service militaire nous envoient régulièrement le montant de leur prêt.

Ainsi en toutes ses parts non seulement la démonstration que je donnais il y a deux ans n'a rien perdu, mais l'expérience de ces deux années la renforce et la confirme. Aussi longtemps qu'on ne m'aura pas produit une réfutation, je demande qu'on tienne la démonstration pour valable et reçue.

Ma démonstration est valable, au moins provisoirement et jusqu'à concurrence de réfutation. Je demande qu'on ne me la fasse pas recommencer tous les ans, à blanc. Ceux de nos camarades qui enseignent des sciences reconnues sont beaucoup plus heureux. Leur auditoire les suit. Leur auditoire tient pour acquis, au moins provisoirement, ce qui est acquis. Quand Perrin fait en Sorbonne son cours de chimie physique, on ne lui dit pas : Pardon, monsieur, voulez-vous commencer par nous répéter ce que c'est qu'une éprouvette.

Je demande qu'on ne me fasse pas répéter. La vie est brève, et la tâche est immense. Le temps que nous passerions à piétiner serait dérobé à l'action. Nos cahiers sont faits sérieusement. Ils valent qu'on les lise sérieusement aussi. Nos cahiers sont continus, composés. Il suffit de les aligner sur une planche pour en apercevoir le mode. Ceux de nos abonnés qui les lisent régulièrement en connaissent le sens, la teneur et le rythme.

A des indices précurseurs qui me paraissent évidents nous pouvons conjecturer que nos cahiers vont peu à peu entrer dans une action plus large; le public de nos abonnés croît lentement, mais régulièrement; nous serons sans doute avant peu aux confins de ce qu'on nomme le grand public. Déjà par le vigoureux effort de Gémier *le 14 Juillet* de Romain Rolland s'est porté jusque dans le grand public de Paris, dans le public bourgeois, dans le public populaire, dans le public tout court. Les abonnements nouveaux que nous recevons ne sont pas nombreux mais ils sont caractéristiques. Ils sont avant-coureurs.

Nous n'avons jamais rien sacrifié de notre institution à nos anciens abonnés. Nous devons à nos nouveaux abonnés, au seuil d'une action plus large, cette loyale déclaration que nous ne sacrifierons rien de notre institution au grand public. Bien que le goût de la misère soit plus amer à mesure qu'on l'a davantage éprouvé, nous sommes résolus à continuer. Nous sommes résolus à publier toujours la vérité, quand même elle serait fade, quand même elle serait ingrate, quand même elle serait onéreuse, quand même elle nous conduit à faire des personnalités. Nos cahiers ne sont pas faits pour gens du monde. Quand nous publions de la philosophie, nous tâchons qu'elle soit de la philosophie. Pour la même raison, quand nous traitons des hommes et des événements contemporains nous ne faisons pas subir à la vérité cette altération qui consiste à masquer les personnalités réelles. Car il ne s'agit pas de savoir si nous sommes agréables. Il s'agit de savoir si nous sommes justes.

M. Seignobos me disait tout à fait cordialement : Vos cahiers seraient parfaits s'il n'y avait pas l'adversaire. C'est ici l'argument de parti. Cet argument vaut à peine cinq lignes de réfutation. Plus je vais, plus je crois profondément que l'adversaire est le vice et le mensonge, qui que ce soit qui mente et qui que ce soit qui soit vicieux. Pour M. Seignobos au contraire et pour beaucoup des hommes de sa génération l'adversaire est un corps, un bloc, étiqueté d'un nom, un symbole dont ils ne veulent pas analyser le contenu réel. Nous refusons d'arrêter l'analyse, la raison, devant cette barrière artificielle. Nous refusons d'incliner la loi morale devant cet artifice de politique. Dire qu'il ne faut pas faire de personnalités parce qu'il y a l'adversaire, aussi longtemps qu'il y a l'adversaire, c'est dire qu'il faut mentir aussi longtemps qu'il y a l'adversaire, et comme il est évident par définition qu'il y aura l'adversaire aussi longtemps qu'il y aura la bataille, et réciproquement qu'il y aura la bataille aussi longtemps qu'il y aura l'adversaire, mais qu'aussitôt après qu'il n'y aura plus de bataille il n'y aura plus d'adversaire, et plus d'adversaire, plus de bataille, cela veut dire que tant qu'on se bat, il faut mentir. Nous refusons formellement.

Dans le public plus large où nous parvenons, quelle sera la part du public universitaire? celle qu'il voudra. Nous vivons sous le régime de la liberté. Le public universitaire des cahiers se fera librement sa place dans le public général des cahiers.

Quand j'assiste régulièrement le vendredi au cours de M. Bergson au Collège de France, à quatre heures trois quarts, je suis frappé de ceci : Dans la grande salle à peu près pleine, sur les cent cinquante assistants et plus, — toujours le discrédit de la métaphysique, — il y a de tout le monde : je vois des hommes, des vieillards, des dames, des jeunes filles, des jeunes gens, beaucoup de jeunes gens, des Français, des Russes, des étrangers, des mathématiciens, des naturalistes, j'y vois des étudiants es lettres, des étudiants es sciences, des étudiants en médecine, j'y vois des ingénieurs, des économistes, des juristes, des laïques et des clercs, que Téry ne manquerait pas de nommer des curés, j'y vois des poètes, des artistes, j'y vois M. Sorel, j'y vois M. Charles Guieysse et M. Maurice Kahn, j'y vois Émile Boivin, qui prend des notes pour quelqu'un de province; on y descend des *cahiers*, de *Pages libres*, de *Jean-Pierre*, des *Journaux pour tous;* on y vient de la Sorbonne et, je pense, de l'École normale; j'y vois des bourgeois notoires, des socialistes, des anarchistes : j'y vois de tout, excepté des universitaires. Il faut croire que tous les professeurs de Paris ont classe à la même heure. Surtout je n'y vois à ma connaissance ni aucun professeur de sociologie, ni aucun professeur de philosophie. Je ne serais pas surpris que ce véritable philosophe prît avec un peu de bonne humeur cet événement, et se dît que ses excellents collègues de philosophie seront les derniers qui donneront loyalement audience aux propositions que nous connaissons tous.

Cette mésintelligence produit les plus graves malentendus; cette inintelligence produit les plus graves inentendus. Quand je fis à Téry ces *réponses particulières* [1] que je démontrerai que j'avais le droit et le devoir de lui faire, l'immense majorité de nos abonnés voulut bien s'apercevoir que j'attribuais l'importance la plus grande à ces réponses, que j'y approfondissais autant que je pouvais. Telles propositions, par exemple : *En France le cléricalisme et l'anticléricalisme sont les seuls qui nourrissent leurs hommes. Le socialisme pur et l'anarchisme pur laissent crever leurs modestes ouvriers* me paraissent importantes. Seuls quelques universitaires s'imaginèrent que c'étaient là de misérables ragots [2], comme certains universitaires s'étaient imaginé que mes démonstrations *des personnalités* étaient de lamentables bavardages. Et quand ce cahier parviendra, s'il y a quelqu'un, ce sera l'un d'eux, qui encore, ayant d'un regard distrait parcouru ces soixante pages, ou ne les ayant pas lues du tout, dira : Je n'y comprends rien. Il n'y a pas de plan. Il n'a pas traité la question.

QUATRIÈME SÉRIE

DE JEAN COSTE [1]

Troisième cahier de la quatrième série (4 novembre 1902).

Ce qui fait que je n'avais pas de la joie de ce que les gendarmes embarquaient les sœurs en troisième [2], c'est que j'avais reçu un peu avant le commencement des vacances la lettre suivante :

Montée de Charente, 22 juillet 1902.

Monsieur Charles Péguy,
gérant des Cahiers de la Quinzaine,
8, rue de la Sorbonne, Paris.

Monsieur,

Mon mari fait depuis quelque temps partie de la *Ligue française pour la défense des droits de l'homme et du citoyen,* et nous lisons les *Cahiers de la Quinzaine,* qu'un autre membre de la *Ligue* veut bien nous passer obligeamment.

J'ai pensé que, étant donnée l'importance de la publication dont vous êtes gérant, vous devez être en relation avec beaucoup d'hommes de lettres, de journalistes, d'éditeurs, de libraires. L'esprit démocratique qui anime les articles des cahiers me donne bonne idée de la fraternité qui doit unir les auteurs et les lecteurs; c'est pourquoi je me permets de vous demander un service.

Nous sommes de très pauvres gens. Mon mari est employé de perception aux appointements de 60 francs par mois; je gagne 80 francs comme institutrice publique. Nous sommes mariés depuis trente-trois mois et j'aurai dans un mois et demi mon troisième bébé.

Tant de besoins et de si maigres ressources vous laissent deviner que nous vivons étroitement. L'arrivée d'un nouvel enfant, la perspective des dépenses prochaines, qui vont être si lourdes à notre petite bourse, nous fait désirer de travailler un peu plus afin d'augmenter nos ressources. Or, il nous est bien difficile de trouver, dans la campagne où nous sommes, des occupations supplémentaires.

J'ai pensé que peut-être vous pourriez nous procurer quelque travail de plume : adresses à faire, manuscrits à copier, etc. J'espère n'avoir pas trop présumé de votre obligeance; je pense que vous voudrez être assez bon pour me répondre. Puisse votre réponse m'apporter une bonne nouvelle, je vous serai infiniment reconnaissante! Je prends mes vacances le 2 août; j'aurai un mois et demi de loisirs et je serai si heureuse de pouvoir les employer utilement!

Daignez agréer, monsieur, avec mes excuses pour la peine que je vais vous causer, l'expression de mes remerciements et de mes sentiments les plus distingués.

Marguerite Meunier,
institutrice primaire publique
à la Montée de Charente (Charente).

Bien entendu, j'ai modifié les noms propres, le nom de la commune, la signature. Une institutrice qui cherche du travail pour nourrir ses enfants serait mal notée des grands chefs; de telles démarches feraient croire que les familles des instituteurs ne sont pas complètement heureuses.

Mais si quelqu'un de nos abonnés veut entrer en relation avec cette famille et peut lui procurer du travail, nous serons heureux d'établir la communication. Écrire à M. André Bourgeois.

Cette lettre nous parvint quelques jours avant le commencement des vacances. Nous recevons un assez grand nombre de lettres écrites par des instituteurs; j'aime cette écriture soigneuse, régulière, grammaticale, presque toujours modeste, calme, et déjà conforme à la typographie; ce papier écolier; cette encre violette, qui sert à corriger les devoirs.

Tout y était, dans cette lettre : d'abord la répartition des genres entre la *Ligue française pour la défense des droits de l'homme et du citoyen* et les *cahiers;* la *Ligue,* dont on fait partie; les cahiers, qu'on lit; la *Ligue,* chargée de préparer les cérémonies des nouveaux cultes; les cahiers, à qui on s'adresse pour demander du travail.

Puis cette idée, cette illusion des pauvres gens que les cahiers sont déjà une importante publication, dont je suis le gérant important, que je suis en relation avec beaucoup d'hommes de lettres, de journalistes, d'éditeurs, de libraires, et qu'en outre les cahiers ont un esprit démocratique; cette confusion presque universelle, et dont vivent les politiciens, entre l'esprit démocratique et l'âme populaire; cette confusion non moins universelle entre la fraternité, la solidarité socialiste et la charité bourgeoise, le travail demandé comme un service.

Enfin, et surtout, cette illusion suprême des pauvres gens : que l'on peut trouver facilement du travail honnête; qu'il suffit d'être courageux, vaillant au travail, soigneux, pour avoir le droit de vivre en travaillant; que nous pouvons sauver de la misère les gens que nous aimons; que nous pouvons sauver nos amis de la faim; que nous sommes assurés nous-mêmes contre le déficit, contre la misère, contre le dépérissement et contre la mort.

Singulière illusion des pauvres gens, mais dont une cause au moins est évidente. Quand il s'agit d'organiser des cérémonies cultuelles, ou des cérémonies culinaires, enterrements, banquets, ou de bâtir des monuments, nous lisons dans nos journaux que des milliers de francs par jour tombent; les pauvres gens en concluent qu'à plus forte raison ils pourront trouver de quoi vivre en travaillant; ils ne peuvent imaginer que l'argent aille aux représentations, et qu'il manque à l'organisation du travail.

C'est pourtant ce qu'il faut se représenter; le vice bourgeois, d'entretenir le luxe avec ce qui est dû au travail, n'a peut-être jamais sévi avec autant de férocité dans le monde bourgeois que dans un certain monde prétendu socialiste. S'agit-il de commémorations, de fêtes et banquets, de meetings, d'élections, de manifestations politiques, de voyages, de monuments morts, d'exhibitions, de listes publiées, de romantisme et de théâtre, l'argent tombe aux mains des innombrables Puech et des innombrables Barrias. Et non seulement l'argent des nombreux bourgeois égarés dans le mouvement prétendu socialiste et demeurés snobs, mais, hélas, l'argent des véritables petites gens. Car les petites gens n'ont rien de plus pressé que d'imiter les grands de leur monde. Qu'il s'agisse au contraire d'œuvres vivantes et d'hommes vivants, et que l'on demande un dévouement anonyme, je manquerais aux nombreux et solides amis qui travaillent pour nous et qui travaillent pour plusieurs institutions vraiment socialistes si je disais que l'on ne trouve personne et que l'on ne trouve rien; mais tous ceux qui ont essayé de préparer ou d'organiser du véritable travail savent, à considérer l'ensemble du marché, de combien le rendement qui intéresse le travail est inférieur aux flots qui alimentent la représentation. Loin qu'ayant alimenté la représentation les souscripteurs habituels se croient tenus d'autant plus, à plus forte raison, à nourrir le travail, ils arguent, au contraire, de ce qu'ils ont dépensé en représentations pour ne pas dépenser en travail : Nous sommes épuisés; il faut, vous le savez, contribuer tous les jours; les occasions ne manquent pas. — Nous ne sommes pas les seuls à qui on ait accoutumé de tenir ce langage; tous ceux qui ont voulu organiser du travail sans luxe, ni boniment, sans affectation, sans gloire, sans pose ni publicité, se sont heurtés aux mêmes refus, qu'ils voulussent faire des coopératives ou des écoles, des livres ou du pain, c'est-à-dire, en dernière analyse, quelles que fussent les coopératives de production qu'ils voulussent faire, car nous ne faisons rien jamais qui ne soit, en dernière analyse, de la coopérative de production; et fabriquer des livres n'est pas moins indispensable que de fabriquer du pain; aussi quand les initiateurs, quand les fondateurs, quand les gérants des institutions laborieuses, leurs démarches finies, et mal consommées, rentrent dans leur atelier, dans leur boutique maigre, et dans leur misérable bureau, vienne le même jour une occasion de grande liste, ils ont le même jour l'amère consolation de retrouver, affectés de coefficients variables, mais plutôt considérables, notés de sommes importantes, les noms de ceux qui se trouvaient trop pauvres pour fournir des moyens de travail. Et ce qu'il faut noter parce que c'est un événement considérable moralement, c'est que l'argent des pauvres se refuse aux pauvres presque autant que l'argent des riches; les pauvres qui sortent de l'égoïsme et de la misère, au lieu d'acquérir directement une solidarité de classe, commencent par se donner un orgueil de parti, une affection de grandeur, un goût bourgeois de la cérémonie et de la représentation.

A ces aberrations des pauvres et des riches nous savons qu'il y a des exceptions nombreuses; nous savons qu'elles sont beaucoup plus nombreuses pour les pauvres que pour les riches; nous sommes ici mieux situés que partout ailleurs, pour estimer à leur valeur juste les dévouements anonymes de quelques riches et de pauvres nombreux; nous reviendrons sur cette répartition; mais ce que je veux indiquer dès aujourd'hui, c'est que dans les partis et dans les compagnies républicaines, socialistes, révolutionnaires, anarchistes, laïques, et parmi les individus correspondants, sous les mêmes étiquettes, sous les mêmes aspects, deux genres d'hommes coexistent, et cohabitent : les uns soucieux de travail, et que nous devons nommer les classiques, les autres, préoccupés de représentation, et que je suis bien forcé de nommer les romantiques; ces deux genres d'hommes s'interpénètrent partout; et partout depuis le commencement du mouvement révolutionnaire les classiques sont gouvernés par les romantiques; ceux qui travaillent sont gouvernés par ceux qui représentent; l'introduction du gouvernement parlementaire parmi nous, je ne dis pas avec tous ses abus, mais je dis : de préférence par ses abus, sous ses formes d'abus, n'est qu'une introduction particulière de ce gouvernement général, et sauf de rares et d'honorables exceptions les travailleurs émancipés pensent à gouverner plutôt qu'ils ne pensent à travailler; les romantiques et les classiques vivent partout ensemble, de bonne amitié, parce que les classiques sont bonne pâte, parce que les romantiques sont imposants, parce que les classiques ne demandent qu'à s'en laisser imposer; tous les romantiques sont gouvernementaux, ministériels, étatistes, quand même ils font profession, par démagogie électorale, d'être antigouvernementaux, antiministériels, antiétatistes; c'est que l'État militaire, totalement incapable d'organiser le travail, est assez capable d'organiser les représentations, les manifestations romantiques. Ces deux genres d'hommes vivent ensemble parce que les classiques, bonnes têtes, ont accepté l'asservissement romantique. En réalité, il y a peut-être plus de différence entre ces deux genres qu'il n'y en a entre les ennemis politiques et sociaux les plus acharnés. Il y a peut-être entre ces deux genres la plus profonde, et la plus grave des séparations contemporaines. Ceux qui aiment le travail sincère et ceux qui aiment les mensonges rituels des cultes romantiques sont peut-être séparés par le plus profond des dissentiments contemporains. Il est permis d'espérer qu'on s'en apercevra quelque jour. Déjà des présages laissent voir que les travailleurs sont las du gouvernement des théâtreux. Et il se peut que cet affranchissement le plus vaste fasse toute l'histoire de la période où nous entrons.

Cette lettre d'une institutrice était écrite parfaitement. Ceux de nos abonnés qui n'ont jamais manqué de pain ne peuvent imaginer comme il est difficile d'en demander. Demander une circonscription à la tourbe électorale n'est rien : il suffit, sauf de rares et d'honorables exceptions, d'être plat; demander un gouvernement à la tourbe parlementaire n'est rien : il suffit, sauf de rares et d'honorables exceptions, d'être plat; mais demander du pain, même par le moyen du travail, quand on est bien né, sans platitude, sans déclamation, est une opération délicate.

Par hasard, et par intermédiaire, je pus mettre cette famille en relation avec un auteur qui avait à faire faire un travail de copie; mais le plus souvent je n'ai rien; je ne puis procurer du travail aux pauvres gens qui en demandent; je ne puis trouver des leçons pour les camarades qui en ont besoin; je ne puis répondre à leurs lettres, parce que je suis moi-même surmené; j'en ai du remords; et ce remords m'empêche de partager la joie laïque d'État.

Personnalités. Jean Coste est un personnage[1]. Il n'est pas imaginaire. Il n'est pas littéraire. Il est vrai. On en parle comme de quelqu'un. Nous savons qui c'est. On a commencé par le vouloir ignorer. Mais il s'est fait connaître par sa force propre. Aujourd'hui, les députés, les journalistes, les chroniqueurs de l'enseignement, Téry, parlent de lui souvent, comme de quelqu'un de bien connu.

Je n'ai pas reproché à Téry d'avoir étouffé totalement

le *Jean Coste*. Il ne le pouvait pas. Il ne le voulait pas. Je lui ai reproché de n'avoir pas accueilli, soutenu le *Jean Coste* à l'origine avec toute la justice, avec toute la force que cette œuvre méritait. Je persiste à croire que Jean Coste, sous son nom, valait un article de tête, en première page de *la Petite République*. *La Petite République* se sert beaucoup des instituteurs. Elle pouvait lancer le *Jean Coste*.

On a dit : Je ne puis m'intéresser à Jean Coste; il est prétentieux, poseur, mièvre.

Nous savons de reste comme il est. Il n'est pas parfait. Il n'est pas un saint. Il est un homme. Il est un instituteur de village. Il est comme il est. Aux vertus que l'on exige des pauvres, combien de critiques et combien d'éditeurs seraient dignes d'être des maîtres d'école?

On veut qu'il soit parfait. On ne voit pas que c'est la marque même de la misère, et son effet le plus redoutable, que cette altération ingrate, mentale et morale; cette altération du caractère, de la volonté, de la lucidité, de l'esprit et de l'âme. Ceux qui font de la philanthropie en chambre, et qui sont, à parler proprement, les cuistres de la philanthropie, peuvent s'imaginer que la misère fait reluire les vertus. On peut se demander alors pourquoi ils combattent la misère. Si elle était pierre ponce, ou tripoli à faire briller les vertus précieuses, il faudrait la développer soigneusement. En réalité la misère altère, oblitère les vertus, qui sont filles de force et filles de santé.

On dit qu'il est faible, et que fort il pourrait s'évader de son bagne. Ceux qui font du moralisme en chambre, c'est-à-dire, à parler proprement, les cuistres de moralité, peuvent s'imaginer que la misère fait un exercice de vertus. C'est la pesanteur et c'est la force inévitable de la misère qu'elle rend les misérables irrémédiablement faibles et qu'ainsi elle empêche invinciblement les misérables de s'évader de leurs misères mêmes. Dans la réalité la misère avarie les vertus, qui sont filles de force et filles de beauté.

La misère ne rend pas seulement les misérables malheureux, ce qui est grave; elle rend les misérables mauvais, laids, faibles, ce qui n'est pas moins grave; un bourgeois peut s'imaginer loyalement et logiquement que la misère est un moyen de culture, un exercice de vertus;

nous socialistes nous savons que la misère économique est un empêchement sans faute à l'amélioration morale et mentale, parce qu'elle est un instrument de servitude sans défaut. C'est même pour cela que nous sommes socialistes. Nous le sommes exactement parce que nous savons que tout affranchissement moral et mental est précaire, s'il n'est pas accompagné d'un affranchissement économique.

C'est pour cela qu'avant tout nous devons libérer Jean Coste, ainsi que tous les miséreux, des servitudes économiques.

On confond presque toujours la misère avec la pauvreté; cette confusion vient de ce que la misère et la pauvreté sont voisines; elles sont voisines sans doute, mais situées de part et d'autre d'une limite; et cette limite est justement celle qui départage l'économie au regard de la morale; cette limite économique est celle en deçà de qui la vie économique n'est pas assurée, au-delà de qui la vie économique est assurée; cette limite est celle où commence l'assurance de la vie économique; en deçà de cette limite le misérable ou bien a la certitude que sa vie économique n'est pas assurée ou bien n'a aucune certitude qu'elle soit ou ne soit pas assurée, court le risque; le risque cesse à cette limite; au delà de cette limite le pauvre ou le riche a la certitude que sa vie économique est assurée; la certitude règne au delà de cette limite; le doute et la contre-certitude se partagent les vies qui demeurent en deçà; tout est misère en deçà, misère du doute ou misère de la certitude misérable; la première zone au delà est celle de la pauvreté; puis s'étagent les zones successives des richesses.

Beaucoup de problèmes économiques, moraux ou sociaux, politiques même seraient préalablement éclairés si l'on y introduisait, ou plutôt si l'on y reconnaissait comme due la considération de cette limite. Nous y reviendrons si nous le pouvons. Nous examinerons si cette limite existe en fait, si cette limitation vaut en droit, dans quelle mesure, sous quelles conditions.

En fait on s'apercevrait sans doute que cette limite n'existe pas universelle, qu'elle n'est pas fixe, qu'on ne la constate pas dans tous les cas, et que dans les cas où on la constate elle est variable; mais on reconnaîtrait qu'elle se présente dans un très grand nombre de cas, même aujourd'hui; qu'elle a une importance capitale dans les sociétés fortement constituées; qu'elle a une grande importance encore dans une société troublée, comme est la société contemporaine; aujourd'hui même, on reconnaîtrait qu'un très grand nombre de situations sociales sont définies parce qu'elles sont condamnées à demeurer en deçà de cette limite; et un assez grand nombre d'autres sont définies parce qu'elles ont franchi cette limite sans risque de retour; toute une zone sociale est déterminée parce qu'elle est située au delà de cette limite, juste au delà, sans la déborder beaucoup vers l'aisance, mais sans aucun risque de bavure en deçà; ainsi, on étudierait cette crise morale et sociale de première importance, qui survient à vingt-sept ans, et par qui l'immense majorité des révolutionnaires deviennent et restent conservateurs, soit qu'ils aillent faire de la conservation dans les partis de la conservation, soit, communément, qu'ils restent faire de la conservation dans les partis prétendus révolutionnaires, par opportunisme ou par surenchère, soit qu'ils pratiquent cette conservation publique et privée, de ne plus faire de l'action après avoir commencé par s'y intéresser; on reconnaîtrait que le souci de certitude, le besoin de sécurité, d'assurance, de tranquillité, est un facteur moral considérable; on distinguerait que ce besoin entre comme un élément respectable dans beaucoup de vocations religieuses; on éprouverait enfin que tant qu'un homme, jeune ou adulte, n'a pas dépassé l'âge de cette crise, on ne peut ni le juger, ni le présumer.

La misère est tout le domaine en deçà de cette limite; la pauvreté commence au-delà et finit tôt; ainsi la misère et la pauvreté sont voisines; elles sont plus voisines, en quantité, que certaines richesses ne le sont de la pauvreté; si on évalue selon la quantité seule, un riche est beaucoup plus éloigné d'un pauvre qu'un pauvre n'est éloigné d'un miséreux; mais entre la misère et la pauvreté intervient une limite; et le pauvre est séparé du miséreux par un écart de qualité, de nature.

Beaucoup de problèmes restent confus, parce qu'on n'a pas reconnu cette intervention; ainsi on attribue à la misère les vertus de la pauvreté, ou au contraire on impute à la pauvreté les déchéances de la misère; comme ailleurs on attribue à l'humilité les vertus de la modestie, ou au contraire on impute à la modestie les abaissements de l'humilité.

Ainsi à l'égard de la consommation la différence du pauvre et du miséreux est une différence de qualité, de mode, comme à l'égard de la production la différence du travailleur et du théâtreux était une différence de nature.

En droit, en devoir, en morale usuelle on reconnaîtrait que le premier devoir social, ou pour parler exactement, le devoir social préalable, préliminaire, celui qui est avant le premier, le devoir indispensable, avant l'accomplissement duquel nous n'avons pas même à discuter, à examiner quelle serait la cité la meilleure, ou la moins mauvaise, car avant l'accomplissement de ce devoir il n'y a pas même de cité, on reconnaîtrait que l'antépremier devoir social est d'arracher les miséreux à la misère, d'arracher les miséreux au domaine de misère, de faire passer à tous les miséreux la limite économique fatale.

Comme il y a entre les situations où gisent les miséreux et la situation où les pauvres vivent une différence de qualité, il y a ainsi entre les devoirs qui intéressent les miséreux et les devoirs qui intéressent les pauvres une différence de qualité; arracher les miséreux à la misère est un devoir antérieur, antécédent; aussi longtemps que les miséreux ne sont pas retirés de la misère, les problèmes de la cité ne se posent pas; retirer de la misère les miséreux, sans aucune exception, constitue le devoir social avant l'accomplissement duquel on ne peut pas même examiner quel est le premier devoir social.

Au contraire, étant donné que tous les miséreux, sans aucune exception, seraient sauvés de la misère, étant donné que toutes les vies économiques, sans aucune exception, seraient assurées dans la cité, la répartition des biens entre les riches différents et les pauvres, la suppression des inégalités économiques, l'équitable répartition de sa richesse entre tous les citoyens n'est plus qu'un des nombreux problèmes qui se posent dans la cité instituée enfin. Le problème économique de répartir également, ou équitablement, les biens entre tous les citoyens n'est pas du même ordre que le problème économique de sauver tous les citoyens, sans aucune exception, de la misère; sauver tous les miséreux de la misère est un problème impérieux, antérieur à l'institution véritable de la cité; attribuer à tous les citoyens des parts égales, ou équitables, de richesses est un des nombreux problèmes de la cité instituée; le problème de la misère est un problème incomparable, indiscutable, posé, posé d'avance, dans la réalité, un problème de la cité à bâtir; nous devons le résoudre et nous n'avons pas à discuter si nous devons le résoudre; nous n'avons qu'à discuter comment nous pouvons le résoudre; c'est un problème sans relâche; au contraire le problème de la pauvreté est pour ainsi dire un problème de loisir, un problème de la cité habitée, un problème comparable, discutable, que les citoyens se poseront après, s'ils veulent; avant d'examiner comment ils pourront le résoudre, ils pourront examiner même s'ils doivent se le poser.

Qu'on me permette une comparaison théologique : l'enfer est essentiellement qualifié comme l'effet d'une excommunication divine; le damné est un excommunié de par Dieu; il est mis par Dieu hors de la communion chrétienne; il est privé de la présence de Dieu; il subit l'absence de Dieu; les différentes et innombrables et lamentables peines où se sont excitées les imaginations sont dominées par cette peine d'Absence, qui est la peine capitale, innombrable[1]; d'ailleurs l'enfer est essentiellement modifié comme éternel, c'est-à-dire comme infini dans le temps, ou comme infini dans ce qui serait le temps et qui exclut le temps; à cet égard l'enfer se connaît à ce qu'il n'admet aucune espérance; l'horizon du damné est barré d'une barre infinie; l'enfer est cerclé; aucun espoir absolument ne filtre, aucune lueur.

Au contraire, le paradis est essentiellement qualifié comme le maintien de la communication divine; l'élu est élu par Dieu pour demeurer dans la communion chrétienne; il reçoit la présence de Dieu; les nombreuses béatitudes où les imaginations ont assez vainement tâché de s'exercer sont dominées par cette récompense de Présence, qui est la béatitude capitale, incomparable; d'ailleurs le paradis est essentiellement modifié comme éternel; donc il ne supporte aucun risque; l'horizon de l'élu est ouvert d'une ouverture infinie; aucun désespoir absolument, aucune hésitation ne filtre.

Cela étant, le purgatoire a beau ressembler à l'enfer

en ce qu'il est un lieu de peine et d'expiation, en ce qu'il comporte la même Absence; il a beau avoir la même qualité; il suffit que le mode n'en soit pas éternel, et que l'espérance non seulement passe mais soit assurée pour que tout soit autre; au jugement dernier, quand Jésus viendra dans sa gloire il viendra aussi pour délivrer, pour chercher les dernières âmes du Purgatoire; la Présence commencera dès lors, pour l'éternité; cette ouverture suffit pour que le purgatoire devienne, à cet égard, totalement étranger à l'enfer; il suffit qu'une lueur de certitude éclaire; deux séjours de peines, l'enfer et le purgatoire, peuvent sembler analogues ou de même ordre à une observation superficielle, parce qu'ils sont deux séjours de peines, et de peines analogues; mais il suffit que dans ces peines analogues une certitude de vie ait pénétré en purgatoire et qu'une certitude de mort domine en enfer pour que le purgatoire et l'enfer ne soient pas du même ordre; l'enfer est hors de la communion; le purgatoire est dans la communion; l'Église souffrante, après l'Église militante, avant l'Église triomphante, est de la communion; le purgatoire est de la vie; l'enfer est de la mort.

L'enfer est de la mort éternelle. Or quand nous parlons de l'enfer social ou de l'enfer économique les hommes de littérature, les hommes de gouvernement, les députés, les journalistes, les perpétuels candidats peuvent croire sincèrement, autant qu'ils peuvent être sincères, que nous employons avec eux une métaphore théâtrale, romantique, outrée, commode, inexacte, électorale pour tout dire; c'est ainsi en effet qu'insoucieux ou ignorants de la réalité, ils emploient la même expression; ils disent un enfer social comme ils disent du concurrent qu'il est un immonde apostat : ces mots n'ont pas de conséquence; mais ce ne serait pas la première fois qu'une expression profondément populaire serait détournée par les politiciens de son sens profond et plein, utilisée d'une utilisation fade et vide; ici encore le langage exact, le sens profond appartient au peuple et aux écrivains, par-dessus la tête creuse de la plupart des parlementaires de langue et des parlementaires de plume; quand un candidat parle de l'enfer social, économique, il veut dire une situation où l'on ne se trouve pas bien; quand le peuple dit que la vie est un enfer, il garde au mot son sens exact, premier.

Quand avec le peuple ou, vraiment, dans le peuple, nous parlons d'enfer, nous entendons exactement que la misère est en économie comme est l'enfer en théologie; le purgatoire ne correspond qu'à certains éléments de la pauvreté; mais la misère correspond pleinement à l'enfer; l'enfer est l'éternelle certitude de la mort éternelle; mais la misère est pour la plus grande part la totale certitude de la mort humaine, la totale pénétration de ce qui reste de vie par la mort; et quand il y a incertitude cette incertitude est presque aussi douloureuse que la certitude fatale.

On objecterait en vain que notre comparaison n'est pas fondée, sur ce que les peines infernales sont inépuisablement atroces; d'abord, elles ne sont pas toutes extrêmes; l'attention, comme on pouvait le prévoir, s'est portée presque toute sur celles qui étaient extrêmes, autant l'attention des poètes que l'attention populaire, mais il n'est dit nulle part qu'elles soient extrêmes toutes, ni qu'il y en ait beaucoup d'extrêmes; puis, on ne ferait que de constater que notre comparaison est une comparaison; mais on n'établirait pas qu'elle est mal fondée; on oublie cette première loi de la psychologie, que les malheurs sont pour nous ce que nous les sentons; les souffrances nous sont comme nous les éprouvons; la capacité de souffrance étant demeurée au moins la même sans doute, la souffrance humaine exerce un dommage non moins grand que ne pouvait exercer l'idée de la souffrance éternelle; d'autant que cette idée même était une idée, une image, une représentation humaine. On s'est flatté trop vite qu'en supprimant les dieux et les sanctions des dieux on supprimait les souffrances les plus grandes; premièrement on supprimait aussi, au moins dans le même sens, les consolations les plus grandes; et peut-être la nature humaine est-elle ainsi faite qu'au lieu que ce soient les causes réelles extérieures qui mesurent la souffrance éprouvée, c'est au contraire la capacité réelle intérieure qui mesure le retentissement des causes; il se peut que la menace ou même l'assurance d'un disloquement éternel introduisît moins de souffrance réelle dans l'âme d'un reître que n'en apporterait aujourd'hui dans une âme sentimentale ou douce le plus commun des malheurs sentimentaux. Notre première conclusion sera donc que la simple misère humaine a une suprême importance. La damnation a une suprême importance pour les catholiques. La misère sociale a une suprême importance pour nous.

On objecterait en vain que notre comparaison n'est pas fondée, sur ce que les peines infernales sont éternelles, infinies dans le temps ou dans ce qui serait le temps; on oublierait cette première loi de la psychologie, que les souffrances nous sont grandes autant que nous les éprouvons; la capacité de souffrance étant donnée, la vie humaine subit un dommage non moins grand que ne subirait une éternité, puisque cette éternité, pour nous au moins, ne serait jamais que représentée. On nous dit : Les misérables qui croyaient à l'enfer croyaient à une éternité de souffrance; ils en avaient donc une souffrance infinie, totale, barrant toute la vie, où aucune lueur ne passait; au contraire le plus misérable des non-croyants a parmi nous au moins cette consolation qu'il sait que la mort ferme tout, y compris la misère. — C'est interpréter mal un phénomène assez simple. C'est apporter du dehors à ce phénomène sentimental une interprétation comme en fournissent les intellectuels qui ont commencé par ne pas se placer dans la situation requise. L'observateur extrinsèque tient le raisonnement suivant, qu'il n'avoue pas : étant donné un homme qui souffre d'une souffrance humaine et, en outre, d'une souffrance infinie, si nous commençons par le débarrasser de la deuxième, ce sera autant de gagné, autant d'acquis, et même on l'aura débarrassé de la souffrance la plus grave à beaucoup près, d'autant que la peur de l'enfer, souffrance infinie, est plus grave que la simple souffrance humaine, souffrance finie. — Ce raisonnement d'aspect mathématique est incomplet, grossier; il néglige la réaction presque automatique des sentiments. Il traite la conscience et l'inconscient des sentiments comme un vase inerte, qui ne se réveillerait pas, qui ne réagirait pas; il introduit à faux le mathématique, l'arithmétique, dans le vivant; il ne se vérifie, et mal, que dans les premiers temps de la libération; quand un homme, quand un peuple, quand une génération se libère d'un effroi religieux, d'une crainte religieuse, au moment de l'affranchissement il se produit un vide sentimental, une aération; il en résulte une respiration, une impression d'aise et de bonheur. « Celui que ni le renom des dieux, ni les foudres, ni les menaces du fracas céleste n'ont bloqué. » Mais cette impression ne dure pas; la place laissée vide est occupée bientôt; les sentiments humains que les sentiments religieux comprimaient se donnent ou se redonnent du volume; la souffrance humaine se détend, se dilate, occupe l'emplacement précédemment occupé par la crainte et la peur et la souffrance religieuse. Et la souffrance humaine emplit souvent cet emplacement. Car la souffrance religieuse pouvait avoir un objet infini, éternel, surhumain : elle n'en était pas moins une souffrance humaine, limitée dans le sujet, finie, limitée au sujet.

Quand une libération religieuse est accomplie, l'humanité respire, comme après un travail fait; c'est un déménagement de fait; cette impression ne dure pas longtemps; c'est pour cela qu'il y a tant de jeunesse, tant d'ivresse, mais aussi tant de naïveté, quelquefois de la cruauté dans les générations qui s'affranchissent, tant de tristesse, mais aussi plus de sérieux et souvent de profondeur, et de la bonté dans les générations qui leur sont immédiatement consécutives; on reconnaît alors qu'il n'y a rien de fait, aussi longtemps que tout n'est pas fait; à cet égard au moins; que nous devons renoncer aux religions, parce qu'elles ne sont pas fondées rationnellement, parce qu'elles ne sont pas vraies, non pour nous donner de la place dans nos sentiments.

C'est pour cela que les radicaux ne sont pas des hommes de notre génération; loin d'être en avance, comme on le dit, sur la situation intellectuelle de l'humanité présente, ils sont en retard d'une génération; ils sont, littéralement, des rétroactionnaires, c'est-à-dire, en un sens, déjà des réactionnaires; ils ont, quand ils tapent sur le curé, une joie naïve, sincère ou feinte, qu'un homme averti de notre génération, soucieux des immenses problèmes renaissants, ne peut plus avoir.

[Aujourd'hui, même, je lis dans *la revue blanche* du premier novembre ce paragraphe de M. Michel Arnauld [1], critiquant le livre de M. Barrès : *Scènes et Doctrines du Nationalisme*. C'est le paragraphe de conclusion du critique :

« Ce n'est pas sur cette impression que je veux finir, mais en citant un beau passage d'une lettre que le très libéral Ernest Havet écrivit, le 23 août 1880, au très catholique Barbey d'Aurevilly : ... « Je ne veux pas que » vous me soupçonniez de la sottise de vous réduire à » ce qu'on appelle le style. Le style et la pensée, c'est » tout un; c'est donc bien dans la pensée qu'est votre » force. Mais la pensée n'est pas la même chose que la » thèse; sans quoi, étant donné par exemple Bossuet » et Voltaire, l'un des deux ne serait nécessairement » qu'un imbécile. Une thèse erronée peut être une occa-» sion de penser très fortement et de répandre des véri-» tés à pleines mains; et c'est précisément ce que vous » faites et ce qu'ont fait aussi vos grands hommes. » Comme eux, à mon avis, vous êtes à la fois puissant » et impressionnant. Vous ne viendrez pas à bout de » nous faire monarchiques et catholiques, mais vous » réussissez supérieurement à nous faire sentir que, » *quand on a dit qu'on ne l'est plus, tout n'est pas dit et qu'on* » *n'a pas trouvé pour cela la solution de tous les problèmes ni* » *le remède à tous les maux*. » Non, tout n'est pas dit, quand on a dit qu'on n'est pas nationaliste; et même sans Barrès, nous nous en doutions un peu. »

Je lis du même dans le même ce dernier paragraphe à la critique de : Marius-Ary Leblond, *les Vies parallèles :*

» Dans leur lettre liminaire à M. Léon Bourgeois, MM. Leblond prennent non sans fougue la défense du néologisme. Ils n'avaient pas besoin de se justifier et je n'ai, dans leur livre, relevé nul excès de mots nouveaux. Mais leur thèse appelle des objections, qui ne sont pas spéciales aux seuls « puristes ». Sans même rappeler que notre langue se révèle plus riche à mesure qu'on en use davantage, il faut avouer que le néologisme détourne de l'analyse, et ne favorise que des synthèses un peu grosses. Donner un nom spécial à chaque sentiment, dispense de le distinguer par des nuances fines et sans cesse changeantes. Il ne vit plus, le voilà classé, épinglé, empaillé pour toujours. La science a besoin de néologismes; c'est qu'à chacun de ses progrès elle pose une loi, un rapport fixe, que dès lors elle a le droit de *désigner,* sans le *définir*. En art, — surtout quand il s'agit de décrire des sentiments, — la sobriété du vocabulaire et la souplesse de la syntaxe laissent mieux voir le retour des mêmes éléments simples sous des formes variées.

C'est d'ailleurs question de mesure, qu'on ne peut trancher d'un mot. »

Tout le monde regrettera que l'auteur de ces deux paragraphes ne forme pas le ferme propos d'œuvrer lui-même; ces deux paragraphes ont une importance capitale, chacun pour ce qu'il veut être; la lecture du premier serait de la plus grande importance pour M. François Daveillans, de *la revue blanche;* la lecture du deuxième serait d'une grande utilité pour M. François Simiand, et pour un assez grand nombre de sociologues; il y a dans ce bref paragraphe, indiquées seulement, les distinctions les plus utiles, et aussi les plus fondées, entre la science et l'art social. Quand un homme jeune en vient à mettre sur pied, presque en passant, deux paragraphes aussi fermes, quand il est aussi maître de sa forme et de sa pensée, il ne suffit plus qu'il parle à propos des livres qui paraissent, et qui souvent ne valent pas la critique. Il est temps que lui-même il fasse œuvre, et nous donne un cahier.]

Tant qu'il y a de la misère, la misère prend et tient la place de la misère.

C'est un fait d'expérience que pour les individus et pour les peuples libérés la simple souffrance humaine atteint souvent à la même gravité qu'atteignait la souffrance religieuse, comme le courage humain atteint où atteignait le courage religieux, comme la dignité humaine atteint où atteignait la dignité religieuse. L'analyse permettait de prévoir les résultats de l'expérience : l'homme étant demeuré sans doute le même, sa capacité de souffrance étant sans doute à peu près la même, le misérable reçoit dans sa misère la même impression totale de désespoir; le misérable ne reçoit pas de sa misère la même impression partielle que le non misérable qui voit la misère du misérable; le misérable ne voit pas le monde comme le voit le sociologue; le misérable est dans sa misère; le regard perpétuel qu'il jette sur sa misère, lui-même est un regard misérable; la misère n'est pas une partie de sa vie, une partie de ses préoccupations, qu'il examine à tour de rôle, et sans préjudice du reste; la misère est toute sa vie; c'est une servitude sans exception; ce n'est pas seulement le cortège connu des privations, des maladies, des laideurs, des désespoirs, des ingratitudes et des morts; c'est une mort vivante c'est; le perpétuel supplice d'Antigone; c'est l'universelle pénétration de la mort dans la vie, c'est un arrière-goût de mort mêlé à toute vie; la mort était pour le sage antique la dernière libération, un affranchissement indéfaisable. Mais pour le misérable elle n'est que la consommation de l'amertume et de la défaite, la consommation du désespoir. Si Jean Coste acculé se tue un jour avec sa femme et ses enfants, son dernier jour sera son plus terrible jour. *Dies irae,* jour de colère.

Pour que la mort soit une libération que l'on goûte, il faut toute une civilisation, toute une culture, toute une philosophie, tout ce que la misère, justement, interdit.

Le misérable est dans sa misère, au centre de sa misère; il ne voit que misérablement; justement parce qu'il ne croit pas à la vie éternelle, à une survie infinie, le misérable que nous connaissons, le misérable comme l'a fait l'élimination de la croyance religieuse n'a plus qu'un seul compartiment de vie et tout ce compartiment lui est occupé désormais par la misère; il n'a plus qu'un seul domaine; et tout ce domaine est irrévocablement pour lui le domaine de la misère; son domaine est un préau de prisonnier; où qu'il regarde, il ne voit que la misère; et puisque la misère ne peut évidemment recevoir une limitation que d'un espoir au moins, puisque tout espoir lui est interdit, sa misère ne reçoit aucune limitation; littéralement elle est infinie; point n'est besoin que la cause ou l'objet en soit infini pour qu'elle soit infinie; une cause, un objet qui n'est pas infini pour la science extérieure, pour la physique, peut déterminer dans une âme un sentiment infini si ce sentiment emplit toute l'âme; non pas en ce sens qu'il exterminerait de l'âme tout autre sentiment, conscient, subconscient, inconscient, mais en ce sens qu'il affecte sans exception, qu'il nuance et qualifie toute la vie sentimentale, intellectuelle, toute la vie de l'âme et de l'esprit; peu importe quels événements se produisent à l'intérieur de la misère; il suffit qu'ils soient à l'intérieur de la misère pour être misérables; quand un homme est comme Jean Coste en pleine misère, dans l'enfer de la misère, le dernier événement qui l'achève peut être un événement extrinsèquement peu considérable, un événement à qui résisterait aisément quelqu'un qui ne serait pas misérable; mais pour celui qui le subit dans la misère, c'est-à-dire pour celui qui importe, en définitive, cet événement soi-disant peu considérable est un événement capital, un événement de conséquence infinie. Notre deuxième conclusion sera que la simple misère humaine a une importance infinie. La damnation a une importance infinie pour les catholiques. La misère sociale a une importance infinie pour nous.

On objecterait en vain que notre comparaison n'est pas fondée, sur ce que les peines infernales sont définitives pour la chrétienté, mais que la misère n'est que temporaire et pour ainsi dire provisoire dans l'histoire de l'humanité; les misérables, nous dit-on, peuvent au moins se consoler sur ce qu'à travers leurs misères particulières provisoires l'humanité marche délibérément, assurément, vers une ère de bonheur définitif; cette préoccupation apparaît souvent dans les derniers livres de Zola; l'honorable M. Buisson me disait : Ce qui manque à Jean Coste, ce qui pourrait peut-être le soutenir un peu, éclairer sa misère, et même lui prêter un point d'appui pour son relèvement, c'est l'idée qu'il devrait avoir de la grandeur de sa mission; cette idée le soutiendrait; beaucoup d'instituteurs, qui sont malheureux, se tiennent par cette idée; vraiment, Jean Coste n'a pas la vocation. Ainsi parlait l'honorable M. Buisson, quand il était simple citoyen. Depuis lors, M. Buisson devenu député fait tout ce qu'il peut pour atteindre, par des sanctions économiques de simples citoyens qui ont eu ou qui sont censés avoir eu, qui juridiquement ont eu des vocations; car il est à noter que la loi vise les vœux religieux mêmes; d'ailleurs il est vrai que M. Buisson, principal organisateur de l'enseignement primaire en France, et les principaux de ses collaborateurs, ont fait appel très souvent au dévouement et aux vocations de leurs très nombreux subordonnés; mais je ne crois pas que la société puisse faire appel aux dévouements ni aux vocations; l'humanité peut faire appel à tout; elle peut faire librement appel au libre sacrifice; la société ne peut procéder que par voie de réquisition juste; elle ne doit faire appel qu'à la justice; enfin, et surtout, on oublie cette première loi de la psychologie, que l'univers est pour nous ce que nous le connaissons. Quand on demande à Jean Coste misérable d'oublier sa misère et de travailler d'un cœur léger à l'avènement du bonheur universel, premièrement on le prie de conserver, pour la commodité de la société laïque, certains sentiments qui sont proprement des sentiments catholiques, la renonciation, l'abnégation, le dévouement sous cette forme, la résignation, la patience et d'une manière générale tous les sentiments qui sont de la charité; or il n'est pas loyal de le lui demander pendant que l'on persécute le catholicisme; secondement on lui demande une feinte; on lui demande, étant misérable, de faire comme s'il ne l'était pas; et troisièmement on lui demande une impossibilité; le misérable ne peut pas s'abstraire de la misère; tout en est teinté; non seulement tous ses sentiments, mais toute sa connaissance; vue à travers la misère, toute l'humanité est misérable; peut-être est-elle misérable de partout, pourvu qu'on la regarde bien; quand le misérable se demande s'il est bien vrai, s'il est bien assuré que l'humanité marche infailliblement vers une ère définitive d'un bonheur perpétuel, quand il se demande si cet ajournement perpétuel n'est pas une imitation de l'ajournement catholique éternel, quand il se demande si on ne le renvoie pas au Paradis terrestre pour se débarrasser de lui, comme les catholiques le renvoyaient au paradis céleste, avec cette aggravation qu'il ne jouira pas personnellement de cette béatitude; quand il se demande si les optimistes sont niais ou fourbes, quand il note que les optimistes ont toujours soin de commencer par se percher dans les situations qui sont les plus éloignées de la misère, quand il croit que l'humanité est mauvaise, qui l'en blâmerait, connaissant la misère et connaissant l'humanité?

Chacun de nous est au centre du monde pour la connaissance, pour la présentation qu'il en a; Jean Coste ne voit pas le monde comme un député radical-socialiste; il a ses raisons pour cela; croyons que réciproquement un député radical-socialiste a ses raisons pour ne pas voir le monde comme un Jean Coste; quand on veut que Jean Coste voie le monde en beau, comme on dit grossièrement, on veut qu'il ne soit plus Jean Coste, mais un spectateur bénévole, bon garçon, regardant commodément le monde et Jean Coste à sa petite place dedans. C'est altérer totalement les données du problème. Jean Coste a une image du monde; si nous voulons que cette image ne soit plus la même, qu'elle soit modifiée, il ne s'agit pas de la prendre, séparément du monde, et de l'altérer, car elle serait modifiée, mais elle ne serait plus image; il faut modifier le monde même; c'est le seul moyen qu'elle soit une image modifiée, du monde modifié.

Je demande pardon d'insister autant sur la misère; c'est un sujet ingrat; une conspiration générale du silence nous laisserait croire que la misère n'existe pas; seules les troisièmes et les quatrièmes pages des journaux nous signalent, pour nous émouvoir grossièrement ou pour nous distraire, les misères intéressantes, passionnantes, amusantes, refaites à souhait pour le plaisir des yeux; la plupart de ceux qui parlent de la misère le font par intérêt, par emphase et démagogie; les partis socialistes célèbrent par tant de banquets et par tant de fêtes la déviation de leur action récente que l'on se demande quelle fête ils imagineraient le jour que la révolution serait faite. Mais Jean Coste est dans sa misère. Il n'est pas seulement au centre de sa misère pour la connaissance qu'il a de sa vie; Jean Coste est au centre de sa misère pour la connaissance qu'il a du monde. Les peines des autres hommes lui font une multiplication, un redoublement de ses peines. Les bonheurs des autres hommes le repoussent dans sa peine; les bonheurs des autres hommes lui laissent un arrière-goût d'amertume et d'ingratitude, parce qu'ils réveillent en lui la connaissance de l'égoïsme universel. Vu par lui, l'univers est misérable. Notre troisième et dernière conclusion de fait sera que la simple misère humaine a une importance universelle. La damnation a une importance universelle pour les catholiques. La misère sociale a une importance universelle pour nous. Un fait particulier peut causer une souffrance totale. Une absence particulière peut causer une privation totale :

Un seul être vous manque, et tout est dépeuplé.

Nous ne pouvons pas, ce serait commode, mais nous ne pouvons pas croire qu'il n'y a pas de misère parce que nous ne la regardons pas; elle est quand même, et nous regarde. Nous ne pouvons pas invoquer les sentiments de la solidarité pour demander à la misère de nous laisser la paix; nous sommes forcés d'aller jusqu'aux sentiments de la charité; mais il suffit de la solidarité pour que la misère puisse nous requérir.

Les catholiques sérieux ont toujours été préoccupés de l'enfer; quelque importante que fût la gradation des béatitudes, il semble bien que la constante préoccupation des catholiques sérieux ait été de savoir si l'âme entrerait ou n'entrerait pas dans le royaume des béatitudes; l'entrée, la participation, le être ou ne pas être de la vie éternelle avait une importance capitale; pour les catholiques sérieux le degré de la participation, qu'ils se le soient avoué ou qu'ils aient redouté de se l'avouer, pour ne pas offenser la munificence divine et pour n'en pas mépriser les dons, paraît avoir eu comme une importance ajournée; quelque importante que fût la gradation des peines, il semble que la constante préoccupation des catholiques sérieux ait été de savoir si l'âme éviterait ou non la précipitation, si elle serait damnée ou non; la préoccupation du salut était capitale : être ou n'être pas sauvé; de là tant d'efforts sérieux pour supprimer l'enfer; soit que devenant hérésiarques ils aient enseigné la caducité des peines infernales; soit que demeurant fidèles et pénétrant même au profond de la foi, ils aient tâché de sauver des âmes, c'est-à-dire aient tâché, littéralement, de supprimer l'enfer au moins pour ces âmes; soit que de nos jours, devenant infidèles résolument, ils aient abandonné la foi catholique pour ne pas accepter l'enfer; et de nos jours il est tout à fait certain que la foi due à l'éternité des peines a été pour la plupart des catholiques sérieux la cause la plus grave de révocation; beaucoup de catholiques sérieux ont éprouvé le besoin, l'insurmontable besoin de supprimer l'enfer; ils ont commencé par le supprimer dans leur âme; plusieurs vieillards seraient retournés au catholicisme, qui en furent empêchés par cet article seul : *est descendu aux enfers,* et l'interprétation que l'Église lui donne; un très grand nombre de jeunes gens, sérieux, ont renoncé la foi catholique premièrement, uniquement, ou surtout, parce qu'ils n'admettaient pas l'existence ou le maintien de l'enfer[1].

Il n'est pas nécessaire qu'ils retrouvent ce maintien parmi nous; quand la société se résigne lâchement au maintien de la misère, la cité des hommes redevient aussi mauvaise que l'était de ce chef la cité du Dieu catholique. Le prix de la vie n'a pas baissé depuis la diminution, depuis l'élimination de la foi catholique. La valeur de la souffrance n'a pas diminué. La valeur de l'effort à faire n'a pas diminué; comme les catholiques sérieux sont préoccupés surtout du salut, nous devons nous préoccuper surtout d'arracher les misérables à la misère; l'effort par lequel nous devons arracher les misérables à la misère n'est pas du même ordre, ne reçoit pas la même mesure que l'effort par lequel nous devons ou nous pouvons devoir égaliser les situations de fortune; les catholiques sérieux emploient une quantité donnée de prières à multiplier les saluts individuels et non pas à faire monter en grade, pour ainsi dire, certains élus; nous devons employer une certaine quantité d'action à sauver de la misère le plus grand nombre de citoyens que nous pouvons, et non pas à faire monter en grade économique certains pauvres; une quantité donnée d'action sociale, une dépense économique donnée peut assurer le salut économique de beaucoup; la même quantité de dépense ne ferait que plusieurs demi-riches; avec cent mille francs bien administrés on peut organiser, émanciper un assez grand nombre de travailleurs; avec cent mille francs bien administrés on ne peut faire qu'un tout petit rentier; un modeste accroissement fait passer de la misère à la pauvreté; il faut un grand accroissement pour monter de la pauvreté à la richesse; ainsi le plus important est ce qui demande le moins; le plus important est de faire passer au plus de citoyens que l'on peut la limite fatale; et ce qui revient le moins cher, à beaucoup près, est en effet de faire passer cette limite; un léger accroissement de budget y suffit presque toujours; à ne considérer que la quantité, il y a beaucoup moins de distance entre la misère d'où l'on sauve un citoyen, et la pauvreté, où il s'installe, qu'entre la pauvreté même et les différents degrés de la richesse.

Le devoir d'arracher les misérables à la misère et le devoir de répartir également les biens ne sont pas du même ordre : le premier est un devoir d'urgence; le deuxième est un devoir de convenance; non seulement les trois termes de la devise républicaine, liberté, égalité, fraternité, ne sont pas sur le même plan, mais les deux derniers eux-mêmes, qui sont plus approchés entre eux qu'ils ne sont tous deux proches du premier, présentent plusieurs différences notables; par la fraternité nous sommes tenus d'arracher à la misère nos frères les hommes; c'est un devoir préalable; au contraire, le devoir d'égalité est un devoir beaucoup moins pressant; autant il est passionnant, inquiétant de savoir qu'il y a encore des hommes dans la misère, autant il m'est égal de savoir si, hors de la misère, les hommes ont des morceaux plus ou moins grands de fortune; je ne puis parvenir à me passionner pour la question célèbre de savoir à qui reviendra, dans la cité future, les bouteilles de champagne, les chevaux rares, les châteaux de la vallée de la Loire; j'espère qu'on s'arrangera toujours; pourvu qu'il y ait vraiment une cité, c'est-à-dire pourvu qu'il n'y ait aucun homme qui soit banni de la cité, tenu en exil dans la misère économique, tenu dans l'exil économique, peu m'importe que tel ou tel ait telle ou telle situation; de bien autres problèmes solliciteront sans doute l'attention des citoyens; au contraire il suffit qu'un seul homme soit tenu sciemment, ou, ce qui revient au même, sciemment laissé dans la misère pour que le pacte civique tout entier soit nul; aussi longtemps qu'il y a un homme dehors, la porte qui lui est fermée au nez ferme une cité d'injustice et de haine[1].

Le problème de la misère n'est pas sur le même plan, n'est pas du même ordre que le problème de l'inégalité. Ici encore les anciennes préoccupations, les préoccupations traditionnelles, instinctives de l'humanité se trouvent à l'analyse beaucoup plus profondes, beaucoup plus justifiées, beaucoup plus vraies que les récentes, et presque toujours factices, manifestations de la démocratie; sauver les misérables est un des soucis les plus anciens de la noble humanité, persistant à travers toutes les civilisations; d'âge en âge la fraternité, qu'elle revête la forme de la charité ou la forme de la solidarité; qu'elle s'exerce envers l'hôte au nom de Zeus hospitalier, qu'elle accueille le misérable comme une figure de Jésus-Christ, ou qu'elle fasse établir pour des ouvriers un minimum de salaire; qu'elle investisse le citoyen du monde, que par le baptême elle introduise à la communion universelle, ou que par le relèvement économique elle introduise dans la cité internationale, cette fraternité eſt un sentiment vivace, impérissable, humain; c'eſt un vieux sentiment, qui se maintient de forme en forme à travers les transformations, qui se lègue et se transmet de générations en générations, de culture en culture, qui, de longtemps antérieur aux civilisations antiques s'eſt maintenu dans la civilisation chrétienne et demeure et sans doute s'épanouira dans la civilisation moderne; c'eſt un des meilleurs parmi les bons sentiments; c'eſt un sentiment à la fois profondément conservateur et profondément révolutionnaire; c'eſt un sentiment simple; c'eſt un des principaux parmi les sentiments qui ont fait l'humanité, qui l'ont maintenue, qui sans doute l'affranchiront; c'eſt un grand sentiment, de grande fonction, de grande hiſtoire, et de grand avenir; c'eſt un grand et noble sentiment, vieux comme le monde, qui a fait le monde.

A côté de ce grand sentiment le sentiment de l'égalité paraîtra petit; moins simple aussi; quand tout homme eſt pourvu du nécessaire, du vrai nécessaire, du pain et du livre, que nous importe la répartition du luxe; que nous importe, en vérité, l'attribution des automobiles à deux cent cinquante chevaux, s'il y en a; il faut que les sentiments de la fraternité soient formidables pour avoir tenu en échec depuis le commencement de l'humanité, depuis l'évolution de l'animalité, tous les sentiments de la guerre, de la barbarie et de la haine, et pour avoir gagné sur eux; au contraire, le sentiment de l'égalité n'eſt pas un vieux sentiment, un sentiment perpétuel, un sentiment universel, de toute grandeur; il apparaît dans l'hiſtoire de l'humanité en des temps déterminés, comme un phénomène particulier, comme une manifeſtation de l'esprit démocratique; ce sont toujours, en quelque sens, les sentiments de la fraternité qui ont animé les grands hommes et les grands peuples, animé, inquiété, car la préoccupation de la misère ne va jamais sans une amertume, une inquiétude. Au contraire le sentiment de l'égalité n'a inspiré que des révolutions particulières conteſtables; il a opéré cette révolution anglaise, qui légua au monde moderne une Angleterre ni nationaliſte, impérialiſte; il a opéré cette révolution américaine, qui instaura une république si impérialiste, et capitaliste; il n'a pas institué l'humanité; il n'a pas préparé la cité; il n'a instauré que des gouvernements démocratiques. C'est un sentiment composé, mêlé, souvent impur, où la vanité, l'envie, la cupidité contribuent. La fraternité inquiète, émeut, passionne les âmes profondes, sérieuses, laborieuses, modestes. L'égalité n'atteint souvent que les hommes de théâtre et de représentation, et les hommes de gouvernement; ou encore les sentiments de l'égalité sont des sentiments fabriqués, obtenus par des constructions formelles, des sentiments livresques, scolaires; quand des passions violentes, profondes et larges, humaines et populaires, s'émeuvent pour l'égalité, comme au commencement de la Révolution française, presque toujours c'est que l'égalité formelle recouvre pour sa plus grande part des réalités libertaires ou de fraternité. C'est un fait que, sauf de rares exceptions, les hommes qui ont introduit dans la politique les préoccupations d'égalité n'étaient pas, n'avaient pas été des misérables; c'étaient des petits bourgeois ou des pauvres, des notaires, des avocats, des procureurs, des hommes qui n'avaient pas reçu l'investiture indélébile de la misère.

Le vrai misérable, quand une fois il a réussi à s'évader de sa misère, en général ne demande pas son reste; les vrais misérables, une fois retirés, sont si contents d'être réchappés que, sauf de rares exceptions, ils sont contents pour le restant de leur vie; volontiers pauvres, ils sont si heureux d'avoir acquis la certitude que ce bonheur les contente; la contemplation de ce bonheur les alimente; optimistes, satisfaits, désormais soumis, doux, conservateurs, ils aiment cette résidence de quiétude; ils ne demandent pas une égalisation des richesses, parce qu'ils sentent ou parce qu'ils savent que cette égalisation n'irait pas sans de nouvelles aventures, qu'elle rouvrirait l'ère des incertitudes, qu'elle donnerait ou laisserait place au recommencement du risque; ils peuvent ainsi redouter cette égalisation comme un recommencement de la misère; ils n'en sont guère partisans; ils aiment la conservation politique et sociale, parce qu'ils aiment la conservation de la certitude; les partis de conservation n'ont pas de plus nombreux contingent, de plus compact, et solide, que celui des pauvres évadés de la misère, assurés contre la misère; anciens misérables, ils ont conservé de la misère une mémoire si redoutée que ce qu'ils redoutent le plus c'est le risque. Les conservateurs modestes non réactionnaires sont les conservavateurs les plus conservateurs. Ils n'ont pas du tout la passion de l'égalité. Ils ne sont pas du tout des révoltés. Ils ignorent trop souvent, ou désapprennent, les sentiments de la fraternité.

Quelques misérables au contraire ont gardé de leur misère un souvenir si anxieux qu'ils ne peuvent se tenir dans ces régions de la pauvreté, quantitativement, géographiquement voisines de la misère; ils fuient en hauteur dans les régions économiques les plus éloignées de la misère; ils deviennent immensément riches, beaucoup moins par cupidité des richesses que par effroi de la misère ancienne; ces malheureux ne peuvent retrouver le repos, la paix de l'âme, que dans des situations économiques si éloignées de leur situation première que le voyage de retour paraisse impossible à jamais; ainsi apparaissent des ambitieux singuliers, singulièrement formidables, ambitieux de gouvernement chez qui la passion du gouvernement n'est pas la première, ambitieux de banque, de commerce, d'industrie chez qui la passion du gouvernement financier, commercial, industriel, chez qui la passion du travail, chez qui la passion d'amasser n'est pas la première; ambitieux dont les temps de grandes inventions mécaniques, de grandes aventures industrielles présenteraient beaucoup d'exemples; ambitieux dont les avènements de rois américains présenteraient des exemples particulièrement nombreux; ambitieux dont les campagnes économiques étaient, elles aussi, des fuites en avant; et dans l'ambition de Napoléon Bonaparte même on reconnaîtrait cet effroi persistant, la peur de retomber dans la misère, dans le risque, dans l'aventure; la proclamation de l'Empire semble avoir été surtout pour lui une assurance, plus une assurance qu'un agrandissement; il pensait à fixer la fortune, à consolider; il n'avait sans doute pas alors, à l'égard de la certitude, une mentalité très éloignée de celle d'un bon fonctionnaire qui songe à la régularité de l'avancement, à la sécurité de la situation, à la tranquillité de la retraite. Il voulut avoir son bureau.

Telle est en effet la prolongation de la marque de

la misère : ceux qui échappent à la misère n'échappent pas à la mémoire de leur misère; ou par continuation, ou par un effet de réaction, toute leur vie ultérieure en est qualifiée; les uns, de beaucoup les plus nombreux, se taisent dans la conservation de la pauvreté; ils ne sont pas révolutionnaires; ils ne sont pas égalitaires; ils demeurent au-dessous de l'égalité; les autres, quelques-uns, ne sont révolutionnaires que pour soi; ils ne sont pas égalitaires non plus; ils s'enfuient au-dessus de l'égalité. Ce sont là deux démarches contraires, mais elles ont la même cause : les uns fuient la mémoire du risque dans l'assurance de la pauvreté; les autres fuient la mémoire de la gêne dans l'abondance des richesses. On compterait que l'immense majorité des anciens miséreux se réfugie ainsi dans des amnésies volontaires; on noterait chez beaucoup d'écrivains des cas très caractérisés de cette amnésie, car beaucoup d'écrivains ont connu vraiment la misère dans leurs commencements, et peu d'écrivains ont su nous donner une exacte représentation de la misère; cette amnésie prouverait au besoin combien la misère est grave, puisque d'une part la mémoire de la misère demeure si vivante au cœur des anciens misérables, et puisque d'autre part ils font des efforts si désespérés pour échapper à cette remémoration. Cette amnésie est pour eux comme une amnistie.

Restent ceux qui ayant par eux-mêmes la connaissance de la misère présente ou ayant eu la connaissance de la misère ne redoutent pas d'analyser la misère ainsi connue; misérables ou anciens misérables, ils ont le courage de regarder la misère en face, ils ont le courage de ne pas se réfugier dans l'amnésie; quand ils sont engagés dans l'action, ces misérables et ces anciens misérables se reconnaissent à des caractères constants; mais ces caractères ne sont guère sensibles qu'à ceux qui les ont eux-mêmes : ils sont profondément révolutionnaires, c'est-à-dire qu'ils travaillent tant qu'ils peuvent à effectuer cette révolution de la société qui consisterait à sauver de la misère tous les misérables sans aucune exception; ils sont profondément socialistes, c'est-à-dire qu'ils savent que l'on ne peut sauver des misères morales ou mentales tant que l'on ne sauve pas de la misère économique; ils ne sont pas égalitaires; ils ne sont pas belliqueux; ils ne sont pas militaires; ils ne sont pas autoritaires; ils ne subissent pas l'autorité; ils ne sont pas enthousiastes; ils ont l'admiration rare; ils évitent les cérémonies, officielles, officieuses; ils se méfient de l'éloquence; ils redoutent l'apparat; on les accuse, non sans apparence de raison, d'être tristes, souvent maussades; ils ne paraissent pas aux banquets; ils ne portent ni ne soutiennent les toasts; la chaleur communicative ne se communique pas en eux; les votes retentissants les laissent froids; les ordres du jour de victoire les laissent indifférents et perpétuellement battus; les drapeaux, mêmes rouges, leur font mal aux yeux; les fanfares, même socialistes révolutionnaires, les étourdissent; la joie des fêtes publiques leur paraît grossière; les inaugurations pompeuses ne leur apportent pas la profonde joie des commencements et des naissances; les enterrements et les commémorations ne leur apportent pas la parfaite plénitude complète achevée de la mort; ils sont très sévères; ils ne se montent pas le coup sur la valeur des hommes et des événements; ayant une fois mesuré le monde à l'immense mesure de la misère, ils ne mesurent pas à d'autres mesures; les mesures usuelles, succès, majorité, vente, leur paraissent petites; les malheurs qui ne sont pas de la misère, insuccès, minorité, mévente, ne leur paraissent pas des malheurs sérieux; les malheurs qui ne font pas tomber ou retomber dans la misère ne leur paraissent pas des malheurs pour de bon; les bonheurs qui, dans l'ordre de l'économie, ne sont pas le bonheur d'échapper à la misère ne leur paraissent pas des bonheurs proprement dits : ce ne sont plus que des avantages, des commodités; les hommes qui n'ont pas connu comme eux la misère et qui parlent et qui sont éloquents leur paraissent toujours n'avoir pas atteint l'âge adulte, leur font l'effet d'enfants bavards; les misérables et les anciens misérables conscients ne sont pas aimés de leurs ennemis, ni de leurs camarades, mais ils sont aimés de leurs amis. Les misérables conscients ont beaucoup d'ennemis, surtout parmi leurs camarades. Mais ils ont plusieurs amis.

C'est qu'ils sont des trouble-fête. Hantés par la connaissance qu'ils ont de la misère, anxieux de savoir qu'il y a tant de misère présente, ils ne peuvent ni ne veulent oublier cette existence ni cette connaissance l'espace d'un banquet, le temps de boire au plus récent triomphe définitif de la Révolution sociale. Donc on les hait. Ils savent que la misère n'intervient pas dans la vie comme un élément du passif dans l'établissement d'un bilan. Ceux qui n'ont pas connu la misère peuvent s'imaginer loyalement et logiquement que dans la vie de l'individu les éléments d'assurance et les éléments de misère sont des éléments du même ordre, qu'ils reçoivent la même mesure, qu'ils peuvent donc s'opposer, s'équilibrer, se balancer : nous savons qu'il n'en est rien; les éléments de misère ont un retentissement total sur les éléments de certitude; les éléments d'incertitude qualifient les éléments de certitude; mais tant que la certitude n'est pas complète les éléments de certitude ne qualifient pas les éléments d'incertitude; aussi longtemps que la certitude n'est pas complète; elle n'est pas la certitude; une vie assurée de tous les côtés moins un n'est pas une vie assurée; un véritable malheur, une véritable misère empoisonne toute une vie; un véritable bonheur ne peut pas même se produire dans la misère; il y devient aussitôt misère lui-même et malheur; il ne s'agit donc pas d'établir un bilan de la vie individuelle où bonheur et misère seraient équilibrés; même si on réussissait à établir ce bilan, c'est en vain que les éléments de bonheur surpasseraient les éléments de misère, car les éléments de bonheur n'atteignent pas les éléments de misère, et les éléments de misère atteignent les éléments de bonheur; mais on ne peut pas même établir ce bilan, parce que les éléments de bonheur et les éléments de misère ne sont pas du même ordre; et l'on ne peut pas comparer ce qui n'est pas du même ordre. Pour une vie individuelle, à l'égard de la misère, tant qu'on n'a pas fait tout, on n'a rien fait.

Ceux qui n'ont pas connu la misère peuvent s'imaginer loyalement et logiquement que dans la vie de la société les vies individuelles assurées et les vies individuelles de misère sont des unités du même ordre, qu'elles reçoivent le même compte, qu'elles peuvent donc s'opposer, s'équilibrer, se balancer; nous savons qu'il n'en est rien; les vies de misère peuvent avoir ou n'avoir pas de retentissement individuel sur les vies assurées; il reste que la misère des vies individuelles a un retentissement sur toute la vie sociale, sur la société, sur l'humanité; une cité assurée de tous les côtés moins un n'est pas une cité; un véritable malheur individuel, une véritable misère individuelle empoisonne toute une cité; une cité n'est pas fondée tant qu'elle admet une misère individuelle, quand même l'individu intéressé y consentirait; un tel consentement, un tel renoncement, recommandé dans la morale de la charité, est incompatible avec la morale de la solidarité; il ne s'agit donc pas d'établir un bilan de la vie sociale où vies individuelles d'assurance et vies individuelles de misère seraient équilibrées; même si on réussissait à établir ce bilan, c'est en vain que les vies de bonheur surpasseraient en nombre, en quotité, les vies de misère, car les vies de bonheur n'atteignent pas les vies de misère et les vies de misère atteignent les vies de bonheur; mais on ne peut pas même établir ce bilan, parce que les vies de bonheur et les vies de misère ne sont pas du même ordre; on ne peut les comparer. Pour la vie sociale, à l'égard de la misère, tant qu'on n'a pas fait tout, on n'a rien fait.

En intensité, aucun bonheur n'est plus intense que la misère.

Les misérables et les anciens misérables conscients savent cela; et ceux qui ne le veulent pas oublier ne manifestent pas perpétuellement une joie publique d'État gratuite, laïque et obligatoire. Quand on célèbre par des fêtes ininterrompues un avancement douteux, ils pensent à la misère non douteuse; quand on célèbre un avancement précaire, ils pensent à tout ce qui n'est pas fait; au milieu de la joie ils pensent à la misère extérieure; ils sont des trouble-fête : on les hait; on les estime et on les hait; ils ne haïssent pas; ils n'estiment pas.

On les hait surtout dans les partis socialistes révolutionnaires nationalement et régionalement constitués; un assez grand nombre de bourgeois admettent que des chrétiens ou que des socialistes pensent aux misères de la société bourgeoise; les camarades socialistes révolutionnaires n'admettent pas qu'on ne communie pas infatigablement avec eux dans les apothéoses des punchs. Le parti de la souffrance est tout à la joie. Il est donc tout à la dureté. Rien ne rend féroce comme une joie fausse, non fondée. C'est ici proprement le mystère de la représentation parlementaire. Puisque les représentants représentent, et qu'ils sont contents, il faut que les représentés le soient aussi. Puisque la puissance des représentants représente censément la puissance des représentés, il faut que tout des représentants représente les représentés; le contentement des représentants ne peut représenter que le contentement des représentés.

Quand un misérable ou un ancien misérable conscient fait un livre, il peut faire un *Jean Coste.*

Sur le réalisme de *Jean Coste,* on ne saurait mieux dire que n'a dit M. Sorel [1], — un article du *Mouvement Socialiste,* reproduit dans le huitième cahier de la troisième série, — et je me suis moi-même expliqué plusieurs fois. Bien lu, le *Jean Coste* est rigoureusement réaliste. Quand on a dit : *C'est trop noir,* on ne voulait pas seulement dire : C'est trop noir; on entendait, ce qui est au moins aussi important : Avec des noirceurs qu'on mettrait, tout le monde pourrait en faire autant. — Qu'on se détrompe. Ce n'est pas avec du noir étalé romantiquement sur du noir que l'on fait un *Jean Coste;* rien n'est aussi éloigné qu'un *Jean Coste* du romantique et du mélodramatique; rien n'est aussi difficile à faire qu'un *Jean Coste;* c'est une erreur d'art grossière que de s'imaginer qu'il faut et qu'il suffit de fourrer du noir pour obtenir un effet de misère ou un effet de tristesse; il pourrait arriver à Jean Coste un assez grand nombre d'événements beaucoup plus graves qu'il ne lui en arrive, et que sa vie fût moins misérable; inversement il pourrait ne pas lui arriver tous les événements graves qui lui arrivent, et que sa vie ne fût pas moins misérable; ce ne sont pas les seuls événements extérieurs qui font l'assurance ou la misère; la misère n'est pas mathématiquement proportionnée à la gravité des événements extérieurs; si la seule ingéniosité des supplices d'imagination faisait l'épouvantement d'un enfer, M. Mirbeau y suffirait; mais ce qui fait justement que M. Octave Mirbeau n'est pas Dante, c'est qu'un enfer n'est pas tout constitué par la seule imagination de littérature. Il y faut ou du génie ou ce qui peut seul remplacer le génie et souvent se confond avec lui : d'avoir vécu soi-même une vie, ou de l'avoir vu soi-même vivre de très près, en sympathie, en amour.

Je l'ai dit moi-même à Lavergne et il me permettra de le redire : *Jean Coste* est un livre si fort que ce n'est pas un livre de série; ce n'est pas un commencement de série[1]; ce n'est pas un de ces premiers livres qui annoncent assurément toute une bibliothèque, histoire naturelle et sociale de toute une famille sous la troisième République; ce n'est pas un de ces premiers livres dont on peut dire après qu'on les a lus : l'auteur en a quarante-cinq dans le ventre et nous en aurons un tous les ans; c'est, au contraire, un de ces livres si forts qu'ils paraissent être sortis de l'auteur bien plutôt qu'il ne les a faits; quand on les a lus il en reste une impression si forte que l'on se demande si l'auteur pourra jamais recommencer; je ne dis pas cela pour diminuer Lavergne, au contraire, ni pour limiter le champ de son travail éventuel; j'attends beaucoup de ce qu'il fera; mais à peu d'hommes il a été donné de produire ainsi un premier livre, un livre seul, debout comme un pilier, et qui fasse naître cette espèce de préoccupation; c'est ici une *case de l'oncle Tom,* un *don Quichotte,* un *Robinson Crusoé,* un de ces livres qui surgissent isolés de toute une œuvre ou de toute une vie ou d'un temps même et qui vivent indéfiniment dans les mémoires; c'est pour cela que le nom de Jean Coste est devenu un nom commun; ce nom ne sera sans doute jamais aussi répandu que les noms de ces personnages fameux, parce que le sujet du livre est beaucoup moins vaste, moins largement humain, parce que le livre intéresse une humanité beaucoup plus restreinte, parce qu'il est un peu strictement professionnel; mais, ces réserves faites, ou plutôt ces mesures prises, à proportion le livre de Lavergne est un livre de la famille de ces livres traditionnels; c'est un livre dangereux pour les suivants, et redoutable pour l'auteur même.

On s'en aperçoit pour peu qu'on sache lire, et si l'on avait quelque hésitation, il suffirait de comparer l'œuvre de Lavergne à certains volumes de Zola; je ne veux pas entrer par une incidence dans la critique d'un monument aussi colossal; mais que l'on compare les misères si fréquemment décrites par Zola dans ses romans à la misère d'un Jean Coste; les misères de Zola sont presque toujours beaucoup plus noires que la misère de Jean Coste; les événements sont beaucoup plus graves, beaucoup plus dramatiques; et pourtant l'impression n'est pas la même; les misères de Zola sont des misères de description, des misères vues par un touriste laborieux, souvent consciencieux, par un inspecteur des misères, par un excursionniste; les misères de Jean Coste sont vues de l'intérieur, vécues par un misérable; quand on lit du Zola les horreurs accumulées produisent fréquemment une impression terrible; mais à mesure que la lecture physique s'éloigne l'impression, qui était littéraire, diminue, s'atténue, s'efface, laisse place à une impression de fabrique ou de renseignement; quand on lit le *Jean Coste* on n'a pas une impression aussi terrible; on a plutôt une impression triste, commune, et cette impression si trompeuse, que l'on pourrait en faire autant; on ferme le livre, sur cette impression qu'il ne nous a rien appris de nouveau; le temps passe; les images travaillent dans la mémoire; les images de littérature s'effacent; les images de réalité s'élaborent; Jean Coste, sa femme, sa mère, ses enfants se dessinent, vivent, gagnent; la charpente même du roman nous apparaît, simple, grande, robuste, solide, loyale; cette image de Jean Coste et de sa misère nous poursuit, nous hante; c'est un misérable familier; il vit parmi nous; et nous souffrons de ne pas pouvoir lui donner de notre pain : telle est la différence d'un livre classique, réaliste, à une construction romantique, nommée naturaliste ou réaliste.

On m'objectera que Lavergne n'en a pas cherché si long pour faire son *Jean Coste;* je l'espère bien; mais c'est le propre de la probité, de la sincérité classique; mettant le réel même en œuvre, elle supporte le même examen que le réel; comme le réel même elle épuise inlassablement la science, la critique, l'analyse; pour la même raison que l'on marche avant de savoir l'anatomie et la physiologie du mouvement musculaire, pour la même raison Jean Coste instituteur, vivant une vie réelle, fournit l'inépuisable matière d'une étude qu'il peut n'être pas capable de faire; et pour la même raison Lavergne, opérant une œuvre réelle, fournit, comme et d'après son modèle vivant, l'inépuisable matière d'une étude qu'il n'est pas forcé d'avoir faite; ni la vie sous la forme de l'action, ni la vie sous la forme de l'opération, n'attend après la science; la science peut l'éclairer, la surveiller, la contrôler, la corroborer; mais la science ne fait pas la vie; c'est méconnaître à la fois la vie et la science, l'impérieuse nécessité de la vie et la liberté totale de la science, que de brouiller ainsi les fonctions de la connaissance et les fonctions de l'action; c'est précisément cette confusion qui a préparé l'usurpation du romantisme et de la représentation; au lieu de vivre une vie réelle dans l'ordre de l'action, le romantique vit une image, une représentation de vie en pensant aux spectateurs; quand il n'a pas de spectateurs, lui-même il se fait spectateur; il n'agit pas en considérant la réalité agie; mais il agit comme à la scène; il est en perpétuelle représentation; il ne pense qu'aux effets produits; il se conduit dans l'ordre de l'action en fonction non pas de l'action, mais de la connaissance qu'il veut que le spectateur ait de cette action; pour dire le mot, il est tout envahi de cabotinage; au lieu d'avoir une réalité comme est la réalité, matérielle, récalcitrante, obscure, difficile, et débordant de toutes parts la connaissance et la science, une réalité comme les véritables savants la connaissent et la reconnaissent, ils ont une pseudo-réalité formelle, rationnelle, claire, soumise, fausse, facile, commode à la connaissance, de même grandeur qu'elle, non mystérieuse; et ce n'est pas étonnant, puisque en eux les fonctions de la connaissance ont eu la complaisance de se fabriquer pour soi une réalité à connaître : au lieu d'attacher les fonctions de la connaissance à la réalité, aux vestiges de la réalité, ils ont fait fabriquer par ces fonctions une réalité faite exprès pour elles; ainsi les romantiques ne font le tour du monde que parce qu'ils ont commencé par se fabriquer un petit monde circumnavigable.

On a reproché à Jean Coste une certaine grandiloquence; on a eu raison de la constater; on a eu tort de la lui reprocher : il parle comme il peut; on a eu tort de la reprocher à l'auteur : l'auteur a bien vu; c'est un fait que les misérables se plaisent un peu à ce qui nous semble de la grandiloquence; ils sont trop souvent oratoires, et quelquefois rhéteurs; cela ne tient pas seulement à la vanité commune, exacerbée, aigrie par la misère; cela ne tient pas seulement au vice de littérature, de phrase, à l'envahissement du jargon politique; il y en a une cause beaucoup plus belle, beaucoup plus noble et beaucoup plus profonde, beaucoup plus humaine : la misère est une grandeur; si grande que les autres grandeurs humaines en comparaison paraissent petites; quand on connaît bien de vrais miséreux, ce qui frappe le plus en eux, dans l'abaissement même, c'est un certain ton de hauteur; leur humilité n'est souvent que de la hauteur, intérieurement possédée; ils ont toujours l'air de dire en parlant aux autres hommes : vous qui ne connaissez pas la vie, parce que vous ne connaissez pas la misère; c'est justement cette grandeur, dont ils ont conscience, qu'ils ne peuvent pas toujours porter, et qui leur monte à la tête; ils ne tombent dans la grandiloquence que parce qu'ils ont un besoin de monter jusqu'à la grande éloquence, et qu'ils ne savent pas toujours; c'est le propre de cette grandeur qu'est la misère de n'avoir pour ainsi dire jamais été choisie, élue, voulue, préparée; c'est une grandeur involontaire, venue du destin, non préparée : de là cette gaucherie haute, cette insolence prétentieuse des têtes désignées; les misérables sont investis d'une grandeur qu'ils n'avaient pas demandée; ils sont condamnés par la force des événements à jouer la vie au tragique sans avoir le tempérament ou le génie tragique; ils jouent faux; ils jouent mélodramatique au lieu de jouer tragique; et l'on croit que leur vie est mélodramatique; mais elle est tragique tout de même : c'est l'expression qui manque. Même il se produit parmi les misérables un phénomène assez analogue à celui qui se produit parmi les grands : de même que les grands héréditaires ont une aisance que les parvenus n'ont pas, de même les misérables héréditaires ont une aisance que n'ont pas les naufragés de la vie; les familles de miséreux se tiennent mieux devant la misère. Je ne parle pas des fatalistes; et combien d'orgueil encore, et de hauteur, dans le fatalisme.

On lui a reproché d'avoir un langage précieux. L'auteur a bien entendu. Je connais les primaires. Non seulement je fus élevé à l'école primaire, de sept à onze ans, mais cette école était l'école primaire annexe à l'école normale primaire, à l'école normale d'instituteurs du département. Sous la direction d'un instituteur particulièrement choisi[1], les élèves-maîtres venaient chaque semaine, chacun son tour, nous faire la classe. Ils m'ont enseigné *le sifflet de Franklin,* et la ligne droite *si l'on coupait la France de Liège à Bayonne.*

La plupart des gens qui flattent aujourd'hui les instituteurs pour s'en faire une clientèle sont des bourgeois d'origine secondaire.

J'aimais beaucoup mes maîtres primaires. J'ai conservé des relations personnelles, respectueuses, affectueuses, avec la plupart d'entre eux. Venu au lycée, nous eûmes avec les normaliens primaires d'excellentes relations. Nous fîmes, sans phrases, la fameuse fusion des deux enseignements. C'était le temps où l'on restituait les exercices physiques. Il y avait des équipes du lycée, des équipes de l'école normale. Nous concourions. Nous composions des rallies, des parties, des fêtes[1].

Je retrouvai au régiment beaucoup d'instituteurs et dans cette camaraderie sans appareil j'eus avec plusieurs d'entre eux des relations de véritable amitié. Ces relations furent continuées. Depuis que j'ai commencé à faire des éditions, par les cahiers ou, en dehors des cahiers, par les *Journaux pour tous*, aujourd'hui par *l'œuvre du Livre pour tous*, par *Pages libres*[2], je continue à communiquer avec des instituteurs, de plus en plus nombreux. Nous avons beaucoup moins d'instituteurs abonnés de propagande ou abonnés ordinaires que nous ne servions la première année d'abonnements gratuits à des instituteurs. Mais dans l'accroissement régulièrement lent de nos cahiers, les instituteurs figurent pour un accroissement supérieur à l'accroissement moyen. Les instituteurs nous écrivent longuement; et je lis scrupuleusement tout ce qu'on nous écrit.

Je connais donc les instituteurs. Je les connais comme un inspecteur général ne les connaît pas. Je les connais comme l'honorable M. Buisson, qui les a faits, qui les connaît tant, ne les connaît pas. Surtout je les connais comme les politiciens qui aujourd'hui veulent se servir d'eux ne les connaissent pas. Sauf des exceptions, heureusement nombreuses, ils pensent, ils parlent exactement comme Jean Coste. Loin qu'allant de l'enseignement primaire au supérieur en passant par le secondaire on aille du simple au compliqué, c'est au contraire, l'enseignement supérieur qui est simple, et c'est dans le primaire, et trop souvent dans le secondaire, qu'il y a de la complication. Sauf des exceptions, heureusement nombreuses, quand les instituteurs écrivent, ils sont tentés d'écrire un peu comme Jean Coste parle, un peu raide, un peu mièvre, un peu prétencieux, un peu précieux.

Entendons-nous : il y a partout des hommes, qui

échappent à leur métier, à leur classe, à leur entourage. Nous ne voulons, et nous ne pouvons parler ici que des instituteurs qui ont reçu l'empreinte de leur métier, qui sont caractérisés par leur métier, non par leur métier en général, mais par leur métier comme on a fait ce métier. Ce qui est libre échappe à cette espèce de remarque. Il y a heureusement beaucoup d'instituteurs qui sont restés peuple, ouvriers ou paysans. Il y en a plusieurs qui sont d'eux-mêmes un esprit de science, ou d'art, ou de philosophie. Mais les instituteurs qui ont subi sans résistance l'impression proprement primaire ont désappris de parler peuple et n'ont pas encore appris à parler français.

Parler peuple et parler français, c'est parler le même langage, un langage de nature et d'art, sur deux plans différents parallèles de culture. La nature et l'art travaillent sur deux plans différents; mais ces plans sont parallèles et les résultats sont conformes. Parler primaire, c'est parler un langage un peu appris, un peu conventionnel, un peu artificieux. Le parler peuple, ouvrier ou paysan, travailleur ou soldat, ressortit à la culture humaine. Le parler primaire appartient à l'entraînement d'État.

Qu'il soit hautement désirable que les primaires parlent peuple et français, oui. Mais tant qu'ils sont en majorité comme ils sont, l'historien doit les représenter comme ils sont, les faire parler, ou plutôt les écouter parler, comme ils parlent. Nous n'avons à nous masquer aucune réalité. Nous devons savoir ce qu'est l'enseignement primaire, comme le reste. Nous devons le savoir en un temps où les politiciens, d'État, veulent nous faire croire que l'enseignement primaire supérieur est l'aboutissement d'un peuple et d'une humanité.

Sur la quotité de la misère je ne crois pas que l'auteur ait exagéré; il y a au moins autant de misère dans le monde qu'il n'en paraît, c'est-à-dire, exactement, qu'il y a au moins autant de misères qui se cachent par vanité, par fierté, orgueil, tristesse, par devoir, par grandeur, par noblesse, par nécessité, par bons et mauvais sentiments, qu'il n'y a de fausses misères étalées par cupidité.

Pressez un peu quelqu'un sur le *Jean Coste*. J'entends quelqu'un de sincère et de grave, quelqu'un qui ne se réfugiera pas derrière les phrases conventionnelles des discours. On vous répondra : Sans doute, mais il y met un peu du sien. Nous connaissons beaucoup d'instituteurs qui sont très heureux. — L'auteur n'a jamais dit le contraire. Lui-même il a dit combien il y en a d'heureux, de pauvres, de malheureux, de misérables pour une compagnie déterminée. — Ils se marient comme ils veulent. — Je n'en sais rien. — Les paysans les estiment; dans les villages les dots les plus fortes sont pour eux; ils font des bons mariages. — N'oublions pas que l'auteur a fait manquer à Jean Coste un mariage préparé par ses parents pour être un bon mariage. — Ah dame! s'ils veulent faire des mariages d'inclination! Et puis aussi pourquoi a-t-il tant d'enfants? — Quatre. — C'est vouloir être malheureux.

— J'y consens; mais puisque c'est ainsi que répondent les hommes sincères et réalistes, les hommes établis et sérieux, il faut savoir si derrière l'apparat des discours officiels tout l'idéal de vie, que la troisième République propose à un assez grand nombre de ses loyaux serviteurs, est le mariage d'affaires ou le célibat perpétuel.

Je ne reviendrai pas aujourd'hui sur l'histoire de *Jean Coste* avant sa publication; les campagnes les plus acharnées de calomnies ne me feront pas revenir sur d'anciens incidents[1]; je rappelle seulement, et Lavergne aime à rappeler que sans nos cahiers *Jean Coste* n'aurait jamais vu le jour. Le livre fut longtemps aussi misérable que le personnage, et, au fond, de la même misère. L'histoire de *Jean Coste* après sa publication présente un intérêt considérable.

Ce livre réussit[2]; il n'avait pas été fait pour plaire, mais il réussit; par ce livre simple, un très grand nombre de lecteurs furent simplement émus; un très grand nombre de critiques libres firent à ce livre une importante publicité.

Les hommes engagés dans les partis politiques anticléricaux négligèrent d'en faire autant. J'avais bêtement pensé que ce livre serait bienvenu dans les partis républicains. J'avais oublié que les partis n'aiment pas le livre. Partout, autour de nous on ne parlait que des instituteurs; on protégeait les instituteurs; on vantait les instituteurs; on chérissait les instituteurs; je pensai qu'on accueillerait ce livre d'instituteur; je me trompais; on me le fit bien voir. Les grands orateurs attitrés se turent; les gens qui parlent de tout ne parlèrent pas du *Jean Coste;* dans *l'Aurore* même le livre n'eut que quelques lignes de Geste, un *post-scriptum,* je crois.

Sur le conseil de notre ami Pierre Félix, qui alors s'intéressait aux cahiers, et que le *Jean Coste* avait profondément ému, je fis les démarches les plus instantes auprès de la *Ligue de l'Enseignement.* Je demandais que la *Ligue* adoptât pour ainsi dire ce livre, qu'elle en achetât et en répandît un certain nombre d'exemplaires. Puisque la *Ligue,* à son origine institution privée, née d'initiative individuelle, formée d'efforts individuels, tend de plus en plus à devenir une institution d'État, un organe de gouvernement, puisque d'ailleurs on veut en venir à fixer les responsabilités, je dois dire que mes démarches ne furent pas, comme on dit, récompensées; aujourd'hui, je me demande, anxieusement, si je ne fus pas joué, noyé d'eau bénite.

Ce *Coste* insubmersible aujourd'hui reparaît. La librairie Ollendorff le publie en un volume à trois francs cinquante, 314 pages, couverture toile reliée illustrée rouge et noir d'H. Goussé. Quand on me dit qu'il y aurait une image peinte, je me méfiai; je ne redoute rien tant que les images pour un texte; aujourd'hui que le livre est là, relié dans sa toile verte, je dois déclarer que ce dessin rouge et noir me paraît beau; il est simple, il est sobre, il vaut le livre, il exprime le livre : c'est tout dire.

Je ne cesse de demander à nos abonnés; mais c'est qu'il y a beaucoup à demander; l'œuvre à faire est immense; je leur demande instamment de faire à cette édition nouvelle du *Jean Coste* la plus grande fortune qu'ils pourront. Le livre mérite cette fortune.

L'auteur la mérite. Nous avons ici exposé assez franchement notre situation administrative et financière, pour avoir le droit de parler finance. On doit toujours parler finance. La fausse discrétion financière est la plus insupportable des hypocrisies bourgeoises. Lavergne s'est endetté pour écrire son livre. D'ailleurs, Lavergne a, comme tous les auteurs, comme tous les ouvriers, le droit et le devoir de vivre en travaillant. Nos cahiers sont malheureusement trop misérables, eux-mêmes, pour payer des droits d'auteur; le temps n'est pas venu où dans cette institution, florissante enfin, tous les ouvriers auront un salaire normal, un salaire minimum.

Lavergne n'a pas touché un sou des cahiers; dans la nouvelle édition il touche, pour la première fois de sa vie, des droits d'auteur; un contrat normal est intervenu; or, il est juste que Lavergne et sa famille vivent; nous devons avoir beaucoup d'affection pour ceux de nous qui, instituteurs ou professeurs, quittent leur métier et viennent exercer sur nous parmi nous leur petite fraction de gouvernement socialiste et révolutionnaire; nous ne devons pas avoir moins d'amitié pour les instituteurs et pour les professeurs qui, dans la peine et dans le travail, continuent d'exercer leur métier modeste.

Lavergne a fait plus; sur ma demande, et très cordialement, il a bien voulu partager avec les cahiers ses droits d'auteur; pour tout exemplaire acheté de la nouvelle édition, la moitié des droits d'auteur vient à Lavergne, la moitié des droits d'auteur vient aux cahiers; je sais que cette révélation suffira, pour que plusieurs étendent au nouveau *Jean Coste* le boycottage dont nos cahiers bénéficient; mais les boycotteurs sont moins nombreux qu'ils ne veulent bien le croire, et moins puissants.

Enfin la convention commerciale passée entre les éditeurs, l'auteur et les cahiers est telle que les exemplaires de la nouvelle édition commandée à la librairie des cahiers nous rapportent plus que la librairie ordinaire. — Je rappelle que nous demandons à nos abonnés de commander tous leurs livres et périodiques à la librairie des cahiers.

Nous demandons à nos abonnés de faire au nouveau *Jean Coste* la plus grande fortune, la plus grande publicité, de l'acheter et de le faire acheter, de le faire placer dans les bibliothèques publiques, scolaires, communales, dans les bibliothèques de groupes; ils rencontreront sans doute quelques résistances; ils verront par eux-mêmes d'où elles viennent, ce qu'elles signifient.

Ce livre peut fournir un très bon roman feuilleton pour les journaux de province et même pour les journaux de Paris; nous ne devons pas négliger le roman-feuilleton; mauvais, il est un des agents les plus pernicieux de démoralisation; bon, il peut devenir un des moyens de culture les plus efficaces, et non pas seulement pour le peuple; quand j'ouvre *la Petite République*, c'est pour lire ou pour parcourir les romans extraordinaires de M. Michel Zévaco; c'est un auteur qui a beaucoup gagné; *le Matin* a beaucoup fait, en donnant de l'Erckmann-Chatrian; *l'Aurore* a beaucoup fait, de donner le Stendhal et beaucoup de Balzac.

Le *Jean Coste* fait un excellent feuilleton; c'est à nos amis d'y aviser. Ils rencontreront les mêmes résistances. Un grand journal républicain d'un port militaire breton, qui n'est pas Brest, refusa de publier le *Jean Coste* en feuilleton; la situation des instituteurs n'est déjà pas si brillante en Bretagne, l'école primaire laïque y est fortement attaquée, il ne faut pas déprécier l'œuvre scolaire de la troisième République, il ne faut pas décourager le recrutement des écoles normales primaires.

C'est toujours la même aberration de méthode : se masquer la réalité, au lieu de la voir et d'y travailler.

Nous avons connu ainsi, sur le tard, les crimes de Lavergne : tout soucieux de faire un livre, un roman réaliste, il avait négligé de faire un volume anticléricaliste; il avait fait un curé de village comme il avait vu, un curé brave homme, honnête homme, au lieu de faire un curé comme il faut qu'ils soient tous pour que l'anticléricalisme radical soit fondé; ayant à faire une élection, au lieu de mettre en présence un parti réactionnaire tout à fait immonde et un parti radical tout à fait sublime, il avait mis en présence deux partis politiques assez également faux, assez également lâches.

D'autres, très nombreux, surtout depuis que le livre a réussi, ont au contraire, — mais cela revient au même, — été pris pour Jean Coste d'un amour inattendu. Je crois que Téry, aujourd'hui, se méprend sur les sentiments qu'il convient d'avoir pour Jean Coste. On aime trop Jean Coste. On l'aime contre quelqu'un. Nous devons l'aimer pour lui-même. Il vaut d'être aimé pour lui-même. On veut l'aimer à condition que dans la commune il soit un anticuré. Nous devons l'aimer pour lui-même, comme un homme libre; il a le droit et le devoir d'exister pour lui-même, par lui-même, pour et par l'humanité, non pas seulement en opposition, en conflit préparé perpétuel avec un autre homme, quel que soit cet homme.

On veut aimer Jean Coste à condition qu'il soit dans la commune un représentant du gouvernement, un agent de l'État, un émissaire des partis.

Jean Coste n'en veut pas tant : il demande du pain; il demande la liberté; non pas comme une faveur, mais comme son droit. Il a droit au pain, il a droit à la liberté, sans condition. Il est un homme, il a les droits d'homme, sans condition.

Il ne s'agit pas de faire entrer Jean Coste, bon gré mal gré, dans des combinaisons politiques; il ne s'agit pas de lui vendre ce que l'on doit lui donner; il a des droits imprescriptibles; il ne s'agit pas de lui vendre son pain, sa liberté, pour des services politiques; il ne s'agit pas de faire de lui le jouet des partis politiques. Il y perdrait toute autorité, morale, sociale, professionnelle, toute dignité, toute valeur de vie et toute valeur d'homme.

On veut déléguer à Jean Coste une parcelle de l'autorité gouvernementale, un morceau d'État. On en veut faire un de plus qui pèsera sur nous. Il procédera du préfet par le sous-préfet. Il sera un fragment du gouvernement d'État. Il demandait son pain et sa liberté, ce que nous avons nommé sa liberté économique. Par le sophisme d'action le plus répandu qui soit en France on lui répond en lui proposant de l'autorité, en lui imposant d'exercer une autorité. Notons provisoirement ce paralogisme d'action, ce parapragmatisme devenu capital en France. Il demandait la liberté, où il avait droit; on la lui refuse; mais, en échange de ce qu'on la lui refuse, on le convie à exercer pour sa part de l'autorité, à refuser pour sa part de la liberté, à être un agent du refus universel, à empiéter pour sa part sur les libertés communes, sur les libertés des simples citoyens; au besoin on l'y contraint; c'est-à-dire que l'on ajoute à son ancienne servitude cette servitude nouvelle, cet accroissement d'exercer une autorité de commandement. Il semble que par un troc politique la liberté qu'il ôte aux simples citoyens compense la liberté qu'on ne lui a pas rendue; je ne parle que des libertés légitimes. C'est par un effet de ce raisonnement que les peuples asservis se vengent en aidant l'envahisseur à soumettre un tiers voisin, que l'on subordonne spécialement à ces courtiers de servitude.

Ce troc immoral est des plus fréquents dans la société contemporaine; les effets de ce troc se multiplient; c'est par l'universalisation de ce jeu que la société moderne se constitue de plus en plus comme une immense, comme une totale mutualité de servitude : chacun vend sa part de juste liberté pour une part d'autorité injuste qu'il exercera. Il y a même un marché de ces trocs, il y a un cours des valeurs : tant d'autorité pour tant de liberté perdue. C'est le fondement même du suffrage universel. Ce n'en était pas le fondement théorique. C'en est devenu le fondement pratique.

Le malheur est que la plupart des citoyens se plaisent à ces trocs usuels immoraux; c'est un marché qui a deux avantages : premièrement il débarrasse l'intéressé du soin, du souci d'exercer sa juste liberté; car exercer justement une juste liberté est de l'ordre du travail; et c'est un travail difficile; au contraire exercer une autorité injuste n'est pas de l'ordre du travail; il est fatigant de dire, d'énoncer une proposition, puis d'en donner librement l'histoire et les démonstrations; il n'est pas fatigant de dire : J'ai raison, parce que je le dis, ou : j'ai raison parce que c'est la loi. Deuxièmement cette opération confère à l'intéressé la jouissance d'exercer de l'autorité sur quelqu'un. Et il paraît que c'est une jouissance irrésistible.

Des symptômes inquiétants nous forcent à nous demander si beaucoup d'instituteurs trouveront en eux-mêmes le courage de résister à la tentation; la modestie civique est rare; la tentation est grande : on leur offre d'entrer dans le système du gouvernement; tout dans nos idées, dans nos mœurs, dans notre éducation, nous pousse à entrer tant que nous pouvons dans les gouvernements; les instituteurs subissent, aujourd'hui, la tentation à laquelle tant de socialistes révolutionnaires n'ont pas résisté. Au fond, c'est toujours la tentation ministérielle.

On veut qu'ils soient les magistrats de la raison [1]. D'où sort cette nouvelle magistrature? Nous n'avons que trop de Magistratures d'État, civiles et militaires. Il n'est pas indispensable que toutes nos écoles soient transformées en conseils de guerre ou en tribunaux correctionnels, au choix. Sachons lire *l'affaire Crainquebille*. Téry me reproche d'avoir épinglé à *l'affaire Crainquebille*[1] une citation que pourtant je croyais faite exprès. Téry me reproche de n'avoir pas épinglé tout l'article. Qu'il se rassure. Nous publierons tout l'article intéressé, pour sa peine; et je le commenterai; nous publierons tout l'article où il se plaint; et je le commenterai, pour son malheur; et nos abonnés verront que je ne pouvais pas et que je ne devais pas épingler tout l'article et qu'en épinglant juste la phrase qu'il regrette aujourd'hui je lui ai fait encore la part belle, et que ma citation était de bonne guerre; si Téry veut ameuter contre ces cahiers misérables de nouvelles démagogies, anticléricales, je suis prêt à recommencer la conversation; je n'ai pas peur de ses calembours; puisqu'il ose parler d'État-Major, parlant à ma personne, je lui demanderai où il était et ce qu'il faisait quand nous épuisions nos forces, nos finances, nos santés, pour la défense de la république libre contre les envahissements de l'État-Major militaire; puisqu'il veut réglementer les relations que je puis avoir avec Anatole France, puisqu'il veut réglementer l'amitié que j'ai avec les deux Tharaud, — déjà la réglementation d'État? mon camarade, — puisqu'il veut réglementer les relations que Tharaud peut avoir avec France et la prédilection que France peut avoir pour un livre de Tharaud, je préciserai, je lui demanderai ce qu'il faisait exactement, lui, dans le cabinet de M. Lemaître à la date où M. Clemenceau avait à défendre la Cour de Cassation contre les calomnies nationalistes.

Que Téry le sache : dans ces débats où il ne joue que sa réputation d'amuseur talentueux, nous avons engagé toute notre vie, et nous saurons nous défendre en conséquence.

Je m'en tiens aujourd'hui à la citation incriminée. Téry compare les maîtres de l'enseignement aux magistrats judiciaires. C'est une comparaison de réunion publique. Elle ne tient pas. Si elle tient, nous tombons dans *l'affaire Crainquebille*. Mais elle ne tient pas. Les élèves ne sont pas des inculpés. Les maîtres ne sont pas des juges. L'enseignement n'est pas une magistrature. C'est une culture. Nous reviendrons sur cet article, puisque l'auteur le demande.

Quand Téry assimile ou compare les maîtres de l'enseignement aux magistrats, il semble vouloir insister sur le devoir qu'on aurait de conférer aux premiers l'inamovibilité des seconds; mais, premièrement, l'inamovibilité n'est pas la seule forme ni la seule garantie de la liberté, de l'indépendance; il n'est nullement démontré qu'il faille conférer aux fonctionnaires l'inamovibilité pour leur garantir la liberté; il n'est nullement démontré qu'il suffise de conférer aux fonctionnaires l'inamovibilité pour leur garantir la liberté; il n'est pas démontré qu'il faille assimiler aux magistrats judiciaires les membres de l'enseignement pour leur assurer la liberté; nous assistons ici à un nouvel effet du parapragmatisme déjà noté; assimiler aux magistrats judiciaires les membres de l'enseignement, ce n'est pas garantir leur liberté, mais c'est leur conférer une autorité; je n'insiste pas; nous reviendrons sur cette assimilation dangereuse. Deuxièmement Téry oublie qu'il appartient officiellement à un parti où l'amovibilité des magistrats judiciaires est partie essentielle du programme; quand Téry non seulement vante l'inamovibilité, mais la veut étendre des magistrats judiciaires aux maîtres de l'enseignement, il oublie qu'il fait partie d'un parti nommé le *Parti Socialiste français*, qu'il fait partie d'un gouvernement nommé le *comité interfédéral*, que ce gouvernement fut constitué peu à peu dans les congrès de ce parti, que le dernier congrès eut lieu à Tours, et que le programme constitutionnel de Tours comporte l'élection de la magistrature, ce qui, sans doute, la rendrait amovible.

Nous recommencerons ce débat par le principe autant que nous le pourrons aussitôt que nous le pourrons. Je ne veux retenir aujourd'hui que le procédé. C'est le procédé le plus dangereux de la démagogie. Le démagogue négligent et grand seigneur est le plus dangereux. Lancer des idées fausses, et y tenir, est dangereux. Mais lancer une idée fausse et négligemment la retirer, sans y attacher autrement d'importance, est beaucoup plus dangereux. La critique indispensable ne sait plus où se prendre. L'auteur est de votre avis. Vous n'avez plus rien à dire. Cependant l'idée fausse continue son chemin, pousse sa fortune. L'auteur a pu retirer son idée : il n'a pas retiré l'image, la mémoire que les pauvres gens ont formée, ont gardée de cette idée. A la première discussion l'idée fausse reparaît, florissante; la comparaison inconsidérée s'impose; elle est commode.

Il y a cinq ans, au commencement de l'affaire, il y a deux ans, quand on pensa faussement que l'affaire était consommée, toutes les fois que la conversation des dreyfusards et des républicains revenait sur les instituteurs, il n'y avait qu'un cri et qu'une indignation : La première mesure à prendre, disait-on partout et sans aucune exception, la mesure indispensable, immédiate, sera de libérer les instituteurs; ils sont aujourd'hui à la nomination des préfets; il est inadmissible que des fonctionnaires appartenant au ministère de l'instruction publique, il est inadmissible que des universitaires soient responsables non pas devant leurs supérieurs hiérarchiques, non pas devant leurs inspecteurs, leurs maîtres et leurs amis, mais devant les agents du ministère de l'intérieur. Telle était alors l'indignation de tous. L'amnistie passa.

On sait ce qui est advenu. Il est advenu la circulaire de M. Combes, la première, celle où pour la première fois un chef du gouvernement, un président du conseil des ministres, un ministre de l'intérieur a osé parler officiellement des faveurs gouvernementales, celle qui officiellement, a étendu à tous les fonctionnaires de la République la pratique désastreuse du dossier politique, cette circulaire contre laquelle presque tout le monde s'est tu, qui fut, à ma connaissance, la première violation solennelle de la charte civique instituée par la Déclaration des Droits de l'Homme et du citoyen, et contre qui la *Ligue française pour la Défense des Droits de l'Homme et du Citoyen* ne s'est pas sérieusement émue [1], — je ne parle pas des sections qui ont approuvé, — cette circulaire qui soumettait aux préfets tous les fonctionnaires du territoire, qui soumettait au ministère de l'Intérieur tous les ministères de la République; loin de libérer les instituteurs, c'est l'ancien asservissement des instituteurs que l'on a étendu à tous les fonctionnaires. Ce n'est pas vers l'indépendance et l'inamovibilité du magistrat que l'on tend, mais vers l'asservissement et l'amovibilité du fonctionnaire.

Je n'ai rien contre M. Combes [2]. Quand il fut question de lui pour former un ministère, ses amis disaient : Il a été tout à fait nul comme ministre de l'instruction publique; mais, vous verrez, il fera un excellent président du conseil. Jaurès nous expliquait dans son journal qu'avec une Chambre aussi bien faite, après d'aussi bonnes élections, avec une majorité aussi assise, on n'avait pas besoin de quelqu'un de très fort pour gouverner. Je ne me rappelle pas si même il ne nous expliqua pas que quelqu'un de pas très fort valait mieux.

On exagérait. M. Combes n'avait pas été nul comme ministre de l'instruction publique. Des personnes renseignées assurent qu'il est intelligent. Gauche et maladroit, la main lourde au commencement de son ministère, il est rapidement devenu spirituel, aisé; il s'est révélé fort honnête orateur; il tient bien la tribune; il a de vives et bonnes réparties. Tout le monde s'accorde à répéter que c'est un vieil honnête homme; et je sais qu'en politique cela est rare et précieux.

Je n'ai rien contre M. Combes. Il a courageusement assumé une tâche écrasante. Cette tâche écrasante, ce n'est pas de combattre l'Église. Vaincre l'Église serait une tâche écrasante. Combattre l'Église est cette année en France plus facile que de ne rien faire. Un gouvernement qui ne fait rien et qui ne combat pas l'Église tombe. Un gouvernement qui ne fait rien et qui combat l'Église tient.

La tâche écrasante que M. Combes a courageusement assumée, la tâche pour laquelle il a droit à toute l'indulgence des bons citoyens, c'est de constituer un gouvernement, et par suite un peu une administration avec des éléments empruntés aux partis radicaux.

Nous n'avons rien contre M. Combes. Il a beaucoup acquis de doigté depuis qu'il exerce le gouvernement. Et je n'omets pas de distinguer entre les deux couches, entre les deux générations de radicaux. Les républicains, radicaux et opportunistes, qui ont l'âge de M. Combes ont fondé la République. Cela ne s'est pas fait tout seul. Rien ne se fait tout seul. Et forcément il en reste quelque valeur aux hommes de ce temps-là. Non je ne confonds pas les radicaux de quarante, cinquante ou soixante ans avec cette multitude pressée de jeunes radicaux, — jeunes gens de vingt à trente ans, — qui, de partout se poussent à l'occupation des places.

Tout ce que nous avons déclaré, mais je maintiens cette déclaration, c'est que nous refusions de nous engager, que nous refusions d'engager notre responsabilité dans la politique improprement nommée anticléricale des radicaux de gouvernement, parce qu'elle était injuste, et parce qu'elle était vaine. Qu'elle fût injuste, c'est ce que j'espère pouvoir montrer quelque jour, et je demande que l'on me fasse crédit jusque-là. Qu'elle soit vaine, c'est ce que l'on commence à reconnaître un peu partout. Ceux mêmes qui voulaient nous entraîner dans la compagnie de cette majorité commencent à se demander ce qui se prépare. Jaurès et Pressensé dans leurs journaux commencent à s'apercevoir que les partis radicaux ne sont pas solides. Jaurès parle de défaillance et pense de trahison. Cette majorité qui devait tout bouffer, — style approprié, — se rompt devant les bouilleurs de cru et vient de porter M. Doumer à la présidence de la commission du budget.

Nous n'avons jamais rien dit que cela. Mais nous l'avons dit à temps.

Si avant peu le ministère de M. Combes devient formellement un antiministère Doumer, un ministère de la paix contre le ministère de la guerre, à cet égard, et dans cette mesure, nous serons, autant que nous le pourrons, ses plus fermes soutiens.

Il ne faut pas que l'instituteur soit dans la commune le représentant du gouvernement; il convient qu'il y soit le représentant de l'humanité; ce n'est pas un président du conseil, si considérable que soit un président du conseil, ce n'est pas une majorité qu'il faut que l'instituteur dans la commune représente : il est le représentant né de personnages moins transitoires, il est le seul et l'inestimable représentant des poètes et des artistes, des philosophes et des savants, des hommes qui ont fait et qui maintiennent l'humanité. Il doit assurer la représentation de la culture. C'est pour cela qu'il ne peut pas assumer la représentation de la politique, parce qu'il ne peut pas cumuler les deux représentations.

Mais pour cela, et nous devons avoir le courage de le répéter aux instituteurs, il est indispensable qu'ils se cultivent eux-mêmes; il ne s'agit pas d'enseigner à tort et à travers; il faut savoir ce que l'on enseigne, c'est-à-dire qu'il faut avoir commencé par s'enseigner soi-même; les hommes les plus éminents ne cessent pas de se cultiver, ou plutôt les hommes les plus éminents sont ceux qui n'ont pas cessé, qui ne cessent pas de se cultiver, de travailler; on n'a rien sans peine, et la vie est un perpétuel travail. Afin de s'assurer la clientèle des instituteurs, on leur a trop laissé croire que l'enseignement se conférait. L'enseignement ne se confère pas : il se travaille, et se communique. On les a inondés de catéchismes républicains, de bréviaires laïques, de formulaires. C'était avantageux pour les auteurs de ces volumes, et pour les maisons d'édition. Mais ce n'est pas en récitant des bréviaires qu'un homme se forme, c'est en lisant, en regardant, en écoutant. Qu'on lise Rabelais ou Calvin, Molière ou Montaigne, Racine ou Descartes, Pascal ou Corneille, Rousseau ou Voltaire, Vigny ou Lamartine, c'est en lisant qu'un homme se forme, et non pas en récitant des manuels. Et c'est, aussi, en travaillant, modestement.

LES RÉCENTES ŒUVRES DE ZOLA

Cinquième cahier de la quatrième série (4 décembre 1902).

On me permettra de reproduire ici un article qui fut publié pour la première fois dans le Mouvement Socialiste [1], *numéros 20, du premier novembre, et 21, du 15 novembre 1899. Sauf de très rares exceptions, nous ne reproduisons pas les articles publiés dans les* cahiers. *Nous reproduisons cet article précédemment publié dans* le Mouvement Socialiste *parce que la région de nos abonnés actuels a, — malheureusement, — gardé peu d'éléments communs avec la région des socialistes qui en novembre 1899 lisaient* le Mouvement.

Nous reproduisons cet article exactement tel qu'il fut publié la première fois. Puisqu'il porte sa date, je n'ai pas le droit de le modifier. D'ailleurs il vaut mieux, pour l'œuvre d'alors, s'en tenir à la critique pieuse d'alors. Nous n'avons pas à renier nos anciennes affections, même littéraires. Nous devons croire que la critique affectueuse et pieuse est plus intelligente que la critique raide. Elle est celle aussi qui doit paraître après la piété de la mort.

Je retiens parmi les récentes œuvres de Zola :

Sa *Lettre au Président de la République,* publiée dans *l'Aurore* le jeudi 13 janvier 1898, après qu'un Conseil de guerre eut acquitté Esterhazy; sa *Lettre à Monsieur le Ministre de la Guerre,* publiée dans *l'Aurore* du 22 janvier 1898, après que le ministère eut engagé des poursuites restreintes;

Son roman *Fécondité,* le premier des *Quatre Évangiles,* écrit dans l'exil en Angleterre, d'août 1898 à mai 1899, publié en feuilleton dans *l'Aurore,* du lundi 15 mai au mercredi 4 octobre 1899, et récemment paru en un volume chez Fasquelle;

Son article de rentrée, *Justice,* publié dans *l'Aurore* du lundi 5 juin 1899;

Son article après l'arrêt de Rennes, *Le Cinquième Acte,* publié dans *l'Aurore* du mardi 12 septembre;

Et enfin, après la grâce présidentielle, sa *Lettre à Madame Alfred Dreyfus,* publiée dans *l'Aurore* du vendredi 22.

Le Conseil de guerre, qui s'était réuni le 10, acquitta Esterhazy le 11 janvier. Ce fut un rude coup porté à la justice. Plusieurs se demandèrent si la justification de l'innocent serait jamais réalisée. Zola ne bougea pas : « Mais puisque nous avons raison ! » répétait-il assis dans les bureaux de *l'Aurore.* Il écrivit le lendemain sa *Lettre au Président de la République.* Elle parut le surlendemain jeudi matin. Ce fut la révélation du protagoniste. Il y eut un sursaut. La bataille pouvait recommencer. Toute la journée dans Paris les camelots à la voix éraillée crièrent *l'Aurore,* coururent avec *l'Aurore* en gros paquets sous le bras, distribuèrent *l'Aurore* aux acheteurs empressés. Ce beau nom de journal, rebelle aux enrouements, planait comme une clameur sur la fiévreuse activité des rues. Le choc donné fut si extraordinaire que Paris faillit se retourner.

Pendant plusieurs jours il y eut comme une oscillation de Paris. J'allai voir Émile Zola, non par curiosité vaine. Je le trouvai dans son hôtel, rue de Bruxelles, 21 *bis,* dans sa maison de bourgeois cossu, de grand bourgeois honnête. Je ne l'avais jamais vu. L'heure était redoutable et je voulais avoir, de l'homme qui prenait l'affaire sur son dos, cette impression du face à face que rien ne peut remplacer. L'homme que je trouvai n'était pas un bourgeois, mais un paysan noir, vieilli, gris, aux traits tirés, et retirés vers le dedans, un laboureur de livres, un aligneur de sillons, un solide, un robuste, un entêté, aux épaules rondes et fortes comme une voûte romaine, assez petit et peu volumineux, comme les paysans du Centre. C'était un paysan qui était sorti de sa maison parce qu'il avait entendu passer le coche. Il avait des paysans ce que sans doute ils ont de plus beau, cet air égal, cette égalité plus invincible que la perpétuité de la terre. Il était trapu.

Il était fatigué. Il avait une assurance coutumière, commode. Son assurance lui était familière. Il avait une impuissance admirable à s'étonner de ce qu'il faisait, une extraordinaire fraîcheur à s'étonner de ce que l'on faisait de laid, de mal, de sale. Il trouvait tout à fait ordinaire tout ce qu'il avait fait, tout ce qu'il venait de faire, tout ce qu'il ferait. «Rien», dit Pascal, «n'est plus commun que les bonnes choses; il n'est question que de les discerner; et il est certain qu'elles sont toutes naturelles et à notre portée, et même connues de tout le monde.»*

Il me dit la tristesse qu'il avait de l'abandon où les socialistes laissaient les rares défenseurs de la justice. Il pensait à la plupart des députés, des journalistes, des chefs socialistes. Il ne connaissait guère qu'eux. Je lui répondis que ceux qui l'abandonnaient ne représentaient nullement le socialisme. — « J'ai reçu», me dit-il, « beaucoup de lettres d'ouvriers de Paris, une lettre qui m'est allée au cœur. Les ouvriers sont bons. Qu'est-ce qu'on leur a donc fait boire pour les rendre ainsi? Je ne reconnais plus mon Paris.»

Je ne l'ai plus revu. Mais je l'ai retrouvé dans ses actes et dans ses œuvres.

Cette *Lettre au Président de la République* ne fit scandale que parce que le public ne savait rien. A présent que nous sommes renseignés, c'est une surprise de la relire. Elle n'est pas scandaleuse. Elle est profondément révolutionnaire. Mais elle est modeste, et même un peu humble. Zola lui-même l'a fort bien jugée à son retour : « Et voilà que ma pauvre *Lettre* n'est plus au point, apparaît comme tout à fait enfantine, une simple berquinade, une invention de romancier timide, à côté de la superbe et farouche réalité. »**

Je ne veux retenir ici de cette Lettre que sa belle ordonnance classique et sa belle écriture. Zola, dès le commencement de l'affaire, avait pris parti. Mais ses articles du *Figaro,* ses *lettres* surtout, sa *Lettre à la jeunesse* et sa *Lettre à la France* comportaient de telles ponctuations et de telles métaphores que l'on pouvait se demander si la pensée en était toujours parfaitement ferme. Ces hésitations de la phrase et du langage figuré n'étaient

* *De l'esprit géométrique.*

** *Justice,* dans *l'Aurore* du lundi 5 juin 1899.

que les premiers balbutiements non apprêtés d'une indignation qui éclate. Mais en face du crime évident et continué, l'indignation se raffermit singulièrement. Le début de la *Lettre au Président de la République* est encore un peu gêné. La conclusion est sans aucun doute un des plus beaux monuments littéraires que nous ayons, et je me permets d'y insister.

Je ne connais rien, même dans *les Châtiments,* qui soit aussi beau que cette architecture d'accusations, que ces *J'accuse* alignés comme des strophes. C'était de la belle prophétie, puisque la prophétie humaine ne consiste pas à imaginer un futur, mais à se représenter le futur comme s'il était déjà le présent. C'était d'une belle ordonnance classique, d'un beau rythme classique, et l'auteur fut encore plus fidèle à ce rythme en écrivant, quelques jours après, sa *Lettre à Monsieur le Ministre de la Guerre.*

Cette ordonnance classique ne consiste pas, comme Hugo se l'est sans doute imaginé, à introduire dans le discours des répétitions artificielles. Au contraire elle consiste à ne pas introduire dans le discours des variations artificielles, à dire toujours la même chose, quand c'est toujours la même chose. Ainsi entendue, l'ordonnance classique est un effet de la sincérité. Je crois bien que la sincérité est le caractère le plus profond de Zola. Son entière sincérité est le fondement même de sa toujours jeune naïveté.

M. Gustave Kahn* a fort heureusement comparé le « principat d'ordre moral, plus encore que littéraire » qu'Émile Zola exerce parmi nous au principat « qu'avait exercé Hugo à la fin de sa vie ». Ce principat est à peu près le même en effet. Mais il n'est pas le même en esprit. Les actes et les paroles de Hugo laissent une impression ou une arrière-impression perpétuelle de formidable insincérité. Les extraits des dernières *Choses vues* que nous avons lus dans les périodiques ne sont pas pour effacer cette impression. Le principat de Hugo était, en outre, autoritaire. Le principat libre d'Émile Zola est fondé surtout sur sa formidable sincérité. C'est parce qu'il est sincère, parce qu'il se sent sincère, que Zola se croit réaliste, qu'il est à l'aise dans ses actes, un

* La *Revue blanche* du 15 octobre 1899.

peu gêné dans ses œuvres, et qu'il fut ce que Hugo ne fut jamais, un protagoniste.

Ces mêmes qualités nourrissent le roman, le poème de *Fécondité*.

Le premier des Quatre Évangiles, le saint Évangile de Notre-Seigneur Jésus-Christ selon saint Matthieu, commence par le Livre de la génération de Jésus-Christ, fils de David, fils d'Abraham :

« *Abraham engendra Isaac. Isaac engendra Jacob. Et Jacob engendra Judas et ses frères.*

« *Et Judas engendra de Thamar Pharès et Zara. Et Pharès engendra Esron. Et Esron engendra Aram...* » Ceci aussi est du classique.

Fécondité est le livre de la génération de Mathieu. Pierre Froment, le Pierre Froment de *Lourdes,* de *Rome* et de *Paris,* « avait eu de sa femme Marie quatre fils, Jean l'aîné, puis Mathieu, Marc et Luc ».*

Nous avons lu *Fécondité* en feuilletons dans *l'Aurore*. Par une harmonie merveilleuse, comme l'auteur avait écrit au loin, s'interrompant pour lire les journaux de France, ainsi nous avons lu au loin, nous interrompant pour lire les nouvelles de Rennes. Et, sans vouloir en faire un moyen d'art, les ajournements successifs du feuilleton donnèrent aux recommencements successifs du roman une singulière perspective, agrandie encore par l'importance des événements réels intercalaires. Quand nous arrivâmes à la fin, il y avait vraiment de très longs jours et de très longues années que Mathieu Froment s'était installé avec sa femme dans le petit pavillon à la lisière des bois.

De jour en jour attendant la suite au lendemain, nous donnions cours aussi au secret espoir que nous avions formé, que Mathieu deviendrait socialiste, que ce livre serait l'évangile du socialisme. Car nous n'éprouvons aucune fausse honte à constater le socialisme partout où il est en réalité, à le demander, sous son nom, partout où il doit être. Plusieurs descriptions des misères industrielles nous encouragèrent dans notre espoir. Nous fûmes finalement déçus.

* *Fécondité*, page 4.

Tout au commencement du livre, Mathieu est pauvre. Cela est si fortement établi que la mémoire de cette pauvreté traverse tout le roman jusqu'à la fin, masque les fortunes, et fait équilibre à la possession des richesses. Il n'y a là qu'un artifice, employé sincèrement, mais nullement probant. La pauvreté a toutes les vertus, moins une : celle de donner droit à la possession de la richesse. Mathieu et sa race finissent par exercer le droit d'us et d'abus sur un nombre incalculable de moyens de production.

Zola n'a pas manqué de sentir la difficulté. S'il ne l'avait pas sentie de lui-même, Sully-Prudhomme* la lui aurait enseignée :

> Du plus aveugle instinct je me veux rendre maître,
> Hélas! non par vertu, mais par compassion;
> Dans l'invisible essaim des condamnés à naître,
> Je fais grâce à celui dont je sens l'aiguillon.
> . . . .
> L'homme à qui son pain blanc maudit des populaces
> Pèse comme un remords des misères d'autrui,
> A l'inégal banquet où se serrent les places,
> N'élargira jamais la sienne autour de lui!

Selon que l'on résout ou non cette difficulté, on est ou on n'est pas socialiste. Sully-Prudhomme ne l'a pas résolue, mais supprimée par l'artifice de la stérilité. Zola ne l'a pas résolue, mais tournée par l'artifice du premier occupant et de la déshérence.

On répond facilement à Sully-Prudhomme : « Il ne s'agit pas seulement d'élargir sa place à l'inégal banquet. Il s'agit aussi d'élargir sa place au travail, provisoirement inégal. Et si les nouveaux travailleurs produisent assez pour élargir le banquet lui-même, il n'y a plus aucun inconvénient à ce qu'ils occupent à ce banquet non des places empiétées, mais des places nouvelles. Que si les nouveaux travailleurs produisent plus qu'ils ne consomment, c'est tout avantage pour la cité. »

J'abandonne ici cette comparaison du banquet, toujours un peu lourde et un peu inexacte. Je dis : « Si nos enfants ne produisent pas, comme ils consommeront

* *Vœu*, dans *les Vaines Tendresses* (Poésies, 1872-1878), pages 108 et suivantes, petite édition Lemerre.

quand même, ils seront des para[illegible]ux vaut n'en pas avoir. Si nos enfants produ[illegible] consomment une égale valeur, ils deviennent s[illegible]t indifférents. Si nos enfants produisent, et cons[illegible]n peu moins, s'ils produisent beaucoup et ne c[illegible]ent guère, ils enrichiront le domaine commun [illegible]umanité. » Je donne ce raisonnement pour ce q[illegible]t : il eſt provisoirement, grossièrement, moyen[illegible]t exaƈt.

Si l'on admet ce raisonnement pr[illegible]re, la difficulté redoutable apparaît : l'enfantement [illegible]e juſtifie socialement que par ce que les enfants [illegible]nt dans la cité. Or on eſt rigoureusement assuré qu[illegible] enfants demanderont à la cité les moyens de leur éducation, mais on ne sait pas quel travail les enfants donneront à la cité. Il y a là évidemment un crédit accordé par la cité aux générations naissantes et croissantes.

Zola n'a pas voulu pour ainsi dire, que ce crédit fût demandé. Il n'a pas voulu que les fils de Mathieu dussent rien à la société. Mathieu ne demande rien à personne. Mathieu ne prend rien à personne. Mathieu fait pousser les moissons les plus luxuriantes dans les territoires de chasse abandonnés jusqu'à lui. « On n'avait qu'à faire comme lui, à créer les subsiſtances nécessaires, chaque fois qu'on mettait un enfant au monde; et il aurait montré Chantebled, son œuvre, le blé poussant sous le soleil, à mesure que poussaient les hommes. Certes, on n'accuserait pas ses enfants d'être venus manger la part des autres, puisque chacun d'eux était né avec son pain. »* Nicolas, fils de Mathieu, fait pousser des moissons plus débordantes encore, non plus seulement dans des pays incultes, mais dans des pays incivilisés, aux plaines infinies du Soudan. Mathieu continue à vivre en paysan. Nicolas court avec une audace folle et froide les risques lointains de coloniser. Cela masque l'usurpation; cela ne fait que la masquer. Marianne enfante une race de bourgeois.

Aussi longtemps que Mathieu fait sa terre et sa ferme avec ses bras, le roman peut sembler invraisemblable, il énonce un travail légitime, une produƈtion légitime, une vie légitime. Aussitôt que Mathieu réalise des bénéfices sur le travail de ses serviteurs et de ses servantes,

---

* *Fécondité*, pages 613 et 614.

— et cela ne[illegible]pas d'arriver, bien que le roman soit à peu pr[illegible]-dessus, puisque Mathieu achète une immense[illegible] de terres et fournit de l'argent pour acheter[illegible] — aussitôt que Mathieu devient un patron, to[illegible]vail devient illégitime, toute cette vie devient il[illegible] On a beaucoup trop salué *Fécondité* comme u[illegible] nouveau*, comme le livre d'une génération no[illegible] comme le livre d'un âge nouveau. Laurent Tailh[illegible]lue cette « annonciation des temps futurs pour u[illegible]onde nouveau ».** Hélas non! Ce livre est un livr[illegible]cien, cet évangile est un livre conservateur, indifféré[illegible]u salariat comme l'Évangile de Jésus fut indifférent [illegible]sclavage.

En admetta[illegible] qu'il y ait un droit du premier occupant, le premi[illegible]upant n'a le droit d'occuper que sa part, il n'a p[illegible]oit de préoccuper des plaines. Et surtout, il ne[illegible] avoir droit du premier occupant que sur ce q[illegible] as occupé. Or, cette race glorieusement enva[illegible]ccupe, — sans faire attention, — des biens qu[illegible]ullement tombés en déshérence. Deux fils [illegible]u, successivement, envahissent l'usine, la m[illegible]ale. Beauchêne, l'usinier, tombe en épaisse d[illegible]e. Alors les représentants de la santé s'empa[illegible]lement de la richesse constituée par cette usi[illegible]ur vient pas un seul instant à la pensée que [illegible] s'emparent n'était pas même à ce malheure[illegible], qu'ils font l'usurpation d'une usurpation, la spoliation d'une spoliation, que tous les samedis soir, à l'heure de la paie, sous le gouvernement normal d'un Froment, les ouvriers sont aussi ponctuellement volés qu'ils étaient volés sous le gouvernement malade de Beauchêne. C'est pour n'avoir pas fait, au seuil de leur vie nouvelle, cette simple réflexion, que Mathieu et Marianne ont recommencé une ancienne humanité.

Mieux vaut sans doute une ancienne humanité saine qu'une ancienne humanité malade. Il n'en est pas moins vrai que cet Ambroise, qui dispose agréablement des

---

* Relire dans la *Revue blanche* l'article déjà cité de Gustave Kahn.

** *Venus Victrix*, dans *la Petite République* du mercredi 25 octobre.

surprises pour les fêtes villageoises, pour les noces de diamant, est un homme redoutable :

« La fortune d'Ambroise s'était décuplée en dix ans. A quarante-cinq ans à peine, il régnait sur le marché de Paris. La mort de l'oncle Du Hordel l'ayant fait héritier et seul maître de la maison de commission, il l'avait élargie par son esprit d'entreprise, l'avait transformée en un véritable comptoir universel, où passaient les marchandises du monde entier. Les frontières n'existaient pas pour lui, il s'enrichissait des dépouilles de la terre, il s'efforçait surtout de tirer des colonies toute la richesse prodigieuse qu'elles pouvaient donner, et cela avec une audace triomphante, une telle sûreté de coup d'œil, au loin, que ses campagnes les plus téméraires finissaient par des victoires. Ce négociant, dont l'activité féconde gagnait des batailles, devait fatalement manger les Séguin, oisifs, impuissants, frappés de stérilité. Et, dans la débâcle de leur fortune, dans la dispersion du ménage et de la famille, il s'était taillé sa part, il avait voulu l'hôtel de l'avenue d'Antin... »* « Maintenant, l'hôtel entier revivait, plus luxueux encore, empli l'hiver d'un bruit de fêtes, égayé du rire des quatre enfants, de l'éclat de cette fortune vivante que renouvelait sans cesse l'effort de la conquête. »** Je demande simplement quelle différence il y a entre cet Ambroise et un homme de proie. Je demande combien cet Ambroise a mangé d'hommes et de maisons avant d'aller fêter le Père et la Mère à Chantebled.

Il ne suffit pas, pour être un homme nouveau, de chanter le premier né des dieux. N'oublions pas que nous sommes athées. Nous ne sommes pas athées seulement du vrai Dieu, de Iahvèh, de Jésus, nous sommes athées aussi des faux dieux, des dieux hellènes. « On rêve », dit M. Laurent Tailhade... « à l'invocation immortelle de Lucrèce proclamant Vénus Victorieuse, la Déesse qui peuple les mers chargées de nefs et les terres grosses de fruits. » ... « Dans le roman de Zola, c'est aussi Vénus victorieuse, Vénus Génitrice qui triomphe, reine des germes et de l'immortel espoir. Mais ce n'est pas le seul pullulement des êtres qu'elle suscite. La Bonté croît

* *Fécondité*, page 705.
** *Fécondité*, page 707.

autour d'elle, comme une fleur sans seconde, fleur de l'humanité libre et reconquise à elle-même. »* Et encore : « C'est la bonne parole du travail, de la réconciliation finale et de la paix. »* Non! Il faut distinguer. *Fécondité* est un roman d'amour, mais non pas un livre de paix et de bonté.

Ne soyons pas plus païens que les païens. Le même Lucrèce, qui invoquait Vénus au commencement de son poème : «*Déesse Vénus, mère des Énéades, volupté des hommes et des dieux...* » continue assez vite, et assez bien : « *Alors que la vie humaine gisait salement sous les yeux, écrasée sur terre sous la lourde religion, qui des régions du ciel montrait la tête, menaçante au-dessus des mortels par l'horreur de son aspect, pour la première fois un homme grec osa lever des yeux mortels encontre, et le premier s'asseoir encontre* ». Je n'ai pas à concilier Lucrèce avec Lucrèce, mais au moins soyons comme cet homme grec. Levons nos regards humains vers les dieux. Ne croyons pas qu'il suffise de chanter l'hymne de l'amour universel : « Et, de même que, le soir de la conception, toute l'ardente nuit de printemps, avec son odeur, était entrée pour que la nature entière fût de l'étreinte féconde, de même aujourd'hui, à l'heure de la naissance, tout l'ardent soleil flambait là, faisant de la vie, chantant le poème de l'éternelle vie par l'éternel amour. »** « [Marianne] n'était point seule à nourrir, la sève d'avril gonflait les labours, agitait les bois d'un frisson, soulevait les herbes hautes où elle était noyée. Et, sous elle, du sein de la terre en continuel enfantement, elle sentait bien ce flot qui la gagnait, qui l'emplissait, qui lui redonnait du lait, à mesure que le lait ruisselait de sa gorge. Et c'était là le flot de lait coulant par le monde, le flot d'éternelle vie pour l'éternelle moisson des êtres. Et, dans la gaie journée de printemps, la campagne éclatante, chantante, odorante, en était baignée, toute triomphale de cette beauté de la mère qui, le sein libre sous le soleil, aux yeux du vaste horizon, allaitait son enfant. »*** « De toutes parts, la vie féconde charriait les germes, créait, enfantait, nourrissait. Et, pour l'éternelle œuvre de vie, l'éternel fleuve de lait

* Article cité.
** *Fécondité,* page 223.
*** *Fécondité,* page 247.

coulait par le monde. »* Jamais sans doute un hymne aussi éclatant ne fut chanté à la gloire de Vénus perpétuelle, et près de cette ardente prière *le Sacre de la Femme* semblera un excellent exercice de bonne rhétorique. Pourquoi faut-il que les enfants nourris de ce lait, qui au commencement de ce livre bondissaient innocemment parmi les jeunes feuillages, deviennent à la fin des hommes aussi durs. La mémoire de leur enfance lactée, l'enfance de leurs petits frères et sœurs et de leurs enfants ne suffit pas pour innocenter toute leur vie. Mathieu s'imagine un peu facilement que la religion de la vie suffit : « Des millions de nouveaux êtres pouvaient naître, la terre était grande, plus des deux tiers restaient à défricher, à ensemencer, il y avait là une fertilité sans fin pour notre humanité sans limites. »** Il adopte une théorie des révolutions qui est surtout vraie des jacqueries, qui ne sera sans doute pas vraie de la révolution sociale : « Est-ce que toutes les civilisations, tous les progrès ne s'étaient pas produits sous la poussée du nombre? Seule, l'imprévoyance des pauvres avait jeté les foules révolutionnaires à la conquête de la vérité, de la justice, du bonheur. Chaque jour encore, le torrent humain nécessiterait plus de bonté, plus d'équité, la logique répartition des richesses par de justes lois réglant le travail universel. »** Pourquoi faut-il que les Froment n'introduisent pas dans l'humanité des mœurs conformes à ces lois futures?

Levons nos regards humains vers les dieux du ciel. Vénus ne fut pas une déesse de paix, de bonté. Si Iahvèh fut un dieux jaloux, les dieux de l'Olympe étaient des dieux envieux. Les dieux d'en haut n'ont pas toujours aimé la fécondité humaine. La morne Niobé ne s'enorgueillit pas un long temps de ses sept filles et de ses sept fils.

Fécondité n'est pas un livre de charité. Si la maison des Froment grandit aussi rapidement, c'est en partie parce que ni Mathieu ni les siens ne laissent filtrer leurs forces dans les fissures de la charité. Il ne faut pas se laisser abuser par plusieurs démarches qu'il fait. Le

* *Fécondité,* page 615.
** *Fécondité,* page 614.

nombre des personnes qu'il essaie de sauver, assez maladroitement, est infime, si on le compare à sa puissance grandissante. L'effort qu'il donne pour sauver les périclitants est infime, si on le compare à l'effort qu'il donne pour fonder sa race. Or il est permis de dire que la charité est impuissante, quand on l'a essayée sérieusement; il est permis de déclarer que tous les efforts donnés à la charité sont vains, sont perdus, mais à une condition : c'est que de la charité abandonnée on monte à une action plus efficace, à la solidarité, mais non pas que l'on redescende à la bourgeoise acquisition des richesses. Quand un bourgeois qui monte s'arrête à la charité, il s'arrête beaucoup trop tôt. Mais cela vaut assurément beaucoup mieux que de rester bourgeois simplement. *Fécondité* n'est pas un livre de bonté, d'humanité.

Fécondité n'est pas un livre de paix. Je prie qu'on le relise et que l'on n'oublie pas de voir cette guerre incessante. Ne nous laissons pas séduire à un nouvel artifice employé sincèrement. Zola donne aux Froment, à quelques exceptions près, une victoire si facile, si écrasante, si abondante, que la pensée du lecteur ne s'attache pas à la considération de la bataille. Mais les guerres victorieuses n'en sont pas moins des guerres. Les invasions faciles n'en sont pas moins des envahissements. Les oppressions aisées n'en sont pas moins des étouffements, des écrasements.

Fécondité est le livre de la guerre. Parce qu'ils possèdent les biens de ce monde à titre de propriétaires individuels, tous ces Froment sont des hommes de guerre et non pas des hommes de paix. Ces enfants, dont nous admirions la parfaite communauté de vie, quand ils sont mis hors de page, commencent des possessions individuelles, des vies individuelles. De l'abondance du lait commun, de la nourriture qu'ils semblaient partager communément avec la vie universelle, avec le monde en nourriture, voici qu'ils redescendent bourgeoisement à l'individualité de leurs nouvelles familles. Ces enfants partageaient avec les blés et l'herbe. Ces hommes ne partagent plus même avec les autres hommes. Ils prennent la part des autres hommes. Ils prennent la part des autres Froment. Voici qu'ils possèdent séparément et, bien entendu, qu'ils se chamaillent. *Fécondité* est si peu un livre de paix que les Froment ont déjà des guerres intérieures, des guerres civiles. Celui qui est meunier, Grégoire, fait la guerre à Gervais, celui qui est fermier. « Grégoire était, en affaires, d'une rudesse d'homme sanguin, qui s'entêtait à ne jamais rien lâcher de son droit. »* Marianne, au déclin de sa vie, est malade d'âme et court le danger de mort par la tristesse de cette guerre intestine. Je demande s'il n'y a pas des mères qui meurent tout à fait quand Grégoire exerce, en affaires, sa rudesse d'homme sanguin contre des hommes qui ne sont pas des Froment.

Que l'on y fasse attention : dans cette aventure de la ferme et du moulin, c'est la guerre qui est naturelle, et c'est la réconciliation qui est artificielle. De la possession, de la propriété individuelle des moyens de production, ce qui sort naturellement, c'est la guerre des possesseurs, des propriétaires. Ceux-ci peuvent se réconcilier dans un commun amour filial. Cette communauté des sentiments ne suffit pas. Elle n'est harmonieuse et durable que si elle se fonde sur la communauté des biens. Ces Froment vivent en bourgeois. Denis, succédant à l'usine à son frère Blaise assassiné, veut cependant que l'on prélève « sur les bénéfices une pension pour Charlotte, la veuve ».** Et l'auteur estime que c'est par une honnêteté délicate. Parmi les « cent cinquante-huit enfants, petits-enfants, arrière-petits-enfants, sans compter quelques petits derniers-nés, ceux de la quatrième génération »*** qui figurent uniformément au grand banquet des noces de diamant, il doit y avoir, si le livre est conforme aux réalités de la vie, sous l'apparente uniformité de la fête en commun, des riches et des pauvres. Et même avant, si l'avant-dernier des fils, Nicolas, quitte le Chantebled de la métropole et va fonder un Chantebled colonial, soudanais, ce n'est pas, remarquons-le bien, qu'il manque de place pour travailler, car la ferme est grande, l'usine est grande, la maison d'Ambroise est grande : c'est qu'il manque de place pour fonder, pour commander, pour être à son tour un patriarche, un chef

* *Fécondité*, page 698.
** *Fécondité*, page 593.
*** *Fécondité*, page 721.

de dynastie. « Ses frères, ses sœurs, avant que son tour fût venu, avaient déjà pris toutes les terres environnantes, à ce point qu'il étouffait, menacé de famine, en quête du large champ rêvé, qu'il cultiverait, où il moissonnerait son pain. »* Or si un homme peut commander à des plaines illimitées, aucun homme ne peut labourer des plaines sans limites. C'est pour ne pas partager avec ses frères la terre labourable que Nicolas va chercher fortune au Soudan, qu'il va fonder au Soudan la deuxième dynastie. Les Froment ont soif de commander. Nicolas Froment a soif d'un commandement infini. La divine jouissance d'envahissement qu'il éprouve à satisfaire cette soif ne me fait pas oublier que les guerres coloniales sont les plus lâches des guerres, que le Soudan n'a jamais été une colonie de peuplement, qu'il ne le sera sans doute jamais, que toutes les fois que des fils de France ont tenté la conquête de ces plaines, c'est la luxuriante et la luxure de cette faune, de cette flore, de ce climat qui les a tués ou qui les a conquis. Les dangers fous que bravent Nicolas et Lisbeth ne les justifient pas, car les moyens ne justifient pas la fin. Je demande ce que c'est que cet officier blanc qui, dans le petit fort voisin, « commande à une douzaine de soldats indigènes ».** La famille française est « forcée parfois de faire elle-même le coup de feu ».** Des coups de fusil lointains sont tout de même des coups de fusil. Tirer un coup de fusil ailleurs qu'au stand est une opération grave.

Loin que *Fécondité* soit un livre d'humanité, de solidarité, c'est le livre de la conquête de l'humanité par les Froment. C'est, en un sens, le recommencement, beaucoup plus dangereux, parce qu'il paraît moral, de certaines histoires des Rougon-Macquart. C'est ici proprement *la Fortune des Froment*. Cela est masqué par le lyrisme et par un certain ton de fantaisie, mais cela n'en est pas moins réel :

« Mathieu, gaiement, donnait des ordres.

« En face de nous deux, là, mettez son couvert... Il sera seul en face de nous, tel que l'ambassadeur d'un

---

* *Fécondité,* page 658.

** *Fécondité,* page 742.

puissant empire. »* Mathieu se trompe : Dominique, le fils aîné de son fils Nicolas, est bien réellement l'ambassadeur d'un puissant empire économique institué au Soudan. Et c'est cela qui m'épouvante.

Ces Froment pouvaient fonder une cité nouvelle. Mathieu n'a fondé qu'une patriarchie, c'est-à-dire la plus naturelle des monarchies, et la plus vénérable. Mais l'ancienne humanité a éprouvé bien des patriarchies sans y trouver le bonheur final et harmonieux. Cette malheureuse Rose s'amusait de « royal couple » et de « Majestés voisines ».** Elle avait, hélas! beaucoup plus profondément raison qu'elle ne se l'imaginait.

Je demande ce que deviendront les Froment quand le Père et la Mère seront morts. S'ils ne font qu'une nation de plus parmi les nations, que m'importe? S'ils ne font qu'une jeune nation parmi les vieilles nations, que m'importe? Auront-ils des guerres civiles, auront-ils entre eux l'horreur des guerres fraternelles? Mais toutes les guerres ne sont-elles pas des guerres fraternelles? Et quand les Froment seront nombreux comme les Anglais, quand leur envahissement sera barré, feront-ils des expéditions pour passer le Vaal? Feront-ils eux-mêmes la guerre? La feront-ils faire à des mercenaires? Auront-ils des esclaves, comme ils ont des salariés? Tout cela finira-t-il par du nationalisme?

Telle fut la déception que *l'Aurore* nous apportait de jour en jour. Cette famille en qui nous avions mis nos espérances les plus chères tournait mal, sous nos yeux. Zola n'était pas devenu socialiste. Par quel mystère ce révolutionnaire admirablement ardent avait-il pu ne pas se fondre à son propre feu? Comment, celui qui fut le protagoniste de la Justice dans une cause individuelle, n'a-t-il pas reconnu que l'injustice universelle passait tous les jours? Comment a-t-il pu introduire l'injustice, l'injuste concurrence au plus profond d'un livre écrit en exil? Cela déçoit l'attente et passe l'entendement. Quand des socialistes ne sont pas révolutionnaires comme Zola, c'est une grande inconséquence. Mais quand un révolutionnaire comme Zola n'est pas socialiste, c'est une grande inutilité. La révolution n'étant que le moyen

---

* *Fécondité,* page 734.

** *Fécondité,* pages 548 et 549.

du socialisme, et celui-ci étant la fin, mieux vaut encore, socialement, un socialiste qui n'est pas bien révolutionnaire, qu'un révolutionnaire qui n'est pas socialiste du tout.

Ce qui accroissait la tristesse de la déception, c'était que nous reconnaissions dans ce roman, faisant valoir une cause évidemment mauvaise, les qualités de Zola que nous aimons. Nous avons retrouvé là cette ordonnance classique admirée dans la *Lettre au Président de la République* et dans la *Lettre à Monsieur le Ministre de la Guerre*. On a vu, non sans raison, des *motifs conducteurs* dans les admirables couplets :

*Et c'était toujours la grande œuvre, la bonne œuvre, l'œuvre de fécondité qui s'élargissait par la terre et par la femme, victorieuses de la destruction, créant des subsistances à chaque enfant nouveau, aimant, voulant, luttant, travaillant dans la souffrance, allant sans cesse à plus de vie, à plus d'espoir.**

Je consens que ce soient des motifs conducteurs, pourvu que cette expression n'implique l'idée d'aucun artifice de style, mais corresponde seulement au rythme profond qui secoue toute l'œuvre. Ici encore si de distance en distance l'auteur nous redonne les mêmes mots, les mêmes phrases, les mêmes stances, les mêmes élans, c'est parce que la vie elle-même a ces mêmes recommencements. Ce n'est pas que le « bon Homère... sommeille parfois ».** C'est toujours la sincérité classique. Zola dit la même chose non pas toujours, mais, exactement, toutes les fois que c'est la même chose. Il a raison de ne pas fausser son œuvre. Il ne satisfait pas à la vanité de la faire partout quand même intéressante, au sens habituel du mot. Il est impassible comme la nature, patient comme elle, et, pour qui ne sait pas,

---

* *Fécondité*, pages 372, 401, 427, 458, 481. Le motif est esquissé à la page 345. On peut remarquer qu'il se succède ensuite à des intervalles presque réguliers de 27, 29, 26, 31 et 23 pages, qu'il ne commande, sauf erreur, que 136 pages, au milieu du livre, sur 751 laissant libres les 344 premières pages, et les 270 dernières. Le motif ne consiste pas seulement en cette phrase fidèle, mais en tout un cortège de phrases ou identiques *(A Chantebled, Mathieu et Marianne fondaient, créaient, enfantaient...)*, ou apparentées.

** Paul Brulat, dans *les Droits de l'Homme* du dimanche 22 octobre.

ennuyeux comme elle. Plusieurs, ayant commencé le poème, se sont ennuyés de ces recommencements. J'ai peur que ceux-là ne s'ennuient aussi des inévitables recommencements de la vie. « Deux ans se passèrent. »

Profondément sincère à cet égard comme à tous les égards, l'œuvre n'est pas entièrement ni exactement réaliste. Il y a plusieurs maladresses. Au commencement du roman, Mathieu doit « passer chez le propriétaire lui dire qu'il pleut dans la chambre des enfants ».* Quand il est rentré le soir, après une journée de laideurs et de tentation, il se plaint : « Ça n'empêche pas que nous sommes ici dans une masure, et que, s'il pleuvait encore cette nuit, les enfants seraient mouillés. »** Ceci est maladroit, inexact. Chez les pauvres gens la distinction entre la chambre des parents et la chambre des enfants n'est nullement capitale, comme chez les riches. En attendant que la réparation soit faite, le papa et la maman n'ont qu'à transporter dans leur chambre les lits des petits. Mathieu, suivant comme il fait le protocole du locataire, n'est ni vraiment père, ni vraiment révolutionnaire, ni vraiment pauvre. Marianne laisse à la maison ses quatre enfants endormis pour aller le soir, très tard, au-devant de Mathieu. Naturellement, la vieille servante, Zoé, s'endort avec les enfants sur qui elle doit veiller.*** Ou cela n'est pas vrai, ou cela n'est pas bien. Je crois surtout que cela n'est pas vrai. Marianne, si nous en croyons Zola, vaut beaucoup mieux. Mathieu aussi, du moins je l'espère, vaut mieux que de choisir pour un amour efficace un soir de maladie morale, de laideur et de crise mauvaise.**** Le livre manque ici de cette raideur droite et de cette moralité ridicule, impudente, sans laquelle on ne fera rien de nouveau. Mathieu manque notablement***** du ridicule indispensable, en morale, à sa fonction paternelle, en art à sa situation de caractère, de type, de représentant poétique.

Toute l'économie domestique du livre est fondée sur ce que Mathieu achète à vil prix à Séguin des terrains

* *Fécondité*, page 2.

** *Fécondité*, page 96.

*** *Fécondité*, page 82 et suivantes.

**** *Fécondité*, page 85 et suivantes.

***** *Fécondité*, pages 33, 35 et suivantes.

qui n'ont pour Séguin qu'une valeur de chasse et qui auront bientôt pour Mathieu une valeur de culture. Cela est faux en économie politique. Il est faux que Mathieu achète les chasses au prix qu'elles ont pour Séguin, selon une loi qui serait *la loi de l'offre seule,* comme il serait faux que Mathieu achetât les cultures au prix qu'elles auront pour lui, selon une loi qui serait *la loi de la seule demande*. Mathieu passe avec Séguin des contrats bourgeois, régis par la double loi de l'offre et de la demande. En bonne économie bourgeoise, et en bonne psychologie bourgeoise, le propriétaire ancien doit justement profiter de ce que le nouveau propriétaire a de plus en plus le désir et le besoin de nouveaux morceaux pour faire monter de plus en plus ses prix. Commercialement, les territoires de chasse non achetés encore prennent de la valeur, comme on dit, parce qu'ils sont contigus aux labours de la ferme et parce que le fermier veut y mettre la charrue. Cela n'a aucun sens. Mais cela est de la réalité bourgeoise. Or Séguin est un bourgeois, Mathieu est un bourgeois. Justement, parce que Séguin a des besoins d'argent croissants, il doit faire chanter Mathieu. La théorie des mitoyennetés, des contiguïtés et des besoins d'argent croissants, il doit faire chanter Mathieu. La théorie des mitoyennetés, des contiguïtés et des enclaves est *l'a, b, c* du propriétaire terrien. Séguin est un chasseur, un propriétaire terrien, et il n'est pas une bête. Pourquoi n'exerce-t-il pas l'inévitable chantage, le chantage qu'exerce, en un sens, le vieux meunier Lepailleur?

Cette inconséquence économique et psychologique tient sans doute pour une part à la conception même que l'auteur a de la psychologie. Zola excelle à nous décrire et à nous conter le malheur et le mal. Il excelle presque autant à nous décrire et à nous conter le bonheur et le bien. Mais presque partout dans son œuvre le bien et le mal, tous les genres du mal et tous les genres du bien sont juxtaposés. Or ce qu'il y a de redoutable dans la réalité de la vie, ce n'est pas la constante juxtaposition du bien et du mal : c'est leur interpénétration, c'est leur mutuelle incorporation, leur nourriture mutuelle, et, parfois, leur étrange, leur mystérieuse parenté. La psychologie de Zola est évidemment contemporaine des théories qui voulaient expliquer toute l'âme et tout l'esprit par l'association des idées. Elle ignore les théories récentes, ou plutôt les constatations récentes, qui ont laissé voir combien ces anciennes hypothèses étaient grossières encore.* C'est pour cela que les volitions sont si souvent grossières dans les œuvres de Zola. Elles ne sont pas vraiment des volitions, les volitions de personnes humaines qui veulent, mais trop souvent comme des déclanchements, comme des remplacements : à un état d'esprit donné succède brusquement un nouvel état d'esprit étranger au premier. Déjà dans *Paris* le plus épouvantable combat de conscience avait fini par un coup de brique mal assené :

« Et, suffoquant, tremblant de rage, Guillaume avait saisi Pierre, lui écrasait les côtes de ses muscles solides.

« ... Déjà, la brique s'abattait. Mais les deux poings durent dévier, elle ne lui effleura qu'une épaule et il tomba, dans l'ombre, sur les genoux. »**

Ce coup de brique opère vraiment le déclanchement final de *Paris*. Dans *Fécondité,* c'est un embarras de voitures qui résout facilement une crise de passion bien mal engagée : « ...brusquement, une autre image se dressa ».*** Il était temps.

Je ne nie pas qu'il n'y ait une assez grande quantité de personnes dont la psychologie soit aussi grossière et pour ainsi dire aussi mécanique. Mais ces personnes sont accidentelles. On peut les choisir comme sujets d'un roman épisodique, ou bien comme les comparses d'une action essentielle, mais non pas en faire les personnages d'un roman essentiel, d'un poème, d'une épopée comme *Fécondité,* comme la plupart des œuvres du poète Zola. Ou bien Mathieu n'est pas un caractère, et alors il est tout à fait vrai si l'on veut. Ou bien il est un caractère, un type, et alors il n'est pas tout à fait vrai, tout à fait réussi. Ce serait diminuer la pensée de Zola, le sens, la valeur, la portée de l'œuvre, que de s'en tenir à la première hypothèse. Non. *Fécondité* n'est pas une œuvre moyenne absolument réussie, mais une

---

* Henri Bergson, *Essai sur les données immédiates de la conscience.* — *Matière et mémoire.*

** *Paris,* pages 572 et 573.

*** *Fécondité,* page 81.

œuvre supérieure contestable à beaucoup d'égards et qui laisse beaucoup de tristesse.

De même, on ne saurait nous demander d'accorder, comme un postulat indispensable, le facile accroissement de Mathieu. A ceux qui nous diraient : « Laissons cela, laissons ces misères; accordons cette fortune à laquelle nous devons un si beau poème», il convient de répondre non. *Fécondité* n'est pas seulement un beau poème que l'on admire. C'est évidemment aussi, dans la pensée de l'auteur, un livre d'enseignement. C'est un poème d'enseignement, c'est-à-dire, au beau sens de ce mot si mal employé communément, un poème didactique. Si nous consentons à en altérer la forme, à en diminuer le sens, nous n'avons plus qu'à l'admirer sans aucune réserve. Mais ce serait là une véritable trahison. A une telle œuvre de sincérité, nous devons sincèrement la vérité entière. Nous devons lui restituer tout son sens, toute sa valeur, et, dès lors, faire toutes les réserves que nous avons faites.

Paul Brulat compare* Zola lui-même à Mathieu : « Le bon Mathieu, c'est Zola lui-même, dont le cerveau créateur a mis au monde plus de trois cents personnages, une arche immense où s'exaltent d'une formidable intensité de vie : hommes, femmes, enfants, bêtes et plantes. » J'avoue que cette postérité de Zola ne me laisse pas moins inquiet que la race née de Mathieu.

La fortune littéraire, politique et sociale de Zola fut singulière. Sa sincérité même et une optique propre le conduisirent dans toutes ses premières œuvres et dans beaucoup des suivantes à nous montrer surtout les nombreuses laideurs de l'humanité. Je crois que l'enseignement donné par ces livres fut déplorable, comme est déplorable encore aujourd'hui l'enseignement donné par les images antialcooliques. Ce n'est point par l'horreur du laid mais par l'attrait du beau que nous devons enseigner le beau. Le beau doit ignorer le laid comme le Dieu d'Aristote ignorait le monde imparfait. Il est malsain que les enfants emportent et gardent dans leur

---

* Article cité. Ou plutôt il assimile, en quoi peut-être il force un peu, car je crois qu'on doit lire *Fécondité* sans aucune malice, finesse, ni symbole, et que « faire des enfants » y signifie simplement faire des enfants.

mémoire l'image laide des ilotes ivres. Il eśt malsain que les enfants qui passent rue Soufflot gardent dans leur mémoire les images d'ivrognerie que la maison Delagrave exposait derrière les barreaux de ses vitrines. Les images de la laideur sont laides. Les images de la laideur sont, en un sens plus redoutables que la laideur même, étant pour ainsi dire authentiquées par ce que l'image dessinée ou l'image écrite a de définitif, d'officiel. En ce sens un ivrogne représenté sur un tableau scolaire enlaidit plus gravement la mémoire et l'imagination des enfants qu'un ivrogne rencontré dans la rue. De même la plupart des anciens personnages de Zola sont d'une fréquentation très pernicieuse.

Le malheur fut, si nous en croyons les indications données au verso du faux-titre de *Fécondité,* que cette fréquentation devint très nombreuse*. Le romancier se fit ainsi une clientèle considérable, puissante, mélangée. Comme il était fécond il donna un très grand nombre d'images à un très grand nombre de mémoires indivi-

* Il eśt intéressant de classer les romans de Zola d'après leur tirage :

La Débâcle a été tirée à	196.000
Nana.	182.000
Lourdes.	149.000
L'Assommoir	139.000
La Terre	123.000
Germinal	105.000
Le Rêve.	105.000
Rome.	100.000
La Bête humaine	94.000
Pot-Bouille.	92.000
Le Docteur Pascal	90.000
Une page d'amour	88.000
Paris.	88.000
L'Argent.	86.000
Au Bonheur des Dames	68.000
L'Œuvre	57.000
La Joie de vivre	51.000
La Faute de l'abbé Mouret.	49.000
La Curée	47.000
Le Ventre de Paris.	40.000
La Conquête de Plassans.	37.000
La Fortune des Rougon	33.000
Son Excellence Eugène Rougon.	32.000

duelles. Ainsi que ce médecin de petite ville dont parle Santerre*, il a donné, sans l'avoir voulu, ayant voulu sans doute le contraire, un très grand nombre de très pernicieux enseignements.

Ayant acquis par son enseignement mélangé la notoriété puis la gloire littéraire, Zola mit brusquement, et dans des circonstances inoubliables, toute sa gloire et toute sa personne et toute sa force révolutionnaire et toute sa force de vérité, toute sa force de sincérité au service de la justice et de la vérité en danger. Alors il se produisit un phénomène extraordinaire et peut-être sans exemple dans l'histoire. Zola changea brusquement de clientèle, ou plutôt il quitta une puissante clientèle de lecteurs pour une ardente compagnie d'hommes libres. Un très grand nombre de jeunes gens qui avaient lu passionnément les premières œuvres de Zola sont devenus de solides antisémites. La plupart des jeunes littérateurs qui se faisaient gloire de ne pas le considérer comme un maître l'ont accompagné ardemment dans la bataille civique. Tous les braves gens qui déploraient l'enseignement de ses livres sont devenus ses hommes. Ceux qui avaient conservé quelques doutes les ont vu disparaître alors. La *Lettre au Président de la République* a évidemment reçu son rententissement de l'œuvre précédente. Mais inversement elle a brusquement éclairé toute l'œuvre précédente, elle en a garanti la brutale sincérité. C'est à ce moment-là qu'une foule s'en est allée, qu'une armée est venue. En définitive le cercle de ceux qui ont combattu avec Zola n'avait pas beaucoup d'hommes communs avec le cercle de ceux qui, habituellement, lisaient Zola.

CHARLES PÉGUY.

Les nombres indiqués dans *Travail,* au verso du faux titre, dans mon exemplaire, qui appartient lui-même au 42e mille, sont les suivants :

La Débâcle	202.000	exemplaires
Nana	193.000	—
Lourdes	149.000	—
L'Assommoir	142.000	—

* *Fécondité,* page 61.

La Terre	129.000	exemplaires
Germinal	110.000	—
Le Rêve.	110.000	—
Rome.	100.000	—
La Bête humaine.	99.000	—
Une page d'amour	94.000	—
Pot-Bouille.	92.000	—
Le Docteur Pascal.	90.000	—
Paris	88.000	—
L'Argent	86.000	—
Au Bonheur des Dames.	72.000	—
L'Œuvre	60.000	—
La Joie de vivre.	54.000	—
La Faute de l'abbé Mouret	52.000	—
La Curée	47.000	—
Le Ventre de Paris	43.000	—
La Fortune des Rougon.	35.000	—
La Conquête de Plassans	33.000	—
Son Excellence Eugène Rougon . . .	32.000	—

Il est intéressant de confronter ce recensement avec le recensement précédent, de voir quels romans ont monté, de combien, quels romans n'ont pas monté; dans cette énorme concurrence nouvelle quels romans ont gagné sur leurs camarades; je vois des romans qui ont baissé : il faut qu'il y ait là une erreur de typographie; comment un tirage peut-il baisser au-dessous d'un nombre qu'il a une fois atteint.

En outre mon exemplaire de *Travail* porte

Fécondité.	pour 94.000	exemplaires
et *Travail*	pour 77.000	—

On obtient ainsi un total de :

2.283.000 exemplaires,

sans compter les exemplaires non millésimés, des autres volumes, et sans compter les traductions, qui sont, paraît-il, innombrables.

Travail *a été publié en feuilleton dans* l'Aurore *du lundi 3 décembre 1900 au jeudi 11 avril 1901; puis il a paru chez Fasquelle en un volume de la Bibliothèque Charpentier, à trois francs cinquante; nous avons annoncé son apparition dans le onzième cahier de la deuxième série.*

Vérité *est en cours de publication dans* l'Aurore *depuis le mercredi 10 septembre 1902; il paraîtra ensuite chez Fasquelle en un volume de la Bibliothèque Charpentier, à trois francs cinquante; nous annoncerons son apparition.*

Justice *n'est pas fait.*

Nous publierons une étude sur Travail *et sur* Vérité *aussitôt que nous le pourrons. C'est aussi pour donner à cette étude éventuelle un départ que nous avons reproduit l'article précédent.*

DÉBATS PARLEMENTAIRES

Dix-huitième cahier de la quatrième série (12 mai 1903).

L'avertissement qui suit devait passer en tête du cahier précédent, dix-septième cahier de la quatrième série[1], compte rendu sténographique *in extenso,* d'après le *Journal Officiel,* de l'intervention Jaurès dans l'invalidation Syveton, *Chambre des députés,* séances du lundi 6 et du mardi 7 avril 1903. J'avais commencé de l'écrire en même temps que j'envoyais aux imprimeurs la copie du cahier. Mais l'établissement industriel d'un aussi gros cahier, — 268 pages, — la correction des épreuves et le collationnement des textes m'empêchèrent de continuer mon avertissement. D'ailleurs, il vaut mieux que le commentaire ne paraisse pas en même temps et en même lieu que le texte; il est bon que le texte paraisse libre de tout commentaire, que le texte paraisse quelque part et que le commentaire paraisse quelque autre part après; nos abonnés sont des hommes libres, qui savent lire un texte, et se former eux-mêmes, librement, une opinion personnelle; nous avons toujours évité rigoureusement, dans ces cahiers, ce qu'on nomme communément de la pédagogie et qui est devenu vraiment une des formes les plus dangereuses de l'universelle démagogie; enseigner à lire, telle serait la seule et la véritable fin d'un enseignement bien entendu; que le lecteur sache lire, et tout est sauvé; rien ne vaut la lecture pure d'un texte pur; aussi dans ces cahiers évitons-nous soigneusement de contaminer le texte par le commentaire; ainsi, dans cet acte nouveau de l'affaire Dreyfus nous avons publié le texte en un gros cahier et nous publions aujourd'hui l'avertissement en un cahier ordinaire. Enfin n'est-il pas sage, et n'est-il pas usuel, depuis que la politique a recouvré sur la morale au moins tout le terrain qu'elle en avait perdu, qu'un avertissement, comme son nom l'indique, vienne en retard? N'est-ce pas le triste et le sévère usage, la grise habitude. Reconnaissons la coutume. Suivons le nouveau protocole. Et tous nos avertissements ne sont-ils pas déjà des avertissements en retard?

Nous avons publié le compte rendu des deux séances d'après le *Journal officiel*, numéros du mardi 7 et du mercredi 8 avril; nous avons pris dans ce compte rendu le détail des scrutins, qui a une importance capitale.

Nous avons rigoureusement suivi l'*Officiel;* on ne pouvait songer à restituer, à reconstituer le discours de Jaurès pur, c'est-à-dire à constituer un discours de Jaurès nettoyé des interruptions, des interventions, des incidents, des accidents, du bruit et des scrutins. Commencer par supposer qu'un discours parlementaire ne se serait pas introduit dans une assemblée parlementaire, c'est commencer par lui faire subir l'altération la plus profonde qu'il puisse recevoir. A ce compte, il fallait donc en enlever aussi les parties que l'auteur y avait mises délibérément pour se concilier ou pour s'aliéner tel ou tel parti parlementaire, tel ou tel homme de parti parlementaire. Après avoir débarrassé le discours de son parlementarisme extérieur, il fallait donc, par une opération beaucoup plus profonde et beaucoup plus grave, le débarrasser aussi de son parlementarisme intérieur. Après avoir, par décantation du texte officiel, établi un premier texte pur, celui de Jaurès député, il fallait donc, par décantation de ce premier texte pur, par une seconde purification beaucoup plus profonde et beaucoup plus grave, établir encore, au deuxième degré, un deuxième, un véritable texte pur, celui d'un Jaurès que l'on supposait non député, généralement non parlementaire. — A ne considérer que la quantité, on peut affirmer qu'un bon tiers du texte fourni par le *Journal officiel* est de parlementarisme extérieur; de ce qui reste au moins les deux tiers sont de parlementarisme intérieur. — Mais l'historien s'interdit sévèrement toutes ces opérations, ces décantations et ces purifications, — ces prétendues purifications, dirait-il, — parce qu'elles sont pour lui, avant tout, des altérations. Nous ne connaissons pas la pensée intérieure de Jaurès; nous ne savons pas ce que serait un Jaurès non député; nous n'avons pas le droit d'imaginer un Jaurès pur de tout parlementarisme extérieur; nous avons encore moins le droit d'imaginer ce que serait un Jaurès pur des contaminations beaucoup plus profondes et beaucoup plus graves d'un parlementarisme intérieur. Nous ne connaissons que la pensée extérieure de Jaurès, ou, pour parler exactement, les manifestations extérieures politiques parlementaires de sa pensée; nous ne connaissons qu'un Jaurès député, un Jaurès parlementaire, non seulement un Jaurès devenu parlementaire par son entourage, par ses camaraderies, par ses relations de parti, par son double investissement électoral, mais, ce qui est beaucoup plus profond et beaucoup plus grave, un Jaurès devenu parlementaire dans son geste et dans son discours, dans son éloquence et dans son intention, dans son sens et dans sa pensée, dans son ambition même et dans ses espoirs.

En particulier, nous ne connaissons pas la pensée intérieure de Jaurès dans l'affaire Dreyfus; plus en particulier, nous ne connaissons pas la pensée de Jaurès dans ce qu'il est bien forcé de nommer, lui, la reprise de l'affaire; nous ne connaissons pas le discours intérieur qu'il avait préparé dans sa mémoire. Nous connaissons encore moins le discours intime, qu'il s'était tenu à lui-même avant de préparer son discours intérieur. Nous devons nous en tenir scrupuleusement au texte produit que nous avons dans le *Journal officiel*.

Nous avons suivi rigoureusement l'*Officiel*. Nous savons que le compte rendu sténographique ne rend pas ponctuellement les débats. Mais à ce compte rien ne rend ces débats, rien ne rend aucuns débats, et, universellement, rien ne rend rien, rien de scientifique ne rend rien de réel, aucun signe jamais ne rend tout le signifié, aucun symbole ne rend exactement tout le symbolisé comme il était, aucune image ne rend tout le réel correspondant. Le compte rendu sténographique dit officiel est encore la meilleure image vraiment scientifique, historique, formelle, que nous ayons de ces débats parlementaires. C'est à nous de savoir que toute image est forcément le résultat d'une réduction; c'est à nous, quand nous avons en mains le résultat de cette réduction, de faire autant que nous le pouvons l'opération inverse, la restitution du réel. C'est à nous, quand nous avons le compte rendu sténographique, de nous représenter autant que nous le pouvons, d'autant mieux que nous aurons nous-mêmes assisté à quelques séances, d'autant mieux, encore, au deuxième degré, que nous aurons lu les comptes rendus des séances mêmes où nous aurons assisté, d'autant mieux que nous aurons pour ainsi dire fait le collationnement, c'est à nous, quand nous avons en mains le compte rendu sténographique officiel, de nous représenter autant que nous le pouvons, prudemment, les débats parlementaires eux-mêmes. Cette représentation est imparfaite, forcément, comme toutes les représentations du même ordre. Mais tout le monde ne peut assister aux débats parlementaires. Tout le monde ne peut assister à tout. D'abord si tout le monde voulait assister à tout, par définition il ne se ferait jamais rien. Nos abonnés savent que les comptes rendus sténographiques officiels sont particulièrement secs, particulièrement restreints, particulièrement réduits pour les séances tumultueuses. Le métier de sténographe est un métier terrible, dans une assemblée aussi nombreuse. Comment l'exercer assurément dans une assemblée aussi étrangère à toute organisation du travail. Il est malheureusement vrai que dans une séance de la Chambre, les scrutateurs, le bureau, les sténographes sont les seuls dont on puisse dire en toute assurance qu'ils travaillent. Mais dans un atelier où on ne sait pas travailler, il est difficile à quelques-uns de travailler. Nos abonnés doivent donc s'attendre que dans une séance tumultueuse les sténographes n'aient pu enregistrer qu'un texte particulièrement réduit. Nous devons seulement les avertir qu'au témoignage de personnes habituées ou compétentes, la réduction des deux séances dont nous avons publié le compte rendu, surtout de la deuxième, ont été tout particulièrement appauvries. Le tumulte fut, à plusieurs fois, littéralement indescriptible. A plus forte raison était-il inenregistrable. Jaurès, me dit Charles Guieysse[1], qui assistait à la séance, et qui reçut de Jaurès la meilleure impression, Jaurès, qui retrouva, me dit-il, son ancienne forme, et qui fournit un effort physique parlementaire vraiment considérable, Jaurès resta plusieurs fois dix minutes avant de pouvoir placer un mot, — le mot suivant; car il est notable qu'il a produit un discours continu, haché mais continu, à toute interruption ressoudé, à chaque interception repris, continué, un discours délibéré, voulu, arrêté, à ce qu'il semble, dans le moindre détail, dans la dernière expression, dans le mot, dans le geste. C'est la plus forte impression qu'ait donnée en ce double combat Jaurès à tous ceux qui l'entendaient : qu'il apportait d'ailleurs, de soi, un discours parfaitement concerté, voulu, arrêté, de structure fixe, de mémoire assurée, de valeur monumentaire, qu'il produisait résolument ce discours à la tribune, et que l'origine et la solidité du discours était extérieure, extrinsèque, antérieure au débat soulevé. Jaurès parlait non pas comme un orateur qui fait un discours, non pas comme une parlementaire qui fait son discours, mais comme un orateur qui apporte un discours, un discours fait, un bloc taillé, un acte indivisible. Je ne veux pas savoir, aujourd'hui du moins, s'il travaille toujours ainsi. On dit qu'il n'aborde jamais la tribune afin d'y prononcer un grand discours ou d'y faire quelque déclaration sans avoir en lui-même arrêté dans le dernier détail son texte et son action. Telle n'est pas la question d'art et de méthode oratoire que je veux noter aujourd'hui. Nous traiterons quelque jour, si nous en avons le temps et les moyens, de l'éloquence, de l'éloquence publique, de l'éloquence politique, de l'éloquence populaire, de l'éloquence nouvelle des meetings, de l'éloquence parlementaire; parlant de Jaurès, nous traiterons de l'éloquence, et, autant que nous le pourrons, de son éloquence. Aujourd'hui, et provisoirement, ce que je veux noter, c'est qu'à ne considérer que ce discours prononcé en deux séances particulièrement dures, ce discours manifeste, ce discours acte, il — ce discours, — s'est présenté aux auditeurs attentifs comme un acte fait, préparé, prêt, apporté, où les effets de séance étaient pour la plupart escomptés, où les incidents étaient calculés, où les accidents mêmes sont entrés sans disjoindre. Cette impression ne fait que s'accentuer à la lecture de la sténographie. Nos abonnés ont vu que le texte publié au *Journal officiel* avait une structure fort apparente sous les superficielles broussailles, une structure fort nette sous les fatigues inévitables. C'est dire que si nous nous étions permis l'opération de discernement et d'analyse que nous nous sommes justement interdite en général, cette opération d'analyse et de discernement était particulièrement facile dans le discours que nous avons publié. Nous continuons à nous l'interdire provisoirement, parce qu'elle serait longue, parce qu'elle peut se remettre à plus tard, et, comme gérant, parce qu'elle n'est pas de l'historien. Mais chacun peut la faire pour son compte, personnellement et sous sa responsabilité personnelle. Rien ne serait aussi facile, travaillant, comme auteur, sur le texte publié au *Journal officiel,* que d'y séparer les strates superposées, les couches politiques et parlementaires. Il est tout à fait évident, à la lecture du texte, que cette surface recouvre des sédiments, et que ces terrains de sédimentation, que ces alluvions recouvrent du rocheux.

Mais comme gérant, comme historien, comme éditeur, cela ne nous regardait pas. Nous avons dû nous en tenir au texte publié dans le *Journal officiel.*

Quand nous étudierons *le dépérissement du parlementarisme en France,* nous étudierons en particulier le jeu des assemblées parlementaires, les séances de la Chambre, l'enregistrement analytique et sténographique de ces débats, la fidélité de cet enregistrement. Ce que nous dirons alors fera un retour, portera sur tous nos comptes rendus parlementaires, sur nos comptes rendus précédents, sur tous les comptes rendus publiés au *Journal Officiel.*

Nous avons suivi rigoureusement l'*Officiel.* Mais il faut bien savoir qu'il ne présente pas seulement un effet de réduction, d'appauvrissement. En outre cette réduction n'est pas constante; cet appauvrissement n'est pas constant; de sorte que l'opération inverse n'est pas garantie; le rétablissement est toujours très précaire. En effet, outre que les sténographes ne peuvent saisir et enregistrer qu'une image des débats, outre qu'ils ne peuvent saisir et enregistrer qu'une image pauvre et pour ainsi dire linéaire de débats tumultueux et nombreux de personnages; — car nous n'entendons pour ainsi dire jamais qu'un personnage à la fois; et il n'y a jamais qu'un personnage à la fois qui parle dans une sténographie prise et rédigée, où les lignes se suivent, et au contraire dans la réalité il peut y avoir tous les personnages, toute l'assemblée à la fois qui parle; et même quand il y a des rumeurs nombreuses, collectives ou non, la sténographie ne peut que leur donner cette forme littéraire et linéaire : *Exclamations, bruit, protestations au centre, à droite, à gauche, à l'extrême gauche,* forme qui fait du centre, de la gauche, de l'extrême gauche, de la droite, — il y a beau temps qu'il n'y a plus d'extrême droite, — un personnage collectif un peu factice, unique, un, linéaire; — en outre les sténographes ne peuvent saisir et enregistrer qu'une image textuelle dans un débat où tout compte, l'accent, le ton, le geste, la force de la voix, le timbre, et non seulement ce qui s'entend, mais les traits, mais le regard, mais la taille, mais le port de tête, et les épaules, et tout le corps, et la veste, et la cravate. Une image textuelle n'est pas une image totale. Une image textuelle n'est qu'une image linéaire textuelle de ce qui s'entend. Elle ne rend ni tout ce qui s'entend, ni ce qui ne s'entend pas, ni ce qui accompagne ce qui s'entend, ni ce qui se voit, ni ce qui se fait, ni ce que l'on sent bien, ni ce qui se sent, ni ce qui se devine.

C'est pour cela que nous devons nous montrer extrêmement prudents quand partant d'une image, d'un texte, nous essayons de nous représenter une réalité historique. Ceux qui n'ont jamais fait d'histoire, les politiques et certains sociologues, font, des textes et des monuments à la réalité, un transfert immédiat, un passage instantané, imprudent, présomptueux; ils prétendent opérer sur des textes, et que leurs opérations vaillent directement pour la réalité des événements et des hommes. Le véritable historien est prudent, sage, modeste; recherchant la réalité même, il en connaît toute la profondeur, toute la richesse, toute la variété, la complexité, l'abondance, la difficulté, la fécondité; il en connaît surtout ce caractère capital, que la réalité ne se recommence pas, que l'événement de la réalité ne devient pas deux fois, que par conséquent il ne se produit pas une première fois sous sa forme de réalité même et des fois suivantes sous des formes d'images qui se succéderaient; mais il sait que la réalité ne vient qu'une fois, la fois qu'elle vient, que la réalité de l'histoire n'est matière à aucuns recommencements exacts, à aucuns recommencements vrais, pas plus à des recommencements d'images qu'à des recommencements de secondes ou de tierces réalités, de réalités secondaires, suivantes; le véritable historien sait que les systèmes politiques et sociologiques, prétendus historiques, sont faits pour la commodité, pour la paresse des politiciens et des sociologues, pour la commodité de la propagande ou de l'enseignement, — cet enseignement dont malheureusement on fait presque toujours une seconde propagande, — il sait que ces systèmes fructueux, mais inféconds, ne sont pas faits pour le travail et ne sont pas faits pour la manifestation de la vérité; le véritable historien sait que les images ne sont que des images, que les comptes rendus ne sont que des images, et qu'ainsi nous ne pouvons les manier, les élaborer qu'avec la plus extrême réserve, avec une prudence totale, avec une modestie exacte.

A preuve les grosses différences que nous avons pu noter entre les impressions reçues de la séance même par ceux, d'une part, qui avaient assisté à la séance et par ceux, d'autre part, qui n'en connaissaient que le compte rendu sténographique publié au *Journal officiel.* Ainsi le discours de Jaurès paraissait beaucoup plus fort, beaucoup plus solide, plus constant, mieux charpenté, meilleur, à ceux qui l'avaient entendu qu'à ceux qui l'avaient lu seulement; il paraissait aux premiers plus conforme à l'ancienne forme du grand orateur; Jaurès, disaient-ils, s'est retrouvé; ce fut bien le même Jaurès que nous avons connu; c'est qu'ayant en réalité, comme spectateurs, comme auditeurs, participé à la séance parlementaire, ils avaient eux-mêmes, comme l'orateur, comme les députés, subi sans le savoir l'effet parlementaire d'un grand discours parlementaire; c'était quelqu'un de très difficile, d'habitude, qui me disait que ce grand discours de Jaurès continuait la série de ses anciens grands discours; il est loin de faire, à la sténographie, la même impression; pour m'en tenir à ce caractère, il me paraît aujourd'hui, à la sténographie, beaucoup plus factice, beaucoup plus théâtral que les anciens grands discours.

Je ne veux pas anticiper aujourd'hui sur cette *histoire* que nous préparons *de la décomposition du dreyfusisme en France;* nous éditons cette séance, et nous ne la brisons pas. Je ne veux insister aujourd'hui que sur la prudence d'interprétation; et je n'apporterai, pour enseigner la prudence de l'interprétation, c'est-à-dire déjà de la reconstitution, que deux exemples, qui se tiennent, qui font un exemple double. C'est l'exemple de l'incident soulevé à peu près aux deux tiers de la première séance entre M. Henri Brisson et M. Godefroy Cavaignac.

Un dreyfusiste qui avait assisté à la séance, non pas un de ces dreyfusistes bonnes têtes à qui un état-major de chefs prétendus dreyfusistes fait croire un peu confusément tout ce que l'on veut, mais un dreyfusiste libre, un dreyfusiste autonome, un dreyfusiste, enfin, me disait : Je vous assure que l'intervention de M. Brisson me parut spontanée, sincère, naturelle. — Au contraire, et sans aucune exception, tous ceux que j'ai vus qui n'avaient eu connaissance que du texte sténographique publié au *Journal officiel,* — que ce fussent des Parisiens restés à Paris pendant les vacances de Pâques, ou des provinciaux de passage à Paris, — tout le monde m'éclatait de rire au nez quand je demandais sérieusement si l'on croyait que l'interception Brisson eût été improvisée, fût sortie toute seule, inattendue, à ce moment-là. C'est que le dreyfusiste, qui n'était nullement un parlementaire, étant un véritable dreyfusiste, avait pourtant pendant la séance, comme spectateur, fait partie de l'assemblée parlementaire; il avait subi l'impression parlementaire, senti l'émotion parlementaire; et tout le monde sait que l'émotion parlementaire est d'un ordre assez grossier; il disait : Quand Brisson, à ce moment-là, s'est levé pour interrompre Jaurès et pour soulever l'incident Cavaignac, j'ai eu l'impression que son intervention n'était nullement concertée, que c'était littéralement une interruption. — Les autres lui répondaient : Nous avons lu le texte. Jamais vous ne nous ferez croire qu'avant de monter à la tribune Jaurès ne savait pas qu'à ce moment de son discours l'honorable M. Brisson interviendrait pour lui apporter son témoignage. Notez, continuaient-ils, que ce témoignage, comme tel, était parfaitement licite, et que la production de ce témoignage pouvait être opportune; ce que nous regrettons seulement, c'est qu'on ait donné à cette intervention sans doute opportune, et qu'on avait le droit de concerter, la forme d'une improvisation simulée. — Je vous assure, disait encore le dreyfusiste, je vous assure que le ton de M. Brisson me parut profondément sincère; son émotion me parut de bon aloi; il ne faut pas lui en vouloir; il parle ainsi; n'oublions pas que c'est un vieux romantique; il pleure facilement; avec abondance; il étend les bras; sa voix larmoie; il fait la croix, il fait des prosopopées; c'est cela qui est sa nature, ou qui est devenu sa nature; c'est cela qui fait sa sincérité; il est fait ainsi; telle est sa deuxième, seconde et seule nature; au contraire ce serait s'il n'était pas romantique, s'il ne s'éplorait pas, s'il ne s'ébrouait pas, s'il ne larmoyait pas, que je commencerais à douter de lui; aussi longtemps qu'il est romantique, je crois qu'il est sincère. — Ainsi parlait cet ancien dreyfusiste, homme jeune. J'ajoutai le témoignage personnel que j'avais reçu d'Anatole France, à qui j'avais demandé, le jeudi matin suivant, son impression personnelle de la séance. France nous avait dit : J'ai vu Brisson dans les couloirs; des sceptiques peuvent supposer qu'il prépare son geste, son action en séance; mais dans les couloirs il ne doit pas feindre; je l'ai vu dans les couloirs; oubliant, comme il est naturel, comme il est humain, les coups terribles qu'il avait portés pour ne se rappeler plus que ceux qu'on lui avait portés lui-même, il pleurait pour de bon et levait les bras au ciel et disait en sanglotant : Me voir ainsi traité, moi, un vieux républicain.

Tant de témoignages, tant d'attestations, tant d'émotions partagées, tant d'impressions communiquées ne satisfaisaient pas les autres. « Jamais, disaient ces lecteurs, jamais vous ne nous ferez croire que dans un discours aussi bien préparé que l'était évidemment le discours de Jaurès, dans une action politique autant préparée, tout ne fût pas préparé, non seulement le texte et le geste, l'action oratoire, mais, autant qu'on le pouvait, l'accueil attendu, non seulement la contexture intérieure, mais la contexture extérieure, la substructure, les interventions subsidiaires, les subventions prévues. Et surtout, disaient-ils, nous avons lu le texte. Jamais vous ne nous ferez croire qu'un homme de nos civilisations modernes, un homme de notre temps, un Français, un député, un Parisien, — aujourd'hui représentant du département des Bouches-du-Rhône —, un ancien ministre et président du Conseil, non pas un de ces hommes arriérés, débris des anciennes superstitions, survivance des vieilles croyances religieuses, non pas un homme du passé, mais un homme d'après-demain, républicain, radical, radical-socialiste, s'il est permis de parler ainsi, franc-maçon, maçonnique, maçonnisant et dignitaire, grand dignitaire de la maçonnerie, s'il est permis de le savoir, libre-penseur, civil, civique, laïque, étatique, parlementaire et vieilli dans les assemblées parlementaires, jamais vous ne nous ferez croire qu'un tel homme, à notre âge, un homme de notre âge, quand il passe dans un cimetière, au cimetière Montmartre, dans un vrai cimetière, et qu'il voit une vraie statue, en vrai bronze, — vraiment jamais vous ne nous ferez croire que cet homme se demande pour de bon si du vrai bronze va s'animer, si un bras de bronze va balancer en l'air une plume de bronze et une palme de bronze, ou une épée. Il y a eu des civilisations qui ont cru que le bronze pouvait s'animer sous le coup de la colère et sous le souffle de l'indignation; des civilisations de sauvages, mais des civilisations aussi qui furent de beaucoup supérieures à la culture, pour ainsi dire, d'un député radical moyen. Il y a eu des civilisations très poussées, artistes, philosophes, assez parfaites, assez harmonieuses, qui ont cru que des statues s'animaient. Ces âges n'étaient peut-être pas moins habitables que ceux que l'honorable M. Brisson veut nous faire. Mais depuis la mort des mythologies, depuis qu'on a brisé les seules images qui aient jamais vécu, depuis les iconoclastes, après la mort des mythes, après la mort des dieux, après le triomphe de tant d'idolâtrie chrétienne sur l'idolâtrie païenne, après l'éviction, après l'éversion commencée de cette idolâtrie chrétienne, aujourd'hui positivistes, en ce sens, même quand nous essayons de passer les positivistes, littéralement nous ne croyons pas que les statues de bronze vont s'animer. Quelqu'un qui le croirait serait immédiatement arrêté par le conservateur du cimetière. Si M. Brisson croit qu'une statue de bronze va se mettre à écrire avec un porte-plume pour embêter M. Cavaignac, M. Brisson est parmi nous un fou dangereux. Si M. Brisson ne le croit pas, gardons-nous du malin, et du langage figuré. Il est extrêmement dangereux de dire ce que l'on ne croit pas.

— Même par figure de rhétorique romantique?
— Surtout par figure de rhétorique romantique.
— Même à des députés?

— Même à des députés. Il ne faut pas mépriser à ce point la représentation nationale.

Écoutez la phrase, répétaient ces lecteurs provinciaux de passage, écoutez la phrase que nous avons apprise par cœur dans le train :

Depuis de longs jours, hélas! je passe au cimetière Montmartre devant sa statue et je salue tristement ce bronze. Eh bien! je me demande à cette heure où retentit à cette tribune la révélation que vous venez d'entendre, si ce bronze ne va pas se dresser et, tenant entre ses doigts crispés la plume et l'épée que Rude y avait mises comme pour exprimer que ce paladin de la République donnait à sa cause et son âme et sa vie; je me demande s'il ne va pas se dresser devant vous et vous crier : « Vous n'êtes plus dans la République; vous n'êtes plus de notre lignée! » (Vifs applaudissements à gauche et à l'extrême gauche. — Bruit sur divers bancs au centre et à droite)

« Voyons, continuaient ces provinciaux naïfs, qu'est-ce qu'un homme qui salue tristement un bronze? où cela s'est-il vu? où cela se voit-il de nos jours? Qu'est-ce que les doigts crispés d'un bronze? Représentez-vous un cimetière, votre cimetière, celui auquel vous avez droit, le cimetière d'Orléans ou de Beaugency, et demandez un peu au concierge, au fossoyeur, au jardinier, si une statue de bronze va se lever, crisper les doigts, et crier. Qu'est-ce qui vous arriverait, si vous teniez de tels propos au modeste fonctionnaire? »

Ainsi parlaient ces provinciaux, parce qu'ils étaient entêtés.

Les véritables historiens, ceux qui ont fait de l'histoire ou tâché d'en faire, non pas ceux qui ont fait sur l'histoire des discours de distribution de prix, sont unanimes à ne prendre les textes, les témoignages, les documents, les monuments que pour ce qu'ils sont, des textes, des témoignages, des documents, des monuments, ils sont unanimes à ne leur attribuer qu'une valeur textuelle, testimoniale, documentaire, monumentaire; ils ne les manient jamais comme la réalité même.

Ainsi, et beaucoup plus encore, dans l'altercation Cavaignac, née de l'intervention Brisson, qui fut comme la continuation de cette première intervention, l'impression reçue par ceux, d'une part, qui avaient assisté à la séance différait de l'impression reçue par ceux, d'autre part, qui s'en tenaient à la connaissance textuelle. Pour tous ceux qui avaient assisté à la séance, il n'y avait qu'une impression, une opinion, un jugement : Cavaignac avait été écrasé, Cavaignac avait été exécuté, c'était l'écrasement de Cavaignac, c'était l'exécution de Cavaignac, on n'en parlerait plus, c'était l'exécution définitive, il n'en restait plus; dénoncé par son ancien président du conseil, convaincu de tous ses crimes, renié par tous ses anciens amis, mal soutenu par les nouveaux, pliant sous la colère et sous les huées vengeresses des gauches, abandonné du centre, soutenu des seuls nationalistes, étranger à la droite, c'était l'exécution totale, irrémissible.

Au contraire ceux qui n'avaient reçu de l'altercation que la connaissance textuelle avaient eu l'impression que M. Cavaignac en était sorti victorieux. Je ne parle ici que de l'altercation même, de sa forme, et je laisse pour aujourd'hui le débat qui en faisait la matière. Les phrases mouillées de M. Brisson ne rendent pas à la sténographie. Les phrases sèches et dures de M. Cavaignac avaient gardé toute leur dureté :

J'ai trois choses à répondre à M. Henri Brisson... (Interruptions)

Il n'a pas craint de dire que sur la question du faux Henry ma conviction était faite le 14 août cela n'est pas vrai.

Ma conviction n'a été faite sur le faux Henry que le jour où, après être sorti volontairement des procédures régulières, j'ai fait venir devant moi l'homme qui avait commis cet acte et où, par la force de ma résolution et de ma volonté, j'ai obtenu de lui un aveu que personne autre que moi ne lui aurait arraché.

Ah oui! si j'avais voulu faire ce que vous paraissez insinuer sans oser le dire, si j'avais voulu écarter ou dissimuler l'aveu, savez-vous ce que j'aurais fait?

Le jour où le premier doute est venu dans mon esprit, oui, j'aurais livré, sans aller jusqu'au bout de mon enquête, j'aurais livré le lieutenant-colonel Henry...

...à quelqu'une, monsieur Henri Brisson, soit de ces instructions judiciaires où vous avez su accumuler les garanties

pour l'accusé à tel point qu'il n'en reste plus pour la recherche de la vérité. (Applaudissements sur divers bancs au centre et à droite. — Exclamations à l'extrême gauche)

[Il ne s'agit ici, bien entendu, que de la tenue, du ton, du maintien; nous n'endossons nullement les affirmations de M. Cavaignac; dans sa rage antidreyfusiste, l'ancien ministre de la guerre attribue à l'honorable M. Brisson des vertus que celui-ci n'a jamais eues; il fait l'honorable M. Brisson beaucoup plus dreyfusiste que celui-ci ne l'a jamais été, — ou plutôt il fait l'honorable M. Brisson dreyfusiste et celui-ci ne l'a jamais été. L'ancien président du Conseil ressemble beaucoup plus à l'ancien ministre de la guerre que celui-ci ne le croit. Rien ne ressemble à un homme de gouvernement, comme un homme de gouvernement. Ils sont tous deux hommes de pouvoir, hommes d'État, hommes d'autorité, hommes de raison d'État. Quand M. Brisson fait ou fait faire des instructions judiciaires, il n'est malheureusement pas vrai qu'il ait su y accumuler les garanties pour l'accusé à tel point qu'il n'en reste plus pour la recherche de la vérité. *(Applaudissements sur divers bancs...)*

Accumuler pour des accusés politiques puissants les faveurs d'impunité d'État, ce n'est nullement accumuler pour l'accusé les garanties juridiques; c'est même le contraire, s'il est vrai que les faibles paient toujours pour les forts, et que les accusés faibles ne sont nulle part autant exposés que dans les sociétés où les accusés forts sont le plus outrageusement favorisés.

M. Henri Brisson aussi croit différer beaucoup de M. Godefroy Cavaignac. M. Godefroy Cavaignac est un homme de coup d'État. Il paraît acquis aujourd'hui qu'il eut au cœur de l'affaire, étant ministre de l'armée, la tentation d'en finir par un coup de violence, de meurtre et d'extermination; il paraît acquis désormais qu'un assez long temps il caressa l'imagination de tout étouffer, de tout étrangler, de tout noyer dans le huis clos final du massacre et du bannissement. Mais si M. Godefroy Cavaignac est un homme de coup d'État, M. Henri Brisson est un homme de raison d'État; depuis trois ans, depuis quatre ans, depuis qu'ils sont redevenus les plus forts, depuis qu'ils sont les plus forts et qu'ils se croient éternellement les plus forts, depuis qu'ils ont remis la main sur l'État, depuis qu'ils ont l'État, depuis qu'ils sont l'État, depuis qu'ils fournissent tout le personnel d'État, depuis qu'ils ont accaparé les avantages d'État, depuis qu'ils ont recouvré la puissance et l'autorité d'État, M. Henri Brisson, et les partisans politiques de M. Henri Brisson, forcenés et redevenus audacieux, le danger passé, oratoires, mais toujours bafouilleurs, de forcenés et de balbutiants qu'ils étaient pendant le temps du danger, M. Henri Brisson et ses partisans politiques ne font plus que d'invoquer la raison d'État. Que la raison d'État soit la suprême loi. Que la raison d'État soit la suprême raison. La raison d'État n'a pas besoin de raison pour se raisonner. Elle est la raison même, elle vaut plus que la raison. La raison du plus fort d'État est toujours la meilleure. La raison d'État fait loi. La raison d'État fait foi. Or, je le demande à tout philosophe, à tout moraliste, à tout réaliste, je le demande à tout homme libre, et dont l'esprit ne se nourrit pas des boniments électoraux : Quelle différence y a-t-il entre un coup d'État et la raison d'État, sinon une différence, moralement négligeable, d'intensité locale et temporelle? Qu'est-ce qu'un coup d'État, sinon de la raison d'État discontinue? et qu'est-ce que la raison d'État, sinon un coup d'État continu? Qu'est-ce qu'un coup d'État, sinon de la raison d'État condensée, une application critique de la raison d'État? et qu'est-ce que la raison d'État, sinon une explication, diluée, d'un coup d'État? Qu'est-ce qu'un coup d'État, sinon de la raison d'État intense? et la raison d'État, sinon un coup d'État étendu. Quand on est sorti de la justice, que ce soit pour la violence continue ou pour la violence discontinue, il n'y a plus que l'ordre de l'injustice et du fait.

Les appels au meurtre que poussaient les amis de M. Cavaignac, les amis politiques de M. Brisson les poussent aujourd'hui; et les bannissements que M. Cavaignac, dans son imagination haineuse et malsaine, rêvait, ce sont les amis politiques de M. Brisson qui les ont réalisés.

M. Brisson est aussi étranger que M. Cavaignac à l'ordre du droit; et quand M. Cavaignac intente à M. Brisson une accusation de dreyfusisme, cette accusation est injuste pour l'honorable M. Brisson, injuste et injurieuse pour le dreyfusisme. Non, monsieur Cavaignac, l'honorable M. Brisson est parfaitement innocent des crimes que nous avons commis, que nous commettons, que nous commettrons contre la domination de la raison d'État.

Ceci pour montrer que M. Brisson n'a pas autant droit que M. Brisson et que M. Cavaignac sont d'accord pour le croire, aux froides invectives, sèches, dures, de M. Cavaignac.]

Non, il n'y a pas de danger que l'honorable M. Brisson accumule jamais les garanties juridiques pour les accusés honnêtes, pour les accusés ordinaires, pour les accusés pauvres, pour les accusés faibles.

M. Godefroy Cavaignac. — *Peut-être aussi, monsieur Henri Brisson, à quelqu'une de ces enquêtes parlementaires dont on nous parle aujourd'hui, dont vous avez dirigé l'une et où vous savez si bien combien la vérité échappe facilement à ceux qui la cherchent.* (Applaudissements et rires sur les mêmes bancs au centre et à droite)

Je dois avouer que pour tous ceux qui n'ont eu de l'altercation que la connaissance textuelle, venant après le bronze et les gesticulations du bronze, la réplique de M. Cavaignac est autrement nette, autrement ferme, autrement posée, autrement sèche, autrement raide.

Eh bien, non! je suis sorti volontairement des voies régulières; j'ai fait venir le coupable devant moi...

De l'aveu de tous ceux qui ont lu le texte, le coup droit porté aux anciens panamismes était irréparable.

... Et j'ai obtenu de lui ce que des voix sorties de vos rangs ont appelé un jour, dans un accès de franchise, le seul atome de vérité prouvée qu'il y ait dans cette affaire; j'ai arraché de lui par ma résolution et par ma volonté l'aveu que vous essayez, aujourd'hui, d'exploiter contre nous. (Bruit à l'extrême gauche)

Vous avez encore, monsieur Henri Brisson, insinué ou affirmé que j'aurais établi à ce sujet un concert avec le commandant du quatrième corps. Sur ce point, c'est bien simple : je vous oppose le démenti le plus net et le plus formel. (Applaudissements sur divers bancs, au centre et à droite)

Quant à cette autre affirmation, que vous avez été singuliè-

rement imprudent de porter ici, monsieur Henri Brisson, d'après laquelle je vous aurais dissimulé la pièce dont a parlé M. Jaurès, je n'ai jamais, quant à moi, connu cette pièce; aucune des personnes avec qui j'ai été en rapport au ministère de la Guerre ne m'en a jamais soufflé un seul mot.

Mais s'il s'agit de la lettre du général de Pellieux, en quoi cette lettre était-elle une pièce du dossier? (Exclamations à gauche et à l'extrême gauche)

... Je demande en quoi une appréciation produite, formulée par M. le général de Pellieux — vous ne savez pas même s'il l'a maintenue dans son esprit (exclamations à l'extrême gauche), *et je crois savoir qu'il l'a regrettée aussitôt après l'avoir écrite — je demande en quoi cette lettre de M. le général de Pellieux constituait une pièce du dossier?* (Interruptions à gauche)

Je répète que tout le dossier a été mis à la disposition de M. Henri Brisson, qui l'a reconnu lui-même à cette tribune, dans la séance du 18 décembre.

Enfin M. Brisson avait dit, avant le bronze :

Parmi ceux qui faisaient votre éloge, j'ai le droit de me ranger.

Ce n'était pas ce qu'il avait fait de mieux. Mais cela confirme ce que nous espérons pouvoir montrer quelque jour, que tous les dangers de la République sont toujours venus des différentes démagogies radicales, démagogie radicale nationaliste, démagogie radicale militariste, démagogie radicale colonialiste, démagogie radicale budgétaire, démagogie radicale anticléricale, démagogies radicales étatistes, pour n'en nommer que quelques-unes et pour nommer un de leurs caractères communs.

C'était l'impôt progressif sur le revenu qui était le moyen préféré de la démagogie radicale quand les politiciens radicaux firent la fortune politique de M. Cavaignac.

... Un jour, à la tribune, j'ai rappelé que, quelques jours auparavant, vous aviez déposé une proposition de réforme fiscale et sociale, de réforme démocratique, et je vous ai félicité de marcher sur les traces de celui dont vous portiez le nom et le prénom, de ce Godefroy Cavaignac dont vous sembliez suivre la tradition.

M. Godefroy Cavaignac répond :

M. Henri Brisson a terminé en mêlant à cette affaire la politique et les excommunications de parti. (Exclamations ironiques sur les mêmes bancs) *Il a prononcé des jugements au nom de la conscience universelle, comme si notre conscience, à nous, ne valait pas au moins la sienne.* (Applaudissements au centre et à droite. — Bruit à gauche)

Vous n'êtes pas des juges; vous êtes des adversaires politiques, et des adversaires politiques que nous combattrons sans relâche.

M. Henri Brisson évoquait ici le souvenir des républicains d'autrefois, des républicains dont nous nous honorons de revendiquer les traditions, et faisait appel à leurs témoignages. Oui, je voudrais bien qu'on les appelât ici, les hommes qui ont fondé autrefois la République contre les régimes de corruption de jadis; je voudrais bien qu'on les appelât ici...

J'ai peut-être plus de droits que M. Henri Brisson de parler au nom de ceux qu'il a eu l'audace d'évoquer tout à l'heure. Oui, je voudrais qu'on rappelât ici les hommes qui ont fondé la République autrefois en face des monarchies et qui ont créé ce parti d'honnêteté politique et de fierté nationale qu'était le parti républicain. Je voudrais bien qu'on rappelât ici... (Interruptions et bruit à l'extrême gauche et à gauche)

...ceux qui ont fondé le parti républicain en face de la monarchie parlementaire de Juillet, je voudrais qu'on pût leur demander si le régime d'aujourd'hui ressemble plus à celui qu'ils avaient rêvé qu'à ceux qu'ils ont combattus et renversés. (Applaudissements au centre)

Ceux qui n'avaient de l'altercation que la connaissance textuelle étaient unanimes à juger que l'avantage du ton demeurait entier à M. Godefroy Cavaignac. Ceux qui avaient assiste à la séance en rapportaient au contraire que ç'avait été l'effondrement de Cavaignac, un effondrement total, brutal : Il n'en reste rien, disaient-ils communément, il n'en reviendra pas. Vous ne pouvez pas vous représenter, me disait un dreyfusiste ancien, vous n'étiez pas à la séance, vous ne pouvez pas vous représenter cette voix misérable, cet aspect minable, cette tournure gauche, hâve, ces épaules voûtées, cette face creuse, laide, jaune, cette tête d'oiseau et surtout ce crâne allongé; il a un crâne en bonnet de coton; il faut avoir vu ce bonnet de coton en os, un microcrâne pointu; son effondrement, continuait ce dreyfusiste ancien, juste, son effondrement, sous la vague de ses ennemis, devant la face muette et lâche de ses amis, son effondrement était si total que le malheureux faisait pitié. Vous savez si nous avons réprouvé cet homme hagard. Mais son effondrement était pitoyable. Et comme je demandais à cet ancien dreyfusiste s'il était vraiment juste, et ainsi dreyfusiste, de huer un homme sur le vu de son crâne et sur le témoignage de la couleur de sa face terreuse, doux, triste et souriant cet ancien dreyfusiste me répondit :

— C'est que cette assemblée, qui huait M. Cavaignac, n'était nullement dreyfusiste, comme on le fit bien voir à Jaurès le lendemain dans l'après-midi. Et c'est au contraire parce que nous sommes restés dreyfusistes, que cet homme, comme à moi, vous eût fait pitié. D'autant, mon cher Péguy, que je savais parfaitement à quoi m'en tenir sur ces grandes bordées d'indignations politiques. Ainsi, les panamistes les plus avérés flétrissaient tumultueusement leur malheureux collègue M. Baïhaut, et leur collègue robuste M. Rouvier, futur ministre des finances de la défense républicaine, et le président de leur Chambre, l'honorable M. Floquet, ancien ministre, ancien président du Conseil, oratoire, homme de bronze, haut en paroles, timide.

Les honnêtes gens, les simples gens n'ont pas de ces indignations tempêtueuses. Nous touchons ici à une raison plus profonde encore pour laquelle nous devons interpréter avec la prudence la plus extrême les comptes rendus sténographiques tels qu'ils nous sont publiés dans le *Journal officiel*. Ces mêmes séances dont le *Journal officiel* nous publie un compte rendu incomplet, linéaire, textuel, ne sont elles-mêmes, étant des séances parlementaires, qu'un affleurement, une surface, une manifestation superficielle, presque toujours truquée, une superficie factice, une représentation en surface, presque toujours fausse, le masque d'un mouvement profond, de couches profondes géologiques, d'une agitation sourde, souterraine, obscure, d'un travail dérobé aux regards. Les vrais discours ne se prononcent pas à la tribune. Les discours ministres, que nous payons pour lire affichés dessus nos murs, ne sont pas les discours vraiment capitaux. Telle conversation de couloir, inentendue, éternellement ignorée, a beaucoup plus d'importance pour le gouvernement de ce pays que les manifestations solennelles des partis qualifiés. Non seulement, nous sommes gouvernés par un gouvernement politique parlementaire. Mais c'est notre avantage à nous, simples citoyens, perpétuels gouvernés, perpétuels imposés, perpétuels payeurs, que le gouvernement qui nous gouverne échappe non seulement, comme étant un gouvernement politique parlementaire, à notre administration, mais comme étant un gouvernement occulte, à notre simple contrôle. Toutes les manifestations des séances politiques parlementaires ne sont que des manifestations de surface faites. Elles ne représentent pas plus la réalité de la politique parlementaire que les discours de l'honorable M. Loubet aux petites filles des chefs-lieux d'arrondissement ne représentent la réalité de la politique présidentielle. Tout le gouvernement politique parlementaire s'exerce ailleurs que dans les séances parlementaires publiques ; il s'exerce dans les commissions, dans les comités, dans les groupes, dans les compagnies, dans les camaraderies, dans les amitiés politiques, dans les relations privées, dans les népotismes et dans les flatteries, dans les haines et dans les faveurs, et dans ce que M. Combes a nommé si heureusement les faveurs gouvernementales, dans les relations politiques, mais non publiques; il réside au jeu des intérêts politiques, des intérêts électoraux, des intérêts économiques surtout; il consiste aux balancements des intérêts de clocher et d'arrondissement, aux savants équilibres, aux marchandages, à l'assouvissement des appétits locaux et régionaux, quand il ne s'agit pas, hélas, des appétits et des intérêts individuels privés les moins avouables. C'est même le seul raisonnement qu'aient jamais apporté pour la défense du gouvernement politique parlementaire bourgeois ceux des partisans de ce gouvernement bourgeois qui ont eu la faiblesse d'articuler des raisonnements, au lieu d'invoquer pour le maintien de ce régime le gendarme, la police et l'armée. Vous avez raison de constater, nous disent-ils, qu'on ne fait absolument aucun travail dans les séances parlementaires. Mais c'est parce que tout le travail se fait dans le célèbre sein des commissions. Ce qui revient à dire que tout ce que nous pouvons contrôler n'a aucune efficacité, aucune réalité, mais par compensation que tout ce qui aurait quelque efficacité, c'est cela justement que nous ne pouvons pas contrôler.

Ainsi les séances politiques parlementaires publiques dont nous lisons et dont nous publions les comptes rendus sténographiques dans et d'après le *Journal officiel* ne sont elles-mêmes que des images de la géologie et du mouvement politique réel. Et non seulement, parce qu'elles ne sont que des images, des exemplaires, elles sont incomplètes, elles sont insuffisantes, elles sont impuissantes à nous donner la représentation totale, exacte, épuisée, de la réalité dont elles sont des représentations, mais elles sont des images truquées, falsifiées, faussées pour les besoins de la politique même; outre les imperfections essentielles de toutes les images, outre leurs imperfections naturelles, outre la difficulté, la complexité, la mouvance du réel représenté, les séances politiques parlementaires sont, parmi les images, des images déformées incessamment exprès; c'est l'intérêt des intéressés politiques, c'est l'intérêt de tout le monde que la séance parlementaire soit une image fausse; non seulement c'est l'intérêt des politiciens, qui aiment à jouer le peuple et qui ont besoin de jouer le peuple; mais c'est l'intérêt, la joie, le plaisir et la réjouissance du peuple, qui aime à être joué, qui a besoin d'être joué par les politiques parlementaires, comme il a besoin de tous ses vices.

Le peuple ne demande pas qu'il y ait des séances de travail. Le peuple, qui veut s'amuser, s'intéresser, se passionner, s'enthousiasmer, s'entraîner, demande qu'il y ait des séances de représentation théâtrale, des séances polémiques, des grandes séances, comme on les nomme, et, comme on les nomme aussi, des séances historiques. Ainsi le peuple demande qu'il y ait des fêtes officielles, des rois qui passent, des cuirassiers, des courses, des illuminations et des galas. Des séances de travail seraient obscures, modestes, sans gloire, mémoire et victoire.

Encore si les séances politiques parlementaires publiques, dont nous lisons et dont nous publions les comptes rendus sténographiques dans et d'après le *Journal officiel,* ne comportaient que l'insuffisance naturelle des images et, en outre, la falsification voulue des images politiques, si cette falsification même avait gardé quelque constance, au moins une interprétation de l'image obtenue, c'est-à-dire déjà une reconstitution du réel ainsi représenté, conduite avec une extrême attention, une réserve extrême, pourrait-elle donner quelque garantie à l'opérateur dans l'accomplissement du résultat final. Mais cette falsification manque de toute constance. La complexité, la difficulté du réel d'une part et, d'autre part, la mauvaise volonté, l'intelligence mauvaise, le jeu de tous ces intéressés politiques se joignent ici pour fausser non pas seulement l'image, mais la relation de l'image au réel imaginé. Ce n'est pas seulement du mensonge et de la feinte. C'est du mensonge mensongèrement feint. C'est du mensonge au deuxième degré. Aussi tout ce que l'on peut à peu près dire est que dans l'interprétation de pareils textes, quand on n'est pas d'une prudence extrême on est sûr de se tromper, et qu'au retour quand on est d'une prudence extrême, on n'est jamais sûr de ne pas se tromper.

Tout ce que l'on peut à peu près dire, c'est que les séances parlementaires sont d'autant plus travaillées qu'elles sont importantes. Les séances capitales sont donc les séances dont l'interprétation sera la plus dangereuse. Or les deux séances dont nous avons publié le compte rendu sténographique d'après le *Journal officiel* étaient deux séances capitales. Non pas tant par ce que Jaurès y voulait faire que par ce que ses bons et nouveaux amis les radicaux voulaient l'empêcher de faire. Elles n'étaient pas seulement des séances historiques, des grandes séances. Elles étaient des séances capitales.

Ce n'est pas seulement parce qu'elles étaient des séances historiques, des grandes séances, des séances éclatantes et tumultueuses, passionnantes, émouvantes, entraînantes, que nous en avons publié dans ces cahiers le compte rendu sténographique *in extenso* d'après le *Journal officiel;* mais c'est aussi parce qu'elles étaient des séances capitales. Nos cahiers sont des cahiers de renseignements, de documents et de textes, je l'oublie moins que personne. Trois abonnés de Toulouse veulent bien me demander pourquoi ils ne trouvent pas dans la quatrième série de nos cahiers ces renseignements, ces documents, ces textes sur le mouvement socialiste français qui passèrent si nombreux dans la deuxième série. La diminution de la place occupée dans nos *Cahiers* par les renseignements, les documents et les textes afférents au mouvement politique socialiste français représente exactement la diminution du mouvement socialiste français dans la réalité même et dans le pays. Quand nous produisions des renseignements, des documents et des textes abondants sur le mouvement socialiste français, dans la première et dans la deuxième série de nos cahiers, c'est que ce mouvement existait, et promettait beaucoup. Aujourd'hui si nous ne mettons rien, c'est qu'il n'y a rien. Ces congrès de Paris, tumultueux, violents, politiques déjà, existaient pourtant. Le dernier congrès dont nous ayons donné un compte rendu fut le congrès de Lyon, — compte rendu analytique non officiel de notre collaborateur mademoiselle Louise Lévi dans le quatorzième cahier de la deuxième série. Nous avons fait pour le congrès socialiste international de Paris 1900 un travail et des frais que le socialisme international avait négligé de faire. Comment pourrions-nous publier des renseignements, des documents et des textes sur ce congrès de Bordeaux, qui n'existe pas. Aussitôt qu'il existera quelque mouvement et quelque vie, nous recommencerons à travailler avec. Et c'est parce que les deux séances du lundi 6 et du mardi 7 avril avaient de l'existence que nous en avons publié le compte rendu. C'est parce qu'elles avaient de l'existence, parce qu'elles étaient capitales, qu'elles furent si travaillées.

Qu'on relise attentivement ce texte. Si peu expert que l'on soit aux combinaisons parlementaires politiques, on reconnaîtra aisément que le texte sténographique des discours prononcés à la tribune et l'enregistrement officiel des votes recueillis recouvrent, dénoncent un travail parlementaire formidable. On ne se fait aucune illusion sur le sens où j'emploie ici le beau mot de travail. Pendant toute la première séance et pendant le commencement de la deuxième, le travail parlementaire était tout entier au discours de Jaurès. Tout éventées que fussent les révélations de Jaurès, par Jaurès même, par son entourage, et par ses amis dreyfusistes, — moitié manque de méthode, bavardage, de journaliste, d'orateur, d'homme politique démocratique, et moitié habileté politique, — tout l'intérêt, tout le travail parlementaire était au discours de Jaurès. Les ennemis du grand orateur, nationalistes, cléricaux, réactionnaires, attendaient impatiemment les coups qu'ils allaient recevoir. Et malgré les intermèdes, malgré l'intermède Brisson-Cavaignac, malgré la rupture des incidents et l'embroussaillement du débat, cet intérêt se maintient jusqu'à l'accomplissement du discours. Les amis du grand orateur, quelques socialistes, les radicaux-socialistes et les radicaux attendaient impatiemment qu'il échouât. Ses vieux ennemis socialistes, unité socialiste révolutionnaire, parti socialiste de France, continuaient la vieille attitude guesdo-blanquiste. Seuls plusieurs socialistes parlementaires, parmi lesquels M. de Pressensé, quelques radicaux-socialistes, parmi lesquels M. Vazeille et M. Paul Guieysse, quelques radicaux désiraient sincèrement qu'il réussît. Aussitôt que le discours de Jaurès fut accompli, tout l'intérêt politique et parlementaire s'en retira, s'en détacha. Il y eut une brusque détente, une aisance, un soulagement et comme une réjouissance commune, un bien-être général, un élargissement de bonne camaraderie. Les nationalistes se réjouissaient ouvertement, premièrement parce qu'ils avaient reçu les coups qu'ils attendaient. C'est toujours un soulagement pour un lâche, quand on a escompté un certain nombre de coups à recevoir, que d'en avoir effectué l'encaissement. La bravoure aime les coups à recevoir et à donner. La faiblesse aime les coups reçus. Deuxièmement, quand le discours de Jaurès fut consommé, les nationalistes se réjouissaient ouvertement parce qu'ils n'avaient pas reçu, à beaucoup près, les coups qu'ils attendaient et que des dreyfusistes inconsidérés leur avaient promis. Pour la même raison les radicaux se réjouissaient dans leur cœur, car dès lors ils pouvaient espérer, de ce que le discours de Jaurès n'avait pas été monstrueusement et scandaleusement péremptoire, mais seulement rationnel et concluant, que la grande trahison radicale, préparée de longue main, pourrait s'exercer une fois de plus et qu'elle réussirait. Qu'on relise attentivement le texte que nous avons publié. Nous savons qu'avant le commencement de la séance tout le grand jeu politique et parlementaire avait travaillé contre Jaurès. Pendant toute la première séance et pendant tout le commencement de la deuxième le grand jeu culminait autour du discours même. Et non seulement il assiégeait le discours, mais il y pénétra de toutes parts. Le discours est tout plein de politique parlementaire. La seule différence est qu'en dehors de Jaurès les combinaisons de la politique parlementaire étaient obscures et souterraines; et dans Jaurès elles étaient, comme elles sont toujours, naïves, grossières, commodément visibles, ouvertement fermées, communément apparentes. C'est le grand honneur de Jaurès, le seul honneur qui lui reste aujourd'hui qu'il nous a quittés pour entrer et pour s'enfoncer tous les jours plus avant dans la politique parlementaire, c'est le grand et le seul honneur de Jaurès qu'il n'y réussit pas. Loin que ses combinaisons politiques soient, comme il croit ou comme il écrit, difficiles à suivre parmi les combinaisons parlementaires, au contraire elles sont, malheureusement pour la réussite, mais heureusement pour leur auteur, grosses, grossières, et non pas saisissables, mais inévitables. On ne peut pas faire autrement que de se casser les jambes dedans. Elles sont comme les travaux que l'on a faits dans Paris. Jaurès creuse des mines souterraines, et tout le monde voit que ces galeries sont des tranchées à ciel ouvert. Il s'acharne à travailler sourdement, lentement, obscurément dans ces cavernes; il fore, il taille, il creuse et il abat; il geint; et il se cogne le front à la voûte. Et il n'y a pas de voûte. Et sur le bord de la tranchée les badauds s'arrêtent. Ils ont les pieds dans les terres que le noir terrassier a rejetées. Et tout le monde voit qu'il travaille au grand jour, et que les cheminements laissent des monceaux de remblais. Cheminements de taupe ou de caporal sapeur. Lui seul il croit qu'il fait des combinaisons puissantes. Tant d'innocence est le seul honneur, je dirai la seule excuse, de tant de politique.

Mais aussitôt que le discours de Jaurès fut consommé, tout le grand jeu politique et parlementaire cessa de figurer à la tribune. Qu'on relise attentivement le texte que nous avons publié. On verra très nettement à partir de quel moment il devient évident que l'éloquence de la tribune, les discours, les interruptions, les réponses, les personnalités, les violences ne servent plus qu'à masquer la réalité du travail parlementaire, et ne servent nullement à la représenter. Cela est particulièrement sensible pendant le discours de M. Lasies, ou plutôt pendant ses morceaux de discours. Ce discours ne fut nullement, comme on l'a dit, une contre-attaque, une vigoureuse et violente contre-attaque menée par un ancien lieutenant de cavalerie pour couvrir un mouvement de retraite, pour empêcher la retraite, comme on dit, de dégénérer en déroute, en débâcle. Ce fut, ce qui est beaucoup plus fort, — je parle de force politique et parlementaire, — ce fut une fausse contre-attaque, destinée à faire croire qu'en effet il y avait retraite, qu'en effet il y avait menace de débâcle ou de déroute, qu'en effet il y avait retraite à couvrir, — destinée à masquer ainsi non pas même un mouvement tournant, mais un mouvement saxon. Pendant que M. Francis de Pressensé triomphait de M. Lasies, les radicaux triomphaient enfin de M. Jaurès.

Qu'on relise attentivement le texte. On sent très bien le moment où l'éloquence de la tribune devint de parade toute et de masque, et ne servit plus qu'à masquer la réalité du jeu. Visiblement, les orateurs nationalistes et réactionnaires ne parlaient que pour gagner du temps, pour tenir du temps comme on tient de la place, pour amuser le public, le public des députés, le public des galeries, le public des journaux, le public des lecteurs et des électeurs, pour laisser faire et pour laisser passer. D'autres travaillaient. D'autres préparaient l'objet seul important, les résolutions, ordres du jour et scrutins. D'autres intriguaient. D'autres fomentaient. Des paroles que l'on n'a pas sténographiées pour nous, des promesses qui tenues ou non tenues, ne seront jamais enregistrées, des négociations insaisissables organisaient la trahison. Le président du Conseil, ministre de l'Intérieur et des Cultes, se préparait à trahir son ministre de la Guerre. Le gouvernement parlementaire n'est pas tant le gouvernement de la tribune; et même il n'est pas tant le gouvernement des commissions; il est le gouvernement des couloirs. Le gouvernement des ministères est devenu le gouvernement des antichambres ministérielles.

Tout le monde sait que M. Ribot avait prêt un grand discours, contre-partie et réponse au grand discours de Jaurès. Lui-même l'avait de longtemps annoncé, en termes qui ne laissaient place à aucun doute. Pour moi c'est la preuve la plus éclatante, la plus incontestable, de l'intensité atteinte par le travail parlementaire non oratoire pendant les deux derniers tiers de la deuxième séance que cette abstention de M. Ribot. C'est un grand orateur, que celui qui se tait. C'est un grand orateur parlementaire, que celui qui sait se taire dans une assemblée. Dans cette mémorable suite et cette mémorable conclusion de la deuxième et dernière séance, aucun de ceux qui firent les scrutins et qui en sont responsables, et moins que tout autre l'ancien vice-roi soleil levant, ne prit la parole pour prononcer un véritable discours.

Les honnêtes lecteurs, les honnêtes électeurs, — il y en a beaucoup plus qu'on ne le croit, — ne peuvent imaginer à quel point de perversion, de corruption, de renversements les combinaisons, les insinuations, les évaluations, les diplomaties parlementaires travaillent dans une séance aussi capitale. Un ami, honnête, mais intelligent, me disait : On a invalidé M. Syveton parce qu'on était, alors, à peu près assuré de sa réélection; mais on a validé M. Congy parce qu'on n'était pas sûr de sa réélection. Je ne vais pas aussi loin, bien qu'il y ait eu, depuis le commencement de la présente législature, des validations non moins scandaleuses que ne l'étaient certaines invalidations. Mais il me paraît indéniable qu'on a invalidé M. Syveton pour pouvoir voter ensuite contre les résolutions Jaurès. Et dans l'intervalle on a validé M. Congy parce qu'on avait invalidé M. Syveton. C'est du moins la seule raison que j'en puisse trouver. Les deux élections se valaient. Mais les partis politiques parlementaires ont de ces balancements et de ces équivoques équivalences.

Les plus fougueux socialistes révolutionnaires, les purs professionnels et tous ces incorruptibles de parti donnent les mains à ces combinaisons quand c'est dans les assemblées politiques parlementaires qu'ils exercent leur prétendue incorruptibilité. Nos abonnés ont lu dans le compte rendu sténographique le compte rendu sténographié de l'incident Walter. Cet incident est particulièrement caractéristique. Les journaux du lendemain matin, de tous les partis, étaient à peu près unanimes à rapporter l'incident. Il est à peu près acquis par cette unanimité que M. Walter proféra dans le tumulte l'une ou l'autre de ces deux phrases, ou bien : *Il n'y a que des maquereaux dans l'armée,* ou bien : *Tous les officiers sont des maquereaux.* Ni le président ne voulut entendre ni les honorables typographes du *Journal officiel* n'ont voulu composer le nom de cet innocent poisson. Qu'on se reporte pourtant au compte rendu sténographique *in extenso* que nous avons publié d'après le *Journal officiel*. Qu'on lise attentivement le compte rendu de l'incident même et surtout de son éclatement. Qu'on se rappelle aussi la vieille haine et le sournois ressentiment des blanquistes et des guesdistes contre Jaurès, contre Jaurès dreyfusiste, contre le dreyfusisme. Qu'on se remémore certains incidents analogues de certaines séances parlementaires importantes ou capitales, et surtout plusieurs incidents des congrès socialistes nationaux et international. Qu'on se rappelle enfin depuis le commencement de l'affaire toute la méthode, le procédé, la politique, — et la grossièrement habile diplomatie guesdo-blanquiste. Il est à peu près impossible de douter que cet incident grossier, habile, artificiel, ait été fabriqué de propos délibéré par M. Walter pour poignarder, comme on dit, M. Jaurès dans le dos. C'est exactement la forme outrée, outrageante, outrancière, mesquine et rancunière des incidences guesdo-blanquistes. Qu'on relise attentivement le compte rendu de l'incident, et surtout de son rattachement artificiel. Qu'on examine attentivement à quel moment précis, à quel point stratégique de la séance, à quel point parlementaire, à quel point politique il se produisit, au moment où la droite avait besoin de toutes ses forces, au moment où il fallait achever le descellement, la dislocation du bloc, déterminer, précipiter la trahison des radicaux et la défection de certains radicaux-socialistes. Qu'on pense à la grossièreté de l'interruption. Qu'on examine attentivement à quel moment et comment elle fournit un prétexte à la droite, comment elle souleva, tout aussitôt, des huées vite apprêtées, et comme reconnaissantes, comment elle fournit à M. le lieutenant-colonel Rousset le prétexte, attendu, escompté, d'une manifestation facile, et à M. Ribot, qui tenait alors la tribune, et qui avait achevé son discours, l'occasion d'une générosité facile et d'une condescendance envers M. le président de la séance. Qu'on se reporte aux votes de M. Walter à la fin de la même séance. Qu'après l'interruption même, on remarque l'intervention gratuite, la réparation gauche de Jaurès. Qu'on se rappelle non seulement certaines séances parlementaires des assemblées bourgeoises ou des congrès socialistes, mais un assez grand nombre d'élections où par de telles surenchères les coalisés guesdo-blanquistes faisaient le jeu de la réaction nationaliste et cléricale. Qu'on retrouve le ton de cette surenchère politique dans l'incident soulevé par M. Walter. Et il est presque impossible de ne pas croire, sur le vu du texte, que cet incident constitue proprement un coup parlementaire. Un socialiste révolutionnaire me disait : Walter est si brute qu'il est incapable d'avoir imaginé un tel coup. Il n'en a pas cherché si long. C'est un coup de brute, et non pas un coup de politique. — D'autres, peut-être, l'ont imaginé pour lui. Et puis le jeu politique et parlementaire n'est pas si compliqué qu'une brute ne puisse le savoir après un certain nombre d'années d'apprentissage et d'exercice.

Tout cela est facile à comprendre. Tout cela se tient. Plus il y a d'apparat dans ces grandes scènes politiques et parlementaires, plus elles ressemblent aux scènes faites ou à la scène à faire du théâtre idiot que la plupart de nos auteurs dramatiques nous ont fait, — plus il y a de chances pour qu'elles aient été faites et lancées dans la circulation par nos théâtreux parlementaires, par nos politiques romantiques. Plus une séance parlementaire, plus une scène a d'apparat, plus on peut être assuré qu'elle est théâtrale, non pas seulement théâtrale dans sa forme et dans son agencement, mais dans son origine, sa cause, et dans son utilité. Il est naturel qu'il en soit ainsi. Où veut-on que les fabriquants de représentation parlementaire cherchent leurs scénarios, sinon parmi les fabricants de représentation théâtrale qui leur sont contemporains. Nos abonnés se rappellent quel sens précis nous avons donné dans ces cahiers au mot de romantiques. C'est par un singulier retour, par une singulière coïncidence que nous nous retrouvons ici nous-mêmes au demi-cercle, et que c'est dans les scènes artificielles théâtrales parlementaires que les acteurs parlent un langage artificiel romantique. Ce sont les amis de M. Brisson qui le défendent comme un romantique, en alléguant joyeusement qu'il est un romantique. C'est parce que l'exécution de M. Cavaignac, la fameuse exécution de M. Cavaignac, fut opérée avec tant d'apparat pour le public des spectateurs, que nous pouvons être assurés qu'elle constituait littéralement une représentation théâtrale. Et c'est parce qu'elle constituait une représentation théâtrale, que l'honorable M. Brisson éprouva le vieux besoin d'y parler un langage romantique. Réciproquement et généralement, c'est parce que M. Brisson parle un langage romantique et théâtral qu'il organise des représentations théâtrales parlementaires ou qu'il y participe. Ce n'est point par hasard, mais c'est par une logique intérieure inévitable, que M. Brisson parla un langage romantique outré dans une représentation théâtrale outrée.

Les honnêtes gens, les simples gens n'ont pas de ces indignations concertées, théâtrales, scéniques. C'est que leurs indignations ne sont point parlementaires, et qu'elles ne sont point politiques. La grande exécution de M. Cavaignac, agencée pour tromper le public, pour tromper le peuple, pour nous tromper, nous les anciens et les véritables dreyfusistes, n'était, vulgairement, qu'un coup de politique parlementaire, le coup le plus retentissant, et, en ce sens, l'incident culminant de ces deux journées. C'est sur cet incident que nous nous arrêterons. Jaurès avait besoin de frapper un grand coup pour appuyer son discours un peu creux parvenu à peu près à la première moitié de son développement. Il fallait frapper un de ces grands coups de justice et de vérité, qui recouvrent des talions, mais dont on s'est assuré un peu pompeusement le monopole d'État. Il fallait faire un exemple, foncer, épouvanter l'ennemi, terrasser quelqu'un. Il fallait passer de la défensive à l'offensive, et que l'offensive, ainsi localisée, fût vigoureuse, théâtrale, répandît la terreur, emportât la position. Il fallait donc choisir un ennemi, laisser les autres, et totalement écraser celui que l'on aurait marqué. Ce sont là faits de guerre, coutumiers, et qui ne relèvent que de l'immoralité de la guerre. Mais le coup de génie, politique et parlementaire, de Jaurès, fut de faire exercer l'écrasement de l'ennemi qu'il avait choisi par les vieux complices de cet ennemi, par les radicaux nationalistes, militaristes et démagogues, demeurés, sinon les amis secrets du flétri, du moins les amis à peine secrets de sa politique et de ses errements. Le coup de génie, politique et parlementaire, de Jaurès, coup de génie que je ne qualifierai pas aujourd'hui, car aujourd'hui nous n'examinons pas ces deux séances au point de vue dreyfusiste, nous ne les examinons qu'au point de vue de leur publication, pour l'interprétation du texte et pour le compte rendu, le coup de génie de Jaurès fut de faire flétrir, honnir, exécuter, huer, — tout l'arsenal parlementaire, — M. Cavaignac précisément par les amis secrets de M. Cavaignac, par ses anciens complices, demeurés moralement ses éternels complices, par des hommes qui ont renié leurs dangereuses complicités, mais qui n'ont renié ni les avantages politiques mal acquis, ni les situations, ni l'argent, ni la puissance, ni les tristes honneurs acquis par le crime, et qui n'ont pas réformé leurs mœurs, et qui n'ont pas acquis de conscience, et qui n'ont pas renoncé aux pratiques de la même démagogie. Le coup de génie de Jaurès fut de faire flétrir M. Cavaignac par des hommes qui ne valent pas mieux que lui, qui n'ont jamais valu mieux que lui, qui sont venus par lâcheté du côté du plus fort, et qui ne sont pas allés par justice du côté des justes. Le coup de génie de Jaurès fut, pour donner à l'injustice une impression de terreur salutaire et d'isolement, de faire exercer une épouvantable sanction de justice par des injustes professionnels. Car Jaurès ne s'est pas seulement permis, Jaurès ne s'est pas seulement attribué le droit de nous imposer une odieuse amnistie, qui, aujourd'hui plus que jamais, pèse écrasante sur notre action de justice, écrase notre action de vérité; il n'a pas seulement détourné ainsi, globalement, le dreyfusisme à des fins politiques; mais, par la plus singulière et la plus inquiétante, par la plus dangereuse des prétentions, il s'est permis, sous prétexte que cette amnistie est de lui, qu'elle est son œuvre, qu'il en est l'auteur, et comme le propriétaire, de s'en faire le dispensateur; il s'attribue le droit de conférer à sa volonté ou de refuser aux coupables qu'il a sauvés les avantages de l'amnistie qu'il a faite; il donne aux uns et retire aux autres les avantages d'une amnistie qui fut commune; car cette amnistie fut le bien commun, demeure la propriété indivise des criminels et du crime. Jaurès la divise, la dispense, la partage, la donne et la retire. Au même coupable, au même individu, Jaurès la donne ou la retire, selon qu'on est bien sage ou qu'on n'est pas sage. Quiconque peut servir, contribuer à la politique radicale de Jaurès, qu'il soit amnistié, au moins pour le temps de son utilisation. Quiconque ne sert pas, quiconque nuit, qu'il soit exterminé, au moins pour ce temps. Cette amnistie est devenue aux mains de M. Jaurès exactement ce qu'est devenue l'absolution aux mains des mauvais prêtres catholiques. Elle fonctionne à volonté; par éclipses; elle joue à la volonté, au gré, à la fantaisie du dispensateur. Elle sert communément à garantir des menaces politiques sous condition. Pour qui sait bien ce que c'est qu'une manifestation religieuse, pour qui sait retrouver la réalité des aberrations et des superstitions religieuses, en particulier des aberrations et des superstitions catholiques, sous les masques et sous les déguisements de l'anticléricalisme radical et de l'anticatholicisme d'État, la fameuse exécution de M. Cavaignac présente exactement tous les caractères non pas seulement d'une excommunication catholique, mais d'une mauvaise excommunication catholique, d'une excommunication catholique à prétexte religieux mais à cause politique, telle que nous en connaissons un si grand nombre qui ont démoralisé, qui ont déshonoré l'histoire de l'Église. Tout cela n'est pas juste, n'est pas dreyfusiste. Tout cela est absolument étranger au domaine où se meuvent la justice, la vérité, où se meut un dreyfusisme véritable. Mais nous remettons au plus tôt que nous pourrons d'examiner ces deux séances au point de vue dreyfusiste. Nous n'en dirons aujourd'hui, avant de nous arrêter, que ce qu'il est indispensable d'en dire au point de vue parlementaire.

Ayant besoin, pour continuer et, à ce qu'il croit, pour consommer sa politique radicale des masses, des foules parlementaires politiques radicales et radicales socialistes; ayant, d'autre part, lui-même la pire opinion que l'on puisse avoir de ces foules, c'est-à-dire une opinion juste, les connaissant pour ce qu'elles sont, flottantes, lâches, faibles, capables de tout, hors le bien; ayant donc peur que ces foules ne le trahissent au milieu de sa tentative, de sa bataille parlementaire, Jaurès avait pensé que le meilleur moyen de les tenir en mains était de les entraîner dans quelque grande lâcheté commune. Cette combinaison fonctionnait à plusieurs fins. Pendant que les hommes qui ont fait M. Cavaignac s'acharneraient sur M. Cavaignac, ils s'adonneraient moins à leurs pensers de faiblesse et de trahison habituels; tout ce qui serait pris sur M. Cavaignac ne serait pas pris sur

M. Jaurès, — puisqu'il faut toujours que les foules, et les foules parlementaires comme les autres, prennent sur quelqu'un. En entraînant les radicaux antidreyfusistes et non repentis dans une grande manifestation prétendue dreyfusiste, on les forçait à couper les ponts derrière eux; ils s'engageaient à fond; ils ne pourraient plus retomber dans l'ancien crime et dans l'ancienne honte. Non seulement, on les confirmait ainsi dans leur nouvelle attitude, mais on les soudait ensemble, par la communauté de l'entreprise, du geste; ainsi on ressoudait, on rescellait le bloc, où des fissures se manifestaient depuis longtemps. En outre, on ressoudait à Jaurès la majorité radicale et radicale-socialiste, qui supportait impatiemment son gouvernement. On maintenait le bloc, et en l'entraînant à manifester avec soi, on était sûr de ne pas l'avoir contre soi. On maintenait le bloc, unique moyen de la politique jaurésiste gouvernementale, et on le maintenait jaurésiste gouvernemental.

On sait ce qu'il advint de tant de génie. Jaurès fut battu. Nous avons dit que c'est son seul honneur, et sa seule excuse, au milieu de sa politique. Habitué pendant les années de l'affaire à parler pour des hommes libres, et à marcher parmi eux, Jaurès n'est pas fait encore à la mentalité, ni à l'immoralité de ses nouveaux amis. Le courage des hommes courageux peut presque toujours se mesurer. La lâcheté des foules en particulier des foules parlementaires, est incalculable. Jaurès pouvait ne pas se tromper quand il tablait sur le courage de ses compagnons dreyfusistes. Mais il devait se tromper quand il eut à évaluer, et qu'il imagina de limiter la faiblesse de ses nouveaux amis. L'impudeur de ses amis et alliés fut poussée beaucoup plus loin qu'il ne s'y attendait.

Si l'on en doutait, si la preuve directe ne suffisait pas, qu'on fasse la contre-épreuve. Qu'on se reporte à ces scrutins, que nous n'avons pas omis de publier. S'il est vrai que l'exécution de M. Cavaignac ait été aussi totale que nous l'affirment les témoins, comment se fait-il que rien dans les scrutins n'ait traduit cette unanimité, cette totalité? Comment se fait-il, sinon que les radicaux avaient heureusement opéré leur mouvement saxon. Qu'on se reporte aux scrutins. Puisque tout le monde flétrissait M. Cavaignac, il semble que tout le monde aussi devait voter contre M. Cavaignac. Ce serait mal connaître l'ingéniosité parlementaire. Qu'on se reporte aux scrutins. Puisque tout le monde flétrissait M. Cavaignac, et puisque tout le monde a voté de manière à faire plaisir à M. Cavaignac, il faut bien que ces mêmes radicaux et que ces mêmes radicaux-socialistes, qui le flétrissaient pour la manifestation, pour la représentation théâtrale, aient voté pour lui, avec lui, dans la réalité du scrutin.

Qu'on se reporte aux scrutins. *Annexe au procès-verbal de la séance du mardi 7 avril.* Dix-septième cahier de la quatrième série, page 241. *Scrutin sur la seconde partie de l'ordre du jour de M. Chapuis.* On était alors en présence du vote. Il ne s'agissait plus de huer, de maudire et d'exterminer verbalement. Il s'agissait de se prononcer, de prendre parti, de se compromettre par un acte, par le peu d'acte qu'est un vote parlementaire. On sait quelle était la teneur de cet ordre du jour en sa seconde partie : *La Chambre... est résolue à ne pas laisser sortir l'affaire Dreyfus du domaine judiciaire, passe à l'ordre du jour.* Jaurès nous déclarait, le lendemain du vote, que cet ordre du jour ne le gênait nullement. Il nous déclarait hier que cet ordre du jour était un non-sens. Qu'en écrira-t-il demain, s'il est sincère, sinon ce qu'il en a toujours pensé, que cet ordre du jour était particulièrement jésuitique, particulièrement dirigé contre lui, Jaurès, particulièrement dangereux. Qu'on se reporte au scrutin. Non seulement on y verra qu'il faut bien que tous ces radicaux et ces radicaux-socialistes, qui avaient à grandes huées flétri M. Cavaignac, aient voté dans le sens même de M. Cavaignac, mais avec stupeur on y verra que l'homme de bronze enfin, le tombeur, l'exterminateur, l'excommunicateur de M. Cavaignac, celui-là même qui la veille avait fait le télégraphe avec ses bras pour chasser M. Cavaignac du Paradis gouvernemental, quand on en fut au scrutin, quand il s'agit de voter, quand il fallut se prononcer entre M. Jaurès et les ennemis sournois ou déclarés de M. Jaurès, quand l'heure vint d'un acte, si facile que fût cet acte, si peu coûteux de courage et de droiture, l'honorable M. Brisson (Henri) (Bouches-du-Rhône) se réfugia dans l'abstention. N'a pas pris part au vote. Page 245. Mais ce n'est rien encore. Qu'on se reporte au *scrutin* suivant, *sur l'ensemble de l'ordre du jour de M. Chapuis.* Dans ce scrutin définitif l'honorable M. Brisson ne s'est plus abstenu. Il a pris part au vote. Il a voté. Mais préparons-nous à une stupeur double : il a voté *pour* l'ordre du jour de M. Chapuis. Je cherche en vain une *rectification* parmi celles que nous avons reproduites. M. Brisson a voté contre M. Jaurès, qu'il avait soutenu la veille. — *Je constate* dit fort justement M. le Hérissé, *je constate* et ce fut le dernier mot de cette séance mémorable, *qu'il y a dans la Chambre 75 voix pour la politique de M. Jaurès et la réouverture de l'affaire Dreyfus. Il importe que le pays le sache.* La voix de M. Brisson n'était pas parmi ces 75 voix et, au dernier moment, elle fut contre.

[Le nom de M. Brisson n'est pas le seul nom qui laisse une grande tristesse à qui dépouille ces scrutins. Mais le nom que j'ai en vue concerne plus particulièrement le dreyfusisme.]

L'honorable M. Brisson a éminemment ce vice radical, d'être perpétuellement en retard quand il s'agit de courage et de décision courageuse. Le courage qu'il n'avait pas, quand il était président du conseil et ministre de l'intérieur, contre M. Cavaignac, ministre de la guerre, M. Brisson député le trouve aujourd'hui contre M. Cavaignac député. La décision que M. Brisson n'avait pas quand il était chef du gouvernement, M. Brisson journaliste la trouve. M. Brisson journaliste n'a pas la plus petite hésitation sur les devoirs et sur les responsabilités d'un chef de gouvernement. Tous les jours, M. Brisson nous explique le matin, dans le *Siècle* ce qu'il avait à faire, et qu'il n'a pas fait, pendant les semaines terribles, quand il avait la charge, l'autorité, le pouvoir. Dans deux ans, M. Brisson nous expliquera, dans *le Siècle* par les raisons les meilleures du monde, qu'il a eu tort, le mardi 7 avril 1903, à telle heure du soir, de s'abstenir dans le scrutin sur la seconde partie de l'ordre du jour de M. Chapuis et de voter *pour* dans le scrutin sur l'ensemble de cet ordre du jour. Ce vieux républicain nous suit avec une constance admirable, mais c'est une constance de retard. Il est merveilleux qu'il ait pu maintenir aussi constant le retard initial qu'il avait sur nous.

Les parlementaires politiques radicaux et radicaux-socialistes avaient joué de l'épouvante et de la sanction imaginée par M. Jaurès. Une foule, surtout une foule parlementaire est toujours plus lâche qu'on ne compte, et, dans sa lâcheté, toujours plus rouée que n'importe qui. Non seulement ce furent les mêmes députés, qui votèrent avec M. Cavaignac ou pour lui, qui avaient la veille au soir flétri M. Cavaignac, mais, par ce vice de balancement et d'équivalence que nous avons noté, c'était pour mieux voter avec M. Cavaignac et pour lui qu'ils avaient la veille au soir flétri M. Cavaignac. Ils avaient feint d'entrer dans le jeu politique parlementaire de Jaurès pour le mieux trahir. Ils étaient beaucoup plus forts que lui, non seulement parce qu'ils sont nés et devenus beaucoup plus forts que lui en politique, parce qu'ils ne sont pas gênés par d'anciennes habitudes d'honnêteté, mais parce qu'ils étaient foule et qu'il était seul, parce qu'ils étaient masse et qu'il était homme. Jaurès put croire, aux deux tiers de la première séance, quand il vit les radicaux entrer si tumultueusement dans l'exécution de M. Cavaignac, il put croire qu'ils donnaient ainsi des gages, qu'ils entraient dans son recommencement de l'affaire. C'était, au contraire, la marque infaillible de l'arrière-pensée radicale, et de l'arrière-politique, c'était l'annonce infaillible de leur trahison méditée. Ils prenaient un point d'appui sur leur manifestation pour assurer leur trahison. Plus ils flétrissaient aujourd'hui, plus ils s'encourageaient, plus ils s'excusaient, plus ils se justifiaient, par un moyen usuel de la politique parlementaire, à trahir demain.

On se demande avec anxiété comment des hommes comme l'honorable M. Brisson peuvent jouer d'aussi basses comédies, que de flétrir la veille avec ostentation *contre,* et de voter le lendemain silencieusement *pour*. Outre la faiblesse individuelle, outre le larmoiement, de telles inconstances, de tels manquements sont l'effet inévitable de l'agitation, de la représentation politique parlementaire; elles font tout le jeu des partis politiques; elles font tout le gouvernement de parti; elles font toute la politique électorale. Avant tout, avant la justice, avant la vérité, avant la simple loyauté, passent les combinaisons et les liaisons de parti. M. Magniaudé, M. Chapuis sont d'excellents radicaux, et tout le monde radical peut avoir besoin d'eux. Il ne faut mécontenter personne. On peut avoir besoin de tout le monde. Il ne faut pas se faire d'ennemis. Plus que jamais les députés regardent vers leurs circonscriptions. Il faut pouvoir dire aux électeurs dreyfusistes qu'on a poussé des clameurs de réprobation sur M. Cavaignac. Mais il faut pouvoir dire aux électeurs nationalistes radicaux et radicaux-socialistes que l'on a voté contre M. Jaurès. Misères.

Il nous reste à examiner au point de vue dreyfusiste, et non plus seulement au point de vue de l'histoire parlementaire, au point de vue de la justice et du droit, et non plus seulement au point de vue du fait, non plus seulement ces deux séances politiques parlementaires, mais, autant qu'il est provisoirement indispensable, l'affaire Dreyfus elle-même et le recommencement que l'on vient d'en essayer par les moyens politiques parlementaires.

REPRISE POLITIQUE PARLEMENTAIRE

Vingtième cahier de la quatrième série (16 juin 1903).

Je savais depuis longtemps que l'on préparait un recommencement, ou, comme on l'a nommée, une *reprise* de l'affaire Dreyfus; je pense que je le sus un des premiers, peut-être avant Jaurès; j'avais de bonnes raisons pour le savoir; mais comme je ne tiens pas à savoir des secrets, et que l'action ouverte suffit amplement à notre activité, je n'en demandai pas plus; je ne demandais pas ce qu'on avait; je me laissai ainsi aller à l'impression qu'on avait plus, et plus solide, plus net, plus fait, que Jaurès n'a sorti. Car le discours de Jaurès était fait; mais ses preuves n'étaient pas faites. Elles étaient à construire. Elles étaient des éléments de preuve, matière à travailler, démonstration à élaborer.

Aux funérailles de Zola, aux obsèques de M. David Hadamard, beau-père de M. Dreyfus, des allusions fort claires, pour qui savait, avaient été faites au recommencement que l'on méditait. Dans notre vingt-et-unième cahier de la troisième série, bon à tirer du samedi 16 août 1902, si l'on veut bien se reporter à la *consultation* que notre collaborateur Bernard-Lazare nous donna sur *la loi et les congrégations,* datée de *Paris, 6 août 1902* on y trouvera plusieurs phrases qui annonçaient déjà, et non moins clairement pour qui savait, l'intention du recommencement. Page 207 : Je suis convaincu même, disait Bernard-Lazare, je suis convaincu même que si nous constatons tant d'incohérence chez la plupart de ceux, et non des moindres, qui ont participé au mouvement de jadis, *dont tout le rythme d'ailleurs n'est pas accompli,* c'est qu'ils ont oublié ces règles et ces principes dont je vous parlais. — Page 214 et page 215, dans un paragraphe capital :

— Fait notoire, si nous faisons abstraction du *Comité catholique*, de ses adhérents, et de M. Goblet, tous les réactionnaires, de M. Drumont à M. de Mackau, de M. Méline à M. de Cassagnac, de M. François Coppée à M. Jules Roche, de l'abbé Gayraud à M. Jules Lemaître, de M. Cavaignac à M. Aynard, ont protesté au nom de la liberté violée. Les fractions diverses du parti républicain ont approuvé au nom des droits de la société civile et ont applaudi la légitimité de la force mise au service de ces droits. C'est là un fait grave, car il ne constitue rien moins que le renversement des positions prises dans ces dernières années. Il permet d'établir que l'attitude des politiciens dans une affaire où nous pensions que la justice seule était engagée fut motivée par des considérations extérieures, absolument étrangères à la justice même; *et ce sera une raison désormais valable pour tous ceux qui veulent penser librement et logiquement développer leur pensée, de se séparer radicalement des professionnels de la politique et d'accomplir leur œuvre en dehors d'eux.* —

Cette phrase véritablement prophétique domine le débat, le double débat de la démagogie anticatholique et de la démagogie antidreyfusiste. La situation de Bernard-Lazare [1], qui était la nôtre, qui était celle de tous les anciens et des véritables dreyfusistes, — pourvu qu'ils ne fussent d'aucun État-Major, — dès lors était celle que nous avons exactement conservée. Dès lors, Bernard-Lazare pensait, nous pensions que les politiciens, calquant outrageusement la démagogie radicale et radicale-socialiste, le gouvernement radical et radical-socialiste, la politique radicale et radicale-socialiste, l'autorité de commandement radicale et radicale-socialiste sur la démagogie, le gouvernement, la politique et l'autorité de commandement nationaliste, réactionnaire, catholique, méliniste, antisémitique et antidreyfusiste, s'étaient disqualifiés pour le recommencement ou pour la continuation de l'affaire. L'événement a montré qu'ils n'étaient pas disqualifiés pour le déshonorer.

Si les paroles de Bernard-Lazare avaient été entendues, les intéressés, le dreyfusisme, le monde se fussent épargné un recommencement triste.

Ayant assez à travailler de travail ordinaire, j'attendais les renseignements et les événements publics, je n'en demandais pas plus. Un matin, notre collaborateur Bernard-Lazare, qui gardait encore le lit, ou la chambre, me dit : Vous savez, c'est entendu, Jaurès va marcher, il s'engagera dans la discussion de l'invalidation Syveton. Je vous le dis pour votre gouvernement personnel. Mais gardez cela pour vous. — Le lendemain matin, j'ouvris mes journaux et, dans *la Petite République,* je lus en bonne place que Jaurès avait fait la même confidence en réunion publique, dans je ne sais plus quelle grande halle de province, ou dans la salle du Théâtre municipal, à je ne sais plus combien de milliers de Montluçonnais, de Vierzonnais ou d'habitants de Commentry ou d'ailleurs. Gérault-Richard déclarait brusquement dans son journal qu'il en avait assez, qu'on allait marcher. La reprise était commencée.

Quand je sus que les intéressés préparaient un recommencement de l'affaire, la première chose que je ne me demandai pas fut de savoir si les cahiers marcheraient ou ne marcheraient pas, pour parler comme le faisait il y a quelques années le chef de la maison de France. Nos anciens abonnés n'ont pas oublié, nos abonnés nouveaux ont peut-être entendu dire que notre attitude envers l'affaire Dreyfus, ou pour parler exactement que notre situation mentale et morale dans l'affaire n'a jamais varié. Elle ne devait pas s'altérer. Elle ne pouvait pas varier. Dreyfusistes de la première heure, peut-être avant Jaurès, de l'heure où il n'y en avait pas beaucoup, universellement, totalement, perpétuellement, continûment, continuellement, constamment, exactement dreyfusistes, dreyfusistes de toutes les heures, et même des heures où il n'y a presque plus de dreyfusistes, nous n'avons jamais accepté l'amnistie, aucune amnistie, non pas seulement cette amnistie légale et parlementaire que les politiciens, Jaurès tout le premier, nous ont imposée, mais cette universelle amnistie mentale et morale que les dreyfusistes et que les antidreyfusistes se sont trouvés d'accord pour s'accorder mutuellement.

Je me permets de rappeler, pour commencer, que nous avons été des dreyfusistes de la toute première heure. Si l'on veut bien se reporter aux premières de ces fameuses listes, — pétitions, souscriptions, et endossements de démarches, — aux toutes premières listes, à celles qui étaient dangereuses, on y trouvera non seulement mon nom, mais ceux de presque tous les amis constants qui ont fait la force et la vie de ces cahiers, auteurs, collaborateurs, abonnés, souscripteurs. Nous n'en tirons nulle vanité. Nous étions particulièrement bien situés, pour la plupart, pour avoir les renseignements, pour savoir les événements à mesure qu'ils se produisaient. Nous n'en voulons tirer non plus aucune autorité de commandement. Nous savons qu'aucune antériorité ne confère aucune autorité de commandement. Rien ne confère aucune autorité de commandement. Il ne peut pas y avoir, dans une telle affaire, une autorité du premier occupant. Si nous prétextions de ce que nous avons été des dreyfusistes de la première heure pour demander une autorité de commandement sur tous ces dreyfusistes de la douzième heure, nous ne serions pas fondés. Mais réciproquement nous n'admettons pas que ces dreyfusistes de la douzième heure exercent sur nous l'autorité de commandement que nous ne demandons pas sur eux. Il serait singulier qu'une autorité de commandement que l'antériorité ne confère pas, la postériorité, l'inexactitude, la lâcheté, la faiblesse, le retard la conférât. Nous défendons généralement toutes nos libertés contre toutes les autorités de commandement. Nous défendons en particulier toutes nos libertés dreyfusistes contre toutes les autorités de commandement prétendues dreyfusistes qui ont voulu s'établir parmi nous et sur nous.

Il est notoire que dans presque toutes les campagnes et dans presque tous les débats, dans presque tous les travaux, les combattants ou les ouvriers de la dernière heure, les retardataires, qui généralement sont les mauvais combattants et les mauvais ouvriers, réclament pour eux la faveur et l'injustice d'exercer une autorité de commandement que les combattants et que les ouvriers de la première heure, qui généralement sont les bons combattants et les bons ouvriers, n'ont pas même la pensée de réclamer. Outre le besoin mauvais, et qui semble presque universel, d'exercer une autorité de commandement, il s'établit en eux comme un besoin mauvais d'équilibre, de rançon, de talion, d'équivalence injuste; outre le zèle faux et l'outrance du retardataire, les retardataires se rattrapent de leur ancienne faiblesse, de leur ancienne lâcheté, se défendent, se sauvent des reproches mérités qu'ils prévoient ou qu'ils entendent, compensent leur absence initiale en insistant sur leur nouveau rôle et sur leur présence obsédante et sur l'autorité de commandement qu'ils veulent exercer dans leurs nouvelles attitudes.

Peut-être avant Jaurès. Le grand orateur eut, dès le tout premier commencement de l'affaire des hésitations politiques. Dès lors, il s'imaginait que le plus utile était d'entraîner du monde avec soi, et surtout d'entraîner avec soi son parti. Je me rappelle encore, je me rappellerai toujours la courte visite que je lui fis chez lui tout au commencement de l'affaire. J'étais tout jeune alors. J'étais allé le voir avec Jérôme Tharaud. Vivant dans une école fermée où l'on avait installé pour Jaurès un véritable culte, on ne peut s'imaginer aujourd'hui de quelle innocente, affectueuse et respectueuse vénération nous l'entourions. Nous allâmes le voir dans son étroit appartement de la rue Madame, je crois au 15, tout au commencement de l'affaire. Il nous fit entrer dans son étroit cabinet de travail. Il avait sur son bureau, il nous montra un ou des albums portant spécimens de l'écriture du bordereau, de l'écriture de Dreyfus, et de celle d'Esterhazy. J'étais déjà dreyfusiste forcené. Il était l'heure, nous le conduisîmes jusqu'à la Chambre. Il allait à pied pour prendre l'air et pour se donner de l'exercice, parce qu'il était fatigué; il avait de la congestion. C'était dans les derniers mois de cette ancienne législature. Il avait alors, dans cette ancienne Chambre, à lutter contre presque tout le monde. Il tenait bon tant qu'il pouvait. Il était fatigué, enroué, rouge, rauque, peiné, triste. Il allait ne pas être réélu. Ce fut son temps de peine et de véritable honneur. Sur le boulevard, un peu avant d'arriver à la Chambre, nous croisâmes sur le trottoir un petit vieillard, à l'œil vif, regard vivace, front serré, menu, têtu, menton rasé, nez pincé, nez de procureur, ou d'avoué, favoris grisonnants ou blancs, lèvres horizontales, serrées, pincées, mauvaises, volontaires, hargneuses, minces; l'air à la fois finassier et propret, fouinassier et guilleret; marchant menu à côté de quelqu'un. Jaurès dit : C'est Méline; il a encore de la vie, le vieux.

Nous le conduisîmes jusqu'à la Chambre par le boulevard Saint-Germain. Il était heureux de voir des jeunes gens. Il nous conta ses peines. Je ne commets aucune indiscrétion de rapporter aujourd'hui ces propos lointains. Tout le monde les a connus ou devinés depuis. Tout le monde sait quelle était alors la situation. Il y avait un groupe socialiste. L'ambition, la méthode, l'espoir de Jaurès était d'entraîner tout le groupe officiellement et comme groupe dans l'action dreyfusiste nouvellement commencée. Nous lui disions, dès lors anarchiste, en un sens, qui n'est nullement celui de M. Sébastien Faure : Qu'importent ces hommes, qu'importent ces partis; qu'importent ces députés, ces ministres, qu'importent ces politiciens; qu'importe ce groupe? Marchons seuls. On n'a pas besoin d'être plusieurs. Puisque nous avons raison, puisque nous sommes justes, puisque nous sommes vrais, commençons par marcher, continuons par marcher, finissons par marcher. Si les autres suivent, tant mieux. S'ils ne suivent pas, ou s'ils contrarient, mieux vaut marcher sans eux, avancer, que de rester en arrière avec eux, et que de reculer avec eux pour leur faire plaisir.

— Ne croyez pas, nous disait-il, que ce soit pour mon agrément que je m'efforce d'entraîner tout le groupe. Vous ne pouvez vous imaginer à quel point je suis obsédé. Le travail que je fournis en séance et que vous connaissez par les journaux, — [il avait parlé à la tribune récemment, et dans des conditions particulièrement excédantes], — n'est rien en comparaison du travail que je suis forcé de fournir dans les réunions du groupe. Les ennemis et les adversaires ne sont rien. Ce sont les amis. Vous ne pouvez pas savoir à quel point je suis excédé. Ils me mangent, ils me dévorent, ils ont tous peur de n'être pas réélus. Ils m'arrachent les pans de mes habits pour m'empêcher de monter à la tribune. Quand je monte à la tribune, je suis déjà vidé, je suis creusé, je suis épuisé par ces dévorations intérieures, je suis exténué d'avance. L'autre jour, pendant que je parlais, contre cette Chambre lâche et hostile, c'était comme si j'avais eu mille aiguilles qui me traversaient le cerveau. Je crois que je vais tomber malade. Je ne sais pas si j'aurai la force de tenir jusqu'à la fin de la législature.

Ainsi peut-être avant Jaurès. Nous n'en tirons nulle vanité. Nous étions peut-être mieux situés que lui pour avoir les premiers renseignements, pour savoir et pour suivre les événements à mesure qu'ils se produisaient. Déjà les députés n'étaient pas, à beaucoup près, les mieux renseignés des citoyens. Nous n'étions pas comme lui embarrassés dans les difficultés de parti. Nous n'étions pas retardés du retard parlementaire normal.

Nous n'en voulons tirer aucune autorité de commandement. Nous avons souvent insiśté auprès de Jaurès, verbalement ou par écrit, vivement, fortement. Nous ne le regrettons pas. Mais nous n'avons jamais eu la pensée de le faire marcher. Nous n'avons jamais eu la pensée de faire marcher personne; en particulier Jaurès. Nous l'avons édité plusieurs fois dans toute la liberté de son texte[1]. Nous respectons la liberté totale de tous nos collaborateurs. Nous n'exerçons aucune autorité de commandement. Nous faisons de la gérance et de l'administration; et nul gouvernement. Nous avons respecté sa liberté tant qu'il était notre collaborateur; et nous ne l'avons pas moins respectée quand il n'était pas notre collaborateur. On va et on vient dans ces cahiers; on y entre, on en sort; et dans nos relations n'interviennent jamais les sanctions économiques de talions qui seraient injustes. Nous n'en voulons pas plus à ceux de nos anciens collaborateurs qui sont devenus nos adversaires, que nous n'en voulons à ceux de nos adversaires qui n'ont jamais été nos collaborateurs. Ou, pour parler exactement, nos collaborateurs peuvent devenir nos adversaires et demeurer nos collaborateurs, puisque toutes les opinions peuvent paraître libres en ces cahiers. Personnellement, j'ai souvent demandé à des radicaux, à des partisans du monopole, de nous faire des cahiers où ils nous présenteraient leur doctrine. C'est curieux, ils ne veulent jamais. Ils préfèrent travailler dans le quotidien. Le broché leur est suspect.

Mais, réciproquement, nous n'admettons pas que Jaurès exerce une autorité de commandement sur nous que nous ne demandons pas sur lui. Nous défendons généralement toutes nos libertés dreyfusistes contre toutes les autorités de commandement prétendues dreyfusistes qui ont voulu s'établir parmi nous et sur nous.

Nous défendons en particulier toutes nos libertés dreyfusistes contre l'autorité de commandement que Jaurès a voulu établir parmi nous et sur nous. Rien ne confère aucune autorité de commandement. Ni l'éclat ni la solidité des services, ni le génie oratoire, ni des qualités plus rares ou plus profondes, ni des génies plus rares ou plus essentiels ne confèrent une autorité de commandement.

Il est notoire que depuis longtemps, dès avant le commencement de l'affaire, depuis l'amnistie et pour le recommencement de l'affaire la méthode, l'action de Jaurès et de plusieurs s'est constituée, confirmée puis outrée dans le sens d'une autorité de commandement. C'est une pente habituelle à presque tous les hommes, que de glisser à exercer une autorité de commandement. C'est une pente habituelle à beaucoup de Méridionaux, aux pays de chaleur et d'enthousiasme, — et nos abonnés méridionaux se plaignent souvent à nous de rencontrer chez eux plus que partout ailleurs beaucoup d'autorités de commandement, — aux pays d'assemblée, de parole, de chant et de musique, de ténors, de verbe, d'attroupement, aux pays de fête, aux pays de soleil; aux pays romains, aux pays du commandement romain, de la paix romaine et de l'autorité romaine, de l'empire et de la domination romaine, aux pays de sénat et de consuls; c'est une pente habituelle aux pays vraiment et profondément parlementaires, aux pays originaires de la politique, aux municipes, aux villes de forum, aux cités d'agora. C'est donc aussi une pente habituelle aux orateurs surtout. Qu'est le véritable orateur dans une assemblée, qu'est le grand orateur dans un congrès, qu'est-ce que Jaurès dans un meeting, sinon un homme qui par la vertu de son éloquence exerce un empire, une autorité de commandement, la plus soudaine et en ce sens la moins dynastique autorité de commandement, — mais les autorités de commandement les moins dynastiques ne sont pas toujours les moins entières, — puisqu'elle naît improvisée à mesure que naît à l'ouïe la voix de l'orateur, et au regard son geste, — la plus profonde et la plus inévitable aussi autorité de commandement, puisqu'au lieu de saisir les biens, comme une autorité de commandement économique, au lieu de saisir les seuls corps, comme une autorité de commandement temporelle, cette autorité du commandement oratoire, comme une autorité religieuse, comme une autorité d'Église, comme la nouvelle autorité que l'on veut nous faire d'un État seul enseignant, seul philosophe, seul vivant, seul artiste, cette autorité du commandement oratoire, autorité intellectuelle, mentale, et, beaucoup plus profondément, sentimentale, saisit pour les régir et pour les asservir les personnels sentiments, les passions profondes, les intimes émotions; les instincts mêmes, les réserves de vie, et les obscurs et sommeillants soubassements organiques des instincts. L'autorité du commandement oratoire est d'autant redoutable qu'elle est intérieure. Sachons nous le rappeler et nous l'avouer, nous qui avons si souvent et si profondément, d'une telle voix et d'un tel cœur, acclamé Jaurès dans les plus grandes réunions, dans des assemblées capitales, et tout d'abord dans ce grand premier meeting du Tivoli. Un grand orateur, un véritable orateur, un orateur de génie dans une assemblée, un Jaurès dans une assemblée, dominant la foule, c'est un roi. Rappelons nos anciennes acclamations, et les sentiments de nos anciennes acclamations. Combien n'y avait-il pas d'autorité de commandement dans la voix du grand orateur, dans son effort, dans son geste martelé, dans son poing de marteau, dans sa phrase de commandement forte et grave. Et surtout combien n'y avait-il pas d'obéissance, de suite et de soumission, honnête mais soumise, dans nos acclamations. L'exercice d'un génie oratoire est l'exercice d'un gouvernement redoutable. C'est le gouvernement à la fois consenti, aimé, recherché comme une jouissance, mais non connu, mal conscient, des tumultueuses passions de la foule. C'est le gouvernement dont on ne se méfie pas, le gouvernement à qui les simples et tant d'innocents se donnent. Un grand philosophe ne règne pas. Un grand savant ne règne pas. Un grand artiste ne règne pas. Les grands comédiens seuls règnent, et les grands orateurs. Je ne dis pas cela pour les diminuer; une race qui a donné le grand Molière en est glorifiée pour toujours. Il est vrai que Molière n'était pas seulement un comédien de représentation. Comédiens, — y compris les tragédiens, — orateurs, chanteurs et chefs d'orchestre. Eux seuls ont accès directement au public, à la foule. Eux seuls ont ce contact immédiat qui est ici indispensable à l'exercice du règne, du gouvernement personnel. Eux seuls ont une prise immédiate, une saisie directe. M. Chevillard, M. Mounet-Sully, M. Jaurès règnent. Le grand orateur gouverne son auditoire, domine, étouffe, éteint, réveille, ranime, excite, étreint outre les sentiments des consciences, les sentiments et les instincts des inconscients. Il règne. Autant l'exercice modeste, prudent, sage, précautionneux de la critique scientifique peut éloigner un Duclaux[1] des attitudes gouvernementales, autant par l'exercice de son génie oratoire un Jaurès devait incliner à exercer une autorité de commandement. Cette attitude prise dans les situations où il se sentait le plus fort, le plus grand, le plus mémorable, où il suivait son génie, où il était le plus puissant, Jaurès devait naturellement et par préférence l'étendre aux autres situations de sa vie, aux situations moins spontanées, moins natives, plus ingrates. On est toujours tenté de faire en tout ce qui vous réussit le mieux là où on réussit le mieux. C'est ainsi qu'il a peu à peu et de plus en plus glissé dans le sens gouvernemental, dans le sens autoritaire, dans le sens d'une autorité de commandement. Ce glissement, cet infléchissement s'est fait sentir peu à peu dans toute sa méthode et dans toute son action. Il a peu à peu traité tous les sujets comme des sujets oratoires, comme des matières à gouvernement oratoire, et à tout gouvernement, tous les publics ainsi que des auditoires, toutes les actions comme des actions oratoires. C'est par là, en un sens, que toute son action politique est peu à peu devenue gouvernementale, étatiste, jacobine, autoritaire. Il n'est pas tant devenu autoritaire par un effet de son radicalisme qu'il n'est au contraire devenu radical par un effet de son autoritarisme. Il a, comme orateur habituellement triomphant, éprouvé le besoin profond de rallier, parmi les partis politiques, le parti qui en temps de double paix, de paix extérieure et de paix intérieure, a outré plus loin qu'on n'avait jamais osé le faire en France les abus de l'autorité de commandement gouvernementale. Quand il fait de la philosophie, Jaurès la fait oratoire, et aujourd'hui impérieuse. Quand il s'est repris à faire du dreyfusisme, il ne nous a pas fait seulement du dreyfusisme parlementaire; il nous a fait du dreyfusisme oratoire. Et il a voulu nous y imposer une certaine autorité de commandement. Il nous a fait du dreyfusisme impérieux.

C'eſt enfin, la pente naturelle des politiques, et des politiques parlementaires. Une assemblée parlementaire étant une assemblée, en particulier la Chambre devenant de plus en plus tous les jours une réunion publique, — au moins les jours où il y a du monde, parce qu'on ne travaille pas, — et une réunion publique électorale, recevant de plus en plus tous les jours au moins les vices des réunions publiques, et des réunions publiques électorales, en particulier les grandes séances de la Chambre devenant de plus en plus tous les jours des meetings, il était inévitable que l'autorité de commandement exercée invinciblement par le grand orateur sur un auditoire, sur la foule populaire, devînt dans ce cas particulier une autorité de commandement exercée par le grand orateur ou par le grand conférencier parlementaire sur son auditoire parlementaire, sur la foule des députés. La foule parlementaire demande et reçoit l'autorité de commandement comme toute foule populaire. Sans doute l'autorité se fait ici moins apparente, parce que les autorités latentes, éventuelles, des collègues demandent quelque ménagement. Mais ces ménagements ne sont guère que de forme. C'eſt tout de même une autorité de commandement qui s'exerce. Elle eſt souvent limitée par la corruption; elle n'eſt presque jamais limitée par la liberté. Dans toute assemblée parlementaire et en particulier dans la Chambre que nous avons aujourd'hui, des autorités de commandement s'exercent et se combattent, il y a des meneurs, il y a des chefs. Jaurès eſt devenu ce qu'il n'était pas ou presque pas dans l'ancienne législature, un chef parlementaire. Il exerce, comme tel, une autorité de commandement parlementaire. Il est évident qu'il a voulu introduire, et qu'il a commencé d'introduire dans le dreyfusisme, avec son autorité de commandement oratoire, son autorité de commandement parlementaire.

Non seulement le philosophe, l'artiſte, le savant ne règnent pas, mais ils ne sont pas populaires : et plus ils sont grands, plus ils ne sont pas populaires; ils ne sont pas envers le peuple du même ordre que sont avec lui les populaires, l'orateur, le comédien, le parlementaire, le chanteur, le chef d'orchestre; le grand philosophe, le grand artiste, le grand savant ne règne pas, quand un orateur petit règne. Il y a dans leur modestie, dans leur patience, dans leur tristesse, dans la gravité, dans la difficulté de leur travail un fond d'amertume qui les rend impopulaires et ingrats. Le peuple veut qu'on soit plus malin que ça, et qu'on fasse le malin. Il est à peu près impossible qu'un vraiment grand philosophe soit populaire. Les artistes qui sont devenus populaires le sont devenus en contrariété de leur art. Ce que le peuple aime dans un grand savant, quand il aime un grand savant, comme Pasteur, ce n'est pas la science même et ce n'est pas le savant, ce n'est pas l'enquête inlassablement poursuivie de la nature, ce n'est pas une vie de travail méthodique, intelligent, scientifique et artistique, ce n'est pas la continuité de l'enquête et la constance de la vie, c'est au contraire ce qu'il y a de plus contraire à l'esprit scientifique, c'est le merveilleux, le miraculeux fortuit, indéterminé, fatal, ou fataliste; c'est tout ce qu'il y a en effet de non scientifique, d'artistique ou de naturel dans le travail artistique ou scientifique, dans le génie de l'invention ou de la découverte, dans le bonheur de la découverte extérieure, ou dans le malheur de la déconvenue, dans le bonheur ou dans le malheur de cette découverte ou de cette déconvenue intérieure qu'est la force ou la faiblesse de combinaison, d'invention, l'invention étant en ce sens une découverte intérieure; inventer, c'est découvrir en soi dans une plus grande richesse native de combinaisons, dans plus de souplesse, dans plus de variété le joint que les autres chercheurs n'avaient pas découvert encore en eux. Mais surtout ce que le populaire aime dans quelques sciences et dans quelques savants, c'est l'utilité, surtout miraculeuse, dans sa pensée, qu'il en tire, c'est ce qu'il croit qu'il y a de miraculeux dans certains résultats, et qui proprement n'y est pas, car ce qu'on nomme le bonheur de la découverte n'a rien de théoriquement miraculeux. Ainsi les quelques artistes et les quelques savants qui ont régné ou bien ont régné non pas comme artistes et comme savants mais comme politiques, orateurs, comédiens, et souvent parlementaires, comme hommes d'État ou tribuns, — car il est notable que beaucoup de ces véritables artistes et de ces véritables savants, quand ils font métier politique et parlementaire, oublient totalement leur personnalité de savants et d'artistes et deviennent des orateurs quelconques, des politiques parlementaires quelconques, — ou bien ont régné non pas comme artistes et comme savants mais comme détenteurs d'un pouvoir merveilleux, c'est-à-dire comme détenteurs du seul pouvoir que la science ait véritablement ruiné, comme détenteurs de résultats miraculeux qui sont sans doute étrangers à l'art et qui sont formellement contraires à toute la science. Le peuple aime les artistes et les savants quand il croit qu'ils sont malins. Au contraire l'orateur, le comédien, le tribun, le chef d'orchestre directement règnent, et comme orateurs, comme comédiens, comme chanteurs, comme tribuns, comme chefs d'orchestre.

Le prédicateur aussi règne, étant un orateur; et il y a beaucoup plus du prédicateur dans les autres espèces d'orateurs qu'on ne le croit généralement; on pourrait aller jusqu'à dire que le prédicateur est l'espèce la plus parfaite, la plus achevée, la plus oratoire, d'orateurs, celle où tous les autres orateurs tendent invinciblement, sinon complaisamment; de tous les orateurs, le prédicateur est celui qui exerce le plus et le mieux, le plus abondamment, le plus somptueusement, le plus confortablement l'autorité du commandement oratoire; aussi est-il de tous les orateurs celui que les autres envient secrètement, consciemment ou inconsciemment, et sur qui le plus volontiers ils se modèlent. De plus en plus, en partie pour cette cause, les grands discours, même populaires, deviennent des prédications, les grandes réunions, souvent les plus révolutionnaires, à ce qu'elles se prétendent, se transforment en de véritables prêches; on n'y entend plus, on n'y tolère plus aucune contradiction, aucune discussion, aucune raison, aucune liberté. Les contradicteurs, quand ils ne sont pas de connivence, quand ils ne sont pas des faux contradicteurs, des *avocats du diable,* sont littéralement excommuniés et livrés au bras séculier; ils reçoivent les tabourets par la tête, ce qui est la forme et la manifestation moderne de l'intolérance religieuse. Les meetings sont devenus rituellement des vêpres. Et *l'Internationale* remplace le

Magnificat. Les orateurs tendent tous à exercer l'autorité du commandement oratoire comme le prédicateur; la tribune est devenue chaire. Inversement, quand l'Église introduit l'*avocat du diable* pour faire la contradiction, quelle que soit l'antiquité de cette habitude, si traditionnelle qu'elle soit et quand même elle se rattacherait au drame et à la comédie religieuse du Moyen Age, et quand même elle rejoindrait une antiquité chrétienne encore plus éloignée, au sens où l'Église pratique aujourd'hui cette coutume, afin de rajeunir et de populariser l'éloquence de la chaire, pour stimuler l'attention, pour corser les offices, pour exciter les fidèles, pour transformer, pour déformer une assistance en auditoire et en spectateurs, pour faire, elle aussi, de la divulgation, de la vulgarisation et de la démagogie quand l'Église introduit dans ses temples et dans ses offices le débat de contradictions outrées, criardes et factices, elle méconnaît ce qui fait sa véritable force et sa véritable grandeur. Ayant la grande éloquence, l'ancienne éloquence de la chaire, Bossuet, quand elle introduit la polémique et l'engueulement, unilatéral, mutuel ou réciproque, elle cède à une de ces niaiseries, prétentieuses, aigres, qui lui sont familières quand elle entreprend de se moderniser. Elle aspire à descendre. Et elle descend en effet dans l'incertitude et dans la trivialité. On ne saura jamais toutes les sottises qu'aura fait commettre à l'Église catholique cette manie, cette outrance de se moderniser, souvent même de s'américaniser. Elle en oublie, elle en méconnaît toute sa force et toute sa grandeur. C'était elle qui avait le sens de la véritable éloquence, parce que l'éloquence est un moyen d'exercer une autorité de commandement, parce que tout cela se tient, parce que toutes les autorités de commandement se tiennent, et parce que l'Église avait le sens de la véritable autorité de commandement. La véritable éloquence n'admet pas la contestation. Tout le monde sait que Jaurès n'admet plus la contestation, et que ses adversaires n'ont plus à choisir, pour périr, qu'entre l'étouffement et l'écrasement, l'étouffement du silence concerté, l'écrasement de l'anathème. L'orateur sacré du haut de la chaire exerce l'autorité de commandement la plus grande, car il parle au nom d'un Dieu tout-puissant, et sa propre autorité de commandement n'est pas tant limitée par la présence universelle de l'autorité de son Dieu qu'elle n'est renforcée, authentiquée de cette présence même et de la délégation qu'il en reçoit. — Il est notable qu'à mesure que l'éloquence de Jaurès devenait de l'éloquence de la chaire, sa philosophie redevenait théologique et son autorité archiépiscopale. — C'est par un jeu curieux des quatre coins que les laïques étatistes prétendus réformistes ou révolutionnaires, se haussant à des autorités de commandement tous les jours plus tyranniques, se solennisent aux formes ecclésiastiques de l'éloquence, fomentent la contamination, l'envahissement de toute éloquence laïque par l'éloquence de la chaire, et que l'Église au contraire, la grande maîtresse d'antiquité, la grande maîtresse d'autorité de commandement, se disperse aux formes récentes et déjà vieillies, qu'en outre elle contrefait et feint, des polémiques politiques parlementaires.

Toutes ces réunions controverses que l'on organise dans le cinquième arrondissement de Paris pour la jeunesse des Écoles et un peu ailleurs ne prouvent pas contre ce que nous avons dit du gouvernement oratoire; ou bien elles sont des entreprises d'argent ou de publicité; ou bien elles ne tiennent que par l'autorité morale ou par l'autorité de commandement du président, du bureau, des orateurs ou des conférenciers; ou bien elles ne fournissent que des controverses de conférenciers : or le talent du conférencier est tout à fait distinct du génie oratoire; ou bien chacun des deux orateurs gouverne une partie, moralement cloisonnée, de l'assistance; ou bien les assistants ne sont venus que pour la représentation; dans ces conférences-controverses on peut dire que, sauf de rares et d'honorables exceptions, l'assistance, quand elle échappe au gouvernement oratoire unique, y échappe tantôt par un partage de gouvernement oratoire, tantôt par indifférence, amusement et plaisir, et non pas par la véritable liberté.

Plus que tout autre grand orateur parlementaire, Jaurès devait incliner à spécifier en autorité de commandement parlementaire son autorité de commandement oratoire. Les plus grands admirateurs de son génie oratoire s'accordent à constater qu'il n'est pas proprement un grand orateur parlementaire, mais qu'il est plutôt un grand orateur, généralement parlant, un grand orateur de meeting, un grand orateur populaire qui ne perd pas tous ses moyens quand il transporte à la tribune parlementaire l'exercice de son génie. Jaurès ne donne pas dans une assemblée parlementaire la mesure de son génie oratoire. Il y perd beaucoup de ses moyens. Il est gêné. Il y devient inférieur à ce qu'il vaut. La tribune y est trop petite pour lui, pour son ampleur, pour son geste, pour sa voix même, pour sa lourdeur. Il y manque de cette souplesse, de cette achemination, de cet accompagnement, de cette incessante adaptation qui fait le véritable orateur parlementaire. Il y devient ainsi l'égal et quelquefois l'inférieur de gens qui, absolument parlant, sont loin de le valoir, comme l'honorable M. Briand ou son collègue l'honorable M. Ribot. Sentant naturellement son manque, Jaurès est conduit à insister sur les qualités qu'il est parfaitement assuré de posséder. Nous avons dit, et l'accord est unanime sur ce point, que ce sont justement les qualités de force, de masse, de pesanteur, de commandement. Jaurès transporte donc en vrac à la tribune sa grande et lourde éloquence des meetings, son bloc d'éloquence, l'adaptant comme il peut, plutôt mal que bien. L'effet produit n'est pas toujours l'effet qu'on attendait, l'effet légitime. On sait que sa rentrée, dans la présente législature, fut mauvaise, que son premier discours fut mal accueilli, fit un mauvais effet, donna une impression désagréable, solennelle, pénible, grinçante, fatiguée, fausse, lourde, que son prestige d'orateur en fut fortement entamé, qu'il en souffrit beaucoup, sans le dire, que son autorité sur la Chambre en fut fortement compromise, qu'il n'en souffrit pas moins, qu'il en fut d'autant plus affecté qu'on en attendait sa rentrée après quatre ans d'une absence glorieuse et que lui-même il attendait sa rentrée, que depuis il avait à cœur de se rattraper, et d'effacer la mauvaise impression première, qu'il réussit en effet à se rattraper, par de studieux discours successifs, et que le désir enfin de recevoir un meilleur accueil politique entra pour une importante part dans sa conversion définitive au radicalisme anticléricaliste. Jaurès alors transporte à la tribune son éloquence des meetings, pour cette bonne et grosse raison que c'est la seule qu'il ait, la seule dont il soit bien assuré, parce que se sentant toujours menacé à la tribune, menacé par les combinaisons parlementaires, ou il n'excelle pas, menacé par ces négociations politiques, menacé par l'éloquence des véritables orateurs parlementaires, il fait comme tout homme menacé, il insiste dans le sens de sa force et dans le redoublement de sa propre originalité. Il s'efforce, à la tribune parlementaire, ainsi qu'il y réussissait à la tribune des meetings, d'exercer une autorité de commandement. Telle est, au dire de ses plus grands admirateurs, la qualification de son éloquence. Il a voulu, par entraînement, par habitude, par méthode, introduire dans le recommencement du dreyfusisme cette double autorité de commandement oratoire et le commandement parlementaire.

La division, l'organisation, la répartition des individus ou des masses parlementaires en partis parlementaires, la formation des partis et des sous-partis parlementaires en groupes et en sous-groupes contribue beaucoup à incliner un orateur parlementaire dans le sens d'exercer une autorité de commandement. Nous ne subissons pas seulement un gouvernement parlementaire, et un gouvernement de partis parlementaires, nous subissons un gouvernement de groupes et de sous-groupes. Nous examinerons quelque jour comment le gouvernement des groupes marque une aggravation dans *le dépérissement du parlementarisme en France*. Nous n'en retenons pour aujourd'hui que ceci : que le gouvernement des groupes fait une aggravation dans l'exercice de l'autorité de commandement parlementaire. Une autorité de commandement s'exerce beaucoup mieux, sévit beaucoup plus gravement dans une société restreinte. Toutes choses égales d'ailleurs, dans une société nombreuse la hauteur et l'éloignement du maître, la communauté, la dilution de la servitude en diminue l'intensité. Mais toutes choses égales d'ailleurs, dans une société peu nombreuse la proximité du maître, la restriction du champ de la servitude en accroît considérablement l'intensité. Ainsi les groupes parlementaires constitués officiellement et les sous-groupes parlementaires fonctionnant officieusement ont des chefs et des maîtres parlementaires beaucoup plus réellement, beaucoup plus lourdement que l'assemblée parlementaire toute n'a des chefs parlementaires. Les mêmes hommes, les mêmes orateurs parlementaires exercent dans leurs groupes respectifs une autorité de commandement beaucoup plus intense, beaucoup plus profonde que celle qu'ils exercent, peut-on dire, sur l'ensemble de l'assemblée. Il est plus facile, dans ce cas particulier, de gouverner cinquante ou cent cinquante hommes que d'en gouverner plus de cinq cents; dans l'assemblée on se heurte à des égaux ou à des équivalents, aux autres chefs, aux autres maîtres; dans le groupe, on ne se heurte qu'aux résistances et à l'envie des inférieurs; dans le groupe les autres chefs deviennent camarades, collègues, copains, complices, amis politiques; on s'entend entre soi; dans l'assemblée, le grand nombre même des subordonnés fait comme un grand flot, une grande vague d'indifférence ou d'hostilité qui peut emporter tout; ici on est peu nombreux, on est entre amis; et il est doux d'exercer une autorité de commandement sur de véritables amis quand ces véritables amis sont de véritables amis politiques.

C'est une raison pour quoi le gouvernement parlementaire a si rapidement dégénéré en gouvernement des partis parlementaires et pourquoi le gouvernement des partis parlementaires s'est aussi rapidement cristallisé, aggloméré, en gouvernement des groupes et des sous-groupes. Assez fortement installé pendant les anciennes législatures, le gouvernement des groupes s'était détendu pendant quelques années. Il est aujourd'hui plus étroitement serré que jamais. Ses nouveaux empiétements et ses nouvelles contraintes ont, comme on s'y attendait, coïncidé avec les empiétements du gouvernement radical, avec les contraintes et les sanctions économiques du nouveau jacobinisme d'État. Ainsi vivent, croissent, prospèrent, fleurissent et se développent deux sentiments humains qui sont deux sentiments politiques par excellence : le besoin de commander, de gouverner, d'exercer une autorité de commandement, qui est invincible chez quelques-uns, et en face le besoin d'être asservi, d'être gouverné, de subir une autorité de commandement, qui fait un vice irrésistible chez la plupart. Aujourd'hui le gouvernement parlementaire, dégénéré en gouvernement de partis, est soudé en mosaïque de gouvernements de groupes.

Dans l'assemblée même les besoins de commander étaient limités et dilués, limités à d'autres chefs, à d'autres besoins du même ordre, dilués dans l'objet et dans la matière de leur commandement. Dans le groupe au contraire le vice et le besoin de commandement, limité dans l'objet et dans la matière du commandement, s'exerce à une intensité, à une profondeur presque illimitée. Dans l'assemblée tous les besoins d'obéir se perdaient dans le vague de l'objet et devant la pluralité des maîtres. Dans le groupe au contraire, le vice et le besoin d'asservissement, concentré dans l'objet, culminant devant l'unité du maître, en reçoit toutes les sales satisfactions qu'il demande. Les groupes et les sous-groupes parlementaires ne sont pas tant des coalitions d'intérêts, des syndicats d'arrivisme et d'ambition que des coalitions de servitude, commandement et obéissance, des syndicats d'arrogance et de platitude mutuelles. Ce n'est pas tant pour que les groupés arrivent qu'il y a des groupes : à ce compte l'effet les tromperait trop souvent, ils ne peuvent arriver tous, ils ne peuvent arriver également, ils ne peuvent arriver pleinement; ils ont beau parasiter le pays, ils ne peuvent arriver, à beaucoup près, autant qu'ils veulent. Mais ils peuvent tous obéir, et quelques-uns commander. S'il y a des groupes, c'est pour que les groupés puissent assouvir la plus vile de toutes les passions humaines, la plus vicieuse et la plus universellement sévissante, la passion du commandement, du commandement que l'on exerce, et du commandement que l'on subit.

Dans l'exercice du commandement militaire, la subordination ne pèse nulle part aussi lourd, n'est nulle part aussi sensible que dans les petites unités et pour les grades subordonnés immédiatement. Le général ne pèse pas à beaucoup près dans sa brigade ou dans sa division ni le colonel dans son régiment, autant que le capitaine ou que le lieutenant dans la compagnie. Aucune autorité n'est aussi dangereuse que l'autorité du caporal, du sergent, de l'adjudant. C'est en majeure partie pour avoir des maîtres parlementaires, pour avoir des caporaux, des sergents, des adjudants, des lieutenants, des capitaines parlementaires, que les députés, non contents de la formation générale en Chambre, à effectif de bataillon sur le pied de paix, se sont formés en compagnies, en sections, en escouades. Il n'y a pas seulement dans la société bourgeoise présente le militarisme dogmatique, le militarisme à objet militaire. Il y a aussi et surtout un militarisme intérieur, de mœurs, d'habitudes, de vices et de besoin. Ce n'est pas en vain que tant de civils parlent tant de discipline.

Or Jaurès, qui n'était pas un homme de groupe dans l'ancienne législature, quand le groupe socialiste était fortement, solidement, honnêtement, utilement constitué, quand il y avait un groupe socialiste et que ce groupe socialiste n'était presque pas un groupe parlementaire, Jaurès est devenu un homme de groupe justement pendant la dernière, la précédente législature, pendant son interlégislature, quand exclu forcément de tout groupe parlementaire, il sentit plus profondément combien cette situation lui manquait. Et il est devenu un homme de groupe parlementaire au moment même où l'ancien groupe, qui était socialiste, et qui n'était presque pas parlementaire, n'existant plus, deux groupes allaient se constituer, qui sont parlementaires, et qui ne sont pas socialistes.

Non seulement Jaurès est devenu un homme de gouvernement parlementaire, non seulement il est devenu un homme de gouvernement de parti parlementaire, mais il est devenu très spécialement un homme de gouvernement de groupe parlementaire. Dès avant sa réélection, mais surtout depuis qu'il est redevenu député, il a donné tout son effort pour que le gouvernement parlementaire de parti fût exercé préalablement, officieusement, réellement, par des groupes de la gauche, par les groupes du bloc, ou par les bureaux de ces groupes; cela pour son action extérieure; et intérieurement il a donné tout son effort pour que les députés dits socialistes se missent en un groupe parlementaire.

Ce n'est pas seulement par les moyens du gouvernement parlementaire, ce n'est pas seulement par les moyens du gouvernement de parti parlementaire, c'est très spécialement par les moyens du gouvernement de groupe parlementaire que Jaurès a voulu introduire son recommencement de l'affaire Dreyfus. Devenu lui-même le chef du groupe socialiste parlementaire, le chef incontesté, miné mais incontesté, jalousé, envié, mais incontesté; délégué permanent de ce groupe auprès des autres groupes républicains; représentant, porte-parole de ce groupe en ces comités officiels ou officieux d'entente et vraiment de gouvernement où s'exerce loin de toute publicité le gouvernement parlementaire du bloc, et ainsi tout le gouvernement parlementaire de toute la France, comités où le gouvernement se transporte lui-même et rend un compte qu'il ne doit qu'aux assemblées régulièrement convoquées; délégué enfin par ce groupe auprès des autres groupes républicains pour être le candidat commun à la vice-présidence de la Chambre et bientôt l'élu commun, Jaurès ne voulut pas, dans une circonstance aussi solennelle, fausser compagnie à ses camarades et à ses collègues des groupes. Il donna donc à son recommencement de l'affaire la forme politique de groupe parlementaire. Il s'était depuis longtemps, et dans un article au moins de *la Petite République,* prononcé théoriquement et formellement contre la simple politique parlementaire et pour la politique parlementaire de groupe, avec ce qu'elle a d'occulte et d'étroit, et, pour dire le mot, d'oligarchique, en particulier pour la politique de groupe des quatre groupes républicains bloqués. Il ne pouvait pas, il ne voulut pas entamer une aussi grosse action politique parlementaire que lui semblait être son recommencement de l'affaire sans avoir averti, entretenu ses camarades, ses collègues des groupes ainsi bloqués. On doit attribuer pour la plus grande part à cette préoccupation le soin qu'il eut d'en faire la divulgation prématurée. S'il parla de l'affaire et du recommencement qu'il en voulait tenter dans quelques réunions publiques et dans son journal, ce fut en partie pour émousser une opinion publique, et surtout parlementaire, qui pouvait devenir hostile; c'était en parti pour émousser une éventuelle déception générale, en avertissant qu'il avait en mains des éléments de travail et de recherche et non pas des preuves toutes faites foudroyantes; c'était en partie pour émousser la contre-attaque de l'ennemi mais ce fut surtout pour avertir, pour prévenir amicalement, politiquement, mais publiquement, ses collègues les chefs de groupe, et ainsi pour pouvoir ensuite en parler officiellement. On peut se demander pourquoi Jaurès n'avertit pas, ne prévint pas ses collègues les chefs de groupe, dans le silence des couloirs et dans la discrétion des groupes mêmes. Ce serait mal connaître les relations politiques parlementaires de Jaurès et des radicaux. Jaurès a des radicaux et surtout de leurs chefs exactement l'opinion qu'ils méritent, c'est-à-dire une estime nulle. On trouvera, partout présente, cette opinion dans le cahier entier que nous avons publié de lui, quatrième cahier de la troisième série, *Études Socialistes*. Il sait parfaitement de quoi les troupes radicales, et les chefs radicaux, sont capables. Si la conversation avait été pour ainsi dire privée, si la communication s'était faite sous le couvert de l'entente parlementaire intérieure, Jaurès connaît les radicaux et leurs chefs : ils étaient parfaitement capables de faire semblant d'ignorer plus tard ce qu'on leur eût dit dans le secret des groupes; et ils étaient parfaitement capables de renier enfin les promesses qu'ils auraient faites en ce même secret. Il fallait donc, il était indispensable que la conversation fût publique. De là, ces incertitudes et ces démarches contradictoires de Jaurès, qui d'une part voulait faire un grand effet parlementaire de nouveauté, d'inattendu, — exemple, en particulier, l'effet de Pellieux, — et qui d'autre part voulait avoir contre ses amis politiques toutes les garanties de la publicité.

[Un abonné attentif et clairvoyant me signale comme une entente de groupe, du même ordre, l'entente singulière de Jaurès et du général André; il me dit que la coïncidence de Jaurès et du général André soulève les mêmes incertitudes et les mêmes soupçons que la coïncidence de Jaurès et de l'honorable M. Brisson; il me demande si la conduite politique et juridique de M. le général André me paraît constante, si ce général ne s'était pas avancé à la légère, et s'il n'a pas reculé à la hâte. Je n'ai aucun scrupule à répondre que la conduite politique et juridique de M. le général André ne me paraît pas constante. Il est arrivé récemment au général André un événement capital dans la vie d'un homme, un événement dont les biographes et les historiens oublient souvent l'importance : il a pris sa retraite. On n'est plus le même homme après qu'avant cet événement. Les boutiquiers d'Orléans meurent six mois après qu'ils ont cédé. C'est surtout un événement fondamental dans la vie d'un militaire. Le général André a été admis dans la deuxième section, — réserve, — de l'état-major général de l'armée. Ceux qui ne connaissent pas bien l'armée ou les fonctionnaires ne sauront jamais tout ce que ces belles formules apportent d'amertume. Je sais bien que ses collègues du ministère l'ont contraint à se décerner lui-même à lui-même la médaille militaire; il a subi cette violence, mais ça ne remplace pas la jeunesse et l'activité. Avant d'avoir passé la limite fatale, M. le général André, s'il descendait du ministère, — mettons pour cause d'affaire Dreyfus, — recevait régulièrement un commandement de corps d'armée. Depuis qu'il a passé la limite fatale M. le général André, s'il descend du ministère, devient un pauvre homme, un réserviste, un réserviste rémunéré, un retraité, mais un réserviste enfin, comme vous et moi, et tel que M. le général de Galliffet. Comme tant de vieux officiers, il sera contraint de se faire journaliste. Comme tous les gens qui ne savent plus quoi faire, il pense au Parlement. Mais on ne sait pas encore si c'est à la Chambre ou au Sénat qu'il continuera de sauver la République. D'une part on dit qu'il est désigné pour devenir le sénateur de Dijon. Plus de quinze ou vingt maires et je ne sais combien d'adjoints le supplient de se porter candidat au conseil général dans son canton de Gevrey-Chambertin. D'autre part on avait parlé de lui pour la première circonscription de Sceaux, communes et canton de Montreuil-Vincennes, Seine. Cette circonscription est devenue vacante et à pourvoir depuis que le gouvernement de M. Combes a payé d'un riche consulat général en Amérique la démission du possesseur nationaliste, M. Pierre-Marie Richard. Notons que M. Combes désobéit à ses propres circulaires. Il a formellement commandé à ses subordonnés de réserver les faveurs gouvernementales aux combistes, et lui-même on vient de noter qu'il réserve beaucoup de ces faveurs à des nationalistes. Il est vrai que c'est pour les acheter. — Le général André candidat sera comme tous les candidats, quémandeur, prometteur, fluctueux.

Sur la coïncidence de Jaurès et du général André, sur la reculade et le long silence de M. le ministre de la guerre, je rappelle que je n'ai pu saisir, dans le dix-huitième cahier de la quatrième série, qu'un exemple, parmi tant d'exemples, de la duplicité parlementaire, et que j'ai tâché seulement que cet exemple fût culminant.]

Rendons justice à Jaurès. Dans le soin qu'il eut de prévenir publiquement ses collègues les chefs de groupe, il entrait beaucoup de loyauté, de constance, envers soi-même, envers le public, envers ces collègues. Il persévérait ainsi dans un système de gouvernement dont il s'est fait l'adepte et le théoricien. Il continuait ainsi comme il avait dès longtemps commencé. Il évitait ainsi de se démentir, de démentir son action précédente, et les précédentes relations entretenues avec ses collègues. Mais il entrait aussi beaucoup de politique. Par le seul fait qu'ils écoutaient des conversations commencées et poursuivies publiquement, les collègues chefs de groupe donnaient des gages publiquement. Une fois qu'ils auraient laissé passer sans interrompre et sans contredire, ils ne pourraient plus dire qu'il n'y avait jamais rien eu.

On sait ce qu'il advint de cette politique, et de cette loyauté. La politique fut déçue; la loyauté fut jouée. Dès lors Jaurès avait mal compté avec la lâcheté de ses amis politiques. De jours en jours Jaurès, et Francis de Pressensé, qui en toute cette affaire paraît l'avoir secondé loyalement, de jours en jours Jaurès et Francis de Pressensé entretenaient le groupe, les groupes, les bureaux des groupes, les chefs des groupes. L'effet de ces communications répétées aux groupes fut exactement le contraire de celui que l'on avait escompté.

Jaurès avait voulu, sincèrement, donner aux parlementaires politiciens radicaux et radicaux-socialistes une impression de constance et de loyauté; il ne réussit qu'à susciter leur méfiance politique et parlementaire. Les parlementaires politiciens radicaux et radicaux-socialistes, qui se connaissent, et qui se représentent volontiers à leur image tous les politiques et tous les parlementaires se dirent : Puisque Jaurès nous prévient, c'est qu'il veut faire des combinaisons politiques et parlementaires sans nous. Puisque Jaurès nous fait des avances, puisqu'il nous traite aussi poliment, trop poli pour être honnête, c'est qu'il prépare des machinations politiques et parlementaires contre nous. Et, prenant leurs précautions, ils répondirent aux combinaisons, aux machinations qu'ils supposaient par des combinaisons, par des machinations réelles.

Jaurès avait voulu donner aux parlementaires politiciens radicaux et radicaux-socialistes une impression de sagesse et de fermeté politique; il ne réussit qu'à réveiller leur incurable couardise. Puisque Jaurès nous prévient, se dirent les radicaux, les célèbres hommes de gouvernement, les hommes d'État, les hommes d'autorité, les hommes laïques, puisqu'il fait appel à notre courage politique et parlementaire, c'est donc qu'il va y avoir du danger. Et dès lors ils dressèrent les oreilles, se préparant pour la fuite rapide. Puisque Jaurès, pensaient-ils, nous prie d'avoir du courage politique et parlementaire, puisqu'il nous encourage d'avance et nous excite, c'est premièrement qu'il a besoin de notre courage; c'est donc le moment de le lui refuser; et c'est deuxièmement qu'il pense que nous n'en avons pas. Et, concluaient-ils en eux-mêmes, il a bien raison, le grand orateur. Il nous connaît.

Ainsi le long délai ménagé par l'indiscrétion voulue prématurée de Jaurès pour donner aux radicaux de gouvernement le temps de rassembler leurs forces non pas éparses mais absentes fut employé tout entier à préparer la trahison des radicaux et la défection des radicaux-socialistes. Dès lors et déjà en ceci Jaurès eut l'honneur de se tromper totalement sur la valeur et sur la tenue politique de ses amis politiques. Dès lors se préparaient la trahison et la défection qui devaient s'accomplir dans les deux séances dont nous avons publié le compte rendu sténographique *in extenso* d'après le *Journal officiel*. De jours en jours, on sentait la panique parlementaire gagner les groupes radicaux et radical-socialiste, les groupes du bloc politique parlementaire, gauche radicale, union démocratique; de jours en jours se succédaient les procès-verbaux inquiétants, et ces communiqués sournois à la presse, que personne ensuite ne voulut avouer dans la publicité des séances.

Par une opération beaucoup plus profonde et beaucoup plus grave, par une altération politique parlementaire beaucoup plus dangereuse, par une corruption politique parlementaire Jaurès, qui avait soumis son recommencement de l'affaire à la politique parlementaire de groupe, introduisit la politique parlementaire de groupe au cœur de l'affaire qu'il recommençait ; extérieurement il avait exposé le recommencement de l'affaire à la domination, aux hasards, aux combinaisons, aux machinations des groupes politiques parlementaires; intérieurement, c'est-à-dire par une déviation, par une perversion beaucoup plus profonde et beaucoup plus grave, il mit son recommencement de l'affaire dans la forme politique de groupe parlementaire.

On peut à peu près résumer le mode, la méthode, le sens de ce recommencement en disant que Jaurès a traité les dreyfusistes, sans leur demander leur avis, comme un groupe politique parlementaire et que s'étant investi lui-même il s'est conduit comme le chef de ce groupe. Qu'on se rappelle aujourd'hui comment fut résolu le recommencement de cette affaire capitale. Depuis de longs mois tout était prêt, — au moins ce qui fut jamais prêt, — pour le recommencement. Soudain, sans nous avoir avertis, sans nous avoir consultés, tout à coup, sans avoir averti personne, sans avoir consulté personne, sans publicité, sans ouverture, sans conseil, nos chefs, — je suis bien forcé de les nommer ainsi, puisqu'ils se conduisirent comme des chefs politiques parlementaires, en un sens, comme des chefs militaires, — tout d'un coup, nos chefs donnèrent le commandement *en avant marche*. Notons que ce recommencement de l'affaire Dreyfus par les moyens politiques parlementaires pouvait avoir, devait avoir, menace d'avoir les conséquences les plus graves pour l'affaire Dreyfus et pour le dreyfusisme, sinon pour le parlementarisme et pour la politique. La décision de recommencer ainsi présentait donc une importance capitale. Pour en assurer la valeur et le sérieux, il était indispensable qu'il y eût au moins quelque conseil. Non que je veuille introduire dans l'action dreyfusiste les tergiversations, les hésitations, les combinaisons, les machinations, les parlementations d'un parlementarisme stérile. Mais il fallait qu'il y eût au moins quelque conseil, conseil de travail et d'administration. Puisqu'on avertissait, puisqu'on prévenait tout le monde, et le grand public des journaux et des meetings, et le public politique, et le public parlementaire, et les radicaux douteux, et les radicaux-socialistes penchants, et les ennemis antisémites, il était indispensable, il était convenable, il était juste, il était correct de nous prévenir aussi de prévenir les dreyfusistes.

On sait qu'on n'en fit rien. Tout d'un coup on nous dit qu'on marchait. Et pendant plusieurs mois nous eûmes ce spectacle singulier que Jaurès, entrepreneur du recommencement, éditeur et peut-être auteur du recommencement, s'adressait à tout le monde, excepté à nous. Il adressait au grand public des communications et des exhortations oratoires; il adressait aux politiques des confidences oratoires; il adressait aux parlementaires des admonestations oratoires; il adressait aux radicaux et aux radicaux-socialistes des encouragements oratoires; il adressait aux antisémites et aux antidreyfusistes qualifiés des menaces oratoires; il adressa quelque chose d'oratoire à tout le monde. Mais à nous il n'adressa rien. Aux dreyfusistes, il n'adressa rien.

C'est que toute conversation lui était plus agréable que la nôtre. Les résistances du grand public, les machinations des politiques, les tergiversations des parlementaires, les lâchetés des radicaux, les faiblesses des radicaux-socialistes, les violences mêmes des antisémites professionnels et des antidreyfusistes lui sont moins odieuses que ces frottements perpétuels et que ces limitations que l'autorité de commandement subit dans une compagnie d'hommes libres.

Il suivait ainsi un penchant de la politique et de la démagogie, et en particulier un penchant qui lui est propre. C'est un moyen connu de la politique, en particulier de la politique parlementaire, c'est un vice de la démagogie, et c'est un vice propre de Jaurès que de flatter ses ennemis, parce qu'on les redoute, et de négliger ses véritables amis, parce qu'on ne les redoute pas. Jaurès entretenait le public, parce qu'il redoutait l'indifférence ou l'hostilité du public; il entretenait le monde politique, parce qu'il redoutait les machinations du monde politique; il entretenait le monde parlementaire, parce qu'il redoutait les combinaisons du monde parlementaire; il entretenait ses amis politiques les radicaux et les radicaux-socialistes parce que, tout en se trompant sur la grandeur de leur faiblesse et sur la quantité de leur lâcheté, il redoutait la trahison des uns et la défection des autres; il entretenait ses ennemis les antisémites et les antidreyfusistes professionnels parce qu'il redoutait ces furieux et parce que, depuis les héros d'Homère, il est convenu qu'avant d'en venir aux mains on menace au moins un peu l'adversaire, et qu'on l'injurie pour se donner du courage, quand on n'est pas bien sûr de soi. Il entretint tout le monde; excepté nous, les dreyfusistes, parce qu'il savait qu'il pouvait compter sur nous. Il ne commença guère à se rappeler notre existence qu'après la défaite politique parlementaire acquise; quand le public lui fut devenu hostile ou indifférent; — l'indifférence étant ici la pire des hostilités; — quand le monde politique eut rejeté son recommencement de l'affaire, quand le monde parlementaire l'eut joué, quand les radicaux-socialistes l'eurent lâché, quand les radicaux l'eurent trahi, quand les antisémites et quand les antidreyfusistes qualifiés l'eurent éludé. Alors, mais alors seulement lui vint cette idée ingénue que pour faire le recommencement du dreyfusisme en France, il serait peut-être bon de commencer par s'occuper un peu du peu de dreyfusistes qu'il y a.

Jusqu'alors, jusqu'après l'accomplissement, jusqu'après la consommation de la défaite politique parlementaire, il n'avait eu qu'une idée, qui était de faire état de tout le monde, excepté nous. Les dreyfusistes qui avaient été à la peine pendant tout le premier temps de l'affaire, et qui ne demandaient qu'à continuer, et qui avaient prouvé leur solidité, furent soigneusement laissés hors de conseil par un ancien dreyfusiste qui ayant cessé demandait à recommencer; on les laissa hors de tout conseil; et non seulement on ne les appela jamais en quelque conseil, mais on négligea de leur faire savoir en temps voulu quels étaient les résultats des délibérations.

C'était une décision capitale, et de conséquence incalculable, que de réintroduire par les moyens politiques parlementaires une affaire qui n'avait jamais été traitée, sommairement parlant, et en son chef, que par les moyens de la justice et de la révolution. Cette décision capitale fut prise on ne sait par qui, on ne sait pour quoi, on ne sait comment, on ne sait quand. Cette incertitude, cette ignorance a donné lieu aux plus graves inquiétudes, et aux plus graves soupçons. Des dreyfusistes anciens, rendus soupçonneux par tant d'expériences pénibles, se sont demandé si le recommencement de l'affaire nommé reprise, à telle date, en de telles conditions, émanait librement de M. Dreyfus ou, au contraire, si elle émanait politiquement de M. Jaurès; même ils se sont demandé si cette brusque reprise n'avait pas été impol sée, amicalement, enlevée par Jaurès; dans l'état actue- de nos connaissances, nous ne pouvons répondre à de telles inquiétudes. Je ne confonds pas, et l'on doit distinguer d'abord, la décision qui était prise depuis longtemps de recommencer l'affaire, de tenter la reprise avec les éléments que l'on avait réunis, et la décision qui fut prise un jour, brusque, de recommencer tout de suite et par les moyens politiques parlementaires. La première de ces deux décisions était une décision d'opportunité; la deuxième était une décision de moralité.

Par une pénétration intérieure, profonde et grave, des mœurs politiques parlementaires dans ce recommencement politique parlementaire d'une affaire qui était révolutionnaire et morale, ce recommencement de l'affaire fut organisé sous le régime d'une totale irresponsabilité. On me dit que cette décision capitale fut prise contre l'avis du principal intéressé; je n'en veux rien savoir; pour les mêmes raisons que nous demandons que l'action dreyfusiste soit et reste ouverte, pour les mêmes raisons nous nous rendons compte qu'il faut que cette critique dreyfusiste reste ouverte. Ce qui est constant, c'est que cette décision capitale fut prise avec une rapidité inquiétante, et même avec une certaine hâte. Un jour on nous dit : On va marcher. Une amitié particulière me permit seule d'avoir comme un renseignement ce qui était aussi un renseignement pour mon ami, et ce qui nous fut communiqué à tous comme un ordre. Ainsi Jaurès, pendant toute la préparation du recommencement, et pendant toute la bataille du recommencement, exerçait parmi nous et sur nous une autorité de commandement; il exerçait en particulier l'autorité de commandement politique militaire et parlementaire qu'un chef de groupe politique parlementaire exerce parmi et sur les groupés quand les groupés sont négligés, et un peu méprisés, de leur chef. Jamais politiques parlementaires groupés n'intervinrent aussi peu dans les délibérations de leurs chefs que nous ne sommes intervenus dans les délibérations de Jaurès, dans la décision capitale. Je suis assuré que M. Doumer traite les colonialistes avec plus d'égards, avec plus de ménagements.

C'est le grand secret de la politique, de faire ou de

faire semblant de faire une action avec tout le monde, excepté avec ceux qui sont naturellement, spontanément désignés, volontairement qualifiés pour la faire. France a quelque part indiqué le grotesque politique de tous ces hannetons, de tous ces bourdonnants, de tous ces habiles bêtes, qui pendant le premier temps du dreyfusisme se récriaient contre nous : Vous faites trop de bruit, nous disaient-ils; vous épouvantez les bonnes volontés. Si vous vous teniez tranquilles, ou plus heureusement encore si vous n'existiez pas, l'affaire Dreyfus marcherait toute seule; sans vous l'injustice militaire et juridique se dissoudrait, l'armée militaire et démagogique romprait les rangs. — France comparait ces bons conseilleurs aux excellents historiens qui découvrent que sans Luther et sans Calvin la Réforme aurait marché toute seule. Or ce fut exactement le défaut et le contresens politique de Jaurès en son recommencement de l'affaire. Gêné depuis l'amnistie dans la fréquentation des dreyfusistes, il conçut ingénieusement le plan de tout refaire le dreyfusisme sans eux.

C'est le fin de la politique. Faire du catholicisme avec les catholiques, du libéralisme avec les libéraux, du socialisme avec les socialistes, et du dreyfusisme avec les dreyfusistes, c'est trop simple, et tout le monde peut en faire autant; à ce travail, on ne peut rester qu'un honnête homme ignoré. Mais faire du catholicisme avec les démagogues anticatholiques et catholiques, faire du libéralisme sous la forme du monopole, faire du socialisme sous les espèces de l'État bourgeois, faire enfin du dreyfusisme avec les radicaux; faire de l'antimilitarisme avec les militaires, de préférence avec les généraux de défense républicaine, faire de l'anticolonialisme avec l'ancienne infanterie de marine, et préparer la révolution sociale avec les radicaux réactionnaires, c'est très compliqué, c'est très malin, c'est de la politique. Et c'est ainsi que l'on devient grand homme.

C'est la pente naturelle des politiques, et des politiques parlementaires, que de procéder par autorité de commandement. Quand un homme libre parle à des hommes libres, quand un homme libre s'entretient avec des hommes libres, à aucun moment il ne peut y avoir et il n'y a l'interférence d'une autorité de commandement; non seulement, et par définition même, il n'entre en jeu de l'un aux autres aucune autorité de commandement, mais ni l'un ni les autres n'éprouvent en fait aucun besoin d'exercer ou de subir une autorité de commandement; quand ils parlent librement, ils s'entendent, librement; ils délibèrent, librement; ils prennent enfin librement leurs décisions et résolutions libres; dans une assemblée, ou plutôt dans une compagnie, dans une conversation, dans une communication d'hommes libres, tout ce qui se dit s'entend, comme il est dit, totalement, sans aucune déperdition, exactement, sans aucune falsification. Dans une telle compagnie, la conversation ne subit pas la déperdition de la politique parlementaire, la falsification de la politique parlementaire. Au contraire dans les groupes politiques parlementaires toute parole subit une déperdition, une dépréciation propre, une falsification, une altération propre. Et c'est précisément pour compenser l'effet de cette déperdition, c'est afin de redresser l'infléchissement de cette altération que les chefs de groupe, que les capitaines politiques parlementaires, que les orateurs, que les hommes d'État, que les hommes de gouvernement, que les hommes d'autorité ont imaginé d'exercer parmi et sur leurs amis politiques parlementaires une autorité de commandement. Ils en éprouvent inévitablement le besoin. L'autorité de commandement a été précisément inventée pour faire la différence, pour faire l'appoint, pour compenser la déperdition, pour corriger la déviation. L'autorité de commandement s'établit ainsi vraiment comme une monnaie fiduciaire. Tout le monde en a, et en éprouve, le besoin. Elle devient une institution de servitude mutuelle. Débarrassés de la servitude qu'ils subissent, les politiques parlementaires soumis ne seraient pas moins embarrassés de leur liberté nouvelle que ne le seraient leurs maîtres ainsi débarrassés de la servitude qu'ils exercent. Il s'établit ainsi un cours fictif, une valeur fiduciaire des paroles et des actes. Ni les actes parlementaires ne portent jamais l'effet, ni les paroles parlementaires ne portent jamais le sens qu'elles porteraient en français. Tous les partis et tous les groupes politiques parlementaires pratiquent, admettent cette déperdition, cette perversion de sens des paroles politiques parlementaires et des actes. Il s'établit ainsi un véritable langage politique parlementaire, un langage propre, un langage fiduciaire, un idiome, un langage conventionnel. Tous les partis politiques parlementaires, sans aucune exception, parlent ce langage conventionnel, tous l'entendent; l'opposition républicaine ou réactionnaire n'a rien à envier ici aux différentes et pour un temps fructueuses positions républicaines. Apprendre la politique parlementaire, c'est apprendre à parler ce langage, et les plus grossiers démagogues y parviennent. Savoir la politique parlementaire, c'est savoir parler ce langage, et les plus grands orateurs y succombent. Quand le président du conseil, ministre de l'intérieur et des cultes, s'écrie théâtralement que *nous allons sauver les droits de la société moderne,* chacun entend que ça veut dire que *nous allons sauver,* ou simplement *soigner les intérêts politiques de notre ministère.* Car les habitués traduisent immédiatement; ils font immédiatement la réduction nécessaire; ce langage appris leur est devenu plus cher et plus familier que le langage maternel, que le patois du pays; d'abord ils entendent au sens vrai, réduit, ce qui est dit au sens politique parlementaire; ils n'ont aucune hésitation. Quand un droitier, quand un réactionnaire dit *que nous défendons toutes les libertés, les libertés communes, saintes libertés, les libertés nécessaires, les libertés indispensables, les libertés universelles,* réciproquement tout politique parlementaire entend que *nous défendons nos intérêts menacés et nos libertés à nous.* Quand le président du conseil parle de *la chaleur communicative des banquets,* tout le monde entend que le président du Conseil veut dire que le ministre de la guerre et celui de la marine étaient saouls. Et malheureusement, quand Jaurès parlait éloquemment de justice et de vérité pendant le premier temps de l'affaire, on croyait qu'il s'agissait de justice et de vérité, parce qu'il parlait encore français; mais aujourd'hui quand il parle tumultueusement de *justice* et de *vérité,* tout le monde entend qu'il parle politique parlementaire, et qu'il s'agit de sauvegarder et de favoriser les intérêts de la politique jaurésiste gouvernementale.

Tout le monde politique parlementaire, car les bons électeurs, paternellement cultivés, soigneusement et patiemment encouragés par les élus, persistent avec une invincible opiniâtreté à comprendre directement, à écouter fidèlement le langage parlementaire; ils entendent le langage parlementaire en français, et non pas en parlementaire; ils entendent le langage de M. Combes, le langage des réactionnaires, le langage de Jaurès comme si c'était du français et non pas comme étant du parlementaire. Ils ne font jamais la réduction, la traduction. De là vient la perpétuelle et inouïe confiance du peuple en ses mandataires. De là vient aussi le perpétuel et inouï abusement du peuple par ses mandataires politiques.

Mais le peuple commence à s'éclairer un peu; et les politiques parlementaires trouvent de jour en jour des résistances qu'ils ne prévoyaient pas. Surtout dans le monde ouvrier. Comme toutes les autorités de commandement, l'autorité du commandement gouvernemental politique parlementaire sera dévoilée, soulevée, déjouée, par le modeste et patient effort de liberté.

L'autorité de commandement exercée par les chefs parmi et sur leurs amis politiques dans les groupes, l'autorité de commandement politique parlementaire est précisément un de ces poids additionnels politiques parlementaires que les chefs politiques parlementaires ont imaginés pour compenser l'effet de la déperdition politique parlementaire. Et le ton de commandement est en particulier un ton additionnel que les chefs ont imaginé pour compenser le même effet. Puisque les troupes entendent moins quand on dit plus, puisque les troupes politiques parlementaires font la réduction, la traduction, il faut bien qu'inversement les chefs disent plus pour qu'on entende moins, qu'ils parlent un langage à réduire et à traduire. Une fois ce langage fiduciaire, conventionnel, établi par un jeu de surenchère croissante, il faut bien que tout le monde le parle, et ceux mêmes qui ont le plus contribué à l'établir en sont les premiers prisonniers. Tout le monde en est prisonnier. Qui ne le parlerait pas, serait mal entendu, ou ne serait pas entendu du tout. Puisque dans ce langage conventionnel par l'effet de cette surenchère et de cette exagération constante et croissante ces mots : *Nous sommes assurés d'emporter la victoire* signifient : *Nous sommes rudement menacés;* et puisque ces mots : *Nous sommes rudement menacés* veulent dire : *Nous avons été irrémédiablement battus,* quand un orateur veut dire :

Nous sommes rudement menacés, il est bien forcé de dire : *Nous sommes assurés d'emporter la victoire,* parce que s'il disait : *Nous sommes rudement menacés,* tout le monde entendrait : *Nous avons été irrémédiablement battus.* Ainsi le mensonge parlementaire, contaminant le langage même, victime et prisonnier de sa propre surenchère et de sa propre exagération, tourne, rôde et bourdonne en un cercle d'outrances. Et l'autorité de commandement de groupe, l'autorité de commandement politique parlementaire est une outrance particulière parmi tant d'outrances.

Peut-être assistons-nous ici au phénomène le plus important de toute l'histoire parlementaire contemporaine : le peuple des électeurs entend et parle un certain langage politique presque sincère; la foule des élus entend et parle un autre langage politique, un langage convenu, tout à fait différent du premier, mais correspondant au premier, formé des mêmes mots que le premier. Si le peuple politique des électeurs et la foule politique des élus parlaient deux langages politiques totalement différents, il n'y aurait qu'un moindre mal; ces deux parties de la nation vivraient séparément, et par suite assez indépendamment; si le langage politique des élus n'était pas formé des mêmes mots que le langage politique des électeurs, les électeurs continueraient à ne rien savoir, mais au moins ils sauraient qu'ils ne savent rien; ils se trouveraient en présence d'une langue étrangère, mais qu'ils connaîtraient pour étrangère. Ce qui fait presque tout le danger de la situation politique parlementaire actuelle, c'est que le langage politique parlementaire des élus et le langage politique des électeurs sont deux langages parallèles, correspondants, à la fois totalement étrangers pour le sens, et pourtant formés des mêmes mots, deux langages où les mêmes mots figurent, soutiennent les mêmes rapports, mais en des sens totalement différents, totalement étrangers. Ainsi le peuple croit savoir, et il ne sait pas, et il ne sait pas qu'il ne sait pas. Le peuple suit des discours entiers, des sessions entières, des législatures entières, des régimes entiers sans y entendre un mot; mais il croit qu'il entend parce qu'il suit tous les mots et toutes les relations formelles des mots entre eux. Il y a ainsi entre le pays et sa représentation non pas un inentendu, ce qui serait grave, non pas un malentendu, ce qui serait plus grave, mais un faux entendu perpétuel et universel, à qui on est sûr que rien ne peut échapper.

Le peuple et les parlementaires disent *la République, la liberté, la révolution;* mais ce n'est ni la même République, ni la même liberté, ni la même révolution.

Telle est évidemment la forme la plus grave du mensonge politique. Les mensonges individuels fabriqués, les mensonges collectifs, les mensonges particuliers, tant qu'il y en ait, si bien faits, et si habile qu'en soit la contexture, sont au moins limités. Mais qu'imaginer de plus dangereux qu'un mensonge illimité, faussant le langage même, extensible donc autant que le langage, inaperçu et doublé d'une sécurité fausse.

La presse politique, si entrée de toutes parts dans la politique parlementaire, a contribué pour beaucoup à l'établissement de cet universel faux entendu; elle en a fait la grande extension; elle en maintient aujourd'hui la domination et le vice. Tous les journaux politiques, sans aucune exception, tous les journaux de tous les partis politiques, de *la Petite République* à *l'Autorité,* parlent ce langage politique parlementaire, et presque tous les lecteurs entendent ce langage en français. Et les journalistes et les députés savent parfaitement que les lecteurs et les électeurs entendront en français tout ce qu'ils écrivent et tout ce qu'ils disent en parlementaire. Et c'est ce qui les rend aussi totalement coupables. Car ils ne peuvent arguer de leur ignorance. Mais c'est aussi tout le secret du jeu. La distance qu'il y a du langage parlementaire au langage français mesure à chaque instant le bénéfice de l'opération, puisque les parlementaires promettent au peuple en langage parlementaire et que le peuple tient aux parlementaires en langage français. Les parlementaires promettent les réformes ou les révolutions en langage parlementaire; le peuple paie l'impôt en langage français. Les parlementaires promettent les monopoles en langage parlementaire; le peuple fournit son travail en langage français. Les parlementaires font des lois en langage parlementaire; le peuple les subit en langage français; il y aurait même une très curieuse étude à faire de la marge que la magistrature est forcée d'attribuer à l'exagération du langage parlementaire quand on en vient à l'application des lois.

Les meneurs parlementaires exercent leurs entraînements en langage parlementaire; le peuple reçoit les coups en langage français. Le peuple des grévistes se fait fusiller en français. Les parlementaires ont traité le recommencement de l'affaire Dreyfus en langage parlementaire; et le petit peuple des anciens dreyfusistes a persisté à croire, — ou à espérer? — que c'était du français.

Si le peuple entendait en parlementaire ce que les parlementaires disent en parlementaire, la domination politique parlementaire ne tiendrait que le temps de se réveiller; et le travail moral pourrait commencer. Mais le peuple entend en français, il aime entendre en français, et cette complaisance à peine consciente est la forme et la condition d'un assujettissement, dont on ne voit pas la fin.

Il y aura beaucoup à dire de ce mensonge fondamental de la politique parlementaire, et de la situation du peuple envers ce mensonge. Le peuple est victime sans doute; mais il est en même temps complice; ou plutôt il est victime des politiques parlementaires; et il est en même temps victime de soi, qui aime les politiques parlementaires, qui leur est complaisant. Le peuple se douterait bien que le langage politique parlementaire n'est pas du langage français. Mais il préfère ne pas vouloir s'en douter. Il est victime et dupe en ce sens que, étant donnée une phrase de français, le premier mouvement, le mouvement droit est de l'entendre en français; quand donc le peuple entend une phrase en français, et qu'elle était dite en parlementaire, on peut l'excuser sur ce que le sens français était le sens premier, celui qui se présentait premièrement, et naturellement. Le sens qui ne demande pas traduction, réduction, vaut contre le sens qui demande l'une et l'autre. Cette excuse est légitime, elle est valable, et pourtant. Il faut bien avouer que le peuple aime à entendre en français exprès même les discours politiques parlementaires, parce que c'est beau, parce que c'est grand, parce que c'est rassurant, réconfortant, confortable, parce que c'est excitant, et, comme on dit, enthousiasmant. Le peuple se plaît à entendre en français. Il est ainsi victime et complice. Il y a là une complicité trouble et obscure, une complaisance double envers les politiques parlementaires et envers soi-même.

Si évidente que soit cette complicité, le peuple entend en français et il croit ferme à ce qu'il entend. Ou plutôt il croit d'autant plus ferme qu'il n'a pas la conscience tranquille de la complicité qu'il sent assez bien. Toujours par un effet d'équivalence, le peuple se rassure de sa complicité sur sa crédulité. Sinon il ne croirait tout de même pas tout ce qu'il croit, ou fait semblant de croire. Il tient d'autant plus à sa naïveté qu'elle est un peu factice, volontaire et acquise. Toujours par le même effet d'équivalence il aime se rattraper sur nous, qui l'avertissons. Il nous traite en ennemis parce que nous troublons sa quiétude faite et grossièrement naïve. Et il nous en veut d'autant plus qu'il sent tout en lui-même que nous avons raison.

Si évidente que soit cette complicité, par l'effet de cette complicité même, en équivalence de cette complicité, le peuple entend en français, et il croit ferme à ce qu'il entend. Voulu ou non, ce faux entendu perpétuel et universel est vraiment le vice fondamental de la politique parlementaire, le mensonge fondamental de la politique parlementaire; c'est peut-être le phénomène le plus important de la politique parlementaire dans l'histoire contemporaine; et il fait la plus importante explication que l'on puisse donner de la confiance entière continuée inlassablement par le peuple aux politiques parlementaires. Cette confiance ne se meut pas dans le même ordre que les actes à qui elle est accordée. Elle est fondée sur un faux sens à qui rien n'échappe.

Les menus dreyfusistes sont beaucoup plus critiques, beaucoup plus avisés, beaucoup plus avertis que le menu peuple; mais ils forment un peuple tout de même, beaucoup plus qu'ils ne le croient, et du peuple ils ont surtout cette confiance dogmatique dans les politiques parlementaires qui tant mal que bien les représentent. Le petit peuple des anciens dreyfusistes, constants et infatigables, qui a tant fait pour découvrir la vérité d'une affaire inoubliable évite, non moins que tout le peuple des électeurs, de chercher la vérité des relations qui l'unissent à son état-major politique parlementaire. Il a peur, comme tout le menu peuple, de découvrir cette vérité. Il découvrirait qu'en effet les chefs politiques parlementaires prétendus dreyfusistes, que l'état-major politique parlementaire soi-disant dreyfusiste parle, comme tous les politiques parlementaires, le langage politique parlementaire, et que lui, menu peuple pourtant véritable dreyfusiste, et véritable requéreur et chercheur de justice et de vérité, en ceci au contraire il se ment à lui-même, et qu'il se complaît, et qu'il entend au sens français des paroles prononcées au sens parlementaire, et qu'il sait prononcées au sens parlementaire. Et c'est pour cela qu'il n'aime pas les quelques-uns, anciens dreyfusistes comme lui et parmi lui, qui ne limitant pas la requête de justice et la recherche de vérité veulent que l'on sache avant tout en quel idiome se tient la conversation recommencée récemment.

La relation du langage politique parlementaire au langage français présente au lecteur avisé de telles constances et dans leur exagération même et dans les accélérations de telles constances de surenchères que l'on pourrait établir pour un temps donné un dictionnaire en français du langage parlementaire, ou si l'on veut un tableau de concordance, une table des sens atteints par les mêmes mots, par les mêmes tournures, par les mêmes phrases, par les mêmes formules dans l'un et l'autre langage; les paragraphes réservés aux mots *honneur, vertu, justice* et *vérité* ne seraient pas les moins intéressants.

Tout le monde politique et parlementaire est si étroitement prisonnier du langage qu'il a fait que le scandale ne vient plus de ce langage, il vient des manquements à ce langage. L'habitude est aujourd'hui accomplie. Ce n'est pas quand on parle ce langage politique parlementaire qu'il y a scandale, c'est quand on ne le parle pas, c'est quand un politique parlementaire omet pour un instant de le parler. Ce n'est pas quand on ment qu'il y a du scandale, c'est quand un politique parlementaire se trompe et dit vrai. On n'a pas oublié le scandale causé pendant la première partie de l'affaire par une parole imprudente. Un M. Lebret, si j'ai bonne mémoire, qui était, je crois, garde des sceaux dans un ministère antidreyfusiste, — ne serait-ce pas le ministère Dupuy? — admirons comme les gardes des sceaux de la troisième République ont plus que les autres ministres du mal à se garder eux-mêmes, — ce M. Lebret avait dit à ses collègues : *Regardez vers vos circonscriptions*. L'émoi fut énorme. Que faisaient pourtant les honorables collègues, dès lors, que faisaient les députés, que font aujourd'hui nos députés, quand ils fomentent les bouilleurs de cru et quand sournoisement ils repoussent le recommencement de l'affaire, que font-ils s'ils ne regardent pas vers leurs circonscriptions. Ils ne font que cela, de regarder vers leurs circonscriptions. Mais ce M. Lebret, dans un moment d'oubli, avait parlé en français, au lieu de parler en parlementaire. Cette seule infraction rendit son nom célèbre, fit le scandale, une impression si forte que le souvenir en a survécu à la plupart des souvenirs de l'affaire.

Cette outrance est aussi une outrance militaire; et nous rejoignons ici l'étroite parenté que nous avons reconnue entre les mœurs parlementaires et les mœurs militaires, entre les troupes parlementaires et les troupes militaires, entre les chefs parlementaires et les chefs militaires; dans l'armée militaire aussi on procède par autorité de commandement; et dans l'armée militaire aussi on parle sur le ton de commandement. Mais dans l'armée militaire exactement comme dans l'armée parlementaire cette autorité de commandement et ce ton de commandement ne servent qu'à faire un appoint, à balancer un défaut. Si les députés étaient parfaitement honnêtes, leurs chefs n'auraient pas besoin de parler en beau, de majorer la réalité; si les députés étaient parfaitement courageux, leurs chefs n'auraient pas besoin de parler fort, d'augmenter la réalité; si les députés étaient parfaitement honnêtes et courageux, si, parlementairement parlant, ils étaient parfaitement bons, leurs chefs n'auraient pas besoin d'exercer une autorité de commandement et de parler sur un ton de commandement; il n'y aurait pas de chefs, pas d'excitations, pas d'encouragements; chacun proposerait ses raisons. Et pour le recommencement de l'affaire Jaurès eût dit : *Nous vous demandons de recommencer l'affaire, parce qu'il est juste de la recommencer*. Pareillement si les soldats étaient parfaitement courageux, si, militairement parlant, ils étaient des soldats parfaitement bons, leurs chefs n'auraient pas besoin d'exercer une autorité de commandement et de parler sur un ton de commandement; ils n'auraient qu'à donner des indications; ils diraient : *Voici la crête que nous avons à occuper; elle est à dix-huit cents mètres environ;*

nous avons tout lieu de croire, par notre service des renseignements, qu'elle est défendue par deux bataillons solidement retranchés; les autres iraient tranquillement occuper la crête. Mais les soldats ne sont pas des parfaitement bons soldats. Et la discipline a été inventée justement pour faire la différence, pour faire l'appoint. La discipline est par en haut l'exercice et par en bas l'acceptation d'une autorité de commandement. La discipline, ainsi exercée, ou subie, ainsi acceptée, ainsi entendue, fait, compense la différence du bon soldat imaginaire aux mauvais soldats réels, pour autant que les mauvais soldats réels sont éloignés du bon soldat imaginaire. De là ces commandements, ces encouragements, ces exhortations, ces cris, ces gestes, ces jurons, ces grands coups de sabre en l'air, ces visages convulsés : *en avant! en avant! chargez.* La discipline parlementaire, exactement ainsi, fait la différence entre le bon député imaginaire et les mauvais députés réels, pour autant, — et c'est pour beaucoup, — pour autant que les mauvais députés réels sont éloignés du bon député imaginaire. Plus les soldats sont mauvais, plus ils sont éloignés du courage modèle imaginaire, plus il faut de discipline militaire. Plus les députés sont mauvais, plus ils sont malhonnêtes, faibles ou lâches, plus il faut de discipline parlementaire. C'est pour cela que les radicaux ont inventé le bloc. Se connaissant eux-mêmes et connaissant le peu que vaut leur politique, ne pouvant s'appuyer ni sur la raison, ni sur la justice, ni sur la valeur individuelle et sur le caractère, ils ont été forcés de se donner une armature extérieure, les quatre groupes et le bloc. Ils se sont enrégimentés d'autant plus qu'ils se sentaient mauvais soldats parlementaires. Ce n'est pas une comparaison que nous faisons du parlementaire au militaire. C'est une parenté que nous constatons, une parenté naturelle, avec ce qu'elle peut comporter de différence et de ressemblance. Les ressemblances du parlementaire au militaire sont nombreuses, profondes. Il faut que le chef parlementaire, comme le chef militaire, entraîne ses hommes. Il ne s'agit pas de convaincre. Il ne s'agit pas de justice et de raison. Il ne s'agit que d'entraînement. De là ces cris, ces gestes, ces exhortations et ces admonestations, ces menaces mêmes, — [*forcer l'obéissance,* disent les militaires, c'est-à-dire casser à coups de revolver la tête à ceux qui sèmeraient la panique], — ces appels répétés à la peur, — [les militaires font appel incessamment à la peur quand ils disent : qu'en présence de l'ennemi, avec les armes modernes, il eſt beaucoup plus dangereux de fuir que d'avancer].

Or il eſt notoire que Jaurès eſt non seulement un chef de groupe politique parlementaire, qu'il n'exerce pas seulement une autorité de commandement politique parlementaire, qu'il ne parle pas seulement sur un ton de commandement, mais que toute son éloquence et toute son écriture ont désormais le ton du commandement oratoire, du commandement parlementaire, du commandement professionnel et du commandement militaire. Nous ne sommes pas ici en présence d'un de ces tics littéraires comme on en trouve dans l'œuvre des meilleurs orateurs et des meilleurs écrivains. Il s'agit du ton même, c'eſt-à-dire de ce qu'il y a de plus profond, de personnel, — car *le ſtyle eſt de l'homme même* — dans un discours ou dans un article, qui eſt devenu dans Jaurès essentiellement, inévitablement, le ton parlementaire et le ton du commandement. Ce ne sont nulles raisons, nulles démonſtrations, nulles propositions. Ce ne sont qu'exhortations, encouragements, feintes et assurances, feintes assurances, admoneſtations, vigueurs, tambours et clairons. Ce n'eſt plus qu'entraînement. Il y a longtemps que Jaurès penchait pour tomber dans ce ton du commandement parlementaire et militaire. Mais pendant toute la première et toute la grande partie de l'affaire Dreyfus la fréquentation pragmatique, le commerce quotidien, la collaboration d'hommes qui n'étaient à aucun degré ni en aucun sens des politiques ni des parlementaires, qui n'avaient à recevoir et qui ne supportaient aucune autorité de commandement l'avait un peu guéri de cette inclinaison. Anarchiſtes, socialiſtes libertaires, socialiſtes révolutionnaires, socialiſtes non révolutionnaires, mais socialiſtes, — nuls radicaux-socialiſtes, nuls radicaux anticléricaliſtes, nuls radicaux de gouvernement, — bourgeois libéraux ou libertaires, ouvriers, syndicaliſtes, gens de métier, hommes qui n'appartenaient à aucuns partis politiques, gens de travail, impolitiques, moraux et moraliſtes, on ne respirait dans le grand atelier et dans la grande armée dreyfusiſte qu'un air salubre. Et il eût fallu un vice congénital, une intoxication innée d'autorité de commandement pour que l'ambition naquît d'y devenir un chef parlementaire et militaire. Et si quelques-uns le voulaient, on ne l'eût pas supporté. Jaurès n'avait ni cette intoxication innée, ni ce vice congénital. Ou enfin cela ne se manifesta pas. Ce n'était pas le ton du moment, le ton de cette grande crise et de cette grande compagnie. Dans les temps d'extrême danger, et d'extrême importance, il y a des idées, petites, qui ne viennent pas.

Mais en même temps qu'il amnistiait les criminels antidreyfusistes, en même temps qu'il amnistiait ses amis politiques et ses ennemis, Jaurès lui-même s'accordait à lui-même cette amnistie mentale et morale d'oublier les bonnes habitudes qu'il avait commencé de recevoir, et la guérison provisoirement acceptée. Brusquement il retomba dans cette inclination d'exercer une autorité de commandement politique parlementaire et militaire. Qu'on relise la série de ses articles et de ses discours : on aperçoit nettement la rechute. La tentation était grande. Il fallait redevenir le grand tribun. Il semble qu'impatient de respirer l'air politique Jaurès ait fait l'amnistie surtout pour que le recommencement de la vie politique devînt possible. En ce sens l'amnistie n'est pas seulement un acte politique en elle-même, elle est la réintégration de la politique, elle est le recommencement, la *reprise* de la politique; et plût aux dieux, comme dit la grammaire grecque, plût aux dieux que Jaurès eût réussi son recommencement de l'affaire comme il avait réussi son recommencement de la politique. Mais il faut croire qu'il est plus facile de recommencer de l'injustice que de la justice, et du mensonge que de la vérité.

On peut dire vraiment que l'affaire Dreyfus et le dreyfusisme furent la condamnation de la politique, et réciproquement que la politique était la condamnation de l'affaire Dreyfus et du dreyfusisme. Il y avait entre le dreyfusisme et la politique une incompatibilité totale, essentielle. Aussi longtemps que le dreyfusisme vivait, la politique ne vivait pas; aussi longtemps que la politique vit, le dreyfusisme ne vit pas. Le dreyfusisme interrompit la politique; la politique a interrompu le dreyfusisme. Quand et où l'affaire Dreyfus commence, la politique finit. Quand et où la politique recommence, l'affaire Dreyfus finit. Et en cela le dreyfusisme accompagne l'affaire Dreyfus. Le dreyfusisme est l'amnistie mortelle de la politique; la politique est l'amnistie mortelle du dreyfusisme. Le dreyfusisme et la politique ne peuvent pas être contemporains; ils ne peuvent pas résider ensemble dans les mêmes consciences. Ils ne pouvaient demeurer dans la même cité.

La première application que Jaurès fit de sa nouvelle politique, le premier exercice de l'autorité qu'il recouvra dans le commandement politique parlementaire fut cette campagne singulière, vaine et forcenée, qu'il tenta, qu'il poursuivit pour l'unité socialiste. Il ne s'agit pas ici de critiquer cette campagne même. Nos anciens abonnés se rappellent que nous en avons parlé autant que nous avons pu. Nous en reparlerons quelque jour si nous le pouvons. Tout ce que nous en avons dit, ou prévu, s'est ponctuellement réalisé. Ce qui est en cause aujourd'hui n'est pas cette campagne même. C'est le ton où Jaurès l'a conduite.

Recommencer l'affaire Dreyfus par les moyens parlementaires politiques, reprendre le dreyfusisme par la politique, ainsi réciproquement que reprendre la politique par le dreyfusisme, c'était une gageure, et pour tout logicien, pour tout philosophe, une impossibilité. On ne résout pas de telles contradictions intérieures, de telles impossibilités logiques. On ne concilie pas des idées aussi totalement contradictoires. Tout philosophe en était averti. Jaurès, qui est, je pense, agrégé de philosophie, et qui a enseigné, devait y prendre garde. Nous verrons que dans le détail, dans l'événement, dans le fait, et parlant comme historiens, ce recommencement de l'affaire Dreyfus par les moyens politiques parlementaires était un recommencement de la politique parlementaire et n'était pas un recommencement de l'affaire Dreyfus et du dreyfusisme. Aujourd'hui, avant d'examiner le détail et l'événement, et parlant comme philosophes, il est évident qu'en logique, en psychologie, en morale, en toute philosophie le dreyfusisme et la politique sont et demeurent inconciliables.

Cette campagne tentée par Jaurès et poursuivie pour l'unité socialiste fut une campagne politique parlementaire, une campagne militaire; dans sa forme, que nous rappelons seule aujourd'hui, dans le style, dans le ton. Qu'on se reporte à nos anciens cahiers à nos citations, à nos notes. Jaurès ne procédait que par encouragements, exhortations, assertions, assurances risquées ou formellement trompeuses. Là où il fallait honnêtement employer le mode conditionnel, un modeste optatif, et quelques irréels, Jaurès affectait l'indicatif; et le futur de l'affirmatif lui était particulièrement familier. C'est ainsi qu'on lance des troupes dévouées dans le sacrifice et dans le massacre. Combien de fois Jaurès n'a-t-il pas parlé de l'unité comme d'une chose faite; non pas comme d'une éventualité, non pas comme d'un projet, non pas comme d'un objet hautement désirable, non pas comme d'un objet de volonté; mais comme d'une chose faite, à laquelle il manquait à peine quelques formalités. Il n'y avait plus qu'à y mettre quelques sacrements. Lui-même Jaurès, il ne pouvait pas s'en passer, de cette unité; si ça ne se faisait pas, il ne vivrait pas. Le menu peuple marchait sur cette assurance. On sait dans quelle faillite, je dirai dans quelle banqueroute politique parlementaire succomba cette présomptueuse anticipation. Et pourtant Jaurès vit. Et il vit même très bien.

Nous ne savons pas encore aujourd'hui vers quelle faillite, vers quelle banqueroute politique parlementaire s'achemine cette seconde anticipation présomptueuse que fut le recommencement politique parlementaire de l'affaire Dreyfus. Mais nous savons que c'est la deuxième grande application de la politique nouvelle, un deuxième exercice de l'autorité que Jaurès a recouvrée dans le commandement politique parlementaire. Pour nous qui avons assisté à la première campagne, tentée, poursuivie, abandonnée, pour l'unité socialiste, ce fut le même ton, le même style, apparemment formé des mêmes assurances, intérieurement rongé des mêmes inquiétudes. Le langage politique parlementaire de Jaurès, plus que tout autre, a de ces constances de surenchères qui permettraient l'établissement d'un lexique. Lexique du langage de Jaurès. Notons que c'est pour cela que Jaurès, plus que tout autre, obtient de son peuple une surenchère de confiance et que nous obtenons, quand nous parlons de lui, sincèrement et librement, une surenchère d'hostilité. Le peuple de Jaurès admet plus volontiers les calomnies sur Jaurès que la vérité. Jaurès lui-même a souvent pardonné à ses calomniateurs. Il ne pardonne pas à ceux qui lui disent, ou qui disent de lui, la vérité. Il sait, pour l'avoir lui-même éprouvé, que la calomnie est en politique moins gênante que la manifestation de la vérité. — Quand le grand orateur disait que la Triple Alliance était le contrepoids nécessaire du chauvinisme français, ni ses ennemis n'ont voulu voir, ni ses amis n'ont su ou voulu voir, ni lui-même il n'a voulu avouer que l'épithète *nécessaire* de son langage politique, entendue en français, signifie très exactement : *du moins je le crois*. L'écart du langage politique parlementaire au sens français est beaucoup plus considérable dans Jaurès que dans nul autre. Quand Jaurès commence un article ou un discours par ces mots : *Millerand a bien raison de... C'est avec beaucoup de bon sens que Rouanet...* tout fait prévoir que l'article ou que le discours est tout fait des dissentiments les plus graves qui soient nés entre Jaurès et Millerand, Jaurès et Rouanet. Quand Jaurès dit *évidemment,* cela veut dire *sans doute;* quand il dit *à coup sûr,* au lieu de *assurément,* ce qui est un de ses tics, cela veut dire *peut-être;* quand il émet une hypothèse où il ne croit qu'à moitié, il dit seulement qu'elle est *inévitable;* mais quand il n'y croit pas du tout, c'est alors qu'il dit qu'elle est *indubitable*. Et quand il dit *indubitablement,* cela veut dire *je le présume,* et quand il dit *infailliblement,* cela veut dire : *J'ai bien peur de me tromper. Il est inévitable que les justes revendications...* Ainsi la force du mot remplace la force de la chose; de l'idée, du fait, de l'hypothèse même; et plus la chose manque de réalité, plus il faut que le mot, pour compenser, ait de violence artificielle. Beaucoup de difficultés seront éclairées dans ce recommencement de l'affaire si l'on veut bien n'oublier pas que Jaurès y a constamment parlé ce langage à traduire. Il y a constamment parlé non comme un dreyfusiste, mais comme le grand orateur, plus particulièrement comme le grand tribun.

Le premier qui au lieu de dire un *tribun* pour un membre du Tribunat parmi les Français, ou parmi les anciens Romains pour un tribun du peuple ou pour un tribun des soldats, eut l'idée de dire un tribun pour un maître de la tribune fut quelqu'un qui ne perdit pas son temps. Par quel jeu curieux et pervers de sémantique ce mot mal formé eut-il une aussi rapide et aussi éclatante fortune? Il est vrai qu'en sémantique les mots mal formés ont des fortunes insolentes. C'est un peu comme en politique. Le mot tribun a participé du grand accroissement obtenu dans les temps modernes par la démocratie, par la politique, par l'éloquence politique et parlementaire. Mais l'accroissement général du politique et du parlementaire ne paraît pas expliquer toute la fortune du mot *tribun*. Le mot *tribune,* lui, n'a pas reçu un égal accroissement. Vous trouvez quantité de gens qui osent mépriser la tribune et qui n'osent pas mépriser le tribun. Les deux mots ne sont plus du même ordre. Celui des deux qui a donné naissance à l'autre, le premier des deux mots, a été passé par le deuxième. Tribune est resté un mot de rien, malgré les efforts des parlementaires pour l'illustrer. Tribun est devenu un mot noble. Tribune continue à être un meuble. Tribun a cessé d'être un homme et est devenu comme un héros, un puissant de ce monde. Il est fréquent parmi les mots comme il est fréquent parmi les hommes, et pour des raisons analogues, il est fréquent parmi les mots que les fils atteignent à des fortunes à jamais ignorées des pères. Mais il semble bien que dans ce cas particulier un autre élément d'accroissement soit intervenu. Il semble bien qu'il y a eu contamination du mot tribun, né de tribune, par l'ancien mot tribun, par le vieux mot latin *tribunus,* par le tribun des soldats et par le tribun du peuple. Ainsi le tribun moderne et contemporain, l'homme de la tribune, a été investi confusément de l'autorité romaine, et ici nous rejoignons ce que nous avons dit au commencement de ce cahier de l'autorité romaine et du commandement romain. Dans la confuse imagination populaire et dans l'inconsciemment populaire imagination de tant de gens d'études à qui les études n'ont rien appris, en qui les études n'ont pas pénétré, le grand tribun est revêtu de la vieille autorité romaine, de l'autorité des tribuns militaires, et de la toute particulière puissance tribunitienne. Je maintiens que dans la confuse imagination du peuple, et inconsciemment dans l'imagination populaire, parlementaire et politique de plus d'un professeur agrégé d'histoire, quand on dit un tribun, quand on répète un puissant tribun, quand plus familièrement et plus communément on dit le grand tribun, j'affirme qu'on ne se représente plus seulement un homme de la tribune. Il y a dans le tribun de nouveaux éléments, qui sont de beaucoup les plus considérables. Il y a dans le tribun toute une auréole, tout un halo qui n'est pas dans la tribune. Sans y penser, — car si on pensait beaucoup s'en défendraient, — sans le savoir on se représente, — mais ces éléments troubles, douteux, instinctifs des mots, ces éléments d'arrière-mémoire et de réminiscence non qualifiée ne sont ni les moins importants, ni les moins profonds, ni les moins dangereux, — on se représente vaguement et confusément, mais d'autant plus puissamment et inévitablement, un magistrat oratoire, un héritier des anciens commandements, un maître du peuple par l'autorité du commandement du verbe. La plupart de nos grands tribuns nous sont venus des pays romains, des pays de consuls, Mirabeau, Gambetta, Jaurès; qui voudrait faire de l'histoire à la Taine, il y aurait ici une belle occasion d'oublier Danton; je ne l'oublie pas, mais peut-être Danton n'est-il pas un tribun exactement comme le Provençal, comme le Génois et comme le Toulousain. Il est très difficile, et peut-être faux par définition, de vouloir éclairer un peu le sens d'un mot obscur et puissant. Mais il semble bien que dans la riche et mouvante imagination populaire des uns et des autres le grand tribun ne soit pas seulement le grand orateur; c'est un cas particulier du grand orateur; c'est plus et mieux que le simple grand orateur; c'est dans l'imagination du peuple un grand orateur qui fait un bruit énorme, qui exerce une autorité, — toujours la même autorité de commandement, — qui a une forte carrure, des poings énormes en marteaux; du biceps; des épaules; de la poitrine, je dirai du poitrail; un cou puissant, ce que les romans populaires nomment un cou de taureau; des poumons; une tête énorme et vaste, et dedans, si possible, du génie; un front large et puissant; des traits fortement accentués; un fort coup de voix; si possible une voix profonde, grave et ténébreuse; des yeux gros, assez ronds, et surtout des paupières; des épaules voûtées, puissantes; des hanches; des reins; les jambes et les pieds n'importent pas autant. La grande et belle barbe, descendante, la barbe de fleuve, noire plutôt que blonde, eſt aujourd'hui indispensable. L'éloquence du grand tribun n'eſt pas non plus seulement celle du grand orateur. C'eſt une éloquence toute de confiance, de puissance et de gloire. L'enthousiasme eſt son effet conſtant, sa base inférieure. Dans la pensée du peuple, un grand tribun eſt un grand orateur qui parle tellement fort et tellement puissamment, tellement de confiance et tellement d'enthousiasme qu'on n'a pas besoin de savoir ce qu'il dit et que lui-même il n'a presque pas besoin de le savoir. Il se diminuerait même à le savoir, comme tout le monde. Il se diminuerait s'il travaillait, s'il faisait attention. Ce serait donc qu'il aurait peur de baisser. Il manquerait à sa propre hauteur à sa propre inspiration, à son propre enthousiasme, à son autorité militaire, à sa puissance proprement tribunitienne, à son autorité sainte et à son commandement. Il manquerait lui-même et le premier à sa propre discipline. Enthousiasme conſtant du grand tribun pour lui-même, et enthousiasme conſtant du peuple pour le grand tribun, tel eſt le régime. *De l'audace encore de l'audace toujours de l'audace,* le grand tribun eſt aussi quelqu'un qui a et qui donne cette forme particulière de bravoure, qui n'eſt pas du courage, et qui consiſte à fermer les yeux pour ne pas voir le danger où l'on court. Le tribun, pour le gros peuple, c'eſt quelqu'un qui dit toujours qu'il y a pas de danger, qu'il y a pas besoin d'avoir peur. — La contamination de sens eſt inconteſtable, — je parle ici français et non parlementaire, — et elle eſt du même ordre que tant de contaminations qui se produisirent à propos de la Révolution française; elle eſt un effet de la même assimilation fausse; quand on nomme Jaurès un tribun, au sens contemporain de ce mot, on fait au moins le même contresens, on commet au moins la même anticipation, la même usurpation que l'on commettait quand on nommait du même nom et qu'on entendait au même sens la république française que la république romaine, la noblesse et l'ariſtocratie française que la noblesse et l'ariſtocratie romaine; l'écart du sens acquis au sens étymologique dans le deuxième cas eſt au moins le même que dans le premier. Aujourd'hui l'autorité du tribun eſt une espèce de grosse autorité puissante où se ramassent l'autorité du commandement romain, l'autorité du commandement oratoire, l'autorité du commandement politique parlementaire, l'autorité du commandement militaire, où ces autorités se confondent sourdement, culminent et s'épanouissent.

Pendant la première et la grande partie de l'affaire, Jaurès n'était pas un tribun parmi nous; il n'exerçait pas l'autorité du commandement tribunitien; il était un dreyfusiste, parmi nous tous. La raison, la justice, la vérité, — au sens français et non pas au sens parlementaire, — nourrissaient alors ses discours. C'était la puissance tribunitienne qui, pendant tout ce temps, gisait amnistiée. Pour que la puissance tribunitienne revécût, il fallait que l'affaire Dreyfus au contraire fût amnistiée. On l'amnistia. Et c'est elle aujourd'hui qui gît amnistiée. La puissance va bien. Sans doute il y eut à l'amnistie des causes nombreuses, politiques, sociales, économiques; mais la cause la plus importante, celle où se résumaient, où se ramassaient la plupart des autres était que chacun voulait reprendre le traintrain de la vie habituelle, chacun voulait retomber dans son habitude et dans son vice, dans sa servitude et dans son autorité, dans son autorité subie ou dans son autorité imposée, dans son autorité inférieure ou dans son autorité supérieure. Les tribuns dans leur tribuniciat. La respiration de servitude manquait aux hommes d'autorité. Les tribuns se lassèrent d'être des citoyens comme tout le monde.

Ils voulurent se revêtir de leur puissance tribunitienne.

Recommencer l'affaire par un exercice de cette puissance, qui tue l'affaire ou que l'affaire tue, c'était une culmination de contradiction intérieure. Avant toute expérience, on pouvait savoir que c'était tenter une aventure impossible; car dans cet ordre si l'expérience est indispensable pour choisir et pour déterminer la réalisation des possibles, au contraire avant toute expérience une telle contradiction acquiert l'impossibilité. La possibilité n'acquiert pas l'existence, mais l'impossibilité acquiert l'inexistence future.

L'un chasse l'autre. Il était malheureusement à prévoir que le tribuniciat chasserait le dreyfusisme. Il avait commencé par le chasser de Jaurès. Il ne manqua pas de le chasser de toute l'action de Jaurès et de son recommencement du dreyfusisme. Dans tout son recommencement de l'affaire, Jaurès parla comme un tribun, non comme un dreyfusiste. La campagne dans les journaux fut une campagne d'entraînement. Le grand discours parlementaire fut un grand discours d'entraînement : entraînement des socialistes qui ne marchaient pas beaucoup; entraînement des radicaux-socialistes qui ne marchaient pas du tout, et menaces conditionnelles aux radicaux-socialistes; entraînement des radicaux qui marchaient contre, et menaces conditionnelles aux radicaux; entraînement contre les réactionnaires et menaces conditionnelles aux réactionnaires; tous entraînements qui étaient des entraînements de tribun.

Ce ne furent que paroles d'attaque et d'assaut, *en avant, en avant, chargez!* sans aucun renseignement, sans aucune indication, sans aucune confiance. A aucun moment de l'affaire ainsi recommencée le grand orateur ne nous communiqua les renseignements qu'il avait sur les dispositions de l'ennemi, et, ce qui était malheureusement le plus important, sur les dispositions de l'ami. Non seulement pendant tout le débat parlementaire il fit comme s'il était beaucoup plus maître de ses troupes et beaucoup plus assuré de la victoire qu'il ne l'était, ce qui est l'enfance de l'art de la guerre, mais ce qui est en vérité la mort de l'art de la justice et de la science de la vérité, mais le lendemain du débat parlementaire il écrivit dans son journal comme s'il était content du résultat. On sait pourtant quel était ce résultat. Il continua la campagne dans son journal tout comme s'il eût été content du résultat commencé, assuré du résultat final, et que tout cela dût continuer. Tout d'un coup la campagne cessa, sans qu'on ait jamais su pourquoi, brusquement, comme elle avait commencé, laissant en l'air les petites gens qui s'étaient mis en route et continuaient de marcher et comptaient marcher jusqu'au bout. Le même arbitraire, la même autorité de commandement qui avait décidé le recommencement de l'affaire décida sans doute aussi la fin du recommencement de l'affaire. Et de même que nous n'avons rien connu du recommencement de l'affaire, nous ne connaissons rien aussi de la fin de ce recommencement. Jaurès avait recommencé. Jaurès a fini de recommencer. Que son saint nom soit béni. Pendant tout le recommencement, il avait parlé de l'affaire comme s'il ne pouvait pas se passer de ce recommencement; et le lendemain de la fin du recommencement il s'en passait très bien et se portait mieux que jamais. Cette seconde fin brusque, arbitraire, inopinée est une deuxième amnistie, une suramnistie, une petite amnistie d'usage particulier que s'accorde Jaurès comme il s'était accordé un petit recommencement d'usage particulier. Le malheur est que plusieurs petites gens, qui continuaient pendant qu'il arrêtait, qui ont continué depuis, qui continuaient quand il recommença, qui ont continué quand il arrêta derechef, qui continuent et qui continueront, ont été beaucoup moins aidés de son petit recommencement qu'ils n'ont été gênés de sa grande et de sa petite amnistie, et de son recommencement même.

Pendant toute la grande et la première partie de l'affaire Jaurès avait parlé comme s'il ne dût jamais y avoir d'amnistie; pendant tout l'intervalle compris entre la première amnistie et le recommencement il parla de loin en loin comme s'il devait y avoir quand il en serait temps un recommencement définitif; pendant tout le recommencement il parla comme s'il ne dût jamais y avoir de seconde amnistie.

Pendant toute la grande et la première partie de l'affaire Jaurès, ayant l'air de marcher à fond et de s'être donné tout entier, obtient la confiance entière du personnel dreyfusiste entier. L'amnistie lui enleva cette confiance. Le recommencement ne la lui rendit que partielle, mais partielle en nombre plutôt qu'en quantité; je veux dire que la confiance ne lui revint pas, à beaucoup près, de tout le monde, mais ceux qui la lui rendirent la lui rendirent en général toute, comme ceux qui la lui avaient gardée la lui avaient gardée toute; et cette confiance même rendait plus efficace, la faisant intérieure, plus redoutable, plus responsable d'autant son autorité de commandement. Il est notable que Jaurès obtient aujourd'hui confiance auprès de bien peu de gens, mais ceux qui la lui ont gardée ou la lui ont rendue la lui ont gardée ou la lui ont rendue presque entière. Il a pu amnistier beaucoup de crimes et beaucoup de gens. Il a pu vouloir amnistier l'amnistie même. Il n'a pas pu amnistier dans certaines consciences droites et bonnes sa gloire et sa grandeur passée.

Au lieu de justifier cette confiance, comme il devait,

comme on doit, et ne rien faire pour l'exciter, Jaurès fit tout pour l'exciter et malheureusement ne fit rien pour la justifier. Mais il fit tout pour l'exciter. Tout le temps qu'il parla, entre la résolution brusque de recommencer, et la résolution brusque d'arrêter son recommencement, il parla comme s'il s'engageait à fond, et comme un homme qui s'est donné tout entier. C'est toujours la grande parole en chef des généraux commandant en chef quand en eux-mêmes ils pensent aux clauses des capitulations éventuelles : *Je reviendrai vainqueur ou mort.* On ne revient ni vainqueur, ni mort; mais en attendant ça sert à donner du courage, à ceux qui n'en ont pas du tout.

A aucun moment Jaurès ne nous a dit ce qu'il pensait, ni ce qu'il savait de ses ennemis, de ses amis politiques, des radicaux, surtout et nommément de certains radicaux, des radicaux-socialistes, surtout et nommément de quelques radicaux-socialistes, des socialistes qui lui étaient ennemis, de certains ministres, du général André, ministre de la guerre, de M. Combes, président du conseil et ministre de l'intérieur et des cultes, de certaines cabales, de certains journalistes, et de M. Loubet, président de la République.

Il préférait nous faire croire que tout allait bien, quand il savait que tout allait mal. C'est assurément la plus grave injure que nous ayons reçue depuis le commencement de l'affaire, que certains encouragements. Comme un homme qui aurait fréquenté la mauvaise compagnie et qui, revenu parmi les honnêtes gens, tiendrait inconsciemment un singulier langage, le grand orateur, se tournant enfin vers nous, nous adressa ces singuliers encouragements. Nous n'en avions pas besoin, Jaurès. Nous n'avons pas besoin, pour être avec vous, de savoir qu'il n'y a aucun danger. Tournez-vous, de grâce, et parlez à vos amis.

Jaurès, ayant oublié toutes nos relations antérieures, nous a parlé comme un qui, ayant vécu dans la compagnie des voleurs, nous dirait à déjeuner : Monsieur, vous êtes bien honnête, vous ne m'avez pas encore volé ma fourchette. Il y a des propos qu'on ne tient pas.

Rien ne pouvait nous être plus désagréable que cette confusion fâcheuse. Ayant accoutumé de parler à des politiciens, Jaurès continuait de nous parler comme à des politiciens. Il avait pu par l'amnistie amnistier l'affaire. Il ne pouvait plus, en ce sens, par le recommencement de l'affaire, amnistier en lui-même l'amnistie. Son langage demeurait politique dans le recommencement de l'affaire; et dans le recommencement de l'affaire, plus en particulier il devenait ou demeurait politique envers nous. Jaurès gardait envers nous son langage appris, son langage politique parlementaire, son langage de groupe, son autorité de commandement, en général sous la forme du commandement, en particulier sous la forme particulièrement odieuse de l'autorité d'encouragement. Ces encouragements étaient inutiles, car nous sommes prêts.

Prêts depuis la première heure, nous avons toujours continué d'être prêts. Sur le vu de nos listes, je réponds que le personnel de nos abonnés, pour le nombre et pour la qualité, pour les noms et pour les situations, et pour les professions, pour les personnes et pour l'esprit, pour les consciences, est de toutes les compagnies actuellement constituées celle qui représente le plus fidèlement, le plus exactement l'ancien, le constant et le véritable personnel dreyfusiste. L'État-Major dreyfusiste, comme tous les États-Majors, nous a traités durement; mais les petites gens, qui furent l'âme du dreyfusisme, et qui en ont seuls gardé la mémoire, ne s'y sont pas trompés; ils nous ont continué leur audience, leur travail, souvent leur aide. Ceux qui nous ont quittés ne nous ont pas quittés, nous indignes, pour un dreyfusisme plus juste ou plus approfondi. Ces anciens camarades nous ont quittés pour les honneurs, pour les puissances, pour les biens temporels des partis et de l'État, pour les mensonges politiques parlementaires, pour exercer des autorités de commandement, quand la vieille maison dreyfusiste fut devenue modeste, voûtée, moussue. Ils nous ont quittés pour l'injustice et pour le mensonge. Ils nous ont laissé la justice et la vérité redevenue miséreuse.

Nous n'en tirons nulle vanité. Nous n'avons gardé pour nous que les tristesses de la maison. Nous gardons sans orgueil et sans vanité la profondeur et la constance de notre ancien dreyfusisme. Et nous n'en voulons tirer non plus aucune autorité de commandement. Nous savons que la constance ni la fidélité ne confère aucune autorité de commandement. Rien ne confère aucune autorité de commandement. La constance et la fidélité ne demandent pas plus à commander, n'ont pas plus envie de commander, que d'obéir. Il n'y a pas dans cette affaire, il ne peut y avoir dans aucune affaire une autorité du plus constant. La constance est comme une antériorité perpétuellement continuée. Elle est à l'antériorité en un sens comme la durée serait à une création. L'autorité que l'antériorité ne confère pas, la constance ne la confère pas. L'autorité que l'antériorité ne confère pas en une fois, la constance ne la confère pas continûment. Si nous prenions texte de ce que nous sommes et de ce que nous avons été des dreyfusistes constants pour demander d'exercer une autorité de commandement sur les dreyfusistes inconstants, intermittents, auteurs et bénéficiaires des amnisties, nous ne serions pas reçus. Mais réciproquement nous n'admettons pas que les dreyfusistes inconstants, auteurs et bénéficiaires des amnisties, exercent sur nous l'autorité de commandement que nous ne demandons pas sur eux. Il serait singulier qu'une autorité de commandement que la constance ne confère pas, l'infidélité, l'amnistie la conférât. Nous défendons généralement toutes nos libertés contre toutes les autorités de commandement. Nous défendons en particulier toutes nos libertés dreyfusistes contre toutes les autorités de commandement prétendues dreyfusistes qui ont voulu s'établir parmi nous et sur nous.

Il est notoire que dans presque toutes les campagnes et dans presque tous les débats, dans presque tous les travaux, les combattants ou les ouvriers de la perpétuelle dernière heure, c'est-à-dire les combattants ou les ouvriers inconstants, c'est-à-dire les mauvais combattants et les mauvais ouvriers, puisque la constance est provisoirement et pour longtemps la première des vertus, réclament pour eux la faveur et l'injustice d'exercer une autorité de commandement que les combattants et que les ouvriers constants n'ont pas même la pensée de réclamer. Outre le besoin mauvais, et qui semble presque universel, d'exercer une autorité de commandement, il s'établit en eux comme un besoin mauvais d'équilibre, de rançon, de talion, d'équivalence injuste; outre le zèle faux et l'outrance de l'inconstant, les inconstants se rattrapent à chaque instant de leur ancienne faiblesse et de leur faiblesse toujours présente, à chaque instant de leur ancienne lâcheté, de leur lâcheté toujours sous-présente, ils se défendent, se sauvent des reproches mérités qu'on leur fait ou qu'ils se font eux-mêmes, qu'ils prévoient ou qu'ils entendent, compensent leur absence initiale et leur continuelle absence en insistant sur leur nouveau rôle intermittent et sur leur présence intermittente obsédante et sur l'autorité de commandement qu'ils veulent exercer dans les intermittences de leurs nouvelles attitudes.

Quand donc je sus que l'on préparait un recommencement de l'affaire, la première chose que je ne me demandai pas, que je n'avais pas à me demander, fut de savoir si ces cahiers y contribueraient. De telles questions se posent pour ceux qui se croient le droit d'interrompre, d'ajourner, de reprendre, d'amnistier, d'altérer leur action politique et sociale pour les intérêts ou pour les besoins de leur politique, d'amnistier leurs amnisties mêmes, de reprendre de la main gauche le peu qu'ils ont donné de la main droite, et qui en fait subordonnent perpétuellement leur action politique et sociale aux intérêts et aux besoins de leur politique. Elles ne se posent pas pour ceux qui, résolus à n'entrer pas même dans les considérations de la politique, poursuivent modestement mais continuellement leur action morale. Nous n'avons pas eu un seul instant à nous demander si nos cahiers contribueraient au recommencement de l'affaire, pour cette bonne raison que nos cahiers, pour leur part de travail, pour leur part d'action, pour leur part de responsabilité, n'avaient jamais interrompu l'affaire. Il n'y a pas, il n'y a jamais eu, il ne pouvait pas y avoir pour nous de recommencement de l'affaire, parce que depuis le commencement de l'affaire il n'y avait jamais eu pour nous d'interruption de l'affaire. Depuis le commencement de l'affaire il y a l'affaire, sans nulle interception, sans nulle amnistie, sans nulle prescription. Depuis le commencement de l'affaire, l'affaire continuait. Malgré l'amnistie elle continuait. Avec ou sans recommencement, et je dirai presque malgré le recommencement elle continuait. Le principal inconvénient du mot *recommencement* et du mot *reprise*, et de l'acte même, dans le sens et dans le ton et la teneur où on le fit, fut en effet de faire croire que pendant un certain temps, pendant un certain intervalle, compris entre l'amnistie et ce recommencement même, elle avait cessé de continuer. En ce sens les auteurs du recommencement, par la manière dont ils présentaient, dont ils introduisaient ce recommencement, nous firent à nous, auteurs de la continuation, firent à l'affaire, et au dreyfusisme même, peut-être plus de mal que de bien. Nous aperçûmes assez rapidement ce mal, et tout le dommage qui en résulterait. Nous n'avons pourtant ni pu ni voulu décourager, refuser certains camarades qui nous revenaient.

On l'a trop oublié : au moment où certains auteurs de l'amnistie firent savoir qu'ils préparaient un recommencement de l'affaire, la question ne pouvait absolument pas se poser de savoir si les auteurs de la continuation, si les adversaires de l'amnistie contribueraient à ce recommencement. Une telle question, de contribuer ou de ne contribuer pas, se posait pour les autres auteurs de l'amnistie; elle ne pouvait pas se poser pour nous. Tout recommencement nous était bienvenu, nous revenait, parce que tout recommencement entrait dans la continuation, dans notre continuation. Ce n'était pas la continuation qui avait à entrer ou à n'entrer pas dans le recommencement, mais le recommencement qui avait à entrer dans la continuation.

Les intéressés en furent avertis aussitôt. Je les prévins moi-même qu'après comme avant le recommencement de l'affaire les cahiers continueraient d'être à l'entière disposition d'un véritable dreyfusisme. Et puisque nos cahiers ont été institués en partie pour être des cahiers de renseignements, de documents et de textes, des cahiers d'enregistrement, des cahiers de faits, des cahiers de dossiers, je demandai qu'il fût entendu que provisoirement, et en attendant une action plus pragmatique, mais officiellement, un dossier de l'affaire à partir de son recommencement fût constitué en cahiers. De quelle utilité pouvait, devait être un tel dossier pour le dreyfusisme, c'est ce que nous verrons facilement quand nous examinerons de l'intérieur ce recommencement même.

La question qui se posait alors était exactement la question contraire de celle que l'on a presque généralement posée; la question qui se posait n'était pas de savoir si en intention nous nous rendrions aux auteurs du recommencement, mais si en fait les auteurs du recommencement, qui se prétendaient dreyfusistes, en effet se rendaient à nous, s'ils revenaient dans le vieil atelier et si revenus ils nous y aidaient. Premièrement, la question n'allait pas de nous à eux; mais elle revenait d'eux à nous; et s'il y avait arbitrage nous étions les arbitres. Deuxièmement ce qui était en cause n'était pas nos intentions envers eux, notre collaboration envers eux, mais au contraire leurs intentions envers nous, leur collaboration avec nous, l'accueil que nous leur ferions, l'hospitalité que nous leur accorderions, et le travail utile de justice dont ils récompenseraient cette hospitalité.

Premièrement la question n'allait pas de nous à eux; elle revenait d'eux à nous. Il ne s'agissait pas de nous adjoindre à eux, d'entrer dans leur jeu, de nous transporter dans le recommencement, de suivre le mouvement, de suivre. Nous n'étions pas en cause. Nous étions parfaitement connus. Notre action était parfaitement connue. Nous n'apportions rien de nouveau, rien d'imprévu, rien d'inédit, rien de théâtral. C'est l'avantage de la continuation qu'elle n'apporte avec elle aucun sursaut de découverte, aucune révélation sensationnelle, et qu'ainsi elle répugne perpétuellement au huis clos, à tout ce qu'il y a de huis clos dans la préparation solennelle d'un coup de théâtre. Il s'agissait au contraire à eux de s'adjoindre à nous, à eux qui nous avaient quittés pour un temps. C'étaient eux qui revenaient, et c'était au recommencement à se transporter dans la continuation.

Deuxièmement ce qui était en cause n'étaient pas des intentions, puisque les nôtres étaient continuellement connues et puisque préparer un recommencement voulait dire de leur part qu'ils allaient nous annoncer les leurs; ce qui était en cause était l'accueil que nous leur ferions, à eux personnellement, et la réponse qu'ils donneraient à cet accueil.

Quand il s'agissait d'eux, jusqu'au recommencement les intentions étaient en cause, parce qu'on ne connaissait pas d'avance leurs intentions, puisqu'ils avaient souvent contrarié leurs propres intentions; mais puisque cette fois il s'agissait de nous, les intentions n'étaient pas en cause, parce qu'on les connaissait toutes, puisqu'ils annonçaient qu'ils allaient nous dire les leurs, et que les nôtres par définition sont perpétuellement connues. Nos intentions envers l'affaire, le dreyfusisme et le recommencement de l'affaire étaient parfaitement et perpétuellement connues.

Nos intentions envers les auteurs du recommencement n'étaient pas commandées toutes par nos intentions envers ce recommencement; mais elles résultaient de ces intentions parfaitement connues et du travail que produiraient en effet les auteurs du recommencement. Ce que fut ce travail, et s'il fut vraiment dreyfusiste, c'est ce que nous examinerons quand nous étudierons de l'intérieur le recommencement de l'affaire. Ce que fut notre accueil, nous l'examinerons par suite en même temps. Et c'est ce que nous ferons dans un dernier cahier.

Dans ce dernier cahier nous plaçant au cœur du recommencement nous examinerons ce recommencement d'un regard intérieur, et comme historiens et comme dreyfusistes nous en esquisserons et nous en critiquerons l'histoire. Autant que nous le pourrons nous nous rappellerons le détail des faits, des événements et des situations historiques successives. Autant que nous le pourrons nous interpréterons ce détail du fait au regard du droit, nous éclairerons l'obscurité de l'événement à la lumière, à la clarté du dreyfusisme. Autant que nous le pourrons, pour employer l'expression la plus simple, mais aussi la plus juste et la plus puissante, nous essaierons de nous y retrouver, car je crois que l'on nous y a quelque peu perdus.

Dans le premier de ces trois cahiers nous avons examiné, comme historiens, comme théoriciens, comme philosophes et comme moralistes les deux journées de débats parlementaires qui furent l'incident le plus grave de ce recommencement; nous les avons examinées surtout au point de vue politique parlementaire; nous n'avons vu le dreyfusisme qu'autant que le jeu politique parlementaire lui-même nous mettait en présence du faux ou du véritable dreyfusisme; nous n'étions pas du côté du dreyfusisme; nous étions du côté politique parlementaire.

Aujourd'hui, et dans ce deuxième cahier, nous avons, autant que nous avons pu, regardé du même regard extérieur tout le recommencement de l'affaire; nous avons examiné ce recommencement au point de vue politique parlementaire; nous avons examiné, autant que nous l'avons pu, dans quel milieu, dans quelles institutions, dans quelles mœurs, dans quelles habitudes politiques parlementaires, dans quelles situations politiques parlementaires, dans quel idiome et langage même s'était présenté, s'était déroulé, s'était finalement compromis ou perdu le recommencement que l'on avait voulu tenter de l'affaire Dreyfus par les moyens politiques parlementaires. Aujourd'hui, et dans ce deuxième cahier, nous n'avons vu le dreyfusisme qu'autant que le jeu politique et parlementaire lui-même, annonçant, entourant, embrassant, englobant, étreignant, étouffant ce recommencement de l'affaire, nous y mettait en présence du faux ou du véritable dreyfusisme; nous n'étions pas du côté du dreyfusisme; nous étions pendant tout ce temps du côté politique parlementaire. Ayant à étudier le recommencement de l'affaire par les moyens politiques parlementaires, nous avons commencé par étudier les moyens politiques parlementaires.

Cette méthode peut sembler inverse, mais cette inversion même était indispensable; j'ai annoncé depuis longtemps que nous essaierions quelque jour de faire une *histoire de la décomposition du dreyfusisme en France;* nous serons entraînés sans doute, par cet essai même, à essayer de faire une *histoire de* tout *le dreyfusisme en France*. Mais qu'on se rassure : nous ne commencerons de travailler à une telle histoire que quand on pourra le faire utilement; nous ne la rédigerons qu'aux dates où l'on saura, et où l'on pourra dire beaucoup, sinon tout, de la vérité; ces temps ne sont pas encore près d'arriver. Peut-être les hommes de notre âge ne pourront-ils procéder que par les mémoires posthumes.

Je prévois que cette *histoire du dreyfusisme en France* ne comportera pas moins de quatre parties, qui seraient :

a) — une *histoire de la formation du dreyfusisme en France;*
b) — une *histoire du fonctionnement* ou *de l'exercice du dreyfusisme en France;*
c) — une *histoire de la décomposition du dreyfusisme en France;*
d) — une *histoire du renversement,* ou *de la contrefaçon du dreyfusisme en France.*

Le récent recommencement serait évidemment dans la contrefaçon.

Or, dans la première partie, dans une *histoire de la formation du dreyfusisme* en France, il faudrait justement faire le contraire de ce que nous avons fait, aujourd'hui et hier, dans ce fragment de la troisième ou de la quatrième partie, *décomposition, renversement* ou *contrefaçon;* dans une *histoire de la formation du dreyfusisme* il faudrait faire exactement le contraire de ce que nous avons fait pour une esquisse de l'histoire du recommencement; dans une *histoire de la formation,* dans une histoire du commencement et du dreyfusisme et de l'affaire Dreyfus, il faudrait aller de l'intérieur à l'extérieur; dans une histoire du recommencement nous avons été contraints d'aller de l'extérieur vers l'intérieur. C'est que le recommencement de l'affaire Dreyfus ne s'est nullement fait par un mouvement symétrique du mouvement par qui s'était fait le commencement de l'affaire Dreyfus. Cette récente et presque posthume partie de l'affaire ne se meut pas dans l'histoire d'un mouvement symétrique au mouvement dont se meut pour et dans la grande histoire la grande et la première partie de cette grande affaire et de ce grand dreyfusisme. Il ne faut pas que l'identité de la victime et que l'identité de certains hommes, il ne faut pas que l'identité des noms et des mots nous abuse : le recommencement n'a pas été un recommencement du commencement.

Dans la réalité du commencement, et ainsi dans une histoire du commencement, puisqu'il faut qu'avant tout l'histoire accompagne la réalité, nous assistons à un mouvement né de l'intérieur, partant de l'intérieur, à un mouvement moral, né dans le secret et dans la profondeur des consciences, à un mouvement de germination mentale et morale, et de végétation qui s'élargissait peu à peu et gagnait de proche en proche. Non pas que feignant un miracle nous voulions négliger les circonstances extérieures, les conditions d'histoire et de géographie qui accueillirent, mal ou bien, qui entravèrent ou fomentèrent la germination, la croissance et la végétation de l'affaire Dreyfus et du dreyfusisme. La plante non plus ne vit pas dans le miracle et dans le vide; la plante non plus n'est pas totalement et absolument indépendante et libre du milieu où elle vit, du sol et du climat. Elle en dépend même considérablement.

Mais si considérable que soit la dépendance de la plante, elle n'est pas entière; et aucune influence du sol ou du climat ne fera par des moyens prochains et par des interventions secondes que des pépins de raisin de vigne germent et croissent en blé. La terre et le ciel peuvent tuer la plante ou la nourrir; ils peuvent la restreindre ou la déformer; ils peuvent la faire languir; comme ils peuvent aussi lui donner les moyens d'un accroissement normal, d'une heureuse vieillesse, d'un accroissement exubérant, d'une luxuriance, d'une évolution grandissante; comme aussi d'une dévolution. Mais ils ne peuvent pas l'adultérer.

Pendant la grande première partie de l'affaire il est évident, ou plutôt il est posé par définition que l'affaire Dreyfus et que le dreyfusisme ne fonctionnèrent pas dans le miracle et dans le vide; elles trouvèrent, comme tout ce qui se produit à l'événement, comme tout ce qui est matière d'histoire, des circonstances, des conditions extérieures, des situations, des hommes et des mouvements qui les entravaient ou qui les secondaient, qui les tuaient dans les consciences et hors des consciences ou qui les nourrissaient, qui les restreignaient, les déformaient ou qui au contraire les fomentaient. Et il faut toujours compter avec l'extérieur. L'ambiance existe. La terre et l'air existent. On n'agit qu'à force de gagner vers et sur l'extérieur. Mais dans cette grande première partie de l'affaire le mouvement venait de l'intérieur; il était parti du germe; ce fut vraiment une germination mentale et morale; quelles que fussent les réfractions successives, les déformations inévitables, dans la véritable affaire le mouvement était un mouvement de vie, et le mouvement de vie venait de l'intérieur; la perpétuelle vibration se mouvait de l'intérieur. Pour quelques fortunes ou pour quelques ingratitudes que fussent en route les propagandes ou les propagations, elles se propageaient de l'intérieur, elles venaient de l'intérieur, elles venaient d'elles-mêmes; elles existaient; par elles-mêmes; la chaleur de vie et de conviction, le battement de cœur, l'ardeur de dévouement, de sacrifice et d'inquiétude, le principe d'action, la ferveur pieuse était intérieure. C'était l'affaire Dreyfus et le dreyfusisme qui faisaient, comme ils pouvaient, mais qui faisaient le dreyfusisme, l'action dreyfusiste, mettons le mot : la révolution dreyfusiste.

Dans le recommencement au contraire que l'on nous a fait récemment de l'affaire Dreyfus par les moyens politiques parlementaires, ce sont ces moyens politiques parlementaires qui ont commandé le recommencement; ce n'est pas l'affaire qui s'est recommencée, qui s'est refaite elle-même par les moyens politiques parlementaires, ce sont les moyens politiques parlementaires qui ont refait l'affaire, qui l'ont refaite à leur image, qui ont refait une contrefaçon grotesque et lamentable de l'affaire; nous les avons nommés des moyens parce qu'il est sage de prendre et d'intituler d'abord une question comme on l'intitule généralement, comme l'intitulent ses auteurs; mais ce que nous aurons à nous demander dans le prochain cahier, ce sera justement si ce n'étaient pas les prétendus moyens politiques parlementaires qui étaient la fin, et la prétendue fin dreyfusiste qui étaient les moyens; ce que nous aurons à nous demander, ce sera justement si ce que l'on nous a fait dernièrement, et qui promettait d'être un recommencement de l'affaire Dreyfus par les moyens politiques parlementaires n'a pas été au contraire une continuation, un cas particulier de la politique parlementaire par les moyens, par l'exploitation de l'ancienne affaire Dreyfus.

Pour le savoir nous nous mettrons à l'intérieur de ce recommencement, nous nous transporterons du côté du dreyfusisme, et redescendant l'histoire de ce recommencement, comme dreyfusistes nous verrons bien ce qui nous arrivera. Moi-même il me tarde un peu de regarder et de parler en dreyfusiste, et non plus comme un historien de la politique parlementaire. Il me tarde aussi de suivre dans le détail et de redescendre l'événement des faits. Si réelles que soient les institutions et les mœurs, les habitudes et les vices, les idées et les intentions, les combinaisons mêmes et le langage et le jeu des partis, si réaliste que soit l'analyse ou la synthèse du monde mental et moral, d'un monde politique et social, rien ne vaut une bonne histoire, et la réalité d'une bonne histoire donne une certaine sécurité que la réalité non moins réelle et peut-être plus profonde de ce qui ne se met pas en histoire ne donne pas.

Ce n'est point par un goût pervers, c'est par une

inversion non seulement justifiée mais indispensable qu'ayant à étudier le recommencement de l'affaire Dreyfus par les moyens politiques parlementaires nous avons mis tant de temps de travail à étudier les moyens politiques parlementaires qui entouraient et qui en réalité asservissaient ce recommencement. Si l'on avait à faire une histoire de la grande affaire, on se mettrait au cœur du commencement, on accompagnerait cette réalité naissante, croissante et florissante et suivant la réalité, quand on heurterait les masses extérieures, alors il serait bien temps, mesurant, estimant les réfractions, les résistances et les compositions de forces, d'étudier aux points de résistance le monde extérieur, l'hostilité violente ou sournoise de tout ce que, dans un temps inoubliable de béatitude révolutionnaire, nous avons bousculé au pas de charge. Mais ayant à esquisser une histoire d'une petite affaire, il nous fallait, pour nous conformer à la réalité, commencer par les conditions extérieures politiques parlementaires qui ont commandé tout.

La forme générale de cette méthode se ramasse en un cas individuel. Je sais parfaitement qu'ayant à étudier un recommencement de l'affaire Dreyfus nous n'avons presque jamais parlé que de Jaurès; et que j'ai presque toujours prononcé le nom de Jaurès, et que je n'ai presque jamais prononcé le nom de Dreyfus. Mais c'est la réalité même qui nous y a contraints. Dans la réalité l'intervention de Jaurès était presque partout, et l'intervention de M. Dreyfus ne fut presque nulle part. M. Dreyfus n'est intervenu qu'en second, assez tard, par une lettre au ministre de la guerre que nous avons reproduite à sa place dans le dossier que nous formons, et qui n'est guère qu'une réduction du grand discours prononcé par Jaurès dans les deux grandes séances de la Chambre. Ainsi la question générale que nous aurons à nous poser dans un dernier cahier sera de savoir si la reprise de l'affaire Dreyfus que l'on nous a faite ou que l'on a tentée par les moyens politiques parlementaires n'a pas été une continuation, un cas particulier de la politique parlementaire par les moyens, par l'exploitation de l'ancienne affaire Dreyfus. Mais cette question générale se ramassera sans doute en une question particulière, qui sera de savoir si le recommencement de l'affaire Dreyfus que Jaurès nous a fait par les moyens politiques parlementaires n'a pas été littéralement une affaire Jaurès entreprise en substitution de l'ancienne affaire Dreyfus, en exploitation de l'ancienne affaire Dreyfus, par un Jaurès devenu proprement et uniquement parlementaire et politique.

CINQUIÈME SÉRIE

ORLÉANS VU DE MONTARGIS

Douzième cahier de la cinquième série (15 mars 1904).

Je n'oublie pas les bonnes gens de mon pays ; et puisque mon vieux camarade Henri Roy [1] ne se résout point à citer nos cahiers dans son *Progrès du Loiret,* je serai bon camarade, et prendrai les devants ; je citerai dans ces cahiers *le Progrès du Loiret,* dont il eſt devenu le rédaƈteur en chef.

La situation d'Orléans n'eſt pas analogue à la situation de Laval [2] ; non pas que les catholiques réaƈtionnaires orléanais soient moins mauvais, moins autoritaires, plus vraiment libéraux, moins portés aux dominations temporelles, moins avides, moins tyranniques, moins portés à exercer les autorités de commandement et de gouvernement que les catholiques réaƈtionnaires lavallois ; nous connaissons par Challaye les catholiques réaƈtionnaires lavallois ; je connais pour les avoir éprouvés les catholiques réaƈtionnaires orléanais ; pour les avoir éprouvés en un temps où nos radicaux de gouvernement politiques parlementaires se terraient à plusieurs degrés au-dessous de l'horizon.

Mais les catholiques réaƈtionnaires orléanais sont momentanément les moins forts, dans leur province ; ils n'ont pas reculé devant l'État-Major d'un radicalisme de gouvernement ; ils ont dû reculer devant une aƈtion, devant une propagande révolutionnaire socialiſte et dreyfusiſte, admirablement soutenue et nourrie par quelques vieux radicaux orléanais, simples hommes ; je me rappelle encore cette célèbre ancienne conférence de l'ancien Pressensé, de Quillard et de Mirbeau, dans la salle du Théâtre.

Les catholiques réaƈtionnaires orléanais sont momentanément les moins forts dans leur département ; eſt-ce à dire qu'Orléans soit devenue, à la différence de Laval, une cité de justice, une cité de liberté; naturellement non.

Usurpant les résultats de cette action, de cette propagande révolutionnaire socialiste et dreyfusiste si admirablement soutenue et alimentée par quelques vieux radicaux, républicains sincères, inambitieux, ignorés[1], nos ennemis les amis politiques, les radicaux de gouvernement politiques parlementaires, les États-Majors précédemment terrés n'eurent pas de cesse qu'ils n'eussent assis, en face de la domination catholique réactionnaire, momentanément repoussée, leur domination opposée, leur autorité de commandement égale et de sens contraire, leur autorité de gouvernement parlementaire et politique; leur action n'a nullement consisté à libérer les citoyens qui se voulaient affranchir de la domination de l'Église, mais elle a fort exactement consisté à substituer, point pour point, bout à bout, sans aucun jeu, la domination de l'État laïque, autoritaire, gouvernemental, préfectoral, parlementaire et politique, à la domination de l'Église autoritaire, gouvernementale, épiscopale et politique; tout ce qui a été perdu pour l'Église a été gagné pour l'État; ainsi la part de la vraie liberté est demeurée strictement la même; nulle; ni la justice, ni la liberté n'ont gagné d'une ligne; le bénéfice de l'opération devient le suivant : tout ce qui se dérobe à la domination de l'Église est asservi à la domination de l'État; tout ce qui se dérobait à la domination de l'État était asservi à la domination de l'Église; sans compter ce qui est asservi ensemble et à l'une et à l'autre domination; car ces deux dominations chevauchent.

Ainsi partagé entre ces deux dominations égales et de sens contraire, opposées, l'une plus officiellement forte, l'autre plus sournoisement forte, Orléans représente mieux que Laval ce que nous pouvons nommer la situation générale, moyenne et commune, du pays; plié sous la servitude catholique, réactionnaire cléricale, presque unique, Laval représente, par un cas de survivance intéressant, ce qu'était le pays moyen sous la domination méliniste, il y a quelques années, avant le sursaut, la révolte et la révolution de l'affaire Dreyfus, du socialisme révolutionnaire, du dreyfusisme révolutionnaire; ou si l'on veut, par un phénomène intéressant d'anticipation, dès aujourd'hui Laval nous représente ce qui nous attend, ce qui nous guette, pour quand le détournement parlementaire, pour quand la corruption politique aura fini d'épuiser toutes les forces de liberté, toutes les forces révolutionnaires, de dreyfusisme, de socialisme et d'acratisme qui seules maintiennent la République.

Pourtant ce n'est point pour donner une image, une représentation du pays commun, moyen, ordinaire, à la date d'aujourd'hui, que nous publions ci-après trois articles du *Progrès;* — que je me permets de nommer familièrement *le Progrès* tout court, comme un du pays; — pour donner une représentation de tout le pays commun, il faudrait tout un *courrier d'Orléans,* comparable au courrier que nous avons de Laval; un tel courrier ferait *la France vue d'Orléans;* les trois articles du *Progrès* font *Orléans vu de Montargis.*

Nous avons dit souvent qu'un certain radicalisme autoritaire, traditionnel, conservateur et souvent réactionnaire, qu'une certaine libre-pensée, qu'un certain prétendu rationalisme en réalité tendait à restituer un culte rituel d'État, de gouvernement, laïque, officiel, civil, — catholique au fond; — nous avons dit souvent que tout un parti politique parlementaire tendait à se constituer en Anti-Église; nous avons souvent essayé de montrer que cette tendance, que cette inclination n'était pas moins dangereuse pour la liberté, si même elle ne l'était plus, que la conservation catholique.

De même que la conservation catholique reparaît surtout aux grandes circonstances de la vie, naissance, mariage, et mort, de même cette inclination religieuse anticatholique, cette antireligion, apparaît, ou si l'on veut reparaît aux grandes circonstances de la vie; nous connaissons tous, au moins par les journaux, ces baptêmes laïques, si catholiques.

Je me permets de publier ci-après, empruntés au *Progrès du Loiret,* deux comptes rendus d'enterrements et un compte rendu de mariage; le respect que nous devons à tous les morts pourrait nous interdire de publier sur un mort des comptes rendus ennemis; il ne peut nous empêcher de publier un compte rendu ami; et si l'on voyait dans les textes reproduits la matière de quelque irrévérence, la faute en reviendrait toute aux amis, —

aux amis politiques, — du défunt; ce que nous voulons laisser voir, c'est justement qu'un certain rituel civil, en réalité politique, c'est qu'un certain cérémonial politique apporte quelque gêne à la manifestation des simples sentiments respectueux; qu'un certain cérémonial, en réalité catholique, apporte quelque ostentation à la manifestation des simples sentiments affectueux.

J'ai lu honnêtement les *obsèques du docteur Gebaüer;* j'ai lu ce compte rendu d'autant plus sérieusement, d'autant plus respectueusement que j'avais jadis beaucoup entendu parler de cet homme, en bien, par des hommes de bien, et que dans l'assistance, *exceptionnellement nombreuse,* nous avons reconnu plusieurs de nos véritables amis, qui sont des hommes sérieux; mais quand verrons-nous des enterrements civils vraiment libres, où il n'y aura pas *la musique républicaine;* et qu'est-ce enfin qu'une *musique républicaine?* quand n'y aura-t-il plus des *bannières couvertes d'un long voile de crêpe* qui remplacent les drapeaux couverts d'un long voile de crêpe; quand n'y aura-t-il plus de *drapeau* de la *Société de secours mutuels,* qui remplace les drapeaux militaires; et quand ne mènera-t-on plus *les petits garçons de l'école laïque* aux enterrements laïques des grandes personnes; laissons jouer nos petits enfants; nos petits garçons ne sont pas des enfants de chœur pour aller en cortège aux enterrements; et ce *cercueil recouvert du drap mortuaire de la Libre-Pensée;* qu'est-ce qu'un drap mortuaire de la Libre-Pensée; faut-il avoir des draps mortuaires particuliers, cérémoniels, et quand on est mort, pourquoi n'accepter pas le drap mortuaire de tout le monde; que si dans ces petites communes le drap mortuaire est un drap catholique, orné de croix, que la Libre-Pensée fasse faire un drap qui ne soit pas catholique, mais qui ne soit pas nommément, rituellement, et cérémoniellement, le *drap mortuaire de la Libre-Pensée,* qui ainsi étant commun puisse devenir quelque jour le drap mortuaire de tout le monde; ce *corbillard orné d'écussons;* ces *assistants* qui *portent à la boutonnière l'immortelle rouge;* comme si nous n'étions pas déjà pourris de décorations; toujours se distinguer; toujours n'être pas vêtu comme le simple citoyen; toujours porter un uniforme, et des galons; et surtout *la voiture habituelle de M. Gebaüer* qui *suit lanternes allumées et voilées;* cette voiture habituelle, c'est le fameux cheval de guerre, le cheval accoutumé, le cheval habituel, tout harnaché, conduit en main; pour moi, né du peuple, et demeuré peuple et simple autant que je le puis, je ne comprends pas qu'une voiture se promène avec personne dedans; c'est un cheval et une voiture de dérangés inutilement; la voiture d'un médecin de campagne n'est pas une relique, un moyen de miracles et de béatification, un appareil sacramentel qu'il faille promener en procession, tête nue, et devant qui s'agenouiller; et comme dans cette vieille et nouvelle coutume je retrouve la naïve mentalité politique radicale anticatholique et catholique, d'opposer le médecin au curé comme un faiseur de miracle à un autre faiseur de miracle; mais non, citoyens, le médecin est un praticien, modeste, un travailleur; il travaille, ou il doit travailler, d'après les savants, et, s'il peut, lui-même être un savant, c'est-à-dire un homme qui travaille et qui cherche, nullement un homme merveilleux; la voiture d'un médecin de campagne, pour moi socialiste, c'est son instrument de travail; et je ne connais pas que l'on en puisse rien dire qui soit plus respectueux et plus honorable que ceci, que c'est un instrument de travail; car je ne connais rien de plus respectable et de plus honorable qu'un instrument de travail; aucune cérémonie cultuelle ne me paraît plus respectable et plus honorable que le simple travail humain; si donc une voiture habituelle, d'un médecin de campagne, est un instrument de travail, et nullement un objet sacré, un objet de cérémonie religieuse, le jour que le médecin ne travaille pas, parce qu'il est mort, laissez reposer aussi ses instruments de travail; et que son vieux cheval en paix se repose dans son écurie; ce cheval n'est point un cheval de bataille, un cheval d'armes; c'était un cheval qui traînait une voiture; soyons simple; restons simples et professionnels; restons peuple; soyons hommes de métier; nullement cérémonieux; restons pragmatiques; je ne comprends pas qu'une lanterne soit allumée, si on veut la voiler; ou qu'une lanterne soit voilée, si nous l'avons allumée; les pompes funèbres ne sont pas considérables, à moins que de mettre en mouvement six divisions d'infanterie, l'artillerie de corps, et une division de cavalerie indépendante; mais ni les six divisions d'infanterie, ni l'artillerie de corps, ni la division de cavalerie indépendante ne valent un modeste cortège de simples amis conduisant leur ami, sans lanternes, en plein jour; les lanternes étaient faites pour éclairer les routes et les chemins, la nuit, dans les boues d'automne et dans les gelées d'hiver, quand le docteur, vivant, dans sa Sologne plate ou dans son val de Loire, allait visiter ses malades.

Comment ne pas s'indigner que les comédies politiques parlementaires aillent se produire jusque sur les tombes; l'oraison funèbre, en elle-même, est déjà un genre extrêmement délicat; je n'ai jamais bien compris que l'on pût parler dans le silence de la mort; mais que dire du boniment politique parlementaire assez impudent pour jouer sur un mort sa partie de comédie; on lira plus loin qu'*au cimetière, M. Descolis juge de paix,* ayant excusé *MM. Fernand Rabier député; Le Carpentier, procureur de la République,* — ici va commencer la comédie, — *donne lecture de la lettre suivante,* — ici commence l'audace, — *de M. Viger, sénateur.*

On lira plus loin la lettre de M. Viger, sans doute écrite par quelque secrétaire. *Elle est adressée à M. Baconnet, ami dévoué et exécuteur testamentaire du docteur Gebaüer.* Pour l'intelligence de la comédie, et pour la mesure de l'audace, il faut savoir que le docteur Gebaüer appartenait à la deuxième circonscription d'Orléans, Orléans campagne, et que cette circonscription fut la circonscription de M. Viger député; le docteur Gebaüer appartenait donc de quelque manière à M. Viger; il était de son arrondissement, de sa circonscription, de son royaume; en outre, si j'en crois les biographies, le docteur Gebaüer avait été en situation, à un moment de sa carrière politique, de devenir le député de cet arrondissement, qui était le sien, de cette seconde circonscription d'Orléans; il était, à ce moment de sa carrière politique, tout désigné aux suffrages préliminaires de ces assemblées plénières, de ces congrès généraux qui aujourd'hui, dans les pays de la domination radicale, anticipent les résultats du suffrage universel, fonctionnant comme un premier degré, mais comme un degré souverain, de suffrage, restreint; depuis, M. Viger est devenu sénateur du Loiret; son ancienne circonscription est tombée aux mains d'un réactionnaire; c'est ici un des rares événements qui font tache dans la carrière politique d'un politique parlementaire; c'est la seule tache qu'il y ait dans sa carrière politique, disent les hommes entendus; la morale, ou si on veut la nommer ainsi, l'immorale politique parlementaire, qui supporte tout, supporte mal cet accident; il a laissé sa circonscription à un réactionnaire; cela fait un dilemme; cela donne à penser aux simples ou bien que dans le temps de sa législature ce député a bien mal entretenu l'esprit républicain de ses électeurs, ou bien que dans le temps de sa législature ses électeurs étaient déjà, au moins pour une partie, réactionnaires, et qu'il représentait des éléments réactionnaires; et l'on se demande comment il rémunérait les réactionnaires qui lui donnaient leurs voix; car d'imaginer au contraire qu'aujourd'hui ce soit le député réactionnaire qui représente au Parlement des éléments républicains, nul n'y songe; on a vu des républicains représenter des éléments réactionnaires; — par quelles complaisances réactionnaires et nationalistes; — on ne voit pas un réactionnaire qui représenterait des éléments républicains.

Pour toutes ces raisons il fallait bien que M. Viger enterrât M. Gebaüer. M. Viger avait été comme le substitut, au moins imaginaire, de M. Gebaüer. M. Viger avait des remords politiques sur son ancienne circonscription, cette circonscription qui lui était commune, en un sens, avec M. Gebaüer. *En terminant, M. Viger fait connaître l'empêchement absolu où il se trouve d'assister aux obsèques et en exprime tous ses regrets.*

Les journaux nous ont rapporté, si j'ai bonne mémoire, que M. Gebaüer avait pu devenir le député de la deuxième circonscription d'Orléans et qu'il avait préféré continuer son métier de médecin; une telle résolution, si les journaux disent vrai, et si je me rappelle bien, honore un homme; M. Viger, qui était aussi médecin, je crois, à Jargeau ou à Châteauneuf-sur-Loire, et qui a préféré ne pas continuer son métier, qui a mieux aimé devenir député, ministre, sénateur, n'en devait pas moins enterrer avec tous les honneurs politiques ce médecin demeuré médecin.

Ce qui fait ici la funèbre comédie politique parlementaire, c'est que si je me reporte au *Progrès du Loiret,* numéro de l'avant-veille, mercredi 27 janvier 1904, annonçant la mort du docteur Gebaüer et donnant sa biographie, en un article nécrologique signé, si j'ai bien vu, de Roy lui-même, je lis que le docteur Gebaüer fut un dreyfusiste passionné, à ce point qu'en présence de la mort même il se réjouissait d'avoir pu assister au commencement assuré de la réparation judiciaire. Si le docteur Gebaüer était dreyfusiste, il était donc de ceux que M. Viger voulait faire enfumer dans leurs tanières ou fusiller.

Ces vieux républicains, que l'on enterre un peu partout aujourd'hui, et sur qui les jeunes républicains font des oraisons funèbres, appartiennent justement à cette première génération républicaine dont je parle dans mon *courrier des cahiers;* c'est ce qui fait un intérêt de ces cérémonies; ces vieux républicains eux-mêmes étaient un peu cérémonieux, aimaient un peu la cérémonie, un peu la magnificence, pourvu qu'elle fût civique; mais cette affection particulière avait nous ne savons plus quoi de naïf et de jeune, et aussi de naturellement grand, qui sauvait tout; rien de bourgeois; au contraire nos jeunes gens aiment la cérémonie comme un instrument de domination.

Il serait intéressant d'examiner, d'essayer de démêler dans des cérémonies comme celles dont nous publions aujourd'hui, dont nous reproduisons le compte rendu, quelle serait la part qui revient au cérémonialisme traditionnel des vieux républicains, et quelle au cérémonialisme arriviste de nos jeunes politiques parlementaires; et comment ces deux sentiments, sentiment traditionnel des anciens, sentiment politique et utilitaire des jeunes, se confondent, se soutiennent; aujourd'hui, nous n'avons voulu donner que des exemples de la résultante; et nous avons été chercher ces exemples dans un journal rédigé en chef par un homme intelligent.

C'est en effet une vieille règle de la méthode historique, et nous ne manquerons jamais de l'appliquer, que de demander les textes et les renseignements aux témoignages amis, autant qu'on le peut, et non pas aux témoignages ennemis; ayant à donner des exemples de ce que nous avons souvent répété que le radicalisme de gouvernement nous prépare une antireligion, une religion d'État, que la politique parlementaire nous prépare une immorale d'État, qu'une certaine libre-pensée, prétendue, nous prépare un culte rituel, formel, avec introni-

cérémonies rituelles; ces textes collent trop bien pour être authentiques; on nous les a faits exprès.

Ainsi parlerait un abonné irrespectueux, — il en est. — J'affirme sur l'honneur qu'il y a bien un *Progrès du Loiret,* paraissant à Orléans, et que nous n'avons pas fabriqué ces textes; le compte rendu que nous publions de ce mariage, non pas mariage, mais *cérémonie laïque et républicaine,* a bien été publié dans *le Progrès du Loiret,* numéro daté du samedi 19 décembre 1903, deuxième page, en haut de la cinquième et dernière colonne.

Et d'ailleurs qu'on relise un peu ces textes, et qu'on y réfléchisse : qui de nous, qui d'ailleurs serait capable de forger des textes aussi admirables; j'ai la plus grande estime pour nos auteurs et pour nos collaborateurs accoutumés; mais ce n'est pas leur faire injure que de demander : qui de nos auteurs, qui de nos collaborateurs accoutumés forgerait un texte aussi admirable; il y a dans *madame Bovary* un discours de *Comices* agricoles que prononce un conseiller de préfecture et que l'on entend un peu partout, aujourd'hui, attribuer au préfet ou au sous-préfet, ce qui n'est pas juste, puisqu'il fut prononcé par un conseiller de préfecture, et que *M. le préfet,* dit l'auteur, *n'avait pu venir;* pour faire, pour forger des textes et des comptes rendus comme ceux que l'on va lire, il faudrait être plus fort que le vieux Flaubert et que Maupassant; or on n'est pas plus fort que le vieux Flaubert et que Maupassant; saluons modestement une réalité aussi grande que le génie; et respectueusement dédions le courrier que l'on va lire

à la mémoire du vieux Flaubert.

SIXIÈME SÉRIE

ZANGWILL

Troisième cahier de la sixième série (30 octobre 1904).

Le cahier que l'on va lire[1] nous a été apporté tel que par le traducteur, mademoiselle Mathilde Salomon, directrice du Collège Sévigné, 10, rue de Condé, Paris sixième; le nom du traducteur et sa qualité recommandaient amplement le cahier; le nom de l'auteur n'est point connu encore du public français; il m'était totalement inconnu.

Quand nous ne connaissons pas le nom d'un auteur, nous commençons par nous méfier; et par nous affoler; nous nous inquiétons; nous courons aux renseignements; nous nous trouvons ignorants; nous sommes inquiets; nous demandons à droite et à gauche; nous perdons notre temps; nous courons aux dictionnaires, aux manuels, ou à ces hommes qui sont eux-mêmes des dictionnaires et des manuels, ambulants; et nous ne retrouvons la paix de l'âme qu'après que nous avons établi de l'auteur, dans le plus grand détail, une bonne biographie cataloguée analytique sommaire.

C'est là une idée moderne; c'est là une méthode toute contemporaine, toute récente; elle ne peut nous paraître ancienne, et acquise, et déjà traditionnelle, à nous normaliens et universitaires du temps présent, que parce que nous avons contracté la mauvaise habitude, scolaire, de ne pas considérer un assez vaste espace de temps quand nous réfléchissons sur l'histoire de l'humanité.

Beaucoup plus que nous ne le voulons, beaucoup plus que nous ne le croyons, beaucoup plus que nous ne le disons tous formés par des habitudes scolaires, tous dressés par des disciplines scolaires, tous limités par des limitations et des commodités scolaires, nous croyons tous plus ou moins obscurément que l'humanité commence au monde moderne, que l'intelligence de l'humanité commence aux méthodes modernes; heureux quand nous ne croyons pas, avec tous les laïques, avec tous les primaires, que la France commence exactement le premier janvier dix-sept cent quatre-vingt-neuf, à six heures du matin.

Or l'idée moderne, la méthode moderne revient essentiellement à ceci : étant donnée une œuvre, étant donné un texte, comment le connaissons-nous; commençons par ne point saisir le texte; surtout gardons-nous bien de porter la main sur le texte; et d'y jeter les yeux; cela, c'est la fin; si jamais on y arrive; commençons par le commencement, ou plutôt, car il faut être complet, commençons par le commencement du commencement; le commencement du commencement, c'est, dans l'immense, dans la mouvante, dans l'universelle, dans la totale réalité très exactement le point de connaissance ayant quelque rapport au texte qui est le plus éloigné du texte; qui si même on peut commencer par un point de connaissance totalement étranger au texte, absolument incommunicable, pour de là passer par le chemin le plus long possible au point de connaissance ayant quelque rapport au texte qui est le plus éloigné du texte, alors nous obtenons le couronnement même de la méthode scientifique, nous fabriquons un chef-d'œuvre de l'esprit moderne; et tant plus le point de départ du commencement du commencement du travail sera éloigné, si possible étranger, tant plus l'acheminement sera venu de loin, et bizarre; — de tant plus nous serons des scientifiques, des historiens, et des savants modernes.

Avons-nous à étudier, nous proposons-nous d'étudier La Fontaine; au lieu de commencer par la première fable venue, nous commencerons par l'esprit gaulois; le ciel; le sol; le climat; les aliments; la race; la littérature primitive; puis l'homme; ses mœurs; ses goûts; sa dépendance; son indépendance; sa bonté; ses enfances; son génie; puis l'écrivain; ses tâtonnements classiques; ses escapades gauloises; son épopée; sa morale; puis l'écrivain, suite; opposition en France de la culture et de la nature; conciliation en La Fontaine de la culture et de la nature; comment la faculté poéti ue sert d'intermédiaire; tout cela pour faire la première partie, l'artiste; pour faire la deuxième partie, les personnages, que nous ne confondons point avec la première, d'abord les hommes; la société française au dix-septième siècle et dans La Fontaine; le roi; la cour; la noblesse; le clergé; la bourgeoisie; l'artisan; le paysan; des caractères poétiques; puis les bêtes; le sentiment de la nature au dix-septième siècle et dans La Fontaine; du procédé poétique; puis les dieux; le sentiment religieux au dix-septième siècle et dans La Fontaine; de la faculté poétique; enfin troisième partie, l'art, qui ne se confond ni avec les deux premières ensemble, ni avec chacune des deux premières séparément; l'action; les détails; comparaison de La Fontaine et de ses originaux, Ésope et Phèdre; le système; comparaison de La Fontaine et de ses originaux, Ésope, Rabelais, Pilpay, Cassandre; l'expression; du style pittoresque; les mots propres; les mots familiers; les mots risqués; les mots négligés; le mètre cassé; le mètre varié; le mètre imitatif; du style lié; l'unité logique; l'unité grammaticale; l'unité musicale; enfin théorie de la fable poétique; nature de la poésie; opposition de la fable philosophique à la fable poétique; opposition de la fable primitive à la fable poétique; c'est tout; je me demande avec effroi où résidera dans tout cela la fable elle-même; où se cachera, dans tout ce magnifique palais géométrique, la petite fable, où je la trouverai, la fable de La Fontaine; elle n'y trouvera point asile, car l'auteur, dans tout cet appareil, n'y reconnaîtrait pas ses enfants.

Ou plutôt ce n'est pas tout, car depuis cinquante ans nous avons fait des progrès; — le progrès n'est-il pas la grande loi de la société moderne; — ce n'est pas le tout d'aujourd'hui; aujourd'hui qui oserait commencer La Fontaine autrement que par une leçon générale d'anthropogéographie.

Tout cela serait fort bon si nous étions des dieux, ou, pour parler exactement, tout cela serait fort bien si nous étions Dieu; car si nous voulons évaluer les qualités, les capacités, les amplitudes que de telles méthodes nous demandent pour nous conduire à l'acquisition de quelque connaissance, nous reconnaissons immédiatement que les qualités, capacités, amplitudes attribuées aux anciens dieux par les peuples mythologues seraient absolument insuffisantes aujourd'hui pour constituer le véritable historien, l'homme scientifique, — *vir scientificus*, — le savant moderne; il ne suffit pas que le savant moderne soit un dieu; il faut qu'il soit Dieu; puisque l'on veut commencer par la série indéfinie, infinie du détail; puisque l'on veut partir d'un point indéfiniment, infiniment éloigné, étranger, puisqu'avant d'arriver au texte même on veut parcourir un chemin indéfini, infini, pour épuiser tout cet indéfini, tout cet infini, l'infinité de Dieu même est requise, d'un Dieu personnel ou impersonnel, d'un Dieu panthéistique, théistique ou déistique, mais absolument d'un Dieu infini; et nous touchons ici à l'une des contrariétés intérieures les plus graves du monde moderne, à l'une des contrariétés intérieures les plus poignantes de l'esprit moderne.

Pendant que les démagogues scientistes modernes se congratulent, se décorent, boivent et triomphent dans des banquets, le monde moderne est intérieurement rongé, l'esprit moderne est intérieurement travaillé des contrariétés les plus profondes; et l'humanité aurait aussi tort de se river à ce que nous nommons aujourd'hui le monde moderne et l'esprit et la science modernes qu'elle a eu raison de ne pas se river aux formes de vie antérieures, aujourd'hui prétendument dépassées; dans l'ordre de la connaissance, de l'histoire, de la biographie et du texte, nous sommes en particulier conduits à la singulière contrariété suivante.

Les humanités polythéistes et mythologues, ayant, même dans l'ordre de la divinité, excellemment, éminemment le sens du parfait, du fini, de la limite, l'avaient en particulier dans l'ordre de l'humanité; ajouterai-je que ces humanités étaient généralement intelligentes, et qu'elles ne vivaient point sur des contrariétés intérieures sans les avoir enregistrées; dans ces humanités l'homme était reconnu limité aux limites humaines; et l'historien demeurait un homme.

Les humanités panthéistes et généralement théistes avaient, dans l'ordre de la divinité, excellemment, éminemment le sens de l'infini, de l'absolu, du tout; mais justement parce qu'elles avaient le sens du tout comme tout, elles avaient le sens de la modeste humanité comme étant à sa place particulière dans ce tout; elles connaissaient les limitations de l'humanité; elles référaient, comparaient incessamment l'humanité au reste; et au tout; ajouterai-je que ces humanités étaient généralement profondes, et qu'elles ne vivaient point sur des contrariétés intérieures sans les avoir connues par les profondes voies de l'instinct; dans ces humanités l'homme était reconnu partie et limité aux limites humaines; l'historien demeurait un homme.

Les humanités déistes et particulièrement chrétiennes, ces singulières humanités, qui ne nous paraissent ordinaires et communes que parce que nous y sommes habitués, ces singulières humanités, où l'homme occupe envers Dieu une si singulière situation de grandeur et de misère, si audacieuse au fond, et si surhumaine, — l'homme fait à l'image et à la ressemblance de Dieu, — et Dieu fait homme, — avaient séparément le sens du parfait et de l'imparfait, du fini et de l'infini, du relatif et de l'absolu; elles connaissaient donc les limitations de l'humanité; ajouterai-je que généralement ces humanités étaient à la fois intelligentes et profondes, et que la constatation même des contrariétés intérieures, de la grandeur et de la misère, faisait peut-être le principal objet de leurs méditations; dans ces humanités l'homme était reconnu créature et limité aux limites humaines; l'historien demeurait un homme.

Par une contrariété intérieure imprévue, et nouvelle dans l'histoire de l'humanité, il fallait justement arriver au monde moderne, à l'esprit moderne, aux méthodes modernes, pour que l'historien cessât réellement de se considérer comme un homme.

Le monde moderne, l'esprit moderne, laïque, positiviste et athée, démocratique, politique et parlementaire, les méthodes modernes, la science moderne, l'homme moderne, croient s'être débarrassés de Dieu; et en réalité, pour qui regarde un peu au delà des apparences, pour qui veut dépasser les formules, jamais l'homme n'a été aussi embarrassé de Dieu.

Quand l'homme se trouvait en présence de dieux avoués, qualifiés, reconnus, et pour ainsi dire notifiés, il pouvait nettement demeurer un homme; justement parce que Dieu se nommait Dieu, l'homme pouvait se nommer homme; que ce fussent des dieux humains ou surhumains, un Dieu Tout ou un Dieu personnel, Dieu étant mis à sa place de Dieu, notre homme pouvait demeurer à sa place d'homme; par une ironie vraiment nouvelle, c'est justement à l'âge où l'homme croit s'être émancipé, à l'âge où l'homme croit s'être débarrassé de tous les dieux que lui-même il ne se tient plus à sa place d'homme et qu'au contraire il s'embarrasse de tous les anciens Dieux; *mangeurs de bon Dieu,* c'est la formule populaire de nos démagogues anticatholiques; ils ont eux-mêmes absorbé beaucoup plus de bons Dieux, et de mauvais Dieux, qu'ils ne le croient.

En face des dieux de l'Olympe, en face d'un Dieu Tout, en face du Dieu chrétien, l'historien était un homme, demeurait un homme; en face de rien, en face de zéro Dieu, le vieil orgueil a fait son office; l'esprit humain a perdu son assiette; la boussole s'est affolée; l'historien moderne est devenu un Dieu; il s'est fait, demi-inconsciemment, demi-complaisamment, lui-même un Dieu; je ne dis pas un dieu comme nos dieux frivoles, insensibles et sourds, impuissants, mutilés; il s'est fait Dieu, tout simplement, Dieu éternel, Dieu absolu, Dieu tout puissant, tout juste et omniscient.

Cette affirmation que je fais emplira de stupeur, sincère, un assez grand nombre de braves gens qui modestement, du matin au soir, jouent avec l'absolu, et qui ne s'en doutent jamais; comment, diront-ils en toute sincérité, comment peut-on nous supposer de telles intentions; nous sommes des petits professeurs; nous sommes de modestes et d'honnêtes universitaires; nous n'occupons aucune situation dans l'État; nous sommes assez maltraités par nos supérieurs; nous n'avons aucun pouvoir dans l'État; nous ne déterminons aucuns événements; nous sommes les plus mal rétribués des fonctionnaires; nul ne nous entend; nous poursuivons modestement notre enquête sur les hommes et sur les événements passés; par situation, par métier, par méthode, nous n'avons ni vanité ni orgueil, ni présomption, ni cupidité de la domination; l'invention des méthodes historiques modernes a été proprement l'introduction de la modestie dans le domaine historique.

C'est exactement là que réside la grande erreur moderne.

Les prêtres aussi étaient de petits abbés et de petits curés; de modestes et d'honnêtes ecclésiastiques; ils n'occupaient aucune situation dans l'État, car les petits curés de campagne n'étaient pas plus que ne sont aujourd'hui nos instituteurs, et nos grands prélats de l'enseignement, démagogues, députés, ministres, sénateurs, ne sont pas moins que n'étaient les grands évêques et les grands cardinaux; pas plus tard qu'avant-hier, dans son numéro daté du samedi 15 octobre 1904, *la Petite République,* ayant à interroger M. Gabriel Séailles sur la séparation des Églises et de l'État, employait aux fins de cette enquête, par le ministère de M. Henry Honorat, des expressions qui me paraissent empreintes d'un respect vraiment religieux : « à Paris, devant sa table de travail, » nous dit le journaliste, « au milieu de ses livres et de ses carnets, M. Gabriel Séailles me disait, en une causerie aimable et sympathique, les mêmes choses à peu près dans les mêmes termes. »

— Aimable, dans ces graves questions; enfin.

« Deux jeunes hommes, deux de ses disciples, l'écoutaient avec moi. »

— Je vous assure, monsieur le journaliste, que vous vous trompez; il n'y a point, sur la place, une philosophie qui soit proprement la philosophie de M. Séailles, et donc il n'y a point des disciples de M. Séailles; c'est Jésus-Christ, qui avait des disciples; M. Séailles forme des élèves, tout simplement.

« M. Gabriel Séailles aime ces entretiens familiers où se plaît sa bonne humeur charmante.

« Et vous la connaissez bien, amis des universités populaires; car le maître qui consacra tant de belles pages à la « biographie psychologique » d'Ernest Renan et qui, par ses discours et ses écrits, nous a fait mieux connaître les pinceaux enchanteurs de l'immortel Watteau »...

On dit *le pinceau* d'habitude; il est vrai qu'il en avait plusieurs.

« ...descend pour vous de sa chaire trop haute, et, pourquoi ne pas le dire? trop *universitaire* de la Sorbonne, pour vous enseigner, philosophe et artiste, et poète, la sagesse et la beauté. »

C'est un beau programme. Ici le portrait dessiné de M. Gabriel Séailles.

« Ainsi, tantôt crayonnant une feuille blanche, devant lui, sur le buvard, et tantôt se frottant les mains l'une dans l'autre avec vivacité, ou roulant dans les doigts, et tordant, et meurtrissant je ne sais quel méchant bristol, le regard riant à travers le double verre du lorgnon bien posé sur le nez fort, le front large, la barbe cascadante grisonnante au menton, et les pieds chaudement fourrés dans les pantoufles, M. Gabriel Séailles poursuivit : »

Je suis assuré qu'un tel ton, de telles expressions désobligent beaucoup M. Gabriel Séailles; je n'insisterai point sur ce que la description détaillée de toutes ces commodités de la conversation présente de désobligeant quand on s'installe pour traiter d'un débat qui divise douloureusement les consciences; je suis assuré que M. Séailles sent beaucoup plus vivement que moi combien ces expressions sont inconvénientes; pour moi elles me paraissent tout simplement insupportables; libertaire impénitent, j'y trouve, j'y entends toute une résonance de respect religieux; encore avons-nous pris un exemple minimum; et dans cet exemple minimum il y a des expressions désastreuses, comme *une chaire trop haute,* et d'où l'on *descend;* évidemment le journaliste veut donner au Peuple l'idée que la chaire de M. Séailles en Sorbonne est surpopulaire, surhumaine, qu'il s'y passe des événements extraordinaires, et que, au fond, l'orateur y prononce des paroles surnaturelles; quelle résonance n'aurions-nous pas obtenue si nous avions choisi un exemple maximum, et même des exemples communs; les manifestations laïques ne sont-elles pas devenues des cérémonies toutes religieuses, des répliques, des imitations, des calques, des contrefaçons des cérémonies religieuses; et pour la commémoration de Zola, pour l'anniversaire de sa mort, ne nous a-t-on pas fait une *semaine sainte,* une *neuvaine;* sentiment religieux et naissance de la démagogie.

Les prêtres aussi, les petits prêtres, en ce sens, n'occupaient aucune situation dans l'État, n'avaient aucun pouvoir dans l'État; les prêtres aussi étaient assez maltraités par leurs supérieurs et ne déterminaient aucuns événements; les prêtres aussi étaient les plus mal rétribués des fonctionnaires, et nul ne les entendait; et quand ils ne seront plus des fonctionnaires mal rétribués d'État, ils seront des fonctionnaires mal rétribués d'Église; et nul ne les entendra; ils poursuivent modestement leur prédication de la vie future; par situation, par métier, par humilité chrétienne ils n'ont ni vanité ni orgueil, ni présomption ni cupidité de la domination; un curé de campagne est un petit seigneur; l'exercice du ministère ecclésiastique est essentiellement un exercice d'humilité chrétienne.

Je ne dis pas que cela soit vrai des prêtres; je dis que, autant et dans le sens que cela est vrai des universitaires, si l'on veut, autant et dans le même sens, mutations faites, cela est vrai des prêtres; si l'excuse de modestie est valable pour les fonctionnaires de l'enseignement, l'excuse de l'humilité chrétienne est valable pour les fonctionnaires ecclésiastiques.

Pourtant ces prêtres administrent Dieu même; examinons si ces universitaires, si ces historiens modernes, à leur tour, plus ou moins inconsciemment, ne remplaceraient pas les prêtres et ne suppléeraient pas Dieu; ma proposition est exactement la suivante, que les méthodes scientifiques modernes, importées, transportées telles que dans le domaine de l'histoire, demandent, si on les entend exactement, et dans toute leur extrême rigueur, des qualités qui ne sont point les qualités de l'homme.

Notre ami l'historien Pierre Deloire[1] me disait, — car je n'ai pas besoin d'ajouter que je n'en ai pas aux historiens personnellement, et que les historiens sérieux sont les premiers à s'émouvoir de ces graves contrariétés, — l'historien Pierre Deloire me disait un jour au bureau des cahiers : Le bon temps des historiens est passé. — Il entendait railler ainsi, doucement, les historiens antérieurs. — Le bon temps des historiens, disait-il, c'était quand le professeur d'histoire, assis devant son bureau, refaisait à loisir toutes les opérations du monde; il parlait de tout; il écrivait de tout; il était ministre, et refaisait l'administration de Colbert, qui, entre nous, n'était pas fort; il était général ou amiral, et refaisait la bataille d'Actium; ce Marc-Antoine, hein, quelle brute;

il refaisait les plans de campagne; il était roi, il refaisait Versailles, Paris et Saint-Denis; il était le roi, dans son bureau; il était l'empereur, l'empereur premier; il refaisait Waterloo; ce Napoléon, quel imbécile, comme le disait récemment le général Mirbeau; demandez les mémoires du général baron Mirbeau; quand M. Mirbeau découvrait que Napoléon était le dernier des imbéciles, ce grand romantique rentier révolutionnaire ne faisait que suivre les leçons de ses anciens professeurs d'histoire; ainsi continuait l'historien Pierre Deloire, ainsi le professeur d'histoire, étant le roi, l'empereur, le général, tenait le monde entier sur ses genoux, et il pouvait, dans le chef-lieu de son arrondissement, mépriser le sous-préfet et les sous-lieutenants d'artillerie, qui ne sont que les subordonnés de l'empereur et des généraux; il se payait ainsi des idées que le sous-préfet manifestait sur la supériorité de la hiérarchie administrative, et les sous-lieutenants sur la supériorité de la hiérarchie militaire.

Par de tels retours sur les historiens antérieurs, notre ami Pierre Deloire croyait bien signifier que les historiens d'aujourd'hui, dont il est, sont devenus modestes; et peut-être a-t-il raison; peut-être les historiens, personnellement et comme historiens, sont-ils devenus modestes; mais je me demande justement si tout l'ancien orgueil ne s'est pas réfugié dans la méthode, agrandi, porté à la limite, à l'infini; je demande s'il n'est pas vrai que les méthodes scientifiques modernes, transportées en vrac dans l'histoire et devenues les méthodes historiques, exigent de l'historien des facultés qui dépassent les facultés de l'homme.

Ce n'est pas moi qui invente ce circuit, cette circumnavigation mentale excentrique; c'est mon auteur; ce sont tous nos auteurs; je me reporte à ce *La Fontaine et ses fables,* qui eut tout l'éclat, qui reçut tout l'accueil, et qui obtint tout le succès d'un manifeste; il s'agit d'étudier La Fontaine et ses fables; si nous commencions par parler d'autre chose; et voici la préface :

« On peut considérer l'homme comme un animal d'espèce supérieure, qui produit des philosophies et des poëmes à peu près comme les vers à soie font leurs cocons, »...

A peu près!

...« et comme les abeilles font leurs ruches. Imaginez qu'en présence des fables de La Fontaine vous êtes devant une de ces ruches. On pourra vous parler en littérateur et vous dire : « Admirez combien ces petites bêtes sont adroites. » On pourra vous parler en moraliste et vous dire : « Mettez à profit l'exemple de ces insectes si laborieux. » On pourra enfin vous parler en naturaliste et vous dire : « Nous allons disséquer une abeille, examiner ses ailes, ses mandibules, son réservoir à miel, toute l'économie intérieure de ses organes, et marquer la classe à laquelle elle appartient. Nous regarderons alors ses organes en exercice; nous essayerons de découvrir de quelle façon elle recueille le pollen des fleurs, comment elle l'élabore, par quelle opération intérieure elle le change en cire ou en miel. Nous observerons ensuite les procédés par lesquels elle bâtit, assemble, varie et emplit ses cellules; et nous tâcherons d'indiquer les lois chimiques et les règles mathématiques d'après lesquelles les matériaux qu'elle emploie sont fabriqués et équilibrés. Nous voulons savoir comment, étant donné un jardin et ses abeilles, une ruche se produit, quels sont tous les pas de l'opération intermédiaire, et quelles forces générales agissent à chacun des pas de l'opération. Vous tirerez de là, si bon vous semble, des conclusions non seulement sur les abeilles et leurs ruches, mais sur tous les insectes, et peut-être aussi sur tous les animaux. »

Je n'insiste pas aujourd'hui sur ce que ce programme aujourd'hui nous paraît présenter d'ambitieux, de présomptueux, de peu scientifique même; quelque jour nous nous demanderons s'il est permis d'assimiler ainsi les sciences historiques aux sciences naturelles, de les référer ainsi aux sciences plus abstraites, chimiques, physiques, mathématiques; aujourd'hui je ne veux qu'examiner la forme même du connaissement, le parcours, le tracé, ce commencement le plus étranger, le plus éloigné, cet acheminement, ce détour, ce circuit le plus long, le plus excentrique, le plus circonférentiel, et du programme je passe au livre même, au livre glorieux, au livre exemple, au livre type; on y verra, première partie, *l'artiste* chapitre premier, *l'esprit gaulois* que c'est très délibérément que l'auteur prend le chemin le plus long; l'acheminement *le plus long* le mot n'est pas de moi, mais de lui :

» Je voudrais, pour parler de La Fontaine, faire comme lui quand il allait à l'Académie, « prendre le plus long ». Ce chemin-là lui a toujours plus agréé que les autres. Volontiers il citerait Platon et remonterait au déluge pour expliquer les faits et les gestes d'une belette, et, si l'on juge par l'issue, »...

Il n'a pas bien vu toute la malice du bonhomme remontant exprès aux sources, aux citations, aux causes bizarrement éloignées; il n'a pas bien vu tout ce qu'il y a de Molière comique dans La Fontaine, et cette fausse ou amusante érudition, qui n'est qu'une parodie amusée de l'érudition cuistre; il enrégimente un peu vite son auteur parmi les historiens modernes.

... « si l'on juge par l'issue, bien des gens trouvent qu'il n'avait pas tort. Laissez-nous prendre comme lui le chemin des écoliers et des philosophes, raisonner à son endroit comme il faisait à l'endroit de ses bêtes, alléguer l'histoire et le reste. C'est le plus long si vous voulez : au demeurant, c'est peut-être le plus court.
« I.
« Me voici donc à l'aise, libre de rechercher toutes les causes qui ont pu former mon personnage et sa poésie; »...

Toutes les causes qui ont pu former son personnage et sa poésie, quelle prodigieuse audace métaphysique sous les modestes espèces d'un programme littéraire; mais pour aujourd'hui passons.

... « libre de voyager et de conter mon voyage. J'en ai fait un l'an dernier par la mer et le Rhin, pour revenir par la Champagne. »...

Pour revenir est admirable, dans sa docte naïveté. Il fallait commencer par y aller.

... « Partout, dans ce circuit, éclate la grandeur ou la force. Au nord, »...

Circuit, le mot n'est pas de moi, le mot est de Taine; cette méthode est proprement la méthode de la grande ceinture; si vous voulez connaître Paris, commencez par tourner; circulez de Chartres sur Montargis, et retour; c'est la méthode des vibrations concentriques, en commençant par la vibration la plus circonférentielle, la plus éloignée du centre, la plus étrangère; en admettant qu'on puisse obtenir jamais, pour commencer, cette vibration la plus circonférentielle; car on voit bien comment des vibrations partent d'un centre, connu; on ne voit pas comment obtenir la vibration la plus circonférentielle, ni même comment se la représenter, si le centre est par définition non connu, et si un cercle ne se conçoit point sans un centre connu; pétition de principe; c'est le contraire de ce qui se passe pour les ondes sonores, électriques, optiques, pour toutes les ondes qui se meuvent partant de leur point d'émission; c'est le contraire de ce qui se passe quand on jette une pierre dans l'eau; c'est une spirale commencée par le bout le plus éloigné du centre; à condition qu'on tienne ce bout; ce sont les vastes tournoiements plans de l'aigle, moins l'acuité du regard, et le coup de sonde, et, au centre, la saisie; je découpe ici mon exemplaire, et je cite au long, pour que l'on voie, pour que l'on mesure, sur cet exemple éminent, toute la longueur du circuit : « Au nord, l'Océan bat les falaises blanchâtres ou noie les terres plates; les coups de ce bélier monotone qui heurte obstinément la grève, l'entassement de ces eaux stériles qui assiègent l'embouchure des fleuves, la joie des vagues indomptées qui s'entre-choquent follement sur la plaine sans limites, font descendre au fond du cœur des émotions tragiques; la mer est un hôte disproportionné et sauvage dont le voisinage laisse toujours dans l'homme un fond d'inquiétude et d'accablement. — En avançant vers l'est, vous rencontrez la grasse Flandre, antique nourrice de la vie corporelle, ses plaines immenses toutes regorgeantes d'une abondance grossière, ses prairies peuplées de troupeaux couchés qui ruminent, ses larges fleuves qui tournoient paisiblement à pleins bords sous les bateaux chargés, ses nuages noirâtres tachés de blancheurs éclatantes qui abattent incessamment leurs averses sur la verdure, son ciel changeant, plein de violents contrastes, et qui répand une beauté poétique sur sa lourde fécondité. — Au sortir de ce grand potager, le Rhin apparaît, et l'on remonte vers la France. Le magnifique fleuve déploie le cortège de ses eaux bleues entre deux rangées de montagnes aussi nobles que lui; leurs cimes s'allongent par étages jusqu'au bout de l'horizon dont la ceinture lumineuse les accueille et les relie; le soleil pose une splendeur sereine sur leurs vieux flancs tailladés, sur leur dôme de forêts toujours vivantes; le soir, ces grandes images flottent dans des ondulations d'or et de pourpre, et le fleuve couché dans la brume ressemble à un roi heureux et pacifique qui, avant de s'endormir, rassemble autour de lui les plis dorés de son manteau. Des deux côtés les versants qui le nourrissent se redressent avec un aspect énergique ou austère; les pins couvrent les sommets de leurs draperies silencieuses, et descendent par bandes jusqu'au fond des gorges; le puissant élan qui les dresse, leur roide attitude donne l'idée d'une phalange de jeunes héros barbares, immobiles et debout dans leur solitude que la culture n'a jamais violée. Ils disparaissent avec les roches rouges des Vosges. Vous quittez le pays à demi allemand qui n'est à nous que depuis un siècle. Un air nouveau moins froid vous souffle aux joues; le ciel change et le sol aussi. Vous êtes entré dans la véritable France, celle qui a conquis et façonné le reste. Il semble que de tous côtés les sensations et les idées affluent pour vous expliquer ce que c'est que le Français.

« Je revenais par ce chemin au commencement de l'automne, et je me rappelle combien le changement de paysage me frappa. Plus de grandeur ni de puissance; l'air sauvage ou triste s'efface; la monotonie et la poésie s'en vont; la variété et la gaieté commencent. Point trop de plaines ni de montagnes; point trop de soleil ni d'humidité. Nul excès et nulle énergie. Tout y semblait maniable et civilisé; tout y était sur un petit modèle, en proportions commodes, avec un air de finesse et d'agrément. Les montagnes étaient devenues collines, les bois n'étaient plus guère que des bosquets, les ondulations du terrain recevaient, sans discontinuer, les cultures. De minces rivières serpentaient entre des bouquets d'aunes avec de gracieux sourires. Une raie de peupliers solitaires au bout d'un champ grisâtre, un bouleau frêle qui tremble dans une clairière de genêts, l'éclair passager d'un ruisseau à travers les lentilles d'eau qui l'obstruent, la teinte délicate dont l'éloignement revêt quelque bois écarté, voilà les beautés de notre paysage; il paraît plat aux yeux qui se sont reposés sur la noble architecture des montagnes méridionales, ou qui se sont nourris de la verdure surabondante et de la végétation héroïque du nord; les grandes lignes, les fortes couleurs y manquent; mais les contours sinueux, les nuances légères, toutes les grâces fuyantes y viennent amuser l'agile esprit qui les contemple, le toucher parfois, sans l'exalter ni l'accabler. — Si vous entrez plus avant dans la vraie Champagne, ces sources de poésie s'appauvrissent et s'affinent encore. La vigne, triste plante bossue, tord ses pieds entre les cailloux. Les plaines crayeuses sous leurs moissons maigres s'étalent bariolées et ternes comme un manteau de roulier. Çà et là une ligne d'arbres marque sur la campagne la traînée d'un ruisseau blanchâtre. On aime pourtant le joli soleil qui luit doucement entre les ormes, le thym qui parfume les côtes sèches, les abeilles qui bourdonnent au-dessus du sarrasin en fleur : beautés légères qu'une race sobre et fine peut seule goûter. Ajoutez que le climat n'est point propre à la durcir ni à la passionner. Il n'a ni excès ni contrastes; le soleil n'est pas terrible comme au midi, ni la neige durable comme au nord. Au plus fort de juin, les nuages passent en troupes, et souvent dès février, la brume enveloppe les arbres de sa gaze bleuâtre sans se coller en givre autour de leurs rameaux. On peut sortir en toute saison, vivre dehors sans trop pâtir; les impressions extrêmes ne viennent point émousser les sens ou concentrer la sensibilité; l'homme n'est point alourdi ni exalté; pour sentir, il n'a pas besoin de violentes secousses et il n'est pas propre aux grandes émotions. Tout est moyen ici, tempéré, plutôt tourné vers la délicatesse que vers la force. La nature qui est clémente n'est point prodigue; elle n'empâte pas ses nourrissons d'une abondance brutale; ils mangent sobrement, et leurs aliments ne sont point pesants. La terre, un peu sèche et pierreuse, ne leur donne guère que du pain et du vin; encore ce vin est-il léger, si léger que les gens du Nord, pour y prendre plaisir, le chargent d'eau-de-vie. Ceux ci n'iront pas, à leur exemple, s'emplir de viandes et de boissons brûlantes pour inonder leurs veines par un afflux soudain de sang grossier, pour porter dans leur cerveau la stupeur ou la violence; on les voit à la porte de leur chaumière, qui mangent debout un peu de pain et leur soupe; leur vin ne met dans leurs têtes que la vivacité et la belle humeur.

« Plus on les regarde, plus on trouve que leurs gestes, les formes de leurs visages annoncent une race à part. Il y a un mois, en Flandre, surtout en Hollande, ce n'étaient que grands traits mal agencés, osseux, trop saillants; à mesure qu'on avançait vers les marécages, le corps devenait plus lymphatique, le teint plus pâle, l'œil plus vitreux, plus engorgé dans la chair blafarde. En Allemagne, je découvrais dans les regards une expression de vague mélancolie ou de résignation inerte; d'autres fois, l'œil bleu gardait jusque dans la vieillesse sa limpidité virginale; et la joue rose des jeunes hommes, la vaillante pousse des corps superbes annonçait l'intégrité et la vigueur de la sève primitive. Ici, et à cinquante lieues alentour de Paris, la beauté manque, mais l'intelligence brille, non pas la verve pétulante et la gaieté bavarde des méridionaux, mais l'esprit leste, juste, avisé, malin, prompt à l'ironie, qui trouve son amusement dans les mécomptes d'autrui. Ces bourgeois, sur le pas de leur porte, clignent de l'œil derrière vous; ces apprentis derrière l'établi se montrent du doigt votre ridicule et vont gloser. On n'entre jamais ici dans un atelier sans inquiétude; fussiez-vous prince et brodé d'or, ces gamins en manches sales vous auront pesé en une minute, tout gros monsieur que vous êtes, et il est presque sûr que vous leur servirez de marionnette à la sortie du soir.

« Ce sont là des raisonnements de voyageur, tels qu'on en fait en errant à l'aventure dans des rues inconnues ou en tournant le soir dans sa chambre d'auberge. Ces vérités sont littéraires, c'est-à-dire vagues; mais nous n'en avons pas d'autres à présent en cette matière, et il faut se contenter de celles-ci, telles quelles, en attendant les chiffres de la statistique, et la précision des expériences. Il n'y a pas encore de science des races*,

* Une société d'anthropologie vient de se fonder à Paris, par les soins de plusieurs anatomistes et physiologistes éminents, MM. Brown-Sequard, Béclard, Broca, Follin, Verneuil. — *Note de Taine.*

et on se risque beaucoup quand on essaye de se figurer comment le sol et le climat peuvent les façonner. Ils les façonnent pourtant et les différences des peuples européens, tous sortis d'une même souche, le prouvent assez. L'air et les aliments font le corps à la longue; le climat, son degré et ses contrastes produisent les sensations habituelles, et à la fin la sensibilité définitive : c'est là tout l'homme, esprit et corps, en sorte que tout l'homme prend et garde l'empreinte du sol et du ciel; on s'en aperçoit en regardant les autres animaux, qui changent en même temps que lui, et par les mêmes causes; un cheval de Hollande est aussi peu semblable à un cheval de Provence qu'un homme d'Amsterdam à un homme de Marseille. Je crois même que l'homme, ayant plus de facultés, reçoit des impressions plus profondes; le dehors entre en lui davantage, parce que les portes chez lui sont plus nombreuses. Imaginez le paysan qui vit toute la journée en plein air, qui n'est point, comme nous, séparé de la nature par l'artifice des inventions protectrices et par la préoccupation des idées ou des visites. Le ciel et le paysage lui tiennent lieu de conversation; il n'a point d'autres poëmes; ce ne sont point les lectures et les entretiens qui remplissent son esprit, mais les formes et les couleurs qui l'entourent; il y rêve, la main appuyée sur le manche de la charrue; il en sent la sérénité ou la tristesse quand le soir il rentre assis sur son cheval, les jambes pendantes, et que ses yeux suivent sans réflexion les bandes rouges du couchant. Il n'en raisonne point, il n'arrive point à des jugements nets; mais toutes ces émotions sourdes, semblables aux bruissements innombrables et imperceptibles de la campagne, s'assemblent pour faire ce ton habituel de l'âme que nous appelons le caractère. C'est ainsi que l'esprit reproduit la nature; les objets et la poésie du dehors deviennent les images et la poésie du dedans. Il ne faut pas trop se hasarder en conjectures, mais enfin c'est parce qu'il y a une France, ce me semble, qu'il y a eu un La Fontaine et des Français. »

Mon Dieu oui; seulement il y a une France pour tout le monde, la France luit pour tout le monde, et tous les Français, s'ils seront toujours Français, ne sont pas La Fontaine; je n'insiste pas sur toutes ces difficultés, sur toutes ces contrariétés; je m'en tiens pour aujourd'hui à la forme même du connaissement; la méthode ne se révèle pas dans toutes les œuvres modernes partout avec une aussi haute audace; elle ne fait pas dans toutes les œuvres modernes partout l'objet d'une aussi manifeste déclaration que dans cet éminent *La Fontaine;* elle est ailleurs plus ou moins dissimulée, plus ou moins implicite; mais c'est essentiellement, éminemment, la méthode historique moderne, obtenue par le transport, par le transfert direct, en bloc, des méthodes scientifiques modernes dans le domaine de l'histoire; l'auteur, en bon compagnon, commence par faire son tour de France; il ferait son tour du monde, s'il était meilleur compagnon; et quand il a fini son tour du pays, il commence l'autre tour, afin de ne point tomber par mégarde au cœur de son sujet, il commence le tour le plus cher à tout historien bien né, le tour des livres et des bibliothèques; avec ce tour commencera le paragraphe deux.

« En tout cas, il y a un moyen de s'assurer de ce caractère que nous prêtons à la race. La première bibliothèque va vous montrer s'il est en effet primitif et naturel. Il suffit d'écouter ce que dit le peuple, au moment où sa langue se délie, lorsque la réflexion ou l'imitation n'ont pas encore altéré l'accent originel. Et savez-vous ce que dit ce peuple? ce que La Fontaine, sans s'en douter, redira plus tard. »...

Sans s'en douter vaut un certain prix. « Quelle opposition entre notre littérature du douzième siècle et celle des nations voisines. »

J'arrête ici pour aujourd'hui la citation; la méthode est bien ce que nous avons dit; elle est doublement ce que nous avons dit; quand par malheur l'historien parvient enfin aux frontières de son sujet, à peine réchappé de l'indéfinité, de l'infinité du circuit antérieur, il se hâte, pour parer ce coup du sort, de se jeter dans une autre indéfinité, dans une autre infinité, celle du sujet même; à peine réchappé d'avoir absorbé une première indéfinité, une première infinité, celle du circuit, celle du parcours, et de tous ces travaux d'approche, qui avaient pour principal objet de n'approcher point, il invente, il imagine, il trouve, il feint une indéfinité nouvelle, une infinité nouvelle, celle du sujet même; il analyse, il découpe son sujet même en autant de tranches, en autant de parcelles que faire se pourra; il y aura des coupes, des tranches longitudinales, des tranches latérales, des tranches verticales, des tranches horizontales, des tranches obliques; il y en aurait davantage; mais notre espace n'a malheureusement que trois dimensions; et comme nos images de littérature sont calquées sur nos figures de géométrie, le nombre des combinaisons est assez restreint; tout restreint qu'il soit, nous obtenons déjà d'assez beaux résultats; nous étudierons séparément l'homme, l'artiste, le penseur, le rêveur, le géomètre, l'écrivain, le styliste, et j'en passe, dans la même personne, dans le même auteur; cela fera autant de chapitres; nous nous garderons surtout de nous occuper dans le même chapitre de l'art et de l'artiste; cela ferait un chapitre de perdu; et si d'aventure, de male aventure nous parvenons à parcourir toutes les indéfinités, toutes les infinités de détail de tous ces chapitres, de toutes ces sections, il nous reste une ressource suprême, un dernier moyen de nous rattraper; ayant étudié séparément l'homme, l'écrivain, l'artiste, et ainsi de suite, nous étudierons les relations de l'homme et de l'écrivain, puis de l'artiste et de l'art, et du styliste, et ainsi de suite, d'abord deux par deux, puis trois par trois, et ainsi de suite; étant données un certain nombre de sections, formant unités, les mêmes mathématiques nous apportent les formules, et nous savons combien de combinaisons de relation peuvent s'établir; cela fera autant de chapitres nouveaux; et quand nous aurons fini, si jamais nous finissons, le diable soit du bonhomme s'il peut seulement ramasser ses morceaux; que de les rassembler, il ne faut point qu'il y songe; l'auteur a fait un jeu de patience où nulle patience ne se retrouverait.

Le bonhomme avait prévu tout cela; il en avait prévu bien d'autres; il avait, croyons-le, nommément prévu Taine; il savait qu'un faisceau est plus et autre que la somme arithmétique des dards; il savait que l'homme est plus et autre que la somme arithmétique des sections, qu'un livre est plus et autre que la somme arithmétique des chapitres; séparer les éléments du faisceau, c'est le meilleur, c'est le seul moyen de le rompre; mais dans l'histoire il ne s'agit pas de rompre la réalité, de briser son auteur, de fracturer son texte; il faut les rendre, les entendre, les interpréter, les représenter; on me permettra de citer sur une édition non savante :

Un vieillard près d'aller où la mort l'appeloit,
Mes chers enfants, dit-il, (à ses fils il parloit),
Voyez si vous romprez ces dards liés ensemble.
Je vous expliquerai le nœud qui les assemble.
L'aîné les ayant pris, et fait tous ses efforts,
Les rendit, en disant : Je le donne aux plus forts.
Un second lui succède, et se met en posture,
Mais en vain. Un cadet tente aussi l'aventure.
Tous perdirent leurs temps; le faisceau résista :
De ces dards joints ensemble un seul ne s'éclata.
Foibles gens, dit le père, il faut que je vous montre
Ce que ma force peut en semblable rencontre.
On crut qu'il se moquoit; on sourit, mais à tort :
Il sépare les dards, et les rompt sans effort.

Nos modernes rompent sans effort les réalités qu'ils étudient; reste à savoir si les réalités historiques s'accommodent de ce traitement.

Un historien doit conserver, au contraire; il est essentiellement un conservateur de l'univers passé; comment conserver, si on brise.

Telle est non point la caricature et la contrefaçon des méthodes historiques modernes, mais leur mode même, leur schème, l'arrière-pensée de ceux qui les ont introduites avant nous, de ceux qui les pratiquent parmi nous; assistez à une soutenance de thèse historique; la plupart des reproches que le jury adresse au candidat reviennent à ceci : que le candidat n'a point épuisé toute l'indéfinité, toute l'infinité du détail; je ne dis pas que les membres du jury l'épuisent dans leurs propres travaux; mais ce que je dis, si vous assistez à une soutenance de thèse et que vous entendiez bien, que vous interprétiez les critiques du jury, c'est qu'elles reviennent généralement à cela; il faut avoir épuisé l'infinité du détail pour arriver au sujet; et dans le sujet même il faut, par multipartition, avoir épuisé une infinité du détail; la manière dont on traite le sujet, quand on est parvenu au sujet, revient en effet à le traiter lui-même comme un chemin, comme un parcours, comme un lieu de passage indéfiniment détaillé, comme un circuit lui-même, à faire en définitive comme s'il n'était pas le sujet, à faire qu'il ne soit pas le sujet.

Avant de commencer, une infinité du détail par circulation; au moment de commencer, une infinité d'infinité du détail par multipartition.

Épuiser l'indéfinité, l'infinité du détail dans la connaissance de tout le réel, c'est la haute, c'est la divine, c'est la folle ambition, et qu'on le veuille ou non c'est l'infinie faiblesse d'une méthode que je suis bien forcé de nommer de son nom scolaire la méthode discursive; n'ayant point d'ailleurs à me présenter de sitôt devant le jury d'État constitué pour maintenir à l'agrégation de philosophie la pureté première des doctrines révolues, je puis traiter des méthodes intuitives et discursives, et les confronter, sans encourir, comme il advint récemment d'un jeune homme, les foudres universitaires; *de la certitude discursive et de la certitude intuitive;* la méthode intuitive passe en général pour surhumaine, orgueilleuse, mystérieuse, agnosticiste; et l'on croit que la méthode discursive est humaine, modeste, claire et distincte, scientifique; je démontrerai au contraire, un jour que nous essaierons d'éprouver plus profondément nos méthodes, qu'en histoire c'est la méthode discursive qui est surhumaine, orgueilleuse, mystérieuse, agnosticiste; et que c'est la méthode intuitive qui est humaine, modeste, claire et distincte autant que nous le pouvons, scientifique.

Épuiser l'immensité, l'indéfinité, l'infinité du détail pour obtenir la connaissance de tout le réel, telle est la surhumaine ambition de la méthode discursive; partir du plus loin possible, cheminer par la plus longue série possible; parvenir le plus tard possible; à peine arrivés repartir pour un voyage intérieur le plus long possible; mais si du départ le plus éloigné possible à l'arrivée la plus retardée possible et dans cette arrivée même une série indéfinie, infinie de détail s'interpose immense, comment épuiser ce détail; un Dieu seul y suffirait; et dans le même temps que les professeurs d'histoire et que les historiens renonçaient à devenir des rois et des empereurs, et qu'ils s'en félicitaient, ils ne s'apercevaient point que dans le même temps cette même nouvelle méthode, cette méthode scientifique, cette méthode historique moderne exigeait qu'ils devinssent des Dieux.

Telle est bien l'ambition inouïe du monde moderne; ambition non encore éprouvée; le savant chassant Dieu de partout, inconsidérément, aveuglément, ensemble de la science, où en effet peut-être il n'a que faire, et de la métaphysique, où peut-être on lui pourrait trouver quelque occupation; Dieu chassé de l'histoire; et par une singulière ironie, par un nouveau retour, Dieu se retrouvant dans le savant historien, Dieu non chassé du savant historien, c'est-à-dire, littéralement, l'historien ayant conçu sa science selon une méthode qui requiert de lui exactement les qualités d'un Dieu.

Telle est bien la pensée de derrière la tête de tous ceux qui ont fondé la science historique moderne, introduit les méthodes historiques modernes, c'est-à-dire de tous ceux qui ont transporté en bloc dans le domaine de l'histoire les méthodes scientifiques empruntées aux sciences qui ne sont pas des sciences de l'histoire : une humanité toute maîtresse de toute son histoire; une humanité ayant épuisé tout le détail de toute son histoire, ayant donc parcouru toute une indéfinité, toute une infinité de chemins indéfinis, infinis, ayant donc littéralement épuisé tout un univers indéfini, infini, de détail; une humanité Dieu, ayant acquis, englobé toute connaissance dans l'univers de sa totale mémoire.

Une humanité devenue Dieu par la totale infinité de sa connaissance, par l'amplitude infinie de sa mémoire totale, cette idée est partout dans Renan; elle fut vraiment le viatique, la consolation, l'espérance, la secrète ardeur, le feu intérieur, l'eucharistie laïque de toute une génération, de toute une levée d'historiens, de la génération qui dans le domaine de l'histoire inaugurait justement le monde moderne; *hoc nunc os ex ossibus meis et caro de carne mea;* elle est partout dans *l'Avenir de la science, — pensées de 1848;* — et quel arrêt imaginé pour l'humanité enfin renseignée, savante, saturée de sa mémoire totale; quel arrêt de béatitude; quel arrêt de béatitude et vraiment de divinité; quel paragraphe singulier d'assurance et de limitation je trouve dans la préface même, écrite au dernier moment pour présenter au public, dans l'âge de la vieillesse, une œuvre de jeunesse :

« Les sciences historiques et leurs auxiliaires, les sciences philologiques, ont fait d'immenses conquêtes depuis que je les embrassai avec tant d'amour, il y a quarante ans. Mais on en voit le bout. Dans un siècle, l'humanité saura à peu près ce qu'elle peut savoir sur son passé; et alors il sera temps de s'arrêter; car le propre de ces études est, aussitôt qu'elles ont atteint leur perfection relative, de commencer à se démolir. L'histoire des religions est éclaircie dans ses branches les plus importantes. Il est devenu clair, non par des raisons *a priori,* mais par la discussion même des prétendus témoignages, qu'il n'y a jamais eu, dans les siècles attingibles à l'homme, de révélation ni de fait surnaturel. Le *processus* de la civilisation est reconnu dans ses lois générales. L'inégalité des races est constatée. Les titres de chaque famille humaine à des mentions plus ou moins honorables dans l'histoire du progrès sont à peu près déterminés. »

Je copie cette citation, pour ne pas découper mon exemplaire; nous sommes épouvantés, aujourd'hui, de cette assurance, et de cette limitation; quelles expressions d'audace et de limitation théocratique : *on voit le bout* des sciences historiques; *dans un siècle, l'humanité saura à peu près ce qu'elle peut savoir sur son passé; et alors il sera temps de s'arrêter;... l'histoire des religions est éclaircie dans ses branches les plus importantes;... le* processus *de la civilisation est reconnu dans ses lois générales; l'inégalité des races est constatée; les titres de chaque famille humaine à des mentions plus ou moins honorables dans l'histoire du progrès sont à peu près déterminés.* Et cette singulière et inquiétante affirmation, ce jugement implacable, hautain, désabusé : *le propre de ces études est, aussitôt qu'elles ont atteint leur perfection relative, de commencer à se démolir.*

Quel historien contemporain, quel petit-fils, quel petit-neveu du vieil homme ne reculera de saisissement devant de telles affirmations, devant de telles présomptions, devant cet admirable et tranquille orgueil, devant ces certitudes et ces limitations; une humanité Dieu, si parfaitement emplie de sa mémoire totale qu'elle n'a plus rien à connaître désormais; une humanité Dieu, arrêtée comme un Dieu dans la contemplation de sa totale connaissance, ayant si complètement, si parfaitement épuisé le détail du réel qu'elle est arrivée au bout, et qu'elle s'y tient; qui au besoin, parmi les historiens du temps présent, ne désavouera les ambitions de l'aïeul et qui ne les traitera de chimères et d'imaginations feintes; qui ne les reniera, car nous n'avons pas toujours le courage d'avouer nos aïeux, de déclarer nos origines, et de qui nous sommes nés, et d'où nous descendons; les jeunes gens d'aujourd'hui ne reconnaissent pas toujours les grands ancêtres; ce ne sont point les pères qui ne reconnaissent pas leurs fils, mais les fils qui ne reconnaissent pas leurs pères; et comme nos politiciens bourgeois ne reconnaissent pas volontiers leurs grands ancêtres de la révolution française, ainsi nos modestes historiens ne reconnaissent pas toujours leurs grands ancêtres de la révolution mentale moderne, les innovateurs des méthodes historiques, les créateurs du monde intellectuel moderne; et puis, depuis le temps des grands vieux, nous avons reçu de rudes avertissements; pour deux raisons, l'une recouvrant l'autre, nul aujourd'hui n'avancerait que toute l'histoire du monde est sur le point d'aboutir, nul aujourd'hui, de tous les historiens, ne souscrirait aux anticipations aventurées, aux grandes ambitions pleines de Renan.

Premièrement pour des raisons d'histoire même; il est arrivé en très grand, pour l'histoire, ce qui arrive généralement des constructions navales françaises; on n'en voit pas la fin; quand on mit l'histoire en chantier, armé, ou, pour dire le mot, outillé des méthodes modernes, les innovateurs en firent le devis; mais à mesure qu'on avançait, et que justement parti des temps antiques on se mouvait au-devant des temps modernes, les mécomptes se multipliaient; ils se sont si bien multipliés qu'aujourd'hui nul n'oserait en pronostiquer la fin, ni annoncer la fin du travail; le seul historien de la révolution française que je connaisse personnellement [1] qui soit exactement sérieux nous dira tant que nous le voudrons que pour mener à bien la seule histoire de la révolution française il faudrait des milliers de vies de véritables historiens; or on ne voit pas qu'il en naisse des milliers; et nous sommes fort loin de compte.

Deuxièmement, et cette deuxième raison, étant une raison de réalité, recouvre et commande la première, qui était une raison de connaissance; comment l'histoire s'arrêterait-elle, si l'humanité ne s'arrête pas; à moins de supposer que l'histoire ne serait pas l'histoire de l'humanité; et c'est en effet bien là que l'on en était arrivé, c'est bien ce que l'on a supposé, au moins implicitement; on a tant parlé de l'histoire, de l'histoire seule, de l'histoire en général, de l'histoire en elle-même, de l'histoire tout court, on a tant surélevé l'histoire que l'on a quelque peu oublié que ce mot tout seul ne veut rien dire, qu'il y faut un complément de détermination, que l'histoire n'est rien si elle n'est pas l'histoire de quelque événement, que l'histoire en général n'est rien si elle n'est pas l'histoire du monde et de l'humanité. Si donc, et c'était la première cause pour laquelle nul aujourd'hui n'avancerait plus que l'histoire est sur le point d'aboutir et de se clore, si donc l'histoire de l'humanité acquise est loin d'être acquise elle-même, comment l'histoire d'une humanité qui n'est pas acquise elle-même serait-elle acquise; et quand l'histoire du passé n'est pas près de s'achever, tant s'en faut, comment l'histoire du futur serait-elle près de se clore; nous touchons ici au secret même de cette faiblesse moderne; on sait aujourd'hui, on a reconnu, généralement, que la plupart des idées et des thèses prétendues positives ou positivistes recouvrent des idées et des thèses métaphysiques mal dissimulées; cette idée de Renan, que nous considérons en bref aujourd'hui, qui paraît une idée historique modeste purement, et simplement, cette idée que l'histoire touche à son aboutissement et à sa clôture, implique au fond une idée hautement et orgueilleusement métaphysique, extrêmement affirmée, portant sur l'humanité même; elle implique cette idée que l'humanité moderne est la dernière humanité, que l'on n'a jamais rien fait de mieux, dans le genre, que l'on ne fera jamais rien de mieux, qu'il est inutile d'insister, que le monde moderne est le dernier des mondes, que l'homme et que la nature a dit son dernier mot.

Incroyable naïveté savante, orgueil enfantin des doctes et des avertis; l'humanité a presque toujours cru qu'elle venait justement de dire son dernier mot; l'humanité a toujours pensé qu'elle était la dernière et la meilleure humanité, qu'elle avait atteint sa forme, qu'il allait falloir fermer, et songer au repos de béatitude; ce qui est intéressant, ce qui est nouveau, ce n'est point qu'une humanité après tant d'autres, ce n'est point que l'humanité moderne ait cru, à son tour, qu'elle était la meilleure et la dernière humanité; ce qui est intéressant, ce qui est nouveau, c'est que l'humanité moderne se croyait bien gardée contre de telles faiblesses par sa science; par l'immense amassement de ses connaissances, par la sûreté de ses méthodes; jamais on ne vit aussi bien que la science ne fait pas la philosophie, et la vie, et la conscience; tout armé, averti, gardé que fût le monde moderne, c'est justement dans la plus vieille erreur humaine qu'il est tombé, comme par hasard, et dans la plus commune; les propositions les plus savamment formulées reviennent au même que les anciens premiers balbutiements; et de même que les plus grands savants du monde, s'ils ne sont pas des cabotins, devant l'amour et devant la mort demeurent stupides et désarmés comme les derniers des misérables, ainsi la mère humanité, devenue la plus savante du monde, s'est retrouvée stupide et désarmée devant la plus vieille erreur du monde; comme au temps des plus anciens dieux elle a mesuré les formes de civilisation atteintes, et elle a estimé que ça n'allait pas trop mal, qu'elle était, qu'elle serait la dernière et la meilleure humanité, que tout allait se figer dans la béatitude éternelle d'une humanité Dieu.

Si je voulais chercher dans *l'Avenir de la science* tout cet orgueil, toute cette assurance et cette naïve certitude, il me faudrait citer tout *l'Avenir de la science,* et une aussi énorme citation m'attirerait encore des désagréments avec la maison Calmann Lévy; ce livre n'est rien s'il n'est pas tout le lourd et le plein évangile de cette foi nouvelle, de cette foi la dernière en date, et provisoirement la définitive; tout ce livre admirable et véritablement prodigieux, tout ce livre de jeunesse et de force est dans sa luxuriante plénitude comme gonflé de cette foi religieuse; on me permettra de n'en point citer un mot, pour ne pas citer tout; nous retrouverons ce livre d'ailleurs, ce livre bouddhique, ce livre immense, presque informe; car j'ai toujours dit, et j'ai peut-être écrit que le jour où l'on voudra sérieusement étudier le monde moderne c'est à *l'Avenir de la science* qu'il faudra d'abord et surtout s'attaquer; le *vieux pourana* de l'auteur, écrit au lendemain de l'agrégation de philosophie, comme elle était alors, passée en septembre, écrit dans les deux derniers mois de 1848 et dans les quatre ou cinq premiers mois de 1849, le *gros volume, âpre, dogmatique, sectaire et dur, l'énorme paquet* littéraire, *le gros livre, avec sa pesanteur et ses allures médiocrement littéraires*, le *bagage, le gros volume, le vieux manuscrit*, la *première construction*, les *vieilles pages*, l'*essai de jeunesse*, de *forme naïve, touffue souvent abrupte*, pleine *d'innombrables incorrections*, le *vieil ouvrage*, avec ses *notes en tas*, le *mur* aux *pierres essentielles*, demeure pour moi l'œuvre capitale de Renan, et celle qui nous donne vraiment le fond et l'origine de sa pensée tout entière, s'il est vrai qu'une grande vie ne soit malheureusement presque toujours qu'une maturité persévérante réalisée, brusquement révélée dans un éclair de jeunesse; Renan lui-même en a beaucoup plus vécu, encore beaucoup plus qu'il ne l'a dit dans sa préface; et le vieux *Pourana* de l'auteur est vraiment aussi le vieux *Pourana* du monde moderne; combien de modernes, le disant, ne le disant pas, en ont vécu; aujourd'hui encore, inconsciemment ou non, tous nous en vivons, sectaires et libertaires, et, comme le dit Hugo, mystiques et charnels.

J'ai donc bien le droit, j'ai le devoir de chercher dans Renan et dans Taine la première pensée du monde moderne, la pensée de derrière la tête, comme on dit, qui est toujours la pensée profonde, la pensée intéressante, la pensée intérieure et mouvante, la pensée agissante, la pensée cause, la source et la ressource de la pensée, la pensée vraie; et pour trouver l'arrière-pensée de Renan, passant à l'autre bout de sa pleine carrière, on sait que c'est dans les dialogues et les fragments philosophiques, dans les drames qu'il faut la chercher; je me reporte aux *Dialogues et fragments philosophiques*, par Ernest Renan, de l'Académie française, quatrième édition; je sais bien que la citation que je vais faire est empruntée à la troisième partie, qui est celle des *rêves; certitudes, probabilités, rêves;* je sais que mon personnage est celui de *Théoctiste*, celui qui *fonde Dieu*, si j'ai bonne mémoire; je sais que les objections lui sont présentées par *Eudoxe*, qui doit avoir *bonne opinion;* je n'oublie point toutes les précautions que Renan prend dans sa préface; mais enfin mon personnage dit, et je copie tout au long; je passe les passages où ce Théoctiste rêve de la Terreur intellectuelle; nous y reviendrons quelque jour; car ils sont extrêmement importants, et graves; et je m'en tiens à ceux où il rêve de la Déification intellectuelle :

« Je vous ai dit que l'ordre d'idées où je me tiens en ce moment ne se rapporte qu'imparfaitement à la planète Terre, et qu'il faut entendre de pareilles spéculations comme visant au delà de l'humanité. Sans doute le sujet sachant et pensant sera toujours limité; mais le savoir et le pouvoir sont illimités, et par contre-coup la nature pensante elle-même pourra être fort agrandie, sans sortir du cercle connu de la biologie. Une large application des découvertes de la physiologie et du principe de sélection pourrait amener la création d'une race supérieure, ayant son droit de gouverner, non seulement dans sa science, mais dans la supériorité même de son sang, de son cerveau et de ses nerfs. Ce seraient là des espèces de dieux ou *dévas,* êtres décuples en valeur de ce que nous sommes, qui pourraient être viables dans des milieux artificiels. La nature ne fait rien que de viable dans les conditions générales; mais la science pourra étendre les limites de la viabilité. La nature jusqu'ici a fait ce qu'elle a pu; les forces spontanées ne dépasseront pas l'étiage qu'elles ont atteint. C'est à la science à prendre l'œuvre au point où la nature l'a laissée. La botanique fait vivre artificiellement des produits végétaux qui disparaîtraient si la main de l'homme ne les soutenait incessamment. Un âge se conçoit où la production d'un *déva* serait évaluée à un certain capital, représentant les appareils chers, les actions lentes, les sélections laborieuses, l'éducation compliquée et la conservation pénible d'un pareil être contre nature. Une fabrique d'Ases, un *Asgaard,* pourra être reconstitué au centre de l'Asie, et, si l'on répugne à ces sortes de mythes, que l'on veuille bien remarquer le procédé qu'emploient les fourmis et les abeilles pour déterminer la fonction à laquelle chaque individu doit être appliqué; que l'on réfléchisse surtout au moyen qu'emploient les botanistes pour créer leurs singularités. C'est toujours la nutrition ou plutôt le développement d'un organe par l'atrophie d'un autre qui forme le secret de ces anomalies. Rappelez-vous ce docteur védique, dont le nom, selon Burnouf, signifiait οὗ τὸ σπέρμα εἰς τὴν κεφάλην ἀνέβη. Comme la fleur double est obtenue par l'hypertrophie ou la transformation des organes de la génération, comme la floraison et la fructification épuisent la vitalité de l'être qui accomplit ces fonctions, de même il est possible que le moyen de concentrer toute la force nerveuse au cerveau, de la transformer toute en cerveau, si l'on peut ainsi dire, en atrophiant l'autre pôle, soit trouvé un jour. L'une de ces fonctions est un affaiblissement de l'autre; ce qui est donné à l'une est enlevé à l'autre. Il va sans dire que nous ne parlons pas de ces suppressions honteuses qui ne font que des êtres incomplets. Nous parlons d'une intime transfusion, grâce à laquelle les forces que la nature a dirigées vers des opérations différentes seraient employées à une même fin. »

Ces rêves, ces imaginations nous paraissent aujourd'hui monstrueuses, peut-être parce qu'elles sont monstrueuses en effet, surtout parce que les sciences naturelles ont depuis continué à marcher, et parce que de toutes parts nous avons reçu de la réalité de rudes avertissements; nul aujourd'hui, de tous les historiens modernes, et de tous les savants, ne les endosserait; et non seulement il n'est personne aujourd'hui qui ne les renie, mais il n'est personne au fond qui n'en veuille à l'ancien d'avoir aussi honteusement montré sa pensée de derrière la tête; nous au contraire, qui n'avons aucun honneur professionnel engagé dans ce débat, remercions Renan d'avoir, à la fin de sa pleine carrière, à l'âge où l'homme fait son compte et sa caisse et le bilan de sa vie et la liquidation de sa pensée, achevé de nous éclairer sur les lointains arrière-plans de ses rêves; par lui, en lui nous pouvons saisir enfin toute l'orientation de la pensée moderne, son désir secret, son rêve occulte.

« On imagine donc (sans doute hors de notre planète) la possibilité d'êtres auprès desquels l'homme serait presque aussi peu de chose qu'est l'animal relativement à l'homme; une époque où la science remplacerait les animaux existants par des mécanismes plus élevés, comme nous voyons que la chimie a remplacé des séries entières de corps de la nature par des séries bien plus parfaites. De même que l'humanité est sortie de l'animalité, ainsi la divinité sortirait de l'humanité.

Il y aurait des êtres qui se serviraient de l'homme comme l'homme se sert des animaux. »

C'est alors peut-être que l'homme s'apercevrait que l'homme se sert mal des animaux.

« L'homme ne s'arrête guère à cette pensée qu'un pas, un mouvement de lui écrase des myriades d'animalcules. Mais, je le répète, la supériorité intellectuelle entraîne la supériorité religieuse; ces futurs maîtres, nous devons les rêver comme des incarnations du bien et du vrai; il y aurait joie à se subordonner à eux. »

J'arrête ici ma citation, parce qu'il est très long de copier, et parce qu'ici, comme dans *l'Avenir de la science,* il faudrait tout citer, tant tout est plein; curieux, inquiétant, nouveau, passionnant; pourtant il faut que je recommence :

« L'univers serait ainsi consommé en un seul être organisé, dans l'infini duquel se résumeraient des décillions de décillions de vies, passées et présentes à la fois. »

Or il est évident qu'un tel résumé ne pourrait s'obtenir que par une totalisation de la mémoire universelle, donc par une globalisation, par un achèvement, et par un arrêt de l'histoire.

« Toute la nature vivante produirait une vie centrale, grand hymne sortant de milliards de voix, comme l'animal résulte de milliards de cellules, l'arbre de millions de bourgeons. Une conscience unique serait faite par tous, et tous y participeraient; l'univers serait un polypier infini, où tous les êtres qui ont jamais été seraient soudés par leur base, vivant à la fois de leur vie propre et de la vie de l'ensemble. »

C'est bien le ramassement de toute la mémoire humaine et surhumaine en une conscience Dieu; or ce ramassement peut s'obtenir par deux moyens; si l'on croit en Dieu, si l'on admet la résurrection des morts, et le miracle, ce ramassement de toute la mémoire des créatures peut s'obtenir sans passer par l'intermédiaire de l'histoire; puisque ce sont les mémoires individuelles mêmes qui resservent; il n'y a pas à rapprendre; mais si, ce qui est, je pense, la position de Renan, nous ne croyons pas en Dieu, si nous n'admettons pas la résurrection personnelle, individuelle des morts, en un mot si de notre entendement nous rejetons le miracle, il n'y a plus aucun moyen d'obtenir ce ramassement de toute la mémoire sans passer par l'intermédiaire de l'histoire; le couronnement et l'arrêt de la création s'obtient par la fabrication d'un historien Dieu; Renan dirait : d'un Dieu historien; mais pour nous, et pour ce que nous en faisons, cela revient au même; je crois même que dans la formation de la pensée de Renan, c'est l'historien qui s'est haussé en Dieu, qui a culminé en Dieu, qui s'est fait Dieu, bien plutôt que ce n'est Dieu qui s'est incarné en historien.

« Déjà nous participons à la vie de l'univers (vie

Voire il faut que je me résolve à découper ici mon exemplaire :

« vie bien imparfaite encore) par la morale, la science et l'art. Les religions sont les formes abrégées et populaires de cette participation; là est leur sainteté. Mais la nature aspire à une communion bien plus intense, communion qui n'atteindra son dernier terme que quand il y aura un être actuellement parfait. Un tel être n'existe pas encore, puisque nous n'avons que trois façons de constater l'existence d'un être, le voir, entendre parler de lui, voir son action, et qu'un être comme celui dont nous parlons n'est connu d'aucune de ces trois manières; mais on conçoit la possibilité d'un état où, dans l'infinité de l'espace, tout vive. Peu de matière est maintenant organisée, et ce qui est organisé est faiblement organisé; mais on peut admettre un âge où toute la matière soit organisée, où des milliers de soleils agglutinés ensemble serviraient à former un seul être, sentant, jouissant, absorbant par son gosier brûlant un fleuve de volupté qui s'épancherait hors de lui en un torrent de vie. Cet univers vivant présenterait les deux pôles que présente toute masse nerveuse, le pôle qui pense, le pôle qui jouit. Maintenant, l'univers pense et jouit par des millions d'individus. Un jour, une bouche colossale savourerait l'infini; un océan d'ivresse y coulerait; une intarissable émission de vie, ne connaissant ni repos, ni fatigue, jaillirait dans l'éternité. Pour coaguler cette masse divine, la Terre aura peut-être été prise et gâchée comme une motte que l'on pétrit sans souci de la fourmi ou du ver qui s'y cache. Que voulez-vous? Nous en faisons autant. La nature, à tous les degrés, a pour soin unique d'obtenir un résultat supérieur par le sacrifice d'individualités inférieures. Est-ce qu'un général, un chef d'État tient compte des pauvres gens qu'il fait tuer?

« Un seul être résumant toute la jouissance de l'univers, l'infinité des êtres particuliers joyeux d'y contribuer, il n'y a là de contradiction que pour notre individualisme superficiel. Le monde n'est qu'une série de sacrifices humains; on les adoucirait par la joie et la résignation. Les compagnons d'Alexandre vécurent d'Alexandre, jouirent d'Alexandre. Il y a des états sociaux où le peuple jouit des plaisirs de ses nobles, se complaît en ses princes, dit : « nos princes », fait de leur gloire sa gloire. Les animaux qui servent à la nourriture de l'homme de génie ou de l'homme de bien devraient être contents, s'ils savaient à quoi ils servent. Tout dépend du but, et, si un jour la vivisection sur une grande échelle était nécessaire pour découvrir les grands secrets de la nature vivante, j'imagine les êtres, dans l'extase du martyre volontaire, venant s'y offrir couronnés de fleurs. Le meurtre inutile d'une mouche est un acte blâmable; celui qui est sacrifié aux fins idéales n'a pas droit de se plaindre, et son sort, au regard de l'infini (τῷ θεῷ), est digne d'envie. Tant d'autres meurent sans laisser une trace dans la construction de la tour infinie! C'est une chose monstrueuse que le sacrifice d'un être vivant à l'égoïsme d'un autre; mais le sacrifice d'un être vivant à une fin voulue par la nature est légitime. Rigoureusement parlant, l'homme dans la vie duquel règne l'égoïsme fait un acte de cannibale en mangeant de la chair; seul l'homme qui travaille en sa mesure au bien ou au vrai possède ce droit. Le sacrifice alors est fait à l'idéal, et l'être sacrifié a sa petite place dans l'œuvre éternelle, ce que tant d'autres êtres n'ont pas. La belle antiquité conçut avec raison l'immolation de l'animal destiné à être mangé comme un acte religieux. Ce meurtre fait en vue d'une nécessité absolue parut devoir être dissimulé par des guirlandes et une cérémonie.

« Le grand nombre doit penser et jouir par procuration. L'idée du moyen âge, de gens priant pour ceux qui n'ont pas le temps de prier, est très vraie. La masse travaille; quelques-uns remplissent pour elles les hautes fonctions de la vie; voilà l'humanité. Le résultat du travail obscur de mille paysans, serfs d'une abbaye, était une abside gothique, dans une belle vallée, ombragée de hauts peupliers, où de pieuses personnes venaient six ou huit fois par jour chanter des psaumes à l'Éternel. Cela constituait une assez belle façon d'adorer, surtout quand, parmi les ascètes, il y avait un saint Bernard, un Rupert de Tuy, un abbé Joachim. Cette vallée, ces eaux, ces arbres, ces rochers voulaient crier vers Dieu, mais n'avaient pas de voix; l'abbaye leur en donnait une. Chez les Grecs, race plus noble, cela se faisait mieux par la flûte et les jeux des bergers. Un jour cela se fera mieux encore, si un laboratoire de chimie ou de physique remplace l'abbaye. Mais de nos jours les mille paysans autrefois serfs, maintenant émancipés, se livrent peut-être à une grossière bombance, sans résultat idéal d'aucune sorte, avec les terres de ladite abbaye. L'impôt mis sur ces terres les purifie seul un peu, en les faisant servir à un but supérieur.

« Quelques-uns vivent pour tous. Si on veut changer cet ordre, personne ne vivra. L'Égyptien, sujet de Chéphrem, qui est mort en construisant les pyramides, a plus vécu que celui qui a coulé des jours inutiles sous ses palmiers. Voilà la noblesse du peuple; il n'en désire pas d'autre; on ne le contentera jamais avec de l'égoïsme. Il veut, s'il ne jouit pas, qu'il y en ait qui jouissent. Il meurt volontiers pour la gloire d'un chef, c'est-à-dire pour quelque chose où il n'a aucun profit direct. Je parle du vrai peuple, de la masse inconsciente, livrée à ses instincts de race, à qui la réflexion n'a pas encore appris que la plus grande sottise qu'on puisse commettre est de se faire tuer pour quoi que ce soit.

« Parfois, je conçois ainsi Dieu comme la grande fête intérieure de l'univers, comme la vaste conscience où tout se réfléchit et se répercute. Chaque classe de la société est un rouage, un bras de levier dans cette immense machine. Voilà pourquoi chacune a ses vertus. Nous sommes tous des fonctions de l'univers; le devoir consiste à ce que chacun remplisse bien sa fonction. Les vertus de la bourgeoisie ne doivent pas être celles de la noblesse; ce qui fait un parfait gentilhomme serait un défaut chez un bourgeois. Les vertus de chacun sont déterminées par les besoins de la nature; l'État où il n'y a pas de classes sociales est antiprovidentiel. Il importe peu que saint Vincent de Paul n'ait pas été un grand esprit. Raphaël n'aurait rien gagné à être bien réglé dans ses mœurs. L'effort divin qui est en tout se produit par les justes, les savants, les artistes. Chacun a sa part. Le devoir de Gœthe fut d'être égoïste pour son œuvre. L'immoralité transcendante de l'artiste est à sa façon moralité suprême, si elle sert à l'accomplissement de la particulière mission divine dont chacun est chargé ici-bas.

« Pour moi, je goûte tout l'univers par cette sorte de sentiment général qui fait que nous sommes tristes en une ville triste, gais en une ville gaie. Je jouis ainsi des voluptés du voluptueux, des débauches du débauché, de la mondanité du mondain, de la sainteté de l'homme vertueux, des méditations du savant, de l'austérité de l'ascète. Par une sorte de sympathie douce, je me figure que je suis leur conscience. Les découvertes du savant sont mon bien; les triomphes de l'ambitieux me sont une fête. Je serais fâché que quelque chose manquât au monde; car j'ai conscience de tout ce qu'il enferme. Mon seul déplaisir est que ce siècle soit si bas qu'il ne sache plus jouir. Alors je me réfugie dans le passé, dans le XVIe siècle, le XVIIe, dans l'antiquité; tout ce qui a été beau, aimable, juste, noble me fait comme un paradis. Je défie avec cela le malheur de m'atteindre; je porte avec moi le parterre charmant de la variété de mes pensées.

PHILALÈTHE.

« Vous avez cherché à montrer sous quelles formes on peut rêver une conscience de l'univers plus avancée que celle dont la manifestation est l'humanité. On m'a dit que vous possédez même un biais pour rendre concevable l'immortalité des individus. »

Nous ne pouvons pas laisser, même pour aujourd'hui, cette immortalité des individus; car ce dogme de l'immortalité individuelle fait le point critique de presque toutes les doctrines; c'est là que le critique attend le métaphysicien; car c'est là que se révèlent les arrière-plans de l'espérance; particulièrement ici le dogme de l'immortalité individuelle fera le point critique de la doctrine; c'est à ce dogme en effet que nous allons reconnaître comment, dans les rêves de ce Théoctiste, l'humanité ou la surhumanité Dieu obtient sa mémoire totale; nous y voyons dès les premiers mots qu'elle ne l'obtient point par une réelle résurrection des individus réels, qu'elle ne l'obtient point proprement par ce que nous nommons tous la résurrection des morts, mais que la surhumanité Dieu, dans les rêves de ce Théoctiste, obtient la totalisation de sa mémoire par une reconstitution historique, par une totalisation de l'histoire, par la résurrection des historiens, par le règne et par l'éternité de l'Historien.

THÉOCTISTE.

« Dites mieux, la résurrection des individus. Sur ce point, je m'écarte des conceptions, merveilleuses du reste de poésie et d'idéal, où s'éleva le génie grec. Platon ne me paraît pas recevable quand il soutient que la mort est un bien, l'état philosophique par excellence. Il n'est pas vrai que la perfection de l'âme, comme il est dit dans le *Phédon,* soit d'être le plus possible détachée du corps. L'âme sans corps est une chimère, puisque rien ne nous a jamais révélé un pareil mode d'exister.

« Oui, je conçois la possibilité de la résurrection, et je me dis souvent comme Job : *Reposita est hæc spes in sinu meo.* Au terme des évolutions successives, si l'univers est jamais ramené à un seul être absolu, cet être sera la vie complète de tous; il renouvellera en lui la vie des êtres disparus, ou, si l'on aime mieux, en son sein revivront tous ceux qui ont été. Quand Dieu sera en même temps parfait et tout-puissant, c'est-à-dire quand l'omnipotence scientifique sera concentrée entre les mains d'un être bon et droit, cet être voudra ressusciter le passé, pour en réparer les innombrables iniquités. Dieu existera de plus en plus; plus il existera, plus il sera juste. Il le sera pleinement le jour où quiconque aura travaillé pour l'œuvre divine sentira l'œuvre divine accomplie, et verra la part qu'il y a eue. Alors l'éternelle inégalité des êtres sera scellée pour jamais. Celui qui n'a fait aucun sacrifice au bien, au vrai retrouvera ce jour-là l'équivalent exact de sa mise, c'est-à-dire le néant. Il ne faut pas objecter qu'une récompense qui n'arrivera peut-être que dans un milliard de siècles serait bien affaiblie. Un sommeil d'un milliard de siècles ou un sommeil d'une heure, c'est la même chose, et, si la récompense que je rêve nous est accordée, elle nous fera l'effet de succéder instantanément à l'heure de la mort. *Beatam resurrectionem exspectans,* voilà, pour l'idéaliste comme pour le chrétien, la vraie formule qui convient au tombeau.

« Un monde sans Dieu est horrible. Le nôtre paraît tel à l'heure qu'il est; mais il ne sera pas toujours ainsi. Après les épouvantables entr'actes de férocité et d'égoïsme de l'être grandissant, se réalisera peut-être le rêve de la religion déiste, une conscience suprême, rendant justice au pauvre, vengeant l'homme vertueux. « Cela doit être; donc cela est », dit le déiste. Nous autres, nous disons : « Donc cela sera »; et ce raisonnement a sa légitimité, puisque nous avons vu que les rêves de la conscience morale peuvent fort bien devenir un jour des réalités. On conçoit ainsi une conscience qui résume toutes les autres, même passées, qui les embrasse en tant qu'elles ont travaillé au bien, à l'absolu. Dans cette pyramide du bien, élevée par les efforts successifs des êtres, chaque pierre compte. L'Égyptien du temps de Chéphrem dont nous parlions tout à l'heure existe encore par la pierre qu'il a posée; ainsi sera-t-il de l'homme qui aura collaboré à l'œuvre d'éternité. Nous vivons en proportion de la part que nous avons prise à l'édification de l'idéal. L'œuvre de l'humanité est le bien; ceux qui auront contribué au triomphe du bien *fulgebunt sicut stellæ.* Même si la Terre ne sert un jour que de moellon pour la construction d'un édifice futur, nous serons ce qu'est la coquille géologique dans le bloc destiné à bâtir un temple. Ce pauvre trilobite dont la trace est écrite dans l'épaisseur de nos murs y vit encore un peu; il fait encore un peu partie de notre maison.

EUDOXE.

« Votre immortalité n'est qu'apparente; elle ne va pas au delà de l'éternité de l'action; elle n'implique pas l'éternité de la personne. Jésus aujourd'hui agit bien plus que quand il était un Galiléen obscur; mais il ne vit plus.

THÉOCTISTE.

« Il vit encore. Sa personne subsiste et est même augmentée. L'homme vit où il agit. Cette vie nous est plus chère que la vie du corps, puisque nous sacrifions volontiers celle-ci à celle-là. Remarquez bien que je ne parle pas seulement de la vie dans l'opinion, de la réputation, du souvenir. Celle-ci en effet ne suffit pas; elle a trop d'injustices. Les meilleurs sont ceux qui la fuient. Tamerlan est plus célèbre que tel juste ignoré. Marc-Aurèle n'a la réputation qu'il mérite que parce qu'il a été empereur et qu'il a écrit ses pensées. L'influence vraie est l'influence cachée; non que l'opinion définitive de l'histoire soit en somme très fausse; mais elle pèche tout à fait par la proportion. Tel innommé a été peut-être plus grand qu'Alexandre; tel cœur de femme qui n'a dit mot de sa vie a mieux senti que le poète le plus harmonieux. — Je parle de la vie par influence, ou, selon l'expression des mystiques, de la vie en Dieu. La vie humaine, par son revers moral, écrit un petit sillon, comme la pointe d'un compas, au sein de l'infini. Cet arc de cercle tracé en Dieu n'a pas plus de fin que Dieu. C'est dans le souvenir de Dieu que les hommes sont immortels. L'opinion que la conscience absolue a de lui, le souvenir qu'elle garde de lui, voilà la vraie vie du juste, et cette vie-là est éternelle. Sans doute il y a de l'anthropomorphisme à prêter à Dieu une conscience comme la nôtre; mais l'usage des expressions anthropomorphiques en théologie est inévitable; il n'a pas plus d'inconvénient que l'emploi de toute autre figure ou métaphore. Le langage devient impossible, si l'on pousse à l'excès le purisme à cet égard.

EUDOXE.

« C'est entendu; mais vous ne nous avez pas expliqué comment on peut parler de réelle existence sans conscience.

THÉOCTISTE.

« La conscience est peut-être une forme secondaire de l'existence. Un tel mot n'a plus de sens quand on veut l'appliquer au tout, à l'univers, à Dieu. Conscience suppose une limitation, une opposition du *moi* et du *non-moi,* qui est la négation même de l'infini. Ce qui est éternel, c'est l'idée. La matière est chose toute relative; elle n'est pas réellement ce qui est; elle est la couleur qui sert à peindre, le marbre qui sert à sculpter, la laine qui sert à broder. La possibilité de faire exister de nouveau ce qui a déjà existé, de reproduire tout ce qui a eu de la réalité ne saurait être niée. Hâtons-nous de le dire, toute affirmation en pareille matière est un acte de foi; or qui dit acte de foi dit un acte outrepassant l'expérience (je ne dis pas la contredisant). Après tout, notre espérance est-elle présomptueuse? Notre demande est-elle intéressée? Non, non, certes. Nous ne demandons pas une récompense; nous demandons simplement à être, à savoir davantage, à connaître le secret du monde, que nous avons cherché si avidement, l'avenir de l'humanité, qui nous a tant passionnés. Cela est permis, j'espère. Ceux qui prennent l'existence comme un devoir, non comme une jouissance, ont bien droit à cela. Pour moi, je ne réclame pas précisément l'immortalité, mais je voudrais deux choses : d'abord n'avoir pas offert au néant et au vide les sacrifices que j'ai pu faire au bien et au vrai; je ne demande pas à en être payé; mais je désire que cela serve à quelque chose : en second lieu, le peu que j'ai fait, je serais bien aise que quelqu'un le sût; je veux l'estime de Dieu, rien de plus; ce n'est pas exorbitant, n'est-ce pas? Reproche-t-on au soldat mourant de s'intéresser au gain de la bataille et de désirer savoir si son chef est content de lui?

« La sensation cesse avec l'organe qui la produit, l'effet disparaît avec la cause. Le cerveau se décomposant, nulle conscience dans le sens ordinaire du mot ne peut persister. Mais la vie de l'homme dans le tout, la place qu'il y tient, sa part à la conscience générale, voilà ce qui n'a aucun lien avec un organisme, voilà ce qui est éternel. La conscience a un rapport avec l'espace, non qu'elle réside en un point, mais elle sent en un espace déterminé. L'idée n'en a pas; elle est l'immatériel pur; ni le temps ni la mort ne peuvent rien sur elle. L'idéal seul est éternel; rien ne reste que lui et ce qui y sert.

« Consolons-nous, pauvres victimes; un Dieu se fait avec nos pleurs.

EUTHYPHRON.

« Les savants positivistes auront toujours une difficulté capitale contre ce que vous venez de dire, et aussi contre plusieurs des vues que nous ont développées Philalèthe et Théophraste. Vous prêtez à l'univers et à l'idéal des volontés, des actes qu'on n'a remarqués jusqu'ici que chez des êtres organisés. Or rien n'autorise à regarder l'univers comme un être organisé, même à la manière du dernier zoophyte. Où sont ses nerfs? Où est son cerveau? Or, sans nerfs ni cerveau, ou pour mieux dire sans matière organisée, on n'a jamais constaté jusqu'ici de conscience ni de sentiment à un degré quelconque.

THÉOCTISTE.

« Votre objection, décisive contre l'existence des âmes séparées et des anges, n'est pas décisive contre l'hypothèse d'un ressort intime dans l'univers. Cette impulsion instinctive serait quelque chose de *sui generis*, un principe premier comme le mouvement lui-même. Ce n'est jamais que par métaphore que nous avons pu présenter l'univers comme un animal. Animal suppose espèce, pluralité d'individus; il y aurait donc plusieurs univers! Mais que la masse infinie produise une sorte d'exsudation générale, à laquelle, faute de mieux et par suite d'un anthropomorphisme inévitable, nous donnons le nom de conscience, c'est ce que les faits généraux de la nature semblent indiquer. Tout dans la nature se réduit au mouvement. Oui certes; mais le mouvement a une cause et un but. La cause, c'est l'idéal; le but, c'est la conscience.

PHILALÈTHE.

« Je me dis souvent que si le but du monde était une course aussi haletante que vous le supposez vers la science, il n'y aurait pas de fleurs, pas d'oiseaux brillants, pas de joie, pas de printemps. Tout cela suppose un Dieu moins affairé que vous ne croyez, un Dieu déjà arrivé, qui s'amuse et jouit d'un état acquis définitivement.

EUDOXE.

« J'irai plus loin que vous, et je réclamerai au centre de l'univers un *immotum quid,* un lieu des idées, comme le voulait Malebranche. On revient toujours aux formules de ce grand penseur, quand on veut se rendre compte des relations de Dieu et de l'univers, de l'individu avec l'infini. Croyez-moi, Dieu est une nécessité absolue. Dieu sera et Dieu est. En tant que réalité, il sera; en tant qu'idéal, il est. *Deus est simul in esse et in fieri*. Cela seul peut se développer qui est déjà. Comment, d'ailleurs, imaginer un développement ayant pour point de départ le néant? L'abîme initial fût resté à tout jamais en repos, si le Père éternel ne l'eût fécondé. A côté du *fieri,* il faut donc conserver l'*esse;* à côté du mouvement, le moteur; au centre de la roue, le moyeu immobile. Théoctiste nous a bien montré que seule l'hypothèse monothéiste se prête à la réalisation de nos idées les plus enracinées sur la nécessité d'une justice supérieure pour l'homme et l'humanité. Ajoutons que si le mouvement a existé de toute éternité, on ne conçoit pas que le monde n'ait pas atteint le repos, l'uniformité et la perfection. Il n'est pas plus facile d'expliquer comment l'équilibre ne s'est pas encore rétabli que d'expliquer comment l'équilibre s'est rompu. Si le tireur dont nous parlions hier tire depuis l'éternité, il a déjà dû atteindre le but.

EUTHYPHRON.

« Nous touchons ici aux antinomies de Kant, à ces gouffres de l'esprit humain, où l'on est ballotté d'une contradiction à une autre. Arrivé là, on doit s'arrêter. La raison et le langage ne s'appliquent qu'au fini. Les transporter dans l'infini, c'est comme si l'on prétendait mesurer la chaleur du soleil ou du centre de la terre avec un thermomètre ordinaire. Le développement particulier dont nous sommes les témoins n'est que l'histoire d'un atome; nous voulons que ce soit l'histoire de l'absolu, et nous y appliquons les lignes d'un arrière-plan situé à l'infini. Nous confondons les plans du paysage; nous commettons la même erreur que celle à laquelle on est exposé en déchiffrant les papyrus d'Herculanum. Les différents feuillets se pénètrent réciproquement, et l'on rapporte à une page des lettres qui viennent de dix pages plus loin.

EUDOXE.

« Remercions Théoctiste de nous avoir dit tous ses rêves. « C'est bien à peu près ainsi que parlent les prêtres; mais les mots sont différents. » Les esprits superficiels échappent seuls à l'obsession de ces problèmes. Ils se renferment dans une cave et nient le ciel. Ces gens-là eussent dit à Colomb regardant l'horizon de la mer vers l'Occident : « Pauvre fou, tu vois bien qu'il n'y a rien au delà. »

PHILALÈTHE.

« Dans quelques années, si nous existons et si quelque chose existe, nous pourrons reprendre ces questions et voir en quoi sera modifiée notre manière d'envisager l'univers. Quel dommage que nous ne puissions, comme dans la légende racontée par Thomas de Cantimpré, donner rendez-vous à ceux d'entre nous qui seront morts, pour qu'ils viennent nous rendre compte de la réalité des choses de l'autre vie!

EUDOXE.

« Je crois qu'en pareille matière le témoignage des morts est peu de chose. Comme dit la parabole : *Neque si quis mortuorum resurrexerit credent.* En fait de vertu, chacun trouve la certitude en consultant son propre cœur. »

On ne me pardonnera pas une aussi longue citation; mais on m'en louera; et on la portera sans doute à mon actif; car c'est un plaisir toujours nouveau que de retrouver ces vieux textes pleins, et perpétuellement inquiétants de nouveauté; et quand dans un cahier on met d'aussi importantes citations de Renan, on est toujours sûr au moins qu'il y aura des bons morceaux dans le cahier; — je ne dis point cela pour Zangwill, qui supporte toute comparaison; — je sais tous les reproches que l'on peut faire au texte que je viens de citer; il est perpétuellement nouveau; et il est vieux déjà; il est dépassé; phénomène particulièrement intéressant, il est surtout dépassé justement par les sciences sur lesquelles Renan croyait trouver son plus solide appui, par les sciences physiques, chimiques, particulièrement par les sciences naturelles; — mais ici que dirions-nous de Taine qui faisait aux sciences mathématiques, physiques, chimiques, naturelles, une incessante référence; — c'est justement par le progrès des sciences naturelles que nous sommes aujourd'hui reconduits à des conceptions plus humaines, et, le mot le dit, plus naturelles; je n'ignore pas toutes les précautions qu'il y aurait à prendre si l'on voulait saisir, commenter et critiquer tout ce texte; mais telle n'est pas aujourd'hui la tâche que nous nous sommes assignée; je n'ignore pas qu'il y a dans cet énorme texte religieux des morceaux entiers qui aujourd'hui nous soulèvent d'indignation; et des morceaux entiers qui aujourd'hui nous paraissent extraordinairement faibles; je n'ignore pas qu'il y a dans ce monument énorme des corps de bâtiments entiers qu'un mot, un seul mot de Pascal, par la simple confrontation, anéantirait; je connais les proportions à garder; je sais mesurer un Pascal et un Renan;

et je n'offenserai personne en disant que je ne confonds point avec un grand historien celui qui est le penseur même; si j'avais à saisir et à commenter et à critiquer le texte que nous avons reproduit, je sais qu'il faudrait commencer par distinguer dans le texte premièrement la pensée de Renan; deuxièmement l'arrière-pensée de Renan; troisièmement, et ceci est particulièrement regrettable à trouver, à constater, des fausses fenêtres, des fragments, à peine habillés, d'un cours de philosophie de l'enseignement secondaire, comme était l'enseignement secondaire de la philosophie au temps où Renan le recevait, des morceaux de cours, digérés à peine, sur Kant et les *antinomies*, sur le *moi* et le *non-moi*, tant d'autres morceaux qui surviennent inattendus pour faire l'appoint, pour jointurer, pour boucher un trou; combien ces plates reproductions de vieux enseignements universitaires, ces morceaux de concours, de l'ancien concours, du concours de ce temps-là, combien ces réminiscences pédagogiques, survenant tout à coup, et au moment même que l'on s'y attendait le moins, au point culminant du dialogue, détonnent auprès du véritable Renan, auprès de sa pensée propre, et surtout de son arrière-pensée; comme elles sont inférieures au véritable texte; et dans le véritable texte comme la pensée même est inférieure à l'arrière-pensée, ou, si l'on veut, comme l'arrière-pensée est supérieure à la pensée, à la pensée de premier abord; quel travail que de commencer par discerner ces trois plans; mais comme on en serait récompensé; comme la partie qui reste est pleine et lourde; comme la domination de l'arrière-pensée est impérieuse.

Je n'ignore pas, je le répète, que la plupart de ces rêves soulèvent en nous des indignations légitimes, et pour tout dire, qu'il y a des phrases, dans ces textes, qui vous rendraient démocrate.

Nous sommes aujourd'hui moins accommodants que cet Eudoxe; mais nous sommes moins tranquilles, plus inquiets, plus passionnés que ce Philalèthe; et c'est justement parce que nous *aimons le vrai* que nous sommes plus passionnés; je n'ai point voulu arrêter par des réflexions ou par des commentaires un texte aussi exubérant, aussi plein, aussi fervent; je me rends bien compte qu'un texte aussi plein dépasse de partout ce que nous voulons lui demander aujourd'hui; que de lui-même il répond à toutes sortes d'immenses questions que nous ne voulons point lui poser aujourd'hui; et je suis un peu confus de retenir si peu d'un texte aussi vaste; c'est justement ce que je disais quand je disais que tout le monde moderne est dans Renan; on ne peut ouvrir du Renan sans qu'il en sorte une immensité de monde moderne; et si le *Pourana* de jeunesse était vraiment le *Pourana* de la jeunesse du monde moderne, le testament de vieillesse est aussi le testament de toute la vieillesse de tout le monde moderne; je me rends bien compte qu'ayant à traiter toutes les autres immenses questions qu'a soulevées le monde moderne c'est au même texte qu'il nous faudrait remonter encore; et c'est le même texte qu'il nous faudrait citer encore, tout au long; nous le citerions, inlassablement; nous l'avons cité aujourd'hui, tout au long, sans l'interrompre, et sans le troubler de commentaires, parce que s'il porte en même temps sur une infinité d'autres immenses questions, il porte aussi, tout entier et à plein, sur la grosse question qui s'est soulevée devant nous; et sur cette question nous ne l'avons pas interrompu, parce qu'il est décisif, pourvu qu'on l'entende, et sans même qu'on l'interprète; il est formellement un texte de métaphysique, et j'irai jusqu'à dire qu'il est un texte de théologie.

Les textes de Taine, et sur ces textes reportons-nous au même exemple manifeste, ne sont pas moins décisifs, ils ne révèlent pas moins la pensée de derrière la tête de tout le monde moderne; reprenons ce *La Fontaine et ses fables;* toutes les théories de la fin, qui elles-mêmes caractérisent si éminemment Taine, ses méthodes, les méthodes modernes, procèdent exactement du même esprit; nous sommes aujourd'hui scandalisés de leur assurance roide et grossière, manipulant sans vergogne, et sans réussite, les tissus les plus fins, les mouvements les plus souples, les plus vivantes élaborations du génie même; aujourd'hui je ne veux retenir, de tout ce scandale, que les indications qui me paraissent indispensables pour définir le débat même où nous allons nous trouver engagés.

Indications indispensables, en ce sens que nous ne

retiendrons que ce dont nous ne pouvons rigoureusement pas nous passer; mais indications indispensables en ce sens aussi qu'elles sont capitales et commandent tout le reste; et c'est pour cela que nous ne pouvons pas nous en passer.

Car c'est un avantage capital de Taine, et que nul de ses ennemis ne songerait à lui contester, qu'il est net; il ne masque point ses ambitions; il ne dissimule point ses prétentions; brutal et dur, souvent grossier, et mesurant les grandeurs les plus subtiles par des unités qui ne sont point du même ordre, il a au moins les vertus de ses vices, les avantages de ses défauts, les bonnes qualités de ses mauvaises; et quand il se trompe, il se trompe nettement, comme un honnête homme, sans fourberie, sans fausseté, sans fluidité; lui-même il permet de mesurer ce que nous nommons ses erreurs, et par ses erreurs les erreurs du monde moderne; et dans les erreurs qui, étant les erreurs de tout le monde moderne, lui sont communes avec Renan, il nous permet des mesures nettes que Renan ne nous permettait pas; nous lui devons la formule et le plus éclatant exemple du circuit antérieur; je ne puis m'empêcher de considérer le circuit antérieur, le voyage du *La Fontaine,* comme un magnifique exemple, comme un magnifique symbole de toute la méthode historique moderne, un symbole au seul sens que nous puissions donner à ce mot, c'est-à-dire une partie de la réalité, homogène et homothétique à un ensemble de réalité, et représentant soudain, par un agrandissement d'art et de réalité, tout cet immense ensemble de réalité; je ne puis m'empêcher de considérer ce magnifique circuit du *La Fontaine* comme un grand exemple, comme un éminent cas particulier, comme un grand symbole honnête, si magnifiquement et si honnêtement composé que si quelqu'un d'autre que Taine avait voulu le faire exprès, pour la commodité de la critique et pour l'émerveillement des historiens, il n'y eût certes pas à beaucoup près aussi bien réussi; je tiens ce tour de France pour un symbole unique; oui c'est bien là le voyage antérieur que nous faisons tous, avant toute étude, avant tout travail, nous tous les héritiers, les tenants, la monnaie de la pensée moderne; tous nous le faisons toujours, ce tour de France-là; et combien de vies perdues à faire le tour des bibliothèques; et pareillement nous devons à Taine, en ce même *La Fontaine,* un exemple éminent de multipartition effectuée à l'intérieur du sujet même; et nous allons lui devoir un exemple éminent d'accomplissement final; car ces théories qui empoignent si brutalement les ailes froissées du pauvre génie reviennent, elles aussi, elles enfin, à supposer un épuisement du détail indéfini, infini; elles reviennent exactement à saisir, ou à la prétention de saisir, dans toute l'indéfinité, dans toute l'infinité de leur détail, toutes les opérations du génie même; chacune de ces théories, d'apparences doctes, modestes et scolaires, en réalité recouvre une anticipation métaphysique, une usurpation théologique; la plus humble de ces théories suppose, humble d'apparence, que l'auteur a pénétré le secret du génie, qu'il sait comment ça se fabrique, lui-même qu'il en fabriquerait, qu'il a pénétré le secret de la nature et de l'homme, c'est-à-dire, en définitive, qu'ayant épuisé toute l'indéfinité, toute l'infinité du détail antérieur, toute l'indéfinité, toute l'infinité du détail intérieur, en outre il a épuisé toute l'indéfinité, toute l'infinité du détail de la création même; la plus humble de ces théories n'est rien si elle n'est pas, en prétention, la saisie, par l'historien, par l'auteur, en pleine vie, en pleine élaboration, du génie vivant; et pour saisir le génie, la saisie de tout un peuple, de toute une race, de tout un pays, de tout un monde.

Si telle est vraiment l'atteinte obtenue par les théories particulières, quelle ne sera pas la totale atteinte obtenue par la conclusion, où se ramassent et culminent toutes les ambitions des théories particulières; je ne puis citer les théories particulières; il faudrait remonter de la fin du volume au commencement, il faudrait citer presque tout le volume; je cite au long la conclusion; pourquoi n'éprouvons-nous que de l'indifférence quand nous découpons notre exemplaire de Taine, et pourquoi ne pouvons-nous découper sans regret notre exemplaire de Renan; ce n'est point, comme le dirait un historien des réalités économiques, parce que les Renan coûtent sept cinquante en librairie et parce que les Taine, chez Hachette, ne coûtent que trois francs cinquante; et pourquoi, découpant du Renan, recevons-nous une impression de mutilation que nous ne recevons pas découpant du Taine; c'est que, malgré tout, un livre de Taine est pour nous un volume, et qu'un livre de Renan est pour nous plus qu'un livre; et pourquoi ne peut-on pas copier du Taine, et peut-on copier du Renan, en se trompant, il est vrai; et pourquoi est-ce un bon plaisir que de corriger sur épreuves un texte de Renan, et se fait-on un devoir de corriger sur épreuves un texte de Taine; telle est la différence que je vois entre les héritages laissés par ces deux grands maîtres de la pensée moderne. « J'ai voulu montrer », dit Taine en forme de *conclusion :*

« J'ai voulu montrer la formation complète d'une œuvre poétique et chercher par un exemple en quoi consiste le beau et comment il naît.

« Une race se rencontre ayant reçu son caractère du climat, du sol, des aliments, et des grands événements qu'elle a subis à son origine. Ce caractère l'approprie et la réduit à la culture d'un certain esprit comme à la conception d'une certaine beauté. C'est là le terrain national, très-bon pour certaines plantes, mais très-mauvais pour d'autres, incapable de mener à bien les graines du pays voisin, mais capable de donner aux siennes une sève exquise et une floraison parfaite, lorsque le cours des siècles amène la température dont elles ont besoin. Ainsi sont nés La Fontaine en France au dix-septième siècle, Shakspeare en Angleterre pendant la Renaissance, Gœthe en Allemagne de nos jours.

« Car le génie n'est rien qu'une puissance développée et nulle puissance ne peut se développer tout entière, sinon dans le pays où elle se rencontre naturellement et chez tous, où l'éducation la nourrit, où l'exemple la fortifie, où le caractère la soutient, où le public la provoque. Aussi plus elle est grande, plus ses causes sont grandes; la hauteur de l'arbre indique la profondeur des racines. Plus un poète est parfait, plus il est national. Plus il pénètre dans son art, plus il a pénétré dans le génie de son siècle et de sa race. Il a fallu la finesse, la sobriété, la gaieté, la malice gauloise, l'élégance, l'art et l'éducation du dix-septième siècle pour produire un La Fontaine. Il a fallu la vue intérieure des caractères, la précision, l'énergie, la tristesse anglaise, la fougue, l'imagination, le paganisme de la Renaissance pour produire un Shakspeare. Il a fallu la profondeur, la philosophie, la science, l'universalité, la critique, le panthéisme de l'Allemagne et du dix-neuvième siècle pour produire un Gœthe. Par cette correspondance entre l'œuvre, le pays et le siècle, un grand artiste est un homme public. C'est par elle qu'on peut le mesurer et lui donner son rang. C'est par elle qu'il plaît à plus ou moins d'hommes et que son œuvre reste vivante pendant un temps plus ou moins long. En sorte qu'on doit le considérer comme le représentant et l'abrégé d'un esprit duquel il reçoit sa dignité et sa nature. Si cet esprit n'est qu'une mode et règne seulement quelques années, l'écrivain est un Voiture. Si cet esprit est une forme littéraire et gouverne un âge entier, l'écrivain est un Racine. Si cet esprit est le fond même de la race et reparaît à chaque siècle, l'écrivain est un La Fontaine. Selon que cet esprit est passager, séculaire, éternel, l'œuvre est passagère, séculaire, éternelle, et l'on exprimera bien le génie poétique, sa dignité, sa formation et son origine en disant qu'il est un résumé.

« C'est qu'il fait des résumés, et les meilleurs de tous. En cela, les poètes sont plus heureux que les autres grands hommes. Sans doute un philosophe comme Hobbes ou Descartes, un érudit comme Henri Étienne, un savant comme Cuvier ou Newton résument à leur façon le large domaine qu'ils se sont choisi; mais ils n'ont que des facultés restreintes; d'ailleurs ils sont spéciaux, et ce champ où ils se retirent ne touche que par un coin la promenade publique où circulent tous les esprits. L'artiste seul prend cette promenade pour domaine, la prend tout entière, et se trouve muni, pour la reproduire, d'instruments que nul ne possède; en sorte que sa copie est la plus fidèle, en même temps qu'elle est la plus complète. Car il est à la fois philosophe et peintre, et il ne nous montre jamais les causes générales sans les petits faits sensibles qui les manifestent, ni les petits faits sensibles sans les causes générales qui les ont produits. Son œuvre nous tient lieu des expériences personnelles et sensibles qui seules peuvent imprimer en notre esprit le trait précis et la nuance exacte; mais en même temps elle nous donne les larges idées d'ensemble qui ont fourni aux événements leur unité, leur sens et leur support. Par lui nous voyons les gestes, nous entendons l'accent, nous sentons les mille détails imperceptibles et fuyants que nulle biographie, nulle anatomie, nulle sténographie ne saurait rendre, et nous touchons l'infiniment petit qui est au fond de toute sensation; mais par lui, en même temps, nous saisissons les caractères, nous concevons les situations, nous devinons les facultés primitives ou maîtresses qui constituent ou transforment les races et les âges, et nous embrassons l'infiniment grand qui enveloppe tout objet. Il est à la fois aux deux extrémités, dans les sensations particulières par lesquelles l'intelligence débute, et dans les idées générales auxquelles l'intelligence aboutit, tellement qu'il en a toute l'étendue et toutes les parties, et qu'il est le plus capable, par l'ampleur et la diversité de ses puissances, de reproduire ce monde en face duquel il est placé.

« C'est parler bien longtemps que d'écrire un volume à propos de fables. Sans doute la fable, le plus humble des genres poétiques, ressemble aux petites plantes perdues dans une grande forêt; les yeux fixés sur les arbres immenses qui croissent autour d'elle, on l'oublie, ou, si l'on baisse les yeux, elle ne semble qu'un point. Mais, si on l'ouvre pour examiner l'arrangement intérieur de ses organes, on y trouve un ordre aussi compliqué que dans les vastes chênes qui la couvrent de leur ombre; on la décompose plus aisément; on la met mieux en expérience; et l'on peut découvrir en elle les lois générales, selon lesquelles toute plante végète et se soutient. »

Je me garderai de mettre un commentaire de détail à ce texte; il faudrait écrire un volume; il faudrait mettre, à chacun des mots, plusieurs pages de commentaires, tant le texte est plein et fort; et encore on serait à cent lieues d'en avoir épuisé la force et la plénitude; et je ne peux pas tomber moi-même dans une infinité du détail; d'ailleurs nous retrouverons tous ces textes, et souvent; c'était l'honneur et la grandeur de ces textes pleins et graves qu'ils débordaient, qu'ils inondaient le commentaire; c'est l'honneur et la force de ces textes braves et pleins qu'ils bravent le commentaire; et si nul commentaire n'épuise un texte de Renan, nul commentaire aussi n'assied un texte de Taine; aujourd'hui, et de cette conclusion, je ne veux indiquer, et en bref, que le sens et la portée, pour l'ensemble et sans entrer dans aucun détail; à peine ai-je besoin de dire que ce sens, dans Taine, est beaucoup plus grave, étant beaucoup plus net, que n'étaient les anticipations de Renan; ne nous laissons pas tromper à la modestie professorale; ne nous laissons d'ailleurs pas soulever à toutes les indignations qui nous montent; je sais qu'il n'y a pas un mot dans tout ce Taine qui aujourd'hui ne nous soulève d'indignation; attribuer, limiter Racine au seul dix-septième siècle, enfermer Racine dans le siècle de Louis XIV, quand aujourd'hui, ayant pris toute la reculée nécessaire, nous savons qu'il est une des colonnes de l'humanité éternelle, quelle inintelligence et quelle hérésie, quelle grossièreté, quelle présomption, au fond quelle ignorance; mais ni naïveté ni indignation; il ne s'agit point ici de savoir ce que vaut Taine; il ne s'agit point ici de son inintelligence et de son hérésie, de sa grossièreté, de son ignorance; il s'agit de sa présomption; il s'agit de savoir ce qu'il veut, ce qu'il pense avoir fait, enfin ce que nous voyons qu'il a fait, peut-être sans y penser; il s'agit de savoir, ou de chercher, quel est, au fond, le sens et la portée de sa méthode, le sens et la portée des résultats qu'il prétend avoir obtenus; ce qui ressort de tout le livre de Taine, et particulièrement de sa conclusion, c'est cette idée singulière, singulièrement avantageuse, que l'historien, j'entends l'historien moderne, possède le secret du génie.

Car vraiment si l'historien est si parfaitement, si complètement, si totalement renseigné sur les conditions mêmes qui forment et qui fabriquent le génie, et premièrement si nous accordons que ce soient des conditions extérieures saisissables, connaissables, connues, qui forment tout le génie, et non seulement le génie, mais à plus forte raison le talent, et les peuples, et les cultures, et les humanités, si vraiment on ne peut rien leur cacher, à ces historiens, qui ne voit qu'ils ont découvert, obtenu, qu'ils tiennent le secret du génie même, et de tout le reste, que dès lors ils peuvent en régler la production, la fabrication, qu'en définitive donc ils peuvent produire, fabriquer, ou tout au moins que sous leur gouvernement on peut produire, fabriquer le génie même, et tout le reste; car dans l'ordre des sciences concrètes qui ne sont pas les sciences de l'histoire, dans les sciences physiques, chimiques, naturelles, connaître exactement, entièrement les conditions antérieures et extérieures, ambiantes, qui déterminent les phénomènes, c'est littéralement avoir en mains la production même des phénomènes; pareillement en histoire, si nous connaissons exactement, entièrement les conditions physiques, chimiques, naturelles, sociales qui déterminent les peuples, les cultures, les talents, les génies, toutes les créations humaines, et les humanités mêmes, et si vraiment d'abord ces conditions extérieures, antérieures et ambiantes, déterminent rigoureusement les conditions humaines, et les créations humaines, si de telles causes déterminent rigoureusement de tels effets par une liaison causale rigoureusement déterminante, nous tenons vraiment le secret du génie même, du talent, des peuples et des cultures, le secret de toute humanité; on me pardonnera de parler enfin un langage théologique; la fréquentation de Renan, sinon de Taine, m'y conduit; Renan, plus averti, plus philosophe, plus artiste, plus homme du monde, — et par conséquent plus respectueux de la divinité, — plus hellénique et ainsi plus averti que les dieux sont jaloux de leurs attributions, Renan plus renseigné n'avait guère usurpé que sur les attributions du Dieu tout connaissant; Taine, plus rentré, plus têtu, plus docte, plus enfoncé, plus enfant aussi, étant plus professeur, surtout plus entier, usurpe aujourd'hui sur la création même; il entreprend sur Dieu créateur.

Dans sa grande franchise et netteté universitaire il passe d'un énorme degré les anticipations précautionneuses de Renan; Renan ne donnerait pas prise à de tels reproches; il ne donnerait pas matière à de telles critiques; il ne donnerait pas cours à de tels ridicules; Renan n'était point travaillé de ces hypertrophies; lui-même il endossait trop bien le personnage de ses adversaires, de ses contradicteurs, de ses critiques éventuels; toute sa forme de pensée, toute sa méthode, tous ses goûts, tout son passé, toute sa vie de travail, de mesure, de goût, de sagesse le gardaient contre de telles exagérations; il n'a jamais aimé les outrances, et, juste distributeur, autant et plus averti sur lui-même que sur les autres encore, il ne les aimait pas plus chez lui-même et pour lui-même qu'il ne les aimait chez les autres; il aimait moins les outrances de Renan que les outrances des autres, peut-être parce qu'il aimait Renan plus qu'il n'aimait les autres; comme Hellène il se méfiait des hommes, et des dieux immortels; comme chrétien, il se méfiait du bon Dieu; comme citoyen, il se méfiait des puissances; et comme historien, des événements; comme historien des dieux, et de Dieu, mieux que personne il savait comment en jouer, et quelles sont les limites du jeu; il était un Hellène, un huitième sage; il connaissait d'instinct que l'homme a des limites; et qu'il ne faut point se brouiller avec de trop grands bons Dieux; il s'était donc familièrement contenté de donner à l'humanité, à l'historien, les pouvoirs du Dieu tout connaissant; il n'eût point mis à son temple d'homme un surfaîte orgueilleux et qui bravât la foudre.

Altier, entier, droit, Taine a eu cette audace; il a commis cet excès; il a eu ce courage; il a fait cet outrepassement; et c'est pour cela, c'est pour cet audacieux dépassement que c'est par lui, et non par son illustre contemporain, qu'enfin nous connaissons, dans le domaine de l'histoire, tout l'orgueil et toute la prétention de la pensée moderne; avec Renan, il ne s'agissait encore, en un langage merveilleux de complaisance audacieuse, que de constituer une lointaine surhumanité en un Dieu tout connaissant par une totalisation de la mémoire historique; avec Taine au contraire, ou plutôt au delà, nous avons épuisé nettement des indéfinités, des infinités, et des infinités d'infinités du détail dans l'ordre de la connaissance, et de la connaissance présente; désormais transportés dans l'ordre de l'action, et de l'action présente, nous épuisons toute l'infinité de la création même; toute sa forme de pensée, toute sa méthode, toute sa foi et tout son zèle, — vraiment religieux, — toute sa passion de grand travailleur consciencieux, de grand abatteur de besogne, et de bourreau de travail, tout son passé, toute sa carrière, toute sa vie de labeur sans mesure, sans air, sans loisir, sans repos, sans rien de faiblesse heureuse, toute sa vie sans aisance et sans respiration, toute sa vie de science et la raideur de son esprit ferme et son caractère et la valeur de son âme et la droiture de sa conscience le portaient aux achèvements de la pensée, le contraignaient, avant la lettre, à dépasser la pensée de Renan, à vider le contenu de la pensée moderne, le poussaient aux outrances, et à ces couronnements de hardiesse qui seuls achèvent la satisfaction de ces consciences; il devait avoir un système, bâti, comme Renan devait ne pas en avoir; il devait avoir un système, comme Renan devait nous rapporter seulement des certitudes, des probabilités et des rêves; mais, sachons-le, son système était le système même de Renan, étant le système de tout le monde moderne; et ce commun système engage Renan au même titre que Taine; il fallait que Taine ajoutât, au bâtiment, à l'édifice de son système ce faîte, ce surfaîte orgueilleux, parce que ce que nous nommons orgueil était en lui un défi à l'infortune, à la paresse, aux mauvaises méthodes et au malheur, non une insulte à l'humilité, parce que ce que nous croyons être un sentiment de l'orgueil était pour lui le sentiment de la conscience même, du devoir le plus sévère, de la méthode la plus stricte; et c'est pour cela que nous lui devons, à lui et non à son illustre compatriote, la révélation que nous avons enfin du dernier mot de la pensée moderne dans le domaine de l'histoire et de l'humanité.

Il y a bien de la fabrication dans Renan, mais combien précautionneuse, attentive, religieuse éloignée, ménagée, aménagée; c'est une fabrication en réserve, une fabrication de rêve et d'aménagement, entourée de quels soins, de quelles attentions, délicates, maternelles; on fabriquera ce Dieu dans un bocal, pour qu'il ne redoute pas les courants d'air; on lui fera des conditions spéciales; cette fabrication de Renan est vraiment une opération surhumaine, une génération surhumaine, suivie d'un enfantement surhumain; et l'humanité de Renan, ou la surhumanité de Renan, si elle usurpe les fonctions divines, premièrement, nous l'avons dit, usurpe les fonctions de connaissance divine, les fonctions de toute connaissance, beaucoup plutôt que les fonctions de production divine, de toute création, deuxièmement, et ceci est capital, usurpe aussi, commence par usurper les qualités, les vertus divines; cette première usurpation, cette usurpation préalable, pour nous moralistes impénitents, excuse, légitime la grande usurpation; nous aimons qu'avant d'usurper les droits, on usurpe les devoirs, et avant la puissance, les qualités; enfin l'accomplissement de cette usurpation est si lointain; et les précautions dont on l'entoure, justement par ce qu'elles ont de minutieux, par tout le soin qu'elles exigent, peuvent si bien se retourner, s'entendre en précautions prises pour qu'il n'arrive pas; une opération si lointaine, si délicate, si minutieuse, ne va point sans un nombre incalculable de risques; Renan, grand artiste, a évidemment compté sur la sourde impression que l'attente et l'escompte de tous ces risques produiraient dans l'esprit du lecteur; lui-même il envisage complaisamment ces risques; ils atténuent, par un secret espoir de libération, de risque, d'aventure, et, qui sait, de cassure, disons le mot, de ratage, cette impression de servitude mortelle et d'achèvement clos; ils effacent peut-être cette impression de servitude; et quand même ils effaceraient cette impression glaciale, l'auteur sans doute s'en consolerait aisément; il ne tient pas tant que cela aux impressions qu'il fait naître; ces risques soulagent également le lecteur et l'auteur; par eux-mêmes Renan n'est point engagé au delà des convenances intellectuelles et morales; lui-même les envisage complaisamment; dans cette institution de la Terreur intellectuelle que nous avons passée, la remettant à plus tard, « mais ne pensez-vous pas, » dit Eudoxe :

« Mais ne pensez-vous pas que le peuple, qui sentira grandir son maître, devinera le danger et se mettra en garde?

THÉOCTISTE.

« Assurément. Si l'ordre d'idées que nous venons de suivre arrive à quelque réalité, il y aura contre la science, surtout contre la physiologie et la chimie, des persécutions auprès desquelles celles de l'inquisition auront été modérées. La foule des simples gens devinera son ennemi avec un instinct profond. La science se réfugiera de nouveau dans les cachettes. Il pourra venir tel temps où un livre de chimie compromettra autant son propriétaire que le faisait un livre d'alchimie au moyen âge. Il est probable que les moments les plus dangereux dans la vie d'une planète sont ceux où la science arrive à démasquer ses espérances. Il peut y avoir alors des peurs, des réactions qui détruisent l'esprit. Des milliers d'humanités ont peut-être sombré dans ce défilé. Mais il y en aura une qui le franchira; l'esprit triomphera. »

Des milliers d'humanités ont peut-être sombré dans ce défilé : Théoctiste nous le dit pour nous effrayer; mais Renan, bon père, nous le dit parce que c'est vrai, et aussi à seule fin de nous rassurer; lui-même il se rassure ainsi; la réalisation de son Dieu en vase clos l'épouvante lui-même; et c'est pour cela qu'il met la réalisation du risque au passé, de l'indicatif, passé indéfini; c'est acquis; c'est entendu; et la réalisation d'échapper au risque, la réalisation de Dieu, il met la réalisation de Dieu au futur, qui est le temps des prophéties; si elle est mise au temps des prophéties, religieuses, si elle est une prophétie, peut-être bien qu'elle ne se réalisera pas, espérons qu'elle ne se réalisera pas; il était payé pour savoir ce que valent les prophéties, particulièrement les prophéties religieuses, et comment elles se réalisent; mettre cette affirmation au rang des prophéties, de sa part, c'était nous garantir qu'elle ne se confirmerait point; un *peut-être* ajouté au parfait indéfini masquera cette garantie aux yeux du vulgaire grossier; mais elle éclatera, toute évidente, le langage étant donné, pour le lecteur insidieux; dans la *préface* même de ces dialogues redoutables et censément consolateurs, de ces rêves redoutablement consolateurs, le sage nous met en garde contre les épouvantements : « Bien assis sur ces principes, livrons-nous doucement à tous nos mauvais rêves. Imprimons-les même, puisque celui qui s'est livré au public lui doit tous les côtés de sa pensée. Si quelqu'un pouvait en être attristé, il faudrait lui dire comme le bon curé qui fit trop pleurer ses paroissiens en leur prêchant la Passion : « Mes enfants, ne pleurez pas tant que cela : il y a bien longtemps que c'est arrivé, et puis ce n'est peut-être pas bien vrai. »

« La bonne humeur est ainsi le correctif de toute philosophie. » ... La réalisation de son Dieu n'arrivera que dans bien longtemps; et il n'est peut-être pas bien vrai qu'elle doive jamais arriver.

Rien de tel dans Taine; Taine était un homme sérieux; Taine n'était pas un homme qui s'amusait, et qui jouait avec ses amusements; ce qui rend le cas de Taine particulièrement grave, et particulièrement caractéristique, et particulièrement important pour nous, et, comme on dit, éminemment représentatif, c'est que dans sa grande honnêteté universitaire il usurpe nettement les fonctions de création, et qu'il usurpe ces fonctions pour l'humanité présente avec une brutalité nette.

La seule garantie qu'on nous donne à présent est qu'« une société d'anthropologie vient de se fonder à Paris, par les soins de plusieurs anatomistes et physiologistes éminents »; nous qui aujourd'hui savons ce que c'est, dans le domaine de l'histoire, que l'anthropologie, et ce que c'est, dans la république des sciences, que la *société d'anthropologie,* une telle garantie nous effraye plus qu'elle ne nous rassure; c'est bien sensiblement à l'humanité présente, à la grossière et à la faible humanité, que Taine remet non pas seulement le gouvernement mais la création de ce monde; il ne s'agit plus d'un Dieu éloigné, incertain, négligeable, mort-né; c'est à l'humanité que nous connaissons, aux pauvres hommes que nous sommes, que Taine remet tout le secret et la création du monde; par exemple c'est lui, Taine, l'homme que nous connaissons, qui saisit et qui épuise tout un La Fontaine, tout un Racine; c'est la présente humanité, c'est l'humanité actuelle que Taine, au fond, se représente comme un Dieu actuel, réalisé créateur.

Ainsi les propositions de Taine ont l'air moins audacieuses que les propositions de Renan, parce qu'elles ne parlent point toujours de Dieu, parce qu'elles ne revêtent point un langage métaphysique et religieux, parce qu'il était malhabile, maladroit dans les conversations religieuses, grossier, inhabile à parler Dieu; mais elles sont d'autant moins nuancées, d'autant moins modestes au contraire, et en réalité elles impliquent une immédiate saisie de l'homme historien, moderne, sur la totalité de la création; c'est parce que les propositions de Renan revêtent un langage surhumain qu'elles sont modestes, sincères, qu'elles ne nous trompent pas sur ce qu'elles contiennent ou veulent révéler de surhumanité; et c'est parce que les propositions de Taine revêtent un simple langage professoral, modeste, qu'à son insu elles nous trompent et que, nous donnant le dernier mot de la pensée moderne en tout ce qui tient à l'histoire, elles nous dissimulent tout ce qu'elles contiennent et admettent de surhumanité.

Ce dernier mot de la pensée moderne en tout ce qui

tient à l'histoire, je sais qu'il n'est aujourd'hui aucun de nos historiens professionnels qui ne le désavouera; et comment ne le renieraient-ils point; nous sommes aujourd'hui situés à distance du commencement; nous avons reçu des avertissements que nos anciens ne recevaient pas; ou sur qui leur attention n'avait pas été attirée autant que la nôtre; nous avons reçu du travail même et de la réalité de rudes avertissements; du travail même nous avons reçu cet avertissement que le détail, au contraire, est au fond le grand ennemi, que ni l'indéfinité, l'infinité du détail antérieur, ni l'indéfinité, l'infinité du détail intérieur, ni l'indéfinité, l'infinité du détail de création ne se peut épuiser; et de la réalité nous avons reçu ce rude avertissement que l'historien ne tient pas encore l'humanité; qui soutiendrait aujourd'hui que le monde moderne est le dernier monde, le meilleur, qui au contraire soutiendrait qu'il est le plus mauvais; s'il est le meilleur ou le pire, nous n'en savons rien; les optimistes n'en savent rien; les pessimistes n'en savent rien; et les autres non plus; qui avancerait aujourd'hui que l'humanité moderne est la dernière humanité, la meilleure, ou la plus mauvaise; les pessimismes aujourd'hui nous paraissent aussi vains que les optimismes, parce que les pessimismes sont des arrêts comme les optimismes, et que c'est l'arrêt même qui nous paraît vain; qui aujourd'hui se flatterait d'arrêter l'humanité, ou dans le bon, ou dans le mauvais sens, pour une halte de béatitude, ou pour une halte de damnation; l'idée que nous recevons au contraire de toutes parts, du progrès et de l'éclaircissement des sciences concrètes, physiques, chimiques, et surtout naturelles, de la vérification et de la mise à l'épreuve des sciences historiques mêmes, de l'action, de la vie et de la réalité, c'est cette idée au contraire que la nature, et que l'humanité, qui est de la nature, ont des ressources infinies, et pour le bien, et pour le mal, et pour des infinités d'au delà qui ne sont peut-être ni du bien ni du mal, étant autres, et nouvelles, et encore inconnues; c'est cette idée que nos forces de connaissance ne sont rien auprès de nos forces de vie et de nos ressources ignorées, nos forces de connaissance étant d'ailleurs nous, et nos forces de vie au contraire étant plus que nous, que nos connaissances ne sont rien auprès de la réalité connaissable, et d'autant plus, peut-être, auprès de la réalité inconnaissable; qu'il reste immensément à faire; et que nous n'en verrons pas beaucoup de fait; et qu'après nous jamais peut-être on n'en verra la fin; que le vieil adage antique, suivant lequel nous ne nous connaissons pas nous-mêmes, non seulement est demeuré vrai dans les temps modernes, et sera sans doute vrai pendant un grand nombre de temps encore, si, même, il ne demeure pas vrai toujours, mais qu'il reçoit tous les jours de nouvelles et de plus profondes vérifications, imprévues des anciens, inattendus, nouvelles perpétuellement; que sans doute il en recevra éternellement; que l'avancement que nous croyons voir se dessiner revient peut-être à n'avancer que dans l'approfondissement de cette formule antique, à lui trouver tous les jours des sens nouveaux, des sens plus profonds; qu'il reste immensément à faire, et encore plus immensément à connaître; que tout est immense, le savoir excepté; surtout qu'il faut s'attendre à tout; que *tout arrive;* qu'*il suffit d'avoir un bon estomac;* que nous sommes devant un spectacle immense et dont nous ne connaissons que d'éphémères incidents; que ce spectacle peut nous réserver toutes les surprises; que nous sommes engagés dans une action immense et dont nous ne voyons pas le bout; que peut-être elle n'a pas de bout; que cette action nous réservera toutes les surprises; que tout est grand, inépuisable; que le monde est vaste; et encore plus le monde du temps; que la mère nature est indéfiniment féconde; que le monde a de la ressource; plus que nous; qu'il ne faut pas faire les malins; que l'infime partie n'est rien auprès du tout; que nous ne savons rien, ou autant que rien; que nous n'avons qu'à travailler modestement; qu'il faut bien regarder; qu'il faut bien agir; et ne pas croire qu'on surprendra, ni qu'on arrêtera le grand événement.

Qui de nos jours oserait se flatter d'arrêter l'humanité; fût-ce dans la béatitude; fût-ce dans la consommation de l'histoire; qui ferait la sourde oreille aux avertissements que nous recevons de toutes parts.

De la réalité nous avons reçu trop de rudes avertissements; au moment même où j'écris, l'humanité, qui se croyait civilisée, au moins quelque peu, est jetée en proie à l'une des guerres les plus énormes, et les plus écrasantes, qu'elle ait jamais peut-être soutenues; deux peuples se sont affrontés, avec un fanatisme de rage dont il ne faut pas dire seulement qu'il est barbare, qu'il fait un retour à la barbarie, mais dont il faut avouer ceci, qu'il paraît prouver que l'humanité n'a rien gagné peut-être, depuis le commencement des cultures, si vraiment la même ancienne barbarie peut reparaître au moment qu'on s'y attend le moins, toute pareille, toute ancienne, toute la même, admirablement conservée, seule sincère peut-être, seule naturelle et spontanée sous les perfectionnements superficiels de ces cultures; *les arrachements que l'homme a laissés dans le règne animal,* poussant d'étranges pousses, nous réservent peut-être d'incalculables surprises; et sans courir au bout du monde, parmi nos Français mêmes, quels rudes avertissements n'avons-nous pas reçus, et en quelques années; qui prévoyait qu'en pleine France toute la haine et toute la barbarie des anciennes guerres civiles religieuses en pleine période moderne serait sur le point d'exercer les mêmes anciens ravages; derechef qui prévoyait, qui pouvait prévoir inversement que les mêmes hommes, qui alors combattaient l'injustice d'État, seraient exactement les mêmes qui, à peine victorieux, exerceraient pour leur compte cette même injustice; qui pouvait prévoir, et cette irruption de barbarie, et ce retournement de servitude; qui pouvait prévoir qu'un grand tribun, en moins de quatre ans, deviendrait un épais affabulateur, et que des plus hautes revendications de la justice il tomberait aux plus basses pratiques de la démagogie; qui pouvait prévoir que de tant de mal il sortirait tant de bien, et de tant de bien, tant de mal; de tant d'indifférence tant de crise, et de tant de crise tant d'indifférence; qui aujourd'hui répondrait de l'humanité, qui répondrait d'un peuple, qui répondrait d'un homme.

Qui répondra de demain; comme dit ce gigantesque Hugo, si éternel toutes les fois qu'il n'essaie pas d'avoir une idée à lui :

Non, si puissant qu'on soit, non, qu'on rie ou qu'on pleure,
Nul ne te fait parler, nul ne peut avant l'heure
Ouvrir ta froide main,
O fantôme muet, ô notre ombre, ô notre hôte,
Spectre toujours masqué qui nous suit côte à côte,
Et qu'on nomme demain!

Oh! demain, c'est la grande chose!
De quoi demain sera-t-il fait?

Ainsi avertis parmi nous, comment nos camarades historiens ne renieraient-ils pas aujourd'hui les primitives ambitions, les anticipations de l'un, les assurances de l'autre, et les infinies présomptions qui ont pourtant institué toute la pensée moderne; comment ne les renieraient-ils pas, avertis qu'ils sont dans leur propre travail; et comment travailleraient-ils même s'ils ne les reniaient pas incessamment; sachons-le; toutes les fois qu'il paraît en librairie un livre, un volume d'un historien moderne, c'est que l'historien a oublié Renan, qu'il a oublié Taine, qu'il a oublié toutes ces grandeurs et toutes ces ambitions; qu'il a oublié les enseignements des maîtres de la pensée moderne; et les prétentions à l'infinité du détail; et que, tout bêtement, il s'est remis à travailler comme Thucydide.

Et ce n'était pas la peine de tant mépriser Michelet.

Les vieux eux-mêmes, Taine, Renan, les autres, quand ils travaillaient, oubliaient, étaient contraints d'oublier leurs propres enseignements; leurs propres ambitions; toutes les fois qu'un volume de Taine paraissait, c'était que Taine avait, pour la pratique de son travail, pour la réalisation du résultat, oublié de poursuivre l'indéfinité du détail; toutes les fois qu'il paraissait un livre de Renan, c'était que Renan avait, pour cette fois, renoncé à la totalisation du savoir; ils avaient choisi; comme tout le monde, comme les anciens, comme Hérodote, comme Plutarque, et comme Platon, ils avaient choisi.

Choisi, le grand mot est là; choisir est un moyen d'art; comment choisir, si l'on ne veut absolument pas employer les moyens d'art; choisir, c'est faire un raccourci; et le raccourci est un des moyens d'art les plus difficiles; comment choisir, donc, si l'on refuse absolument d'employer les moyens d'art; comment choisir, enfin, dans l'indéfinité, dans l'infinité du détail, dans l'immensité du réel, sans quelque intuition, sans quelque aperception directe, sans quelque saisie intérieure; aussi longtemps qu'un moderne, un historien poursuit toutes les indéfinités, toutes les infinités du détail, et la totalisation du savoir, il est fidèle à lui-même, il travaille servilement, il ne produit pas; aussitôt qu'il produit, fût-ce un article de revue, un filet de journal, une note au bas d'une page, une table des matières, c'est qu'il est infidèle aux pures méthodes modernes, c'est qu'il choisit, c'est qu'il élimine, qu'il arrête la poursuite indéfinie du détail, qu'il fait œuvre d'artiste, et par les moyens de l'art.

Nous sommes ainsi conduits au seuil du plus grand débat de toute la pensée moderne; au cœur de la plus grande contrariété moderne; et c'est sur ce seuil que nous nous arrêterons, pour aujourd'hui, car il est évident que ce simple avant-propos ne peut devenir ni un traité, ni même un essai de la manière d'écrire l'histoire; c'est déjà beaucoup, peut-être, que d'avoir commencé de contribuer à la position du débat; et nous reconnaissons ici que ce débat n'est autre que le vieux débat de la science et de l'art; mais c'est un cas nouveau, et particulièrement éminent, de ce vieux débat général; d'un côté ceux que nous avons nommés les historiens modernes, c'est-à-dire, exactement, ceux qui ont voulu transporter, en bloc, les méthodes scientifiques modernes dans le domaine de l'histoire et de l'humanité; nous avons aujourd'hui recherché leurs intentions, mesuré leur présomption, non pas seulement sur des exemples éminents, sur deux exemples capitaux, mais sur les deux exemples qui commandent tout le mouvement, étant à l'origine, au commencement, au moment de la franchise enfantine, et le dominant tout; de l'autre côté, en face des historiens modernes, et non pas contre eux sans doute, car il s'agit d'un débat, et non pas d'un combat sans doute, en face des historiens modernes tous ceux de nous qui ne transportons point en bloc les méthodes scientifiques modernes au domaine de l'histoire et de l'humanité, qui ne transmutons point servilement les méthodes scientifiques modernes en méthodes historiques; tous ceux de nous qui croyons qu'il y a, pour le domaine de l'histoire et de l'humanité, des méthodes historiques et humaines propres; des méthodes humainement historiques; nous nous arrêterons, pour aujourd'hui, au seuil de ce débat; c'est assez écrit pour un cahier, pour l'avant-propos d'un cahier; gardons-nous quelque travail pour les veillées de cet hiver; en outre, je parviens au point de nos recherches où il me serait presque impossible de continuer sans commencer à parler de *Chad Gadya!* Or c'est un principe absolu dans nos cahiers que le commentaire n'entrave jamais le texte; il nous est arrivé souvent de mettre des commentaires dans le même cahier que leur texte; mais ce n'était jamais des commentaires qui entravaient le texte; qui l'encombraient; c'était au contraire, quand le texte était préalablement encombré de malentendus, des commentaires pour le désencombrer; je me ferais un scrupule d'appeler *Chad Gadya!* en exemple, en illustration d'un travail de recherche dans le cahier même où paraît *Chad Gadya!;* de tels poèmes ne sont point faits pour les besoins des historiens ou des critiques de la littérature; qu'on lise d'abord sans aucune arrière-pensée d'utilisation ce poème unique, cet étrange et cet admirable poème; il sera toujours temps d'en parler plus tard; si jamais l'impression reçue de la lecture s'efface un peu, et ainsi atténuée permet aux considérations d'apparaître sans paraître trop misérables en comparaison du texte.

UN ESSAI DE MONOPOLE

Quatrième cahier de la sixième série (8 novembre 1904).

Nos anciens abonnés savent, pour l'avoir éprouvé pendant cinq ans, nos nouveaux abonnés reconnaîtront rapidement que nos cahiers forment un grand peuple libre; nos cahiers successifs ne se suivent point à la file comme les numéros assujettis des anciennes revues bourgeoises; ils ne forment point des séries linéaires, serviles et apeurées; ils ne tremblent point sous le gouvernement de commanditaires capitalistes; ils ne mentent point sous le commandement de directeurs terrorisés, dirigés eux-mêmes; ils forment un grand et variable peuple libre.

On y peut distinguer des familles, des races, des compagnies, des tribus; libres, autochtones, autonomes; des alliances, des camaraderies, des amitiés; libres, spontanées; des parentés; profondes; des correspondances et des communications; libres; des demandes et des réponses; des résonances et des consonances; des échos; des courants circulent; courants de pensée, mouvements d'art, mouvements de vie, mouvements de philosophie, mouvements de science, de travail, d'action, de spéculation; des veines, au sens où les prospecteurs entendent ce mot, des veines courent; des filons reparaissent; des souches, de vieilles souches poussent des rejetons; des germinations se poursuivent; des frondaisons s'épanouissent; des floraisons éclatent; et de toutes les végétations qui se poussent dans le monde, nous faisons quelques récoltes; tout un monde, un peuple de travail se meut; des végétations naissent et croissent; des moissons poussent; des forêts montent; en pleine liberté.

Parmi toutes ces familles de cahiers, deux familles apparaissent aujourd'hui dans toute leur vigueur, dans toute leur puissance; la première constituée par les cahiers de courriers; la deuxième constituée par les cahiers de l'enseignement.

Ce sont parmi nous deux familles anciennes, et de fondation; nos premiers cahiers de courriers, ou plutôt nos premiers courriers proprement dits, — qui ne tenaient point tout un cahier, — remontent, si je n'ai point oublié mon *catalogue analytique sommaire,* à ces brefs et inoubliables *courriers de Chine,* signés *Lionel Landry,* le premier daté de *Tien-Tsin, 13 novembre 1900,* dont nous attendons toujours, en un cahier *courrier de Chine,* la suite et la fin; et nos cahiers de l'enseignement remontent si loin que je ne me rappelle plus à quand ils remontent; au delà de cet immortel *Jean Coste.*

Tous nos cahiers, d'ailleurs, et en un sens, ne sont-ils pas des cahiers de courriers; puisque tous nos cahiers, sans aucune exception, apportent à nos abonnés des nouvelles vraies de quelque part; et tous nos cahiers, en un sens, ne sont-ils pas des cahiers d'enseignement; puisque tous nos cahiers, sans aucune exception, apportent à nos abonnés les meilleurs des enseignements, les seuls enseignements qui soient valables, les enseignements que nous recevons de la connaissance de la vérité; que nos cahiers nous apportent des nouvelles des pays géographiques ou des pays intellectuels, des pays mentaux et sentimentaux, des pays de la philosophie et du poème, tous nos cahiers sont des cahiers de courriers; que nos cahiers nous apportent les enseignements de l'école ou généralement les essentiels enseignements de la vie, tous nos cahiers sont des cahiers de l'enseignement; ils sont en un sens les uns; et en un autre sens les autres; la vérité est comme un lieu géométrique où se coupent un très grand nombre de regards et de sens, d'actions et de directions; et c'est parce que nos cahiers sont essentiellement des cahiers de vérités qu'ils sont eux-mêmes comme un grand pays géométrique où se coupent un grand nombre de regards et de sens, d'actions et de directions; qu'en un sens ils apportent des renseignements, qu'en un autre sens ils apportent des enseignements; sans compter tous les autres sens; que si l'on veut ils sont tout courriers, et, si l'on veut, tout enseignements.

Que si l'on veut au contraire s'en tenir au sens restreint, au sens particulier, dans ce grand peuple libre des cahiers nos anciens abonnés connaissent bien, nos nouveaux abonnés apercevront bientôt ces deux grandes familles dynastiques, les cahiers de courriers, les cahiers de l'enseignement; en ce sens restreint, en ce sens particulier, le cahier que l'on va lire présente un intérêt singulier, car il appartient également à ces deux grandes familles, il est à la jonction de ces deux races, au point de recoupement de ces deux grandes lignées; il est si l'on veut un cahier de courrier proprement dit; et si l'on veut un cahier d'enseignement proprement dit [1].

Il est évidemment un cahier de courrier, *courrier de Madagascar;* à ce titre il nous apporte les nouvelles de cette récente colonie française; il est d'autre part, et non moins évidemment, un cahier de l'enseignement, cahier de *l'enseignement primaire des indigènes à Madagascar;* il rejoint ainsi, et très heureusement, notre récent cahier de *l'égalité devant l'instruction,* deuxième cahier de cette sixième série, cahier de rentrée, où il y avait un si gros souci du véritable enseignement primaire; il rejoint également tant de cahiers que nous avons publiés, et de tant d'enseignements, tant de cahiers, tant de courriers que nous avons publiés, et de tant de pays; il est à un grand carrefour des chemins des cahiers.

Dès les premiers mots on a bien l'impression que c'est bien un cahier de courrier, venu de loin, que l'on n'est plus en France, que l'on a fait un voyage, qu'il y a quelque chose de changé, que l'on parle un autre, un nouveau langage; à Paris quand nos politiciens radicaux font de l'anticléricalisme, de l'enseignement laïque et du monopole d'État, quand ils veulent introduire partout le gouvernement de leur enseignement officiel, ce commandement paraît former une plaisanterie excessivement spirituelle, parce que l'on ne pense alors qu'à embêter les catholiques; en France tout anticléricalisme paraît être uniquement un anticatholicisme; quand on parle du monopole, quand on veut faire le monopole, on s'amuse extrêmement, parce qu'on ne pense qu'à embêter les catholiques.

A Madagascar, et l'on s'en aperçoit dès les premiers mots du cahier, quand on fait de l'anticléricalisme, quand on laïcise, quand on fait du monopole d'État, du gouvernement, de l'enseignement officiel, quand on laïcise, enfin, par les moyens gouvernementaux, on embête également, ensemble et indivisément, le protestantisme et le catholicisme.

Cela change immédiatement la situation, l'attitude générale, par suite l'attitude mutuelle de tous les ayants droit; ce changement de relation et pour ainsi dire de situation topographique entraîne immédiatement un changement de mentalité, un changement de moralité; ou du moins d'application de la moralité; il fait disparaître automatiquement la mentalité politicienne, l'immoralité politique parlementaire; automatiquement il fait apparaître la mentalité humaine, juridique, la moralité commune. De ce nouveau langage, de cette mentalité restituée, de cette moralité retrouvée, il suit immédiatement qu'il y a deux manières de lire ce cahier, la bonne et la mauvaise; comme toujours la mauvaise est la plus attrayante, et c'est la mauvaise que nous pratiquerons quelque peu.

La bonne lecture est toute innocente et naïve; comme on s'y attendait; elle consiste, étant donné que ce cahier est un cahier de *l'enseignement primaire des indigènes à Madagascar,* à le lire comme un cahier de l'enseignement primaire des indigènes à Madagascar; comme un cahier de courrier; comme un cahier de l'enseignement.

Pour tout travail, pour toute œuvre, la bonne lecture consiste à lire l'œuvre en elle-même, par elle-même, pour elle-même.

Je me hâte d'ajouter, pour dégager toute sa responsabilité, que cette lecture est la lecture de l'auteur; et il est bien qu'il en soit ainsi; car il faut que l'auteur soit innocent; il suffit que nous lecteurs nous soyons coupables; M. Raoul Allier a écrit ce cahier comme un cahier d'études, comme un cahier de renseignements, comme un cahier de courrier, comme un cahier d'enseignement, comme le cahier de l'enseignement primaire des indigènes à Madagascar.

Engagé lui-même, de son travail, de sa conscience, de tout son zèle dans une des Sociétés libres intéressées, M. Raoul Allier avait écrit dans *le Siècle,* de quinzaine en semaine et en demi-semaine, une série d'articles qu'il destinait à porter le débat devant le grand public, tout au moins devant le public lui-même intéressé de ce journal; bientôt il devint évident que ces articles se dessinaient en forme de cahier; on voit tout de suite quand par leur probité, par leur sérieux, des articles de journal se proposent de devenir un cahier; dès lors il fut entendu avec l'auteur qu'ils feraient en effet un cahier, pour le commencement de cet hiver; le premier article était daté du lundi 16 mai 1904; le deuxième du dimanche 29 mai; le troisième, du dimanche 5 juin; et ainsi de suite; les premiers articles avaient été écrits pour eux-mêmes; les derniers furent écrits avec cette intention que le tout formerait un cahier; des uns aux autres nulle différence; une homogénéité parfaite; la vérité, étant une, étant constante, étant fidèle, étant perpétuellement identique à elle-même, se retrouvait la même en articles de journaux, se retrouve la même en ce cahier.

Les articles n'ont donc subi, pour entrer dans leur nouvelle forme, aucune altération; le dernier article, tout récent, était daté du dimanche 14 août; il portait sur *l'Éthiopianisme;* il fermait une série de seize articles; ces seize articles sont devenus tout uniment les seize chapitres du cahier; nous leur avons laissé leurs dates; nous leur avons laissé leur forme, et tout ce qui en eux tenait à leur date; nous n'avons ni altéré, ni truqué; nous avons naturellement réuni en un cahier une série d'articles qui, les uns d'eux-mêmes, les autres d'eux-mêmes et consciemment, formaient inévitablement un cahier.

Ces réserves faites, je dois dire que le cahier, comme il arrive souvent pour les cahiers ainsi constitués, contient une très importante part de travail non encore édité; mais, justement pour sauver l'intégrité des premiers articles, nous avons mis en notes ces renforcements du texte; l'auteur savait que nos abonnés ont accoutumé de lire, et d'aimer le plus les études les plus sérieuses; il a donc pu mettre en notes ces renforcements, ces achèvements, ces documents, ces textes et ces commentaires qui ne peuvent point passer dans un quotidien; il a mis en *annexes* plusieurs documents plus longs et particulièrement intéressants; nous avons composé ces notes en *sept,* et non pas en *six*[1], parce que par leur importance elles forment des *annexes* perpétuelles; nous ferons ainsi toutes les fois que dans un cahier les notes auront cette importance d'*annexes*.

Ainsi constitué, ce cahier de courrier, ce cahier d'enseignement, ce cahier de courrier d'enseignement doit se lire comme tous nos cahiers, dans un esprit de sagesse et d'impartialité, comme un cahier d'histoire contemporaine; l'auteur s'y comporte comme un parfait, comme un véritable historien; par ce temps de démagogie, le véritable historien est rare; il est ce qui manque le plus; on sera même frappé de ce ton modeste et honnête, suivi; on verra comment un protestant historien parle des catholiques, et comment un libéral historien parle de l'État; on sera très heureusement surpris de ce ton honnête, ancien, désormais, hélas, nouveau parmi nous.

Il faut que nous soyons singulièrement malhonnêtes pour que la seconde manière de lire ce cahier s'impose aussi étrangement à nous; je ne sais pas si l'on pourra s'en défendre; dès les premiers mots, contre la volonté, contre le sens même de l'auteur, cette histoire de l'enseignement primaire des indigènes à Madagascar apparaît comme une de ces histoires asiatiques merveilleuses où se complaisait la spirituelle malice du dix-huitième siècle français; comme une de ces histoires de l'autre bord où s'est complu tout le dix-huitième siècle; toute cette histoire malgache apparaît comme une histoire persane, un conte musulman, comme un roman de Zadig, un supplément aux voyages de quelque Bougainville, un conte océanien; je vous le demande, comment peut-on être malgache; à tout instant, à toute ligne on saisit des rapprochements avec la France, des intentions qui ne sont point dans la pensée de l'auteur, des transparences qui n'en sont point, des mots qui sont évidemment dits pour Madagascar et que l'on jurerait qui sont dits pour la France; et pourtant ils ne sont pas dits pour la France; et c'est nous qui faisons des transpositions.

Je parcours le cahier; j'en veux retirer les passages les plus dangereux, et les mettre ici, pour qu'ensuite au cours de la lecture ils ne troublent point le fil de la narration; ils épuiseront dans cet avant-propos toute leur force de danger; je commence au commencement du cahier; je continue; fin du chapitre premier :

« Pourquoi donner ici tous ces détails? Tout simplement parce qu'ils sont ignorés et qu'une discussion quelconque, pour être sérieuse, doit tenir compte des faits réels. En dehors des faits, il n'y a que déclamation. Il ne s'agit pas de quémander des faveurs pour qui que ce soit. Ceux dont j'ai rappelé les efforts n'élèveront aucune protestation contre le développement de l'enseignement officiel et laïque, dont ils sont les premiers à reconnaître le droit et la nécessité. Ils réclament pour eux le droit commun tout entier, mais ils ne réclament que ce droit commun. On admettra, pourtant, qu'il soit désagréable à des Français d'entendre toujours dire qu'ils n'ont rien fait pour empêcher l'influence française d'être légitimement identifiée avec l'influence cléricale. »

J'entends dans cette phrase une résonance vieille dreyfusiste qui ne manquera point d'attirer sur l'auteur les malédictions de nos dreyfusistes nouveau style, politiques parlementaires, ouvriers de la cent soixante-et-onzième heure, mais qui ne surprendra point tous ceux qui connaissent M. Raoul Allier. Plus loin, deux mots en passant :

« Ce n'est pas le général Gallieni qui avait inventé ce régime. J'ajouterai même qu'il ne faut pas, non plus, en rendre responsable le ministre d'alors, M. André Lebon. » ...

M. André Lebon, quel nom sinistre, évocateur de quels souvenirs; mais de notre auteur quelle attention ponctuelle d'historien à mesurer les responsabilités; en particulier pour le général Gallieni quelle attention perpétuelle à mesurer les responsabilités de son gouvernement général; plus loin, sur l'enseignement donné par les non-Français à Madagascar :

« Ce sont là des faits aisés à contrôler. Je sais des gens qui ne pourront les constater sans irritation. Il leur manque quelque chose quand ils n'ont plus l'occasion de montrer le poing à l'étranger. Un peu de réflexion aurait suffi, pourtant, à nous rassurer. Il y a à la tête de la colonie un soldat dont le patriotisme est justement chatouilleux. Peut-on supposer, sans lui faire injure, qu'il aurait laissé subsister un enseignement nuisible aux intérêts de la France? »

Ni démagogie militariste, ni démagogie antimilitariste : un langage exact; combien devenu rare; et quelle honnêteté pour parler de soi :

... « En mars 1897, toutes les écoles primaires qui étaient antérieurement entre les mains de la Société de Londres passèrent sous la direction de la Mission protestante française, qui, pendant plus de deux ans, en eut toute la responsabilité morale et, presque en entier, la responsabilité financière. »

Plus loin :

« Il ne s'agit pas de faire ici l'éloge d'une mission particulière. Je n'ai pas attaqué, dans mon dernier article, l'œuvre des Frères. Je n'exalte pas, dans celui-ci, l'œuvre des Anglais. La production des documents qu'on vient de lire n'a qu'un but. C'est de répondre à la question : la domination de la France est-elle ou n'est-elle pas menacée, à Madagascar, par certaines écoles privées? Il m'a paru qu'au lieu de m'en rapporter aux propos en l'air qui peuvent circuler dans les salles de rédaction ou même dans les couloirs du Palais-Bourbon, il était plus simple de consulter le général Gallieni lui-même.

« Non, l'influence nécessaire de notre pays n'est menacée par personne à Madagascar. Il y a, pour la propager activement, l'œuvre même de notre civilisation, l'enseignement officiel laïque, l'enseignement privé des missions françaises de toutes dénominations. Sous prétexte de sauvegarder ce qui n'est pas en péril, il n'a jamais été nécessaire, et il ne l'est pas davantage aujourd'hui, de maintenir, au milieu de populations en majorité protestantes, des écoles officielles qui soient catholiques. »

Tout est là : « l'enseignement privé des missions françaises *de toutes dénominations;* » ce que demande l'auteur, c'est exactement que les écoles officielles ne soient pas catholiques, et que les écoles catholiques ne soient pas officielles; qui ne penserait comme lui; l'auteur ne veut point l'immédiate mort des catholiques; il ne s'agit point de cela; l'auteur demande seulement qu'en matière d'enseignement l'État ne soit pas d'Église, et que l'Église ne soit pas d'État; c'est toute la formule, en ces matières, du véritable acratisme, et de la véritable liberté.

Les titres mêmes de chapitres nous conduisent malgré l'auteur et malgré nous aux plus rapprochés rapprochements : *une erreur;* n'a-t-on point commis cette erreur en France; *viellerie condamnée;* elle est condamnée en France; *alarme inutile; une originale tentative; changement de front; l'art des statistiques;* statistiques scolaires, statistiques électorales; *enfants à la rue; contre l'élite;* ô démocratie; *l'initiative interdite;* parfaitement; *l'arbitraire;* allons donc; *paradoxe d'illégalité;* vraiment; comme chez nous, alors; *leçons de français; pour la langue malgache; fagots et fagots; pour les écoles laïques; Éthiopianisme;* vous saurez que cet *Éthiopianisme* est un nationalisme, comme tout le monde.

Le ton de ce cahier paraîtra beaucoup trop mesuré à un très grand nombre de personnes; un très honnête homme, ancien élève de l'ancienne École Normale, supérieure, — les deux sont compatibles, — agrégé de philosophie, chargé d'un cours de l'enseignement supérieur, un historien de la philosophie, un philosophe, un véritable ancien dreyfusiste, homme à la fois sérieux et enjoué, très au courant de ce qui se passe à Madagascar, sachant que M. Raoul Allier nous préparait un cahier de l'enseignement primaire des indigènes à Madagascar, nous écrivait : « Il faut toujours tenir compte, en écrivant, en publiant, de ceci : Le gouvernement de Madagascar est une satrapie. Il est loisible à Gallieni et à ses subordonnés de rendre la vie impossible aux individus ou aux collectivités qui s'exposent à des rancunes de l'administration. D'autre part, les enquêtes sont presque impossibles dans la colonie. Les Malgaches sont si aplatis que les victimes d'un abus de pouvoir refuseraient de déposer contre le fonctionnaire oppresseur. » On ne trouvera point dans le cahier de M. Allier de ces violences de langage, légitimes sans doute, mais qui tout de même ne sont pas d'un véritable historien.

Singulier pays que ce pays de Madagascar; et comme ces violences de langage même servent à nous représenter une aussi lointaine situation; figurez-vous que ce gouvernement de Madagascar est une satrapie; ce n'est pas comme le gouvernement de cette France; le gouvernement de cette France n'en est pas une, satrapie; le gouvernement de ce Madagascar, ou de cette Madagascar, nous représente assez bien ce que sera le gouvernement de cette France quand le commandement de M. Jaurès nous aura tous courbés; il fera bon vivre dans la satrapie du satrape Jaurès; on croirait y être; *il* sera *loisible à Jaurès et à ses subordonnés de rendre la vie impossible aux individus ou aux collectivités qui s'exposent à des rancunes de l'administration; d'autre part, les enquêtes sont presque impossibles dans la colonie; les Français sont si aplatis que les victimes d'un abus de pouvoir* refuseront *de déposer contre le fonctionnaire oppresseur;* et comme le dit Jaurès, périssent mes principes, et vive ma colonie.

Conclusion du chapitre IV :

... « D'aucuns diront sans doute que le principe de la laïcité absolue de l'État ne permet pas à celui-ci d'avoir le moindre rapport avec une mission, même quand elle n'est investie d'aucun caractère officiel, et qu'il ne s'agit que d'enseignement industriel et agricole. La thèse est soutenable. Mais, si le régime de l'école congréganiste officielle était contraire à tous les principes de notre démocratie, la suppression du régime des subventions conditionnelles ne choque aucun de ces principes. Quelques-uns, dont je suis, peuvent mettre en doute l'utilité pratique de cette suppression subite. Personne n'en saurait contester la parfaite légalité, la complète conformité avec l'esprit et la lettre de notre droit public. »

Un homme qui parle encore de principes, de thèses, de régimes, de principes encore, de principes toujours, de *parfaite légalité,* de *complète conformité avec l'esprit et la lettre de notre droit public;*

Aussitôt après, au commencement du chapitre V :

... « Ce secours étant toujours révocable, le régime pouvait disparaître, avec une assez grande rapidité, à la suite de décisions d'espèces qui auraient été justifiées, par exemple, par une mauvaise observation des règlements. Il n'était point nécessaire de tout bousculer et de choquer par des mesures vexatoires des principes essentiels.

« Ce régime pouvait aussi prendre fin d'une autre façon. L'État était parfaitement libre de déclarer que le système lui déplaisait et qu'il préférait réserver dans l'avenir toutes ses ressources pour ses propres écoles. Le régime des subventions conditionnelles était tout à fait défendable. De même, sa suppression ne lésait, en théorie, aucun droit. A condition de n'être pas opérée brutalement, au lendemain de dépenses réclamées et obtenues des particuliers, elle était légitime de tous points. J'admets qu'elle pouvait paraître exigée par le principe de l'absolue laïcité de l'État. Mais, alors, il fallait, tout simplement et tout franchement, en appeler à ce principe et l'appliquer avec les transitions nécessaires. Surtout, il était inutile de compliquer ce changement soudain de régime par d'autres mesures qui violent notre droit public et qui sont radicalement contraires à l'esprit de notre démocratie.

« Le principe de la laïcité, entendu dans le sens le plus rigoureux, n'a pas été mis en avant pour justifier la suppression des subventions conditionnelles. Alors qu'il aurait suffi pour expliquer l'acte gouvernemental, ce principe n'a pas même été invoqué. Il a été remplacé par des raisons plus discutables. »

Même chapitre, quel rapprochement, nouveau pour nous, quelle juxtaposition, quelle composition de trois missions, la première catholique française, la deuxième protestante anglaise, la troisième protestante française :

« Je trouve dans le *Journal Officiel de Madagascar,* à la date du 27 avril 1901, un discours prononcé par M. Lepreux, secrétaire général, à propos d'un concours de couture. Il disait : « Au nom du général Gallieni et, permettez-le-moi, également en mon nom personnel, j'adresse de très vives et très sincères félicitations aux Sœurs de Saint-Joseph de Cluny, à la London Missionary Society et à la Mission protestante française pour être entrées résolument dans les vues du gouvernement de la colonie et pour les résultats très satisfaisants déjà constatés. Ces trois missions ont devancé dans cette voie l'enseignement officiel. »

Même chapitre, en note; sur une école tenue par les Frères de la Doctrine chrétienne :

Journal Officiel de Madagascar du 11 mai 1901, à propos de l'école d'Andohalo, tenue par les Frères de la Doctrine chrétienne : « Le programme des classes est surtout orienté en vue de l'enseignement professionnel et parfois en est partie intégrante; c'est ainsi que les élèves font d'abord le croquis du travail qu'ils doivent exécuter à l'atelier. La forge a été ajoutée à la menuiserie au début de cette année et, à mesure que les besoins se feront sentir, de nous veaux métiers viendront prendre place à côté des deux principaux. Parallèlement à l'enseignement professionnel, des cours d'enseignement d'agriculture et d'horticulture sont organisés et les élèves sont conduits de temps à autre à la station agronomique de l'État, attenante à leur champ d'expériences de Soavimbahoaka. Il faut rappeler à ce sujet qu'à l'Exposition Universelle de 1900, les Frères de Tananarive méritaient une médaille pour la partie agricole. Enfin, au dernier concours d'Amdrohibe, leur école a envoyé des produits de toute espèce, qui témoignent des progrès incessants des élèves et du désir du personnel enseignant de seconder efficacement les vues du Gouvernement de la Colonie. »

Je ne sais point si je m'abuse; mais je suis tout surpris, et tout heureux, de la loyauté de cette citation; j'entends la citation du *Journal Officiel de Madagascar* par l'auteur de ce cahier; qu'un protestant, ayant à citer des écoles libres, ou plutôt ayant à citer des éloges officiels adressés à des écoles libres, ait choisi des établissements protestants anglais, une Mission protestante norvégienne, et une école catholique française, tenue par les Frères de la Doctrine chrétienne, cela est d'un haut, pratique et intelligent internationalisme, et d'une loyale impartialité.

On me pardonnera ces réflexions naïves; nous ne vivons pas sous un prince ennemi de la fraude; nous vivons en un temps où les plus vieilles naïvetés du monde vont devenir des paradoxes; sous la domination des délateurs, être un honnête homme va devenir une merveille; même chapitre :

« Dans la même collection, j'ouvre le numéro du 11 mai 1901 et je lis : « En résumé, les visites faites par le gouverneur général, tant aux écoles protestantes qu'aux écoles officielles et catholiques, lui ont fait constater partout des progrès réellement remarquables et, entre tous ces établissements, une émulation en même temps active et courtoise, qui sera des plus profitables aux intérêts généraux de la colonie. »

Ici commence, dans une note modeste, le persanianisme et l'histoire proprement merveilleuse; lisez la merveilleuse histoire de ces écoles privées, ou libres, où l'on prescrit que les élèves apprennent à faire de la menuiserie, mais où l'on défend que ce soit de la menuiserie qui serve à faire des tables; je cite la note :

« Le plus souvent, au lieu de passer sous la direction de leurs maîtres par toutes les phases »...

Toutes les phases!...

...« d'un enseignement professionnel donné, les élèves sont, non pas instruits, mais simplement utilisés à la fabrication courante du mobilier et du matériel nécessaires aux missions. On les spécialise ainsi, non pas dans un métier, mais dans un certain détail de métier, suivant le principe de la division du travail, qui est sans doute le plus avantageux au point de vue du rendement industriel dans une usine ou un grand atelier, mais qui est, en revanche, le plus contraire à la véritable méthode d'enseignement pour l'apprentissage d'une profession donnée.

« C'est ainsi que le but à atteindre a été perdu de vue dans certaines écoles privées et que j'ai été amené à diverses reprises, notamment au mois de janvier dernier, à rappeler quelques-unes d'entre elles »...

On entend ce langage officiel; d'une part le gouverneur général prescrit que les écoles privées, libres, donnent un enseignement professionnel; mais d'autre part il faut que cet enseignement professionnel ne fasse pas faire une profession; si on utilise un métier, il devient un métier industriel, vulgaire, commun; il devient un métier comme tout le monde peut en avoir; il n'est plus un métier universitaire, un métier noble, un métier gouvernemental, un métier scolaire, un métier que l'on peut mettre sur les programmes et que les inspecteurs peuvent inspecter.

Nous avons ici un avant-goût de ce que sera dans nos écoles primaires et dans nos lycées l'enseignement du travail manuel quand les grandes révolutions jaurésistes auront fait pénétrer le socialisme gouvernemental dans le monopole de l'enseignement; on ne fera point du travail vrai, à rendement industriel et social; mais on fera du beau faux travail réglementé, du beau travail feint, du travail manuel pour avocats et pour notaires, des schèmes et des imaginations de travail manuel, des pièces modelées, des pièces thématiques; du travail manuel de la réalité du monde sensible; c'est bon pour nous autres, gens de rien, de faire de la vraie menuiserie ou de la vraie typographie, des vraies tables, des vrais bancs, des vraies chaises, des vraies planches, des vrais livres.

Je sais qu'il y a eu dans un très grand nombre d'écoles, et libres, et publiques, un très grand nombre d'affreux abus industriels; mais l'appréciation officielle du général Gallieni ne mentionne aucun abus, porte uniquement sur l'usage; et sur le mode; ce que le général reproche aux écoles privées libres, ce n'est point d'exténuer leurs élèves, de les faire souffrir ou de les tuer, c'est d'utiliser le travail industriel de leurs élèves professionnels; il faut absolument que ce travail industriel soit perdu; faites-moi tout ce que vous voudrez, pourvu que ça ne soit pas du vrai; et que ça ne puisse pas servir; si ça pouvait servir, ça ne serait pas la peine d'être une école; on serait un atelier, institution de simples citoyens, méprisable.

Ce qu'il y a de plus fort, c'est que l'État se réserve de faire, dans ses écoles, ce qu'il interdit aux particuliers; nous avons ainsi un avant-goût de ce que sera, sous le gouvernement de M. Jaurès, l'exercice et l'administration de la liberté. « Je fais allusion », dit modestement une note suivante,

Je fais allusion à la critique qu'on vient de lire dans la note précédente. Le général n'admet pas que, dans l'atelier d'une école, on puisse construire des bancs pour l'école même. S'il faut des bancs et des tables, on les achètera. Il est inutile, pour former un bon menuisier, de fabriquer un meuble réel. Les longues heures passées à l'atelier (27 par semaine les deux premières années) sont employées à de fastidieux assemblages variés. Le bois, — coûteux à Madagascar, — est gâché, les outils abîmés, en pure perte, par la main novice des apprentis. Tout cela est ruineux. Or, il paraît que l'administration ne se prive pas d'admettre pour elle-même ce qu'elle interdit aux autres. *L'Écho de Madagascar*, qui se soucie fort peu des missions, dit dans son numéro du 10 mai 1904 : « Il faut remarquer que là où les écoles officielles ont, à côté, des ateliers importants, c'est dans les chefs-lieux de district ou de province. Ces ateliers servent à l'administration. On y confectionne des meubles; c'est en quelque sorte l'atelier de l'administrateur et du chef de district. »

Ainsi se complète cette première histoire admirable; ainsi s'achève cette première histoire merveilleuse : l'État forçant les particuliers à fabriquer dans leurs écoles des bois qui ne servent point à faire des meubles; et lui-même se faisant fabriquer dans ses écoles des meubles pour ses administrations, sinon pour ses administrateurs; tyrannie et favoritisme, le symbole est complet; tyrannie et autofavoritisme : c'est tout le jaurésisme d'État.

Même chapitre, conclusion : le même État manque à sa parole, il est vrai que c'est à Madagascar; le même État est sournois, il est vrai que c'est à Madagascar :

« On ne fera croire à personne qu'il ne s'est rien passé dans l'intervalle du 15 juin 1903 au 25 janvier 1904. Je ne ferai pas au général Gallieni l'injure de supposer que son appel du 15 juin n'était pas sincère et qu'il était, dès cette époque, décidé à ne faire qu'un simulacre de collaboration et à biffer sa propre parole après avoir provoqué des gens à des dépenses considérables et vaines.

« Pourquoi ne pas dire, en toute liberté, que les événements de France, — peut-être des instructions venues de Paris, — lui imposaient un changement de politique? Pourquoi ne pas dire que le principe de l'absolue laïcité de l'État lui faisait un devoir de supprimer, avec toutes les transitions nécessaires, un régime qui peut-être ne violait pas ce principe, mais qui, pour quelques-uns, avait l'air de le violer? Tout le monde aurait compris ce langage. Pour ma part, je ne l'aurais pas blâmé. Ce langage aurait été plus respectueux pour des hommes qui méritaient quelques égards en récompense de leur bonne volonté. Il aurait été plus digne du gouvernement général.

« Mais, s'il n'y avait dans l'arrêté du 25 janvier que cette suppression un peu brutale d'un régime accueilli par tous avec complaisance, l'idée ne me serait pas venue d'en parler ici. D'autres dispositions, qu'on n'a pas citées, soulèvent d'importantes questions de principes. »

Comme si des questions de principes pouvaient être importantes !

Et quand l'État manque à sa parole, où sera le recours ; et quand l'État est sournois, qui sera l'arbitre ; qui nous gardera contre le souverain ; qui nous garantira contre le fait du prince.

Répercussions lointaines de nos démagogies françaises.

Presque au commencement du chapitre suivant, le gouvernement, — j'entends le gouvernement de Madagascar, — s'aperçoit que des mesures qu'il avait prises, et qui, au regard du sens commun, paraissaient contradictoires, décousues, très heureusement sont commandées par une grande pensée synthétique :

« L'administration de Tananarive a dû se contempler dans ce miroir, peut-être avec quelque surprise, du moins avec un contentement naturel et auquel il me serait doux de m'associer de grand cœur. Il n'était pas commode de se reconnaître dans le dédale de ses arrêtés. Il lui arrivait à elle-même de s'y embrouiller un peu. Elle sait désormais que ce dédale n'a été construit que pour réaliser une pensée unique et que des mesures qui ont eu quelquefois l'air de se contredire se complétaient avec élégance. Ce sont choses qu'il est toujours agréable d'apprendre. »

Je tombe ici, par mégarde, sur la plus belle histoire merveilleuse ; le gouvernement général a fait élever des écoles officielles et laïques ; pour faire croire au public, au bon populaire, au lecteur, qu'elles réussissent, on fera des apparences, on travaillera les statistiques ; mais enfin, pour donner au moins un point d'appui à ce travail même, il faut bien qu'il y ait quelqu'un dans les écoles du gouvernement ; alors le gouvernement fait des efforts :

Parmi tous ces efforts, il y en a eu de toutes les qualités.

On pouvait s'y attendre.

Le gouvernement général, pour agir sur les imaginations, a donné à ses instituteurs un bel uniforme, magnifiquement galonné. Il me suffit de sourire.

Suffit-il bien de sourire; je suis très lourd et prends tout au sérieux; en France on n'a point donné encore aux instituteurs un bel uniforme, magnifiquement galonné; mais cela viendra; en attendant on leur donne le plus qu'on peut de croix, de bannières, de rubans et de médailles, qui sont des morceaux d'uniformes, et même mieux; et quand on n'a pas assez de médailles du gouvernement, on leur donne les médailles du *Matin;* je vois très bien venir le jour en France où tout citoyen qui ne sera point jaurésiste professionnel ne pourra point devenir instituteur; et à ceux qui, étant jaurésistes professionnels, auront pu devenir instituteurs, le gouvernement jaurésiste décernera un bel uniforme magnifiquement galonné; et quiconque aura contredit un instituteur, dans l'exercice ou hors de l'exercice de ses fonctions, sera passible, quiconque aura nié devant un instituteur la thèse de la réalité du monde sensible sera passible d'un emprisonnement de six mois à trois ans, et d'une amende de six mille à vingt mille francs, ou de l'une ou de l'autre de ces deux peines seulement, — car on sera bon; — mais, — comme on sera juste, — les citoyens qui se seront rendus coupables de ce délit ne recueilleront point le bénéfice de la loi Bérenger; enfin nous parvenons à la plus belle histoire :

... D'autres procédés, pour peupler les écoles officielles, ont été employés sans l'aveu de l'administration, par des personnages en mal de zèle. Un jour, l'officier commandant le cercle de Manjakandriana,...

Je connais le nom de cet officier; mais je ne veux point faire de la délation.

...profitant de l'absence momentanée de M. Delord, arrive à l'école protestante d'Ambatomanga. Il demande la liste des élèves, appelle les cinquante premiers inscrits, les fait mettre en rang, puis commande : « Par file à droite, marche! » Il se rend à l'école catholique et fait la même opération. Les cent élèves, réunis dans l'école officielle, reçurent de l'officier l'avis de n'avoir plus à changer d'école.

L'histoire est brève, on le voit; elle s'est passée il y a plusieurs années; on m'assure qu'elle ne se reproduirait plus; on se flatte; elle se reproduira, non pas seulement à Madagascar, mais en France.

Car cette brève histoire fait un merveilleux symbole, au sens que nous avons déjà donné à ce mot, au seul sens de ce mot que nous puissions recevoir, au sens d'une partie de la réalité, homogène et homothétique à tout un ensemble de réalité, et représentant comme dans un éclair, par un agrandissement soudain, tout cet immense ensemble de réalité; je me représente cette scène admirable, ce bon officier, symbole merveilleux; nous verrons cela en France; nous le verrons dans l'enseignement primaire, dans l'enseignement secondaire, nous le verrons dans l'enseignement supérieur; Jaurès dans ce temps-là sera ministre, ministre de l'instruction publique, ou président de la République socialiste gouvernementale; peut-être sera-t-il ministre de l'intérieur, c'est-à-dire tout, car en ce temps de béatitude on aura depuis longtemps annexé tous les ministères au ministère de l'intérieur; et le service de la police, délations et surveillances, aura reçu des agrandissements russes; on voit aussi Jaurès devenu, redevenu professeur de l'enseignement supérieur, — il en a le droit, sans coup d'État, étant docteur, — professeur de philosophie; montant de l'enseignement primaire, traversant le secondaire, le monopole d'État aura gagné le supérieur; Jaurès enseignera, de deux années l'une, alternativement la métaphysique de la morale, et la morale de la métaphysique; mais il s'agira de lui trouver des élèves; un officier, — un officier de défense républicaine, — se rendra au cours de M. Rauh; il demandera la liste des élèves; M. Rauh lui répondra poliment, soucieux, d'un air ennuyé, le front lourd, cerné, qu'il n'y a pas de liste, que dans l'enseignement supérieur le professeur ne fait point l'appel au commencement de la classe; l'officier de défense républicaine arrêtera M. Rauh pour cette réponse intempestive; puis il fera sortir les cinq premiers bancs de dix; on prendra vite un alignement de défense républicaine; on commandera : *tournez à gauche par un*, ou *par une*, ou simplement *à gauche par un, marche!* car les *par file à gauche* ont disparu avec l'ancienne armée; on se rendra ainsi au cours de M. Seignobos, qui lui-même sera devenu suspect; M. Seignobos lui-même s'embarrassera dans ses explications; il balbutiera en rougissant; comme coupable, on le réarrêtera; je ne parle point des autres maîtres de notre enseignement supérieur actuel, car les bergsoniens, depuis le temps qu'ils font le jeu de la réaction, il y aura longtemps qu'on les aura fusillés; et la mémoire même de M. Boutroux, on l'aura, par un décret spécial du gouvernement de l'État, effacée de l'histoire de l'histoire de la philosophie, parce qu'il fut idéaliste et moraliste; les cent élèves, cinquante historiens, cinquante philosophes, par uns ou par deux, les uns suivant les autres, arrivent dans l'amphithéâtre de Jaurès; le grand tribun les accueille de ce bon sourire jovial que nous lui connaissons; le grand tribun les accueille paternellement; n'est-il pas, comme étant notre colonel, notre père à tous; le grand tribun les exhorte, paternellement les félicite du grand exemple de véritable liberté qu'ils viennent de donner au monde; car la véritable liberté ne consiste plus à être libre; elle consiste à n'être pas libre; et le grand orateur, souriant dans sa barbe de défense républicaine, fera sa leçon d'ouverture sur *l'éminente dignité des pauvres délateurs dans l'État;* et après chacune des leçons il y aura les travaux pratiques; tous les élèves seront tenus d'y prendre part; chacun des élèves, à son tour, viendra dénoncer au maître les propos de ses voisins, de ses amis, de ses camarades; cent élèves peuvent donner, au maximum, neuf mille neuf cents délations.

Ce Madagascar, ou cette Madagascar, est un singulier pays; je vois plus grand encore; je me représente en France un spectacle beaucoup plus grandiose; nous aurons, quelque premier mai, la fête de la Fédération de la grande révolution jaurésiste; on célébrera, on commémorera la disparition des anciens abus; on fêtera la suppression des anciennes iniquités; on réunira au Champ-de-Mars, avec l'assentiment du *Matin,* les cinq millions d'enfants de toutes les écoles de France, garçons et filles; cinquante mille instituteurs, cinquante mille officiers de défense républicaine les aligneront et leur feront faire un immense *par file à gauche,* aux accents de *l'Internationale;* ce sera l'Apothéose de la Délation; cinq millions d'élèves peuvent donner vingt-quatre millions, neuf cent quatre-vingt-dix-neuf mille, neuf cent quatre-vingt-quinze unités de millions de délations.

Je vois plus grand enfin : cinquante millions de Français, hommes, femmes, enfants, réunis au camp de Châlons, le Champ-de-Mars ne suffisant plus; réunis par la collaboration du *Matin* et du *Journal officiel;* et cinq cent mille fonctionnaires de défense républicaine leur faisant accomplir un par file à gauche fantastique; cinquante millions de sujets peuvent donner deux milliards, quatre cent quatre-vingt-dix-neuf millions, neuf cent quatre-vingt-dix-neuf mille, neuf cent cinquante unités de millions de délations.

Ce qu'il y a de bon dans cette histoire de Madagascar, c'est qu'elle nous montre la fin de toutes ces histoires :

De fait, aussi longtemps que cet officier fut à la tête du cercle, aucun de ces enfants n'osa retourner à son école primitive. Après son départ, l'école officielle dégringola rapidement. Le service de l'enseignement eut beau mettre là ses meilleurs instituteurs; au commencement de 1903, elle comptait 14 élèves fort irréguliers, et l'instituteur n'en avait parfois que 3 ou 4 présents, bien que sa femme l'aidât dans sa tâche et reçût, elle aussi, comme institutrice, un salaire du gouvernement. L'école protestante avait, à la même date, 150 présences au moins, et l'école catholique de 50 à 60. Le même officier, à Ifarariana, créa l'école officielle en chassant purement et simplement l'instituteur de l'école libre et en le remplaçant par un instituteur du gouvernement. Des faits analogues se sont passés, en 1897, dans le Vonizongo.

Chasser tous les citoyens de chez eux et les y remplacer par des émissaires du gouvernement, c'est toute la politique de Jaurès; on voit, par cette histoire merveilleuse, où elle aboutit, à quelle faillite, à quelle banqueroute, à quelle banqueroute frauduleuse; faut-il donc le redire, que la force ne fonde rien d'éternel, que ce qui vient de la force, également s'en retourne par la force, que le droit seul peut fonder une institution, une cité durable, que rien de durable ne se fonde que dans la justice et dans la vérité, dans la liberté, dans le droit.

Qui trouvera jamais une histoire plus merveilleuse, plus complète, et qui soit d'un symbole aussi admirablement exact; quel Diderot, quel Voltaire nous fera jamais un aussi beau conte; et comme on a raison de dire que les imaginations ne sont jamais aussi fortes que la réalité; en vérité tout l'étatisme est là, et particulièrement tout le monopole d'État dans le domaine de l'enseignement; toute cette histoire de Madagascar nous fournit un admirable exemple, un *specimen,* un cas, particulier, bien fait d'un essai de monopole; tout y conduisait; nulle part l'autorité du gouvernement de l'État, la fantaisie, le caprice, la tyrannie gouvernementale ne sévit aussi indiscutée que dans le gouvernement des colonies; si quelque part l'État peut faire un essai bien fait de sa tyrannie, c'est évidemment dans ses possessions coloniales; mais de toutes les colonies si quelqu'une se prêtait à l'exercice de cette tyrannie, c'était évidemment Madagascar; l'éloignement géographique de la grande île, son éloignement de communication, son isolement, géographique et historique, insulaire, tout concourait à faire d'elle un admirable champ d'expérience en vase clos; son éloignement géographique; Madagascar est pour nous une colonie de l'autre côté de l'Afrique; pour l'atteindre en imagination, il faut passer par-dessus cet énorme continent; son éloignement de communication; Madagascar est en dehors des grandes routes passagères du monde; pour l'atteindre en réalité, il faut contourner tout cet énorme continent; son isolement, géographique; son isolement, historique; la conquête de Madagascar fut en effet elle-même insulaire, pour ainsi dire; je veux dire qu'elle forme ellemême comme une île dans l'événement, dans l'histoire de nos acquisitions coloniales; elle fut une conquête résolue, arrêtée, délibérée, limitée, nette, effectuée; d'un seul coup achevée, complète; il y a des conquêtes péninsulaires, traînées, allongées; il y a des conquêtes massives, continentales; la conquête de Madagascar fut littéralement dans l'événement, dans l'histoire des acquisitions coloniales françaises une île de conquête, une conquête en forme d'île; comme Madagascar est une île dans l'ordre de l'espace, ainsi la conquête de Madagascar fut une île dans l'ordre du temps; enfin ce fut aussi la conquête d'une île, isolée; on a depuis longtemps remarqué que les grandes îles, isolées, deviennent souvent le terrain d'histoires nationales qui sont comme des expériences ethniques, des histoires en vase clos, des événements de laboratoire; parce qu'elles sont grandes, elles offrent assez de terrain pour que tout un peuple y naisse, y croisse, s'y développe, s'y essaie, s'y exerce, pour qu'il y ait expérience; parce qu'elles sont insulaires, isolées, elles offrent un terrain assez limité pour que ce peuple s'y achève et pour que l'expérience, qui était devenue possible, soit close; ainsi les faunes et les flores insulaires sont particulièrement caractérisées; ainsi l'Angleterre et le Japon forment deux peuples particulièrement caractérisés, deux véritables sujets de laboratoire, sujets d'expériences limitées, closes, préparées, réalisées par la nature; Madagascar est dans l'ordre des colonies ce que sont l'Angleterre et le Japon dans l'ordre des nations libres. Son gouvernement même est insulaire, monarchique, monocratique, sans frontières ni communications terrestres.

C'est pour cela que nous Français nous ne pouvons pas nous empêcher de lire ce cahier comme un cahier qui par transcription nous renseigne sur ce qui nous attend; c'est pour cela que nous voyons dans ce cahier, uniquement ou surtout, l'histoire d'un monopole de l'enseignement tenu par l'État, un essai de monopole, une expérience de laboratoire de monopole, particulièrement bien faite, particulièrement réussie, particulièrement bien limitée, particulièrement pleine et repleine d'avertissements, d'enseignements et de renseignements.

Même chapitre, *l'art des statistiques,* un moyen politique parlementaire de maquiller les statistiques; une simple définition de mots :

... « Ces chiffres paraissent clairs. La statistique qui nous les fournit est une merveille d'art.

« Il s'agissait, en premier lieu, de diminuer, dans les tableaux, la fréquentation de l'enseignement privé. Comment s'y prendre? Le moyen le plus simple était de donner du mot « école » une définition qui permît de ne pas appliquer ce mot à une multitude d'établissements. Il n'y avait qu'à le réserver aux écoles ayant à leur tête un maître breveté. Comme elles étaient la minorité, les totaux devaient s'en ressentir gentiment. Ils n'y ont pas manqué.

« J'ai raconté comment, sous le régime des subventions conditionnelles, la présence d'un maître breveté à la tête d'une école libre était pour celle-ci la première condition pour obtenir certains privilèges. Dès qu'elles remplissaient cette condition, les écoles étaient « classées », et, si elles donnaient l'instruction industrielle et agricole, elles pouvaient recevoir quelques secours. A celles qui sont dans ce cas, et à celles-là seulement le statisticien de *la Nouvelle Revue* accorde la faveur de reconnaître leur existence. »

Ainsi nous avons des écoles qui se nomment des écoles ; et des écoles qui ne sont pas nommées des écoles ; comme il y avait des planches qui étaient des planches pour faire des tables, et des planches qui n'étaient pas pour faire des tables.

... « Ce simple artifice de comptabilité permet de réduire le nombre des écoles de cette seule mission de 576 à 110 et la population de ces écoles de 26.809 élèves à 10.661. »

Avais-je raison d'avancer que cette comptabilité de monopole était purement et simplement de la comptabilité électorale ; même chapitre, comment on peut maquiller l'histoire de la substitution d'une école officielle à une école libre :

« L'informateur de *la Nouvelle Revue* a, d'ailleurs, une riche imagination. Il raconte gravement qu'une école officielle, créée il y a quelques mois à Tananarive, dans le quartier de Faravohitra, a déjà enlevé aux écoles libres de ce quartier plus de deux cents élèves. La nouvelle rend rêveur quiconque est un peu au courant de ce qui se passe dans la capitale de Madagascar. Ce qui a été fait par l'administration à Faravohitra est tout différent.

« Une des écoles qui ont été enlevées aux Frères le premier janvier 1904 a été aménagée avec un luxe magnifique. On l'a ornée de portiques, de grands escaliers, d'un mobilier tout neuf. Mais tout cela est destiné aux enfants européens. C'est une sorte de petit collège pour les blancs. L'inauguration devait en avoir lieu vers le 20 mai. Il n'y a aucun rapport entre cette création et l'enseignement des indigènes.

« Un autre local, moins grand, avait été cédé jadis, dans ce même quartier, en suite d'un échange, à la mission protestante française. Il a été repris par l'administration; et, là, celle-ci se propose bien d'organiser une école pour enfants malgaches. Mais cette école n'était pas ouverte au premier mai dernier. Elle ne l'est sans doute pas encore*. Voilà tout ce qui a été fait à Faravohitra. Non seulement on n'a pas enlevé deux cents élèves aux établissements libres de ce quartier; mais encore, à cause de la fermeture d'une des écoles de Frères (celle que l'on a transformée à l'usage des blancs), il y a là quelques centaines d'enfants malgaches qui s'en vont frapper à la porte de toutes les écoles privées et qui, faute de place, n'y sont pas admis.

« Le développement de l'instruction officielle et laïque est réel à Madagascar. Il est réel et il est normal. Le général Gallieni a raison d'y tenir et de lui donner tous ses soins. Il y aurait une absurdité flagrante et surtout une évidente injustice à se dissimuler l'importance de ce que le Gouverneur général de la Colonie, avec un budget difficilement équilibré, a su réaliser. Mais il n'est vraiment pas nécessaire que des études tendancieuses, comme celle de *la Nouvelle Revue,* donnent au lecteur français de trop fortes illusions sur ce qui se passe à Madagascar. »

Ainsi l'État préfère jeter les enfants à la rue, plutôt que de les laisser dans les écoles particulières; supprimer, et ne pas remplacer : c'est tout le jaurésisme gouvernemental; c'est toute la politique radicale parlementaire de Jaurès politicien; autrefois les socialistes répétaient qu'on ne supprime, vraiment, que ce que l'on remplace; et même cette proposition était au cœur de tout le socialisme; elle en faisait la force et le retranchement; elle résidait dans tous les arguments que les socialistes opposaient aux politiciens bourgeois; aujourd'hui, on nous a changé tout cela; et ce n'est pas le seul point où le jaurésisme se révèle ce qu'il est, exactement le contraire du socialisme.

En note le récit, officiel, de la même histoire, et ainsi la confirmation officielle, et du fait, et des enseignements que nous en avons tirés; l'inauguration du petit collège pour les blancs a eu lieu le 22 avril :

* D'après le *Journal Officiel de Madagascar* du 7 mai, elle devait être ouverte le 16.

... Cet article était écrit lorsqu'est arrivé, à Paris, le *Journal Officiel de Madagascar* du 7 mai 1904. On y peut trouver la confirmation détaillée de ce que j'ai dit :

« A la suite de la résiliation du contrat des Frères des écoles chrétiennes, les immeubles qui avaient été mis à la disposition de ces derniers furent repris par la Colonie, en vue de l'installation de nouvelles écoles officielles dans plusieurs quartiers de la ville; ils reçurent la destination suivante :

« 1. — Une école primaire officielle, dirigée par des instituteurs indigènes, fut installée à Ambohimitsinbina; elle fonctionne depuis le 4 janvier 1904;

« 2. — L'immeuble d'Ambavahadimitafo sert d'internat pour la section sakalava de l'école administrative;

« 3. — Les bâtiments d'Ambatonilita tombant en ruines n'ont pu être utilisés; mais l'emplacement sur lequel ils sont situés est réservé pour l'installation ultérieure d'une école ménagère;

« 4. — Quant à l'immeuble de Faravohitra, il est actuellement occupé par le groupe scolaire européen.

« L'école de garçons européens était installée auparavant à Ambohijatovo, dans le local de l'école administrative; cette installation n'était que provisoire; de même, l'école des filles européennes occupait, précédemment, un immeuble qui ne répondait nullement à sa destination. Depuis le 22 avril 1904, les écoles européennes sont transférées à Faravohitra, dans l'immeuble qu'occupaient les Frères et qui a reçu tous les aménagements désirables. La cour, très vaste, est divisée en deux parties par un mur; chaque école a son entrée distincte. Une commission d'hygiène, composée de MM. Berthier, administrateur-maire, Hallot, Gros, docteur Bonneau, Cavrel, Lenclud a visité les locaux, les dépendances et le mobilier scolaire. Elle s'est montrée satisfaite de l'installation du groupe scolaire, qu'elle a déclaré convenir parfaitement à sa destination. Satisfaction immédiate a été donnée aux quelques desiderata qu'elle a formulés en ce qui concerne certains aménagements supplémentaires.

« Le groupe comprend :

« 1. — Une école préparatoire de garçons, fréquentée par 24 élèves;

« 2. — Une école préparatoire de filles, fréquentée par 15 élèves;

« Ces deux établissements sont organisés conformément aux dispositions de l'arrêté du 27 janvier 1903.

« 3. — Une école maternelle fréquentée par sept enfants des deux sexes.

« Le personnel enseignant de l'école préparatoire de garçons comprend : un directeur, un instituteur-adjoint et des professeurs chargés de cours spéciaux à la division supérieure. L'école préparatoire de filles a une organisation analogue à celle des garçons. Une institutrice dirige l'école maternelle.

« Les élèves des deux sexes peuvent déjeuner à l'école, ils restent sous la surveillance des maîtres pendant l'intervalle qui sépare les deux séances de classe du matin et du soir. Le ménage d'instituteurs placé à la tête du groupe scolaire est autorisé à prendre des pensionnaires et des demi-pensionnaires. Les prix de la pension et de la demi-pension seront débattus entre les parents et le directeur de l'école, sans aucune intervention de la part de l'administration, qui décline toute responsabilité à ce sujet. De plus, des études surveillées pourront être organisées sur la demande des parents moyennant une rétribution mensuelle dont le montant sera fixé par le chef du service de l'enseignement.

Enfants à la rue, c'est le titre de tout le chapitre suivant, chapitre septième; il faudrait le sortir, et le citer tout entier; ce pays de Madagascar est un singulier pays; on y voit des enfants qui ne vont point à l'école, qui font les petits voyous dans les rues, qui maraudent, qui volent, qui ont tous les vices; tout un peuple de précoces malfaiteurs, cambrioleurs sans doute, et pickpockets; on n'a pas idée, ici, de mœurs pareilles; et le gouvernement préfère les laisser dans les rues, afin d'être bien sûr qu'ils ne sont point dans les écoles particulières; voilà du bon monopole de l'enseignement, exercé par l'État; quand l'État ne peut plus ni en donner, ni en vendre, il interdit rigoureusement aux particuliers d'en donner, ou d'en vendre; c'est l'idée même du monopole; et voilà de la bonne laïcisation : mieux vaut un abandon laïque dans la rue que la présence aux écoles protestantes; ou plutôt un abandon laïque dans la rue gouvernementale vaut tout; et la présence aux écoles protestantes, l'assistance dans les écoles particulières protestantes ne vaut rien.

Ce pays de Madagascar est un pays singulier : les rues sont pleines de mauvais enfants :

« Prenons l'arrêté du 25 janvier 1904 qui réorganise l'enseignement dans la colonie. Une des mesures les plus extraordinaires, et qui frappe dès l'abord, est celle qui limite à quatorze ans l'âge d'admission dans une école primaire. A cet âge, tout Malgache doit quitter l'école, à moins d'avoir obtenu, du chef de sa province et du chef du service de l'enseignement, une autorisation absolument personnelle. Il peut préparer le brevet d'instituteur dans une école normale, se former au ministère ecclésiastique, soit dans un séminaire, soit dans un collège d'évangélistes, entrer dans un établissement d'apprentissage industriel et agricole. En dehors de ces trois cas, qui ne s'appliquent qu'à un nombre très restreint d'enfants, et s'il n'a pas une autorisation individuelle et malaisée à se procurer, il n'a plus le droit de s'instruire. »

Autrement dit, et mutations faites, c'est à peu près la question qui se pose en France; en France aussi la question post-scolaire, — c'est elle qui est ici, car des écoles qui s'adressent à des enfants au-dessus de quatorze ans sont des écoles post-scolaires, et non pas des écoles scolaires, — en France aussi la question post-scolaire est encore plus difficile à résoudre que la question scolaire, — sans vouloir avancer par là que la question scolaire soit aucunement facile; — au-dessous de quatorze ans on sait encore un peu quoi faire des enfants; il y a l'école, bonne ou mauvaise; au-dessus de quatorze ans il n'y a plus rien; la post-école n'existe pour ainsi dire pas; elle n'existe guère que dans les rapports guimauvés et annuellement identiques de M. Édouard Petit, inspecteur général de je ne sais plus comment le gouvernement nomme cet enseignement; l'enseignement post-scolaire n'a guère servi jusqu'ici qu'à embêter les instituteurs, qu'à alourdir leur travail, déjà si écrasant, qu'à faire avancer les promoteurs, décorer les décorateurs, anticiper les avantageux, qu'à assurer une situation, un bon traitement à un inspecteur général avantageux; il n'est rien auprès de l'enseignement scolaire, qui n'est rien auprès de l'enseignement de la vie, qui n'est rien auprès de la vie même; de quatorze à dix-neuf ans, plus encore, de onze à vingt et un ans, de l'école au régiment, c'est l'âge terrible, c'est l'âge ingrat, l'âge difficile, périlleux, particulièrement redoutable; combien d'âmes et de corps perdus dans ce difficultueux passage; avant le commencement de ce passage, l'école, toute imparfaite qu'elle soit, garde un peu l'enfant; à la retombée de ce passage la caserne, toute plus imparfaite qu'elle soit encore, tantôt maintient le jeune homme, et tantôt l'achève; en tout cas elle n'est pas le vide; sa force de coercition peut se manifester en une force de cohésion, d'agrégation, de maintien, qui arrête la désintégration; après la caserne, au retour du régiment, si le jeune homme n'est point perdu, l'atelier, dur et vrai, peut lui enseigner la dure et la véritable vie; mais de l'école au régiment, de onze à vingt et un ans, tout au moins de quatorze à dix-neuf, aussitôt après le sinistre certificat d'études primaires, c'est le vide, c'est l'abîme, le vague, et la perpétuelle tentation désordonnée; le *processus* de l'industrie moderne et du travail ne se propose peut-être point de vérifier les anticipations du marxisme; mais il a eu ce résultat de désorganiser l'ancien apprentissage; heureux ceux qui, mieux doués ou plus chanceux, peuvent devenir des ouvriers à seize ou dix-sept ans; ceux-là, mais ceux-là seuls, ont quelque assurance d'être sauvés.

Quatorze ans; c'est à cet âge qu'à Madagascar une administration prévoyante, un gouvernement ingénieux, une administration tutélaire, vigilante et vraiment maternelle chasse officiellement l'enfant de l'école; nous avons par les soins de l'État l'enseignement laïque obligatoire; nous aurons par les soins de l'État le non-enseignement laïque obligatoire; nous avons l'école forcée; nous aurons la non-école forcée.

« Ne parlons pas aujourd'hui d'une petite élite, qui est très réelle à Madagascar, et à qui l'on tend à refuser ce qu'elle pouvait avoir le droit d'attendre de la France.

« Cette élite écartée, reste la foule. Pour les milliers d'enfants qu'elle comprend à la campagne, la limitation introduite par le dernier arrêté n'a peut-être pas une très grande importance. Ce n'est pas l'avis, je le sais, de bien des instituteurs. Ils ont remarqué ou cru remarquer que, chez beaucoup de leurs élèves, jusque-là médiocres et en apparence peu intelligents, il se produisait, vers treize et quatorze ans, une sorte d'éclosion de l'esprit. Ils ne peuvent s'empêcher de regretter que l'on fixe, juste à ce moment, l'interruption forcée de l'étude. Je n'insiste pas sur cette observation, qui a pourtant son intérêt. C'est un autre inconvénient que je relève dans une ville comme Tananarive.

« Je n'ignore pas ce que l'on reproche à certaines écoles privées. C'est d'accueillir trop facilement des élèves qui ne sont plus des enfants, qui ne sont même pas toujours des adolescents, qui, parfois, sont de vrais adultes. Il y a là, pour ceux-ci, une forme originale de la paresse. Ne vaudrait-il pas mieux les prier d'aller se reposer ailleurs ou, plutôt, d'aller travailler? C'est indiscutable. Encore ne faudrait-il pas exagérer ce cas. L'informateur officieux de *la Nouvelle Revue* ne dit pas la vérité quand il a l'air d'évaluer à 78 % de l'effectif des écoles privées ce personnel d'oisifs. Pour qui est au courant des choses, cette affirmation est le contraire même de la vérité. Il y a des sociétés qui n'ont pas assez réagi, dans le passé, contre cet abus. Mais elles l'ont à peu près supprimé dès maintenant. Et il y en a une qui ne l'a jamais admis.

« En revanche, il y a un détail beaucoup plus important et dont on ne tient aucun compte. Que ne parle-t-on de ces centaines d'enfants, plus d'un millier, qui grouillent dans Tananarive, qui ne fréquentent aucune école et qui ne reçoivent, à peu près, aucune éducation? C'est un fait qu'avant seize ans, un garçon, là-bas, ne travaille pas. Et il ne travaille pas, tout simplement parce qu'il n'a rien à faire. S'il ne va pas à l'école, il ne s'emploie dans aucune industrie quelconque. Il passe son temps dans la rue. Il n'en ferait pas un moins bon usage s'il lui prenait fantaisie de le passer à l'école.

« Ces enfants, parmi lesquels de très grands garçons, pullulent surtout aux abords des marchés et des grands magasins. Dès qu'un « vazaha », un blanc, a fait un achat, ils accourent autour de lui comme un vol de moineaux avides. Ils se pressent, se poussent, se disputent le privilège de porter son paquet. A Tananarive, il n'est pas distingué, pour un Européen, d'être vu dans la rue avec un paquet dans la main. On trouverait à cela un air servile. Ce n'est bon que pour un « mal blanchi ». Et les « mal blanchis », en quête d'une aubaine, sont là, par bandes, à lui offrir leurs services. Ils se bousculent pour s'emparer de son fardeau et lui tenir lieu, momentanément, de petit domestique.

« Ce que valent, au point de vue moral, ces troupes d'enfants et d'adolescents inoccupés et abandonnés à eux-mêmes, nous nous en doutons. On les traite, couramment, de « chapardeurs », et l'on n'a pas tort. Le vol à l'étalage, la maraude, quantité d'industries suspectes, n'ont aucun secret pour cette jeunesse sans éducation. Et l'on se propose de la grossir, du jour au lendemain, des centaines d'enfants qui, ayant quatorze ans révolus, devront être renvoyés de toutes les écoles et seront rejetés dans la rue?

« Il est clair que l'immense majorité de ces élèves, âgés de plus de quatorze ans, ne peuvent, ni devenir instituteurs ou pasteurs, ni entrer dans une école industrielle. Pas plus que les autres Malgaches, ils n'auront de travail régulier avant seize ans environ. Ils sont donc condamnés, par l'arrêté du 25 janvier, à rejoindre les bandes de gamins dont je viens de parler. Je conçois que l'administration songe à mettre hors de certaines écoles les quelques douzaines d'adultes qui les encombrent, et qui risquent, tout au plus, d'apprendre quelque chose de notre langue. Pour corriger ce mince inconvénient, fallait-il créer, de façon à peu près inévitable, un mal plus grand? L'augmentation presque forcée du vagabondage est une manière assez étrange de contribuer au renouvellement moral de la jeunesse malgache.

« Je serais étonné si quelque fonctionnaire subtil n'avisait au moyen de pallier le résultat nécessaire d'une déplorable mesure. Avec un peu de bonne volonté, on dresserait une de ces statistiques savantes, à l'aide desquelles on arrive à prouver tout ce qu'on désire. En cherchant bien, en négligeant ceci, en tenant compte de cela, on finirait par établir que les pires des maraudeurs ont commencé par fréquenter une école, et même telle ou telle école. Les chiffres procureraient peu à peu l'impression que l'influence de la rue est, après tout, moins mauvaise que celle d'établissements où l'on essaie de former la conscience de l'élève. C'est l'enfance de l'art que de bâtir une de ces statistiques. Nous prêterons, à celle qu'on ne manquera pas de nous faire, la confiance qu'elle méritera. »...

En un mot, le monopole de l'enseignement complété par un monopole du non-enseignement et de l'ignorance; après l'école obligatoire laïque, la non-école obligatoire laïque.

C'est à cette gageure de paradoxe que nous nous arrêterons, pour aujourd'hui; car il est temps que je me mette à écrire ma *table des matières,* qui sera longue, parce que ce cahier est particulièrement plein; le chapitre XII, *leçons de français,* et le chapitre XIII, *pour la langue malgache,* étant des chapitres de technique et de pédagogie stricte, n'auraient peut-être pas donné beaucoup à la transcription; mais les autres chapitres, au contraire, j'entends les autres qui nous restent, seraient presque à sortir et à transcrire en entiers; nous le ferons aussitôt que nous le pourrons; aujourd'hui débarrassés de la transcription pour les sept premiers chapitres, suspendant la transcription pour les neuf derniers chapitres, libres désormais, je demande instamment qu'on lise tout ce cahier, ainsi que je l'ai dit, d'un seul tenant et uniment, comme un cahier d'histoire contemporaine, comme un cahier de courrier de l'enseignement primaire des indigènes à Madagascar; il sera toujours temps de retomber aux transcriptions et aux commentaires.

Au moins nous avons l'assurance que nous n'y retomberons point dans le prochain cahier; le prochain cahier, comme on le verra du premier regard, est un de ces cahiers qui n'admettent que leur texte[1].

LA DÉLATION AUX DROITS DE L'HOMME[1]

Neuvième cahier de la sixième série (29 janvier 1905)

Nos anciens abonnés savent, nos nouveaux abonnés reconnaîtront bientôt que nos cahiers sont en premier des cahiers de renseignements et de dossiers, de textes et de documents.

Je me permets de m'adresser très souvent à nos nouveaux abonnés depuis le commencement de cette sixième série parce que le nombre de nos abonnés croît très régulièrement; nous recevons très régulièrement des abonnements nouveaux; et d'autre part je me rends parfaitement compte que pour entrer aujourd'hui de plain pied dans le travail que nous continuons depuis plus de cinq ans, il faut aux abonnés qui nous viennent un certain effort propre et beaucoup de bonne volonté.

Nos cahiers sont en premier des cahiers de renseignements et de dossiers, de textes et de documents; mais il eſt singulièrement difficile de conſtituer, sinon au jour le jour, du moins à la quinzaine la quinzaine, un *corpus* des textes et documents qui sont vraiment à conserver; dans le perpétuel débordement des documents vrais ou faux, et, ce qui eſt beaucoup plus grave, demi-vrais, demi-faux, partie vrais, partie faux, dans l'inondation des textes insignifiants, dans le déluge et dans la diluvion des insanités, des vanités, des vérités pêle-mêle, rien n'eſt aussi difficile, quand on se propose de conſtituer un *corpus* qui devienne un monument sérieux, que de diſtinguer des documents passagers les documents durables, et que de mesurer pour ainsi dire la valeur de durée, la portée en avant et en profondeur, la valeur de profondeur, et la profondeur d'insertion des textes apportés par le flot journalier.

Nous avons dit plusieurs fois que nos cahiers voulaient apporter une perpétuelle contribution à l'histoire contemporaine, enregistrer les événements à mesure qu'ils se produisaient; il n'est donc pas étonnant que perpétuellement nous nous heurtions à la difficulté propre de l'histoire contemporaine; c'est en effet la difficulté capitale, et peut-être la capitale contrariété de l'histoire moderne et contemporaine que cet amoncellement des textes, que cet enlisement perpétuel de l'historien, que cette inondation, que cette noyade perpétuelle, et que cette submersion parfaitement organisée.

Nous continuerons quelque jour les recherches que nous avons commencées ici même sur les conditions générales et nous les continuerons en particulier par des études sur les conditions nouvelles de l'histoire et des historiens; aujourd'hui, comme gérant, et pour l'administration du *corpus* que peu à peu nous essayons de constituer, je veux seulement noter que dans les temps modernes et contemporains rien ne rend aussi difficile tout travail d'histoire, et que rien n'est aussi contraire à l'existence même de l'historien que le journalier amoncellement des journaux.

Tous les matins paraissent une immense quantité de journaux; au temps de l'affaire nous les lisions presque tous; aujourd'hui, dans la croissante lassitude, qui songe à en lire même un seul sérieusement; l'après-midi et le soir, plusieurs journaux encore; et à toute heure de jour et de nuit tant de revues qui ne sont que de mauvais journaux, plus lourds; et tant de livres qui ne sont que de mauvais journaux, lourds ou légers, nuls; et si à tout ce vain amoncellement des journaux, des journaux livres, des journaux revues, on ajoute en compte, comme on le doit, tout le vain amoncellement des paroles, si à tout le fatras de la parole écrite on ajoute le fatras de la parole parlée, du bavardage mondain, politique, électoral, parlementaire, des salons, des meetings, des compagnies, des sociétés, des assemblées, des discours, des classes, des cours et conférences, tout historien moderne, tout citoyen, tout homme est perpétuellement submergé sous un flot croissant de vanités.

Et c'est une des raisons pour quoi la vie moderne, à tant d'égards, est si inférieure à tant de vies que l'humanité a vécues au cours de son histoire.

Sous ce flot croissant des vanités modernes, comment se reconnaître; la tâche de l'historien ici n'est plus de refaire ingénieusement, — artificiellement vainement, — toute une civilisation abolie avec deux ou trois fragments plus ou moins frauduleux de ruines incertaines; la tâche de l'historien n'est plus, — ce qu'elle n'a jamais été, — de reconstituer tout un paléonpachyderme avec un morceau de l'ongle du pied; la tâche de l'historien est au contraire de tâcher de se reconnaître un peu lui-même au milieu de ces informes amoncellements; il est inévitablement conduit à classer, à déclasser les hommes et les événements, à reclasser; lui-même il est conduit à faire des ruines, à laisser tomber, à faire tomber; il faut des ruines pour l'historien, et quand il n'y en a pas, il faut qu'il en fasse; lui-même il est conduit à bousculer cet énorme amoncellement de matériaux, pour n'en être pas toujours écrasé; question de vie ou de mort pour lui; question d'existence même; il faut que les matériaux l'écrasent, ou qu'il fasse ou laisse tomber les matériaux; c'est-à-dire qu'à lui tout seul, homme moderne, pauvre petit bonhomme, tout habillé de noir, et avec son chapeau haut de forme, il faut qu'il remplace, comme il peut, l'indispensable temps.

Dans le fatras des documents, des textes, des renseignements, des éléments d'art, d'action, de vie et d'histoire, dans le fatras des documents littéraires, politiques et sociaux arrêter au passage quelques rares documents et laisser passer tous les autres, se hâter, se réjouir de laisser passer tous les autres, tout le reste, tout l'immense et méprisable reste; saisir quelques documents seulement, rares et particulièrement précieux, rares et particulièrement pleins de sens et de réalité, laisser couler tout le flot du reste, c'est à cette méthode, c'est à cette attitude que l'historien moderne est conduit fatalement; dans quelle difficulté, dans quelle contrariété, c'est ce que nous examinerons quelque jour; car s'il ne veut pas choisir, dans son fol orgueil de savant moderne, s'il refuse formellement de choisir, il choisit quand même, car il choisit l'écrasement, l'inexistence et la stérilité; s'il refuse formellement de choisir, dans ses matériaux, s'il veut absorber tous ses matériaux, s'il ne veut en laisser tomber aucun, c'est lui qui tombe, et il choisit de n'être plus.

Au contraire s'il choisit, par lassitude, par consentement, par méthode, par faiblesse, par accommodation, par humanité, s'il consent à choisir, quelle effrayante responsabilité; choisir parmi les hommes et les événements, choisir parmi tous ces éléments de la réalité, qui, pourtant, ont tous au moins cette égale dignité, d'être tous des éléments de la réalité, de la même réalité; choisir parmi des hommes et des événements, choisir parmi des éléments qui pourtant sont tous réels et entre qui, justement, la réalité d'abord semble n'avoir pas choisi, choisir entre des hommes qui ont tous vécu et vivent tous, entre des événements qui sont tous arrivés et arrivent tous, entre des éléments qui tous font partie intégrante de la réalité; quelle effrayante responsabilité; choisir où la réalité n'a pas choisi; condamner à la mort de l'histoire et de la connaissance humaine des hommes que la réalité n'a point condamnés à la mort du néant; condamner à la mort de l'histoire et de la connaissance humaine, à la mort de l'oubli, des événements que la réalité n'a pas condamnés à la mort de la non existence, condamner à la mort totale des éléments de la réalité que la réalité n'avait point rejetés.

Quelle effrayante responsabilité; tuer, effacer de l'histoire des hommes, des événements, des éléments que la réalité admettait, comme les autres, se montrer, être plus exigeant que la réalité, avoir des préférences, des exigences, opérer des avancements que n'avait pas, que n'opérait pas cette réalité, qui pourtant demeure le grand et l'unique modèle; faire exprès autrement que la réalité, avoir une autre méthode que la réalité, être méthodiquement infidèle à la réalité, quand on n'a de modèle, de fin, et de raison d'être, et de justification, que la réalité, quand on ne peut se proposer d'opérer qu'une imitation, un rappel, un souvenir, une image de la réalité.

Inextricable dilemme, où l'on est ramené toujours, comme on est ramené toujours aux formes du *pari*, aussitôt que l'on essaie d'approfondir un peu les problèmes du travail et de l'action; et généralement les problèmes de la vie et de l'existence; il faut choisir; ou bien, vous proposant, comme historien, comme homme, de donner une certaine image de la réalité, des hommes, des événements, vous choisissez de choisir entre ces éléments, entre ces hommes, entre ces événements de la réalité,

— par quelle méthode, au nom de qui, au nom de quoi, à quel titre, et comment ferez-vous, choisissant, pour n'altérer pas; — ou bien vous choisissez de ne choisir pas; et vous choisissez donc d'être immédiatement écrasé, par vos matériaux, avant d'être entré même dans votre atelier, avant d'avoir mis la main au métier que par ailleurs vous avez été contraint de choisir; effrayante responsabilité de choisir; effrayante responsabilité de ne choisir pas.

Effrayante responsabilité de choisir; qu'on le veuille ou non, les difficultés métaphysiques les plus graves, les contrariétés métaphysiques élémentaires sont engagées dans ces problèmes qui ne paraissent d'abord constituer que des problèmes de méthode historique; et celui qui ne veut pas voir, ou qui feint de ne pas voir ces redoutables difficultés, ces contrariétés métaphysiques, celui qui prétend faire de la méthode historique sans avoir fait de la métaphysique, résout arbitrairement, tranche témérairement tous les problèmes de la méthode historique; et celui qui ne veut pas voir, ou qui feint de ne pas voir les difficultés, les contrariétés de la méthode historique, celui qui prétend faire de l'histoire sans avoir considéré les méthodes de l'histoire, celui-là, en fait, par là même, tranche et résout tout de même dans la méthode et dans la métaphysique; mais, comme inconsidéré, il tranche et résout arbitrairement, témérairement, mal.

Ne pas choisir, et c'est l'écrasement, la stérilité, la mort; ou choisir, c'est-à-dire oser faire ce que la grande, l'unique, l'antérieure et souveraine réalité n'a pas fait; c'est-à-dire, en définitive, nous le montrerons, et cette inquiétante métaphysique est au fond de cette difficulté, au fond de cette contrariété, s'arroger le droit de prononcer entre d'égales et de toutes également réelles réalités, entre des hommes également nés, également passés ou présents, également morts, entre des événements également arrivés, également passés ou présents, également temporels, entre des éléments également composants et réels également; c'est-à-dire enfin, en dernière analyse, nous arroger le droit de décider si des hommes sont plus ou moins réels que des hommes, et pour ainsi dire s'ils sont plus ou moins nés, si des événements sont plus ou moins réels que des événements, et pour ainsi dire s'ils sont plus ou moins arrivés, si des éléments sont plus ou moins réels que des éléments, et pour ainsi dire s'ils ont davantage ou moins d'être; comme si nous avions quelque droit de nous croire, ou quelque raison d'être, nous faibles, les fabricateurs, les auteurs, les pères de la réalité; c'est-à-dire, en analyse toute dernière, — et nous y revenons toujours, — comme si nous étions des créateurs, — des dieux.

Choisir, c'est le mot où nous avons été rapidement conduits dans ce commencement de défrichement et de labour, dans cet essai de commencement d'analyse que nous avons fait tout au commencement de cette sixième série et que nous avons intitulé *Zangwill;* c'est à ce mot toujours que nous serons contraints d'en revenir quand nous pourrons continuer, recommencer ce travail interrompu; c'est à ce mot qu'il en faudra revenir, toujours, et c'est de ce mot qu'il faudra repartir, toujours; ce mot est à la soudure de toutes les difficultés, c'est là même qu'il faut s'installer si l'on veut, comme on le dit, trouver le joint.

Choisir, c'est tout le métier que je fais depuis qu'ayant résolu de constituer un *corpus* d'histoire contemporaine à mesure que les événements se produiraient, nous avons été contraints d'enfermer dans les limites restreintes forcément et modestes de ces cahiers l'événement d'une aussi énorme réalité politique et sociale; nous n'avons pas eu le choix de choisir entre choisir et ne choisir pas; nous avons été contraints de choisir, et même de choisir peu; je veux dire de garder peu des matériaux; d'éliminer beaucoup, presque tout.

Dans cette perpétuelle collaboration du public, des auteurs, du gérant, qui fait les cahiers, on ne saurait croire combien d'hommes et d'événements, combien d'éléments de la réalité se proposent pour ainsi dire de s'informer en forme de cahiers; il y en aurait vingt par semaine; il faut faire un cahier de Untel; un cahier de telle affaire; un cahier de ces documents; un cahier de ces dossiers; un cahier de cette histoire; un cahier de cet accident; un cahier de ce discours; un cahier de cette élection; il faut faire un cahier de ce débat, un cahier de cette réforme, de cette loi; il faut faire sténographier cette conférence; il faut publier cette correspondance; il faut recueillir ce testament; c'est là ce que l'on me dit tous les jours, et particulièrement tous les jeudis; c'est ce que je me dis moi-même; et si je ne me le disais pas, les hommes et les événements se proposent, pour ainsi dire, d'eux-mêmes, sans intermédiaire et sans avocat, sans recommandations, les éléments de la réalité s'offrent, se recommandent, les candidats se présentent; de même que nous recevons cent fois plus de copie que nous n'en pouvons publier, de même les événements nous apportent huit cents fois plus de textes que nous n'en pouvons retenir.

Contraints de choisir un très petit nombre de textes parmi cet amoncellement de candidatures, non pas contraints par des raisonnements, mais contraints par les nécessités même du travail, par les impérieuses conditions de format, de périodicité, — de budget, — par les conditions mêmes et par le taux de l'abonnement, par notre propre capacité, ou incapacité de travail, ce n'est pas seulement une grande responsabilité que d'avoir à se prononcer, mais c'est un rude exercice que de se prononcer; que nous nous soyons bien ou mal prononcé depuis le commencement de la première série, et avant, que depuis le commencement de ces cahiers nous ayons choisi mal ou bien, c'est ce qu'il ne m'appartient pas de rechercher; pourtant si l'on veut bien considérer d'un regard les éditions antérieures et les cinq premières séries elles-mêmes, ou, plus en bref, si l'on veut bien parcourir ce raccourci qu'est le *catalogue analytique sommaire,* on reconnaîtra peut-être que des manifestations importantes nous n'avons rien omis, et réciproquement que de ce que nous avons publié rien n'a été trouvé vide, à l'expérience du temps.

Tout ce que je veux dire, et ce que je puis dire, parce que c'est le résultat d'une expérience personnelle, d'une expérience de métier, c'est que, pour celui qui, sous sa responsabilité, fait le choix, — le choix pourtant inévitable, — c'est un rude exercice, en fait, que de se prononcer; et je me permets de recommander cet exercice, comme un exercice de méthode, aux personnes qui veulent se former, sur les hommes et sur les événements, des opinions un peu moins fantaisistes que les opinions courantes, aux personnes qui veulent se former un jugement vraiment digne de ce nom de jugement; qu'elles fassent, pour leur enseignement, pour leur formation personnelle, ce que je n'ai aucun mérite à faire, puisque j'y suis contraint par les nécessités de mon état, par les obligations de mon métier; que pour tout homme et pour tout événement qui se présente elles se demandent quelle figure ferait cet homme dans une compagnie d'hommes dans un recueil d'hommes au bout de quelques années, quelle attitude, quelle situation aurait cet événement, quelle figure ferait cet événement dans un *corpus* d'événements au bout de quelques années; et si un tel exercice est généralement salubre pour toute personne qui se propose de former son propre jugement, combien n'est-il pas salutaire pour un gérant sur qui non seulement tombent les responsabilités individuelles, mais sur qui retombent toutes les communes responsabilités industrielles déjà nommées.

De tous les événements qui marquent la décomposition du dreyfusisme en France, la décomposition du socialisme en France, la décomposition du régime politique parlementaire, et malheureusement peut-être la décomposition de la République, il était dès l'origine évident que l'un des plus graves était cette affaire de la délation; dès l'origine il était évident que cette affaire deviendrait tout ce qu'elle est devenue, qu'elle ferait tout ce qu'elle a fait, qu'elle rendrait tout ce qu'elle a rendu, qu'elle dépasserait de beaucoup, de tout, comme en effet elle a dépassé de tout, les misérables questions ministérielles, et tout ce pauvre appareil des combinaisons politiques parlementaires des préoccupations politiciennes, enfin des manipulations journalières; je ne sais pas si nous pourrons jamais constituer un dossier des documents, des renseignements et des textes qui se rapportent en général à cette affaire de la délation; la matière est énorme, si l'importance est capitale; mais il fallait au moins constituer un dossier des textes et des documents, des renseignements qui se rapportaient à cette partie de l'affaire de la délation qui se produisit à la *Ligue française pour la défense des Droits de l'Homme et du citoyen,* je veux dire à cette partie de l'affaire de la délation que fut la révolte intérieure des éléments essentiels de cette *Ligue française,* contre l'exercice et contre l'apologie de la délation.

Il fallait au moins constituer un dossier de cette révolte, soit que requis par d'autres travaux nous soyons contraints de nous en tenir là de cette importante et vraiment capitale affaire, soit que nous puissions continuer quelque jour et cette enquête, et la constitution de ce dossier; car cette révolte est vraiment au cœur de cette affaire; et si nous devons nous en tenir là, ne formant qu'un dossier particulier de cette affaire, il fallait au moins, il fallait évidemment donner, de préférence à tout autre, le dossier de cette révolte; si au contraire nous pouvons quelque jour continuer, il fallait au moins, il fallait évidemment commencer par donner, avant tout autre, le dossier de cette révolte.

Cette révolte est vraiment au cœur de cette affaire; car elle-même cette affaire n'était, ne devait devenir, n'est devenue si particulièrement grave que parce que, à travers toutes les combinaisons, toutes les manipulations, toutes les machinations de la politique parlementaire, de l'Étatisme gouvernemental, et du ministérialisme césarien elle réatteignait, elle remettait en cause, elle remettait en mouvement ces profondes préoccupations morales que l'affaire Dreyfus a pour toujours ébranlées; l'affaire de la délation n'était et n'est devenue si particulièrement grave que parce qu'elle était et devait devenir une affaire essentiellement impolitique, une affaire de morale, étrangère à la politique, rompant la constitution et les attaches des partis politiques, rompant toute la vie politique, tout le train-train journalier de la vie politique, toutes les habitudes, les pratiques, les routines, les oblitérations des tyrannies et des accommodements politiques.

Tout ce que l'on a dit de l'affaire Dreyfus, qu'elle était toute morale et qu'elle n'était nullement politique, on doit le dire aussi de l'affaire de la délation; ou plutôt l'affaire de la délation n'est qu'une phase nouvelle de cette immortelle affaire Dreyfus, que ni les persécutions de la tyrannie d'État antidreyfusiste, ni les sophismes et les tyrannies, les iniquités, les injures et les injustices de la raison d'État, ni les agitations et les oppressions des foules, ni la démagogie antisémitique, ni la faiblesse des intéressés, ni les trahisons de nos

États-Majors, ni la fatigue des combattants, ni une amnistie criminelle n'ont pu réussir à tuer; cette affaire de la délation n'est qu'une phase particulière de la vieille et de l'originelle affaire Dreyfus; elle manifeste exactement les mêmes caractères que manifestait l'ancienne affaire Dreyfus, la première affaire Dreyfus, ou, pour parler exactement, la partie première, et originelle, de la toujours vivante affaire Dreyfus : exactement ce même désarroi des politiciens, cette même erreur initiale de mesure, cette même initiale aberration dans le calcul, dans l'évaluation de l'importance, des conséquences, tout ce renversement des prévisions, toute cette méprise, tout ce malentendu, cet embrouillement des partis, ce déclassement des partis classés; toute cette disproportion, apparente, des effets à la cause; toute cette non correspondance; en particulier cette non correspondance entre le pays politique parlementaire et le pays; jusqu'à ce lâchage intermittent et successif, par à-coups, par fractions, par fragments, des hommes, des fautes, des crimes, des responsabilités; voilà ce que reconnaissent immédiatement tous ceux qui pendant l'affaire n'étaient point occupés à exercer le commandement en chef.

Reconnaissons-la, cette affaire de la délation est une filleule, une filiale, une droite fille de l'affaire Dreyfus, ou pour parler exactement elle est une phase nouvelle, un âge nouveau de l'affaire Dreyfus; comme elle n'en est pas la dernière phase, le dernier âge; une affaire comme l'affaire de la délation ne pouvait se produire, elle ne pouvait avoir un sens que dans un pays qui a connu, qui vient de connaître l'affaire Dreyfus, elle ne pouvait se produire que dans, pour et par une génération d'hommes tout pénétrés encore de l'affaire Dreyfus; imaginez une affaire comme l'affaire de la délation dans un autre pays, dans un pays et tombant sur une génération qui n'auraient point connu, qui n'auraient point fait l'affaire Dreyfus, qui n'auraient point subi et fait ce profond ébranlement : c'est une histoire comme une autre; c'est une histoire comme il y en a tant eu; c'est une affaire de parti, ordinaire, un scandale politique, de plus, un amusement, un jeu de polémique, une réclame à faire monter le tirage des journaux, un appareil électoral, une machinerie politique, un truc parlementaire;

en France, et pour cette génération, c'est tout cela, et c'est aussi une crise de conscience.

Merveilleux pays, nation unique, race admirable, le seul peuple du monde qui pût mettre tout son cœur dans l'éclaircissement d'une vérité individuelle, dans la revendication d'une justice individuelle, qui eût à cette profondeur de cœur le goût de la justice, et à cette profondeur d'âme le goût de la vérité, le seul qui pût avoir une telle crise nationale de conscience nationale, mettre toute sa force, une énorme force de travail, et une énorme force d'inquiétude, au service d'une cause même individuelle, faire pour un homme, pour l'existence, pour la vérification, pour la justification d'un homme ce que tant de peuples n'eussent point fait pour leur propre existence; combien de fois pendant l'affaire nos bons maîtres pangermanistes ne nous ont-ils pas dit : Cette affaire est le déshonneur de la France, les Français sont perdus; — ils mentaient; ils blasphémaient la grande nation d'hospitalité; cette affaire fera l'éternel honneur de la France; mille affaires Dreyfus arriveraient tous les jours chez les autres peuples; mais elles n'arrivent point; ce peuple est le seul au monde que quelques consciences aient pu soulever pour une cause, même individuelle, de justice et de liberté, de vérité; ce peuple est le seul au monde qui ait tant aimé la justice et la vérité qu'évidemment il en est devenu bête; mais quel amour est vrai, s'il n'est point bête.

Ne nous laissons pas émouvoir toute la journée au souvenir de cette affaire; laissons ce passé récent, les trahisons, et l'immense déconvenue; notons seulement, constatons plutôt tout ce qui reste encore parmi nous de cette affaire prétendue oubliée; ce qu'il y a d'admirable dans ce peuple si calomnié, si entraîné, si trompé, ce n'est pas seulement, ce n'est pas tant qu'il se soit un jour soulevé, ou qu'on ait pu un jour le soulever pour une cause individuelle de vérité, de justice, et bien que ce soulèvement ait été formidable, et qu'il ait mis en balancement tout le travail, toute la vie du pays, toute la lourdeur, tout le repos, toute la quiétude et toute l'immobilité, ce n'est pas tant qu'il y ait eu l'éruption d'un soulèvement; de telles crises peuvent s'imaginer; mais ce qu'il y a d'admirable, d'autant qu'une vie est plus admirable qu'un acte, et toute une conduite plus merveilleuse qu'une crise, vraiment ce qu'il y a d'admirable, c'est que les Français ne peuvent plus se débarrasser de cette affaire, qu'ils ont faite; ils voudraient bien, quelques-uns, et même beaucoup, ils voudraient bien s'en débarrasser; tant de grandeur les gêne; tant de grandeur passée les embarrasse aujourd'hui pour passer par les pertuis des combinaisons politiciennes; ils voudraient bien effacer leur propre histoire, cette histoire de quatre ans, et les enseignements qu'ils nous ont eux-mêmes donnés; ils n'y parviendront point; ils ont pu amnistier, par une amnistie criminelle, des crimes; ils ont pu, par une amnistie criminelle, amnistier les crimes antidreyfusistes; ils n'effaceront point, par une criminelle amnésie, l'enseignement et la conscience dreyfusiste.

Voilà tout ce qu'il faudrait dire dans une *histoire du dreyfusisme;* qui déborderait de partout une *histoire de l'affaire Dreyfus;* de toutes parts il faudrait montrer ce peuple, ce peuple unique, si profondément travaillé de justice et de vérité qu'il en est devenu vraiment comme imbécile; de toutes parts il faudrait montrer ce goût singulier de justice et de vérité soulevant tout ce peuple en une éruption non encore éprouvée; mais surtout il faudrait montrer ce peuple ayant, gardant perpétuellement un tel goût de justice et de vérité que ce goût lui est devenu aussi familier, et aussi indispensable, que le goût du pain; c'est là surtout ce qui est admirable; qu'une crise éclate, on peut imaginer cela; qu'une telle crise nationale de conscience nationale éclate, c'est-à-dire que tout un peuple ait une vie intérieure comme on pouvait croire jusqu'alors qu'il n'y avait que les personnes et les individus qui en avaient, et que tout un peuple eût comme un homme, comme un seul homme, une crise de vie intérieure, une crise de conscience morale, mentale et sentimentale, on pouvait encore imaginer cela; mais que la justice et que la vérité soit, soit devenue le pain quotidien de tout un peuple, qu'elle soit passée en forme, et en force d'habitude invétérée, et presque de mauvaise habitude, qu'elle ait non seulement la force d'une habitude, mais, ce qui est cent fois plus fort, la force d'une mauvaise habitude, qu'elle soit devenue obsédante, inopportune, aujourd'hui — enfin —

que la justice et que la vérité soient devenues les perpétuelles parentes pauvres de toute politique enrichie, qu'elles soient dans la conduite même, et, comme dit le peuple, dans le sang, voilà ce que l'on ne pouvait imaginer, voilà ce qui est admirable uniquement; voilà ce qu'il faudrait dire un peu; un acte peut être comme un coup de tonnerre; mais qu'un peuple lui-même se fasse toute une atmosphère de ce qui n'avait jusqu'alors été qu'un moyen de respiration pour quelques consciences, voilà ce qui est nouveau, voilà ce qui dans l'histoire du monde est un événement aussi important que l'invention et que l'exercice de l'harmonie hellénique, aussi important que l'invention et que l'exercice de la charité chrétienne, aussi important au moins que la révolution française.

Voilà ce qu'il faudrait dire un peu dans une *histoire du dreyfusisme;* il faudrait montrer surtout cette continuation sous-jacente, et ce mode, cette pénétration d'habitude; il faudrait montrer ces apparents sommeils, et ces sorties soudaines; il faudrait montrer ces réapparitions imprévues, ces éclatements successifs et inattendus; ce cheminement souterrain; ces ressourcements incalculables; on comprendrait peut-être alors comment une œuvre a pu à ce point dépasser les ouvriers, comment une action peut dépasser à ce point les opérateurs; on comprendrait peut-être pourquoi et comment les États-Majors, ne connaissant point l'action qu'ils gouvernaient, ne reconnaissent point l'armée qu'ils ont conduite.

Et si l'on constituait un dossier de toute la délation, de cette affaire en général, dans un avant-propos il faudrait montrer que cette affaire est, après tant d'autres, parmi tant d'autres, avant tant d'autres, annonçant tant d'autres, un ressourcement nouveau de l'affaire Dreyfus; elle en est simplement le dernier ressourcement connu; elle n'a de sens, d'existence que dans le pays de l'affaire Dreyfus, et pour la génération de l'affaire Dreyfus; qui ne la considère point ainsi, n'y voit absolument rien; elle présente même les caractères extérieurs les plus apparents de tout ce qui nous vient de cette affaire; *il n'y a pas d'affaire de la délation,* disait M. Combes, comme : *il n'y a pas d'affaire Dreyfus,* disait M. Méline; et cette affaire, qui n'existait pas, a renversé un système de gouvernement dont les plus vigoureuses revendications des simples libertés ne pouvaient pas, et ne paraissaient pas devoir venir à bout; même inintelligence, même imprévision des politiciens, même incapacité de mesurer l'amplitude et la profondeur, même incapacité d'évaluer; même retombée lourde, boiteuse, des événements tout au travers des combinaisons; même retombée sur les talons; même dépassement perpétuel, toujours inattendu, toujours vérifié; même conversation grotesque entre des politiciens qui parlent un certain langage, accoutumé, et des événements, qui soudain déclanchés, tout d'un coup se mettent à parler d'eux-mêmes un tout autre langage, un langage absolument étranger, nouveau, un langage incompréhensible; même dialogue burlesque, entre un phonographe et un homme, entre le politicien qui tient toujours son même langage phonographique, et l'événement, qui tout d'un coup se met à parler un langage humain, entre le politicien qui parle du nez, et l'événement, qui ne parle pas du nez; deux langages totalement étrangers l'un à l'autre; le politicien parlant comme un sourd; toutes les réponses du politicien tombant à côté; un effort à la fois grotesque et touchant du politicien pour se remettre au pas de la conversation; — et, aussi, ce mécanisme à détentes; les morceaux d'hommes, les morceaux de vérités, les morceaux de situation lâchés un par un, celui qui lâche croyant toujours que c'est le dernier qu'il abandonnera, celui qui prend se disant toujours que ça en fait un de plus.

Même intervention perpétuelle de la politique, et même inutilité de cette intervention; nous savons parfaitement que pour l'immense horde des politiciens nationalistes et réactionnaires cette affaire des fiches *et de la délation* n'est qu'une affaire politique, une immense machination politique de plus; mais ce qu'il y a justement d'admirable, c'est que cela est parfaitement vrai, et que pourtant cela ne fait rien du tout; c'est que cela n'a aucune importance du tout; c'est là ce qui fait la beauté des mouvements moralistes en France; ils sont renseignés; nos vertus françaises ne sont point des vertus de cloître, mais des vertus d'honnêtes gens; qu'il y ait eu cette énorme éruption dreyfusiste, c'est bien; que ce mouvement moraliste fût un mouvement de conduite, et non pas seulement un mouvement d'acte, c'est mieux; mais que ce mouvement moraliste ait grandi en force et en sagesse tout au milieu des mauvaises fréquentations, des fréquentations politiques, c'est ce que j'admire le plus; qu'un homme ignorant du monde, un fidèle ignorant du siècle, ait une crise de conscience, bien; qu'un homme ignorant du monde ait une vie intérieure continuée, bien, et mieux; qu'un peuple ignorant du monde ait une crise de conscience, mieux; qu'un peuple ignorant du monde ait une vie intérieure continuée, mieux; mais qu'un homme vivant dans le siècle, un peuple vivant dans le monde ait et une crise de conscience, et une vie intérieure continuée, voilà ce que j'admire; on nous dit : Ne voyez-vous pas toutes les machinations politiques nationalistes et réactionnaires qui grouillent autour de cette indignation; ne voyez-vous pas que cette affaire fut imaginée, inventée par les réactionnaires et par les nationalistes, qu'elle était pour eux une superbe occasion, qu'ils sont derrière, qu'ils poussent au scandale, qu'ils ont fait de cette affaire enfin une machine de guerre contre la République? — Si, nous le voyons, si, nous le savons, et nous savons que cela est vrai, mais nous savons aussi que cela ne fait rien du tout.

On nous dit que cette affaire de la délation n'est pas une affaire de conscience, parce qu'elle est une affaire politique, on nous dit qu'elle n'est pas une affaire de morale, parce qu'elle est une affaire de politique; je réponds qu'elle est à la fois une affaire de la morale, et une affaire de la politique; pour les honnêtes gens, elle est une affaire de morale, comme tout; et pour les politiciens elle est, comme tout, une affaire de politique.

On ne veut pas qu'elle soit à la fois une affaire de morale et une affaire de politique; d'abord si elle ne pouvait pas être l'une et l'autre à la fois, nous exigerions immédiatement qu'elle fût et restât une affaire de morale et qu'elle ne devînt aucunement, sous aucun prétexte, une affaire de politique; mais on ne nous écouterait pas, parce que les politiciens savent parfaitement qu'il n'y a point proprement des affaires politiques et proprement et séparément des affaires morales, mais que tout est matière à de la morale, tout est affaire morale pour l'honnête homme, et que tout, au contraire, est matière à de la politique, tout eſt affaire politique pour eux politiciens.

Quand donc nos ennemis les amis politiques parlementaires nous veulent interdire de traiter l'affaire de la délation comme une affaire de morale sous prétexte qu'elle eſt une affaire de politique, nous refusons formellement d'accepter la position même de ce dilemme; il n'eſt pas vrai qu'une affaire qui eſt de politique ne puisse pas être en même temps et sous un autre rapport une affaire de morale; il n'eſt pas vrai qu'une affaire ne puisse pas être en même temps et sous deux rapports différents et une affaire de politique, et une affaire de morale; il eſt vrai, au contraire, qu'elle eſt une affaire de politique, pour les politiciens, et qu'elle eſt une affaire de morale, pour tout honnête homme; tout eſt politique aux politiciens; tout eſt morale aux honnêtes gens; il n'y a aucune raison pour qu'il y ait des royaumes dans le royaume, des royaumes exclusivement réservés à la politique dans le royaume universel de la morale.

— Attendez seulement un peu, nous repartissent là-dessus les politiciens, professionnels; vous avez parfaitement raison, d'une manière générale; mais, pour ce cas particulier, pour cette fois, pour cette fois seulement, pour cette petite fois, taisez-vous; et laissons un peu marcher la politique; c'eſt une exception; aussitôt après vous reprendrez votre liberté; votre morale recommencera de fonctionner tant qu'elle voudra.

Il n'y a qu'un malheur à cette objurgation; c'eſt que depuis que je me connais, et généralement depuis que tout le monde se connaît, il n'y a jamais eu un seul inſtant où les politiciens n'aient pas tenu ce raisonnement; et comme le temps que nous connaissons, du moins le temps de l'action, ne se peut composer que de ces mêmes inſtants, ce raisonnement se détruit par lui-même; soyons immoraux et politiques, disent-ils, pour une minute, pour cette minute seulement, pour cette minute présente; aussitôt après vous pourrez redevenir moraux et impolitiques; le malheur eſt qu'on nous en a dit autant et qu'on nous en dit autant pour toutes les minutes sans exception; chacune des minutes eſt censément la seule où pour plaire aux politiciens il faut que nous nous taisions et que nous fassions taire la morale devant la politique; seulement ces minutes sont successives, elles ne cessent pas, et pratiquement, socialement, historiquement, elles font le temps; les politiciens passent tous les aujourd'huis à nous déclarer que tous les demains nous serons libres de faire de la morale; et même ils nous menacent de ne nous laisser libres de faire de la morale tous les demains que si réciproquement nous les laissons maîtres de faire de la politique tous les aujourd'huis; nous refusons formellement de nous incliner devant ce perpétuel chantage; nous devons sauver toutes les minutes, sans exception, l'une après l'autre, si nous voulons sauver, comme nous le devons, tout le temps, qui pragmatiquement fait toute la vie, étant le temps de toute la vie; les politiciens nous veulent arrêter à tous les instants de l'action, sous prétexte que cet instant est justement un tournant de l'histoire; nous savons ce que c'est que leur histoire qui tourne tout le temps; c'est une histoire de chevaux de bois.

Oui les politiciens nationalistes et réactionnaires ont fait une affaire politique, réactionnaire, quand ils ont fait l'affaire de la délation; mais il ne s'ensuit nullement que les politiciens combistes aient eu raison de faire une affaire politique, aussi mauvaise et de sens contraire, premièrement quand ils ont fait la délation elle-même, deuxièmement quand ils ont fait l'apologie de la délation.

Au contraire, et indépendamment, quand nous nous conduisons par les seuls moyens de la morale, nous décevons également les politiciens de toutes les dominations; et particulièrement dans cette affaire des fiches, elle a beau avoir été inventée par les politiciens nationalistes réactionnaires, si elle est conduite uniquement par les moyens de la morale, elle aura des effets imprévus, elle trompera, elle décevra ses auteurs mêmes; elle ne décevra pas moins les politiciens qui l'exploitent que les politiciens qui exploitent son étouffement; il n'y a jamais rien à redouter de mal de la justice.

Telle est, telle restera notre situation en présence des politiciens; et la manière dont se présente le nouveau ministère que l'on nous a fait n'est point pour nous faire changer d'attitude; nous sommes du peuple qui a inventé l'honnête homme, au sens que nous devons garder à ce mot; nous devons, autant que nous le pouvons, garder en présence, en face des politiciens une situation d'honnêtes gens; nous n'ignorons pas les politiciens; mais nous savons ce que nous savons; nous vivons parmi les politiciens; nous circulons parmi eux; nous les coudoyons; nous causons avec eux; ils ne nous écoutent pas; nous les écoutons; nous les connaissons; nous ne vivons ni dans un cloître ni dans une cité fermée; nous connaissons parfaitement les tentations de la politique; nous connaissons les arguments, les raisonnements, les espèces des politiciens; mais nous obtenons rigoureusement que leurs pratiques ne mordent absolument pas sur nos règles de vie; nous n'avons aucun mérite à procéder ainsi; nos règles de vie entrent elles-mêmes dans les vieilles et nobles règles de la moralité française; la moralité française a toujours été hostile à toute claustration, à l'internat, à la fermeture, à l'orgueil, sectaire, à la différenciation même; nous aimons faire notre devoir, et qu'il n'en paraisse rien dans les rues; c'est pour cela que l'on ne nous voit point anathématiser bruyamment les politiciens; mais c'est pour cela aussi que l'on ne nous voit point succomber aux tentations politiciennes; les règles de vie que nous suivons sont les règles de vie d'hommes renseignés; nous sommes avertis; nous sommes du peuple qui n'aime pas que les gens qui ont de la vertu fassent des manières; et ce que j'admire enfin le plus de tout, pour monter le dernier degré de ces ascensions non fatigantes, ce n'est pas que ce peuple se soit fait une fois une si impérieuse crise de conscience morale; ce n'est pas que ce peuple se soit fait pour toujours une si impérieuse vie intérieure, c'est que ce peuple porte aisément le fardeau de cette vie intérieure, c'est que ce peuple soit un peuple honnête homme, qu'il fasse de la justice et de la vérité comme il fait son ménage, sans un cri, sans un geste exubérant, sans une impulsion déplacée; ayant inventé le régime démocratique, nous sommes le premier peuple qui ait souffert de la politique démocratique; mais nous étant vaccinés les premiers, ce qui est admirable c'est que nous pouvons laisser la justice et la vérité circuler dans la cité pêle-mêle avec les politiciens sans qu'elles courent aucun danger.

Le cahier que l'on va lire a été fait, le dossier que l'on va lire a été constitué le plus simplement du monde;

je n'ai connu que par les journaux la démarche de Bouglé, de Rist, de Comte auprès du Comité central; j'écrivis aussitôt à Bouglé lui demandant s'il ne pensait pas, comme je le pensais, qu'il y avait lieu de constituer un dossier de ces démarches; il vint me voir, c'était pendant les vacances du premier janvier, il avait à faire une leçon à l'École des Hautes Études Sociales, il vint me voir en coup de vent, comme font tous ces provinciaux, quand ils passent par Paris; ils n'ont jamais le temps de rien; il n'avait pas le temps de faire le cahier, il repartait pour Toulouse; en deux ou trois quarts d'heure, un matin, au bureau des cahiers, nous convînmes du plan.

— Il faut, me dit Bouglé, faire un dossier complet, sans distinguer entre les documents publiés et les documents inédits.

Bouglé, qui est un abonné de la première heure, savait que c'est là justement la théorie des cahiers en matière de documentation.

— Il faut, me dit Bouglé, donner le *pour* et le *contre;* il faut donner tous les textes de Pressensé.

Même jeu; on verra même plus loin que M. de Pressensé est plutôt avantagé dans ce dossier.

— Voici le paquet de lettres que j'ai reçues, les signatures; il n'y a plus qu'à mettre le cahier en état.

Il n'y a jamais plus qu'à mettre le cahier en état; je m'y employai; quand un incident survint.

Nous n'avons point coutume aux cahiers de cacher ce que nous faisons; le présent cahier n'est nullement une machine incendiaire montée contre le Comité central, mais il est purement un cahier de dossier; je dis donc fort librement que nous préparions ce cahier; Gabriel Trarieux, qui est un de nos plus anciens collaborateurs, vint me voir pour un cahier que nous préparons ensemble en contribution à l'histoire de la Commune; je lui dis que nous préparions ce cahier de *la délation aux Droits de l'Homme:* il y intervint aussitôt :

— Mais alors, me dit-il, votre dossier n'est pas complet; Rist et Bouglé ne savent pas tout; le public ne sait pas tout; il y a au Comité central une très forte minorité qui réprouve absolument la délation et qui pourtant ne veut point démissionner; il y a là une troisième opinion, qui me paraît au moins intéressante, et qu'il est juste qui soit représentée; Painlevé avait préparé un ordre du jour pour la dernière séance; nous devons en reparler cette semaine...

— Je m'en remets donc immédiatement à vous du soin de représenter dans le cahier cette troisième opinion.

Par cette intervention de Trarieux la composition du cahier et son mode même d'établissement, le mode même du travail recevait un amendement; l'idée première avait été de faire un cahier Bouglé, un dossier Bouglé, un corps de ses démarches, des réponses que l'on avait faites à ces démarches, et des adhésions qu'il avait reçues; dans ce premier plan il était le secrétaire de la rédaction du cahier, et je n'en étais que le sous-secrétaire; par l'intervention de Trarieux j'ai repris sur Bouglé, qui me le pardonnera, mes fonctions de gérant, Trarieux et Bouglé devenant eux-mêmes les deux secrétaires des deux parties, d'ailleurs très inégales, qu'ils avaient introduites.

Ainsi constitué, le cahier comprend :

les initiatives et démarches Bouglé, Rist, Comte, les démarches des Toulousains et des Montpéliérains;
les incidents, démarches, résolutions, démissions, les polémiques publiques ou privées qui s'ensuivent aussitôt;

[Je dois dire qu'en greffant sa démission de membre du Comité central, qui fut la première de toutes, sur l'incident Bouglé, M. Joseph Reinach, de l'aveu de M. Bouglé lui-même, n'a point répondu à la pensée de M. Bouglé; l'intention de M. Bouglé était au contraire que l'on restât dans la Ligue pour lui maintenir, et au besoin pour lui recouvrer la vertu de son institution première; la Ligue est à nous, dit-il, puisque c'est nous qui restons fidèles à son invention, à son institution première; ce n'est donc pas à nous d'en sortir; la démarche de Bouglé a été faite exprès pour dissuader les honnêtes gens de sortir de la Ligue, leur montrant qu'ils pouvaient, qu'ils devaient au contraire y rester d'autant plus, que tout n'y était pas perdu, qu'il y avait à faire à l'intérieur de la Ligue.

D'ailleurs il faut distinguer entre la démission de membre du Comité central et la démission de la Ligue elle-même; un membre du Comité central qui démissionne peut ne vouloir signifier, par sa démission, que ceci : qu'il ne veut plus appartenir, participer au gouvernement de la Ligue, pour des raisons qu'il donne et pour toutes raisons; mais il peut vouloir demeurer dans la Ligue.

Notons enfin que l'on trouvera, même dans ce commencement du cahier, ou dans des parties qui se réfèrent à ce commencement, des parties inédites, quelques documents, lettres, ou *réponses* de Rist ou de Bouglé à Francis de Pressensé, qui lui furent envoyées pour être insérées dans *l'Humanité,* en réponse à ses propres lettres ou articles, et que *l'Humanité,* comme par hasard, ne trouva pas l'occasion d'insérer.]

Le dossier Trarieux, constitué presque uniquement par un article de M. Gabriel Trarieux qu'il voulait faire passer dans *l'Aurore;* dans cet article M. Gabriel Trarieux a mis sensiblement toute la thèse de la minorité non démissionnaire; cette thèse, on le conçoit, s'oppose également et à la thèse de la majorité, comme la thèse de la minorité démissionnaire, et à la thèse de la minorité démissionnaire, comme la thèse de la majorité; il y a mis aussi toute l'affection filiale qu'il ne pouvait manquer de reporter sur la Ligue; il en est résulté une certaine vivacité, contre les critiques et contre les démissionnaires, en particulier contre M. Paul Guieysse; M. Clemenceau pria donc M. Gabriel Trarieux de ne pas lui demander de publier cet article dans son journal; dans le même dossier l'ordre du jour Painlevé.

[Il ne m'appartient pas de faire ici remarquer quelle justification recevrait, s'il en était besoin, l'institution de nos cahiers d'un dossier où voisinent librement et des textes de Bouglé non insérés dans le journal de M. Jaurès et des textes, contraires, de Trarieux, non insérés dans le journal de M. Clemenceau; comme on voit ici que les mœurs de la liberté sont non seulement les seules justes, mais qu'elles sont aussi littéralement les plus commodes; et comme on est heureux de se réfugier dans cette bonne vieille méthode historique, dont nous parlons quelquefois, et que pendant plusieurs années nous avons nommée la méthode dreyfusiste.]

le paquet de lettres, de signatures, d'adhésions reçues par Bouglé; Bouglé ne voulait donner de ces lettres que les extraits qui seraient jugés avoir un sens particulièrement caractérisé; il pensait ainsi en philosophe, pour qui une lettre ne vaut que ou vaut surtout par ce qu'elle apporte au débat d'idée nouvelle; travaillant en historien, et par l'intervention de Trarieux redevenu un peu plus maître, et plus responsable, du cahier, j'ai au contraire publié au long toutes les lettres que j'ai eues en mains; j'ai agi comme un historien pour qui ces documents vaudraient par eux-mêmes; j'ai voulu donner ainsi une image plus fidèle de cette correspondance même; Bouglé me pardonnera ce changement de méthode; il pouvait, lui Bouglé, être tenté de n'attribuer pas toute leur importance à des lettres qui lui étaient personnellement adressées; il pouvait attribuer plus d'importance aux idées qu'aux manifestations; pour moi historien, gérant, la manifestation, adressée à Bouglé, a une valeur propre.

Une question se posait pour ces lettres; fallait-il publier les noms des signataires; la plupart de ces lettres étaient des lettres familières, presque privées, amies, adressées à Bouglé par des hommes qui le connaissaient personnellement; c'est un des avantages de nos cahiers que nous y pouvons publier tout ce que nous voulons de privé, de familier, de non apprêté; ils sont originairement, ils resteront toujours un grand organe, un grand moyen de correspondance, de communication presque intime entre un certain nombre de personnes; avant tout nous voulons garder ce caractère familier, qui seul permet d'atteindre à une entière exactitude; il fallait surtout le garder à ces lettres, dont il fait la principale force; d'autre part les auteurs et les signataires de ces lettres ne savaient point qu'elles seraient publiées; ils ne les eussent pas écrites exactement ainsi, de ce style, s'ils avaient prévu quelque publication; nous n'avions pas le droit de disposer d'eux, de leurs lettres, sans leur agrément; d'ailleurs enfin il ne fallait point songer à le leur demander; nous ne sommes point outillés pour un aussi grand nombre d'écritures; nous n'avons point les ressources en hommes et en argent du Comité central; notre administration est de plus en plus surchargée; notre rédaction se réduit sensiblement à un gérant; et une telle correspondance, une telle reprise de la communication aurait tout brouillé; on n'eût pas compris; les uns auraient repris leurs lettres, les autres les auraient modifiées, les autres les auraient laissées; on n'eût plus rien compris du tout; mieux valait laisser à ce courrier volumineux toute sa ressemblance et tout son aspect, sa vivacité, sa véracité, sa sincérité, son décousu; c'est ce que nous avons fait; toute son ingénuité même et toute sa spontanéité; dès lors nous ne pouvions plus mettre toutes les signatures; je ne me suis permis de mettre que celles des personnes qui par ailleurs se sont avancées publiquement, ou des personnes que je connais personnellement, en particulier de certains abonnés qui devaient naturellement se trouver dans ce mouvement; pour ce qui est de l'endossement moral, qui est à considérer, les lettres devenues anonymes ne sont point pour cela devenues des lettres de lâches ou de faibles, comme on le dit généralement des lettres anonymes, puisque c'est moi qui ai supprimé les signatures; d'ailleurs elles sont suffisamment endossées, puisque les signatures se retrouvent toutes aux signatures proprement dites.

Toute cette partie du cahier n'est pas faite, au sens où l'on dit qu'une manifestation est faite; et c'est justement tout ce qui en fait la valeur; c'est un paquet de lettres, un paquet de signatures; si nous apportions ici une manifestation parfaitement organisée contre le *Comité central de la Ligue française pour la défense des Droits de l'Homme et du citoyen,* cela prouverait beaucoup; cela prouverait que nous serions une force, que nous aurions du temps, de l'argent, des bureaux, des employés, des jeux de fiches, que nous saurions nous organiser, et organiser une manifestation; ici rien de tel; et c'est ce qui fait toute la valeur de cette manifestation; c'est ce qu'elle a d'évidemment inconcerté; Bouglé est à Toulouse, Rist à Montpellier, Hauser à Dijon, Douady à Brest, je suis à Paris; nous n'avons même pas pu travailler ensemble à la fabrication typographique du cahier; au moment où je donne le bon à tirer, je ne sais pas du tout si mes commettants ne seront pas très mécontents de moi; ce cahier n'est en aucun sens un anti-*Bulletin de la Ligue;* il ne s'agit en aucun sens de constituer un anti-Comité central; cela serait grave, sans doute; mais au fond cela ne serait que de la politique, opposée à de la politique; ce que nous apportons est beaucoup plus grave; nous n'apportons ici que, mais nous apportons ici un paquet d'inquiétudes nées spontanément partout; si l'on veut bien se rappeler ce que j'ai dit de la centralisation en commentaires [1] au cahier de M. Raoul Allier sur *l'enseignement primaire des indigènes à Madagascar,* ce qui fait la valeur de la manifestation inconcertée dont nous apportons ici quelques échos, c'est justement qu'elle est inconcertée, c'est qu'un certain nombre de consciences circonférentielles se sont émues et qu'elles ont perdu toute sécurité morale depuis qu'elles se sont aperçues que le gouvernement central dont elles dépendaient s'était corps et âme engagé dans les voies de la politique.

Les personnes dont nous n'avons pas pu déchiffrer la signature nous pardonneront de les avoir omises ou de n'avoir pas reproduit exactement leurs noms; nous avons mis entre crochets les noms dont nous n'étions pas sûrs; les personnes qui ont envoyé leurs lettres ou leurs signatures dans ces derniers jours nous pardonneront de ne les avoir pas pu faire entrer dans les listes; pour faire paraître le cahier à une date qui était déterminée, il a fallu arrêter le dépouillement à une date déterminée.

SEPTIÈME SÉRIE

cahier pour le voyage
de visite
du Président de la République
française en Espagne
(et en Portugal)

Alors dans Besançon, vieille ville espagnole...

NOTRE PATRIE[1]

Troisième cahier de la septième série (17 octobre 1905).

Ce fut une révélation, et je ne ferai pas pour cette fois le cahier que je me réservais, que je m'étais promis d'écrire des quatre années de cette législature; ce sera pour une autre fois, et, comme d'habitude, cette autre fois ne viendra jamais sans doute; cahier d'ensemble et de retour, un cahier de résumé, un petit résumé d'histoire contemporaine à l'usage des dauphins patients, où je me proposais d'assembler, d'organiser, de me remémorer, dans un certain ordre, plusieurs études qu'il me semblait indispensable de poursuivre, ou de commencer, pour le commencement de cette septième série, études portant elles-mêmes, comme il faut, sur le mouvement politique et social depuis le commencement de cette Chambre, et particulièrement, comme on s'y attendait, depuis le commencement du combisme.

Je m'y attendais, moi-même comme tout le monde. Il faut s'attendre à son métier, et aux obligations de son métier, aux obligations périodiques. Nuls métiers n'impliquent des obligations périodiques, le mot le dit, comme la fabrication des périodiques. On doit s'y attendre. On s'y fait. On s'en tire par des assolements, et l'on en vient très bien, comme les terres modernes, à se passer de jachères.

A mon corps défendant, par le ministère de ces cahiers, je suis devenu tout de même un petit peu un journaliste; c'est-à-dire un homme qui suit les événements; je ne m'en défends pas; je ne dois en avoir ni honte ni remords; journaliste de quinzaine, si l'on peut dire, je ne renierai pas le métier que je fais; journaliste de mois ou de semestre, journaliste enfin, ma misère est la misère commune : il faut que je suive les événements, excellent exercice pour achever de se convaincre que vraiment les événements ne nous suivent pas.

Ils ont sans doute autre chose à faire; mieux ou plus mal; journaliste, quinzenier ou de semestre, je ne pouvais laisser tomber cette législature et se préparer les prochaines élections sans essayer de jeter en arrière un regard d'historien sur les événements de ces quatre dernières années; un assez grand nombre de ces événements me paraissaient importants, sérieux; à mesure qu'ils se produisaient ils m'avaient semblé importants; je n'étais pas bien sûr qu'ils me le parussent autant aujourd'hui; mais, dans notre misérable métier, nous devons faire semblant de le croire; d'eux-mêmes ils s'organisaient, s'échelonnaient, dessinaient le plan du cahier que j'avais à faire; vraiment ce cahier était tout fait, comme ces cahiers que certains auteurs m'apportent; il n'y avait plus qu'à l'écrire; c'est-à-dire qu'il n'y avait plus qu'à le faire; la démission du waldeckisme et le commencement du combisme; comment le combisme se prétendait la droite filiation du waldeckisme; sincèrement peut-être, au moins pour certains hommes, et pour certaines circonstances, et pour certaine partie, et pour certaines idées; mensongèrement certes, pour presque toutes les personnes, en presque toutes les circonstances, pour la plus grande part, et pour presque toutes les idées; mesurer, doser la légitimité de cette revendication; comment oui le combisme était en un certain sens la filiation du waldeckisme; comment il n'en était pas la droite filiation, mais une filiation bâtarde; comment il en devait devenir, comment il en devint assez rapidement la négation même; comment, en fait et en possession, il devint le maître de l'héritage, héritier légitime en un certain sens, héritier supposé pour la plus grande part, usurpateur, indigne de jour en jour davantage; comment cette filiation, réelle, prétendue, se dérobait de jour en jour à mesure que le combisme s'acheminait vers la domination de la République; la domination combiste; si l'établissement de la domination combiste ne fut point essentiellement un établissement de la domination jaurésiste; la domination combiste; si l'exercice et le maintien de la domination combiste ne fut point essentiellement l'exercice et le maintien de la domination jaurésiste; entièrement pendant presque tout le temps; à peine allégée sur les fins, avec des retours imprévus d'autant plus frénétiques, insensés d'autant plus, que tout le monde, et les intéressés presque autant que personne, sentaient imminente la ruine du système; et que cette ruine, une fois acquise, une fois obtenue, demeurerait définitive; que l'on n'y reviendrait plus; comment et de combien cette forme de césarisme était plus dangereuse que toutes les formes antérieures; comment et de combien cette forme non encore éprouvée, justement, en partie, parce qu'elle n'avait pas été éprouvée encore, était profondément plus dangereuse que toutes les formes jusqu'ici connues et classées; comment elle se manifestait; comment elle était organisée; comment elle agissait; par quels procédés; ou même par quelles méthodes; comment elle culminait et redescendait en rayonnant; en quoi elle ressemblait aux formes connues; en quoi elle était nouvelle; que le gouvernement de la République et les véritables, anciens, traditionnels et religieux républicains, je veux dire les hommes qui avaient cette religion véritable de la République, à force d'avoir les regards fixés sur les anciennes réalités, sur les menaces récentes, sur les intentions présentes, sur les apparences nouvelles du césarisme militaire, à force d'en être effrayés, épouvantés, fascinés, devaient immanquablement tomber, et tout innocemment, dans les réalités du césarisme civil; qui est le plus dangereux, du césarisme militaire ou du césarisme civil; que c'est peut-être le césarisme civil; justement parce que jusqu'ici on s'en est méfié beaucoup moins; de l'innocence morale des vieux républicains; et aussi de leur innocence mentale, que nous nommons communément de l'ignorance; que par peur et par fascination du césarisme militaire cette ignorance devait infailliblement tomber dans le césarisme civil; que par peur et par fascination du césarisme en épaulettes, elle devait infailliblement tomber dans le césarisme en veston; qu'il est aujourd'hui démontré qu'un homme peut impunément exercer un césarisme impitoyable dans la République, pourvu qu'il ne soit pas bel homme, qu'il ne soit pas militaire, qu'il porte mal même les tenues civiles, surtout qu'il ne sache pas monter à cheval; enfin, qu'on puisse le nommer le petit père Untel; qu'au besoin s'il était populairement laid, cela n'en vaudrait que mieux; de l'importance capitale de la désignation de petit père dans notre histoire contemporaine; et dans l'organisation de la démagogie; que la popularité du genre dit *petit père* est la plus essentielle de toutes pour un ambitieux; qu'elle est donc aussi la plus dangereuse pour la réalité de la République; ainsi, que les caractères mêmes qui étaient pour ainsi dire de rigueur et constitutionnels pour les anciennes ambitions classiques césariennes, au contraire sont devenus, pour les modernes ambitions césaristes contemporaines, les causes les plus automatiques d'empêchements; que M. Berteaux a fait le plus grand tort à sa candidature à la présidence de la République en montant à cheval, avec des bottes, même civiles, aux dernières grandes manœuvres militaires de ce septembre; qu'un de ses amis devrait le lui dire; qu'il ne faut pas savoir monter à cheval, s'habiller, même en redingote, avoir des éperons, porter beau; surtout, qu'il ne faut absolument pas rappeler Félix-Faure; que tout est permis au contraire, et que tout est promis à tout petit bonhomme petit père petit populaire; convenablement appuyé par tout un réseau de comités politiques d'arrondissement; comment fut appliquée la loi des congrégations, héritage du gouvernement qui avait précédé; comment elle fut appliquée déloyalement, malgré la grande protestation, étouffée dans un silence convenu, du grand Bernard-Lazare; qu'elle fut appliquée tout autrement qu'elle n'avait été votée, par un forcement de texte; que par conséquent son application fut une opération de déloyauté publique; non seulement que cette application fut un acte de déloyauté publique, mais qu'elle fut une application nouvelle du principe de la raison d'État; que la raison d'État, qui avait triomphé dans la corruption du dreyfusisme, ne fut jamais aussi puissante que dans le triomphe du combisme; l'abdication, la grande abdication de M. Waldeck-Rousseau; la grandeur et la tristesse unique de ce départ, qui parut dès le principe un départ éternel; comment, dans sa retraite même, et dans la préparation de sa mort, il essaya, une deuxième, et une dernière fois, de sauver la République; de la résistance qui peu à peu se reconnaissait parmi les véritables républicains; de cette résistance qui s'organisait; quels admirables efforts, vite réprimés par la maladie et par les avancées de la mort, M. Waldeck-Rousseau s'imposa pour donner, d'un dernier coup de barre, la droite ligne; et l'accueil honteux qu'il reçut; de la part d'hommes qui lui devaient tout; qui sans lui n'eussent été rien, condamnés à ou condamnés par la démagogie nationaliste réactionnaire; dans quel esprit fut préparée la séparation des Églises et de l'État; mais dans quel esprit elle devait être opérée; conçue dans un esprit combiste; mais opérée dans un esprit beaucoup plus républicain; que la loi en cours de vote sur la Séparation des Églises et de l'État paraît être la continuation de la loi sur les Congrégations; mais que ce qui arrive à la loi sur la Séparation est le contraire de ce qui advint à la loi sur les Congrégations; que la loi sur les Congrégations, préparée, faite, et votée waldeckiste, fut exécutée, appliquée combiste; et que la loi portant séparation des Églises et de l'État au contraire, préparée combiste, fut amendée juridique, sera votée assez juridique, c'est-à-dire, en un certain sens, un peu waldeckiste; quelle fut la politique du Gouvernement envers le Saint-Siège; et quelle avait été la politique du Saint-Siège envers le gouvernement français; comment les anticléricaux se conduisirent; comment les anticatholiques se conduisirent; comment les cléricaux se conduisirent; comment les catholiques ne se conduisirent pas; comment les libéraux, les libertaires, les hommes et les citoyens de liberté, commencèrent de se ressaisir, et comment ils se conduisirent enfin; comment fut connue enfin la grande mort de Waldeck-Rousseau; comment cette mort, cette lente mort, fut jugée aussitôt un malheur absolument irréparable; comment la loi des retraites ouvrières fut ajournée; comment la loi portant établissement d'un impôt sur le revenu fut surajournée; pourquoi; s'il est vrai que le général André, ministre de la guerre, oublié aujourd'hui, désorganisa l'armée, qui était encore assez organisée; en quel sens et comment; s'il est vrai que M. Camille Pelletan, aujourd'hui journaliste, alors ministre de la marine, acheva de désorganiser une armée navale qui n'était plus guère une force organisée; en quel sens et comment; s'il n'y eut pas, dans le même sens, une désorganisation de la France même; qu'il y eut assurément une désorganisation, une décomposition, et une corruption de l'ancien dreyfusisme; assurément une désorganisation, une décomposition, et une corruption de l'ancien socialisme; que le dreyfusisme, devenant gouvernemental, politique, parlementaire, cessait d'être un véritable dreyfusisme; que le socialisme, devenant gouvernemental, politique, parlementaire, devenait étatisme et cessait d'être un socialisme véritable; comment l'esprit révolutionnaire était atteint dans ses sources les plus profondes; comment la tradition révolutionnaire française était lésée dans ses plus anciennes ressources; comment un jaurésisme universel pendant près de quatre ans sévit; car ce n'est pas assez de dire qu'il régna; c'est-à-dire un opportunisme politique et social sans la grandeur et sans la compétence des anciens opportunistes; comment l'anarchisme lui-même ne resta pas indemne; ayant reçu beaucoup d'atteintes, ayant admis beaucoup de contaminations politiques et littéraires; comment un petit bonhomme populaire et plaisantin peut devenir un grand tyran sans que l'on s'en aperçoive; comment la popularité du césarisme fait le plus dangereux aboutissement des démocraties; combien il est aisé d'établir une autocratie en France, pourvu que l'on respecte certaines formes, quitte à ne respecter aucune réalité, aucune liberté; comment la République, à force de se garder contre les invasions des césarismes extérieurs, d'une manière pour ainsi dire professionnelle, était condamnée à ne pas voir monter les intravasions du beaucoup plus dangereux césarisme intérieur; mais comment il restait encore quelques citoyens libres; comment la délation, qui avait toujours été dans la pratique des gouvernements et des partis, fut organisée en théorie officielle, gouvernementale, politique, parlementaire, et censément républicaine; ainsi comment la franc-maçonnerie, qui en des temps héroïques avait rendu tant et de véritables services à la République, à la liberté, à la libre pensée, d'un seul coup, ayant trahi la liberté, la libre pensée, faillit faire perdre à la République tout l'avantage qu'elle avait jadis contribué à lui faire obtenir; et à la libre pensée tous les avantages qu'elle avait jadis contribué à faire obtenir à la pensée libre; comment dès le commencement de ce ministère la faveur, le privilège de faveur, la faveur politique, la faveur gouvernementale, qui avait toujours été dans la pratique des gouvernements et des partis, dans les mœurs politiques, fut scandaleusement érigée en théorie officielle, gouvernementale, politique, parlementaire et censément républicaine; comment une Ligue, instituée pour la défense des Droits de l'Homme et du Citoyen elle-même devint, malgré de courageuses résistances, assez nombreuses, un organisme politique parlementaire; comment elle négligea quelque peu les anciens droits des anciens hommes, et les anciens droits des anciens citoyens; comment tous ces anciens droits devinrent le cadet de ses soucis, loin qu'ils fussent demeurés les aînés de ses principes; comment cette grande Ligue, instituée par des auteurs sérieux, par des hommes justes, par des Pères de la République pour de plus nobles destins, malgré de courageuses résistances en vint à ne plus manquer aucune occasion de démagogie; comment elle fit œuvre politique dans l'accomplissement d'un combisme officieux, deuxième combisme doublant, redoublant le combisme officiel; annexe du combisme officiel; comment elle intervint dans l'exécution de la loi anticongréganiste; comment elle n'intervint pas comme il fallait dans la séparation des Églises et de l'État; comment elle se fit, malgré de courageuses résistances, le fauteur de la délation; comment enfin le combisme s'écroula subitement; au moins en apparence, car, au demeurant, l'écroulement ne fut pas subit; sous quelles poussées apparentes et réelles; sous quelles pesées réelles non apparentes; qu'il y eut à l'effondrement du combisme, outre un dégoût général croissant, outre une sorte d'impossibilité de continuer presque officiellement constatée en dû langage parlementaire, des causes politiques, peut-être singulières, et un peu mystérieuses; des bonnes et des mauvaises, comme toujours; peut-être, cette fois-ci, et par exception, autant de bonnes que de mauvaises; qu'il y avait toujours eu pendant la domination combiste antagonisme entre la présidence du conseil et la présidence de la République; mais que cet antagonisme, commencé en lutte sourde, continué en campagne politique, enfin poursuivi en bataille presque ouverte et sentimentale, n'explique pas tout; que ces sortes de campagnes extérieures n'expliquent sans doute jamais tout dans un effondrement, dans un tel effondrement; comment l'effondrement de la domination combiste fut peut-être surtout un effondrement intérieur, où la principale complicité fut sans doute la complicité du gouvernement qui disparaissait; de certains membres au moins de ce gouvernement; non pas tant peut-être de ce groupe très important et uni de membres du gouvernement qui à l'intérieur du ministère formaient depuis l'origine un contre-gouvernement permanent, parfaitement constitué, en opposition avec le président du conseil, mais au contraire du président du conseil même et des quelques membres de son cabinet qui accompagnaient sa fortune; grêle compagnie, malgré certaines apparences de force et de domination; comment peut-être, au fond, le rusé bonhomme ne fut pas fâché de disparaître à ce moment-là; comment son départ fut singulier, précipité, apparemment volontaire, sans doute volontaire en un autre sens et plus automatique, plus voulu qu'on ne l'a généralement pensé; qu'il ne l'a montré lui-même; ou laissé voir; que le rusé petit populaire sentait approcher les difficultés, venir les impossibilités; qu'étant tout de même chef du gouvernement il avait des raisons, que nous ignorions, de sentir monter cet orage que nous avons connu depuis; et qu'il devait bien finir par s'apercevoir que des questions montaient, qui seraient plus difficiles à résoudre que de simplement embêter les curés; ici, car il ne faut pas non plus que le chemin soit trop direct, ici j'aurais fait un retour sur la théorie des faveurs gouvernementales; j'aurais montré comment la pratique des faveurs gouvernementales fut de tous les gouvernements et de tous les partis; mais comment, dans l'ordre du scandale public ou privé, il y a un abîme entre la pratique et la théorie; comment la mise en théorie officielle d'un vieux procédé gouvernemental avait détraqué des consciences non habituées; non habituées à résoudre les cas de conscience ailleurs que dans les manuels de morale ou de littérature; ici on avait un cas admirablement réel; avec toutes les exigences du réel, toutes les incommodités, toutes les malversations, ce refus perpétuel d'entrer dans nos cadres préalables; comment, M. Combes tombé, M. Rouvier demeurait le seul président du conseil possible; si déjà M. Rouvier n'avait pas été le seul ministre des finances possible indiqué pour la constitution du cabinet précédent; si dans la constitution de ce cabinet précédent la désignation unanime de M. Rouvier pour le ministère des finances n'avait pas eu vraiment une importance capitale, primordiale; si dans cette constitution l'attribution unanime du portefeuille des finances à M. Rouvier n'avait pas eu beaucoup plus d'importance, et surtout beaucoup plus d'importance réelle, que l'attribution, demi spontanée, demi calculée, demi négligée, du portefeuille de l'intérieur et de la présidence du conseil à un sénateur ancien ministre de l'instruction publique, vague, de piètre souvenir, M. Justin-Louis-Émile Combes; j'aurais examiné, plus généralement, et plus durablement, si la politique financière de M. Rouvier n'a point commandé tout le gouvernement de la République depuis la constitution même du ministère Combes, si elle n'a pas été, pendant longtemps, le seul frein, si, pendant longtemps, seule elle n'a pas fait la limitation inférieure du combisme; si, plus généralement encore, et plus durablement, toute notre politique n'était pas commandée, depuis plusieurs années déjà, par les plus grosses difficultés financières, par les menaces budgétaires les plus graves; aggravées encore par tant de promesses de tant de réformes onéreuses; les vertus démocratiques surchargeant les vices financiers, et les vices démocratiques surchargeant les vertus financières, de telle sorte qu'en dernière analyse vertus et vices, démocratie et finance, tout retombe en alourdissement sur le dos du contribuable; d'où je serais revenu sur les dissensions intérieures du cabinet si singulièrement constitué par M. Combes, et si singulièrement commandé; si rebelle, si mal obéissant, si mal en mains, si désobéissant, et, en même temps, si obéissant; j'aurais examiné particulièrement l'opposition systématique de M. Rouvier au combisme; enfin passant au ministère de M. Rouvier, un peu fatigué, j'aurais marqué la détente, le relâchement, peut-être un peu trompeur, qui suivit le départ de M. Combes; je m'y serais reposé comme tout le monde, à tort, peut-être; à tort sans doute, car un orage montait, que nul de nous ne voyait venir; et pendant l'année qui nous restait avant la fin de la législature j'aurais comme tout le monde fait ma séparation des Églises et de l'État; j'aurais comme tout le monde constaté que cette séparation s'était faite, au moins à la Chambre, à peu près honnêtement; c'est-à-dire qu'elle ne s'était nullement faite comme l'avait imaginée M. Combes, et comme il avait pris soin de l'annoncer lui-même, qu'elle n'avait point été un exercice de persécution, un essai de persécution, de suppression de l'Église par l'État, un essai d'oppression, de domination anticatholique, prétendue anticléricale, mais qu'elle avait révélé un effort sincère de libération mutuelle, qu'on y avait vu ce que les parlementaires nous avaient presque désaccoutumés de voir : du travail, parlementaire; qu'elle avait abouti à un premier programme sérieux de liberté mutuelle organisée; en un mot qu'elle n'avait point été combiste, mais beaucoup plus républicaine.

Après la séparation que faire, sinon, comme tout le monde parlementaire politique, aller en vacances; ainsi dans la torpeur que ne manquent jamais de provoquer les événements officiellement importants, et pendant ce que nous nommons agréablement les loisirs des vacances, patiemment j'aurais écrit mon cahier de récapitulation[1]; j'aurais énuméré les événements; j'aurais compté, mesuré en toute quiétude les événements présents; j'aurais invoqué les événements absents; d'une voix impérieuse, qui est la voix propre de l'historien; et quand je ne me serais pas trouvé d'accord avec les événements, j'aurais déclaré, de cette voix, que c'étaient les événements qui avaient tort; les dociles événements, présents, absents, tous également sérieux, tous également importants, tous également organisés, tous également expliqués, eussent fait une ou plusieurs files indiennes que j'eusse déroulées, enroulées savamment; de tous ces événements laïques, j'aurais fait des chapelets; préalablement je les eusse alignés; longuement, comme on faisait dans l'ancienne armée militaire; *l'événement numéro trois, sortez; événement numéro vingt-cinq, rentrez, vous sortez trop;* j'eusse engraissé les événements maigres, maigri les faits trop gras; par de telles *observations* individuelles on obtenait jadis les beaux alignements; par de tels redressements j'eusse régularisé les faits; et mes faits étant tous remis sur le même plan, comme il est juste, nul ne dépassant l'autre, nul ne dépassant son voisin de gauche ou son voisin de droite, énumérés dans cette égalité parfaitement démocratique, nous aussi nous eussions formé des chaînes, et les chapelets des événements formaient l'enchaînement de mon discours, et j'étais tranquille, et je devenais un historien sérieux, et mon vieux camarade Ischarioth, — je mets deux *h* pour que son nom soit plus un nom savant, — mon vieux camarade Ischarioth ne me disait plus aimablement que, moi, au moins, j'avais coutume de parler de sujets dont je ne connaissais pas le premier mot.

Ce fut un saisissement; j'aurais fait mon cahier bien tranquille au coin de mon feu, au moins du côté du travail; nous aurions tous fait nos métiers bien tranquilles; surtout ceux qui n'en ont pas, et qui sont les plus rassérénés des hommes; et même il n'y aurait eu qu'à l'écrire, ce cahier; écrire n'est rien, tous nos jeunes gens le savent; il était fait d'avance; il n'y avait qu'à rédiger; un devoir de vacances, enfin; naturellement, et comme tout bon Français, j'aurais tout ignoré de la politique extérieure; mais j'en aurais parlé un peu, par politesse internationale; et parce qu'il faut qu'un bon historien ne laisse intraitée aucune partie du sujet que ses maîtres scolaires ou ses maîtres les événements lui ont donné à traiter; maltraiter vaut cent fois mieux que de ne pas traiter du tout : tel est le grand principe moderne du travail international.

Ce fut un sursaut[1]; pendant toute une semaine, ou presque, enfin pendant un certain nombre de jours qui parut faire plus d'une semaine, mais qui faisait un tout, un ensemble comme une semaine, Paris, capitale du monde, avait reçu le roi d'Espagne; événement à la fois glorieux, solennel, et inaperçu; un roi : sous la République, nous en avons tant vus, de rois; semaine singulière, événement habituel, demi-réjouissance, demi-fête, demi beau temps, demi travail; sans rien interrompre, parce que l'année n'était pas finie, parce qu'il y avait eu beaucoup de travail, et qu'il y en avait encore beaucoup en train, tout de même on allait voir un peu passer le roi, *histoire de le visiter,* comme avait dit l'un de nos bons collaborateurs; demi beau temps, demi temps gris, demi temps de soleil; année demi échue; travail demi déchu; demi temps de repos, demi temps de travail, demi temps de loisir, demi temps de sommeil; temps de calembours et de rimes, qui sont des calembours parvenus; non point temps de sérieuse prose, de prose honnête et sérieuse, de prose sériée; non pas fin d'une année, fin achevée, fin finie, constatée, correcte, officielle, mais finissement, lent finissement secret d'une année qui encore n'était pas tout à fait finie et qui pourtant se creusait de l'intérieur; d'une année qui encore pouvait nous apporter quelles surprises, encore, et quelles peines; travail, sommeil et loisir, les *trois huit* ensemble et non plus bout à bout; non plus juxtaposés, jointurés, mais fondus, fonctionnant simultanément, pour la plus grande confusion de l'esprit même et des images, pour le plus grand repos et le délassement maximum; fondus comme ce temps fondu de vapeur et de soleil; de demi-soleil ensemble; où enfin on s'arrangeait, comme par hasard, pour se trouver sur le chemin de certains itinéraires que l'on connaissait vaguement pour être les itinéraires des cortèges, et que d'aucuns faisaient semblant de ne pas connaître, mais ils s'y trouvaient tout de même, et que les journaux donnaient tous les matins; on ne lisait jamais les journaux; mais on connaissait tout de même les itinéraires, on ne sait pas comment; et puis le roi semblait faire exprès, ce matin-là, de ne point quitter le quartier; c'était de sa faute, à lui; et non point à nous, qui ne sommes ni royalistes ni paresseux; il ne s'en allait jamais; le Panthéon, Notre-Dame, l'Hôtel-de-Ville, des circuits à tenir toute une matinée, des lenteurs, des arrêts, des attentions, des retenues, des stages qui ne finiraient certainement point à midi sonné, toutes les maisons de cérémonies; les places, les parvis, les ponts; éreinté d'une série énorme, qui fut la sixième, à peine sorti du *Gobineau*[1], qui fut considérable entre tous, la tête lourde de soucis, détraqué de tracas, il était amusant de prendre le bras d'un véritable ami, — nous nous en connaissons, — et d'aller un quart d'heure se mêler en badauds au vieux et bon peuple de Paris; le quart d'heure devenait demi-heure, trois quarts d'heure; infailliblement on rencontrait quelque ami, qui sournois en faisait autant, et qui sans plus vous reprochait d'être un affreux militariste.

Maisons, vieilles maisons de cérémonies; maisons des cérémonies anciennes et ensemble mêmes perpétuelles maisons des jeunes cérémonies; maisons des anciens;

maisons des morts glorieux; monuments impérissables, qui fatalement périront; les quatre points cardinaux de la gloire de Paris; et par cette perpétuelle représentation capitale de Paris, par cette représentation éternellement éminente, en même temps et inséparablement les quatre points cardinaux de toute la gloire de toute la France; mémoire de pierre taillée; mémoire vivante pourtant, parfaitement vivante, vivante plus que tant d'hommes qui aujourd'hui cheminent par les chemins modernes; mémoire monumentale française; monuments monarchiques et inséparablement monuments profondément populaires; monuments anciens et perpétuellement nouveaux; monuments monarchiques et perpétuellement démocratiques, et aujourd'hui proprement républicains, et demain tout ce que l'on voudra, pourvu qu'ils soient, et dans tous les jours ultérieurs tout ce qu'il faudra, parce qu'ils sont, monuments qui seront tous jours, jusqu'au jour de leur mort, et qui ne périront point, comme tant de monuments modernes précaires, longtemps avant le jour de leur naturelle mort; monuments éternellement monuments; toujours pleins d'un éternel sens intérieur, éternellement manifesté par la valeur de la pierre, éternellement dessiné par l'extérieure éternité de la ligne; monuments monarchiques, monuments royaux, monuments religieux, monuments de l'ancien régime et de tout régime nouveau, monument impérial, partout et toujours non pas seulement monuments populaires, mais monuments peuple; les quatre grands dieux Termes de la gloire de Paris; l'Arc de Triomphe, — un peu plus familièrement l'Étoile pour les conducteurs des Thomson, compagnie française, — le monument le plus considérable qu'on ait construit en ce genre, dit le petit Larousse, l'Arc de Triomphe de l'Étoile, ce monument parfait de la gloire impériale française; bâti sous Louis-Philippe, approximativement, ou sous la Restauration, plus vieux pourtant que le monde romain; les Invalides, ce pur chef-d'œuvre, ce monument parfait de l'ancienne France royale; le Panthéon, beaucoup plus républicain, ayant été construit sous Louis XV, le Panthéon républicain dynastique, le Panthéon désaffecté, qui n'avait jamais, par ses plans même, été affecté sérieusement, le Panthéon, qu'il est très élégant de blaguer, mais qu'il vaudrait mieux apprendre à savoir un peu regarder comme ce monument le demande. Notre-Dame, enfin, dont le nom dit tout. Monuments neufs.

[Pour savoir à quel point les Invalides sont un monument parfait parfaitement, il faut les regarder, par exemple, des fenêtres du salon de l'appartement situé au cinquième du numéro 2 de l'avenue de Villars [1].]

Il est vrai que l'on regardait passer les militaires; depuis que l'État-Major dreyfusiste parlementaire politique a tout fait pour nous réconcilier avec l'État-Major militaire, nous avons refusé de nous réconcilier avec l'État-Major militaire, mais le temps a passé, nous sommes devenus lâches, et nous ne nous croyons plus tenus de regarder les simples hommes de deuxième classe d'un regard tragique; demi consentants nous étions allés voir passer les militaires; la République excelle à organiser pour le plaisir de nos yeux et pour la satisfaction de notre loyalisme ces grandes parades ensoleillées; nous allions donc bras dessus bras dessous, la tête lourde, les yeux occupés, l'esprit amusé, le cœur demi participant; son camarade faisait la même chose que lui; et cela pouvait durer longtemps.

Singulier peuple de Paris, peuple de rois, peuple roi; le seul peuple dont on puisse dire qu'il est le peuple roi sans faire une honteuse figure littéraire; profondément et véritablement peuple, aussi profondément, aussi véritablement roi; dans le même sens, dans la même attitude et le même geste peuple et roi; du même esprit peuple et roi; peuple qui reçoit les rois entre deux temps, entre deux travaux, entre deux plaisirs, sans apprêt, sans gêne, sans inconvenance et sans aucune grossièreté; peuple familier et ensemble respectueux, comme le sont les véritables familiers; peuple vraiment le seul qui sans préparation sache faire à des rois une réception ancienne et royale; vraiment le seul qui ait fait des révolutions et qui soit resté non pas seulement traditionnel, mais traditionnaliste à ce point; le seul qui soit traditionnaliste en plein consentement de sa bonne volonté; le seul qui soit à l'aise et qui sache se tenir et se présenter dans l'histoire, en ayant une longue habitude, ayant une habitude invétérée de cette forme et de ce niveau d'existence, et qui n'y soit point insolent, inconvenant, grossier, parvenu; le seul peuple qui ne glisse point sur les parquets cirés de la gloire; le seul peuple qui soit révolutionnaire, et quand les événements se présentent, qui lui introduisent des rois, non seulement il sait les recevoir, mais il se trouve avoir sous la main, pour les y recevoir, des monuments royaux comme aucun roi du monde en aucun pays du monde n'en pourrait sortir dans le même temps, n'en pourra jamais sortir dans aucun temps de son pays.

Rien n'eſt bon pour le repos comme ces promenades apparemment fatigantes au milieu du peuple de Paris; l'esprit eſt occupé juſte assez pour que le repos y pénètre et y règne, souverain lui-même, sans aucune conteſtation; la pleine vacuité fatiguerait, en de tels moments; mais ce demi-plein demi-vide eſt ce qu'il y a de plus reposant; et il y a dans ce peuple, tout gâté qu'il soit par un demi-siècle de démagogie, tant de courage, tant de bonne humeur, tant d'endurance, tant de joie; sortis pour voir le roi, on regardait le peuple, le vieux et déjà nommé peuple roi; c'était surtout lui, le peuple, qui passait et défilait, que l'on regardait passer et défiler, qui lui-même se regardait passer et défiler; en ce temps de mutualité à outrance, le défilé mutuel dans la simple rue, le spectacle mutuel en font une application, de la mutualité, la plus ancienne et la plus durable des applications; et c'eſt un théâtre populaire qui enfonce tous les laborieux *Théâtres du Peuple* de nos livresques [1]; au fond c'était tout un; le peuple, le roi; le roi, le peuple; c'était tout un parce que c'était tout un même spectacle, et, ensemble, en un sens, tout un même spectateur; et même ce vieux peuple roi était plus royal, plus roi, plus fait à son métier que ce jeune héritier d'une relativement jeune dynaſtie; l'année avait été lourde, pénible, malheureuse pour tout le monde; moi-même je portais sur la nuque toute la lourdeur de cette énorme sixième série; dont on n'a pas fini de m'entendre dire qu'elle était énorme; j'avais les yeux noyés d'avoir lu tant d'épreuves; l'énorme cahier de la *Séparation* [2], quelque travail énorme, et quelque dévouement que l'auteur y eût apporté lui-même, j'entends travail de fabrication, sans compter l'autre, naturellement, m'avait laissé abruti, à ce qu'il me semblait, pour le restant de mes jours; mais quelle fatigue résisterait à la fréquentation de tout ce peuple amusé, vaillant, courageux de ce courage qui consiste à recommencer perpétuellement tous les matins. Les vieux *trois huit* enfin réalisés.

Le seul peuple qui apparaisse dignement comme un roi dans les anciens monuments de ses grandes cérémonies.

Nous aussi nous recommencerons perpétuellement tous les matins; tous les matins de tous les rapides jours; et toutes les rentrées, qui sont les matins assombris des plus longues années; singulier jeu des climats, répartition antithétique des dates, qui fait que les matins des jours brefs se lèvent sur le jour grandissant, sur les aubes et sur les grandissantes aurores, et que les rentrées, au contraire, qui sont pourtant les matins des années, faux matins, fausses matinées de journées fausses, au contraire se lèvent sur les diminutions, sur les pluies, sur les obscurcissements des automnes.

Comment ne pas imiter ce peuple, dont nous sommes, que nous sommes; c'est-à-dire comment ne pas nous imiter nous-mêmes, comment ne pas être de notre propre race; comment ne pas nous préparer nous-mêmes à recommencer perpétuellement demain matin; commençons donc par nous mêler aux amusements de notre peuple, puisque aussi bien ces amusements sont le secret de sa force, lui donnant les temps de halte et les points de rejaillissement; indispensables; regardons passer le peuple qui regarde passer le roi; nous-mêmes regardons passer le roi; voici le cortège; brouhaha, rumeurs, et presque immédiatement l'impression que tout le cortège a ceci de commun, qu'il marche d'un même trot allongé, parfaitement cadencé, comme un très grand jouet mécanique; des voitures qu'on devine; autant et plus qu'on ne les voit; au cœur du cortège, on ne voit plus rien : c'est le roi, et le président de la République; ici deux haies mouvantes, de tous les deux côtés, comme deux gros troupeaux se confondant presque en un mouvant troupeau énorme; d'énormes croupes de chevaux; ce ne sont plus que ces croupes de chevaux qui défilent et passent; on ne voit pas les cuirassiers qui montent ces chevaux, parce qu'ils sont plus hauts que le regard; c'étaient des hommes géants sur des chevaux colosses; on était au premier rang; c'est fini; mais l'impression générale et dominante qui seule reste est d'un immense rythme automatique, d'un trot allongé, aisé, bien articulé, enlevé pourtant, commun à tout le cortège, qui enlevait tout le cortège au long du sol et faisait qu'il était déjà passé; ce mouvement commun, ce rythme premier commandait tout le spectacle; tous ces gens qui défilaient pour nos amusements et qui formaient un cortège ne laissaient dans la mémoire que le souvenir du rythme commun de tout ce cortège; dans la mémoire voitures, président, roi, qu'on n'avait pas vu, préfet de police, qu'on avait vu en tête, chevaux, soldats n'étaient bientôt plus que des appareils, des demi-fantômes roulant et marchant du même pas, de ce trot singulier, coulant, enlevant, solennel et pressé.

Dois-je avouer qu'il y avait beaucoup de monde dans les rues? Je le dois. Nos cœurs de démocrates en saigneront, mais je le dois. Il y avait beaucoup de monde qui passait dans les rues, allait et venait, regardait, se laissait et se faisait regarder. Je dois le dire : Il y avait beaucoup plus de monde qui se pressait dans les rues ce jour-là que nous n'en voyons se précipiter aux séances vesprées de nos utiles Universités Populaires. Singulier peuple, qui ne se précipite point aux doctes leçons de nos savantes Universités Populaires, et qui se presse à des cérémonies plus ou moins populaires, vraiment plutôt moins que plus, d'une popularité contestable, à des fêtes royales, à des cortèges présidentiels; qui pourtant ne se nomment point officiellement populaires. Peuple ingrat. Singulier peuple. Peuple antithétique. Quand on lui fait des belles petites Universités Populaires bien sages, bien proprettes, sagement scientifiques, sagement embêtantes, sagement anarchistes au besoin, et, s'il faut, révolutionnaires, dans le genre pot-au-feu, et, à la limite extrême, doctoralement indoctes, on ne peut pas dire, entre nous, qu'il s'y précipite[1]. Il n'y a point d'accidents parce que l'on s'écrase aux portes. Et au contraire, passe-t-il seulement trois chevaux dans la rue, que incontinent le voilà, déjà sorti, sur le pas de sa porte. Comme si trois misérables chevaux, qui passent, en tapant du pied, les sots, formaient un spectacle plus intéressant que celui que nous donnent gratuitement tant d'honorables professeurs, qui parlent, assis, derrière un petit bureau tapis vert, quelques-uns debout, quelques-uns marchant même et gesticulant sur l'estrade avec leurs grands bras maigres, leurs manchettes, et leurs faux cols. Un esprit un peu affiné, comme est le nôtre, se refuse à concevoir même la pensée d'établir, entre trois chevaux, qui passent, et tant de docteurs doctes, qui enseignent, une aussi grossière comparaison.

Peuple antithétique, déjà prêt pour Hugo.

Rien n'est propice au travail comme ces amusements apparemment frivoles; au moins de loin en loin; rien ne chasse aussi rapidement, au moins pour un temps, les soucis, les tracas, les fatigues laborieuses, tous ces ennuis, toutes ces peines, toutes ces misères dont sont tissés les fils de nos ordinaires vies; vraiment le souvenir de ce rythme restait seul dans la mémoire; l'humanité connue était partagée en deux; et dans chacune des deux parties régnait une égalité parfaite; une humanité debout regardait passer, parfaitement égale entre elle-même, étant toute immobile conformément à la même verticale; une humanité passante se laissait regarder passer, parfaitement égale aussi, égale entre elle, toute égalisée entre elle-même, étant toute mobile conformément au même rythme horizontal, toute roulante et passante d'un même rythme sacré; le roi n'était plus un roi, ni les soldats des soldats, mais ensemble ils étaient des mobiles, comme le disent nos mécaniciens, des mobiles en mouvement, ensemble ils formaient un cortège indivisible, comme le peuple formait un peuple de spectateurs indivisible; et le cortège défilait pour le plaisir et pour l'honneur du peuple, comme le peuple regardait pour l'accompagnement et pour l'honneur du cortège; et comme la plus sévère égalité verticale régnait dans le peuple debout, ainsi la plus exacte et la plus commode égalité de mouvement régnait dans le cortège passant; le roi valait un soldat, un soldat valait le roi, puisqu'ils étaient des grandeurs qui passaient au même trot.

Peuple ingrat, comme dit Racine. Et vraiment peuple singulier. Qui ayant de tels spectacles, s'y précipite. Et qui le soir ne se précipite point à des leçons qui pourtant sont faites exprès pour lui. Quand on pense que ce peuple, tous les soirs, de neuf à onze ou de dix à douze, après une journée de travail éreintante, pourrait aller dans des salles souvent bien éclairées s'embêter sur des bancs comme des normaliens aux conférences; écouter les derniers vers de nos petits poètes, les extrêmes hypothèses de nos derniers savants; et il préfère truquer dans la journée pour aller par un beau soleil voir défiler les chevaux militaires.

Vraiment. Rien n'est propice au travail comme ces promenades apparemment oiseuses; décidément je voyais très bien comment je ferais mon cahier; la grande abdication de Waldeck-Rousseau, annonce et présage et imitation anticipée de sa grande mort, mort politique avant la mort naturelle, mort de la situation avant la mort du corps, mort de l'homme d'État avant la mort de l'homme, me faisait un excellent départ; auquel je voyais le moyen de me faire une aussi excellente suite; j'avais trouvé comment j'obtiendrais une excellente continuité; sans rompre du tout l'enchaînement régulier, sans faire sortir inégalement quelque partie, j'insisterais tout de même un peu sur ceci pourtant : — et ceci me fournirait l'unité de mon cahier; car nos maîtres nous demandent à la fois de n'avoir point d'idée, mais d'avoir une idée maîtresse, qui fasse l'unité; — j'examinerais si depuis plusieurs années la politique politique ne recouvrait pas, ne masquait pas toute une politique financière, et je me demanderais si cette politique financière ne présentait pas les difficultés, les dangers les plus graves; Paris vraiment est unique pour les cérémonies de ce genre; et comme toutes ces pompes royales de manifestations républicaines rappelaient curieusement Hugo; par elles comme on obtenait la véritable résonance et la véritable profondeur et la véritable unité de Hugo, sa véritable inspiration; une inspiration, un goût, un sens, une idée de pompe, extérieure, et de cérémonie traditionnelle; par là se joignaient et se joignent encore en lui, comme elles se joignent dans les programmes des fêtes, Notre-Dame et ce Panthéon, dont il n'a jamais dit de mal que par coquetterie, parce que dès lors il avait l'arrière-certitude que, mort, il y serait enterré; un Hugo cérémoniel et cérémonieux, le véritable Hugo enfin; oublié aujourd'hui, parce qu'il fut démocrate sur la fin de ses jours; mais, dans la démocratie même, sénateur et processionnel; manifestant de manifestations et manifestant de cérémonies; comme le peuple, avec le peuple, dans le peuple, un Hugo se dérangeant pour aller voir passer des chevaux, fussent-ils militaires, de préférence militaires, et, dessus ces chevaux militaires, des hommes militaires, avec des bottes, et des pantalons rouges, et des gants blancs montant jusqu'aux épaules, et des tuniques sombres à revers éclatants rouges, et des casques de métal; comme ce casque immense de bronze et d'or que fait ce Dôme des Invalides; un Hugo pacifiste sans doute, comme le peuple, dans le peuple, mais, comme le peuple, pacifiste de grande armée; un vieil Hugo populaire militaire; un Hugo de parades et de défilés...

Lorsque le régiment des hallebardiers passe,...

un autre Hugo que celui que nos bons maîtres se sont ingéniés à nous représenter, un nouvel et un ancien Hugo, éminemment et anciennement Parisien, l'unité même de l'histoire de Paris, tout un tout autre Hugo; tout un Hugo de cortèges, de pompes et d'apparat, de cérémonies à Notre-Dame, fût-ce avec ces messieurs du clergé, commandés au besoin, commandés de préférence par Son Éminence Mgr le cardinal-archevêque de Paris, de défilés passant sur les ponts de la Seine, ecclésiastiques, laïques, militaires, civils, sur les ponts de la Seine eux-mêmes encadrés quadrilatéralement par les lignes droites et parfaites des quais vides, vides aujourd'hui et réservés comme ils étaient vides et réservés pour les fêtes, pour les défilés du siècle dernier, le Hugo des vieux souvenirs et des cérémonies anciennes, qui ne demandait qu'à devenir le Dieu des cérémonies nouvelles, demi royaliste, demi impérialiste, demi légitimiste, demi orléaniste, demi populaire, demi chambellan, tout à fait poète, un Hugo Louis-Philippe et alliance anglaise, enfin le Hugo du retour des cendres; qu'est-ce que ça fait, pourvu qu'il y ait des alignements et qu'il y ait des masses; et qu'il pût toujours demeurer fidèle à son Dieu, à son roi, je veux dire à Hugo lui-même; et comme aisément

Paris, sur le parvis et sur les quais, sur les ponts, se retrouvait le vieux Paris; comme il se retrouvait lui-même, fidèle aux souvenirs; même foule, mêmes cérémonies, mêmes monuments; étant même peuple; même vieux Panthéon, même antique Notre-Dame; même Seine, surtout, et mêmes quais, quand même ce ne seraient pas les mêmes; et quand même il n'y en aurait pas eu autrefois; mêmes ponts, quand même on les aurait refaits depuis; et quand même autrefois ils n'auraient pas existé du tout; même parvis, quand même on l'aurait ouvert, créé, exhaussé, quand même on aurait un jour enseveli les pieds de Notre-Dame sous cette horizontale égalité de terre plane; et quelle joie, tout à coup, joie du sentiment et de l'intelligence, de la mémoire et de l'histoire, ensemble et inséparablement de l'esprit et des sens, et ravissement de surprise de l'âme historienne, que de comprendre tout à coup, de saisir, de ressaisir, de voir, de savoir, de ressavoir, brusquement, d'un seul regard, — et n'est-ce pas plutôt d'un regard intérieur, — de retrouver soudainement en soi-même et de comprendre enfin tout un poète oublié, toute une période que l'on croyait abolie, toute une ville, tout un passé de toute une ville; et quelle ville, Paris, ville de pierre, peuple de monuments, peuple de mémoires, peuple d'anciennes actions, Paris, capitale du monde, ville capitale, tout un âge que l'on croyait révolu.

A Paris, capitale des peuples, comme le dit ce Hugo en sa dédicace de *l'Année terrible.*

Lui-même singulier Hugo, roi des fêtes royales populaires, prince des cortèges, duc des grands enterrements, introducteur des ambassadeurs, et grand organisateur des funérailles nationales, à commencer par les siennes, ami des pompes, même funèbres, ami des pompes, même républicaines, ami des oraisons, même funèbres, qu'il excellait à faire en grands vers tristes, ordonnateur des funérailles somptueuses; vous l'eussiez vu, faibles gens qui vous époumonez pour instituer parmi nous un culte nouveau, vous l'eussiez vu, s'il vivait : c'est lui qui vous aurait eu magnifiquement enterré Zola; beaucoup moins bien que soi-même; mais très bien encore, très au-dessous; ce n'est pas lui qui vous eût confondu des funérailles nationales avec des obsèques officielles (Pierre Savorgnan de Brazza); rêvant ainsi, marchant ainsi, promenant du pied gauche, et regardant comme on pouvait, quels autres vers que les siens, quels autres vers que des vers de Hugo pouvaient remonter dans la mémoire; je vous défie bien de voir en passant quarante gardes républicains à cheval rangés devant le Panthéon, place du Panthéon, rue Soufflot, en demi-cercle, en peloton, en ligne, et fût-ce pour y assurer le plus banal des services d'ordre, sans qu'aussitôt ce soient des vers de Hugo qui des profondeurs impérieusement vous remontent à la surface de la mémoire; en de tels moments, publics, dans ces publiques solennités, quand l'homme n'est plus lui-même, un homme, un citoyen, une conscience, un cœur, mais lui-même, lui aussi un homme public, en de tels moments que deviennent les poètes plus grands, plus aimés, un Lamartine, un Vigny même, si grand et peut-être unique au monde, même un Racine; le seul Corneille, peut-être, le plus grand de tous, le seul Corneille aurait pu soutenir la comparaison, peut-être, s'il avait voulu; mais quand il avait *Polyeucte* dans le ventre, il aurait eu du temps de reste, que de s'amuser à faire des musiques militaires; et quand il n'eut plus *Polyeucte* dans le ventre, il était devenu bien incapable de faire même des musiques militaires.

Impérieux Hugo; non pas des vers qui chantent dans la mémoire, mais des vers qui impérieusement, impérialement sonnent, battent, retentissent, martelés, scandés, d'un tel rythme et d'un tel tambour qu'ils commandent le pas dont on marche, qu'ils entrent dans les jarrets, et qu'une fois qu'ils sont entrés dans la mémoire, lus une fois, entendus une fois, non seulement ils ne sortiront plus de la mémoire, jamais, mais que le moment venu, ils chasseront, brutes impériales, insoutenables régiments, tous les autres vers de tous les autres poètes, et vous forceront à marcher au pas, du même pas, de leur pas.

Non pas vers qui chantent dans la mémoire, mais vers qui dans la mémoire sonnent et retentissent comme une fanfare, vibrants, trépidants, sonnant comme une fanfare, sonnant comme une charge, tambour éternel, et qui battra dans les mémoires françaises longtemps après que les réglementaires tambours auront cessé de battre au front des régiments.

Vers qui chantent, si l'on veut, mais comme une chanson de marche, brutale et rythmée, non comme une mélodie, vers qui gueulent, vers qui déclament, vers qui hurlent, comme une chanson de route, comme une chanson de soldats; je dirai plus : comme une chanson à soldats, ce qui est bon, pour un pacifiste en pied; comme une chanson d'artilleurs à pied, qui au premier tiers de l'étape, font sonner le sol dur de la route, scandant de leurs lourdes bottes un refrain malencontreux.

Singulier Hugo. Singulier comme ce peuple, dans ce peuple, qu'il représente éminemment. Pair de France. Vieux malin. La gloire de Notre-Dame, dans son œuvre, ce n'est pas seulement, ce n'est pas tant ce poème et ce roman, ce poème en prose en forme de roman de sa demi-jeunesse, que la persistance perpétuelle, que l'éternelle présence, dans toute son œuvre, de ces deux tours dressées, du monument debout. Dans toute son œuvre, dans son imagination, dans sa vision perpétuelle, dans sa création même. Dans sa perpétuelle vision de Paris, de son Paris toujours présent. Dans toute son œuvre, jusqu'à la fin, jusqu'aux dernières œuvres, jusqu'à ces *Châtiments,* la plus ardente de ses œuvres, la plus grande peut-être et la plus forte, peut-être la seule sincère, absolument. Pour moi la gloire de Notre-Dame et la gloire de Hugo sont beaucoup moins dans ce roman de demi-jeunesse en prose que dans la présence éternelle, apparente ou sous-entendue, réapparaissant brusquement, dans la réapparition brusque, dans l'inattendu profilement, dans la soudaine apparition des deux tours jumelles dans des poèmes comme ceux-ci, dans des œuvres où elles n'étaient point indiquées, si elles n'avaient pas été présentes éternellement; *les Châtiments,* livre III, x, *l'Empereur s'amuse,* une *chanson;* le refrain de cette chanson :

Sonne aujourd'hui le glas, bourdon de Notre-Dame,
Et demain le tocsin!

O deuil! par un bandit féroce
L'avenir est mort poignardé!

C'eſt aujourd'hui la grande noce,
Le fiancé monte en carrosse;
C'eſt lui! César le bien gardé!
Peuples, chantez l'épithalame!
La France épouse l'assassin. —
Sonne aujourd'hui le glas, bourdon de Notre-Dame,
Et demain le tocsin!

Jersey, décembre 1853. — Quelle admirable invention de rythme; quel refrain de bourdon; et encore cette apparition des clochers dans *cette nuit-là,* mêmes *Châtiments* livre I, v; et ce sens et cette vision de Paris, de tout le Paris ancien et nouveau, ramassé, de toute l'hiſtoire de Paris :

Comme ils sortaient tous trois de la maison Bancal,
Morny, Maupas le grec, Saint-Arnaud le chacal,
Voyant passer ce groupe oblique et taciturne,
Les clochers de Paris, sonnant l'heure nocturne,
S'efforçaient vainement d'imiter le tocsin;
Les pavés de Juillet criaient : A l'assassin!
Tous les spectres sanglants des antiques carnages,
Réveillés, se montraient du doigt ces personnages;
La Marseillaise, archange aux chants aériens,
Murmurait dans les cieux : Aux armes, citoyens!
Paris dormait, hélas! et bientôt, sur les places,
Sur les quais, les soldats, dociles populaces,
Janissaires conduits par Reybell et Sauboul,
Payés comme à Byzance, ivres comme à Stamboul,
Ceux de Dulac, et ceux de Korte et d'Espinasse,
La cartouchière au flanc et dans l'œil la menace,
Vinrent, le régiment après le régiment,
Et le long des maisons ils passaient lentement,
A pas sourds, comme on voit les tigres dans les jongles
Qui rampent sur le ventre en allongeant leurs ongles;
Et la nuit était morne, et Paris sommeillait
Comme un aigle endormi pris sous un noir filet.

Les chefs attendaient l'aube en fumant leurs cigares.

O cosaques! voleurs! chauffeurs! routiers! bulgares!
O généraux brigands! bagne, je te les rends!
Les juges d'autrefois pour des crimes moins grands
Ont brûlé la Voisin et roué vif Desrues!
Éclairant leur affiche infâme au coin des rues
Et le lâche armement de ces filous hardis,
Le jour parut. La nuit, complice des bandits,
Prit la fuite, et, traînant à la hâte ses voiles,

Dans les plis de sa robe emporta les étoiles
Et les mille soleils dans l'ombre étincelant,
Comme les sequins d'or qu'emporte en s'en allant
Une fille, aux baisers du crime habituée,
Qui se rhabille après s'être prostituée!

Bruxelles, janvier 1852. — Quand M. Fernand Gregh, *Paris*, 1905, nous apportera des vers comme ceux qui nous remontaient à la mémoire en ce commencement de juin, je proclamerai qu'il est, comme on nous le fait dire, le Hugo de cette génération.

Plus présent encore le bourdon, et plus retentissant dans les poèmes où il n'est pas nommé, dans les poèmes de rythme, quand c'est le rythme même et le rythme seul qui sonne aujourd'hui le glas, et demain le tocsin; puissantes et singulières inventions de rythmes; maisons de résonances, bâtiments de musiques, monuments de sons, puissantes et singulières bâtisses, constructions qu'il aimait entre toutes; mêmes *Châtiments;* livre II, II; *au peuple :*

Partout pleurs, sanglots, cris funèbres.
Pourquoi dors-tu dans les ténèbres?
Je ne veux pas que tu sois mort.
Pourquoi dors-tu dans les ténèbres?
Ce n'est pas l'instant où l'on dort.
La pâle Liberté gît sanglante à ta porte.
Tu le sais, toi mort, elle est morte.
Voici le chacal sur ton seuil,
Voici les rats et les belettes,
Pourquoi t'es-tu laissé lier de bandelettes?
Ils te mordent dans ton cercueil!
De tous les peuples on prépare
Le convoi... —
Lazare! Lazare! Lazare!
Lève-toi!

Quelle exacte reconstitution de cloches, du bourdon, par le rythme, par la rime, par les assonances et par les consonances, par tout le mouvement, par toute la strophe et par tout le couplet; par l'architecture, par le dessin de ces lignes mêmes que sont les vers. Lui-même le savait bien, lui le premier, le grand poète, l'habile homme. Et quand il réussissait, celui-là, on peut être assuré que lui-même, lui le premier, il n'ignorait rien du comment ni du pourquoi de sa réussite. Passons toutes ces strophes ou tous ces couplets, tous également forts, tous également faits, tous également beaux. Finissons sur le dernier, dont les derniers mots enferment l'aveu :

> Mais il semble qu'on se réveille!
> Est-ce toi que j'ai dans l'oreille,
> Bourdonnement du sombre essaim?
> Dans la ruche frémit l'abeille;
> J'entends sourdre un vague tocsin.
> Les Césars, oubliant qu'il est des gémonies,
> S'endorment dans les symphonies,
> Du lac Baltique au mont Etna;
> Les peuples sont dans la nuit noire;
> Dormez, rois; le clairon dit aux tyrans : Victoire!
> Et l'orgue leur chante : Hosanna!
> Qui répond à cette fanfare?
> Le beffroi... —
> Lazare! Lazare! Lazare!
> Lève-toi!

Jersey, mai 1853. — Ces derniers vers, ces mots *tocsin, fanfare, beffroi,* c'est ce que je nomme l'aveu du coupable, un aveu précieux de l'homme de métier; la marque et l'aveu du fabricateur. C'est bien là qu'il en voulait venir, au tocsin, au bourdon. C'est bien là ce qu'il faisait, une fanfare. Là ce qu'il édifiait, des tours et des sonneries de beffroi. Ce sont toujours les tours, et, si l'on veut, le clocher de Notre-Dame. C'est bien cela qu'il nous représentait, qu'il nous donnait à entendre, qu'il nous forçait à écouter, que son rythme nous représentait. Nous n'avions pas besoin de cet aveu explicite pour savoir ce que son rythme nous voulait, et quelle était son image de derrière la tête.

Ensemble, inséparablement, non analysées, parce qu'il était un grand poète, non dessoudées, image visuelle et image auditive. Ensemble images de beffrois d'Hôtels-de-Ville et de tours de cathédrale.

Il savait son métier, celui-là; et rien de son métier ne lui demeurait étranger. Il savait faire un tocsin rien qu'avec des mots, une fanfare, avec des rimes, un bourdon, rien qu'avec des rythmes. Il n'ignorait pas. On a pu lui faire beaucoup de reproches, fondés : on ne lui reprochera pas d'avoir ignoré. Les sons parlés et déclamés, les paroles poétiques lui donnaient autant que les sons chantés et que les paroles instrumentales donnèrent jamais à personne. Il n'ignorait pas l'effet d'immense allongement, de grandeur démesurée, absolue, que donne un alexandrin isolé, lancé dans une strophe de simples vers. Et puisqu'il s'agit d'entendre des bourdons, d'écouter des tocsins, il n'ignorait pas le branle énorme que rend cet alexandrin tout seul sonné dans une batterie de moindres vers. Et il savait, réciproquement il savait l'effet que donne, en fin de strophe, en fin des mêmes strophes, un tout petit vers expirant; et le redoublement de ce petit vers, le redoublement de cette expiration; et la succession immédiate de ce petit vers à des vers majeurs, ou à un vers majeur.

Il avait raison de savoir son métier. Tant d'autres ne le savent pas, qui n'ont point son génie.

> Sonne aujourd'hui le glas, bourdon de Notre-Dame,
> Et demain le tocsin,

quand de tels vers, si impérieux, si commandeurs, si puissants, remontent à la surface, envahissent la mémoire, le chemin est tout fait pour qu'ils remontent jusqu'aux lèvres; il faut donc obéir à la poussée intérieure, militaire mécanique, de la mémoire; il faut réciter ces vers qui montent, ces couplets qui viennent, ces strophes qui reviennent, tout ce Hugo militaire, somptuaire, cérémoniel et triomphal qui remonte.

Bons vers, mauvais vers, platitudes ou abondances, marquetteries et chevilles, au moins il savait dessiner son rythme, celui-là, il savait faire ses strophes et construire ses périodes; il savait faire ses couplets.

Il faut donc réciter ces vers qui vous reviennent, il faut donc s'en aller bras dessus bras dessous, récitant du Hugo, et quand l'un s'arrête, l'autre, qui sait plus outre, étant bibliothécaire et ainsi conservateur de poèmes, l'autre continue. Et c'est le même poète en deux mémoires, en deux amitiés, en deux mémoires amies.

> Sonne aujourd'hui le glas, bourdon de Notre-Dame,
> Et demain le tocsin,

C'eﬆ ce même bourdon qui aujourd'hui sonne aux oreilles de ce même peuple pour la venue de ce roi. Aujourd'hui bourdon de joie, d'amusement et de fête. Demain, bourdon de quoi? Bourdon qui rend le même son aux oreilles successives pour quel glas sonnera-t-il jamais? Sonnera-t-il, jamais plus, quelque tocsin?

Quel tocsin de guerre civile ou de guerre étrangère; quel tocsin de guerre sociale ou religieuse; comme aux temps anciens; quel tocsin de guerre plus que civile; quel tocsin d'invasion; sonnera-t-il jamais le glas de tout ce peuple?

Quel tocsin d'émeute et de soulèvement social; quel tocsin de levée en masse et de soulèvement national?

Pair du royaume. Pair de France. Vieux malin. Comme ce peuple, dans ce peuple, dont il eﬆ en ce sens un représentant des plus éminents, il truque, il ruse avec la guerre. Quand vieux il voit que décidément c'eﬆ le pacifisme qui réussira, au moins officiellement et dans les déclarations verbales, quand il voit que c'eﬆ le pacifisme qui fera les gloires et les universelles popularités, les internationales circulations, quand il voit que dans la guerre de la paix et de la guerre en définitive c'eﬆ la paix qui, formellement au moins et officiellement, a fait à la guerre une guerre victorieuse, quand la victoire de la paix eﬆ assurée officiellement, il n'hésite plus : il se fait le roi, il devient le dieu du pacifisme; au moins dans les congrès, dans les cérémonies, dans les discours, dans tout ce que l'on peut nommer les origines et les commencements de nos modernes et de nos contemporains meetings; il assoit, il consolide ainsi cette formidable popularité où il mourut, cette gloire indiscutée où il triompha, il prépare cette apothéose inouïe où il se survécut plusieurs semaines. Les militaires en firent les frais. Ce sont des braves gens, tout de même, ces militaires, et bien utiles pour ces sortes de cérémonies. Les militaires, qui lui firent de si belles funérailles, par ordre, il eﬆ vrai, mais enfin il fallait qu'il y en eût pour qu'on leur donnât cet ordre, pour que le gouvernement de la République les fît marcher, — et d'ailleurs, ils ne demandaient pas mieux que de marcher, parce qu'ils ne demandent qu'à faire des parades, — les cuirassiers, qui l'avaient veillé si théâtralement sous ce même Arc-de-Triomphe, avec des torches, lui servaient à deux fins. Comme simples militaires, comme soldats, commandés de service, en grande tenue de service, ils servaient à lui faire, pour ses enterrements, des parades militaires comme on n'en avait jamais vu dans aucun pays monarchique; et au contraire, comme têtes de Turcs, ils ne lui avaient pas moins servi, lui ayant servi à se tailler une de ces popularités comme les seuls pacifistes peuvent en espérer une, à présent que la guerre, qui était l'industrie nationale de la Prusse, est devenue l'industrie nationale de presque tous les peuples.

Admirable utilisation double de la guerre par un pacifiste. J'entends par un pacifiste professionnel, et comme tel glorieux. Ces mêmes canons, qui font tant de bruit quand ils roulent sur le pavé de nos rues, ces mêmes batteries, ces mêmes régiments, ces mêmes chevaux, qui directement lui servaient à lui faire des cortèges, à lui organiser de somptueux défilés, contrairement, comme les objets de ses malédictions éloquentes, lui avaient déjà servi un nombre incalculable de fois.

D'une part ils avaient servi à lui faire des antithèses; de l'autre part ils servaient à lui faire des défilés.

Et tous ces objets de malédiction lui avaient surtout servi à faire de beaux vers. Vieux malin, roué comme le peuple, dans le peuple, et double comme lui, comme ce peuple qu'il représentait si éminemment, quand il voulait faire de mauvais poèmes, ou quand il ne voulait pas faire de poèmes du tout, il prenait le soin de les faire pacifistes; et quand au contraire il voulait faire de beaux poèmes, le malin, comme par hasard il courait en redemander à ses amis ennemis messieurs les militaires.

On peut prendre absolument au hasard. Les mêmes *Châtiments*, livre VI, *la stabilité est assurée,* I, *Napoléon III.* Et au hasard parmi les vers :

> C'est pour toi qu'on a fait toute cette Iliade!
> C'est pour toi qu'on livra ces combats inouïs!
> C'est pour toi que Murat, aux Russes éblouis,
> Terrible, apparaissait, cravachant leur armée!
> C'est pour toi qu'à travers la flamme et la fumée
> Les grenadiers pensifs s'avançaient à pas lents!

Nous n'avons ici qu'une ébauche, ou, si l'on veut, une première leçon. Et encore, même poème, un peu plus loin; toujours au hasard :

C'est pour monsieur Fialin et pour monsieur Mocquart,
Que Lannes d'un boulet eut la cuisse coupée,
Que le front des soldats, entr'ouvert par l'épée,
Saigna sous le shako, le casque et le colback,
Que Lasalle à Wagram, Duroc à Reichenbach,
Expirèrent frappés au milieu de leur route,
Que Caulaincourt tomba dans la grande redoute,
Et que la vieille garde est morte à Waterloo!

Ici encore nous n'avons qu'une première leçon; et déjà l'on ne peut pas dire que ces vers soient précisément des vers pacifiques; encore moins sont-ils des vers pacifistes. Mais la leçon définitive :

L'homme inquiet
Sentit que la bataille entre ses mains pliait.
Derrière un mamelon la garde était massée,
La garde, espoir suprême et suprême pensée!
— Allons! faites donner la garde, cria-t-il, —
Et lanciers, grenadiers aux guêtres de coutil,
Dragons que Rome eût pris pour des légionnaires,
Cuirassiers, canonniers qui traînaient des tonnerres.
Portant le noir colback ou le casque poli,
Tous, ceux de Friedland et ceux de Rivoli,
Comprenant qu'ils allaient mourir dans cette fête,
Saluèrent leur dieu, debout dans la tempête.
Leur bouche, d'un seul cri, dit : vive l'Empereur!
Puis, à pas lents, musique en tête, sans fureur,
Tranquille, souriant à la mitraille anglaise,
La garde impériale entra dans la fournaise.

Je le demande, ces inoubliables vers, ces vers militaires, culmination de la guerre et de la gloire, ces vers qui sont réussis, est-ce là des vers pacifistes?

Hélas! Napoléon, sur sa garde penché,
Regardait; et, sitôt qu'ils avaient débouché
Sous les sombres canons crachant des jets de soufre,
Voyait, l'un après l'autre, en cet horrible gouffre,
Fondre ces régiments de granit et d'acier,
Comme fond une cire au souffle d'un brasier.
Ils allaient, l'arme au bras, front haut, graves, stoïques,
Pas un ne recula. Dormez, morts héroïques!

Le reste de l'armée hésitait sur leurs corps
Et regardait mourir la garde. — C'est alors...

O Waterloo! je pleure et je m'arrête, hélas!
Car ces derniers soldats de la dernière guerre
Furent grands; ils avaient vaincu toute la terre,
Chassé vingt rois, passé les Alpes et le Rhin,
Et leur âme chantait dans les clairons d'airain!

Ces vers sont tellement faits, s'impriment dans la mémoire si souverainement, qu'ensuite ils se représentent tous ensemble, sur un seul et vaste plan de représentation, et qu'il n'importe plus par quel bout l'on se prend à se redire le poème :

En un clin d'œil,
Comme s'envole au vent une paille enflammée,
S'évanouit ce bruit qui fut la grande armée,
Et cette plaine, hélas! où l'on rêve aujourd'hui,
Vit fuir ceux devant qui l'univers avait fui!
Quarante ans sont passés, et ce coin de la terre,
Waterloo, ce plateau funèbre et solitaire,
Ce champ sinistre où Dieu mêla tant de néants,
Tremble encor d'avoir vu la fuite des géants!

Napoléon les vit s'écouler comme un fleuve;

[Singuliers effets d'optique dans nos singulières mémoires : *quarante ans sont passés,* moins de quarante ans, trente-sept ans et quelques mois, de Waterloo à ces *Châtiments, Jersey, 25-30 novembre 1852;* et dans nos mémoires, il nous semble qu'il y a un espace énorme, un siècle, entre Waterloo et *les Châtiments,* et, au contraire que nous touchons aux *Châtiments.* Et pourtant il y a plus de cinquante ans, aujourd'hui presque cinquante-trois ans, de ces *Châtiments* à nous. Les quatre-vingt-dix ans, presque le siècle, qu'il y a entre Waterloo et nous, nous les voyons entre Waterloo et *les Châtiments,* autant, pour ainsi dire, vraiment autant qu'entre Waterloo et nous; et entre *les Châtiments* et nous, nous ne voyons rien; cela tient peut-être en partie à l'étonnante longévité de Hugo : nous avons vu sa mort; nous voyons pour ainsi dire sur le même plan, j'entends sur le même plan de date, sur le plan de la date de cette mort, toute son œuvre, au moins depuis le commencement de son duel contre Napoléon III; depuis le commencement de sa représentation républicaine; cela tient peut-être aussi en partie à ce que *les Châtiments* ont fait ou fortement contribué à faire notre éducation républicaine primaire, et que nous avons une tendance à considérer tout le passé récent sur le plan de la date de notre première enfance, où nous avons commencé à connaître.]

Il n'y a pas un poème de paix réussi dans tout l'œuvre de Victor Hugo; j'entends un poème de paix militaire, sociale, nationale ou internationale; de paix pacifique; et encore moins de paix pacifiste; le seul poème de paix réussi qu'il y ait dans tout l'œuvre de Victor Hugo, mais on peut dire qu'il soit réussi, celui-là, est un poème de paix biblique, patriarcale, nocturne, puisque c'est *Booz endormi*.

Demander à la guerre, aux militaires, premièrement des cortèges comme ils peuvent seuls en donner, deuxièmement des objets de malédiction comme ils peuvent seuls en fournir, troisièmement et surtout des sujets d'inspiration comme il n'en pouvait pas demander à la paix : il y a là une indéniable, une insupportable duplicité, une particulière triplicité. C'est vraiment les faire servir à trois fins, par trop contradictoires. Ces soldats font l'escorte; ils font la réprobation; et ils font l'inspiration. Vraiment c'est trop, à la fois.

On peut être pour ou contre la guerre, pour ou contre les militaires; Hugo, comme le peuple, dans le peuple, est ensemble et à la fois pour et contre la guerre, pour et contre les militaires; il en tire ainsi une triple utilisation, une utilisation *maxima*.

C'est exactement ce que fait aussi le peuple, dont Hugo est en ceci, comme à beaucoup d'autres égards, le représentant éminent; comme Hugo, son maître et son Dieu, le peuple, comme Hugo populaire le peuple populaire utilise la guerre et les militaires à trois fins au moins, contradictoires; il demande aux militaires des parades comme ils peuvent seuls en fournir, des revues du 14 Juillet et tous autres apparats, toutes autres démonstrations; il demande à la guerre et aux militaires un exercice de malédiction, de réprobation morale, sentimentale, publique, oratoire, officielle, philanthropique, scientifique, éloquente, savante, socialiste, matérialiste historique, syndicaliste révolutionnaire; troisièmement il demande à la guerre et aux militaires un sujet d'inspiration, un exercice d'imagination quand, remontant dans le passé, quand, interprétant le présent, quand, anticipant l'avenir, il veut se faire croire qu'il n'a point perdu le goût des aventures; quand, enfin, il est las de s'embêter dans des images de paix.

Il y a là, envers la guerre et les soldats, une duplicité insupportable, presque universellement répandue. Elle est si commode. Ces militaires servent d'amusement, de repoussoir, d'inspiration. Par eux on peut se procurer : des fêtes somptueuses; de la bonne renommée en faisant du zèle, de la vertu pacifistes, antimilitaristes; des imaginations censément aventureuses, presque aventurées.

Il y a communément aujourd'hui, dans cette consommation du monde moderne, une duplicité insupportable envers la guerre et les militaires. Il faut être pour ou contre la guerre. Loyalement. Toute situation double est une situation fausse. Toute situation double est une situation déloyale.

Il faut être pour ou contre la guerre, pour ou contre les militaires. Notre collaborateur M. Charles Richet est contre la guerre, contre les militaires. Au moins, avec lui, on sait à quoi s'en tenir [1].

Notre collaborateur M. Charles Richet est contre. Cela se voit dès le premier mot de son cahier. Aussi n'a-t-il aucune tendresse, aucune faiblesse, aucune affection, secrète, pour les pompes ou pour les grandeurs militaires. Sa situation est parfaitement loyale, étant parfaitement simple. Pour moi, prévoyant que nous aussi nous aurions à parler cette année de la guerre et de la paix, de la patrie et de l'humanité, et de la relation de la patrie à l'humanité, je tenais expressément à ce que la thèse du pacifisme le plus pur fût présentée dans ces cahiers au commencement de cette série; qu'elle en fît pour ainsi dire l'ouverture, ou, pour parler un langage plus noble, étant plus contemporain, l'introduction; sans abuser d'un mot qui a été galvaudé irrémédiablement depuis trente années, je tenais expressément à ce que la thèse du pacifisme intégral fût intégralement aussi la thèse qui apparaîtrait ici au commencement de cette nouvelle année de travail. J'ai donc été particulièrement heureux de trouver, pour présenter ici la thèse du pacifisme pur, un pacifiste pur, pour présenter la thèse du pacifisme intégral, un pacifiste intégral.

Tout autre est la situation du peuple, situation fausse, double, triple, comme la plupart des situations populaires modernes; le peuple veut : s'amuser de l'armée; insulter, injurier l'armée, ce qui est bien encore, si l'on veut, un moyen de s'en amuser; rêver de guerres.

Le peuple veut insulter, injurier l'armée, parce que cela aujourd'hui se porte très bien; cela fait extrêmement bien dans les meetings et toutes autres glorieuses oraisons publiques. Cela est devenu indispensable dans toutes les manifestations et opérations politiques. Autrement, vous n'avez pas l'air assez avancé.

On ne saura jamais tout ce que la peur de ne pas paraître assez avancé aura fait commettre de lâchetés à nos Français.

Il y a une coquetterie populaire, une mondanité du peuple, aussi impérieuse que la mondanité du monde, aussi indiscutée; d'ailleurs faite à l'image et à la ressemblance de la mondanité du monde; pour le moment et pour longtemps, cette mondanité du peuple exige que l'on soit avancé.

Pair du royaume. Pair de France. Vieux malin. Sénateur de la République. Sénateur du département de la Seine. Sénateur de Paris. Le peuple aussi est sénateur de Paris, parce que tout le monde ne peut pas être député.

En même temps le peuple veut rêver de guerres; il se délecte autant que jamais aux narrations des guerres passées; il aime autant que jamais les guerres, pourvu qu'elles soient faites par d'autres, par d'autres peuples; rappelez-vous seulement comme, il y a seulement quelques semaines, le peuple dévorait dans les journaux les récits de la guerre asiatique. Le peuple est beaucoup plus lâche qu'autrefois, pour faire la guerre. Mais il est toujours aussi violent, qu'autrefois. Il aime toujours autant la guerre. Tout ce qu'il demande, c'est que son précieux épiderme reste en dehors du débat. Il demande seulement que ce soient d'autres qui la fassent, qui la lui fassent pour son amusement de chaque jour. Et tout ce qu'il a retenu de la lutte de classe, à lui infatigablement enseignée par les intellectuels du socialisme, c'est que c'était, ou que ce serait une guerre, plus précisément une guerre militaire.

Pour qui veut se représenter les récentes aventures du socialisme réellement, sans illusion, il est évident que tout ce que le peuple a retenu de l'ancienne lutte de classe intellectuelle, c'est que ce serait une guerre militaire.

De ce qu'ils n'aiment point, ou de ce qu'ils n'aiment plus, à faire la guerre, de ce qu'ils ne veulent plus faire la guerre, il ne faut point se hâter de conclure qu'ils n'aiment plus la guerre. Ce serait témérité. Ils n'aiment rien tant que la guerre, aujourd'hui autant que jamais, pourvu que ce soient d'autres qui la fassent. Et autrefois, quand on aimait la guerre, on la faisait soi-même.

Il y a là une hypocrisie pacifiste parfaitement insupportable. On maudit la guerre ouvertement, formellement, officiellement, pour se donner du mérite et de la vertu, pour acquérir de la renommée pacifiste, conduisant à de la gloire humanitaire. Et secrètement, sournoisement, disons le mot honteux, clandestinement, on demande à la guerre, aux militaires, premièrement les apparats des pompes extérieures, deuxièmement les jouissances, les excitations des imaginations intérieures. Triple bénéfice. Détournement occulte.

Toute cette hypocrisie pacifiste, si éminemment représentée en Hugo, pour des raisons et pour des causes dont nous n'avons pu qu'indiquer beaucoup trop brièvement quelques-unes, devait culminer sur le nom de Napoléon, que l'on considère, sans doute avec beaucoup de raison, comme le génie même de la guerre moderne, peut-être même comme le génie de la guerre de tous les temps. Rien n'est donc aussi intéressant, rien n'est aussi représentatif, significatif, que l'attitude prise par les peuples modernes, en particulier par le peuple français, envers la mémoire de Napoléon. Nulle mémoire, officiellement, ne fut jamais aussi proscrite, aussi maudite, aussi solennellement, que ne l'a été la mémoire de Napoléon depuis le commencement de la domination pacifiste. Et les Français l'ont maudit plus que personne, par une sorte d'exagération nationale, par une vantardise, et, au fond, un orgueil national, parce qu'il était à nous, on pourrait presque dire par une sorte de coquetterie nationaliste pacifiste. Mais dans le fond des cœurs, et peut-être surtout des imaginations, il recevait des cultes. Admirations occultes, qui aisément devenaient des adorations. Et durant ces cinq longues semaines du mois de juin dernier passé, aujourd'hui nous savons, par des infiltrations ultérieures, qu'un certain nombre de Français se dirent que si enfin le fait imminent devait se faire, il aurait tout de même été plus agréable d'avoir pour général en chef un certain général Napoléon Bonaparte, et d'être commandé par lui, que d'avoir pour général en chef un excellent général de défense républicaine, l'honorable monsieur le général Brugère. Il y a des moments, dans la vie d'un peuple, où l'instinct reprend si impudemment le dessus, que l'on serait capable de préférer un général en chef de défense militaire à un général en chef de défense républicaine.

Toute cette hypocrisie pacifiste populaire, si éminemment représentée en Hugo, et d'ailleurs culminant sur le nom de Napoléon, devait culminer éminemment en la situation personnelle de Hugo envers Napoléon. Et en effet rien n'est, dans cet ordre, aussi éminemment et uniquement représentatif que cette situation. Rien n'est aussi curieux. Rien n'est aussi saisissant. Disons le mot, car le vieil Hugo ne s'embêtait pas tous les jours comme un burgrave, rien n'est aussi amusant. Il n'y a pas un homme au monde, il n'y a jamais eu un homme dans toute l'histoire du monde, qui ait rendu autant de services à Victor Hugo que Napoléon Bonaparte, si ce n'est Napoléon premier, aucun homme, non pas même Dieu, dont pourtant il s'est beaucoup servi, non pas même Hugo même. Admirable, unique fournisseur d'inspirations. Et quand ce ne serait que cette admirable antithèse entre les grandeurs de Napoléon le Grand et les petitesses de Napoléon le Petit.

Relisez avec un peu d'attention critique *les Châtiments;* c'est-à-dire, les lisant dans le livre ou dans votre mémoire, sur le texte, luttez un peu, si vous le pouvez, contre l'entraînement formidable de l'image et du rythme : et alors, sous la furieuse colère apparente et réelle, sincère, contre Napoléon III et contre le deuxième ou le Second Empire, ainsi que les nomme simultanément l'arithmétique officielle, aisément vous sentirez une plénitude secrète, l'intime satisfaction du fabricant; le contentement du poète, que ce vieux Napoléon premier permît à cet unique Victor Hugo de sortir de tels vers.

Officiellement donc il fallait, comme tout bon populaire, proscrire, exterminer, maudire Napoléon. Mais dans le dedans du poète, on en profitait pour faire des vers comme pas un. En réalité Victor Hugo poète, — et qu'est-ce que Victor Hugo en dehors de Victor Hugo poète, — Victor Hugo poète ne sortit jamais du culte napoléonien. Le véritable Napoléon, c'est le Napoléon où l'on rythme. Et dans *les Châtiments* même, dans *les Châtiments* autant et plus que nulle part, on sent courir une veine de contentement intérieur, d'avoir tant et si bien fait servir Napoléon premier.

Ce Napoléon premier qui sans doute en lui-même se vantait de ne jamais servir. Et qui avait passé sa vie à tant se servir des autres.

Non seulement, comme son peuple, naïvement nationaliste et prétentieusement internationaliste, mais plus particulièrement militariste prétentieux et pacifiste également prétentieux : mais cela s'accorde fort bien ensemble.

Non seulement dans les œuvres où c'était pour ainsi dire son métier de s'en servir, dans les œuvres publiques, politiques, sociales, militaires, historiques, polémiques, mais dans les œuvres privées, dans les œuvres où on ne l'attendait pas, dans les œuvres où il n'était pas indiqué, — sous-entendu dans les *Contemplations* deuxièmes, *Aujourd'hui,* qui étaient contemporaines des *Châtiments,* — mais clair entendu dans *les Voix intérieures,* dans *les Rayons et les Ombres.* Il est bien de ce peuple si profondément traditionnaliste, non point traditionnaliste par lourdeur et par impuissance de faire de la révolution, mais traditionnaliste au contraire par un certain goût de la tradition même et de la bonne tenue, il est de ce peuple qui aisément reçoit les rois entre deux trains, qui vaincu n'est jamais plat, et surtout qui vainqueur n'est jamais insolent. Il ne quitte pas les monuments figurés de la commémoration de ce peuple. Il ne sort point de l'Arc-de-Triomphe. Il ne descend de la colonne que pour défiler sous ledit Arc-de-Triomphe. Ceci est dans *les Chants du Crépuscule;* II, *à la colonne. Plusieurs pétitionnaires* avaient demandé *que la Chambre* intervînt *pour faire transporter les cendres de Napoléon sous la colonne de la place Vendôme.*

Après une courte délibération, la Chambre était passée *à l'ordre du jour.*

(Chambre des députés, séance du 7 octobre 1830.)

Je passe les odes et rythmes lyriques des six premières parties de ce poème. Ici aussi, il faut en venir aux *Alexandrins* (il est bien dommage que la concurrence des anciens Alexandrins nous interdise d'écrire les *alexandrins* de Victor Hugo des *Alexandrins;* ceux des autres, on pourrait impunément continuer à les nommer des *alexandrins;* mais pour ceux de Hugo, ce n'est pas assez grand; la révérence, l'honneur demanderait que l'on fût autorisé officiellement à les intituler des *Alexandrins;* VII :

Dors, nous t'irons chercher! ce jour viendra peut-être!
Car nous t'avons pour dieu sans t'avoir eu pour maître!
Car notre œil s'est mouillé de ton destin fatal,
Et, sous les trois couleurs comme sous l'oriflamme,
Nous ne nous pendons pas à cette corde infâme
Qui t'arrache à ton piédestal!

Oh! va, nous te ferons de belles funérailles!
Nous aurons bien aussi peut-être nos batailles;
Nous en ombragerons ton cercueil respecté!
Nous y convierons tout, Europe, Afrique, Asie!
Et nous t'amènerons la jeune Poésie
Chantant la jeune Liberté!

Quelque répugnance que j'aie à souligner des mots dans un texte, comme le font les barbares Allemands, qui de leur affreux espacement typographique finissent par souligner tant de mots dans leurs textes qu'il finit par y avoir plus de mots soulignés que de mots non soulignés, ce qui attire naturellement l'attention sur les mots non soulignés, ce qui ne serait très spirituel que si c'était fait exprès, je n'ai pu m'empêcher de souligner ce vers que je ne lui ai pas fait dire :

Oh! va, nous te ferons de belles funérailles!
Nous aurons bien aussi peut-être nos batailles;

9 octobre 1830. — Si l'on se voulait reporter aux poèmes de légende et d'histoire, aux poèmes de guerre et de paix proprement dits, aux poèmes polémiques, aux poèmes professionnels de la guerre et de la paix, je triompherais trop aisément moi-même; *Eviradnus, le petit roi de Galice,* qui sont réussis, tant d'autres, sont-ce là des poèmes de paix? Mais laissons *la Légende des Siècles;* dans cette nuée d'anciens poèmes, privés, plus ou moins intimes, ignorés aujourd'hui, oubliés, perdus, quelques-uns à tort, il n'y a qu'à feuilleter son œuvre; *les Rayons et les Ombres,* IV ; *regard jeté dans une mansarde;* I; II; III :

L'angle de la cellule abrite un lit paisible.
Sur la table est ce livre où Dieu se fait visible,
La légende des saints, seul et vrai panthéon.
Et dans un coin obscur, près de la cheminée,
Entre la bonne Vierge et le buis de l'année,
Quatre épingles au mur fixent Napoléon.

Cet aigle en cette cage! — et pourquoi non? dans l'ombre
De cette chambre étroite et calme, où rien n'est sombre,
Où dort la belle enfant, douce comme son lis,
Où tant de paix, de grâce et de joie est versée,
Je ne hais pas d'entendre au fond de ma pensée
Le bruit des lourds canons roulant vers Austerlitz.

Et près de l'empereur devant qui tout s'incline,
— O légitime orgueil de la pauvre orpheline! —
Brille une croix d'honneur, signe humble et triomphant,
Croix d'un soldat tombé comme tout héros tombe,
Et qui, père endormi, fait du fond de sa tombe
Veiller un peu de gloire auprès de son enfant.

IV

Croix de Napoléon! joyau guerrier! pensée!
Couronne de laurier de rayons traversée!
Quand il menait ses preux aux combats acharnés,
Il la laissait, afin de conquérir la terre,
Pendre sur tous les fronts durant toute la guerre,
Puis, la grande œuvre faite, il leur disait : Venez!

Puis il donnait sa croix à ces hommes stoïques,
Et des larmes coulaient de leurs yeux héroïques,
Muets, ils adoraient leur demi-dieu vainqueur.
On eût dit qu'allumant leur âme avec son âme,
Et touchant leur poitrine avec son doigt de flamme,
Il leur faisait jaillir cette étoile du cœur!

Et encore :

IX

Oh! la croix de ton père est là qui te regarde!
La croix du vieux soldat mort dans la vieille garde!
Laisse-toi conseiller par elle, ange tenté,
Laisse-toi conseiller...

[Il s'agit de la défendre de Voltaire;]

Voltaire, le serpent, le doute, l'ironie,
Voltaire est dans un coin de ta chambre bénie!
Avec son œil de flamme il t'espionne et rit.

Oh! tremble! ce sophiste a sondé bien des fanges!
Oh! tremble! ce faux sage a perdu bien des anges!
Ce démon, noir milan, fond sur les cœurs pieux,
Et les brise, et souvent, sous ses griffes cruelles,
Plume à plume j'ai vu tomber ces blanches ailes
Qui font qu'une âme vole et s'enfuit dans les cieux!

Il compte de ton sein les battements sans nombre.
Le moindre mouvement de ton esprit dans l'ombre,
S'il penche un peu vers lui, fait resplendir son œil.
Et, comme un loup rôdant, comme un tigre qui guette,
Par moments, de Satan, visible au seul poète,
La tête monstrueuse apparaît à ton seuil!

VIII

Hélas! si ta main chaste ouvrait ce livre infâme,
Tu sentirais soudain Dieu mourir dans ton âme.
Ce soir tu pencherais...

Et cætera. On ne croit jamais, aujourd'hui, on ne se rappelle plus que Hugo ait jamais pu faire des vers aussi mauvais. Ils sont là, pourtant. Ils sont dans son œuvre, au même titre que le reste. Au même titre que le reste, ils entrèrent dans nos mémoires d'enfants. Ainsi au même titre que le reste ils resteront éternellement dans nos mémoires d'hommes.

Il y a eu le Victor Hugo du sacre.

C'est une des forces de Hugo, peut-être sa force principale, on peut dire que ce fut la force de Hugo que cette impudence tranquille. Plus que cette impudence de sérénité, cette impudeur. Faire de mauvais vers lui était parfaitement égal, pourvu que tous les matins il fît, il eût son compte de vers. Il pensait qu'il valait mieux faire des mauvais vers que de ne pas en faire du tout. Il était comme un grand fleuve. Il pensait qu'avant tout, il faut assurer, entretenir le courant. Il était comme un grand fleuve, qui ne refuse point, qui ne se refuse point de rouler des eaux sales et jaunes, à certains jours, parce qu'avant tout il faut rouler des eaux, et qu'il faut rouler des eaux sales et jaunes, certains jours, pour que viennent, certains autres jours, les eaux lucides, les eaux transparentes, les eaux claires et bleues. Toutes les faiblesses lui paraissaient meilleures que l'odieuse stérilité. Et qui sait d'ailleurs si ces eaux que du rivage nous jugeons jaunâtres, saumâtres, sales, lui-même, le père fleuve, il ne les aimait pas autant.

Et dans ces coulées de faiblesses, quels réveils imprévus. Quel beau vers, soudain, quelle annonce, quelle promesse, quelle anticipation,

> Le bruit des lourds canons roulant vers Austerlitz,

ou quel ressouvenir des beaux poèmes à venir; quelle remontée, du futur; ouvrier avant tout, en ce sens, ouvrier de l'écriture en vers, il a eu sa récompense enfin, et cette récompense était littéralement un salaire; ouvrier de tous les matins, on oublie trop aujourd'hui combien de fois il avait essayé, fait les poèmes qu'il a définitivement réussis. La mémoire impérieuse que nous avons gardée de ces poèmes définitifs, et qui s'est imposée, qui s'impose à nous aujourd'hui, qui nous commande aujourd'hui, qui nous commandera toujours, ont beaucoup effacé, quelquefois totalement, ont violemment chassé de nos mémoires tant d'essais antérieurs. On a aisément reconnu ici les ébauches, les premières exécutions de tant de poèmes demeurés seuls célèbres. Ensuite. On ne saura jamais combien de fois il a fait certains poèmes, avant de les faire, avant que cette fois fût pour la bonne fois. On oubliera toujours par quelles montées il montait quotidiennement, jusqu'au jour, seul aujourd'hui connu, seul commémoré, où enfin cette montée, officiellement, devint une ascension.

Tout au long de cette montée, la pensée de Napoléon le poursuivit; et elle ne le quitta point pendant son ascension même. Pour moi cette présence perpétuelle de Napoléon, manifestée dans les poèmes même où il n'a que faire, est pour moi l'indice d'une incontestable hantise.

Juin 1839. — Il y avait déjà une ode *à la colonne de la place Vendôme, parva magnis,* livre III, ode septième, dans les *Odes et Ballades;* février 1827 :

Prenez garde, étrangers : — nous ne savons que faire!
La paix nous berce en vain dans son oisive sphère,
L'arène de la guerre a pour nous tant d'attrait!
Nous froissons dans nos mains, hélas! inoccupées,
Des lyres à défaut d'épées!
Nous chantons comme on combattrait!

Mêmes *Odes et Ballades, mon enfance, Voilà que tout cela est passé... mon enfance n'est plus; elle est morte, pour ainsi dire, quoique je vive encore.* SAINT AUGUSTIN, *Confessions.* Livre V, Ode neuvième; 1; 1823 :

J'ai des rêves de guerre en mon âme inquiète;
J'aurais été soldat, si je n'étais poète.
Ne vous étonnez point que j'aime les guerriers!
Souvent, pleurant sur eux, dans ma douleur muette,
J'ai trouvé leur cyprès plus beau que nos lauriers.

Enfant, sur un tambour ma crèche fut posée.
Dans un casque pour moi l'eau sainte fut puisée.
Un soldat, m'ombrageant d'un belliqueux faisceau,
De quelque vieux lambeau d'une bannière usée
Fit les langes de mon berceau.

Parmi les chars poudreux, les armes éclatantes,
Une muse des camps m'emporta sous les tentes;
Je dormis sur l'affût des canons meurtriers;
J'aimai les fiers coursiers, aux crinières flottantes,
Et l'éperon froissant les rauques étriers.

J'aimai les forts tonnants, aux abords difficiles;
Le glaive nu des chefs guidant les rangs dociles,
La vedette perdue en un bois isolé,
Et les vieux bataillons qui passaient dans les villes,
Avec un drapeau mutilé.

Mon envie admirait et le hussard rapide,
Parant de gerbes d'or sa poitrine intrépide,

Et le panache blanc des agiles lanciers,
Et les dragons, mêlant sur leur casque gépide
Le poil taché du tigre aux crins noirs des coursiers

Et j'accusais mon âge : — « Ah! dans une ombre obscure,
« Grandir, vivre! laisser refroidir sans murmure
« Tout ce sang jeune et pur, bouillant chez mes pareils,
« Qui dans un noir combat, sur l'acier d'une armure,
« Coulerait à flots si vermeils! »

Et j'invoquais la guerre, aux scènes effrayantes;
Je voyais, *en espoir*, dans les plaines bruyantes,
Avec mille rumeurs d'hommes et de chevaux,
Secouant à la fois leurs ailes foudroyantes,
L'un sur l'autre à grands cris fondre deux camps rivaux.

J'entendais le son clair des tremblantes cymbales,
Le roulement des chars, le sifflement des balles,
Et, de monceaux de morts semant leurs pas sanglants,
Je voyais se heurter, au loin, par intervalles,
Les escadrons étincelants!

II

Avec nos camps vainqueurs, dans l'Europe asservie
J'errai, je parcourus la terre avant la vie;
Et, tout enfant encor,...

Là, je voyais les feux des haltes militaires
Noircir les murs croulants des villes solitaires;
La tente, de l'église envahissait le seuil;
Les rires des soldats, dans les saints monastères
Par l'écho répétés, semblaient des cris de deuil.

Quelle peine, hein; quels travaux; quel travail; quels grincements de lime; quelle recherche des mots, qui ne viennent pas, de tous les mots, des épithètes, qui manquent, qui ratent immanquablement. Sacristie et métaphore. Comme tout cela était moisi, pourri de littérature. 1823, il avait vingt et un ans. Il a gagné, depuis. Il n'a pas volé sa gloire, celui-là.

Mais débarbouillons-nous. Tout a une fin. Avant de remonter, parmi ce peuple qui se disperse, avant de remonter par les ponts boulevard Saint-Michel et jusqu'à la rue de la Sorbonne, où le travail négligé nous attend, débarbouillons-nous de tous ces essais, lavons-nous la mémoire de tous ces mauvais vers. Avant de rompre, récitons-nous de ces vers définitifs, définitivement réussis. Prenons-les parmi les poèmes réussis correspondants. Je veux dire correspondant aux poèmes d'essai que nous avons essuyés.

Napoléon le tenait si bien. Il était si hanté de ce nom et de cette image de Napoléon que Napoléon lui sert de calendrier. Et quel calendrier. Pour quelle date. Pour la date la plus importante de l'histoire universelle, qui est la date de la naissance de Victor Hugo : *les Feuilles d'automne,* I, *Data fata secutus, devise des Saint-John* [qu'est-ce que c'est que les Saint-John?]

> Ce siècle avait deux ans! Rome remplaçait Sparte,
> Déjà Napoléon perçait sous Bonaparte,
> Et du premier consul déjà, par maint endroit,
> Le front de l'empereur brisait le masque étroit.
> Alors dans Besançon,...

Juin 1830. Et *Chants du Crépuscule,* V, *Napoléon II,* I :

> Mil huit cent onze! — O temps où des peuples sans nombre

IV.

> Ce que son œil cherchait dans le passé profond,...

> Ce n'était pas Madrid, le Kremlin et le Phare,
> La diane au matin fredonnant sa fanfare,
> Le bivac sommeillant dans les feux étoilés,
> Les dragons chevelus, les grenadiers épiques,
> Et les rouges lanciers fourmillant dans les piques,
> Comme des fleurs de pourpre en l'épaisseur des blés;

Août 1832. — Ce poème réussi, ce poème gai, dans cette strophe, et sous un revêtement de tristesse, sont-ce là des vers pacifiques. Et ce poème, où lui-même il a ramassé, dès *les Orientales,* dès 1828, tout son ensemble de Napoléon; *Lui.*

En épigraphe :

> J'étais géant alors, et haut de cent coudées.
>
> BUONAPARTE

I

Toujours lui! lui partout! — Ou brûlante ou glacée,
Son image sans cesse ébranle ma pensée.
Il verse à mon esprit le souffle créateur.
Je tremble, et dans ma bouche abondent les paroles
Quand son nom gigantesque, entouré d'auréoles,
Se dresse dans mon vers de toute sa hauteur.

Là, je le vois, guidant l'obus aux bonds rapides;
Là, massacrant le peuple au nom des régicides;
Là, soldat, aux tribuns arrachant leurs pouvoirs;
Là, consul jeune et fier, amaigri par des veilles
Que des rêves d'empire emplissaient de merveilles,
Pâle sous ses longs cheveux noirs.

Puis, empereur puissant dont la tête s'incline,
Gouvernant un combat du haut de la colline,
Promettant une étoile à ses soldats joyeux,
Faisant signe aux canons qui vomissent les flammes,
De son âme à la guerre armant six cent mille âmes,
Grave et serein, avec un éclair dans les yeux.

Puis, pauvre prisonnier, qu'on raille et qu'on tourmente,
Croisant ses bras oisifs sur son sein qui fermente,
En proie aux geôliers vils comme un vil criminel,
Vaincu, chauve, courbant son front noir de nuages,
Promenant sur un roc où passent les orages
Sa pensée, orage éternel.

Qu'il est grand, là surtout! quand, puissance brisée,
Des porte-clefs anglais misérable risée,
Au sacre du malheur il retrempe ses droits,
Tient au bruit de ses pas deux mondes en haleine,
Et mourant de l'exil, gêné dans Sainte-Hélène,
Manque d'air dans la cage où l'exposent les rois!

Qu'il est grand à cette heure où, prêt à voir Dieu même,
Son œil qui s'éteint roule une larme suprême!
Il évoque à sa mort sa vieille armée en deuil,
Se plaint à ses guerriers d'expirer solitaire,
Et, prenant pour linceul son manteau militaire,
Du lit de camp passe au cercueil!

II

A Rome, où du sénat hérite le conclave,
A l'Elbe, aux monts blanchis de neige ou noirs de lave,

Au menaçant Kremlin, à l'Alhambra riant,
Il est partout! — Au Nil je le retrouve encore.
L'Égypte resplendit des feux de son aurore;
Son astre impérial se lève à l'orient.

Vainqueur, enthousiaste, éclatant de prestiges,
Prodige, il étonna la terre des prodiges.
Les vieux scheiks vénéraient l'émir jeune et prudent;
Le peuple redoutait ses armes inouïes;
Sublime, il apparut aux tribus éblouies
Comme un Mahomet d'Occident.

Leur féerie a déjà réclamé son histoire.
La tente de l'Arabe est pleine de sa gloire.
Tout Bédouin libre était son hardi compagnon;
Les petits enfants, l'œil tourné vers nos rivages,
Sur un tambour français règlent leurs pas sauvages,
Et les ardents chevaux hennissent à son nom.

Il est difficile de vérifier ces renseignements de géographie et d'histoire. Et d'histoire naturelle. Mais il y a là, cette fois, son Napoléon tout entier.

Parfois il vient, porté sur l'ouragan numide,
Prenant pour piédestal la grande pyramide,
Contempler les déserts, sablonneux océans;
Là, son ombre, éveillant le sépulcre sonore,
Comme pour la bataille y ressuscite encore
Les quarante siècles géants.

Il dit : « Debout! » Soudain chaque siècle se lève,
Ceux-ci portant le sceptre et ceux-là ceints du glaive,
Satrapes, pharaons, mages, peuple glacé.
Immobiles, poudreux, muets, sa voix les compte;
Tous semblent, adorant son front qui les surmonte,
Faire à ce roi des temps une cour du passé.

Ainsi tout, sous les pas de l'homme ineffaçable,
Tout devient monument; il passe sur le sable;
Mais qu'importe qu'Assur de ses flots soit couvert,
Que l'Aquilon sans cesse y fatigue son aile?
Son pied colossal laisse une trace éternelle
Sur le front mouvant du désert.

III

Histoire, poésie, il joint du pied vos cimes.
Éperdu, je ne puis dans ces mondes sublimes
Remuer rien de grand sans toucher à son nom;
Oui, quand tu m'apparais, pour le culte ou le blâme,

Les chants volent pressés sur mes lèvres de flamme,
Napoléon! soleil dont je suis le Memnon!

Tu domines notre âge; ange ou démon, qu'importe?
Ton aigle, dans son vol, haletants, nous emporte.
L'œil même qui te fuit te retrouve partout.
Toujours dans nos tableaux tu jettes ta grande ombre;
Toujours Napoléon, éblouissant et sombre,
Sur le seuil du siècle est debout.

Ainsi quand du Vésuve explorant le domaine,
De Naples à Portici l'étranger se promène,
Lorsqu'il trouble, rêveur, de ses pas importuns,
Ischia, de ses fleurs embaumant l'onde heureuse,
Dont le bruit, comme un chant de sultane amoureuse
Semble une voix qui vole au milieu des parfums;

Qu'il hante de Pæstum l'auguste colonnade,
Qu'il écoute à Pouzzol la vive sérénade
Chantant la tarentelle au pied d'un mur toscan;
Qu'il éveille en passant cette cité momie,
Pompéi, corps gisant d'une ville endormie,
Saisie un jour par le volcan;

Qu'il erre au Pausilippe avec la barque agile
D'où le brun marinier chante Tasse à Virgile;
Toujours, sous l'arbre vert, sur les lits de gazon,
Toujours il voit, du sein des mers et des prairies,
Du haut des caps, du bord des presqu'îles fleuries,
Toujours le noir géant qui fume à l'horizon!

Décembre 1828. — Les Orientales, XL, pour les scientifiques. Et enfin, avant de rentrer dans nos maisons, puisqu'il s'agit d'un Dieu, écoutons la prière. Écoutons la prière du jeune Arabe Hugo. Ce *Lui, Orientales* XL, succède naturellement à une Orientale XXXIX, et cette Orientale XXXIX n'est autre que *Bounaberdi.*

Ce *Bounaberdi* ne vous dit rien. Mais un sociologue avisé découvrirait aisément dans ce mot une altération du mot *Bonaparte,* surtout si vous l'écrivez *Buonaparte* et si vous le prononcez *Bouonaparté.* Un Filolog découvrirait certainement les lois de cette altération. Avant de nous rasseoir pour dépouiller le courrier de ce jour, écoutons la prière à *Bounaberdi; grand comme le monde :*

Souvent Bounaberdi, sultan des Francs d'Europe,
Que, comme un noir manteau, le semoun enveloppe,

Monte, géant lui-même, au front d'un mont géant,
D'où son regard, errant sur le sable et sur l'onde,
Embrasse d'un coup d'œil les deux moitiés du monde
Gisantes à ses pieds dans l'abîme béant.

Il est seul et debout sur son sublime faîte.
A sa droite couché, le désert qui le fête
D'un nuage de poudre importune ses yeux;
A sa gauche la mer, dont jadis il fut l'hôte,
Élève jusqu'à lui sa voix profonde et haute,
Comme aux pieds de son maître aboie un chien joyeux.

Et le vieil Empereur, que tour à tour réveille
Ce nuage à ses yeux, ce bruit à son oreille,
Rêve, et, comme à l'amante on voit songer l'amant,
Croit que c'est une armée, invisible et sans nombre,
Qui fait cette poussière et ce bruit pour son ombre,
Et sous l'horizon gris passe éternellement!

PRIÈRE

Oh! quand tu reviendras rêver sur la montagne,
Bounaberdi! regarde un peu dans la campagne
Ma tente qui blanchit dans les sables grondants;
Car je suis libre et pauvre, un Arabe du Caire,
Et quand j'ai dit : Allah! mon bon cheval de guerre
Vole, et sous sa paupière a deux charbons ardents!

Novembre 1828. — Décidément mon cahier serait un cahier très sage, qui ferait plaisir à tout le monde, même à mes amis, et qui me vaudrait les compliments de mes camarades; un bon cahier de récapitulation; sans aucune idée maîtresse : des faits, rien que des faits; des événements bien égalisés, soigneusement passés au rouleau; énumération; échelonnement; rien de plus; l'idéalisme historique y recevrait une adoration discrète, parce que nous devons révérer les anciens dieux; le matérialisme historique y recevrait un hommage plus marqué, parce que nous devons nous ménager les dieux nouveaux; l'une et l'autre adoration pourtant seraient habilement combinées, dosées, parce que l'on ne sait jamais qui sera le dieu de demain; et ni l'un ni l'autre hommage ne me ferait manquer à la règle sacrée du fait pur; car cet idéalisme et ce matérialisme se ressemblent en ceci au moins qu'ils ne sont nullement des idées, puisqu'ils sont des systèmes.

Sage devenu en ce temps de sagesse, on me pardonnerait beaucoup de nos méfaits passés; les historiens ne me rejetteraient plus; les philosophes ne me rejetteraient plus...

Cette saisie eut lieu un matin; peut-être un lundi; peut-être un mardi matin; en tout cas on eut l'impression que ça faisait un commencement de semaine, et un sérieux commencement de semaine; par un effet de retour en arrière, on eut immédiatement l'impression que le voyage du roi d'Espagne avait lui aussi duré une semaine exactement, qu'il avait fait une semaine, arrêtée, que cette semaine avait été la semaine du roi d'Espagne, qu'elle était finie, qu'il ne s'agissait plus d'en parler, qu'on avait autre chose à faire; cette semaine elle-même avait fini mal; un attentat, le plus stupide et le plus criminel des attentats, rompant la sécurité universelle, avait rompu la joie, ayant rompu le charme; dès avant l'arrivée du souverain, des gens bien informés avaient bien dit que la police était extrêmement inquiète, que l'on savait qu'il y avait un complot qui se préparait; que l'on redoutait un attentat; nul n'en voulait rien croire; d'abord parce que ces pronostics venaient des perpétuels gens bien informés; ensuite parce que ces sinistres renseignements dérangeaient l'idée que l'on s'était faite, l'idée que l'on voulait avoir; un matin, on sut par les journaux que l'attentat s'était produit; ce fut comme un premier assombrissement, et un premier détraquement; une irruption de réalité rebelle; mais quelqu'un troubla la fête; on eut l'impression que des gens qui n'étaient pas invités entraient dans le cours des événements, les arrangements si bien pris tombaient; non seulement cet attentat était criminel et odieux, mais et surtout il n'était pas de jeu; il rompait une sécurité contractuelle communément consentie; avec lui et par lui revenaient pour tout le monde les communs soucis, les tracas, les embarras, les embêtements de nos vies ordinaires.

Il y a je ne sais quoi de singulièrement féroce dans l'immuabilité des programmes officiels; un soir la mort, qui n'était pas prévue, paraissant elle-même s'inscrit au programme; et tout le monde est officiellement forcé de faire comme si elle ne s'y était pas inscrite; ces deux premières bombes pouvaient en introduire d'autres;

on savait qu'il y en avait d'autres on ne savait où; et pourtant il fallait continuer les fêtes, suivre le programme exactement comme si de rien n'était; sous peine d'hésitation, de panique, d'affolement, d'officielle lâcheté; ainsi les deux souverains devaient continuer de faire les deux personnages des fêtes et des cérémonies arrêtées; ils devaient immuablement continuer d'être des personnages populaires et souriants de fêtes nationales et populaires; sous la menace de la mort, car les protections de la police, on l'avait bien vu, ne procurent jamais une sécurité hermétique. Ainsi entendu, le métier de roi devient le plus difficile des métiers, le plus dangereux, et celui qui requiert le plus du courage le plus exact; nul métier peut-être n'exige à ce point que le menacé fasse exactement comme si la menace n'existait pas; ni l'ouvrier dans les métiers dangereux, ni le misérable dans sa misère, ni le marin ni l'officier sur son vaisseau, ni le soldat ni l'officier sous le feu ne sont tenus de faire exactement comme s'il n'y avait aucune menace d'aucun danger; sans avoir peur, ils ont le droit de montrer, ou de laisser voir, qu'ils savent; généralement ils s'appliquent à ne rien laisser voir, ou par un courage naturel ou obtenu en effet ils ne laissent rien voir; mais c'est beaucoup déjà que de ne pas y être tenu; au contraire le roi est tenu de se conduire exactement comme s'il n'y avait jamais rien eu de fait.

Cet odieux, ce criminel attentat n'avait pas seulement assombri la fin de ces fêtes, il n'avait pas seulement révélé un danger permanent, mais, ce qui était plus grave, il avait rompu la trêve; il faut redire le mot, il avait rompu le charme; on eut immédiatement l'impression que cette intervention brusque avait rompu tout un enchantement, que c'était lui, l'attentat, qui était réel, et que c'étaient les fêtes qui étaient imaginaires, feintes, que l'enchaînement de cette année pénible n'avait point été brisé, que la semaine qui allait recommencer ressemblerait aux semaines précédentes de la même vie, qu'il faudrait reprendre le collier, que rien de nouveau n'était venu, que ces promenades n'avaient eu aucun sens, que ces dissipations avaient été vaines, que la vie était toujours la même; cet attentat n'était pas un attentat seulement; c'était la réapparition des ennuis journaliers que l'on avait omis d'inviter.

C'était surtout la réapparition brusque de la réalité même; les joies et les délassements avaient été imaginaires; l'attentat seul était réel, non factice, non bienveillant et bénévole; comme on attendait anxieux, la respiration coupée, que toutes ces fêtes fussent finies, oppressé, que le roi fût parti, nous déchargeant enfin du soin de sa garde et de l'honneur de sa sécurité; comme on attendait qu'il fût parti enfin, et qu'il fût arrivé quelque part qui ne fût point chez nous; qui ne fût point de notre domaine, car aussitôt, immédiatement, tout le monde avait senti que nous avions un domaine, où nous étions responsables; comme on attendait que tout fût éloigné, le roi, la menace, le malheur, le perpétuel embêtement.

Il fallut revenir à Paris afin de recommencer la semaine; une ancienne chanson française, que nul aujourd'hui ne sait plus, qui ferait le désespoir de nos modernes antialcoolistes, elle-même commence par les enseignements suivants :

> Commençons la semaine
> En buvant du bon vin;

Ces vieux enseignements sont à jamais perdus; nous commençons généralement nos semaines en nous abreuvant d'ennuis, de travail, de présence; et nous les continuons, et nous les finissons comme nous les avons commencées; nous rentrions donc à Paris ce matin de commencement de semaine, — était-ce un lundi, était-ce un mardi, était-ce un autre jour, nul aujourd'hui ne le sait, — mais ce que chacun sait, et ce que nul désormais n'oubliera, c'est le commencement de semaine que fit de lui-même ce jour inoubliable.

Comme tout le monde j'étais rentré à Paris le matin neuf heures; comme tout le monde, c'est-à-dire comme environ huit ou neuf cents personnes, je savais à onze heures et demie que dans l'espace de ces deux heures une période nouvelle avait commencé dans l'histoire de ma propre vie, dans l'histoire de ce pays, et assurément dans l'histoire du monde.

Si ces cahiers n'étaient pas les cahiers, c'est-à-dire s'ils étaient une revue comme toutes les revues, et si je me proposais d'écrire un article comme on en écrit pour toutes les revues, touchant à la fin de ce premier cahier que j'ai pu faire, ce serait ici le commencement de mentir; ayant à parler d'un événement aussi capital, j'emprunterais le langage noble, le grand style, je m'exciterais; mais nous nous sommes précisément institués pour donner, autant que nous le pourrions, des notations exactes, scrupuleuses, patientes.

Nous étions donc venus à Paris débarrassés tout de même un peu des soucis antérieurs; le roi était parti, en bon état; c'était un gros souci de moins; il ne restait plus qu'un monde connu, le monde exploré des soucis quotidiens, le monde ennemi et parent des soucis familiers.

Comment en l'espace d'un matin tout le monde, j'entends tout le monde ainsi dénombré, sut que la France était sous le coup d'une invasion allemande imminente, c'est ce que je veux d'abord noter.

Nous étions arrivés pensant à tout autre chose; on a tant à faire en un commencement de semaine, surtout après une légère interruption; la vie est si chargée; nous ne sommes pas de ces grands génies qui avaient toujours un œil sur le tsar et l'autre sur le mikado; les destins des empires nous intéressent énormément; mais nous sommes tenus de gagner notre pauvre vie; nous travaillons du matin au soir; nous faisons des journées de beaucoup plus de huit heures; nous avons, comme tous les honnêtes gens et les simples citoyens, beaucoup de soucis personnels; on ne peut pas penser toujours aux révolutions de Babylone; il faut vivre honnêtement la vie de tous les jours; elle est grise et tissée de fils communs.

La vie de celui qui ne veut pas dominer est généralement de la toile bise.

Tout le monde, ainsi compté, tout le monde en même temps connut que la menace d'une invasion allemande est présente, qu'elle était là, que l'imminence était réelle.

Ce n'était pas une nouvelle qui se communiquât de bouche en bouche, que l'on se communiquât, latéralement, comme les nouvelles ordinaires; ce que les gens qui se rencontraient se communiquaient, ce n'était pas la nouvelle, ce n'était que la confirmation, pour chacun d'eux, d'une nouvelle venue de l'intérieur; la connaissance de cette réalité se répandait bien de proche en proche; mais elle se répandait de l'un à l'autre comme une contagion de vie intérieure, de connaissance intérieure, de reconnaissance, presque de réminiscence platonicienne, de certitude antérieure, non comme une communication verbale ordinaire; en réalité c'était en lui-même que chacun de nous trouvait, recevait, retrouvait la connaissance totale, immédiate, prête, sourde, immobile et toute faite de la menace qui était présente.

L'élargissement, l'épanouissement de cette connaissance qui gagnait de proche en proche n'était point le disséminement poussiéreux discontinu des nouvelles ordinaires par communications verbales; c'était plutôt une commune reconnaissance intérieure, une connaissance sourde, profonde, un retentissement commun d'un même son; au premier déclenchement, à la première intonation, tout homme entendait en lui, retrouvait, écoutait, comme familière et connue, cette résonance profonde, cette voix qui n'était pas une voix du dehors, cette voix de mémoire engloutie là et comme amoncelée on ne savait depuis quand ni pour quoi.

COURRIER DE RUSSIE[1]

Cinquième cahier de la septième série (19 novembre 1905).

Le courrier que l'on va lire fait, comme tous les *courriers des cahiers,* dont on a pu lire ci-dessus un énoncé beaucoup trop succinct, un témoignage direct. Comme son titre l'indique, il est et il forme un témoignage direct sur cette précédente reprise de la Révolution en Russie que furent les événements du 22 janvier dernier.

Mon vieux camarade, condisciple et ami et notre collaborateur Étienne Avenard était parti à Saint-Pétersbourg comme correspondant de *l'Humanité.* Je dois rappeler ici, avant toute considération, cette circonstance, et je ne puis la rappeler sans une certaine mélancolie. La dernière fois que je vis Jaurès, en effet, c'était pendant les mois où justement il préparait la publication de cette même *Humanité.* Que les temps sont changés! Sitôt que de ce jour... Je ne trahirai aucun secret en rapportant que Jaurès alors venait de loin en loin me voir à l'imprimerie. De Passy à Suresnes, par le bois, la route est belle. Jaurès qui en ce temps-là travaillait beaucoup, beaucoup trop, à ses articles de *la Petite République,* et surtout à son énorme *Histoire socialiste de la Révolution française,* Constituante, Législative, Convention, quatre énormes volumes au moins, si j'ai bon souvenir, *in quarto,* sang-de-bœuf, ne portait pas toujours très bien tant de travail. Qui l'eût porté, à sa place? Il éprouvait le besoin, par excès de travail, lourdeur de tête, afflux sanguin, — il est sanguin, — congestion, aux yeux, — toutes les misères de celui qui lit, qui écrit, et qui corrige des épreuves, il éprouvait le besoin de faire l'après-midi régulièrement une promenade, une marche, un peu solide, à pied. Le Bois est une des beautés monumentales de Paris. Et les routes un peu fermes sont belles sous le pied. De Passy à Suresnes il y a trente-cinq minutes, sans se presser. Jaurès venait de loin en loin me trouver à l'imprimerie[1]. J'y étais presque toujours. Ensemble nous partions par les routes bien courbes et par les droites avenues, soit que je dusse revenir ensuite à l'imprimerie pour y finir ma journée, soit que cette reconduite me fût un chemin de retourner dans Paris.

Les personnes qui m'ont quelquefois reproché de garder pour Jaurès des ménagements excessifs n'ont évidemment point connu le Jaurès que je connaissais pendant ces promenades retentissantes. Nous pouvions nous voir et causer et marcher ensemble honnêtement. Sans aucune compromission d'aucune sorte. Sans faiblesse de l'un ni de l'autre. Il avait été, dans les meilleures conditions du monde, l'un de nos collaborateurs[2]. Et puis enfin, en ce temps-là, il était Jaurès. Et je n'étais point en reste avec lui. A titre de collaborateur il nous avait fourni de la très bonne copie. A titre de gérant je lui en avais fait des éditions comme il n'en avait jamais eu, comme il n'en a jamais eu depuis, comme il n'en aura jamais d'autres. Au demeurant, par je ne sais quel obscur pressentiment des développements ultérieurs, ou par quelle obscure pénétration des présentes réalités profondes, — par une sage administration de ce commerce oratoire je m'étais toujours scrupuleusement conduit de telle sorte que je ne redusse rien à mon illustre partenaire. Non seulement je ne lui ai jamais demandé un de ces services d'amitié, un de ces bons offices qui lient, un honnête homme. Éternellement. Mais j'avais toujours conduit nos relations de librairie, et toutes autres, j'avais toujours administré mes sentiments mêmes de telle sorte que mon compte créditeur débordât toujours mon compte débiteur d'une assez large marge. Il y a, dans la vie, de ces profonds pressentiments.

Comme alors les pressentiments me venaient, anticipant les tristesses ultérieures, ainsi aujourd'hui, et réciproquement, par le ministère de cette collaboration Avenard, les souvenirs m'assaillent, rappelant les illusions publiques à jamais perdues. Qui alors ne se fût attaché à lui? Et qui, d'avance attaché, ne se fût maintenu attaché? Son ancienne et son authentique gloire de l'ancienne affaire Dreyfus, renforçant, doublant sa plus ancienne et sa non moins authentique gloire socialiste, l'entourait encore d'un resplendissement de bonté. C'était le temps où il était de notoriété que Jaurès était bon. D'autres pouvaient lui contester d'autres valeurs, mais tout finissait ainsi toujours : Il est bon. Pour ça, il est bon. — Et ce fut la période aussi, les quatre ans où n'étant pas député, sorti du monde parlementaire, presque de tout le monde politique, il eut vraiment dans ce pays une situation qu'il n'a jamais retrouvée.

Un assez grand nombre de personnes me reprochent d'avoir gardé pour Jaurès une tendresse secrète, qui transparaît même, qui transparaît surtout dans mes sévérités les plus justifiées. C'est qu'elles ne connaissent point un Jaurès que j'ai parfaitement connu, alors, un Jaurès bon marcheur et bon causeur, non pas le Jaurès ruisselant et rouge des meetings enfumés, ni le Jaurès, hélas, rouge et devenu lourdement mondain des salons de défense républicaine; mais un Jaurès de plein air et de bois d'automne, un Jaurès comme il eût été s'il ne lui fût jamais arrivé malheur, et dont le pied sonnait sur le sol dur des routes. Un Jaurès des brumes claires et dorées des commencements de l'automne.

Un Jaurès qui, bien que venu chez nous des versants des Cévennes et remonté des rives de la Garonne, goûtait parfaitement la parfaite beauté des paysages français. Un Jaurès qui admirait et qui savait regarder et voir ces merveilleux arbres de l'Ile-de-France, tout dorés par les automnes de ce temps-là. Un Jaurès qui debout aux grêles parapets de fonte ou de quelque métal du pont de Suresnes, regardant vers Puteaux, admirait, savait admirer en spectateur moderne toute la beauté industrielle de cette partie de la Seine; ou regardant de l'autre côté, planté debout face au fleuve, il regardait, il admirait, il enregistrait, il voyait, comme un Français, le fleuve courbe et noble descendant aux pieds des admirables lignes des coteaux. Il m'expliquait tout cela. Il expliquait toujours tout. Il savait admirablement expliquer, par des raisons discursives, éloquentes, concluantes. Démonstratives. C'est ce qui l'a perdu. Un homme qui est si bien doué pour expliquer tout est mûr pour toutes les capitulations. Une capitulation est essentiellement une opération par laquelle on se met à expliquer, au lieu d'agir.

Et les lâches sont des gens qui regorgent d'explications.

J'ai connu un Jaurès poétique. Une admiration commune et ancienne, en partie venue de nos études universitaires, nous unissait dans un même culte pour les classiques et pour les grands poètes. Il savait du latin. Il savait du grec. Il savait énormément par cœur. J'ai eu cette bonne fortune, — et cela n'a pas été donné à tout le monde, — j'ai eu cette bonne fortune de marcher aux côtés de Jaurès récitant, déclamant. Combien d'hommes ont connu les poètes par la retentissante voix de Jaurès? Racine et Corneille, Hugo et Vigny, Lamartine et jusqu'à Villon, il savait tout ce que l'on sait. Et il savait énormément de ce que l'on ne sait pas. Tout *Phèdre,* à ce qu'il me semblait, tout *Polyeucte.* Et *Athalie.* Et *le Cid.* Il eût fait un Mounet admirable, si la fortune adverse ne s'était pas acharnée à faire de lui un politicien. Il était venu au classique peut-être plus par un goût toulousain de l'éloquence romaine. Et je devais y être venu un peu plus peut-être par un goût français de la pureté grecque. Mais en ce temps-là on n'envenimait point ces légers dissentiments. Les esprits étaient à l'unité. On n'y regardait point d'aussi près. Tout Toulousain qu'il fût d'origine, il s'élevait aisément, parfaitement, naturellement, à l'intelligence et au goût de ces poètes parfaits de la vallée de la Loire, et des environs, qui sont la moelle du génie français, du Bellay, l'immortel Ronsard. Il savait les sonnets. Quand vous serez bien vieille, au soir à la chandelle. Dieu veuille que ces révélations compromettantes ne lui fassent point trop de tort dans sa circonscription.

Il n'y avait d'accidents que quand se rappelant qu'il avait commencé, normalien, par être un brillant agrégé de philosophie, il entreprenait de faire le philosophe. Alors ces entretiens devenaient désastreux. Un jour j'eus le malheur de lui dire que nous suivions très régulièrement les cours de M. Bergson au Collège de France, au moins le cours du vendredi. J'eus l'imprudence de lui laisser entendre qu'il faut le suivre pour savoir un peu ce qui se passe. Immédiatement, en moins de treize minutes, il m'eut fait tout un discours de la philosophie de Bergson, dont il ne savait pas, et dont il n'eût pas compris, le premier mot. Rien n'y manquait. Mais il avait été le camarade de promotion de M. Bergson dans l'ancienne École Normale, celle qui était supérieure. Cela lui suffisait. Ce fut une des fois qu'il commença de m'inquiéter.

Il était si éloquent que souvent il s'arrêtait, malgré lui, machinalement, pour être éloquent encore davantage; et qu'il marchât ou qu'il fût arrêté, les gens, dans la rue, souvent, s'arrêtaient pour le regarder parler. Tous ne le connaissaient point, bien qu'il fût l'homme le plus célèbre de France et alors dans tout l'éclat de sa gloire. Mais qu'on le connût, ou qu'on ne le connût pas, — et puisque aussi bien nous en sommes au chapitre des confessions, — dans ma sotte vanité de jeune homme, de jeune socialiste, de jeune dreyfusiste, j'étais secrètement flatté d'être publiquement le public, l'homme-public, d'un homme aussi célèbre et d'un aussi grand orateur.

Envoyé de *l'Humanité,* correspondant de ce journal à Saint-Pétersbourg, Avenard tenait beaucoup à ce qu'il fût dit en tête de ce cahier quel bon souvenir il avait gardé de ses relations professionnelles et généralement de toutes ses relations avec le journal dont il était devenu ainsi le collaborateur occasionnel, et dont j'ajouterai qu'il serait à souhaiter qu'il devînt régulièrement le collaborateur. Que notre collaborateur se rassure. Je le dirai. Je ne le ferai point seulement comme un devoir de ma charge. Mais je le ferai comme accomplissant un voyage de retour vers un passé qui fut heureux. S'il faut dire du bien de Herr et de Jaurès, nul ne le fera mieux que moi. Nul autant que moi n'en a l'habitude et n'en sait la manière. Ce fut mon premier, et longtemps mon seul métier. Ce fut mon métier pendant plusieurs années, pendant toutes les années de mon apprentissage.

En ce temps-là, au temps de Ronsard, et même de Hérédia, Jaurès avait accoutumé de me dire : Vous, Péguy, vous avez un vice. Vous vous représentez, vous avez la manie d'imaginer la vie de tout le monde autrement que les titulaires eux-mêmes n'en disposent. Et d'en disposer à leur place, pour eux. — C'est qu'étant simple citoyen j'ai le recul nécessaire. Situé dans le simple peuple, je vois, comme tout le monde, beaucoup de mouvements que les grands ne voient pas.

La dernière fois, donc, la dernière fois que je vis Jaurès, dans ces conditions, et je ne l'ai jamais revu non plus dans aucunes autres conditions, ce fut précisément pendant les mois qu'il préparait ce journal qui eśt devenu *l'Humanité*. Les vieilles gens se rappellent encore tout ce que l'on attendait de ce journal en formation. Le journal de Jaurès! on en avait plein les années à venir. Depuis des années on savait bien, on avait bien dit que Jaurès finirait par faire son journal. Enfin on aurait, on verrait, on allait voir le journal de Jaurès. On attendait. Il ne fallait rien dire. Ce serait un journal comme on n'en avait jamais vu. Le journal de Jaurès, enfin. Ce mot disait tout. Ce mot valait tout. On verrait ce que ce serait que le journal de Jaurès. Les titres couraient.

Ce fut sur ces entrefaites qu'arrivant un jour à l'imprimerie[1] un peu de temps après le déjeuner les imprimeurs me dirent : Vous savez, que Jaurès eśt venu vous demander. Ils n'étaient pas peu fiers, les imprimeurs, de me faire cette commission, parce que la vénération que les anciens sujets avaient pour le roi de France n'était rien auprès des sentiments que nos modernes citoyens nourrissent pour les grands chefs de leur démocratie.

Il y avait dès lors fort longtemps que je n'avais pas revu Jaurès, depuis qu'il était redevenu député. Sa capitulation devant la démagogie combiśte et bientôt sa complicité dans la démagogie combiśte avait achevé de consommer une séparation dont le point d'origine se perdait dans les établissements de nos plus anciennes relations. Pourtant quand les imprimeurs m'eurent ainsi rapporté que Jaurès était venu me demander, je me dis que somme toute j'étais le plus jeune, un tout jeune homme en comparaison de lui, que par conséquent je lui devais le respect, que je devais lui céder le pas, que nos anciennes relations n'avaient jamais rien eu que d'honnête et de hautement honorable, que le souvenir m'en serait toujours précieux, que je pouvais donc, que je devais faire la deuxième démarche. Je me présentai chez lui peut-être le lendemain matin. Il n'eśt pas une des maisons où je suis allé une fois où je ne puisse honorablement retourner. Peu d'hommes publics pourraient en dire autant.

Je me présentai chez lui. Je croyais qu'il avait quelque chose à me dire. Il n'avait rien. Il était un tout autre homme. Vieilli, changé, on ne sait combien. Cette dernière entrevue fut sinistre. C'est une grande pitié quand deux hommes, qui ont vécu ensemble d'une certaine vie, après une longue et définitive interruption d'eux-mêmes se remettent ou par les événements sont remis dans les conditions extérieures de cette ancienne vie. Nulle conjoncture, autant que ce rapprochement, n'imprime en creux dans le cœur la trace poussiéreuse et creuse de la vanité des destinées manquées. Il sortit. Je l'accompagnai pourtant. Nous allâmes à pied. Il mit des lettres à la poste, ou des télégrammes. Nous allâmes, nous allâmes, par ces froides avenues du seizième arrondissement. Arrivés à la statue de La Fayette, ou à peu près, il arrêta une voiture, pour faire une course. Au moment de le quitter, je sentis bien que ce serait pour la dernière fois. Un mouvement profond, presque un remords, fit que je ne pouvais pas le quitter ainsi. Au moment de lui serrer la main pour cette dernière fois, revenant sur ce qui était ma pensée depuis la veille, et depuis le commencement de ma visite, je lui dis : Je croyais que vous étiez venu me voir hier à l'imprimerie pour me parler de votre journal. — Un peu précipitamment : non. — Quelques instants auparavant il m'avait dit d'un ton épuisé : Je fais des courses, des démarches. — Il était et paraissait fatigué. — Les gens ne marchent pas. Les gens sont fatigués. Les gens ne valent pas cher. Il était lassé, voûté, ravagé. Je n'ai jamais vu rien ni personne d'aussi triste, d'aussi désolant, d'aussi désolé, que cet optimiste professionnel.

Avait-il dès lors, et depuis quelque temps, par ces démarches mêmes, un pressentiment de la vie atroce où il allait entrer. Ce jour, ce temps avait dans sa vie une importance capitale. Pour la dernière fois il quittait la vie libre, la vie honnête, la vie de plein air du simple citoyen; pour la dernière fois, et irrévocablement, il allait plonger, faire le plongeon dans la politique. Il était frappé d'une grande tristesse. Il assistait à sa propre déchéance. Et comme il est naturellement éloquent, dans son cœur il se plaignait fort éloquemment. Sa main sur les chevaux laissait flotter les rênes. Je lui dis : Écoutez. Vous savez bien que je ne vous demande pas d'entrer dans votre journal. Ma vie appartient tout entière aux cahiers. Mais j'ai autour de moi, ou enfin il y a aux cahiers un certain nombre de jeunes gens que vous pourriez faire entrer. Ils ne sont point célèbres. Ils ne courent point après la gloire. Mais ils sont sérieux. Et ils ont la vertu qui est devenue la plus rare dans les temps modernes : la fidélité. Ce n'est point par la fidélité que brillent ceux qui vous entourent. Et moi, vous savez par quelles crises, par quelles misères les cahiers ont passé depuis cinq ans : pas un de mes collaborateurs ne m'a lâché. Cela vaut encore mieux que tout ce que j'ai publié. C'est sans doute la première fois que ce fait se produit depuis le commencement de la troisième République.

Il était embarrassé. J'insistai : Croyez-vous, par exemple, que si vous débutiez par donner en feuilleton le *Coste* de Lavergne, cela n'aurait pas un sens? Alors il commença d'élever un peu les bras au ciel d'un air désolé : Vous savez bien ce que c'est. J'avais mon personnel plein avant de commencer. Il est plus facile d'avoir des collaborateurs que de trouver des commanditaires.

Je le savais de reste. Une dernière poignée de mains. Il monta, lourd, écroulé, dans ce fiacre baladeur. Je ne l'ai jamais revu depuis.

Je n'ai donc jamais pu savoir pourquoi soudain la veille, après un long intervalle et sans crier gare, il était venu me voir à l'imprimerie. Peut-être, au moment de sauter le pas, un regret obscur, et comme un remords sourd. Au moment de quitter à jamais un pays où il avait eu quelque bonheur, et quelque tranquillité de conscience, avant d'entrer dans les marais de la politique, dans les marécages, dans les plaines saumâtres, un dernier regard, une santé dernière, un dernier voyage aux anciens pays de la véritable amitié.

Combien de fois depuis suivant seul ces mêmes routes, printemps, été, automne, hiver, pluie et soleil, boue et poussière, arrosage, ou juste fermeté, combien de fois n'ai-je pas pensé à mon ancien compagnon de voyage; combien de fois n'ai-je pas pensé à Jaurès, non point comme tout le monde peut y penser, mais comme à un ancien compagnon de route, à un ancien compagnon de marche égaré, parti dans de mauvaises routes, égaré dans les fondrières. C'est dans cet esprit que je l'ai suivi de loin, moi-même reperdu dans la foule, refoulé dans le peuple. C'est dans cet esprit que j'ai assisté à cette longue déchéance, que j'ai suivi, de l'une à l'autre continûment, cette série ininterrompue de capitulations et de complicités; capitulation par l'amnistie devant la démagogie réactionnaire nationaliste militariste antisémite antidreyfusiste; presque aussitôt et comme en continuation du même geste capitulation devant la démagogie combiste et complicité dans la démagogie combiste; religion, superstition du *bloc,* poursuivie dans les excès mêmes où la justice demandait qu'elle ne s'exerçât point; et aujourd'hui tout au contraire, brusquement, rupture de la défense républicaine jusque dans les utilités où elle était légitime; c'est-à-dire ici capitulation devant la vieille démagogie guesdiste et devant la démagogie hervéiste, récente; toujours cette maladie et cette manie de quelque unité, unité socialiste, unité républicaine, et derechef unité socialiste, qui dans sa tête fatiguée successivement se battent; pour ne point parler de cette louche et trouble et incompréhensible campagne contre madame Syveton accusée, campagne poussée à fond, on n'a jamais su pourquoi, la seule campagne que Jaurès ait jamais poussée à fond, odieuse et insensée, ou odieuse et criminelle, ou bien d'avoir été faite, ou de n'avoir pas été continuée.

De cette même distance et dans ce même esprit, d'aussi loin j'ai regardé son journal. Je ne dis pas que je l'ai lu. Un journal plus gris que *la Lanterne,* aussi bas que son ancienne *Petite République,* suintant la politique, et toujours quelque unité, suintant toujours, surtout, le commandement de croire, une inlassable et inrebutable autorité de commandement, et cette fourberie particulière par laquelle tout est disposé, composé, ou omis dans un journal pour et de manière que le lecteur soit incliné, conduit, séduit à voir comme le patron veut que l'on voie.

Son personnel, ce personnel dont il était plein avant même que d'avoir commencé ses premières démarches, et dont lui-même il n'était pas si fier, à l'œuvre nous avons vu ce que c'était, son personnel. Pour la partie d'articles et de renseignements, cette horde affamée de petits agrégés normaliens qui ayant découvert le socialisme cinquante-cinq ans après Proudhon et quarante-cinq ans après Marx lui-même se précipitèrent à la défense de la République un peu de temps après qu'ils eurent acquis l'assurance qu'elle ne courait réellement plus aucun danger. Et à leur tête le réjoui Albert Thomas, prince des incompétences. Et avec Thomas le vidame du socialisme toulousain, le célèbre, le joyeux, le faraud, l'enfariné, le bon moralisateur Gabriel Ellen-Prévost, présentement, provisoirement, momentanément professeur au lycée de Cahors, qui n'a point attendu de longues années, celui-là, pour pêcher dans le marécage politique sa candidature aux élections législatives dans la deuxième circonscription de Toulouse. On se doute un peu de ce que sont généralement les élections toulousaines, et la politique toulousaine. On sait ce qu'elles sont particulièrement devenues depuis que les socialistes ont imaginé de faire cause commune avec les réactionnaires à seule fin d'embêter les radicaux de *la Dépêche*.

[On me pardonnera de ne pas savoir s'il faut écrire Gabriel-Ellen Prévost ou Gabriel Ellen-Prévost. Je ne sais pas où il y a le trait d'union, ou même s'il n'en faut pas deux. Je ne sais pas même s'il faut écrire Prévost ou Prévôt. Les journaux et revues orthographient différemment le nom de ce grand homme. Et je n'ai plus, malheureusement, le temps de remonter aux sources.]

Il y a deux espèces de normaliens et d'agrégés : ceux qui font de l'enseignement, ou de la science, ou un métier équivalent; c'est-à-dire ceux qui de quelque manière font leur classe; nous en sommes; et nous devons les respecter comme on doit respecter tout honnête homme qui cherche à gagner honnêtement sa vie. Mais nous devons mépriser toute cette tourbe, toute cette horde, tous ces jeunes arrivistes, à peine dignes, indignes même du nom même d'ambitieux, qui ne demandent à leurs titres universitaires que le privilège d'entrer les premiers dans la politique, les mains basses.

Jaurès me reprochait de disposer des autres et de la vie des autres. Je n'ai jamais eu l'impression d'une vie manquée, d'une destinée manquée, comme en voyant ce pauvre minable fiacre s'éloigner en boitillant, désormais engagé dans la mauvaise voie, qui était, je pense, la rue Boissière :

Daigne, daigne, mon Dieu, sur Mathan et sur elle,
Répandre cet esprit d'imprudence et d'erreur,
De la chute des rois funeste avant-coureur!

En tête des lettres, le seigneur Léon Blum[1], baron déclinatoire, prince des déclanchements. Et aujourd'hui la récompense de Jaurès, la voici; aujourd'hui la situation est la suivante, que ce même Léon Blum, constatant le désastre, voyant que le journal a dévoré toutes ses commandites, avec un appétit insatiable, et d'un mouvement si régulier qu'il semblait un mouvement d'horloge, et que nonobstant il ne peut trouver aucuns lecteurs, que sans doute il a baissé ou qu'il baisse, en admettant qu'il soit ou qu'il ait été jamais en situation de baisser, aujourd'hui la situation est la suivante : que Léon Blum le bon apôtre donnerait volontiers onze ans de la vie du patron pour être ailleurs. Il a bien voulu entrer dans *l'Humanité* pour se faire un nom. A présent que le nom est fait, il voudrait bien sortir, pour utiliser ce nom. Et la situation est aujourd'hui la suivante, que tout le monde à Paris sait, et que tout le monde dit que Léon Blum a depuis de longs mois posé sa candidature à la critique, ou à la chronique littéraire du *Temps,* qui pourtant n'est point vacante, succession qui n'est pas même ouverte, et qu'il ne dépend heureusement pas de lui de faire ouvrir. De sorte que la situation de Jaurès en dernière analyse est devenue celle-ci : qu'il a mis et qu'il a, aujourd'hui, à la tête de ses services littéraires, s'il y est encore, un homme qui manifeste avec enthousiasme, le seul enthousiasme qu'on lui ait jamais connu, le violent désir qu'il aurait d'être ailleurs, un homme qui fait jouer ses influences, qui fait marcher ses amis, un homme enfin qui au vu et au su de tout Paris donnerait quinze ans et quart de la vie de son patron pour monter de *l'Humanité* au *Temps*. Belle situation pour un journal, et point démoralisante.

Ils sont d'ailleurs d'immenses quantités, dans le parti socialiste que l'on nous a fait, qui n'ont jamais vu dans leurs situations socialistes que des marchepieds pour atteindre à des situations bourgeoises, beaucoup plus sérieuses, qui, pour passer dans l'autre camp, n'attendent qu'un moment favorable, qui vendraient toutes les saintes huiles pour être appointés cinq cents francs par mois, qui enfin donneraient cent cinquante-et-un ans de la vie de la cité socialiste pour seulement passer au *Figaro*.

Voilà des accidents que Jaurès n'eût pas craints s'il

n'avait point été chercher ses hommes ailleurs, si lui-même il n'était point parti se balader ailleurs, dans des pays perdus ; voilà des accidents qu'il n'eût point eu à redouter, des petits lâchages qu'il n'eût point risqué d'avoir à subir, s'il n'eût point pris des hommes comme Léon Blum, ayant à prendre des hommes comme Tharaud. Comme les deux Tharaud, qui sont la constance même. Quand on pense que Herr pouvait prendre les deux Tharaud, qu'il avait sous la main, puisqu'ils s'étaient résolus à devenir en partie des journalistes. Et quand on pense que l'on s'est amusé à les laisser filer ailleurs. C'était jouer la difficulté. C'était jouer la ruine. C'était jouer la misère et la trahison. Et c'est ainsi que l'on fait les maisons mauvaises.

Voilà un accident, enfin, que ni Herr ni Jaurès n'avaient à redouter avec un homme comme était notre collaborateur Avenard. Et je ne puis pas m'empêcher de noter que *l'Humanité* a eu deux fois des correspondances qui ont attiré l'attention. Et aux deux fois les auteurs de ces correspondances étaient des hommes qui n'étaient point d'ailleurs, qui étaient de ce pays-ci, qui tenaient à nous de quelque façon. La première de ces deux fois fut, presque aussitôt après la fondation du journal, quelques semaines après, je crois, peut-être moins, le reportage d'un voyage à Rome et en Italie qui était, si mes souvenirs sont exacts, le voyage du président de la République en visite auprès des souverains et du peuple italien. L'auteur de ce reportage très remarqué était déjà un homme sur qui je n'ai assurément aucuns droits à faire valoir, un homme que je ne veux point tirer à nous, un homme qui a pour Jaurès une affection profonde, manifestée ici même dans son *histoire de quatre ans,* mais un homme enfin dont j'ai sans doute le droit de dire qu'il n'est point étranger, qu'il n'était point étranger à ces anciens groupements de relations dont sont sortis *Pages libres* et les *cahiers,* puisqu'il s'agit de notre collaborateur Daniel Halévy [1].

De tels hommes font ce que ne savent point faire nos omniscients agrégés, d'incompétence universelle, omniscients sans avoir jamais rien appris, juges de science à

compétence étendue. La deuxième correspondance eſt aujourd'hui celle de notre collaborateur Avenard.

Non seulement je suis heureux de rapporter ici, comme je le dois, dans quelles conditions ce courrier fut exercé, mais quand Avenard, avec une honnêteté, avec une intégrité parfaite, me rapportait certaines paroles de Jaurès et de Herr, je les reconnaissais, ces paroles, je reconnaissais un certain ton, je les réentendais dans ma mémoire, je les y retrouvais, non sans une grande mélancolie. Et je croyais y reconnaître une mélancolie parallèle. Il eſt certain que ces deux hommes, Herr et Jaurès, ne doivent point considérer sans une grande mélancolie ce qu'ils ont fait de leur puissance et de leur ancienne autorité morale. Ils avaient autour d'eux un peuple de citoyens. Ils ont derrière eux une escouade maigre de petits journaliſtes candidats subambitieux. — Je ne dois pas oublier, m'écrivait Avenard, je ne dois pas oublier que Jaurès, la veille de mon départ, comme je lui demandais des explications sur ce que j'aurais à faire, m'a dit simplement : « Arriver d'abord, — et puis, tâcher de débrouiller ce qui se passait, enfin le rendre de la façon la plus claire et la plus vivante possible. » J'ai eu, continue notre collaborateur, j'ai eu avec le journal d'excellents rapports. J'étais parti pour un mois. La grève éclatant, on m'a envoyé des fonds pour pouvoir y reſter le double...

Moi aussi je présenterai donc ce cahier comme un exemple éminent de ce que nous eussions pu faire ensemble, ceux de Jaurès et de Herr, et ceux qui sont devenus ceux des cahiers, si nos voies étaient demeurées unies. Le courrier que l'on va lire ne se compose pas seulement des correspondances qu'Avenard put envoyer à *l'Humanité*. Mais les correspondances qu'Avenard put envoyer à *l'Humanité* en forment la bâtisse et le premier texte. Le texte définitif et complet du cahier a été arrêté fin mars et m'a été livré aussitôt. A peine ai-je besoin de dire ici que nous n'y avons pas, depuis cette date, changé une virgule.

Ce texte appellerait des commentaires infinis. Nos abonnés les feront eux-mêmes, en eux-mêmes, dans le secret de leur cœur. Ils seront eux-mêmes saisis par cette opposition saisissante entre les lenteurs et les inaboutissements du mouvement libéral constitutionnel et toute l'abrupte soudaineté du soulèvement populaire. Moi qui lis tant d'épreuves et qui devrais être blasé, la contrariété en forme de choc de ces deux premières parties du cahier, cette contrariété intérieure et réelle, nullement factice, nullement littéraire, cette opposition tragique sortie d'une opposition tragique intérieure de la réalité même m'a saisi comme je l'avais été rarement. Ce mouvement libéral constitutionnel qui continue son petit bonhomme de chemin de mouvement libéral constitutionnel, ignorant tout du volcan souterrain, aussi tranquille, en un sens, et ignorant, que la bureaucratie, peut-être plus, et, en un sens, peut-être aussi bureaucratique. Et tout à coup ce mouvement révolutionnaire, ce soulèvement populaire qui éclate, imprévu, inouï, tout au travers de tout, non attendu, non prévu, non préparé, non organisé, pas même et surtout pas par des partis révolutionnaires professionnels, quel enseignement, quel symbole, quelle réalité.

Voilà, entre autres, ce que Avenard a marqué admirablement. Et l'enquête personnelle qu'il a faite sur place sur les événements du 22 janvier demeurera comme un modèle du genre, du genre historique, entendu sainement.

Mais qu'on aille au texte. Je ne veux point dire ici quelle impression donne, en présence d'aussi graves événements, cette haute et saine sobriété de la narration française, parfaite, sans romantisme, sans littérature. Je ne commenterai pas non plus ces événements mêmes. Quand on demeure à Paris, 8, rue de la Sorbonne, et que l'on est protégé par toute l'épaisseur des vieilles libertés françaises, je plains celui qui, assistant de loin à d'aussi graves événements, à la lecture d'un récit aussi exact et probe se mettrait à jacasser. Quand toute une partie de l'humanité, une partie considérable, s'avance douloureusement dans les voies de la mort et de la liberté, quand toute une énorme révolution tend aux plus douloureux enfantements des libertés les plus indispensables par on ne sait combien de sanglants et d'atroces avortements, guerres de peuples, guerres de races, guerres de classes, guerres civiles et plus que civiles, guerres militaires, massacres et boucheries, incendies et tortures, démagogies sanglantes et crimes insensés, horreurs inimaginables, massacres des Polonais, massacres des Juifs, des massacres près de qui ceux de Kichinef n'auront été qu'un incident sans gravité, massacres des Russes, massacres des intellectuels, massacres des paysans, massacres des ouvriers, massacres des bourgeois, monstruosités de tout ordre et de toute barbarie, — et quand nous, peuples libres, peuples libéraux, peuples de liberté, France, Angleterre, Italie, Amérique même, tenus sous la brutalité de la menace militaire allemande, nous sommes contraints et maintenus dans l'impossibilité de rien faire, absolument rien, de ce qu'eussent fait nos pères antérieurs, il y a au moins une pudeur qui interdit le commentaire. L'honnête homme, lâche nationalement, libre chez lui, nationalement tenu en servitude par un empereur militaire étranger, comprend qu'il n'a provisoirement qu'à lire, se taire et méditer.

LES SUPPLIANTS PARALLÈLES[1]

Septième cahier de la septième série (12 décembre 1905).

Pétition des ouvriers au tsar, dans le cahier d'Étienne Avenard, — *le 22 janvier nouveau style,* — cinquième cahier de cette septième série :

Sire! Nous, ouvriers de la ville de Saint-Pétersbourg, nos femmes, nos enfants et nos vieux parents invalides, sommes venus vers toi, Sire, chercher la justice et la protection. Nous sommes tombés dans la misère : on nous opprime, on nous charge d'un travail écrasant, on nous insulte; on ne reconnaît pas en nous des hommes, on nous traite comme des esclaves qui doivent supporter patiemment leur amer et triste sort et se taire!

οἱ ἱκέται, *les suppliants;* il y avait déjà dans Sophocle, *Œdipe Roi,* 14 et suivants :

ΙΕΡΕΥΣ.

Ἀλλ', ὦ κρατύνων Οἰδίπους χώρας ἐμῆς,
ὁρᾷς μὲν ἡμᾶς ἡλίκοι προσήμεθα
βωμοῖσι τοῖς σοῖς· οἱ μὲν οὐδέπω μακρὰν
πτέσθαι σθένοντες, οἱ δὲ σὺν γήρᾳ βαρεῖς,
ἱερεὺς ἐγὼ μὲν Ζηνός, οἱ δ' ἐπ' ἠθέων
λεκτοί· τὸ δ' ἄλλο φῦλον ἐξεστεμμένον
ἀγοραῖσι θακεῖ, πρός τε Παλλάδος διπλοῖς
ναοῖς, ἐπ' Ἰσμηνοῦ τε μαντείᾳ σποδῷ.

LE PRÊTRE

Oui, (eh bien) ô Œdipe, maître de mon pays, tu nous vois, de quel âge, nous sommes prosternés au pied de tes autels : les uns n'ayant pas encore la force de voler une longue traite, les autres lourds de vieillesse, et moi prêtre de Zeus, et ceux-ci choisis parmi les jeunes gens; et le reste du peuple, ceint de couronnes, est assis dans les places, et au double temple de Pallas, et sur la cendre prophétique de l'Ismènos.

Pétition des ouvriers au tsar, en continuant :

Et nous l'avons supporté. Mais on nous pousse de plus en plus dans l'abîme de la misère, de l'absence du droit, de l'ignorance; le despotisme et l'arbitraire nous écrasent et nous étouffons. Nous sommes à bout de forces, Sire! La limite de la patience est dépassée. Nous sommes arrivés à ce moment terrible, où mieux vaut la mort que la prolongation de souffrances insupportables. Et alors nous avons abandonné le travail et nous avons déclaré à nos patrons que nous ne recommencerons pas à travailler tant qu'ils n'auront pas satisfait nos demandes.

Sophocle, en continuant :

Πόλις γὰρ, ὥσπερ καὐτὸς εἰσορᾷς, ἄγαν
ἤδη σαλεύει, κἀνακουφίσαι κάρα
βυθῶν ἔτ' οὐχ οἵα τε φοινίου σάλου,
φθίνουσα μὲν κάλυξιν ἐγκάρποις χθονὸς,
φθίνουσα δ' ἀγέλαις βουνόμοις τόκοισί τε
ἀγόνοις γυναικῶν·

Car la cité, comme tu le vois là (et) toi-même, roule à présent d'un violent roulis, désormais incapable de resoulever la tête des fonds de ce roulis rouge de sang, dépérissant par les bourgeons des fruits de la terre, dépérissant par les troupeaux paissants de bœufs et par les enfantements stériles des femmes;

Ce que nous demandons est peu de chose. Nous ne désirions que ce sans quoi la vie n'est pas une vie, mais un bagne et une torture infinie.

ἐν δ' ὁ πυρφόρος θεὸς
σκήψας ἐλαύνει, λοιμὸς ἔχθιστος, πόλιν,
ὑφ' οὗ κενοῦται δῶμα Καδμεῖον· μέλας δ'
Ἅιδης στεναγμοῖς καὶ γόοις πλουτίζεται.

et (là-dedans) le dieu porteur de feu, s'étant élancé, pourchasse, peste suprême ennemie, la cité, peste par qui se vide la maison Kadméenne; et le noir Hadès s'enrichit de lamentations et de cris.

Notre première demande était que nos patrons examinent ensemble, avec nous, nos besoins; mais cela même, on nous l'a refusé, on nous a refusé le droit de parler de nos besoins, trouvant que la loi ne nous reconnaît pas ce droit.

Θεοῖσι μέν νυν οὐκ ἰσούμενόν σ' ἐγὼ
οὐδ' οἵδε παῖδες ἑζόμεσθ' ἐφέστιοι,
ἀνδρῶν δὲ πρῶτον ἔν τε συμφοραῖς βίου
κρίνοντες ἔν τε δαιμόνων συναλλαγαῖς·

Non pas égalé aux dieux, (donc), te jugeant, ni moi ni ces enfants que voici, nous sommes assis au pied de tes autels, mais (te jugeant) le premier des hommes et dans les conjonctures de la vie et dans le commerce des divinités;

Illégale, aussi, a été trouvée notre demande de diminuer le nombre des heures de travail jusqu'à huit heures par jour; d'établir le prix de notre travail ensemble, avec nous, et de notre consentement; d'examiner nos malentendus avec l'administration subalterne de nos usines; d'augmenter le salaire des manœuvres et des femmes jusqu'à 1 rouble par jour; de supprimer les travaux supplémentaires; de nous donner des secours médicaux attentifs et sans nous outrager; d'aménager nos ateliers de façon à ce que nous puissions y travailler et non pas trouver notre mort par les terribles courants d'air, les pluies et les neiges. Suivant nos patrons, tout se trouvait illégal : toute notre demande était un crime, et notre désir d'améliorer notre situation, — une insolence, outrageante pour nos patrons.

ὅς γ' ἐξέλυσας, ἄστυ Καδμεῖον μολών,
σκληρᾶς ἀοιδοῦ δασμὸν ὃν παρείχομεν,
καὶ ταῦθ' ὑφ' ἡμῶν οὐδὲν ἐξειδὼς πλέον
οὐδ' ἐκδιδαχθείς, ἀλλὰ προσθήκῃ θεοῦ
λέγει νομίζει θ' ἡμὶν ὀρθῶσαι βίον·

toi qui (du moins) délias, venant dans la ville de Kadmos, le tribut de la dure chanteresse, que nous fournissions, et cela ne sachant rien de nous de plus, ni n'en ayant été enseigné, mais c'est par une assistance divine que l'on dit et que l'on pense que tu nous dressas notre vie;

Sire! nous sommes ici plus de 300.000, et tous *hommes* seulement par les apparences, par l'aspect; en réalité, on ne nous reconnaît aucun droit humain, pas même le droit de penser, de nous réunir, d'examiner nos besoins, de prendre des mesures pour améliorer notre situation. Quiconque parmi nous ose élever sa voix pour la défense des intérêts de la classe ouvrière est jeté en prison, envoyé en exil. On punit chez nous, comme un crime, un cœur bon, une âme compatissante. Avoir pitié d'un homme opprimé, torturé, sans droits, — c'est commettre un crime très grave.

νῦν τ', ὦ κράτιστον πᾶσιν Οἰδίπου κάρα,
ἱκετεύομέν σε πάντες οἵδε πρόστροποι
ἀλκήν τιν' εὑρεῖν ἡμὶν, εἴτε του θεῶν
φήμην ἀκούσας εἴτ' ἀπ' ἀνδρὸς οἶσθά του·

et maintenant, ô tête d'Œdipe sur toutes (ou *sur tous*) *la plus puissante, nous te supplions tous, que voici tournés vers toi, de nous trouver une force de secours, soit ayant entendu la voix de quelqu'un des dieux, soit que tu saches de quelque homme;*

Sire! cela est-il conforme aux lois divines, par la grâce desquelles tu règnes? Et peut-on vivre sous de telles lois? Ne vaut-il pas mieux mourir, mieux pour nous tous, travailleurs de toute la Russie? Que les capitalistes et les fonctionnaires seuls vivent donc, et qu'ils se réjouissent. Voilà ce qui est devant nous, Sire, et c'est ce qui nous a rassemblés près des murs de ton palais. C'est ici que nous cherchons notre dernier salut. Ne refuse pas la protection à ton peuple; sors-le du tombeau de l'arbitraire, de la misère et de l'ignorance; donne-lui la possibilité de disposer de son propre sort; délivre-le de l'oppression intolérable des fonctionnaires; détruis le mur entre toi et ton peuple, — et qu'il gouverne le pays avec toi. Car tu règnes pour le bonheur du peuple, — et c'est ce bonheur-là que les fonctionnaires nous arrachent des mains : il n'arrive pas jusqu'à nous; nous ne recevons que la souffrance et l'humiliation.

ὡς τοῖσιν ἐμπείροισι καὶ τὰς ξυμφορὰς
ζώσας ὁρῶ μάλιστα τῶν βουλευμάτων.

car je vois même les conjonctures vivre des hommes d'expérience (ou *par les hommes d'expérience*) *principalement des conseils.* Et je vois surtout que je m'embarrasse inextricablement dans ma traduction. Heureux temps de nos études, où dans de telles traductions nous ne nous embarrassions pas moins. Combien de fois, en cinquième, combien de fois, en quatrième, en troisième, combien de fois, en rhétorique même, combien de fois n'avons-nous pas bronché ainsi, combien de fois ne nous sommes-nous pas aheurtés sur un texte, sur deux lignes de grec, sur deux vers de Sophocle. Mais alors il y avait deux cas, et il n'y avait que deux cas, très nettement caractérisés, deux cas distincts, et même contraires, d'embarras inextricables : il y avait les fois où l'on *comprenait* parfaitement *le mot à mot* et où l'on *ne comprenait pas le français,* et au contraire il y avait les cas où l'on *comprenait* parfaitement *le français,* mais où l'on *ne comprenait pas le mot à mot.* Nul homme vivant n'était dupe de ces innocentes formules; nul ne se trompait à ces habituels déplacements; nul, ni nos bons maîtres, ni notre maître affectueux et cordial M. Simore, ni notre maître sévère M. Doret, qui s'écrivait peut-être Doré, ni notre regretté maître M. Paul Glachant; nul, ni surtout nos bons camarades, qui parlaient le même langage conventionnel-indulgent, — le même langage usuel usager, de toutes les langues anciennes celle que nous avions apprise le plus vite, et celle que nous parlions, familièrement, commodément, le mieux : Monsieur, je comprends bien le français, mais je ne peux pas faire le mot-à-mot. — Monsieur, je comprends bien le mot-à-mot, mais je ne peux pas faire le français : *Amant alterna Camenae,* c'était le chant alterné des anciennes classes de grammaire et des anciennes classes de lettres dans l'enseignement secondaire, et ce chant, beaucoup plus vieux mais moins informe que les célèbres « chants grossiers des Frères Arvales », était doux et bon comme un retour de strophe, ce refrain mutuel fonctionnait comme une complicité.

Tout le monde entendait parfaitement ce que cela voulait dire : que l'on n'y voyait plus rien, que l'on n'y voyait plus clair, que l'on était absolument perdu, comme en forêt, que l'on n'y comprenait absolument plus rien. Depuis je suis allé dans l'ancienne École Normale, et remis aux mains du noble vieillard l'ancien M. Tournier, j'ai appris qu'on donne un tout autre nom, un nom bizarre, aux passages que l'on ne comprend pas, quand on veut précisément signifier qu'on ne les comprend pas : on les nomme alors des passages interpolés. Et il ne s'agit plus que de trouver des *leçons.* Et quand on ne trouve pas des leçons, on fait des *conjectures.* On nomme *leçons* les conjectures qui sont dans les manuscrits, et conjectures les leçons qui ne sont pas dans les manuscrits.

ὡς τοῖσιν ἐμπείροισι καὶ τὰς ξυμφορὰς
ζώσας ὁρῶ μάλιστα τῶν βουλευμάτων.

C'est à de tels passages que les traducteurs deviennent sages, vagues, suprêmes, et que les gloires aujourd'hui les mieux consacrées à l'origine se firent prudentes. Leconte de Lisle, *Sophocle,* II, *Oidipous-Roi : car je sais que les sages conseils amènent les événements heureux.* Il comprend son français, celui-là, mais je voudrais bien savoir comment il fait son mot-à-mot, et ce qu'il fait de καὶ et de μάλιστα; et de τοῖσιν ἐμπείροισι et du datif, et de toute l'articulation de la phrase, et de tout. Mais allez donc demander son mot-à-mot à Leconte de Lisle. — Monsieur, nous disaient nos anciens maîtres quand nos français devenaient par trop supérieurs, monsieur, montrez-moi donc votre mot-à-mot; monsieur, faites le mot-à-mot. Mais osez donc dire à Leconte de Lisle de faire son mot-à-mot.

ὡς τοῖσιν ἐμπείροισι καὶ τὰς ξυμφορὰς
ζώσας ὁρῶ μάλιστα τῶν βουλευμάτων.

La traduction de Jules Lacroix, sur laquelle se sont faites les représentations triomphales des Français, se compromet encore moins :

Souvent l'expérience a vaincu le malheur. —

Nous n'en sortirons pas nous-même à moins d'essayer une *juxtalinéaire :*

car
je vois
même
les événements (les issues, les
résultats)
des conseils
vivre (vivant)
le plus, principalement, surtout
par les hommes d'expérience (ou)
aux hommes d'expérience,

ce qui donnerait en français :

car je vois les événements même, les résultats, des conseils (eventus consiliorum) *vivre sur tout par les hommes d'expé-*

rience ou : *réussir sur tout aux hommes d'expérience.* — Enfin c'est une de ces pensées peu compromettantes qui faisaient une partie de la sagesse du chœur antique.

Envisage sans colère et avec attention nos demandes : elles tendent non pas vers le mal, mais vers le bien, Sire! Ce n'est pas l'arrogance qui parle en nous, c'est la conscience qu'il est nécessaire de sortir d'une situation qui est pour nous intolérable. La Russie est trop grande, ses besoins sont trop variés et importants, pour que les fonctionnaires puissent la gouverner à eux tout seuls. Il faut que le peuple lui-même vienne à son aide : lui seul connaît ses vrais besoins. Ne repousse donc pas son secours, mais accepte-le, ordonne immédiatement la convocation des représentants de la terre russe, de toutes les classes et de tous les ordres. Qu'ils soient tous présents ici, et le capitaliste, et l'ouvrier, et le prêtre, et le docteur, et l'instituteur, et que tous, quels qu'ils soient, élisent leurs représentants; et que chacun soit égal et libre dans son droit d'élection. Et pour cela, ordonne que les élections à l'Assemblée Constituante se fassent sur la base du suffrage universel, secret et égal.

Ἴθ', ὦ βροτῶν ἄριστ', ἀνόρθωσον πόλιν·
ἴθ', εὐλαβήθηθ'· ὡς σὲ νῦν μὲν ἥδε γῆ
σωτῆρα κλῄζει τῆς πάρος προθυμίας·

Va, ô le meilleur des mortels, redresse la cité; va, prends garde (prends soin); car à présent cette terre te nomme sauveur pour (à cause de) ton zèle d'avant;

C'est notre demande la plus importante : en elle et sur elle tout repose; c'est le baume principal pour nos plaies, sans lequel elles saigneront toujours et nous pousseront à une mort prochaine. Mais cette mesure, à elle seule, ne peut pas guérir toutes nos plaies. D'autres nous sont nécessaires et nous t'en parlons, Sire, comme à notre père, franchement et ouvertement.

ἀρχῆς δὲ τῆς σῆς μηδαμῶς μεμνώμεθα
στάντες τ' ἐς ὀρθὸν καὶ πεσόντες ὕστερον,
ἀλλ' ἀσφαλείᾳ τήνδ' ἀνόρθωσον πόλιν.

que nous ne nous rappelions en aucune manière ton commandement nous étant levés d'abord en droit pour être ensuite retombés en arrière, mais dans la stabilité redresse cette cité.

Sont nécessaires :

I. — *Les mesures contre l'ignorance et l'arbitraire qui règnent parmi le peuple russe.*

1º La liberté et l'inviolabilité individuelles, la liberté de parole de presse, de réunion, de conscience en matière de religion;

2º L'instruction publique universelle et obligatoire aux frais de l'État;

3º La responsabilité des ministres devant le peuple et la légalité garantie dans l'administration;

4º L'égalité de tous devant la loi;

5º La mise en liberté immédiate de tous ceux qui ont souffert pour leurs convictions.

II. — *Les mesures contre la misère du peuple.*

1º L'abolition des impôts indirects et leur remplacement par l'impôt direct et progressif sur le revenu;

2º L'abolition des annuités de rachat, le crédit à bon marché *et le retour graduel de la terre au peuple.*

III. — *Les mesures contre l'oppression du Travail par le Capital.*

1º La protection du travail par la loi;

2º La liberté des sociétés de consommation, de production et des sociétés personnelles;

3º La journée de 8 heures et la réglementation des travaux supplémentaires;

4º La liberté de la lutte du travail contre le capital;

5º La participation des représentants des classes ouvrières à l'élaboration du projet de loi sur l'assurance gouvernementale des ouvriers;

6º Le salaire normal.

Ὄρνιθι γὰρ καὶ τὴν τότ' αἰσίῳ τύχην
παρέσχες ἡμῖν, καὶ τανῦν ἴσος γενοῦ.

Car par un oiseau de bon augure et tu nous a fourni la fortune d'alors, et à présent deviens égal (à toi-même).

Voilà, Sire, les besoins principaux que nous sommes venus te présenter. *Ordonne et jure* de les faire exécuter, et tu rendras la Russie glorieuse et heureuse, et tu laisseras gravé pour jamais ton nom dans les cœurs de nos petits-fils et de nos arrière-petits-fils. Mais si tu ne l'ordonnes pas, si tu ne réponds pas à nos prières, nous mourrons sur cette place même, devant ton palais.

Ὡς εἴπερ ἄρξεις τῆσδε γῆς, ὥσπερ κρατεῖς,
ξὺν ἀνδράσιν κάλλιον ἢ κενῆς κρατεῖν·

Car si tu commandes (puisque tu commanderas) cette terre, comme tu en es le maître, il est plus beau d'en être le maître avec des hommes que vide;

Nous n'avons plus où aller, et dans quel but? Deux routes seulement s'offrent à nous : l'une vers la liberté et le bonheur, l'autre vers la tombe. Indique-nous celle à suivre, Sire : nous la suivrons sans murmure, que ce soit même la voie de la mort. Que notre vie serve de sacrifice à la Russie agonisante. Ce sacrifice, nous l'accomplissons volontiers et sans regret.

ὡς οὐδέν ἐστιν οὔτε πύργος οὔτε ναῦς
ἔρημος ἀνδρῶν μὴ ξυνοικούντων ἔσω.

car ce n'eſt rien, ni une tour ni un vaisseau déserté d'hommes qui ne demeurent pas ensemble dedans.

Je n'ai pour ainsi dire pas truqué pour achever en même temps la supplication antique et la supplication moderne; ces deux supplications, la supplication grecque et la supplication moderne, sont parallèles d'un parallélisme si poussé qu'elles ont sensiblement le même nombre de paragraphes. De tels parallélismes ne se peuvent passer sous silence. La différence d'extension qu'elles présentent représente très exactement la proportion, le rapport qu'il doit y avoir entre une supplication réelle et une supplication d'art, particulièrement une supplication dramatique, scénique, notamment une supplication tragique, nommément une supplication de tragédie grecque. Ceci pour dire que la différence que l'on voit entre l'une et l'autre supplications, entre la supplication antique et la supplication moderne, ne vient nullement de ce que l'une eſt une supplication antique et l'autre une supplication moderne, mais uniquement de ce que l'une eſt une supplication, — étendue, — de réalité, — étendue, — l'autre une supplication, — ramassée, toute au trait, — de tragédie grecque.

Ce parallélisme singulier, poussé singulièrement, se continue et se rabat, se réplique dans la réponse du roi :

On lit aujourd'hui dans le *Messager officiel :*

S. M. l'Empereur, ayant daigné recevoir, le mercredi 19 janvier, à Tsarskoïé Sélo, 34 délégués ouvriers des fabriques et usines de Saint-Pétersbourg et de la banlieue, leur a adressé les paroles suivantes :

« *Je vous ai mandés afin que vous puissiez entendre personnellement Ma volonté, et la communiquer directement à vos camarades. Les malheureux événements, qui se sont produits dernièrement et qui ont eu des conséquences triſtes mais inévitables, ont été causés par le fait que vous vous êtes laissé induire en erreur par des traîtres et des ennemis de notre Patrie, et parce que ces gens vous ont trompés.*

De même que Œdipe accusera, dans un coup de colère et d'aveuglement, peut-être pas si aveugle que cela, Créon, Tirésias, de manigances politiciennes et de conspiration.

« *En vous invitant à venir Me remettre une pétition relative à vos besoins, ils vous incitaient à prendre part à la sédition qui était dirigée contre Moi et Mon gouvernement; ils vous firent quitter votre honnête travail dans un moment où tous les véritables Russes doivent travailler de concert et sans trêve, afin de vaincre notre ennemi extérieur si opiniâtre.*

« *Les grèves et les réunions séditieuses ne font que pousser la foule désœuvrée à des troubles qui ont toujours forcé et forceront toujours les autorités à recourir à la force armée, ce qui cause nécessairement la mort de victimes innocentes.*

« *Je sais que la vie de l'ouvrier n'est pas facile. Il y a bien des choses à améliorer et à organiser; mais prenez patience. Vous comprenez vous-mêmes, en toute conscience, qu'il faut être également juste envers vos patrons et prendre en considération les intérêts de Notre industrie.*

« *Mais c'est un crime que de réunir une foule séditieuse pour Me déclarer vos besoins.*

« *Dans Ma sollicitude pour les ouvriers, Je veillerai à ce que l'on fasse tout ce qu'il est possible de faire pour améliorer leur condition, et à ce qu'on leur donne les moyens et la possibilité de faire connaître leurs nouveaux besoins, au fur et à mesure que ceux-ci se manifesteront.*

« *Je crois à l'honneur des ouvriers et à leur dévouement inaltérable envers Moi, et Je leur pardonne leur faute.*

« *Retournez maintenant à vos paisibles travaux; mettez-vous à l'œuvre, vous et vos camarades, en faisant le signe de la croix. Que Dieu vous soit en aide.* »

Il peut sembler à première vue que le parallélisme ici se retourne, se rabat seulement, se contrarie; mais il devient vite évident qu'en réalité il se poursuit, qu'il se continue autant et plus qu'il ne se rabat. Mutations faites, et omises pour un instant les variations circonstantielles, c'est bien une réponse de même sens à des supplications de même sens :

ΟΙΔΙΠΟΥΣ.

Ὦ παῖδες οἰκτροί, γνωτὰ κοὐκ ἄγνωτά μοι
προσήλθεθ' ἱμείροντες. Εὖ γὰρ οἶδ' ὅτι
νοσεῖτε πάντες, καὶ νοσοῦντες, ὡς ἐγὼ
οὐκ ἔστιν ὑμῶν ὅστις ἐξ ἴσου νοσεῖ.

Τὸ μὲν γὰρ ὑμῶν ἄλγος εἰς ἕν' ἔρχεται
μόνον καθ' αὑτόν, κοὐδέν' ἄλλον, ἡ δ' ἐμὴ
ψυχὴ πόλιν τε κἀμὲ καὶ σ' ὁμοῦ στένει.
Ὥστ' οὐχ ὕπνῳ γ' εὕδοντά μ' ἐξεγείρετε·
ἀλλ' ἴστε πολλὰ μέν με δακρύσαντα δή,
πολλὰς δ' ὁδοὺς ἐλθόντα φροντίδος πλάνοις.
Ἣν δ' εὖ σκοπῶν εὕρισκον ἴασιν μόνην,
ταύτην ἔπραξα· παῖδα γὰρ Μενοικέως
Κρέοντ', ἐμαυτοῦ γαμβρόν, ἐς τὰ Πυθικὰ
ἔπεμψα Φοίβου δώμαθ', ὡς πύθοιθ' ὅ τι
δρῶν ἢ τί φωνῶν τήνδε ῥυσοίμην πόλιν.
Καί μ' ἦμαρ ἤδη ξυμμετρούμενον χρόνῳ
λυπεῖ τί πράσσει· τοῦ γὰρ εἰκότος πέρα
ἄπεστι πλείω τοῦ καθήκοντος χρόνου.
Ὅταν δ' ἵκηται, τηνικαῦτ' ἐγὼ κακὸς
μὴ δρῶν ἂν εἴην πάνθ' ὅσ' ἂν δηλοῖ θεός.

ŒDIPE

O enfants lamentables, désirant des choses connues et non inconnues, vous êtes venus à moi. Car je sais bien que vous êtes tous malades, et étant malades, comme moi il n'y a pas un de vous qui soit malade également. Car votre douleur à vous va vers un seul un en ce qui le concerne lui-même, et nulle personne autre, mais mon âme gémit sur la cité, et sur moi, et sur toi ensemble.

Mon âme gémit, *mon âme pleure sur la cité, et sur moi, et sur toi ensemble :* nous avons ici toute parfaite et dans toute sa pureté la formule même des lamentations antiques. Il ne se sépare point de la cité, ni de son interlocuteur. Le supplié antique, lui-même suppliant, supplié des hommes, suppliant aux dieux, ne se sépare point du suppliant inférieur. Le supplié antique, lui-même suppliant du deuxième degré, ne se sépare point du suppliant du premier degré. La supplication englobe l'un et l'autre, et nul citoyen, fût-il prêtre, fût-il roi, ne se sépare de la cité, comme nul suppliant ne se sépare de la commune supplication civique. La formule de la supplication chrétienne, et plus généralement de la lamentation chrétienne, et originairement de la lamentation messianique, sera donnée, parfaite aussi et dans toute sa pureté, comme dans toute sa plénitude, dans le *Misereor super turbam.* Je pleure, j'ai pitié sur la foule. *Misereor super turbam : quia ecce jam triduo sustinent me, nec habent quod manducent.* Marc, VIII, 2. *J'ai pitié sur la foule : parce que voilà déjà trois jours qu'ils me soutiennent, et ils n'ont pas de quoi manger.* Et les lamentations des Anciennes et de la Nouvelle Écritures, sur la ruine de Jérusalem si merveilleusement reprises dans les chœurs et dans les récitations d'*Athalie,* les lamentations sur Jérusalem *vidée.*

De sorte que vous ne m'éveillez pas dormant dans le sommeil; mais sachez que j'ai versé beaucoup de larmes, et que j'ai enfilé beaucoup de routes dans les errements de la souciance. Mais le seul remède qu'en bien considérant j'ai trouvé (je trouvais), celui-là, je l'ai fait : car le fils de Ménécée, Kréon, mon beau-frère, je l'ai envoyé...

Ce Créon, son beau-frère, et ceci soit dit sans offenser personne, ce Créon qu'il envoie en ambassade extraordinaire, ce Créon, c'est un grand-duc, tout simplement. C'est le perpétuel grand-duc. C'est le prince du sang. C'est Monsieur, frère du roi. C'est Gaston d'Orléans. Ce Créon, qui succédera, la catastrophe arrivée, c'est la branche cadette toujours prête à succéder, ce sont les perpétuels d'Orléans, les quatre familles successives d'Orléans, c'est Philippe-Égalité, Louis-Philippe, qui succédera, car le dernier finit toujours par succéder.

car le fils de Ménécée, Créon, mon beau-frère, je l'ai envoyé vers les demeures Pythiques de Phoibos, afin qu'il demandât et apprît quoi faisant ou quoi disant je sauverais cette cité. Et moi le jour déjà, calculé en comparaison du temps, me peine (me faisant me demander) que fait-il? car au-delà du convenable il est absent plus long (temps) que le temps convenable. Et quand il viendra, à ce moment-là je serais un mauvais, de ne pas faire tout ce que le dieu manifeste.

Suppliants parallèles; mais le τύραννος antique, lui, avait reçu les siens au seuil de son palais :

ΟΙΔΙΠΟΥΣ.

ὯΩ τέκνα, Κάδμου τοῦ πάλαι νέα τροφή,
τίνας ποθ' ἕδρας τάσδε μοι θο ἀζετε
ἱκτηρίοις κλάδοισιν ἐξεστεμμένοι;

πόλις δ'ὁμοῦ μὲν θυμιαμάτων γέμει,
ὁμοῦ δὲ παιάνων τε καὶ στεναγμάτων·
ἁγὼ δικαιῶν μὴ παρ' ἀγγέλων, τέκνα,
ἄλλων ἀκούειν αὐτὸς ὧδ' ἐλήλυθα,
ὁ πᾶσι κλεινὸς Οἰδίπους καλούμενος.
'Αλλ', ὦ γεραιέ, φράζ', ἐπεὶ πρέπων ἔφυς
πρὸ τῶνδε φωνεῖν, τίνι τρόπῳ καθέστατε,
δείσαντες, ἢ στέρξαντες; ὡς θέλοντος ἂν
ἐμοῦ προσαρκεῖν πᾶν· δυσάλγητος γὰρ ἂν
εἴην τοιάνδε μὴ οὐ κοτοικτείρων ἕδραν.

ŒDIPE

O enfants, du Kadmos d'il y a longtemps neuve génération nourrissonne, quels sièges donc d'agitations tumultueuses me tenez-vous, ceux-ci, couronnés de rameaux d'olivier suppliants?

Ainsi dans Sophocle la supplication est tout au commencement, au tout premier commencement, au commencement magnifique, extérieurement et intérieurement somptueux, de la tragédie antique.

et la cité est pleine ensemble de parfums d'encens brûlés et ensemble de péans et de lamentations;

Et les lamentations accompagnent les supplications comme une voix plus profonde encore et comme antérieure; comme une voix parallèle d'un ton plus profond encore, plus grave et comme inférieur.

que jugeant (juste), enfants, de ne pas entendre de messagers, autres, moi-même ici ainsi je suis venu, le célèbre à tous Œdipe appelé. Mais (eh bien) ô vieillard, parle, puisque de naissance il convient que tu parles pour ceux-ci, dis-moi dans quelle attitude vous êtes là, de crainte, ou affectueuse? dans cette pensée que je veux subvenir (suffire) à tout : car je serais dur à la douleur, de n'avoir point en pitié une telle session que celle-ci.

Quand en cinquième, en troisième, et même en rhétorique nous avions suffisamment barboté, quand nous avions fini de nous débattre dans le mot-à-mot et dans le français des phrases démembrées, un usage voulait, une tradition exigeait que l'on fît d'un coup tout le français, que l'on reprît le français d'un bout à l'autre. Il est juste en effet, et l'on peut dire que c'est même une réparation tardive, qu'ayant disloqué ce pauvre texte par un usage et par un abus même de tous les appareils connus, on s'efforce, trop tard, malheureusement, de le rétablir, inégalement, infructueusement, de le ressaisir tout, d'un seul tenant, comme il était. Vaine tentative. Ce qui est brisé, est brisé. Je voudrais bien me conformer à cette ancienne habitude mal fondée. D'ailleurs, et puisqu'il s'agit ici de supplications parallèles, puisque de l'autre part nos abonnés dans le cahier d'Avenard ont eu d'un seul tenant la supplication moderne et la réponse moderne à cette supplication, il est équitable, étant conforme au parallélisme que je me propose de respecter, puisque nous avons commencé par le constater, puisqu'il s'est dès l'abord imposé à nous, il est équitable de donner d'un seul tenant aussi la supplication hellénique et la réponse hellénique à cette supplication. Il ne faut point songer à donner ici cette traduction de Jules Lacroix sur qui se firent les représentations triomphales des Français. Cette traduction, commencée en grandeur, continue vite en faiblesse et se poursuit en contre-sens. Ne disons point qu'elle est presque perpétuellement grotesque, d'abord parce que ce n'est pas vrai, ensuite parce que nous devons éternellement respecter les émotions d'art que nous avons une fois reçues. Quel homme de ma génération, jeune alors, ne se rappelle, comme une initiation sacrée, le scéniquement somptueux commencement de la tragédie dans sa version française, et Mounet debout au plus haut des marches, à droite, recevant comme un Dieu la supplication de tout un peuple[1]. Ce peuple, vous me le dites, était un peuple de figurants. D'où prenez-vous que dans le monde moderne les figurants de théâtre, par leur situation sociale (ἕδρα), ne soient pas excellemment disposés à devenir les représentants, les images des suppliants de l'antiquité. C'est comme si vous disiez que M. Mounet-Sully n'est pas un roi du monde moderne, et ainsi n'est pas éminemment désigné, par sa situation sociale même, pour devenir une image, un représentant des rois de l'antiquité. Nous avons encore le timbre rocheux et beurré de sa voix sonnant dans nos mémoires :

Enfants, du vieux Cadmus jeune postérité,
Pourquoi vers ce palais vos cris ont-ils monté,...

Il avait un manteau blanc superbe où il se drapait comme un ancien, mieux qu'un ancien, car nous n'avons jamais vu d'ancien se draper, et le moindre de ses gestes est demeuré intact dans la mémoire de nos regards. Mais spectateurs, mes frères, compagnons des hauteurs, poussinets du poulailler, anges du Paradis, jeunes gens d'alors, qui dans la ferveur et la piété des représentations de ce temps allâmes acheter la traduction nouvelle en librairie *(traduite littéralement en vers français)*, vivons pieusement dans la mémoire de nos regards et dans la mémoire de nos cœurs; vivons dans la mémoire de ce que nous avons entendu alors et de ce que nous avons aimé; gardons-nous surtout de jeter les yeux sur ce texte ancien; pas même ancien, suranné : la désillusion serait trop forte, et atteindrait aux profondeurs d'une démolition. Dès les deux vers suivants le texte français faiblit :

Et pourquoi ces rameaux suppliants, ces guirlandes?
Toute la ville est pleine et d'encens et d'offrandes,

Le reste ne vaut pas l'honneur d'être cité, ce reste qui nous paraissait aussi tenu, aussi constant, aussi continué qu'un texte de Racine :

Pleine de chants plaintifs, de sanglots et de pleurs! —

Et s'il était besoin de se convaincre une fois de plus que l'art du théâtre n'a sans doute rien de commun avec l'art de l'écriture, et en tout cas n'a aucunement besoin de l'art de l'écriture, il suffirait de confronter la grandeur unique et réelle et réellement souveraine de ces représentations avec la pauvreté, avec la faiblesse, avec l'inanité du texte que formaient assemblées les paroles mêmes qui étaient si grandes au cœur des représentations.

Laissons ce texte vieillot. Cherchons un texte ancien. Serons-nous plus heureux avec Leconte de Lisle? Il fut un grand poète, un des plus grands poètes français, un des plus grands poètes modernes. Sa traduction des grands poèmes antiques, généralement considérée comme une préparation à ses propres poèmes antiques, ce qu'elle était, et comme une partie intégrante du travail et de l'œuvre de ces mêmes poèmes antiques, ce qu'elle n'était peut-être pas, n'a point cessé de recevoir la plus grande réputation.

Leconte de Lisle, *Sophocle,* II, *Oidipous-Roi :*

OIDIPOUS.

O enfants, race nouvelle de l'antique Kadmos, pourquoi vous tenez-vous ainsi devant moi avec ces rameaux suppliants? Toute la Ville est pleine de l'encens qui brûle et du retentissement des Paians et des lamentations. Je n'ai point pensé que je dusse apprendre ceci par d'autres, ô enfants! Et je suis venu moi-même, moi, Oidipous, célèbre parmi tous les hommes. Allons! parle, vieillard, car il convient que tu parles pour eux. Qu'est-ce? Quelle est votre pensée? Redoutez-vous quelque danger? Désirez-vous être secourus dans une calamité présente? Certes, je vous viendrai en aide. Je serais sans pitié, si je n'étais touché de votre morne attitude.

LE SACRIFICATEUR.

Oidipous, ô toi qui commandes à la terre de ma patrie, tu nous vois tous prosternés devant tes autels : ceux-ci qui ne peuvent encore beaucoup marcher, ces sacrificateurs lourds d'années, et moi-même serviteur de Zeus, et cette élite de nos jeunes hommes. Le reste de la multitude, portant les rameaux suppliants, est assis dans l'Agora, devant les deux temples de Pallas et le foyer fatidique de l'Isménien. En effet, comme tu le vois, la Ville, battue par la tempête, ne peut plus lever sa tête submergée par l'écume sanglante. Les fruits de la terre périssent, encore enfermés dans les bourgeons, les troupeaux de bœufs languissent, et les germes conçus par les femmes ne naissent pas. Brandissant sa torche, la plus odieuse des Déesses, la Peste s'est ruée sur la Ville et a dévasté la demeure de Kadmos. Le noir Hadès s'enrichit de nos gémissements et de nos lamentations. Et voici que ces enfants et moi nous nous sommes rendus à ton seuil, non que tu nous sembles égal aux Dieux, mais parce que, dans les maux qu'amène la vie ou dans ceux qu'infligent les Daimones irrités, tu es pour nous le premier des hommes, toi qui, à ton arrivée dans la ville de Kadmos, nous affranchis du tribut payé à la cruelle Divinatrice, n'étant averti de rien, ni renseigné par nous. En effet, c'est à l'aide d'un Dieu que tu as sauvé notre vie. Tous le pensent et le croient. Or, maintenant, Oidipous, le plus puissant des hommes, nous sommes venus vers toi en suppliants, afin que tu trouves quelque remède pour nous, soit qu'un oracle divin t'instruise, soit qu'un homme te conseille, car je sais que les sages conseils amènent les événements heureux. Allons, ô le meilleur des hommes, remets cette ville en son ancienne gloire, et prends souci de la tienne! Cette terre, se souvenant de ton premier service, te nomme encore son sauveur. Plaise aux Dieux que, songeant aux jours de ta puissance, nous ne disions pas que, relevés par toi, nous sommes tombés de nouveau! Restaure donc et tranquillise cette ville. Déjà, par une heureuse destinée, tu nous a rétablis. Sois aujourd'hui égal à toi-même. Car, si tu commandes encore sur cette terre, mieux vaut qu'elle soit pleine d'hommes que déserte. Une tour ou une nef, en effet, si vaste qu'elle soit, n'est rien, vide d'hommes.

OIDIPOUS.

O lamentables enfants! Je sais, je n'ignore pas ce que vous venez implorer. Je sais de quel mal vous souffrez tous. Mais quelles que soient les douleurs qui vous affligent, elles ne valent pas les miennes; car chacun de vous souffre pour soi, sans éprouver le mal d'autrui, et moi, je gémis à la fois sur la Ville, sur vous et sur moi. Certes, vous ne m'avez point éveillé tandis que je dormais; mais, plutôt, sachez que j'ai beaucoup pleuré et agité dans mon esprit bien des inquiétudes et des pensées; de sorte que le seul remède trouvé en réfléchissant, je l'ai tenté. C'est pourquoi j'ai envoyé à Pythô, aux demeures de Phoibos, le fils de Ménoikeus, Kréôn, mon beau-frère, afin d'apprendre par quelle action ou par quelle parole je puis sauver cette ville. Déjà, comptant les jours depuis son départ, je suis inquiet de ce qu'il fait; car il y a fort longtemps qu'il est absent, et au delà de ce qui est vraisemblable. Quand il sera revenu, que je sois tenu pour un mauvais homme, si je ne fais ce qu'aura prescrit le Dieu!

Copiant cette traduction pour l'envoyer aux imprimeurs, elle m'apporte, elle aussi, une grande déception. Elle est rapide, ce qui serait un bien. Mais elle est lâche. Mais elle est vague. Mais elle est éloignée. Mais elle est supérieure. Et il me semble qu'elle fourmille des contresens les plus graves. Ces contre-sens ne seraient rien encore, parce qu'un bon contre-sens, comme le disaient avec un soulagement nos bons maîtres, est une faute parfaitement caractérisée, nettement délimitée. Mais ce qui est beaucoup plus grave que tous les contre-sens, c'est ce flottement continuel, ce relâchement, ce vague ce sans-gêne avec un texte, ce vêtement trop lâche et nullement drapé, nullement serré, nullement épousé, ce vêtement tout fait, cette *confection,* mal ajustée, mal juste, appliquée aux figures qui le méritaient le moins, aux formes antiques, c'est-à-dire, de toutes les formes, à celles qui le supportent le moins. Était-ce impatience de génie d'un grand poète? incapable, par son activité, par sa poussée propre, de suivre dans le détail un peu poussé l'œuvre d'un autre, fût-ce d'un autre grand poète, et surtout d'un autre grand poète, d'un aîné, d'un ancien. Mais le génie n'éclate nulle part autant que dans le détail poussé. Était-ce, en même temps, incapacité de travailler longtemps, et longuement, à un travail de cet ordre. Trop grand homme. Trop grand poète. Trop olympien. Pour traduire du grec. Était-ce, inséparablement, en principe impatience de génie en fait se manifestant par une impatience de travail et même par la négligence du travail. Il est évident qu'en de tels exercices l'attention s'émousse rapidement. L'étreinte fatigue, comme en tout art, en toute science, en toute philosophie. La fatigue vient vite. Les yeux se brouillent, et l'esprit. Le temps fait défaut. Le rouleau passe. On ne peut demander à un homme de travailler des jours et des jours comme on travaille un quart d'heure, et des années comme on travaille quelques semaines. La fraîcheur est ce qui vient à manquer la première. La soudaineté. L'instantané. On ne peut demander à un grand homme de travailler comme un écolier, ni à un très grand poète de peiner toute sa vie comme un gueux de quatre semaines. On ne peut pas demander à un moderne cette forme de patience dans le travail, ce consciencieux à la fois éternel et instantané, immédiat et idéal, direct et infini, qui au moyen-âge résidait aux cœurs des humbles de tout un monde. Si Leconte de Lisle avait mis tout un mois pour traduire les 77 premiers vers d'*Œdipe roi*, *Œdipe roi* tout entier, quinze cent trente vers, je dis 1530, lui demandait vingt mois; Sophocle tout entier, sept tragédies, qui font un sept cinquante, lui demandait cent quarante mois, douze ans. Eschyle, qui fait un sept cinquante, douze ans. L'*Iliade*, qui fait un sept cinquante, douze ans. L'*Odyssée*, qui fait un sept cinquante, douze ans. Hésiode, un sept cinquante, douze ans. Nous voici à soixante ans. Il ne lui serait pas resté une heure pour être ce qu'il était, c'est-à-dire Leconte de Lisle, un des plus grands poètes français, un des plus grands poètes modernes.

Et je n'ai compté ni *Horace*, texte et traduction, ni

Euripide, traduction nouvelle, ni *Virgile,* texte et traduction. Et ici je m'aperçois que sous une forme éminente et dans un cas particulièrement éminent nous rejoignons ici cette ancienne contrariété intérieure des méthodes historiques prétendues scientifiques, — je dis *ancienne* parce que j'ai déjà pu en signaler l'importance capitale, — premièrement en ce sens que de telles méthodes conduiraient le traducteur, grand poète moderne, à mettre beaucoup plus de temps pour faire la traduction d'une tragédie que le premier poète, antique, étant donnée leur fécondité connue, n'en avait mis à faire le texte même; deuxièmement en ce sens qu'elles conduiraient le même poète moderne à mettre beaucoup plus de temps pour faire la traduction d'une tragédie ancienne que pour faire lui-même une tragédie nouvelle.

Je suis donc forcé de me rabattre sur ma pauvre traduction d'écolier. Les personnes qui pour avoir d'un seul tenant la teneur de la supplication antique, et de la réponse, comme elles ont eu dans Avenard d'un seul tenant la teneur de la supplication moderne, et de la réponse, auront le courage de la relire, comme j'ai eu la patience de la recopier d'ensemble, sont priées de la vouloir bien lire comme un maître indulgent lit un *devoir* appliqué, une *copie* d'élève, de vouloir bien la lire comme je l'ai faite, comme je la présente, comme un devoir d'écolier assez vieilli, comme un devoir d'écolier en retour :

ŒDIPE

O enfants, du Kadmos d'il y a longtemps neuve génération nourrissonne, quels sièges donc d'agitations tumultueuses me tenez-vous, ceux-ci, — couronnés de rameaux d'olivier suppliants? Et la cité est pleine ensemble de parfums d'encens brûlés, et ensemble de péans et de lamentations; que jugeant (juste), enfants, de ne pas entendre de messagers, autres, moi-même ici ainsi je suis venu, le célèbre à tous Œdipe appelé. Mais ô vieillard, parle, puisque de naissance il convient que tu parles pour ceux-ci, dis-moi dans quelle attitude vous êtes là, de crainte, ou affectueuse? dans cette pensée que je veux suffire à tout : car je serais dur à la douleur, de n'avoir point en pitié une telle session que celle-ci.

LE PRÊTRE

Oui (eh bien), ô Œdipe, maître de mon pays, tu nous vois, de quel âge, nous sommes prosternés au pied de tes autels : les uns n'ayant pas encore la force de voler une longue traite, les autres lourds de vieillesse, et moi prêtre de Zeus, et ceux-ci choisis parmi les jeunes gens; et le reste du peuple, ceint de couronnes, est assis dans les places, et au double temple de Pallas, et sur la cendre prophétique de l'Ismènos. Car la cité, comme tu le vois là (et) toi-même, roule à présent d'un violent roulis, désormais incapable de resoulever la tête des fonds de ce roulis rouge de sang, dépérissant par les bourgeons des fruits de la terre, dépérissant par les troupeaux paissants de bœufs et par les enfantements stériles des femmes; et (là-dedans) le dieu porteur de feu, s'étant élancé, pourchasse, peste suprême ennemie, la cité, peste par qui se vide la maison Kadméenne; et le noir Hadès s'enrichit de lamentations et de cris. Non pas égalé aux dieux, (donc), te jugeant, ni moi ni ces enfants que voici, nous sommes assis au pied de tes autels, mais (te jugeant) le premier des hommes et dans les conjonctures de la vie et dans le commerce des divinités; toi qui (du moins) délias, venant dans la ville de Kadmos, le tribut de la dure chanteresse, que nous fournissions, et cela ne sachant rien de nous de plus, ni n'en ayant été enseigné, mais c'est par une assistance divine que l'on dit et que l'on pense que tu nous dressas notre vie; et maintenant, ô tête d'Œdipe sur toutes (*ou* sur tous) la plus puissante, nous te supplions tous, que voici tournés vers toi, de nous trouver une force de secours, soit ayant entendu la voix de quelqu'un des dieux, soit que tu saches de quelque homme; car je vois les événements même des conseils vivre sur tout par les hommes d'expérience. Va, ô le meilleur des mortels, redresse la cité; va, prends garde; car à présent cette terre te nomme sauveur pour ton zèle d'avant; que nous ne nous rappelions en aucune manière ton commandement nous étant levés d'abord en droit pour être ensuite retombés en arrière, mais dans la stabilité redresse cette cité. Car par un oiseau de bon augure et tu nous as fourni la fortune d'alors, et à présent deviens égal. Car si tu commandes cette terre, comme tu en es le maître, il est plus beau d'en être le maître avec des hommes que vide; car ce n'est rien, ni une tour ni un vaisseau déserté d'hommes qui ne demeurent pas ensemble dedans.

ŒDIPE

O enfants lamentables, désirant des choses connues et non inconnues vous êtes venus à moi. Car je sais bien que vous êtes tous malades, et étant malades comme moi il n'y a pas un de vous qui soit malade également. Car votre douleur à vous va vers un seul un en ce qui le concerne lui-même, et nulle personne autre, mais mon âme gémit sur la cité, et sur moi, et sur toi ensemble. De sorte que vous ne m'éveillez pas dormant dans le sommeil; mais sachez que j'ai versé beaucoup de larmes, et que j'ai enfilé beaucoup de routes dans les errements de la souciance. Mais le seul remède qu'en bien considérant j'ai trouvé, celui-là, je l'ai fait : car le fils de Ménécée, Créon, mon beau-frère, je l'ai envoyé vers les demeures Pythiques de Phoibos, afin qu'il demandât et apprît quoi faisant ou quoi disant je sauverais cette cité. Et moi le jour déjà, calculé en comparaison du temps, me peine que fait-il? car au-delà du convenable il est absent plus long que le temps convenable. Et quand il viendra, à ce moment-là je serais un mauvais, de ne pas faire tout ce que le dieu manifeste.

Relisant ma traduction, je me rends bien compte qu'une telle pauvre traduction, honnête, mais pauvre, justifie abondamment toutes les lâchetés, — j'entends ce mot en un sens presque physique, — tous les relâchements d'un Leconte de Lisle. Et même d'un autre. Il ne faudrait pas lire en effet beaucoup de pages d'un français comme celui-là; on deviendrait fou avant la catastrophe; à plus forte raison le malheureux qui se chargerait de l'écrire. C'est la misère commune de toutes les traductions. Quand elles sont courantes, elles ne serrent point le texte. Et quand elles serrent le texte, ou quand elles s'efforcent de le serrer, elles sont illisibles. Et même étant illisibles elles sont encore défectueuses. Même à cette condition, elles n'obtiennent point le repos. Ma pauvre traduction, qui est grotesque presque d'un bout à l'autre, à force de vouloir serrer le texte : pour qui a le texte sous les yeux elle est encore trop lâche elle-même et ne serre pas encore assez le texte. Une traduction qui veut serrer un texte est longue. Ma traduction me paraît à la lecture beaucoup plus longue, plus lente que celle de Leconte de Lisle. Une traduction qui veut serrer un texte est lente. Elle a des reprises, des retours, des remords. Elle se fait des reproches. Le texte, maître et prétexte et désespoir du traducteur jouet, le texte, ennemi de toute traduction. Tant il est vrai que les textes sont littéralement incommunicables, et que nous devons renoncer à cette insoutenable hypothèse, à cet indéfendable postulat des méthodes historiques prétendues scientifiques, modernes : qu'il peut y avoir, qu'il y a des transcriptions, des transpositions, des traductions, des transferts, des communications exactement exactes. Ce qui est vrai, au contraire, ce que la réalité nous enseigne impitoyablement et sans aucune exception, c'est que toute opération de cet ordre, toute opération de déplacement, sans aucune exception, entraîne impitoyablement et irrévocablement une déperdition, une altération, et que cette déperdition, cette altération est toujours considérable.

Pour qui n'a pas le texte sous les yeux, une traduction est toujours trop compliquée. Pour qui a le texte sous les yeux, une traduction est toujours trop lâche.

C'est la commune misère de tout travail humain; le mystérieux balancement : quand on a la fraîcheur, on n'a pas la compétence. Et quand vient un peu la compétence, on s'aperçoit qu'on n'a plus la fraîcheur, qui ne reviendra jamais, que rien ne remplace, qui est le premier des biens.

Quand on pose la question ainsi, d'ailleurs, il est impossible de se soustraire à la constatation de cette vérité élémentaire; mais le jeu des tenants des méthodes historiques prétendues scientifiques, modernes, est de faire semblant de ne pas voir que la question se pose ainsi.

Tout ce que je me suis permis sur Leconte de Lisle a été de me dispenser de ne pas traduire les noms propres, comme il fait. J'ai aussi traduit ἱερεύς par prêtre, ce qui est moins savant, que par sacrificateur.

J'ai traduit Οἰδίπους par *Œdipe* et non point par *Oidipous*, comme dans l'*Iliade* je traduirais Ἀχιλλεύς par *Achille* et non point par *Akhilleus*. Et ainsi de suite. Je me demande avec inquiétude si dans Leconte de Lisle cette ostentatoire transcription du nom propre, au lieu d'une ordinaire traduction, ne fait point la pièce essentielle d'un appareil artificieux destiné à donner le change au moderne sur le degré de strict resserrement de la traduction. Autant que personne, mieux que personne il savait à quoi s'en tenir sur sa traduction; mieux que personne il savait combien elle était lâche et flottante. Mieux que personne il savait aussi, mieux que personne ayant le sens de la forme et des formes, combien une traduction vaut par le strict resserrement; par l'ajustement; mieux que personne il savait qu'une traduction ne vaut par aucune qualité comme par le fouillé du détail, par le travaillé du rendu, par l'ajusté, par l'ouvragé, par le détaillé, par le poussé. Mieux que personne il savait ce que vaut une nuance, une forme, un geste, une attitude, le prix infini d'une ligne, l'éternité de la ligne, l'incommutabilité du trait exact. Et que l'art n'est rien s'il n'est point une étreinte ajustée de quelque réalité. Quand même il ne l'eût pas su comme traducteur, ce qui est invraisemblable, le très grand poète qu'était Leconte de Lisle ne pouvait l'ignorer, et a bien montré qu'il ne l'ignorait pas tout aussitôt et toutes les fois qu'il ne s'agissait plus que d'établir ses propres textes. J'ai peur qu'en affectant de ne pas traduire les noms propres, il n'ait eu la pensée de donner le change au lecteur moderne sur le degré de resserrement de sa traduction, de faire une sorte de compensation, entre le relâché de tout le reste et la stricte application de ce nom propre transcrit non traduit collé comme une étiquette; comme d'un habit qui n'irait pas, d'un vêtement tout fait, d'un tissu (texte) lâche que l'on voudrait ressaisir, que l'on repincerait hâtivement par quelques épingles, — mettons par quelques fibules. — piquant, au risque de piquer à même la peau.

Puisqu'on traduit, je me demande, en vain, pourquoi l'on ne traduirait pas tout. Puisqu'on traduit tous les autres mots, et particulièrement les noms communs, il n'y a aucune raison pour que l'on ne traduise pas aussi les noms propres, qui sont du même langage, et particulièrement du même texte. Puisque l'on fait tant que de traduire, je me demande pourquoi l'on ne traduit pas tout. Si je traduis ἱερεύς, βωμοί, τέκνα, par *prêtre, autels, enfants,* pourquoi ne pas traduire également et pareillement Οἰδίπους par Œdipe. Si je traduis boire et manger, aller et venir, pourquoi ne pas traduire pareillement le nom de celui qui boit et qui mange, de celui qui dort, de celui qui va et vient. Pourquoi cette inégalité, cette imparité, pourquoi introduire dans la traduction cette désharmonie artificielle, ce manque, cette rupture d'harmonie, de symétrie, cette rupture d'équilibre, ce plaqué, ce corps mort dans un organisme vivant, ce fragment mort dans une phrase vivante, ce fragment ancien dans une traduction qui est forcément un texte nouveau, ce fossile dans un organisme, cette esquille, ce morceau tout fait dans un ensemble que l'on fait, ce morceau immobile et raide, figé, fixé, dans une phrase mouvante et vivante et souple. Pourquoi enfin refusez-vous de traduire le même homme, Œdipe, quand il paraît sous son nom de Οἰδίπους, et consentez-vous à le traduire quand il paraît sous son nom de τύραννος, que vous ne traduisez ni par tyran, ni même par tyrannos, mais tout bonnement par le mot *roi*, et ce pour des raisons historiques. Vous êtes conduit ainsi à vous contenter de la traduction suivante : *Oidipous-Roi*. Vous n'êtes point conséquent avec vous-même. Vous n'êtes point strict. Il fallait traduire ce titre ainsi *Oidipous Tyrannos;* ou traduire comme tout le monde *Œdipe-roi*. Et le trait d'union, mettrez-vous ce trait d'union, qui n'existait point dans le grec, je pense, et qui aujourd'hui fait la joie de notre bon camarade M. Gabriel-Ellen Prévost?

Il y a beaucoup d'enfantillage dans votre cas et beaucoup d'ostentation. Vous me répondez que Οἰδίπους n'est pas *Œdipe*, et qu'il y a de l'un à l'autre d'incalculables distances. Vous avez cent fois raison. Mais cet argument ne va pas seulement contre la traduction des noms propres; il ne va pas seulement contre la traduction de Οἰδίπους en *Œdipe :* il va également et totalement contre toute sorte de traduction, et notamment contre la traduction des noms communs. Si vous signifiez seulement par ce que vous dites que toute traduction comporte une altération, entraîne une déperdition, c'est ce que nous avons dit cent fois, mais cela est vrai des noms communs au moins autant que des noms propres. Si vous signifiez ainsi que toute traduction est une opération essentiellement imparfaite et qu'il y a toujours entre un texte et toute traduction de ce texte une distance irrémissible, vous abondez dans mon sens, puisque nous rejoignons ici cette capitale insuffisance des méthodes historiques prétendues scientifiques, modernes, à opérer une seule reproduction parfaite, une seule communication exactement exacte. Seulement vous n'en pouvez conclure que ceci : que toute traduction est une opération vaine, une opération impossible, et qu'il vaudrait peut être mieux ne pas s'en mêler du tout; et à mon tour j'abonderai dans votre sens; mais vous n'en pouvez conclure qu'il faut traduire tout le reste et ne pas traduire les noms propres. Il faut ne pas traduire du tout, ou que toute la traduction soit une traduction commune, ordinaire, modeste, usuelle, usagère.

Vous me dites que Οἰδίπους n'est pas *Œdipe*. Croyez-vous que τύραννος fasse *roi?* Croyez-vous que ἱερεύς fasse *prêtre*, et même *sacrificateur?* au sens que ces deux mots éveillent dans un esprit, dans une âme moderne, en admettant que le deuxième éveille un sens dans un esprit ou dans une âme moderne. Croyez-vous que βωμοί soient *autels*, au sens que nous entendons autels? Et même croyez-vous que τέκνα soient enfants, et ne savez-vous pas qu'il y a aussi des distances autant irrémissibles entre ce que τέκνα éveillait dans les échos de l'âme antique et ce que *enfants* éveille dans les autres échos de l'âme moderne. Τέκνα même n'est point *enfants*, τροφή n'est point *nourriture*, πόλις n'est point seulement *ville* ni *cité*; puisque c'est nommément une cité grecque; rien n'est rien; rien ne se refait parfaitement, rien ne se recommence, rien ne se reproduit exactement, rien d'ancien n'est en même temps nouveau, rien de nouveau n'est en même temps ancien; de tout à tout il subsiste éternellement des distances irrémissibles; et c'est pour cela que toute opération de traduction est essentiellement, irrévocablement, irrémissiblement une opération miséreuse, une opération misérable et vaine, une opération condamnée.

Lui-même Leconte de Lisle, même traducteur, il ne se conforme point jusqu'au bout à sa doctrine. Il dit *Oidipous*, mais il dit *Sophocle*, et non point *Sophoclès*. Et il dit *Homère*. Et son éditeur le dit encore beaucoup plus que lui. Et lui-même Leconte de Lisle, voici comme on m'écrit qu'il nomme les sept tragédies de Sophocle : *Oidipous-Roi, Oidipous à Kolônos, Antigone, Philoktètès, Aias, Elektra.*

L'éditeur, en pareille matière, quand même il serait, comme était Alphonse Lemerre, un prince de l'édition, et qui ait attaché son nom à tout un grand mouvement poétique inoubliable, quand même il serait un somptueux, un très notable commerçant, par cela seul qu'il exerce la marchandise, l'éditeur est ramené, automatiquement, à des conditions de vie plus communes, à des conditions de langage plus naturelles, à des conditions de commerce et d'annonce plus actuelles, plus simples. Leconte de Lisle peut dire *Oidipous, Odysseus, Akhilleus :* M. Lemerre, dans ses catalogues, sur ses couvertures, dit et annonce *Eschyle, Homère, Sophocle, Euripide, Hésiode, — Virgile, Horace, —* car la même question se pose, moins aiguement, mais elle se pose pour les Latins. C'est que M. Lemerre en vendait. On peut encore écrire *Sophoclès,* par une espèce de gageure et d'amusement, mais on ne peut vendre que du *Sophocle*. Et encore on a bien du mal à en vendre.

J'ai peur qu'il n'y ait ici dans Leconte de Lisle une survivance, un héritage de cette basse manie des romantiques d'*épater le bourgeois*. Car enfin il faut choisir : ou lire dans le grec, ou parler, écrire dans le français si l'on a ce malheur, de faire une traduction. Il faut lire, écrire, commercer, converser dans le grec, ou honnêtement tout faire en français. Traduire un poème du grec dans le français, cela ne peut avoir qu'un sens, un sens bien misérable, je l'avoue, mais cela ne peut avoir qu'un sens : essayer d'obtenir chez le lecteur français et pour le lecteur français par la traduction française un effet qui soit, mutations faites, autant que possible symétrique, homothétique, de l'effet obtenu chez le spectateur, chez le lecteur, chez l'auditeur grec et pour le spectateur, pour le lecteur, pour l'auditeur grec par le texte originel grec. Or ces noms de Οἰδίπους, Ὀδυσσεύς Ἀχιλλεύς étaient tout familiers aux anciens Grecs, et quand ils rencontraient ces noms dans le discours, ils n'étaient non plus surpris de les y rencontrer que nous ne sommes surpris de rencontrer dans nos discours ces noms si répandus de *Henri,* d'*Albert*, ou de *Meunier*. Ils disaient exactement Κρέων comme nous disons *Durand*. Il vaut donc mieux, il est plus intelligent, il est, au fond, plus exact et mieux traduit, que dans nos traductions nous trouvions à ces mêmes endroits des noms qui non plus ne nous surprennent pas. Quand je trouve *Akhilleus* dans une phrase française, inopinément je reçois un heurt, un certain choc, une impression d'hétérogène, de corps étranger, que par définition le Grec ne recevait, absolument pas, au même endroit. Est-ce là ce que l'on demande? Est-ce là ce que l'on veut obtenir? Est-ce là ce que se propose une traduction? de faire subir au moderne, à de certains moments bien déterminés, un traitement que l'ancien ne subissait point à ces moments, de faire faire à celui qui lit la traduction précisément un sursaut que l'on est assuré que l'originel ne faisait pas. Quand je trouve *Akhilleus* dans une traduction, je bronche, parce que c'est du grec, dans du français, un État dans l'État, un royaume de langage dans un royaume de langage. Au même endroit le Grec ne bronchait pas, il continuait, il passait, uniment, parce qu'il trouvait 'Αχιλλεύς, et que 'Αχιλλεύς, pour le Grec, c'était du grec, dans du grec, homogène. Où le Grec aurait pu manifester un certain étonnement, légitime, c'était s'il avait trouvé dans son texte Dupont ou Durand. C'est pourtant ce que l'on nous fait quand on nous fait trouver dans nos textes *Akhilleus*.

Il n'y a pas plus de raison pour que nous trouvions un mot grec, fût-ce un nom propre, en vrac, non traduit, dans une traduction qui est somme toute elle-même un texte français, qu'il n'y a de raison pour fourrer un mot français, fût-ce un nom propre, en vrac, non traduit, dans un texte grec, dans le texte original grec.

Cela est si vrai que l'on se demande et qu'il n'y a vraiment absolument aucune raison pour que l'on ait mis au nominatif ces noms propres que l'on refusait de traduire. C'est un contre-sens formel, c'est un non-sens formel, c'est tout ce que l'on voudra, mais ce n'est plus du tout du grec, et ce n'est pas davantage du français, que de dire, que d'écrire : *la déesse prit Odysseus par la main,* ou : *le dieu poursuivait Akhilleus.* Il faudrait dire au moins : *la déesse prit Odysséa par la main,* ou : *le dieu poursuivait Akhilléa.* Puisqu'on parle grec, il faut décliner. Et ici, en ce point éminent, apparaît toute la vanité de cette ostentation. Le nominatif n'est pour nous un cas éminent que parce que nous nous en servons artificiellement pour désigner *en français* le mot grec déclinable; parce que nous nous servons de dictionnaires; et nous ne nous en servons pour désigner le mot grec en français, dans nos dictionnaires grecs-français, et dans tout ce qu'il y a de dictionnaire dans nos exercices même oraux que parce que c'est le cas qui est le premier dans les déclinaisons des grammaires; mais quand nous disons que Achille se dit en grec Ἀχιλλεύς, nous mentons : Achille se dit en grec Ἀχιλλεύς, Ἀχιλλέως et ainsi de suite, et autant que Ἀχιλλέως Ἀχιλλεύς, et autant Ἀχιλλέα que Ἀχιλλέως. Il n'est que trop évident, et il y a quelque honte à le dire, que dans le discours, vrai, dans la langue vivante, tous les cas sont égaux entre eux, ont grammaticalement et organiquement la même importance, représentent également le mot; quelle devient donc la difficulté quand il s'agit d'un mot comme Ζεύς, Ζηνός, ou Δίος, Διΐ, Δία, où le nominatif s'éloigne autant de toutes les autres formes; notons que dans ces cas ce ne sont pas les autres formes qui s'écartent, — autant que ce mot d'ailleurs peut avoir un sens, — du nominatif, mais que c'est le nominatif, par qui vous désignez vocabulairement le mot, qui est à l'écart des formes les plus nombreuses du mot. — Et si l'on croit que dieu traduit θεός, et que déesse traduit θεά. Étant donné tout ce qu'il y a pour nous modernes dans ce mot de Dieu. Qui chez nous modernes, et pour nous en tenir à la différence morphologique la plus apparente, et la plus grossière, est toujours masculin, mais n'a plus de féminin. Et quand mettra-t-il ou ne mettra-t-il pas de grande capitale au mot *Dieu*. Quand écrira-t-il *Dieu?* et quand écrira-t-il simplement *dieu?* Et quand mettra-t-il au pluriel? Qu'est-ce pour un chrétien que le pluriel de Dieu? et surtout pour un juif? Et quand il traduit δαίμων, au singulier il mettra *daimôn,* avec un ô long, et au pluriel il met *daimones,* avec un o bref, à cause de δαίμονες, c'est-à-dire que refusant de transcrire l'accusatif singulier morphologiquement distinct du nominatif singulier, il transcrit tout de même le nominatif pluriel morphologiquement distinct du nominatif singulier[1].

Cela est si vrai que Leconte de Lisle, pour son usage

personnel, pour ses propres poèmes, savait parfaitement quand il fallait traduire, et non pas simplement transcrire. *Poèmes antiques. Vénus de Milo :*

> Tu n'es pas Aphrodite, au bercement de l'onde,...
> Tu n'es pas Kythérée, en ta pose assouplie,...
> Et tu n'es pas la Muse aux lèvres éloquentes,...

La difficulté, le débat, la question, l'apparence de question, la solution spécieuse est venue précisément des dieux. Il est tout à fait évident, il est acquis, et nul aujourd'hui ne le conteste, que lorsqu'on traduisait Ζεύς par *Jupiter,* on faisait un grossier contre-sens, parce que Ζεύς et *Jupiter,* le dieu grec et le dieu latin, n'étaient nullement le même dieu, faisaient deux personnages différents, notablement distincts. De même il y avait danger à traduire Ηρακλῆς par *Hercule.* Mais le contre-sens ne venait pas de ce que l'on s'était proposé de traduire le nom grec en français. Il venait uniquement de ce que s'imaginant traduire le nom grec en français, on l'avait traduit en latin. Et la rectification que l'on a faite ne prouve nullement qu'il ne faut point, dans les versions grecques, traduire les noms propres du grec en français. Elle prouve uniquement qu'il ne faut pas, sous prétexte de français, les traduire en latin.

Un exemple fera saisir toute la différence : quand on traduisait 'Αφροδίτη en *Vénus,* on commettait ce contre-sens; mais il ne s'en suit nullement qu'il ne soit pas permis de traduire et même qu'il ne faille pas traduire séparément *Venus* par Vénus, et 'Αφροδίτη par *Aphrodite.* Et encore Ηρακλῆς par *Hèraklès,* et le latin *Hercules* par le français *Hercule.*

A plus forte raison la difficulté tombe-t-elle partout ailleurs, puisqu'il n'y a point un *Homerus* latin qui soit le correspondant de l' "Ομηρος grec et pourtant qui soit autre que cet "Ομηρος, comme il y a un Jupiter qui est le correspondant de Ζεύς dans une mythologie demi-filiale et demi-parallèle, et qui pourtant est autre que Ζεύς.

La raison, le bon sens, le goût, maître souverain, le goût, maître indéplaçable, l'harmonie, l'homogénéité, la tenue du discours demandent que dans un texte français tout le parler, tout le discours, tout le langage soit français, soit du langage français. Donner et retenir ne vaut : puisque l'on fait tant que de traduire, on ne peut pas, en même temps, traduire et ne traduire pas. Nos anciens, à nous, nos grands Français, allaient très loin dans le sens de la traduction. *Émilie, Fulvie,* dit le grand Corneille, *Évandre, Curiace, Horace.*

Regarde le malheur de Brute et de Cassie.

Cela n'empêche point *Cinna* et *les Horaces* d'être deux chefs-d'œuvre extraordinaires et deux tragédies presque extraordinairement romaines. — Je dis cela exprès parce que c'est vrai et pour embêter nos modernes exégètes, et l'on m'assure que je n'y réussis que trop. — Je ne parle point de *Pompée,* de *Nicomède,* tragédie de grande joie et d'amusement, de *Polyeucte,* tragédie chrétienne. Enfin ne disons-nous pas nous-mêmes *Athènes, Rome,* le *sénat,* ce qui est presque un nom propre, un *triumvirat,* ce qui est presque aussi un nom propre.

Et le grand Racine, de ce qu'il disait *Andromaque, Oreste, Hermione,* et de ce qu'il a nommé *Phèdre* son immortelle Phèdre, n'en a-t-il pas moins eu de l'antiquité hellénique une divination, une pénétration presque invraisemblable.

Et quand nous disons *le ciel,* quelle différence avec οὐρανός, et même avec *caelum*. Et au contraire sommes-nous beaucoup plus près quand nous disons des *Paians* que quand nous disons des *péans*. Au fond, ce n'est ni l'un ni l'autre; ce sont des παιάνες.

Et le grand Leconte de Lisle, quand il *ouvrait* pour son propre compte, il savait parfaitement ce qu'il avait à faire. Il savait quand il fallait traduire tout à fait dans le langage le plus commun, transcrire au contraire purement, ou traduire à moitié; il connaissait toutes les nuances intercalaires. Je n'en veux pour témoin que ce *poème antique,* cette si parfaite et admirable invocation à la *Vénus de Milo*. Et quand ce ne serait que ce titre : *Vénus de Milo :* quelle concession à l'usage le plus commun. Je cite entièrement cette invocation parce qu'elle présente précisément tous les degrés souhaitables de la transcription pure à la traduction ordinaire pour les noms propres et demi-communs, et aussi, dans un autre sens, tous les degrés souhaitables du pur nom propre au nom communément commun. Je la cite entièrement surtout parce que lorsque l'on a parlé aussi longtemps d'un grand poète il faut, à moins d'être soi-même un béotien, finir par une citation de lui, par un poème entier, intact, qui fasse oublier au lecteur tout ce que soi-même on a pu dire.

Je prends mon texte dans ma vieille édition sortie de chez Poulet-Malassis et de Broise, imprimeurs-libraires-éditeurs, 9, rue des Beaux-Arts, 1858. Je ne pense pas qu'il ait rien changé dans l'édition Lemerre :

VÉNUS DE MILO

Marbre sacré, vêtu de force et de génie,
Déesse irrésistible au port victorieux,
Pure comme un éclair et comme une harmonie,
O Vénus, ô beauté, blanche mère des dieux!

Tu n'es pas Aphrodite, au bercement de l'onde,
Sur ta conque d'azur posant un pied neigeux,
Tandis qu'autour de toi, vision rose et blonde,
Volent les Ris vermeils avec l'essaim des Jeux.

Tu n'es pas Kythérée, en ta pose assouplie,
Parfumant de baisers l'Adonis bienheureux,
Et n'ayant pour témoins sur le rameau qui plie
Que colombes d'albâtre et ramiers amoureux.

Et tu n'es pas la Muse aux lèvres éloquentes,
La pudique Vénus, ni la molle Astarté
Qui, le front couronné de roses et d'acanthes,
Sur un lit de lotos se meurt de volupté.

Non! les Ris et les Jeux, les Grâces enlacées,
Rougissantes d'amour, ne t'accompagnent pas.
Ton cortège est formé d'étoiles cadencées,
Et les globes en chœur s'enchaînent sur tes pas.

Du bonheur impassible, ô symbole adorable,
Calme comme la mer en sa sérénité,
Nul sanglot n'a brisé ton sein inaltérable,
Jamais les pleurs humains n'ont terni ta beauté.

Salut! à ton aspect le cœur se précipite.
Un flot marmoréen inonde tes pieds blancs;
Tu marches, fière et nue, et le monde palpite,
Et le monde est à toi, déesse aux larges flancs!

Bienheureux Phidias, Lysippe ou Praxitèle,
Ces créateurs marqués d'un signe radieux;
Car leur main a pétri cette forme immortelle,
Car ils se sont assis dans le sénat des dieux!

Bienheureux les enfants de l'Hellade sacrée!
Oh! que ne suis-je né dans le saint archipel,
Aux siècles glorieux où la terre inspirée
Voyait les cieux descendre à son premier appel?

Si mon berceau flottant sur la Thétys antique
Ne fut point caressé de son tiède cristal;
Si je n'ai point prié sous le fronton attique
Vénus victorieuse, à ton autel natal;

Allume dans mon sein la sublime étincelle;
N'enferme point ma gloire au tombeau soucieux;
Et fais que ma pensée en rythmes d'or ruisselle
Comme un divin métal au moule harmonieux!

[Au moment où nous mettons sous presse, on m'envoie une fiche d'où il résulterait que dans la grande édition Lemerre, à sept cinquante, du même *poème antique,* on aurait multiplié les grandes capitales : ainsi *Dieux, Mer, Déesse,* et non pas seulement *Hellas* ou *Hellade,* mais *Archipel, Terre, Ciel* ou *Cieux,* ce qui donnerait :

O Vénus, ô beauté, blanche mère des Dieux!
Calme comme la Mer en sa sérénité,...
Et le monde est à toi, Déesse aux larges flancs!
Oh! que ne suis-je né dans le saint Archipel,
Aux siècles glorieux où la Terre inspirée
Voyait les Cieux descendre à son premier appel?

Et même :

Salut! A ton aspect le cœur se précipite.

On ne saurait nier l'importance de cet agrandissement systématique et de cette personnalisation de certains noms communs en noms propres par la grande capitalisation systématique, — de l'édition pauvre, première et improvisée, à l'édition solennelle, à la grande édition officielle et définitive, — de la lettre initiale. Car les *Dieux,* ce n'est plus seulement les *dieux,* et lequel des deux est le plus près de θεοί, qui lui-même n'était pas ce que furent *dii,* qui eux-mêmes... Mais nous n'en finirions plus.

Sans exagérer non plus l'importance de ces typographies; car j'ai peur que ces éditions, j'ai honte de le dire, ne soient négligées. On a pu lire dans le texte Poulet-Malassis :

> Si mon berceau flottant sur la Thétys antique...

De la fiche que l'on m'envoie il résulterait que dans la grande édition Lemerre on pourrait lire :

> Si mon berceau flottant sur la Thétis antique...

Or les dictionnaires donnent : Θέτις, en transcription *Thétis,* femme de Pélée, mère d'Achille, divinité de la mer, et Τηθύς, en transcription *Tèthys,* femme d'Okéanos, nourrice d'Hèra : c'est cette dernière, *Tèthys,* que les poètes invoquent lorsqu'ils veulent signifier la mer elle-même. Il y a un contraste piquant entre ces deux fautes d'orthographe, dans deux éditions successives, l'une améliorée, faite à loisir et définitive, et cet apparat prétentieux de pure transcription des noms propres. Mais tout de même, si j'avais été l'éditeur de Leconte de Lisle, le jour que Leconte de Lisle m'aurait apporté un poème comme celui-là, je me serais efforcé de ne pas lui faire des fautes d'orthographe.]

Porché me pardonnera d'avoir introduit ici le texte, ou l'un des textes les plus éminents, de l'invocation, de la lamentation, de la supplication antique. C'est lui qui m'y a forcé, en prenant pour son poème ce titre : *les suppliants.* On sait qu'il avait d'abord donné à ce poème ce titre : *l'icône,* qui nous acheminait tout doucement à en faire un *cahier de Noël.* Mais ressaisissant sa vision, et substituant à une image physique et morale centrale une idée plus profonde encore, il ne tarda point à donner au poème que nous publions ce titre essentiel, qui ne commande pas seulement son poème, qui commande aussi bien tout le cahier, qui commande, qui exprime toute la réalité même : *les suppliants.* Et suivant son exemple je me suis permis, restituant un mot grec, une épithète grecque, de donner à cette brève étude ce titre : *les suppliants parallèles.*

Les suppliants : c'est le propre du poète, c'est un don de poète que de saisir d'un mot, que de ramasser en un mot toute la réalité d'un événement, la réalité profondément essentielle d'une histoire, d'un mouvement, d'un geste individuel ou collectif. Pour qui veut bien regarder à la réalité d'un événement, et non point s'arrêter aux apparences politiciennes, cette immense manifestation du 22 janvier était en effet une supplication immense, et non point une immense tentative de mouvement révolutionnaire. Et dans toute l'attitude, dans tout le geste, dans toute la lente opération de cet immense peuple, ou plutôt de tous ces immenses peuples, tout homme qui regardera aux réalités des événements politiques et sociaux verra une immense, une infinie supplication, une infinie opération suppliante, et non point une opération révolutionnaire.

Ce sont nos Français qui font des opérations révolutionnaires, et qui par suite s'imaginent que les autres peuples font des opérations révolutionnaires; aussi; car ils jugent tous les autres peuples d'après soi. Mais seuls ils font, ou du moins ils faisaient, des opérations politiques et sociales vraiment révolutionnaires, c'est-à-dire qu'ils commencent par démolir un régime et par en, mettre un autre, plus ou moins nouveau, à la place quitte à s'apercevoir le lendemain que le nouveau ne valait pas mieux que le vieux, si même il valait le vieux.

C'est pour cela que nos Français n'entendent généralement rien aux événements des autres peuples, et, moins qu'à tous autres, aux événements de Russie. Dans cette même *Humanité,* où pourtant paraissaient les correspondances d'Avenard, la suffisance, la sottise, l'outrecuidance, l'aplomb avec lequel un Longuet, — pour ne plus parler de ses deux maîtres Herr et Jaurès, — l'aplomb avec lequel un Longuet disposait en maître souverain des hommes et des plus formidables événements russes et japonais, faisait un spectacle qui était d'un grotesque lui-même lamentable.

Pour qui s'applique à suivre au contraire, et modestement, la réalité de ce qui se passe, pour qui sait lire le peu que l'on nous dit de vrai, et ne pas lire le reste, pour qui a su lire notamment le cahier d'Avenard, il eſt devenu évident que tout le mouvement russe n'eſt point ce que nous nommons en France un mouvement révolutionnaire; c'eſt ce qu'en langage français nous sommes contraints de nommer un immense mouvement de supplication. Supplication particulière du 22 janvier nouveau ſtyle, supplication culminante, éminente, symbole éminent, éminente réalité, supplication de tout le peuple ouvrier de toute une ville capitale au tsar que tout ce peuple demandait au seuil de son palais de ville; mais supplication qui n'était elle-même que le symbole et la représentante de toutes les immenses supplications de tous les peuples d'un immense empire : Supplications d'un si grand nombre de races opprimées, qui s'adressent aux capitales, aux villes importantes. Supplications de tant de classes qui s'adressent aux classes éminentes. Supplications des ouvriers aux intellectuels. Supplications des paysans aux ouvriers. Supplications confuses de tout le monde aux militaires. Et dans les militaires, particulièrement, supplications des armées de terre aux marins, qui sont plus avancés. Et retours brusques de barbarie, inverses, remontant, ou plutôt redescendant le sens des supplications; puisque ce sont les supplications qui montent.

Pour entendre ce que je veux dire, pour saisir exactement et entièrement ce que signifie ce mot essentiel et titulaire et liminaire de Porché, *les suppliants,* il faut essayer de nous remettre un peu à parler français, autant que cela eſt permis à des hommes qui sont nés à temps pour vivre dans cet âge moderne. Il faut dépouiller cette idée de supplication, cette image de suppliants, il faut la nettoyer de toute idée de platitude. C'eſt chez les modernes qu'une supplication eſt une opération d'aplatissement. Mais gardons-nous d'étendre, en imagination même, en raisonnement, à des civilisations plus intelligentes, nos tares modernes. Chez les modernes une supplication eſt une opération d'aplatissement, une manifeſtation de platitude; le proſternement eſt une proſtration, physique et morale; pour tout dire d'un mot, le suppliant eſt un candidat. Tel a été le retentissement de nos mœurs politiques parlementaires sur toute la vie, sur toutes nos relations sociales, et telle la déteinte. Infiniment plus profonde, et je pourrais presque dire incomparablement, infiniment plus vraie, toute autre, toute sage, toute renseignée la supplication antique. Dans Homère, dans les tragiques, le suppliant n'eſt point un candidat; il n'eſt point un demandeur; il n'eſt point un homme qui s'abaisse, qui s'humilie, même chrétiennement; à peine ai-je besoin de dire qu'il n'eſt point un moderne, qui s'aplatit. La supplication antique, la seule qui étant digne de ce nom de supplication doive nous retenir, la supplication antique n'eſt en aucun sens, en aucune forme, une opération de platitude. Au contraire. Lisez attentivement au contraire une de ces admirables supplications antiques, la supplication de tout ce peuple aux pieds d'Œdipe, ou celle qui eſt encore plus admirable, assurément, celle qui eſt peut-être la plus admirable de toutes, la supplication du vieux Priam aux pieds d'Achille. Relisez-les attentivement : Ce n'eſt pas le supplié, c'eſt le suppliant au contraire qui tient le haut de la situation, le haut du dialogue, au fond. Dans toute la supplication antique, on pourrait presque dire, pédantesquement : dans tous les cas particuliers de cette supplication, le supplié eſt un homme qui paraît avoir une belle situation; c'eſt même un homme qui a, comme on dit, une belle situation, qui a ce que l'on nomme une belle situation : c'eſt un roi; c'eſt un tyran; c'eſt quelque chef; dans la guerre c'eſt un vainqueur; c'eſt un homme qui a quelque domination, apparente; réelle? c'eſt un puissant de la terre; dans la paix c'eſt un riche, un puissant, un homme qui a beaucoup de bœufs; disons-le d'un mot : c'eſt un homme heureux, un homme qui paraît être, qui eſt heureux. Mais c'eſt juſtement pour cela que dans cette rencontre du suppliant et du supplié qu'eſt la supplication ce n'eſt pas lui, le supplié, qui tient le haut du dialogue. Il eſt un homme heureux. Donc il eſt, pour les Grecs, un homme à plaindre. Dans ce dialogue du suppliant et du supplié, le supplié ne peut parler qu'au nom de son bonheur, tout au plus au nom du bonheur en général. C'eſt peu. C'eſt rien. C'eſt moins que rien. C'eſt même le contraire de tout avantage. Le bonheur, entendu en ce sens, comme la réussite de l'événement, la réussite un peu insolente et comme injurieuse, eſt pour les Grecs le signe le plus infaillible de ce qu'un homme eſt marqué pour la Fatalité, — par la Fatalité. — D'innombrables

Grecs ont désiré, convoité, poursuivi de toutes leurs forces les biens de ce monde, comme les modernes, autant que les innombrables modernes, et par toutes sortes de moyens : l'or, la puissance, les jouissances de toutes sortes; ils étaient des hommes comme nous; ils aimaient mieux le bonheur que le malheur et communément le beau temps que la pluie. Mais il n'en demeure pas moins acquis, et il n'en demeure pas moins entier, que le bonheur, entendu techniquement comme la réussite de l'événement, est pour les Grecs le signe le plus infaillible de ce qu'un homme est marqué pour la Fatalité. De sorte que dans cette rencontre, dans ce dialogue du suppliant et du supplié, qui fait toute la supplication antique, c'est le suppliant, quel qu'il soit, qui que ce soit, que ce soit le mendiant errant au long des routes, que ce soit l'aveugle misérable, que ce soit le proscrit, l'exterminé, le citoyen chassé de la cité, coupable ou non coupable, l'enfant chassé de la famille, coupable ou non coupable, ceci dans l'ordre politique et dans l'ordre de la paix, ou, dans l'ordre de la guerre, le prisonnier, le vaincu, le vieillard impotent, que ce soit l'orphelin ou au contraire le contre-orphelin, le vieillard dépouillé de sa descendance, toujours c'est le suppliant qui en réalité tient le dessus, qui tient le haut du dialogue, le haut de la situation.

Le supplié, lui, a une grande, une haute situation humaine. Mais ce n'est jamais qu'une toute misérable situation humaine. Quelle que soit sa situation, cette situation, le supplié n'a jamais que cette situation. Et c'est tout. Ce n'est rien. Surtout en comparaison d'autres grandeurs. Comparaison qui s'impose par l'opération même de la supplication. Ce qui fait la faiblesse, la petitesse du supplié, c'est qu'il n'est que lui-même, et son petit morceau de situation humaine. Il ne représente pas.

Le suppliant représente. Il n'est plus seulement lui-même. Il n'est même plus lui-même. Il n'existe plus, lui. Il ne s'agit plus de lui. Et c'est pour cela qu'il faut que l'autre se méfie. Dépouillé de tout par ce même événement qui a précisément fait le dangereux bonheur du supplié, citoyen sans cité, tête sans regard, enfant sans père, père sans enfants, ventre sans pain, nuque sans lit, tête sans toit, homme sans biens, il n'existe plus comme lui-même. Et c'est à partir de cet instant qu'il devient redoutable. Il représente.

Parce qu'il a été manié, pétri, manipulé par les doigts humains surhumains des dieux, il est devenu soudainement cher au cœur humain surhumain des dieux. Parce qu'il a été une cire aux doigts divins surdivins de la fatalité, il est devenu mystérieusement cher au cœur divin surdivin de la fatalité. Parce que les puissances d'en haut ont appesanti leur main sur lui, par un singulier retour, — non point par une compensation, — par une sorte de filiation, plutôt, d'enfantement supérieur, d'adoption particulière, il est devenu leur protégé, leur fils. Les dieux et au-dessus d'eux, derrière eux, la fatalité, lui ont pris son père. Mais les dieux sont devenus son père. Les dieux, et derrière eux la fatalité, les dieux lui ont pris la cité. Mais les dieux lui ont en quelque sorte conféré leur propre cité. Les dieux, sous-ordres de la fatalité, lui ont pris ses biens. Mais ces mêmes dieux lui ont donné ce bien que nul bien ne saurait remplacer, les dieux lui ont donné ce premier des biens : qu'il est devenu un représentant des dieux.

Nulle idée de compensation, ni même de justice; une telle idée serait une idée chrétienne, au moins une idée relativement récente, en un certain sens une idée moderne; bien entendu nulle idée d'antithèse romantique. Mais une idée beaucoup plus profonde, un sentiment beaucoup plus profond et beaucoup plus vrai, autant qu'il est permis de se reconnaître un peu dans ces sentiments mystérieux, profonds, vrais, un sentiment de vie, d'art et d'œuvre : que ces hommes ont fait leur preuve qu'ils étaient des hommes plastiques aux doigts statuaires de la fatalité.

Les dieux, la fatalité se sont faits ses père et mère; il est devenu, orphelin, le fils et le représentant des dieux subfatalisés. Mais c'est qu'en effet pour les anciens, pour les Grecs, par une deuxième génération, par un deuxième enfantement, il est réellement devenu comme un fils des dieux.

Il a suffi pour cela qu'il fût en leurs doigts une matière plastique, et qui a fait ses preuves de plasticité. Il est devenu leur fils comme la statue est née du statuaire. Avec cet accroissement, avec cette élévation que le statuaire est dieu, plus que dieu, fatal.

Ne parlons point de création, de deuxième création, de recréation, car nous devons soigneusement réserver les expressions chrétiennes, le langage chrétien. Parlons de ce qui était tout pour ce peuple de fécondité : d'un deuxième enfantement. Parlons de ce qui était tout pour ce peuple d'art : d'un enfantement d'art. Les dieux subfataliers l'aiment de cet amour qui pour ce peuple était plus qu'un amour paternel, d'un amour d'art, d'un amour d'artiste pour l'œuvre, d'un amour où inséparablement l'art se nourrit de fécondité, où la fécondité se forme d'art. Enfin les dieux l'aiment comme une glaise, bien plastique à leurs doigts, comme un métal ductile, comme un marbre qui a bien rendu. Étant donné en outre que le dieu, statuaire, est plus qu'homme, et que l'homme, matière, est plus que métal, glaise et marbre.

De là vient, nous n'en pouvons douter, de là vient, au moins en partie, que les dieux sont à ce point avec l'homme, que la fatalité est à ce point derrière l'homme qu'elle a une fois travaillé. Quand nous lisons dans les textes que Ζεύς est ξένιος : que *Zeus* est *hospitalier,* qu'il est le *dieu* des *hôtes,* que les hôtes viennent de Zeus, que l'étranger vient des dieux, que le mendiant, que le suppliant, que le malheureux est un envoyé des dieux, gardons-nous surtout de croire que ce sont là des métaphores et des élégances. Les modernes traitent ces graves questions par des métaphores et par des élégances. Les anciens entendaient ces expressions littéralement. Réellement. Ces misérables hommes, les suppliants, étaient comme les témoins ambulants de la fatalité, deux fois œuvres (ne disons point deux fois créatures) des dieux.

C'est pour cela que dans la supplication antique, — on peut les relire toutes, et comme je regrette à présent de n'avoir plus le temps de citer la très admirable supplication de Priam, — qu'on y fasse attention, dans la supplication antique, dans toute supplication antique, au fond, c'est le suppliant qui tient le haut de la supplication. L'autre est tout seul, tout nu, et ne représente rien. Il a, lui, derrière lui, tout l'Olympe, et ce qui domine l'Olympe même. Il représente tout un monde de dieux, et même il représente ce qui ensevelira les dieux mêmes.

Il représente la misère, le malheur, toute infortune, la maladie, la mort, la fatalité, qui frappera les dieux mêmes.

Dans toute supplication antique, c'est le suppliant qui est le maître, c'est le suppliant qui domine. Veuillez bien noter qu'on peut lui refuser ce qu'il demande. Si l'autre veut aggraver son cas, libre à lui. Mais c'est lui, le suppliant, l'homme *plié* aux pieds de l'autre, qui domine, la supplication, l'opération, le commerce de la supplication; c'est lui qui est le maître, qui parle un grand langage, un langage maître et venu de loin, venu de tout à fait ailleurs.

Notez que l'autre peut l'éconduire, le forclore, le maltraiter : tant pis pour l'autre. L'autre a un palais, un foyer, des servantes. Il peut repousser le suppliant au hasard des routes. Tant pis pour lui, l'autre.

Dans la supplication antique, c'est le suppliant qui est le roi de la supplication. Qu'on recoure aux textes. Qu'on rappelle ce ton, ces expressions, ce ton vraiment souverain. Ils sont tous des ambassadeurs. Et les ambassadeurs d'un grand roi.

Qu'on rappelle ce ton de noblesse et de fermeté, ce ton digne et comme éloigné, lointain, ce ton antérieur. Ce sont eux qui parlent du plus haut. Et ce sont eux qui parlent du plus loin. Ils savent des savoirs que l'autre ne saura jamais. A moins d'avoir passé, lui aussi, par la même grande et inremplaçable épreuve.

Ne parlons point d'ascension; ne parlons pas même d'élévation; car nous devons dans ces recherches poussées dans le monde antique réserver soigneusement les expressions chrétiennes, le langage chrétien. Parlons de ce qui était tout pour ce peuple civique : d'une mutation civique, d'une promotion, d'un nouveau droit de cité. La promotion du malheur est véritablement pour eux une promotion. Le malheur, défini techniquement comme la non-réussite de l'événement, confère vraiment dans leur esprit, dans leur statut, un droit de cité singulier, un droit de cité supérieur, un droit d'entrée comme citoyen dans une singulière cité supérieure. C'est ce qui fait la valeur unique, éminente, singulière, d'*Œdipe-roi* parmi toutes les œuvres antiques. *Œdipe-roi* est essentiellement, éminemment l'histoire d'une promotion, (ne disons point d'une élection). C'est pour cela qu'*Œdipe-roi* n'est pas seulement une des premières parmi les œuvres antiques, mais qu'elle ramasse, qu'elle concentre en soi, — comme un symbole éminent, comme une réalité éminente représentant toute la réalité antique, — tout le problème antique du malheur faisant promotion. Œdipe eſt un promu, (ne disons point un élu); un homme qui au commencement de la tragédie était un homme comme nous, un roi, un homme ordinaire et vulgaire, et par le miniſtère du malheur, par la non-réussite de son événement, plus particulièrement, plus tragiquement, plus scéniquement par la découverte de cette non-réussite, tout au courant, à l'événement, au développement de cette tragédie voilà qu'il eſt non seulement promu, mais découvert promu à la dignité de suppliant. Il avait commencé, il commençait comme un simple roi. Il continue par une mutation, par une promotion. Il monte. Il monte. Il achève comme suppliant. *Œdipe-roi* eſt ainsi une tragédie éminente, une tragédie unique, plus que rare, une tragédie essentielle, un modèle, un type, au sens grec de ce mot, la plus grecque, la plus tragique, la plus profondément grecque et la plus essentiellement tragique des tragédies grecques, le type, le modèle, et en un sens platonicien, l'idée de la tragédie, et particulièrement de la tragédie grecque. La tragédie grecque eſt essentiellement une démonſtration, une manifeſtation de la supplication antique introduite par une intervention de la fatalité. A ce titre *Œdipe-roi* eſt la plus tragique, la plus tragédie des tragédies grecques, la tragédie grecque par excellence.

Tout entière elle eſt la mise en œuvre de la supplication antique, invocation, imploration, lamentation, supplication, tout entière elle réside et consiſte en cette supplication, tout entière elle met en œuvre cette centrale, cette essentielle supplication. *Œdipe-roi* eſt essentiellement, éminemment tragédie, c'eſt-à-dire explicitement que cette tragédie eſt la tragédie de la supplication antique. Et c'eſt un admirable coup de génie du grand Sophocle que de nous l'avoir signifié dès le principe, dès l'ouverture de la tragédie par l'admirable tableau de cette supplication de tout un peuple aux pieds du roi Œdipe.

C'eſt ce que signifie, en symbole, cet admirable commencement. Que ce soit une tragédie de Corneille, une tragédie de Racine, ou que ce soit le *Tartufe* de Molière, le véritable génie dramatique, l'invention, la loyauté scénique se reconnaît toujours à la décision de l'ouverture. Le commencement, l'ouverture dramatique ne vaut pas seulement par elle-même et ne signifie pas seulement ce qu'elle signifie; pour ces grands maîtres, puisqu'elle ouvre, elle commande toute l'œuvre; il y a comme une responsabilité, un sens engagé dès l'abord; dès le principe; il y a comme un immense, comme un total reflet, comme un report du commencement, de l'ouverture sur toute l'œuvre, comme une grande ombre portée, que rien n'effacera plus, expression et symbole extérieur parallèle de ce que dans la mémoire la première grande impression ne s'effacera plus non plus et portera sur toute l'impression de toute l'œuvre. Quand donc Sophocle nous présente en ouverture de sa tragédie cette admirable supplication de tout un peuple aux pieds de celui qui est à ce moment le supplié, mais qui sera le suppliant définitif, non seulement ce tableau est en réalité le tableau de la supplication de tout un peuple aux pieds d'Œdipe, mais il est, en symbole, en représentation, en signification, la signification qu'une tragédie ainsi ouverte sera essentiellement et toute une tragédie, la tragédie de la supplication.

Cette signification, cet engagement, cette promesse de l'ouverture, on sait comment elle est tenue. Le débat, le développement d'*Œdipe-roi* n'est point tant, comme on l'a communément dit, de savoir s'il y a un coupable, qu'il y a un coupable, puis qui est le coupable, et de se demander de proche en proche si ce n'est pas Œdipe qui serait le coupable, jusqu'à ce que ce soit lui-même qui se le demande, et enfin d'acquérir de proche en proche la conviction que c'est bien lui qui est le coupable, jusqu'à ce que ce soit lui-même qui en soit convaincu. Je ne nie point l'intérêt passionnant de cette enquête, et de cette découverte. — Elle est passionnante surtout pour des modernes; pour des anciens... — Je ne nie point l'intérêt passionnant de cette enquête, et de cette découverte. — Mais elle masque, mais elle recouvre un autre débat, sous-jacent, plus profond, infiniment plus grave, sous-terrain, sous le premier, infiniment plus profond : le débat de savoir qui en définitive sera promu, qui en définitive sera le malheureux; non point le coupable, non point le criminel, mais le malheureux; qu'importe le criminel, et ce débat du criminel; pour nous Grecs, c'est le malheureux qui importe, et le débat du malheureux; le débat de savoir qui en définitive sera le suppliant.

Cette tragédie est toute entière, toute essentiellement la tragédie de la supplication; ouverte sur et par cette immense supplication de tout un peuple aux pieds d'Œdipe, elle consiste toute en un immense retournement, en une immense opération de retournement qui fait que tout ce peuple qui était suppliant au commencement ne l'est plus à la fin (il est déchu) et que celui au contraire qui était au commencement le supplié, par ce retournement, par le ministère de son malheur et par l'accomplissement de sa destinée, par la découverte officielle de son malheur et de sa destinée, est peu à peu ouvertement, officiellement promu au grade et à la dignité de suppliant.

Il était entré roi. Il en sort suppliant. Promotion mystérieuse (ne disons point mystique) et que n'ont point oubliée les quelques personnes qui ont pu assister à Orange à la toute première cérémonie que fut la représentation première d'*Œdipe-roi*[1]. Œdipe est grand quand il paraît, pour la première fois, dans l'apparition de cette somptueuse ouverture. Combien plus grand Mounet aveugle s'en va par ce chemin de théâtre qui, merveille non encore inventée, se continuait insensiblement en un véritable chemin des champs, en un véritable chemin de vraie terre, quand il s'en allait par un tout misérable mais véritable commun sentier qui devait aboutir à quelque chemin vicinal d'un département français. Il était entré roi de Thèbes. Il s'en allait par une route commune, aveugle comme tous les aveugles. Il était entré roi de pourpre et d'or. Il s'en allait dans la commune boue et dans la commune poussière. Il s'en allait dans les cailloux pointus meurtrir ses pauvres pieds saignants dans les sandales. Il allait, plus misérable que tout le monde, marcher par les chemins de tout le monde. Il était entré roi. Il sortait suppliant, et l'éternel père d'Antigone.

Car pour ne point triompher, moi-même, dans ma thèse, j'ai pris Œdipe, le père, le roi, l'homme. C'est-à-dire quelqu'un de forcément mesuré et de grossier. Que serait-ce et que n'eussions-nous pas dit si j'avais eu la grossièreté d'examiner devant vous ce que je suis presque forcé de nommer malgré moi la *vocation* d'Antigone : Antigone, petite princesse royale, petite fille, la dauphine, petite future femme de gynécée. Et après la catastrophe Antigone, l'éternelle Antigone, l'Antigone de l'accompagnement d'Œdipe, l'Antigone de l'ensevelissement du Polynice fraternel.

Devant de telles promotions que devient, pour des Grecs, la contrariété pourtant si importante du juste et de l'injuste, de l'innocence et du crime. Que devient la catégorie du juste? Que devient la justice. Quel honneur ou quel déshonneur humain, ou si ceci est un mot moderne, quel avantage ou quel désavantage humain peut affronter l'avantage d'avoir été choisi pour devenir la matière plastique des dieux, et de celle qui domine et qui modèlera les dieux mêmes et qui les gouvernera dans le sommeil de la mort. Et c'est pour cela que le suppliant criminel, ou, pour parler exactement, ancien criminel, — car, puisqu'il est suppliant, il ne peut plus être criminel, — c'est pour cela que le suppliant prétendu criminel est chez les Grecs un homme infiniment plus sage, plus près des dieux, plus innocent que le plus sage et que le plus innocent des hommes heureux. Il peut toujours donner des leçons à l'homme heureux, des leçons de sagesse et d'innocence. L'homme heureux est toujours coupable. Au moins d'être heureux. Mais c'est le plus grand des crimes.

[Je me sers de ce mot de *fatalité* plutôt que du mot *destinée* ou *destinées* parce qu'il est plus général et moins marqué, comme il faut, et parce que depuis Vigny le mot *les Destinées,* contrairement à ce que l'on pouvait et devait attendre, a pris un sens plus particulièrement moderne et chrétien.]

D'innombrables Grecs ont convoité, poursuivi les bonheurs, comme le firent d'innombrables hommes de tous les temps. Mais il n'en demeure pas moins entier que pour le Grec le bonheur, défini comme la réussite de l'événement, n'est, au fond, point enviable, et n'est point envié.

Les suppliants parallèles : restituant un mot grec, une épithète grecque, en souvenir du Grec illustre qui écrivit les *Vies parallèles* je me suis permis d'intituler ainsi cette étude préliminaire. Les vies des hommes individuels, et notamment les *Vies des Hommes illustres* ne sont point les seules qui se puissent mettre en parallèle, en vies parallèles. Il y a des vies de peuples, et dans et parmi ces vies de peuples il y a aussi des vies qui sont aussi des vies parallèles. C'est-à-dire des vies qui sur deux plans d'existence différents, mais parallèles, sur deux plans de civilisation parallèles suivent apparemment un même sens. Et dans ces vies parallèles il y a des paroles, des gestes, des attitudes parallèles. Qui de nous, lisant innocemment cette *pétition des ouvriers au tsar,* n'a point soudainement entendu résonner dans le fond de sa mémoire, — et était-ce bien seulement de sa mémoire individuelle, — l'écho momentanément assourdi, toujours vivant, de la supplication antique. C'est qu'en effet, au sens que nous avons restitué à ce mot, en ce sens de misère et de dignité, de renseignement et de fermeté, tout le mouvement de soulèvement russe actuel est un mouvement de supplication. Et dans tout ce mouvement, sortant de tout le reste du mouvement, éminemment cette supplication du 22 janvier nouveau style. Et si les Russes « révolutionnaires » qui demeurent à Paris ne s'acharnaient point à se faire croire qu'ils sont des révolutionnaires comme nous, et si en retour nous ne nous épuisions pas à nous imaginer aussi qu'ils sont des révolutionnaires comme nous, il y aurait d'eux à nous un peu moins de tristesses parce qu'il y aurait un peu moins de malentendus.

C'est ce que Porché a vu admirablement, et c'est ce qu'il a montré admirablement par l'imposition de ce titre, imprévu à des modernes : *les Suppliants.* Je ne parle pas seulement de cette ressemblance, de ce parallélisme des détails, soudainement révélé. Je n'invoque pas seulement cette évocation lointaine, soudaine révélation, cette ressemblance, presque effrayante, de certains mots, de certaines phrases, qui en fait comme une survivance et plus encore comme une revivance, comme une résurrection : *Deux routes seulement s'offrent à nous; Voilà ce qui est devant nous, Sire, et c'est ce qui nous a rassemblés près des murs de ton palais; Mais si tu ne l'ordonnes pas, si tu ne réponds pas à nos prières, nous mourrons sur cette place même, devant ton palais.* Je n'invoque pas seulement cette effrayante ressemblance des détails, cet effrayant parallélisme qui se forme en je ne sais quelle forme de réminiscence platonicienne, j'invoque toute la ressemblance, tout le parallélisme de l'âme même, des situations, des attitudes physiques, mentales, sentimentales.

Tout ce qu'on nomme improprement le mouvement russe révolutionnaire est une immense et perpétuelle oscillation, une vibration immense, un mouvement double, d'aller et de retour incessant : mouvement d'aller de la supplication montant des misérables aux apparemment heureux, aux puissants; mouvement de retour de la réaction, de la répression, de la barbarie des puissants aux misérables.

Et il y a aussi, doublant le premier, un immense mouvement de supplication des populations, des éléments moins intellectuels aux éléments plus intellectuels, aux éléments proprement intellectuels, parce que pour ces peuples grossiers l'intellectualisme est encore une puissance, et un bonheur; et, en retour, des mouvements de retour de barbarie et comme de revanche des éléments moins intellectuels aux éléments intellectuels.

Et il y a aussi, triplant le premier, un immense mouvement de supplication des populations, des éléments moins (prétendus) révolutionnaires aux éléments plus (prétendus) révolutionnaires, parce que pour ces peuples enfants et réactionnaires la prétention révolutionnaire, qui d'ailleurs se confond souvent avec l'intellectualisme, est encore un avantage, une puissance, et un bonheur; et, en retour, des mouvements de retour de barbarie et comme de revanche des éléments moins (prétendus) révolutionnaires aux éléments (prétendus) révolutionnaires.

Il peut y avoir une certaine apparence de présomption, ou d'étrangeté, à déclarer qu'un immense mouvement qui a sous nos yeux des effets immenses et des retentissements immenses, qui a tout l'aspect d'un mouvement révolutionnaire et qui aura sans doute les effets d'un mouvement révolutionnaire, pourtant n'est point un mouvement révolutionnaire. C'est pourtant une simple constatation. Pour qu'un mouvement soit, au sens technique de ce mot, un mouvement révolutionnaire, il ne suffit point qu'il ait toute la force et toute l'étendue d'un mouvement révolutionnaire, ni qu'il en ait les effets, ni qu'il en ait cette violence que l'on persiste à croire indispensable à la constitution du mouvement révolutionnaire; et il ne suffit point qu'un peuple soit en état de révolte, même permanente, surtout permanente, même générale, même généralisée, pour que ce peuple soit en état de révolution. Ce qui fait une révolution, ce n'est ni seulement la force, ni l'étendue, ni les effets, ni surtout ce n'est point cette violence, et enfin ce n'est point cet état de révolte, permanente, générale, généralisée. Ce qui fait une révolution, ce qui fait la révolution, c'est un certain rythme, propre, c'est un certain sens, une certaine forme, une certaine nature, un certain mouvement, une certaine vie, une certaine âme, un certain caractère, un certain style, parce que le style est de l'homme même.

On ne peut donner le nom de mouvement révolutionnaire à cet immense mouvement de balancier, d'aller et de retour; un mouvement révolutionnaire est essentiellement au contraire un mouvement qui n'attend pas, — qui n'attend pas la réponse, le retour du balancier, le contre-coup de l'événement, — qui va toujours au-devant, au contraire, toujours de l'avant, qui attaque toujours.

Je ne puis nommer mouvement révolutionnaire un mouvement qui ne marche au contraire qu'autant qu'il reçoit des excitations de la réaction ennemie. Un mouvement révolutionnaire est un mouvement qui prend en soi son point d'appui, qui part de soi-même et rejaillit de soi, qui attaque toujours, qui tient une perpétuelle offensive, qui altère délibérément, qui change. La réalité. Au contraire il est évident que les Russes ne se révoltent, ne marchent, ne chantent qu'à mesure que et dans la mesure où c'est la réaction elle-même et la conservation qui les y contraint. Il ne faut point dire que la révolution russe est comme ces pèlerins qui se rendaient à Jérusalem en faisant trois pas en avant et deux pas et demi en arrière; mais il faut dire que le mouvement russe est comme un pèlerin se rendant à Jérusalem qui tournant le dos à Jérusalem ferait ainsi trois pas en arrière et deux pas et demi en avant. Sans doute c'est un moyen. Mathématiquement, arithmétiquement, c'est un moyen incontestable d'aller à Jérusalem. C'est aussi un moyen incontestable d'atteindre à une situation sociale nouvelle. Mais ce moyen russe n'est pas un moyen révolutionnaire.

Un révolutionnaire ne fait que des pas en avant; ou quand il fait un pas en arrière, quand il rétrograde, c'est qu'il ne peut pas faire autrement, c'est qu'il y est contraint par l'adverse réaction; le Russe, au contraire, c'est quand il y est contraint par la réaction qu'il s'impatiente, qu'enfin il se révolte, et c'est quand il ne peut pas faire autrement, qu'il fait un pas en avant. C'est sur la réaction qu'il prend son point d'appui, — pour lui résister, naturellement, — mais tout de même c'est de la réaction qu'il part et c'est de la réaction qu'il rejaillit. Toute marche de lui, tout mouvement en avant n'est qu'une réponse donnée à une attaque, à une excitation, à un excès vraiment insupportable de la réaction qui est en face, un contre mouvement suscité par une excessive attaque de l'adverse réaction, un contre mouvement en arrière, un mouvement en arrière littéralement retourné. Ainsi c'est de la réaction opposée que vient l'initiative, le point de départ, le mouvement originel, et non point de la révolution posée. En un mot, dans un mouvement révolutionnaire, c'est le mouvement révolutionnaire qui demande, qui appelle, qui fait toute l'action, qui ne prend que dans sa force toute sa force, et c'est la réaction qui fait la réaction. Du mouvement révolutionnaire vient l'appel d'air. Dans le mouvement russe au contraire, c'est la réaction qui fait l'action : je veux dire que c'est la réaction, constituée en partis politiques et sociaux, qui fait l'action, j'entends au sens que l'on peut donner à ce mot en physique sociale, et c'est le mouvement prétendu révolutionnaire, qui fait la réaction, j'entends au sens que l'on peut donner à ce mot en physique sociale. C'est-à-dire qu'il ne fait que la réponse, quand l'autre l'interroge. En un mot tout est à sa place dans un mouvement révolutionnaire, vraiment révolutionnaire; tout répond à l'attente, et chacun des éléments fait face à sa fonction naturelle : l'action fait l'action, est à sa place d'action; la réaction fait la réaction, est à sa place de réaction; dans le mouvement russe, au contraire, tout est renversé : c'est l'action qui fait et qui se laisse faire la réaction, et c'est la réaction qui fournit l'action, initiale. De la réaction, des excès de la réaction naissent et viennent tant de mouvements qui se prétendent révolutionnaires, et ces mouvements qui se prétendent révolutionnaires ne fonctionnent que dans la mesure où tout de même il faut bien qu'ils répondent aux provocations réactionnaires, à des excès réactionnaires insupportables; ils font le retour perpétuel d'un mouvement perpétuel d'aller et de retour dont ce sont les réactionnaires qui font perpétuellement l'aller; ils font le perpétuel deuxième temps d'une vibration perpétuelle dont ce sont les réactionnaires qui font perpétuellement le premier temps, et, aujourd'hui, seulement le retour d'une immense oscillation perpétuelle.

C'est pour cela qu'il y a eu tant de fois où nous avons cru en France que *ça y était,* comme on dit en France; et ça n'y était pas du tout; dans des conditions pourtant où en France ça y eût été infailliblement; notamment après ce 22 janvier nouveau style.

Des excès de la réaction, des excès du despotisme, de l'excès du mal naît perpétuellement et sort et se meut l'agitation, et c'est cette agitation qui en imaginaire devient le mouvement révolutionnaire prétendu : nous avons donc ici obtenu la plus belle illustration que nous ayons jamais pu avoir des méthodes guesdistes; mais c'est justement par cette illustration que l'on voit que les méthodes guesdistes, elles-mêmes corruptions et malentendus des méthodes marxistes, sont tout le contraire de méthodes révolutionnaires.

Une méthode révolutionnaire au contraire est essentiellement positive; elle affirme; elle déclare; elle montre; elle est féconde; elle est toute rebondissante de force, toute pleine de sa force, et puise sa force en elle-même. C'est une des plus grandes erreurs des temps modernes, une des plus grossières, et par conséquent l'une des plus communément répandues, que de s'imaginer qu'une révolution est essentiellement corrosive, qu'une révolution est essentiellement une opération qui détruit. Une révolution est essentiellement au contraire une opération qui fonde.

Si l'on ne fait pas cette distinction nécessaire, cette reconnaissance indispensable, on n'entend, on ne reconnaît rien à tout le mouvement russe, à tout ce qui se passe actuellement en Russie; on n'entend rien notamment à la haine invétérée de Tolstoï pour les révolutionnaires professionnels; ces hommes qui à nous ne nous paraissent pas des véritables révolutionnaires, pour lui chrétien ils sont encore infiniment trop révolutionnaires, et il suffit de savoir lire un peu pour sentir, pour savoir quelle haine il a contre eux, quelle répulsion, quelle aversion il a d'eux.

Et faute de cette reconnaissance on n'entend rien, on ne reconnaît rien non plus à la situation du prêtre Gapone; ce serait évidemment commettre l'erreur la plus grossière, et par conséquent la plus communément répandue, que de se représenter le prêtre Gapone comme un chef, comme un meneur, comme un propagandiste révolutionnaire : il est un chef de chœur antique, un prêtre du Dieu vivant, un chef de supplication. De là vient qu'il ne s'est jamais entendu que momentanément et accidentellement avec les révolutionnaires, je veux dire avec ces révolutionnaires professionnels qui pourtant nous paraissent, à nous, si peu des révolutionnaires. Et l'on sait combien ce conducteur de tout un peuple de suppliants est le rival et au fond l'ennemi de tous ces révolutionnaires professionnels, et combien en retour il n'en est pas aimé; quel est aussi son ascendant sur tout son peuple, sur tout son ancien peuple d'anciens suppliants, même sur les ouvriers, et qu'il ne semble pas que les chefs démocrates ou socialistes ou révolutionnaires aient un ascendant comparable. Ce qui semblerait prouver que les troupes elles-mêmes, les foules, le peuple, sont un peuple de suppliants et non point un peuple de révolutionnaires.

Leur déclaration n'est point comme la nôtre une *déclaration des droits,* et la preuve, c'est que, quand ils veulent en faire une, ils copient servilement cette nôtre *déclaration* française universelle *des droits de l'homme et du citoyen;* leur véritable déclaration, celle qu'ils ne copient point, qu'ils n'ont pas besoin de copier, qu'ils n'ont pas copiée, dans Sophocle, c'est la déclaration de la misère et de la supplication de tout un peuple.

Ce qui nous empêchait de reconnaître dans cet immense mouvement et soulèvement de tout ce peuple ce qu'il était, une supplication, c'est qu'ayant assez mal fait nos études nous-mêmes, ayant lu étourdiment nos textes, nous nous imaginions naïvement, petits garçons des vieilles provinces françaises, et un peu grossièrement, que d'être un suppliant, c'était d'être quelqu'un d'extrêmement embêté, que de faire une supplication, c'était surtout avoir peur d'être battu, que c'était demander pardon, que c'était demander quelque chose que l'on aurait été bien content d'avoir. Mon Dieu, c'était cela; mais c'était aussi beaucoup plus. Voilà ce que c'est que de lire étourdiment ses auteurs. Nous ne pouvions pas savoir, alors, nous ne pouvions pas sentir, nous n'eussions même pas compris ce que cela eût voulu dire, que de dire que la supplication antique était une cérémonie rituelle, aussi réglée, aussi intérieure, que pouvait l'être le pèlerinage au moyen-âge.

[J'avais tort de déclarer dans un précédent cahier, — je crois que c'est dans ce même cahier d'Avenard, — que nous ne faisions rien pour le mouvement révolutionnaire en Russie; on vient d'inventer pour aider ce mouvement révolutionnaire quelque chose d'extrêmement nouveau : on va faire, on fait, on vient de faire un *meeting.* Je lis en effet dans *le Socialiste,* aujourd'hui *Organe Central du Parti Socialiste (Section Française de l'Internationale ouvrière :* PARTI SOCIALISTE, — *Section française de l'Internationale ouvrière, — Fédération de la Seine,* — GRAND MEETING *Pour la Lutte révolutionnaire en Russie, — le lundi 11 décembre 1905,* — à huit heures et demie du soir, — *Salle du* TRIANON, *boulevard Rochechouart; orateurs :* Jean Jaurès, Édouard Vaillant, Jean Allemane, Francis de Pressensé, Paul Lafargue, Marcel Sembat, Gustave Rouanet, Victor Dejeante, citoyenne Woynarowska, E. Roubanovitch, Dr Leiteisen, Dr Mok, Maximoff, Dr Effron; *entrée : 30 centimes).*

Parmi ces noms d'orateurs, autant que je connaisse le russe, il me semble que je reconnais des noms russes; il me serait très désagréable de prononcer, en des matières aussi délicates, des paroles qui seraient dures ou même simplement sévères; mais je plains ces Russes, je les plains sincèrement, ces Russes qui parlent, à Paris, dans un *meeting,* pendant que leurs camarades, pendant que leurs frères se font tuer, en Russie, combattent, réellement, pour la libération de leur peuple.

Je sais bien que l'on me dira qu'il faut bien, qu'il faut aussi à la révolution, — et d'autant plus à la révolution russe qu'elle est plus éloignée, plus isolée, — des journalistes, des ambassadeurs, qui communiquent les nouvelles, transmettent les indications, font part des avis, combattent sur place les calomnies que les ennemis réactionnaires ne manqueront jamais d'apporter. Je sais bien qu'en toute guerre diplomatique, — et il y a aussi une diplomatie des révolutions, — il faut des diplomates, et qu'on investisse des plénipotentiaires. Je sais qu'il faut des *ambassadeurs à Paris,* selon le meilleur mot que l'on ait fait sur le sionisme. Mais tout de même je regrette que le poste d'*ambassadeur à Paris* soit aussi demandé. Quand éclate une guerre militaire, il faut une intendance et des magasiniers : c'est une fonction, ce sont des fonctionnaires strictement indispensables. Je n'en plains pas moins celui qui, au lieu de répondre à l'appel sur la ligne de feu, se précipite dans l'intendance et dans le corps d'élite des magasiniers.

Parmi ces noms d'orateurs, autant que je connaisse un peu de français, il me semble que je reconnais des noms français. Un homme extraordinaire, qui à Paris lit encore *l'Humanité* ailleurs que dans les coupures du *Matin,* un être singulier, notre collaborateur M. Pierre Mille, du *Temps,* nous contait récemment dans ce dernier journal que Jaurès commence à s'apercevoir que l'empereur d'Allemagne n'est un apôtre ni de pacifisme, ni de socialisme, ni même de libéralisme, et qu'il n'est point un défenseur absolument irréductible des libertés nationales, politiques et sociales. Si Jaurès continue, et surtout si son intérêt politique l'y pousse un tant soit peu, il finira par découvrir des vérités premières.

Il y a aussi Hervé, socialiste unifié avec Jaurès, qui voulait, nous a-t-on dit, aller en Pologne, voler au secours des Polonais, et former toute une légion polonaise avec les collaborateurs du *Mouvement Socialiste.* Seulement il n'est point parti. Un homme qui bavarde au lieu d'agir est, par définition même, un parlementaire. Ce Hervé n'est pas un traître seulement. Il est un politicien, et même un politicien de l'espèce parlementaire.

Jaurès et son camarade unifié Hervé finiront peut-être par découvrir, surtout si leurs intérêts politiques les y poussent un tant soit peu, ils finiront peut-être par s'apercevoir que ce n'est point en Pologne que nous aurons à défendre les libertés polonaises, et toutes les libertés de tout le monde, mais tout simplement et tout tranquillement, si je puis dire, sur les bords de la Meuse. Ils finiront par découvrir ce que nous avons connu d'une saisie toute immédiate, parce que nous ne sommes pas des politiciens : que plus que jamais la France est l'asile et le champion de toute la liberté du monde, et que toute la liberté du monde se jouera aux rives de Meuse, aux défilés d'Argonne, ainsi qu'aux temps héroïques, à moins que ce ne soit aux rives de Sambre, ainsi qu'au temps d'une révolution réelle, — et veuillent les événements que ce soit Valmy ou Jemmapes, — ou à quelque coin de la forêt de Soignes, — et veuillent les événements, si ce doit être un Waterloo, que ce soit au moins un Waterloo retourné.

Jaurès et Hervé aujourd'hui nous opposeraient en vain que Bebel a parlé justifiant leur attitude. Le seul fait que Bebel a parlé avec un an de retard, un an plus tard qu'il ne devait, dans des circonstances, dans une situation générale et sous la menace d'événements où une minute avait son prix, le seul fait que Bebel a pu sensiblement se taire pendant toute une année montre assez combien cette intervention de Bebel est spontanée, intérieure, significative, efficace. Deuxièmement cette protestation de Bebel n'est qu'un discours de plus, un discours parlementaire de plus, et n'a aucune valeur que la valeur, si l'on peut dire, d'un discours politique parlementaire; en tout pays; en Allemagne moins que partout ailleurs; il n'arrêterait pas plus l'invasion de la menaçante catastrophe, si même il pouvait l'arrêter autant, qu'un discours de Jaurès en France n'arrêterait des événements véritablement graves. Enfin, dans le texte même des paroles sur qui s'est appuyé Jaurès dans la séance d'interpellations du vendredi 8, je retrouve cette bonne vieille duplicité de Bebel, cette éloquence allemande qui florissait dans les congrès internationaux. « Écoutez un dernier avertissement », aurait dit Bebel, cité par Jaurès à la tribune française. — J'emprunte ce texte au *Matin* du lendemain matin samedi 9; mais c'est un texte marqué si nettement qu'il ne peut pas y avoir de *variantes* considérables. — « Écoutez un dernier avertissement. Jusqu'ici l'ouvrier allemand a défendu la patrie allemande, mais, si vous continuez à en faire une patrie de servitude, il se demandera s'il vaut la peine pour lui de défendre cette patrie. »

Telle n'est point, telle n'est nullement la question : la question est tout autre. Nous ne demandons point que Bebel fabrique, imite, et importe en Allemagne un hervéisme allemand qui fasse le pendant de l'hervéisme français. Ce n'est point de l'opposition, du balancement de ces deux hervéismes que nous attendons un équilibre qui fasse le salut de toutes nos libertés, et de toutes les communes libertés de tout le monde.

Le hervéisme est essentiellement le sabotage, un sabotage, un cas particulier de sabotage appliqué aux relations, aux fonctions, aux opérations internationales. Hervé dit sensiblement : Parce que la France n'a pas donné instantanément aux ouvriers un mystique régime de béatitude économique, politique et sociale (duquel régime les ouvriers auraient obtenu depuis cinquante ans tout ce qui est humainement saisissable s'ils ne s'étaient point mis à la remorque des politiciens et si eux-mêmes ils ne s'étaient point faits profondément politiciens) pour la punir, dit sensiblement M. Hervé, pour la peine, comme disent les enfants geignards, nous attendrons que tout ce peuple soit sous le coup de la plus atroce et de la plus pesante invasion militaire, et alors nous nous mettrons à le fusiller dans le tas, histoire de prouver combien nous sommes des pacifistes. — Nous ne demandons nullement que Bebel étende aux socialistes allemands ce raisonnement ingénieux. Nous demandons au contraire, nous espérons que si par impossible un gouvernement césarien de réaction militaire français préparait, aussi ouvertement, exécutait une invasion militaire des provinces rhénanes pour écraser les libertés nationales, politiques et sociales des Allemands, nous espérons que les socialistes allemands se lèveraient comme un seul homme contre ceux de nos Français qui se feraient les complices de ce crime. Et ces Français ne seraient pas nous. Car contre ce crime nous serions les premiers à donner non seulement le précepte, mais l'exemple non seulement de la désertion, mais de l'insurrection et de la révolte. Et cette insurrection-ci ne serait autre que la traditionnelle insurrection révolutionnaire française. Mais tel n'est pas, tel n'est nullement le cas aujourd'hui. Nous ne demandons pas à Bebel de ne pas défendre son pays dans une hypothèse gratuite imaginaire opposée à l'hypothèse qui se présente réelle aujourd'hui. Nous lui demandons de ne pas attaquer, de ne pas contribuer à attaquer le nôtre dans l'hypothèse réelle qui se présente aujourd'hui. Nous ne lui demandons pas de ne pas s'opposer à un crime qui serait commis par des armées françaises. Nous lui demandons au contraire qu'il s'y oppose; de toutes ses forces et par tous les moyens. Mais pour cette fois et dans la réalité nous lui demandons que non seulement il ne participe point au crime que son empereur non seulement médite, mais prépare contre nous, mais qu'il s'y oppose de toutes ses forces et par tous les moyens. Comme nous nous y opposons, comme nous nous y opposerons nous-mêmes.

On embarbouille à plaisir ces questions, je veux dire ces demandes, ces interrogations si simples de la réalité en les altérant, en les transformant en cas logiques, voire mathématiques. Mais que deviendraient les charlatans politiciens parlementaires s'ils ne gagnaient pas leur pauvre vie en embarbouillant toutes les questions. Il ne s'agit point, aujourd'hui, de tous ces cas de prétendue conscience amphigouriques. Il s'agit d'un événement réel. Car il ne suffit plus de dire que nous sommes sous la menace militaire allemande. Il faut dire aujourd'hui que nous sommes sous la préparation militaire allemande. Et même il faut dire que nous sommes aujourd'hui sous la promesse ferme militaire allemande.

Cela étant, quand Bebel parle de la défense du pays allemand, je ne dirai pas qu'il fait le jeu de la politique impériale allemande, parce que ce serait pousser un peu loin le souci de l'exactitude, mais il adopte la version impériale allemande des événements actuels, mais il entre dans cette version. Qui est que ce serait l'Allemagne elle-même qui serait en danger d'invasion. Quand il répond que le peuple allemand finira par se demander s'il doit continuer à défendre le pays allemand, il suppose, il feint, il confirme que la demande à laquelle il est contraint de répondre ainsi est en effet la question de savoir si et comment les Allemands doivent défendre le pays allemand menacé. En un mot il parle de ce dont il ne s'agit pas, ce qui est le commencement des tactiques politiciennes dans tous les pays du monde. Car il n'y a jamais eu qu'un internationalisme réalisé. Et c'est celui du verbalisme politique parlementaire et des grosses malices politiques recousues de fil parlementaire dans tous les pays politiques parlementaires du monde.

Quand Bebel répond que les socialistes allemands finiront par être conduits à se demander s'ils continueront à défendre le pays allemand, il ne répond pas à la question, il imagine, il feint, il imite une question imaginaire opposée à la question réelle réellement posée. Ce qui est en cause réellement, ce n'est point la défense du pays allemand. C'est, ce qui est le contraire, la défense du pays français.

C'est abuser au delà des limites permises que d'imaginer un balancement exact où le gouvernement *bourgeois* français ferait symétriquement contre-poids au gouvernement impérial allemand et par suite où l'insurrection hervéiste française ferait un nécessaire contre-poids à une insurrection hervéiste allemande. Pour que ce raisonnement fût admissible, pour que cette imagination ne fût pas purement imaginaire, il faudrait que de part et d'autre les deux parties de cet équilibre imaginaire fussent égales elles-mêmes en toutes leurs parties sous-partielles, en toutes leurs subdivisions, ou que de part et d'autre les totaux au moins fussent égaux ou équivalents. Or nous sommes au contraire fort éloignés d'une égalité, et même d'une équivalence. Du côté gouvernemental, ou, pour ne point faire chevaucher deux jeux de comparaisons, une horizontale et une verticale, dans les régions gouvernementales toute la force militaire allemande est menace, promesse, préparation, offensive et offense; toute la force militaire française au contraire est menacée, défensive et défense; demandons seulement qu'elle aussi elle soit toute préparatoire. Dans les régions insurrectionnelles, toute insurrection française serait dangereuse, — pour la défense militaire, — parce que toute insurrection française serait sérieuse, parce que les Français, ou du moins certains Français, feraient l'insurrection, ou feraient de l'insurrection comme les Français font tout ou font de tout, sérieusement; il n'y a que les Français qui aient successivement pris au sérieux tant de théories contradictoires; et l'insurrection allemande au contraire serait une opération non réelle, à l'allemande, purement imaginaire, purement doctrinale, purement dogmatique, purement politique et parlementaire, nullement sérieuse, nullement dangereuse pour l'offense militaire; une supplication elle-même et non point une révolution. Car les Allemands aussi ne sont point révolutionnaires, les Allemands aussi sont supplicationnaires, plus lourdement que personne, et malgré toutes les apparences qu'ils veulent se donner, sous toutes ces apparences, la supplication comme nous l'avons définie est la forme que prennent chez eux toutes les revendications.

Ainsi ces deux inégalités, bien loin de s'opposer et de se compenser, s'ajoutent au contraire et s'alourdissent l'une l'autre. Du côté militaire allemand tout est offense; du côté militaire français tout est défense. Du côté insurrectionnel français, il y aurait, parmi les citoyens entraînés, quelques éléments, quelques hommes sérieux; du côté insurrectionnel allemand, rien de sérieux : c'est un peuple de soumis et d'obéissants, pour ne pas dire plus, un peuple de nuques basses et de discipline passive. Nullement un peuple révolutionnaire. Tout le contraire d'un peuple révolutionnaire.

Toute confrontation, toute comparaison entre l'ensemble de la situation française et l'ensemble de la situation allemande tombe donc; loin qu'il faille ajouter et comparer d'une part la force militaire française et d'autre part la force militaire allemande comme des grandeurs du même ordre, loin aussi qu'il faille ajouter et comparer d'une part la tentative insurrectionnelle française et d'autre part la tentative insurrectionnelle allemande comme des grandeurs du même ordre, au contraire, dans ce conflit réel de deux puissances antagonistes, et non pas de quatre, — car on ne peut pas se battre à quatre, on ne peut pas se battre quatre à la fois, c'est-à-dire chacun contre tous les trois autres, et de la vieille chanson :

> Ils étaient quatre
> Qui voulaient se battre,

les grammates auraient tort de lire le texte en ce sens que l'on peut se battre quatre à la fois, — dans ce conflit venu c'est la tentative insurrectionnelle française qui devient un appoint et qui doit se comparer comme une grandeur du même ordre et s'ajouter à la force militaire allemande, et c'est la force militaire française qui devient le principal et qui doit se comparer comme une grandeur du même ordre et s'ajouter à la supposée tentative insurrectionnelle allemande.

Loin que ce soit, comme un agité l'a dit, le soldat français qui fasse la même chose que le soldat allemand, et loin que ce soit le déserteur insurrectionnel français qui fasse la même chose que l'hypothétique déserteur insurrectionnel allemand, au contraire, dans ce débat réel, dans ce double conflit, qui ne peut absolument pas être un conflit quadruple, c'est l'insurgé français qui fait la même chose que le soldat allemand, et c'est le soldat français qui fait la même chose que le supposé insurgé allemand.

Dans l'histoire du monde, dans un tel conflit un soldat, un réserviste, un citoyen français qui rejoint fait exactement la même chose que ferait un Allemand qui se révolterait, avec cette diminution d'effet qu'il est moins efficace, opérant dans une armée ennemie à l'armée allemande; et tout citoyen français qui ferait une insurrection ferait la même chose que fait un Allemand qui rejoint, avec cette aggravation infinie qu'il est infiniment plus dangereux, parce qu'il est un traître, techniquement, c'est-à-dire parce qu'il opère derrière une armée et dans une cité dont il avait jusqu'à cette date joui comme citoyen.]

[Parlementarisme de Jaurès et parlementarisme de Hervé. Parlementarisme de Bebel. Parlementarisme des réfugiés russes. Quand on voit des réfugiés russes demeurant à Paris aller bavarder dans des *meetings* français, comme on reconnaît qu'il y a encore de beaux jours pour le parlementarisme en tous pays, et que s'il est permis d'espérer que la Russie échappera prochainement à la domination tsariste, de même on ne voit pas qu'il soit permis d'espérer qu'elle soit près d'échapper aux dominations parlementaires.]

[Quel contraste entre ce bruit de bavardage des *meetings* et ce grand silence que nous avons eu pendant plus d'une semaine de tout ce qui se passait de réel dans cet immense empire. Quel contraste : Nous avons les oreilles pleines de tout le bruit de ceux qui n'agissent pas. Et de tous ces immenses peuples qui agissent et qui souffrent, de tous ces immenses peuples qui travaillent et qui meurent, pendant une semaine et plus nous n'avons entendu rien. Une simple grève des agents russes des postes et des télégraphes, et, je pense, des célèbres sous-agents, avait suffi à nous replonger dans des conditions séculaires d'existence, et dans des conditions de connaissance que tout le monde croyait définitivement abolies. C'est une idée chère au monde moderne que les perfectionnements obtenus, notamment dans l'ordre des moyens de communication, par l'application de la science à l'industrie, et plus généralement par l'application de l'industrie à la science ont donné des résultats acquis, indéplaçables, irrémissiblement inamovibles. Je crois au contraire que de grandes commotions n'auraient pas beaucoup à faire pour nous replonger dans des conditions de vie antiques, et que presque instantanément elles replongeraient des parties considérables de l'humanité, sinon l'humanité tout entière, dans des conditions d'existence et de connaissance que l'on croyait irrévocablement dépassées. Eydtkuhnen est à notre porte, mais il y a eu immédiatement derrière Eydtkuhnen une barrière telle qu'au-delà, qu'immédiatement à cette barrière commençait un silence plus silencieux que les silences du moyen-âge et de l'antiquité, un silence total et parfaitement réalisé, sans infiltrations, sans pèlerinages ni odyssées. Ce silence n'a duré que quelques jours, mais pendant les quelques jours qu'il a duré, nous étions autant ignorants de ce qui se passait dans ces pays que nos pères l'étaient au temps de la *Horde d'Or,* et plus ignorants qu'ils ne l'étaient par le ministère des croisades. Et aujourd'hui même que les communications ont été rétablies partiellement, aujourd'hui que des courriers de voitures et de trains de chemins de fer ont partiellement remplacé le télégraphe de Saint-Pétersbourg à Eydtkuhnen, ce que nous apprenons, c'est que pour les Russes mêmes, pour la capitale officielle de la Russie, des provinces entières, des provinces considérables, des provinces plus grandes que cette France même et que l'autre Allemagne sont depuis plusieurs mois ensevelies dans un total silence. Comme les psychologues ont raison de nous dire que nous entendons le silence : nous avons encore dans les oreilles la mémoire et le son de ce silence-là. Et nous l'avons entendu aussi comme un avertissement.]

Porché me pardonnera : je n'ai pas pu résister au désir enfantin de mettre du grec dans ce cahier. J'ai voulu me payer de corriger des épreuves de grec. Je me suis bien rendu compte que sans ce coup de force cela ne me serait jamais donné sans doute. J'ai voulu copier du grec pour les imprimeurs. Le poète de *à chaque jour* comprendra mieux que personne ce sentiment qui dans les difficultés de l'action d'un certain âge, dans les labeurs de la maturité, nous pousse à revivre artificiellement certains des anciens jours, quelques-uns des jours passés, particulièrement chers, particulièrement élus, nous poussant à recommencer les exercices, quelques, certains exercices de nos premiers apprentissages. Vainement. Je me suis aperçu, à l'essai, que ma main de barbare était redevenue lourde. Ma lecture même était redevenue lourde. Et regardant les deux feuilles tirées de ce cahier je m'aperçois, trop tard, que page 49 j'ai laissé passer Δίος accentué sur le ι, au lieu de Διός, comme si ce n'était pas une hérésie de ne pas accentuer sur la finale un génitif ou un datif de nominatif monosyllabique. Enfin consolons-nous sur ce que le dictionnaire donne Δίος en éolien. Phénomène singulier, le sens était demeuré beaucoup plus entier dans ma mémoire, beaucoup plus intact et beaucoup plus frais, comme s'il fût antérieur au texte et en nous encore plus profond. L'enseignement de culture que nous avons reçu dans certaines écoles se perd vite aux grossièretés de la vie moderne. J'ai copié d'une main gauche. Tout uniment, trop tranquillement, trop innocemment j'ai copié dans ma vieille édition scolaire, dans mon vieux *Tournier* des familles. Cela doit être très mal porté, aujourd'hui, de copier un texte grec dans une édition de Tournier. On a dû inventer, depuis, des éditions beaucoup plus savantes. Le temps n'est plus, le temps ne reviendra jamais où nous faisions pour nos bons maîtres, en thèmes, ces admirables manuscriptions moulées du grec. Ce grec de nos thèmes n'était pas toujours du bon grec. Et quelquefois même il n'était pas du grec du tout.

C'est du moins ce que disaient nos maîtres, et ensuite ce qu'ils écrivaient sous forme de notes quelquefois sévères. Ils avaient évidemment raison. Et quand même ils n'auraient pas eu raison, ils auraient eu raison tout de même. Car les anciens Grecs ne revenaient point pour nous départager. Mais les écritures étaient déjà belles et moulées comme les typographies de nos éditions ultérieures. Et ces écritures admirables relevaient un peu nos moyennes. Car nos maîtres étaient des hommes. Et ces écritures moulées reposaient un peu les regards de celui qui les corrigeait. Elles défronçaient les fronts soucieux et plissés; elles reposaient un peu les pauvres yeux dévoués, fatigués professionnellement. Souveraines contre la migraine. Manuscriptions antinévralgiques. Et elles faisaient plaisir à voir. Et leurs yeux fatigués, se fatiguant moins, inclinaient leurs âmes à l'indulgence. Et le grec, avec raison, leur paraissait meilleur. Et peut-être, en réalité, en était-il meilleur.

Porché me pardonnera. Je n'ai pas pu résister à la tentation. Comment, écrivain, résister à la tentation de se remettre à la rude, et salubre, et salutaire école de la traduction. Écrivain français, comment résister à la tentation de se remettre à cet admirable grec aïeul. Je n'ai pas pu résister au désir enfantin, — mettons au désir filial, — de traduire le plus beau lever, — ou baisser, — de rideau qu'il y ait jamais eu depuis qu'il y a un théâtre au monde et que dans le monde il y a des spectateurs. Combien ne faut-il pas que la misère et plus particulièrement le malheur, défini comme la non réussite de l'événement, soient essentiels à l'humanité pour qu'en plein âge moderne un écho de la lamentation antique et de la supplication grecque retentisse aussi fidèle après un écartement de plus de vingt-deux siècles écoulés, ou si l'on va dans le sens contraire, pour que la lamentation contemporaine et pour que cette supplication du 22 janvier nouveau style ait reçu il y a plus de vingt-deux siècles sa formule même, son rite, je dirai son rythme, et son schème essentiel. Et quel ne faut-il pas qu'ait été le génie de ce Sophocle, d'avoir si exactement donné, il y a plus de vingt-deux siècles, la formule de la supplication antique au seuil de sa tragédie, et si purement, que cette formule, après un écartement de plus de vingt-deux siècles à venir, devînt la formule même et fît le rite essentiel d'une supplication dont l'événement nous est contemporain. Quel effrayant et presque mystérieux retentissement à distance. Quelles effrayantes identités humaines. Sous tant d'apparences de transformations. On est prié de recevoir ma version grecque d'aujourd'hui comme un exercice pieux et elle aussi comme un — modeste — ressouvenir, d'ancien élève. Je la placerai sous l'invocation de la mémoire que nous avons gardée de l'un des hommes à qui nous devons le plus, sous l'invocation de notre regretté maître, de l'un, entre tous, de nos regrettés maîtres, de celui que tous ensemble nous nommions familièrement et affectueusement le père Edet. *Pater Aedeas,* comme disaient les nouveaux, qui voulaient faire les malins. Quoi qu'en ait prétendu un jour notre camarade Larby, c'est un des hommes à qui les hommes de ma génération doivent le plus. Il était tout cœur et toute bonté. Sa grosse voix grondante paternelle écumait de bonté. Sa voix trempée d'attendrissement un peu lourd et profond, sa voix bourrée de bourrades bonnes enseignait cette justesse qui est inséparable de la justice. A tous ceux, petits élèves, qui eurent l'honneur et le bonheur de recevoir ses leçons, à Lakanal, à Henri IV, en Sorbonne, il enseignait cette probité intellectuelle qui entraîne infailliblement la probité morale. C'est lui qui aimait mieux un bon contre-sens qu'un douteux faux-sens. C'est-à-dire un beau contre-sens, hardi, franc du collier, bien dessiné, bien découplé. Mais bien délimité aussi. Plutôt qu'un de ces douteux *à côté* entre-deux bissecteurs qui ménagent également le bon sens et le mauvais. Qui sont une trahison perpétuelle du texte, et qui décèlent toujours chez leur auteur un double et louche et fourbe caractère faux fuyant. Ce n'est pas lui qui se contentait d'un à peu près. Sans morgue et sans aucun système, — comme tant d'autres, systématiques, et qui vous feraient un système rien que pour être, simplement, un honnête homme, — il enseignait inlassablement la probité, la lenteur, l'exactitude, l'attention, la précaution, le serré du texte, et de ne point confondre l'irréel avec le potentiel, et de ne point emmêler ensemble tous les paragraphes du Riemann et Goelzer. J'avais encore le son de sa voix dans la mémoire quand poursuivant aujourd'hui ma version grecque je fus amené à traduire enfin que Œdipe serait *un mauvais, de ne pas faire tout ce que le dieu manifeste*. Qui ne se rappelle encore et qui n'entend comme il prononçait *un mauvais*, en allongeant et en aggravant le *au* en ô : un *môvais*. Un *môvais*, c'était indistinctement et aussi sincèrement Œdipe qui désobéirait aux dieux que celui qui lui mettait *Romanibus* dans un thème latin. *Romanibus* était l'abomination de la désolation. Monsieur Gibout, vous m'avez encore mis *Romanibus*.

Pauvres nouveaux, qui faisaient les malins. C'est encore lui qui leur enseignait ce que c'est qu'une édition, des éditeurs. Frais débarqués à Lakanal, pauvres petits garçons des provinces départementales françaises, les plus avancés d'entre nous débarquaient distinguant à peine d'un libraire, qui vend des livres, un éditeur, qui en sort, qui en fabrique. Ils disaient naïvement et couramment l'édition Hachette ou l'édition Colin. Quand encore ils regardaient à ces différences et connaissaient ces premières éditions mêmes : heureux encore ceux qui avaient de tels soucis. Et ils croyaient avoir tout dit quand ils avaient distingué une édition française d'une autre édition française. Et c'est à peine si les plus dévergondés osaient aller jusqu'à parler de Teubner et de Tauchnitz. Et quand ils avaient prononcé l'un ou l'autre de ces deux noms, ils reculaient d'effroi devant leur propre audace. Et ils croyaient qu'ils avaient passé les limites honnêtement permises de la science humaine, parce qu'ils avaient prononcé l'un de ces deux noms allemands. Alors intervenait doucement ce père Édet, — car *Aedeas* est lui-même un affreux barbarisme, — et il nous enseignait paternellement, sans ironie, sans orgueil de son ancien savoir, comme on enseigne aux conscrits dans les casernes quelques vérités par trop élémentaires paternellement il nous enseignait qu'un éditeur ce n'est pas un commerçant qui fabrique un livre ou qui le fait fabriquer, mais que c'est un savant qui établit un texte; paternellement il nous enseignait tout le doux mépris paterne que l'on doit avoir pour ces commerçants qui s'enrichissent ou qui sont censés s'enrichir ou qui font semblant de s'enrichir en vendant du grec, et tout l'immense respect que l'on doit avoir, au contraire, toute l'admiration pour les professeurs et pour les savants qui établissent des textes ; le premier il nous fit discrètement comprendre que les éditeurs allemands étaient encore beaucoup plus forts que les éditeurs français ; le premier il fit qu'au bout de très peu de temps nous prononcions comme père et mère et d'un air entendu ces phrases innocentes : *Nous lisons dans Witzschel ;* ou : *Je trouve dans Stallbaum ;* ou enfin : *Weise donne. Donne* était sur tout éloquent, *donne* en disait long. *Weise donne* παλαιός, *mais Untelmensch* ne *donne* que πάλιν. Et c'était toute une affaire. En moins d'un mois nous avions appris à sourire fraternellement, comme des frères aînés, quand un nouveau nouveau, ignorant les distinctions nécessaires, impromptu recommençait à nous parler de l'édition Hachette.

Il était de ces anciens universitaires et de ces universitaires anciens qui avaient une telle idée de la justesse qu'indissolublement et sans le faire exprès et même en ayant quelquefois l'apparence du contraire, ils enseignaient indissolublement toute la justice. Note distinctive : ils n'étaient pas conseillers municipaux ni même adjoints des villes où ils opéraient. — Je ne dis pas cela pour Litalien, qui mérite une entière estime. Je le dis pour beaucoup d'autres.

Comme cette race n'est plus, — nous en avons vu les derniers exemplaires, et c'est à peine si nos jeunes gens en ont aperçu, — ainsi ce temps n'est plus, et ne sera sans doute plus jamais. Ce ne serait rien, et je m'en consolerais aisément. L'homme se consolerait aisément de vieillir, et de passer, et de disparaître, puisque telle est sa nature, et que telle est sa destinée, s'il avait au moins cette consolation que les générations passent et que l'humanité demeure.

Nous n'avons malheureusement plus cette consolation même ; et même nous avons la certitude contraire, que l'humanité ne demeure pas. Les générations passent, et l'humanité ne passe pas moins. L'humanité grecque meurt aujourd'hui sous nos yeux. Ce que n'avaient pu obtenir les invasions ni les pénétrations d'aucuns barbares, ce que n'avaient pu obtenir les persécutions d'aucuns barbares chrétiens, ni les émeutes sourdement concertées et sournoisement grossières et meurtrières des sales moines grossiers de la Thébaïde, ce que n'avait pas obtenu le temps même, infatigable démolisseur, le passager triomphe de quelques démagogies politiciennes est en train de l'effectuer sous nos yeux.

Aujourd'hui : ce soir, à huit heures et demie, comme le disent les affiches, comme le crient les crieurs de théâtre : *ce soir, à huit heures et demie, sur le théâtre du monde moderne,* IRRÉVOCABLEMENT suprême *représentation,* au réel, du drame d'*Hypatie*. Les sales moines grossiers sortis de la Thébaïde comme un troupeau de nuit de chiens maigres n'avaient assassiné que le corps. Ce que n'avaient obtenu aucuns barbares ni le Temps complice de toutes les démolitions, une méprisable compagnie de politiciens modernes l'a joué sous nos yeux, et a gagné la partie. Ce que n'avaient obtenu aucuns barbares ni le Temps barbare, une toute petite compagnie de politiciens modernes, sans effort, sans débat, sans bataille, vient de l'effectuer sous nos yeux. Une fois de plus il a été donné à une petite troupe de petits malfaiteurs d'obtenir, d'exécuter, d'effectuer ce que des troupes immenses de grands malfaiteurs n'avaient point obtenu.

Je me vois aujourd'hui, pour avoir trop vécu,
Recevoir un affront et demeurer vaincu.
Ce que n'a pu jamais combat, siège, embuscade,
Ce que n'a pu jamais Aragon ni Grenade,
Ni tous vos ennemis, ni tous mes envieux,
Le comte en votre cour l'a fait presque à vos yeux.

Il est très fréquent dans l'histoire que de très petites compagnies de petites gens de bien réussissent à faire ce qui a été refusé à de grandes compagnies de grands hommes de bien. Et naturellement il est encore beaucoup plus fréquent que de très petites compagnies de petites gens de mal réussissent à faire ce que de très grandes compagnies de criminels n'avaient point obtenu. De grandes et de fortes humanités se sont battues pendant des siècles pour et contre la culture grecque, c'est-à-dire pour et contre une des cultures essentielles de l'humanité. Un immense effort a été donné pour l'oppression, pour l'ensevelissement, pour l'anéantissement de la culture antique. Un respectable effort de conservation, de continuation a été fait par un certain nombre de chrétiens. Un admirable effort de restitution a été fait par les hommes de la Renaissance. Et nos grands Français du dix-septième siècle, et même ceux du dix-huitième, et même ceux du dix-neuvième siècle avaient maintenu les résultats de cette renaissance. Les grands républicains, — je ne parle évidemment pas de ceux d'aujourd'hui, — les républicains de la première, de la deuxième, et du commencement de la troisième république avaient vu très nettement combien il importait au maintien de l'esprit public sous un gouvernement républicain que les humanités fussent premières maintenues.

C'est un phénomène très fréquent dans l'histoire de l'humanité. Pendant des siècles de grandes humanités se battent pour et contre une grande cause. Et puis tout passe. Et puis, un jour, pendant que l'humanité a le dos tourné, une petite bande de malandrins arrive, détrousseurs de cadavres, chacals et moins que chacals, et on s'aperçoit le lendemain que la dite grande cause a été étranglée dans la nuit.

C'est ce qui vient de nous arriver dans le monde moderne avec le grec. Par une simple altération, par une simple prétendue réforme des programmes de l'enseignement secondaire français, par le triomphe passager de quelques maniaques modernistes et scientistes français, généralement radicaux, quelques-uns socialistes professionnels, toute une culture, tout un monde, une des quatre cultures qui aient fait le monde moderne, — il est vrai que ce n'est pas ce qu'elles ont fait de mieux, — disparaît tout tranquillement et tout posément sous nos yeux de la face du monde et de la vie de l'humanité. Sous nos yeux, par nos soins disparaît la mémoire de la plus belle humanité. Et en deuxième ligne, au deuxième degré, sous nos yeux, par nos soins périt tout l'effort des humanistes et des hommes de la Renaissance. Tout cet admirable seizième siècle aura fermenté et restitué en vain.

C'est une perte qui sera sans doute irréparable. Car nous savons par l'histoire de l'humanité qu'en matière de culture on sait bien quand on perd, et ce que l'on perd, mais on ne sait pas quand on retrouve, ni ce que l'on retrouve. Le triomphe des démagogies est passager. Mais les ruines sont éternelles. On ne retrouve jamais tout. En pareille matière il est beaucoup plus facile de perdre que de retrouver.

On nous dit en vain que le grec s'est réfugié dans

l'enseignement supérieur, qu'il demeure entier dans quelques chaires et dans quelques bibliothèques. C'est ici la plus grande stupidité que l'on ait dite dans les temps modernes, où pourtant on ne s'est pas privé de dire des stupidités. C'est comme si l'on disait que les anciens Égyptiens vivent et revivent dans les momies des sarcophages des salles basses du Louvre. Comme j'espère le démontrer dans la thèse que je prépare depuis plusieurs années *de la situation faite à l'histoire et à la sociologie dans les temps modernes*[1], il y a un abîme pour une culture, pour une histoire, pour une vie passée dans l'histoire de l'humanité, pour une humanité enfin, entre figurer à son rang linéaire dans la mémoire et dans l'enseignement de quelques savants et dans quelques catalogues de bibliothèques, et s'incorporer au contraire, par des études secondaires, par des *humanités,* dans tout le corps pensant et vivant, dans tout le corps sentant de tout un peuple, de tout le peuple, dans tout le corps des artistes, des philosophes, des poètes, des écrivains, des savants, des hommes d'action, de tous les hommes cultivés, des critiques mêmes et des historiens, de tous les hommes de goût, de tous les hommes de sens, de tous les hommes de droiture et de fécondité, de tous ces hommes en un mot qui formaient un peuple cultivé dans le peuple, dans un peuple plus large. Ce sont deux existences qui ne sont pas du même ordre. L'existence dans le corps des producteurs de tout un peuple est une existence de vie. L'existence dans les rayons, sur les rayons de quelques bibliothèques est une existence de mort. Surtout étant donné ce que sont les bibliothèques modernes. Un poète qui gisait manuscrit, ignoré, incompris, non lu non lisible en quelque monastère perdu n'était lui-même ni un poète perdu ni un poète mort. Quelque moine pieux, méritant notre éternelle reconnaissance, pouvait le soigner, le conserver, le recopier, nous le transmettre enfin. Il n'était donc pas mort. Il vivait donc pour la vie à venir de l'humanité. Un poète, connu, compris, classé, catalogué, qui gît imprimé aux rayons de cette stérile Bibliothèque de l'École Normale et qui ne serait point quelque autre part, qui ne serait point couvé dans quelque cœur, est un poète mort.

LOUIS DE GONZAGUE [1]

Huitième cahier de la septième série (26 décembre 1905).

Avec *les bons souhaits des cahiers pour cette nouvelle année de travail :* c'est en ces termes que je m'étais permis de souhaiter la bonne année aux abonnés des cahiers dans le cahier de René Salomé, rappelé ci-dessus, *monsieur Matou et les circonstances de sa vie,* huitième cahier, *premier janvier* de la quatrième série, un cahier blanc de 96 pages, bon à tirer du samedi 27, fini d'imprimer du mardi 30 décembre 1902, deux francs. *Avec les bons souhaits des cahiers pour cette année nouvelle,* c'est tout ce que nous pouvons nous permettre de souhaiter aujourd'hui, car nous ne savons pas si cette année nouvelle sera une année de travail.

Du temps de Salomé, pour l'année 1903, il ne s'agissait peut-être que de travail. Aujourd'hui, et pour cette année 1906, nous ne savons absolument pas s'il s'agira de travail ou s'il ne s'agira point de quelque fortune inaccoutumée.

Avec les bons souhaits des cahiers pour cette nouvelle année de travail, c'est ainsi que je m'étais permis de souhaiter la bonne année pour l'année 1903. Je crois bien que depuis d'année en année j'avais négligé de renouveler cette salutation, qui fût devenue annuellement comme une formalité officielle, une sorte d'abonnement à la salutation. Aujourd'hui hâtons-nous de recommencer. Car il faut aujourd'hui recommencer à nous souhaiter la bonne année.

La bonne année; il en est de ces vieilles habitudes sociales comme des sentiments et des passions de la nature : on croit les connaître tous, et tout d'un coup on s'aperçoit que voilà qu'on n'en connaissait rien du tout; la bonne année, vieille habitude désuète, naïve, inoffensive, et que l'on croyait bonne enfant. Et tout d'un coup voilà que l'on s'aperçoit que tout à l'heure, quand nos petits enfants viendront nativement nous souhaiter la bonne année, cette habitude amusée, mais cette habitude usée, dans l'ignorance totale où nous sommes de ce que nous serons dans un an, et d'abord si nous serons, cette habitude que l'on croyait épuisée prendra tout-à-coup une fraîcheur et un sens inattendu. En vérité nul ne supposait que cette habitude pût jamais redevenir une non habitude; nul ne s'imaginait que cette habitude redeviendrait un jour une nouveauté, une innovation, un acte nouveau et premier, un point d'origine et de commencement de série; et quand nos petits enfants parleront tout à l'heure, et comme eux tant de grandes personnes, ils diront des paroles que littéralement ils ne comprendront pas, ils parleront un langage qu'ils ne sauront pas, ils auront le don de prophétie, ou encore ils seront comme ces messagers de l'antiquité qui portaient un message, qui le faisaient tenir, qui le prononçaient, et qui ne savaient nullement ni ce qu'ils avaient dit, ni ce qu'ils avaient apporté. Ils ont une langue et des lèvres, et ils n'entendent point.

Nous au contraire, nous qui savons, quand tout à l'heure nous nous souhaiterons la bonne année, nous nous la souhaiterons rituellement, nous ne dirons pas un mot de plus, mais demi-souriants nous ferons les avantageux, parce que prononçant des paroles rituelles et modestes nous saurons que nous signifions, que nous portons infiniment au delà de nos propres paroles.

Souhaitons-nous comme nos pères la bonne année; au commencement de cette année de fortune ou de fatalité, amis souhaitons-nous une bonne année. Si nous étions des anciens, nous pourrions nous réduire à nous souhaiter que cette année 1906, aujourd'hui commençante, soit une année heureuse. Mais puisque nous sommes des modernes, issus des quatre disciplines, hébraïque, hellénique, chrétienne, et française, ayons au moins les vertus de nos vices. N'oublions pas que l'humanité n'a point connu seulement Platon, qu'elle n'a point connu seulement ce plus grand philosophe de l'antiquité, mais qu'elle a connu aussi les grands philosophes modernes, Descartes, Kant, Bergson.

Héritiers, autant que nous le pouvons, de la culture

antique, autant et même un peu plus que nous n'en sommes dignes, souhaitons-nous que cette année soit une année heureuse et qui nous réussisse, mais souhaitons-le-nous sans aucun orgueil, sans aucune présomption, sans aucune anticipation; sans aucune usurpation; c'est-à-dire croyons que la fortune et que le bonheur considéré comme la réussite de l'événement est un élément capital de toute vie, et ne méprisons point la réussite, ni cette réussite qui se nomme la paix et le maintien de la paix, ni cette réussite qui se nomme la victoire; mais souhaitons-la-nous de telle sorte et dans un langage tel que nous n'attirions sur nos têtes ni la jalousie des dieux ni la vengeance de la fatalité; ne faisons point comme l'autre qui brave.

Héritiers autant que nous le pouvons, autant que nous le voulons, et quelquefois même un peu plus, de la discipline hébraïque, héritiers des Juifs anciens, cohéritier des Juifs anciens avec les Juifs modernes, au moins avec certains d'entre eux, ami de certains Juifs nouveaux, particulièrement qualifiés, des plus nobles, des plus dévoués, des plus dignes de leur éternité terrestre et de leur incomparable race, — commensaux des Juifs, c'est-à-dire aujourd'hui mangeant à la table de la même cité, — de la discipline hébraïque, des anciens et des nouveaux Juifs recevons cet enseignement que le salut temporel de l'humanité a un prix infini, que la survivance d'une race, que la survivance terrestre et temporelle d'une race, que la survivance infatigable et linéaire d'une race à travers toutes les vagues de tous les âges, que le maintien d'une race est une œuvre, une opération d'un prix infini, que l'immortalité terrestre et temporelle d'une race élue, quand même ce serait une race humaine simplement, et surtout quand c'est une race comme cette race la seule visiblement élue de toutes les races modernes, la race française, que ce maintien et que cette immortalité est un objet, une proposition d'un prix infini, qui paie tous les sacrifices. Et je place ce paragraphe sous l'invocation de la mémoire que nous avons gardée du grand Bernard-Lazare.

Héritiers autant que nous le pouvons et plus que nous ne le méritons de la discipline antique, des anciens recevons cet enseignement que nous sommes des citoyens, que la cité a une valeur propre, une valeur en elle-même, une valeur éminente, qu'elle est une institution, une proposition d'un prix parfait, que la survivance et que la conservation, que l'immortalité poussée toujours plus loin de la cité est une œuvre, une opération qui est elle-même d'un prix parfait.

Héritiers des chrétiens, nos pères, de Pascal recevons cet enseignement que le salut éternel est d'un prix infiniment infini; c'est-à-dire que dans le même temps que nous ferons tout ce qui nous sera possible humainement pour assurer la perpétuité, la survivance de cette race et la conservation de cette cité, nous nous garderons scrupuleusement de rien commettre qui soit attentatoire, nous rappelant que tout ce qui tient à la sainteté est d'un ordre infiniment supérieur; *la distance infinie des corps aux esprits figure la distance infiniment plus infinie des esprits à la charité, car elle est surnaturelle.*

Platoniciens nous saurons toute notre cité, kantiens nous saurons tout notre devoir. Platoniciens, ou héritiers des anciens platoniciens, nous saurons toute notre République et nous saurons toutes nos lois. Kantiens ou héritiers des — nouveaux — kantiens, nous saurons toutes nos obligations morales. Mais nous demanderons aux anciens que ces obligations morales demeurent belles, nous demanderons aux chrétiens que ces obligations morales demeurent saintes, demeurant charitables, aux messianiques nous demanderons qu'elles demeurent ardentes, aux cartésiens nous demanderons qu'elles demeurent distinctes et claires, aux bergsoniens nous demanderons qu'elles demeurent profondes, intérieures et vivantes, mouvantes et réelles.

Et réciproquement aux kantiens nous emprunterons que la cité soit morale, que la République demeure morale, que l'action, que l'idée, que la race, que la sainteté même et la charité, que la vie, l'intérieur et la profondeur, que le mouvement et la réalité demeure humainement et absolument morale.

Français, héritier de nos pères, à celui qui fit les guerres d'Allemagne, à tant de Français qui firent la guerre et qui plusieurs fois combattirent et chacun une fois moururent pour la liberté du monde nous demanderons cette forme de courage si particulière et si éminente que l'historien sera contraint de nommer le courage français, ce courage essentiellement fait de calme et de clarté, de non épatement, ce courage classique, essentiellement fait de non romantisme.

J'étais alors en Allemagne, où l'occasion des guerres qui n'y sont pas encore finies m'avait appelé; et, comme je retournais du couronnement de l'empereur vers l'armée, le commencement de l'hiver m'arrêta en un quartier où, ne trouvant aucune conversation qui me divertît, et n'ayant d'ailleurs, par bonheur, aucuns soins ni passions qui me troublassent, je demeurais tout le jour enfermé seul dans un poêle, où j'avais tout le loisir de m'entretenir de mes pensées.

Ce courage qui ne consiste ni à ignorer ni à mépriser, — mépriser, c'est-à-dire ne pas tenir compte du prix, mal estimer le prix, — mais à savoir très exactement, et très exactement à n'avoir point peur et à continuer très exactement. Et à cette seule fin que nous ne soyons pas exposés à la tentation de l'orgueil national, ce n'est point dans la vie d'un Français que nous trouverons un symbole éminent et parfait de ce courage français, mais c'est dans la vie d'un saint qui avait, je pense, plus de l'Allemand ou de l'Italien du Nord et même du Sud ou de l'Espagnol que du Français qu'il nous faut le chercher et qu'exactement nous le trouverons, et que nous en trouverons la formule même.

Un étranger s'étonnerait qu'étant sous le coup de cette menace et le sachant parfaitement nous continuions à publier des poèmes, des proses, des œuvres :

Louis de Gonzague, un conte que saint Louis de Gonzague étant novice, pendant une récréation ses camarades, ou ses compagnons, — je ne sais pas comme il faut dire, — s'amusèrent, — mettons, pour me plaire, qu'ils jouaient à la balle au chasseur, — s'amusèrent tout à coup à se poser cette question, qui doit faire le fond d'une plaisanterie traditionnelle de séminaire. Ils se posèrent donc tout à coup cette question, qui fait, si l'on veut, un jeu de société, mais qui est, quand même on ne le voudrait pas, une interrogation formidable. Ils se dirent, entre eux, tout à coup, ils se demandèrent mutuellement : « Si nous apprenions tout d'un coup, en ce moment même, que le jugement dernier aura lieu dans vingt-cinq minutes, il est onze heures dix-sept, l'horloge est là, qu'est-ce que vous feriez? » Ils ne parlaient peut-être point aussi bref, et sans doute ils parlaient un peu plus comme des moines et comme des catholiques, mais enfin le sens était le même. Alors les uns imaginaient des exercices, les uns imaginaient des prières, les uns imaginaient des macérations, tous couraient au tribunal de la pénitence, les uns se recommandaient à notre Dame, et les uns en outre se recommandaient à leur saint patron. Louis de Gonzague dit : Je continuerais à jouer à la balle au chasseur.

Ne me demandez pas si cette histoire est authentique. Il me suffit qu'elle soit une des histoires les plus admirables du monde. Je serais bien embarrassé de vous donner la référence. On peut donner des références pour du Hugo. Pour les saints c'est beaucoup plus difficile. C'est une histoire qui est vulgaire chez les catholiques. Elle court les catéchismes. Parlez-en à un catholique. Son premier mouvement sera de vous rire au nez. Parbleu, si je la connais, votre histoire. D'ailleurs il n'en mesure point l'immense amplitude, comme le paysan ne sent pas l'odeur de la terre, parce qu'il y est habitué. Son deuxième mouvement, surtout s'il est un peu un catholique savant, comme il y en a tant aujourd'hui, sera d'avoir un peu honte et de vous dire, négligemment et sur un certain ton qu'ils ont pris afin d'imiter la Sorbonne : D'ailleurs c'est une anecdote qui est attribuée à plusieurs autres saints. Les catholiques sont à battre, avec un gros bâton, quand ils se mettent à parler sur un certain ton scientifique de leurs admirables légendes, afin de se mettre, de se hisser, à la hauteur de deux philologues traitant de trois versions d'un même épisode homérique. Son troisième mouvement est de courir chercher dans les textes et de vous rapporter enfin qu'il n'y a trouvé aucune trace de cette légende. Ce troisième mouvement est le plus décidément le mauvais.

Je ne suis pas comme lui, moi. J'affirme que cette histoire est authentique, et ceci me suffit, parce qu'elle est une des histoires les plus admirables que je connaisse. Moi aussi je pourrais vous dire qu'elle me paraît dépasser de beaucoup ce petit saint assez niais qui me paraît avoir été un des plus fréquents exemplaires, un des plus communs échantillons du petit saint jésuite. Mais c'est l'avantage des saints sur nous autres hommes qu'ils ont des paroles qui les dépassent infiniment, qui viennent d'ailleurs, qui ne viennent point d'eux, qui viennent de leur sainteté, non point d'eux-mêmes.

Il ne s'agit donc point de savoir si cette parole le dépasse ou même si elle est de lui ou même si elle est de quelqu'un et si elle a jamais été prononcée. Comme elle est, c'est une des histoires les plus admirables, un des schèmes les plus exacts, un des symboles vraiment les plus rares et les plus pleins de sens, une formule incomparable pour tout ce qui tient à la règle de la vie et à l'administration du devoir.

Quelque étranger s'étonnerait que sous le coup de cette menace, appelés à comparaître d'un moment à l'autre, ayant depuis six mois connu d'une connaissance immédiate, saisi d'une pleine saisie et d'un total saisissement qu'une menace capitale militaire était sur nous, dans ces cahiers nous continuions à publier comme devant des documents et des renseignements, des textes et des commentaires, des dossiers et des contributions, des travaux et des œuvres, que nous ayons cette année même entrepris des travaux de longue haleine. Un Français ne s'y trompera pas : nous continuons à jouer à la balle au chasseur. Les poèmes de Spire qu'on lira plus loin ont été faits, comme leurs dates le portent, de 1903 à 1905. C'est dire qu'ils sont à cheval sur le commencement de cette crise, les uns antérieurs au commencement de la crise, les autres contemporains de la crise elle-même. Et pourtant je défie bien qu'on réussisse à noter dans ces poèmes quelque part une rupture, du ton, une brisure, une lézarde, une altération quelconque, une paille dans le métal, un brisé décélateur de quelque appréhension sournoise. Et pourtant Spire appartient à la lourde aristocratie des artilleurs. Mais poète son souci de poète est resté entier, son métier est resté intact, sa technique est demeurée pure. Il n'a point cessé un seul instant, pour cela, d'avoir le même goût et le même soin et la même attention et le même souci aux mêmes rythmes, à la même technique, au même travail, au même métier, au même office. Il n'en a pas cessé un seul instant de s'appliquer autant à sa même technique de poète et à la même notation exacte des mêmes sentiments.

Ce qui l'intéresse, lui poète, et particulièrement en un certain sens poète social, ce sont des sentiments, ce sont ses sentiments, ce sont des efforts, c'est une action, et particulièrement ce sont des efforts sociaux. On me permettra, connaissant Spire comme on le connaît, de dire que c'est un peu et même beaucoup l'histoire de ses anciens efforts sociaux. Après comme avant il est le même. Nulle trace dans son œuvre d'une infiltration quelconque. Laquelle serait toujours, en dernière analyse, un symptôme de la peur, quelque infiltration de quelque peur.

Il ne dépend pas de nous que l'événement se déclanche; nous sommes des petits seigneurs; nous ne sommes à aucun degré du gouvernement; et il est déjà beau et c'est déjà beaucoup que nous ayons l'impression que nous sommes assez bien représentés dans le gouvernement de la guerre et dans le gouvernement des affaires étrangères.

Il ne dépend pas de nous, il ne dépend pas même de notre peuple que l'événement se déclanche; pour maintenir la paix, il faut être au moins deux; celui qui a fait la menace peut toujours la mettre à exécution; il peut toujours passer de la menace à l'accomplissement de la menace.

Il ne dépend pas de nous que l'événement se déclanche; mais il dépend de nous d'y faire face. Mais pour y faire face nous n'avons ni à nous tendre, ni à nous altérer, ni à nous travailler particulièrement. Nous ne sommes point du gouvernement, nous sommes des petites gens de l'armée. Quand nous avons bien regardé notre feuille de route ou notre lettre de service et que nous nous sommes procuré quelques paires de chaussettes de laine, quelques bonnes paires de bonnes chaussettes de grosse laine neuves, pour ne point laisser nos pieds en morceaux aux hasards des étapes, quand nous nous sommes entretenus en bon état d'entraînement et de santé, quand nous sommes restés bons marcheurs, bons coureurs, bons vivants, nous avons fait tout ce que nous avons à faire. Nous n'avons ni à rompre ni à altérer nos métiers, ni à rompre ni à altérer nos vies ordinaires.

Si quelque appréhension de ce qu'une intolérable menace militaire peut un jour être réalisée, se glissant sournoisement ou insolemment dans nos consciences, nous faisait introduire dans nos métiers, dans nos vies, dans nos formes, dans la forme de notre race et je dirai dans la forme de notre vie intérieure la moindre altération, c'est là ce qui serait déjà, c'est là ce qui serait alors une défaite, c'est là ce qui serait déjà un commencement de la défaite, un essai de la défaite, un commencement d'invasion, et sans aucun doute la pire de toutes les invasions.

Si nous avions jamais pu trouver quelque chose de plus ou de mieux, à faire, que ces cahiers, par définition nous eussions fait ce quelque chose; si nous avions jamais pu imaginer quelque œuvre ou quelque vie meilleure ou plus utile, par définition nous nous serions proposé d'opérer cette œuvre et de vivre cette vie; mais c'est justement parce que nous n'avons rien trouvé ni rien imaginé de mieux à faire que ces cahiers que nous avons fait ces cahiers; cela était vrai quand nous n'étions ou quand nous croyions que nous n'étions sous aucune menace; loin que cela devienne moins vrai parce que nous sommes sous l'ombre portée d'une menace, au contraire cela est devenu d'autant plus intensément et d'autant plus apparemment vrai que nous sommes aujourd'hui sous cette ombre portée.

Je ne veux rien faire qui ait l'aspect même d'une confession dans un cahier où je conte une histoire dont un des mérites est précisément de supprimer toute confession entre l'instant présent et l'instant futur, entre l'instant présent de vie honnête ordinaire et l'instant futur d'une menace capitale réalisée. Je veux dire seulement que depuis que je me connais je n'ai jamais cessé de me proposer de rendre mon *maximum,* et, je puis le dire, mon *optimum;* il se peut que je me sois trompé souvent dans l'application; mais je ne me suis jamais trompé que dans le même sens, qui était d'accorder beaucoup trop de confiance à des hommes qui ne la méritaient pas; je n'ai jamais cessé de me proposer de rendre mon *maximum* et mon *optimum;* il se peut que ce n'ait été ni beaucoup ni très bon, mais en bonne justice, en bonne morale, en bonne vie, en tout bon système, c'est à cela seulement que nous pouvons être tenus, c'est cela seulement que nous pouvons devoir. Et donc c'est cela seulement que nous pouvons et devons continuer.

Évitons jusqu'à ces formes un peu solennelles et jusqu'à ces formules de testament, évitons bonnement tout cela dans un cahier où je conte une histoire dont un des mérites est précisément qu'elle supprime tout testament entre l'heure présente et l'éternité prête; quand un peuple de culture est menacé d'une invasion militaire par un peuple barbare, ou par un gouvernement barbare qui a toujours fait marcher son peuple, quand un peuple libre est, dans ces conditions au moins, menacé d'une invasion militaire par un peuple de servitude, le peuple de culture, le peuple libre n'a qu'à préparer parfaitement sa mobilisation militaire nationale, et sa mobilisation une fois préparée, il n'a qu'à continuer le plus tranquillement du monde, le plus aisément et de son mieux son existence de culture et de liberté ; toute altération de cette existence par l'introduction de quelque élément de peur, d'appréhension, ou même d'attente, serait déjà une réussite, un essai, un commencement de cette invasion, militaire, barbare et de servitude, littéralement une défaite, littéralement une conquête, une entrée dedans, puisque ce serait un commencement de barbarie et un commencement de servitude, la plus dangereuse des invasions, l'invasion qui entre en dedans, l'invasion de la vie intérieure, infiniment plus dangereuse pour un peuple qu'une invasion, qu'une occupation territoriale.

Pareillement un simple citoyen, quand il a mis prête et quand il tient prête sa petite mobilisation individuelle, il n'a plus qu'à continuer de son mieux son petit train-train de vie d'honnête homme ; car il n'y a rien de mieux au monde qu'une vie d'honnête homme ; il n'y a rien de meilleur que le pain cuit des devoirs quotidiens.

Les poèmes que l'on va lire[1] sont construits selon une technique particulière, nouvelle, bien qu'au premier abord elle ne paraisse point nouvelle après tant de nouveautés. Cette technique inquiétera peut-être, à ce premier abord, les personnes qui sont, comme je le suis, partisans déterminés et irréductibles du vers classique. Mais je suis d'autant moins suspect quand j'écris que cette technique nouvelle forcera, retiendra l'attention, forcera, retiendra l'estime des personnes qui dans le principe seraient les plus prévenues encontre, des personnes qui dans le principe lui seraient le plus hostiles, étant le plus délibérément hostiles à toute nouveauté en ces matières. Je ne m'adresse point ici aux personnes qui admettent les nouveautés techniques et particulièrement les nouveautés rythmiques. Je suis assuré en effet que ces poèmes emporteront les suffrages de toutes ces personnes. Je me réserve, comme de juste, pour les personnes qui me ressemblent, qui sont naturellement rebelles à toute nouveauté technique, particulièrement rebelles à toute nouveauté rythmique, invinciblement attachées au rythme et à la forme du vers classique, et je me permets de dire à ces personnes : attention.

Attention. Gardez-vous surtout de croire que le rythme et la technique de Spire sont obtenus par une altération, par une déformation, par une décadence, en particulier par un grossissement, enfin par une corruption du vers classique, de la technique et du rythme classique. Le vers, la technique, le rythme de Spire n'est pas plus du vers, de la technique, du rythme classique corrompu que le français n'est du latin corrompu. Filial du classique, fils ou filleul, il forme aujourd'hui, dans sa pleine maturité, en pleine connaissance de cause, en toute volonté, un tout autre système, indépendant et libre, existant en lui-même et qu'il faut connaître, apprécier, juger, goûter en lui-même.

Ce serait donc nous-mêmes commettre un grossier contre-sens, nous les tenants irréductibles du vers classique, ce serait commettre un contre-sens injurieux, injuste, que de nous imaginer qu'il faudrait partir en esprit du vers classique pour dégénérer, descendre aux vers qui suivent par la voie de quelque corruption. Nous devons prendre ce système lui-même, en lui-même et à partir de lui-même, fraîchement, et j'ose dire que nous en serons récompensés.

Nous n'avons pas affaire ici à un homme qui ait plus ou moins consciemment, plus ou moins effrontément, plus ou moins par dépit ou par un goût malsain d'innovation brisé, altéré, corrompu, désossé, démembré, désarticulé, défait le système, le vers classique, mais à un homme qui a très délibérément son système à lui, créé, inventé, monté par lui, et à qui nous devons donc de le lire en lui-même.

Nous avons affaire à un homme qui s'est mis résolument aux questions de phonétique, à un homme qui y a acquis quelque compétence, à un homme enfin qui travaille très régulièrement au laboratoire de M. l'abbé Rousselot.

M. l'abbé Rousselot n'est pas saint Louis de Gonzague et je ne prétends pas que ce soit la science qui fasse l'art.

Mais tout de même, quand un poète introduit un système nouveau, il est loyal, il est sérieux, et c'est pour nous une garantie qu'il cherche dans une science véritable, dans une science authentique, une base d'appui profonde et sérieuse pour sa technique nouvelle; c'est un cas nouveau, c'est un nouveau cas particulier de ce qu'on nomme un peu improprement l'application de la science aux arts et métiers et qui est bien plutôt la recherche, la justification, la poursuite, la revendication des arts et métiers dans la science, à l'intérieur et dans les profondeurs toujours creusées, creusées tous les jours plus avant, de la science.

Car cette phonétique n'est pas comme la sociologie, une science qui n'existe pas. Elle est une science qui existe, c'est-à-dire qui travaille sur une réalité. Et à ce titre elle est respectable. Elle est instructive. Elle est consultative. Elle travaille sur la réalité de la prononciation.

Spire avait eu un instant l'idée de mettre lui-même en tête de son cahier un bref exposé de sa technique, ou de demander ce bref exposé à quelque un de ses camarades et de ses collaborateurs au laboratoire de phonétique. Au dernier moment, il a renoncé à cette idée. Il a eu cent fois raison. Il est poète, que diable. Il nous a donné son œuvre. Une œuvre se défend toute seule. Une œuvre affirme son rythme et prouve sa technique. Sans préface ni commentaires. Et son œuvre à lui se défend mieux que toute autre.

Ce silence de l'auteur m'imposerait peut-être le devoir de parler un peu en sa place pour lui si je connaissais un peu mon métier de gérant. Mais je ne suis point de ces prévôts qui ont des lumières de tout et malheureusement je n'ai point de compétence dans ces questions de rythmes nouveaux, de systèmes prosodiques, de techniques et de techniciens. Ma faible compétence est bornée aux questions de prose française. Et encore dans ces limites... Je suis ainsi mis dans l'impossibilité, à mon grand regret, de faire aujourd'hui mon office. Il faudrait introduire ici, ce serait le moment d'introduire les quelques poètes qui entrant successivement dans ces cahiers ont bien voulu y devenir nos collaborateurs attitrés : Pierre Baudouin [1], le plus ancien de tous, et le plus parfaitement ignoré, le récent Porché, Marix [2], enfin ce nouveau Spire. Ils nous parleraient avec de la compétence. Mais ils se battraient au bout d'un quart d'heure. Et ce serait dommage pour un jour de nouvel an.

Tout ce que je suis en situation de dire moi prosateur, c'est que la technique de Spire et son rythme reposent essentiellement sur le principe de ce qu'ils nomment la prononciation réelle ou la prononciation vraie, c'est-à-dire de la prononciation comme on prononce naturellement quand on ne fait pas exprès de prononcer parce que ce sont des vers et pour que ce soient des vers.

Ce que donne ce système, il ne m'appartient pas de le dire; je puis parler, un peu et mal, de la technique; je puis parler de la métrique et de la prosodie; de la forme; il y a de la loyauté à parler de la technique, nouvelle; il y aurait de la grossièreté à parler de l'effet obtenu. Je ne l'ai jamais fait dans ces cahiers. Si ces vers n'étaient pas beaux, ils ne seraient point ici. J'ai dit que de les lire et d'accepter ce système, au moins provisoirement, pour le temps de la lecture, et sous bénéfice d'inventaire, on serait récompensé. C'est déjà de ma part, étant donné le langage que l'on parle ici, un grand engagement.

Une preuve est faite, en tout cas, et c'est une preuve souveraine en matière de métrique et de prosodie, et c'est à celle-là sans doute que Spire tient le plus, et il a bien raison, et cela j'ai le droit de le dire : dans les poèmes qui suivent il n'y a sans doute pas une rime et le système est tout différent du vers classique. Il n'en est pas moins acquis que dans tout ce cahier il n'y a pas un seul vers dont on ne voie au premier abord, dont on ne sente profondément à la lecture qu'en effet il est bien un vers.

CHARLES PÉGUY

Louis de Gonzague. — Surtout gardons ce trésor des humbles, cette sorte de joie entendue qui est la fleur de la vie, cette sorte de saine gaieté qui est la vertu même et plus vertueuse que la vertu même.

Il ne dépend pas de nous que l'événement se déclanche, mais il dépend de nous de faire face à l'événement; et aujourd'hui déjà nous sommes en situation de dire que si l'événement ne s'est pas déclanché il y a six mois, la raison à beaucoup près la principale en eﬆ qu'après quelques hésitations brèves nous nous sommes tous mis, chacun pour sa part d'homme et pour sa part de citoyen, matériellement et moralement, rapidement en devoir et en état d'y faire face.

Il ne dépend pas de nous que l'événement se déclanche. Mais il dépend de nous de faire notre devoir.

CAHIERS DE LA QUINZAINE

Dixième cahier de la septième série (25 janvier 1906).

Si j'avais quelque souci de ma réputation littéraire, je me garderais de mettre de ma prose après un conte des Tharaud[1]. Mais je n'ai aucun souci de ma réputation littéraire.

Il faut d'ailleurs que je me dévoue. Les contes et nouvelles ont toujours, par leur nature même, une certaine incompatibilité de voisinage. Mais les contes et les nouvelles de Tharaud ont une sorte de force brève et de brièveté forte telle qu'elle ne supporte absolument plus aucun voisinage. Ou plutôt c'est le voisinage qui ne la supporte pas. Parce qu'elle est mortelle pour ce voisinage. Toute prose paraît faible et plate ou plutôt devient réellement faible et plate après la prose de ces contes.

Ces contes et nouvelles sont mêmes si marqués, ils ont chacune une force brève, une brièveté si forte si personnelle et si originale qu'ils ne peuvent pas même voisiner entre eux. *L'une fait tort à l'autre,* et je préviens les éditeurs futurs qu'il serait extrêmement difficile de faire avec les Tharaud un volume de *trois contes*. Ces contes-ci ont chacun une personnalité, une originalité si marquée, si impérieuse, qu'elle n'admet pas même le partage, avec nulle autre, du papier du même volume qu'ils ne peuvent coucher ensemble sur le papier du même volume.

Il faut donc se résoudre à n'en mettre qu'un dans un cahier et à lui donner le titre et le commandement suprême du cahier. Mais comme il est vrai d'autre part que cette force est brève, et comme il faut pourtant qu'un cahier ait un certain nombre de pages, pour qu'il fasse un dos chez le brocheur, pour qu'on puisse avoir imprimé un titre sur ce dos, en un mot pour que le cahier ait un peu de main, je me vois contraint de publier de la prose française après ce conte de Tharaud, et comme il ne faut jamais sacrifier personne, que soi, je ne vois guère à mettre ici que de la prose, ordinaire, de gérant. C'est ce qu'il y a de plus prudent aussi, car entre de la prose littéraire et de la prose littéraire une comparaison s'établirait forcément, qui serait désastreuse pour la deuxième. Tandis qu'il ne peut s'établir aucune comparaison entre de la prose littéraire et de la prose de gérant, ni par suite se produire aucun désastre pour le gérant. Comme réserve dernière, et pour ne point avoir à sauter une cascade trop brutale, par simple mesure d'hygiène intellectuelle ne pas lire le même jour le conte qui précède, et les gérances qui suivent. De même qu'il faut avoir une automobile ou aller à pied, comme je fais, de même il faut écrire comme Tharaud, ou écrire à pied. Nul n'aurait jamais la cruauté de faire quelque reproche littéraire que ce soit à un pauvre gérant qui fait honnêtement et petitement son métier de quinzenier. Ceux qui écrivent mal, ce sont les perpétuels hommes de talent, les taximètres.

Nos abonnés ont reçu, tout et sans aucune exception, sous leur étiquette même des cahiers, l'annonce de l'*Union pour la vérité,* association déclarée, *siège social :* 6, impasse Ronsin, 152, rue de Vaugirard, *Paris,* quinzième arrondissement. Plusieurs m'ont écrit pour me demander quelques renseignements, et, très amicalement, ce que cela signifiait.

Pour les renseignements proprement dits, je renvoie au *Secrétaire* de l'*Union,* comme le porte ce petit bulletin d'annonce lui-même.

Cela signifie que nous avons d'excellentes relations confraternelles avec notre collaborateur M. Paul Desjardins. Et ayant ces excellentes relations confraternelles, nous avons avec lui fait un échange amical : *nous avons échangé nos abonnés.* On nous pardonnera ce rétablissement de l'ancien esclavage. Et autant que nous on s'en réjouira. M. Paul Desjardins n'a jamais cessé de faire à ces cahiers dans son milieu, dans l'ancienne *Union pour l'action morale,* dans les publications de cette *Union,* il ne cessera point de faire à nos cahiers, dans cette nouvelle *Union,* dans les *publications* de cette *Union* nouvelle, une publicité légitime. Et nous aussi nous ne cesserons point de faire à tout ce travail, à tout cet effort, une publicité confraternelle, sous la forme la plus simple, qui était de lui remettre un jeu d'envoi de nos cahiers, un jeu d'étiquettes complet.

Nos abonnés se réjouiront avec nous que nos relations confraternelles avec tous nos confrères soient nées et demeurent excellentes. Autant qu'il dépendra de nous, elles continueront telles. Je lis dans ce petit bulletin bleu d'annonce que cette nouvelle *Union* éditera des *publications non périodiques* et une *correspondance régulière* imprimée. J'en suis très heureux et ne m'en effraye aucunement. On n'a jamais eu ici, on n'a jamais eu dans ces cahiers l'idée mesquine de quelque concurrence.

D'une manière générale on se réjouira que nos relations confraternelles avec tous nos confrères soient aussi excellentes. On y verra une preuve que nous n'avons jamais été, comme un certain nombre de nos anciens camarades, normaliens politiques et politiciens parlementaires, voulaient le faire croire, un être insociable et une institution condamnée.

Nous recommencerons cet échange d'abonnements aussi souvent qu'il se présentera des occasions honnêtes; nous demandons à nos abonnés de donner audience, de vouloir bien faire le meilleur accueil à ces sortes de communications.

Romain Rolland. — *Jean-Christophe*. — Notre vieil abonné M. Gabriel Monod veut bien me demander pourquoi les deux premiers *Jean-Christophe, l'aube* et *le matin*, qui valaient deux francs l'un dans l'édition des cahiers, qui en est la première édition, valent aujourd'hui et sont marqués trois francs cinquante. Dans cette même édition. Mon cher maître, ils vaudront beaucoup plus quand ils seront définitivement en voie d'épuisement. Et ils vaudront un prix infini, révérence garder et mathématiquement parlant, quand ils seront définitivement épuisés, en langage ordinaire quand il n'y en aura plus, en mathématique langage quand il y en aura zéro.

M. Gabriel Monod, dont je m'honore d'être un ancien élève dans l'ancienne école normale, était je pense, un de ces anciens abonnés qui se sont un peu demandé quelquefois si j'avais bien les qualités requises d'un administrateur; l'événement les a rassurés; ma réponse aujourd'hui achèvera de le rassurer. Je serais un mauvais gérant, je conduirais mal cette gérance et la gestion de ces cahiers dont j'ai la charge et la responsabilité si je négligeais pour eux cette plus-value commerciale régulière que donne en matière d'édition l'épuisement même ou la simple menace de l'épuisement. Tout ce que l'on peut nous demander et tout ce que nous rendons en effet, c'est de ne pas spéculer sur l'épuisement de nos collections. Et en effet nous ne nous livrons à aucune spéculation aucune. Quand une série vient en voie d'épuisement nous la portons au prix global de cent francs. Quel que soit ensuite le degré de l'épuisement, et quand même il menacerait de devenir total, et quand même il devient total et quand même il a été total et qu'ensuite par quelque hasard nous pouvons reconstituer une série ou qu'il nous en revient, une, par quelque fortune, même alors nous maintenons à la même somme de cent francs le prix d'épuisement de cette série, nous n'élevons jamais au-dessus de cette somme ce prix d'épuisement, qui devient ainsi comme un prix *maximum* et un prix fixe d'épuisement; nous ne profitons jamais des circonstances d'épuisement pour spéculer, pour jouer avec les prix, sur les prix de nos séries. Nous ne jouons pas davantage avec les prix de nos exemplaires. Pareillement en effet nous n'avons jamais élevé au delà de douze, de huit, de seize, et peut-être de vingt francs, le prix marqué d'épuisement des exemplaires qui nous venaient en épuisement, quel que fût le degré de cet épuisement.

Sous cette réserve, sous cette seule réserve que nous ne jouons pas à la Bourse, que nous ne spéculons pas, — et encore je ne sais pas jusqu'où nous n'en aurions pas le droit, — et peut-être le devoir, — mais il est bien difficile de se débarrasser de tous les scrupules, et de tous les préjugés, — et d'être conséquent avec soi-même, avec ses principes, avec ses méthodes, — sous cette seule réserve que nous ne faisons jamais de spéculations sur les prix d'épuisement des cahiers et des séries qui viendraient à épuisement, sous cette seule réserve je maintiens qu'il est évident que je serais un mauvais mandataire, un mauvais administrateur, un mauvais gérant, que je trahirais administrativement ces cahiers et que littéralement je les dépouillerais si artificiellement je négligeais de considérer, d'évaluer, de faire entrer en ligne de compte cette plus-value commerciale, naturelle, régulière, normale qu'apporte aux éditions sérieuses le vieillissement, la rareté, la menace de l'épuisement, l'épuisement.

J'ai dit une fois pour toutes, et j'ai commencé d'expliquer un peu, mais je me réserve d'expliquer aussitôt que je le pourrai aussi profondément que je le pourrai que nous ne pouvons pas, que nulle entreprise, que nulle institution communiste ne peut être forcée de se tenir au moins au niveau des prix courants par l'extrémité où elle donne, où elle paie, et se forcer à se tenir au-dessous des prix courants par l'extrémité où elle reçoit, où elle vend. Cette question s'était posée particulièrement pour nos *éditions sur whatman* et notamment pour nos *abonnements sur whatman*. Elle se pose particulièrement pour le prix de vente particulier que nous avons nommé *prix d'épuisement* de ceux de nos exemplaires et de celles de nos séries qui viennent à épuisement. Elle se pose généralement pour toutes les opérations de vente et d'achat que nous faisons, nous. Elle se pose généralement et totalement et universellement et sans aucune exception pour toutes les entreprises et toutes les institutions, pour tous les achats et pour toutes les ventes, pour toutes les opérations d'achat et de vente, pour toutes les opérations économiques non seulement de toutes les entreprises et de toutes les institutions, mais de toutes les vies. Elle se pose par conséquent pour toutes les minutes de toutes les vies. Nul n'y peut échapper un seul instant. Et ceux qui font semblant d'y avoir échappé, ceux qui n'y pensent pas ou font semblant de n'y penser pas, hypocrites ou imprudents, comédiens ou étourneaux, faux-semblants ou faux-pensants, avantageux des deux ordres, joueurs ou étourdis, ceux qui font semblant d'y avoir ainsi échappé sont en réalité ceux qui préliminairement, en principe, et par définition, ceux qui y sont le plus irrévocablement asservis.

Et ce sont aussi ceux qui plus ou moins délibérément rejettent sur les épaules des autres leur part individuelle, leur part d'homme au commun fardeau.

Comme je regrette, moi le premier, comme je regrette que tant de manifestations, que tant d'agitations tumultueuses nous détournent sans cesse de commencer tant d'importantes et même de capitales études. Pour moi je suis assuré que rien ne serait aussi utile, que rien n'est aussi important, aussi capital en économie que l'étude économique poussée aussi profondément que nous le pourrions d'une situation familière, prochaine, d'un budget familial, d'un budget d'institution privée, bien connue, familiale et familière, analysé sincèrement, entièrement, sans aucun masque et sans aucune cache, ni aucun détournement et sans aucun mensonge et sans aucune fiction.

Le jour où l'on voudra obtenir quelque éclaircissement de réalité dans les inextricables matières politiques, économiques et sociales, ce n'est point en manipulant fiévreusement et sans fin des statistiques frelatées, fausses, officielles, inépuisables, que l'on aboutira jamais à quelque aboutissement, mais c'est en prenant quelques faits très simples, comme d'acheter deux sous de pommes de terre frites, et en essayant de les pénétrer d'intuitions de plus en plus plus profondes.

Je suis assuré qu'en prenant comme exemples, comme exemplaire et comme point de départ une opération aussi simple que d'acheter deux sous de pommes de terre frites et en se proposant de la décomposer en ses éléments économiques, de la pénétrer par des intuitions successives que l'on essayerait de faire de plus en plus approfondies, alors on obtiendrait des résultats.

Mais seulement alors.

Car il est parfaitement évident que nos grands docteurs, avec leurs statistiques, ne savent rien.

Prendre par exemple une simple journée d'ouvrier, sa paye, son budget de ménage, et décomposer tout cela. Décomposer notamment sa paye, et voir en détail d'où vient cet argent. Décomposer notamment son budget de dépense et se demander où va exactement, dans le détail, cet argent.

Je suis assuré, Lagardelle, par exemple, que s'il nous donnait une étude complète et aussi approfondie qu'il pourrait de toute l'histoire propre du *Mouvement Socialiste* depuis sa fondation et depuis même avant sa fondation, de ses tribulations financières, de ses amitiés et de ses inimitiés économiques, de ses guerres économiques, de son administration, de son mécanisme, de sa gérance, de sa gestion, de sa fabrication, de ses abonnements, de tout, en toute sincérité, sans aucune réticence, il nous donnerait un monument unique, et je me précipiterais pour le relire. Il est vrai qu'il serait contraint, par ce travail de réalité, d'écrire quelquefois plusieurs lignes de suite sans y intercaler ces mots sacrés : *de classe*. Mais nous finirions par nous en consoler, et peut-être même que nous nous y habituerions.

Ce qui revient à dire tranquillement que tous les articles que l'on peut mettre dans une revue, notamment les articles de théories économiques, ne vaudront jamais une bonne histoire économique de la revue elle-même.

Seulement, c'est justement cela qu'on ne nous donnera pas. On nous donnera tout, excepté cela.

Pareillement Jaurès, plus que tout autre je suis assuré que si Jaurès nous donnait une étude complète et aussi approfondie qu'il pourrait, entièrement et parfaitement sincère, — mais n'est-il pas devenu incapable de toute sincérité, — de cette aventure que l'on peut nommer sans exagération le désastre de *l'Humanité,* désastre matériel autant que moral, s'il nous disait tout, il nous donnerait, lui aussi, un monument unique, infiniment supérieur à toutes les éloquences du monde, parce que d'abord il serait un monument de réalité. Et cette occupation qu'il se ferait aurait au moins ce premier résultat et cet avantage que nous n'assisterions plus à ce spectacle, à ce contraste grotesque, d'un homme qui prétend gouverner les deux mondes, au moins par le moyen de ses conseils et par le ministère de ses exhortations et par la permanente menace de ses objurgations, et qui dans son propre pays, où il règne, dans sa propre capitale, où il fut maître souverain, lui-même ayant disposé de capitaux relativement formidables, — étant donné ceux dont il avait besoin, — ne peut pas faire vivre un petit quotidien ordinaire.

Pour moi, si tant d'agitations tumultueuses voulaient nous laisser quelque répit, si tant de démagogies concourantes consentaient à nous laisser quelque respiration, c'est à de telles études que je me mettrais en devoir de me précipiter immédiatement, parce que la vie est brève. Et sans être plus malin qu'un autre je me fais fort, par la seule valeur, par la seule vertu de ces principes et des méthodes je m'assure que je mettrais à jour quelques résultats qui ne seraient pas négligeables. Je n'irais point manipuler des statistiques étrangères, frelatées, inconnues, inintelligibles. Mais c'est en prenant tout bonnement l'exemple de ces cahiers que je me charge de mettre au jour de ces résultats. Parler de ce que l'on a fait et que l'on connaît, de sa propre expérience, de cette expérience personnelle en un sens incommunicable, immutable, irremplaçable, ininterchangeable, au lieu d'aller quémander pitoyable des exemples étrangers, inconnus, ce n'est pas seulement la grande règle de modestie, c'est encore, et bien plus essentiellement, la grande règle de méthode, de toute méthode. Je prendrais uniquement les cahiers, l'exemple de ces cahiers, je conterais leur histoire politique, économique et sociale, je procéderais, autant que je le pourrais, par approfondissement successifs, approfondissements d'analyse, approfondissements d'intuition; rien qu'en prenant le prix de cet abonnement ordinaire, vingt francs, et en essayant de le décomposer de proche en proche, de montrer ce que signifie cette somme, ce qu'elle représente, ce qu'elle vaut, d'où elle vient, où elle va, comment elle se distribue, ce qu'elle devient dans notre manutention, comme elle se décompose ici et se recompose ailleurs, comment elle se filtre, on aurait du travail et des résultats pour quelques années devant soi. Et il y aurait de ces particuliers et des différenciations. Par exemple comment et pourquoi nous avons été conduits à mettre à vingt-cinq francs l'abonnement pour les autres pays de l'Union postale universelle; ce que représente à son tour, ce que vaut, ce que signifie exactement cette augmentation, cette différence de cinq francs; comment derechef se distribue le prix de cet abonnement étranger; et comment se distribue le prix de notre nouvel abonnement sur whatman; études éminemment comparatives, et je ne dis pas seulement instructives, mais primordiales. Et sans lesquelles on ne fera rien.

Telles seraient les études préliminaires où nous commencerions de précipiter nos soins si tant de démagogies nous laissaient quelque repos, si tant de faiblesses nous laissaient quelque paix, si tant de lâchetés nous laissaient quelque répit, si tant d'agitations tumultueuses nous laissaient quelque loisir et quelques moyens et quelque espace de véritable travail. Tant qu'on n'aura pas fait de ces essais d'approfondissements successifs, de plus en plus profonds, de plus en plus poussés, par les voies de l'analyse, et, autant qu'on le pourrait, par les voies de la simple intuition, de cas très simples, très premiers, très au commencement, au point d'origine, de mécanismes très simples, de fonctionnements très simples, très connus, connus personnellement, par une expérience personnelle, on s'imaginerait en vain que l'on peut commencer même à se reconnaître et à tâcher de se diriger dans tant d'inextricables et jusqu'ici nullement reconnus encore problèmes politiques, économiques et sociaux. Ces pénétrations de cas simples sont préliminaires; elles sont au commencement de tout; elles sont avant le commencement de tout; elles sont inévitables; elles sont indispensables; elles sont au seuil, et au commencement du seuil, et sur la première marche du seuil, et avant le seuil, comme ce tapis de pourpre sur lequel il fallut bien que marchât Agamemnon.

Tout ce que je puis et tout ce que je veux dire, avant de retomber, — et pour quel temps de travail, — dans ces lourdes agitations tumultueuses de tant de démagogies présentes, ce qui résulte pour moi d'une expérience personnelle déjà longue, c'est que la première découverte que l'on ferait serait sans aucun doute qu'en matière économique il n'y a aucun miracle.

Aucun miracle économique : ce résultat paraît dérisoire et tout le monde vous dira qu'on le sait bien d'avance et qu'il n'était pas nécessaire de parler si longtemps et de faire tant de circonlocutions et qu'il ne serait pas nécessaire de procéder même à une seule analyse ni à une seule intuition pour en arriver seulement là. Il n'en était pas besoin, dites-vous. S'il n'en était pas besoin, si tout le monde sait bien d'avance qu'il n'y a aucun miracle économique, et peut-être aucun miracle social, comment se fait-il donc, citoyens; citoyens et camarades comment se fait-il que tout le monde parle perpétuellement comme si le miracle économique était non seulement possible, mais perpétuel; comment se fait-il que presque tous les discours politiques parlementaires, presque sans aucune exception, et par discours politiques parlementaires j'entends éminemment et plus que tous autres et ceux-ci sans aucune exception les discours des congrès socialistes nationaux, locaux, et internationaux et tous les discours électoraux et tous les discours des *meetings* et des assemblées, qui reviennent au même, qui sont eux-mêmes des discours électoraux, et tous les discours des grèves, qui reviennent au même, qui sont eux-mêmes des discours électoraux, comment se fait-il enfin que tous les articles de tous les journaux, presque sans aucune exception, comment se fait-il que tous ces articles et que tous ces discours, ensemble et indivisément ceux du *Mouvement Socialiste* et ceux de *l'Humanité,* qui se rejoignent ici et coïncident, indivisément reposent sur ce postulat universel inavoué : que perpétuellement il y a un perpétuel miracle économique.

Or, j'ai le regret de le dire, — et je prends en bref le temps de le leur dire, ce temps que je vole à nos démagogies bimensuelles, — d'une expérience personnelle déjà longue, il résulte jusqu'à l'évidence qu'il n'y a aucun miracle économique. Cela, un miracle économique, cela ne s'est jamais vu.

Un député peut demander à la fois qu'on accroisse les charges du budget de l'État et qu'on diminue les impôts; un conseiller municipal peut demander à la fois qu'on accroisse les charges du budget de la ville et qu'on diminue les impôts; nous sommes ici en plein miracle économique politique parlementaire; Lagardelle et Jaurès, qui se rejoignent ici, ici coïncidants, peuvent demander à la fois que la production industrielle diminue et que la condition des travailleurs soit améliorée, sans toutefois que les intérêts du consommateur aient à en souffrir ou soient lésés aucunement; nous sommes ici dans le grand miracle économique politique socialiste parlementaire professionnel; Jaurès et Lagardelle, qui se rejoignent ici, ici coïncidants, peuvent demander que la France dans le monde soit diminuée, ou, autant que possible, supprimée, à la limite, et que pour autant la liberté grandisse dans le monde : c'est que nous sommes ici en plein dans le grand miracle économique politique socialiste internationaliste parlementaire professionnel; c'est que tous également, députés, conseillers municipaux, Lagardelle et Jaurès, Jaurès et Lagardelle, tous également ils sont, au fond, de la même race, ils ne sont pas des producteurs et des industriels, mais des miraculaires, des miraculés et des miraculeux, tous également ils sont également des politiciens, également ils sont particulièrement des parlementaires, également ils sont professionnellement des démagogues. Également ils ont besoin du miracle, pour vivre, ils ne vivent que du miracle. La démagogie est essentiellement une exploitation de l'idée du miracle. Un démagogue se reconnaît essentiellement et se distingue à ceci : qu'il exploite l'idée du miracle, une croyance plus ou moins consciente en quelque miracle plus ou moins inavoué. Tous ces politiciens parlementaires démagogues exploitent plus ou moins confusément le postulat plus ou moins inavoué, — inavouable, — de quelque miracle économique.

Or, j'ai le regret de le dire, et je prends encore le temps de le leur dire, il n'y a pas d'exemple que l'on ait vu un miracle économique; c'est peut-être la seule matière du monde où la célèbre loi de la conservation de la matière fonctionne hermétiquement, où il n'y ait absolument aucun merveilleux; du moins, où l'on en soit absolument assuré; ce que l'on met quelque part, en économique, il faut l'avoir pris ailleurs; l'argent que l'on met quelque part, il faut l'avoir pris, ou il faut en avoir pris au moins autant ailleurs; — je dis *au moins* autant, — parce que le transport d'argent, sous quelque forme qu'il se manifeste, entraîne une perte nécessaire, comporte une déperdition, inévitable, qui correspond assez en économique à ce qu'est le frottement dans la science et dans les arts et dans les métiers de la mécanique.

Il est assez fréquent, — ou plutôt il était assez fréquent, — car une certaine éducation commence à se faire, même dans le public, venue justement de notre public, — il était assez fréquent que ce fussent les mêmes personnes qui d'une part me demandaient chaleureusement si j'étais un bon administrateur et qui d'autre part me demandaient, non moins chaleureusement, mais pour eux, quelqu'une de ces odieuses faveurs gouvernementales particulières qui ruinent, qui trahissent, qui dépouillent, qui vendent une institution. L'un voulait bien ne pas payer son abonnement. Ne pas payer comme tout le monde, rêve de tous nos Français. C'est ce qu'on nomme le *service,* ou *l'échange,* mort de toutes les revues. L'autre voulait bien payer, mais payer moins cher que les autres, ou payer plus tard, beaucoup plus tard, si tard que ce dût finir par être dans l'autre monde. Les militants surtout se dépassaient dans cette émulation de zèle. Une conversation avec un militant commençait généralement ainsi : *Eh bien, mon pauvre Péguy, comment que ça va marcher, ces cahiers.* Un temps, puis : *Alors tu penses vraiment que ça va marcher.* Un temps, puis : *Tu crois vraiment que tu as les qualités d'un bon administrateur.* Un temps bref, puis : *tu diras à Bourgeois que je ne peux pas payer mon abonnement. Le parti. La caisse du parti. Cotisations.* Entre nous, elle n'en voyait pas lourd non plus, de cotisations, la caisse du parti. *Pauvre. Les grèves. Camarades. Militants. Les souscriptions. Il faut que je paye encore mon voyage pour aller au congrès de Lunité sur Tarn et Garonne. Je suis délégué de la Fédération du Spitzberg unifié.* Quand le camarade Uhry partait pour le congrès de Lunité sur Meurthe-et-Moselle, je puis vous assurer que ce n'était pas de la petite bière.

Le rêve de tous ces socialistes forcenés, qui nous saturent de raisonnements et d'enseignements impérieux sur le fonctionnement de l'économique, était, particulièrement pour nous, mais généralement pour tout, de ne pas payer leur abonnement, c'est-à-dire de recevoir un objet fabriqué, de toucher de la valeur, ayant elle-même incorporé un certain nombre de valeurs, et de ne pas acquitter le montant de cette valeur. La voilà bien, la théorie définitive de la valeur. Il est inutile de la chercher plus longtemps. Leur théorie de la valeur, c'est de ne pas payer. Et c'est là-dessus qu'en définitive et qu'en pratique ils se trouveront tous toujours d'accord. L'indication limite fut naturellement donnée par un jeune savant limite, par mon vieux et bon camarade Bourgin, Hubert Bourgin, le même qui depuis a si proprement assassiné Proudhon. Mon pauvre Péguy, me dit-il, — j'ai encore le son de sa voix dans les oreilles; il était doux, bon, bénin, bénin, bienveillant, bienveillant, charitable, si ce mot chrétien n'offensera pas sa laïcité parfaite, sa laïcité limite elle-même, mielleux comme un miel, sucré comme une confiture et pâteux comme une pâtisserie, mais, révérence garder, comme une pâtisserie chimiquement laïque, laïquement scientifique; oh! le parler doux, moite, tiède, moiteux, enveloppé et délectable; — mon pauvre Péguy, me dit-il, tu connais mon amitié pour toi; et tout ce que nous t'en disons, c'est pour te sauver d'une aventure lamentable, pour te tirer du grotesque : *tu es l'homme du monde le moins fait pour diriger une revue*. Ce qui donnait à cette prophétie un poids énorme, et ce qui fait que je suis un criminel de ne l'avoir point réalisée promptement, c'est que ce prophète était déjà en passe de devenir un de nos sociologues les plus éminents, le sociologue n'étant pas moins naturellement éminent que l'économiste n'est distingué. Puis, toujours pour mon bien, et innocemment pour la vérification de cette aimable prédiction, premièrement on la répandit un peu partout, non plus seulement scientifiquement, ce qui ne serait rien, mais savamment, deuxièmement il entra, par un effet de ce même dévouement, dans cette association amie de boycottage fraternel qui commit deux crimes, dont le premier fut de nous vouloir étrangler, et le deuxième de ne point y réussir.

Ici j'ai un remords, ou un scrupule, mettons un repentir, enfin ce qu'il ne faut jamais avoir; je ne me rappelle pas si exactement il a dit *l'homme le moins fait,* ou *le plus incapable,* ou *le moins capable;* cette indistinction d'oubli est très curieuse, étant donné comme j'entends nettement et distinctement le son calfeutré de sa douce voix; mais je suis parfaitement assuré que nous n'avons le choix qu'entre ces trois lectures; et je suis assuré qu'il a dit : *diriger* une revue. De cette voix capitonnée inoubliable. Entraîné par ses habitudes déjà prises de jeune autoritaire, il a dit : *dirigé*. Une revue ne se dirige pas. Elle s'organise, elle s'administre, comme tout. Comme tout ce qui existe, c'est-à-dire comme tout ce qui vit, elle s'organise. Comme tout ce qui existe, c'est-à-dire comme tout ce qui est économique, elle s'administre.

Ne pas payer comme tout le monde : rêve de tous nos Français, de tout homme distingué. Avoir un privilège, rêve de tout égalitaire, particulièrement de tout égalitaire français. Se soustraire aux justes répartitions des responsabilités économiques : le rêve de tous ces socialistes professionnels qui nous enseignent à tour de bras le matérialisme économique de l'histoire.

De ce mal, de cet abus, de cette commune et universelle prévarication sont mortes tant de coopératives de production et de consommation qui pouvaient et devaient vivre; qui ne demandaient qu'à vivre; et plus elles se prétendaient solennellement et bruyamment socialistes, plus ce mal, d'égoïsme essentiellement bourgeois, y sévissait. De ce mal travaillent et meurent tant de coopératives qui ne sont pas complètement mortes. De ce mal travaillent et souffrent tant de coopératives qui ne sont pas complètement moribondes. C'est une extension particulière, particulièrement dangereuse, de la manie politique parlementaire; les administrateurs et les gérants se comportent comme s'ils étaient des députés; les coopérateurs se comportent comme s'ils étaient des électeurs. Malheureusement le résultat n'est pas le même. Et il ne peut pas être le même. Comme les députés et leurs électeurs, ils sont liés non par les liens organiques d'une administration vivante, mais par les liaisons dangereuses de l'odieuse popularité. Les gérants et les administrateurs, comme les députés, veulent être populaires. Les coopérateurs, comme les électeurs, veulent qu'on leur soit populaire. Les gérants et les administrateurs, comme les députés, veulent plaire. Les coopérateurs, comme les électeurs, veulent qu'on leur plaise. Mais le résultat n'est pas et ne peut pas être le même. Le député, lui, tire sur toutes les autres circonscriptions, il a à tirer sur toutes les autres circonscriptions; il a de quoi tirer; ce qu'il essaye de mettre au pillage, ce sont les autres circonscriptions, c'est le pays tout entier; il a de la marge, parce que le pays a montré, après tant de pillages de tous les régimes, qu'il avait la vie dure. Tandis que le coopérateur, lui, il n'a que sa coopérative, il n'a à tirer que sur sa propre coopérative, il ne peut mettre au pillage que sa propre coopérative. Et naturellement ce sont des organismes beaucoup plus frêles.

Je suis devenu, je suis un bon administrateur parce que j'ai patiemment éliminé de ces cahiers jusqu'au moindre soupçon de ces faveurs gouvernementales; un bon administrateur est un homme qui ne connaît point d'amis; un bon administrateur, un bon gérant, comme un bon ministre, est un être essentiellement désagréable et impopulaire qui défend les intérêts communs durables d'une institution contre la ruée infatigable des précaires intérêts particuliers.

J'ai mis la dernière main à ma réputation d'administrateur au commencement de cette septième série quand de ma blanche main je rayai définitivement : *rayer, radier* pour les scientifiques, — plus de cent quatre-vingts de ces infatigables, onéreux; et comme il est quelquefois bon d'émonder un arbre vigoureux, et de couper les *gourmands,* cette opération a été immédiatement récompensée, puisque Bourgeois nous rend compte que du premier octobre au 31 décembre du commencement de cette septième série il est entré aux cahiers plus de soixante abonnés nouveaux, sérieux. Et douze ou quinze pendant les seules vacances du nouvel an.

Dans le cas particulier de l'épuisement, de librairie et d'édition, il est évident que je ne puis sans dépouiller littéralement les cahiers les déposséder de cette valeur économique et sociale croissante qui leur vient naturellement de leur graduel épuisement. J'ajoute que cet accroissement graduel de valeur est légitime économiquement, dans la théorie économique la plus stricte, la plus industrielle, au moins pour une certaine part, assez considérable, parce que ces exemplaires d'ancienne installation incorporent peu à peu des frais régulièrement tombants de magasinage, de loyer, d'impôt, de toute administration.

Particulièrement pour les quelques exemplaires du *Jean-Christophe* qui nous restent, il nous devenait impossible de continuer à les vendre deux francs dans le même temps que la *librairie Ollendorff* mettait en vente sa nouvelle édition, à trois francs cinquante; c'était pour nous une question de bonne tenue envers l'auteur même et envers ses nouveaux éditeurs.

Je ne puis que le répéter, et il faudra que les lecteurs en prennent leur parti. Nos éditions des trois *Jean-Christophe (l'aube, le matin, l'adolescent)* se vendent si rapidement que dans quelques jours elles seront en voie d'épuisement. Elles ne seront jamais réimprimées. Aussitôt qu'elles seront officiellement en voie d'épuisement, constaté, les quelques exemplaires qui nous resteront seront portés aux prix marqués de huit, douze, seize ou vingt francs l'un. Ceux de nos abonnés qui ont prêté leurs exemplaires ou qui les ont donnés, — cela revient pratiquement au même, — feront bien de se recompléter avant l'instant fatal. A partir du moment où nos exemplaires seront annoncés, dénoncés, déclarés, proclamés en voie d'épuisement, nous ne mettrons plus en vente que les exemplaires des éditions Ollendorff. Mais ces exemplaires des éditions Ollendorff continueront de figurer à nos catalogues et index, à la suite et pour ainsi dire en remplacement de nos propres éditions; et nous continuerons de demander à nos abonnés de vouloir bien les commander à M. André Bourgeois. D'une manière générale, adresser toute commande de librairie à M. André Bourgeois, administrateur des cahiers, 8, rue de la Sorbonne, rez-de-chaussée, Paris, cinquième arrondissement. Toute commande de librairie adressée à M. André Bourgeois reçoit satisfaction par le retour du courrier.

Pareillement il a été entendu entre M. Romain Rolland et nous que les épisodes à venir du *Jean-Christophe*, — je me sers de ce mot d'*épisode* comme grec et sans rien de ce qu'il implique chez les modernes de fragmentaire, — paraîtront d'abord et une seule fois en cahiers, un certain temps avant de paraître en librairie; les personnes qui voudront avoir de cette première édition feront donc bien de s'abonner aux *Cahiers de la Quinzaine*.

Au moment où nous mettons sous presse, M. Bourgeois nous rend justement compte qu'il a pu récemment, par le complément de quelques rentrées individuelles, reconstituer une première série complète. Conformément à ce que j'écrivais ci-dessus, nous mettons en vente cette première série complète au prix de *cent francs,* qui est le prix fixe de l'épuisement pour les séries venues en voie d'épuisement.

La dernière première série qui nous restait avait été vendue il doit y avoir huit mois, en mai je pense, à notre collaborateur M. Charles Richet; pendant ces huit mois d'intervalle, entre la sortie de cette dernière première série, et la reconstitution d'une nouvelle première série par le moyen de rentrées individuelles, nous avons donc été nous-mêmes incapables de mettre en vente, au bureau des cahiers, même une seule collection complète des cahiers; nous le pouvons aujourd'hui; aujourd'hui, et jusqu'à ce que cette première série nous soit de nouveau enlevée, nous sommes en situation de mettre en vente une collection des cahiers absolument complète, aux prix du catalogue, — sans nous interdire cependant de mettre en vente les séries séparément, à ces mêmes prix du catalogue.

Ainsi, de même que je n'avais pas pu, dans un précédent cahier, qui est je crois l'avant-dernier, donner quelques détails de fabrication industrielle à propos d'une vraie coquille sans glisser malgré moi à toute une théorie, à tout un commencement d'analyse de la production, du travail et de la fabrication industrielle, de même aujourd'hui, ayant à répondre à notre maître M. Gabriel Monod et à lui donner un simple renseignement de l'administration de ces cahiers, je n'ai pu le faire, je n'ai pu lui donner un commencement de renseignement sans glisser malgré moi à toute une théorie, à tout un commencement d'analyse de la consommation, du travail et de la fabrication, de la répartition, de la communication, de la relation économique. C'est que tout se tient en pareille matière et qu'il est véritablement pénible d'entendre partout autour de soi parler et traiter d'aussi graves questions sans aucune préparation, sans aucune entente, sans aucune attention, sans aucun débat, sans aucune connaissance. Tout le monde croit s'y connaître ou fait semblant de s'y connaître, et l'on en parle sans aucune compétence. On les traite en général, ou plutôt on en parle, comme si elles n'existaient pas, par elles-mêmes, ou comme si tout le monde s'y connaissait, d'avance, comme si elles étaient des sortes de petites formalités préjudicielles dont on se débarrasse le plus rapidement possible, généralement par prétérition, avant de commencer la conversation véritable. Je maintiens au contraire que ce sont elles qui sont la conversation véritable, la seule conversation sérieuse et véritable, et qui font le tissu ordinaire de nos vies, et que ce sont toutes ces démagogies qui sont des hors-d'œuvre, et que rien n'est aussi important dans la vie d'un homme et aussi préliminaire que l'établissement de son budget familial, et que rien n'est aussi important et aussi préliminaire dans la vie d'une institution que l'établissement de son économie, et que dans toute la vie d'un peuple et dans toute la vie de toute l'humanité rien n'est aussi capital que l'établissement d'une saine, honnête, ordinaire, humaine économie.

Économie qui d'ailleurs serait simple.

Avant de retomber, par naturelle faiblesse, à la discussion de nos actuelles démagogies, et puisque aussi bien je suis occupé à donner réponse à notre maître M. Gabriel Monod, je me rappelle à présent que je suis resté sous le coup d'une *rectification* assez dure que M. Gabriel Monod m'envoya au cours de la série précédente et que je me suis hâté de publier aussitôt que je l'eus reçue, dans le dixième cahier de cette même précédente sixième série. Naturellement il ne s'agissait point d'une rectification à ce que j'avais dit, mais, si je puis dire, d'une rectification au fait que j'avais publié une lettre de M. Gabriel Monod à M. Bouglé dans le dossier que nous avions établi de *la délation aux Droits de l'Homme*. Le texte même de la lettre n'était pas et ne pouvait naturellement pas être mis en cause.

Avant toute réponse de ma part et toute rectification nouvelle à cette ancienne rectification, je dois commencer par mettre hors de cause notre collaborateur M. Bouglé. Le seul tort de M. Bouglé fut de ne pas faire lui-même son cahier, de ne pas établir son dossier lui-même, auquel cas il va de soi que je me fusse interdit rigoureusement d'y introduire aucune collaboration d'aucune sorte. La mienne moins que toute autre. C'est une règle, c'est un principe d'institution absolu dans ces cahiers, et qui depuis le commencement de notre exercice n'a souffert absolument aucune exception, que l'auteur du cahier est souverainement maître dans son cahier. Si donc Bouglé m'avait apporté un cahier fait, on peut être assuré que je n'y eusse introduit aucune collaboration, aucune décision d'aucune sorte. Mais Bouglé n'avait ni le temps ni les moyens de faire son cahier, parce que l'on était, je crois, en pleines vacances de janvier, et qu'il avait fort à faire de circuler entre Toulouse et Paris, et retour, et de circuler dans Paris même. J'eus le tort, beaucoup plus grave, de lui dire, comme gérant, que je ferais le cahier à sa place. En fait ce cahier fut improvisé, comme le demandait l'imminence du danger que la délation gouvernementale faisait courir à la République. Sans parler, naturellement, du danger civique et moral, du danger de scandale et de démoralisation dans les âmes des simples citoyens.

Trouvant dans un dossier constitué en toute hâte, sans moyens d'enquête et de communication, — puisque tous les moyens d'enquête et de communication et même les ressources financières étaient précisément aux mains du *Comité central* de la *Ligue française pour la défense des Droits de l'Homme et du Citoyen,* contre lequel il fallait s'inscrire, — une lettre, — personnelle? — de M. Gabriel Monod à M. Bouglé, je publiai, sans aucune hésitation, cette lettre, à sa place non concertée dans un dossier que l'on m'avait apporté en vrac.

Préalablement je pourrais opposer ici à M. Gabriel Monod, je pouvais lui répondre que pendant une affaire qu'il n'a sans doute pas oubliée nous ne nous sommes jamais fait faute, nous ne nous sommes jamais privés d'utiliser, de publier toutes les lettres de nos adversaires qui tombaient entre nos mains, sans nous occuper de savoir qu'elles fussent personnelles ou impersonnelles, privées ou publiques. Et le traitement que nous avons fait subir à nos adversaires, s'il était juste, il n'y a aucune raison, — au contraire, — pour que nous ne nous l'appliquions pas à nous-mêmes. A plus forte raison. Et je crois bien me rappeler que dans cet exercice M. Gabriel Monod lui-même excellait. Je pourrais donc lui opposer son propre exemple, je pourrais lui opposer cet admirable précédent, si au contraire depuis quelque temps, après tant de capitulations signées, après tant de faux, tant de mensonges, tant d'amnisties, tant de forfaitures, tant de trahisons commises par d'anciens dreyfusistes notoires, anciens membres de notre ancien État-Major général de l'armée, les doutes les plus sérieux, — comme les plus lents, — mais j'ai une intelligence naturellement lente, — ne m'étaient venus, — bien tard, — sur la correction de plusieurs de nos démarches, de plusieurs des démarches que nous fîmes pendant cette inoubliable affaire.

Je dirai donc deux mots de la question en elle-même, et sans m'en référer à cet illustre précédent. Quelques-uns de nos plus anciens abonnés se rappellent peut-être encore un certain nombre de démonstrations que je m'efforçai de faire, dans les deux ou trois toutes premières séries des cahiers, sur cette question difficile des *personnalités*. Le sophisme que nous pouvons nommer *sophisme des personnalités* est un sophisme si universellement répandu, et qui réussit, qui pullule si parfaitement aux démagogies que je ne pouvais manquer de m'y heurter dès le commencement du déblaiement de toutes sortes, déblaiement intellectuel et moral, qui fut, entre autres, la raison d'être toute première de ces cahiers.

Je ne me rappelle pas jusqu'où je poussai alors ma démonstration; — nous avons eu depuis à faire face à tant de démagogies successives, incessamment nouvelles, incessamment renaissantes; — mais enfin c'est à ces précédentes études, à ces précédentes recherches, que je demande que l'on rattache aujourd'hui les quelques mots que je pourrai dire de cette importante question de méthode. Et ici encore par un nouveau circuit je me retrouve moi-même au demi-tour, s'il est vrai que nous constatons par ce nouvel exemple qu'en morale, comme en économique, et tout autant qu'en matière de fabrication industrielle, ces simples exemples, ces simples cas de l'action journalière posent les cas généraux et les problèmes les plus graves de la morale et de l'action, et que réciproquement on ne peut rien entendre non plus à ces problèmes les plus graves à moins d'avoir vécu et débrouillé pour sa consommation personnelle ces cas journaliers apparemment simples, avant de les avoir analysés, avant d'avoir essayé de les pénétrer d'analyses, d'intuitions de plus en plus approfondies, les plus approfondies que l'on pourrait.

Ce que je nie absolument, c'est qu'il soit possible d'introduire une distinction valable, une distinction utile à cet égard entre le *personnel* et l'*impersonnel*. Ce qui trompe ici communément, ce qui fait une espèce de faux recouvrement, c'est qu'il y a en réalité, c'est qu'il y a de toute antiquité mentale une distinction parfaitement valable, parfaitement utile, parfaitement fondée entre le *public* et le *privé*. Mais ce que je nie absolument, c'est que premièrement le *personnel* coïncide exactement avec le *privé*, deuxièmement que en opposition ou en résidu l'*impersonnel* coïncide exactement avec le *public*, troisièmement, et en forme de conséquence et de conclusion, que la distinction du *public* d'avec le *privé* coïncide exactement avec une distinction de l'*impersonnel* d'avec le *personnel*.

Quand vous écrivez à votre ami pour lui demander des nouvelles de sa femme et de ses enfants, pour lui donner des nouvelles de votre propre famille, pour lui prêter ou pour lui emprunter quelques louis qui feront l'un de vos deux termes, pour lui annoncer, professeur, que vous avez ou que vous n'avez pas beaucoup de répétitions de géographie philologique, enfin que vous avez trouvé une place pour votre jeune frère, qui est ingénieur, mais qui n'est pas sociologue, vous faites une opération privée, une opération de l'ordre privé; votre lettre est une lettre privée, nullement communicable, nullement publiable, à moins de votre consentement formel; et ce consentement même, ou cet ordre de la publier, vous-même ne le donnez que pour des raisons privées, ou pour des raisons littéraires, — non point pour des raisons publiques, — si vous voulez faire votre petit monsieur le marquis de Sévigné; dans ce dernier cas vous appartenez à la race détestable des *épistolaires;* vous êtes haïssable; vous travaillez dans ce genre faux qui consiste à faire pour le public des lettres *comme si* elles étaient des lettres privées.

D'ailleurs et dans un tout autre ordre, différent et indépendant du premier, pour ce qui est de la personnalité, si vous êtes quelqu'un, si vous êtes, si vous existez, si vous savez être, et seulement regarder, publique ou privée votre lettre sera personnelle, comme tout ce que vous faites, comme tout ce que vous êtes est toujours personnel, quand même vous ne le voudriez pas; votre lettre vous traduira; votre lettre vous trahira; elle sera de vous, quand même vous la renieriez; elle sera votre enfant, votre œuvre, quand même vous la renonceriez; elle portera votre signature, quand même vous eussiez voulu, quand même vous eussiez cru la faire cent fois anonyme et nulle. A mesure que vous cessez d'exister, à mesure que vous diminuez d'être, à mesure que vous cessez de comprendre, de voir, de savoir même regarder, publique ou privée votre lettre devient de moins en moins personnelle, ou, si vous préférez parler le langage contraire, elle devient de plus en plus impersonnelle, mais ce ne sera là que le commencement du progrès de votre grandeur. Quand enfin vous ne comprendrez plus rien du tout, quand vous ne serez plus, rien, quand vous n'existerez plus, quand vous n'aurez plus ni aucun nom ni aucune forme, quand vous ne saurez plus ni entendre, ni voir, ni seulement regarder, quand vous n'aurez plus la force de regarder, quand vous serez muet comme une carpe, aveugle comme une taupe, et sourd comme un pot, quand les sourds-muets de naissance et quand les aveugles professionnels avec leur petit chien vous feront honte et vous renieront et vous en remontreront, quand vous serez enfin devenu un homme inexistant, à la limite un homme nul, un zéro d'homme, à cette limite vous aurez atteint l'autre limite aussi, la limite où vous serez sacré non pas seulement grand homme, non pas seulement, ce qui pour eux est infiniment plus, grand savant, mais le savant limite, le savant modèle, étant celui qui au suprême degré avait atteint à cet impersonnalisme objectiviste que l'on s'obstine, je ne sais pourquoi, sinon par je ne sais quelle indécente plaisanterie, que l'on s'obstine à confondre avec le non moins pur objectivisme impersonnaliste.

Voilà ce que c'est que la personnalité.

Mais si vous êtes membre ou fondateur d'un comité de la *Ligue française pour la défense des Droits de l'Homme et du Citoyen* et que vous écriviez à un délégué important de la Ligue dans le Midi, à un secrétaire ou président de section, à Toulouse, et, ce qui est plus important, à un délégué moral important et responsable, qui répond pour vous, garantie et autorité, grande autorité morale, comme vous un des véritables fondateurs de la Ligue à Paris et dans les départements, sur la question de savoir quelle sera l'attitude et quelle est enfin la situation de la Ligue envers la délation gouvernementale, ce que je nie absolument, c'est que votre lettre, personnelle ou non, puisse être une lettre privée. Quand même vous la mettriez sous un triple sceau, quand même vous la feriez porter à destination par un messager à vous, ce qui vous mettrait immédiatement en état d'infraction aux lois qui régissent le service des postes pour le transport des messages, ce que je nie absolument, c'est que, venant de vous, allant à lui, portant sur un tel sujet, traitant une telle matière, votre lettre puisse être une lettre privée, que cette opération que vous faites en lui envoyant cette lettre soit une opération privée. Votre opération est publique, votre lettre est publique, essentiellement publique, publique entièrement, que vous le vouliez ou non, et quoi que vous fassiez. Toutes les précautions superficielles, toutes les formalités, tous les déguisements matériels n'empêcheront pas qu'elle soit publique. Ce qui revient à dire qu'en matière publique, matière comme était cette question capitale de la délation gouvernementale organisée, d'un homme public à un homme public, il ne peut y avoir de communication qui ne soit une communication publique. Tout au plus pouvez-vous dire qu'elle n'était pas officielle, et vous introduisez par là un nouvel ordre de distinction.

Nous sommes ainsi conduits, par vous-même et par la réalité, nous sommes ainsi conduits à reconnaître, à cet égard, au moins trois ordres de distinctions, trois distinctions fonctionnant dans trois ordres différents, sur trois plans différents non parallèles.

Nous sommes conduits à reconnaître, à distinguer l'une de l'autre trois distinctions que l'on confond pour ainsi dire toujours dans presque tous les débats, ce qui permet d'embrouiller les questions, ce qui permet aux responsabilités de s'évanouir, de s'esquiver, ce qui permet aux démagogies de réussir : la distinction de l'*officiel* et du *non-officiel,* première distinction; deuxième distinction, la distinction du *public* et du *privé;* troisième distinction, la distinction du *personnel* et de l'*impersonnel.* Ni ces distingués ni ces distinctions ne se recouvrent. Chacune de ces distinctions fonctionne pour son compte, joue dans son ordre et sur son plan, sans commander le jeu, le fonctionnement des deux autres.

Nous sommes ainsi conduits, par vous-même et par la réalité, nous sommes ainsi conduits à considérer séparément trois ordres de distinctions qui jouent séparément, sans préjudice de tous autres; peu importe l'ordre où nous les mettrons elles-mêmes, puisque justement elles jouent séparément; l'important est de reconnaître que non seulement elles ne coïncident pas, mais qu'elles sont différentes et jouent séparément, différemment, sur des plans différents non parallèles; ni le *personnel* ne coïncide avec le *privé,* ni l'un ni l'autre ne coïncident avec le *non-officiel;* et il y aurait encore à faire la distinction du *particulier* et du *général,* qui se distingue elle-même des trois autres; et de l'*individuel* et du *collectif,* qui se distingue elle-même encore des quatre autres, des quatre premières; et du *singulier* et du *pluriel,* qui des cinq autres;

et du *propre* et du *commun,* qui des six autres; mais pour aujourd'hui tenons-nous-en à la distinction de nos trois premières distinctions et de leurs distingués eux-mêmes; la non distinction, la confusion de ces trois premières distinctions et de leurs distingués eux-mêmes est une des plus grandes causes de trouble qu'il y ait aujourd'hui dans les esprits; et c'est ce trouble qui ouvre les voies à tant de démagogies tumultueuses; distinguons; distinguons, comme le disait un prince-évêque de la troisième République, je veux dire un prélat qui était devenu député; je distingue afin de ne point demeurer dans la confusion; en face de nos trois premières distinctions de distingués, distinguons bien les distingués antagonistes, distinguons bien que ni l'*impersonnel* ne coïncide avec le *public,* ni que ni l'un ni l'autre ne coïncident avec l'*officiel;* et par voie de conséquence distinguons enfin, et tenons-nous-en là pour aujourd'hui, que ni la distinction du *personnel* d'avec l'*impersonnel* ne coïncide avec la distinction du *privé* d'avec le *public,* ni que ni l'une ni l'autre ne coïncident avec la distinction du *non-officiel* d'avec l'*officiel.*

Une opération est *officielle* quand et dans la mesure où l'opérateur, l'*auteur* de cette opération, agit *en son office;* elle est *non-officielle* quand et dans la mesure où l'*auteur* n'agit pas *en son office.* De la main gauche, elle est *officieuse* quand l'*auteur* de cette opération est un personnage officiel qui n'agit point *en son office.*

Une opération est *publique* au sens et dans la mesure où la *matière* de cette opération est publique; elle est *privée* au sens et dans la mesure où la *matière* de cette opération est privée.

Une opération est *personnelle* au sens et dans la mesure où l'*auteur* de cette opération existe, est personnel, est une *personne;* un être; elle est *impersonnelle* au sens et dans la mesure où l'*auteur* de cette opération n'existe pas.

[Je ne donne pas ceci pour une définition; ni pour un ensemble de définitions, enfin pour être de l'ordre des définitions; je ne sais pas, je ne veux pas savoir ce que c'est qu'une définition, que la définition, scolaire; la définition qui s'interdit d'employer, de faire intervenir le défini ou quelqu'un de sa famille, un rejeton de la même souche, de la même race, un mot de la même racine, se condamne automatiquement par là même à remplacer le mot juste par une injuste périphrase, le mot propre par des circonlocutions impropres. Tel n'est, tel ne saurait être ni le sens, ni l'objet, ni la forme d'une définition véritable, qu'il vaudrait d'ailleurs mieux nommer une *distinction*. Le besoin d'une définition, ou d'une distinction, ne se fait vraiment sentir que quand il y a doute, hésitation, scrupule sur le sens ou sur l'usage d'un mot, les doutes et les hésitations de sens n'étant elles-mêmes, au fond, que des hésitations d'usage, puisqu'un mot n'est qu'au sens et dans la mesure où il vit, puisqu'il n'existe qu'au sens et dans la mesure où il sert, où il travaille. Il ne faut jamais faire une définition, introduire une distinction par désœuvrement, ni par exercice, — ni pour s'amuser, ni pour s'exercer, comme d'ailleurs on ne doit généralement rien faire, — et on ne peut généralement rien faire de bon, — ni pour s'amuser ni pour s'exercer, — mais seulement quand et dans la mesure où dans le travail et dans la vie le besoin s'en fait réellement sentir. Quand donc le besoin d'une définition, d'une distinction se fait véritablement et réellement sentir, par exemple pour démêler et vider quelque erreur, et, par exemple plus particulier, pour essayer de démêler un peu et vider de son contenu d'erreur quelque erreur de quelque démagogie, alors, mais seulement alors, on peut, et quelquefois on doit essayer de donner quelque définition, ou plutôt d'introduire quelques distinctions; et l'effort que l'on peut faire alors ne peut consister qu'en ceci : fabriquer, monter, — un peu artificiellement, je l'avoue, — un petit mécanisme, un petit rouage, imitant autant que possible un petit organisme naturel, où le mot intéressé entre et joue autant que possible naturellement. Par conséquent, loin qu'il faille s'interdire de mettre le défini dans la définition, ou au moins quelqu'un de sa famille, qui se fasse en quelque manière son garant, au contraire, si vous ne mettez pas le défini dans la définition, si le défini n'est pas présent dans la définition, vous n'êtes plus assuré de rien, alors; vous ne savez plus du tout si votre définition est bonne; et même vous êtes assuré qu'elle est mauvaise; vous ne savez plus du tout comment votre définition se comporte envers le défini qui était à définir; et même vous êtes assuré qu'elle se comporte mal ou plutôt qu'elle ne se comporte pas du tout, puisque le défini n'est plus là, pour dire ce qu'il en est, pour dire ce qu'il en pense, puisqu'il n'est pas présent à la définition, puisqu'il n'est pas, puisqu'il ne joue pas dans la définition; puisqu'il n'entre pas dans la définition, comment sauriez-vous s'il est content d'elle; puisqu'il ne joue pas en elle, puisqu'il n'a aucune relation avec elle. Dans les exemples que j'ai donnés, ce qui importait, ce qui faisait la définition, la distinction, c'était ces mots et ces considérations de *matière* et de *destination,* de *forme,* d'*auteur*. Dès que ces mots étaient donnés, et ces considérations, la définition était faite, la distinction acquise, il n'importait pas que les mots à définir fussent dans la définition, dans la distinction, ou plutôt il fallait qu'ils y fussent, pour voir un peu comme ils se comportaient, à présent.

Je ne prétends pas épuiser en si peu de mots cette question difficile de la définition et de la distinction; mais j'en ai pu dire assez pour me permettre d'avancer un peu dans l'examen des exemples qui se sont trouvés sur le chemin de ma réponse.]

En résumé la question de *personnalité* est une question d'*auteur;* publique ou privée, officielle ou non-officielle, une opération est *personnelle* au sens et dans la mesure où l'*auteur* de cette opération est une *personne;* elle est *impersonnelle* au sens et dans la mesure où l'*auteur* de cette opération n'est pas une *personne;* si vous êtes une personne, vous ne pourrez rien faire, vous ne pourrez pas acheter une carte postale de deux sous sans que votre opération soit personnelle; si vous n'êtes pas une personne, vous pouvez tout faire, vous pouvez écrire un discours sur l'histoire universelle : votre opération ne sera personnelle jamais.

La considération d'*officialité* est une considération de *forme;* personnelle ou impersonnelle, publique ou privée, une opération est *officielle* quand l'auteur de cette opération agit *en son office;* elle est *non-officielle* quand l'auteur de cette opération n'agit pas *en son office;* elle est seulement *officieuse* quand l'auteur est un personnage *officiel,* mais qui n'agit pas *en son office*.

La considération de *publicité* est une considération de *matière* et de *destination;* personnelle ou impersonnelle, officielle, officieuse ou non-officielle, une opération est *publique* au sens et dans la mesure où la *matière* de cette opération est *publique,* et où cette opération s'adresse au *public;* elle est *privée* au sens et dans la mesure où la *matière* de cette opération est *privée,* et où cette opération s'adresse au *privé.*

Cela étant, il suffit de faire jouer les vieux mécanismes de l'ancienne logique formelle, ou, comme on dit aujourd'hui prétentieusement, les — prétendus nouveaux — mécanismes de la — soi-disant neuve — logique mathématique pour obtenir, comme par enchantement, en leurs parfaites formules, tous les cas particuliers.

Il suffit de faire jouer la formule $N = 2^a$, où N est le nombre cherché des combinaisons possibles, — ou existantes, — enfin mettons des combinaisons logiques, — pour ces gens-là il n'y a aucune différence entre le logique et le réel, et d'ailleurs, s'il y avait quelque différence, entre les deux, ce serait le réel qui aurait tort, et le logique, raison, — *a*, le nombre donné des considérations élémentaires initiales, et 2 le nombre donné uniforme des parties élémentaires contradictoires complémentaires entre elles en lesquelles se divise chacune de ces considérations.

Dans ces exemples particuliers que nous avons trouvés sur le chemin de nos recherches, 2 signifie et représente que nous avons affaire constamment à des *paires,* que nos considérations élémentaires marchent par *paires,* en forme de *paires,* qu'elles se décomposent uniformément chacune en deux hypothèses, en deux thèses contradictoires inconciliables complémentaires entre elles deux, — une réserve étant faite seulement sur et pour l'*officieux,* qui s'intercale subsidiairement entre l'*officiel* et le *non-officiel;* — et *a* vaut 3, puisque nous n'avons voulu considérer pour aujourd'hui et retenir que trois de ces groupes, trois de ces paires.

Faisant donc jouer cette formule, que l'on eût dite autrefois de logique formelle, mais qu'aujourd'hui nous dirons péremptoirement de logique mathématique, — on voit que je suis fou d'orgueil aujourd'hui, et que je ne vais à rien moins qu'à vouloir me faire passer pour le meilleur élève de l'honorable M. Couturat, — faisant jouer cette formule, une des plus simples qui se puissent présenter dans ces enseignements admirables, nous obtenons immédiatement, mais astucieusement, que dans cet exemple particulier, par le jeu de trois paires venues de trois ordres de considérations, nous obtenons huit cas particuliers, huit combinaisons tout élémentaires.

a) ou *première combinaison élémentaire : opération personnelle publique officielle;* exemples : quand un chef de gouvernement, qui est une personne, accomplit, en son office, un acte de son gouvernement, ou simplement quand un électeur qui n'est pas une bête va voter;

b) ou *deuxième combinaison élémentaire :* opération *personnelle publique non-officielle :* quand un chef de gouvernement, qui est une personne, accomplit, en matière publique, une opération qui n'est pas officielle, par exemple parce qu'elle n'est pas officiellement avouable; ou simplement quand un électeur, qui n'est pas une bête, exerce, en matière publique, une action qui n'est point de forme officielle;

b') ou *combinaison subsidiaire* à la *deuxième combinaison élémentaire :* opération *personnelle publique officieuse :* quand un chef de gouvernement, qui est une personne, accomplit, en matière publique, un acte officieux, comme d'envoyer une note à un journal officieux; ce qui serait un acte officiel serait par exemple de faire insérer un décret au *Journal officiel;* dans ce cas particulier la distance qu'il y a du *Journal officiel* aux journaux officieux, aux journaux inspirés, représente et mesure assez bien la distance qu'il y a de l'*officiel* à l'*officieux;* ou, si l'on veut, cette distance apparaît dans un exemple encore plus resserré, par la distance qu'il y a, dans le même *Journal officiel,* entre la *partie officielle* et la *partie non-officielle;* plus simplement il y a opération *personnelle publique officieuse* quand un électeur qui n'est pas une bête fait en matière publique une opération de forme officieuse, comme de fonder un journal politique;

c) ou *troisième combinaison élémentaire :* opération *personnelle privée officielle :* quand un père de famille, qui est une personne, envoie dans la forme officielle son consentement au mariage de son fils; ou quand, étant le même, il fait son testament;

d) ou *quatrième combinaison élémentaire :* opération *personnelle privée non-officielle :* quand un père de famille, qui est une personne, donne à son fils des conseils ou des renseignements sans aucune intervention formelle de la paternelle autorité;

d') ou *combinaison subsidiaire* à la *quatrième combinaison élémentaire :* opération *personnelle privée officieuse :* quand un père de famille, qui est une personne, engage avec son fils une conversation de forme officieuse;

e) ou *cinquième combinaison élémentaire :* opération *impersonnelle publique officielle :* un chef de gouvernement, qui n'existe pas, accomplit, en son office, en sa qualité officielle, un acte de son gouvernement; plus simplement un électeur, qui est une bête, — il y en a, — va voter;

f) ou *sixième combinaison élémentaire :* opération *impersonnelle publique non-officielle :* un chef de gouvernement, qui n'existe pas, accomplit, en matière publique, un acte non-officiel, par exemple un acte inavouable; simplement un électeur, qui est une bête, — il y en a encore, — entreprend de convertir à ses idées son voisin de campagne;

f') ou *combinaison subsidiaire* à la *sixième combinaison élémentaire :* opération *impersonnelle publique officieuse :* un chef de gouvernement, qui n'existe pas, exerce, en matière publique, et à destination du public, une action officieuse; plus simplement un électeur, qui est une bête, — il y en a toujours, — fonde un journal politique;

g) ou *septième combinaison élémentaire :* opération *impersonnelle privée officielle :* un père de famille, qui n'existe pas, envoie à son fils, pour son mariage, dans les formes consacrées, son consentement; ou ce père de famille, étant le même, fait son testament; ou il écrit officiellement au proviseur;

h) ou *huitième combinaison élémentaire :* opération *impersonnelle privée non-officielle :* un père de famille, qui n'existe pas, donne à son fils des conseils ou des renseignements sans faire intervenir officiellement ni sa qualité ni son autorité paternelle;

h') ou *combinaison subsidiaire* à la *huitième combinaison élémentaire :* opération *impersonnelle privée officieuse :* un père de famille qui n'existe pas, engage avec son fils, en matière privée, une conversation de forme officieuse.

La formule que nous avons développée n'est elle-même qu'un cas particulier d'une formule plus générale; nous avons pu appliquer cette formule particulière parce que nous n'avons envisagé que des combinaisons doubles, des combinaisons où les thèses élémentaires faisaient des paires, allaient par deux; c'est ce que signifie le 2 qui vient en tête de notre formule; si nous avions eu affaire à des combinaisons triples ou quadruples, et ainsi de suite à volonté, inégalement, à des tri- et quadripartitions et ainsi de suite irrégulières, nous eussions eu à multiplier à chaque fois, pour chacune des combinaisons données de plus, par le nombre de thèses possibles incluses dans cette combinaison, puisqu'elles jouent séparément, les combinaisons; ainsi généralement une combinaison C donnant n alternatives, une combinaison C′ donnant n' alternatives, et une combinaison C″ donnant n'' alternatives donneront un nombre de *combinaisons élémentaires* ou de cas particuliers égal à $n\ n'\ n''$.

$N = n\ n'\ n''$: si nous avions envisagé en outre la distinction du *singulier* et du *pluriel,* nous eussions eu déjà *seize* combinaisons élémentaires ou cas particuliers; si la distinction de l'*individuel* et du *collectif, trente-deux;* si la distinction du *propre* et du *commun, soixante-quatre;* et ainsi de suite.

Avant d'utiliser en bref pour ma réponse la reconnaissance que nous venons de faire de toutes ces distinctions, je veux mettre le comble à ma gloire aujourd'hui en en dressant de ma main un tableau; ce tableau ne sera pas moins que synoptique; il est temps que moi aussi je dresse des tableaux, en attendant des statistiques; et que je donne à nos excellents compositeurs ordinaires l'occasion de dessiner une fois de plus quelqu'une de leurs savantes typographies :

Opérations	*personnelles*	*publiques*	*officielles*	a)	*(officieuses)* b′)
			non-officielles	b)	
		privées	*officielles*	c)	*(officieuses)* d′)
			non-officielles	d)	
	impersonnelles	*publiques*	*officielles*	e)	*(officieuses)* f′)
			non-officielles	f)	
		privées	*officielles*	g)	*(officieuses)* h′)
			non-officielles	h)	

On voit mieux ainsi comment les discriminations se font par paires; dans ce cas où toutes les combinaisons primitives elles-mêmes vont par paires; si nous n'avions considéré que deux paires, nous pouvions établir un tableau beaucoup plus simple, sans répétitions ni accolades, parce que nous eussions pu procéder par bandes perpendiculaires, horizontales et verticales; notre tableau eût ressemblé à une table de Pythagore; et en effet il eût représenté et entraîné une simple multiplication; aussitôt qu'on attaque la troisième paire, on ne peut plus procéder que par accolades et répétitions; notons seulement que les trois paires jouant séparément, selon que l'on commence et que l'on continue par telle ou telle paire, et selon qu'on place les hypothèses dans les accolades, on peut établir à volonté, par application d'une autre formule, en tout $(1 \times 2 \times 3)(2 \times 2^{2} \times 2^{22})$ tableaux de procédure différente qui reviennent exactement au même. — Si l'on fait entrer en ligne de compte les *officieuses* au même titre que les deux autres du même ordre, on arrive à une formule beaucoup plus compliquée que la plupart de nos abonnés établiront sans peine; j'avoue que je n'ai pas pu y parvenir; j'ai même quelque inquiétude pour ma précédente formule et je serais heureux que quelqu'un de compétent me rassurât; il est vrai que je ne me suis pas chargé pendant un *interim* d'enseigner la logique mathématique aux auditeurs du *Collège de France*.

Ces définitions étant faites, ou plutôt ces distinctions étant acquises, ou plus simplement ces distinctions étant simplement constatées, qui, je l'espère, nous serviront souvent, je m'en sers tout de suite et je réponds dans la forme à M. Gabriel Monod. D'abord, et pour nous débarrasser de cette incidente, il me reproche, autant que je me rappelle, de n'avoir pas entièrement publié cette lettre que je publiais. C'est un grief qui fait toujours beaucoup d'effet. Ma réponse n'en fera pas autant. Il dit vrai. Je n'ai pas entièrement publié cette lettre. Je pourrais me le reprocher. Mais ce n'est pas à lui à me le reprocher. Car la seule phrase de la lettre que je n'ai pas publiée, une toute petite phrase, était une phrase qui lui eût paru beaucoup moins publiable encore que le reste de la lettre, puisqu'il y s'agissait d'une candidature que l'on posait de M. C. Bouglé à une chaire de Sorbonne, je crois, une chaire existante, ou une chaire qui était à créer, je ne me rappelle plus. Or nous sommes dans une situation d'esprit malheureusement à laquelle je me conforme par faiblesse, mais à laquelle je ne souscris pas dans le fond de ma conscience, par laquelle nous sommes de plus en plus tentés de considérer l'attribution des charges publiques comme une distribution d'affaires privée.

Sur tout le reste de la lettre, que j'ai publié, je réponds à M. Gabriel Monod dans la forme qu'en effet cette lettre était sa lettre, qu'en effet cette lettre était personnelle; cette lettre était personnelle, comme tout ce que fait M. Gabriel Monod, parce que son auteur a de la personnalité, est une personnalité.

Mais ce que je nie absolument, c'est que cette lettre, personnelle, fût une lettre privée, c'est qu'elle fît une opération privée; sur une matière publique essentiellement, comme était alors ce danger politique, civique et moral de la délation gouvernementale organisée, ce que je nie absolument, c'est que d'un citoyen à un citoyen, d'un simple citoyen même à même un simple citoyen, il puisse y avoir une seule communication, une seule opération qui ne soit pas une opération publique, de quelque manière qui soit une opération privée. Nous l'avons dit assez souvent pendant l'affaire, et si je me permets ici de me référer à cet illustre précédent, c'est que sur ce point particulier nous avions cent fois raison : dans ces grands débats de salubrité publique, nul citoyen, nul simple citoyen même ne peut, à moins d'avoir lui-même renoncé à toute qualité civique, à moins de perdre lui-même tout droit de cité, à moins de se décapiter lui-même de sa tête de citoyen, nul citoyen, nul simple citoyen ne peut se dérober, ne peut se soustraire à la responsabilité civique de prendre publiquement une situation publique.

Si nul citoyen, nul simple citoyen ne peut se soustraire au rigoureux devoir de prendre une situation civique dans les grands débats de la cité, quel ne sera pas le devoir d'un homme comme M. Gabriel Monod; c'est à nous, au contraire, c'est à nous à nous retourner ici, et à demander à notre maître, et à regretter qu'il ne fût pas intervenu plus tôt dans ce débat de la délation lui-même par une publication de lettre officieuse et même officielle.

Officieuse, car M. Gabriel Monod s'est fait dans le public depuis un assez grand nombre d'années, — par ses interventions nombreuses dans les questions publiques, par ses articles, discours, lettres, interviews, enfin interventions de toutes sortes, comme était tout récemment encore sa situation prise dans l'affaire de la candidature Scheil au Collège de France, — une situation morale singulière, il s'est constitué une sorte de magistère officieux qui apporte avec lui beaucoup d'honneur, mais qui entraîne avec lui une lourde responsabilité. Quand un homme a une fois commencé à exercer ce magistère, il ne peut plus s'arrêter, jamais, il ne peut plus, sous aucune forme, donner sa démission.

Nul n'est tenu, — pratiquement, — d'être prophète en son pays; mais une fois que l'on s'est plus ou moins consciemment conféré ou fait conférer cette sorte de magistère officieux, on ne peut plus, jamais, sous aucune forme, démissionner. Le président de la République peut démissionner. M. Gabriel Monod ne démissionnera jamais d'avoir été, d'être Gabriel Monod.

On peut entrer ou n'entrer pas dans la vie publique, attirer sur soi l'attention du public, s'imposer à l'attention du public; — je dis qu'on peut entrer ou n'entrer pas pour simplifier, parce que là aussi il y aurait à voir, mais mettons pour aujourd'hui qu'on peut entrer ou n'entrer pas; — mais une fois que l'on s'est, aussi honorablement, imposé à l'attention du public, on n'est plus libre; on n'est pas libre de s'en aller; de continuer ou de ne pas continuer; un officiel peut encore démissionner, — justement parce qu'étant officiel il peut donner une démission officielle : — un officieux ne le peut pas.

La haute autorité morale qui s'est attachée au nom de M. Gabriel Monod lui a ainsi conféré une magistrature, d'autant plus indélébile qu'elle est officieuse; une magistrature dont il demeure éternellement prisonnier; et quand il n'est pas là, son absence est publique, et quand il ne parle pas, son silence publiquement parle pour lui. Combien de fois ne nous avait-on pas dit, combien de gens ne nous avaient-ils pas dit : La preuve qu'il n'y a rien de répréhensible dans la délation gouvernementale organisée, c'est que Gabriel Monod n'a rien dit. Ainsi quand ces grands témoins ne veulent pas témoigner, quand ils refusent ou quand ils récusent leur propre témoignage, leur silence même est interprété et travaille contre eux et témoigne pour eux. Parce qu'il y a une sorte d'hypothèque perpétuelle sur eux, et indélébile, de tout ce public dont ils ont une fois acquis, dont ils possèdent l'attention.

Nous étions donc fondés à espérer recevoir de notre maître, dans ce pénible débat de la délation gouvernementale organisée, un enseignement officieux, un témoignage officieux, un témoignage moral, ou, comme on dit dans les procès, — puisqu'en effet il s'agissait d'un procès, — plus précisément un témoignage de moralité; nous avions le droit d'attendre cet enseignement, nous avions hypothèque constituée sur ce témoignage; et donc c'est nous qui ne l'ayant pas reçu, quand nous l'attendions, avons été maltraités.

Je vais plus loin; nous étions en droit d'attendre de notre maître, nous étions en droit d'escompter une manifestation officielle. Ce que nous faisions n'avait rien de sournois, rien d'occulte, rien d'inavoué. C'était une démarche toute ouverte et toute publique, toute officielle elle-même. M. Gabriel Monod occupait une haute situation à la Ligue, non pas seulement, comme partout ailleurs, une haute situation morale, mais une haute situation personnelle, une haute situation pour ainsi dire corporative et historique; il ne me démentira pas si je dis que cette situation dépassait de beaucoup sa situation locale dans la section de Versailles. Combien de fois ne nous a-t-on pas dit : La preuve que la Ligue n'est point sortie de ses lignes et ne manque pas à sa mission, la preuve que le Comité central a raison, c'est que Monod n'a pas démissionné.

Sur le fond même je ne vois pas ce qui rendrait incommunicable, au public, impubliable, cette lettre personnelle publique non-officielle. Je ne fais point à M. Monod l'injure de lui attribuer cette grossière distinction vulgaire, pratique, mais populacière, que les lettres confusément personnelles, privées, non-officielles, — car ces trois caractères ne se distingueraient pas, — seraient des lettres où on dirait sa pensée et que les lettres confusément impersonnelles, publiques, officielles, — car ces trois caractères ne se distingueraient pas, — seraient des lettres où on ne dirait pas sa pensée, soit qu'on la masquât, soit qu'on l'altérât; ou simplement que les lettres indistinctement personnelles, privées, non-officielles seraient des lettres où on dirait le fond de sa pensée tandis que les lettres indistinctement impersonnelles, publiques, officielles seraient des lettres où on ne dirait que le dessus de sa pensée; dans ce que j'ai publié de la lettre de M. Gabriel Monod je ne vois, autant que je me rappelle, que deux parties.

Dans l'une de ces parties l'auteur indique, en termes fort modérés, ce qu'il pense de la Ligue et du Comité central; je ne pensais pas que nulle difficulté dût venir de cette partie; M. Gabriel Monod comptait des amis, peut-être beaucoup d'amis, dans la Ligue et particulièrement dans le Comité central; qu'est-ce à dire, et ne sait-on plus enfin ce que c'est que l'amitié.

Pour moi je ne sais point ce que c'est qu'une amitié qui se poursuivrait dans l'erreur et dans le crime; je suis assuré que ce ne serait point là une amitié véritable; je crois au contraire que tout l'effort d'une amitié digne de ce nom doit porter à disputer, fût-ce violemment, à arracher un ami à ce que l'on croit être l'erreur ou le crime.

Dans l'autre de ces parties l'auteur marque, un peu plus violemment, sa réprobation, parfaitement justifiée, hâtons-nous de le dire, pour ces anciens politiciens antidreyfusistes qui s'étaient fait une arme politique nouvelle d'une maladresse gouvernementale, d'une erreur et d'un crime; il est parfaitement vrai que ces diables devenus ermites avaient, moins que tous autres, qualité pour feindre d'être devenus de vertueux moralistes et pour essayer d'utiliser ainsi cette maladresse d'un gouvernement ennemi, cette erreur et ce crime; je ne prévoyais pas qu'il pût venir quelque difficulté de cette partie; je n'y avais même pas pensé; je ne pouvais pas même supposer que des relations suivies avaient continué ou s'étaient renouées entre les membres les plus éminents de notre État-Major et quelques-uns des membres les plus notoires de l'État-Major ennemi; nous autres petites gens nous avions coupé tous les ponts derrière nous; on nous fait voir, on nous fait savoir aujourd'hui qu'il n'en avait pas été de même pour les grands seigneurs de nos armées; c'est toujours la même histoire, l'histoire de toutes les guerres; les simples troupes se battent, s'éreintent, se tuent, se blessent, meurent.

Je ne pouvais imaginer et j'ai, comme on dit, été péniblement impressionné d'apprendre que pendant ce temps nos grands chefs, comme tous les grands chefs de tous les temps, songeaient encore à ménager des relations académiques et mondaines; on a bien tort de dire que les États-Majors ne pensent pas aux communications. Ils ne font que cela, d'assurer leurs communications.

Silencieusement je pense à cette affaire où nous avons laissé les cadavres défigurés de quelques-unes des amitiés qui nous étaient les plus chères; dans le désastre de nos espérances et dans le silence de cette retraite je me rappelle cette affaire qui pour nous pauvres gens brisait les familles comme paille, brisait comme un fétu nos chères amitiés de petites gens; rien ne comptait plus; moi-même j'avais des amis de ma toute première enfance, des amis éprouvés, de ces amis que rien ne peut remplacer, que nul ne peut imiter, car nul ami nouveau n'apportera plus la commune joie et la mémoire commune des mêmes regards d'enfance, la même vue et le même regard des mêmes paysages de Loire; nul ami nouveau n'apportera les anciens yeux; les yeux qui ont vu, en un temps que nul ne refera, les mêmes paysages ensemble; j'avais, comme tout le monde j'avais de ces amis éternels; quelques-uns s'engagèrent dans la voie qui était selon nous la voie de la tentation; et par la voie de la tentation la voie de la perdition éternelle; je fis pour les arracher de cette voie de la tentation, qui était pour nous la voie de l'erreur et du crime, des efforts désespérés. Quand nos efforts demeuraient vains, quand nos passions amicales demeuraient frappées de stérilité, nous brisions. Nous rompions un parentage, une amitié de vingt ans, nous qui n'avions guère passé vingt-cinq ans, nous brisions avec une sorte d'ivresse farouche, d'amertume âpre, comme nous nous fussions rompu le bras droit : *Si ta main te scandalise, coupe-la.* Nous nous fussions arraché un frère.

Cependant nos bons collègues des différentes Académies trouvaient le moyen de ne point couper ou plus tard de rétablir le lien académique et mondain qui unissait entre elles leurs précieuses personnes.

Le père n'était plus rien pour le fils; le fils n'était plus pour le père; le frère ne connaissait plus le frère; mais nos collègues de l'Académie des Inscriptions et Belles-Lettres et nos collègues des Sciences *morales* et politiques étaient toujours nos collègues.

Misère.

HUITIÈME SÉRIE

DE LA SITUATION FAITE[1] A L'HISTOIRE ET A LA SOCIOLOGIE DANS LES TEMPS MODERNES

Troisième cahier de la huitième série (4 novembre 1906).

Je me propose de rechercher jusqu'à un certain point quelle est la situation faite à l'histoire et à la sociologie dans les temps modernes. C'est une recherche extrêmement difficile et qui n'a pas été communément tentée, peut-être parce qu'elle était particulièrement difficile.

C'est donc une recherche pour laquelle nous ne recevrons sans doute aucun secours, et pour laquelle particulièrement nous ne pouvons attendre aucun secours ni des historiens, ni, encore moins, des sociologues professionnels.

C'est une recherche enfin qui serait infinie si on avait la présomption de se proposer de la poursuivre pour ainsi dire dans toute sa largeur, de la conduire sur tout son front, car alors elle n'exigerait pas moins que de ramasser en passant tout le monde, comme en Beauce on voit ces couples attelés et ces équipes de moissonneuses-lieuses mécaniques sur un même front de biais s'avancer au pas des chevaux, moissonnant, ramassant et liant tout le vaste monde sur une grande largeur et jusque sur toute la largeur d'un champ de blé. Plus faibles moissonneurs, moins mécaniques aussi, et d'un monde plus rebelle, et infiniment fort, et infiniment grand, nous serons contraints de procéder par les très sèches méthodes linéaires, et non point par les méthodes volumineuses ni superficielles même; nous serons contraints de suivre comme un fil; nous serons contraints de procéder par approchements et par approfondissements successifs, — ce qui ne veut point dire du tout par successives approximations, — par sondages que nous pousserons aussi loin que nous le pourrons, par cheminements, par galeries de mine, et par tous les moyens de la sape.

Nous ne nous avancerons point de front, ni sur aucune largeur; mais nous cheminerons par file; et nous aurons à nous défiler souvent.

Nous aurons ainsi à faire un emploi particulièrement fructueux, et d'ailleurs particulièrement inévitable ici, de la méthode des cas rares, des cas uniques, des cas éminents ou de représentation, des cas extrêmes, des cas suprêmes, plus particulièrement et proprement des cas limites.

Ainsi linéaires, ainsi acheminées, nos recherches seront perpétuellement des recherches doubles, parce que nous aurons séparément à chercher quelle est la situation faite à l'histoire dans les temps modernes, et quelle est la situation faite à la sociologie dans ces mêmes temps; l'histoire et la prétendue sociologie soutiennent en effet une relation telle que l'histoire forme un système de connaissance du premier degré ou degré de base et que la sociologie formerait un système de connaissance du deuxième degré, d'un deuxième degré ou degré qui reposerait sur le premier degré ou degré de base.

L'histoire et la prétendue sociologie soutiennent une relation telle que l'histoire forme tout un premier système de connaissance, ou système de base, et que la prétendue sociologie formerait au-dessus un deuxième système de connaissance, un système supérieur, et qui reposerait sur le premier.

Il en résulte que l'histoire et la prétendue sociologie, considérées comme instituant deux systèmes superposés de connaissance, et deux systèmes en un sens indépendants l'un de l'autre, soutiennent une relation telle que tout ce qui est gagné de certitude pour l'histoire n'est point gagné pour cela par la dite sociologie et au contraire que tout ce qui est perdu de certitude pour l'histoire est perdu automatiquement aussi pour la même sociologie.

La sociologie eſt une hiſtoire prétendue réformée. Partout où l'hiſtoire eſt incertaine, automatiquement et de la même incertitude la sociologie eſt incertaine. Partout où l'hiſtoire eſt certaine, il ne s'ensuit pas automatiquement que la sociologie soit certaine, mais il faut encore et toujours qu'elle fasse sa preuve.

Il faut qu'elle apporte toujours une preuve à elle. Elle ne peut pas partager comme un pain la preuve de l'hiſtoire.

Si je ne connais pas avec certitude un événement, il suit automatiquement que je ne puis pas même imaginer avec certitude une loi dont cet événement soit la matière; si je crois que je connais avec certitude un événement, il ne suit pas automatiquement, il reſte à prouver que je puisse imaginer même avec certitude une loi dont cet événement soit la matière.

Si je ne connais pas avec certitude un événement du temps de Charlemagne, ou, comme le disaient ces soldats facétieux, un homme, *un type dans le genre de Charlemagne,* il suit automatiquement que je ne puis pas même imaginer avec certitude une loi qui recouvre pour ainsi dire cet événement, dont cet événement serait la matière; un tissu dont il serait le fil, un vêtement dont il serait l'étoffe; si je crois que je connais avec certitude un événement du temps de Charlemagne, il ne suit pas automatiquement, il reſte à prouver que je puisse imaginer même avec certitude une loi qui recouvre cet événement, dont cet événement soit la matière.

Ainsi en ce qui concerne la certitude l'hiſtoire eſt indépendante de la sociologie et la sociologie eſt indépendante de l'hiſtoire; chacune des deux n'a que sa certitude à soi, s'il y en a; en ce qui au contraire concerne l'incertitude, l'hiſtoire eſt indépendante de la sociologie, mais la sociologie eſt dépendante de l'hiſtoire.

L'hiſtoire a de l'incertitude et n'a point de certitude pour la sociologie.

En ce qui concerne la certitude et l'incertitude, l'hiſtoire eſt également indépendante de la sociologie; en ce qui concerne la certitude, la sociologie eſt encore indépendante de l'hiſtoire; mais en ce qui concerne l'incertitude cette indépendance cesse de fonctionner : la sociologie devient dépendante de l'hiſtoire.

En ce qui concerne la certitude, la sociologie eſt indépendante de l'histoire en ce sens que la certitude ne remonte pas de l'histoire à la sociologie; en ce qui concerne l'incertitude, la sociologie est dépendante de l'histoire, en ce sens que toute incertitude remonte de l'histoire à la sociologie.

Dans le sens de la montée, la dépendance ne joue qu'une fois sur deux, et l'indépendance une fois, l'autre fois; il y a montée automatique d'incertitude; il ne peut jamais y avoir, il n'y a jamais montée automatique de certitude.

L'histoire ne gage pas la sociologie.

L'autre question, de savoir si réciproquement la sociologie gage l'histoire, si de la certitude ou de l'incertitude redescend ou descend de la sociologie sur l'histoire, cette question réciproque est à réserver jusqu'à plus ample étude; il nous suffit en effet de savoir, d'avoir obtenu que la sociologie n'est point soudée à l'histoire et ne partage pas automatiquement son sort pour savoir que nous aurons à poursuivre sur deux files nos recherches linéaires.

C'est ici déjà une question de nécessaire et de suffisant; il est nécessaire que l'histoire soit certaine pour que la sociologie soit certaine, et il n'est pas nécessaire que l'histoire soit incertaine pour que la sociologie soit incertaine; il suffit que l'histoire soit incertaine pour que la sociologie soit incertaine, et il ne suffit pas que l'histoire soit certaine pour que la sociologie soit certaine.

Tout ce qui est gagné par l'histoire n'est gagné que pour l'histoire, et tout ce qui est perdu par l'histoire est perdu tout à la fois pour l'histoire et pour la sociologie. Toute preuve de certitude administrée pour l'histoire n'est valable que pour l'histoire, et tout est à recommencer pour la sociologie superposée; toute preuve d'incertitude au contraire administrée contre l'histoire est automatiquement valable et rien n'est plus à recommencer contre la sociologie superposée.

Par un effet de ce mécanisme même et de ce jeu, toute recherche poursuivie sur l'histoire et sur la sociologie doit se poursuivre séparément sur l'histoire et séparément sur la sociologie, et elle doit commencer par l'histoire, et n'entreprendre la sociologie que quand elle a épuisé ce qu'elle a pu obtenir de l'histoire.

Comme il y a deux étages de difficultés, il doit y avoir aussi deux étages d'études.

Dans un précédent travail, intitulé *Zangwill*[1], auquel il est permis de ne pas se reporter, je m'étais efforcé de ne point perdre pied partant de deux illustres exemples, et j'avais été conduit à rechercher quelle est la situation faite à l'histoire dans les temps modernes en partant de Taine et de Renan; ces deux grands maîtres nous avaient été, peut-être involontairement, de quelque secours; parce qu'ils nous avaient été de quelque utilité; mais ce serait se ménager les déceptions les plus graves que de s'imaginer qu'en général on recevra des historiens beaucoup de secours dans cette recherche.

J'entends des historiens qualifiés ou professionnels.

Et c'est peut-être parce que Taine et Renan n'étaient pas autant qu'on le croit, autant qu'eux-mêmes le croyaient, aussi proprement, aussi purement, aussi seulement des historiens qualifiés et professionnels qu'ils nous furent alors de quelque secours, nous étant de quelque utilité.

Mais les vrais historiens qualifiés; les vrais historiens professionnels vraiment?

L'immense majorité des historiens se recrutent aujourd'hui dans les fonctions de l'enseignement; et comme il n'y a rien de si contraire aux fonctions de la science que les fonctions de l'enseignement, puisque les fonctions de la science requièrent une perpétuelle inquiétude, et que les fonctions de l'enseignement au contraire exigent imperturbablement une assurance admirable, il n'est pas étonnant que tant de professeurs d'histoire n'aient point accoutumé de méditer sur les limites et sur les conditions de la science historique.

C'est à peine s'ils font de l'histoire, s'ils peuvent en faire, s'ils sont outillés, situés pour en faire; ne leur demandons point de faire de la critique, de la philosophie, de la métaphysique. Tenons-nous-en à l'histoire.

Ceux qui appartiennent à l'enseignement primaire sont officiellement chargés, sous le gouvernement des préfets, leurs supérieurs hiérarchiques, d'enseigner au peuple une histoire gratuite, laïque et obligatoire; sous le gouvernement de la République ils sont tenus d'enseigner au peuple une histoire de défense républicaine; sous un gouvernement réactionnaire ils seraient contraints, plus brutalement encore, d'enseigner au peuple une histoire de défense réactionnaire. Et quand même ils auraient la liberté politique et sociale d'enseigner une histoire simplement historique, il n'est point prouvé que, sauf de rares et très honorables exceptions, ils en auraient le goût; l'autre liberté, la plus importante, la liberté intérieure, la liberté de l'esprit; l'enseignement primaire demande une telle force d'affirmation, ne fût-ce que pour maintenir parmi les élèves la plus élémentaire discipline et la science historique demande au contraire une telle force d'hésitation permanente qu'il faudrait un perpétuel miracle pour que le même esprit pût tenir à la fois ces deux attitudes.

Contrairement à ce que l'on croit généralement, c'est dans l'enseignement secondaire, et non pas dans l'enseignement supérieur, qu'il y a aujourd'hui, et les meilleurs historiens, et le plus de bons historiens. Si balancés que soient les secondaires entre les forces du primaire, qui les attirent par en bas, et les forces du supérieur, qui les attirent par en haut, entre la force d'affirmation du primaire et la force d'hésitation du supérieur, ils n'en tiennent pas moins un équilibre unique, par cela seul qu'ils mènent une vie modeste, pauvre, et qu'ils sont restés en un contact permanent avec les réalités de la vie départementale. Cette classe moyenne fait la force de la nation des historiens. C'est parmi eux que l'on trouve le plus d'historiens véritables, c'est-à-dire d'hommes qui recherchent passionnément la vérité des événements passés, particulièrement des événements humains, et qui le plus ordinairement la trouvent, dans la mesure où nous verrons qu'il est possible de la trouver.

Quand un jeune homme ou quand un homme de quelque maturité dispute, arrache aux fatigues et aux tares professionnelles un temps, un esprit qu'ensuite il reporte tout entier aux travaux de la recherche historique, on peut être assuré qu'il fait de l'histoire pour faire de l'histoire, et non point pour avoir de l'avancement dans les fonctions de l'enseignement de l'histoire.

Nous n'avons aucune sécurité au contraire avec ces jeunes gens qui se faufilent directement dans l'enseignement supérieur de l'histoire, évitant soigneusement tout contact avec les désagréables réalités.

Réalités de tous ordres et surtout réalités économiques et budgétaires. Difficultés budgétaires du simple père de famille moyen français.

C'est ici une des erreurs capitales des temps modernes dans l'organisation du travail historique; on attribue aux méthodes et aux instruments, — qui ont leur importance, une certaine importance, mais une importance toute méthodique et instrumentale, — une importance capitale, et si parfaitement totale qu'elles doivent suppléer à tout. On obtient ainsi, et on lance dans la circulation de l'enseignement supérieur ces artificiels petits jeunes gens maigres, qui possèdent plus ou moins approximativement les instruments et les méthodes, mais qui ne possèdent aucun contenu. Comme si l'ignorance du présent était une condition indispensable pour accéder à la connaissance du passé. Je dis maigres pour que l'on ne puisse même pas me soupçonner de penser à notre bon camarade M. Thomas. Qui est, à ce que l'on m'assure, un agrégé d'histoire.

C'est pourtant cette ignorance qui paraît le plus communément requise par le gouvernement de l'État pour le choix des fonctionnaires qu'il nomme et qu'il prépose à l'enseignement d'État d'une histoire d'État.

Combien plus intéressants, et combien plus utiles, généralement et encore beaucoup plus pour ce que nous voulons faire, ces jeunes professeurs des lycées et des collèges qui osant aller travailler dans les provinces, et abordant la vie de front, commencent par savoir d'une incommunicable expérience personnelle, — d'homme et de citoyen, — ce que sont les réalités de la famille et de la cité, commencent par savoir de cette expérience présente ce que c'est que le présent, avant de remonter, ainsi éclairés, à quelque étude, à quelque recherche, à quelque essai de connaissance et ainsi, eux seuls, à quelque connaissance du passé. Ces hommes, et non d'autres, sont vraiment les véritables réserves de la science, du travail historique, ces hommes et non point ceux qui se poussent de séminaire en séminaire. Ceux-ci, qui sont près de nous, et non point les autres, sont les ressources véritables et autochtones, et qui jaillissent du sol, et quand on voudra quelque peu ranimer un enseignement supérieur devenu languissant, et un travail scientifique devenu languissant, c'est d'abord et surtout à l'enseignement secondaire, conclusion paradoxale, qu'il faudra que l'on redonne de la vie; mais il ne demande que cela; quand on voudra récolter des moissons de science un peu moins cinéraires, c'est au personnel actuel de l'enseignement secondaire qu'il faudra les demander. Ce n'est point en multipliant les internats, les instituts, les serres et les vases clos qu'on les obtiendra jamais : c'est en donnant honnêtement les moyens de vivre en travaillant à ceux qui se sont mis dans les conditions de la vie. Un État qui serait vraiment soucieux de régénérer le travail scientifique n'aurait ni à imaginer ni à multiplier des instruments d'État. Il n'aurait qu'à donner les moyens de vivre et de travailler au personnel tout existant, tout dévoué de notre actuel enseignement secondaire. Quand dans les conditions actuelles de leur existence on voit ces professeurs abattre un travail scientifique si considérable encore, on admire leur énergie, on s'étonne, on admire leur puissance, et l'on est assuré au moins qu'ils ne font pas de l'histoire pour avancer d'autant sur le chemin de la fortune. Il n'y aurait qu'à leur donner les moyens de vivre et de travailler, ne pas les écraser sous des tâches absurdes, sous des charges sociales et professionnelles écrasantes, les soustraire à toutes les servitudes politiques et sociales, — aux pires de toutes, aux servitudes locales, — et aux servitudes et aux soucis de la misère, en les payant assez. Ne pas ajouter l'imbécillité d'administrations qui les surveillent, — au lieu de les administrer, — en surcharge à l'imbécillité lourde des parents politiciens. Leur donner, à eux et non pas à d'autres, quelques instruments, des laboratoires, des bibliothèques. Du loisir, de la tranquillité, du repos. Leur donner la divine paix de l'esprit. Autant qu'on peut l'avoir dans une vie ordinaire. Pour moi, au commencement de cette longue recherche, où nous ne sommes pas sûrs de toujours nous retrouver, je tiens à déclarer combien de renseignements et d'enseignements, quel secours j'ai reçus de cet admirable personnel, généralement sous forme de confidences, quelque fois de confessions, rarement ou jamais sous forme de déclarations écrites, car ils ont femme et enfants. Ceux-là, quand ils font de l'histoire, savent ce que c'est que l'histoire, et ce que c'est que de faire de l'histoire. Justement parce qu'ils en font passionnément, justement parce qu'ils sont désintéressés, ils en font en connaissance de cause. Justement aussi parce que dans la réalité présente ils ont opéré, ils opèrent continuellement la seule saisie de la réalité qu'il ait été donné à l'homme de recevoir. Ils font de l'histoire comme d'un beau et honnête métier. Quand ils font de l'histoire, ils savent, ils sentent profondément quelles sont les conditions et quelles sont les limites, ils savent ce que l'on peut et ce que l'on ne peut pas, ce que l'on obtient et ce que l'on n'obtient pas, ce que l'on n'obtiendra jamais, et s'ils ne l'écrivent pour ainsi dire jamais non plus, c'est que sous la domination de la science historienne, rien ne serait aussi dangereux qu'une insubordination. Une hérésie, on saurait bien l'empêcher de durer. Quant à la sociologie, dans l'état actuel de nos connaissances universitaires, un auteur, un professeur qui voudrait soulever le joug, secouer seulement la tête, serait un homme qui aurait la manie du suicide.

C'est une erreur capitale des temps modernes dans l'organisation du travail historique et dans l'estimation des historiens que de croire que les instruments et que les méthodes sont tout et de s'imaginer que la probité ne serait rien; c'est la probité au contraire qui est centrale; un homme qui a de la probité, manquant d'instruments, a beaucoup plus de chances d'avoir accès à quelque vérité qu'un homme qui n'a que des instruments, manquant de probité.

De très grandes découvertes scientifiques, les plus grandes peut-être, au moins jusqu'ici, ont été faites avec des instruments qui aujourd'hui nous paraissent grossiers. De grandes découvertes historiques aussi ont été faites avec des instruments relativement grossiers.

A quel point tous les instruments du monde, modernes et tous les appareils, quand la probité est nulle, ne servent plus de rien, *ne servent pas de rien,* comme disait le vieux, à quel point en un mot, — en un mot d'un autre vieux, d'un plus vieux encore, — *science sans conscience eſt la ruine de l'âme,* on l'a vu assez, récemment, par le scandale, d'ailleurs parfaitement inutile, provoqué par cet imposteur de Mathieu, ou Matthieu [1], un des plus grands imposteurs que la terre ait jamais porté. Je parle naturellement du Mathieu qui n'est ni évêque ou archevêque, au moins dans l'Église romaine apostolique, ni cardinal, ni membre de l'Académie française.

L'État au contraire se fait comme un jeu cruel, — comme tous ces jeux d'État, — d'estimer tous ses fonctionnaires, et particulièrement ses fonctionnaires professeurs, en raison inverse de ce qu'ils valent, exactement en raison inverse du sens qu'ils peuvent avoir de la réalité. Il se méfie de tout homme, et plus encore d'un fonctionnaire, qui a quelque sens de la réalité. Et les professeurs. Pensez donc : s'ils allaient enseigner quelque atome de réalité, transmettre quelque atome de sens de la réalité. A leurs élèves. Il n'y aurait plus de gouvernement. Il sent bien qu'il y a là un ennemi, et l'ennemi le plus redoutable. Toute bureaucratie, russe, a en horreur et tient en persécution ce sentiment, ce sens ennemi de la réalité.

Nous n'aurons pas moins de secours de ces quelques personnes qui, préparées pour entrer dans l'enseignement, nommément dans l'enseignement universitaire, sont sorties d'y entrer pour instituer, à leurs frais, risques et périls, et à ceux de leurs amis, en dehors de l'État, de libres instruments de haute culture, de travail scientifique et d'enseignement extérieur. Nous savons en effet par l'histoire des arts, de la philosophie, des sciences, que la plupart des progrès obtenus en arts, en philosophie, en sciences même, ont été amorcés et souvent même effectués par des personnes qui n'étaient pas de l'école ou qui du moins, sorties de l'école, n'opéraient pas dans l'école.

Loin de nous être d'aucun secours, nous ne trouverons qu'hostilité chez ces professionnels de l'enseignement supérieur, je veux dire chez ces jeunes gens qui ne se sont jamais proposé comme fin première de l'homme que de passer directement dans l'enseignement supérieur. L'État est merveilleusement organisé pour eux. Merveilleusement outillé. Des chambres de chauffe régulièrement aménagées, juxtaposées bout à bout, avec des joints hermétiques, une succession de bourses communales, départementales, nationales, publiques, privées, internationales, une tuyauterie soignée de maisons et d'écoles, jusqu'aux tièdes sinécures des secrétariats et des bibliothèques, les conduisent, les font arriver jusqu'à l'enseignement de l'histoire universelle sans jamais avoir éprouvé les courants d'air de la vie.

Ce sont enfin les filiformes.

Nous obtiendrons au contraire un secours paternel et particulièrement précieux de ces anciens universitaires qui ayant passé un long temps dans les devoirs et dans les modestes opérations de l'enseignement secondaire sont parvenus par le jeu naturel de l'avancement, d'un lent et modeste et honnête avancement, aux loisirs et aux travaux de l'enseignement supérieur. Le seul fait qu'ils aient surmonté les fatigues et les déceptions de l'enseignement secondaire, qu'ils n'y aient point laissé tout ressort et toute activité, montre assez quelle est leur puissance. Cette puissance est l'effet et comme l'œuvre d'une véritable survivance. Par cette expérience personnelle de l'enseignement secondaire, ils ont une fois pour toutes acquis une connaissance personnelle de la réalité immédiate et de la vie qui leur permet de se livrer fructueusement ensuite, et en connaissance de cause, aux travaux de la recherche désintéressée. Leur expérience a je ne sais quelle bonté calme, elle reçoit, elle donne, elle communique je ne sais quel avertissement perpétuel que l'érudition peut nourrir mais qu'elle ne remplacera jamais.

Que telle soit l'organisation ou plutôt le commandement de l'État dans l'enseignement de l'histoire, c'est d'ailleurs ce que nous aurons à examiner de très près quand au courant de ces études, et assez près de leur achèvement, nous en viendrons à explorer quelle est la situation faite, entre autres parties du monde, à l'histoire et à la sociologie dans l'État moderne. Et c'est alors que nous retrouverons les filiformes. Et nous verrons un peu en détail comme ils sont parfaitement organisés en un parti de gouvernement. En un parti politique de gouvernement.

Plus haut et en dernière analyse, en dernier appel et en dernier degré de juridiction, recevrons-nous du secours des historiens professionnels eux-mêmes, des auteurs d'histoires, des auteurs d'œuvres, des auteurs de leçons et de travaux publiés, des auteurs de contributions, comme ils disent, enfin des maîtres de l'histoire. Il faut ici, et avant toute enquête, élimiter les maniaques de l'érudition. Les maniaques de l'érudition, comme tels, ont été réglés définitivement par La Bruyère, et, naturellement aussi, ce règlement n'a servi à rien.

Ces sortes de règlements n'ont jamais servi à rien. « *Hermagoras* », *de la société et de la conversation,* LXXIV, *Hermagoras,* dit la Bruyère, « ne sait pas qui est roi de Hongrie; il s'étonne de n'entendre faire aucune mention du roi de Bohême : ne lui parlez pas des guerres de Flandre et de Hollande, dispensez-le du moins de vous répondre; il confond les temps, il ignore quand elles ont commencé, quand elles ont fini; combats, sièges, tout lui est nouveau. Mais il est instruit de la guerre des Géants, il en raconte le progrès et les moindres détails; rien ne lui est échappé : il débrouille de même l'horrible chaos des deux empires, le Babylonien et l'Assyrien; il connaît à fond les Égyptiens et leurs dynasties. Il n'a jamais vu Versailles; il ne le verra point : il a presque vu la tour de Babel; il en compte les degrés; il sait combien d'architectes ont présidé à cet ouvrage; il sait le nom des architectes. Dirai-je qu'il croit Henri IV (Henri le Grand) fils de Henri III? Il néglige du moins de rien connaître aux maisons de France, d'Autriche et de Bavière : quelles minuties! dit-il, pendant qu'il récite de mémoire toute une liste des rois des Mèdes ou de Babylone, et que les noms d'Aprunal, d'Hérigebal, de Noesnemordach, de Mardokempad, lui sont aussi familiers qu'à nous ceux de VALOIS et de BOURBON. Il demande si l'empereur a jamais été marié; mais personne ne lui apprendra que Ninus a eu deux femmes. On lui dit que le roi jouit d'une santé parfaite; et il se souvient que Thetmosis, un roi d'Égypte, était valétudinaire, et qu'il tenait cette complexion de son aïeul Alipharmutosis. Que ne sait-il point? quelle chose lui est cachée de la vénérable antiquité? Il vous dira que Sémiramis, ou, selon quelques-uns, Sérimaris, parlait comme son fils Nynias; qu'on ne les distinguait pas à la parole : si c'était parce que la mère avait une voix mâle comme son fils, ou le fils une voix efféminée comme sa mère, qu'il n'ose pas le décider. Il vous révélera que Nembrot était gaucher, et Sésostris ambidextre; que c'est une erreur de s'imaginer qu'un Artaxerxe ait été appelé Longuemain, parce que les bras lui tombaient jusqu'aux genoux, et non à cause qu'il avait une main plus longue que l'autre; et il ajoute qu'il y a des auteurs graves qui affirment que c'était la droite; qu'il croit néanmoins être bien fondé à soutenir que c'est la gauche. »

Hermagoras n'est point seulement un maniaque, et il n'est point seulement ce qui est beaucoup plus, un *caractère* de la Bruyère; c'est un don des grands siècles, et des siècles sérieux, et notamment ce fut un don de notre dix-septième siècle, entre tous, que de ne pouvoir se tenir d'indiquer au moins dans leurs œuvres les problèmes qui se présenteront plus tard dans les sujets qu'ils traitent. Et même dans ceux qu'ils ne *traitent* pas. Hermagoras, une fois marqué, ne cessera plus de nous accompagner sur le chemin de nos recherches. Il sera notre héros. Grotesque ou héroïque, selon les jours, grotesque et héroïque, comme tous les héros. C'est de lui-même que nous aurons généralement à nous occuper. Mais il ne s'agira plus seulement de savoir s'il est grotesque et s'il fait un *caractère,* de savoir les dynasties babyloniennes et de ne pas savoir les dynasties impériales allemandes contemporaines, ou royales françaises. Il s'agira de se demander si Hermagoras connaît et peut connaître les dynasties babyloniennes, et surtout il s'agira de se demander dans quel sens et dans quelle mesure il peut connaître les dynasties allemandes et françaises. Dans quel sens et dans quelle mesure nous-mêmes pouvons dire que nous les connaissons.

De cette étude, intitulée *Zangwill,* où pour partir nous nous étions éclairés de Renan et de Taine, et dont les résultats n'ont jamais été sérieusement contestés, il résultait jusqu'à l'évidence que l'arrière-pensée de l'histoire moderne était d'épuiser le détail infini de l'événement proposé. A ce résultat nous avait conduits une analyse un peu poussée de cette méthode si singulière des inépuisables circumnavigations de Taine. A ce résultat nous avaient conduits beaucoup moins les procédés que certains aveux de Renan.

De tous les historiens modernes Renan était éminemment désigné pour apercevoir les immenses difficultés ou impossibilités métaphysiques ou physiques, humaines ou naturelles qui s'opposent à la constitution d'une science historique, moderne, ainsi entendue. Il n'était point de ces historiens qui ne méditent pas. On pourrait presque dire au contraire que la méditation était son état naturel, et en outre son état de prédilection. Qu'elle faisait le fond de sa nature et de sa vie mentale et sentimentale. Il était breton. Il avait été catholique. Il était de race catholique. Il était demeuré catholique et généralement chrétien un peu plus qu'il ne le croyait, beaucoup plus qu'il ne le disait, encore plus qu'il ne le laissait entendre, infiniment plus qu'on ne nous l'a dit depuis. Il était un homme de méditation. Il avait fait un assez long apprentissage de la vie sacerdotale. Or il n'était point homme à oublier un apprentissage. Il était au fond, et sous certaines apparences de gaieté, un homme de tristesse, de la salubre et toute salutaire tristesse. Toutes ces apparences de gaîté n'étaient pour sa tristesse que des revêtements de pudeur. Quelquefois presque impudiques. A défaut du *don des larmes,* il garda profondément, sous toutes les apparences, à travers tant d'insincérités, on oserait presque dire à travers toutes les insincérités, sous toutes les mondanités, il garda éternellement ce don originel et métaphysique de tristesse; une longue expérience, une expérience personnelle de la vie religieuse l'avait introduit irrévocablement à la méditation métaphysique; un souci perpétuel de n'être pas ridicule, même auprès de soi-même, et pour cela de n'être pas dupe, même de soi-même, remplaçait presque avantageusement chez lui un certain amour de la vérité. Qu'il y a chez beaucoup d'autres, moins innocents. Par toutes ces voies il était conduit à méditer, sous ses occupations journalières, de l'objet même de ces occupations. Il n'était point étranger à toute métaphysique. Il entendait ce que c'était. Il était fort loin d'en ignorer. Il en avait besoin.

Les autres historiens font ordinairement de l'histoire sans méditer sur les limites et sur les conditions de l'histoire. Sans doute ils ont raison. Il vaut mieux que chacun fasse son métier. Il y aurait beaucoup de temps perdu dans le monde si tout le monde faisait de la métaphysique, et Descartes lui-même ne voulait que l'on en fit que quelques heures par an; d'une manière générale il vaut mieux qu'un historien commence par faire de l'histoire, sans en chercher aussi long. Autrement il n'y aurait jamais rien de fait. Il en va de l'histoire comme de toutes les autres occupations humaines. Un mathématicien qui resterait fasciné toute sa vie sur le postulat d'Euclide et sur les autres postulats et définitions mathématiques ne ferait peut-être pas avancer beaucoup les mathématiques elles-mêmes, les sciences mathématiques. Et peut-être en outre et en face, pour se rattraper, ne ferait-il pas avancer beaucoup la métaphysique non plus, s'il n'était point métaphysicien bien doué, s'il n'était pas né philosophe. Un historien qui resterait fixé sur une méditation de la situation faite à l'histoire ne ferait pas avancer beaucoup cette histoire. Et non plus la métaphysique, s'il n'était point doué, né philosophe et métaphysicien. Ils seraient deux hommes en arrêt, et non des hommes qui travailleraient. Dans toutes les occupations humaines la division du travail se fait normalement ainsi : se situant également et ensemble au lieu des postulats, principes, définitions, conditions et limites, et des situations faites, le savant et l'artiste, s'accordant très libéralement tout cela, qui est demandé, considérant tout cela comme allant de soi, comme vu et entendu, partant de ce point précis redescendent incontinent le cours de leurs sciences respectives et de leurs arts. Mais se situant également et ensemble avec eux à ce même point précis, à ce point de difficulté, le philosophe s'y assied, et il n'en veut plus démarrer avant que d'avoir éclairci ces difficultés, qui sont généralement inéclaircissables. De là vient sa dignité, son prix, singulier, sa grandeur et sa lamentable misère. De là vient que les autres le méprisent et le redoutent, et quelquefois le haïssent, haussent les épaules, mais quelquefois baissent les yeux. Et il en a pour sa vie entière, qui est une pauvre vie d'homme, comme les autres, et il n'arrivera jamais au bout, car il y en aurait pour plusieurs vies; et nul homme n'arrivera jamais au bout, car il y en aurait pour une éternité. Car au delà des difficultés il y a les impossibilités, et les contrariétés insurmontables. Les autres sont des hommes de facilités, de possibilités et de dérivation. Il est un homme de difficultés, d'impossibilités, d'inhibitions, un homme d'arrêt. Un homme impopulaire et désagréable. Un raté en un certain sens, et presque par définition, puisque ce qu'il veut faire, c'est ce que l'on ne fera jamais, ce que nul ne réussira jamais bien ni tout à fait; et il n'aura jamais une *carrière,* comme les autres, car il peut y avoir, il a pu y avoir des carrières de savants et d'artistes : il n'y aura jamais de *carrières* de philosophe et de métaphysicien. Et ces deux mots jurent d'être même imaginés ensemble. Il est donc, profondément, presque par définition, éternellement, un déclassé; je dirais un désœuvré, un gauche et emprunté, puisqu'il n'aura jamais son œuvre sous la main. Les autres descendent le fil de l'eau. Il ne quittera plus ce poste que pour essayer, partant de ce point, de remonter plus haut encore, tournant délibérément le dos aux autres qui descendent le courant, de remonter plus haut encore dans des régions encore plus inaccessibles. Les autres suivent le fil de l'eau de l'art, et de la science, et de la vie. Lui au contraire, il a entrepris de remonter le courant de l'être. S'il peut.

Telle est l'association provisoire précaire, plutôt apparente, et aussitôt après telle apparaît la dissociation profonde éternelle, réelle, de tout travail humain : au commencement tout paraît aller bien; artistes et savants d'une part, et d'autre part les seuls philosophes s'installent ensemble, au même point, comme une amicale compagnie. C'est presque ce que nous modernes nommons une coopérative, moins les disputes. Mais apparente association : tout aussitôt après, aux premiers mots de conversation, la scission éternelle intervient instantanée; artistes et savants, toujours ensemble, descendent la facilité du fleuve; et leur tournant le dos, les solitaires philosophes entreprennent de remonter.

Peu d'hommes, et ceux-là devons-nous les nommer des hommes seulement, peu d'hommes circulent par dessus ce point de discernement. Par dessus ce point de rupture et d'opposition contrariée. Peu d'hommes vont et viennent à leur volonté par-dessus ce point. Peu d'hommes à leur volonté montent et descendent. Mais les uns vont. Et les autres viennent. Les uns montent. Et ce sont les autres qui descendent. Et les véritablement très grands hommes ne sont peut-être que les très rares génies qui ont eu le don d'aller et de venir comme des dieux par-dessus ce point de rupture humaine, d'aller et de venir en leur entière liberté par-dessus ce point de fatale divorsion, en leur entière unité par-dessus ce point de démembrement, d'une marche continue par-dessus ce point de capitale discontinuité. Ainsi Michelet.

Les autres prennent les occupations ; les philosophes se réservent, dans toute la force étymologique du mot, les préoccupations. Un homme comme Michelet cumule dans un courant et dans un tourbillonnement de vie d'une puissance insurmontable les occupations et la préoccupation.

Le jour que l'on voudra bien se demander un peu profondément ce qui fait un de ces hommes essentiels, un peintre essentiel comme Rembrandt, un musicien essentiel comme Beethoven, un tragique essentiel comme Corneille, un penseur essentiel comme Pascal, et je m'arrête à ces quelques exemples pour ne point avoir à citer un trop grand nombre de nos Français, le jour que l'on voudra bien se demander un peu profondément ce qui fait ces œuvres essentielles, *les pèlerins d'Emmaüs,* la *neuvième, Polyeucte,* les *Pensées,* on reconnaîtra peut-être que c'est en particulier ceci que pour de tels hommes et pour de telles œuvres ce point de disloquement cesse de fonctionner, ce point de dislocation que nous reconnaissons au contraire, comme valable et capital, comme donné, comme irrévocablement acquis pour les autres hommes, pour l'immense commun des hommes et des auteurs, pour la plèbe immense des œuvres de talent. Ou plutôt des ouvrages, car il vaut mieux réserver le nom d'œuvres aux œuvres du génie. Ainsi se vérifierait une fois de plus, et très exactement, sur ce point particulier, ce fait général, et j'irai jusqu'à dire cette loi, au seul sens que nous puissions reconnaître à ce mot, que le génie n'est point du talent porté à un très haut degré, ni même du talent porté au plus haut degré, ni même à sa limite, mais qu'il est d'un autre ordre que le talent.

Un homme comme Michelet est un historien essentiel au même titre et dans le même sens que Rembrandt est un peintre et Pascal un penseur, aussi indéplaçable, et une œuvre comme ses *Histoires* est faite comme la *neuvième* et comme *Polyeucte,* aussi indestructible, aussi indiscutable ; c'est fait de la même sorte, et les reproches que l'on entend faire à Michelet, comme à Corneille, comme à Pascal, sont très précisément de ceux que ferait à Beethoven quelqu'un qui ne serait pas musicien, à Rembrandt quelqu'un qui ne serait pas peintre.

C'est-à-dire, ainsi que nous le démontrerons, quelqu'un dont il n'y a plus, absolument pas à s'occuper.

Pour un homme comme Michelet ce point de distraction, qui existe et qui est capital pour tous les autres hommes, n'existe pas.

Non seulement il n'existe pas pour lui en ce sens qu'il réussirait à le passer, avec une certaine difficulté, moyennant un certain effort, mais il n'existe absolument pas pour lui, en ce sens que ce passage ne correspond absolument chez lui à aucune difficulté, à aucun effort, ne demande rien, n'existe pas. Ne signifie rien. Ce passage que les autres, les talents, ne peuvent effectuer, réussir, à aucun prix, le génie ne s'en doute même pas. Et il serait bien étonné si on lui en parlait. C'est véritablement le génie qui boit l'obstacle.

Non seulement ce point de distraction, d'écartèlement n'existe absolument pas pour lui, mais il cesse aussi absolument d'exister pour qui est avec lui ; de là vient pour le lecteur, pour le spectateur, cet aisé enchantement que le talent laborieux ne donnera jamais.

Ceux qui ne sont pas Michelet font comme ils peuvent. Ils se partagent le travail. La célèbre division du travail commence à fonctionner pour eux, mais elle ne commence à fonctionner que pour eux. Ce sont les uns qui vont. Et les autres qui viennent. Ce sont les uns qui montent. Et les autres qui descendent. Et sans doute vaut-il mieux qu'il en soit ainsi.

Nous savons par l'histoire des sciences, des arts et de la philosophie, surtout en ce que la troisième a eu de connexe aux deux premières, ou plutôt nous savons par l'histoire des savants, des artistes et des philosophes, surtout en ce que la troisième a eu de connexe aux deux premières, que les savants et que les artistes professionnels qui ont voulu se mêler de métaphysique y ont généralement fort mal réussi, et les savants, il faut leur faire cette justice, encore beaucoup plus mal, s'il est possible, que les artistes. Il est fort heureux que les historiens professionnels n'aient généralement pas eu la pensée de se mêler de métaphysique, et même généralement de philosophie, car on ne voit pas de raison pour qu'ils y eussent réussi davantage. Et ainsi nous aurions peut-être beaucoup plus de métaphysique et de philosophie, mais elle serait mauvaise; et nous aurions, d'autant, beaucoup moins d'histoire, qui a pu être fort bonne.

Les œuvres des autres sont telles qu'on voit fort bien comment un homme intelligent, à force d'intelligence, pourrait en faire autant. Il y suffirait, à la rigueur, d'un prodige d'intelligence. Au contraire ces œuvres que j'ai nommées essentielles, on ne voit absolument pas comme elles sont faites, elles sont du donné, comme la vie elle-même.

L'intelligence y nuirait plutôt, c'est à peu près tout ce que l'on en peut dire. Et même on a l'impression qu'il y a entre elles et l'intelligence une antipathie, profonde, une invincible contrariété intérieure. Tous les gens intelligents que nous connaissons, et cette engeance pullule à Paris en France, haïssent mortellement le génie et les œuvres du génie. C'est même le seul sentiment sincère qu'on leur connaisse.

Tout autre est la situation d'un Renan, et c'est une situation presque véritablement unique. D'une part en effet il n'est point un de ces hommes essentiels, c'est-à-dire qu'il n'est point un de ces hommes où n'apparaît pas ce point de rupture. Et d'autre part, sous des aspects de frivolités qui allèrent souvent jusqu'à sembler devenir des mondanités odieuses, il est constant qu'il eut de constantes préoccupations métaphysiques, philosophiques, religieuses. Mais ses occupations d'historien et ses préoccupations de philosophe ne communiquaient point entre elles. Du moins ainsi. Tantôt il était d'un côté, tantôt il était de l'autre. Tantôt il se mouvait dans ses occupations. Tantôt il se mouvait dans ses préoccupations. Il était deux hommes. Mais jamais il ne passait de l'un à l'autre d'un mouvement continu. Tantôt il était d'un côté de ce point de discontinuité. Tantôt il était d'un autre côté, de l'autre côté. Jamais il n'obtint, jamais il ne réalisa cette suppression totale, ou plutôt cette non existence absolue de ce point même de discontinuité, cette communication absolument libre qui fait une marque des génies.

C'est pour cela qu'il nous sera particulièrement précieux dans nos recherches. Un Michelet n'est pas commode pour des petites gens comme nous. De là vient sa grande impopularité actuelle, surtout auprès de nos historiens. Mais un Renan, justement par ce qu'il a de discontinué, de décontenancé, de désarticulé, nous sera particulièrement utile dans nos recherches. Il nous sera comme une planche anatomique préparée d'avance.

Il faut bien se garder de confondre avec les génies véritables ces pseudo-génies qui ne font que nous en donner une représentation, une similitude, une image pour ainsi dire algébrique et intellectuelle, un symbole non équivalent. *Les composés symbolisent avec les simples.* Mais ils ne sont pas les simples. Il y a des compositions qui donnent l'illusion quelque temps et qui fournissent comme une symbolisation du génie; mais elles ne sont pas le génie. Parce qu'on les voit tantôt qui sont d'un côté du point que nous avons reconnu et tantôt qui sont de l'autre, on croit naturellement qu'ils passent ce point comme ils veulent, comme les véritables génies, qu'ils se promènent, là précisément, à leur volonté, enfin que ce point n'existe pas pour eux non plus. Erreur grossière : ils ne passent jamais ce point; mais tantôt ils sont d'un côté tantôt ils sont de l'autre, n'étant pas les mêmes hommes, et n'ayant pas de communication avec soi-même. Quand Renan est hanté de préoccupations métaphysiques, il n'est plus, il n'est pas un historien. Quand il s'adonne à ses occupations d'historien, il n'est plus, il n'est pas un philosophe. Ses occupations et ses préoccupations ne sont pas du même monde. Un Michelet au contraire n'est jamais discernable comme historien de ce qu'il est comme philosophe, ni comme philosophe de ce qu'il est comme historien. On ne peut jamais le prendre sur le fait. Il n'est jamais coupable. Il n'est jamais saisissable comme l'un ou comme l'autre. Son œuvre, en ce sens, défie toute analyse et se présente indissoluble.

C'est pour cela qu'un homme comme Renan nous apportera un concours presque uniquement précieux; ses incessantes plaisanteries, si souvent immodestes, n'étaient pourtant là que pour la modestie, et comme un vêtement.

Leurs habits sont aisés à faire; car, en ce doux climat, on ne porte qu'une pièce d'étoffe fine et légère, qui n'est point taillée, et que chacun met à longs plis autour de son corps pour la modestie, lui donnant la forme qu'il veut : c'est, donnée par Fénelon, ce Renan du dix-septième siècle, une exacte définition de notre Renan. Tant de mondanités, tant de faiblesses, tant de concessions au siècle n'étaient qu'un revêtement. Et le souci métaphysique était dans l'organisme même.

Nulle part ce souci dans Renan n'apparaît autant que dans ce livre singulier, singulièrement copieux, unique de forme et de teneur dans toute son œuvre, qu'il a lui-même intitulé *l'Avenir de la Science* (pensées de 1848). Testament avant la vie, peut-être les plus sincères de tous, testament au seuil de sa vie d'homme : c'est lui qui nous le dit : *Hoc nunc os ex ossibus meis et caro de carne mea*. Témoignage d'avant la vie, pour être publié après sa mort, publié à l'achèvement de sa vie, parce que la vie se faisait longue, parce que la mort tardait à venir, parce que l'éternité reniée se faisait attendre. Ou plutôt témoignage entre deux vies, testament après l'achèvement, après un premier achèvement, qu'il pouvait croire définitif, de la vie sacerdotale et religieuse, engagement, promesse, témoignage, vœu avant le commencement de la deuxième carrière, avant l'inauguration de la carrière scientifique.

I'ay quasi peur que vostre Altesse ne pense que ie ne parle pas icy serieusement; mais cela seroit contraire au respect que ie luy dois, & que ie ne manqueray iamais de lui rendre. Et ie puis dire, auec verité, que la principale regle que i'ay tousiours obseruée en mes études, & celle que ie croy m'auoir le plus seruy pour acquerier quelque connoissance, a esté que ie n'ay iamais employé que fort peu d'heures, par iour, aux pensées qui occupent l'imagination, & fort peu d'heures, par an, à celles qui occupent l'entendement. | seul, & que i'ay donné tout le reste de mon temps au relasche des sens & au repos de l'es-

prit; mesme ie conte, entre les exercices de l'imagination, toutes les conuersations serieuses, & tout ce à quoy il faut auoir de l'attention. C'est ce qui m'a fait retirer aux champs; ... (Adam-Tannery, tome III, pages 692-693; lettre CCCX, 28 Juin 1643; d'Egmond du Hoef) *Observandum, non adeo incumbendum esse meditationibus, nec rebus metaphysicis, nec eas commentariis & similibus elaborandas; multo minus altius repetendas quàm author fecit, ut quidam id tentant, nam ipse satis alte eas exorsus est. Sed sufficere semel in genere haec novisse, & tum* recordari conclusionem; aliàs nimis abstrahunt mentem a rebus physicis et sensibilibus, et faciunt eam ineptam ad illas considerandas, quod tamen maxime optandum ut homines facerent, quia inde utilitas ad vitam redundaret. Ipse autem satis est persecutus res metaphysicas in* MEDITATIONIBUS *contra Scepticos, etc., et adstruxit earum certitudinem, sic ut id omnes tentare et aggredi non debeant, aut meditando diu se vexare in eis rebus opus habent; sed sufficit nosse primum* PRINCIPIORUM *librum, in quo continentur ea quae ex Metaphysicis ad Physica etc. scitu sunt necessaria.* (Adam-Tannery, tome V, page 165; *Correspondance,* DXIV, *Entretien de Descartes avec Burman,* 16 avril 1648 [texte de Burman, — avec ou sans la collaboration de Clauberg?]) que je traduis à mes risques et à mes périls : *Il faut observer, non s'adonner (incumbere, se coucher sur,* comme cela est loin de notre français *incomber) à ce point aux méditations, ni aux choses métaphysiques, ni les travailler de commentaires et semblables élaborations; (encore) beaucoup moins faut-il aller les rechercher plus profondément (plus loin) que l'auteur ne l'a fait, comme certains le tentent, car lui-même les a prises (commencées)* [d'] *assez loin. Mais il suffit de les avoir connues une fois dans leur génération (dans leur genre, dans leur classe, à leur place, dans leur formation et dans leur démonstration* par ordre) *et alors (et désormais) de se rappeler la conclusion; autrement elles retirent trop l'esprit des choses physiques et sensibles, et le rendent inapte à considérer celles-là (les choses physiques et sensibles), ce que (considération que) il faut pourtant souhaiter (choisir) au plus haut point que les hommes fissent, parce que* [de] *l'utilité pour la vie en redonderait. Mais lui-même a poursuivi assez les choses métaphysiques dans* [ses] MÉDITATION; *contre les Sceptiques, etc., et a établi (administré, bâti) leur certitude, ainsi que tous ne doivent pas le tenter et entreprendre (attaquer), ou en méditant ils ont besoin de se fatiguer longtemps dans ces* *choses; mais* [illegible] *avoir connu le premier livre des* PRINCIPES, *dans* [illegible] *t contenues ces [choses] qui tirées des Métaphysiqu*[illegible] *Physiques etc. sont nécessaires à savoir.*

Telles so[illegible]ites et les conditions imposées par un Descarte[illegible]nistration de la métaphysique dans nos adminis[illegible]énérales. Au moins pour le temps, l'importance[illegible]on. Pour l'usage, l'utilisation. Mais le souci mé[illegible]e ressort toujours, déborde des limites, brise[illegible]itions. Il est difficile de faire une fois pour tou[illegible]*l*, sa part à l'inquiétude métaphysique. Descartes lui-même, nous ne savons pas si Descartes n'a donné que fort peu d'heures par an aux pensées qui occupent l'entendement seul, et je sais que les pensées qui occupent l'entendement seul cartésien ne recouvrent pas, tant s'en faut, qu'elles sont fort loin de recouvrir tout ce que nous nommons communément la métaphysique; mais enfin de tout Descartes ce qui a le plus frappé sans doute même les gens de son temps, ce qui en tout cas est le plus demeuré dans la mémoire des hommes, ce qui domine aujourd'hui, c'est, à beaucoup près, ce que nous nommons ici la métaphysique, et c'est vraiment ce qui en reste. Ainsi Renan. Son histoire passera, elle est déjà passée pour sa plus grande part. Mais ses préoccupations ne passeront point. Que lisons-nous de lui aujourd'hui, sinon, aux deux extrémités de sa vie, les ouvrages où il nous laisse quelque peu voir, très peu, de son arrière-pensée métaphysique. Nous ne lisons point cet entre-deux, ce travail d'historien, ce labeur énorme, dit-on, qui pour ainsi dire meubla tout l'intermédiaire de sa vie; mais nous lisons, nous relisons les philosophies du commencement et les philosophies de la fin, les deux extrémités de la vie. Ici encore, dans cet ordre aussi, les deux extrémités se joignent par dessus l'immense plateau moyen, par dessus toute la plaine intermédiaire.

Et l'on voit de la flamme aux yeux des jeunes gens,
Mais dans l'œil du vieillard on voit de la lumière.

On ne voit plus rien du tout dans l'immense et intermédiaire maturité; nous ne lisons plus ces longues élaborations scientifiques; ou si nous les lisons, si nous les parcourons, c'est encore par un [illegible] ci, par une arrière-curiosité métaphysique et [illegible] avec une arrière-pensée nous-mêmes, pour [illegible] er, pour y retrouver de loin en loin ces quel [illegible] ements, ces quelques bouillonnements des s [illegible] taphysiques profondes. Ce que nous lisons, [illegible] s métaphysiques initiales et les métaphysiq [illegible], cet *Avenir de la Science,* et ces *Dialogues et fr* [illegible] t poèmes ou *drames philosophiques, certitudes, p* [illegible], *rêves.* Parce que nous sentons bien que c'est l [illegible] ent, qu'est la pensée. Au moins ce qu'il veut bi [illegible] n laisser voir.

Des papiers de Renan récem [illegible] pliés dans un certain nombre de revues et en lib [illegible] tres ou notes, il semble bien résulter que le livr [illegible] dans la vieillesse de Renan par lui-même Rena [illegible] titre *l'Avenir de la Science* daterait en effet de 184 [illegible], c'est-à-dire comme il nous le dit, partout et [illegible] ement dans sa *préface.* Il serait permis d'en do [illegible] us n'avions ces preuves extérieures de soutène [illegible] riques, tant ce livre, tant le texte, à une lectur [illegible] pprofondie, apparaît peu comme un livre de [illegible] me.

A première vue *l'Avenir de la* [illegible] un livre de jeune homme, surtout si on le [illegible] aux autres ouvrages de Renan; une certaine, [illegible] lière abondance, presque une redondance; co [illegible] chaleur, un enthousiasme; une commotion per [illegible] n mouvement copieux, généreux, un mouvem [illegible] vibration et de perpétuel va-et-vient sur soi-même.

C'est bien ainsi, à ce titre et dans ce sens que ce livre est généralement lu; et généralement présenté; c'est ainsi qu'il devint le bréviaire de toute une génération, de la génération précisément qui porta la religion de la science historique à son plus haut point de développement, de la génération qui nous a immédiatement précédés.

Et pourtant ce livre, ainsi que nous le verrons dans une étude un peu poussée, ce livre est au fond un livre de duplicité, un livre de feinte ignorance, de feinte cécité, de feinte surdité, de feinte mutité devant certains problèmes, devant les seuls problèmes qui, comme par hasard, fussent embarrassants, pour lui. Cela aussi est éminemment moderne. Et comme il annonçait les modernes et les préparait, du même geste il nous les représentait, du même geste il devenait, il se faisait un de leurs plus éminents, peut-être leur plus éminent représentant. Chez les classiques jamais un livre de feinte et de duplicité n'eût été le livre d'un jeune homme.

On ne peut plus se représenter aujourd'hui comment toute une génération, la génération des hommes qui ont aujourd'hui entre trente-sept et quarante-huit ans, accueillit *l'Avenir de la Science,* comment elle s'y reconnut, s'y salua elle-même, et s'y glorifia. En ce livre elle reconnut ses plus secrètes aspirations. On ne peut plus imaginer l'enthousiasme avec lequel ce livre fut invoqué. Pour nous au contraire, pour les hommes de ma génération, notre enthousiasme, plus débordant encore peut-être, était un enthousiasme d'adolescence.

En réalité. En réalité au contraire ce livre est un livre extrêmement cauteleux. Tout le talent, toute l'infinie souplesse de l'auteur, du jeune auteur, toute une érudition, immense pour cet âge, ou qui veut se donner pour immense, n'y tend qu'à masquer, envelopper, noyer les difficultés, les impossibilités métaphysiques de l'histoire prématurément apparues à une intelligence avertie. Tout le livre est plein de ces difficultés, de ces impossibilités. Tout l'effort sous-tendu du livre est de les embarbouiller ensemble. Afin que le lecteur, enthousiaste ou charmé, ne s'y reconnaisse plus. C'est un immense et perpétuel détournement d'enthousiasme, disons le mot, un véritable abus de confiance, et il y aurait même dans le langage des tribunaux correctionnels un mot technique, le nom d'une sorte particulière de vol, qui désignerait mieux, et qui suffirait à désigner ce genre d'opération. Il est incroyable déjà qu'un intellectuel ait pu, aussi constamment, déployer, comme on dit, tant d'astuce. On dirait d'un paysan. Il faut que toute la vieille rouerie des ancêtres marins et pêcheurs et des ancêtres paysans se soit maintenue en dessous, ait nourri son homme, son vieil enfant, ait soutenu la constance de la défense oblitérée. Une telle ruse, une telle astuce, d'une telle constance, d'une telle perfection, est beaucoup trop accomplie pour être une simple astuce intellectuelle. Il faut que ce soit une astuce de paysan, une astuce héréditaire demeurée toujours vigilante, et infatigable. *Je suis né, déesse aux yeux bleus, de parents barbares, chez les Cimmériens bons et vertueux qui habitent au bord d'une mer sombre, hérissée de rochers, toujours battue par les orages.* Mais surtout il eſt presque incroyable qu'un jeune homme ait pu, dans tout un livre aussi volumineux, pendant tout un travail aussi copieux, développer et maintenir une telle prudence de vieillard. Faire aussi conſtamment, aussi précautionneusement, aussi fidèlement semblant de ne pas voir, de ne pas entendre, de ne pas comprendre, quand il était si intelligent, si intellectuellement intelligent. *Oculos habent.* Celui qui n'entend pas. Et si obſtinément ne pas répondre, faire semblant de ne pas comprendre qu'il faut répondre, à la queſtion, à ce qui eſt en cause, à ce qu'on lui demande, à ce que lui-même il n'a jamais cessé de se demander. Comme en ceci encore, en ceci déjà, il annonce, il prépare, et ensemble il représente bien le monde moderne. Ce monde de feinte. Ce monde vieillard. Ou plutôt ce monde vieillot. Cela eſt contre nature, presque hors nature, et vraiment monſtrueux. Il fallait aussi qu'il eût gardé, aggravé la prudence eccléſiaſtique. Et enfin il y allait du caractère même de cet homme : ici apparaît déjà, ici apparaît dans sa manifeſtation peut-être la plus grave cette prudence de Renan, qui empêche un homme de se mettre mal avec les puissants du jour, mais qui le sauve aussi d'atteindre aux vérités, qui sont des personnes essentiellement compromettantes.

Le caractère même de Renan apparaîtrait ici sous un assez vilain jour. On me dit d'ailleurs que sans doute il ne faut pas traiter ce livre comme un livre de jeunesse, malgré les apparences, et malgré la présentation que Renan lui-même nous en fait. À cette date, me dit-on, Renan n'était plus jeune, en supposant, ce qui eſt fort conteſtable, qu'il eût été jeune jamais. Il avait vingt-cinq ans en 1848. Mais ce n'étaient pas les vingt-cinq ans de tout le monde : c'étaient vingt-cinq ans de Renan; et les années de séminaire avaient compté double. Au moins comme avertissement, prétérition, timidité, méfiance, contrariété intérieure, analyse, pénétration, confession, retour sur soi-même, et sur les autres, défiance de soi-même et des autres, désenchantement, enseignement de silence, leçon d'extrême prudence. Connaissance du monde et des dangers qu'il y a dans la vie. C'est-à-dire, en dernière analyse, comme vieillissement. En outre sa sortie du séminaire, et ainsi de l'Église, avait été comme une mort intellectuelle et morale, une première mort, un premier achèvement, une fin, par conséquent précédée d'une première vieillesse, avait clos une première vie. Donc il n'était plus jeune. Et ce n'est pas en vain qu'il avait quitté la communion des fidèles pour l'agrégation de philosophie.

Je me rangerais volontiers à cette explication, à cette leçon, à cette version, à cette sorte de défense et de plaidoyer. Un homme ne fait pas, dans sa même vie, deux conversions contraires. Surtout il ne les fait pas à quelques années de distance. Peu d'hommes sont capables de rompre avec leurs amis politiques pour l'invention, pour la défense, pour le maintien, pour la victoire de la vérité, une fois connue, ce qui est le premier degré du courage. Il n'y a pour ainsi dire aucun homme qui, pour la même vérité, rompe derechef avec les amis politiques nouveaux qu'il s'est faits en rompant, pour cette vérité, avec ses anciens amis politiques. Ce qui serait le deuxième degré du courage. Mais je ne mets là ce deuxième degré que pour la symétrie, et je ne me dissimule point qu'il est proprement ce que les mathématiciens nomment un cas imaginaire. Nullement un cas historique, réalisé, réel. Je crois que l'on trouverait aisément dans l'histoire du monde un très grand nombre d'exemples de personnes qui apercevant soudain la vérité, la saisissant, ou l'ayant cherchée l'ayant trouvée, rompent délibérément avec leurs intérêts, sacrifient leurs intérêts, rompent délibérément avec leurs amitiés politiques et même avec leurs amitiés sentimentales. Je ne crois pas que l'on trouve beaucoup d'exemples d'hommes qui ayant accompli ce premier sacrifice, et s'apercevant ensuite, comme il arrive communément, que leurs nouveaux amis ne valent pas mieux que les anciens, que leurs deuxièmes amis ne valent pas mieux que les premiers, aient eu le deuxième courage de sacrifier aussi délibérément leurs deuxièmes intérêts, leurs deuxièmes amitiés. *Malheur à l'homme seul,* et ce qu'ils redoutent le plus dans la création, c'est la solitude. Ils veulent bien, pour la vérité, se brouiller avec une moitié du monde. D'autant qu'en se brouillant ainsi avec une moitié du monde, non sans un peu de retentissement, ils se font généralement des partisans de l'autre moitié du monde, qui ne demande pas mieux que d'être antagoniste à la première. Mais si, pour l'amour de cette même vérité, ils vont se mettre sottement à rompre avec cette deuxième moitié, qui sera leurs partisans ?

Ils ne sont point des amis du genre humain, non, cela serait indigne d'eux. Et de leur courage. Mais ils voudraient bien demeurer les amis de la moitié du genre humain.

De cette véritable loi historique, au seul sens que nous puissions reconnaître à cette insidieuse expression de loi historique, nous avons eu la plus récente et la plus éminente illustration dans cette affaire qu'à présent nous avons le droit de retenir, aujourd'hui qu'une liquidation et qu'une réhabilitation générale définitivement l'a fait entrer dans le domaine de l'histoire, définitivement l'a figée, l'a enterrée dans le passé ; nous en avons donc eu le plus illustre exemple, le cas exemplaire le plus illustre dans cette immortelle affaire Dreyfus [1], qui fournira sans doute à l'historien les illustrations les plus éclatantes d'un très grand nombre de lois, que nous-mêmes donc nous retiendrons et que nous citerons souvent sans doute, qui pour celle-ci en particulier, pour cette loi que nous avons trouvée sur le chemin de nos recherches, fit semblant de départager les anciens partis et les départagea réellement, mais ne les départagea, réellement, que pour instituer des partis nouveaux ; et non pas, comme on l'avait espéré, comme on nous l'avait dit, et formellement promis, une humanité nouvelle. En sorte que l'humanité se trouva sensiblement aussi peu avancée après qu'avant cette immortelle affaire. Car les dreyfusistes politiques, devenus victorieux selon la puissance, n'eurent point de cesse qu'ils ne fissent à leur tour un gouvernement antidreyfusiste. Et le peuple naturellement les suivit. Parce que le peuple naturellement va du côté de la puissance. Et non pas du côté de la justice ni de la vérité. Ou il ne va du côté de la justice ou de la vérité que pourvu qu'elles soient accompagnées de puissance, ou qu'elles promettent, qu'elles annoncent un très prochain accompagnement de puissance. Les intellectuels suivirent la foule qui suivait la puissance ; et tout cela ensemble faisait un beau cortège ; et ainsi les intellectuels, d'une suite ils en faisaient deux qui leur sont également chères; car ils aiment également suivre la foule, accompagner le plus grand nombre, faire le plus grand nombre, surtout s'il eſt très grand; et suivre la puissance. Et les intellectuels vont naturellement du côté de la puissance. Et non pas du côté de la juſtice ni de la vérité. Ou ils ne vont du côté de la juſtice et de la vérité que pourvu qu'elles soient accompagnées de puissance, ou qu'elles promettent, qu'elles annoncent un très prochain accompagnement de puissance. Ils aiment bien, somme toute, ils aiment surtout avoir, exercer le gouvernement. Ils ont un faible pour le gouvernement, mais particulièrement quand c'eſt le leur, et qu'il ne s'agit plus que de gouverner tout le monde. Or pour exercer le gouvernement, dans nos sociétés démocratiques, et même dans les autres, il vaut mieux, en principe, être du côté où il y a beaucoup de monde.

Tel fut le mécanisme, schématisé, de cette immortelle affaire Dreyfus, tel eſt le mécanisme, schématisé, de toutes les grandes affaires humaines, et aussi de toutes les petites, qui sont beaucoup plus nombreuses que les grandes, et censément beaucoup plus importantes : on voit quelquefois, pas très souvent, des conversions, sincères; on ne voit jamais, ou pour ainsi dire jamais, des contre-conversions, ou des surconversions; c'eſt-à-dire des conversions ultérieures et supérieures, des deuxièmes conversions, des conversions deuxièmes, en sens contraire. Telle sera proprement une des lois des conversions. Ce sont de ces opérations qui se font bien une fois, et encore. Mais il n'y a pas de danger qu'on les fasse deux fois.

On coupe bien les ponts derrière soi, au moins quelques personnes; mais si vous les coupez aussi devant, vous seriez dans une île.

Tel eſt exactement le mécanisme, schématisé, de ces sortes d'opérations : un homme courageux, et il n'y en a déjà pas beaucoup, rompt pour la vérité avec ses amis et ses intérêts; ainsi se forme un nouveau parti, qui eſt originairement et censément le parti de la juſtice et de la vérité, qui en moins de rien devient absolument identique aux autres partis; un parti comme les autres, comme tous les autres; aussi vulgaire; aussi grossier; aussi injuſte; aussi faux; alors, à cette deuxième fois, il faudrait un homme surcourageux pour opérer une deuxième rupture : il n'y en a pour ainsi dire plus.

Cumuler les ennemis inexpiables que l'on s'est faits par la première opération avec les contraires ennemis infiniment plus inexpiables que l'on se ferait par la deuxième opération : qui oserait? Ajouter à des ennemis d'un premier bord autant et bientôt peut-être plus d'ennemis du bord opposé; infiniment plus acharnés, désormais; ajouter, superposer contre soi des inimitiés doubles des haines doubles, des ressentiments doubles, — les deuxièmes éléments de ces doubles étant infiniment plus forts que les premiers; — faire cette addition singulière, et sur soi, cette sommation paradoxale de valeurs qui en elles-mêmes et mutuellement étaient de signes contraires; qui naturellement se combattaient; accumuler comme à plaisir, sur sa tête malheureuse, des hostilités qui partout ailleurs se contrarieraient, des faits de guerre qui partout ailleurs s'annuleraient mutuellement, se faire un total de même signe avec deux parties de signe contraire; aller, pour sa perte, contre toutes les règles du calcul; tenir cette gageure mathématique : nul n'y donnera les mains. Sévèrement filtrée par ces deux opérations successives et de sens contraire, seule la pauvre vérité, la pauvre justice, dont la moitié d'un monde s'était un instant réclamée, continuera comme elle pourra son misérable chemin. Ce qu'il y a de plus fort, depuis qu'elle chemine ainsi, c'est qu'il ne soit jamais arrivé que cheminant ainsi au hasard des routes humaines elle se soit complètement perdue.

Ce qu'il y a d'inexplicable dans le monde, ce n'est point l'erreur, ce n'est pas tant la vérité, que cette singulière survivance et cet acheminement de la vérité.

Je dis ennemis infiniment plus ennemis, parce que si les hommes ne nous pardonnent pas de leur fausser compagnie après tout un long temps de compagnonnage, après tout un commencement de vie passé ensemble, ils pardonnent encore infiniment moins quand après tout cela, et après avoir ensemble rompu, après leur avoir tenu compagnie dans la rupture, on leur fausse compagnie de la rupture première, et du léger accompagnement malentendu qui a suivi, par une rupture seconde. Il en vient alors des haines incroyables. Il semble que toute la haine de la rupture première, se retrouvant, se retournant et se contrariant elle-même, se multiplie infiniment,

de marcher ainsi à contre sens. Ou plutôt quand une ancienne majorité d'hommes, suivant sa route politique, fausse compagnie à la vérité, elle ne le pardonne point à la petite compagnie qui, rompant, accompagne la vérité. Mais cette réprobation, cette haine et ce ressentiment n'eſt rien en comparaison de celui que cette petite compagnie à son tour devenue grande, cette minorité devenue majorité, quand à son tour elle fausse compagnie à la même misérable vérité continuante, voue aux quelques misérables solitaires qui, rompant de nouveau, ne craignent point de continuer d'accompagner une vérité désormais solitaire. Il semble que cette deuxième rupture, dénonçant la première, la remontant, la désavoue pour ainsi dire et fasse comme un scandale double de retour en arrière sur un scandale qui paraissait acquis.

Il était si doux aux autres de légitimer pour ainsi dire cette rupture première, de la consolider, comme on légitime une révolution, comme on consolide un emprunt. Voyez quelle était leur situation. Ils avaient rompu, d'avec la puissance. Ils avaient fait une révolution. A leur corps défendant, sans doute, mais enfin ils avaient fait une révolution. Ils étaient sortis. Non sans une inquiétude, secrète, parce qu'il eſt doux d'être du côté du pouvoir, de la conservation, de la tradition. Ils se hâtaient donc de consolider tout cela. De se refaire une vie, de faire une fin. Ils se formaient hâtivement en parti, politique. Ils faisaient hâtivement leur petite reſtauration. Ils devenaient les potentats de la vérité, les dominateurs de la juſtice, les tyrans de la liberté, les rois de la république, les conservateurs de la révolution, les bibliothécaires et les archiviſtes de cette révolution une fois faite et parfaite et que nul ne recommencerait, n'oserait recommencer jamais plus. Situation unique : ils cumulaient, ils joignaient ensemble toutes les quiétudes que donne le régime établi, la puissance, la domination, la conservation, et toutes les inquiétudes, en réalité toutes les imaginations d'inquiétudes que laisse la liberté, la faiblesse, la révolution. Ces deux jouissances contraires se faisaient valoir, se multipliaient infiniment l'une l'autre, l'une par l'autre. Ils pouvaient à la fois être heureux autant et plus que des conservateurs, que les autres conservateurs, et, comme révolutionnaires, mépriser les anciens conservateurs. Et voilà qu'en deux ou trois ans tout serait à recommencer?

Juste au moment où ils commençaient à faire cette fin, où ils commençaient à réussir.

Nuls hommes ne sont aussi bassement conservateurs, aussi férocement réactionnaires que ces conservateurs traditionnels de la révolution, car, d'autant que leur situation est une situation unique, d'autant ils sont acharnés à la défendre. Ils se conforment ainsi au grand principe de la conservation. Ils ont à la fois tous les avantages de la solidité, politique et sociale, et ensemble toutes les incommutables joies du vieil orgueil. Ils ont été des héros, peut-être authentiques, une fois dans leur vie. Mais ils ne savaient pas ce que c'était, la première fois, quand ils ont entrepris d'être des héros. Et ils ont eu tellement peur, cette fois-là, quand ils ont vu ce que c'était, que d'être des héros, quand ils ont vu comme c'était fatigant, et dangereux, et qu'il pouvait vous arriver malheur, qu'ils se sont bien juré dans le fond de leur cœur, à eux-mêmes, qu'il n'y a pas de danger, qu'on les y reprenne. Mais pour garder tout de même l'orgueil, dans leur nouvelle situation, ils ont imaginé de faire de l'héroïsme à vie une fonction d'État, et ils se sont faits et ce sont eux les fonctionnaires héros inamovibles.

Ils ont ainsi gardé tout.

C'est pour cela qu'ils ne pardonnent point à ceux qui font la deuxième sortie, le deuxième saut. Juste au moment où leur ancienne révolution, devenue bien conservatoire et très comme il faut, commençait à être reçue dans le monde. Bien portée. Portée comme une de ces décorations révolutionnaires. Légitime enfin. Presque légitimiste. Et voilà que ce retardé, par sa nouvelle sortie, par son deuxième saut, jette une fâcheuse suspicion sur cette opération première que vous aviez faite en commun avec lui. Sur cette opération originaire, sur cette opération dont enfin vous êtes sorti, tout le monde ne demande qu'à se le rappeler. Comme on a raison de dire, qu'il faut toujours se méfier de ses anciens complices. Ces gens-là feraient croire que cette première opération, commune, était une opération sérieuse, et non pas une opération comme il faut. Ces sortes de gens feraient croire qu'une telle opération était une opération de petites gens, petite elle-même, une opération vulgaire, populaire, une opération révolutionnaire enfin, et non point de ces révolutions qui se confirment, et qui se marient dans le grand monde. Ils éveillent, ils réveillent vraiment de fâcheux souvenirs. Ils vous délégitiment, d'un geste, d'un rappel, une première opération qui ne demandait qu'à se légitimer. Ils sont les perpétuels parents pauvres, inévitables, des révolutions parvenues.

Ils sont ceux que l'on nommait : *ces espèces*.

On a noté souvent et depuis fort longtemps que les sectes religieuses, et à leur imitation les sectes politiques, pardonnent tout, qu'elles peuvent pardonner l'infidélité, l'indifférence, l'hostilité, la guerre, mais qu'elles ne pardonneront jamais l'apostasie. Elles admettent tout, que l'on soit contre elles; à la rigueur; autant que l'on voudra : mais elles ne pardonnent pas, elles n'admettent pas que celui qui a été en elles s'en aille, sorte, et soit contre elles ni même en dehors d'elles; elles ne le pardonneront, elles ne l'admettront jamais; c'est un vieux fait d'expérience que les sectes religieuses, et à leur imitation les sectes politiques, — les sectes politiques ayant pris des sectes religieuses tout ce qu'elles avaient de mauvais, et n'en ayant naturellement pas pris tout ce qu'elles pouvaient avoir de bon, — ne haïssent et ne poursuivent personne autant que leurs anciens religionnaires : c'est ici le premier degré du ressentiment; un degré fort élevé déjà; et c'est aussi une des raisons pourquoi le premier degré du danger, le premier degré du courage est aussi d'être une fois apostat. On sait que l'on s'attire ainsi des haines propres, et comme des haines d'élection. Mais on n'a peut-être jamais noté combien la deuxième apostasie est infiniment plus dangereuse, combien elle demande un courage infiniment plus rare, combien par suite elle est elle-même infiniment plus rare, au point de ne se manifester pour ainsi dire jamais.

Car les autres, qui sont aussi des apostats, qui ont commis avec vous cette apostasie première, qui depuis ont fondé une fidélité, un loyalisme nouveau, vous en veulent, et comme apostat, et comme nouvel apostat, et infiniment comme ayant rappelé, par votre apostasie récente, cette ancienne, cette première, cette commune apostasie qu'ils commençaient de faire oublier.

Étant des orthodoxes de couche récente, ils ont une

haine elle-même nouvelle, une haine infinie, une haine de néophyte contre cette apostasie nouvelle, contre cette apostasie deuxième, contre cette apostasie relapse qui fait dire à tout le monde : c'est leur ancien ami.

Ou encore : ils ont fait comme lui, dans le temps.

Et pourtant il faut que la vie de l'honnête homme soit, en ce sens, une apostasie et une renégation perpétuelle, il faut que l'honnête homme soit un perpétuel renégat, il faut que la vie de l'honnête homme soit, en ce sens, une infidélité perpétuelle. Car l'homme qui veut demeurer fidèle à la vérité doit se faire incessamment infidèle à toutes les incessantes, successives, infatigables renaissantes erreurs. Et l'homme qui veut demeurer fidèle à la justice doit se faire incessamment infidèle aux injustices inépuisablement triomphantes.

Cette perpétuelle infidélité est d'autant plus difficile à tenir, — j'entends cette expression au sens où l'on dit tenir sa foi, — que les puissances modernes ont des sanctions implacables. Généralement toutes. Mais particulièrement les puissances modernes intellectuelles, devenues politiques, ont des sanctions plus implacables encore, et plus redoutées, que les puissances politiques propres. Elles ont mis, elles gardent à leur service tous les différents, tous les ingénieux appareils de l'enfer social moderne laïcisé. La solitude d'abord, le prétendu splendide isolement, si terrible au contraire, et si obscur, si bourré d'inquiétudes, et si communément redouté. La solitude qui en d'autres temps nourrissait un homme et lui donnait du recul, qui lui conférait une sorte d'éloignement sur place et d'éternité présente; l'isolement qui dans ces temps modernes au contraire tue son homme, l'étrangle de misère, l'étouffe d'ombre et de silence. Un isolement parfait, un silence total, un isolement double, car les nouveaux ennemis s'en vont de vous, et les anciens ennemis ne vous reviennent pas pour cela. Une solitude double et cumulée, parfaite. Les nouveaux ennemis anciens deuxièmes amis vous font par devant un mur de solitude. Les anciens ennemis anciens premiers amis vous font et vous avaient fait par derrière un mur d'isolement. Car les amis peuvent devenir ennemis. Et ils ne s'en privent pas. Et les ennemis pourraient devenir amis. Et ils s'en privent. Mais les anciens amis devenus ennemis jamais plus ne redeviendront amis. Et ils sont au contraire des ennemis de prédilection. Ainsi s'organise dans le monde moderne autour d'un homme, autour d'une œuvre, autour d'une vie, autour d'une action, un de ces parfaits silences qui pour cette sorte sont plus mortels que la mort même.

Et il y a encore l'immense tourbe, la foule innumérable, l'incalculable plèbe de tous ceux qui ne seront jamais ni amis ni ennemis, des morts indifférents. Et il y avait aussi ceux qui étaient ennemis d'avant, d'avance, avant tout commencement de vie, avant toute explication, pour ainsi dire par définition et tradition, avant toute entrée en matière de jeunesse même.

Les anciennes censures, l'ostracisme grec, l'exil ancien, l'extermination de la cité, la mise au ban, les pénalités médiévales, féodales, royales, ecclésiastiques, l'excommunication, l'*index* étaient ou comportaient des sanctions redoutables. Souvent mortelles. Souvent elles étaient capitales. Elles atteignaient peut-être moins sûrement leur effet, sinon leur objet, elles atteignaient beaucoup moins gravement et moins définitivement les libertés intellectuelles que ne les atteint le savant boycottage organisé dans le monde moderne par le monde moderne contre tout ce qui toucherait à la domination du moderne. C'est une des raisons pour lesquelles, et cela sans aucun doute, les activités intellectuelles sont moins nombreuses dans le monde moderne qu'elles ne l'ont jamais été, dans aucun monde, moins considérables, moins libres surtout, moins fraîches, moins neuves, moins jaillissantes. Beaucoup moins que dans aucun monde connu. Il faut aux œuvres, à presque toutes les œuvres, et à presque tous les auteurs, sinon un accueil enthousiaste, à défaut même de la simple bonté, à défaut d'un accueil simplement bienveillant, au moins un combat, une bataille, la guerre, le débat, tout plutôt qu'un de ces silences comme le monde moderne seul a su en organiser autour des œuvres et des hommes qui auraient seulement l'air de faire semblant d'être capables d'être suspects de vouloir seulement commencer à marcher contre les superstitions modernes.

Les haines intellectuelles modernes ont adopté, ont emprunté tout l'arsenal des haines politiques anciennes et modernes, et notamment des haines politiques modernes, qui sont particulièrement bien outillées.

Le monde moderne s'est vanté d'avoir introduit dans le monde les méthodes, ce qu'il a nommé les méthodes scientifiques, et plus généralement la méthode. Il n'a point menti pour cette méthode particulière que requiert l'organisation méthodique, généralement de la haine, particulièrement de la haine et du boycottage intellectuel.

De là vient en partie cette grande indigence intellectuelle des temps modernes.

La solitude passerait encore, et un homme particulièrement courageux, ou, comme nous l'avons dit, surcourageux, pourrait porter l'isolement. Mais par l'isolement même et comme son complément indispensable le monde moderne fait ici jouer sa deuxième sanction, celle à laquelle nul ne résiste, car nul ne peut résister : l'isolement économique, le boycottage industriel, c'est-à-dire l'indigence la plus vulgaire, la misère et la faim. Les anciennes sanctions, les sanctions proprement pénales, les sanctions antiques et chrétiennes, féodales et royales, et aussi les violences des sanctions populaires étaient évidemment plus brutales, plus contondantes pour ainsi dire, et ainsi elles paraissaient beaucoup plus écrasantes. Mais en réalité elles étaient moins hermétiques. Justement par ce qu'elles avaient de pugilaire, elles n'atteignaient pas uniformément tout, et si elles retombaient lourdement quelques parts, elles laissaient beaucoup plus passer. Il y avait une anarchie dans tout et une ignorance qui se retrouvait dans la sanction. Elles laissaient beaucoup plus où elles ne retombaient pas. Le monde moderne peut se vanter d'avoir, ici, introduit de la méthode et rien n'est comparable, comme fini d'exécution, à certains boycottages organisés dans le monde moderne contre le citoyen qui ne veut pas marcher droit [1].

D'autres temps nous ont laissé d'autres chefs-d'œuvre; des temples, des cathédrales, des statues, des tragédies; mais ceci sera proprement, devant l'éternité, le chef-d'œuvre des temps modernes.

Au moins les anciennes sanctions n'étaient-elles point hypocrites. Elles désignaient celui qu'elles voulaient frapper.

Ainsi ont commencé de nous apparaître au courant de ce premier cahier; sous cette forme, sous cette figure ont commencé de se profiler sur l'horizon de nos recherches les premiers linéaments du massif montagneux, les premiers profils, et ces dents, ces découpures, ces profilements bleus, par qui s'annoncent au voyageur en marche, à l'homme de la plaine, les immobiles montagnes; ainsi ont commencé de se dessiner les premiers tracés de l'énorme question, du *système,* comme disent nos géographes, du problème puissant et statutaire qui fera comme le réduit central de ces études.

L'ancien problème, le problème des générations précédentes, et notamment de la génération qui nous a immédiatement précédés, était de savoir comment et pourquoi tout un monde s'était séparé du christianisme, particulièrement du catholicisme.

Tout particulièrement et centralement la question était de savoir comment et pourquoi Renan, au commencement de tout ce monde, comment et pourquoi Renan, introduisant, préparant, figurant, représentant tout ce monde, s'était séparé du christianisme, particulièrement du catholicisme, comment et pourquoi notamment, car pour lui la question revêtait cette forme particulièrement critique, particulièrement aiguë, particulièrement éminente, comment et pour quoi il avait quitté les fonctions du sacerdoce, le ministère ecclésiastique, l'état religieux.

Cette ancienne question, cet ancien problème, on peut dire qu'il est aujourd'hui à peu près complètement résolu. Pour cette question particulière de Renan, pour cette question critique et centrale, dans ces cahiers mêmes nous avons eu la bonne fortune d'en lire et d'en publier une solution, historique, sensiblement complète, un dénoncé, historique, sensiblement parfait dans le cahier que nous avons fait *de l'inauguration du monument de Renan à Tréguier,* des mains de notre collaborateur et de notre ami René Litalien [1].

Cette question particulière et le problème général qu'elle introduit et représente a été de toutes parts si complètement résolu qu'il a été pour ainsi dire presque trop complètement résolu. La solution a été tellement parfaite qu'enfin elle est trop parfaite.

Et surtout qu'elle a pour ainsi dire tué le problème.

Le problème n'a pas seulement cessé d'être intéressant, pour nous. Il a disparu. Il a été comme étouffé, comme écrasé sous la solution. La solution, trop grosse commère, s'était par mégarde assise sur le plat problème.

Alors apparaît, dans le silence et dans l'aplatissement de l'ancien problème, dans l'effacement de cet ancien problème aujourd'hui épuisé, vidé, défait, dépassé, alors apparaît au loin le nouveau problème, le problème de la génération présente, infiniment plus difficile, quand ce ne serait que parce qu'il est un problème de comparaison, de relation, et aussi infiniment moins sommaire et grossier, le problème dont nous venons de voir les premières avancées, introduites par leurs premières explications, se profiler à l'horizon de nos études, le problème enfin de savoir comment et pourquoi tout ce monde, et Renan comme introduisant et représentant tout ce monde, n'ont abjuré les difficultés, les impossibilités, les contrariétés métaphysiques du christianisme et particulièrement du catholicisme que pour s'engager, pour se vouer, pour vouer leur foi et leur vie dans des difficultés infiniment plus difficiles, dans des impossibilités infiniment plus impossibles, dans des contrariétés infiniment plus contraires, enfin dans des métaphysiques infiniment plus grossières, qui sont proprement les difficultés, les impossibilités, les contrariétés, les métaphysiques de l'histoire et de la sociologie dans cet âge moderne.

Au lieu d'attendre, de vivre solitaires, de faire n'importe quoi d'autre. De voir venir. De faire venir.

De faire n'importe quel autre métier, qui eût été honorable. De se faire, fût-ce de très loin, les annonciateurs, fût-ce très isolés, les préparateurs d'un autre monde, quel qu'il fût, il aurait toujours été meilleur que ce monde moderne, les introducteurs, fût-ce très lointains et très perdus, de n'importe quel autre monde, à venir, d'un tiers monde, d'une tierce création, d'une tierce Rome.

Tout eût mieux valu, et infiniment, que ce monde moderne, historique, scientifique, sociologique, incurablement bourgeois.

Si Renan et à sa suite et par le ministère de sa représentation le monde moderne entier ne s'étaient pas engagés dans cette voie d'être le monde moderne, comme nous le connaissons, comme et tel que nous en avons fait l'ingrate et la douloureuse expérience, s'ils n'avaient point fait, institué, introduit, imposé cette métaphysique la plus grossière de toutes, ce dogme le plus grossier de tous, aucun problème ne se poserait plus pour nous. L'ancien problème, je l'ai dit, a été vidé. Les anciennes difficultés ont été expliquées. Trop expliquées. Trop bien. Trop complaisamment.

Il n'y aurait plus pour nous aucun problème. La situation, la déjà ancienne et classique situation d'homme qui a quitté l'Église, qui a perdu le sentiment religieux, qui a quitté le christianisme, qui particulièrement a quitté le catholicisme, qui de sa personne a quitté l'état ecclésiastique est aujourd'hui si parfaitement connue, d'une connaissance si claire et si intellectuelle, nous l'avons connue par tant de personnes compétentes qui nous l'ont si complaisamment énumérée que nous ne pouvons plus, aujourd'hui, nous y intéresser. C'est une situation reçue, établie, acquise, usuelle, fréquente. C'est la situation de beaucoup d'hommes et l'on pourrait presque dire aujourd'hui de beaucoup de peuples.

Il n'y a de problème que, mais il y a un problème énorme, un problème de relation et de comparaison, parce que du même geste qu'ils quittaient l'Église, du même mouvement, de la même courbe qu'ils abandonnaient le dogme catholique et généralement le dogme chrétien, du même geste, du même mouvement, du même accomplissement de courbe ils inventaient, ils fondaient, ils imposaient un dogme infiniment plus autoritaire, infiniment plus plein de difficultés infinies infiniment plus difficiles, d'impossibilités infinies infiniment plus impossibles, infiniment plus plein de contrariétés infinies infiniment plus contraires, tout sommaire enfin, tout plein de grossièretés.

Pour donner à ma pensée une forme qui réponde pleinement aux préoccupations présentes, je dirai que nous acceptons parfaitement que Renan se soit désabonné du christianisme et particulièrement du catholicisme, de recevoir et de donner les enseignements chrétiens et particulièrement catholiques. Cela, c'est une affaire classée. Ce qui est nouveau, ce qui fait un fait nouveau, ce qui fait le problème, ce qui fait nos étonnements, commencements, sinon de toute science, au moins de toute étude, ce n'eſt point ce désabonnement. C'eſt qu'au sortir de cet abonnement traditionnel, de ce vieil abonnement, il ait, entre tant d'autres, éventuels, il soit allé souscrire cet abonnement nouveau. Qu'il se soit abonné à l'insipide revue que le monde moderne édite et joue pour l'embêtement de l'humanité. Et non seulement ce qui fait le problème c'eſt ce singulier abonnement nouveau. Mais c'eſt la liaison, la relation de ce désabonnement à cet abonnement nouveau.

DE LA SITUATION FAITE AU PARTI INTELLECTUEL DANS LE MONDE MODERNE[1]

Cinquième cahier de la huitième série (2 décembre 1906).

Renan n'ignorait pas tout cela. J'entends qu'il n'ignorait pas ce que c'est que l'appareil scientifique des sanctions modernes. Il avait connu sans doute ces inimitiés de séminaire, qui ne doivent point le céder à des inimitiés d'école normale[1], étant les unes et les autres des inimitiés d'internat. Il avait connu sans doute quelques-unes de ces inimitiés de prêtres, qui ne doivent en rien le céder à des inimitiés de savants, étant les unes et les autres des inimitiés de prêtres.

Il faut noter pourtant que généralement l'Église l'avait ménagé, le ménagea pour ainsi dire constamment, au moins dans les relations personnelles. Dans les temps modernes l'Église n'a pour ainsi dire jamais maltraité grossièrement aucun de ceux qui l'ont quittée décemment. Elle a mis souvent une sorte de courtoisie, de politesse, presque de coquetterie et de mondanité, à les ménager, à parler d'eux honorablement, quelquefois à les traiter presque favorablement. Ils sont encore ses enfants, bien qu'ils se soient faits prodigues. Ils sont ses anciens enfants. Elle a pour eux les sentiments d'une sorte d'ancienne et honoraire maternité. Une maternité un peu sèche, les maternités lactées ayant toujours comme une arrière-pensée païenne. Ainsi elle est liée à eux, elle demeure attachée à eux par une sorte d'entente secrète, une qualité particulière, unique, rare, d'ancienne intelligence conservée, aromateuse, essentielle, un peu capiteuse, une connivence, d'encens, de sacristie, de tabernacle, d'armoire et ensemble d'autel, de linge blanc frais pur et de pauvre vieille dentelle jaunie, de vieille armoire de grande famille, un commun souvenir qui va de la commodité mobilière et usagère du sacristain jusqu'à la divine autorité du prêtre, une collusion, une entente particulière par-dessus la tête du public, du vulgaire, des tiers, particulièrement par-dessus la tête de ceux qui sont les plus vulgaires de tous ces tiers, et qui certainement n'y comprennent plus rien du tout, par-dessus la tête de ceux qui se sont faits hautement les partisans, les protecteurs, les intronisateurs improvisés du déporté dans sa nouvelle religion.

A quel point l'Église a ménagé Renan, j'entends naturellement la vraie Église, la seule qui soit qualifiée, la hiérarchie ecclésiastique, pontificale, épiscopale, sacerdotale, enfin la seule qui soit autorisée, et non point naturellement toutes ces bandes démagogiques de journalistes cléricaux, qui sont encore pires, s'il était possible, que les bandes symétriquement démagogiques des journalistes anticléricaux et aujourd'hui anticatholiques, — à quel point la seule vraie Église a ménagé Renan, la sortie de Renan, l'évacuation de Renan, la transition et l'aménagement de Renan, les premiers pas et les premiers établissements de Renan dans la vie laïque, toute son installation dans la vie de tout le monde, — ensemble pour qu'il n'y eût aucun scandale, ou au moins pour qu'il n'y eût que le moins de scandale, et aussi par un effet de cette sorte d'affection continuée que nous avons dite, enfin tout ensemble par une application d'une politique sage et d'une affection sentimentale sagement politique, et aussi d'une politique affectueuse, il faut le dire, et même par une affection sincère continuée sincèrement, — à quel point enfin la seule vraie Église et la seule qui compte et qu'il faille juger ou qu'il soit important ou intéressant de juger a ménagé Renan et l'a presque protégé, nous le savons par les confidences de lui-même Renan toutes les fois qu'elles sont un peu sincères, — et pour qui sait le lire il n'y a aucun doute sur ce point, les preuves en sont abondantes au point qu'il y en aurait presque trop, — nous le savons par tous les textes et par la bonne tradition, — nous le savons par tous les témoignages des tiers toutes les fois que ces tiers n'ont pas été aveuglés par la passion politique ou, aveuglement plus grave encore, par cette sorte si particulière d'hébétude mentale, ou d'habitude, intellectuelle, qui fait que l'on croit que tout est ami chez les amis apparents, et que tout est ennemi au contraire chez les ennemis apparents et officiels et classés, et que l'on ne voit pas ni les fissures qui naissent au cœur des apparentes amitiés, ni les correspondances profondes qui lient par en-dessous des inimitiés apparentes.

En quoi faisant l'Église n'avait d'ailleurs aucun mérite particulier à l'égard de Renan, car elle ne faisait que suivre à son égard, et à cet égard, sa politique générale, au moins sa politique générale comme elle nous apparaît dans les temps modernes, peut-être sa plus ancienne et traditionnelle politique générale. Nous voyons par tous les scandales que les journalistes et les journaux et l'État essaient de lui susciter aujourd'hui, aujourd'hui que le gouvernement de l'État, sinon ce ministère même fonctionnant comme tel, a entrepris de la persécuter, et que les journalistes et les journaux et ensemble le gouvernement de l'État ont par des moyens démagogiques entrepris de la déshonorer, — nous voyons combien toute sa politique est au contraire une politique d'apaisement, je dis dans cet ordre particulier, une politique de sagesse et de pacification, d'étouffement plutôt et de passement d'écritures par profits et pertes, une politique d'effacement du scandale et qu'il soit bien entendu que c'est une affaire arrangée, et que l'on n'en parlera plus, une politique de mutuel honneur et de modestie et de silence, avec le minimum de foudres et excommunications, mineures, de fulminations, comme les nommait Clemenceau : romaines.

De sorte que l'on pourrait bien plutôt lui reprocher de manquer de dignité, que de bonté, de bonté humaine, comme on bêle aujourd'hui, lui reprocher de manquer d'un certain sens et de la revendication de sa propre grandeur.

C'est en somme aujourd'hui, et d'un mot, c'est proprement la politique de Néarque. Tel est en effet le retentissement de ces grandes œuvres du génie français, à toutes distances, à des distances infinies, que l'on n'a rien de mieux à faire, et de plus évocateur, et de plus juste, que de reprendre, aujourd'hui comme hier comme demain comme toujours, que de simplement reprendre un nom propre de l'un de ces personnages éternels. Et même et autant de l'un des moindres personnages, de l'un des personnages mineurs.

Les personnages mineurs convenant mieux encore, peut-être, aux situations mineures et basses. Comme sont les situations d'aujourd'hui.

> « Le Dieu de Polyeucte et celui de Néarque
> « De la terre et du ciel est l'absolu monarque [1].

Mais tout de même il y a la politique de Néarque, et pour parler ainsi, et l'on me pardonnera ce que je vais dire, la politique de Polyeucte. En cet ordre particulier du scandale individuel et de l'individuelle apostasie, au moins moderne, l'Église, au moins moderne, aujourd'hui ne procède évidemment plus que par la politique de Néarque :

> Il ne commande point que l'on s'y précipite.

On ne peut évidemment dire qu'elle s'y précipite. Et encore :

> Il suffit, sans chercher, d'attendre et de souffrir.

Et encore :

> Mais dans ce temple enfin la mort est assurée.

Et encore :

> Par une sainte vie il faut la mériter.

Et la politique très précisément mise en méthode

> Ménagez votre vie, à Dieu même elle importe :
> Vivez pour protéger les chrétiens en ces lieux.

La politique religieuse. La peur de la persécution :

> Je ne puis déguiser que j'ai peine à vous suivre.
> Sous l'horreur des tourments je crains de succomber.

Rien ne paraît singulier, quand on s'y arrête, comme ce mélange de la politique et du religieux. Mais il faut bien vivre. Et les acteurs de ces drames divins sont des hommes. La modestie; argument de psychologie, ordinaire, et de morale, et de moralité, usagère, journalière, très profond, très frappant, atteignant loin; le célèbre argument de la modestie et de l'humilité contre l'orgueil; des devoirs ordinaires, des devoirs de famille, ordinaires, et comme séculiers, des devoirs d'état contre les devoirs extraordinaires ou d'élection :

> Qui n'appréhende rien présume trop de soi.

La théologie; argument culminant, particulièrement bien situé, à la culmination du débat :

> Dieu même a craint la mort.

Pour l'effacement du scandale au moins individuel au moins moderne l'Église aujourd'hui ne procède plus que par la politique de Néarque. Nous le voyons par tous ces scandales qu'on lui fait, par tous ces scandales machinés, truqués, qu'on lui veut jeter dans les jambes, que l'on réussit quelquefois à lui jeter dans les jambes, qu'une presse démagogique et un sous-gouvernement non moins démagogique et astucieux et facétieux veut lui jeter sur le chemin de sa destination.

Agrémentés de quelques semis de véritables escrocs.

Je dis sous-gouvernement parce que tout le monde sait que toutes ces machinations grossières de scandales ne viennent point tant du gouvernement, surtout de celui que nous avons failli avoir, que d'un sous-entourage, d'un gouvernement occulte, qui travaille en-dessous, d'un sous-personnel d'intrigue et de bassesses que tout le monde nomme.

Dans l'ordre du scandale individuel et de l'individuelle apostasie, l'Église ne répond aujourd'hui que par la politique de Néarque. Nous le voyons par la réponse qu'elle fait à tous ces scandales artificiels. Nous l'avons vu éminemment par la réponse qu'elle a faite au dernier ou à l'avant-dernier de ces scandales, en attendant le prochain, qui fut aussi le plus retentissant. Loin de procéder par anathèmes et retentissantes excommunications, qui eussent été des réponses homothétiques, égales ou équivalentes en scandale, qui étaient peut-être de son devoir, il eſt évident au contraire que l'on a immédiatement négocié, payé sans doute, car on a immédiatement obtenu ce résultat singulier, on eſt arrivé immédiatement à ce résultat singulier, commode pour tout, et pour tout le monde, et aussi, comme il fallait, pour la curiosité, de la foule, de tout le monde, pour la frivolité, pour la curiosité du scandale, mais enfin commode pour tout excepté, comme par hasard, pour la seule démagogie, anticatholique, même anticléricale, à ce résultat singulier que les *mémoires* d'un scandale formèrent un récit tout particulièrement édifiant, un *feuilleton* généralement écrit dans un langage pieux.

Ainsi tout le monde, sauf eux, y trouvait son compte. Il y avait bien journalisme, feuilleton, reportage, interview, témoignages, et confessions sensationnelles. Mais tout cela était pieux, très exactement édifiant, la faute et le repentir, le péché puis la contrition, le désolement et le désarroi du pécheur, la détresse, les consolations du rite, enfin tout à fait une hiſtoire pour pensionnats. Et le repentir jusqu'au sein de la faute. C'était un peu niais, peut-être un peu conventionnel, mais très traditionnel, très comme il faut, il n'y a que ce mot : très édifiant. Sans pourtant donner l'éveil.

Je dis payé, parce que tout cela eſt enroulé dans des combinaisons avec un journal dont il ne faut point dire qu'il eſt vénal, mais dont il faut écrire qu'il eſt la vénalité même, la perpétuelle et totale vente, en gros et au détail.

Il y a aussi ce que je me suis permis de nommer la politique de Polyeucte. J'entends par là que loin de reprocher à l'Église d'avoir maltraité ce Renan, et tant d'autres, un catholique véritablement croyant, et généralement un chrétien serait beaucoup plus fondé à reprocher à l'Église d'avoir eu pour ce même Renan, plus que pour tant d'autres, de lui avoir montré, manifeſté je ne dirai pas trop de ménagements, — on n'en a jamais assez, — ni trop de respect, — on n'en a jamais assez, quand on eſt un gouvernement, — mais une trop grande eſtime, au sens, étymologique, où eſtime implique mesure, je veux dire une eſtime de trop, *pluris*, une eſtime à trop de valeur, une trop grande eſtimation. Je maintiens que toute la conduite ultérieure de l'Église à l'égard de Renan et même sa conduite immédiate, et même anticipée, antérieure, je veux dire sa conduite au moment de la séparation et même dans les lentes préparations de l'éloignement, que toute cette conduite suppose admise une hypothèse, accordé un postulat, qui par un singulier retournement se trouve être précisément celui-ci : que l'histoire, laïque, moderne, a une importance, une vérité, absolue, une réalité, métaphysique, une primauté, une suprématie, une primatie, un primat, un principat et Renan comme prince des historiens toute une principauté de gouvernement absolu que dans nos recherches présentes et ultérieures nous verrons justement qu'ils n'ont point.

Et ce n'est peut-être pas la première, mais assurément ce ne sera pas la seule fois que nous rencontrerons, tout au courant de ces longues recherches, que l'Église moderne a dans ces débats une situation beaucoup plus moderne que chrétienne, quelquefois toute moderne, et nullement chrétienne, et que là est tout le secret de sa faiblesse présente.

Je maintiens qu'allant plus loin, au moins dans le sens du social, un véritable catholique, véritablement croyant, généralement un véritable chrétien, — car il y a aussi ce que je me permettrai aussi de nommer la politique de Pascal, — serait beaucoup plus fondé à reprocher à l'Église d'avoir eu pour ce même Renan, d'avoir montré, d'avoir manifesté pour ce même Renan, outre tous les effets de cette politique de Néarque, beaucoup trop de ce respect que dans les temps modernes au moins, et peut-être dans tous les temps, elle n'a jamais cessé d'avoir pour les puissances temporelles.

Ou plutôt et ensemble et sans même les séparer beaucoup, Renan était pour elle et une puissance intellectuelle, et une puissance temporelle; et une principauté intellectuelle, et une principauté temporelle; tout cela se résumait, se ramassait, se recoupait dans la chaire du Collège de France et dans la situation, non moins officielle, plus officielle encore peut-être, en ce temps, de grand auteur à nombreux sept cinquante[1] grandement lu d'un grand public par le ministère d'un grand éditeur. En ce temps le Collège de France avait une situation de principauté intellectuelle et temporelle ensemble, une puissance d'esprit et une puissance d'État ensemble, et d'institution, et de tradition, et d'antiquité, une grandeur de gouvernement mentale, morale, et sociale, dont nous ne pouvons plus avoir aucune idée. Comme en ce temps un grand auteur, un sept cinquante, — on en avait beaucoup moins abusé, — un grand public, — il y en avait un, — un grand éditeur, — il y en avait, — exerçaient une sorte de magistrature spirituelle et temporelle que nous ne pouvons même plus imaginer.

La preuve en est aujourd'hui que, somme faite, les différentes manifestations des catholiques et particulièrement des différentes autorités de l'Église contre Renan l'ont beaucoup moins diminué que n'ont en quelques années diminué sa mémoire les manifestations saugrenues organisées autour de son nom par les politiciens de l'anticatholicisme.

L'Église, elle, n'avait point, au fond, cessé de le traiter respectueusement.

Parce que l'Église et lui, au fond, continuaient à travailler dans la même partie. Et eux au contraire étaient si étrangers à tout cela.

Tu es christianus in aeternum : Renan le lui a bien rendu. Les personnes qui savent lire un texte, — elles se font de plus en plus rares depuis l'envahissement des méthodes prétendues scientifiques, — les personnes en particulier qui savent encore lire les textes si difficiles de Renan, j'entends particulièrement les textes, beaucoup moins nombreux qu'on ne le croit généralement, où il nous laisse apercevoir quelque peu de sa pensée, et même quelque entre-aperçu de son arrière-pensée, n'ont aucune hésitation sur la question de savoir à qui Renan pensait quand il écrivait un peu de sa pensée. Pensait-il à ses nouveaux amis, à ses partisans, hommes vulgaires et grossiers pour un ecclésiastique aussi ancien que lui, aussi affiné, hommes terre-à-terre surtout, et vraiment incapables de toute métaphysique, pour un homme demeuré aussi profondément religieux et métaphysicien. Non, il ne pensait point à eux. Il n'écrivait point pour eux. Au fond ils n'étaient point, ils ne devaient jamais être de sa famille mentale et sentimentale. Ils étaient étrangers, comme trop grossiers et insurnaturels, à sa vie mentale et sentimentale, à sa vie nouvelle, continuation, beaucoup plus que ne le pouvaient croire ces partisans grossiers, de son ancienne et de sa première vie, beaucoup trop grossiers pour lui, nouveaux, vulgaires et immétaphysiciens. Il n'écrivait pour eux que ses écritures superficielles et grossières, ses histoires. Et encore, dans ces écritures grossières même, dans ces histoires, combien de précautions, combien de sous-entendus, combien d'avertissements, combien de regards d'intelligence adressés aux autres, aux catholiques, et aux anciens catholiques, généralement aux chrétiens. Comme il semble leur dire : Vous voyez ce que j'écris, parce qu'il faut bien écrire pour tout le monde, et pour le monde, mais vous qui me connaissez, à ce signe, inaperçu des autres, qui n'y entendent rien, à ce signe faites attention que profondément je suis demeuré des vôtres et que les méditations de la vie intérieure ne me sont point devenues insoupçonnées. Je vis dans le siècle et je parais écrire pour le siècle. Il faut bien que chacun mange le pain temporel. Mais vous qui me connaissez et qui savez me lire, vous ne vous y trompez point. Je ne vous y trompe point.

Nous ne nous y sommes pas trompés : les Panbéotiens *redoutables* de la *Prière que je fis sur l'Acropole,* nous les avons reconnus : ce sont très exactement les inaugurateurs du monument de Renan à Tréguier. Tout le monde l'a entendu ainsi. Et la *ligue de toutes les sottises,* ô Eurhythmie, quelle était bien la *ligue* ultérieure à laquelle pouvait penser le prophète Renan?

Voilà pour qui justement il écrivait, j'entends qu'il écrivait profondément et intérieurement, une écriture perpétuellement sous-jacente, voilà pour qui juste il sous-écrivait perpétuellement, pour qui quelquefois il a écrit en clair : catholiques, anciens catholiques, et généralement chrétiens. Juifs aussi, premièrement Juifs, antérieurement Juifs, et subsidiairement, qui sont les témoins et les figurateurs, les serviteurs de la première loi. Serviteurs de la première et de la deuxième Alliance, de l'ancienne et de la Loi nouvelle, voilà pour qui justement il écrivait. Nullement pour les modernes, comme tels, et faisant leur fonction de modernes. Là est le secret de sa vie et le secret de son œuvre, si inquiétante, autrement,

— si inquiétante ainsi déjà, — et si incompréhensible. Tout à fait incompréhensible autrement, si incompréhensible ainsi déjà. Le secret de son style même, du style qui de lui autant que de personne est de l'homme même. Je défie qui que ce soit, moderne, lisant comme un moderne et feignant de n'entendre que dans le sens moderne, d'affirmer qu'il tient à chaque instant toute la pensée de Renan, la pensée extérieure et ensemble et aussi bien la pensée antérieure. Il est évident au contraire, si moderne l'on veut lire en moderne et feindre de n'entendre que dans le sens moderne, que l'on n'entend pas tout, que l'on a des manques incessamment, et, comme par hasard, justement aux endroits où il ne faudrait pas avoir de manques, parce que ce sont les points les plus intéressants, les points capitaux, les passages essentiels. Ce qui revient à dire que l'on se rend assez rapidement compte, si l'on est sincère, que lisant ainsi, on n'y entend plus rien du tout.

J'attire sur ce point toute l'attention du lecteur sincère : dans toute l'œuvre de Renan, sans aucune exception, il court tout au-dessous de l'œuvre comme un sous-entendu perpétuel. Et ce sous-entendu perpétuel aboutit de loin en loin à la surface comme à des points d'émergence. Et il se trouve, comme par hasard, que ce sont ces points d'apparition comme involontaire qui se reconnaissent aussitôt comme des points essentiels, capitaux, comme étant, eux seuls, ces points de discernement où un lecteur averti attend une œuvre et un homme.

Combien tout cela n'est-il pas plus vrai encore, et plus vérifié, non plus des passages, mais des quelques œuvres où Renan fait presque profession de nous dire, de nous dévoiler, de nous *révéler* un peu de ce qu'il pense, de ce qu'il arrière-pense, dans ses *dialogues et fragments philosophiques,* dans ses *drames,* et notamment, montant de degré en degré, dans ses *certitudes, probabilités, rêves;* car on ne s'y est point laissé tromper, ici non plus, et sous les déguisements décroissants des personnages, ce sont quelques-unes de ses arrière-pensées qui se démasquent de plus en plus, à des plans de niveaux de plus en plus élevés, le supérieur devenant inférieur à son tour à mesure qu'il avance et qu'il monte et cédant aussitôt à un supérieur encore, et loin que ce soient les certitudes qui décroissent, au contraire ce sont les certitudes qui croissent de *certitudes* en *probabilités* et de *probabilités* en *rêves*. Je défie qui que ce soit, non catholique, non ancien catholique, et généralement non chrétien, et antérieurement ou subsidiairement non juif, d'entendre rien, d'intercepter quoi que ce soit, comme moderne, lisant comme moderne, enfin ne recueillant qu'au titre de moderne, à ces œuvres confessionnelles.

Et, d'ailleurs, comme on reconnaît aisément que ces œuvres véritablement confessionnelles sont en fin les œuvres de la confession propre de Renan.

Le style même : il y a dans toute l'œuvre de Renan des phrases, des mots, des formes de phrases, des expressions qui courent en-dessous et qui parfois affleurent, qui sont du langage catholique même et généralement chrétien, qui ne peuvent s'adresser qu'à des catholiques mêmes et généralement à des chrétiens, qui ne peuvent être entendues que de catholiques mêmes et généralement de chrétiens.

Particulièrement ces œuvres, qui sont littéralement confessionnelles, sont bourrées de ces expressions.

Il méprise les modernes. On sent qu'il méprise les modernes. A un certain ton, qu'il a, et qui est délibéré. Il est plein d'expressions, voulues, de formes, intentionnelles, qui leur passent par-dessus la tête, qui de toute façon leur demeurent inaccessibles. Qui leur sont et leur demeurent insaisissables, et, comme on dit, littéralement, impensables. Étant du style de la vie intérieure, et même, techniquement, et particulièrement, du style de la vie spirituelle.

A ce style, à des emplois qu'il fait de ce style, à l'idée même, ou à l'instinct qu'il a eu généralement d'en faire emploi, à la lente ascension, et au brusque surgissement de certains mots, on sent que ces modernes sont pour lui des partisans, grossiers, lui qui n'était pas grossier, au moins dans le même sens.

Nos modernes, qui n'ont jamais rien ignoré, de tout ce qu'ils avaient à savoir, et ensemble de tout le reste, pouvaient n'ignorer pas le mépris où les a toujours tenus Renan leur fondateur. Mais, fût-on moderne, il est toujours pénible, de prendre connaissance, fût-elle scientifique, d'un mépris fût-il justifié, dont on est l'objet. Combien n'est-il pas plus désagréable, pour les sectateurs d'une secte, fût-elle une secte laïque, de prendre connaissance du mépris autorisé, du mépris paternel et inaugural, du mépris originel, du mépris gouvernemental, du mépris originaire, initial, du mépris enfin où son inventeur l'a tenue. Nos modernes, qui ne sont naturellement point clairvoyants, ont tout fait ici, tout ce qu'ils ont pu, pour aveugler encore ici leur inclairvoyance naturelle.

Nos modernes ne pouvaient naturellement point ignorer ces œuvres de Renan, compromettantes, et dans tous ses autres ouvrages ces passages compromettants. Mais comme les modernes expliquent tout, ils n'ont point manqué d'expliquer des œuvres et des passages qui n'entraient pas précisément dans leur politique, n'étant pas uniquement des œuvres et des passages de défense républicaine. Et comme les modernes sont naturellement très malins, ils n'eurent point de peine à trouver ces explications, qui sont naturellement des explications définitives. Et comme les explications que nous donnons du monde nous ressemblent toujours, nos modernes ont donné de ces œuvres et de ces passages des explications modernes. C'est-à-dire grossières, primaires, notoirement, grossièrement insuffisantes. Ils ont dit...

Tantôt ils ont dit que c'était par habitude; et cette explication par l'habitude serait parfaitement recevable, au moins pour une partie, et pour une bonne partie, si ce mot même d'habitude ils ne l'avaient entendu en un grossier sens moderne, au sens d'une habitude scolaire, d'un pli intellectuel, d'une sorte de manie, professionnelle, plus que professionnelle, professorale, universitaire, à l'extrême limite, et en lui faisant, à lui Renan, beaucoup d'honneur, d'une manie d'homme de cabinet, d'homme de bibliothèque et d'écrivain, au sens d'une troisième et peut-être d'une cinquante-et-unième nature, nullement, comme ils devaient, au sens profond des naturalistes, des physiologistes et des moralistes, au sens, qui eût été vraiment moderne, étant vraiment scientifique, d'une habitude organique et mentale, d'une deuxième et peut-être d'une première nature. Et peut-être comme une fantaisie habituelle d'homme de lettres.

Car il ne suffit point de dire que si l'habitude est une deuxième nature, la nature n'est peut-être qu'une première habitude : il faut peut-être aller jusqu'à dire que l'habitude elle-même est une première nature. On nous pardonnera d'employer ici une expression grossière, mais pour noter une explication grossière, il est inévitable, il est juste, — car il est propre, — d'employer une expression grossière elle-même : ils pensaient naïvement, et grossièrement, que leur inventeur-fondateur était, — disons le mot, — un défroqué qui avait gardé quelques plis de son froc. Ils ont une certaine habitude, eux-mêmes, puisque nous en sommes à ce qu'ils nomment habitudes, — ils ont une certaine habitude, aujourd'hui, depuis le commencement de leur triomphe, et à cette heure, depuis le commencement de la grande misère temporelle de leur ennemie l'Église, d'avoir avec eux, parmi eux, aspirant aux premières places, aux meilleures places, aux places de gouvernement, obtenant les places de commandement, un contingent croissant de ceux qu'ils nomment communément, et grossièrement, des défroqués.

Renan, *dans cette hypothèse,* comme on dit, serait un défroqué.

Non seulement un défroqué, mais il serait le prince et l'ordonnateur, l'ordinateur des défroqués, le premier de tous, le premier en date et le premier en dignité, l'inventeur du genre et en même temps, du même genre, la plus grande illustration, le plus illustre exemple, car il serait enfin Renan le fondateur, l'initiateur, l'instaurateur, *instauratio magna,* celui qui le premier fit la plus grande opération laïque, laquelle est naturellement la plus grande aussi de toutes les opérations humaines, laquelle est naturellement, étant donné un clerc, d'en faire un laïque, celui qui le premier fit la grande renonciation, celui qui le premier fit, et cela sur soi-même, la plus grande opération, celui qui donc en fut récompensé, comme de juste, par la plus grande récompense temporelle, par le plus de gloire, par le plus de gouvernement, par le plus de postérité intellectuelle.

Ne croyons pas, n'allons pas nous imaginer qu'en intronisant Renan comme le prince, comme le Défroqué en chef, ils aient aucunement eu l'intention de le diminuer. Au contraire. Fils intellectuels de Renan, postérité innombrable, ils ont vu parmi eux croître et embellir une telle puissance, un si nombreux contingent, une telle race de défroqués authentiques, officiels, et pour ainsi dire confessionnels, dans le laïque, ils ont vu ces défroqués envahissants et montants recevoir ou prendre un tel gouvernement, un tel commandement parmi les puissances politiques et parlementaires, qui sont à leurs yeux les puissances essentielles, qu'ils croient au contraire avoir grandement augmenté Renan quand ils ont fait à ce grand historien l'honneur de le considérer comme l'auteur et comme l'initiateur, comme le père et l'éditeur de cette engeance. L'éditeur étant, bien entendu, responsable. Et tout ceci étant une opération de révérence et de vénération.

En faisant ainsi de Renan le chef des défroqués, — on n'avait point encore inventé les schismatiques, et j'avoue qu'à présent qu'on a vu fonctionner les schismatiques, on se sent pris d'un vieux respect pour ces vieux défroqués encore naïfs, pour ces anciens défroqués de l'ancienne génération, qui eux au moins s'en allant de la maison ne prétendaient point emporter les meubles, — ils croient bien lui attribuer, lui restituer une partie, la meilleure, de son salaire temporel, celle qui vaut mieux que la gloire même, et qui d'ailleurs se confond pour sa plus grande part avec la gloire, parce qu'elle en fait partie intégrante : une part dans le gouvernement des hommes et des sociétés, une part dans le gouvernement politique parlementaire. C'est comme si, rétrospectivement, on le nommait ministre. Ambassadeur de la République auprès des Puissances réactionnaires, principalement auprès des Puissances ecclésiastiques. Une sorte d'ambassadeur extraordinaire et de ministre plénipotentiaire de la grande République du Monde moderne et de la Science infaillible et définitivement rassurée auprès des Puissances occultes, définitivement vaincues, secrètement redoutées, auprès des Gouvernements réactionnaires, auprès des Commandements catholiques, auprès des Dominations de la vie religieuse, auprès des Trônes et des Puissances, auprès des Vertus, auprès des Intuitions, Domaines et toutes Royautés que de droit de toute la Vie intérieure. Il sera reçu encore dans le monde des Principautés, mais au titre étranger, au titre de représentant du peuple et de délégué de la République aux armées. Il sera leur grand représentant, leur grande autorité, celui sous lequel ils se couvriront contre les Puissances redoutables. Il est le patron du grand Village moderne contre le toujours nouvel Ennemi. Je dirais qu'il est le grand *Totem*, si ce n'était ici un mot dont nous avons éprouvé qu'il ne faut jamais user qu'avec la plus grande circonspection. Par cette investiture ils n'entendent nullement le diminuer. Mais ils veulent le restituer, au contraire, lui conférer le plus grand honneur qu'il y ait chez eux, dans leur pays, dans le pays de la Science. Ils ont vu les défroqués subsidiaires atteindre chez eux et parmi eux à de telles fortunes qu'ils ne croient rien pouvoir imaginer de mieux, de plus flatteur, de plus populaire, pour l'ancêtre, le grand homme, que de se le représenter, de le représenter et de le fêter et de l'inaugurer comme le défroqué en chef. Tel fut exactement le sens et la valeur de l'inauguration du monument de Renan à Tréguier. Et cette inauguration n'était elle-même que le point d'aboutissement d'une longue et laïque intronisation, introduction, de tout un cheminement elle-même. Elle était entièrement, intégralement, dans cet ordre de pensées et de célébration. C'était littéralement une intronisation, bien plutôt, beaucoup plus qu'une commémoration. Ou tout au moins il s'agissait de faire atteindre à la mémoire de Renan une fortune capitale, une fortune qui fût la première dans l'ordre des fortunes atteintes par ceux que l'on tenait à considérer comme ses élèves, comme ses simples imitateurs.

On se rattrapait sur sa mémoire et sur la glorification de sa mémoire, puisqu'il était malheureusement mort de sa personne avant le triomphe et avant la fête. C'était d'ailleurs plus sûr, car on pouvait lui faire, à sa mémoire, de ces apothéoses que, vivant, il n'eût peut-être pas laissées passer tout de même. On pouvait lui attribuer des propos et des sens que vivant il n'eût sans doute point laissé passer.

On pouvait lui dire, et lui faire dire, ce que l'on voulait. On était sûr, au moins, qu'il ne répondrait pas, ni ne protesterait.

Cette idée, particulièrement, était celle de ces imitateurs eux-mêmes, qui souvent, — et très souvent en toute conscience, en toute sincérité, — s'autorisaient de son exemple, de cet illustre, de ce premier précédent : *Je fais,* disaient-ils naïvement, *je fais la même chose que Renan.* Ainsi parlaient ces pauvres enfants. Un prêtre s'aperçoit-il que sa foi se supprime avec la suppression du budget des cultes, du même geste et d'un seul mouvement, vite *je fais la même chose que Renan.* Il est ainsi devenu le patron de ceux qui ne veulent plus avoir de patrons. *Saint Renan,* — non pas l'ancien, le catholique, mais le nouveau, — *saint Renan, priez pour nous :* c'est une affaire entendue, et entendue pour l'éternité. Tant qu'il y aura une France, et un clergé français, toutes les fois qu'un clerc sortira du clergé, pour n'importe quelle raison, il y aura toujours un imbécile qui ouvrira la bouche et dira : *Il fait la même chose que Renan.*

Et pourtant il y a aujourd'hui deux raisons pour qu'ils ne fassent pas la même chose : la première, l'ancienne, est qu'ils ne sont point Renan; la deuxième, la nouvelle et récente, est que Renan ni les hommes de son temps et de sa formation n'eussent jamais imaginé même de se faire schismatiques. Tant il est vrai qu'à mesure que l'on vieillit, et que le monde vieillit, on découvre toujours que l'événement est plus fort que vous, devient toujours plus fort que ce que l'on imaginait, se redouble, se bat lui-même, se multiplie. Se dépasse. Les hommes du temps de Renan, et de la formation de Renan, quand ils se mettaient dehors, ne prétendaient point en même temps être dedans.

Or comme ils ont noté, ce qui n'était pas difficile à voir, qu'un très grand nombre de ces démissionnaires et presque de ces permissionnaires avaient gardé certaines habitudes, certains plis de leur ancien ministère, on pourrait presque dire de leur ancien métier, certains plis professionnels, certaines expressions, un certain style, un certain goût du commandement, certaines manies, une passion de l'autorité, un appétit du gouvernement, ou, au contraire, ou bien au contraire tout ensemble, et l'un portant l'autre, l'un masquant l'autre, une certaine mansuétude, une certaine souplesse ecclésiastique, un certain velouté, une certaine tendresse molle, une certaine pâte, une certaine confiserie épiscopale, ce sont, par un singulier retour, ou par une singulière continuation, ce sont ces anciens légers défauts de métier que tout tranquillement ils s'imaginent retrouver dans Renan ; comme ils n'ont pas cessé de les trouver dans les heureux successeurs, ils ne cessent point non plus de les retrouver dans Renan le père ; et ils ne manquent pas de les lui pardonner, car ils sont bons enfants, gais, joviaux, et ils sont secrètement honorés d'avoir dans leur monde des personnes aussi bien élevées que des curés, ce qui les change, comme ils ont coutume de pardonner, car ils sont bons garçons, comme ils en ont pardonné bien d'autres à ses inégaux héritiers. Ne faut-il pas d'ailleurs et n'est-il pas très bon qu'un ambassadeur ait le ton des puissances étrangères auprès desquelles il est accrédité. Et ne faut-il pas montrer à ses ennemis qu'on est aussi bien élevé qu'eux. Que deviendrait toute la vieille politesse française démocratisée. Renan, dans cette hypothèse, n'est plus qu'un exemple, un cas particulier, premier, éminent, de ce que l'on peut nommer selon eux la persistance du caractère ecclésiastique chez les défroqués, chez les messieurs prêtres, chez les anciens ecclésiastiques. Renan, qui ne fut pas seulement l'initiateur de cette opération, mais qui dut à cette opération de devenir un grand seigneur selon le siècle, un prince de la Science, qui sans cette opération fût assurément devenu un prince de l'Église, avait quelque droit de rester un prélat. Telle est leur explication que l'on peut nommer l'explication par l'habitude. C'est une excuse autant qu'une explication.

Ils ont dit tantôt, ils ont dit aussi, — et ce sera là l'excuse et l'explication par l'intérêt, — que si Renan avait conservé dans beaucoup de ses passages et dans quelques-unes de ses œuvres ces certaines formes ecclésiastiques, c'était par prudence, par l'effet d'une prudence élémentaire, d'une sagesse filleule de celle du vieil Ulysse, cet autre navigateur, ce Grec Breton, mâtiné de Normand, que c'était en somme pour sauvegarder ses plus simples intérêts. Ils savent leurs dates. Ils savent leurs filiations. Ils n'oublient point que si Renan est leur initiateur, cela veut dire par définition qu'il avait commencé avant eux, avant tous les autres, en un temps où ça ne rapportait pas encore, où ça commençait à peine à rapporter insensiblement, avant tous les autres eux, qu'il fut le premier, en un temps difficile. Étant donnés ces grands exemples de prudence que nous avons donnés nous-mêmes, pensent-ils, en un temps où notre domination paraît de toutes parts assurée, considérant ces nobles exemples de sagesse, que nous avons fournis, ces précieux exemples de retenue, de nos précieuses personnes, dont quelques-uns se haussèrent jusqu'à la lâcheté, notamment ce grand exemple de circonspection que nous donnâmes dans cette illustre affaire[1] où nous n'abandonnâmes la justice et la vérité que rigoureusement pendant le temps où elles coururent un véritable danger, quittes à nous précipiter à leur secours, à leur défense avec frénésie, avec une véritable sauvagerie, aussitôt que nous eûmes acquis l'assurance que quelques sots les avaient définitivement tirées d'affaire, il n'est pas étonnant que notre maître, en des temps moins gouvernementaux, ait pris quelques précautions. Il a conservé certaines formes qui plaisaient aux anciennes clientèles, en un temps où il était indispensable à sa gloire, à sa puissance, à sa réussite, à sa sécurité même, au moins à sa sécurité sociale et professorale, que ces anciennes clientèles, — cléricales et sans doute réactionnaires, mais il faut bien vivre, — le couvrissent au moins de leur indifférence et presque d'un reste de fidélité.

Ils parlaient ainsi, méconnaissant leur maître. Ils peuvent croire qu'ils *font la même chose que Renan,* mais nous avons, nous aussi, une assurance; nous avons l'assurance, nous, que Renan ne faisait pas la même chose qu'eux, ou du moins qu'il ne faisait pas seulement la même chose qu'eux.

Je ne nie pas cette explication par l'intérêt. Je crois qu'elle est vraie en elle-même. En outre elle est vraie, parce qu'on l'a dit, parce qu'on l'a donnée, parce qu'on a dit qu'elle était vraie, parce que ce sont eux qui l'ont dite et donnée; ainsi elle est vraie au sens beaucoup plus intéressant, au sens et dans la mesure où les plus misérables tares des descendants sont représentées, sont incluses, existent en fait, sont en germe dans les œuvres des ascendants, fût-ce dans les plus grandes œuvres des plus grands ascendants, proviennent d'elles, tout de même, et par conséquent au sens et dans la mesure où les pères en réalité sont responsables des fils, où tous les ancêtres sont responsables de tous les descendants, les fondateurs des héritiers, les maîtres des élèves. Les fondateurs, des empires; et les maîtres, des chétives écoles. Il est évident en effet que quand un fils parle mal, pense mal de son père, un élève de son maître, une école de son scholarque, un empire de son fondateur, ils ont raison, ils disent vrai. Quoi qu'il en soit, ou qu'il en paraisse être par ailleurs, en vérité. En réalité. Car en un sens il est inévitable, il est automatique, il est infaillible qu'ils aient raison, qu'ils disent vrai. Ils ont raison, quand même ils auraient tort. Ils disent vrai, quand même ils mentiraient, ou quand même ils feraient erreur, quand même ils se tromperaient, et quand même ils tromperaient. C'est une question qui a été fort agitée que de savoir à quel point et dans quel sens le père est responsable du fils, le maître de l'élève, généralement le premier, l'inventeur de ses imitateurs, et tout auteur de toute sa filiation. Sans entrer dans ce débat, qui nous acheminerait à d'autres études, et de cette controverse ne retenant que les quelques parties qui se trouvent sur le passage de notre cheminement, je maintiens que lorsqu'un fils parle mal, pense mal de ses père et mère, un élève de son maître, il faut bien qu'ils aient raison, en un certain sens, quand même ils auraient tort, il faut bien qu'ils disent vrai, en un certain sens, quand même, inconsciemment ou sciemment, ils diraient faux, ils feraient ou commettraient erreur. Car s'ils disent faux, s'ils se trompent ou s'ils trompent en ce sens que leur auteur n'était point comme ils se le représentent ou comme ils nous le représentent, par conséquent en ce sens que la représentation, que l'image qu'ils ont ou qu'ils donnent de leur auteur n'est point exacte, conforme à la réalité, quand un fils parle, pense mal de son père charnel ou de son père intellectuel, en dernière analyse il a raison, il dit vrai, en ce sens beaucoup plus intéressant, beaucoup plus profond, infiniment plus réel, étant infiniment plus vivant, que ce père et que cet auteur mérite profondément que nous ayons de lui, réellement, que notamment ses fils et que ses produits eussent de lui cette image et cette représentation, puisque justement il a eu cette tare, profonde, puisque précisément il a véritablement commis ce crime, d'avoir une descendance qui en viendrait à parler mal, à penser mal de lui. En ce sens toute accusation portée contre un père par ses fils porte, car il est coupable au moins de ce crime le plus grave, le plus essentiel de tous : précisément au point de vue de la paternité, de la descendance, de la génération, de la filiation : d'avoir produit des fils qui porteraient cette accusation contre lui, qui porteraient la parole contre lui, ou obscurément qui porteraient la pensée. *Lever la main sur son père,* disaient les vieilles gens. Lever la parole sur son père, dirons-nous, et simplement lever la pensée. Tout père sur qui son fils lève la main est coupable : d'avoir fait un fils qui levât la main sur lui. Réservant donc, laissant donc de côté cette question générale de savoir à quel point et dans quel sens l'auteur sera généralement responsable de ses produits, nous nous en tiendrons pour cette étude que nous avons commencée à cette constatation que nous avons faite que, au sens que nous avons dit, toute inscription prise par un descendant contre un ascendant est valable, par elle-même et par cela même, et qu'elle est en ce sens une inscription éternelle. Très exactement et limitativement en ce sens que l'auteur est coupable, comptable et responsable de ce qu'il soit sorti de lui un produit qui ne le respecterait point. En ce sens, toute allégation sortie de la descendance remonte infailliblement jusque dans l'ascendance, au cœur de l'ascendance, et vaut. Elle a une valeur d'interprétation, de signification, de signe, de symbole, et aussi et surtout de représentation, une valeur symbolique infiniment plus importante, plus intéressante, plus dangereuse qu'une valeur directe, et, pour qui sait, plus redoutable. Elle a une valeur déléguée, qui remonte à l'auteur de sa délégation. Rien n'est mortel pour une ascendance comme ces témoignages de tare intérieure qui sortant pour ainsi dire de l'intérieur même de la race remontent vers le passé des profondeurs inconnues de l'avenir. D'un avenir qui pour eux était l'avenir et qui pour nous est devenu rapidement le présent. Car on vieillit, vite. Rien n'est mortel pour une mémoire comme ces lèpres qui partant du bourgeon censément le plus éloigné ressortent, ayant remonté par un cheminement intérieur à rebours, jusque sous l'écorce du tronc. Singulière, mystérieuse répercussion végétale, retentissement mystérieux, rebroussement de l'arborescence qui par la canalisation de la sève remonte obscure du plus petit bourgeon le plus éloigné, le plus inaperçu, jusqu'aux artères maîtresses du tronc, premier, des grosses racines, premières, éclatant et crevant de l'écorce, comme éclaterait et crèverait une maladie de peau de l'arbre, manifestation et témoin de la tare intérieure inexpiable. Cette sorte de reniement à distance, et par soi-même, cette sorte de reniement par soi-même à distance, par soi-même représenté par un autre, soi-même, par un autre sans doute, mais enfin par celui qui à cette date aura peut-être ou paraîtra peut-être seul avoir qualité pour vous représenter, pour parler en votre nom, pour être vous, en ce temps-là, par celui qui peut-être aura seul, en ce temps-là, la parole, et qui la portera, cette renégation est le plus épouvantable châtiment, temporel, qui puisse atteindre un auteur, véreux; c'est un châtiment automatique, mécanique, une preuve, par le fait posthume ultérieur, qu'il est véreux, en effet, qu'il avait une tare secrète intérieure, qu'il avait réussi à masquer aux regards de ses contemporains, qu'il n'avait peut-être pas vue, qu'il ne connaissait peut-être pas lui-même, que ses proches les plus proches ne connaissaient point, qu'il réussissait peut-être à se masquer à lui-même, inconsciemment ou consciemment, innocemment ou non, mais qui, par le seul événement du temps, par le seul écoulement de la durée, par le seul développement, par la seule floraison, par seul bourgeonnement, par la seule arborescence et par le seul éclatement de la race comme un poison non pas inoculé mais indigène et qui se révèle enfin, qui se décèle, ouvre enfin la tige, se fend à l'extérieur, ouvre au dehors les secrets anciens, brusquement jaillit en une postérité, en un peuple d'accusateurs. Il y a là un phénomène singulièrement poignant, une sorte de réponse, moderne, à cette opération, qui était capitale chez les anciens, de la malédiction paternelle. C'est une sorte de malédiction filiale, qui remonte. C'est vraiment une opération réciproque, homothétique, antagoniste, de l'ancienne malédiction paternelle. Cette ancienne malédiction paternelle était une opération qui sommairement consistait en ce que le père faisait appel, contre sa propre descendance, et avec une autorité d'autant plus puissante que c'était lui le père et que c'était sa propre descendance, par une application, par un retournement de son autorité paternelle, par une application retournée, dans l'insuffisance de ses moyens paternels propres, à des puissances extérieures. Symétriquement cette nouvelle malédiction filiale, cette réprobation moderne est une opération qui consiste à ce que le fils prouve, et réprouve, contre le père, et avec une autorité d'autant plus poignante et d'autant plus monstrueuse que c'est lui le fils et que celui-là est son propre père et que cela fait un monstrueux renversement du respect filial, en faisant appel, au contraire, à des puissances intérieures, aux puissances intérieures communes, précisément aux puissances intérieures qui lui sont communes avec son père, communes de la plus profonde communauté, puisqu'il a reçu ces puissances intérieures de son père par la voie de la génération, et ce sont elles qu'il retourne contre lui, par une trahison monstrueuse, sans effort pourtant, sans mauvaise volonté, sans intention, sans volonté peut-être même, puisqu'il suffit qu'il agisse par une simple manifestation des puissances communes intérieures. Et c'est ce qui fait cette action, cette réaction monstrueuse si redoutable, qu'on sent qu'elle n'est point voulue, qu'elle n'a pas besoin d'être voulue. Qu'elle n'a qu'à paraître pour triompher. Il y a vraiment là, de l'ancien au moderne, un retournement, tout un renversement du sens où cheminent les responsabilités. Ce n'est plus le sang des pères, le sang versé par les pères, qui retombe sur les enfants; c'est proprement le sang des enfants, non versé, qui transmis dans les veines remonte à sa source, aux artères, originelles, et qui avoue, qui dénonce sa source, qui trahit le secret de sa source. Il ne s'agit plus d'être maudit et réprouvé dans ses enfants jusqu'à la troisième et jusqu'à la vingtième génération. Mais c'est la vingtième génération au contraire qui remonte et va porter jusque dans le sein de l'auteur cette contre-malédiction, cette réprobation remontante. Il y a vraiment là une contre-indication formelle du moderne à l'ancien. Quand un fils parle mal de ses père et mère, je suis blessé dans mes sentiments les plus profonds, j'ai l'impression d'une impudeur, peut-être la plus grave de toutes, et d'une indécence; mais moderne je l'en crois : car ils sont coupables, d'avoir eu ce fils, qui dît cela. C'est toujours une mauvaise note, pour une maison, que d'être divisée contre elle-même, et que de recevoir perpétuellement des démentis intérieurs. Mais nulle note n'est aussi mauvaise que pour un père d'avoir introduit dans le monde sa propre condamnation, elle-même intérieure. Car si une maison divisée contre elle-même périra, que sera-ce de cette division à distance qui anime contre un auteur aboli des descendances de tares et des survivances de responsabilités, qui anime contre un auteur, à l'heure même où il ne peut plus se défendre et protester, des protestations dès lors indiscutables et qui jamais plus ne seront discutées.

Il y a là un phénomène moral troublant du même ordre que le phénomène moral si connu et pour ainsi dire parallèle à ce phénomène moral si connu, sur lequel nous ne pouvons pas nous arrêter aujourd'hui, par lequel un bienfaiteur est toujours, en un sens profond, responsable d'une ingratitude consécutive. Comme il a fait le bienfait, il a fait l'ingratitude aussi, dedans le bienfait; il a fait un bienfait véreux, déjà tout rongé en dedans du ver d'ingratitude, au moment originaire même, au moment où il naissait bienfait. Et, à dire vrai, la responsabilité de l'ingratitude ultérieure n'est elle-même qu'un cas particulier de cette sorte de responsabilité générale que nous avons rencontrée sur notre chemin, car le bienfaiteur, l'auteur d'un bienfait, est aussi, est en cela même l'*auteur* de celui qui reçoit le bienfait, au sens étymologique, au sens véritable de ce mot d'*auteur,* que je crois que j'ai reconnu dans un travail précédent.

Ils sont coupables, d'avoir eu ce fils, qui parlerait ainsi. En ce sens et dans cette mesure quand les modernes, héritiers innombrables de Renan, eux-mêmes introduisent dans le débat une certaine idée de Renan, qu'ils ont ou qu'ils font semblant d'avoir, — et qui d'ailleurs est en elle-même vraie ou fausse, — par le jeu de cette singulière équivalence que nous avons dite, par l'opération de ce singulier report de responsabilité, que nous avons approfondi un peu, nous pouvons, nous devons les en croire, et l'auteur lui-même Renan est responsable de cette idée, fût-elle grossière, qu'ils ont de lui ou que du moins ils manifestent. Les grossièretés que les modernes ont prêtées à Renan, qu'ils ont vues ou qu'ils ont mises dans Renan, quand même elles n'y seraient pas, — quand même elles n'y seraient pas textuellement, officiellement et présentement, — elles y sont tout de même, elles y sont profondément, d'autant plus réellement, cela équivaut, cela fait une équivalence, revient au même que si elles y étaient, ou, comme disent les scientifiques, mais en un sens beaucoup plus réel, *tout se passe comme si* elles y étaient, ou plutôt elles y sont réellement, plus réellement que s'il avait mis ces grossièretés en épigraphe, étant plus profondes, qu'une épigraphe, car il faut, pour qu'aujourd'hui elles sortent et se manifestent, qu'il ait fait, qu'il ait eu, qu'il ait commis cette grossièreté beaucoup plus profonde, cette grossièreté essentielle, cette grossièreté mère d'avoir donné la naissance à ce peuple de grossiers qui lui attribueraient un jour ces grossièretés, qui seraient assez grossiers pour les lui attribuer; en ce sens et dans cette mesure la cérémonie de l'inauguration du monument de Renan à Tréguier elle-même, bien qu'elle soit en un sens tout ce que l'on peut imaginer de plus étranger, de plus hostile même et de plus contraire au caractère, au style, à la personnalité même de Renan, par ailleurs en cet autre sens elle n'est que le couronnement de toute une vie et de toute une mémoire, de toute une postérité, la mémoire prolongeant la vie et la postérité prolongeant la mémoire, elle n'est que le point d'aboutissement d'un cheminement continu dont le point d'origine était à l'intérieur de Renan lui-même et qui ne devait éclater pleinement qu'à cette date; après lui; en ce sens et à ce point Renan est responsable des grossièretés modernes ultérieures, y compris toutes celles qui culminèrent dans cette gouvernementale cérémonie; en ce sens et dans cette mesure, nous proposant d'analyser, d'interpréter, de lire ce livre de fondation de la superstition de la science moderne que fut *l'Avenir de la Science,* nous ne pourrons pas négliger, nous ne devons pas un seul instant perdre de vue les explications, les lectures, les interprétations, fussent-elles grossières, qui nous assaillent montant de toutes parts de ces innombrables postérités.

Nous ne devons pas perdre de vue l'explication par l'intérêt. D'une part c'est une explication qui est vraie en elle-même. D'autre part, et ceci est presque plus intéressant, c'est une explication qui est vraie comme représentation d'une tare ancestrale intérieure. Ainsi entendue, en ces deux sens, au sens intrinsèque, et au sens d'une représentation de la responsabilité, cette explication par l'intérêt est nécessaire, mais elle ne suffit pas. Elle est même fort loin d'être suffisante.

Nous ne devons pas perdre de vue l'explication par l'habitude. D'une part c'est une explication qui est vraie en elle-même, même au sens grossier où nous la proposent les gens qui en sont les incitateurs. D'autre part, et ceci est décidément plus intéressant, c'est une explication qui est vraie comme représentation d'une tare ancestrale intérieure. Ainsi entendue, en ces deux sens, au sens étroit intrinsèque, et au sens étroit d'une représentation de la responsabilité, cette explication par l'habitude est nécessaire, mais elle ne suffit pas. Elle est même fort loin d'être suffisante.

Mais dans leur commune exactitude générale en ces deux sens, dans leur nécessité générale commune en ces deux sens, dans leur commune et générale insuffisance en ces deux sens, dans leur étroitesse et dans leur faiblesse même ces deux explications, l'explication par l'habitude et l'explication par l'intérêt diffèrent profondément, apportent, présentent d'elles-mêmes une différence profonde en ce sens que la deuxième, l'explication par l'intérêt demeure, comme il fallait s'y attendre, puisque c'est une explication par l'intérêt, une explication étroite et infertile, tandis que la première, l'explication par l'habitude, étant une explication d'origine organique et particulièrement psychologique, ouvre, à qui veut remonter à sa source, tout un courant, tout un fleuve d'explication beaucoup plus intéressante et beaucoup plus profonde.

Je retiens cette explication par l'habitude. Mais je ne la retiens pas seulement, je ne l'entends pas seulement en ce double sens étroit, au sens d'une exactitude directe, et au sens d'une représentation de responsabilité par équivalence. Nous ne l'entendrons pas seulement en ce double sens étroit, mais je lui restitue toute sa force première, toute sa puissance et sa singularité originelle. Oui c'est par habitude que Renan continuait, c'est par habitude que Renan a mis ou a laissé dans ses œuvres tant d'expressions de la vie spirituelle, et que même il a fait expressément plusieurs œuvres qui sont proprement des œuvres de la vie spirituelle, c'est par habitude qu'il a continué comme il avait commencé; mais ce n'était pas seulement par une habitude professionnelle, par une habitude de métier; c'était par une habitude beaucoup plus profonde, par une habitude intellectuelle, intérieure elle-même, morale, mentale, psychologique de toute sa psychologie, par une habitude organique, elle-même ancestrale. Par une habitude sentimentale enfin, de toutes les plus profondes, et les plus essentielles. Ces mansuétudes mutuelles de l'Église et de Renan, ces échanges et ces communications de mansuétudes, et non pas seulement de politesses, par dessus nos têtes, ne peuvent recevoir une autre explication. Renan, depuis le commencement de ses ancêtres, et à plus forte raison depuis son commencement à lui, ou pour parler exactement depuis son commencement, depuis son ancien, depuis son premier commencement en ses ancêtres et depuis son propre deuxième commencement en lui-même avait reçu, avait conçu cette habitude indélébile de parler, de penser un certain langage de la vie spirituelle; non pas seulement depuis Saint-Sulpice, depuis quelque petit séminaire breton, depuis quelque petite cure de village départemental, depuis son baptême et depuis quelque destination à l'état ecclésiastique, mais de beaucoup plus loin, depuis les parents barbares et les plus anciens ancêtres Cimmériens. Nul ne se détache entièrement de telles habitudes, ainsi entendues, ainsi reçues, ainsi conçues, aussi profondes, aussi organiques, aussi tenantes à la vie elle-même, nul, à moins de couper sa vie, cette même vie elle-même, les racines de sa pensée, de sa conscience, de toute sa vie, de toute son existence, de tout son être et de toute sa raison d'être, de sa personne et de ce qui est beaucoup plus profond que même la personne. En admettant même que cela soit possible, ce que nul ne croira. Renan ne tenait aucunement à s'en détacher entièrement ainsi. Ce serait une opération proprement monstrueuse; et Renan avait assez de goût pour aimer le naturel en ce qu'il est tout ennemi d'une opération monstrueuse. Et puis enfin il pensait à lui-même, à son avenir, à son intérêt, à son utilisation, à ses progrès, à ses intérêts, à sa réussite. Il avait pour tout cela, pour lui-même Renan, une attention inquiète, une douce et bonne et molle pitié, une piété même, une pitié piété ecclésiastique aux joues molles et flasques et redoublées, une tendresse pieuse, une affection émue. Ça aurait fait du tort à Renan, et il n'avait point un tel goût de l'injustice qu'il eût consenti à faire du tort à Renan. Qui était un si bon homme, et si intéressant. Cette opération aussi fait mal, beaucoup de mal. Et n'ayant point l'âme insensible, il eût fait beaucoup d'autres choses, plutôt que du mal à M. Renan. Renan n'avait nulle envie de couper les racines qui alimenteraient la vie de Renan, la gloire et les talents de Renan. Ses bonnes et ses mauvaises qualités, qui étaient également nombreuses, et qu'il aimait également, le défendaient également, conspiraient à le garder contre toute tentation de procéder à une opération aussi entière. Il faut voir, il faut un peu considérer quelle était alors la situation de Renan, sa situation mentale et surtout sa situation sentimentale. Conservateur, profondément et nativement conservateur, non point conservateur de la révolution, comme ces autres, mais conservateur de la conservation, ennemi né de toute nouveauté, de tout moderne, — car il est singulier, mais il est vrai, et d'ailleurs ce ne serait pas la première fois que ce phénomène se serait présenté dans l'histoire, — que ce père de tous les modernes était l'homme du monde le plus ennemi de tout ce qui ressemblait à du moderne, conservateur par habitude elle-même et par naissance, né, demeuré conservateur, timide, pour ne pas dire peureux de tout changement, à plus forte raison de toute révolution, sociale ou simplement politique, et morale même ou mentale, Breton certes et non point déjà Bleu de Bretagne, il conservait, il aimait toute habitude; et comme il aimait beaucoup Renan, par modestie, entre toutes habitudes, avec une prédilection singulière il aimait, il conservait les siennes. Et quand même il ne les eût pas aimées et conservées naturellement et par habitude, il était trop intelligent pour ne pas savoir quelle nourriture substantielle, quelle pâture alimentaire cette religion, qu'il allait quitter ou qu'il venait de quitter, continuerait à fournir à la consommation de son talent et ainsi à la préparation de sa gloire.

Les soldats, disait sensiblement l'ancienne *théorie,* procurent leur succès et préparent leur gloire, (de leurs chefs militaires). L'Église, dans ce système, le catholicisme, le christianisme recevait l'honneur de continuer à être chargé de procurer le succès et de préparer la gloire du chef exégétique.

D'une part il était assez intelligent, il avait assez le sens des réalités, des conservations, des origines et des alimentations pour savoir que généralement il est extrêmement dangereux pour un talent et pour une gloire de se couper de ses racines anciennes; cette opération étant radicalement impossible, par définition, pour un génie; lui particulièrement il était assez intelligent, il avait assez de sens de soi-même, de son talent, de sa valeur, de ses moyens, de sa conservation, de ses origines, de son alimentation, de sa continuation, de sa gloire à préparer, de ses limites aussi pour savoir qu'à lui plus qu'à personne il était extrêmement dangereux de couper ses racines alimentaires. Car nul homme autant que lui n'était nourri de ses plus anciennes racines. Et il ne l'ignorait pas. Car il était intelligent. D'autre part il connaissait parfaitement tout l'avantage, toute l'immense supériorité que le maintien d'une certaine vie spirituelle dans son arrière-opération mentale, dans son arrière-pensée, traduit, exprimé par le maintien d'un certain langage de la vie spirituelle dans son arrière-style, dans son arrière-écriture, dans son arrière-langage, lui donnerait sur ses nouveaux amis, sur ses nouveaux partisans, sur ses nouveaux élèves.

Et il n'est point certain, le malicieux vieillard qu'il avait toujours été, que de toutes les supériorités qu'il prétendait obtenir ce ne fût point celle-là, cette supériorité sur ses disciples et sur ses amis, et aussi sur ses survivants successeurs, qui secrètement ne lui fût pas le plus agréable. Qu'on repense à un certain ton, prétendûment détaché, dont il parle de sa propre mort, et de la continuation des autres. *Je me disais que le vieux manuscrit serait publié après ma mort,... et que de là peut-être viendrait pour moi un de ces rappels à l'attention du monde dont les pauvres morts ont besoin dans la concurrence inégale que leur font, à cet égard, les vivants.*

Il y a deux sortes d'amis : ceux qui veulent l'emporter sur leurs amis, se faire supérieurs à leurs amis, commander à leurs amis, primer, dominer, exercer sur leurs amis une autorité de commandement, commander en gloire et commander en domination : ce sont les amis selon le siècle, et, à dire le vrai, ils ne méritent même point, en aucun sens ni d'aucune façon, le nom d'amis; car ils sont ennemis au contraire, infiniment plus ennemis que les véritables et les simples ennemis; les autres ne pensent pas même à se comparer à leurs amis, parce qu'ils savent que l'émulation même est mauvaise et que ce que l'on nomme de ce nom d'émulation n'est jamais que le déguisement de l'envie originelle et de la vieille jalousie; ceux-ci ne pensent pas à se faire supérieurs, à exercer une autorité de commandement, une gloire de domination : ils n'y pensent même pas; car ils pensent à se réjouir du bonheur de leurs amis; ou plutôt ils n'y pensent même pas et c'est tout naturellement et spontanément, inconsciemment et bonnement, sans y penser, tout communément qu'ils sont heureux dans le bonheur de leurs amis; tout innocemment; ceux-ci sont les amis intérieurs, les amis selon la règle de l'amitié, les véritables amis, les simples et les seuls qui soient dignes de recevoir ce nom d'amis.

Or il est malheureusement certain que Renan appartenait à la première sorte; comme il était devenu un clerc selon le laïque, il avait toujours été un ami selon le siècle; et voilà ce qu'il ne faut jamais oublier quand on aborde, comme un livre plein d'enseignements et de renseignements, *l'Avenir de la Science.*

Il y a deux sortes d'hommes, ceux qui veulent avoir des partisans et ceux qui ne veulent pas avoir des partisans, ou du moins qui ne se proposent pas uniquement d'avoir des partisans; les premiers veulent exercer une autorité de commandement, une gloire de domination sur les hommes qui ainsi deviennent des partisans et par eux sur le reste du monde; ceux-ci sont les chefs de parti; et il y a des partis intellectuels comme il y a des partis politiques; et les partis intellectuels, — politiques eux-mêmes, — sont beaucoup plus dangereux que les partis politiques, — propres, — parce qu'ils atteignent l'homme beaucoup plus profondément; les autres ne redoutent rien tant que de devenir hommes de parti, si ce n'est ce qu'ils redoutent beaucoup plus encore, ce qu'ils redoutent le plus : de devenir chefs de parti.

Or il est malheureusement certain que Renan appartenait à la première sorte; la cérémonie de l'inauguration du monument de Renan à Tréguier, accomplie essentiellement comme une fête de parti, comme une cérémonie gouvernementale, n'a fait, en ce sens, que traduire, comme un couronnement de fait, comme un aboutissement suprême extérieur, en un langage particulièrement grossier, une tendance, un esprit originel intérieur invincible. Renan était profondément un homme de parti et ne demandait qu'à devenir un chef de parti, de parti intellectuel et peut-être bien, Dieu aidant, de parti politique, — on n'a pas oublié sa candidature libérale *indépendante* sous l'Empire, en mai-juin 1869, dans une certaine circonscription de Seine-et-Marne, je crois que c'est dans la circonscription où il y avait Lagny, — et l'on ne sait jamais jusqu'où les hommes de ce temps et de cette génération, les *intellectuels* d'avant le mot, les fondateurs et les pères intellectuels, après et pendant les exemples retentissants de Lamartine et de Hugo, de tant d'autres, étaient ambitieux, convoiteux non pas tant peut-être de la puissance et de la domination que de la gloire politique, — ou plutôt il était d'autant plus volontiers un homme de parti que c'est le bon moyen pour devenir ce qu'il ne demandait qu'à être : un chef de parti : voilà ce qu'il ne faut jamais oublier quand on aborde *l'Avenir de la Science :* que ce livre est un livre de parti, un livre d'homme de parti, et, sourdement, un livre d'homme de parti qui ne demandait lui-même qu'à se faire des partisans, qu'à devenir chef de parti. Qui ne demandait pas seulement à devenir lui-même partisan, mais qui ne demandait qu'à se recruter des partisans, fonder un parti, se faire le fondateur et le chef, statutaire, d'un parti. Enrôler des jeunes gens, la plus vieille et la plus chère ambition, la plus secrète convoitise ecclésiastique.

Il y a beaucoup plus de ressemblance, beaucoup plus de voisinage qu'on ne le croit, ou, pour tout dire, il y a une toute proche, une étroite parenté entre l'ambition intellectuelle et l'ambition politique, entre les partis intellectuels et les partis politiques, entre la passion du commandement intellectuel et la passion du commandement politique; ou plutôt il n'y a pas seulement des affinités, une affinité générale entre l'autorité du commandement intellectuel et l'autorité du commandement politique, il n'y a pas seulement entre elles deux ce goût singulier, cette convoitise commune, cet appétit commun de toute autorité de commandement, si répandu dans nos démocraties, mais nous voyons par tout ce qui aujourd'hui se passe autour de nous que la convoitise de la domination intellectuelle est la même que la convoitise de la domination politique, et du gouvernement. Non pas seulement qu'elle en est un cas particulier, mais qu'elle est la même, plus approfondie encore, infiniment plus inquiétante et plus dangereuse, étant inquisitoriale et pour ainsi dire plus intérieure, étant plus essentielle et pénétrant aux racines mêmes des libertés intérieures, pour les atteindre. Qui en douterait, il n'aurait qu'à regarder un peu ce qui se passe autour de nous. Car c'est pour cela, c'est par un effet de cette parenté, de cette unité, de cette continuité, de cette identité, entre l'autorité de commandement intellectuel et l'autorité de commandement politique parlementaire et gouvernemental, que tant de jeunes gens autour de nous, et tant d'hommes faits, passent aussi aisément, et d'une marche continue, de leurs tentatives de domination intellectuelle, à des réalisations de dominations politiques. Tout le parti jaurésiste [1] notamment est ainsi fait de vieux jeunes gens intellectuels, particulièrement de vieux normaliens célibataires vieux jeunes gens intellectuels bien conservés qui vendraient leur âme premièrement pour ne pas faire leur classe, dans un département, deuxièmement pour exercer, pour chiper une parcelle de pouvoir politique sur les serviles Français [2]. Il faut croire qu'il y a dans l'exercice de la domination politique une jouissance, une sorte de délice inconnue, inaccessible aux véritables hommes d'études, aux hommes de travail et d'œuvre. La preuve en serait encore dans la facilité, dans la continuité avec laquelle nous voyons que partout autour de nous les partis intellectuels, eux-mêmes, considérés globalement et comme partis, les partis intellectuels tout faits, les partis intellectuels en bloc deviennent des partis politiques, se transforment en partis politiques, ou plutôt, car c'est là leur véritable, leur intérieure et leur finale forme, se forment, s'informent en partis politiques. Et particulièrement enfin, et individuellement, c'est pour cette raison que nous avons vu depuis quelques années et que nous voyons tous les jours autour de nous davantage tant d'intellectuels, — tant d'universitaires, notamment, — aussi aisément, aussi continûment devenir des politiciens, notamment se porter candidats aux élections parlementaires, et quelquefois y réussir [1], — je ne parle pas des élections municipales, — ce qui ne leur arriverait jamais, et dont ils ne courraient aucun risque, s'ils étaient proprement, purement des intellectuels. On croyait, ils croyaient peut-être eux-mêmes qu'ils étaient des intellectuels, de purs intellectuels; ils parlaient de la politique avec un certain dédain, sur un certain ton; ils étaient des messieurs intellectuels, des professionnels de l'intellectualité : au premier usage, au premier voyage on les découvrait, on les reconnaissait et eux-mêmes ils se découvraient, ils se reconnaissaient, ils se saluaient politiciens dans l'âme, politiciens de vieille date et de vieille souche, familiers et vieilles troupes de la politique, politiciens chez eux et à la coule, politiciens d'avant toujours et non pas même seulement par vocation, mais politiciens nés, — égarés, passants, véritablement étrangers aux pays proprement intellectuels. Sans avoir jamais rien appris de la politique, d'instinct ils la savaient toute, la politique. Car ce n'est point par une conversion, ni par un saut, mais c'était par un passage immédiatement continu, ou plutôt c'était par un retour sur soi-même, par une rentrée en soi-même et dans leur véritable nature, par une retrouvaille de soi qu'ils se rendaient de leurs prétendus pays de travail intellectuel à leurs véritables patries de la politique et de ses agitations.

De cette connexité de la domination intellectuelle et de la domination politique, parlementaire gouvernementale, venue de leur profonde unité, manifestation extérieure, déjà grossière, et un peu superficielle, de leur identité même, de leur communauté de source profonde comme étant une communauté de vice, nous venons justement d'avoir une illustration la plus éclatante. Il avait été mille fois entendu, promis, juré, mis sur les programmes, ce qui n'est rien, mis sur les affiches, dans les journaux, dans les brochures, dans les revues, dans les livres, dans les déclarations et dans les pactes, les plus solennels, qu'aussitôt que le parti intellectuel serait parvenu au gouvernement de la République, à la domination de l'État, son premier soin serait d'assurer la neutralité, philosophique, religieuse, métaphysique, du gouvernement et de la domination de l'État de cette République. Il ne devait plus y avoir ni philosophie d'État, ni religion d'État, ni métaphysique d'État. De même qu'après le triomphe du dreyfusisme il ne devait plus y avoir de raison d'État.

Il faut à ce titre considérer comme un des plus grands événements du temps présent non point le discours de M. Viviani, le nouveau ministre du travail, récemment affiché sur nos murs, mais tout un passage de ce discours.

Un peu déshabitué de la tribune après, je crois, huit années d'absence, demeuré juvénile, très allant, et ami de la période oratoire et de la littérature éloquente parlementaire, au besoin fleurie, le nouveau ministre du nouveau ministère a fait ce que n'eussent point fait beaucoup de ses nouveaux collègues, beaucoup de ses amis, politiques ou amicaux, ce que n'eût point fait un homme infiniment plus avisé comme son collègue de l'Instruction publique et des cultes, un homme infiniment plus délié comme son collègue de l'Intérieur et président du conseil.

Ce que ni Briand ni Clemenceau n'eussent fait jamais, c'est précisément cela que M. Viviani a commencé par faire, s'est empressé de faire pour son commencement de ministère, pour son installation, et aussi pour sa rentrée à la tribune : démasquer ses batteries, parlant au nom du parti intellectuel, révéler, dénoncer, victorieusement annoncer l'arrière-pensée du parti intellectuel.

Un très grand nombre d'intellectuels avaient déjà mangé le morceau. Mais aucun d'eux n'avait jamais encore parlé au nom du gouvernement, officiellement et comme étant un membre du gouvernement.

Les catholiques avaient souvent dit que telle était l'arrière-pensée du parti intellectuel, et même une pensée qui n'était plus arrière du tout. Mais ils avaient tant menti, comme parti politique autoritaire, quand ils étaient eux-mêmes le parti de gouvernement, que l'on ne pouvait croire qu'ils dissent vrai depuis qu'ils étaient devenus non point tant une minorité, au moins électorale, persécutée, qu'une minorité, au moins électorale, destinée, dans l'intention du parti intellectuel, à subir la persécution.

Pour la première fois depuis que Renan a jeté, a posé les tout premiers tracés des statuts de la domination du parti intellectuel un ministre de la République, un secrétaire d'État, parlant officiellement et formellement en son nom et au nom du Gouvernement à la tribune de la Chambre, aux applaudissements d'une immense majorité, dans le silence mal averti de toute la minorité, applaudissements ratifiés et silence souligné par un affichage voté lui-même à une énorme majorité, pour la première fois un membre du Gouvernement est monté à la tribune et a déclaré, officiellement et en titre, a proclamé, solennellement, non seulement que le parti intellectuel se proposait d'asseoir sur le monde une domination philosophique, religieuse, métaphysique, mais même qu'il y avait réussi pleinement.

Cette déclaration, officielle, cette solennelle proclamation est d'autant plus intéressante, si elle n'était pas d'autant plus imprévue, que M. Viviani n'était point proprement, originairement, un intellectuel, on peut considérer cette annonciation comme la manifestation, comme le manifeste d'un ralliement, d'autant plus significative. M. Viviani a vraiment porté la parole pour le parti intellectuel, s'est vraiment fait le porte-parole du parti intellectuel.

Cela n'a pas suffi, a dit le nouveau ministre, *et alors nous nous sommes attachés à une œuvre d'anticléricalisme, nous avons arraché de l'âme du peuple la croyance à une autre vie, à des visions célestes décevantes et irréelles.*

« C'est ici, dit à son tour *le Matin,* que le talent de M. Viviani a trouvé sa preuve, si tant est qu'il eût besoin de preuve. Car pas une protestation ne s'est élevée à droite quand le ministre du travail a dit cette chose formidable, formidable si l'on songe que c'est un ministre qui l'a dite, même après la loi de séparation. »

Je vous crois, ô *Matin,* que ce fut formidable. Vous avez eu la langue trop longue, vous aussi, comme un ministre du travail, ô courriériste parlementaire, simple journaliste officieux. Oui je vous crois, ô journal et journaliste, que ce fut formidable, même et surtout après la loi de séparation. Car cette annonce fait tout le contraire d'une séparation. Nous ne saurions trop nous applaudir ici que le grand journal du matin ait été plus perspicace que nos députés parlementaires. Qui ne semblent point s'être alors aperçus, alors ni depuis, que ce fût formidable. Pas même ceux de la droite, qui n'ont protesté que par habitude fatiguée, sans conviction. Ils sont tellement gauches et mal habitués de n'avoir plus le gouvernement qu'ils ne savent plus rien reprocher au gouvernement.

Une déclaration ministérielle aussi officiellement, aussi souverainement faite à la tribune, dans une séance aussi pleine, aussi attentivement attendue et suivie, une proclamation faite par un ministre dans ces circonstances et dans ces conditions, dans tout le plein exercice de son ministère, a par tout cela même une première solennité, une première valeur de solennité.

Une déclaration ministérielle faite pour la création d'un ministère, dans toute la pleine et solennelle inauguration d'un ministère, d'un département ministériel nouveau, a comme une deuxième solennité, une deuxième valeur de solennité. Parce qu'elle marque un commencement.

Une déclaration ministérielle aussi solennellement affichée, — si prodigue d'affichages que la Chambre se soit montrée en ces derniers temps, et qu'ordinairement elle se montre au commencement d'une session, — par le fait d'un vote aussi marqué, par l'effet parlementaire des suffrages d'une aussi importante majorité, a comme une deuxième double solennité, une deuxième double valeur de solennité. Elle n'engage plus seulement l'autorité ministérielle, gouvernementale et la responsabilité. Elle engage tout ensemble, tout également, l'autorité parlementaire et législative et la responsabilité. La Chambre s'y engage, formellement, et non plus seulement le ministère.

« **M. René Viviani,** ministre du travail. — *Nous avons dit à l'homme qui s'arrête au déclin du jour, écrasé sous le labeur quotidien et pleurant sur sa misère, nous lui avons dit* *qu'il n'y avait, derrière les nuages que poursuit son regard douloureux, que des chimères célestes, et d'un geste magnifique nous avons éteint, dans le ciel, des lumières qu'on ne rallumera plus.* (Applaudissements prolongés à gauche)

« *Maintenant, l'œuvre commence aujourd'hui; car que répondrez-vous à l'homme,* à qui nous avons arraché sa foi, à qui nous avons fait le ciel vide, *qui reste humilié tous les jours par le contraste qui fait de lui à la fois un misérable et un souverain?* »

Je ne le lui fais pas dire. Et enfin plus loin :

A ceux qui disent qu'un pays sans idéal religieux *est en voie de décadence, répondez qu'un pays n'est pas en décroissance s'il augmente la valeur morale et sociale de l'individu.*

Je prends ce texte dans *le Matin* du vendredi 9 novembre, et je crois que je puis l'y prendre sans danger, s'il est vrai que *le Matin* est devenu l'organe officieux de ce nouveau gouvernement à un point que l'on n'avait jamais atteint peut-être. Il n'est donc point suspect d'avoir voulu jouer un mauvais tour au nouveau ministre. Il ne tend au contraire, tout son effort tend, dans ce numéro et dans les numéros environnants, tout son effort, toute sa combinaison, toute sa présentation, ne tendent qu'à le faire mousser, comme ils disent. Ils appuient dans son propre sens. Tout permet donc de croire que nous avons ici, dans *le Matin,* le texte originaire, le texte premier et le plus exact.

Même texte dans *le Petit Temps* daté du même jour au soir, ce qui beaucoup plus simplement me fait croire que ce texte est tout bonnement le texte analytique distribué aux journaux, par les services officiels je crois, même texte, — sous cette réserve cependant, et ce détail m'intéresse, qu'après la phrase des becs de gaz qu'on ne rallumera plus, après les *applaudissements prolongés à gauche,* le texte du *Petit Temps* porte : *Vives réclamations à droite.* J'ose conjecturer que ce n'est point *le Petit Temps* qui a inventé ces *Vives réclamations à droite,* qu'elles étaient en effet dans le texte, que la droite s'est tout de même aperçue qu'on venait de lui dire quelques mots, et que c'est *le Matin* qui les a supprimées, sans doute parce qu'elles tenaient de la place, peut-être parce qu'elles offusquaient la magnificence du geste de l'éteigneur. Car enfin :

Comme enfin une innovation dans le mouvement ne peut jamais aller sans une innovation dans la forme correspondante, et réciproquement, il faut noter que c'est ici aussi la première fois depuis que le monde existe qu'un romantique nous présente comme étant magnifique un geste qui consiste à éteindre des lumières. *Et d'un geste magnifique, nous avons éteint, dans le ciel, des lumières qu'on ne rallumera plus.* Ceci est nouveau, dans le verbe, et cette nouveauté dans le verbe ne fait que souligner, représenter, comme il arrive toujours, une correspondante nouveauté, dans le geste, une innovation du geste lui-même. Le vieux père Hugo et à sa suite un nombre incalculable de romantiques avaient bien fait profession de tirer pour la joie de nos regards et pour l'éblouissement de nos yeux un nombre incalculable de métaphores du pacifique métier d'allumeur de réverbères, devenu avec le temps et par le progrès de la civilisation le métier municipal d'ouvrier demi fonctionnaire d'allumeur de becs de gaz. Hugo menant la grande bande et sarabande des romantiques nous avait bien habitués à cette spécialité de métaphores. Et *dans la grande boutique*

Romantique

il en avait tout un rayon. Mais ils nous avaient habitués aussi à distinguer nettement entre les deux parties également honorables de cet honorable métier. Les allumeurs de becs de gaz allument quand il faut. Mais ils éteignent aussi. Quand l'heure est venue. Les grands romantiques avaient soigneusement distingué, trié entre ces deux opérations, ces deux parties du métier de cette honorable corporation. Retenant pour eux les fonctions d'allumeurs de ces becs de gaz que dans leurs métaphores ils nommaient généralement étoiles, soleils, phares, et autres rimes glorieuses, à cause de fanfares, ils réservaient dédaigneusement et haineusement, d'une haine au moins romantique, la deuxième opération, l'opération contraire, d'éteigneur de ces mêmes becs, pour les rois, les prêtres, les papes, et autres princes de la nuit. C'est alors que Hugo faisait rimer *ombre* avec *sombre,* et ensuite *ombres* avec *sombres,* et quelquefois, plus heureusement, avec décombres, car il n'était pas comme nos jeunes hommes, que je ne veux point appeler des jeunes gens, pour ne point me faire assassiner, et il respectait la règle du pluriel. C'est alors qu'il faisait sortir et qu'il faisait donner les rimes des ténèbres. Les *esquadrons volans* des hussards de la mort. Hugo, lui personnellement, en avait-il assez allumé, de lumières, et ses damnés ennemis en avaient-ils assez éteint. Il suivait ainsi le bon sens d'ailleurs, comme il faisait souvent, le sens vulgaire, le sens commun; qui faisait sa force; car ces hommes, ces fonctionnaires, ces ouvriers municipaux, ces honorables syndiqués nos maîtres, qui également allument et également éteignent, nous-mêmes, nous les nommons allumeurs seulement, allumeurs de becs de gaz; par une espèce de pudeur et de révérence; et nous n'avons point la pensée de les nommer au contraire éteigneurs; bien que ce fût juste et que ce soit également leur métier, l'autre partie, la partie contraire de leur métier; ni tout au long de leur titre messieurs les allumeurs puis éteigneurs de becs de gaz; comme le demanderait une saine logique, équitable; nous aurions honte, pour eux, de les nommer éteigneurs de becs de gaz; nous préférons, si je puis dire, laisser cela dans l'ombre. Pour la première fois dans l'histoire du verbe, dans l'histoire de la métaphore française, et peut-être de toute la métaphore, la vieille et toujours bonne métaphore vieille et jeune romantique a été retournée. Il s'est trouvé un homme assez hardi, un révolutionnaire pour faire cela. Et c'est le contraire, c'est le geste de l'éteigneur qui a été hautement revendiqué par le poète comme un geste qu'il a proclamé magnifique. Il y a là un événement d'une portée incalculable.

Nous lui avons dit qu'il n'y avait, derrière les nuages que poursuit son regard douloureux, que des chimères célestes, et d'un geste magnifique, nous avons éteint, dans le ciel, des lumières qu'on ne rallumera plus. Mais nous-mêmes aujourd'hui soyons historiens. A nous la confrontation des textes. Faisons jouer l'appareil critique. Reportons-nous au *Journal officiel*, numéro du même vendredi 9 novembre. Non point que le texte du *Journal officiel* soit de soi un texte plus authentique. Souvent au contraire il est moins authentique, étant le texte que l'orateur a revu plus à loisir, qu'il a corrigé sur épreuves, qu'il a établi à tête plus reposée. Ainsi le texte du *Journal officiel,* qui est celui que l'on affiche en cas d'affichage, loin de donner authentiquement, au sens de réellement, ce qui a été dit en séance, ne le donne que authentiquement au sens de officiellement et non point au sens de réellement. Nous n'avons point là ce qui a été dit réellement en séance, mais ce que le soir, lisant ses épreuves à l'imprimerie, ou dans un bureau, l'orateur veut qu'il soit publié officiellement qu'il ait dit.

Or le texte du *Journal officiel,* pour le passage que nous avons retenu, est non seulement plus complet, ce qui est naturel, mais plus explicite encore et plus marqué que ce texte que j'ai conjecturé être un simple texte analytique. Et de cette explicitation et de ce marquage on doit féliciter également et l'orateur et le ministre. On doit aussi l'en remercier. Avec lui au moins nous savons je ne dis pas seulement même où nous allons, car lui-même il ne parle qu'au passé, mais où nous sommes allés, où nous sommes arrivés :

Cela n'a pas suffi. Tous ensemble, par nos pères, par nos aînés, par nous-mêmes, nous nous sommes attachés dans le passé à une œuvre d'anticléricalisme, à une œuvre d'irréligion. Nous avons arraché les consciences humaines à la croyance. Lorsqu'un misérable, fatigué du poids du jour, ployait les genoux, nous l'avons relevé, nous lui avons dit que derrière les nuages il n'y avait que des chimères. Ensemble, et d'un geste magnifique, nous avons éteint dans le ciel des lumières qu'on ne rallumera plus! (Vifs applaudissements à gauche et à l'extrême gauche)

Les *applaudissements* sont devenus *vifs,* de *prolongés* qu'ils étaient, et ils se sont étendus à l'extrême gauche; mais les *vives réclamations à droite* sont tombées, comme dans la version du *Matin.* C'est une compensation.

Qu'est-ce que vous voulez répondre, je vous le demande, à l'enfant devenu un homme qui a profité de l'instruction primaire complétée d'ailleurs par les œuvres postscolaires de la République, pour confronter sa situation avec celle des autres hommes? Qu'est-ce que vous voulez répondre à un homme qui n'est plus un croyant, grâce à nous, que nous avons arraché à la foi, à qui nous avons dit que le ciel était vide de justice (Applaudissements à l'extrême gauche et à gauche) *quand il cherche la justice ici-bas?*

M. Lasies. — *Très bien! très bien!*

M. le ministre du travail. — *Répondez à ceux qui disent que la hardiesse dans les réformes sociales précipite un pays dans la décadence économique et financière, qu'un pays n'est jamais en décroissance quand il augmente la valeur morale et la valeur sociale de ses enfants!* (Applaudissements)

Ici la variante est importante. Mais la déclaration de prise du pouvoir du parti intellectuel est alors assez acquise. Que ce soit le parti intellectuel qui soit entré dans le pouvoir, ou plutôt, ici du moins, le pouvoir qui soit entré dans les vues du parti intellectuel. On comprend que M. Lasies ait trouvé que c'était *Très bien! très bien!*

Dans le grand discours du lendemain, même vendredi, et qui reçut également les honneurs de l'affichage, bien qu'il dît très exactement le contraire, et même qu'il fût fait très expressément pour cela, qui reçut tout de même les honneurs du même affichage, car affichage parlementaire sur affichage parlementaire vaut, un homme d'État infiniment plus homme d'État, un homme de gouvernement infiniment plus soucieux de ses responsabilités, un homme aussi infiniment plus habile et plus avisé, sinon plus souple, un homme dont nous avions mesuré depuis dix ans dans les congrès socialistes, mais dont les partis bourgeois ne connaissent que depuis quelques années le prodigieux talent parlementaire, un homme qui est réservé peut-être aux fortunes parlementaires les plus hautes, et peut-être, dans ce genre, les plus méritées, un homme qui de rapporteur premièrement de la loi de séparation en est devenu par le fait et par sa propre prise de possession comme l'auteur, au moins général, au point qu'on dira peut-être la loi Briand comme on dit la loi Waldeck-Rousseau, un homme qui d'ailleurs mesurait ainsi, lui aussi, sa propre responsabilité, un homme qui ménage l'avenir, qui mesure l'avenir, qui escompte l'avenir, un homme qui enfin travaille et pour aujourd'hui, et pour plus tard, et pour beaucoup plus tard, et non pas seulement pour aujourd'hui, qui ce jour-là aussi travaillait dans sa propre partie et dans le domaine de sa propre responsabilité où il est devenu compétent, qui n'avait plus à parler en l'air et dans la zone des métaphores et des lumières, mais qui avait la responsabilité d'agir dans la grise région des réalisations et des faits, le lendemain vendredi le ministre des cultes essayait de rattraper, autant qu'il pouvait, la déclaration proclamatoire de M. Viviani. Sur l'administration des différents cultes, et notamment du culte catholique, sur la neutralité formelle de l'État en forme de cultes et plus profondément sur ce qui est représenté par cette neutralité formelle, sur la neutralité matérielle de l'État en matière de religion, de métaphysique et de philosophie, le ministre du-traitement-que-l'État-fera-subir-à-la-prière, j'entends à la prière qui ne sera pas dite sur l'Acropole, a prononcé des paroles excellentes. Parlant au nom de tout le gouvernement, et non plus seulement, comme le précédent ministre, sur ce point, en son nom personnel, et aussi parlant sur des résolutions de politique prochaine, pour des décisions de gouvernement immédiat, il a sensiblement réussi à dégager le gouvernement du discours de la veille.

Il a recloué au mur la vieille déclaration des Droits de l'Homme et du Citoyen, que le précédent orateur, dans son mouvement, procédant comme un simple congréganiste et comme un Vendéen, avait, somme toute, foulée aux pieds. Décrochée de l'autre côté, foulée du pied gauche, mais enfin décrochée aussi, foulée aussi au pied.

Mais considéré comme une déclaration par adoption, par endossement, comme une proclamation de prise de pouvoir du parti intellectuel, ce discours de Viviani, dans ce passage que nous avons retenu, demeure entier.

Tout y est dans ce discours, dans ce passage; rien n'y manque, et pas même la destination, dans l'intention du parti intellectuel moderne, de l'enseignement primaire et des œuvres post-scolaires. De la troisième République, pour achever de parler comme eux.

Faut-il rappeler ici, une fois de plus, faut-il rappeler encore une fois dans ce pays, et nos Français ne se rappelleront-ils jamais eux-mêmes, jamais tout seuls que les négations métaphysiques sont des opérations métaphysiques au même titre que les affirmations métaphysiques, souvent plus précaires, ou, pour parler exactement, que les négations étant, généralement, et génériquement, des affirmations, retournées, étant une sorte particulière d'affirmations : les affirmations négatives, particulièrement les négations métaphysiques sont des affirmations métaphysiques, retournées, une sorte particulière d'affirmations métaphysiques : les affirmations métaphysiques négatives, souvent plus précaires, si possible, que les affirmations métaphysiques pures, que les affirmations métaphysiques proprement dites, affirmatives, affirmantes. Positives.

Ainsi faut-il rappeler pêle-mêle et en bref, pour prendre date, encore une fois, que la croyance en Dieu est une opération, une opinion métaphysique, religieuse; que même pour compter juste il y a la croyance en Dieu, en un seul Dieu, qui est une croyance métaphysique, religieuse. Croire en un seul Dieu, qu'il y a un Dieu, mais qu'il n'y en a pas plusieurs, c'est faire une opération métaphysique, religieuse, variable elle-même et différente, différente de soi-même, c'est en réalité en faire déjà plusieurs, selon qui est ce Dieu, unique. Et il y a autant d'opérations différentes qu'il y a de ces Dieux, uniques. Réciproquement croire qu'il n'y a pas un Dieu, mais plusieurs, c'est encore faire une opération métaphysique, religieuse, différente de la première, bien qu'elle soit peut-être un peu de la même famille, variable elle-même et différente entre elle-même, c'est faire une multitude en réalité d'opérations métaphysiques, religieuses, autant que vous ferez une multitude non seulement de ces dieux pluriels à l'intérieur de chaque mythologie polythéiste mais de ces mythologies polythéistes mêmes. Contrairement, croire qu'il n'y a ni un Dieu ni plusieurs, c'est faire en face, en contraire, en réplique, une opération métaphysique, religieuse, ou plutôt c'est faire en une seule, sous le vêtement d'une seule, une multitude d'opérations métaphysiques, religieuses, autant qu'il y a d'opérations positives dont on fait ainsi les négatives, autant qu'il y a d'opérations affirmatives dont vous faites ainsi les répliques.

Pour parler le langage de l'école, faut-il donc rappeler que l'athéisme est une philosophie, une métaphysique, qu'il peut être une religion, une superstition même, et qu'il peut devenir ce qu'il y a de plus misérable au monde, un système, ou plutôt, et pour parler exactement, qu'il est ou qu'il peut être plusieurs et beaucoup de tout cela, au même titre et ni plus ni moins que tant de théismes et tant de déismes, tant de monothéismes et tant de polythéismes, et de mythologies, et de panthéismes, qu'il est une mythologie, lui aussi, comme les autres, et, comme les autres, un langage, et que tant qu'à faire et puisqu'il en faut, il y en a eu de plus intelligents.

Pareillement de la croyance à la vie éternelle. Croire à une vie future, de justice réparatoire ou de béatitude, ou de toute autre indication, c'est faire une opération métaphysique, religieuse. Croire à plusieurs vies ultérieures, comme tant d'humanités y ont cru, et aussi à plusieurs vies antérieures, ce qui en est le complément naturel, et ce qui en fait comme l'équilibre attendu, croire à une indéfinité d'autres vies, antérieures et ultérieures, c'est faire une autre, c'est faire d'innombrables autres opérations métaphysiques, religieuses. Mais croire au contraire que cette mort temporelle a une valeur absolue, essentielle, totale, métaphysique, religieuse, parfaitement annulante, c'est faire encore une autre, encore une multitude d'autres opérations métaphysiques, religieuses.

Infiniment plus inintelligibles, plus inconcevables, plus impossibles encore à se représenter même. Hypothèses infirmes, comme toutes les autres, parce qu'elles sont, comme toutes les autres, de pauvres opérations humaines. Hypothèses encore infiniment plus infirmes.

Faut-il donc rappeler que la métaphysique et la philosophie et que la religion intellectuelle et que la superstition du parti intellectuel moderne est une métaphysique, une religion, une superstition de plus, comme tant d'autres, après tant d'autres, — avant tant d'autres, — dans l'histoire de tant d'humanités.

Je ne dis pas seulement et globalement dans l'histoire de l'humanité. Croient-ils donc, après tant d'autres, comme tant d'autres, — avant tant d'autres, — qu'ils ont dit le dernier mot de l'histoire de l'humanité, qu'ils ont mis le point final à l'histoire de toute la pensée humaine.

Faut-il ici rappeler tant de métaphysiques et tant de philosophies, tant de religions et tant de superstitions, faut-il citer tant d'humanités abolies ou vivantes, faut-il prévoir tant d'humanités éventuelles, ou quelques-unes de ces humanités, faut-il redemander à un auteur admirablement averti quelques nouvelles *Histoires de quatre ans?* [1].

Pour moi je lui en redemanderais bien deux ou trois, pour commencer, parce que c'eſt bien agréable à lire en épreuves, beaucoup plus que le meilleur des discours parlementaires.

On peut penser personnellement, comme je le pense, que cette métaphysique du parti intellectuel moderne eſt une des plus grossières que l'humanité aura jamais connue, qu'elle eſt infiniment plus sommaire et plus *barbare,* au sens hellénique de ce mot, que les toutes premières cosmogonies helléniques, ou plutôt qu'elle l'eſt, et qu'elles ne l'étaient point, qu'elle remonte comme réactionnaire très au delà des premiers Éléates et qu'elle eût semblé toute grossière et inintelligente et sommaire et arriérée à Thalès le Milésien, comme à tous ces premiers Ioniens, pour ne point me référer à ces Pythagoriciens admirables. On peut penser, comme je le pense personnellement, que les auteurs et que les sectateurs de cette basse et grossière métaphysique du parti intellectuel moderne, inintelligente, eussent été dénoncés, méprisés comme barbares, comme n'ayant non seulement aucun sens de la beauté, mais comme n'ayant pas même, au fond, le sens de la nature, non pas seulement dans les écoles d'Athènes, comme n'ayant pas même une idée des queſtions qui se posent, et s'ébrouant dans des queſtions qui ne se posent pas, mais avant le commencement de la grandeur d'Athènes dans toutes les cités colonies des côtes ioniennes, et à l'autre bout du monde, de ce monde grec, dans toutes les cités colonies des côtes de la Grande-Grèce, des côtes siciliennes et déjà des côtes italiennes. Je ne parle pas des anciens Juifs, qui eussent commencé, comme entrée en matière, par les passer au fil de l'épée, comme impurs, et désagréables au Seigneur. Car on ne saura jamais à quel point ce vieil Israël était un peuple militaire. Mais là n'eſt point le débat.

Les intellectuels modernes, le parti intellectuel moderne a infiniment le droit d'avoir une métaphysique, une philosophie, une religion, une superſtition tout aussi grossière et aussi bête qu'il eſt nécessaire pour leur faire plaisir, j'entends sinon le droit civique, du moins le droit social, politique, enfin le droit légal. Cela ne nous regarde pas, j'entends sinon comme citoyens, du moins comme contribuables, comme électeurs. Étant mis de côté préalablement, et par définition, à quel point cela nous regarde comme hommes, comme philosophes, et comme métaphysiciens nous-mêmes. Mais ce qui est en cause et ce dont il s'agit, ce qui est le débat, c'est de savoir si l'État, moderne, a le droit et si c'est son métier, son devoir, sa fonction, son office d'adopter cette métaphysique, de se l'assimiler, de l'imposer au monde en mettant à son service tous les énormes moyens de la gouvernementale force.

Il y a eu tant d'autres humanités, tant d'autres métaphysiques, tant d'autres philosophies, tant d'autres religions, tant d'autres superstitions. Faut-il rappeler seulement que la métaphysique intellectuelle, que la philosophie intellectuelle moderne, que la religion, que la superstition du parti intellectuel moderne va directement à peu près contre tout le monde, contre tout le monde acquis et qui a fait ses preuves, différentes, contre toutes les humanités vraiment dignes de ce nom, contre toutes les humanités intéressantes et qui aient vraiment vécu, allant directement contre toute la destination du peuple d'Israël, — et par là même allant aussi beaucoup contre les Juifs, — car il est bien difficile, — quoi qu'en veuillent faire croire certaines apparences modernes, — il est bien difficile d'aller directement contre la destination du peuple d'Israël et de n'aller pas nommément contre les Juifs; allant directement contre toutes les cités et les écoles helléniques; allant directement contre tous les peuples chrétiens; allant également contre les Juifs et contre les Chrétiens; parmi les chrétiens allant également contre les négligeables schismatiques, mais allant également contre toutes les sortes de protestants et contre les catholiques; allant également contre ceux qui sont de plusieurs sortes et contre ceux qui ne sont que d'une sorte; et parmi les philosophes, race méprisable peut-être, et négligeable parce qu'ils ne sont pas des peuples, allant également contre les platoniciens, contre les cartésiens, et contre les kantiens; sans compter la philosophie que l'on voit venir.

Dans le langage de l'école allant également contre tous les théistes et contre tous les déistes, dont les sortes sont innombrables, contre tous les monothéismes, tous les polythéismes, toutes les mythologies, tous les panthéismes.

C'est-à-dire allant à peu près contre tout le monde, contre tout ce que l'on a vu et connu d'un peu propre, depuis qu'il y a un monde, et d'un peu intelligent, allant certainement contre des morceaux d'humanité qui sont au moins de gros morceaux et dont le moins que l'on puisse dire est que nul ne peut les traiter comme négligeables. Et que tout de même on ne peut pas compter subtiliser d'un tour de main.

Le parti intellectuel moderne a cent fois le droit d'avoir ainsi une métaphysique, si basse qu'elle nous paraisse, et d'aller ainsi, aussi intrépidement, contre tant de considérables humanités. Ce qu'il s'agit seulement de savoir, ce qui est seulement en cause et en débat, c'est s'ils réussiront à fonder par l'usage et par l'abus des moyens gouvernementaux le règne souverain de cette métaphysique. Il ne s'agit pas de savoir ce que vaut cette métaphysique et cette religion. Il ne s'agit pas de le savoir ici. Quand même elle serait excellente, — et il n'y a pas de métaphysique excellente, en ce sens, il n'y a pas, par définition, de métaphysique universellement démontrable, et ainsi politiquement et socialement valable, — quand même, ce qui est impossible, cette métaphysique serait excellente, ce qui est impossible de toute impossibilité, de droit et de fait, à cet égard, et en ce sens, — quand même alors l'État n'aurait absolument aucun droit ni de se l'assimiler, ni de se l'incorporer, ni de nous l'imposer par les moyens qui lui sont propres. Ni d'en faire une partie intégrante et constitutive de l'État, ni de s'en faire le ministre exécutif et le bras séculier.

Quand donc aurons-nous enfin la séparation de la Métaphysique et de l'État; mais pour de bon, cette fois; la vraie, la bonne séparation; non pas toujours la séparation de la Métaphysique électoralement, politiquement la plus faible, en politique parlementaire, au profit et pour l'établissement gouvernemental de la Métaphysique électoralement, politiquement la plus forte, en politique parlementaire, mais définitivement la séparation de la métaphysique, forte ou faible, sans acception, et sans exception, même électorale, même politique, et même parlementaire.

Quand donc nos Français ne demanderont-ils à l'État et n'accepteront-ils de l'État que le gouvernement des valeurs temporelles? ce qui est déjà beaucoup, et peut-être trop; quand donc refuseront-ils de recevoir des mains de l'État ce qui n'est aucunement du domaine de l'État? Quand donc l'État lui-même fera-t-il son métier, qui est déjà si vaste, et si difficile, et si lourd pour les sociétés modernes, et dont il s'acquitte si mal, et s'en tiendra-t-il rigoureusement, honnêtement, aux limites et aux conditions de son métier.

Quand donc notre État, qui a déjà tant de métiers, qui fabrique des allumettes et qui fabrique des lois, qui fabrique du transport par chemins de fer et des règlements d'administration publique, non sans peine et souvent sans quelque embarras, qui s'aperçoivent, laissera-t-il en paix définitivement les consciences et comprendra-t-il que ce n'est pas son affaire que de nous fabriquer de la métaphysique.

Quand donc l'État, fabricant d'allumettes et de contraventions, comprendra-t-il que ce n'est point son affaire que de se faire philosophe et métaphysicien.

Il y en a déjà bien assez, qui sommes métaphysiciens.

Nous avons le désétablissement des Églises. Quand aurons-nous le désétablissement de la métaphysique.

Quel onze ou douze décembre, puisqu'on nous parle toujours de ce onze décembre, le onze ou douze décembre de quelle année du temps nous apportera le désétablissement de la métaphysique.

Quand un ministre à la tribune enfin comprendra-t-il que ce n'est pas son affaire, comme ministre, de nous faire un enseignement ni une imposition de métaphysique; et qu'il a tant d'autres choses, utiles, à nous dire et à faire.

Nous n'avons plus de catéchisme d'État. Il n'y a pas très longtemps et nous devons nous en féliciter sans aucunes réserves. Faudra-t-il, Pulligny, que ce Monde sans Dieu qu'ensemble nous éditâmes d'un bon accord, vous traducteur parce que telles étaient sensiblement vos opinions, moi éditeur comme l'essai le plus intéressant dû dans ce genre à l'initiative privée, faudra-t-il que ce *Monde sans Dieu*[1], par un retournement que sans doute vous n'escomptiez pas, devienne à son tour *un nouveau catéchisme* gouvernemental, enseigné par les gendarmes, avec la bienveillante collaboration de messieurs les gardiens de la paix?

CAHIERS DE LA QUINZAINE

Onzième cahier de la huitième série (3 février 1907).

MARDI 11 décembre 1906[1]. — *De la situation faite à l'histoire et à la sociologie* et *de la situation faite au parti intellectuel dans le monde moderne.* — Les recherches que nous avons commencées sous ce titre sont si difficiles par elles-mêmes et si longues, la réalité où nous les poursuivons depuis le *Zangwill*[2] est par elle-même si invinciblement inépuisable que ces recherches non seulement ne s'achèveraient point, mais que même sans doute elles n'avanceraient pas si nous y intercalions, à mesure qu'elles se produisent, et les *objections,* et les *réponses aux objections.* C'est alors que sans aucun doute nous n'arriverions jamais nulle part. Si l'on veut bien considérer que même en n'intercalant pas, en continuant tout droit, en n'interrompant pas, au sens et dans la mesure où cette réalité elle-même serait droite et ininterrompue, nous ne savons pas, nous ne pouvons pas savoir si nous aboutirons, si nous arriverons jamais quelque part.

Et jours suivants. — Pourtant je ne veux pas absolument m'interdire de relever en cours de route, — en cours de série, — pendant que je corrige tant d'épreuves de tant de bons cahiers que nous nous efforçons de produire et d'organiser en une bonne et forte et nombreuse série non indigne déjà de tant de séries précédentes, — je ne puis et je ne veux pas absolument m'interdire de relever en cours de route et les allégations qui me seraient opposées par certaines personnes, et les confirmations qui me seraient apportées par l'événement de la réalité.

Notamment je ne veux pas taire ni ajourner à une date qui serait par trop ultérieure, comme disent les gendarmes, cette lettre que je viens de recevoir de notre ancien et, j'en suis assuré, de notre futur collaborateur M. Jean le Clerc de Pulligny[1]. Je dis : *futur*. Mais quand aurons-nous son cahier des *Poisons industriels?* Et n'est-il pas singulier, mais n'est-il pas usuel, qu'ayant fait sa grande connaissance très expressément pour ce cahier qui fut annoncé très formellement dans un de ces tout petits vieux anciens cahiers chers de la troisième ou de la deuxième, et peut-être même de la première série, aujourd'hui épuisés ou en voie d'épuisement, ce cahier formellement promis et annoncé soit précisément le seul aussi qui n'ait point encore paru et qui soit encore en préparation, et qu'ensemble nous ayons fait de tout, mon cher collaborateur, et même et beaucoup de métaphysique, je le crois, de tout excepté justement ce cahier des *Poisons industriels* à qui j'ai réservé une place pour la neuvième série dans le programme de cette neuvième série avant qu'il ne fût définitivement clos.

Notre collaborateur, — et je crois en effet me rappeler qu'à la fin de l'un des précédents cahiers je lui avais touché comme on dit quelques mots, — notre collaborateur m'a répondu par une si bonne lettre que je ne puis me retenir, — et que je ne le dois, — de la publier sans plus attendre. Car si j'attendais outre son tour passerait, des événements viendraient, il en vient toujours, elle passerait, comme tout passe, et ce serait une grande perte.

Cette lettre est un peu familière. Mais c'est un des plus grands avantages de ces cahiers que les conversations les plus familières, c'est-à-dire, de ce chef, les plus exactes, les plus réelles, et aussi les plus poussées, les plus profondément poussées, s'y peuvent poursuivre et conduire, entre gens avertis, et ainsi définitivement s'y achever.

Après quelques commandes de librairie, qui regardaient M. Bourgeois[2], notre collaborateur écrivait ceci, qui me regardait :

J'ai lu avec intérêt de la situation *et je fus touché d'être l'objet de votre finale prosopopée. Mais êtes-vous sérieux quand vous accusez le bloc d'avoir une métaphysique officielle?*

Je m'interromps tout de suite, à peine commencé, pour faire observer, une fois pour toutes, une fois pour toute cette citation, combien cette lettre est heureuse, en ce sens de : combien, comme familière et spontanée, elle verse au débat que nous avons à peine commencé de formules heureuses, claires, saisissantes, elles-mêmes familières, hardies, posées. Nous n'aurions peut-être jamais obtenu d'adversaires politiques une expression aussi claire de l'*antithèse*. Par la vertu de cette antithèse, venue d'un collaborateur tout impolitique, au seul contact, à la seule contrariété de cette antithèse, les formules de notre thèse se dessineront d'elles-mêmes.

Oui, j'accuse le bloc et nommément dans le bloc le parti intellectuel moderne d'avoir une métaphysique officielle, une métaphysique d'État, et de vouloir l'imposer à tout le monde par les moyens de la force gouvernementale. Ce qui est attentatoire à notre vieille amie la très honorablement connue liberté de conscience, et très formellement aux principes et au texte de la déclaration des droits de l'homme et du citoyen.

Hélas il [en] est bien incapable!

Notre thèse au contraire sera qu'il ne s'agit nullement en cette matière, en ce débat, de capacité ou d'incapacité, et de plus ou moins de capacité ou d'incapacité, enfin de quantité de capacité ou d'incapacité. Il n'y a besoin de nulle capacité pour faire de la métaphysique, pour avoir une métaphysique, si cette métaphysique est nulle. Il n'est besoin de capacité pour faire de la métaphysique, pour avoir une métaphysique, pour avoir sa métaphysique, — et même sa religion, — que dans la mesure où cette métaphysique elle-même, — où cette religion, — a pour ainsi dire de la capacité. Du contenu.

Faire de la métaphysique, avoir une métaphysique, avoir sa métaphysique, — sa religion, — n'est pas en soi-même et par le fait une opération supérieure, de je ne sais quelle supériorité mystérieuse. Tout le monde au contraire a sa métaphysique, profonde ou superficielle, forte ou faible, bonne ou mauvaise, grossière ou fine, ou déliée. Rien n'est aussi commun que la métaphysique. Tout le monde en fait. Tout le monde en a. Rien n'est aussi répandu. Seulement, non seulement tout le monde n'a pas la même, ce qui n'est que trop évident, mais tout le monde n'en a ni de la même sorte, ni du même degré, ni de la même nature, ni de la même qualité.

Rien n'est aussi portatif, si l'on veut, que la métaphysique. Tout le monde a la sienne, inconsciente ou consciente, intellectuelle ou réelle, officielle ou libre. Et ce qui serait difficile, et ce qui est même rigoureusement impossible, ce serait de n'avoir pas, ce serait que quelqu'un n'eût pas sa métaphysique ou du moins de la métaphysique.

Tout le monde a sa métaphysique ou au moins de la métaphysique. La métaphysique est comme ces vieilles gens disaient qu'était le vin. On porte sa métaphysique tout de même qu'on disait sous l'ancien régime et dans l'ancien langage que les vignerons portaient le vin. Je dis l'ancien régime et l'ancien langage, car de même qu'il y a un monde moderne et qu'il y avait un monde ancien précédent, tout de même, ou plutôt par une application particulière, en un cas particulier, il y avait une ancienne ivresse, qui était l'ivresse du vin de la vigne, et il y a une ivresse moderne, qui est le *delirium tremens* de l'absinthe et autres alcools frelatés. Les bons ont la métaphysique bonne. Les mauvais l'ont mauvaise. Les méchants l'ont méchante. Les gouvernements et les gouvernementaux l'ont gouvernementale. Les autorités et les autoritaires l'ont autoritaire. Les politiques l'ont politique. Les politiciens l'ont politicienne. Les parlementaires l'ont parlementaire. Les imbéciles l'ont imbécile.

Tout le monde a sa métaphysique. Mais les métaphysiciens l'ont seuls métaphysique, ou si l'on préfère, et suivant les cas, métaphysicienne.

Ce qu'est la métaphysique des intellectuels, je ne prétends point le dire en deux mots, ni dans cette conversation écrite amicale avec notre collaborateur. Je ne puis procéder que par demandes et réponses. (Encore un catéchisme? ô M. M. Mangasarian.) Je ne veux donc procéder que par indications très brèves. Et ce qu'est en effet la métaphysique officielle gouvernementale du bloc, ce qu'est la métaphysique sournoise du parti intellectuel moderne récemment aggloméré, ce sera certainement une des plus grosses questions, et des moins faciles, que nous rencontrerons et que nous aurons à traiter au cours de nos recherches. La thèse essentielle de la métaphysique intellectuelle moderne, qui est notre antithèse, toute la métaphysique officielle ou sournoise du parti intellectuel moderne revient essentiellement à cette proposition que l'homme, ou que l'humanité (on ne sait pas bien lequel des deux, ni ce que c'est que l'un ou l'autre, en ce sens) (mais qu'importe, proposons toujours) que l'homme vague ou que la vague humanité [1], enfin que nous pouvons connaître, atteindre et saisir, étreindre, d'une connaissance intégrale, d'une étreinte épuisante, réelle, métaphysique, tout l'événement de la réalité, toute la réalité de l'homme et de la création par des systèmes de jeux de fiches convenablement disposés.

Mais laissons cette antithèse. Notre thèse naturellement sera au contraire que la connaissance intellectuelle moderne, ainsi définie, ainsi entreprise, au premier degré dans l'histoire, au deuxième degré dans la sociologie, qu'une telle tentative de connaissance intellectuelle n'aboutit pas, qu'elle ne rend pas, dans cet ordre, en ce sens, qu'elle ne donne et qu'elle n'apporte et qu'elle ne peut apporter que des renseignements d'un ordre particulier, eux-mêmes classés d'avance, essentiellement faux, essentiellement et toujours incomplets, essentiellement et toujours à côté, juxtalatéraux.

Mais laissons notre thèse elle-même. Ce que je voulais seulement dire, c'est que cette thèse essentielle, qui sera la nôtre, est naturellement précédée d'une thèse préalable, d'une sorte de thèse lemme, la seule qui soit en cause dans cette réponse, ou du moins dans ce paragraphe, et qui sera évidemment qu'il y a une thèse métaphysique du parti intellectuel dans le monde moderne.

Quand donc je dis qu'il y a une thèse métaphysique du parti intellectuel dans le monde moderne, je supplie qu'on n'entende pas que pris d'une sorte de frénésie, intellectuelle, si je puis dire, et d'une inconcevable fureur je m'aille mettre à faire ainsi un éloge inconsidéré autant que suprême du parti intellectuel et du monde moderne. Ils ont une métaphysique, puisqu'ils veulent nous l'imposer. Seulement on a toujours la métaphysique, — et la religion, — que l'on mérite. Parce que l'on n'a que la métaphysique, — la religion, — de ce que l'on est, ou, pour parler tout à fait exactement, que l'on est.

Mais êtes-vous sérieux quand vous accusez le bloc d'avoir une métaphysique officielle? Hélas il [en] est bien incapable!

Je n'accuse pas le bloc ni le parti moderne intellectuel d'être capable. J'accuse le bloc et nommément dans le bloc le parti intellectuel moderne récemment aggloméré d'avoir une métaphysique, de la vouloir imposer à tout le monde par les moyens de la force gouvernementale, en matière d'histoire et dans la matière de la sociologie, par un abus de l'histoire et par un usage de la sociologie, pour assurer leur domination dans le temporel en l'ayant assurée dans le spirituel.

En un mot et en définitive j'accuse en effet le bloc, et dans le bloc j'accuse capitalement le parti intellectuel moderne assez récemment aggloméré de vouloir assurer et d'avoir commencé d'assurer par les moyens de la force gouvernementale temporelle une domination ensemble et étroitement mêlée et confondue temporelle et spirituelle, intellectuelle enfin, redoutablement contraire aux principes, et au principe, de la République, redoutablement contraire aux principes et au principe de la Révolution, infiniment contraire au principe de liberté, sans lequel bien nulle vie ne vaut.

Mais je reprends ma citation de la grande écriture de notre collaborateur.

Ce que je veux noter encore seulement, d'un mot, dans ceci, que tout le monde a sa métaphysique, c'est que sont ou deviennent seules véritablement insupportables les métaphysiques, — les religions, — qui se renient, qui ne se veulent point donner pour ce qu'elles sont, qui se veulent donner pour des physiques.

Hélas il [en] est bien incapable! quant à ceux de ses membres qui pensent à remonter aux causes premières (combien peu!)

Ne pas *remonter aux causes premières,* mon cher collaborateur, et même ne pas penser à *remonter aux causes premières,* c'est déjà une métaphysique; c'est même et très précisément la métaphysique des causes secondes. Comme par hasard.

Ce que le parti intellectuel moderne veut établir

et exercer par et pour cette métaphysique des causes secondes, ce qu'il a commencé d'établir et d'exercer parmi nous et sur nous, c'est véritablement ce que l'on nommait un gouvernement des esprits; et ensemble dans et sous ce gouvernement des esprits un gouvernement des biens temporels. C'est pour cela qu'il ne faut pas s'imaginer que je sois allé inconsidérément faire leur apologie ou que je me sois permis de leur attribuer quelque supériorité.

quant à ceux de ses membres qui pensent à remonter aux causes premières (combien peu!) il y en a je pense plusieurs qui admettent les propositions suivantes :

Moi je ris (en moi-même), non point de me voir si belle, mais de voir venir d'un bon pas régimentaire plusieurs belles propositions bien alignées, qui nous serviront toute la vie de vis-à-vis et qui sauront bien entretenir la conversation.

il y en a je pense plusieurs qui admettent les propositions suivantes :
1° *les métaphysiques des diverses religions sont des contes de fées pour bébés sauvages* [;]

C'est là ce que je nomme un raccourci de l'histoire des religions. Nous ne sommes pas près de finir d'en entendre parler quand dans nos recherches de la situation faite à l'histoire nous en viendrons particulièrement à la situation faite à l'histoire des religions dans le monde moderne. Mais aujourd'hui je préfère passer tout de suite à la proposition deuxième.

2° *les métaphysiques des plus célèbres philosophes grecs et celles de quelques notoires modernes qui se sont livrés aux mêmes jeux d'esprit sont des logomachies aussi creuses et aussi vides que leurs « physiques »* [.]

C'est ici, amassée en ce bref deuxième paragraphe, une véritable fourmilière de questions, que nous retrouverons toutes. Et d'abord s'il est vrai que les *physiques* des Grecs et celles des anciens modernes soient aussi complètement épuisées, aussi passées, aussi dépassées que le dit notre collaborateur, aussi abolies, aussi creuses, et pour ainsi dire aussi pleinement vides, et même, ce qui déjà serait totalement différent, si elles seraient aussi complètement vidées. Pour moi, ce qui m'empêche de le croire, c'est que quand je dépouille, comme on doit le faire, la *Revue générale des Sciences* pures et appliquées, que je dépouille très régulièrement, ce qui me frappe d'abord, ce qui frappe invinciblement, c'est que mis à part les articles ou les fractions d'articles qui sont de renseignements de détail de faits et notamment de faits d'expérience, — et encore, — et les articles ou les fractions d'articles qui sont de renseignements pratiques et particulièrement techniques, tout ce qu'on nomme la science pure, c'est-à-dire le jeu des systèmes et des hypothèses, des explications et des théories, tout cela est plein, est bondé, est bourré des plus anciennes mythologies physiques et métaphysiques. Je dis les articles et les fractions d'articles qui nous sont directement apportés non point par les savants les plus notoires, je ne dis pas par les savants les plus renommés, les plus célèbres, les plus glorieux : cela ne prouve généralement rien, sinon que généralement ce ne sont pas les meilleurs. Ni les sérieux. Je laisse les grands faiseurs. Et les petits. Et il faut laisser M. Moissan et M. d'Arsonval aux grandes et aux très grandes publicités, notoirement à celle du *Matin*. Je dis les articles et les fractions d'articles qui nous sont apportés directement par des savants sérieux, véritablement savants, véritablement modernes. Ces articles et ces fractions d'articles sont pleins et bourrés de théologies et de mythologies antiques et anciennement modernes. *Pour qui sait lire,* car naturellement il faut savoir lire, un peu, et entendre les langages. Le langage a changé, — et encore. — Mais il suffit de savoir lire un peu et ce n'est au plus qu'une question de langage. Pour ma part, j'ai lu avec beaucoup d'intérêt un assez grand nombre d'articles théoriques et de science pure sur l'électricité, ou peut-être faut-il dire sur les électricités, notamment sur les électricités nouvelles, articles *contribués* par quelques-uns de nos camarades, scientifiques, par les hommes les plus profondément et les plus sérieusement savants, scientifiques, et modernes, où particulièrement les nommés *ions* recevaient tant de qualités, tant d'aptitudes, et de *species,* et de subtilités malicieuses qu'il ne faut pas dire seulement que l'on en faisait autant de petits bonshommes, comme nous, mais qu'il faut dire que les anciens Grecs n'eussent jamais osé donner autant d'attributs, si riches et si intelligents, à des petits bons dieux. Toutes ces grandes théories modernes et prétendues modernes, pour qui sait un peu lire et pour qui sait un peu d'histoire de la philosophie, ne sont très généralement que des transpositions en langage moderne de théories antiques ou anciennement modernes et quelquefois chrétiennes. Et celui qui croit qu'elles sont entièrement modernes, ou, comme ils disent, intégralement, c'est qu'ils ne se méfient pas des transpositions et qu'ils ne connaissent point les langages et qu'ils n'ont pas appris à distinguer ce qui vient, dans une différence, totale, de la différence de langage, et de la différence de la réalité.

Pour moi personnellement je me fais fort et je me chargerais, pourvu que j'eusse trente ou quarante ans devant moi, et que l'on voulût bien me rendre mon premier clerc, de répérer dans toutes ces théories modernes ou prétendues telles et d'en sortir notamment tant de théories antiques, — transposées ? — à peine; de dire : ceci est proprement atomistique; et : ceci au contraire est proprement éléatique; ceci vient des Pythagoriciens; mais : ceci vient d'Aristote et n'est point platonicien. Toute la différence qu'il y a, c'est que c'était généralement beaucoup plus intelligent dans les anciens que dans nous, plus subtil et plus avisé, plus délié, en un mot plus odysséen, parce qu'ils étaient les Hellènes antiques, parce qu'ils étaient Thalès et Pythagore, Aristote et Platon, et Plotin, comme ils étaient Homère, — je dis Homère, — comme ils étaient Sophocle, comme ils étaient Eschyle, comme ils étaient Phidias, et que nous, autres, tout Français que nous soyons, nous ne sommes que de pauvres modernes.

Et ils faisaient des théogonies et des mythologies comme ils faisaient des métaphysiques et des philosophies. Et ils faisaient des métaphysiques et des philosophies, même quand ils disaient et faisaient le contraire, comme ils faisaient des poèmes et des tragédies et des statues et des temples. C'est la meilleure manière d'en faire, et sans doute la bonne, et la seule, j'entends très expressément la seule qui soit, un peu, réelle, qui ait quelque réalité.

Ces antiques théogonies ou théologies, ou mythologies ou philosophies ou théories peuvent sembler grossières ou arriérées. Elles ne le paraissent, elles ne le sembleront qu'aux personnes qui ne voient point que c'est le langage, le langage seul, ce langage admirable, qui à nous barbares nous paraît arriéré. Les théories modernes au contraire se prétendent subtiles et se disent avancées. C'est même le grand mot de toutes les démagogies, politiques et scientifiques : avancées. Et même sociales. Mais pour qui sait voir, dans la métaphysique du monde moderne, et dans beaucoup de ses physiques, c'est le langage qui se croit avancé parce qu'il est prétentieux et laborieux, et la théorie elle-même, et la physique et la métaphysique est généralement grossière et arriérée, infiniment plus grossière et plus arriérée que celle de ces grands anciens.

Quand il n'y aurait que cette grossièreté, cette arriéreté, cette inintelligence, de se renier perpétuellement soi-même, et ce vice de caractère, le plus grave de tous, d'avoir honte de soi, de faire de la métaphysique et de dire que monsieur, ce n'est pas moi. Rien n'est aussi difficile que de faire comprendre à celui qui ne le veut pas qu'on a beau nier, qu'on fait tout de même de la métaphysique, et tout de même de la philosophie, et tout de même de la religion, — que généralement ne pas prendre certaines positions, ne pas occuper certaines situations, c'est infailliblement en prendre et en occuper d'autres.

Je prends une comparaison, ce que l'on ne devrait jamais faire, parce qu'une comparaison altère toujours un peu la raison. Je prends une comparaison qui semblera peut-être elle-même un peu grossière, mais dont je prie que l'on ne se scandalise point, s'il est vrai que rien ne peut nous servir autant de comparaison et de repère et de référence pour les événements d'alimentation mentale et sentimentale que les événements sensiblement correspondants de l'alimentation charnelle. Donc je suppose que je demande à un monsieur : monsieur le délicat moderne et le cérémonieux, voulez-vous bien vouloir bien me dire ce que vous pensez de l'alimentation carnée et que d'un air de dégoût il me réponde : La viande? Je n'en pense rien. Il y a plus de cinquante ans que je n'y ai pas goûté. Il se trompe. Il en pense très exactement ceci. Il en a très exactement cette opinion : Qu'il y a cinquante ans qu'il n'y a pas goûté. Cela me suffit. Ce monsieur est un végétarien endurci. Et il en va de même de la métaphysique.

Ce qui résulte au contraire des admirables travaux de M. Duhem publiés dans la même *Revue générale des* mêmes *Sciences* pures et appliquées, entre tant d'autres enseignements capitaux, c'est que la marche générale des *théories* scientifiques, des *physiques,* et des métaphysiques au sens et dans la mesure où elles s'embranchent sur des physiques, n'est nullement ce que les modernes veulent se la représenter, *et* ou *ou* nous la représenter. En somme on nous dit qu'il y aurait eu dans l'histoire du monde, au seuil du monde moderne, et constituant comme l'introduction de ce monde, une sorte d'explosion qui aurait été l'invention, l'imagination, réalisée, de la science moderne. Soudainement. Tout à coup. Et tout d'un coup. Disons le mot : miraculeusement.

Car ce qu'il y a de plus fort, je ne dirai point dans ce débat, qui est si vaste, mais dans cette partie du débat, ce qu'il y a de plus singulier et soi-même de plus prodigieux, c'est que l'idée moderne, exposée, affichée, proclamée partout aujourd'hui de l'intervention de la science moderne et de l'avènement et de l'introduction du monde moderne dans le monde, c'est que, loin d'être, elle-même, scientifique, au sens où ils entendent ce mot, c'est cette idée qui est merveilleuse, miraculeuse, prodigieuse, une idée de miracle et de la superstition du miracle. Si en effet l'humanité a été complètement rigoureusement dépourvue de tout esprit scientifique, au sens qu'ils donnent à ces mots, pendant toute la miséreuse énormité de sa préhistoire et pendant toute la longueur, pendant toute la durée de son histoire, si l'apparition de l'esprit scientifique, de leur esprit scientifique, s'est faite comme par explosion, par un jaillissement imprévu et imprévisible, c'est alors que cette apparition est miraculeuse, qu'elle fait une merveille, un miracle, et peut-être la plus grande merveille et le plus grand miracle que l'on ait jamais imaginé.

Qu'ils se rassurent : Il semble bien que leur propre introduction dans le monde n'a pas été à ce point contraire à eux-mêmes, à ce qu'ils introduisaient ou prétendaient introduire, à ce qu'ils étaient introduits ou prétendaient être introduits. Il semble bien qu'à cet égard au moins, à cet égard en particulier ils aient eu raison, contre eux-mêmes, qu'il n'y a pas eu un miracle, que l'introduction du monde moderne a été comme les modernes veulent que soient les introductions, que l'introduction du monde et de l'esprit scientifique a été ce qu'ils nomment scientifique.

Il semble bien résulter en effet, notamment de ces travaux de M. Duhem que j'ai dits admirables, que la marche ou le progrès ou simplement que la tradition, — est-elle en progrès? — des *théories* scientifiques, de ce qu'aujourd'hui, quand nous sommes sincères, nous nommons des hypothèses, scientifiques, et des *théories* ou hypothèses métaphysiques au sens et dans la mesure où elles s'embranchent sur des théories ou hypothèses physiques, est, comme d'ailleurs le demandent expressément les physiques et les métaphysiques scientifiques modernes, une marche, une tradition, une légation sensiblement continue.

La seule difficulté qu'il y aurait peut-être serait seulement de trouver, dans la plupart des théories modernes, notamment dans celles qui nous sont contemporaines, sinon dans toutes, d'en trouver qui soient justement dignes d'être nommées je ne dis pas les filles des grandes théories antiques, ni même les filiales, mais où nous puissions seulement reconnaître des théories antiques transposées, à la moderne.

Et par ces articles de M. Duhem, — et par ces idées que nous retrouverons, — nous joignons cette idée de notre maître M. Sorel [1], — combien, et de combien, n'est-il pas notre maître, ingénieur, dans toutes ces questions qui touchent à la technique, à l'industrie, au sens de la technique et de l'industrie, à la relation de l'industrie, moderne, à la science, moderne, — cette idée que nous avons reçue si souvent de lui, qui est essentielle dans son système d'idées, qui nous paraît en effet essentielle, dans tout système d'idées : que la technique a une importance capitale, en tout, et que s'il y a eu, au commencement et depuis le commencement du monde moderne, cette explosion d'industrie, scientifique, autant et plus que de science, industrielle, ce n'est point qu'au seuil du monde moderne les hommes aient brusquement, comme on dit, et comme on le dit, changé d'idées, ni, ce qui serait plus profond, changé d'idée, mais que c'est qu'à un moment donné ils se sont trouvés avoir à leur disposition une technique meilleure, j'entends ce mot dans son sens le plus simple, comme appareil et appareillage, outil ou outillage, arsenal, et atelier encore beaucoup plus que laboratoire.

Car il me semble, — mais je prends ceci sous ma seule responsabilité, — que la conclusion de ces idées, une conclusion dans ce système d'idées serait que loin que ce soit l'industrie qui fût une sorte de science abaissée, abâtardie, basse, rendue pratique et ménagère, et, comme on dit, appliquée, ce serait la science au contraire qui serait de l'industrie théorisée.

Dans ce système la relation des sciences pures et appliquées, de la science et de l'industrie, serait non pas que l'industrie serait de la science descendue, mais que la science au contraire serait de l'industrie non pas tant montée, mais théorisée.

Le monde a bien dû renoncer à ces « physiques » malgré l'estime qu'il a conservée à leurs illustres auteurs, o Péguy, et il fait bien de renoncer, malgré leur autorité, à leurs « métaphysiques » aussi. Ils n'en sont diminués en rien car ils avaient de bonnes raisons d'expliquer toutes choses comme ils le faisaient et nous en avons de meilleures pour [de] les expliquer différemment. Un homme n'a pas à rougir d'avoir été enfant : une science non plus.

Dans quel sens le monde a *bien dû renoncer* aux *physiques,* en quel sens et dans quelle mesure nous-mêmes y avons renoncé, ou dû renoncer, c'est ce que je viens d'essayer de dire assez faiblement, c'est ce que nous essayerons de montrer quand nous en serons venus là suivant le courant de nos recherches. Peut-être alors obtiendrons-nous, découvrirons-nous un certain nombre de confirmations de cette proposition que nous avons avancée que l'humanité change de technique, ou de techniques, perfectionne sa ou ses techniques beaucoup plus qu'elle ne change de physique ou de physiques, et qu'elle ne perfectionne sa ou ses physiques, en admettant même qu'elle puisse aucunement en changer et les perfectionner. Mais sous réserve de ce que nous avons dit du sort et de la transmission des physiques, de monde en monde par toute l'humanité, et sans renoncer ni porter aucune atteinte à ce que nous en avons dit, sans y attenter aucunement ni en perdre le bénéfice, il faut bien se garder de faire ici une confusion, téméraire, et de croire que, quand même nous perdrions sur ce point particulier des physiques, les métaphysiques seraient liées au même sort et perdues, pour nous, par là même. Le sort des métaphysiques n'est nullement lié au sort des physiques. Ce serait commettre l'erreur la plus grossière, et la plus barbare, — j'entends ce dernier mot très techniquement au sens où l'entendaient les anciens Hellènes, — ce serait être inintelligent de cette sorte particulière qui se contrarie assez justement, — au sens de ajusté, — à la sorte dont les anciens Grecs étaient intelligents, — c'est ne pas entendre ce que parler veut taire que de s'imaginer qu'il y aurait une espèce de succession des métaphysiques, une tradition, une transmission linéaire, un progrès, un perfectionnement linéaire des métaphysiques défini ainsi que chaque métaphysique suivante ou bien anéantirait chaque métaphysique précédente ou bien utiliserait chaque métaphysique précédente, l'utiliserait ou s'en nourrissant, l'épuiserait pour asseoir dessus cette nouvelle métaphysique, laquelle nouvelle tiendrait la place et régnerait souverainement comme définitive jusqu'au jour où sa suivante de semaine à son tour la traiterait très exactement comme elle-même aurait traité sa précédente.

Ce serait commettre l'erreur la plus grossière et proprement la plus barbare que de s'imaginer que, en matière de métaphysiques, il y aurait, et il n'y aurait que, une succession linéaire des métaphysiques ainsi définie, soit linéaire discontinue en ce sens que chaque métaphysique suivante anéantirait, annulerait chaque métaphysique précédente, la mettrait à zéro, elle-même absolue, totale et définitive jusqu'à l'heure du temps, jusqu'à l'heure passagère où elle-même annulée à son tour elle céderait la place, la même place, et totalement, à sa suivante elle-même, à la nouvelle, appelée, destinée à régner du même règne dans le même royaume, soit linéaire continue en ce sens que chaque métaphysique suivante assumerait pour ainsi dire, absorberait sa précédente, s'en nourrirait par épuisement, et jusqu'à épuisement, pour la remplacer mieux et d'un remplacement ainsi moins provisoirement définitif, jusqu'à l'heure ainsi moins passagère où elle serait à son tour absorbée, résorbée, assumée par sa suivante et par cette nouvelle.

Dans l'hypothèse du progrès linéaire discontinu, chaque métaphysique présente et présentement définitive s'anéantirait instantanément, à un moment donné, laissant la place parfaitement vide, et libre, devant la métaphysique suivante, qui occuperait absolument tout, elle-même pour un temps totale et définitive. Et ainsi de suite.

Au contraire et de même, dans l'hypothèse du progrès linéaire continu, contraire comme continu, mais identique au titre de linéaire, chaque métaphysique présente et présentement plus réellement définitive, comme alimentaire irait nourrir la métaphysique suivante, qui ainsi nourrie, ainsi gonflée de sa métaphysique précédente, et par elle et de proche en proche de toutes les métaphysiques antérieures, à son tour, toute pleine de toutes les métaphysiques précédentes, emplirait, nourrirait, gonflerait toutes les métaphysiques à venir dans les siècles des siècles.

Ces deux hypothèses, l'hypothèse du progrès linéaire discontinu, et l'hypothèse du progrès linéaire continu, peuvent sembler fort différentes à qui les examinerait au point de vue de leur mécanisme intérieur, de leurs mécanismes respectifs; mais à ce point de vue même il ne serait pas difficile de démontrer que leurs mécanismes ne sont point aussi étrangers l'un à l'autre qu'ils veulent bien le paraître, et nous aurons sans doute à le démontrer quelque jour, et à un autre point de vue ces deux hypothèses, ces deux imaginations, font sensiblement même figure dans le monde. Ce sont deux sœurs qui se chamaillent, mais ce sont deux sœurs, également disgraciées.

Ces deux hypothèses, ces deux imaginations aboutissent ensemble et également au mot dont eux-mêmes ils sont gonflés, au mot qui à chaque fois leur emplit la cavité buccale : que chaque métaphysique précédente est *dépassée* par la métaphysique suivante.

Il n'y a, malheureusement pour eux, rien dans la réalité qui corresponde à un dépassement de métaphysiques. Les grandes métaphysiques humaines, antiques, modernes, chrétiennes, mythologiques même et plus ou moins mythiques, ne sont aucunement les termes ni d'une série discontinue ni d'une série continue. Car elles ne sont les termes d'aucune série linéaire. Elles ne sont point des termes qui s'annulent ou qui se nourrissent, au moins en ce sens, et qui se dépassent les uns les autres. Elles ne sont ni des écus qui s'empilent, inertes, ni les grains d'un chapelet, ni les grains, perles, d'un collier, ni les chaînons d'une chaîne, ni même les mailles d'un filet. Elles ne sont pas non plus les bornes kilométriques (hectométriques pour les petites métaphysiques, les métaphysiques *minores*) d'une sorte de route, de ruban de route linéaire qui serait la route départementale de la métaphysique de l'humanité.

Je mets route nationale pour donner à cette thèse sa plus haute expression. Et il y aurait même plusieurs ou une route internationale. Mais les grandes métaphysiques ne veulent aucunement être les jalons d'aucune route. Elles ne se veulent prêter à aucun dépassement d'aucune sorte. Et non plus au dépassement industriel, auquel on pense toujours, qui dans les temps modernes fascine tout le monde, qui fait comme une sorte d'immense et impérieux et inévitable précédent. Descartes n'a point battu Platon comme le caoutchouc creux a battu le caoutchouc plein, et Kant n'a point battu Descartes comme le caoutchouc pneumatique a battu le caoutchouc creux. Il n'y a que dans les écoles que l'on se représente et que l'on représente, grossièrement, ces grands métaphysiciens comme des capucins de cartes (au fait, je voudrais bien savoir ce que c'est que des capucins de cartes, et vous devriez bien me le dire; tout le monde en parle, et je ne sais pas ce que c'est), des dominos, ou des lutteurs qui successivement se *tomberaient* les uns les autres. Dans les écoles, et sans doute aussi dans les propres esprits de ces grands métaphysiciens. Parce que la chair est faible.

Comme les grandes et profondes races, comme les grandes et vivantes nations, comme les peuples, comme les langages mêmes des peuples, parlés, écrits, comme les arts inventés les grandes métaphysiques, les philosophies ne sont rien moins que des langages de la création. C'eſt une thèse métaphysique, et des plus grandes, que l'univers, j'entends l'univers sensible, eſt un langage que Dieu parle à l'esprit de l'homme, un langage par signes, un langage figuré, en d'autres termes, en termes spécifiquement chrétiens, que la création eſt un langage que le Dieu créateur parle à l'homme sa créature. Elle-même comprise dans cette création. Mais faite à l'image et à la ressemblance de son Créateur. *Une immense bonté tombait du firmament*. Réciproquement les grandes philosophies, les grandes métaphysiques ne sont que des réponses. L'athéisme lui-même, qui eſt une métaphysique, eſt une réponse. Comme le blasphème eſt une réponse. Comme la malédiction remontante eſt une réponse. Vigny aussi fait une réponse. *Muet, aveugle et sourd au cri des créatures*. Les grandes métaphysiques sont des langages de la création. Et à ce titre elles sont irremplaçables. Elles ne peuvent ni jouer entre elles, ni se remplacer, ni se suppléer mutuellement, ni se *faire mon service* les unes les autres. Et ce qu'elles sont le moins, c'eſt interchangeables. Car elles sont les unes et les autres, toutes, des langages éternels. Dits une fois pour toutes, quand ils sont dits, et que nulle autre ne peut dire à leur place. La voix qui manque, manque, et nulle autre, qui ne serait pas elle, ne peut ni la remplacer, ni se donner pour elle, ni faire croire qu'elle eſt elle, ni la conſtruire censément du dehors par subterfuges, échafaudages, artifices et fictions. Ce serait une folie que de croire et de s'imaginer par exemple qu'à défaut de la philosophie platonicienne et plotinienne une autre philosophie, quelque philosophie moderne, — et ce serait proprement une barbarie, — que si la philosophie platonicienne et la philosophie plotinienne avait manqué, avait fait défaut, avait répondu absent, avait omis de fleurir et de fructifier dans cet âge et dans cette race et dans ce peuple de l'humanité quelque autre philosophie, quelque philosophie chrétienne ou moderne eût pu venir à sa place et nous dire qu'elle était elle et nous faire croire que cela revenait au même. Pas plus qu'aucune humanité ne pouvait remplacer, suppléer l'humanité grecque et nous faire croire que cela fût revenu au même. Et pour la même raison. Comme il n'y a ici aucuns dépassements, il n'y a aussi nuls remplacements non plus. Et je ne dis pas même des remplacements totaux et bout pour bout. Ce serait une folie que de s'aller imaginer qu'une métaphysique moderne puisse ainsi remplacer totalement, suppléer bout pour bout une métaphysique antique dans le chœur universel, ou aussi et aussi bien qu'une métaphysique antique païenne eût pu suppléer totalement la longue monodie hébraïque. Dans cet ordre ce qui vient est toujours unique, et ce qui manque, manque. Ce qui ne vient pas manque éternellement. Une race, un art, une œuvre, une philosophie qui manque, manque éternellement. Une métaphysique de race et d'homme, de nature et d'œuvre qui n'aboutit pas, qui ne rend pas, qui manque, fait éternellement faute. Si la philosophie antique platonicienne et plotinienne, comme la race hellénique une fois pour toutes n'était point venue au monde, elle manquait, et manquait éternellement. Et nulle de ses illustres successeurs ne la pouvait aucunement suppléer, je ne dis pas même totalement, je dis non pas même partiellement. Car ce serait encore une grossièreté que de croire et de s'imaginer qu'il peut y avoir, en une telle matière, des remplacements même partiels. Car il ne s'agit nullement, dans cet ordre, de parties et de touts qui se recouvriraient plus ou moins. Mais il ne s'agit que de tons. Une philosophie qui est, qui vient d'une tout autre race, est toujours une tout autre philosophie, étant d'un tout autre ton. Si la philosophie platonicienne et plotinienne antique n'était pas née d'une certaine race, d'un certain peuple, sous un certain ciel et dans un certain climat, elle manquait, et nulle autre philosophie, née d'une autre race, d'un autre peuple, sous un autre ciel et dans un autre climat ne la pouvait aucunement remplacer. Tout ainsi de la philosophie cartésienne, et de la philosophie kantienne, et de la philosophie bergsonienne. Un grand philosophe, nouveau, un grand métaphysicien, nouveau, n'est nullement un homme qui arrive à démontrer que chacun de ses illustres prédécesseurs séparément et tous ensemble, et notamment le dernier en date, était le dernier des imbéciles. C'est un homme qui a découvert, qui a inventé quelque aspect nouveau, quelque réalité, nouvelle, de la réalité éternelle; c'est un homme qui entre à son tour et pour sa voix dans l'éternel concert. Une voix qui manque, nulle autre ne la peut remplacer, et elle ne souffre pas d'être contrefaite. Non seulement elle ne peut pas être contrefaite par un imposteur, mais elle ne peut être ni refaite ni doublée par l'homme et par le peuple de la meilleure volonté. Le plus grand philosophe du monde, la plus grande philosophie du monde, grande en elle-même et par la considération de sa valeur intrinsèque et de son mécanisme intérieur propre, est aussi démunie qu'un enfant quand il s'agit de recréer d'une autre philosophie. Je ne dis pas seulement l'homme le plus savant, ce qui n'est que trop naturel, mais l'homme le plus grand homme. Car il est grand, mais il est autre. C'est ce qui fait qu'il n'y a jamais qu'un langage, un seul, pour chaque objet, qu'une parole à dire quand on veut dire ceci, ou cela. Quiconque voudra parler du monde intelligible et du monde sensible, de la réalité idéale et de la passagère apparence, de l'ascension dialectique et de la symbolisation mythique, et de l'insertion des esprits ou des âmes dans les corps devra parler un langage de l'ancienne Grèce hellénique, un de ces langages nommés la philosophie platonicienne et la philosophie plotinienne. Quiconque voudra parler de Dieu juste et jaloux, et d'un Dieu, unique, et de justice temporelle, poursuivie presque frénétiquement, et d'élection de peuple, et de la destination d'un homme et d'un peuple, éternellement il faudra qu'il parle le langage du peuple d'Israël. Quiconque voudra parler de dieux et de beauté temporelle, de sagesse et de santé, d'harmonie et de divine intelligence, de la destination de la fatalité, de la cité, temporelle, éternellement il faudra qu'il parle le langage antique du peuple de Hellade. Quiconque voudra parler de chute et de rédemption, de jugement et de salut éternel, de Dieu fait homme et d'homme fait à l'image et à la ressemblance de Dieu, d'un Dieu unique à personnes plurielles, d'un Dieu infiniment Créateur, infiniment tout-puissant, infiniment juste et infiniment bon, de communion éternelle, de cité éternelle et de charité, éternelle, éternellement il faudra qu'il parle le langage du peuple chrétien.

Quiconque voudra parler de substance, de substance pensante et de substance étendue, d'idée claire et distincte, reprendre la preuve ontologique, parler de je pense donc je suis, éternellement il faudra qu'il parle le langage nommé philosophie cartésienne. Quiconque voudra parler je ne dis pas de critique tant peut-être que d'obligation morale, éternellement il faudra qu'il parle le langage nommé philosophie kantienne. Quiconque voudra parler de vie et de mouvement et de repos, et de la relation du mouvement au repos, et de la réalité du mouvement, de durée et de liberté réelle, de temps et d'espace, de leur non homogénéité et de leur non parallélisme et de la fabrication, secondaire, d'un temps spatial, des données immédiates de la conscience, — généralement de toute réalité, — d'action et de contemplation et de la relation de l'une à l'autre, de matière et de mémoire et de la relation de l'une à l'autre, particulièrement du corps et de l'esprit et de la relation de l'un à l'autre, de l'effort enfin, et particulièrement de l'effort musculaire, pour m'en référer au cours de cette année même, et aux leçons de ces semaines mêmes, et aux leçons qui paraîtront pour ainsi dire en même temps que ce cahier, éternellement il faudra qu'il parle le langage nommé philosophie bergsonienne.

C'est ce qui fait, c'est une des causes et des raisons essentielles pour laquelle on peut dire qu'il n'y a jamais d'étoiles doubles au ciel de la philosophie; c'est une des raisons essentielles pour lesquelles un élève n'y signifie plus rien. De même que les grandes métaphysiques, et de même que les grandes philosophies ne se peuvent aucunement remplacer, l'une l'autre, de même les grands métaphysiciens et philosophes ne se peuvent pas doubler, l'un l'autre. De même que les grandes métaphysiques et de même que les grandes philosophies ne se peuvent aucunement remplacer, l'une l'autre, l'autre étant supposée défaillante, de même elles ne se recouvrent pas, jamais, et même elles ne jointent pas, et elles ne peuvent aucunement se doubler l'une l'autre, l'autre étant supposée existante et présente. Il est évident d'ailleurs que ces deux impossibilités sont solidaires, se tiennent, se comportent et se requièrent, qu'elles s'exigent l'une l'autre. De même que l'humanité n'a reçu aucun don, aucune faculté de substitution, de même qu'il ne fonctionne aucun remplacement, qu'il ne joue aucun service de remplacement dans, entre les métaphysiques et entre les philosophies, d'une métaphysique et d'une philosophie à l'autre, jeu qui par définition consisterait à faire ou à permettre, à faire et à laisser faire qu'une philosophie et qu'une métaphysique se fît ou se laissât prendre pour une autre, de même il ne fonctionne aucun doublement, d'une métaphysique et d'une philosophie sur l'autre, il ne joue aucun service de doublement par lequel une métaphysique, une philosophie, étant la même qu'une autre, réussirait à se faire passer comme étant autre et non pas comme étant la même, réussirait enfin à se faire passer pour une métaphysique, pour une philosophie, comme les autres, au même titre que les autres. Pour une métaphysique et pour une philosophie autonome. C'est pour cela, premièrement qu'il y a eu des étoiles, et deuxièmement que l'on peut dire qu'il n'y a jamais eu d'étoiles doubles au ciel de la philosophie. De même qu'aucun remplacement n'est admis, de même il n'a jamais été délivré de *duplicatum*. Il n'y a point là de chargés de cours et de suppléants. Il y a des airs qui n'ont pas été joués; mais on n'a jamais joué deux fois le même air à l'humanité. Une voix qui donnerait une résonance, et que vous supposez n'exister pas, c'est-à-dire ne pas se faire entendre, ne sera éternellement pas suppléée par une autre voix, qui par définition de réalité donnerait une autre résonance. Une voix qui donne une résonance, et que vous supposez qui existe, c'est-à-dire qui se fait entendre, ne sera éternellement pas doublée par une seconde voix, par une autre voix qui par définition factice voudrait en même temps être la même, c'est-à-dire donner la même résonance. Un élève ne signifie plus rien. Le plus grand des élèves, s'il est seulement élève, s'il répète seulement, s'il ne fait que répéter, je n'ose pas même dire la même résonance, car alors ce n'est plus même une résonance, pas même un écho, c'est un misérable décalque, le plus grand des élèves, s'il n'est qu'élève, ne compte pas, ne signifie absolument plus rien, éternellement est nul. Un élève ne vaut, ne commence à compter que au sens et dans la mesure où lui-même il introduit une voix, une résonance nouvelle, c'est-à-dire très précisément au sens et dans la mesure même où il n'est plus, où il n'est pas un élève. Non qu'il n'ait pas le droit de descendre d'une autre philosophie et d'un autre philosophe. Mais il en doit descendre par les voies naturelles de la filiation, et non par les voies scolaires de l'élevage. Une métaphysique, une philosophie a toujours le droit, et peut-être, souvent, le devoir, — et sans doute ne peut-elle pas faire autrement, — d'être naturellement la fille, la filleule, la filiale d'une métaphysique et d'une philosophie maternelle, marraine, aïeule : en aucun cas elle n'a le droit d'en être scolairement l'élève. Il y a ici, au point de vue où nous nous sommes trouvés situés, une différence capitale entre la relation naturelle du père au fils et la relation, quand elle est scolaire, du maître à l'élève.

Rien n'est donc aussi faux que de se représenter la succession des métaphysiques et des philosophies dans l'histoire du monde comme une succession linéaire, comme une chaîne ininterrompue, continue ou discontinue, toujours linéaire, dont chaque maille annulerait ou dépasserait la maille immédiatement précédente.

[On entend bien qu'une série, qu'une suite historique peut être à la fois ininterrompue et discontinue. Ininterrompue en ce sens qu'il y aurait communication d'un bout à l'autre; discontinue en ce sens que les différents éléments en seraient des unités discrètes. Grossièrement parlant, et pour emprunter de grossières images figurées, la différence et la relation qu'il y aurait entre une série, une suite historique ininterrompue continue et une suite ininterrompue discontinue serait comparable à la différence et à la relation qu'il y aurait entre une corde de chanvre par exemple, ou une corde métallique, et une chaîne à maillons. Toutes les deux sont ininterrompues, également. Pourtant l'une est en un certain sens continue, et l'autre discontinue.]

Mais il faut se représenter l'ensemble des grandes métaphysiques dans l'histoire et dans la mémoire de l'humanité, l'ensemble des grandes philosophies, seules dignes de ce grand nom de métaphysiques et de philosophies, comme l'ensemble des grands peuples et des grandes races, en un mot comme l'ensemble des grandes cultures : comme un peuple de langages, comme un concert de voix qui souvent concertent et quelquefois dissonent, qui résonnent toujours. Et qui n'existent et ne méritent que comme donnant une résonance.

Rien n'est donc aussi faux, — et c'est une des plus grandes erreurs du monde moderne, une des erreurs les plus graves du parti intellectuel moderne, quand il essaie de regarder un peu derrière lui, quand regardant quelquefois en arrière il essaie de faire monter un regard insuffisant vers de plus nobles, vers de plus hautes anciennes humanités, répétons le mot : c'est une des erreurs les plus graves de la métaphysique honteuse, — honteuse : qui se cache et ne s'avoue pas et se renie elle-même, — de la métaphysique du parti intellectuel moderne que de se représenter ou de vouloir nous représenter la succession des métaphysiques et des philosophies, — des religions, — comme un progrès linéaire ininterrompu continu ou discontinu. Plus généralement c'est une des plus graves erreurs de la métaphysique du parti moderne intellectuel que de se représenter ou de vouloir nous représenter le progrès, — ce qu'ils nomment ou croient ou imaginent un progrès, — la succession des *théories* comme un progrès linéaire ininterrompu continu ou discontinu. Et cette plus grave erreur générale n'est elle-même qu'un cas particulier de cette plus grave erreur encore plus générale, qui consiste en une confusion, qui revient à confondre la succession des *théories* avec le *progrès* linéaire des *pratiques*. Ce sont les pratiques, les techniques, les économies qui avancent ou qui peuvent avancer d'un progrès linéaire, chaque ou toute pratique meilleure, chaque technique plus avancée, toute économie ultérieure, toute machine suivante, tout mécanisme, outil, appareil, outillage, appareillage inventé imaginé, réalisé meilleur annulant, supprimant, dépassant *ipso facto* son précédent, — son concurrent, son modèle? — son antérieur, son antécédent.

Mais de ce que les pratiques avancent par un progrès linéaire ininterrompu continu ou discontinu, il ne suit nullement, — et l'on ne peut passer de l'une à l'autre proposition que par une assimilation indue, qui est très précisément l'assimilation indue que commettent perpétuellement, dans leur métaphysique honteuse, les politiciens du parti intellectuel moderne, — il ne suit nullement *a priori*, peut-être au contraire, qu'il y ait un progrès des *théories*, et surtout que ce progrès soit un progrès linéaire.

Une métaphysique, une philosophie, un art, un peuple, une race, une culture est au contraire de l'ordre de l'événement. C'est un événement, qui arrive, ou qui n'arrivait pas, que l'on fait, qui se fait, ou qui ne se faisait pas. Quand c'est fait, c'est fait une fois pour toutes. En ce sens qu'on ne le redouble pas, mais non pas en ce sens qu'on ne peut pas le perdre. Quand ce n'est pas fait, quand c'est raté, il se peut que ce ne soit fait jamais, que ce soit raté une fois pour toutes.

Cette confusion de la métaphysique du parti intellectuel moderne entre le progrès linéaire des techniques, réel, et un progrès linéaire, imaginaire, des théories, vient elle-même enfin d'une incapacité, originelle, plus ou moins voulue, plus ou moins sincère, du parti intellectuel et du monde moderne à saisir, à distinguer la réelle différence, capitale, qu'il y a entre les pratiques et les théories.

Cette distinction si profonde et toute capitale qu'il y a lieu de faire non pas seulement entre la spéculation, la méditation, mais proprement entre le rêve et l'action, distinction qui fait une partie essentielle de la philosophie bergsonienne, et que j'ai naturellement oubliée dans mon énumération faible et beaucoup trop incomplète encore de ce langage, la distinction du théorique et du pratique a généralement échappé aux modernes. Et ils y ont généralement mis de la complaisance. Car nous montrerons tout au courant de ces recherches que nulle distinction réelle n'est aussi redoutable, — n'est aussi redoutée, plus ou moins confusément, plus ou moins obscurément, plus ou moins inconsciemment ou consciemment, — pour et par les fortifications imaginaires et pour et par les trop réelles dominations du parti moderne intellectuel.

Ce que je veux noter seulement pour aujourd'hui, ce que nous retrouverons peut-être à loisir à ce point de nos mêmes recherches, — et alors nous tâcherons de nous y arrêter, — c'est l'amusante substitution, demi-frauduleuse, — croyez bien que je le sais autant que vous, — mais si naïve et dans sa rouerie politicienne si désarmante, par laquelle tout ce monde moderne essaie de masquer l'absence plus ou moins consciente, plus ou moins voulue de cette capitale distinction réelle dans sa métaphysique en essayant de lui substituer une distinction imaginaire similaire, une distinction imaginaire en *simili*, chargée de tenir la place, du mieux qu'elle pourra, et de tâcher de faire oublier l'autre, la vraie : je veux dire cette si célèbre distinction nouvelle, nouvellement introduite entre le physique et le métaphysique, selon laquelle on nommerait physique tout ce qui est saisissable et ne réserverait à l'homme que de faciles triomphes, et selon laquelle aussi on nommerait métaphysique tout ce qui est insaisissable et ne réserverait à l'homme que d'ingrates déconvenues, une sorte de chasse gardée.

Nous montrerons au contraire et nous aurons à montrer que la métaphysique est peut-être la seule recherche de connaissance qui soit directe, littéralement, et que la physique, au contraire, ne peut jamais être qu'une tentative de recherche de connaissance indirecte, administrée par le ministère intermédiaire des sens. Et nous montrerons et nous aurons à montrer que toutes les métaphysiques ne sont point par cela même des théories, ni que toutes les physiques ne sont point *ipso facto* des techniques et des pratiques, mais qu'il y a des théories, des pratiques, des faits et des événements métaphysiques, au même titre qu'il y a des théories, des pratiques, des faits et des événements physiques. Ce qui revient à dire que nous montrerons et que nous aurons à montrer que la distinction, assez récemment introduite, entre la physique et la métaphysique ne recouvre pas, loin de là, cette autre distinction, infiniment plus profonde et plus utile, qu'une grande philosophie a reconnue entre le rêve et l'action.

Il n'y a qu'un mot à dire, et les personnes qui savent et qui ont réfléchi combien les opérations du jeu entrent profondément dans les opérations de la vie, les personnes qui ont pensé un peu à cette entrée, à cette pénétration, si inquiétante et si profondément, si naturellement et si tranquillement immorale, si mystérieuse, ne seront point étonnées que ce mot soit un mot qui a pris particulièrement un sens tout particulier dans un jeu, et dans le jeu qui est devenu comme le représentant éminent et comme le symbole essentiel du jeu, comme le symbole même de la passion et de la tentation du jeu, ce même jeu y étant appliqué, n'y servant souvent que d'instrument à des superstitions de devineresse et à des essais de calculs de la destination, il n'y a qu'un mot à dire : une métaphysique, une philosophie, un art, une race, un peuple, une œuvre est une réussite. Je n'emploie pas seulement ce mot dans son sens de jeu. Mais je l'emploie dans son sens de jeu. Et ce n'est pas seulement une réussite. Mais c'est inéluctablement une réussite. Comme toute vie.

Cela vient en événement, ou cela ne vient pas. Nulle métaphysique, nulle philosophie, — nulle religion, — ne peut faire faire son service par une autre. Nulle aussi ne peut faire le service d'une autre.

Les quelques recouvrements que l'on pourrait signaler ou bien ne sont que des recouvrements apparents, ou bien n'intéressent pas la métaphysique et la philosophie. Dans l'un et l'autre cas, ils n'établissent ni ne permettent aucunement d'établir qu'il y ait ni qu'il y ait eu un progrès linéaire des métaphysiques et des philosophies. Deux exemples pour aujourd'hui nous suffiront. Il est expressément vrai, comme on me l'opposera, que les arguments des Éléates helléniques ont attendu jusqu'à ce jour pour trouver une réfutation, mettons pour la recevoir. Mais si l'on veut bien y regarder d'un peu plus près, on verra que cette réfutation n'est point une réfutation par dépassement ni recouvrement linéaire. Il est vrai que les arguments de Zénon d'Élée ont attendu jusqu'à ce jour pour obtenir une réfutation qui valût. Mais ce n'est point une réfutation qui ait procédé en série linéaire. Nous n'avons point dépassé les arguments de Zénon d'Élée, en ce sens que dans la même série, linéaire, nous eussions inventé, imaginé, découvert, trouvé un argument nouveau, inconnu jusqu'ici, ou un ensemble d'arguments, un raisonnement qui dépassant le raisonnement, l'argument éléatique l'ait pour ainsi dire effacé comme un chaînon aboli de la même série linéaire. Nous n'avons pas dépassé l'argument éléatique. Nous y avons échappé, ce qui est tout différent. Par le ministère d'un grand philosophe [1], nous avons pris une certaine vue de la réalité, une vue directe, une immédiate saisie, d'où ensuite nous nous sommes aperçus que l'argument éléatique n'était qu'une vue de l'esprit, et à ce titre ne pouvait prévaloir contre une vue de la réalité.

Deuxième exemple, on m'opposera qu'une bonne partie de l'*Esthétique transcendantale* a été non pas seulement précisément démolie, mais décontenancée par un chapitre au moins de l'*Essai sur les données immédiates;* démolie ou décontenancée, ce serait donc en tout cas dépassée. Et il est de fait que nul aujourd'hui et désormais ni toujours ne pourra plus parler du temps et de l'espace, particulièrement considérés comme des formes de la sensibilité, nécessaires et *a priori,* c'est-à-dire nécessaires et antérieures à toute expérience, extérieure, sans intercaler, sans faire intervenir ceci : que l'assimilation, que le parallélisme établi et consacré du temps à l'espace a été lui-même attaqué, comme le point central, comme le réduit, comme le nœud de résistance, et de faiblesse, comme le défaut de l'armure, presque initial, particulièrement bien placé, particulièrement bien trouvé, sinon de tout le kantisme, au moins de tout le kantisme critique, ou de tout le criticisme kantiste, que cette assimilation et que ce parallélisme a été nié, critiqué lui-même, qu'ainsi le critique a été critiqué, lui-même, et qu'enfin nous sommes donc là en présence d'un fait nouveau, d'un fait acquis, une fois pour toutes, d'un progrès, comme il y en a dans la science.

Mais c'est qu'en effet il ne s'agit plus ici de philosophie et de métaphysique : il s'agit, en effet, d'une science. Il s'agit de la science nommée psychologie. Il est vrai qu'une partie notable de l'*Esthétique* a été ruinée, surprise, déboutée, dépassée par une partie notable de l'*Essai sur les données,* et qu'il y a eu, qu'il y a en ce sens un fait acquis. Mais ce dépassement est un dépassement scientifique. C'est presque un dépassement technique. Ce progrès linéaire est un progrès linéaire discontinu scientifique, ininterrompu si l'on veut. Ce n'est pas une théorie qui chasse une théorie. Car il ne s'agit point là de théorie, mais de savoir en fait, en événement, comment jouent, comment fonctionnent, comment s'obtiennent certains mécanismes, certains résultats, déterminés, de la connaissance psychologique. Et pour la part où il y aurait peut-être intercalation de théories, nous démontrerons en son temps qu'il ne s'agit plus d'un dépassement linéaire, mais, comme dans le cas précédent, comme dans le premier exemple, comme dans la difficulté éléatique, d'un échappement, d'une libération, qu'il y s'agit pareillement d'échapper à une vue de l'esprit par l'administration d'une vue de la réalité.

C'est en ce sens, mais, je crois, en ce sens seulement, que l'on peut considérer comme une *théorie* la théorie de la fabrication psychologique, secondaire, d'un temps spatial dont les éléments premiers seraient la durée pure et d'autre part l'espace venant peut-être lui-même de l'étendue. D'un certain sens premier de l'étendue.

Quand il s'agit vraiment de métaphysiques et de philosophies, quand il s'agit de théories, ni dépassement, ni doublement. Ni progrès linéaire ni faculté de retour. L'humanité dépassera les premiers dirigeables comme elle a dépassé les premières locomotives. Elle dépassera M. Santos-Dumont comme elle a dépassé Stephenson. Après la téléphotographie elle inventera tout le temps des graphies et des scopies et des phonies, qui ne seront pas moins *télé* les unes que les autres, et l'on pourra faire le tour de la terre en moins de rien. Mais ce ne sera jamais que de la terre temporelle. Et même entrer dedans et la transpercer d'outre en outre comme je fais cette boule de glaise. Mais ce ne sera jamais que la terre charnelle. Et on ne voit pas que nul homme jamais, ni aucune humanité, en un certain sens, qui est le bon, puisse intelligemment se vanter d'avoir dépassé Platon. Je vais plus loin. J'ajoute qu'un homme cultivé, vraiment cultivé, ne comprend pas, ne peut pas même imaginer ce que cela pourrait bien vouloir dire que de prétendre, avoir dépassé Platon.

Platon est, comme les autres. S'il n'était pas, ce n'est pas vous qui l'inventeriez. Vous pourriez y mettre tout *l'apparatus criticus* que vous voudrez, assaisonné de cet esprit scientifique, le seul esprit de sel que notre collaborateur M. Fernand Gregh, ami, comme son maître Hugo, des calembours vraiment spirituels, ait osé, par un à peu près délicieux, nommer *le sel Cérébros*. Un homme, une œuvre, une culture est une réussite, appartient à l'ordre de l'événement. Dans cet ordre tout ce qui est fait est fait et peut se défaire, se perdre. Et au contraire tout ce qui est perdu est irrémédiablement perdu et ne peut se rattraper. Car dans cet ordre les renaissances, toutes merveilleuses, toutes miraculeuses qu'elles soient, sont toujours fort incomplètes, et, quand elles ne demeurent pas complètement impossibles, quand elles naissent, naissent et demeurent éminemment précaires. En ce double sens, premièrement qu'il est précaire qu'il y en ait, qu'elles sont aléatoires, et deuxièmement, que quand par événement de fortune il y en a, elles sont et demeurent incomplètes et précaires. La grande Renaissance, la Renaissance des quinzième et seizième siècles, celle enfin que nous nommons la Renaissance, sans plus, fut une véritable merveille dans l'histoire de l'humanité. Elle n'en était pas moins fort incomplète. Et nous pouvons voir aujourd'hui, nous pouvons mesurer combien elle aura été précaire.

C'est pour cela que nous ne pouvons absolument pas compter sur les renaissances. Nous n'avons absolument pas le droit de tabler sur elles pour précipiter les chutes, pour précipiter, pour souffrir, pour souhaiter les ruines et les pertes ni les morts. On sait ce que l'on perd. On ne sait jamais ce que l'on rattrapera. Ou plutôt on sait de certain premièrement qu'il y a un risque et que l'on n'est jamais assuré de retrouver rien, deuxièmement que ce que l'on retrouvera, que ce que l'on rattrapera ne sera jamais que le fruit d'une renaissance incomplète et précaire.

C'est enfin pour cela qu'il est permis de dire que dans cet ordre les pertes sont irréparables. Si Platon n'était point venu, n'était point né, n'avait point parlé, une fois, si cette voix, si le langage nommé la philosophie platonicienne et plotinienne une fois, cette fois, n'avait point résonné, généralement si le peuple et la race, les hommes et les dieux, si la Grèce antique elle-même n'était point née, une fois, si elle n'était pas venue, au monde, cette fois, si ce langage n'avait pas sonné dans l'histoire du monde, si le talon de cette race et la résonance de ce pas n'avait pas sonné sur le pavé du monde, si la Grèce antique n'avait point prononcé une fois pour toutes la parole antique, par quelles misérables mixtures prétendues scientifiques, par quelles pauvres combinaisons, scientifiques même véritablement, qui eût rien pu faire de comparable à cette invention merveilleuse.

Ainsi des autres. Ainsi de tous les autres, du cartésien, du kantien, du bergsonien. Et ainsi, infiniment plus, du chrétien. Et infiniment autrement.

De telles pertes sont irréparables. Une diminution générale de la culture, un réenvahissement de la barbarie nous enseignent assez, nous font assez voir et mesurer quelle était la valeur et le sens, quel était le prix, le rare prix de la culture antique, éminemment de la culture hellénique, depuis quelques années seulement qu'une poussée de la démagogie primaire politicienne et de la démagogie scolaire intellectuelle moderne, bassement utilitaire, l'a fait chasser de nos enseignements. A la grandeur du défaut, à la grandeur de ce qui nous manque, aujourd'hui déjà, nous pouvons mesurer la grandeur de la perte. Demain, et infiniment plus, et infiniment autrement, quand la même poussée, s'attaquant successivement à toutes les cultures qui ont fait la grandeur et la force et la moelle de l'humanité, aura commencé de ruiner dans les consciences un christianisme quinze et vingt fois séculaire (on peut compter sommairement vingt siècles, parce que s'il y a eu la préparation de l'établissement, il y avait eu aussi une sorte d'incubation) alors nous verrons, et nous pourrons mesurer ce que nous aurons perdu.

De telles pertes sont irréparables. Et irréparables non pas seulement en un sens, au sens que nous avons dit, mais irréparables en un double sens. Car il faudrait un aveuglement inconcevable, — inconcevable, mais ordinaire, inconcevable, mais fréquent et commun, — pour ne pas voir, pour ne pas considérer que symétriquement et solidairement c'est nous aussi qui nous perdons. Quand nous voyons et quand nous constatons qu'une métaphysique, — une religion, — et qu'une philosophie est perdue, ne disons pas seulement qu'elle seule est perdue. Sachons voir et constater, osons dire qu'en face et par contre, ensemble et en même temps, c'est nous aussi, qui d'autant, sommes perdus. Quand nos modernes, quand le parti intellectuel moderne voient disparaître, dans l'ordre de la vie intérieure, quelque philosophie ou quelque religion, quelque métaphysique, ils se réjouissent dans leurs viscères et comme et tout ainsi et tout autant que quand ils assistent, dans l'ordre de la vie sociale, à quelque désintégration, à quelque désorganisation de quelque corps, quand ils obtiennent quelque désorganisation et désintégration de quelque corps, ils allument aux frontons en faux ionien des sous-préfectures démocratiques les lampions vraiment laïques des électorales réjouissances nationales. Qu'ils se rassurent, pourtant. Quand une métaphysique et une religion, quand une philosophie disparaît de l'humanité, c'est tout autant, c'est peut-être bien plus l'humanité qui disparaît de cette métaphysique et de cette religion, de cette philosophie. Ces grandes passions de toute l'humanité ne se comportent point autrement que les passions de tout homme :

> Toutes les passions s'éloignent avec l'âge,
> L'une emportant son masque et l'autre son couteau,
> Comme un essaim chantant d'histrions en voyage
> Dont le groupe décroît derrière le coteau.

Quand le groupe des métaphysiques et des religions des philosophies masquées décroît derrière des coteaux que l'humanité ne reverra sans doute jamais, en vérité ne nous réjouissons pas : car symétriquement et solidairement c'est nous aussi qui décroissons.

Ne nous félicitons pas : le mot définitif et le mot le plus profond qu'ait prononcé l'homme le plus mêlé de l'instauration du monde moderne, après la plus scandaleuse, après la plus frauduleuse, après la plus désastreuse banqueroute où le monde moderne eût jamais conduit, comme on conduit au cimetière, eût jamais fait aboutir sa plus glorieuse affaire, et la plus belle affaire que jamais monde ait eue entre les mains, parole qui l'honore infiniment plus qu'un Panthéon, grandement plus que son œuvre, dont la plus grande partie le déshonore, grandement plus que son acte même.

Remontons de deux siècles. Ce grand classique dix-septième siècle français nous donnera par une comparaison la formule brève et quasi définitive. Nous dirons qu'il se produit dans l'administration des métaphysiques un phénomène très comparable à celui qui se produit dans l'administration de ce que les hommes du dix-septième siècle osaient nommer des vices. *Réflexions, sentences et maximes morales.* 197 : *Quand les vices nous quittent, nous nous flattons de la créance que c'est nous qui les quittons.*

Remontons d'un siècle encore. Et pénétrant au cœur de la Renaissance française, et détendant un peu en tendresse de vers la sévérité de notre prose, nous obtiendrons d'un poète, comme il sied, et d'un autre gentilhomme, et d'un Vendômois, la formule admirable et plus belle que le grec, la formule française et Renaissance française, et qui porte son âge avec une admirable justesse, une formule de la Pléiade enfin, la formule je ne dirai pas autant définitive qu'initiale :

> Le temps s'en va, le temps s'en va, ma Dame,
> Las! le temps, non, mais nous, nous en allons.

Quand les métaphysiques et les religions, quand les philosophies nous quittent, nous nous flattons de la créance que c'est nous qui les quittons.

Quand elles quittent l'humanité, l'humanité se flatte de la créance que c'est elle qui les quitte. *Et tost serons estendus sous la lame*. Les philosophies s'en vont. Et nous aussi, de notre côté, nous nous en allons. L'humanité s'en va. Ces grandes passions qui marquèrent les grandes étapes de l'humanité dans le temps font comme ce temps, *poésies diverses :* elles s'en vont. Mais nous, quand nous commençons à nous déprendre d'une métaphysique et d'une religion, d'une philosophie, et quand nous voyons que nous en sommes dépris, ne nous vantons pas, et surtout ne faisons pas les malins, ne nous gonflons pas et ne faisons pas les sots, et ne disons pas que nous l'avons dépassée. Car il n'y a pas de quoi nous vanter et faire les malins. Tout ce qui se produit alors signifie simplement que nous sommes désaccordés.

Un esprit qui commence à *dépasser* une philosophie est tout simplement une âme qui commence à se désaccorder du ton et du rythme, du langage et de la résonance de cette philosophie. Quand nous ne consonnons plus, alors nous disons que nous commençons à nous sentir libérés.

C'est vraiment en ce sens que le moderne est libre. En ce seul sens. Il y a seulement une différence. Quand cette liberté fonctionne à son avantage, quand elle fait le jeu de ses intérêts, le moderne se vante, et hautement, de cette liberté. Il n'en a pas toujours été ainsi. Il n'en est pas ainsi dans notre commune estimation de la mise au linceul des mondes précédents. Si la mémoire d'Hypatie demeure une des plus hautement honorées entre toutes les mémoires humaines, si elle a une situation presque unique dans un Panthéon des mémoires qui n'est pas au bout de la rue Soufflot, ce n'est point seulement parce que la fidélité dans le malheur, poussée, poursuivie jusqu'à demeurer fidèle dans une sorte de malheur suprême, et non plus seulement d'infortune et d'adversité, dans un malheur véritablement métaphysique, dans une sorte de malheur suprême, de finale catastrophe allant jusqu'à une espèce d'anéantissement peut-être total, ce n'est point seulement parce que cette fidélité au malheur est peut-être le plus beau spectacle que la pure humanité ait pu jamais présenter. C'est peut-être, encore plus, et techniquement, ceci : Ce que nous admirons, et ce que nous aimons, ce que nous honorons, c'est ce miracle de fidélité, mais de fidélité entendue autrement, en un sens peut-être infiniment plus profond, en un sens et musical et plastique, en un sens harmonieux, en un sens de résonance et de ligne, ce miracle et cette fidélité, qu'une âme fût si parfaitement accordée à l'âme platonicienne, et à sa filiale l'âme plotinienne, et généralement à l'âme hellénique, à l'âme de sa race, à l'âme de son maître, à l'âme de son père, d'un accord si profond, si intérieur, atteignant si profondément aux sources mêmes et aux racines, que dans un anéantissement total, quand tout un monde, quand tout le monde se désaccordait, pour toute la vie temporelle du monde et peut-être pour l'éternité, seule elle soit demeurée accordée jusque dans la mort.

NEUVIÈME SÉRIE

DE LA SITUATION FAITE AU PARTI INTELLECTUEL DANS LE MONDE MODERNE DEVANT LES ACCIDENTS DE LA GLOIRE TEMPORELLE[1]

Premier cahier de la neuvième série (6 octobre 1907).

Quand on a dit ce que nous avons indiqué seulement, quand on a dit que l'entrée d'un jeune homme dans le grand parti intellectuel moderne lui confère automatiquement aujourd'hui toutes les puissances de la domination temporelle, on n'a rien dit.

Quand on a dit, quand on a constaté que l'introduction, que l'initiation d'un jeune homme dans le grand parti intellectuel moderne lui ouvre automatiquement toutes les puissances de la domination temporelle moderne, — places, richesses, honneurs, vanités, sinécures, chaires, titres et décorations, prébendes laïques, rentes civiques, avancements, gouvernements d'État, dominations politiques parlementaires, honneur de sauver, — aujourd'hui, — la République, — et par-dessus le tout ce que je vois qui est le plus prisé aujourd'hui par et parmi nos jeunes gens : faire un grand et brillant mariage, demi-riche, ou riche tout à fait, de cette richesse très particulière aux gros universitaires, dans nos aristocraties de défense républicaine, dans nos héritages politiques, dans nos hérédités de gouvernement de l'esprit, — quand on a dit tout cela, quand on a énuméré toutes ces grandeurs, — toutes ces tristes misères, — on n'a rien dit encore; on n'a rien dit que tout le monde aujourd'hui ne sache, — ne déclare, n'avoue, ne reconnaisse, ne proclame de quelque manière, ou n'ait, quand on eſt malin, et tout le monde, aujourd'hui, eſt malin, découvert le premier.

On n'a rien dit non plus qui soit intéressant. Car sur ces grandes vilenies les opinions sont faites, sur les grandes vilenies de l'hiſtoire contemporaine, faites, vite et une fois pour toutes, bien faites, les jugements sont arrêtés, les résolutions prises, les décisions faites. De part et d'autre. Un jeune homme qui veut devenir député, miniſtre, gendre, conseiller d'État, ou même obtenir à bon compte une chaire de l'enseignement supérieur, sait parfaitement comment s'y prendre. Il sait quelles avances il faut faire, quels gages donner, quelles promesses faire, quelles promesses au contraire tenir, quelles paroles tenir et quelles paroles violer, quels serments prêter et quels serments trahir, quelles traites accepter et signer, et quelles traites ensuite laisser proteſter, quand et comment jurer et quand et comment se parjurer, quelles trahisons commettre, et ils savent comment on peut trahir des trahisons mêmes. Un peintre joue la difficulté en mettant blancs sur blancs, noirs sur noirs. Nos jeunes camarades jouent l'aisance en mettant trahisons sur trahisons. Parlant avec eux le langage dit scientifique, nous dirons qu'ils font des trahisons de trahisons, des trahisons au carré, des trahisons à on ne sait plus combien de puissances. Ils n'y sont pas seulement entendus. Ils y sont experts. Ils y sont artiſtes. Ils savent tout cela beaucoup mieux que nous. Ils y ont une compétence que nous n'aurons jamais. Nous sommes un sot de nous occuper d'eux, d'oser même parler d'eux. Nous sommes des novices, auprès d'eux. Ils savent ce qu'ils ont à faire, et ce qu'ils font, et nous ne le saurons jamais. Ils n'ont besoin ni de nos renseignements; ils en ont plus que nous; ils en ont que nous n'avons pas, que nous n'aurons jamais; ni de nos aversions et de nos découragements. Ils nous méprisent. Ils nous tiennent pour des sots. Ils ont bien raison.

Sur ces grandes vilenies, sur les turpitudes gouvernementales, sur les hontes politiques, sur les roueries des combinaisons parlementaires, sur les fraudes éleɛtorales dans les éleɛtions politiques et dans les éleɛtions littéraires, sur le moyen d'entrer au Collège de France par la porte du soupirail, sur l'art et la manière de défendre en assyriologie la troisième République française, de part et d'autre les partis sont pris. Ceux qui veulent, veulent; et ceux qui ne veulent pas, ne veulent pas. Ceux qui veulent, veulent tant que vous ne pourriez pas les faire vouloir plus, ni moins. Quand même vous seriez bons à quelque chose, ce que vous n'êtes pas. Ceux qui ne veulent pas, ne veulent tant pas que vous ne sauriez pas les faire ne pas vouloir plus, ni moins, parce que vous n'êtes bon à rien.

Sur tout cela, qui est usuel, qui est habituel, toutes les habitudes et tous les usages sont pris.

Sur les turpitudes publiques ou secrètes, sur les bassesses des dominations temporelles, de part et d'autre les partis sont pris. Vite pris. Les vies sont courues. Celui qui veut arriver arrive. S'il n'arrive pas, c'est qu'ils sont trop. Ce n'est point faute de savoir. Il connaît son affaire. Ne nous occupons pas de son affaire.

Dès la troisième année d'école, dès l'agrégation, dès la première peut-être, dès la licence, dès le concours d'entrée, dès la *cagne* (ou rhétorique supérieure), dès les vieilles rhétoriques de province, dès les plus innocentes et jeunes basses classes, dès les sixièmes les plus jeunes et les plus fraîches, avec l'histoire des anciens Égyptiens et des Assyriens cruels, dès les plus anciennes et les plus jeunes promenades et les plus violents jeux de barre sous les marronniers lourds, dès peut-être avant, tout cela était joué. Dès les plus anciennes parties de barre, et au-dessous, au-dedans, cette partie-là était jouée.

Sur les arrivismes temporels, de part et d'autre les jeux sont faits. Les âmes turpides vont aux turpitudes; les âmes serviles vont aux servitudes.

Les imbéciles vont à l'honnêteté.

Et ce qu'il y a de plus fort, c'est qu'ils en ont tellement le goût, les imbéciles, de l'honnêteté, de la vieille probité, qu'ils y restent.

Il est quelquefois difficile à l'arriviste d'arriver, parce

qu'ils sont trop. Mais rien n'eſt aussi facile que de n'arriver pas, pourvu qu'on y mette un peu du sien. Parce qu'on n'eſt pas trop. Il y a ainsi de par le monde un certain nombre de jeunes gens, pas très nombreux, — nous en connaissons beaucoup aux cahiers, mais c'eſt assurément dans le personnel et dans la clientèle des cahiers que l'on en trouverait et que l'on en connaîtrait le plus,— des malins, alors, des gars particulièrement aſtucieux, des bonhommes à qui on n'en conte point; des vieux roublards, qui ont choisi la carrière de ne point réussir, la profession de ne point arriver. Ils entreront dans la carriè...ère quand leurs aînés n'y seront plus. Ils n'auront pas besoin d'attendre aussi longtemps. Car leurs aînés et eux ils tiennent parfaitement dans la même carrière. On dit même qu'ils n'y sont point trop serrés, qu'ils s'y meuvent à l'aise, bonnement, sans haines et sans beaucoup de compétitions. Car, du moins d'après les récits des voyageurs, ce serait une carrière où on ne se bouscule pas.

Ces gens-là non plus, ces gens de leur côté n'ont pas besoin de nos considérations ni de nos conseils. Quand un pauvre homme a la probité dans la peau, il eſt perdu. J'entends perdu pour les grandeurs. De toutes les tares qui s'attaquent aux os mêmes et aux moelles, celle-ci eſt peut-être encore la plus irrémissible et celle qui pardonne le moins. L'homme qui n'arrive pas, qui ne sait pas, comment s'y prendre, qui ne veut pas savoir, le type dans nos genres, l'imbécile enfin, le pur niais, *nidax vere simplex,* le bon homme sait très bien, sent très bien, depuis qu'il eſt venu au monde, et même avant, parce que son père et sa mère étaient d'honnêtes gens, que toute sa vie on lui fourrera les sales besognes. Ou du moins ces admirables petits métiers, tenus et tenants, pieux et modeſtes, que les grands de ce monde cotent comme de sales métiers. Il sait pertinemment que toute sa vie on lui fera éreinter les yeux à corriger des copies et des compositions ou de la copie et des épreuves d'imprimerie.

Dans les honneurs obscurs de quelque légion.

Mais il aime cela, cet homme. Il eſt si bête qu'il ne pense même pas à nommer cela probité, honnêteté, goût et passion de la liberté. Il exècre le mot même de pureté. Parce que de tous les sépulcres les sépulcres blanchis sont encore ceux qui lui paraissent le plus cimetières. C'est nous, les cuistres, qui nous amusons à donner à tout cela des noms de vertus. Avec notre manie de faire des catalogues et des index. Il n'a besoin ni de nos classements, ni de nos encouragements, ni de nos conseils. Tout ce qu'il sait, cet ignorant, c'est qu'il y a des démarches que les autres font tout le temps et qu'il ne fera jamais, pas même une fois, pas même un seul quart d'heure. Parce que ce quart d'heure lui resterait sur l'estomac, lui serait impossible à digérer.

Tout ce qu'il sait aussi, tout ce qu'il sait enfin, car il voit de loin, et au loin, il voit jusqu'au bout, c'est que sa vie sera telle, toute entière, et que telle sera sa mort, qui est pour lui comme une sorte de fin de sa vie.

Car pour cette sorte de gens, de petites gens, elle n'est pas, elle ne paraît pas beaucoup le commencement de leur éternité.

Infiniment plus dangereuse que la tentation du gouvernement temporel, parce qu'elle ne s'attaque plus seulement aux âmes de servitude, infiniment plus intéressante parce qu'elle s'attaque aussi aux âmes de commandement, et même à quelques bons esprits, infiniment plus redoutable que la basse tentation du gouvernement temporel est une autre tentation, une haute tentation, une tentation supérieure, parce que l'autre n'est que basse et que celle-ci est supérieure : la tentation de la gloire, sous toutes ses formes, sous toutes les formes de cette véritable affection.

L'expérience a malheureusement démontré que la tentation de la gloire produit les formes d'une affection véritable, qu'il y a des hommes qui ne trahiraient point leurs amis pour le gouvernement général de Madagascar, — et dépendances, — et dont le cœur chancelle et qui feraient on ne sait pas bien quoi, et on se le demande avec inquiétude, pour être mis seulement dans un dernier chapitre, que l'auteur ferait, de l'histoire de Lanson [1].

Il est heureux pour la solidité du régime que des hommes comme Andler et Lanson soient de fermes républicains. Qu'ils en soient les appuis les plus solides et comme qui dirait les bâtons de vieillesse. On ne sait pas de quoi des jeunes gens, de jeunes auteurs seraient capables pour entrer dans la gloire, — même considérée comme une puissance purement spirituelle, — nommément pour entrer dans l'histoire, — comme on y entre aujourd'hui, c'est-à-dire pour entrer dans le tissu linéaire, dans le ruban de l'évolution littéraire, dans le ruban scientifique d'une évolution littéraire linéaire, — simplement pour entrer dans un feuilleton du *Temps;* — beaucoup plus scientifiquement pour être mis dans un chapitre nouveau de notre maître M. Lanson; — beaucoup plus scientifiquement encore, — car il y a des degrés dans la science et dans la magistrature, — pour entrer dans le *cosmos* de la pensée de notre maître M. Andler, même non exprimée, même non écrite, même non imprimée, comme un chaînon de la chaîne, comme un échelon de l'échelle, comme un élément, — indispensable, — un élément d'évolution étant toujours nécessaire, indispensable, et inévitable, — comme un élément indispensable dans l'histoire linéaire de l'évolution de quelque littérature, fût-ce de cette exécrable et méprisable et la dernière de toutes littératures françaises.

Ainsi que la vertu, le crime a ses degrés. Il faut se féliciter, pour la solidité de nos institutions, qu'un homme comme l'honorable M. Gaston Deschamps, que des hommes comme nos maîtres M. Andler et M. Lanson soient d'aussi fermes républicains. Eux-mêmes ils ne connaissent point, ils ne peuvent pas soupçonner toute l'étendue de leur pouvoir. Et si même ils en avaient connaissance, heureusement que nous avons la certitude qu'ils n'en abuseraient point. On ne sait pas ce que seraient capables de faire pour eux des jeunes gens entièrement désintéressés. On ne soupçonne pas, nos maîtres ne suspectent point eux-mêmes quelles troupes de dictature enthousiastes, infiniment plus embêtantes que celles qu'ils ont déjà, et qui sont si insupportables, quelles gardes prétoriennes, et plus que dévouées, attachées, ils pourraient lever parmi tant de jeunes gens que l'on croit et qui se croient eux-mêmes de la défense républicaine la plus pure.

Ils ne peuvent pas le savoir. Je ne parle point ici de cette puissance temporelle, je ne reviens point ici sur cette puissance temporelle que nous avons dite et sur laquelle je ne pense pas qu'il soit opportun de revenir, car tout le monde la connaît, qui est venue à nos maîtres de ce qu'ils exercent non pas seulement les fonctions, mais les magistratures et qu'ils poursuivent ou édictent les fonctions de l'enseignement dans les Universités de l'État. Des hommes qui reçoivent ou ne reçoivent pas, en France, des candidats, nés Français, aux baccalauréats, aux licences, aux agrégations, à l'École Normale, aux bourses, même de voyage, des hommes qui ont reçu licence de faire des docteurs et des normaliens exerceront toujours en France une puissance illimitée. Et il y en aura beaucoup qui seront dans leur dépendance. Nous laissons pour aujourd'hui cette puissance, pour aujourd'hui et peut-être pour longtemps, sinon pour toujours. Ce que je dis, c'est que, parmi les âmes supérieures, parmi les âmes hautes, parmi les quelques Français qui osent affronter cette idée : ne pas être reçus à un examen ou à un concours de l'enseignement de l'État, parmi ces âmes éminentes et singulièrement rares il se produit un nouveau ravage, par cela même infiniment plus dangereux, puisqu'il tombe justement, comme par hasard, sur les quelques-uns qui avaient échappé aux premiers, aux anciens communs ravages.

Il se produit ainsi un nouveau, un dernier déchet, le pire de tous.

Une âme un peu noble se méfie, d'elle-même, instinctivement et sans qu'on ait rien à lui en dire, de tout ce qui ressemble à de la domination temporelle. Un homme un peu propre a peut-être encore plus d'horreur, instinctive, d'exercer quoi que ce soit qui ressemble à de la domination intellectuelle temporelle que de la subir. Il n'y a donc pas lieu d'y insister. Il n'y a pas même lieu d'en parler. Ce qu'il faut dire, ce qu'il faut examiner un peu, c'est si la tentation de la gloire, qui atteint, qui entame justement les âmes élevées, d'ailleurs inattaquables, ne serait pas devenue, elle aussi, dans le monde moderne, une tentation de domination temporelle, d'autant plus pernicieuse qu'elle est plus insidieuse, d'autant plus redoutable qu'elle est plus insinuante et qu'elle se glisse à des âmes plus précieuses ayant elle-même revêtu les aspects presque d'une vertu, presque d'un devoir, presque d'une obligation métaphysique et morale.

De bons esprits s'aperçoivent aisément, de naissance,

de race, et sans qu'il soit besoin de les tirer par la manche, de ce que c'est qu'une domination temporelle, sous les formes grossières, connues, classées, de ce que cela pèse, de ce que cela vaut. Quelques bons esprits peuvent ne pas s'apercevoir que la gloire elle-même, que la vieille gloire, qui en effet était venue au monde, au vieux monde plutôt comme une puissance spirituelle, que la gloire du vieux temps est devenue dans le monde moderne, par une opération de l'encroûtement du monde moderne, elle aussi une puissance temporelle, moderne, comme il y en a malheureusement tant d'autres.

Je dis encroûtement parce que je ne suis pas scientifique. Si j'étais savant je dirais incrustation, cela ferait une loi biologico-sociologique, et tout le monde me respecterait.

Sur le point de savoir à quel point la gloire elle-même, la gloire littéraire par exemple, est devenue dans le monde moderne simplement une forme, et même assez grossière, de domination temporelle, je me vois contraint de faire appel à moi-même, ce qui n'est pas convenable, à mon propre témoignage. Mais tous nos abonnés ne sont peut-être pas éditeurs. Et quelques-uns certainement ne sont pas journalistes. Il faut avoir conduit depuis plus de dix ans, il faut avoir eu la charge et la responsabilité de conduire depuis au moins dix ans la seule entreprise qui, sans aucunes ressources capitalistes, ait jamais été faite pour lutter contre les puissances d'argent dans l'ordre de l'édition, qui seule ait constamment et sans aucune faiblesse refusé de plier devant les puissances d'argent, pour pouvoir apporter le témoignage que j'apporte ici, pour pouvoir certifier, à ce degré de certitude, à quel point, de désintégration complète, l'ancienne gloire, qui était venue au monde et qui avait grandi enfant, adolescente et jeune femme comme une puissance à peu près uniquement spirituelle est devenue, par un effet de l'incrustation capitaliste moderne, sur ses vieux jours uniquement une puissance temporelle, et la plus dégradée des puissances temporelles.

[Je dis : *la seule entreprise qui, dans l'ordre de l'édition;* je ne dis pas *la seule entreprise* absolument parlant. Nous sommes quelques-unes, heureusement. Mais les autres entreprises ne sont pas proprement de l'ordre de l'édition. Je sais autant que personne, pour prendre un exemple qui m'est particulièrement cher, je sais pertinemment, puisque j'y suis inscrit, combien cette personne morale, qui se nommait *Union pour l'Action morale,* et qui aujourd'hui se nomme *Union pour la vérité,* a résisté utilement aux puissances temporelles *dans l'ordre de l'opinion,* d'une certaine opinion, nommément aux puissances d'argent, aux puissances capitalistes.] Ordre de l'opinion qui était de son programme même.

(J'espère que ces éloges que je fais d'eux, que ce témoignage que je rends à leur compagnie ne les compromettront pas trop, ne leur feront pas de tort. J'espère aussi et par contre qu'ils ne les abasourdiront pas trop, que tant d'éloges ne leur paraîtront point absurdes et démesurés. C'est une Compagnie en effet qui a une certaine espèce d'innocence qui fait qu'elle a montré plusieurs fois, à ma connaissance, un grand courage, mental, intellectuel, civique, social, — plusieurs fois intérieur à la Compagnie elle-même, ce qui est le plus difficile, — dont elle ne paraissait point toujours se douter.) Ils me pardonneront donc. Il faut bien que quelqu'un parle quelquefois. Je ne suis point un spécialiste, un entrepreneur d'éloge; je suis embarrassé, gauche dans l'éloge; mais cet éloge que je fais d'eux est justifié au delà de ce que l'on pourrait croire, au delà même de ce que eux peut-être ils croient. Je veux dire notamment et très précisément ceci : leur Compagnie est pauvre : pourquoi le taire? Étant donnée l'importance politique et sociale qu'ils pouvaient avoir, qu'elle pouvait avoir, qu'un très grand nombre de ses membres avaient déjà individuellement, elle ne serait pas restée longtemps ou toujours pauvre *si elle avait fait les affaires de quelqu'un.* C'est à peu près la seule loi de sociologie qui se soit jamais vérifiée. Les affaires de quelqu'un ou de quelques-uns qui étaient dehors, qui fût dehors, ou, ce qui est infiniment plus grave, les affaires de quelqu'un qui eût été dedans. Les affaires de quelque parti politique, parlementaire (avoué) ou parlementaire prétendu antiparlementaire, du dehors, ou, ce qui est infiniment plus grave, du parti politique toujours parlementaire nouveau, d'un parti politique parlementaire que l'on est, que l'on devient, que l'on (se) fait, que l'on introduit dans la poussière où il y en a déjà tant.

J'apporte mon témoignage. Je ne l'apporte que pour mémoire. Je l'apporte sans aucune illusion. Pour la forme, et pour l'acquit de ma conscience. Pour la conduite du débat. Je l'apporte avec la certitude qu'il ne servira de rien. Ce n'est qu'un témoignage d'expérience et ainsi de compétence. Et rien n'est aussi méprisé depuis l'avènement des méthodes intellectuelles modernes prétendues scientifiques et leur domination que la compétence, qui ne s'acquiert point dans les livres (à moins qu'on ne les vende) (qu'on en vende), et que cette expérience, dont on se réclame avec une inlassable fatuité.

Il est même extraordinaire, quand on y pense, et c'est assurément une note que nous retrouverons, comme ce monde, qui a toujours ce mot d'*expérience* à la bouche, entendue dans le sens de la technique scientifique, au sens d'expérience de laboratoire : *faire une expérience, installer une expérience, monter une expérience, réussir, ne pas réussir une expérience, nous savons par expérience* (qu'il faut prononcer sérieusement, sévèrement, en baissant les yeux et en fermant à demi la bouche, plissant un peu les lèvres) est aussi le premier, est aussi le seul qui ait méprisé à ce point la propre expérience, l'expérience proprement dite, cet accroissement incalculable et constant, qui est de la vie même, cette entrée perpétuelle de l'événement total dans l'événement de la vie propre. Nous y reviendrons certainement.

Je n'apporte donc mon témoignage que pour avoir la conscience tranquille, et parce qu'il ne faut rien oublier. J'ai Dieu merci non seulement un grand nombre de camarades, mais au contraire un certain nombre d'amis qui sont des universitaires. Ce sont des amis de la plus grande solidité. Quand ils viennent me voir, ce qui me fait toujours beaucoup de plaisir, aux vacances, ou ceux de Paris après la classe, entre deux classes, nous causons quelquefois. Une statistique sévèrement assise et tenue à jour a permis de calculer que je ne parle jamais depuis quinze minutes, et, dans les treize dix-septièmes des cas, depuis treize minutes et vingt-sept secondes et cent vingt-et-un deux cent cinquante-septièmes de seconde sans faire intervenir dans mes propos une certaine opposition que j'ai fait déjà un certain nombre de fois intervenir par écrit dans ces cahiers mêmes. Il m'arrive par exemple d'opposer des mots comme intellectuel à industriel, scolaire à vivant, fonctionnaire à producteur, fonctionnaire à citoyen, fonctionnaire à contribuable, particulièrement universitaire à éditeur. On le sait de reste, je n'y insiste pas. Ce que tout le monde ne sait peut-être pas, parce que tout le monde ne vient pas me voir, et il a bien raison, c'est que je suis un pauvre innocent, un pauvre homme qui n'ai point, comme nos grands génies, contemporains, des ressources infinies. Paris est plein de gens qui savent toujours écrire du nouveau, et dire autre chose. Admirons ces gens de Paris. Pour moi, l'inépuisable fécondité d'un Léon Blum[1] et de ce nombre inépuisable de nos salonniers m'a toujours plongé non pas tant dans un rêve que dans une espèce d'hébétude. J'admire, et ne peux point imiter, à ma grande honte, j'admire tous ces grands hommes, nos contemporains chez eux, qui ont un nombre indéfini d'écritures, et un nombre non moins indéfini de propos, autres. Je n'ai qu'une écriture, on me l'a dit assez. Et je n'ai aussi qu'un propos. Et ce qu'il y a de plus désagréable, c'est que le propos est tout le même que l'écriture. Je dis ce que j'écris. J'écris ce que je dis. Je disais donc à l'instant que lorsqu'un de mes plusieurs amis universitaires veut bien venir me voir, et que nous commençons à causer, il ne se passe pas un nombre de minutes que j'ai déjà oublié, mais qui est mis quelque part sur un écrit, sans que je radote et que je me mette à sortir une certaine opposition, qui commence à être connue, par exemple entre universitaire et industriel. En quoi je ne fais que suivre un des exemples de notre bon maître M. Sorel[2]. Si obtus que je sois venu au monde moi-même, et que je sois demeuré, je n'ai pas été sans remarquer comment tournent, généralement à ce moment-là, ces entretiens. C'est à ce point en effet que mes amis universitaires me serrent généralement la main, avec une affectueuse, bien-affectueuse, tout-affectueuse commisération, que quelques-uns dissimulent à peine. On citerait même quelques exemples, — car s'il est étonnant à quel point nous sommes un objet d'amitiés, — et d'inimitiés, — il est plus étonnant encore à quel point je suis peu un objet de respect, — on pourrait même citer quelques exemples que quelques-uns m'aient dit, en me serrant la main : *Oui, mon vieux,* — ils disent : *mon vieux; — oui, mon vieux, nous la connaissons;* ou, plus trivialement, *on la connaît,* et quelquefois, plus en bref : *oui, je la sais;* comme on dit irrévérencieusement d'une chanson : *tu me la copieras.* Car ils savent que je ne sais qu'une chanson et que c'est toujours la même.

Tels sont nos discours. Et ainsi finissent-ils. Mais comment des hommes peuvent-ils se proposer d'avoir deux mondes, un pour écrire, un (autre) pour parler (et causer), un d'écriture, un de propos de table, quand il est déjà si difficile d'en avoir un petit morceau d'un.

Je n'apporte donc ce témoignage que pour mémoire; par lui et à lui s'éclairera le visage du lecteur, comme je sais par expérience que s'éclairent à ce point les visages de mes amis; je le redis : un homme qui n'a point travaillé comme producteur de droit commun, comme ouvrier salarié ou patron salarié dans une entreprise industrielle privée, un homme qui n'est point à quelque titre dans une entreprise commerciale privée quelconque, — et l'on entend bien ce que je veux dire par une entreprise commerciale, — un homme dont la vie, même, n'en dépend pas, un homme enfin, pour dire le mot, qui n'a pas eu à payer des traites à des quinze ou à des fins de mois, — et où trouver de l'argent pour ces traites? — un homme qui n'a point eu à établir un budget et qui n'a point incessamment à recommencer, un homme qui n'a point entièrement un budget de droit commun, un budget privé, un budget particulier, entièrement nourri de recettes privées, commerciales, elles-mêmes de droit commun, sinon entièrement dépensé en dépenses privées, il faut avoir été serré au larynx et avoir eu la colique dans le ventre par cette anxiété atroce des échéances, il faut avoir été roulé soi-même et dévoré dans ces tourbillons de guerre qui roulent partout en dehors des guichets de l'État, dans ces tourbillons de la guerre économique et de la concurrence universelle, beaucoup plus réelle, étant beaucoup plus générale, que ce que Hervé [1] nomme solennellement, et prétentieusement *la Guerre Sociale,* pour savoir je ne dis pas ce que c'est que d'être pauvre, — il y a beaucoup de fonctionnaires pauvres, — mais ce que c'est que d'être misérable, d'une part, et d'autre part ce que c'est que d'être honnête. Parce que les autres ne savent pas ce que c'est que la tentation.

En ce sens, nous l'avons dit, nous y reviendrons, il faut le dire, et je suis assuré que Berth et que M. Sorel[1] m'entendront bien, il y a une parenté profonde entre le patron et l'ouvrier. Les relations de fait, les relations de réalité des ouvriers et des patrons, ou, si l'on veut parler un langage un peu conceptuel, de l'ouvrier et du patron, entre l'ouvrier et le patron, sont beaucoup plus mêlées, emmêlées, compliquées, impliquées que ne les font généralement les partis politiques, tous également parlementaires, (et au moins autant ceux qui se disent et peut-être qui se croient antiparlementaires, qui se vantent d'être antiparlementaires), que ne les font les partis politiques eux-mêmes antagonistes. Il y a entre l'ouvrier et le patron, entre les ouvriers et les patrons, une solidarité, il faudrait dire peut-être un *synagonisme,* ou pour parler peut-être un peu plus exactement, des solidarités particulières, des synagonismes particuliers incontestables, indéniables. Il y a entre les patrons et les ouvriers, entre le patronat et le prolétariat (faudrait-il dire l'*opérariat?*) une antinomie, un antagonisme, des antagonismes particuliers incontestables, indéniables. Tout cela est beaucoup moins simple dans la disposition de la réalité, j'entends de la réalité actuelle, la seule enfin que nous connaissions, que dans les programmes des partis, que dans les articles de journaux, qui ne sont plus guère aujourd'hui que des morceaux de programmes de partis, que dans les articles de revues, même grosses, et non pas seulement hebdomadaires mais mensuelles, dont beaucoup ne sont malheureusement plus guère aujourd'hui que des articles de journaux, que dans les livres, hélas, dont, à part trois ou quatre, il vaut mieux ne point parler. Mais outre l'un et l'autre, outre ces antagonisme et solidarité, il y a une certaine parenté profonde, il y a entre l'ouvrier et le patron une certaine parenté profonde, une certaine consonance profonde, que je nommerais industrielle, au sens que nous avons attribué à ce mot, une certaine parenté profonde industrielle, une certaine consonance profonde industrielle, qui est un sentiment, une situation, un phénomène d'une importance capitale, dont nous avons je crois dit quelques mots dans un précédent cahier, sur lequel nous reviendrons certainement, une parenté, un sentiment, une consonance, une situation, un phénomène à eux limité, qui s'étend à tous eux, qui ne s'étend à nuls autres, qui s'étend à tous les patrons et ouvriers, qui ne s'étend à aucun de ceux qui ne sont ni patrons ni ouvriers.

Cette misère ne sévit qu'en dehors des guichets de l'État. Un homme qui n'a point passé par là ne sait pas, ne peut pas dire qu'il sait ce que c'est d'être misérable, et ce que c'est d'être tenté.

Un homme assez avantageusement connu comme journaliste et qui est demeuré journaliste dans des emplois où généralement on le demeure un peu moins, un homme qui a du journaliste ce don de faire un sort à certains mots, bons ou mauvais, justes ou impropres, qu'il invente, ou qu'il emprunte, un homme qui a notamment fait un certain sort au mot *bloc*, M. Georges Clemenceau a fait aussi un certain sort au mot *barricade*, un sort nouveau, en parlant de ceux qui sont de l'un et de l'autre côté, qui ne sont pas du même côté de la barricade. Ce n'était malheureusement qu'une boutade de journaliste. Et peut-être un souvenir de romantique. La barricade n'est plus aujourd'hui le grand instrument social et politique, le grand appareil de gouvernement ou de révolution, le grand appareil de discernement. Ce n'est plus la barricade aujourd'hui qui discerne, qui sépare en deux le bon peuple de France, les populations du royaume. C'est un beaucoup plus petit appareil, mais infiniment plus répandu, surtout aujourd'hui, qu'on nomme le *guichet*. Quelques cadres de bois, plus ou moins mobiles, un grillage métallique, plus ou moins fixé, font tous les frais d'un guichet. C'est pourtant avec cela, c'est avec ce peu que l'on gouverne la France très bien. Format bon ordinaire. Au lieu qu'il fallait des tonneaux, et même des barriques, et si j'ai bonne mémoire des omnibus, presque des immeubles, pour faire une barricade. C'est même sans doute pour cette raison que finalement, c'est du moins une des raisons pour lesquelles vraisemblablement il eſt finalement venu au monde beaucoup plus de guichets qu'il n'y était jamais poussé de barricades. C'eſt que c'était peut-être plus facile à faire. Il suffit d'avoir été soi-même acheter des timbres ou payer ses impôts, que nous nommons contributions, et de comprendre un peu, de savoir un peu lire ce que l'on fait, pour avoir soi-même découvert cette vérité de fait élémentaire. Nous n'avons plus aujourd'hui la barricade discriminante. Nous avons le guichet discriminant. Il y a celui qui eſt derrière le guichet, et celui qui eſt devant. Celui qui eſt assis, derrière, et ceux qui sont debout devant, ceux qui défilent, devant, comme à la parade, en on ne sait quelle grotesque parade de servitude librement consentie. Là eſt la grande, la vraie séparation du peuple de France. Et c'eſt pour cela que les grands débats politiques de ces dernières années et de cette présente ne parviennent point à me passionner. O subtil mais déclamatoire Gonzalve la Flize. Que j'ai appris à ne point confondre avec le premier Gonzalve, avec l'autre, le faux, avec l'ancien, celui qui était de Cordoue et qui fut un bon militaire, bien qu'il y ait dans votre ſtyle, que je n'avais pas l'honneur de connaître jusqu'à cette année, un certain ton militaire, un certain air, on s'y tromperait, un air de fanfare et de triomphe, avec des trompettes, qui eſt bien agréable. Autant qu'ils passionnent le peuple français. Tous ces hommes, tous ces partis qui se battent ou qui font semblant de se battre, je les reconnais aisément pour ce qu'ils sont, je les connais depuis longtemps pour un grand, pour un immense, pour un seul parti. Tous ils appartiennent au même grand et unique parti, qui eſt le parti de ceux qui sont de l'autre côté du guichet, du bon côté, selon eux. Tous ils appartiennent au même grand et seul parti de la bureaucratie. Ceux qui y sont y tiennent. Ceux qui n'y sont plus ne demandent qu'une chose, qui eſt d'y revenir. Ceux qui n'y sont pas encore ne demandent qu'une chose, qui eſt d'y venir. Bureaucrates, tous, et ayant du monde et de la vie, notamment de la vie politique et sociale, une représentation de bureaucrates. Bureaucrates tous, même et surtout celui qui eſt un orateur, même et aussi celui qui eſt un journaliſte. Bureaucrate Jaurès, bureaucrate Clemenceau, — c'eſt pour cela que leurs duels oratoires sont purement fictifs,

— et ne parviennent point à m'émouvoir et que c'est à peine si je les suis : je sens trop le battage, l'entente secrète, que ce sont les (deux) mêmes hommes au fond, qu'ils sont compagnons et compères, les hommes du même monde, du même système, qui est le système bureaucratique; — non moins bureaucrates, et peut-être plus, les *antiministres,* — les *ministres,* — de la Confédération Générale du Travail. Bureaucrates sur et contre quiconque est de la menue populace : électeurs, ou simplement inscrits, dans l'ordre politique, et, dans l'ordre économique, imposés, nommés contribuables, ouvriers en révolte ou ouvriers résignés, graine d'électeurs, graine de grévistes, et toujours graine de sacrifiés.

Ils se battent, entre eux, mais ils ne se battent que derrière le guichet. On ne se battra jamais à travers le guichet, parce qu'alors, ce serait sérieux.

Quand nous disons à nos amis de l'autre côté de la porte du lycée qu'il faut avoir pâti dans la rue et avoir été *boulé* dans la détresse de la rue pour savoir ce que c'est que d'être misérable et ce que c'est que d'être honnête, parce qu'à l'intérieur de la boîte on n'a jamais pour ainsi dire été tenté, ils nous croient, bien entendus parce qu'ils ont de l'amitié pour nous, très volontier. ils nous font l'amitié de le croire, ou beaucoup plus exactement, et simplement, de nous croire, ou plutôt ils croient le croire, mais ils ne font que de le savoir, Un philosophe sur son lit de mort disait récemment au plus fidèle de ses disciples, qui a recueilli pour nous ce propos; parvenu à un âge avancé, quelques instants avant l'instant de sa mort ce philosophe disait sensiblement : *Je sais que je vais mourir, mais je ne le crois pas.* Il entendait sans doute par ces mots, autant que l'on peut expliquer, par l'analyse, des paroles aussi profondes, et aussi justes, il entendait sans doute par ces mots qu'il connaissait, qu'il prévoyait, qu'il préconnaissait sa prochaine mort d'une pleine connaissance intellectuelle, historique et scientifique, impliquant une certitude historique et scientifique indiscutable, inévitable, mais qu'ils ne la préconnaissait pas, qu'il ne pressentait pas sa propre prochaine mort d'une connaissance organique intérieure. On sait sa mort, on ne la croit pas, on n'y croit pas. C'est je crois l'un des mots les plus profonds que l'on ait prononcé depuis qu'il y a la mort. Et il y a longtemps qu'il y a la mort. C'est un mot si profond, et qui atteint si profondément aux plus profondes et plus essentielles sources sentimentales qu'il ne s'applique pas seulement à la mort, qu'il n'est pas vrai seulement de la mort, mais qu'il est vrai de tout ce qui est du même degré de profondeur que la mort, du même ordre de grandeur que la vie et la mort; il n'est pas vrai seulement de la probité, qui est une vertu de race, et dont les improbes ne peuvent avoir même aucune idée organique; il est vrai surtout de la misère, qui est si profondément apparentée à la mort, étant, comme je crois l'avoir indiqué dans un très ancien cahier *de Jean Coste* [1], très exactement ce que dit la formule très rare de l'Antigone grecque : une mort vivante.

Celui qui n'a pas été tenté, dans la misère, ne sait pas ce que c'est que la misère et que la tentation, et par suite il ne sait pas ce que c'est que la probité, ce que c'est que d'être honnête. Ou pour parler tout à fait exactement et nous en tenir en toute rigueur au mot que nous avons rapporté, il peut le savoir, mais il ne fait que de le savoir : il ne le croit pas et il n'y croit pas.

Je ne m'attarderai pas à revenir sur ce que j'ai dit de la misère dans un très ancien cahier. Je m'attarderai encore moins à traiter de la probité, à en parler seulement. Les vertus et les vices n'ont pas besoin de nous pour continuer, pour courir leurs carrières. Ce que je voulais noter seulement aujourd'hui, et c'est pour cela que je faisais appel à mon propre témoignage, à ma propre expérience, faute d'autre, c'est qu'il y a trois degrés dans la tentation de la puissance.

Le premier degré est la tentation de la puissance temporelle. C'est un degré d'une tentation si basse que nous n'aurons point à nous en occuper ici. Pour et contre cette première tentation les positions sont prises, et bien prises. Celui qui succombe à une tentation aussi grossière, aussi vile, aussi bassement et grossièrement vile, était quelqu'un qui voulait succomber. Nous n'avons pas à nous occuper de lui. Nous n'avons rien à lui dire. Il est marqué. Il n'est pas admissible.

Nous ne pouvons nous occuper ici que de ce qui se passe après l'admissibilité, de ce qui est entre l'admissibilité et l'admission; nous ne travaillons, nous ne pouvons travailler que *l'oral*. Il faut se réduire et nous nous sommes réservé les sommités (nous l'avons dit souvent, les cas limites). Celui qui succombe à la tentation de la puissance temporelle, qui même la subit de quelque manière, qui même y pense, n'eſt même pas admissible. Il eſt refusé d'abord. Celui qui succombe à la tentation de ce qu'il y a de socialement temporel dans les puissances intellectuelles, qui même la subit de quelque manière, qui même y pense, n'eſt non plus même pas admissible. Il eſt aussi refusé d'abord. Celui qui succombe à la tentation de la gloire, qui même la subit de quelque manière, qui même y pense, il serait bien admissible. Mais il eſt malheureusement refusé, il échoue à l'oral, il n'eſt malheureusement pas *sur la liſte* définitive.

Telles sont sensiblement les relations, les superpositions et imbrications de ces trois degrés.

Un deuxième degré eſt la tentation, intermédiaire et transitoire, composite, mêlée de l'un et de l'autre élément, la tentation de ce qu'il y a de socialement temporel dans les puissances intellectuelles : chaires, examens, concours, places et décorations. Et argent et considération là-dedans. Cette tentation eſt encore plus grossière, plus vile et plus basse que la première. Celui qui s'attarde à cette tentation eſt encore plus jugé que l'autre, que le premier. Encore moins admissible. Nous ne nous y attarderons donc pas.

Il y a en effet dans ce cas, dans ce deuxième cas, une espèce de contamination, une sorte d'intoxication particulière très particulièrement désagréable. Nous regardons, nous considérons d'un tout autre regard l'ambitieux pur et simple, l'ambitieux propre, celui que nous avons nommé l'ambitieux du premier degré, l'homme temporel, enfin l'ambitieux temporel qui n'a que des ambitions (socialement) temporelles, proprement, purement et simplement, et l'autre ambitieux, le deuxième, celui de ce deuxième degré, l'homme temporellement intellectuel, enfin l'ambitieux socialement temporellement intellectuel, celui qui convoite ce qu'il y a de socialement temporel dans les puissances intellectuelles. Nous aurions presque de la sympathie pour le premier, par comparaison avec le second. Nous aimons mieux, nous aimons presque le premier, en comparaison du second. Nous aimons beaucoup mieux avoir affaire au premier. Nous aimons infiniment mieux celui qui fait son métier, ou qui a l'air de faire son métier, l'ambitieux qui exerce (l'ambition) (temporelle) comme une profession reconnue. Nous haïssons l'autre. Dans le passé nous regardons, nous considérons d'un tout autre regard les ambitions temporelles des barons, par exemple, que celles des évêques (à moins que ces évêques ne fussent, comme il était si fréquent, purement et simplement des barons); les ambitions temporelles des laïques tout autrement que celles des clercs; des hommes d'armes que des prêtres. Nous acceptons assez volontiers, et comme naturellement, que les capitaines, que les barons, que les gens de guerre, que tous les laïques voulussent avoir, que tous les temporels convoitassent du temporel, des châteaux et des terres temporelles, des puissances, des armes, des titres temporels. Ils faisaient pour nous comme leur métier. Au lieu que nous avons toujours, au contraire, un sentiment d'une espèce particulière de prévarication, d'une sorte de simonie, un sentiment très net, quand des spirituels, officiellement intemporels, convoitaient du temporel. Nous souffrons pour eux. Nous ne les considérons que d'un regard pénible. Que des spirituels, que des hommes officiellement intemporels, convoitassent des (biens) temporels, voilà ce qu'au fond nous n'admettons pas, ce que nous ne pouvons pas digérer. Ce qui nous donne un arrière-sentiment, un arrière-goût, une arrière-pensée de simonie, de quelque simonie. Cette arrière-pensée, cet arrière-sentiment, cet arrière-goût est si profond, cet arrière-souvenir, cette arrière-mémoire est si profonde qu'elle a survécu même à l'établissement du monde moderne, où tant de souvenirs, plus ou moins organiques, ont sombré, qu'elle est demeurée dans le fond même dans ce monde moderne où tant de traces n'ont pas survécu, ont été abolies. Aujourd'hui même encore, opérant une sorte de transposition, de filiation particulière, et considérant presque malgré nous les intellectuels comme des sortes de successeurs (indignes) des spirituels, nous ne sommes pas gênés quand les ambitieux pour ainsi dire qualifiés, quand un ambitieux avoué, quand des ambitieux pour ainsi dire professionnels, c'est-à-dire, exactement et en définitive, en exacte définitive, quand un temporel ambitieux temporel, quand un ministre, quand un député, quand un politicien, quand un parlementaire, quand un professionnel enfin, quand un journaliste convoite, poursuit un accroissement temporel, une charge, une grandeur, une grosseur temporelle, même quand il veut avoir, acquérir, prendre de l'argent temporel, quand il veut enfin se donner du volume et de la masse et surtout du poids temporel. Nous y consentons, comme à leur métier. Nous croyons même faire bonne figure, faire preuve de bon caractère que de les y autoriser. En nous-mêmes et pour notre satisfaction personnelle. Car socialement ils ne nous la demandent pas, notre autorisation. Ils n'en ont pas besoin. Ils s'en passent parfaitement. Même ils nous y paraissent comme autorisés automatiquement. Nous n'en souffrons pas. Ni pour eux ni pour nous. Au lieu que nous sommes véritablement gênés (bien qu'on commence à nous y habituer), quand au contraire c'est un intellectuel, et même généralement quand c'est un intemporel, quand c'est un professeur, quand c'est un magistrat (bien que ceux-ci, vraiment, nous y aient habitués plus que d'autres), même quand c'est un officier (militaire), bien que l'on fasse tout ce que l'on peut pour nous y habituer aujourd'hui. Et ceux de nos camarades qui ont des ambitions temporelles (où l'on peut mettre comme un cas particulier, exceptionnel, comme un cas désintéressé la très légitime ambition de rendre des services publics par et dans l'administration temporelle, par et dans le gouvernement temporel) nous aimons infiniment mieux qu'ils poursuivent leurs fins par les moyens temporels dans les situations temporelles que de rester dans nos jambes à se mettre dans nos jambes par les moyens temporellement intellectuels dans les situations intellectuelles. A la limite même, à la rigueur, comme un cas particulier, exceptionnel, comme un cas désintéressé, mais très réel, et très réellement réalisable, on peut concevoir, on peut se représenter, on peut admettre par exemple qu'un professeur se propose de devenir successivement conseiller municipal d'une petite commune, conseiller général, sénateur, ministre afin de rendre dans ces successives situations temporelles et par ces moyens temporels autant de services qu'il en pourra rendre au public; il peut ainsi lui rendre, il peut rendre ainsi beaucoup de services publics, temporels, et même, sans aucune gêne, sans aucun inconvénient, spirituels, ou du moins intellectuels. Non seulement cela est légitime; mais cela peut faire un bon emploi de vie, un très bon plan, un très bon propos, une très bonne proposition de vie. Et quand même ils ne feraient pas de bien, ils ne peuvent toujours pas faire beaucoup de mal. Même ceux qui seraient mal intentionnés, (il y en a), même ceux qui seraient de vulgaires et de bas ambitieux ne peuvent pas faire beaucoup de mal. Pourvu qu'ils demeurent dans le temporel, qu'ils ne fassent jouer que des ressorts temporels. Parce que dans le temporel, dans la politique [temporelle], nous sommes avertis, nous ne sommes pas désarmés, nous sommes gardés, nous sommes vaccinés, nous commençons malheureusement à être vaccinés contre les agissements des politiciens, nous sommes habitués, contre la politique et le temporel, contre tout ce qui est de la politique. Dans la politique nous ne redoutons donc pas autant la politique. Dans le temporel nous ne redoutons pas autant le temporel. En fait ceux de nos camarades qui sont devenus, qui se sont faits résolument politiciens, parlementaires, journalistes (Téry) [1], maire (Herriot), même ceux qui sont redoutés, et réputés comme dangereux, même quand ils ne font pas grand bien, ne font pas, ne peuvent pas faire non plus grand mal. Aujourd'hui. Étant donné l'état d'esprit où nous avons heureusement atteint aujourd'hui (et malheureusement aussi hélas) à l'égard de la politique et des politiciens, généralement à l'égard du temporel. Ceux qui sont dangereux, ceux qui sont redoutables, ceux qui sont notre ennemi, parce qu'ici incontestablement notre ennemi c'est notre maître, ce sont ceux qui font de la politique dans l'impolitique, dans ce qui devait demeurer impolitique; du parlementaire dans l'imparlementaire, dans ce qui devait demeurer imparlementaire; généralement du temporel dans l'intemporel, dans ce qui devait demeurer intemporel. Parce qu'alors et là on ne se méfie pas. Ceux qui sont infiniment dangereux, ce sont ceux qui sont tyranniques, ce sont ceux qui par des moyens temporels dans des situations intellectuelles veulent introduire, veulent établir un gouvernement (absolu, tyrannique) des esprits, ce sont ceux qui veulent enrégimenter les jeunes gens, mener les esprits à la baguette, faire des écoles et des sectes qui soient comme des régiments prussiens, ce sont ces hommes, ces professeurs qui se conduisent dans leurs chaires comme des préfets, de Combes [1] ou de Clemenceau, qui introduisent, qui ont introduit en Sorbonne, à l'École Normale (dans la nouvelle École Normale), au Musée Pédagogique, dans toute l'Université, dans tout l'enseignement, sous prétexte, sous le nom de pédagogie, sociologie (que nous nommerons désormais, je vous préviens, *sociagogie,* parce que c'est beaucoup mieux), démagogie et toutes autres *agogies,* qui ont entrepris d'exercer, qui exercent littéralement une tyrannie mentale, intellectuelle, morale, civique (c'est le cas de joindre ces deux mots, comme sur les *manuels* de notre apprentissage primaire), il faut revenir toujours à ce mot un gouvernement des esprits, qui ont introduit tout un appareil, gouvernemental, tout un instrument, de règne, de gouvernement des esprits, qui enfin sont et se sont faits politiques, parlementaires, politiciens, généralement temporels dans un monde, un domaine, dans un royaume particulier, dans une cité, dans une république des esprits où il importe essentiellement qu'aucun gouvernement ne s'établisse, où nous ne supporterons pas, où nous ne supporterons jamais qu'une tyrannie se fonde et règne et vive en paix, des hommes enfin comme les honorables MM. Aulard et Charles *Cinq* Langlois [2], pour ne citer que ces deux historiens, pour ne citer que des historiens. Car les sociologues, il faudrait tous les citer.

C'est là qu'est le danger, la tyrannie insupportable; c'est là qu'est le danger, l'inendurable audace de la tyrannie; la menace que nul ne supportera; c'est là, c'est alors que se produit cette espèce de contamination, cette sorte d'intoxication, cette quelque simonie dont nous parlions tout au commencement de cette brève interruption. Parce que là, parce qu'alors nous ne sommes pas avertis, parce que l'on ne se méfie pas, parce qu'ici nous serions désarmés. Parce qu'ils sont politiques, parlementaires, politiciens, policiers même, généralement temporels où il ne faut pas, absolument pas être tout cela. Ils font de l'hétérogène, confondent les ordres, mettent ensemble deux ordres qu'il ne faut jamais mettre ensemble. Cela sent la mixture, le bocal et rien n'est insupportable comme une tyrannie pharmaceutique d'épicier. Ces hommes qui confondent tout de même par trop le ministère de l'Instruction publique avec le ministère de l'Intérieur et la Sorbonne avec la Préfecture de police.

Le troisième degré de la tentation, particulièrement dangereux, est le degré de la tentation de la gloire. Particulièrement nocive, particulièrement redoutable parce qu'elle s'attaque à des âmes nobles, inconsidérées.

Une révolution capitale s'est accomplie, dans l'histoire sociale des arts et des lettres, avec l'avènement des temps modernes. On oublie trop que le monde moderne, sous une autre face est le monde bourgeois, le monde capitaliste. C'est même un spectacle amusant que de voir comment nos socialistes antichrétiens, particulièrement anticatholiques, insoucieux de la contradiction, encensent le même monde sous le nom de moderne et le flétrissent, le même, sous le nom de bourgeois et de capitaliste. Une telle contradiction, plus ou moins consciente ou inconsciente, ferait scandale si on en était à une contradiction de plus ou de moins dans ce monde politique parlementaire. Et à un scandale près. On oublie trop ainsi que l'avènement du monde moderne a été, sous une autre face, l'avènement du même monde politique parlementaire économique bourgeois et capitaliste. Il n'est donc pas étonnant que par un effet de l'incrustation capitaliste moderne la gloire elle-même soit devenue finalement une puissance temporelle.

Sous les anciens régimes, la gloire était une puissance presque uniquement spirituelle. Sous les anciens régimes, assez de puissances contre-balançaient les puissances d'argent, — puissances de force, *autres* puissances de force ou puissances d'esprit, — pour qu'à travers toutes ces puissances, et à travers leurs combats mêmes et leurs débats, et surtout ici, la gloire pût demeurer une puissance presque uniquement spirituelle. Par une singulière combinaison, par un singulier jeu d'événements, à l'avènement des temps modernes une grande quantité de puissances de force, la plupart même sont tombées, mais loin que leur chute ait servi aucunement aux puissances d'esprit, en leur donnant le champ libre, au contraire la suppression des autres puissances de force n'a guère profité qu'à cette puissance de force qu'est l'argent. Elle n'a guère servi qu'à vider la place au profit des puissances d'argent. Les contrepoids de force, des autres forces, étant supprimés, rien n'est allé à[1] l'esprit, qui censément attendait, aux puissances d'esprit, pour qui devait censément se faire la révolution du monde moderne. Contrairement à ce que l'on pouvait espérer, quand on était mal averti, contrairement à ce qu'espéraient peut-être en effet les démolisseurs de l'ancien monde ou la plupart de ces démolisseurs et les promoteurs et les introducteurs du monde moderne, tout est allé aux seules puissances de force qui fussent demeurées, aux puissances d'argent.

Dans les anciens mondes, sous les anciens régimes, d'autres puissances de force balançaient à la fois et cette puissance de force qu'est l'argent et les puissances d'esprit. Et il y en avait assez, parce que le monde était riche de puissances. Puissances d'armes et surtout puissances de race; puissance du poing, puissance du gantelet, puissance de la dague, puissance de la tradition, elle-même demi-intellectuelle ou spirituelle, puissance de tant de rythmes qui battaient tant de cœurs, puissances de tant de vies qui battaient leur mesure, puissances de tant de corps qui n'étaient point asservis, puissances de la hiérarchie, elles-mêmes demi-intellectuelles ou demi-spirituelles, puissances de la cité, puissances de la commune, puissances civiques, puissances de la communauté, demi temporelles et demi d'esprit, puissance nautique (Athènes) ou puissance de chevalerie, et surtout puissances de la race, alors les plus fortes de toutes, et les plus belles, puissances réellement dynastiques, dynasties des rois, dynasties des grands, dynasties des gueux, toutes également dynastiques, tout le monde alors était *dynastes,* une infinité de belles et fortes puissances de force, à la limite toutes temporelles et de là indéfiniment dégradées en puissances qui devenaient en une indéfinité de graduations spiritualisées, une indéfinité de puissances de force ou de demi-force à la fois luttaient ou pactisaient et se combattaient entre elles, et ainsi doublement se balançaient, et à la fois tantôt luttaient contre les puissances d'esprit, ou pactisaient et se mariaient plus ou moins avec elles.

Il en résultait dans les anciens mondes et sous les anciens régimes une sorte d'équilibre instable qui était perpétuellement à rétablir, à renouveler, à réinventer, à refaire, mais qui, de fait, se rétablissait, se renouvelait presque toujours, qui réussissait presque toujours à se réinventer. Il se refaisait. Et même des humanités obtinrent plusieurs fois qu'il y eût des équilibres très durables, des équilibres véritablement stables, équilibre pour ainsi dire unilinéaire de l'ancienne Égypte, équilibres passionnés du peuple d'Israël, équilibres des cités helléniques, équilibre de la *paix romaine,* — où pourtant les puissances d'argent commirent un premier essai de leur domination, et qui restera le plus dégoûtant des anciens équilibres, parce que c'est celui qui ressemble le plus à notre équilibre moderne de mort, à ce point qu'il en est comme une tentative, comme une tentation, un essai, une, première, maquette, une image de préfiguration, — équilibre de vie de la chrétienté, équilibre du monde féodal, équilibre du monde royal, équilibre de l'ancien royaume de France. Par tous ceux-ci ensemble équilibre enfin de l'ancienne France. Et ces équilibres eux-mêmes étaient ce que nous avons dit, répondaient aux conditions générales que nous avons dites. C'est-à-dire qu'assez de puissances de force et d'esprit s'y combinaient et s'y balançaient pour que les puissances d'esprit n'y fussent point infailliblement soumises, qui pour elles est autant dire mortes, pour que chaque puissance d'esprit en particulier y fût en définitive ou y devînt libre et survivante. Autant qu'elle voulait. C'est-à-dire autant qu'elle avait en elle-même de force, et ainsi de raison d'être et de justification. De quelques déséquilibres, de quelques troubles et de quelques désordres que ces équilibres, ensuite, fussent coupés successivement, comme ces déséquilibres avaient, au fond, exactement le même principe et le même *habitus* et la même attitude que leurs frères ces équilibres, également dans les équilibres, également et même au moins autant dans les déséquilibres, dans les inéquilibres et dans les remises en équilibre intercalées, si longues fussent-elles, persistait ce caractère commun à toutes les anciennes humanités, — la romaine impériale, comme je l'ai dit, peut-être partiellement exceptée, — que la puissance d'argent était fort loin d'y être la seule puissance de force, et qu'un tel débat et de telles alliances et de telles collisions et collusions de toutes sortes s'y poursuivaient infatigablement entre toutes ces puissances temporelles et de toutes ces puissances ensemble et séparément aux puissances d'esprit ensemble ou séparément, de tels combats et de telles alliances que dans tout cet ordre et dans tout ce désordre, dans toute cette paix et dans toute cette guerre, dans tous ces équilibres et dans tous ces inéquilibres, les puissances d'esprit, combattues, ménagées, recherchées, menacées, poursuivies, pour le bon ou pour le mauvais motif, pour l'ignominie ou pour la gloire, pour la défaite ou pour la victoire, pour la bataille même ou pour la plane paix, pour l'alliance ou pour la persécution, dans ce fatras mystérieux de grandeurs et de misères temporelles qui fait toute la trame, qui fait tout le tissu des histoires des successives humanités, dans ce fatras vivant d'équilibres et de déséquilibres les puissances d'esprit vivaient. Elles aussi elles avaient leurs grandeurs et leurs misères. Elles aussi elles vivaient. Et c'est même pour cela, parce qu'elles vivaient, qu'elles avaient leurs grandeurs et leurs misères. Elles partageaient les grandeurs communes et les communes misères des puissances temporelles où elles étaient enchevêtrées, elles y participaient, et en outre elles avaient leurs grandeurs et leurs misères propres. *Peut-être assez d'honneurs environnaient* sa *vie*. Dans tout cela, dans tout ce fatras et dans ce commun enchevêtrement, et grâce précisément au jeu que donnaient tant de puissances, temporelles, beaucoup de puissances d'esprit jouaient, donc vivaient. Elles finissaient, elles aussi, par s'organiser pour des équilibres plus ou moins précaires, par des inéquilibres eux-mêmes plus ou moins prolongés. Vivant parmi des organismes et des organisations, à travers beaucoup de risques et des périls sans nombre elles pouvaient tout de même s'organiser. Elles devaient même s'organiser, et vivre. Elles y étaient tenues. Vivant parmi et contre ou avec des organismes vivants, non seulement elles pouvaient s'organiser, mais elles étaient par là même comme invitées à l'organisation. Elles étaient inclinées à la vie. Un organisme ami les pouvait inviter à l'organisation, les conduire à la vie. Un organisme ennemi invite et conduit aussi à l'organisation et à la vie, puisqu'il vous y contraint, ne fût-ce que pour le combattre. Ce qui est dangereux, c'est ce grand cadavre mort du monde moderne.

Dans les anciens mondes, sous les anciens régimes, mondes et temps d'initiatives, les puissances d'esprit finissaient toujours par s'arranger de manière à retomber à peu près sur leurs pieds, elles finissaient toujours par s'arranger de manière à retrouver leur compte, à faire dans l'humanité la recette qu'elles avaient à faire ou qu'elles voulaient faire. Toute idée faisait sa moisson. Toute idée alors avait son grenier et sa grange.

Fatras, c'est en définitive le mot même de la liberté, c'est aussi le mot de la vie, surtout quand on veut lui faire injure, ce qui n'était aucunement mon intention. Notre bon maître M. Andler ne l'ignorait pas quand recevant en hommage d'auteur et des mains de l'auteur un cahier qui venait de paraître et qui en effet ressortissait au gouvernement germanique, il disait aimablement à l'auteur, avec sa bonne humeur habituelle, et sans aucune nervosité : *J'espère que votre cahier sera remarqué, dans le fatras des cahiers.* Il disait évidemment ce mot de *fatras* pour me faire un très grand plaisir. Il y a réussi au delà de toute son espérance. Un tel mot est la consécration la plus précieuse de tout ce que nous avons de libre et de vivant. Notre maître savait que fatras est le petit nom de la liberté. Je dirais bien le nom de baptême; mais il ne faut compromettre personne; et surtout il ne faut pas compromettre la liberté; la liberté n'a pas besoin qu'on la compromette; elle-même elle a pris la liberté de se compromettre assez. Notre maître savait que fatras est le nom même de la liberté, quand on ne l'a pas soi-même, et qu'un fatras vivant vaut mieux qu'un ordre mort.

Avec un fatras, avec un désordre vivant, il y a toujours de la ressource, et de l'espoir. Il n'y a plus aucun espoir avec un ordre mort.

Dans tous les anciens mondes, sous tous les anciens régimes il y avait de la vie partout; les humanités suintaient la vie. Alors toute vie pouvait toujours s'arranger, et faire sa naissance, toute petite, et son alimentation, et sa vie, et sa place. Toute vie obtenait sa croissance. Dans de la vie, dans un univers de vie, de la vie aussi pouvait venir, toute vie pouvait et devait croître, toute vie individuelle ou personnelle, temporelle et spirituelle. Dans de la vie de la vie naturellement venait. Homogène ou antagoniste, la nature même demandait qu'elle vînt. Ainsi tant de puissances d'esprit sont venues au monde et ont vécu. Et la stérilité n'avait point obtenu le gouvernement des peuples. Il fallait parvenir jusqu'à l'avènement du monde moderne pour assister officiellement à l'avènement aussi du gouvernement de la stérilité. Dans tous les anciens mondes, sous tous les anciens régimes il y avait tant de puissances temporelles qui vivaient, organisées, et ces puissances temporelles elles-mêmes étaient engagées dans un si grand nombre d'actions et de réactions entre elles et avec les puissances d'esprit qu'on s'arrangeait toujours. Les puissances d'esprit pouvaient toujours se glisser quelque part, mener quelque aventure, jouer de quelque manière, improviser, inventer, pousser, comme un pied de violettes de chien, dans quelque joint de quelque pierre de quelque mur, et, parties de là, prospérer et fleurir. Elles le pouvaient d'autant plus qu'en outre, et en deuxième degré d'accroissement, dans tout ce monde inépuisablement vigoureux elles étaient elles-mêmes d'une vigueur que tous les âges de l'humanité, que tous les mondes, que toutes les anciennes humanités avaient connue, que tous les régimes et que toutes les disciplines ont connue, que seuls aujourd'hui nous ne connaissons plus, que la seule humanité moderne a désappris de connaître.

Toute vigueur grondait en pleine éruption. Elles le pouvaient d'autant plus qu'en outre encore, et en troisième degré d'accroissement, plus intérieurement pour ainsi dire elles pénétraient intimement les puissances temporelles elles-mêmes leurs contemporaines. Nous l'avons dit de quelques-unes et on pourrait le dire de toutes. On peut dire que toutes les anciennes puissances temporelles, toutes les puissances temporelles des anciens temps et des anciens régimes, forces d'armes, forces de dynasties, forces de tradition, puissances de civisme ou de chevalerie, forces religieuses, en un certain sens, et pour une part, étiquettes mêmes et rites, forces de hiérarchie, et par-dessus tout forces de race, étaient plus ou moins profondément comme pénétrées, comme armées intérieurement d'une substance, d'une instance, comme d'une moelle de spirituel. Toutes, sauf une seule, qui est précisément la seule aussi qui ait survécu à l'avènement du monde moderne, qui par cet avènement ait été faite autocrate, et qui est la puissance de l'argent.

Quand le parti intellectuel assez récemment aggloméré dans ce monde moderne veut défendre cette grasse prébende d'argent que ce monde moderne est devenu pour lui, généralement il use d'un stratagème astucieux qui ferait un curieux déplacement des responsabilités. Il feint d'ignorer qu'il y a déjà un bout de temps que l'humanité dure, et il ne connaît, ne veut connaître, ne fait semblant de connaître, pour l'opposer au monde moderne, qu'un certain ancien régime. Telle est la philosophie de l'histoire de ces conglomérés. Redoutant pour leur monde moderne, non sans quelque apparence de raison, le jugement de quelque honnête homme, s'il en était surnagé un seul, ou de quelque homme intelligent, si un seul par hasard avait survécu aux assassinats des anciens carnages, cet agglomérat congloméré, ou ce conglomérat aggloméré a imaginé d'inventer un certain ancien régime qui fût, pour lui, de tout repos. On sait comme il a procédé. Il fallait faire un certain ancien régime, qui naturellement ne fût pas le vrai, c'était là la première condition, un ancien régime inoffensif, j'entends pour les temps modernes par comparaison, un régime ancien qui fût sans nocuité. On sait assez comment le parti a procédé. Taine était là, pour un coup. Pour constituer cet ancien régime non nocif, innocent, qui opposé par la voie de la comparaison ne fît aucun tort à la splendeur du monde et du régime moderne, on savait de reste comme il fallait faire. Il fallait feindre, il suffisait de feindre un certain petit ancien régime de convention. Un tout petit bougre, détestable, de petit ancien régime de complaisance et de docilité. Ce fut une opération, politique, parlementaire, particulièrement brillante, et qui réussit au delà de toute attente, tout particulièrement dans le monde de l'enseignement primaire. Nous-même, nous Péguy, sorti, comme élève primaire, de l'ancien enseignement primaire, qui alors était le nouvel enseignement primaire, — on voit comme ils ont réussi, — nous primaire, on l'oublie trop, nous subîmes ou nous reçûmes cet enseignement des mains d'excellents maîtres, qui eux-mêmes l'avaient docilement, pieusement reçu des mains de notre grand-maître M. Ferdinand Buisson. M. Ferdinand Buisson n'était point, alors, le grand-maître de l'Université. C'étaient les ministres qui étaient les grands-maîtres de l'Université. Directeur de l'enseignement primaire pendant on ne sait combien d'années, et lui-même ne le sait plus, M. Ferdinand Buisson était, ce qui est autrement capital, en France, le grand-maître de l'enseignement primaire. A ce titre vingt-cinq ou trente générations de Français, — je compte par générations annuelles, — vingt-cinq ou trente annuités de bons Français lui passèrent plus ou moins indirectement par les mains. Sans compter que tous les mouvements auxquels nous assistons aujourd'hui qui ont lieu dans le primaire ne sont que des continuations, plus ou moins directes, plus ou moins justifiées, plus ou moins suivies et avouées, plus ou moins bâtardes ou reconnues, plus ou moins fidèles, de ce grand mouvement initial. On sait en quoi consistait cette opération, qui a parfaitement réussi, comme toutes les opérations de cet ordre. Il n'y avait qu'à feindre un petit ancien régime, commode, portatif, bon enfant, et tout prêt à se laisser convaincre et battre, d'ailleurs parfaitement faux, en mettant bout à bout quelques anecdotes plus ou moins controuvées que l'on avait demandées au règne de Louis XV, quelques racontars empruntés au règne de Louis XVI; et pour qu'il ne fût point dit que l'on n'était pas remonté assez haut, assez *aux sources*, quelques ragots venus, descendus jusque du règne de Louis XIV. Peut-être même le régime de Louis XI était-il mis à contribution. Mais je ne sais pourquoi, on se gardait comme du feu de mettre à contribution le régime et le règne de Louis IX (il n'y avait pourtant qu'une toute petite interversion graphique à faire, le I à changer de place, à mettre avant le X, au lieu d'après) Joinville, Guillaume de Nangis, et le confesseur de la reine Marguerite. Car il fallait aller, décidément, et ne s'arrêter point avant les *origines*. Il y avait même dans tout cela un assez grand nombre de vérités, comme dans toute opération de feinte qui se respecte, dans toute opération de feinte bien conduite. Une opération de feinte en effet n'est pas bien faite, elle est faite par un imbécile tout bonnement, si tous les éléments en sont par trop évidemment faux. Une bonne opération de feinte suppose, admet, aime un contingent, savamment dosé, de vérités incontestables. Elle suppose en outre, elle admet et elle aime un vêtement scientifique. C'est un vêtement tout fait, aujourd'hui, et c'est ce qui coûte aujourd'hui le moins cher. Qui n'a point aujourd'hui son (petit) vêtement scientifique. Quelle idée, quelle hypothèse, quel système. Un système aurait l'air d'aller, de marcher tout nu dans le monde s'il n'avait point passé son petit vêtement scientifique. On l'enfermerait certainement comme fou. Et on le doucherait. Il fallait trouver à cette opération un vêtement scientifique. Taine était là. Taine *ancien régime*. Taine devint ainsi le fournisseur, attitré, mais le fournisseur de confections, toutes faites, toujours un peu raides, et qui font des plis, justement où il ne faudrait pas, où ça se voit bien, qui froncent, qui plissent, qui bâillent, l'Aristide Boucicaut de ce Bon Marché (exceptionnel), (un un peu moins grand peut-être Aristide Boucicaut, parce que le *mouvement* des systèmes sera toujours moins grand que le *mouvement* des étoffes, heureusement, et de tout ce que l'autre a imaginé et réalisé de vendre ensemble, et que l'autre a eu de bien autres chefs de rayon, mais un au moins aussi grand Bon Marché, un peut-être encore plus grand Bon Marché, car s'il fait beaucoup moins d'affaires à Paris, comme il envoie dans tous les départements, et même en Corse, dans toutes les communes de tous les cantons de tous les arrondissements de tous les départements français, en Algérie, en Tunisie, dans les colonies et les pays de protectorat, et qu'il a même commencé d'exporter beaucoup à l'étranger, ce que l'autre ne fait à beaucoup près pas autant, il rattrape par et sur l'universelle régularité de ce commerce gouvernemental officiel ce qu'il perd, ce qui lui manque, ce qu'il manque à gagner, ce qu'il a de moins par l'insuffisance comparée de son commerce parisien.) Nous dirons donc le peut-être un peu moins grand Boucicaut de cet assurément au moins aussi grand Bon Marché, de ce très grand Bon Marché qu'est devenu le grand marché intellectuel du monde moderne et c'est toute la science moderne qui est devenue la grande madame Boucicaut de ce grand marché intellectuel du monde moderne, fournissant des vêtements scientifiques tout faits à tous les systèmes qui en ont besoin, et Dieu sait s'il y en a, notamment aux systèmes politiques parlementaires. Qui sont ceux qui lui en demandent le plus. C'est d'ailleurs et généralement un *rayon* très demandé; et il s'en fait un grand commerce. Et il est singulier, il est intéressant, mais il n'est nullement étonnant que nous retrouvions justement ici le nom et l'homme à qui nous nous sommes heurtés tout au commencement de ces études. Ce n'est point au hasard que nous nous sommes heurtés à lui tout au commencement, dès le tout premier commencement de ces études; ce n'est point par hasard que nous le retrouvons ici et que nous nous heurtons à lui ici, que nous retrouvons de nous heurter à lui ici; c'est toujours le même heurt et le même accompagnement; ces deux noms, Taine, Renan, ces deux hommes, Taine, Renan nous ont accueillis, nous ont salués au seuil de ces recherches; nous les avons salués alors de notre part; depuis ils n'ont pas cessé, ils ne cesseront jamais de nous accompagner; ils ne cesseront point de nous être fidèles; et répondant à cette fidélité, nous ne cesserons point de leur être fidèles aussi, et à leur bon accompagnement. Jusqu'à l'achèvement, au couronnement de ces études, si nous parvenons jamais à cet achèvement. Seulement, quand on eut fini d'expliquer aux petits garçons ce qu'il y avait dans Taine ancien régime, on se garda bien de leur expliquer ce qu'il y avait dans Taine Révolution et Empire et République et tout le tremblement. Tout le nouveau régime. *Les Origines* de ce qu'il nomme assez improprement *la France contemporaine :* il ne faut pas dire seulement *la France,* comme s'il s'agît d'un peuple ou d'une patrie, d'un peuple, particulier, d'une nation, particulière, d'une patrie, particulière, mais il faut dire généralement de tout le monde ou capitalement de la France à la tête de tout le monde, avant tout le monde, en avance sur tout le monde; et il ne faut pas dire *contemporaine;* contemporaine se meut avec nous, contemporaine est d'un temps qui se meut avec nous, avec le nôtre; contemporaine remue; contemporaine bouge; contemporaine varie; on se sert de contemporaine au cours d'une phrase, pour marquer un temps comme en passant, au cours d'une phrase, un temps par comparaison, à nous, à notre temps, un temps par voie de relation, par la voie de la relation qu'il a à nous, à notre temps, d'être du même ou le même (temps) que nous, que ce même (notre) temps; mais contemporaine, qui est fugitif, qui est léger, volage, qui se meut, qui s'enfuit, exactement avec la même vitesse que nous, que notre temps, puisqu'il est du même ou le même, ne suffit pas, n'est pas ce qu'il faut pour graver, pour une inscription, pour une prise de date, pour une assiette aussi grave que celle d'un titre, et qui doit être aussi monumentaire, aussi monument, surtout que ce titre-là, pour un tel ouvrage, couvrant l'ensemble d'un tel ouvrage, lui-même aussi monumentaire et aussi monument, dans la pensée d'un tel auteur, lui-même aussi architecte. Il faut dire *moderne*. Quand nous disons *moderne*, c'est le nom même dont ils se vantent, c'est le nom de leur orgueil et de leur invention, c'est le nom qu'ils aiment, qu'ils revendiquent, ou, comme ils disent, qu'ils *affectionnent*, c'est le nom d'orgueil fou dont ils vêtent leur orgueil, *nomen adjectivum* : l'ère moderne, la science moderne, l'État moderne, l'école moderne, ils disent même : la religion moderne. Il y en a même, plusieurs, qui disent *le christianisme* moderne. Et il y en a un qui dit : *le catholicisme* moderne. Or il est d'une très bonne, d'une excellente méthode, toutes les fois qu'on le peut, historiquement de choisir, pour le mettre sur une idée, sur un système, sur une caste, sur une école, sur une secte, sur une classe, sur un parti, exactement le nom, précisément le titre que cette idée, que ce système, que cette caste, que cette école, que cette secte, que cette classe, que ce parti s'est lui-même arrogé, s'est intérieurement choisi, qu'il revendique et s'est alloué, qu'il a personnellement assumé, le nom qui intérieurement, personnellement a jailli de son orgueil ou de sa révolte. Ou qui a coulé de son insuffisance ou de son imbécillité. Cette bonne, cette très bonne, cette excellente méthode intérieure et personnelle est exactement et symétriquement la contre-méthode, fait exactement et symétriquement la contre-partie comme complémentaire de cette autre, de cette apparemment contraire (au fond c'est la même) méthode, si connue, devenue classique, par laquelle, qui consiste à ce qu'un parti (politique, national, religieux, intellectuel, un parti de toute sorte) prenne, ramasse un nom et s'en habille et s'en loue et s'en flatte, un nom qui lui avait été jeté comme dans la boue de la bataille par le mépris de l'ennemi, le procédé, la méthode par laquelle on nous a raconté dans tous nos cours d'histoire que les *Gueux* de Hollande avaient enfin pris ce nom, par laquelle, sans en chercher si long, et sans aller, sans chercher si loin, nous avons nous-mêmes bel et bien pris ce nom de *dreyfusards*. Sans être hollandais. Mais je me trompe. C'eſt au moins aussi loin que la Hollande, à présent. Ces deux méthodes de nommer, ou plutôt ces deux parties complémentaires, apparemment contraires, apparemment adverses, de la même méthode, ces deux faces de la même méthode, au fond aussi intérieures et personnelles l'une que l'autre, cette méthode intérieure et personnelle eſt la meilleure méthode, la seule manière de nommer. Elle eſt la seule qui donne du jaillissement, du spontané, du ton, de l'intérieur, du creux. Elle eſt la seule qui donne un nom qui ressemble à l'objet nommé, qui ait la même tête que l'objet nommé, parce qu'il vient du dedans, parce qu'il sort de l'intérieur de l'objet nommé, ou, dans le cas des ennemis, d'un extérieur qui eſt un (autre) intérieur, étant une réplique, voulant atteindre l'intérieur, qui eſt en un sens le même, qui a une prétention, une pénétration, une atteinte intérieure, qui par la haine vaut un intérieur. Quand deuxièmement en outre nous disons moderne, ainsi nous nommons un temps très déterminé, avec un commencement (une époque) et une période, ayant un commencement, une époque et une période, un temps très déterminé dont nous connaissons très bien, dont très nettement je vois le commencement, dont nous avons vu le commencement, dont nous voyons peut-être en ce moment-ci même le milieu, (mais eſt-ce au juſte le commencement du milieu, ou le milieu du milieu, ou la fin du milieu, et le commencement de sa décadence temporelle, voilà ce que nous ne savons pas) dont assurément le monde verra la fin, dont sans aucun doute le monde et l'humanité verra successivement le commencement, le milieu, la fin de la fin (il en a vu bien d'autres) si nous n'avons pas, nous, quand même nous n'aurions pas ce bonheur, nous-mêmes, que nous n'avons peut-être encore pas mérité, que nous n'avons sans doute pas obtenu. Quand donc deuxièmement nous disons *moderne*, nous employons, nous introduisons un mot technique, un mot très technique, et non point, et non plus un mot de littérature et d'épithète. Moderne eſt fixe. Moderne eſt daté, enregiſtré, paraphé. Moderne pourrait se mettre sur un timbre à date, sur un dateur automatique. Moderne eſt connu. Moderne eſt déterminé. Moderne ne bouge plus. Moderne eſt une période parfaitement déterminée. Moderne a (eu) un commencement (a eu ou a ou aura) un milieu et (aura) une fin. Moderne a des limites, il a des frontières indéplaçables. Il en a eu heureusement, et qui sont indéplaçables, heureusement, dans le passé. Il en aura, heureusement, et qui, une fois obtenues, seront ainsi aussi devenues à leur tour indéplaçables, heureusement, dans le futur. Moderne eſt un terme technique, dans tout le sens et la force du mot terme, du terme terme, dans tout le sens et la force du mot technique. Moderne eſt la pierre cherchée, *Tu es Petrus, Tu es Pierre,* comme nous l'écrivait récemment notre collaborateur de Pulligny, conformément à Matthieu, XVI, 17, 18, 19. Moderne eſt la pierre cherchée, et comme il eſt aussi un bloc, il eſt ainsi un bloc de pierre, la pierre qu'il fallait pour une inscription monumentaire, le titre lapidaire. Au lieu que contemporaine. Moderne eſt en pierre. Contemporaine eſt en dentelle. Et quand même ce serait, ou ce voudrait être une dentelle de pierre, une dentelle de pierre eſt encore plus éloignée de la pierre, plus étrangère à la pierre, si possible, qu'une simple dentelle, que la dentelle ordinaire de fil et de lin. Moderne eſt dur. Contemporaine eſt presque élégant. Contemporaine eſt la borne qui se déplacerait avec le terrain, avec le champ de la course ou avec le champ fixe de labourage ou de toute culture ou jachère ou inculture. Contemporaine eſt un terme qui bougerait, qui ne serait donc point un *dieu* Terme. Moderne eſt un peu âcre au goût, un peu âpre, amer. Un peu vert, un peu sur. Contemporaine a je ne sais quoi d'un peu sucré. Il y aurait dans contemporaine (par voie d'acquisition, naturellement, par absorption, et non point évidemment par la voie de l'étymologie) un soupçon de confiserie que je n'en serais pas autrement étonné. C'eſt un mot qui a pris aujourd'hui un certain goût de salon, de thé de cinq heures et quart, et de petits gâteaux. Pour tout dire, d'un mot, c'eſt un mot qui eſt un peu trop dans le ton et dans le goût de la *vie et* des *opinions* de M. Frédéric-Thomas Graindorge, douzième édition, un volume. Moderne au moins, dans toute sa cuiſtrerie, eſt reſté un mot dur, un mot rude, un mot d'école et de bataille. Contemporaine me rappellera toujours fâcheusement ce sergent qui du temps où on savait encore ce que c'est que de faire un mouvement carré commandait à sa section : *le guide, vous vous dirigerez sur l'homme qui fait les cent pas au bord de la rivière.* Tout cela flotte. Alors. Tout cela coule, glisse avec le temps. Sur la rivière, sur le fleuve intarissable du temps.

Moderne enfin peut être un mot d'injure. On n'injurie pas un monsieur en l'appelant contemporain[1].

Quand on eut fini d'expliquer aux petits garçons ce qu'il y avait dans Taine ancien régime (deux volumes) on se garda bien de leur expliquer ce qu'il y avait dans Taine Révolution (six volumes) Taine *Anarchie* (deux volumes) Taine *Conquête jacobine* (deux volumes) Taine *Gouvernement révolutionnaire* (deux volumes) et surtout ce qu'il y avait dans ce que Taine si justement (voir ci-dessus) si proprement nomme LE RÉGIME MODERNE, Taine *régime moderne,* trois volumes.

Régime moderne. Il faut bien dire ainsi : régime moderne; et tout le monde moderne. Et non pas (seulement) *France,* ni *contemporaine.* Et *régime moderne* est le vrai titre du tout, non d'une partie seulement.

Une opération ainsi conduite ne peut pas ne pas aboutir. Celle-ci a réussi au delà de tout escompte. Vingt, trente générations de Français, sans compter les suivantes, et celles qui viennent, d'avance, croient qu'en effet ça s'est fait comme ça. Que c'est comme ça. Que tous les gens sans aucune exception depuis le commencement du monde, qui toutefois n'a pas été créé, jusqu'au trente-et-un décembre dix-sept cent quatre-vingt-huit, — après la naissance du Christ, — à minuit, ont été de foutues bêtes, le minuit étant compté comme onze heures soixante, et pas une minute de plus, et que le premier janvier dix-sept cent quatre-vingt-neuf, à minuit zéro minute zéro seconde un dixième de seconde, — et encore les vrais savants ne s'arrêtent pas au dixième de seconde, — tout le monde a été créé splendide, tout le monde, excepté, bien entendu, les réactionnaires. Trente et quarante générations de Français aujourd'hui croient cela dur comme fer. Des indéfinités de générations de Français le croiront toujours. Car ce qu'il y a de plus avantageux dans une opération de cette sorte, c'est que quand elle est faite, elle est faite une fois pour toutes. Quand un mécanisme de cette sorte est monté, surtout un mécanisme électoral, on n'aperçoit plus aucune espèce de raison pour qu'il se démonte jamais, pour qu'il se fatigue, et pour qu'il s'arrête, de fonctionner. Au contraire. Plus il marche, mieux il marche. Et plus il a envie de marcher. De sorte qu'on n'en voit pas la fin. Une majorité se grossit par cela seul qu'elle dure. Du moment que l'on s'est mis, et que l'on reste, sous la loi de pure majorité, plus ça dure, plus c'est solide, et plus c'est gros. Plus ça va, plus c'est la même chose, et plus c'est la même chose, plus ça va. Plus il y a de générations qui ont pris un certain chemin, plus il y en a de suivantes qui le prennent. Les générations majoritaires, groupées, massées, compactes, qui s'accroissent d'une chaque année, font un gouvernement majoritaire. Et comme c'est le gouvernement, comme c'est ce gouvernement majoritaire qui fait les élections, et les électeurs, et qu'il ne manque naturellement pas de les faire à son image et à sa ressemblance, majoritaires comme lui et de la même majorité, c'est, c'est le cas de le dire, un cercle vicieux, et automatiquement, mécaniquement, non seulement il n'y a pas de raison pour que cela cesse, mais il y en a beaucoup, il y en a de toutes sortes, ou plutôt il y en a une totale, largement suffisante, pour qu'en effet ça ne puisse pas s'arrêter, et que ça ne cesse pas de croître et d'embellir. On n'a pas mesuré encore, il s'en faut, tout l'effet de cette croyance. On a noté, un peu dans tous les journaux, on a fait remarquer, au moment des dernières élections législatives, que l'entrée en ligne, que le débouché au feu des batailles électorales des premières *classes* de ce contingent avait eu sans doute une répercussion importante sur les résultats des élections auxquelles nous devons la belle Chambre que nous avons. C'était une remarque fort juste. Mais l'on n'a pas fini d'en voir ces répercussions.

Ces répercussions sont sans fin. Mécaniquement, automatiquement, extérieurement elles sont sans fin. Pour que cela casse, il faut que ça casse en dedans, comme cela paraît bien en train de commencer à se produire, il faut que les répercussions automatiques, mécaniques, extérieures, soient interrompues par l'effet soudain de quelque cassure intérieure.

Une opération de cet ordre réussit toujours. Et elle est sans aucun danger. Au moins pour l'opérateur. Comment ces pauvres petits garçons s'apercevraient-ils qu'on leur a conté des histoires? Tout contrôle est impossible. Parmi ces *flaupées* de petits garçons qui usent traditionnellement les fonds de leurs culottes sur les bancs de nos écoles, combien peut-il y en avoir qui s'apercevront un jour que de bons maîtres leur ont fait d'excellents contes. Il faudrait pour cela ou qu'eux-mêmes un jour fissent des lectures. Mais Dieu merci il n'y a pas un Français sur un million, qui de lui-même et sans aucun enseignement puisse avoir l'idée de recourir à un texte. Ou qu'ils devinssent traditionnellement, suivant la filière, des élèves de nos enseignements secondaires ou de nos enseignements supérieurs. De l'un et de l'autre, ou de l'un ou de l'autre. Heureusement, — heureusement pour la tranquillité du gouvernement du parti intellectuel, — ce n'est pas pour les timides tentatives de cultures de l'enseignement secondaire, c'est encore moins pour les dangereuses quoique timides tentatives de libertés de l'enseignement supérieur que nos plus de cent mille instituteurs dévoués et autres maîtres primaires apprennent à plus de cinq ou six millions de leurs bons élèves à lire, à écrire et à compter, — sans compter beaucoup d'autres belles choses, car on a beaucoup perfectionné tout cela, depuis le temps que nous étions petits, et ils doivent au moins apprendre la sociologie à présent. Une minorité infime entrera seulement dans le secondaire. Et de cette minorité infime une nouvelle minorité infime, une deuxième et imperceptible minorité, fraction de fraction, minorité de minorité, entrera dans le supérieur. Tous les autres, l'immense majorité, la presque unanimité, on sait quelle sera leur culture, et quelle sera leur liberté. Ce n'est point pour la formation de la personne, ce n'est point pour les dangers de la culture et les dangers de la liberté, ce n'est point pour l'enseignement du secondaire ou l'enseignement du supérieur que des armées d'instituteurs enseignent à un peuple d'écoliers tout ce que nous ne savons pas. C'est pour qu'à treize ans, et même avant, ils puissent lire en connaissance de lettres les pornographies de *la culotte rouge,* et autres. C'est pour qu'à vingt-et-un ans accomplis, et même avant, souvent avant, avec presque autant de zèle, ils puissent lire en connaissance de lettres les pornographies des programmes électoraux.

Et couvrant le tout, fournissant le tout, pour les crimes, pour les horreurs de l'alcoolisme moderne.

Ils sont ainsi gardés, et bien gardés, contre les dangers des anciens catéchismes. Ils sont garantis, bon teint, contre les dangers du catéchisme (romain).

A toute personne qui sur ce point me démentirait, j'offre de faire pendant un mois, à ses frais, naturellement, parce que je suis un ladre, ce que je fais souvent moi-même pour mon usage privé : le trajet du matin ou du soir, sur n'importe quelle ligne de la banlieue de Paris, dans un *train ouvrier*.

Ah non, ils ne sont pas *analphabètes*. Et l'on ne pourra pas dire que nous sommes sous le gouvernement des analphabètes. On pourra même dire que nous sommes sous le gouvernement des *alphabètes*.

Quand tout le monde entier était un immense, était un total organisme, quand dans cet organisme total, formant, organisant cet organisme total tant d'organismes de toutes sortes jouaient, vivaient, organismes temporels et organismes de toutes sortes, organismes particuliers organisant eux-mêmes des organismes plus vastes, s'organisant eux-mêmes ainsi de proche en proche jusqu'à l'organisme total, jusqu'aux grands organismes, les puissances d'esprit étaient contraintes aussi d'être organisées, vivantes, d'être organismes. Quand même elles ne l'eussent pas voulu, naturellement, quand même elles n'en eussent pas eu l'essence, la vie, le génie intérieur, la nature, qu'elles avaient. Elles y étaient contraintes. Autrement elles étaient peu à peu, elles étaient enfin finalement éliminées, comme une substance morte d'un corps vivant, de tout corps vivant, comme une esquille ou un croûton de cicatrice. Dans un organisme bien vivant, c'est-à-dire bien organisé, bien organisme, une tare morte, un résidu mort ne reste point, tranquille. Dans un organisme total, général, bien vivant, des organismes particuliers, bien vivants, ne souffrent point qu'un voisin mort, qu'un cadavre de voisin mort cohabite avec eux. Ainsi un organisme ennemi force autant à la vie pour haïr et combattre qu'un organisme ami pour aimer et soutenir.

C'est depuis ce temps, et c'est pour cette raison, entre beaucoup d'autres, mais c'est beaucoup pour cette raison que l'enseignement secondaire, et, naturellement, encore plus l'enseignement supérieur sont devenus à ce point suspects à la démocratie, et qu'on les a tant maltraités, et que l'on a fait tout ce que l'on a pu pour les démolir, sans toujours en avoir l'air. Il y a tant de moyens, doucereux ou aigres, sournois ou violents, de démolir un enseignement qui a cessé de plaire, un enseignement d'État, quand on est l'État. Il y a le remaniement incessant des programmes, savamment conduit, savamment dosé, savamment administré. Il y a un heureux choix des titulaires, une conduite particulière de l'avancement. Il y a le népotisme, il y a le socérisme, il y a l'avilissement calculé du Collège de France, par le double jeu, par le jeu des chaires et par le jeu des titulaires, la diminution concertée, longuement conduite, et savamment, de cette maison considérée, non sans quelque apparence, comme la plus dangereuse de toutes, ayant été fondée pour être l'asile de la liberté intellectuelle et ayant malheureusement commis la faute impardonnable de demeurer assez fidèle à son programme, au statut de son institution. Une maison qui non seulement n'a pas de dortoirs, mais qui sous la troisième République entendrait la liberté comme sous François premier. Un remaniement heureux des programmes et des chaires, beaucoup de remaniements, un remaniement incessant, le choix scandaleux de certains candidats pour titulaires, une préférence marquée, renouvelée, incessamment confirmée aux candidats politiciens sur les candidats simplement universitaires, simplement intellectuels, simplement travailleurs, il y a cent moyens pour un État, tous également sûrs, de déshonorer sûrement, de déprécier un enseignement de l'État, de l'avilir, de le diminuer, de l'affamer, de l'exténuer et ainsi et enfin de le tuer. C'est par ces beaux moyens, par ces simples moyens qu'on a en moins de dix ans complètement supprimé, anéanti l'hellénisme, la culture hellénique, et qu'ayant fait et réussi ce beau coup on veut aujourd'hui supprimer, aussi complètement, anéantir (ce qui ne reviendra peut-être pas complètement au même), le christianisme, la culture chrétienne (et ce qui ne se passera peut-être pas tout à fait de même), qui étaient, à des titres fort différents, les deux seuls morceaux d'humanité que l'on avait, l'un essentiellement éternel, mais l'autre si respectable, en tant de sens, que l'on pouvait espérer que ce respect au moins, à défaut d'une puissance et même d'une résidence temporelle présente, le ferait au moins comme temporellement éternel, et peut-être plus. D'autant plus et d'autant mieux que si l'opération est conduite avec un peu de doigté, rien n'empêche de maintenir une certaine armature, extérieure, certains échafauds, certains aspects, certains drapeaux et décorations, certains décors, titres et vêtements qui donnent d'autant plus facilement le change que tout le monde, au fond, ne demande qu'à le recevoir, le change. Un peuple grossier ne demande qu'à ne pas voir, clair, et à ne s'occuper de rien. Et qu'on lui fiche la paix. Les intéressés ne donnent que trop souvent le spectacle de trahir leurs devoirs, et même leurs intérêts, professionnels, techniques, les plus simples, les plus élémentaires. Et eux aussi, hélas, qu'on leur fiche la paix. Pourvu donc, pourvu que l'on prenne certaines précautions, que l'on garde certaines apparences, qui permettent aux hypocrisies de se couvrir, aux paresses de plaider, aux lâchetés de se justifier, un État peut ne pas faire trop crier, un État peut creuser intérieurement un enseignement d'État, un État peut vider un enseignement d'État de tout son contenu de culture et de liberté. Et que l'ordre extérieur demeure le même. Opérer par d'heureux remaniements incessants un avilissement incessant des programmes. En éliminer savamment, en chasser brutalement tout ce qui est culture et tout ce qui est liberté. Opérer par d'heureux choix un avilissement incessant du personnel, par le népotisme de famille et par le népotisme de clan, par le plus honteux favoritisme de dynastie et de parti, éliminer sournoisement, refouler brutalement et incessamment aux places basses, aux places pauvres, aux postes ingrats, méprisés, — aux postes et aux places qui seules sont de véritable honneur, aujourd'hui, — tout ce qui est faible, — socialement, — tout ce qui est pauvre, tout ce qui est cultivé, tout ce qui est libre. Opérer un envahissement brutal ou sournois, mais toujours complet, de la politique dans les fonctions de l'enseignement. Protester de loin en loin contre cette invasion, et ne l'en poursuivre que plus constamment. Donner à des politiciens, politiciens parlementaires ou politiciens universitaires, politiciens parlementaires et ensemble politiciens universitaires, tout ce qui est postes et places de choix, places et postes en vue, et par conséquent postes et places de conduite, d'influence, de quelque commandement. Avilissement calculé des programmes. Et par le favoritisme avilissement calculé des personnes. En outre et ensemble, refuser les crédits les plus indispensables, que l'on gaspille partout ailleurs. Avilir, affamer. De toutes mains diminuer, affaiblir. Voilà quelques-uns seulement des traitements que l'on fait voir à l'intérieur de la baraque, voilà quelques-uns seulement des traitements que l'on y montre et que l'on y exhibe, voilà quelques-uns seulement des traitements que l'État fait subir à l'Université, qu'il peut lui faire subir impunément, depuis que l'ancienne Université impériale est la femme de l'État français, ménage uni, parce que les deux conjoints qui forment ce drôle de ménage ne vivent malheureusement pas sous le régime de la séparation de biens et encore moins, si possible, de la séparation de corps.

Mise au service de l'État, qui est devenu tout puissant dans le monde moderne, cette sûreté d'instinct (le seul qu'il ait) cette sûreté d'atteinte de l'envieux, du médiocre contre tout ce qui est culture.

Voilà les traitements que l'État peut faire, impunément, subir à l'Université, parce que l'Université n'est pas séparée de l'État.

Elle ne le sera jamais. Car il ne faut point s'imaginer que ce soit seulement par favoritisme et pour caser des créatures qu'un gouvernement politique parlementaire, électoral, installe ses créatures dans tous les postes éminents de l'enseignement d'État et refoule, ainsi et aussi, dans les postes moins importants les véritables et les purs universitaires, dans les postes dits sacrifiés, dans les postes disgraciés. J'irai jusqu'à dire que c'est le contraire. Ou tout au moins ce sont deux mouvements admirablement complémentaires, qui se complètent, qui jointent, qui se facilitent et qui complotent admirablement. Qui se mettent bout à bout admirablement juste. D'un côté l'État peut ainsi caser ses créatures. Et cela naturellement lui est très agréable et c'est toujours autant de gagné. Mais des créatures il y en aura toujours, les bonnes électrices en feront toujours. C'est même singulier comme ce pays, qui manque de progéniture, absolument parlant, ne manque jamais de progéniture de créatures politiques. Il y a là un phénomène très singulier. Voir Démographie. Et même démographie mathématique. Les créatures font une série continue et incessamment illimitée. Et même toujours grossissante. Du même geste, par la même action continuée l'État poursuit, l'État obtient un autre, un deuxième résultat, qui en opération est rigoureusement complémentaire du premier, qui au fond lui est beaucoup plus cher encore, à lui État, beaucoup plus précieux, lui étant beaucoup plus essentiel : car par cette partie deuxième de l'opération, il avilit l'enseignement, il avilit l'Université.

On pourrait presque dire que au fond, et malgré les apparences, l'État se plaît encore plus à avilir l'enseignement qu'à caser ses créatures; il se réjouit, il jouit plus profondément, dans le secret de sa bassesse, dans son instinct de jalousie envieuse, comme se sentant plus profondément encore engagé dans son sens et dans sa propre voie quand il avilit quelque chose, quelque institution, que quand il case des amis et camarades. Caser des amis et camarades politiques parlementaires, pour l'État moderne, ce n'est que de son utilité. Avilir est de son instinct.

Avilir est de son instinct, le plus profond. Quand il avilit, quoi que ce soit, très profondément mais très sûrement il se sent bien dans la voie de sa destination. Il faudrait donc plutôt dire que c'est encore plutôt pour avilir l'enseignement que l'État case ses créatures qu'il ne faut dire que c'est pour caser ses créatures ou, inconsciemment et comme innocemment en casant ses créatures qu'il avilit l'enseignement. C'est encore plutôt, en cette opération double, en ces deux parties complémentaires d'opération, l'avilissement qui est le secret désir, la fin plus profonde, moins immédiate, la fin moins journalière, la fin profonde, et le placement qui est un moyen, que ce n'est le placement qui est la fin et l'avilissement qui serait un moyen, une conséquence, une clause ou condition.

Caser des créatures est bien. C'est un des rouages les plus importants du mécanisme gouvernemental moderne. On le sait de reste et je n'y insiste pas. C'en est aussi un des rouages les plus apparents. Mais les rouages apparents ne sont pas tout le mécanisme et ce placement ne fait qu'une première partie de cette opération. Un rouage plus profond du [1] mécanisme, moins apparent mais d'autant plus profond, une deuxième partie de l'opération, beaucoup plus profonde, étroitement ajustée d'ailleurs, imbriquée dans la première, étroitement complémentaire de la première, beaucoup plus importante, beaucoup plus dans le cœur, est d'avilir.

Le monde moderne avilit. D'autres mondes avaient d'autres occupations. D'autres mondes avaient d'autres arrière-pensées, d'autres arrières-intentions [2]. D'autres mondes avaient d'autres emplois du temps temporel, entre les repas. Le monde moderne avilit. D'autres mondes idéalisaient ou matérialisaient, bâtissaient ou démolissaient, faisaient de la justice ou faisaient de la force, d'autres mondes faisaient des cités, des communautés, des hommes ou des dieux. Le monde moderne avilit. C'est sa spécialité. Je dirais presque que c'est son métier, s'il ne fallait point respecter au-dessus de tout ce beau nom de métier. Quand le monde moderne avilit, mettons que c'est alors qu'il travaille de sa partie.

Le monde moderne avilit. Il avilit la cité; il avilit l'homme. Il avilit l'amour; il avilit la femme. Il avilit la race; il avilit l'enfant. Il avilit la nation; il avilit la famille. Il avilit même, (toujours nos limites) il a réussi à avilir ce qu'il y a peut-être de plus difficile à avilir au monde, parce que c'est quelque chose qui a en soi, comme dans sa texture, une sorte particulière de dignité, comme une incapacité singulière d'être avili : il avilit la mort. Quelques jours après l'enterrement de Berthelot je rencontrais au débouché de la gare de Sceaux l'un de nos plus dévoués collaborateurs un de ces — dignes — héritiers de ces grandes familles et de ces grands noms des Berthelot, des Halévy, de plusieurs de ces grandes familles républicaines ou libérales qui étaient et qui sont demeurées apparentées et comme tissues ensemble comme les grandes et ensemble les hautes dynasties de la science et des lettres et du monde moderne. Après quelques propos demi-tristes et qui, de sa part, voulaient être optimistes, comme toujours : Tiens, me dit-il tout à coup, j'ai pensé à vous l'autre jour. (C'était un de ces rappels soudains de mémoire, imprévus du sujet lui-même, et pourtant si profonds, profonds contre le sujet lui-même, qui font une sorte de remontée, un refoulement, un point d'origine, et de contrariété, une source, dans l'eau, un point de source angulaire, comme une vague de remontée, qui sont, qui créent une contre-vague dans la déclivaison presque linéaire, dans la descente au fil de l'eau du propos et de la mémoire.) J'ai pensé à vous l'autre jour, — Vous êtes bien gentil. — Oui, j'ai pensé à vous; vous savez; j'ai été à l'enterrement de Berthelot. J'étais en dedans. Vous n'étiez pas en dedans, vous. Votre âme de réactionnaire se serait réjouie de voir ce qu'ils ont fait de l'enterrement de Berthelot.

Il souriait tristement, et les lèvres marquaient une certaine amertume délibérément optimiste. Il avait appuyé d'un sourire d'entente aux trois quarts triste ce mot de *réactionnaire,* et l'avait souligné d'un coup d'œil, parce qu'il entendait aussi bien et même mieux que vous, chers lecteurs et abonnés, ce que là il entendait par ce mot de réactionnaire. Et ce mot de *réjouir,* dit par lui, avait un sens particulièrement sévère.

Les détails suivirent, lamentables. Non, en effet, je ne savais pas ce qu'ils avaient fait de l'enterrement de Berthelot. Quelques indications seulement, suffirent, quelques indications suivirent, pitoyables, odieuses pour qui entendait, et que le spectateur avait honte à rapporter, que l'interlocuteur avait honte à dire.

Quelques détails échappèrent, suivirent, cortège inavouable de loqueteux, lugubres, mais non pas au sens où dans le mot lugubre il y a le mot deuil, ou si l'on veut c'était un deuil de contraste grotesque infiniment plus atroce qu'un vrai et simple deuil, quelques détails dits à regret, odieux pour qui a quelque sens de l'un des plus vieux sentiments que l'humanité ait connu, de l'un des plus précieux aussi, d'un sentiment que toutes les humanités un peu dignes de ce nom, d'homme, ont connu, estimé, à sa valeur, pieusement fomenté; de l'un des plus chers sentiments vieillards qui parfois viennent s'asseoir sur le seuil attiédi; pour qui a gardé quelque sens du très vieux et très vénérable respect. Notre collaborateur avait reçu, étant de la famille, une *carte d'entrée*. La cérémonie, à l'intérieur du Panthéon, c'est-à-dire la cérémonie la plus officielle, la plus somptueusement et splendidement officielle et gouvernementale, cette cérémonie laïque voulue, mijotée comme une apothéose du monde moderne, imaginée comme une apothéose personnelle, fabriquée comme une apothéose du monde moderne en la personne et sur le corps de l'un de ses représentants les plus éminents (car ils sont poursuivis dans leurs imitations par l'idée du corps et de la présence réelle, au moins, à défaut d'un autre, à défaut de l'autre, de la présence au moins de ce misérable corps charnel, mortel, déjà mort, périssable), dans toute cette cérémonie apothéotique il n'y eut pas un geste qui ne fût une offense au respectable respect. On était debout, assis. Penché, tendu. On n'était pas couché. On avait son chapeau sur sa tête. Excepté, toutefois, ceux qui avaient trop chaud aux cheveux. On parlait, on criait, on riait, on s'interpellait, on tapait du pied, on ne s'entendait pas. On y avait mis, je pense, la musique de la Garde républicaine, comme à la nouvelle fête de Jeanne d'Arc. Et quand l'honorable M. Fallières fut en vue et près d'entrer, un des huissiers criant au chef de musique, dans le tumulte général, dans le brouhaha tumultueux des femmes de défense républicaine, dans les sornettes qui sonnaient, dans les balivernes qui bavaient, dans ce brouhaha de place publique transportée à l'intérieur d'un temple, dans ces potins, dans ces murmures, dans ces vanités, dans ces fatuités, dans ces curiosités malsaines, un huissier mal élevé, un huissier sans tenue, un huissier sans style criant à travers tout cela au chef de la musique : Allons! hop! là-bas! la musique. V'là le président. Vot' *Marseillaise*.

Vous autes.

Huissiers de la République, appariteurs de ces nouvelles pompes funèbres, nous ferez-vous regretter les moins grossiers sacristains?

Voilà ce que l'on m'a dit qu'ils avaient fait de l'enterrement de Berthelot. Voilà ce que l'on m'a dit de plusieurs parts qu'ils avaient fait à l'intérieur. On me l'a dit : je n'y étais pas. Il n'y avait pas de service de contremarques, et je ne suis pas dans la République un assez gros seigneur pour avoir eu des billets.

On n'accusera point le monde et la foule moderne de respecter le respect; c'est une faiblesse qui lui est inconnue. Vous me direz que l'on écouta peut-être la musique. Je sais que la musique tient de plus en plus de place. Non seulement dans les cérémonies, officielles, mais dans le tissu même de la vie moderne. Il resterait seulement à départir ce qu'il y a de sincérité dans cet amour soudain de la musique, et ce qu'il y y[1] a au contraire de snobisme. Ou, comme on disait quand on parlait français, d'engouement. Je voudrais faire observer seulement que dans cet usage, nouveau, que l'on fait de la musique pour les cérémonies, officielles, des enterrements gouvernementaux, il y a un abus qui vient d'une insincérité propre, d'un malentendu plus ou moins conscient, plus ou moins volontaire. Qu'il y a là une duplicité, l'exploitation d'un double entendu. Cette très bonne musique en effet que l'on nous fait faire dans les cérémonies funèbres par de très bons musiciens, ou bien elle est mauvaise, et alors elle est proprement moderne, et même contemporaine. Ou bien elle est bonne, et c'est toujours de la musique religieuse, dans le sens le plus strictement exact de ce mot. Et même elle n'est bonne, pour cette sorte de cérémonies, que dans ce sens, pour cette cause et à cette condition, qu'elle est de la musique exactement religieuse. De la musique de génie créée et mise au monde par un certain nombre de très bons chrétiens dont Rolland [2] vous dirait les noms successifs autant que vous en voudrez.

Il y a là un véritable abus, parfaitement caractérisé, une véritable duplicité, enfin tout ce que notre maître M. Maurice Bouchor, quand il était ivre, — ivre de musique, certes, c'est la seule ivresse qu'on lui ait jamais connue, — nommait ingénuement un *détournement de mineure*. On prend une musique vraiment, proprement religieuse, nommément chrétienne, faite par de très bons chrétiens, et on la transporte, comme ça, dans des fourgons militaires, dirai-je qu'on la transporte dans un Panthéon désaffecté? non point pour y être un ornement, plus ou moins superflu, surajouté, plus ou moins supplémentaire, mais, tout le monde le sent bien, pour en faire le cœur même et la substance de la cérémonie.

Pour être tout ce qui compte dans la cérémonie.

Et après (ou avant), le lendemain (ou la veille), on rencontre des gens qui vous disent : J'ai été (ou j'irai) à tel enterrement (ou à tel mariage); on y a fait (ou on y fera) de la bien belle musique. Je ne sais pas comment cela se fait, je n'ai peut-être pas l'âme assez moderne, mais je suis choqué par de tels propos. Il me semble qu'autrefois un mariage, un enterrement, valaient en eux-mêmes et par eux-mêmes. Qu'ils avaient un sens. Qu'ils n'étaient pas seulement un prétexte. Un thé.

Et ce n'est pas parce que je ne suis pas musicien que je suis froissé. Au contraire. Si j'étais musicien je serais froissé en outre et au contraire de la part de la musique.

Si l'on voulait faire le procès du monde moderne, — et il y a des jours, vraiment, où l'on en serait presque tenté, — il serait aisé de faire voir que le monde moderne se comporte toujours ainsi. Et c'est ainsi quelquefois qu'il réussit à masquer sa pauvreté, à faire coaguler comme une croûte de pauvreté plus honnête, une croûte superficielle de convenance ou d'apparente richesse ou dignité dessus le creux de son irrémédiable vide. Celui qui voudrait faire un procès du monde moderne, et qui ne pourrait pas résister à la tentation, il faudrait d'abord, pour trouver l'incurable sottise, percer, dénoncer tout ce parasitisme universel du monde moderne vivant uniquement, ne vivant que des héritages de tous ces mondes anciens dont il passe en même temps tout son temps à dire que tous ces mondes-là, que tous ces mondes précisément étaient des mondes stupides, des mondes foutues bêtes, et les derniers des mondes imbéciles.

Méthode : celui qui ne pourrait pas résister à la tentation, de faire un procès au monde moderne, quelque faible, naturellement, il faudrait commencer par établir un bilan sérieux. Et dans ce bilan ce ne seraient pas seulement les quantités qui seraient difficiles à calculer. Ce ne seraient pas même seulement les qualités, natures, espèces et valeurs des marchandises qui seraient difficiles. A déterminer. Il faudrait d'abord bien faire attention à ceci. Il faudrait d'abord, et avant tout, comme règle de méthode générale, et préliminaire, bien discerner, bien départir et bien répartir, faire une redistribution, bien distribuer quel serait le sens des différentes valeurs, et avant tout ne pas se tromper de signe. Je prends cette expression dans le sens le plus rigoureux des mathématiciens : ne pas mettre le signe + par erreur au lieu du signe —, ni le signe — par erreur au lieu du signe +. Le monde moderne essaie plus ou moins inconsciemment de donner le change, (c'est-à-dire, très précisément, de faire tromper de signe) — et peut-être est-il en cela plus ou moins confusément sincère, — sur le tien ou le mien, sur ce qui est de lui et sur ce qui n'est pas de lui. Sur ce qui donc est du *plus,* et sur ce qui est du *moins.* Ou du *zéro,* dans les inventaires. En réalité, avec un aplomb imperturbable, et qui est peut-être sa seule invention et tout ce qu'il y a de lui dans l'ensemble du mouvement, il vit presque entièrement sur les humanités passées, qu'il méprise, et feint d'ignorer, dont il ignore très réellement les réalités essentielles, dont il n'ignore point les commodités, usages, abus et autres utilisations. La seule fidélité du monde moderne, c'est la fidélité du parasitisme. Pour tous ses vices et pour toutes ses petitesses, pour la menue monnaie de ses vices et le menu ménage quotidien de ses bassesses, pour ses enseignements le monde moderne se suffit à lui-même. Il croit, il affecte plus ou moins sincèrement de croire que le monde a commencé, net, entre le trente-et-un décembre et le premier janvier de je ne sais déjà plus quelle année. Mais qu'il ait à organiser quelque chose qui dépasse, dans sa pensée, qu'il ait à organiser quoi que ce soit dont il ait plus ou moins vaguement l'impression, si peu que ce soit, *qu'il faut* que ça dépasse, de quelque manière, vite alors, avec un toupet lui-même incalculable, avec un aplomb invraisemblable il chausse les vieilles bottes, il coiffe les vieux chapeaux. *On se coiffe les pieds,* disait un personnage du premier Victor Hugo, qui était je pense notre vieille fripouille d'ami don César de Bazan. Le monde moderne, lui, se coiffe impunément la tête. Il se la coiffe même des casques les plus antiques. Et il chausse des bottes, militaires et autres, qui sont plus vieilles que les plus vieilles et les plus authentiques bottes de sept lieues.

Il chevauche les vieux chevaux avec une impudence tranquille, un sans-gêne, avec une assiette, une inconscience dont peut-être lui-même il ne s'aperçoit pas. Cet emprunt perpétuel, ce sans-gêne et cette usurpation, ce détournement dessus dit se voit surtout, s'aperçoit, lui-même, aux cérémonies, officielles. Et en effet c'est en un certain sens là qu'il doit s'apercevoir le plus. Les cérémonies, officielles, sont en effet des manifestations volontairement culminantes; elles ont un sens volontairement marqué; c'est bien là que tout un monde, représenté par son gouvernement, officiellement, veut faire aboutir et culminer tout ce qu'il pense qu'il a en soi qu'il est capable de faire voir, de montrer dans la rue, en public, au grand jour, qui en est digne, selon lui, tout ce qu'il peut sortir. Une cérémonie est voulue, produite, calculée. C'est vraiment un acte officiel de représentation, une manifestation officielle, où le monde gouvernemental, agissant pour tout le monde qu'il gouverne, officiellement, ici pour le monde moderne, sort tout ce qu'il a de mieux, tout ce qu'il peut montrer au peuple et aux étrangers, ses beaux uniformes, ses belles musiques, ses beaux uniformes d'âmes, s'il en a, et de corps, ses beaux corps constitués.

Or que voyons-nous quand le gouvernement de ce peuple moderne en vient à cette épreuve, de sortir une cérémonie? Nous voyons d'abord, — je ne suis pas méchant, on le sait, et je n'éprouve aucun embarras à constater que cette cérémonie, quand elle est une cérémonie politique, et surtout une cérémonie de politique internationale, est souvent et même généralement réussie. Et quelquefois même très réussie. La République sait très parfaitement recevoir les rois. Elle reçoit aussi bien tout ce que l'on veut, les peuples, ou simplement les chambres de commerce et les municipalités. Mais, ensuite et alors, comment voyons-nous qu'elle s'y prend pour effectuer, ordonner une de ces cérémonies. Oh alors nous voyons qu'il n'est plus question que le monde est venu au monde ce trente-et-un décembre à minuit. Avec une libéralité, avec une largeur d'esprit dont il faut d'autant plus lui savoir gré, avec une véritable largesse, dont nous devons d'autant plus la louer qu'elle est sans doute à demi inconsciente, la bonne République de ce peuple moderne, sans rancune aucune, emprunte de toutes mains à ces mondes passés, qui tout à l'heure n'existaient point.

Nous recevons très parfaitement bien les peuples et les rois. D'ailleurs nous en avons à présent l'habitude. Et nous la prenons tous les jours davantage. Mais de quoi

rfaites cérémonies? Quel en eſt le cette fois, que le décor en était tout moderne était heureux que les ssent venus au monde avant lui.

oir dans les comptes ce qui eſt de if, ce qui eſt de l'arriéré, ce qui eſt pour et du contre, du plus et du u venant, du descendant et du contre-sens. Bien faire attention ouvrent, peuvent recouvrir des ne contraires, que réciproque-ts différents, même contraires, peuvent recouvrir les mêmes réalités. Toujours ces doublons et ces doublets. Cette société, ce monde, ce même monde, que l'on flétrit du nom de bourgeois et de capitaliſte, et la même, exactement, identiquement le même, que l'on célèbre du nom et sous le nom de moderne. Ainsi, encore, ce gouvernement, ce syſtème de gouvernement, que l'on défend, que l'on célèbre, que l'on prône sous le nom de conſtitutionnel, de République, et de républicain, que l'on démolit au besoin, le même, sous le nom de parlementaire.

Il eſt heureux pour le monde moderne, qui d'ailleurs s'en sert très libéralement, avec une aisance non affectée, il eſt heureux pour lui, et pour nous qui le regardons s'en servir, que d'autres mondes ses pères soient venus au monde avant lui, et que ces foutues bêtes de mondes, qui d'ailleurs n'exiſtaient point et n'ont jamais exiſté, qui n'exiſteront jamais, ça au moins on en eſt sûr, puisque c'eſt du passé, lui aient fait et laissé Notre-Dame et la Sainte-Chapelle, lui aient fait les admirables Invalides et l'Arc de Triomphe, lui aient fait, mon Dieu, ce Panthéon même, et ce monument unique au monde : Paris.

Le très parfait, très horizontal et très vertical, très parfaitement, le très romain et très autre, très impérial et très classique Arc de Triomphe.

Très imposant, très majeſtueux, mais d'une assurance sans orgueil, tant elle eſt parfaitement assurée. D'une grandeur telle, d'une grandeur où l'orgueil serait sot. Très militaire et très impérial, très voûte romaine aussi; et pourtant si familier, si passant, que vous voyez des

gens, derrière les bornes et les
osent passer dessous. Pour trave

Et puis il y a, sur votre côté,
Marseillaise de Rude, cette *Marsei*
ciellement est un *Chant du Dép*
Volontaires, ou un *Chant du Dép*

Qu'on lui ait fait Paris, mon
monument des monuments, mo
de monuments élémentaires, v
monument, ce peuple de maiso
ments, ce peuple de pignons et
ne sont point modernes, et ains
la ville aux trois collines, éq
équitables, à ce cercle de coll
moins extérieures aujourd'hu
toutes seront graduellement
dront intérieures, savamment,
espacées, discrètement, élégar
ce réseau de rues et de voies, c
aorte centrale, la Seine, légèr
vement cintrée, non pas cour
peuple aussi d'un peuple, peu
d'hommes, ce peuple aussi c
sons de tant de peuples d'h uple enfin
la mémoire, ce peuple de mé uple de souvenirs, où toute l'universalité horizontale du
temps présent se multiplie i toute l'universalité du coup de sonde, de ssement vertical,
par toute l'universalité de la ticale et de l'élé-
vation, du fil vertical, par toute l'universalité du passé vertical, verticalement le plus riche, d'un passé vertical infini pour chacun des points de cet univers infini horizontal du temps présent, la ville où pas un pavé qui ne sonne un souvenir du passé, qui n'appelle, qui n'évoque, qui ne sonne le souvenir de la mémoire du passé, où la boue même du ruisseau est une boue de l'histoire, où il n'est pas un pavé qui ne sonne sous le talon la résonance, *l'évocation*, le retentissement d'un passé infini, ville où le moindre pavé de bois recouvre, arrête, bouche comme un bouchon la ligne verticale montante et remontante perpétuellement au jour, vivante, invinciblement, rebelle à mourir, et à disparaître, et à être effacée, sous les pieds,

reparaissant toujours, comme la tache de sang (et c'est souvent une tache de sang) du souvenir d'un événement du passé qui a toujours été capital dans l'histoire du monde, capitale temporelle du monde, capitale intellectuelle, hélas (faut-il dire hélas?) et capitale spirituelle, encore, toujours, quand même capitale spirituelle; *la ville qui a le plus souffert pour le salut temporel de l'humanité,* la ville du monde qui a le plus travaillé au salut, pour le salut temporel du monde, la ville aussi, la ville encore, la ville toujours, la ville quand même qui a le plus souffert, qui a le plus travaillé, qui a le plus prié pour un salut qui dépasse infiniment le salut temporel; cette première ville du monde; capitale du royaume; ville unique du monde; la plus intellectuelle, hélas, pour les intellectuels; et au contraire la plus voluptueuse pour les voluptueux, la plus charnelle pour les charnels; et aussi pour les mystiques la plus mystique; en ce moment même, dans ce temps, présent, dans les malheurs et les misères de ce temps celle qui encore, celle qui toujours, quand même celle qui souffre, qui travaille, qui prie le plus et le mieux pour ce salut qui passe infiniment le salut temporel de l'humanité; ville la plus temporelle pour le temps et pour les temporels, en même temps, ensemble la plus éternelle pour les éternels et pour l'éternité; ville unique du monde; ville moderne, ville antique; la première des villes modernes du monde, comme moderne, la première des villes antiques du monde, comme antique; après Jérusalem et Rome; et encore il y a dans Lutèce, et même dans Paris même, on ne sait quoi d'antiquité, on ne sait quelle antiquité qui remonte aussi loin que personne, une antiquité *que laquelle* on n'en voit aucune, on n'en voit point qui soit plus authentique, plus ancienne, plus antique; une antiquité pleine, et ainsi éloignée, lointaine, remontante, loin, parce que le temps, et même pour ainsi dire la date, se mesure tout de même un peu à la durée; c'est-à-dire, en un certain sens, au nombre, à l'importance, à la plénitude, à l'abondance, au plein des événements qui se sont effectués entre cette date et la date présente, entre ce temps du passé et le temps présent, au plein des événements qui sont (ad)venus, au plein du travail fait, au plein de la vie vécue, au plein de l'histoire faite, au plein de toute l'histoire, de l'histoire intercalaire.

Au plein des événements intercalaires, du travail intercalaire, du fait intercalaire; de la vie intercalaire, de l'histoire intercalaire, du monde intercalaire.

Ville du monde la plus royale, encore à présent la plus royale pour les rois (s'il y avait des rois) par les anciens rois; la plus impériale, à cause de l'Empereur (il n'y a plus d'empereur); du monde ville la plus républicaine, s'il y avait quelque République.

Ville du monde pour les républicains la plus républicaine, pour les monarchistes la plus monarchique et monarchiste; particulièrement pour les légitimistes la plus légitimiste et la plus légitime (il n'y a qu'une chose qu'elle ne soit pas, qu'une opinion qu'elle n'ait pas : Paris n'est pas, n'a peut-être jamais été beaucoup, en tout cas n'est assurément plus du tout orléaniste : c'est même la seule opinion qu'il n'ait pas, ou qu'il ait, comme on voudra (de ne pas l'avoir, de ne pas avoir cette opinion, l'orléaniste, l'orléanisme, de ne pas être cela, orléaniste.) Mais c'est un propos très délibéré, une opinion bien arrêtée. La ville aînée du monde, l'aînée des villes du monde ne pouvait pas s'arrêter à cette opinion, à cette situation. La ville aînée ne pouvait pas être, ne pouvait pas se faire une ville branche cadette.)

Pour des républicains ville du monde la plus républicaine. S'il y en avait. Et pour des réactionnaires ville aussi la plus réactionnaire du monde. Pour les conservateurs ville la plus conservatoire, la plus et la mieux conservée. Pour des révolutionnaires non pas seulement, non plus seulement ville la plus révolutionnaire, mais la seule ville révolutionnaire du monde.

La plus récente, la plus moderne, la plus nouvelle de toutes les villes modernes; ville historique, ville antique la plus ancienne, la plus historique, la plus authentique, la plus traditionnelle des villes antiques, la plus antique des villes conservées. Ville où les égouts mêmes, on a beau les refaire et les moderniser, ville où les égouts mêmes sont des monuments historiques, ont un tracé, suivent des tracés historiques, soulignent des tracés historiques, fouillent des terres où il n'y a pas une motte, toute noire bleue violette et pénétrée aujourd'hui des infiltrations du gaz d'éclairage issues, glissées des conduites noires, filtrées des joints de plomb, terres mortelles aujourd'hui pour nos marronniers et pour nos nouveaux platanes, terres mortelles pour les racines, qui ne soit de l'*humus* et du terreau historique.

Ville pour ainsi dire la plus extérieure du plus de vie intérieure.

Ville du plus grand peuplement, du plus de surpopulation. Ville aussi du plus de solitude, de la plus grande, de la plus auguste, de la plus royale solitude. Ville du plus de fréquence et de fréquentation, du plus de bavardage (cette impiété), (perpétuelle), du plus de relations, du plus de salon, de monde, de mondain, de mondanité. Ville la plus sérieuse, ville la plus frivole. Toute pleine de sa frivolité, de ses frivolités innumérables, inépuisablement renouvelées, infatigablement réinventées, faites avec plus d'ardeur que l'on ne ferait, avec plus de zèle, avec plus de soin, avec plus de sérieux, avec plus de frivolité aussi que nul ne ferait du travail. Ville du plus de papoterie, de conciergerie, de calomnie, de médisance, de petitesse, de grandeur. Ville du plus de papotage, de temps perdu, de temps gagné. De temps employé. De temps occupé. Sérieusement. Temporellement. Et même éternellement. Ville du plus de journalisme, de cabotinage, de littérature, de théâtre (presque toujours infâmes). Et ville aussi, ville dans le même temps de la plus grande solitude, d'un entier, d'un total isolement. Ville de la retraite. Ville du travail. Ville de la rue et en même temps presque trop ville de bibliothèques. Et de musées. Ville de la dispersion et presque trop ville de la concentration. Intérieure. Ville du corps et ville de l'esprit. Ville des jambes et ville du cerveau. Ville du commerce, d'*exercer la marchandise,* et *poële* perpétuel, poële sur place, poële à domicile, petite (ou grande). Hollande pour les philosophes. Ville quand on veut de la plus grande solitude. De la plus sincère, de la plus authentique, de la plus fructueuse. Ville du plus de faux et du plus de vrai, du plus de *snob* et du plus de sincère, du plus de cabotinage et du plus d'art, de philosophie, de sciences, de lettres. Sincères. Vraies.

Ville du plus de culture.

Ville odieuse du plus de pépiaillerie, et ville respectable, ville respectueuse, ville quand on veut du plus total silence, du plus infini, du plus éternel, du plus authentique silence.

Du plus grand des biens : le silence. Du silence qui est presque aussi cher que la conversation d'un ami, plus éternel, presque aussi cher que l'interruption que lui fait une voix amie; la plus grande peut-être des préfigurations terrestres.

Une ville où en août et en septembre, quand vous êtes seul à Paris, vous avez un Luxembourg, un jardin, devant la porte de votre gare [1], les plus belles fleurs du monde dans le plus beau jardin du monde (il n'est jamais si beau que dans cette période; ça commence peut-être dans les deux dernières quinzaines de juillet, dans la dernière, au quatorze juillet), en cette saison, le plus parfaitement dessiné, et qui sait se taire.

La ville donc du jeu, du papotage et du *divertissement*. Ville du plus d'élévation, du plus de contemplation, du plus de méditation. Ville de la plus grande prière.

Ville où se fabrique, ville où se fomente et se cuit, comme on cuit le pain, ville où germe et se travaille le plus de cette matière de l'élévation dans cette forme de l'élévation, de la contemplation, de la méditation. De la prière.

Ville où se vend le plus de vice, où se donne le plus de prière.

Où vous avez ce Luxembourg ami pour ainsi dire à vous tout seul. Et vous êtes encore un très grand nombre qui l'avez ainsi à vous tout seuls. Et en septembre le soleil a un goût si fin, si ambré, si reposoir, d'une lumière si rare, après la légère, après la transparente buée de septembre du matin, si reposée, avant la rentrée, avant les travaux, avant les grands troubles du dernier automne, du deuxième automne, d'une clarté si pure et si arrêtée, d'une admirable tiédeur d'adieu, calme, d'une odeur de fruit, d'une senteur de rose d'automne *(une rose d'automne est plus qu'une autre exquise)* et non pas encore de grande feuille sèche, passage de l'extérieur à l'intérieur, du plein air et du plein soleil aux intimités du foyer, approchement des veillées d'hiver, sentiment poignant doubleface, attente et crainte, espoir, calme, avec, peut-être, un soupçon de regret.

Couleur singulièrement calme du soleil de septembre. Les fièvres sont passées, définitivement pour un an, les ardeurs, les insolations. Les autres fièvres, les viles fièvres d'hommes, ne sont point encore commencées.

Ville du silence où ce silence total, ce silence universel, on peut presque se le faire presque toute l'année, avec un peu de bonne volonté, avec un peu plus : avec un peu de volonté, même en voyant beaucoup de monde, en continuant à voir autant de monde, parce qu'il y a des jardins, des Luxembourgs intérieurs. Ouverts, fermés toute l'année.

Dans les grandes chaleurs de l'été, dans les grands froids de l'hiver on avait oublié ce goût du soleil de septembre. On ne se rappelait plus ce goût. Mais en septembre on est bien content de le retrouver.

Ville de la perdition. Ville du salut.

Ville au long de ce fleuve de ces admirables quais, bilatéraux, longitudinaires, profilés; insulaires, dans les deux (ou trois îles); ces quais des boîtes de livres; et sur ce fleuve de tous ces ponts de tous les âges, et, suivant leur âge, de tous les styles et de toutes les factures, tous pour ainsi dire également beaux, tous presque également parisiens, excepté toutefois ce pont Alexandre III, encore très beau, mais, comme pont métallique, beaucoup moins beau que le pont Mirabeau, la rime l'indique, la rime le demande, la rime le veut; et ça pourrait même se chanter; d'une ligne beaucoup moins pure; beaucoup plus juillet et août par conséquent; les lourdeurs de l'été; et donc infiniment moins septembral; infiniment moins ambré, moins fin, moins pur; dessiné beaucoup moins sec, beaucoup moins jeté, d'une rive à l'autre, beaucoup moins lancé, beaucoup moins posé, comme avec la main; beaucoup moins fin, beaucoup moins trait; d'une indication beaucoup moins prompte, d'un lancé beaucoup moins sûr et moins ferme, d'un jeté beaucoup moins fin, d'un dessin (faut-il dire d'un dessein, et ce n'est pas un calembour, c'est le même mot), l'autre d'un dessin beaucoup plus délibéré, d'une intention beaucoup plus jetée, d'une délibération beaucoup plus arrêtée, beaucoup plus simple, beaucoup plus une, beaucoup plus pure, d'une intention, d'un arrêt, d'un trait infiniment plus net; un pont infiniment plus ligne; la ligne seule; la ligne maîtresse; toutes les beautés, toute la beauté de l'arc, métallique, toute la voussure de l'arche, et ensemble, intimement pénétrées, par un miracle de géométrie, toute la beauté de la droite; une courbe, par ce miracle, presque droite (je dis le pont Mirabeau, je parle toujours du pont Mirabeau) ; à peine appuyée, sans aucune lourdeur ; sans un soupçon ; de lourdeur ; indiquée seulement ; presque à la pointe sèche ; mettons dessinée au Faber ; et la clef du pont Mirabeau (je n'ose pas dire la clef de voûte, tant c'est léger) : un rien ; au lieu que ce pont Alexandre III est resté un peu ce qu'il était venu au monde (c'est naturel) (et nous n'avons pas à lui en vouloir) (et c'est nous alors qui serions des sots), un peu alliance russe, presque un peu franco-russe, un peu lourd, un peu somptueux, un peu tapis, et même tapis lourd, et crépine, et tenture, un peu international, alliances et ententes, un peu lampadaire, un peu cérémonie, un peu pompes, même funèbres, un peu corbillard, avec ces touffeteaux d'ornements en zinc ou en bronze qui veulent se faire passer pour de la plume ou de l'or monumentale, un peu ornemental, un peu surchargé, un peu ornement lui-même, un peu ornementaire, un peu réception de rois et d'empereurs, par conséquent un peu trop pont de défense et d'alliances républicaines, à qui pourtant il faut rendre cette justice que vu d'en bas, d'en dessous, il fait une belle voussure pour laisser passer le beau fleuve, un bel arc pour enjamber tant de beaux bateaux, une belle courbe, lourde et un peu sourde, mais belle, majestueuse, où passe le beau fleuve et dessus le fleuve où passent tant de beaux bateaux, chalands de toute sorte et de toutes charges, remorqueurs si vites, si fins, relativement si petits, si vaillants et si guêpes, comme quelques-uns se nomment, même les bateaux voyageurs, les bateaux omnibus, qui ont leur genre, un genre un peu omnibus, le nom l'indique, mais enfin ; même en un autre sens, et surtout ces deux ou plusieurs beaux grands bateaux anglais qui viennent ensemble ou à tour de rôle s'amarrer au quai du Louvre, bateaux de charge qui d'un trait, d'une traite, tout pleins, sans alléger, sans relâcher, vont, naviguent jusqu'aux quais de Londres ; et pleins reviennent ; et cette justice aussi, et surtout cette justice que vu d'en haut, vu d'en dessus, vu par celui qui passe ou va passer dessus il fait une fort belle, fort large, fort somptueuse, fort majestueuse avenue, très digne assurément des deux palais modernes d'où elle vient ; d'où elle amène, d'où elle apporte, assurément non tout à fait indigne du très admirable et très parfait monument classique où elle mène, où elle conduit, où elle-même elle se rend; dont elle ouvre l'esplanade; c'est un bon point pour l'avenue de ce pont qu'elle ne soit aucunement indigne de ces deux palais modernes d'où elle vient, le grand et le petit, dont je sais très bien qu'il faut dire, sous peine de passer à Paris pour un imbécile, que l'un est une pure petite merveille, et l'autre une horreur (malheureusement je ne sais pas lequel que c'est qui est une petite pure merveille, et l'autre une horreur) (parce que ces deux palais, modernes, dont on parle quelquefois, je ne les ai jamais vus; non point que je ne passe par là aussi souvent qu'à mon tour, et plus souvent qu'à mon tour de bête; sur l'impériale de Passy-Hôtel-de-Ville et tous autres, et au moins aussi souvent à pied; mais je ne sais comment cela se fait, quand je passe sur ce quai fatal, où que j'aille, d'où que je vienne, comment que je passe, j'ai toujours la face tournée du côté des Invalides; je ne peux jamais être tourné autrement : on a, dans les familles, de ces infirmités; et alors mes yeux, les sots, qui regardent toujours devant eux, regardent toujours les Invalides; et moi je suis derrière; alors je ne peux pas voir ces beaux monuments modernes; quand on voudra que je voie des beaux monuments modernes, je crois bien qu'il faudra qu'on ne me les mette pas à portée des Invalides;) c'est pour cette avenue, pour l'avenue de ce pont, un plus grand bon point, un meilleur bon point, si je puis dire, je veux dire un plus bon point, ceci : que cette avenue, que l'avenue de ce pont soit telle que lorsqu'on marche dessus, allant vers le monument admirable, ne la regardant pas, ne regardant que le bâtiment admirable et l'admirable dôme, cette admirable vue n'en soit point déparée et que cette avenue enfin ne porte aucune atteinte, ne fasse aucune injure à la semelle de nos souliers; qu'elle ne fasse, même ainsi indirectement, aucune atteinte à la ligne du monument, qu'elle ne porte aucune injure à cette horizontale impeccable, à ce dôme, sous les flamboyantes ardeurs de l'été, dans le fin, dans le ténu brouillard d'automne, à cause de la Seine, qui est si près, dans le transparent brouillard du premier automne, sous les neiges de l'hiver; et je vous défends bien de regarder les Invalides sous la neige sans qu'aussitôt cette neige soit la neige impériale de la retraite de Russie, car il n'y a jamais eu qu'une neige qui soit tombée sur le dôme des Invalides, et c'est la neige de l'Empereur, la neige impériale de la retraite de Russie, comme il n'y a jamais eu qu'une neige qui soit tombée dans cette retraite impériale de Russie, il n'y a jamais eu qu'une neige impériale, une neige de l'Empereur, et par un singulier rapprochement, par un profond accord intérieur c'est la neige de Hugo, la neige qui jamais plus ne cessera de tomber dans *les Châtiments,* dans *l'Expiation : Il neigeait, il neigeait toujours! Les Châtiments,* le plus grand monument, avec l'Arc de Triomphe, que l'on ait élevé à la gloire de l'Empire. *Il neigeait. On était vaincu par sa conquête.* Sous cette réserve, sous la réserve de ce pont un peu festonné, tant de beaux ponts de tous les âges, qui passent, qui enjambent, qui sautent le beau fleuve, chacun selon ses moyens, de leur pas, de leur pied, selon le plus ou le moins, selon les infirmités de leur âge, les uns alertes, d'un seul trait, les autres, infiniment plus vénérables, déjà comme un peu béquillards; un de ces vieux se nomme naturellement le Pont-Neuf; et c'est justement le vôtre, Halévy; tous beaux, selon la beauté de leur âge; tous donc, tous ainsi merveilleusement accordés, d'un seul accord accordés entre eux directement; et tous ensemble accordés au beau fleuve; accord mutuel direct, accord avec le fleuve; représentant, symbolisant, ramassant ainsi, dans ce raccourci linéaire, toute la beauté de cette ville où tant de beautés de tant d'âges se marient directement entre elles, s'accordent, s'entendent mutuellement et directement entre elles, toutes ensemble s'accordent, s'entendent avec la beauté de la ville, avec la beauté totale, avec la beauté du terrain; et d'ailleurs, et aussi, de toute autre part, de tout autre ailleurs, du haut de ces trois collines équivalentes, excellemment du haut du mont Martre, des hauteurs de la rue Lepic, océan de toits; immenses vagues immobiles des toits de tant de maisons; apparemment mobiles; vagues mobiles immobiles; immenses vagues mobiles immobilières; qui recouvrent, qui revêtent, qui traduisent, qui ne font que traduire les membrures, la serrée, la forte membrure du terrain subordonné, d'un terrain tout inécroulable, perforé pourtant depuis la plus haute antiquité, percé, perforé partout et sans cesse, aujourd'hui encore (Métropolitain et Nord-Sud, eau, gaz à tous les étages, électricité, tout) (air comprimé) littéralement térébré.

Pour nous Français ville de France la plus française, la plus profondément, la plus essentiellement, la plus authentiquement; la plus traditionnellement française; une province à elle toute seule, une vieille province française; et non point seulement capitale du royaume; mais capitale d'elle-même, d'elle-même province, et, autour, capitale aussi de cette autre, de cette voisine admirable province que fut l'ancienne Ile de France. De cette admirable province que fait encore l'Ile de France actuelle, une si bonne héritière, qui a tant hérité de l'ancienne.

Et pour tout le monde la ville du monde la plus insupportablement cosmopolite; une orgie des nations; un carrefour le plus banal du monde; un caravansérail des peuples; la plus antique des Babels modernes; la confusion des langues; la plus moderne des Babels antiques; un boulevard où on parle tout excepté français. Surtout quand on se met à y parler parisien.

Ville du monde la plus internationale, et la seule véritablement internationaliste, passage et séjour des peuples de la terre, de tous les peuples; et ville nationale, même étroitement, et nationaliste.

Une province à soi toute seule, une nation, un peuple à soi toute seule; un royaume, un monde à soi toute seule. Et non pas seulement capitale du royaume. Mais capitale du monde.

Non point précisément, non point tout à fait, non point encore capitale du royaume du monde, parce que le monde ne forme point encore un royaume; mais provisoirement, en attendant plus, en attendant mieux, capitale des royaumes du monde.

Ville du plus d'ordre et du plus de désordre; du plus grand ordre, du seul qui soit véritablement, réel; apparemment du plus grand désordre; réellement du plus grand désordre, du seul fécond.

Ville de l'inquiétude, d'une inquiétude incurable, et des vicissitudes, des perpétuelles tribulations, des essentielles, de la tribulation essentielle.

Ville la plus païenne. La plus chrétienne. Certainement la plus catholique.

Ville apparemment la plus suiveuse, où toutes les folies, où toutes les facéties, où toutes les sottises, où toutes les insanités, où toutes les bêtises, où toutes les imbécillités du monde, où tous les orgueils, où toutes les futilités, où toutes les vanités de la terre trouvent immédiatement et automatiquement un asile. Plus qu'un asile, un temple. Une faveur, un crédit, un éclat incomparable. Unique. Ville de l'engouement. Et du plus sot. Et du plus inlassable. Imbécile pourtant le bénéficiaire qui s'y fierait. Aussi immédiatement ensuite, aussi automatiquement ville qui se débarrasse de la boue, de la gourme, de l'écume de tout engouement.

Ville la plus immobile. Et qui suit le moins. Qui ne suit jamais.

Ville qui reçoit de toutes mains, qui tous les matins vous fait du (nouveau) snobisme, tous les jours du nouveau, de l'italianisme, de l'espagnolanialisme, de l'américanisme, de l'orientalisme, de l'occidentalisme, de l'anglaisianisme, du septentrionalisme, hier du gorkisme, aujourd'hui quoi? du confucianisme, ou du confusionisme (Jaurès), tous ces bons garçons doivent croire que c'est la même chose, du méridionalisme, et de tous les points collatéraux ianismes que vous voudrez, de l'océanienianisme, du germanisme, du japonisme, du sinisme, du suissisme, du belgisme, du hollandianisme, du prussisme, du puffisme, du bluffisme, du maritimisme, du montagnisme, du parisianisme, du malaisianisme, du scandinavisme, du danoisianisme, du suédoisianisme, du norvégienianisme, du slavisme, du petit et grand russisme, du polonaisianisme (sans compter tous les provincialismes français l'un après l'autre); de tous les autres et qui le lendemain, matin, tous les lendemains, sans aucune faute, se ressaisit, qui se débarrasse, qui se débarbouille, qui se lave et se débarbouille la face, afin de recommencer. De sorte qu'on n'a jamais vu dans l'histoire du monde une ligne droite faite d'autant de courbes, d'autant de brisures et d'autant de brisés, une création, une créature aussi continue faite d'autant de discontinu, un droit chemin fait d'autant de chemins de traverse, une vertu faite d'autant de fautes, une ligne droite poursuivie aussi infailliblement; aussi sévèrement, aussi sérieusement, aussi strictement assurée par autant d'incertitudes apparentes et réelles, par autant de fausses et de vraies aberrations.

Du modernanianisme, rendez-vous de toutes les hérésies.

Et des systèmes ainsi, qui sont très réellement autant de provincialismes, qui sont des nationalismes et des idiotismes. Des régionalismes.

La plus belle continuité du monde. Et par le plus d'incohérences, apparentes ou réelles, par le plus de discontinuités, apparentes ou réelles.

Pour les fous, ville la plus folle, ville du plus de folie; pour les sages, ville la plus sage, ville du plus de la plus grande sagesse. La seule ville sage. De la seule sagesse. La plus grande sagesse antique du monde, depuis la ruine du monde antique, depuis la mort d'Athènes (et de Rome). Et le plus de foi chrétienne. La foi chrétienne la plus fidèle.

Capitale de la luxure. Capitale de la prière. Capitale de la foi. Capitale de la charité. Capitale de tout.

Capitale aussi de la gloire (temporelle). Mais qu'est-ce que la gloire, après tout cela.

Capitale de la luxure (on le dit). Capitale du vice (on le prétend). Capitale de la vertu. Capitale, apparemment capitale du péché. Ville de tant de grandeurs, de toute grandeur. Ville de tant de bassesses, de toute misère. Ville de toute charité, dans tous les sens de ce mot, excellemment, éminemment, infiniment dans ce sens technique qui l'emporte infiniment sur les autres. Ville d'orgueil et d'humilité, de modestie toujours. Capitale de la pensée. Capitale de la production et de la consommation de la pensée.

Ville du monde où les arrivistes temporels arrivent le plus, le plus vite, le plus infailliblement, le plus automatiquement. Et tous les snobs temporels. Ville aussi qui use le plus infailliblement, le plus accélérément les arrivistes temporels, et comme automatiquement, et qui presque tout de suite leur casse les reins, afin que l'on n'en parle plus.

Ville d'où rayonne, hélas, le plus d'intelligence dans le monde. Phare et Ville-Lumière comme disent premièrement les imbéciles, deuxièmement les cérémonies officielles, troisièmement les romantiques, quatrièmement Hugo tout seul. Cerveau où s'élabore le plus de pensée. Cœur d'où monte, dans toute cette buée que vous voyez de Montmartre, dans ce brouillard, dans toute cette buée de mer, dans cette buée industrielle, poussières de charbons, poussières de pavés de bois, poussières de pavés de pierre, poussières de résidus, de saletés de toute sorte, poussières de vapeur, vapeurs d'eau, vapeurs aujourd'hui d'essence et de pétrole et de tant d'huiles lourdes, vapeurs aussi de tant de respirations malsaines, cœur d'où monte, à travers toute cette buée temporelle, le plus de spécifiquement, le plus de techniquement véritable prière.

De même que (généralement, universellement parlant), il eﬆ bien heureux pour le monde moderne que ces mêmes mondes foutues bêtes et sans aucune espèce d'exiﬆence aient inventé, lui aient inventé, sans même lui demander son avis, les insolents, aient fait un certain nombre d'introdu&tions, naturellement ﬆupides, aient introduit un certain nombre d'inventions, toutes naturellement plus bêtes les unes que les autres, comme d'avoir inventé la Bible et les Prophètes, la croix et la bannière, la brouette, la cité, la roue, les omnibus, la juﬆice, les tombereaux, la vérité, le gouvernail, la rame, les bateaux, le salut, et la philosophie platonicienne, et le levier, et Jésus et les Évangiles, et la plus capitale sans doute des inventions temporelles : la hélicoïdale et toujours labourante charrue.

Inventions temporelles, inventions spirituelles qui toutes à leur début ne furent point automobiles.

Et non seulement Paris, mais autour même de Paris, entour les environs, qu'on lui ait fait Versailles et même Saint-Germain,

Je donnerais Versailles, Paris et Saint-Denis;

On les lui a donnés, Versailles, et Paris, et Saint-Denis; on lui en a donné bien d'autres; qu'on lui ait fait et qu'on lui ait donné les tours de Notre-Dame, et le clocher de mon pays; qu'on lui ait fait et qu'on lui ait donné Versailles, et Fontainebleau, et même Rambouillet, demeures, ou comme on dit, *résidences* royales; qu'on lui ait fait et qu'on lui ait donné le clocher de mon pays, c'eﬆ-à-dire, car je le connais, le clocher de mon pays, qu'on lui ait fait et donné tant d'admirables cathédrales françaises, les deux jambages formidables, les deux jambes énormes, si normales, si carrées, si puissantes, si classiques, les deux poussées, les deux montées, les deux ascensions, les deux troncs, les deux tiges végétales des deux tours de Notre-Dame, la galerie des rois, la galerie des vides, ou galerie des anges, la nef d'Amiens, la flèche de Chartres, mais pourquoi détailler, pourquoi démembrer, qu'on lui ait fait et qu'on lui ait donné tant d'admirables cathédrales françaises tout entières, Notre-Dame tout entière, Amiens tout entière, Chartres tout entière, toutes les autres tout entières, et combien, les autres, tant d'admirables, tant d'infinies forêts extérieures, tant d'admirables, tant d'infinis vaisseaux intérieurs; tant de simples admirables églises paroissiales, tant d'admirables châteaux de la Renaissance française et autres temps, tant d'admirables villages et villes, tant de ces admirables petites villes françaises, et de ces gros bourgs, monuments uniques, mon cher Porché[1], une infinité de monuments uniques de la vie d'autrefois, frais comme la pierre, brûlants comme le soleil, fidèles comme la tombe, silencieux comme une éternité, où l'on sait ce que c'est qu'un été et un hiver, un printemps et un automne, où l'on n'a point perdu le souvenir des quatre saisons, où l'on sait aussi ce que c'est que le jour et la nuit, bourgs et villes des églises et des maisons de ville, tant de bourgs et presque autant tant de villes que tant de municipalités modernes, inlassablement conjurées, n'ont point réussi à détériorer, ni à ruiner sensiblement, ces bourgs serrés, mais non point étouffés, ces cercles et ces parfaits ovales des remparts, ces fossés linéaires, ces mails, circonférentiels, et ces martrois, centraux, ces promenades circulaires et les ormes de ces mails, et non point seulement les villages circulaires, les villages ronds, qui sur nos cartes aujourd'hui font une tache, mon cher Blanchard[2], sur nos cartes d'État-Major, au quatre-vingt millième, un rond, une tache parfaitement délimitée, non pas seulement les bourgs tassés; mais les autres villages, les villages carrés ou diagonaux des carrefours, les villages des *croix*, la Croix de Berny, le *Christ* de Saclay, villages de croisements et d'auberges aux quatre ou huit ou dix coins des routes, quelquefois un peu dispersés déjà; et les autres villages encore, les simples villages de route et de chemin, les villages allongés, linéaires, filiformes, un peu dispersés, un peu éparpillés, un peu semés tout au long de la route, car ils ne sont pas moins que les cailloux blancs du Petit Poucet : ils servent à reconnaître notre chemin quand nous retournons dans la maison de notre père, tant de villages non pas humbles mais modestes, allongés chaudement sur la terre maternelle, tant de beaux villages parfaitement dessinés, maisons groupées en un beau troupeau de moutons sur les deux côtés de la route, dans le réseau des chemins et des sentiers, dans les lacs innombrables de la terre, murs et recoupements doucement rectangulaires, toisons des mousses, toits parallélogrammes, villages couchés au pied de leurs églises, — villages fidèles, devenus infidèles, — comme les lévriers des honorables tombeaux.

Villages resserres, villages repaires, villages abris; villages carrefours, villages auberges; villages repères, villages jalons.

Villages cuirassés; villages simplement protégés; villages croiseurs; villages détendus. Et comme abandonnés au long d'une route, comme couchés dans les fossés de la route. Parce qu'il fait chaud, sur la route, en été.

Murs et toits quadrangulaires et parallélogrammes; linéaires et parfaitement dessinés; parfaitement longs, parfaitement horizontaux, parfaitement grands; longitudes infinies et assises des bâtiments; toits penchés obliques régulièrement; toits penchés obliquement, naturellement de la même obliquité, de la même pente qu'une très forte pluie moyenne oblique; angles à quarante-cinq degrés; courtes largeurs dans les arbres; brèves latitudes; murs des jardins, murs des maisons; murs des treilles et murs des espaliers; toits bleus et toits bruns; toits rouge vieilli; vigueur et sang des toits bruns; sévérités des toits bleus; vigueurs des tuiles; duretés des ardoises; tous moites et tous également abriteux.

Profilement parfait du village français.

Qu'on lui ait fait et qu'on lui ait gardé pour les lui donner tous ces admirables et parfaits vallonnements de l'Ile de France, le très parfait Soissonnais; non pas seulement tant de hautes et profondes forêts; mais le pays aux lignes admirables, où des étangs et des marais savent être plus parfaitement beaux que des lacs, le pays aux plans parfaits, aux courbes et ondulations parfaites, aux lignes presque planes parfaites, aux descentes admirables, aux descentes presque sans montées, aux descentes qui sont des descensions, aux lignes de repos et d'action, aux lignes de beauté, aux lignes parfaitement nobles, le pays de Racine et de La Fontaine.

Pays des vallonnements et des toisonnements et des moutonnements sans fin, tous également veloutés, tous également doux, toisons moutonneuses des lichens et des mousses vêtant les toits des maisons, toisonnements des bois, des moissons, des foins vêtant le sol, toit de la terre.

Le Vermandois, la Thiérache, le Tardenois, *Fère* en Tardenois[1].

Le plus beau pays d'avant le jugement.

Que de tout cela on lui ait fait et gardé pour le lui commettre ce monument unique au monde : la France.

Qu'on lui ait fait et gardé cette immense Beauce, grande comme la mer, immense et infinie comme la mer, triste autant et aussi profonde comme la mer; cet océan de blés; non pas un de ces parfaits vallonnements d'avant et d'après; mais un tableau d'un tout autre ordre, d'un ordre infiniment plus grave; ou plutôt un pays qui dépasse tout art, toute interprétation, tout dessin; mais un plateau parfait, sans un accroc, sans un amusement, sans un seul pittoresque, sans une frivolité, sans un impair, sans une vanité; sans une frimousse, sans une friperie, sans une fripure, sans donc aucune fripouillerie; sans rien que ces quelques plis à très grands développements, à très petite pliure, sans cassures, qui sont les plis du vêtement même de la terre et qui seulement trahissent que le géoïde est un être vivant; non plus ces beautés de quelque sorte angulaires et recreuses des secrets et des vallonnements; non plus seulement ces beautés angulaires et rectangulaires et quadrangulaires des toits penchés obliques parfaitement horizontaux; non plus ces beautés du premier livre de la géométrie, et du troisième; mais une beauté parfaitement horizontale, assez latitudinaire et toute longitudinaire; une beauté infiniment superficielle et linéaire; une beauté de platitude parfaite, sans un défaut, sans une vilenie, sans un manque, sans une petitesse; le pays des véritables couchers de soleil; car le soleil couchant ne s'y couche point pour tel ou tel point, pour tels ou tels coins de la terre en particulier; il ne s'y couche point successivement et en plusieurs fois; en plusieurs voyages; il n'y fait point de romantique; il n'y accroche point plus ou moins désespérément des derniers rayons, des rayons extrêmes, des rayons suprêmes, plus ou moins successifs, plus ou moins définitifs, à quelques sommets; à quelques cimes, à quelques creux; non il n'y meurt pas en plusieurs fois; il n'y meurt pas en plusieurs voyages; il ne fait pas le grand voyage en plusieurs voyages; il ne prend pas au guichet des allers et des retours; mais empruntant la grande manière classique, ou plutôt la créant sans doute, sans déclamations et sans préférences, dans une implacable et sereine égalité, sans un caprice d'adieu pour tel ou tel coin de la misérable terre, dans une égalité parfaite, sans une fantaisie, dans toute son ampleur plane et toute son amplitude, dans toute sa majesté couchée, tous les soirs il se couche, tous les soirs il meurt d'un seul coup pour le monde, en une seule fois pour tout le monde, sans un regret, perdu, pour un détail de la terre, sans une amitié particulière terrestre, sans égarer un rayon, sans un de ces rayons de brocanteur qui s'accrochent aux détails temporels comme quelqu'une de ces odieuses couronnes d'immortelles qui lugubrement s'accrochent aux piquants en bronze véreux des grilles des tombeaux des cimetières.

Plaine infinie. Plaine infiniment grande. Plaine infiniment triste. Sérieuse et tragique. Plaine sans un creux et sans un monticule. Sans un faux pas, sans un dévers, sans une entorse. Plaine de solitude immense dans toute son immense fécondité. Plaine où rien de la terre ne cache et ne masque la terre. Où pas un accident terrestre ne dérobe ne défigure la terre essentielle. Plaine où le Père Soleil voit la terre face à face. Plaine de nulle tricherie. Sans maquillage aucun, sans apprêt, sans nulle parade. Plaine où le soleil monte, plaine où le soleil plane, plaine où le soleil descend également pour tout le monde, sans faire à nulle créature particulière l'hommage, à toute la création l'injure de quelque immonde accroche-cœur, d'une affection, d'une attention particulière. Plaine de la totale et universelle présence de tout le soleil, pour toute la terre. Puis de sa totale et universelle absence. Plaine où le soleil naît et meurt également pour toute la création, sans une faveur, sans une bassesse, pour toute la création de la terre dans la même calme inaltérable splendeur.

Plaine du jugement, où le soleil monte comme un arrêt de justice.

Plaine, océan de blé, blés vivants, vagues mouvantes; à peine quelques carrés de luzerne pour quelques rares vaches, à peine quelques fourrages pour les chevaux, du sainfoin, parce qu'il faut tout de même bien des chevaux pour les fermes; et au milieu de la ligne plusieurs grands triangles et grands carrés de betteraves; une tache; une tare; mais c'est pour la grande sucrerie de Toury.

Plaine, océan de blé, blés mouvants, vagues vivantes, vagues végétales, ondulations infinies; mer labourable et non plus comme l'était celle des anciens Hellènes, *inlabourable* et rebelle à la charrue; mais également invincible, et également inépuisable; terre essentielle du *midi, roi des étés;* ondulations inépuisables des épis; océan de vert, océan de jaune et de blond et de doré; froissements lents et sûrs, froissements indéfiniment renaissants, et doucement bruissants, froissements moirés et vivants des inépuisables vagues céréales; puis parfaits alignements des beaux chaumiers; des grandes et parfaitement belles meules dorées; meules, maisons de blés, entièrement faites en blé, greniers sans toits, greniers sans murs, toits et murs de paille et de blé protégeant, défendant la paille et le blé; gerbes, épis, paille, blé, se protégeant, se défendant, mieux que cela se constituant, se bâtissant eux-mêmes; immenses bâtiments de céréales, parfaites maisons de froment, bien pleines, bien pansues, sans obésité toutefois, bien cossues; et cette forme sacramentelle, vieille comme le monde, une des plus vieilles des formes, indiquée d'elle-même, inévitable et d'autant plus belle, d'autant plus parfaite, étant plus parfaitement accommodée, la vieille ogive, aux courbes parfaites de toutes parts, à l'angle courbe terminal parfait, terminaison douce et lente et pointe ogivale; innocentes courbes et formes, dites-vous; innocentes, apparemment; astucieuses en réalité, astucieuses et très habiles, d'une patiente et invincible habileté paysanne, invinciblement astucieuse contre la pluie oblique et le vent démolisseur.

Formes qui donnez le moins, — ou le plus, — de gouttières à la pluie, le moins d'angles au vent, le moins de prise à la tempête, le moins de surface au malheur.

Bâtiments de blé, insubmersibles aux tempêtes de terre, qui debout contre le vent, contre les larges vents d'automne, contre les durs vents d'hiver, contre les mous vents d'ouest, contre les secs vents d'est, contre la neige, contre la grêle, contre les interminables pluies, contre ces pluies inépuisables d'automne et des hivers doux, contre ces éternités de pluies figurations d'éternités, où tout l'air pleut, où le vent pleut, où le ciel pleut et vous pénètre l'âme, comme si ce fût ensemble et indéfiniment et on ne sait plus si c'est la pluie qui vente, le vent qui pleut, debout contre les quatre points cardinaux, et même, eux aussi, contre tous les points collatéraux que l'on voudra, par tous les temps sans bouger de place naviguez indifféremment contre tous les temps, grands bâtiments de charge qui faites et tenez tête à toutes les tempêtes de terre, bâtiments qui naviguez toujours, et toujours à la cape, bâtiments au gros ventre, au ventre plein, non obèse, bâtiments aux courbes nautiques, dessinées pour fendre les vagues du vent, les vagues de la pluie, les vagues de l'infortune.

Bâtiments de blé, navigateurs infatigables, qui dans vos ventres de blé, dans vos flancs droits et courbes défendez et sauvez le blé précieux.

Alors, à cette saison, terre de chaumes, plancher dur aux semelles, entre les meules rebelles à l'infortune; sol universellement pointu, piquant aux pieds; et alors ensuite, entre les deux moissons, entre la moisson qui vient et la moisson qui s'en va, entre le blé qu'on va semer et le blé qu'on vient de ramasser, entre le blé futur, dont on sait qu'il viendra, et le blé passé, que l'on tient dans ces meules, labourage profond des terres, océan de labours, de terres profondes et grasses, moites et pleines, noires et rouges, noires et bleues, noires et blanches, océan de terres animales, graisseuses, fécondes, nourrissantes.

Alors la terre sans plus, la terre sans rien, la peau labourée de la terre.

Plaine de platitude. Le seul horizon où le soleil règne, et ne s'amuse point à faire des calembredaines pour les peintres.

Pays parfaitement classique, parfaitement probe, où il n'y a pas un *effet*.

Pas un creux où nicherait, où se cacherait un effet.

Plaine, océan, plateau, univers de blés temporels; plateau plat comme la main, dites-vous; sans une retraite, sans un recreux, sans une discrétion : toujours la même astuce paysanne : plateau où vous cacheriez, Halévy[1], vingt divisions; là, devant vous; comme dans le creux de la main. Il faut avoir fait des grandes manœuvres en Beauce. 1900. Quelques plis, des ondulations qui ne sont rien. Non elles ne sont rien dans l'immensité de cet univers d'horizontal, un rien, des ondulations innocentes : où vous cacheriez la Grande Armée. Vous verrez seulement si ça masque une division de cavalerie indépendante à trois brigades à trois régiments. A on ne sait plus combien d'escadrons et de pelotons. Plaines équitables en effet. Justes, non démocratiques. J'y pensais beaucoup, Halévy, et dedans je pensais beaucoup à vous la dernière fois que j'ai vu sérieusement du blé. Ce n'était malheureusement pas en Beauce. *Non licet omnibus*. N'étant pas universitaire, vous savez encore un peu de latin. Par amitié. C'était dans un pays que j'aime beaucoup, que vous aimez beaucoup, que je trouve très beau, que vous trouvez très beau, que j'aime beaucoup pour lui-même, et parce que nous y avons quelquefois marché côte à côte, un pays que nous avons quelques fois parcouru ensemble, quelques rares fois, où nous avons quelques rares fois fait cette alliance, que je marchais comme vous, avec vous, sans beaucoup causer (le silence est si bon), de votre pas, qui est sensiblement plus fort que le mien, plus voulu, plus robuste, plus territorial, mais peut-être un tout petit peu plus intellectuel, de votre pied, non pas à côté de vous, mais à votre côté, à votre droite; et même une fois nous nous sommes assis, toujours ensemble; c'était après avoir fini de monter la côte assez forte, assez douce de la route nationale, de la grande route (assez douce comparée à la côte de Saint-Clair ou Gometz-le-Châtel); nous avions fini de monter la côte de la grande route qui sortant d'Orsay par le Guichet est la route de Versailles; nous nous sommes assis parce que nous allions nous séparer; vous alliez me quitter; parce que vous rentriez à Jouy, pour déjeuner; c'était le jour où vous m'aviez apporté cette admirable *Histoire de quatre ans*[2]; il y a déjà du temps; quatre ans; mais quatre années moins pleines; peut-être; que les vôtres; nous nous sommes assis sur le bord du talus du fossé, sur le rebord extérieur, à gauche de la route; je nous vois encore; j'étais en sabots, bien que je ne sois pas poseur, vous le savez; et vous étiez en souliers; vous aviez bien raison; mais j'étais tout près de ma maison; et c'était vous, en passant, qui m'aviez enlevé; je vous expliquais même (nous ne pouvons malheureusement jamais nous passer d'explications (c'est le grand vice intellectuel), de donner et d'écouter des explications, toujours) (d'en recevoir, et, quand on ne nous en donne pas, d'en demander) je me rappelle très bien que je vous expliquais qu'on nous parle toujours des armées de la Révolution, des soldats de la Révolution, qu'on nous dit toujours l'armée de la Moselle en sabots, l'armée de Sambre-et-Meuse, que tout de même il faut s'entendre, que rien n'est aussi bon qu'une bonne paire de sabots, pour les longues marches, pour les marches très longues, très poussées, très soutenues, très patientes, aussitôt surtout que l'on avait affaire aux terres molles, ou mollies, notamment aux terres labourées; que le soulier ne reprenait ses avantages, et ses droits, que sur le sol ferme et sec d'une route, bien entretenue, pour ainsi dire d'une route théorique en été; que pour les paysans que nous étions (en ce temps-là), au point de l'être demeuré encore à présent en ce temps-ci, que pour les paysans que nous étions, et que je me rappelle très bien, marchant sur de la vraie terre, sur de la terre paysanne, rien ne valait deux bons sabots de bouleau ou de hêtre à se mettre dedans les pieds, ou à mettre les pieds dedans, comme vous voudrez, avec de la bonne paille bien sèche; que donc tous ces gars-là n'étaient pas aussi malheureux qu'on nous les fait; qu'ils marchaient comme des bons gars, avec leurs sabots; qu'ils y mettaient les pieds; ce n'était pas en effet des sabots de littérature, c'était des bons sabots de bois; et quand leurs sabots les embarrassaient, quand leurs sabots les embêtaient, quand leurs sabots les gênaient, quand ils n'en avaient plus envie (des sabots ont beau être bon(s), et valoir mieux que des souliers, tout de même on peut s'en lasser, à la fin) ils faisaient, les bons gars, comme on a toujours fait dans tous les pays du monde où l'on a su marcher proprement quand on a voulu marcher proprement : ils mettaient leurs deux sabots sur leur épaule, attachés avec une ficelle par les deux trous comme chez le marchand, et ils s'en allaient nu-pieds; je le sais; je me rappelle très bien.

Vivent les sabots de bois. Ils mettaient leurs deux sabots sur leur sac; à cette seule condition qu'ils eussent un sac; et leur sac même, quand ils en avaient un, ce qui était au moins aussi rare que d'avoir des sabots, et presque aussi rare que d'avoir des souliers, leur sac n'était point cet énorme sac moderne raide des armées modernes, ce sac scientifique, où l'on a tout mis, où l'on a tout prévu, excepté, ce sac ennemi de l'homme, scientifiquement fait, scientifiquement établi, scientifiquement construit, scientifiquement imaginé, où l'on a scientifiquement tout mis, scientifiquement tout prévu, hormis, excepté qu'on a scientifiquement oublié d'y mettre ceci : que l'homme aurait envie de le porter; de l'avoir, de le garder, sur ses deux épaules, de marcher dessous; sac moderne, ennemi de l'homme, où scientifiquement et modernement on a tout prévu, excepté, scientifiquement et modernement, un petit coin bien abrité, dedans, pour y mettre la bonne volonté, la (bonne) envie qu'aurait l'homme de le porter; de sorte qu'aujourd'hui, je veux dire que demain, inéluctablement, infailliblement, scientifiquement, il y aurait des quantités de ces sacs scientifiques modernes, uniquement faits pour les grandes manœuvres, et encore, par les plus puissantes commissions militaires scientifiques modernes, qui iraient s'asseoir (je dis bien les sacs, je ne dis pas les hommes) qui seraient poliment priées d'aller s'asseoir dans les fossés des routes, un nombre qui serait à calculer, évidemment, qui resterait à déterminer par des moyens plus scientifiques, mais on peut avancer un bon nombre, un assez grand nombre, et d'y attendre patiemment soit les fourgons amis, soit les fourgons ennemis; mais comme les fourgons ennemis ne seraient pas moins embarrassés que les fourgons amis, et ne resteraient pas moins en panne, d'y attendre de préférence la fin des hostilités.

C'était un sac ami. Leur sac n'était point, est-il besoin de le dire, un sac moderne et automatique, imbécile et scientifique, établi scientifiquement par des commissions de vieux généraux qui se le mettent sur le dos trois minutes et quart pour voir comme ça fait, pour enquêter, pour constater scientifiquement comme ça fait.

C'était comme c'était. Un sac. Enfin vous savez ce que c'est qu'un sac. Tout le monde saurait ce que c'est qu'un sac s'il n'y avait pas les scientifiques; les commissions; les généraux commandants de corps d'armée. Comme c'était. Comme ça se trouvait. Un sac nom commun. Pas un *Sac*. Généralement un sac en peau, avec des poils dessus, fauve. Et ce sac, figurez-vous, savez-vous ce qu'il était : il était portatif. On n'a pas idée de ça. Si nous n'avions pas les textes, les monuments, les témoignages les plus authentiques. C'est incroyable. Un sac, qui est fait pour être porté, eh bien, il était portatif. Il aurait pu être n'importe quoi, ce sac, notez bien : il pouvait être géométrique, administratif, immobilier : il aimait mieux, il préférait être portatif : alors les hommes le portaient. Il n'était pas lourd par un décret du Président de la République. Lourd ou léger, suivant l'occasion, suivant l'événement, suivant la fortune. Du jour. Quand il était léger, c'était bien, parce qu'il n'était pas lourd à porter. On y mettait ce qu'on pouvait, ce qu'on trouvait, ce *qu'il y avait dans le patelin,* ce qu'on avait besoin d'y mettre, quoi. Et quand il était lourd, c'était bien. C'était mieux encore : c'était *qu'on y avait mis ce qu'on avait besoin*. Parce qu'il n'était point lourd de quantités incroyables de tripoli calculées scientifiquement. Par additions, multiplications et divisions de jours et d'hommes. Mais il était lourd de ce qu'on avait trouvé, de ce qu'on avait pu y mettre, de ce qu'on avait eu envie et besoin d'y mettre. Et ce qu'ils avaient eu envie et besoin d'y mettre, vous le savez aussi bien que moi, Halévy, puisque vous vous êtes fait un si bon marcheur : c'était à boire et à manger; allons donc; parce que, n'est-ce pas, il ne faut pas nous conter des histoires, et vouloir nous faire croire que tous ces gens-là ont conquis le monde, traversé l'Europe vingt fois, sans compter les batailles, sans manger et sans boire un seul instant. Et encore je ne parle pas de la Fontaine IX, 2, 17.

Et le peu d'administration qu'il faut qu'il y ait dans un sac, eux-mêmes l'administraient.

Le boire et le manger, sans quoi l'homme n'a jamais rien fait dans le monde.

C'étaient des hommes, de pauvres hommes comme nous.

Quand donc ils portaient leur sac, ils en étaient heureux, de leur sac. Et de le porter. C'était un ami. Ce n'était pas *le* sac, c'était *leur* sac. C'était leur affaire à eux. Ils y mettaient leurs affaires. Quand ils portaient ce sac, ils portaient une affaire à eux; ils portaient leurs affaires, leur propre intérêt; leurs intérêts; ils portaient leur propre corps. Ils ne portaient point un objet de revues, de misères, d'inspections de toutes sortes, d'embêtements. Ils travaillaient pour eux enfin, ils ne travaillaient pas pour le gouvernement. Ils ne travaillaient pas officiellement, ils travaillaient réellement. Ils ne travaillaient pas administrativement, ils marchaient comme des bons enfants, comme des bons garçons. Ils ne travaillaient pas arbitrairement, ils travaillaient librement. Ils ne travaillaient pas gouvernementalement, ils travaillaient naturellement. Ils ne travaillaient pas scientifiquement. Ils travaillaient, ils allaient, ils vivaient humainement.

Portant ce sac ami, portant leur ami leur sac, leur seul mobilier, mais leur mobilier, leur petit meuble, pardieu, un sac de berger, de bouvier, d'ouvrier des champs; je l'ai dit : un sac de peau de bête, fauve, avec le poil; mais n'étaient-ils pas tout cela et n'allaient-ils pas le devenir tout à fait en grand; des bergers, des bouviers de quels grands troupeaux; maréchaux d'Empire; littéralement un sac de trimardeurs, mais n'étaient-ils point essentiellement des trimardeurs, et n'ont-ils point été essentiellement des grands compagnons, des *compagnons du tour d'Europe* comme il y a eu pendant des siècles tant de compagnons du tour de France, comme il y en a peut-être encore aujourd'hui quelques-uns; et les guerres de la Révolution et de l'Empire n'est-ce pas cela; ne sont-elles pas venues de là toutes : d'un instinct profond, d'un besoin vieux et puissant comme une race, profond comme un peuple, de toute une race de compagnons, de tout un peuple de trimardeurs qui ayant fini, une bonne fois fini leur tour de France éprouvèrent ce besoin, cet irrépressible besoin de faire un peu, après ensuite (et cela se comprend si bien), leur tour d'Europe; et la Révolution elle-même et l'Empire elle-même n'est-elle point toute entière là, toute entière issue, sortie, venue de là : toute une race, tout un peuple de trimardeurs intellectuels qui ayant fait leur tour du monde, le tour de leur monde intellectuel, et qui voulurent (pourquoi, mon Dieu) faire en plus le tour de la politique; ils allèrent donc nu-pieds par les routes de l'Europe et de la politique; ce qu'il en est advenu, nous le savons; et l'histoire de ce monde ne l'oubliera jamais; ceux qui n'avaient pas de souliers avaient des sabots; ceux qui n'avaient pas de sabots marchaient les pieds nus; ceux qui avaient des sabots marchaient généralement les pieds nus aussi; quelquefois ils mettaient leurs sabots, pour marcher; parce que le sabotier leur avait dit, avait voulu leur faire croire que c'était fait pour ça; mais généralement, suivant l'instinct (et la raison, parce que c'est un des plus grands principes (de morale rationnelle) que le sabot prime le soulier et que, d'autant, le pied nu prime le sabot) généralement, comme les gamins des bois et des plaines, comme ces grands gamins maraudeurs et dénicheurs de nids qu'ils étaient tous (rien de la contamination de l'école primaire) ils mettaient leurs sabots, quand ils en avaient, où nous avons dit, sur leur épaule, sur le sac, sur ce sac; ils gardaient leurs sabots pour les grandes occasions; ils ménageaient leurs sabots, les avaricieux; ils se disaient que de la peau de bonne race repousse toujours pour faire de bonnes semelles de cuir de peau; et qu'une semelle de bois, quand elle est usée, il faut aller chez le marchand; ils gardaient donc leurs sabots pour les par trop mauvais chemins de cailloux et de mauvaises pierres, trop pointues, trop irrégulières, trop dansantes sous le pied et perçantes; ils gardaient leurs sabots, doit-on le dire, l'histoire est implacable, et ce que je vais vous dire, mais n'en parlez pas trop, je le sais, moi aussi j'ai mes fiches; ils gardaient leurs sabots, les faquins, les pendards, *ils gardaient leurs sabots pour faire dans les villes des entrées triomphales*.

Non pas seulement même l'armée de la Moselle en sabots; mais l'armée de la Moselle tout nu-pieds; ne les plaignons pas; envions-les plutôt. On est très bien à marcher en sabots, et même nu-pieds, quand on est eux. *La tristesse et la peur leur étaient inconnues. Ils eussent, sans nul doute, escaladé les nues*... Mais je ne peux pas vous réciter toute cette *Obéissance passive*.

Ils étaient heureux. C'est nous qui les faisons malheureux, qui les plaignons. Sots que nous sommes. C'est nous. Ou plutôt, parmi nous, c'est le pâle historien, l'intellectuel historien, le cérébral *historicus* qui artificiellement les fait malheureux. Demandez aux grands bougres, aux véritables historiens, à Michelet, à Hugo, à ceux qui les ont vus, réellement vus, s'ils étaient malheureux.

Ils étaient heureux, les bougres. Ils faisaient quelque chose. Et ils savaient très bien qu'ils faisaient quelque chose. Envions-les. Hugo : ces *va-nu-pieds superbes;* il est littéralement vrai qu'*on* les *voyait marcher sur le monde ébloui*. Leurs sabots, leur pied nu a obtenu de ce monde un retentissement qui n'a été donné à nul homme depuis. Leur pied nu a obtenu de l'instrument monde une résonance, des cordes, des routes de ce monde une résonance, un retentissement que nul n'en a tiré depuis.

Nul homme, isolé, nul grand homme n'en a tiré depuis un retentissement de cette résonance. Et encore moins nuls hommes en troupes.

Paris ville de la révolte. Ville de la soumission. Ville de tant de servitudes. Ville de la liberté. *Liberté, en ce beau jour*. De tant de platitudes. D'une telle fierté. Parisiens du cœur de Paris, et du Paris d'alors, du cœur des vieux faubourgs, du faubourg Marceau, du faubourg Antoine, et parmi eux, emmêlés à eux, et tout autour d'eux petits paysans français, gamins paysans, paysans des plaines et des vallonnements, paysans des bois et des côtes, gamins maraudeurs, paysans gamins, gamins dénicheurs de nids, paysans de l'Ile-de-France, paysans de la Beauce, paysans de la vallée de la Loire; et aussi, quelques-uns, paysans des montagnes, ou du moins paysans des pentes; bergers, bouviers, *pasteurs,* ouvriers paysans ils partirent dénicher de bien autres nids; ayant aperçu, à peine, ou pas du tout, de grand Paris, le Paris d'alors, tous ensemble ils allèrent de leur pied léger, de leur pied nu, ils allèrent semer leur Paris, leur France, le Paris de ce temps-là, la France de ce temps-là, sur tous les chemins du monde.

Ils étaient heureux. C'est nous, les cuistres, qui les faisons malheureux, dans nos bouquins, dans les manuels d'histoire.

O soldats de l'an deux! ô guerres! épopées! C'est ça, mon ami, une épopée. C'est toujours une opération de joie. Ça consiste à marcher sur une route (à se battre), et que le bruit des pas que l'on a faits sur cette route ne puisse plus s'effacer de la mémoire des peuples.

Compagnons du tour d'Europe. A condition que l'Europe ce soit le monde. Ce qu'elle était d'ailleurs en ce temps-là. Presque. En tout cas beaucoup plus qu'à présent. Et je ne parle pas seulement de l'Égypte et de l'Asie plus ou moins Mineure, de la plus antique Égypte et des pestes de Jaffa et de Saint-Jean-d'Acre. Ils n'ont pas seulement fait une partie de l'ancien continent, désiré l'Inde et le plus grand Orient (Bonaparte). Ils n'ont pas seulement épuisé presque le monde méditerranéen, de l'Espagne au Caire, et aux Pyramides. Ils avaient commencé par l'autre continent. Ils avaient commencé par la fin, par le (petit) dernier. Ce qui ne pouvait qu'entrer joyeusement dans leur méthode générale. Ils avaient commencé, ils avaient pris soin de commencer par le Nouveau Continent, par le jeune Continent qu'était alors le Nouveau Continent. Par la *libre* Amérique ils avaient commencé. Car, n'est-ce pas, toute cette sacrée histoire de la Fayette et de Rochambeau, dont on nous fait à présent des histoires en bronze, des statues en bronze, avec des chevaux en bronze, qui brandissent des épées en bronze, précisément sur le parcours de Passy-Hôtel-de-Ville, à deux pas des rails, et il y a même un arrêt, exprès, mais la statue n'est pas comme celle du Commandeur : elle n'est jamais montée, dont on nous fait des cérémonies et par-dessus nos têtes de très chic banquets franco-américains, tout ça c'était déjà le commencement de la Révolution française et de l'Empire; une espèce de grande fête; militaire; toute une race, tout un peuple devenant maboule à la fois, toute une nation, et se mettant à s'occuper de tout ce qui ne la regardait pas.

Une autre définition de l'épopée : Se mêler (frénétiquement) de tout ce qui ne vous regarde pas.

Notamment, pour un peuple, se mêler du monde; assumer la conduite temporelle du monde; régenter l'histoire.

Louis XVI, ainsi, a fomenté le commencement de la Révolution et de l'Empire. C'est bien fait pour lui. Et à tant d'autres égards, on la fomentait depuis avant Richelieu.

Du tourisme, aussi. Naturellement du très grand tourisme. Commencer par l'Amérique. En ce temps-là New-York n'était pas à cinq jours et je ne sais plus combien d'heures et de minutes, mais très peu, de Queenstown.

Leur sac était un sac de touriste. Nullement un sac qu'on pose, qu'on met sur un bonhomme.

Ils ne se sont pas embêtés, les bougres, dans le monde. Ils ont même fait, ils ont réussi à faire ce qu'il y a de plus difficile à faire au monde, un calendrier. Ils ont fait réussir un calendrier nouveau. Non point réussir à ce que l'on s'en serve. A le faire prendre. Ça, ça serait trop beau, et c'est devenu sans doute littéralement impossible. On n'ouvre plus une ère. Il y en a une qui a été ouverte, sans doute pour la bonne fois. Mais réussir à ce qu'on ne l'oublie plus. Réussir au point qu'on ne l'oublie pas désormais, au point de ne plus le laisser oublier, de le faire, de le rendre inoubliable : un calendrier. Sans eux, qu'est-ce que ce serait que le calendrier républicain? Il avait sombré, il sombrait tout naturellement dans le ridicule, tout seul, il disparaissait, ridicule savamment appuyé d'ailleurs, fortement préparé, n'en doutons pas, par la politique (impériale et) réactionnaire. Un journal aujourd'hui qui date son numéro d'on ne sait plus combien d'années, avec une datation, une numérotation baroque, nous paraît grotesque. Nous haïssons le décadi. Et puis, qu'est-ce que ce serait que le repos décadaire, quand c'est à peine déjà si le repos hebdomadaire nous suffit, à présent, quand en réalité le repos hebdomadaire ne nous suffit déjà plus. Nous n'eussions sauvé que ces beaux noms de mois, pas pour l'usage naturellement, pour la mémoire, qui riment si poétiquement entre eux, que les dictionnaires attribuent à Fabre d'Églantine, qui riment si poétiquement à *Il pleut, il pleut, bergère,* et au fond à cette Églantine elle-même de ce Fabre d'Églantine lui-même. Eux, ils ont sauvé de l'oubli, ils ont sauvé pour la mémoire un nom même d'année. Une date d'année. *Quatre-vingt-treize* est très beau, dans notre calendrier. *Quatre-vingt-quatorze* n'existe pas. Excepté pour les savants, pour les historiens. Par eux, et aussi par Hugo, mais enfin c'est légitime, et d'ailleurs ça revient au même, cette simple date, *l'an deux,* ce simple nom de date, cet adjectif numéral cardinal pour ordinal, ainsi placé, restera ineffaçable dans la mémoire des peuples.

Nous autres nous allons sur les routes, et si bons marcheurs que nous soyons, quelque amour aussi que nous ayons de la création naturelle, de ces plaines et de ces blés, de ces meules et de ces chaumes, amour né en nous, après nous, avant nous, amour temporel de la création temporelle, temporellement infiniment plus vieux que nous, amour naturel de la création naturelle né infiniment avant nous dans notre peuple et dans notre race, quel que soit né en nous cet amour, et quel qu'il y soit devenu, quand nous marchons sur ces routes nos pas s'y effacent à peine que nous soyons passés ; d'autres pas innombrables les effacent, aussi temporaires, aussi précaires que les nôtres, aussi éphémères, aussi temporaires, aussi précaires que nous, les innombrables pas d'hommes innombrables aussi petits, aussi misérables, aussi insignifiants, aussi transitoires que nous ; ainsi nous allons sur la plaine, sur les routes et par les chemins de la plaine ; nous y allons par hygiène, hélas ; tout au plus, tout au mieux par entraînement, pour y faire de l'entraînement ; pour combattre nos migraines ; pour nous détendre le cerveau ; les nerfs ; pour notre foie ; misères ; pour nos digestions ; en somme tout cela c'est de la marche, ou de la promenade, en quelque sens pharmaceutique ; le mieux que nous puissions faire, c'est que ce soit pour nous maintenir mobilisables jusqu'à l'âge de quarante-cinq ans ; c'est tout ce que nous avons, tout ce que nous pouvons avoir de militaire ; et tout ce qui nous sauve un peu, c'est cet amour de la nature, que nous avons, qui nous reprend aussitôt que nous arrivons là-haut, que nous avions, qui nous avait, qui nous tenait profondément déjà, regret obscur, temporellement éternel, invincible, à la maison, toujours, avant de partir, couché sur notre table d'écritures et d'épreuves.

Nous allons sur les routes ; et instantanément les traces de nos pas s'y effacent ; le soleil en fait de la poussière, la pluie en fait de la boue. Sur le macadam des routes, aujourd'hui quelquefois goudronné, les traces de nos pas ne comptent pas plus, ne demeurent pas plus que toutes ces traces de grosses roues d'autos, les traces de nos pas sont aussi fugitives, aussi mobiles que toutes ces traces de ces énormes roues d'automobiles qui vont s'effaçant l'une l'autre.

Ils sont allés sur les routes ; ils allaient, ils marchaient pourtant comme nous : ni le soleil n'a jamais mis en poussière, ni l'eau ne mettra jamais en boue, ni aucune roue de char n'effacera jamais la trace de leur pas.

Ce qu'il y a de plus fort, les bougres, c'est qu'ils le

savaient; très bien. Ils avaient oublié d'être bêtes. Et d'en ignorer, aucunement. C'est le propre, c'est un des propres de l'éternité temporelle que celui qui l'obtient peut pour ainsi dire, je ne dis pas toujours, mais dans certains cas, sous certaines formes, peut pour ainsi dire la toucher instantanément, que l'éternité temporelle peut se toucher instantanément. Ayant, obtenue, l'éternité temporelle, ils savaient parfaitement qu'ils venaient, en effet, de l'obtenir, que c'était une affaire faite, pour cette éternité temporelle. Qu'ils ne manquèrent d'ailleurs généralement point de prendre pour une éternité éternelle.

Naturellement.

Quand un peuple, quand une nation; quand des hommes, quand une race obtient de quelque manière, sous quelque forme une consécration temporelle, quand elle obtient une éternité temporelle, cette éternité temporelle, enfin l'éternité temporelle (de cette terre), la seule qui présentement, actuellement soit à notre disposition, généralement ça se sait, ça se sent (je dis généralement parce qu'on pourrait peut-être imaginer, à la rigueur, des cas où cette connaissance instantanée ne se produirait peut-être pas); et généralement le dépositaire, le titulaire en est le premier averti (je dis généralement, parce qu'à la rigueur peut-être on pourrait imaginer des cas, non pas des cas de peuples, de nations, ni de races, mais des cas d'hommes, isolés, de grands hommes temporels qui eux-mêmes ne connaîtraient point, ni instantanément, ni dans leur temps viager, dans la durée, dans le courant de leur vie temporelle cet événement (temporel), cette désignation, cette attribution (temporelle), enfin leur propre grandeur (temporelle). Pour cela, il faudrait pour cela supposer un cas qui me paraît bien extraordinaire, une puissance temporelle qui attendrait pour se révéler, une désignation, une attribution, une élection temporelle qui n'éclaterait pas; qui se dissimulerait un temps, une explosion temporelle qui ferait long feu, qui attendrait sous quelle cendre, pour éclater, la mort du titulaire même. Une sorte de secret de puissance temporelle qui attendrait pour plus tard, qui se garderait. C'est bien improbable. Autant une telle démarche est naturelle et fréquente pour une puissance spirituelle, autant nous en connaissons d'exemples, pour une désignation, pour une vocation spirituelle, autant elle paraît peu indiquée pour une destination, pour une fortune temporelle. On ne voit pas une fortune temporelle attendant, quoi, pour se manifester. C'est le propre au contraire de la fortune temporelle d'être immédiate pour le bénéficiaire. Je crois que nous nous égarons ici, que nous nous sommes laissé entraîner par un excès de scrupule, par un excès de conscience, à considérer des cas, un cas (purement) logique, par conséquent, c'est-à-dire, un cas irréel, irréalisable; impossible. Et d'une fausse analogie. Un cas logiquement symétrique du temporel au spirituel. D'une fausse symétrie. C'est le fait du spirituel d'attendre; pour exploser, ou simplement rendre. C'est sa démarche (presque) habituelle; au moins très fréquente; on pourrait dire la plus fréquente. C'est presque, c'est souvent son propre, d'attendre jusqu'après la mort du titulaire. Et souvent même (beaucoup) plus loin. Le temporel au contraire se touche tout de suite. On ne voit pas qu'il attende, ni même comment il attendrait.) (Ni ce qu'il attendrait.) Des hommes, un peuple, une nation, une race, un homme qui obtient d'avoir de la puissance temporelle, une fortune temporelle, une histoire temporelle s'en aperçoit aussitôt, voyons. Ces gars-là n'étaient pas si bêtes. Ils savaient très bien, ils savaient parfaitement quand ils posaient, au moment même qu'ils posaient leur pied dans la poussière ou dans la boue des routes, que nulle poussière jamais n'effacerait, que nulle boue jamais ne détremperait, que nul autre souvenir, que nulle autre trace jamais n'abolirait la trace de leur pas, qu'ils créaient une trace indélébile, que le bruit de leurs pas s'entendrait toujours dans l'histoire des bruits de l'histoire, que le tracé se lirait toujours, que la trace de leurs pas se verrait temporellement toujours dans la mémoire du monde.

Et la France aussi, parbleu, tout entière elle savait bien qu'elle faisait la Révolution.

Tout un peuple le sentait. Le savait.

Quand des armées, quand une (seule) armée, quand des hommes, quand tout un peuple, une nation, quand toute une race, quand un homme obtient ainsi de frapper un événement temporel, généralement il s'en aperçoit, il en est saisi, en connaissance de cause, instantanément, historiquement instantanément. Tous ces gars-là savaient très bien ce qu'ils faisaient. Je veux dire avec une instantanéité historique, dans une instantanéité historique, le peu de temps qu'il faut à un peuple, de durée, historique, le peu de temps qu'il faut à une vague, historique, de connaissance, de conscience, pour pénétrer, historiquement, tout un (tel) peuple.

Ne les plaignons donc pas; envions-les plutôt. Non seulement ils étaient heureux, mais ils savaient qu'ils étaient heureux. Non seulement ils avaient obtenu, ils obtenaient de frapper un événement, une puissance éternellement temporelle, une singulière puissance éternellement temporelle mais instantanément ils savaient, d'une connaissance, d'une conscience instantanée, que ça y était.

Une singulière fortune éternellement temporelle, instantanément connue. Sue. Possédée.

Surtout ne geignons point pour eux. Ils ne geignaient pas, les bons allants. Ils ne geignaient pas, eux, sur eux. Ne geignons point, pour eux, sur eux. Ce serait bien la plus mauvaise manière de nous rappeler à leur bon souvenir. Aimons les héros comme ils s'aimaient. Aimons, rappelons-nous, rappelons au monde les héros, célébrons les héros comme ils s'aimaient, comme ils se rappelaient, eux-mêmes à eux-mêmes, ceux qui le purent, ceux qui devinrent (assez) vieux, et il y en eut (beaucoup) plus qu'on ne le croit, beaucoup plus qu'on ne se rappelle, ou que l'on ne croit se rappeler, comme eux-mêmes ils se rappelaient au monde, ceux qui eurent le temps d'écrire, comme ils se célébraient eux-mêmes (dans leurs fêtes). Y compris dans leurs fêtes intérieures, dans les grandes fêtes secrètes de leur esprit, de leur pensée, de leur mémoire, dans leurs mémoires, pensés, parlés, dictés, écrits. Leur gloire temporelle était essentiellement glorieuse. Elle était faite essentiellement de gloire et de joie, de gaieté même. Au moins nous indignes, nous petits, ne leur faisons point l'injure de les démarquer, de les défaire, de les dénaturer. Ne les défigurons point. Ne les rendons point méconnaissables.

Je viens de prononcer, je viens de dire, de laisser échapper un bien grand mot, un mot qui m'effraie. Un mot que je n'aime pas, parce que je trouve qu'on en abuse beaucoup. Un mot dont je me défie. Et de ceux qui l'emploient. Un mot que l'on emploie toujours, aujourd'hui. Justement depuis que ça a baissé. C'est toujours comme ça. Un mot qu'il faut au contraire employer très rarement. Aujourd'hui plus rarement que jamais. Il me semble bien que j'ai parlé de héros. J'avais commencé par dire, je crois, qu'ils étaient, qu'ils furent épiques. J'entendais naturellement par là, très proprement, très techniquement, qu'ils faisaient de l'épopée. C'est d'ailleurs ainsi que nous devons entendre que Hugo déjà l'entendait :

> Eux, dans l'emportement de leurs luttes épiques.

Ainsi quand il nous a échappé de dire qu'ils étaient des héros, j'entendais naturellement par là, très proprement, très techniquement, qu'ils faisaient de l'héroïsme. C'est d'ailleurs ainsi aussi que nous devons entendre que Hugo tout aussitôt l'entendait :

> Ivres, ils savouraient tous les bruits héroïques.

Or l'héroïsme est essentiellement une vertu, un état, l'action héroïque est essentiellement une opération de santé, de bonne humeur, de joie, même de gaieté, presque de blague, une action, une opération d'aisance, de largesse, de facilité, de commodité, de fécondité; de bien allant; de maîtrise et de possession de soi; d'habitude presque pour ainsi dire et comme d'usage, de bon usage. De fécondité intérieure; de force comme d'une belle eau de source de force puisée dans le sang de la race et dans le propre sang de l'homme, un trop plein de sève et de sang. Sans aucun raidissement, sans aucune raideur. Sans trimer. Sans suer.

Surtout sans se plaindre. Sans gémir et sans geindre. Le héros temporel joue son temps. Il n'a aucune raison, aucune envie, aucune idée, aucune image même de geindre, et ne geint pas. Il ne geint pas parce que dans le mode il n'a aucun sentiment, aucun soupçon de peiner d'aucune sorte. Il ne geint pas parce que dans l'événement il n'a aucun sentiment, aucun soupçon de tenir à l'événement, à l'issue, au résultat, à la réussite au point de geindre et de se plaindre d'un autre événement. Mauvais joueur qui veut gagner. Mauvais joueur temporel.

Ce qu'il faut à ces grands joueurs, c'est de jouer. C'est d'abord, c'est uniquement de jouer.

Le jeu seul est essentiel à ces grands joueurs. Le seul jeu les intéresse. Ils aiment infiniment mieux jouer sans gagner, qu'ils n'aimeraient de gagner sans jouer.

Ce que je dis là, tout ce que nous venons de dire est totalement vrai des peuples; d'une nation, d'un peuple, d'une armée, d'une race. C'est peut-être un peu moins vrai du pauvre homme isolé, parce que l'individu est toujours plus ingrat, ne rend pas autant, parce qu'un homme ne vaut pas un peuple, jamais, parce qu'un homme, dans le temporel n'exprime pas autant, ne (re)présente pas autant, ne pèse, ne vaut pas autant.

Un homme, quoi qu'il y paraisse, rend moins, rend toujours moins qu'un peuple, que son peuple.

La vie d'héroïsme, pour qui n'emploie pas ce mot dans un vague sens de littérature, est infiniment, (temporellement) infiniment une opération de joie. Ne les plaignons donc pas. Envions-les plutôt. Quand ils ne se plaignaient pas, ne les plaignons pas, pour eux, ne leur faisons pas l'injure de les plaindre, pour eux. Quand ils ne geignaient pas, ne geignons pas, pour eux, sur eux. Ne leur faisons pas cet outrage.

D'autant qu'il n'échappe pas que geindre sur eux serait déjà une manière, traîtresse, de les faire geindre. *Pleurer, gémir est également lâche*. Je réserve *prier,* j'ôte *prier,* qui n'a peut-être pas été toujours ce que Vigny pensait. C'est même pour cela que ce vers est hétérogène, que les trois (infinitifs) sujets ne marchent pas (bien) ensemble. Et qu'on ne se rappelle jamais où est *prier,* dans les trois, ni même où sont les deux autres entre eux. *Prier, pleurer, gémir; pleurer, prier, gémir :* il y a malheureusement six combinaisons (voir formules).

a (*a*-1)

Prier est d'un autre ordre que les deux autres. *Prier* n'est sans doute pas ce que Vigny s'était ce jour-là représenté. Ni aucun autre jour. Même, en poussant plus loin l'analyse, on découvrirait assez rapidement que les deux autres termes se dessoudent eux-mêmes l'un de l'autre; que *pleurer* se dessoude de *gémir;* ou plutôt, poussant encore un peu plus loin l'analyse, entrant dans l'analyse élémentaire, dans l'analyse du mot, dans l'analyse verbale, que *pleurer* lui-même se coupe en deux, s'analyse en deux, se dessoude de lui-même, qu'il y a un *pleurer* qui redescend vers *gémir,* vers geindre et se plaindre, mais qu'il y a un *pleurer* qui remonte vers *prier*. (Saint Louis, le *don des larmes.*)

De même que (se) *lamenter, lamentation* est tout autre chose.

Les plaindre serait une manière artificieuse de les faire se plaindre. Par la réverbération de la mémoire. Par la vitale participation du souvenir. Et aussi, au sens, aux deux sens où nous sommes leurs enfants, leurs fils, leurs enfants (temporels) charnels et leurs enfants temporels de gloire, par cette responsabilité remontante, bénédiction ou malédiction remontante, par cette hérédité remontante dont j'ai parlé.

Comme aussi c'est un moyen, sournois, une manière artificieuse de les ramener à nous, de les réduire à nous, de les rabaisser à nous.

Le héros, le vrai héros, doit puiser dans la force de sa race comme dans une source inépuisable. Il n'a qu'à se baisser pour en prendre. Et il y puise inépuisablement une force inépuisable de joie.

(Si tel est le héros, si telle une vie d'héroïsme, que ne sera-ce point quand nous parlerons du saint et d'une vie de sainteté. Comme le héros temporel puise dans la force de sa race une force inépuisable de joie, ainsi, dans un ordre autre, dans un ordre infiniment supérieur, le saint, le vrai saint puise dans l'opération de la grâce, dans la force de l'opération de la grâce, une force inépuisable de joie. Il n'y a pas plus de saints grognons qu'il n'y a de héros grognons. Le mode, le ton est identiquement le même. Chacun dans son ordre, naturellement. Au contraire de la fin qui dans ces deux ordres, dans l'ordre temporel et dans l'ordre éternel, dans l'un et dans l'autre, dans l'un par opposition, par contrariété à l'autre, est, devient diamétralement opposée, diamétralement contraire. Le héros temporel en effet joue pour jouer, pour être, pour être (un) héros (temporel), non pour gagner. Il aime infiniment mieux jouer sans gagner, que de gagner sans jouer. Il aime jouer sans gagner. Il n'aime pas, il n'aimerait pas gagner sans jouer. Un saint au contraire qui s'amuserait à jouer (son salut), qui aimerait à (le) jouer, qui ne se proposerait pas uniquement, dans cet ordre, de gagner (le ciel), commettrait perpétuellement, et pour ainsi dire au *maximum,* à l'infini, à la limite, à l'éternel, celui de tous les péchés qui eſt coté le plus sec, l'orgueil, et sans doute, avec, un certain nombre d'autres. Ce qui serait le plus rigoureusement contradictoire dans les termes mêmes.

Puisque ce serait faire du principe de sa sainteté même un principe de péché même, d'un péché perpétuel et pour ainsi dire lui-même éternel.

Ainsi apparaît tout à coup, ainsi naît sous la plume, au moment qu'elle s'y attendait le moins, ainsi se révèle, ainsi éclate, ainsi crève inopinément, ainsi jaillit sous la plume au moment que l'on ne s'y attendait pas, ainsi naturellement vous échappe au moment même que l'on s'y attendait le moins une de ces oppositions fondamentales, une de ces contrariétés invincibles, un de ces éloignements, une de ces disparates, un de ces discords, sourds, brusquement éclatants, une de ces différences, une de ces diſtances, un de ces impairs, une de ces inégalités qui marquent d'une marque indélébile, une de ces oppositions irréductibles, une de ces contrariétés infinies qui trahissent, qui représentent, qui manifeſtent, inéluctablement qui sortent cet écart, cette irréduction, cette diſtance, cette irréductibilité absolue, cette opposition, cette contrariété, cette incompétence, et cette incompatibilité absolue, infinie, elle-même éternelle, de l'éternel au temporel. Celui qui eſt du temps, le héros qui eſt du temps aime infiniment jouer (son temps); il aime infiniment mieux jouer sans gagner que de gagner sans jouer; il aime infiniment jouer, même sans gagner; il n'aimerait pas gagner sans jouer. Celui qui eſt de l'éternité, le saint qui eſt de l'éternité, on ne se représente pas même comment il aimerait jouer son éternité.

Ainsi c'eſt le mécanisme même de la relation de la fin aux moyens et des moyens à la fin qui eſt *contre*-indiqué, *contre*-lancé, *contre*-jeté dans les deux cas; *contre* dans l'un que dans l'autre; on a *renversé la vapeur;* ce qui, au dire d'Immanuel, eſt le plus important dans une économie.

Le plus important, selon Immanuel, dans une économie pragmatique, dans une économie de conduite et d'action.

Un saint ne joue aucunement, ne peut jouer aucunement, ne peut avoir aucune idée ni représentation d'aucune sorte ni même imagination de jouer.

On ne voit pas, on ne se représente pas comme il jouerait, comme il aimerait à jouer.

Opposition, contrariété totale, irréductible, infinie, absolue, elle-même éternelle d'autant plus capitale, d'autant plus significative que le mode, nous l'avons dit, et plus que jamais il faut le redire, ayant constaté cette essentielle contrariété, d'autant plus significative que le mode est, identiquement, le même; au contraire. De sorte qu'au moment même que le temporel fait à l'éternel une contrariété diamétrale pour l'objet, pour le mécanisme de la relation de la fin aux moyens et des moyens à la fin, dans le même temps, en même temps il ne cesse pas de lui faire, au contraire, il continue, au besoin il commencerait de lui faire un parallèle, de présenter pour lui, de lui prêter, de lui faire une figure temporelle, une représentation temporelle pour tout le mode. Il n'y a pas plus de saint bougon qu'il n'y a de héros bougon. Le héros, qui se contrarie infiniment au saint dans l'objet, représente, figure le saint dans le mode. Le héros (temporel) figure dans le mode le saint (éternel). Comme le héros puise inépuisablement sa force, de la force, dans la force de sa race et dans la force de son sang, dans la force du sang de sa race et dans la force de son propre sang, ainsi le saint puise inépuisablement sa force, de la force, dans la force de l'opération de la grâce; et en un certain sens, *mutatis mutandis,* comme figure, par figuration, par la voie de la figuration, comme figurée, en un certain sens la communion (des saints) est pour le saint comme la race, ce que la race (des héros) est pour le héros. Comme le sang de la race monte et déborde au cœur du héros, ainsi le sang de la grâce monte et déborde au cœur du saint. Cf. *Polyeucte* et tous les autres auteurs sacrés.

Force du sang. Puissance de la race. Puissance de la grâce. Puissance temporelle du sang. Puissance éternelle de la grâce.

Puissance éternelle du sang éternel. D'un sang éternel.

C'est même pour cela, par un effet de cette parenté

profonde, par un effet, par un cas particulier de cette figuration que le plus grand, que le seul poète des héros a été aussi le plus grand, le seul poète aussi du saint; que le seul poète du sang des héros a été aussi le seul poète du sang éternel; que le seul poète du sang de la race a été aussi le seul poète du sang de la grâce. *Un Dieu qui nous aimant d'une amour infinie.* Il avait commencé par se faire à lui-même ses propres figures, pour ainsi dire, il avait commencé par s'*essayer* à se faire à lui-même sa propre figuration. C'est dire qu'il avait commencé, voulu (obscurément, génialement) voulu commencer par des *coups d'élève*. Il se fit connaître *à deux fois*. Toute une figuration, tout un peuple de figures de héros; héros de l'amour (humain), héros de la guerre, héros de la chevalerie, héros de la fidélité, héros de la race, héros de la famille, héros de la patrie, héros de la cité, héros du courage, héros de l'héroïsme, toutes sortes de héros, tous héros de l'honneur (humain, temporel). Puis tout à coup, tout d'un coup, après toute cette figuration temporelle, passant lui-même, d'un bond, du seul bond de cet ordre qu'il y ait dans l'histoire des littératures, de la figure au figuré, de toutes ces figures au figuré, de toutes ces diverses, de toutes ces variées, de toutes ces plurielles figures au figuré, de tout ce peuple de figures à l'unique, au figuré unique, d'un seul trait poétique, d'un seul trait dramatique, d'un seul trait il fit ce *Polyeucte* (et cette Pauline) à qui, à quoi rien n'est comparable dans l'histoire du monde et qui est une histoire, elle-même une grâce comme il n'en est tombé sur la tête d'aucun homme dans l'histoire du monde. Une tragédie qui dépasse tout, qui passe même sensiblement les *Pensées*.

D'une seule traite.

Figuration dans le plus grand détail même; ainsi, ce seul exemple, en particulier les *stances* du *Cid* comme figuration, comme figure temporelle des *stances* de *Polyeucte*.

Et après naturellement il n'a plus guère fait que des blagues. Parce que, qu'est-ce qu'il aurait fait?

Ville (adoptée), ville adoptive de Corneille; originaire, ville originaire, ville natale, ville native du *Cid* et de *Polyeucte :* originaire, ville originaire de Molière; ville de Molière; ville de Voltaire; et ville de l'échec et de la blessure de Jeanne d'Arc; ville de sainte Geneviève et de saint Louis[1].

Qu'on lui ait fait enfin et qu'on lui ait gardé, qu'on lui ait donné, qu'on lui ait remis, qu'on lui ait prêté, commis en garde et en consigne le cœur et la moelle; de tout le pays; non plus seulement cet admirable plateau où les mouvements du terrain ne se marquent pas plus, ne sont pas plus exagérés que les beaux mouvements de la respiration d'un corps; non plus seulement ce plateau parfait où un soleil royal, où un soleil roi, où un soleil maître, où un soleil parfait règne sur une terre parfaite, sans une épithète, sans un soupçon de littérature. Non pas seulement tout cela, mais le beau corps, le corps parfait, l'être enfin, l'organisme beau et parfait, organisme animal, organisme végétal? n'est-ce pas plutôt l'organisme même, un organisme antérieur, qui n'a point suivi, qui n'a point épousé la dissociation de l'animal et du végétal, un organisme commun, au sens où le réseau des nervures des feuilles, de la feuille d'une tige végétale dessine, représente le dessin de tant de réseaux animaux, dessine les nervures des réseaux des invasculations sanguines, des réseaux d'artères et de veines, les nervures des réseaux des innervations, les filets des arbres nerveux, mettons donc un organisme antérieur, commun, général, simplement vivant, l'organisme géographiquement et historiquement beau et parfait, le berceau du langage français, de la culture française, l'admirable et parfaite vallée, la vallée de douceur et de mansuétude, la vallée d'intelligence et de libéralité, la vallée royale de largesse et de lumière; non plus seulement les vallées de vallonnements et de recoupements boisés; mais dedans ces bois mêmes, à l'aboutissement de ces vallées et de ces vallonnements mêmes, au recroisement, au recoupement des recoupements, au creux linéaire du terrain, recueillant maternellement tous ces vallonnements secondaires, toutes ces vallées filiales, peuplant, meublant tous ces boisements un peu demi-éparpillés, la vallée axiale, la pierre dans l'écrin, la large et intelligente et libérale vallée de courtoisie et de noblesse, de cérémonie et de fête; la vallée de pavane et de la bonté parfaitement intelligente.

Et dedans la vallée même enfin, recueillant paternellement tant d'aimés, tant d'affectueux affluents, tant de filets et tant de courants d'eau secondaires, le fleuve souverain, le fleuve non pas seulement royal, mais roi, le fleuve majestueux, mais majestueux avec une correction, avec une aisance, avec une courbe inimitable. Né majestueux. Mais majestueux non point comme nos pauvres rois, comme nos pauvres majestés d'aujourd'hui. Comme nos rois modernes. Majestueux comme si ce fût son métier et son être. Majestueux de naissance et de race.

La Loire est une reine et les rois l'ont aimée.

Recueillant tant d'eaux intelligentes et tièdes, tant d'eaux françaises, tant d'eaux de tant de sources, non point sans doute les eaux mêmes de Surgères, mais au moins toutes les eaux de tout le vert Vendômois, les recueillant au creux de sa grande main de fleuve, au creux de la vallée, qui est elle-même au creux du terrain, les recueillant et les assemblant doucement au double abri de ce double creux, de ce creux dans ce creux, le grand fleuve dans la grande vallée, la grande vallée dans le grand pays, le fleuve grand-père à la barbe fleurie, non point une barbe limoneuse comme ce vieux statufié de Rhin mythologique, mais une barbe blonde et claire elle-même comme un regard, le fleuve aux inépuisables vagues de moire, le fleuve royal aux grèves blondes, aux lignes souples, et aux côtes pourtant nettes, à la descente intelligente, — non point capricieuse, — au courant débarrassé, à la descension délibérée, tantôt fougueux et plein comme un sauvage, et alors le fleuve aux eaux jaunes et crème, crémées d'écume, aux vagues écumantes, ballonnantes et déferlantes, aux flots foulants et refoulants, aux bouillons coulant, croulant et s'écrasant; et tantôt non plus cette force de fleuve; non plus tout un fleuve s'écroulant; mais le fleuve qui fait semblant d'être indolent; et qui si parfaitement réussit à tromper les imbéciles que des ignorants, — des barbares, — ont parlé de mollesse : il s'attarde seulement à regarder le plus beau pays du monde.

Orléans et tout l'aval d'Orléans; la Touraine; la grâce et la douceur tourangelle,

Et plus que l'air marin la douceur angevine.

La grâce, qualité, caractère, — j'entends des paysages, — plus mystérieuse encore et qui va plus profondément peut-être que la beauté, la grâce, plus arbitraire encore, plus libre, plus souveraine, plus parfaitement illogique et gratuite, inquiétante aussi, comme tout ce qui est donné, gratuitement, avec une gratuité insolente, absolue, sans recours, sans appel et sans justification, comme tout ce qui n'a aucune espèce de compte à rendre, absolument, comme tout ce qui n'est absolument pas vendu, en aucun sens, d'aucune manière, ni échangé ni troqué d'aucune sorte; et c'est bien pour cela que la Loire est en même temps si inquiétante, dans son repos, dans son action, dans sa paix et dans sa tranquillité; ce n'est pas seulement, ce n'est pas que l'on s'y noie; c'est que ce pays a obtenu, sans le demander, ce que tant d'autres demanderaient en vain; c'est que ce peuple a obtenu, ce peuple d'apparente impiété, d'impiété insolente, affichée, ostentatoire, c'est que ce peuple impie, — et c'est là tout le mystère de la destination de ce peuple, — c'est que ce peuple impie et mal élevé a obtenu et continue d'obtenir ce que tant de peuples pieux, ce que tant de peuples sages, tant de peuples appliqués, tant de peuples bons élèves demanderaient en vain, et qui est simplement de conduire le monde, comme si celui qui conduit les conducteurs aimait à dérouter le jugement purement humain, et plus que tout autre le jugement dévot, comme s'il avait on ne sait quel faible pour on ne sait quelle insubordination, comme s'il avait une certaine affection particulière incompréhensible (pour une sagesse humaine) pour une certaine sorte de mauvais élèves (et cela se comprend si bien de la part d'un professeur intelligent).

La grâce, plus inquiétante encore et plus mystérieuse, étant sans doute plus profonde, que la beauté; non pas seulement, non pas hésitation de la justice, pour le regard humain, mais souvent reniement très formel de la justice et très assurément triomphe de l'injustice, vue d'un regard humain, et pour ainsi dire miracle de l'arbitraire; injustice, arbitraire et miracle dans la destination des hommes; injustice, arbitraire et miracle dans la destination des peuples; injustice, arbitraire et miracle dans la destination des pays ; ce pays qui ne perd pas une occasion de nier tout ce qui n'est pas du temporel, ce peuple qui n'est jamais si content que d'affirmer, et qui ne perd pas même un semblant d'occasion d'affirmer non pas seulement la domination, la prépotence, l'omnipotence, mais l'unipotence et l'uniexistence du temporel, est aussi le seul qui ait obtenu et maintenu, qui ait reçu et gardé, qui tienne encore de conduire le monde exactement pour tout ce qui n'est pas du temporel.

Et qui dans le temporel rate si merveilleusement.

Arrêts si délibérément dessinés de la grâce. Injustice des paysages, qui rend si inquiétants, dans leur quiétude temporelle, ces paysages de Loire ; douceur et grâce angevine ; douceur et grâce tourangelle ; admirables sinuosités ; non point, — quelque barbare l'aurait dit, — non point sinuosités d'indécision, tâtonnements d'aveugle, hésitations de manchot, — mais sinuosités de détente et de caresse, enlacements, sinuosités délibérées, embrassements de la terre par le fleuve ; non point sinuosités romantiques, détours pour ne rien dire, allers et retours de contorsions et de coliques, sinuosités déclamatoires et nervosités ; mais nobles tours et détours ; admirables, patientes, lentes sinuosités ; savantes, aussi ; le fleuve a voulu tout voir ; il n'a pas pris seulement son temps ;

Quand je veux en amour prendre mes passe-temps ;

Virages pris au détour de sa route comme vous n'en prendrez jamais ; les voilà bien, les bords légèrement relevés ; virages d'inclinaison, sans une embardée, juste au ras du coteau ; quel char jamais autour de quelle borne, char de course romaine aux mains de quel cocher, automobile de course ou de route aux mains de quel chauffeur, quel train de chemin de fer à la queue de quelle lourde locomotive, elle-même aux mains de quel couple de chauffeur et de mécanicien, le rail extérieur un peu relevé, de quelques centimètres, cinq, sept, neuf, quel aussi grand char sur quelle aussi grande voie, autour de quelles aussi grandes bornes et sous le regard de quels aussi grands amphithéâtres, quelle aussi grande route autour de quels aussi grands coteaux vous prendra jamais un virage de ce style ?

Dans la poussière et le soleil des routes neuves
Si le regret te point des chemins d'autrefois,
Monte sur la colline, ouvre les yeux et vois,
Vois les routes couler ainsi que de beaux fleuves.

Ainsi d'un bout à l'autre sinuosités doubles; je ne veux pas dire sinuosités en deux sens, dans les deux sens contraires, comme d'autres; non pas aberrations successives, aboulies, aberration perpétuelle, de sens, dans la direction, dans le sens de la marche, regrets, remords de celui qui ne sait pas où il va; le regret même est incompatible avec cette grâce; mais au contraire insistance intelligente, avisée de celui qui sait fort bien où il s'arrête; sinuosités doubles en ce sens qu'elles se poursuivent non pas seulement sur deux bords, un peu indépendants, de dessin, l'un de l'autre, il faut le reconnaître, — et savoir dire, et avouer comme on est; — mais en ce sens que sur chaque bord même elles se poursuivent sur deux lignes, sur un double rivage de chaque bord; premier rivage en été, ou au cœur de l'hiver, quand depuis plusieurs semaines il gèle sec et dur, premier rivage les grèves elles-mêmes, les grèves admirablement sinueuses; c'est ici pour ainsi dire le rivage intérieur, le vêtement de dedans, plus fin, plus souple, plus pâle aussi, le lin blanc et blond des grèves; ce vêtement intérieur, ce rivage de dedans disparaît, non pas qu'il disparaisse, mais il disparaît au regard, simplement recouvert, aux pluies, aux grandes crues d'automne et de printemps; et deuxième rivage, dehors les grèves, rivage extérieur, vêtement de dehors, et de dessus, vêtement pour sortir, et pour que la Loire aille dans le monde, rivage perpétuel, et valable pour toute l'année, pour les quatre saisons, unique rivage aux grandes eaux, deuxième rivage et rivage pour ainsi dire de couverture aux basses eaux, rivage de couvercle et de fermeture, métal du fermoir, vieil or, bronze vert, deuxième rivage les pieds des coteaux noblement inclinés, régulièrement penchés, les rebords des côtes mêmes, les bords admirablement un peu moins sinueux; plus durs; presque un peu cuirasse : il faut qu'un vêtement de dehors aille à toutes les intempéries; un peu plus fermes donc, dessinés un peu plus appuyé; d'un ton, d'une couleur plus ferme aussi, d'une couleur plus nette, plus entière, d'une couleur plus vigoureuse, — comment dites-vous cela, Laurens; moi je veux dire des couleurs qui viennent davantage de sortir de chez le marchand; — vallonnements verts, bois, un peu semés, rideaux, quelques fois, des peupliers, manteau diapré des cultures, cordons des sentiers, lignes et rubans des routes, perpétuel, modeste, fidèle chemin de halage, routes blanches, alignements plus ou moins réticulés, plus ou moins buissonniens des ceps et des buissons de vigne de ce vin de sable; lacets des routes; tout cela fait presque un commencement d'armature; un corselet presque lacé : car il faut qu'un vêtement pour le dehors soit dessiné ferme et de couleur nette;

treilles qui êtes des vignes en espaliers; treilles tièdes, treilles chaudes, treilles mûres; magasins, réservoirs de soleil; treilles voluptueusement écartelées; treilles allongées, apparemment paresseuses; treilles des murs des jardins et des maisons des fermes et des villages de cette vallée allongée elle-même, écartelée en espalier.

Là-dessus, ou plutôt là-dedans au contraire, sortant de là-dedans, loin d'y entrer, une lumière qui éclaire le soleil; une lumière blonde, dites-vous, oui, apparemment blonde mais d'un tel éclat, tout en restant réellement blonde, que l'originaire même, qui revient, que l'enfant prodigue n'en peut soutenir cet éclat, sans migraine et sans froncement des plis du front.

Rives corsetées; presque une armure; une survivance, un souvenir de l'armure; car elles ne datent point d'aujourd'hui ni d'hier; elles datent presque du temps de l'armure; et au temps où elles furent endossées pour toujours pour la première fois, un (bon) coup de dague était vite donné. Une bonne cuirasse de quelques pièces métalliques et de peau de buffle.

les rivières et le fleuve de la Pléiade et de toute la Renaissance française, le pays de Ronsard et de du Bellay[1];

en fin les admirables châteaux de l'admirable vallée; plus que double rangée, non pas double rangée : double lignée, double longée, double cortège, double jonchée de châteaux; fleuve que l'on dit qui n'est pas navigable, et qui porte plus de palais que les autres ne traînent de péniches; quelle autre vallée dans le creux penché de ses rebords enferme autant de merveilles; quel autre fleuve a pu se faire un tel cortège royal, fleuve mouvant, de splendeurs immobilières; amours de Cassandre; amours de Marie; amours d'Astrée; poésies pour Hélène; *amours diverses;* odes; églogues; élégies; hymne; poèmes; gaietés; poésies diverses; *le Bocage royal;* tant de sonnets, parfaits, tant de poèmes, parfaits; la pureté même; la ligne et la teinte; châteaux eux-mêmes; châteaux et palais de langage français; et dans le même temps, dans le même pays, dans la même vallée, du même geste, de la même éclosion, du même langage, du même style, châteaux du même langage français, châteaux et palais de pierre et de brique; doubles architectures; architectures parallèles non suppliantes; sonnets et poèmes qui sont des châteaux et des palais; châteaux et palais qui êtes des sonnets et des poèmes; même langage, également parfait, en deux systèmes, en un système de pierre et de brique, en un système de mots et de phrases; même rythme en deux systèmes de monuments; monuments, — sont-ils également impérissables, — qui disent la même parole de courtoisie en deux modes, solides monuments de pierre et de brique, mêmes et également solides monuments de mots et de phrases, et obéissant aux lois de la même pesanteur.

Fleurs, feuilles, dentelles, robes et traînes de pierre; fleurs, feuilles, dentelles, robes et traînes de mots.

Parfait allégement des monuments architectoniques; parfaite architecture, parfaire horizontalité, parfaite verticalité des monuments prosodiques. Proportions également gardées dans les uns et dans les autres, également parfaites, également sages, également harmonieuses.

Fleuve qui chante éternellement le poème de la solitude et de la tranquillité infinie, le seul pourtant qui ait une cour, le seul qui par une merveilleuse contradiction intérieure vive en effet dans la solitude la plus éternelle, dans la quiétude et dans la tranquillité la plus infinie, dans la paix du cœur et dans le noble seul et seul digne silence, et qui dans le même temps et pourtant, par une admirable contrariété intime, est aussi le seul qui se soit fait plus qu'un cortège, plus qu'une cour : le seul qui ait pu se faire tout un peuple de châteaux.

Architectures admirablement ordonnées de pierre et de brique, où la brique donne le plein de la matière, mariage parfait où le rouge de la brique donne le plein, le sang de la matière, où la blancheur éclatante, puis vieillie, passée, jaunie comme un parchemin, crème, crémeuse, ivoire, blonde presque ainsi que les grèves elles-mêmes, dorée presque autant que les grèves subtersinueuses, où la blancheur autrefois éclatante, aujourd'hui éclatante passée, où la blancheur ancienne éclatante, patinée de la savante et parfaite et parfaitement rectangulaire pierre de taille apporte, donne la ligne, fait l'information, donne la noblesse arrêtée, la décision, la délibération de la forme, marque le trait, souligne le geste, fait la limite, arrête et limite la matière, donne la verticale, donne l'horizontale, donne la fenêtre, donne la porte, donne la barre et la hauteur d'appui, donne la courbe vivante et patiemment ascensionnelle de l'escalier, donne la rampe, impose l'imposte, prépare la gouttière même (sot qui mépriserait la gouttière; la cathédrale, qui n'était point sotte, ne la méprisait point, ne la cachait point, la montrait plutôt, s'en amusait sans doute, avec une espèce d'ostentation; sot qui l'eût méprisée sous le nom de gargouille; sot aussi qui la mépriserait sous le plus modeste nom, plus allongé, lui aussi plus linéaire, sous la plus modeste forme, linéaire, de chéneau; quand toute cette Loire, qu'est-ce enfin que l'immense et centrale gouttière de tant de gouttières secondaires de toutes les pluies de tout ce château de terrains, de ce grand château de terrains qu'est son bassin fluvial). [1] dessine le coin, coupe la fenêtre et la porte, éternellement rappelle à la matière, discrètement mais avec une invincible fermeté rappelle à la matière, au plein rouge ardent et vivant de la matière de brique, et même au plan bleu luisant incliné si étrangement vibrant par plaques, moiré, changeant, luisant quelquefois en rose et en plaques mouillées, presque de rouge, de l'ardoise, où le vieux blanc passé de la noble pierre de taille rappelle à toute cette matière, si noble soit-elle elle-même, aux pleins et aux plans de toute cette matière, qu'il y a une forme, qu'il y a une limite, qu'il y a une ligne; et que pour la couleur même il n'y a pas seulement le rouge du sang des artères et le bleu du ciel, qu'il n'y a pas seulement le rouge de la cuisson des briques et le bleu du ciel repeint en plaques luisantes plus marquées mais changeantes sur l'inclinaison aiguë la plus immédiatement proche des toits, mais qu'il y a aussi le blanc, le noble blanc, la lumière pure, la ligne pure, le blanc terme, le blanc limite, au-delà de qui nul ne passe; matière lui-même; mais matière de quelles formes; matière hellénique du marbre de la statuaire; particulièrement chargée de rappeler à toute cette matière que dans le monde il y a une forme, que dans la création il y a une ligne; pierre de taille fondamentale, éternelle comme la géométrie elle-même, dont elle est une expression, une représentation concrétisée mais parfaitement exacte et pure, particulièrement chargée de rappeler à toute cette matière de la création, — la brique étant essentiellement moléculaire, élémentaire, atomistique, équivalentielle, — particulièrement chargée de rappeler à toute cette brique matérielle, à tout ce contenu, sur un ton calme et courtois, mais ferme, dans un langage droit et posé, mais ferme, et dont elle ne se départit jamais, — car elle s'en acquitte, — que l'élément n'est pas tout, qu'il y a l'ensemble; que la cellule n'est pas tout, qu'il y a le tissu; que le membre n'est pas tout, qu'il y a le corps; qu'il y a une armature et une ossature; que le contenu n'est pas tout, qu'il y a une borne, qu'il y a une géométrie, qu'il y a une droite, une horizontale, une verticale, qu'il ne s'agit pas de déborder, inconsidérément, d'avoir des ventres et des creux, mais qu'il y a la ligne droite, la limitation parfaite, la périphérie et le périmètre, le tour, le détour et le pourtour; le contour; et au titre de la matière pierre de taille particulièrement chargée de rappeler aux couleurs matérielles qu'il y a aussi une matière éminente, une lumière pure, le blanc du marbre de la statuaire; particulièrement chargée de rappeler à notre dame l'architecture, dans un langage courtois mais ferme, dans un langage par définition mesuré, qu'il y a notre dame la sculpture, qu'il y a la sculpture statuaire; ou plutôt qui de ces châteaux mêmes et de ces palais, de ces bâtiments vraiment organiques, de ces monuments véritablement corporels, corps eux-mêmes, fait autant de statues, d'admirables, de vivantes, de parfaites statues, qui de toutes ces architectures elles-mêmes fait autant de sculptures et autant de statuaires; qui dans ces châteaux enfin, et dans ces palais, et toujours comme matière, au titre de la matière, fait la seule matière de tant d'admirables détails, fouillés, poussés, non chargés, d'une justesse courtoise, qu'il ne faut point nommer

DEUXIÈME PARTIE

AUTRES TEXTES

PIERRE

COMMENCEMENT D'UNE VIE BOURGEOISE

Texte resté inédit à la mort de Charles Péguy.

PIERRE finit son année de service en septembre quatre-vingt-treize; il fut plusieurs jours sans savoir ce qu'il allait devenir; enfin on lui donna une bourse entière à Sainte-Barbe. Alors, ayant sa vie assurée pour un an, très incertain de ses sentiments et de ses pensées, il sentit le besoin de commencer par se remémorer son histoire.

Pendant les quelques jours de vacances qui lui restaient il s'en allait donc, seul avec soi, longeant la Loire, et il se rappela, se représenta sa vie passée du commencement jusqu'alors.

Cette représentation était comme une sincère confidence qu'il se faisait; ou plutôt ce fût la première fois qu'il se fit sincèrement confidence à lui-même.

Les souvenirs les plus lointains que je me puisse rappeler, pensa-t-il, souvenirs presqu'indifférents, sont d'une petite bête lourde, gigotante et gloutonne; les souvenirs suivants, souvenirs un peu pénibles, sont d'un tout petit garçonnet déjà peureux, lourdaud, sérieux et grave; j'étais en robe et devant la maison, sur le sable du large trottoir, ma grand mère m'apprenait à marcher; j'avais peur de marcher, parce qu'on tombe; un jour un grand chien, qui courait et sautait pour jouer, nous renversa, ma grand mère et moi; j'eus grand peur et je demeurai stupide que cette bête fut si forte que de renverser ma grand mère, qui était si forte que de me porter.

J'apprenais mal à marcher et j'apprenais mal à parler;

j'avais un zézaiement; les voisins, pour m'amuser, s'amusaient à se moquer de moi; j'enrageais comme il faut; puis ils se moquèrent de moi parce que j'avais encore des robes, étant si grand garçon; j'en étais honteux violemment. Je fus tout fier de ma première culotte.

Les souvenirs qui suivent me sont même chers; je grandissais dans l'épaisse maison; c'était ma grand mère qui s'occupait de moi, qui me donnait la bouillie, qui m'habillait, qui me grondait quand il le fallait; maman n'avait pas le temps, parce qu'elle travaillait du matin au soir à rempailler des chaises.

C'était ma grand mère qui me contait des histoires; elle en savait plusieurs qui étaient amusantes et plusieurs qui étaient merveilleuses; j'aimais mieux celles qui étaient amusantes; j'aimais mieux celles qu'elle ne me contait pas pour la première fois.

J'aimais les histoires merveilleuses, mais j'avais un peu peur qu'elles ne fussent pas vraies.

J'aimais mieux les histoires amusantes, parce qu'elles étaient vraies; les plus amusantes étaient celles où on se jouait du diable, malgré ses cornes et sa fourche et le feu qu'il bavait; le diable voulait toujours voler des âmes pour les emporter en enfer et pour les faire brûler, parce qu'il était méchant; mais on s'arrangeait presque toujours pour les lui voler au dernier moment : des fois c'étaient des anges qui descendaient; des fois c'était le bon Dieu; des fois c'était monsieur le curé, qui, sans avoir l'air de rien, était plus malin que le diable.

J'écoutais ces histoires immobile, assis sur ma petite chaise, pendant que ma grand mère travaillait; ma grand mère aussi rempaillait des chaises, mais elle ne savait rempailler que des chaises communes; maman, qui était plus savante, rempaillait des chaises satinées ma grand mère s'arrêtait de rempailler pour faire la cuisine et pour s'occuper de moi; ma grand mère faisait le ménage tous les matins; maman travaillait au contraire du matin jusqu'au soir sans s'arrêter jamais, pour gagner de l'argent et me donner du pain.

Ma grand mère me conta des histoires de son temps, les histoires que les anciens lui avaient conté aux veillées d'hiver, histoires de loups-garroux, de feux follets, de revenants et de sorcières, histoires dont j'avais peur ensuite la nuit dans mon lit tout seul, histoires un peu amusantes cependant parce que monsieur le curé y était régulièrement joué par ses paroissiens; et je m'étonnais un peu que monsieur le curé, toujours plus malin que le diable, fut toujours moins malin que ses paroissiens.

Ma grand mère me conta l'histoire de son enfance et de sa jeunesse et pour la première fois de ma vie je fus bien heureux, parce que cette histoire était lointaine et parce qu'elle était vraie mieux que toutes les histoires de ma grand mère contées jusqu'à ce temps-là.

Ma grand mère était venue au monde loin d'Orléans, dans un pays qui se trouve en remontant la Loire, à Gennetinnes, du côté de Moulins, dans le Bourbonnais; quand elle était petite elle gardait les bêtes, les moutons et surtout les vaches parce que les vaches sont bien plus faciles à garder que les moutons; elle s'était, avec ses chiens, battue contre les loups, qui sont des rudes bêtes. Elle n'avait pas été élevée avec ses parents, parce qu'ils avaient trop d'enfants et parce qu'ils étaient trop gueux; c'était son grand père qui l'avait élevée, un vieux brave homme qui avait bon cœur; ils demeuraient tous les deux, son grand père et ma grand mère qui était dans ce temps là une petite fille, ils demeuraient aux champs dans une cabane, c'est-à-dire une maison toute petite; cette maison n'avait point de fenêtre, mais on y voyait clair tout de même, parce que le jour passait par dessous la porte.

Ma grand mère, quand elle était toute petite, faisait la soupe pour son grand père qui était bucheron, et qui abattait de beaux arbres; il s'en allait travailler dans la forêt, et quand il était trop loin de la maison, c'était ma grand mère qui allait lui porter la soupe, parce qu'elle n'avait pas peur.

Ma grand mère ne connaissait guère d'autres parents; cependant elle avait eu deux oncles, ou deux grands oncles qui étaient partis en Russie avec le grand Napoléon et qui n'étaient pas revenus.

Une fois que ma grand mère était toute petite et qu'il gelait très dur, elle avait mené une vache boire à l'étang; mais l'étang était gelé; ma grand mère essaya de casser la glace avec son sabot, mais ce fut son sabot qui cassa; ma grand mère n'osa pas rentrer à la maison, parce qu'elle avait peur d'être grondée; alors elle reste là, pleurant, avec sa vache, transie de froid, devant l'étang. Heureusement un homme qui passa lui demanda ce qu'elle faisait et cassa la glace avec un pieu; puis il ramena ma grand mère et sa vache à la maison, et dit à son grand père de ne pas la gronder. Il faut vous dire qu'il était vieux et avait souvent la parole un peu rude, mais c'était un brave homme et il ne la battait jamais. Quand ma grand mère avait été bien sage pendant la semaine son grand père lui permettait d'aller le dimanche à la messe au bourg; ma grand mère pour cela mettait ses sabots neufs, même en été, parce qu'on ne va pas nu-pieds dans l'église; ma grand mère était bien contente, parce que c'était là que tout le monde se trouvait, surtout les grandes personnes; c'était là qu'on se donnait les nouvelles, qu'on s'annonçait les morts, les mariages, les naissances, qu'on se contait les histoires du pays, qu'on louait les domestiques; et on profitait de ce qu'on était au bourg pour faire les commissions, et pour conclure tous les marchés.

Ma grand mère grandit ainsi à la maison, car il faut vous dire que de son temps les petits enfants n'allaient pas à l'école; seulement quand elle fut un peu plus grande elle alla au catéchisme; les garçons et les filles de la paroisse allaient ensemble au catéchisme; les plus petits étaient sages, mais les grands jouaient et se battaient, jouaient de mauvais tours à monsieur le curé, les garçons roulaient les filles.

Je dois vous dire que, quand ma grand mère disait cela, maman ne manquait pas de l'arrêter, parce que je n'avais pas besoin de savoir tout cela; mais ma grand mère lui répondait tranquillement :

« Laisse donc, ma fille, de mon temps on n'avait pas comme ça peur de parler devant les enfants, et le monde n'était pas plus mauvais qu'à présent. »

Comme les enfants ne savaient pas lire, monsieur le curé, très patient, leur apprenait le catéchisme par cœur; il y avait dans ce catéchisme des mots extraordinaires pour eux, dont ils se moquaient, et ils en profitaient aussi pour se moquer de monsieur le curé; quand ils étaient trop méchants, monsieur le curé les retardait pour leur première communion, ou même il les refusait.

Ma grand mère fit sa première communion de bonne heure.

Ce fut à peu près vers le même temps qu'elle quitta son grand père; un jour qu'elle avait fait je ne sais quoi de travers, son grand père l'appela je ne sais comment et lui donna une claque : « Père grand », lui dit-elle, « je ne mangerai plus de votre pain. » Elle prit ses guenilles d'habits, en fit un petit balluchon, et partit en place.

Ainsi ma grand mère qui pouvait grandir chez son grand père, le quitta pour aller, comme on dit, travailler chez les autres, et il est très dur de travailler chez les autres; souvent ma grand mère, en gardant les vaches des fermiers, pleura parce qu'elle était malheureuse et souvent son grand père pleura parce qu'il devenait vieux tout seul dans sa cabane; cependant quand ma grand mère allait lui dire bonjour, comme une bonne petite fille doit faire, ils ne parlaient jamais de recommencer à demeurer ensemble, parce que ma grand mère avait dit qu'elle ne mangerai plus de son pain. Quand ma grand mère me contait cela, je m'étonnais un peu qu'il en fût ainsi, parce que je savais par expérience qu'il est très douloureux de pleurer.

Un jour que ma grand mère, étant chez les autres, gardait les bêtes, avec une autre fille, et qu'elle filait, comme c'est l'habitude, il y eut un grand orage, il tomba de l'eau à verse, et ma grand mère, comme elle disait, fut trempée comme une soupe. Le fermier accourt, leur dit d'aller vite se changer à la maison, qu'il garderait leurs bêtes pendant ce temps-là. Ma grand mère ne voulut pas s'en aller, parce que le soleil s'était remis à chauffer : « Bah! » dit-elle, « celui qui m'a mouillée me séchera bien. » C'était le bon Dieu qu'elle voulait dire. Sa camarade alla se changer et n'attrapa rien. Elle au contraire attrapa des rhumatismes et des névralgies dont elle avait souffert toute sa vie et dont elle souffrait plus que jamais quand je l'ai connue; c'était surtout dans sa machoire que sa névralgie s'était portée; longtemps elle avait cru que c'était qu'elle avait mal aux dents, et elle en avait fait arracher plusieurs; mais elle avait bien du finir par reconnaître que son mal était toujours plus creux que les dents; quand ses douleurs la prenaient, elle se tenait la machoire à pleine main, et même elle criait et pleurait, et pourtant c'était une dure femme;

j'avais peur quand elle criait et quand elle pleurait, parce que je m'étais toujours imaginé qu'il n'y avait que les enfants qui crient et qui pleurent; aussi la première fois que je vis pleurer des grandes personnes, je sentis qu'elles devaient avoir une souffrance extraordinaire et j'en demeurai bouche ouverte. A présent encore, quand je vois un homme ou une femme pleurer, je sens une stupeur douloureuse étrangement et comme anormale.

Quand je fus un peu plus grand, ma grand mère et maman me contèrent des histoires plus récentes, l'histoire de mon père : mon père était d'une famille où il y avait eu de grand malheur; tout jeune il avait appris le métier de menuisier, un métier qui s'est beaucoup perdu depuis et qui se perdait déjà un peu de ce temps là; mon père avait une assez bonne santé, mais il n'était pas très fort de son tempérament; il ne fut pas soldat, mais quand les Prussiens arrivèrent il partit dans les mobiles du Loiret, qui firent le siège de Paris.

Ma mère avait conservé religieusement dans le tiroir de la commode un morceau de pain du siège et une lettre que mon père lui avait envoyée un peu avant l'investissement. La lettre était pleine d'espoir; mon père y écrivait avec quelle surprise heureuse il avait pour la première fois vu le grand Paris, que les Parisiens étaient du drôle de monde, qu'ils avaient d'ailleurs le cœur sur la main, qu'ils avaient reçu les gars de province comme de bons gars, qu'on allait avec eux bras dessus bras dessous, et que l'on faisait beaucoup de bruit dans la rue, qu'il était allé avec eux à Vincennes et qu'il y avait là des canons de quoi chasser les Prussiens de toute la France, que d'ailleurs les Prussiens n'oseraient jamais s'avancer, ni s'attaquer à Paris.

De loin en loin, quand j'avais été tout à fait bien sage, ma mère me lisait cette lettre, et me montrait le petit morceau de pain dur; je m'étonnais un peu que les Prussiens eussent forcé mon père à manger de ce pain sec, puisqu'il y avait tant de canons à Vincennes; j'aimais déjà le bon pain tendre et celui-ci était gris, plein de paille, de son et de poussière.

Maman m'expliqua que mon père et les autres s'étaient battus longtemps, que mon père et les autres avaient fait campagne, ce qui est très pénible et fatiguant, et dangereux, que mon père avait couché dans la neige et mangé de ce pain là, que même on n'en mangeait pas comme on voulait et que c'était là où mon père avait pris la maladie dont il était mort.

Après la guerre, mon père était revenu à Orléans et s'était remis à son ancien métier de menuisier; c'était un bon ouvrier, il travaillait chez de bons patrons; tout le monde le connaissait et l'aimait beaucoup.

Je n'étais pas né que mon père éprouvait déjà les premières atteintes de sa maladie; c'était un homme doux, petit, sérieux et patient; il prit son mal comme il venait; il essaya de travailler quand même parce qu'il était courageux, mais les médecins disaient que ce qui lui faisait du mal c'était d'avoir la poitrine rentrée quand il restait penché sur l'établi; alors il se fit protéger pour entrer dans les octrois, parce que c'est un métier plus doux; tous les jours maman lui faisait porter son manger dans un panier; mais la maladie le gagnait; bientôt il ne pouvait pas même se tenir debout dans sa guérite, il dut rester à la maison, se coucher, ne se relever jamais. C'était un bon malade, facile à soigner, et qui avait toujours peur de déranger maman, parce qu'elle travaillait; maman travaillait plus fort que jamais pendant tout ce temps-là parce qu'il fallait beaucoup d'argent; les médecins et les pharmaciens coûtent cher; ce sont des hommes qui n'en ont pas pour longtemps à gagner beaucoup d'argent; mon père n'allait pas mieux et on sentait bien qu'il ne s'en relèverait pas, mais on faisait venir le médecin souvent tout de même, parce que cela fait plaisir au malade; même on changeait de médecin, parce que cela fait plaisir aux malades qui ne vont pas mieux; mon père, qui était un brave homme, et qui se résignait, finit par s'en apercevoir et de lui même arrêta les frais; un médecin meilleur que les autres déclara qu'il avait une tumeur ou un cancer dans l'estomac; j'avais dix mois quand mon père est mort; c'est pour cela que je ne l'ai jamais connu.

Je commençai de bonne heure à travailler, et cela me faisait un très grand plaisir; j'aidais ma grand mère à faire le ménage et à faire la cuisine; je balayais, ce qui était assez difficile, car il y avait beaucoup de paille à la maison, j'essuyais les vieux meubles luisants et j'étais heureux quand les belles surfaces de bois planes luisaient; quand les moulures luisaient comme un trait j'en avais un plaisir entier : c'est de ce temps lointain que je connais et que j'aime le ménage bien fait; ou bien j'épluchais les pommes de terre qui devenaient ensuite claires pommes de terre frites; j'écossais les pois verts.

Je n'aimais pas beaucoup jouer parce que cela n'est pas utile et même n'est guère amusant; je n'aimais pas jouer avec des jouets; j'en avais quelques-uns que maman m'avait achetés, pas cher, parce qu'il ne faut pas dépenser beaucoup d'argent; j'en avais quelques-uns aussi que l'on m'avait fait ou que je m'avais fait moi-même; j'aimais un peu mieux jouer aux jeux, surtout dans la rue, mais j'aimais encore mieux travailler.

J'étais assez content de jouer aux jeux parce que je me donnais ainsi la preuve de la force qui m'était naturelle et de l'adresse que je tâchais de me donner; j'étais largement content quand je courais de toutes mes forces dans la vaste rue du faubourg et que je buvais l'air à plein gosier; mais j'étais, je crois, plus heureux intimement, quand je travaillais dans la maison, à ma place, devant la fenêtre, sur ma toute petite chaise, entre ma grand mère et maman.

Peu à peu, comme je devenais un grand garçon, je commençai des travaux plus grands; pour que la paille de blé serve à couvrir les cordons des chaises satinées il faut d'abord qu'on la coupe avec des ciseaux ou avec un couteau, puis qu'on la fende avec un étui; pour que la paille de seigle serve à tortiller les cordons mêmes des chaises communes et des chaises satinées, il faut d'abord qu'on la batte avec un maillet en la mouillant; je commençais par couper la paille; puis, croissant en force, je battis la paille; quelquefois je la fendis, mais assez rarement, parce qu'on peut se couper, et j'avais peur de me couper.

J'aimais travailler; j'aimais travailler bien; j'aimais travailler vite; j'aimais travailler beaucoup; je ressemblais ainsi à ma grand mère qui était une travailleuse dure, et qui avait tant travaillé dans son existence qu'elle en avait le corps tout cassé; je ressemblais aussi à maman qui était un modèle de travailleuse; et quand j'avais bien travaillé ma grand mère et surtout maman me faisaient des compliments dont j'étais délicieusement heureux, car je présentais que j'allais devenir un enfant modèle pour le travail.

J'étais heureux de ma tâche bien faite, heureux des compliments, heureux, entièrement heureux de la confiance qu'elle me valait; j'étais heureux parce que je travaillais mieux que mes cousins, qui venaient quelquefois à la maison et qui, pourtant, étaient plus grands que moi; quand ils travaillaient avec moi, je me prenais à la tâche avec eux, et j'étais heureux quand je réussissais à les battre; d'autres fois je me prenais à la tâche avec maman pour des travaux différents comme cela peut se faire; je disais à maman : je parie que j'aurai fini de couper ma botte de paille avant que tu n'aies fini ta chaise; et nous étions tous les trois bien heureux quand c'était moi qui gagnais; même quand j'étais tout seul je me prenais à la tâche avec l'heure; je me pariais avec moi même que j'aurais fini ma botte de paille avant cinq heures et quart, ou avant cinq heures et demie.

Tout en me donnant cet admirable exemple dont mon courage était sans cesse réchauffé, maman sagement et lentement me donnait des conseils pour la vie et m'enseignait ce que c'est que le monde : il y avait deux espèces de monde, ceux qui étaient bons et ceux qui étaient mauvais : ceux qui étaient bons c'était les petits enfants bien sages et bien obéissants, c'était les bons ouvriers et les bons patrons; ceux qui étaient mauvais, c'était les petits garçons désobéissants, les mauvais patrons et surtout les mauvais ouvriers.

Les petits garçons bien sages étaient ceux qui écoutaient toujours ce que leurs parents leur disaient, parce que leurs parents ne voulaient que leur bien; les petits enfants bien sages écoutaient tous les bons conseils de leurs parents; quand ils devenaient grands on les mettait à l'école où ils continuaient à être bien sages, où ils travaillaient bien, où ils écoutaient tous les bons conseils de leurs maîtres; quand ils avaient douze ou treize ans on les mettait en apprentissage, ils apprenaient un bon métier chez des bons patrons; ils écoutaient tous les conseils de leurs patrons, et ils devenaient ainsi de bons ouvriers.

Les bons ouvriers sont ceux qui travaillent bien, qui travaillent vite, qui travaillent beaucoup, qui sont actifs, intelligents, qui ne sont pas bêtes, qui sont patients, qui ont du courage, qui ne sont pas paresseux, qui n'ont pas peur de leur peine, qui ne sont pas mauvaises têtes; les bons ouvriers travaillent de leur mieux pour faire plaisir au patron et pour faire plaisir aux clients; ils ne manquent jamais d'ouvrage; ils gagnent de bonnes journées, jusqu'à cent sous six francs par jour; ils aiment mieux travailler à leurs pièces qu'à la journée parce qu'alors, en se donnant du mal, ils gagnent encore plus d'argent, ils n'ont qu'à se lever de bonne heure et à se coucher tard et à manger en travaillant; ils ne se saoûlent jamais, parce qu'un homme saoûl est dégoûtant et parce que cela dépense encore de l'argent; il faut vous dire en passant que si un homme saoûl est dégoûtant, une femme saoûle c'est encore plus laid; jamais les bons ouvriers ne répondent mal au patron; les jours de paye ils rapportent leur quinzaine entière à leur femme; leurs camarades qui sont de mauvais ouvriers, se moquent d'eux et disent qu'ils sont des ours, parce qu'ils ne vont pas boire la goutte, mais cela leur est bien égal puisqu'ils ont la conscience tranquille; ainsi les bons ouvriers, gagnant le plus qu'ils peuvent et dépensant le moins qu'ils peuvent, font des économies qu'ils placent à la caisse d'épargne; aussi, quand ils sont malades, ils peuvent se faire soigner chez eux et n'ont pas besoin d'aller à l'hôpital comme les indigents; quand ils ont des enfants ils n'ont pas besoin de la charité comme les indigents; quand ils sont vieux ils n'ont pas besoin de la charité, ils achètent avec leurs économies une petite maison avec un petit jardin, et ils vivent heureux comme des petits bourgeois. Surtout les bons ouvriers ne font pas de la politique, parce que c'est encore pire que de se saoûler.

Tandis que les bons ouvriers sont ainsi récompensés, les mauvais ouvriers sont malheureux et finissent mal.

D'une manière générale, d'ailleurs, on est toujours récompensé quand on est bon, et on est puni quand on est mauvais : le bon Dieu ne punit pas seulement les enfants désobéissants; il punit aussi les hommes qui sont mauvais.

Quand j'avais bien travaillé et qu'il n'y avait pas d'ouvrage à faire, j'allais m'amuser à jouer et surtout j'allais m'amuser à travailler dans le jardin; nous avions un petit carré de jardin, parmi les carrés des autres locataires, et ma grand mère qui était de la campagne m'apprenait à faire pousser tout ce que l'on pouvait; j'aimais beaucoup ce travail qui est amusant et beaucoup plus difficile que tous les autres, mais on n'y réussissait peu, on avait souvent des mécomptes, le jardin ne rapportait pas beaucoup.

Ce fut ma mère qui m'apprit à lire, puisque ma grand mère ne savait pas; maman m'avait acheté à bon marché un petit syllabaire très commode; tous les jours, pendant une heure, j'apprenais à lire; je m'assayais sur ma petite chaise adossée aux genoux de maman, elle pouvait ainsi lire par dessus mon épaule et, quand je me trompais, ce que je n'aimais pas, elle me reprenait sans s'arrêter de travailler. J'appris assez vite à lire : je sus bientôt mon alphabet par cœur, j'épelai, je connus les syllabes, les mots, je sus bientôt lire couramment et j'en étais très fier et heureux, heureux d'apprendre, heureux de savoir; je sus bientôt lire mon journal comme un homme, seulement je ne le lisais pas, parce que les enfants ne lisent pas les journaux.

J'appris plus vite encore à compter de tête, et avec bien plus de plaisir, de plaisir meilleur, parce que j'arrivais à des résultats justes, et merveilleux; j'avais su ma table de multiplication en me jouant; je devins bientôt célèbre dans le faubourg pour la sûreté rapide avec laquelle je faisais toutes les opérations; je savais admirablement calculer tous les prix de toutes les marchandises; on me posait des problèmes, on me montrait aux voisins.

Je ne pus pas apprendre à écrire; aussitôt qu'on me mettait une plume entre les doigts, je me barbouillais d'encre et je faisais passer la plume au travers du papier; j'en étais intérieurement très vexé, mais puisque j'étais un enfant extraordinaire, bien doué et très avancé pour mon âge, on décida que c'était parce qu'il fallait être maître d'école pour apprendre à écrire aux enfants.

Il y avait justement une école dans le faubourg, une école toute neuve que l'on appelait l'école normale; elle était si près de chez nous que du trottoir devant le pas de porte, on voyait très bien la grande grille d'entrée; souvent, quand je jouais devant la porte ou quand je travaillais dans la maison, j'avais vu passer les gars de l'école qui s'en revenaient, la classe finie, à onze heures et à quatre heures; ils marchaient en rang dans le faubourg, deux à deux, conduits par un maître; j'admirais ces petits garçons qui ne couraient pas à la débandade comme des mauvais sujets, qui non plus ne marchaient pas comme tout le monde, mais qui marchaient si régulièrement et si gentiment, alignés comme des petits soldats; le maître qui les conduisait avait un bel uniforme noir, une casquette noire; il y avait sur sa casquette et à son collet des dessins violets que je ne distinguais pas bien; on m'avait expliqué que celui-là n'était encore qu'un sous-maître, un élève maître, c'est-à-dire un à qui on apprenait à devenir maître en pied; le vrai maître, l'instituteur, ne conduisait pas lui même les élèves dans la rue.

J'appris aussi, avec stupeur, que ces élèves-maîtres, étaient eux-mêmes vraiment des élèves à l'égard des maîtres qu'ils avaient, qu'ils faisaient des devoirs pour leurs maîtres et qu'ils récitaient des leçons à leurs maîtres comme les petits enfants récitent leurs leçons; mon imagination se perdait dans les hauteurs de science, de savoir, qui m'était révélée par de tels échafaudages de savants.

Ainsi l'école primaire où j'allais aller n'était elle-même qu'une école annexée, qu'une école annexe à la grande école normale; ces maîtres que je voyais passer, si graves et évidemment si savants, n'étaient à l'école annexe que des sous-maîtres, et ils avaient là déjà un supérieur, le vrai maître, l'instituteur, sous les ordres duquel ils faisaient la classe une semaine chacun à son tour; le reste du temps ils redevenaient des élèves à l'école normale et ils avaient beaucoup de supérieurs que l'on appelait des professeurs et des directeurs; ce n'était pas sans peine que mon imagination se retrcuvait dans cet échafaudage de supériorités.

Les mamans discutaient beaucoup, en bavardant, pour savoir s'il était bon pour les enfants de changer ainsi de maîtres toutes les semaines; les unes soutenaient que les enfants n'avaient pas le temps de se reconnaître, les autres avançaient que cela les tenait mieux en éveil; maman concluait que ça n'avait pas beaucoup d'importance et qu'un enfant qui a bonne envie d'apprendre, apprend bien partout; je comprenais très bien qu'elle disait cela pour moi.

Maman qui m'avait appris à lire et à compter ne tenait pas beaucoup à m'envoyer à l'école de bonne heure; je crois que c'est parce qu'elle m'aimait et qu'elle ne se privait pas facilement de moi cinq heures par jour; elle m'apprit tout ce qu'elle put, et elle en savait long, bien qu'elle ne fut elle-même allée à l'école que jusqu'à dix ans et demi; enfin j'arrivais sur mes sept ans et je ne savais pas toujours tenir une plume; il fut sérieusement question de m'envoyer à l'école.

Il fallait d'abord me faire admettre; un matin, pendant les vacances, maman m'habilla de mes plus beaux habits; elle mit elle-même un beau tablier bleu et un bonnet blanc, ma grand mère, très émue, nous souhaita bon voyage, et nous allâmes voir monsieur le directeur de l'école primaire. Tout au long du très court trajet de la maison à l'école je me redressais comme un homme et, au fond de moi, j'avais peur; j'allais voir cet homme extraordinaire, plus savant que ceux qui allaient m'apprendre à être savant, j'allais voir cet homme d'une telle autorité...

Cet homme extraordinaire était doux, aimable, bien habillé, grave, un peu triste et comme un peu découragé[1]; il parlait lentement, bien français, familièrement; je n'osais pas lever les yeux, mais je sentais qu'il avait le regard doux et grave; il demandait à maman si j'étais bien sage et si je travaillais bien; il m'adressa la parole; je répondis par cœur une phrase bien faite; maman répondit et promit pour moi; nous nous quittâmes les meilleurs amis du monde, mais respectueusement et au fond de moi-même j'étais chaudement content d'avoir fait si bonne impression.

Il restait quelques jours encore avant la rentrée des classes, on m'acheta un beau képi neuf, on me fit faire de beaux sarraux noirs pour aller à l'école; on m'acheta un sac d'écolier, un beau sac neuf, jaune, en toile et en cuir, avec des desseins, et une courroie en cuir glacé; on m'acheta des beaux crayons neufs à un sou, des beaux porte-plumes neufs, et des belles plumes neuves.

Pendant tous ces préparatifs, tout en m'exerçant gauchement à porter mon sac en bandoulière, je me demandais sérieusement et fièrement ce que je ferais à l'école, je ne savais pas beaucoup ce que j'y ferais, mais je pressentais bien comme je le ferais; étant très intelligent, j'avais parfaitement compris de quoi il s'agissait, il s'agissait de faire en grand ce que j'avais toujours fait en petit à la maison; il s'agissait d'être bien sage et de bien travailler, de bien apprendre, il s'agissait de travailler mieux que mes petits camarades, comme à la maison je travaillais mieux que mes cousins.

Par un assez frais matin d'octobre de je ne sais plus quelle année [1], mais je crois que j'avais passé l'âge de sept ans, ma mère me conduisit à l'école pour la rentrée; nous étions plusieurs nouveaux élèves, plusieurs nouveaux comme j'entendis tout de suite qu'on nous appela autour de nous, les uns venus du côté de la porte Bourgogne, les autres venus du côté de Saint-Loup et de Saint-Jean de Braye, tous conduits par leur maman; nous étions tous arrivés de très bonne heure parce que nous étions des nouveaux, et que nous avions peur de ne pas arriver assez de bonne heure, et de déplaire; les anciens, qui avaient de l'expérience, arrivèrent pour huit heures juste; on nous laissa dans la cour parce que la rentrée des anciens pouvait se faire à l'heure juste et sans aucune formalité; j'admirai cette cour à l'intérieur de laquelle je me trouvais pour la première fois de ma vie, souvent, en passant dans le faubourg, j'avais admiré la haute grille bleue d'ardoise droit plantée sur son beau mur d'appui en pierre de taille; souvent j'avais épelé les belles et grandes lettres d'or plaquées sur la grille :

ÉCOLE NORMALE PRIMAIRE; souvent, quand j'avais le bonheur de passer dans le faubourg aux heures où la petite porte était ouverte, j'avais lancé un regard avide dans la cour de l'école; mais à présent j'étais à l'intérieur de cette cour admirable, et j'y étais comme écolier; je considérais donc la régularité parfaite et satisfaisante de cette cour; des trois cotés qui ne donnaient pas sur la rue, la cour était encadrée de trois grands bâtiments aux lignes régulières et grandes, grands bâtiments blancs et rouges de pierre de taille et de brique, solides et bien dessinés, pleins de grandes fenêtres claires et d'une forme inusitée pour les fenêtres des maisons; aux deux autres angles de la cour les bâtiments laissaient entre eux deux petites cours qui se correspondaient; la grande cour avait des frontières pavées; enfin la terre de ces cours n'était pas de la terre, mais elle était recouverte de beau sable fin de Loire; fin et blond, avec des beaux petits cailloux blancs, comme les grandes allées des beaux jardins; et il n'y avait pas d'arbres qui auraient abimé la régularité de la cour en poussant de travers; on allait ainsi montant peu à peu tout au long de la cour depuis la rue jusqu'au bâtiment du fond, jusqu'au bâtiment maître; et on n'entrait pas dans ce bâtiment de plein pied comme dans une maison, mais on y accédait par un grand escalier de pierre aux larges marches, et cet escalier conduisait à une grande et haute porte vitrée située à une hauteur telle qu'elle n'était pas tout à fait aussi haute qu'un premier, mais qu'elle était bien plus haute qu'un rez-de-chaussée, puisque les rez-de-chaussée sont d'habitude au ras du sol.

Nous attendions donc à l'intérieur devant la grille, nos mamans et nous, la rentrée des anciens, et cette rentrée fut un spectacle admirable et inattendu. Au premier coup de huit heures sonnant à la grande horloge du bâtiment maître, les maîtres qui se promenaient gravement dans la cour frappèrent dans leurs mains, aussitôt les anciens qui jouaient un peu en attendant l'heure, cessèrent brusquement de jouer, et, comme une volée de moineaux, vinrent s'abattre sur deux rangs, les petits devant sur un rang, et les grands derrière, sur un rang, à huit pas; les deux sous-maîtres se placèrent chacun devant un rang; le maître sortit de l'école et se plaça en dehors des deux rangs; les deux maitres passèrent chacun devant son rang, regardant attentivement les élèves pour voir s'ils étaient bien, quand ils eurent fini, l'instituteur fit un signe; aussitôt les deux maitres tapèrent dans leurs mains; d'un seul mouvement les élèves des deux rangs se tournèrent par le flanc; ceux du premier rang vers la gauche et ceux du second rang vers la droite; j'admirais encore la vitesse, la précision, l'ensemble, la régularité de ce premier mouvement quand l'instituteur fit un second signe, et alors, d'un seul geste les deux maitres en chantant tapèrent en cadence dans leurs mains, et les élèves en chantant marchaient au pas, régulièrement, en chœur, les uns derrière les autres; le rang des petits se dirigea vers la porte la plus proche et celui des grands vers la porte la plus éloignée; ils entrèrent un par un, toujours chantant, et le chœur admirable ne cessa qu'un certain temps après qu'ils furent entrés.

Aux premières notes de leur chanson, j'avais senti en dedans ce coup profond qui me donne envie de pleurer; aussitôt une émotion de surprise et d'admiration anxieusement indéfinissable m'avait tout entier et d'un seul coup envahi; jamais je n'aurais inventé cela; jamais je n'aurais même osé supposer cela; jamais je n'aurais supposé que l'on pût comme eux chanter et marcher d'un tel accord, au lieu de marcher comme tout le monde. Outre que je ne connaissais pas cet air de chanson, et que je ne connaissais pas les paroles, et qu'elles me restaient mystérieuses, parce que je ne les comprenais pas, ne pouvant pas les distinguer dans l'ensemble.

Enfin l'instituteur vint me ravir à ce charme; ayant sans doute achevé de ranger les anciens dans la classe, il venait chercher les nouveaux pour les introduire; je remarquais alors qu'il était aussi sérieusement aimable avec tout le monde, et qu'il était aussi encourageant pour tous les nouveaux qui étaient là; j'en conclus à part moi que nous étions à nous tous une bonne compagnie de petits enfants qui promettaient beaucoup; il nous emmenait un par un; nous quittions nos mamans sans vouloir avoir l'air de les regretter, parce que nous étions de grands garçons; il nous conduisait par la main, comme un brave homme qu'il était, pour nous donner du courage, nous faisait monter les trois marches, poussait la porte, entrait devant nous dans la classe et aussitôt nous présentait au sous-maître.

J'entendis seulement qu'il disait au sous-maître que j'étais un bon petit garçon qui était bien sage et bien savant et qui travaillerait bien; je savais tout cela depuis bien longtemps, mais jamais je ne l'avais entendu dire à un homme aussi autorisé; ce qui me surprit, ce fut qu'il me désigna de mon nom de famille et non pas de mon nom de baptême, comme on le faisait d'habitude; à cela je sentis que je devenais un autre homme, que je représentais en quelque façon dans cette école ma grand mère et maman.

Le sous-maître me fit assoir sur l'un des bancs et le maître alla chercher un des autres nouveaux; pendant que la cérémonie continuait je restai sur mon banc, immobile, et moitié pour me donner une contenance, moitié par curiosité je regardai la classe.

Il y avait deux classes : la classe des petits, où j'étais, et la classe des grands où je serais quand j'aurais bien travaillé, quand je serais devenu trop fort pour rester dans la classe des petits; les deux classes étaient séparées par une porte vitrée, pour que le maitre pût voir de l'une à l'autre, j'apercevais en enfilade la classe des grands, mais je considérai surtout la classe des petits.

La classe était clairement sérieuse, et propre, enclose de murs clairs et d'un plafond blanc; les tables et les bancs s'y alignaient régulièrement face au bureau du maître au dessus du bureau un grand tableau noir; au dessus de tout un grand crucifix de bois noir, partout sur les murs s'alignaient de grands tableaux clairs, des cartes, et surtout de grands cartons où étaient représentés, avec des couleurs, des bêtes et des plantes pour la plupart extraordinaires dont j'épelais en moi-même les noms, puisque je savais lire; les bêtes y étaient dénommées animaux; les plantes y étaient dénommées végétaux; et il y avait aussi les minéraux.

Les places des élèves étaient marquées dans les tables par de petits carrés d'ardoises; je n'osais pas regarder mes voisins, parce que cela leur aurait donné envie de parler, et qu'on ne parle pas dans les classes.

Je ne sais si la présentation des nouveaux dura longtemps, mais il me semble que tout de suite après onze heures sonnèrent; le maitre nous fit lever et sortir; le maitre nous fit mettre en rang avec les grands selon que nous allions du côté de la ville ou du côté de Saint-Loup; nous sortîmes par la petite porte et nous commençâmes à défiler dans le faubourg.

C'était la première fois de ma vie que je marchais ainsi; au lieu que jusqu'alors j'avais regardé passer les enfants de l'école, à présent à mon tour c'était moi qu'on allait regarder passer, je me constituai la démarche sérieuse qui traduisait le mieux mes sentiments nouveaux. Je défilai dans le faubourg.

Mais en marchant un grave problème se posa soudain à mon esprit : comment ferais-je pour quitter les rangs? Je ne savais pas comment les anciens quittaient les rangs, et par un fait exprès, par un de ces hasards malheureux dont, au moment du danger on mesure d'un seul saisissement, tout l'embarras, je me trouvais le premier à devoir quitter les rangs; ma maison se trouvait la première sur notre passage où demeurât un élève; je ne pouvais quitter les rangs sans rien dire à personne : je me serais ainsi sournoisement soustrait à la légitime autorité du maitre qui nous conduisait; je n'oserai jamais adresser la parole au maitre pour lui demander de quitter les rangs; et enfin le maitre ne pouvait pas deviner que cette maison trapue devant laquelle nous allions passer était la maison où je demeurais.

Cela finit gauchement, lâchement, ridiculement : ma grand mère, qui avait entendu sonner onze heures à la fonderie, était sortie sur le pas de la porte. Je fis semblant de ne pas la voir, abandonnant vilement au hasard le soin de me tirer de cet embarras; et je continuais à défiler régulièrement, réglementairement, devant la maison. Ma grand mère se demanda un instant si j'étais devenu fou; si on m'avait rendu fou à l'école; puis, voyant que j'étais bête, comme elle respectait les maitres d'école beaucoup, mais pas trop, elle m'appela en riant : « Dis donc, Pierre, tu ne viens donc pas manger la soupe? » Le maitre me regarda, puis, comprenant brusquement, regarda ma grand mère en souriant et me fit signe de m'en aller. Je quittais les rangs lentement, toujours digne, sans me presser, parce que le maitre et mes camarades me regardaient. Puis, lorsqu'ils furent bien passés, soudain lassé par toutes les admirations que j'avais eues dans la matinée, un peu las aussi des contraintes que je m'étais données, je me jetais tout honteux dans le tablier de ma grand mère.

J'allai à l'école très régulièrement et j'y travaillai de mon mieux, bien. Il y eut au commencement une difficulté parce qu'on ne savait pas où me mettre : je lisais aussi bien que les premiers de la première division de la seconde classe, je comptais mieux qu'eux de tête, mais je ne savais pas écrire ni une lettre ni un chiffre; j'étais moins avancé pour l'écriture que les derniers de la deuxième division de la seconde classe; en moi-même j'étais à la fois peiné que cette irrégularité dérangeât l'ordonnance de la classe, et flatté d'être ainsi en avance et de faire exception à la loi commune. Tout finit par s'arranger : je suivais les cours de lecture avec ceux de la première division et j'apprenais à écrire avec ceux de la deuxième division.

Ce dernier apprentissage me fut pénible et dura longtemps. Au lieu de nous faire écrire sur du papier avec des plumes et de l'encre, comme tout le monde, le maître nous faisait écrire sur de l'ardoise avec un crayon d'ardoise qui tenait mal dans les doigts, qui criait, qui grinçait, qui faisait des traits ridicules; au lieu de nous faire écrire des mots, comme tout le monde, ou tout au moins des lettres, le maitre nous faisait écrire des batons ridicules indéfiniment, et des jambages, et des boucles; et puis je trouvais nouveau et déplaisant d'écrire en blanc sur du noir, alors que dans la vie on écrit toujours avec de la couleur sur du blanc; je me soumettais austèrement par discipline; pour la première fois de ma vie je connus l'arrière goût amèrement bon de l'obéissance pénible voulue. Ma peine était d'autant plus amère que j'avais une maladresse naturelle invincible et que mes doigts paraissaient vouloir me refuser la même obéissance que je rendais. Je tâchais de toute ma jeune et coléreuse volonté rentrée tendue à faire des batons qui fussent aussi droits aussi régulièrement pleins, aussi régulièrement penchés que les batons modèles tracés au tableau noir par le maitre aux doigts habitués. Mais j'y réussissais peu, et alors quand le maitre passait dans les tables, il ne me faisait pas des compliments, mais il me disait d'une voix encourageante et patiente : « Allons, Durand, ce n'est pas mal, vous vous appliquez bien; mais il y a encore ceci et cela ». Et il me refaisait mes batons, ou bien il m'en faisait faire en me dirigeant les doigts. J'étais douloureusement vexé qu'on me tint les doigts quand j'écrivais; j'étais douloureusement malheureux quand, sur mon ardoise noire les corrections du maitre soulignaient, aggravaient, compliquaient la saleté blanche et poussiéreuse de mes bafouillages; je lisais dans les regards l'étonnement qu'un petit garçon qui lisait si bien eût tant de mal à apprendre à écrire; alors je pris une résolution suprême : je résolue un jour de faire si bien ma page d'écriture que le maître n'y trouvât rien à redire et ne fit aucune correction sur ma page propre; je m'appliquai de toutes mes forces, de tout mon savoir, de toute ma respiration, tirant la langue, les yeux rivés; quand j'eus fini je trouvai que j'avais réussi; j'attendis, anxieux, qu'on me rendît justice. Comme tous les jours le maitre passa; comme tous les jours le maitre, sans rien remarquer, sans penser à mal, me corrigea mes batons; quand je vis ma page ainsi dénaturée, brusquement la douleur me suffoqua; je pleurai, en pleine classe, toutes mes larmes, ne pensant qu'à cela; je pleurais comme si j'avais été à la maison, comme si je n'avais pas eu autour de moi mes petits camarades, effarés parce que je pleurais intarissablement et que, pourtant, je n'avais pas de mal, je n'étais pas tombé, je ne m'étais pas égratigné; le jeune maitre n'y comprit rien et, tout timide, s'attrista longuement de ce que je pleurais. J'appris lentement à écrire; je sus enfin faire à peu près les batons, les lettres, les mots, les phrases, d'abord sur l'ardoise, puis sur le papier; je sus tenir mon porte-plume.

Les jours, les semaines, les mois passaient régulièrement. Tous les matins, je me levais de bonne heure; j'avais dès ce temps là envie de dormir, mais je disais tous les soirs à maman de me réveiller de bonne heure le lendemain, à six heures juste, parce que j'avais à travailler; maman n'y manquait pas; elle-même se réveillait tous les matins à six heures juste, hiver comme été, pour travailler à rempailler les chaises. Elle me réveillait donc tous les jours sur les six heures, bien que cela lui fit de la peine, parce que j'avais bonne mine à dormir; cela lui faisait de la peine de me lever, parce que j'étais lourd et que j'aimais dormir, et qu'il était de bonne heure; mais brusquement je me représentais l'école et alors d'un seul geste, je me jetais à bas du lit, pieds nus sur les carreaux. A cette heure-là, ma grand mère n'était pas encore levée, mais déjà le poêle rouge ronflait dans la maison chauffée; je me mettais à l'ouvrage et je travaillais assidûment, sérieusement, précieusement, et aussi bien dans mon genre que maman dans le sien; je faisais mes devoirs et j'apprenais mes leçons; maman, qui était non seulement très savante, mais très intelligente, me donnait des conseils et me tirait d'affaire toutes les fois que j'étais embarrassé; sans jamais cesser de travailler, elle m'aidait à faire tous mes devoirs, elle me faisait réciter mes leçons; je tendais toute ma volonté au travail jusqu'à ce que le devoir fut écrit sans une seule faute, et jusqu'à ce que la leçon fut sue par cœur sans une seule faute, sans une hésitation, sans une réflexion, comme ma prière; maman m'y encourageait, m'y aidait, m'y conduisait; j'aimerai toute ma vie la mémoire du cher travail que je faisais dans la bonne maison chaudement travailleuse, du bon travail que je recommençais régulièrement tous les matins; pendant que je travaillais ainsi, l'heure marchait, ma grand mère se levait et faisait chauffer le café dans la marmite; à sept heures et demie sonnant, je me débarbouillais, je cirais mes sabots, je me lavais les mains, je m'habillais, tous les matins à la même heure et avec la même vitesse, au lieu qu'avant d'aller à l'école, je faisais tout cela un peu plus tard au hazard de la journée. Je déjeunais en trempant un bon morceau de pain dans une tasse de café noir bien chaud. Maman m'embrassait, ma grand mère m'embrassait sur le pas de la porte. Je partais pour la classe du matin.

J'aimais mieux aller à l'école tout seul que d'aller en bande avec les autres; ma grand mère et maman aimaient mieux m'envoyer ainsi; pendant que j'allais, ma grand mère se tenait debout devant la maison, sur le bord du trottoir, attentive et me regardait, parce que si de mauvais sujets m'avaient cherché querelle en allant à l'école ma grand mère m'aurait défendu de loin en leur faisant peur avec ses bras.

Je ne partais pas en avance parce que je n'aimais pas beaucoup me trouver dans la cour avec les autres; j'arrivais pour huit heures juste, pour le commencement de la classe.

La classe durait trois heures, mais elle était coupée en deux, vers neuf heures et demie, je crois, par une petite récréation d'environ dix minutes, pour laquelle on ne prenait que son képi, et on laissait ses affaires au vestiaire. J'étais bien forcé de passer toute cette récréation avec mes nouveaux petits camarades; ils étaient en général un peu moins timides que moi; quelques uns me demandèrent comment je m'appelais; je répondis que je m'appelais Pierre. « Ce n'est pas un nom, ça, Pierre », me dirent-ils. « Comment que tu t'appelles par ton vrai nom? » Je compris qu'ils me demandaient mon nom de famille, et ils avaient raison, car il devait y avoir à l'école et dans les autres écoles beaucoup de petits garçons qui s'appelaient Pierre, et il devait y en avoir moins qui s'appelaient Durand. Je leur dis que je m'appelais Durand; ils m'appelèrent ainsi plusieurs fois pour bien se mettre ce nom dans la mémoire; moi-même je donnais mon nom ainsi à mes camarades et aux maîtres qui me le demandèrent par la suite; c'est depuis ce temps là qu'un assez grand nombre de personnes m'appelèrent Durand, comme mon père qu'on appelait le petit Durand, au lieu de m'appeler Pierre comme on avait fait jusqu'alors.

La récréation finie, on rentrait pour la classe du matin; peu à peu la faim creusante avertissait que l'heure allait sonner; à onze heures, comme les ouvriers de la fonderie, nous allions manger la soupe.

Mais tandis que les ouvriers de la fonderie n'avaient qu'une heure pour déjeuner et que leur cloche résonnait à midi, nous avions deux heures à nous et la classe ne recommençait qu'à une heure. A onze heures, en arrivant, je trouvais la bonne soupe chaude sur le poêle dans la marmite; ma grand mère, avec la cuillère à pot, distribuait la soupe dans les assiettes creuses épaisses; quand on avait bien mangé la soupe, si on avait encore faim, on mangeait du pain avec de la pitance; on buvait de la belle eau fraîche à même le pot à eau; on finissait par une bonne tasse de café, on fermait son couteau, et j'avais une heure et demie devant moi.

Je l'employais à travailler; je repassais mes leçons quand j'en avais pour la classe du soir, ce qui n'était pas long, puisque je les avais bien apprise le matin; alors je me remettais à mes anciens métiers, aux métiers de paille et de chaise, que je savais tous, puisque je savais épelucher les chaises; ces anciens métiers m'étaient devenus encore plus chers à présent que je les faisais par surcroît : comme écolier, je faisais de mon mieux tout ce que font les écoliers, et comme ouvrier à la maison, je faisais de mon mieux tout ce que je faisais à la maison, quand je n'étais pas encore écolier. J'étais un enfant qui suffisait à deux tâches.

La classe du soir durait aussi trois heures, de une heure à quatre heures; elle était aussi coupée en deux par une récréation de dix minutes; rentrant à la maison à quatre heures, on goûtait d'un bon morceau de pain et de quelque pitance; puis je travaillais jusqu'à souper.

Après souper, je voulais travailler et je me remettais volontairement à la besogne un instant délaissée; mais bientôt un sommeil lourd me gagnait, m'envahissait, m'écrasait; je luttais un quart d'heure, je tendais ma volonté, mais bientôt j'avais le vague sentiment que je me donnais cette bonne raison que je ferai du mauvais travail; tous les soirs, je recommençais le même essai; tous les soirs, je subissais la même défaite, et je m'y attendais bien un peu, obscurément; alors je me levais de la table, je faisais promettre à maman qu'elle me réveillerait de bonne heure le lendemain matin, je me couchais, je m'endormais aussitôt lourdement; mais avant de m'endormir, pour garder une compensation à ma conscience inquiète, je rappelais d'un dernier effort à ma pensée, mes travaux de la journée, mes travaux du lendemain; je m'endormais ainsi soucieux et travaillant; aussi mon sommeil lourd était-il occupé de travaux laborieux, où je recommençais ce que j'avais fait la veille, où je préparais ce que je ferais le lendemain, où parfois je trouvais des solutions que je n'avais pu trouver de toute la journée. J'étais content de moi parce que je ne perdais pas mes nuits à dormir d'un sommeil plat comme les autres petits garçons.

Avant qu'on me fit entrer en classe les jours étaient

tous à peu près semblables; ils se divisaient maintenant en deux sortes, puisqu'il y avait les dimanches, qui ressemblaient aux jours où je n'allais pas en classe; malgré les leçons que j'avais à apprendre par cœur pour le lundi, et qui étaient toujours nombreuses, parce qu'on avait tout le dimanche pour les apprendre. Le dimanche les heures n'étaient pas ainsi marquées par les deux classes, la classe du matin et la classe du soir, mais par les passages de l'omnibus de Saint-Jean-de-Bray et de Chécy, un vieil omnibus jaune, avec des banquettes dessus le toit, où montaient les gens qui n'avaient point assez d'argent pour voyager dedans, et qui n'était traîné que par un seul cheval; cet omnibus passait d'abord un peu avant huit heures au moment où l'on se remettait sérieusement au travail après le café du matin; il passait un peu après une heure, je crois, et repassait un peu avant quatre heures, annonçant le goûter; il passait à ce qu'il me semble un peu après cinq heures, et pour la dernière fois repassait sur les huit heures. Il était si exactement régulier qu'il donnait l'heure aussi régulièrement que la grosse montre de ma grand mère, et ce ne fut qu'assez tard que je m'avisais qu'il ne servait pas seulement à donner l'heure aux gens du faubourg mais qu'il servait aussi à transporter des voyageurs, et que l'on pouvait monter dedans ou dessus, en payant, quand on voulait aller à Chécy.

Les heures étaient données aussi par la cloche de la fonderie, mais cette cloche ne sonnait à heures invariables que pour le déjeuner, à onze heures et à midi; le matin et le soir elle sonnait d'habitude à six heures et à sept heures, mais souvent, en hiver, et quand il y avait des mortes saisons, elle sonnait plus tard le matin, plus tôt le soir, parce que les ouvriers faisaient des journées moins longues; je me rappelle que les ouvriers arrivaient lentement à la fonderie et s'attroupaient devant le grand portail, puis quand la cloche sonnait, ils entraient en bandes; au contraire quand ils s'en allaient ils couraient vite avec leurs gros sabots, ils se rhabillaient en passant et ma grand mère disait en riant qu'on voyait bien qu'ils allaient manger la soupe.

Depuis que j'allais à l'école, ma grand mère, qui n'y était jamais allée, avait pour moi une espèce d'heureuse et fière considération cachée que je devinais, elle ne me contait plus aucune histoire, mais c'était moi qui contais les histoires qui étaient arrivées en classe, et ma grand mère écoutait, respectueusement parce qu'il s'agissait de la classe, attentivement parce qu'il s'agissait de moi.

Maman, qui avait été à l'école des sœurs, à Moulin, quand elle était petite, et qui me suivait dans mes études, continuait à m'enseigner ce que les maîtres n'enseignent pas dans les écoles; peu à peu j'élargis ma connaissance du monde et voici ce que je connus :

Je connus mieux dans les détails l'histoire de ma grand mère et de maman; quand ma grand mère était dans son ménage à Moulin, elle tenait une fabrique d'allumettes, parce que dans ce temps là tout le monde avait le droit de fabriquer des allumettes; mais un jour on fit une loi, et l'État, c'est-à-dire le gouvernement, acheta toutes les fabriques d'allumettes qu'il y avait en France, l'État paya même un bon prix à ma grand mère pour lui acheter sa fabrique d'allumette, il paya bien plus que n'aurait fait un particulier, et ma grand mère s'imagina que c'était une bonne affaire[1]; mais ensuite elle ne savait plus quel métier recommencer; elle dépensa en essais infructueux tout l'argent qu'elle avait reçu de l'État, bientôt elle resta sans un sou pour manger du pain; alors, se trouvant trop malheureuse dans son pays de Moulin, et ne voulant pas battre la misère dans un pays où elle avait eu des ouvrières qui travaillaient dans sa fabrique, elle résolut de s'en aller dans un pays meilleur où elle ne fût pas connue; pour trouver un pays meilleur il suffisait de ne pas rester dans le pays haut, comme disent les mariniers, il suffisait de descendre l'Allier, qui est un grand affluent de la Loire, puis la Loire elle même jusque dans le pays bas, jusqu'à Orléans. Ma grand mère entassa ses meubles dans un bateau qui descendait la Loire, et monta elle même avec ma mère dans ce bateau, car il faut vous dire que cela coûtait beaucoup moins cher de descendre ainsi la Loire que de voyager dans l'omnibus. Mais en arrivant à Orléans elle vit que cela lui serait aussi difficile de gagner son pain à Orléans que dans le haut pays. Ma grand mère fit le plus dur de tous les métiers : elle allait laver la lessive; et comme elle n'avait pas le caractère assez pliant pour aller chez les bourgeois, elle travailla chez les patrons, ce qui est encore plus mal payé.

Ce fut le temps héroïque : ma grand mère gagnait, je crois quatorze sous par jour et avec cela elle trouvait moyen d'avoir un ménage propre et bien tenu; c'est que l'on mangeait du pain et de la graisse, du pain et du caillé, souvent du pain sec, avec de l'eau, et l'on ne mettait jamais de beurre dans la soupe.

Ma grand mère garda fièrement la mémoire de ce temps où elle s'était battue toute seule contre la misère elle avait lassé la misère, où malgré la misère elle avait duré; maman aimait à citer cette épreuve où sa mère avait si laborieusement, si tenacement tenu contre la misère telle qu'il n'en était jamais arrivé de plus grande à personne.

Maman n'alla plus à l'école, bien entendu, car il ne s'agit pas d'aller à l'école, quand il n'y a pas un morceau de pain à la maison; elle n'alla pas non plus en apprentissage, car, pour y aller, il faut avoir le temps et les moyens d'attendre trois ans chez les patrons sans gagner un sou; pour gagner de l'argent tout de suite, maman alla en fabrique.

Il faut vous dire que dans ce temps là il y avait très peu de fabriques et qu'elles n'étaient pas ce qu'elles sont devenues, dans les fabriques travaillaient les plus malheureux des gueux, mais ces malheureux, aussi malheureux au moins que ceux d'à présent, ne formaient pas encore une population à part. Ma mère alla travailler dans une usine de produits chimiques, parce que c'était ce qui ressemblait le plus à la fabrication des allumettes; cette fabrique était située dans le faubourg, à quelque distance de la maison; le travail y était malsain, mais maman gagnait ainsi quelques sous par jour qui vinrent s'ajouter aux quatorze sous de ma grand mère; et le dimanche elle vendait des gâteaux dans les assemblées.

Peu à peu maman grandissant aidait un peu plus ma grand mère, mais cela ne pouvait pas durer; maman résolut de savoir un métier, et par un coup de génie, elle pensa qu'elle ferait bien d'apprendre à rempailler des chaises; quand moi-même j'y pense, à présent, je m'aperçois que les métiers où travaillent généralement les femmes sont en général, ou bien des métiers grossiers, comme de laver la lessive, ou bien des métiers délicats, comme les métiers de couturière, enfin tous les métiers de linge, d'étoffe et d'aiguille; dans les métiers grossiers la concurrence est très forte, parce que toutes les braves femmes qui ne savent rien faire, mais qui sont courageuses, et qui n'ont pas peur de s'abîmer les doigts, se réfugient dans ces métiers là; dans les métiers délicats la concurrence est très forte aussi, parce que toutes les femmes travailleuses qui sont habiles, intelligentes, qui ont du goût, qui ont du temps pour apprendre, et qui ont peur de s'abimer les doigts, essaient de s'élever jusqu'à ces métiers; or le métier de rempailler des chaises est justement un des rares métiers intermédiaires entre les métiers proprement grossiers et les métiers proprement délicats, c'est un métier très délicat sans qu'il y paraisse, car il est difficile de bien rempailler une chaise commune et il est très difficile de bien rempailler une chaise satinée, il faut une grande exactitude pour que les cordons soient bien égaux et bien lisses, pour que les raies soient bien droites; et c'est aussi un métier très grossier, car la paille est dure à travailler : par les bonnes années, quand il ne pleut ni avant la moisson, ni sur les gerbes jonchées, quand la paille est bien sèche elle n'emporte pas trop les doigts; mais par les mauvaises années, quand la paille est grise et rouilleuse, elle use et fait saigner les doigts des rempailleuses; aussi la concurrence n'est-elle pas très forte pour le métier de rempailler des chaises, et les salaires n'ont pas beaucoup baissé; je ne sais pas si maman raisonna tout à fait ainsi, mais je sais bien que, toute enfant qu'elle fut, elle vit clairement que ce métier lui convenait et ne se perdait pas, comme la plupart des métiers commençaient à se perdre.

A force d'ingéniosité, de docilité, d'intelligence elle réussit à savoir le métier sans en faire proprement l'apprentissage; elle fut rapidement une des rempailleuses les meilleures d'Orléans; d'abord elle ne travailla pas pour le monde, parce qu'elle était trop jeune et n'aurait pas inspiré confiance; elle travaillait pour les patrons; ce qui gagne un peu moins et qui est un peu plus une sujétion, car il y a beaucoup moins de patrons que de clients; mais maman était une ouvrière assez libre, parce que les patrons d'Orléans tenaient à lui donner du travail à bien faire : aussi quand maman s'était fâchée avec son patron parce qu'il n'était pas content et lui faisait des reproches, ou parce qu'il ne voulait pas la payer assez cher, elle, elle était sûre de trouver de l'ouvrage à côté, chez un autre patron; même l'animosité entre les deux gros patrons d'Orléans était si grande que chacun des deux ne donnait du travail à maman que si elle s'engageait à ne pas travailler pour l'autre.

A mesure qu'elle grandissait maman commença peu à peu à travailler pour le monde; c'était beaucoup plus avantageux car les clients payent vingt sous pour le rempaillage d'une chaise commune, tandis que les patrons ne payent, je crois, que seize sous; et les clients payent trente cinq sous pour une chaise satinée, tandis que les patrons ne payent que vingt-huit sous; ce qui fait que les patrons gardent pour eux quatre sous pour une chaise commune et sept sous sur une chaise satinée; maman ne se gênait pas pour dire que pourtant ce n'était pas eux qui faisaient le travail.

Les clients ont encore un avantage : tandis que les chaises des patrons, les chaises neuves, ne sont qu'à empailler, les chaises des clients, les vieilles chaises, ne sont pas seulement à rempailler mais souvent aussi à racommoder : il faut qu'on les recolle ou bien il faut qu'on mette un bâton de paille, un bandeau, une traverse; même il faut qu'on fasse un grand raccommodage, qu'on mette un dos, un pied de devant, une barre de dos; bien entendu maman ne faisait pas elle-même les raccommodages, elle ne travaillait pas le bois : ce sont les hommes qui travaillent le bois, qui sont chaisiers, tourneurs; maman donnait les vieilles chaises à racommoder à un tourneur; elle gagnait ainsi un ou deux sous sur les petits racommodages, et cinq ou six sur les grands. Je ne m'étonnais pas qu'il en fût ainsi, puisque maman donnait de l'ouvrage au tourneur.

Ma grand mère en arrivant alla demeurer dans le faubourg, parce que les loyers sont moins cher qu'en ville, parce que l'air eſt meilleur, et sans doute aussi parce que cela lui rappelait la campagne où elle n'avait pas été malheureuse; après quelques déménagements, elle vint demeurer pour toujours dans la maison où j'étais né; cette maison était bien commode parce qu'on n'avait pas de voisins au-dessus; c'était une maison basse qui donnait à même sur le faubourg; c'était une maison bâtie en fortes pierres non carrées. La maison était très mal entretenue par la propriétaire, peu diligente; aussi le crépit s'était-il écroulé par petites plaques sur le sable du trottoir, et les pierres apparaissaient-elles à l'air libre, solides, inégales, épaisses, émoussées par l'âge, dorées par le temps, habituelles et plus anciennes que ma grand mère; la fenêtre était encadrée d'une rangée de briques émiettées et sur le rebord s'alignaient les pots de fleurs lourds où ma grand mère cultivait soigneusement, fièrement, maternellement, ses fuchsias et ses beaux géraniums rouges; dès le matin, on rabattait, à gauche et à droite de la fenêtre, les vieux volets disjoints de bois moisi, verdâtres; parfois, en été, quand il faisait très doux et que le soleil ne donnait pas sur la maison, ma grand mère accrochait à l'un des volets la petite cage où elle élevait soigneusement un ou deux sereins jaunes; au dessus de la maison montait régulièrement le toit; ce vieux toit de briques moisies, rousses, verdâtres, était couvert d'une admirable végétation moussue, régulière, qui, dans la belle saison, devenait une floraison épaisse, puissante, surtout blanche, régulière, inconnue; souvent je me reculais du pied de la maison jusqu'au trottoir pour admirer ces fleurs que je n'avais jamais vu de près, pour admirer ce vieux toit plus fleuri qu'un jardin, le toit fleuri de fleurs dont j'ignorais les noms; les couvreurs ne montaient jamais sur ce toit, parce que, comme disait ma grand mère et maman, ils font plus de dégats avec leurs échelles, quand ils se promènent sur un toit, qu'ils ne font de réparations avec leurs outils; quand ils remettent une brique avec les mains, ils en cassent deux avec les pieds; jamais ils n'arrachaient l'épaisse végétation pour netoyer, car elle était si bien implantée dans les briques où elle poussait, qu'en la voulant enlever on aurait tout fait partir; d'ailleurs, cette épaisse toison servait elle-même, à ce qu'il paraît, de garantie et de couverture au toit; le bord du toit n'était embarassé d'aucune gouttière et quand il pleuvait l'eau du ciel, glissant tout au long par le jardin épais des plantes inconnues, perlait hésitante au bord du toit, puis dégouttait verticalement sur le bord du trottoir, dessinant une ligne régulière de petites cavitées où la terre apparaissait; en hiver, ou quand il y avait un orage en été, quand il pleuvait à verse, l'eau qui descendait du toit faisait un rideau mobile devant la maison et par terre elle formait un petit sillon, formant deux bourrelets de terre, comme il y en a de grands dans les champs.

Pour entrer dans la maison, il fallait monter le pas de porte, les deux marches hautes et larges en pierre de caillou luisante, limée par les pieds de ceux qui étaient entrés depuis le commencement de la maison; une lourde porte épaisse de bois, aux rainures verticales, fermaient sur la rue; on ouvrait cette porte grise au jour commençant, on la fermait au jour finissant, on la laissait ouverte en grand toute la journée, excepté les jours de très grand froid; quand elle était fermée au loquet, les personnes qui voulaient entrer chez nous l'ouvraient elles-mêmes en appuyant sur le loquet; quand elle était fermée au verrou, les gens frappaient avec le marteau retombant sur la tête ronde d'un gros clou, et on entendait dans toute la maison, pour aller ouvrir.

Il se trouva que la maison que ma grand mère avait choisie convenait admirablement au métier que choisit maman. Quand on passait le pas de porte, on remarquait tout d'abord comme le vieux mur était épais, parce qu'on en traversait pour ainsi dire l'épaisseur; on voyait bien, disait ma grand mère, que la maison n'était pas bâtie d'à présent, parce qu'à présent on a peur d'employer de la pierre, on a peur que les murs ne soient trop solides; mais comme elle disait, il y avait longtemps que les maçons qui avaient bâti la maison n'avaient plus mal aux dents; le pas de porte lui-même, large pierre claire luisante, servait à battre la paille; on se mettait à genoux sur le carreau derrière la porte, face au faubourg; on couchait le paquet sur la pierre, comme sur un billot; on mettait à côté le pot à eau et on battait la paille à tour de bras avec le maillet, en la mouillant; le vieux maillet de bois, tout cati d'un si long travail, était devenu comme un vieux morceau d'arbre pourri, le manche seul était luisant.

Passé le pas de porte, on se trouvait sur le carré; c'était là, dans le fond du carré, qu'on empilait les chaises à rempailler et les chaises rempaillées, en piles bien allignées, bien droites jusqu'au plafond; ainsi empilées sur le carré, ne laissant que le passage, les chaises ne faisaient pas d'embarras dans la maison; ainsi exposées face à la rue, elles servaient d'enseigne : les étrangers qui passaient dans le faubourg, voyant tant de chaises empilées sur un carré, comprenaient parfaitement que toutes ces chaises n'étaient pas des chaises pour s'asseoir, mais que c'était la maison d'une rempailleuse de chaise.

POUR MA MAISON

Troisième cahier de la deuxième série (21 décembre 1900).

En janvier 1898 mon ami l'éminent historien Pierre Deloire[1] publiait dans *la Revue Socialiste,* sous la rubrique ordinaire *littérature et philosophie,* un article que je lui demande la permission de reproduire en entier :

M. Henry Bérenger a ouvert dans la *Revue Bleue* une très intéressante enquête sur *les responsabilités de la Presse contemporaine.*

Parmi les réponses qu'il a reçues, celle de M. Lucien Marc, directeur de *l'Illustration,* est à citer la première, parce qu'elle pose, en fait, la question, dans le détail.

Envisageons la presse au point de vue industriel. Sa matière première est le papier blanc, qu'elle transforme en feuilles imprimées. Souvent, les frais de la transformation dépassent le prix de vente du produit fabriqué, et le bénéfice ne vient que des sous-produits, ainsi qu'il arrive pour beaucoup d'industries.

En journalisme, le sous-produit, c'est la publicité.

... Contrairement à l'opinion courante, ce ne sont pas les journaux à bon marché qui ont le plus besoin des annonces pour équilibrer leur budget. *Le Petit Journal, le Petit Parisien,* journaux à un sou, gagnent sur leur papier. Par contre, voici le compte d'exploitation du *Figaro* pour l'exercice 1896 :

RECETTES

Abonnements et vente au numéro.	2.695.045 32	
Annonces et réclames.	1.707.566 81	
Recettes diverses.	140.856 43	
Total des recettes. . .		4.543.468 56

DÉPENSES

Fabrication du journal : rédaction, papier, impression, affranchissement, etc.	2.503.526 22	
Frais généraux.	547.298 37	
Total des dépenses . .		3.050.824 59
Bénéfice.		1.492.643 97

Ainsi, *le Figaro*, journal à trois sous, ne réalise même pas, sur la vente et l'abonnement, de quoi subvenir à la moitié de ses frais généraux. Le surplus, et la totalité du bénéfice net, sont fournis par la publicité.

Si, au lieu des comptes du *Figaro*, nous examinions ceux du *Times*, journal à trente centimes, nous verrions s'accentuer le phénomène de la perte sur le papier, compensée par le produit des annonces. Que serait-ce si, du *Times*, nous passions au *New-York Herald* et à ses numéros du dimanche qui, pour *cinq sous*, donnent *soixante-quatre pages* de grand format dont chacune contient autant de matières que les quatre pages d'un journal parisien!

Voilà donc en France, en Angleterre, aux États-Unis, trois journaux en pleine prospérité, ne vivant que de la publicité. Il n'y a pas là, comme on le croit, un mal résultant du bas prix des journaux.

Nous sommes forcés de constater qu'ici le raisonnement de M. Lucien Marc n'est pas juste : car si un journal donné perd sur son papier, s'il vend son papier à perte, c'est évidemment qu'il vend ce papier à un prix trop bas; peu importe que ce prix soit plus élevé que le prix des autres journaux. Le mal vient donc bien pour une grande part, comme les socialistes l'ont signalé, de ce que la presse, elle aussi, est soumise au régime de la concurrence bourgeoise : « La façon mercantile d'envisager les choses, a répondu M. Georges Renard[1], devait triompher, là comme ailleurs, dans une société où tout se vend et s'achète, où tout, depuis le bras jusqu'au cerveau de l'homme, est devenu marchandise. »

Le mal vient, pour une grande part aussi, et *l'Union pour l'action morale* l'a signalé plus vigoureusement que la plupart des autres consultés, de ce que la conscience publique est faussée parce que beaucoup de consciences individuelles sont faussées* : « La source du mal est plus loin que là où la main de l'État peut atteindre; elle est dans les consciences. Espérons que celles-ci se reprendront et que le remède sortira de l'excès même du mal... Dans le monde des travailleurs, on voit poindre pour le journal un dédain et même un mépris de bon augure. Récemment, les membres ouvriers de la commission consultative de la Bourse du Travail ont fait fermer la salle de lecture des journaux quotidiens, parce qu'il en résultait, pour les lecteurs, plus de trouble que de profit. En Angleterre, c'est le sérieux de la population ouvrière qui a le plus contribué à moraliser la presse**. En France aussi, on finira par comprendre qu'il vaut mieux être travailleur que parleur; et l'éducation réelle que tout le monde désire aura pour effet de faire dédaigner tout journal, à moins qu'il ne soit un journal positif, un journal qui incite à l'action vraie. »

Nous croyons que c'est à nous, socialistes, qu'il revient de fonder un tel journal. M. Anatole Leroy-Beaulieu représente que « le socialisme, à l'affût des causes de destruction, se réjouit, avec une cynique logique, de cette corruption qui nous attriste et nous indigne, se félicitant de tout ce qui détruit la cohésion de la société française, s'applaudissant de tout ce qui énerve les âmes, brise les énergies et prépare la dissolution prochaine de la patrie. » A ces paroles ignorantes ou menteuses, opposons la réalité des vouloirs socialistes :

M. Georges Renard propose, entre autres, le remède suivant :

« 1° Fonder des journaux qui ne seraient plus aux mains d'un financier ou d'actionnaires anonymes, mais qui, soutenus par les cotisations régulières d'un parti ou d'un groupe d'hommes se connaissant et professant les mêmes opinions, seraient la propriété et l'expression de ce parti ou de ce groupe. En bannir soigneusement toute affaire, toute réclame, tout article payé***. Il ne

* Relire dans *la Revue Socialiste* du 15 juillet 1897 l'excellent article de Charles Henry sur *l'Union pour l'Action morale et le Socialisme. — Note de Pierre Deloire.*

** Il y a un intérêt à relire ce que tout le monde écrivait de l'Angleterre il y a trois ans.

*** C'est-à-dire : tout article *mercantile*, et non, bien entendu tout article *rémunéré*.

serait pas impossible que ces journaux honnêtes, s'ils étaient bien rédigés, réussissent, conquissent de l'autorité et réagissent par leur autorité sur les autres. »

Nous savons en effet que la cité socialiste ne se fera pas sans éléments et que c'est nous qui devons, dès à présent, lui préparer des citoyens. Pour cela voici quel nous imaginons que serait, dans la société bourgeoise, un journal socialiste.

Ce journal agirait envers les bourgeois inconvertissables exactement selon les règles de la morale bourgeoise. Il agirait envers les socialistes et les bourgeois convertissables selon les enseignements de la morale socialiste*. Par exemple on le vendrait aux bourgeois inconvertissables exactement comme un journal bourgeois ; et on le donnerait aux socialistes et aux bourgeois convertissables, car un journal est un moyen d'enseignement, et on doit donner l'enseignement.

Ce journal serait nourri par les socialistes ; ceux-ci prendraient sur leur salaire, socialiste ou bourgeois, pour assurer le salaire socialiste des socialistes qui travailleraient au journal.

Tous les ouvriers qui travailleraient au journal, ouvriers intellectuels et ouvriers manuels, ouvriers écrivains et ouvriers compositeurs d'imprimerie, ouvriers directeurs et ouvriers protes recevraient un salaire socialiste, c'est-à-dire entre eux un salaire égal, puisqu'ils travailleraient tous de leur mieux pour le bien du journal.

Ce journal serait exactement socialiste en son texte : on n'y verrait aucune réclame commerciale.

Ce journal serait un : on n'y verrait pas, dans le même numéro, en première page un article exact contre les courses et en quatrième page les résultats complets et les pronostics des mêmes courses ; on n'y verrait pas en première page des articles exacts contre les théâtres de passe et en quatrième page, fidèlement insérées, les communications de ces mêmes théâtres.

Ce journal ne serait pas rédigé par des journalistes professionnels, mais par les hommes de chaque métier ; les moissonneurs y parleraient du blé, les maçons de la bâtisse ; les professeurs y parleraient de l'enseigne-

* On pardonnera cette expression à l'inadvertance de notre ami.

ment et les philosophes de la philosophie; on ne serait pas journaliste, on serait, comme on disait, un honnête homme qui aurait un métier et qui, au besoin, écrirait de ce métier dans le journal.

Ce journal serait exactement sincère, il n'embellirait jamais les faits, il n'embellirait jamais les espérances même.

Enfin et surtout ce journal serait un journal de famille, s'adressant d'abord aux femmes et aux enfants, sans qui toute œuvre est vaine; et il garderait envers tous ses lecteurs la très grande révérence, car elle est due aussi aux grands enfants.

Quand Pierre Deloire écrivit cet article, on peut dire que l'affaire Dreyfus devenait sérieuse. L'article paraissait le 15. L'avant-veille, 13, *après qu'un conseil de guerre eut acquitté Esterhazy,* Zola envoyait sa lettre au Président de la République :

Et c'est un crime encore que de s'être appuyé sur la presse immonde, que de s'être laissé défendre par toute la fripouille de Paris, de sorte que voilà la fripouille qui triomphe insolemment dans la défaite du droit et de la simple probité. C'est un crime d'avoir accusé de troubler la France ceux qui la veulent généreuse, à la tête des nations libres et justes, lorsqu'on ourdit soi-même l'impudent complot d'imposer l'erreur, devant le monde entier. C'est un crime d'égarer l'opinion, d'utiliser pour une besogne de mort cette opinion qu'on a pervertie, jusqu'à la faire délirer. C'est un crime d'empoisonner les petits et les humbles, d'exaspérer les passions de réaction et d'intolérance en s'abritant derrière l'odieux antisémitisme, dont la grande France libérale mourra, si elle n'en est pas guérie.

Tout le monde alors découvrait à quel redoutable danger la presse immonde exposait en France la justice, la vérité, l'humanité, la santé sociale. Et cependant l'article de Pierre Deloire n'était pas un article de circonstance. Il n'était pas non plus l'aération d'un rêve individuel. Ni la manifestation d'un rêve collectif. Il était l'exposé délibéré d'un plan d'action.

Depuis le premier mai 1897 quelques jeunes gens mettaient en commun tout ce qu'ils pouvaient pour fonder un journal propre, plus tard, quand ils seraient devenus des hommes. J'étais parmi eux. Ils étaient venus au socialisme sincèrement et par une révolution profonde intérieure. Je donnerai quand j'en aurai le temps l'histoire de cette révolution. Ou plutôt je donnerai les longues histoires de toutes ces révolutions, car chaque homme libre a sa révolution sociale et ces tout jeunes gens étaient déjà libres. Puis quand j'en aurai le temps je donnerai la longue histoire de tous les apprentissages qui suivirent toutes les révolutions, car je sais que les longues histoires sont les seules qui soient vraies à peu près. Et aujourd'hui je ne donnerais pas la brève histoire de l'apprentissage commun. Mais je suis forcé de parler pour ma maison.

A l'heure où commence mon histoire, ces jeunes gens étaient donc venus sincèrement au socialisme et profondément. Ils ne savaient pas bien ce que c'était que le socialisme. Ils ne pensaient pas que ce fût un domaine à partager entre plusieurs gros propriétaires. Ils s'imaginaient que le socialisme était l'ensemble de ce qui prépare la révolution sociale et pensaient que cette révolution sociale tendait à faire le bonheur de l'humanité. Le même historien Pierre Deloire, négligeant un peu ses travaux professionnels, avait rédigé non pas un catéchisme ou un manuel — car personne alors n'eût osé parler de catéchisme ou de manuel socialiste, — mais un raccourci commode. Il publia ce raccourci dans la même *Revue Socialiste,* le 15 août 1897. Si imparfait que ce raccourci me paraisse à présent, il convient que je le reproduise en entier :

DE LA CITÉ SOCIALISTE

[On trouvera cet article reproduit page 3 du présent volume.]

Ainsi renseignés provisoirement sur ce que serait la prochaine cité socialiste, ces jeunes gens n'hésitèrent pas. Il n'y avait plus qu'à préparer la naissance de cette cité, il n'y avait qu'à préparer puis à faire la révolution sociale.

Pour préparer la révolution sociale on n'invoquerait pas les anciens, on n'irait pas chercher les hommes de trente à quatre-vingts ans, qui étaient en immense majorité contaminés du vice bourgeois, mais on ferait appel aux seuls jeunes gens. Et cela suffirait bien. Si l'on convertit soigneusement au socialisme les générations montantes, si l'on acquiert honnêtement les jeunes hommes, les nouveaux hommes, à mesure qu'ils passent leur quinzième, leur dix-huitième ou leur vingtième année, après huit ans d'exercice on est régulièrement une imposante minorité, après vingt ans on est une respectable majorité, après quarante ans, sans risque et sans violence mauvaise, on est devenu l'humanité même, l'humanité enfin sauvée du mal bourgeois, de tout le mal, et instituée en cité harmonieuse. Ainsi le veut l'arithmétique.

Or il est simple de convertir les générations montantes. Il n'y a pour ainsi parler qu'à les divertir de la contamination bourgeoise. L'excellence du socialisme est telle que le socialisme se fait valoir lui-même. Il a une évidence autonome, automatique et antérieure. Il n'a besoin d'aucun avocat. Il ne demande qu'un démonstrateur. Il suffit qu'on le fasse voir. Si un journal exactement et moralement socialiste paraissait, la simple démonstration, la simple proposition du socialisme introduirait au socialisme les générations montantes. Il n'y avait plus qu'à faire un journal socialiste, le journal socialiste. Cela serait facile.

Car ces jeunes gens ignoraient à peu près tout du personnel qui sévissait déjà sous le nom de socialiste. On les avait en effet soumis aux déplorables moyens d'élevage que nous voyons pratiquer autour de nous partout, sur tous les faibles par tous les forts, sur les simples par les habiles, sur les ignorants par les savants, sur les enfants, sur les soldats, sur les ouvriers, sur les électeurs, sur le peuple des animaux au langage inarticulé, sur le peuple des hommes. On leur mentait pour leur bien. C'est la méthode pratiquée sur la plupart des âmes adolescentes par la plupart des âmes adultes. Cette méthode a tout pour elle. Idoine à la paresse et commode au ménagement, elle reste la forme la plus redoutable du mensonge universel. Nos maîtres nous donnaient donc une image heureuse du monde socialiste français, une image bienheureuse du monde socialiste universel, une image au moins exactement sévère du monde bourgeois. En France les anciens partis socialistes, les anciennes écoles et les anciennes sectes s'éliminaient d'eux-mêmes selon les exigences naturelles de la vieillesse. Pas même il n'était besoin de se faire enseigner leurs noms. Guesde et Vaillant disparaissaient déjà, et l'incompatible Allemane avec eux, dans l'avantageux éloignement de l'histoire. Les générations montantes seraient enfin neuves des vieilles injures, blanches des vieilles saletés. Il n'y avait plus qu'à faire le journal socialiste pour les générations montantes.

D'ailleurs ces jeunes citoyens avaient à eux, en eux et venant d'eux, quelques idées simples. Idées qu'ils n'avaient pas demandées à leurs maîtres, mais que ces bons maîtres encourageaient volontiers, car ils étaient au fond de braves gens, et ils ne savaient pas que les idées simples étaient si redoutables. Parfois même je me demande si ces maîtres n'avaient pas fini par accepter comme étant véritables cette image du monde et ces renseignements qu'ils voulaient bien communiquer à leurs élèves et à leurs amis. Car ils se soumettaient sans doute eux-mêmes aux moyens d'élevage qu'ils imposaient au-dessous d'eux. Cette idée simple, et vivace, était que nous devons commencer par vivre en socialistes, que nous devons commencer la révolution du monde par la révolution de nous-même, que toutes les théories et toutes les phrases ne valent pas un acte socialiste, que chacun doit commencer par socialiser sa vie, que la conversion au socialisme suppose un don sans réserve des intérêts sous l'entière maintenue des droits, un abandon sans réserve des sentiments sous la pleine indépendance et liberté de la raison.

C'est pour cela que non seulement nous fîmes, après tant de gens, le plan d'un journal socialiste, mais, si l'on veut bien y regarder, le plan d'un journal *socialistement* socialiste. Formé presque instantanément, tant il était indiqué, ce plan fut répété d'homme à homme jusqu'à ce que Pierre Deloire le rédigeât. Je ne le développerai pas. Tout le monde le connaît pour l'avoir plus ou moins déjà fait. En France plus qu'ailleurs, c'est le plan qui manque le moins.

Pour le réaliser il fallait un personnel et un matériel, un personnel qui fournît le matériel. Cinq cents personnes et cinq cent mille francs suffisaient, d'autant que les cinq cents personnes seraient des collaborateurs efficaces, d'autant que les cinq cent mille francs seraient rafraîchis par des souscriptions régulièrement affluentes. Et dix ans suffisaient pour la préparation.

Les cinq cents personnes se pourraient trouver en quelques années, de proche en proche, d'ami en ami, par cette propagande personnelle qui seule est fructueuse. Les nouveaux adhérents cherchaient des nouveaux encore. On gagnait toujours du monde. Chacun répondait pour ceux qu'il avait acquis, introduits. C'était la méthode bien connue de la ramification indéfinie. Elle serait invincible comme une végétation si les hommes étaient des végétaux. Mais ils sont au moins des animaux. Elle est dans l'histoire de Blanqui. Elle est partout ailleurs. A cet égard j'avais pour fonction d'administrer la communication centrale à établir entre les premiers adhérents. *Je donnais la communication.* Je n'exerçais aucune autorité. Je n'avais rien de commandement. J'étais le citoyen téléphoniste. Il était d'ailleurs entendu que l'on se passerait de moi le plus que l'on pourrait, que l'activité de la compagnie serait spontanée, qu'il n'y aurait pas congestion centrale et refroidissement aux extrémités, mais que tout marcherait tout seul.

Admettant que cinq cents personnes souscrivent dix francs chaque par mois en moyenne, on canalise un affluent mensuel de cinq mille francs. Soixante mille francs par an. Même en faisant la part large au déchet inévitable, on amasse les cinq cent mille francs avant les dix ans, intérêts composés. A cet égard j'étais comptable. Au bout des dix ans le journal partirait. L'affluent des souscriptions mensuelles continuerait inépuisable. Et quand le public aurait en mains pour la première fois de sa vie un journal honnête, un journal bien fait, il nous ferait un accueil tel que le journal serait indéracinable.

J'administrais la comptabilité. Je fabriquai des registres, simples cahiers scolaires. Je tins une comptabilité mystérieuse. A la fois scrupuleuse et mystérieuse. Les mouvements des fonds étaient marqués par la valeur, par la date, et par les seules initiales. Au cas où la police y eût mis le nez, elle n'y eût appris que les nombres et l'alphabet. Ces précautions sont devenues amusantes. Elles étaient sérieuses. M. Méline et M. Dupuy, non pas M. Waldeck-Rousseau, trahissaient alors la République.

Cette institution de jeunesse ne prospéra pas. Je ferais plaisir à beaucoup de personnes si j'attribuais à la faiblesse humaine l'étiolement de cette institution. Mais j'aperçois des causes, que je distingue en intérieures et en extérieures.

Je ne sais pas bien si j'avais été l'initiateur de cette institution, car elle était née à peu près spontanément. La première croissance fut rapide. Mes amis d'Orléans, mes nouveaux amis de Lakanal et de Sainte Barbe accueillirent l'idée commune et souscrivirent. Ils n'ont pas cessé depuis de souscrire leur mensualité, sans fatigue.

La seconde croissance fut assez rapide. J'étais à l'école normale. C'était un lieu favorable, malgré d'apparentes résistances. Une compagnie de jeunes gens, étudiants internés, toute faite, se prêtait à une attentive propagande et à la formation d'une compagnie d'action. L'institution commune se grossit de normaliens nombreux et pour la plupart considérables.

La troisième croissance, qui eût débordé les anciennes amitiés et les nouvelles camaraderies, ne se produisit pour ainsi dire pas. Les événements publics nous étaient contraires. Nos courtes finances filaient ailleurs, dans les grèves et les souscriptions, n'affluaient pas au fonds commun. Le grand public français gardait son argent pour les banquistes. Le public socialiste s'épuisait ailleurs. Le personnel socialiste alors devenait ce qu'il est devenu. Les augments de la seconde croissance commençaient à se fatiguer pour la plupart. Ils avaient presque tous mal entendu l'institution. Ce qui paraissait devenir impraticable était la simple communication de l'intention première. Et les gens ne donneraient pas d'argent pour dans dix ans.

Le remède vint. Pour donner à l'institution commune la surface de base qui lui manquait, il fallait un comité. Seul je ne présentais pas une suffisante garantie. Mais un comité garantirait l'institution auprès des personnes éloignées. Ce comité ferait la mutation de confiance, la mutation de la confiance, la transmission de confiance indispensable. Ce comité aurait en moi cette confiance entière qui se fonde sur la connaissance et l'amitié personnelle. D'ailleurs ce comité aurait assez de largeur et de poids pour me garantir auprès des personnes éloignées.

La quatrième croissance, qui se fût faite autour du comité, ne se produisit pour ainsi dire pas. L'esprit du public et les événements nous résistaient. Une lassitude intérieure s'ensuivit. Et la désagrégation vint.

L'affaire Dreyfus nous causa un dommage incroyable. Pendant tout le temps qu'elle dura, négligeant non seulement nos affaires et nos intérêts, mais nos droits même et l'action qui nous était particulière, tout le temps, tous les soins, tout le travail, tous les efforts, toute l'action furent au service d'une justification individuelle.

Au commencement de l'affaire, dans les derniers mois de l'année 1897, un événement privé mit à ma disposition, pour la première et pour la dernière fois de ma vie, une somme assez considérable. Ces quarante et quelques mille francs n'étaient pas à moi, mais aux miens. Ma nouvelle famille était d'accord avec moi sur ce que je devais lancer dans l'action socialiste ces quarante mille francs. Ma famille pensait avec moi qu'un socialiste ne peut garder un capital individuel.

Ce fut alors que je commis une faute impardonnable et dont le retentissement pèsera sans doute longtemps sur ma vie. Je péchai par humilité. Je me défiai de moi. L'humilité n'est pas moins coupable et pas moins dangereuse que l'orgueil, et non moins contraire à la modestie exacte. Je négligeai de fonder alors ces *cahiers de la quinzaine*. Si j'avais aussitôt fondé ces cahiers même, ayant derrière moi plus de quarante mille francs intacts, et si ces cahiers avaient publié pendant les trente mois de l'affaire l'équivalent de ce qu'ils ont publié depuis, je suis assuré qu'ils auraient à présent un solide fonds de réserve et une solide clientèle d'abonnés.

Mais je me défiai de moi. Un peu *épaté* par le redoutable aspect de science que la plupart des sociologues savent distribuer autour d'eux, je me semblai encore plus ignorant que je ne le suis. Et surtout je redoutais que je devinsse autoritaire. On avait déjà si souvent nommé autorité le soin que j'ai toujours eu de garder ma liberté contre les autorités prochaines, et un certain zèle indiscret dont je n'ai pu me défaire dans la propagande, on m'avait si souvent répété que j'étais un autoritaire, que je devenais un autoritaire, que j'avais fini par le croire presque. Or je haïssais ferme l'autorité. A mesure que je connaissais un peu le personnel socialiste, les sévices de l'autorité individuelle m'apparaissaient. J'étais décidé à ne rien faire qui ressemblât à du guesdisme. Je ne savais pas que l'autorité collective anonyme est encore plus redoutable que l'autorité individuelle.

Au premier janvier 1898 j'étais donc tout envahi de ces imaginations, et au premier mai suivant, au lieu de fonder ces cahiers, je fondai une librairie. Je mis tous mes soins à publier la copie de mes camarades, n'imaginant pas que je devinsse un fournisseur de copie. Mon ami Georges Bellais voulut bien me prêter son nom, car j'étais encore boursier d'études en Sorbonne, et j'aimais l'anonymat. On sait que cette librairie ne prospéra pas beaucoup. Je ferais plaisir à beaucoup de personnes si j'attribuais à ma témérité ou à ma stupidité, à mon incurie, à mon ineptie un insuccès aussi notoire. Mais je distingue des causes. La principale est encore l'affaire Dreyfus.

Elle passionnait le monde quand la librairie put commencer à fonctionner, à travailler. Elle fit au commerce un tort considérable, au commerce parisien. En particulier elle nuisit au commerce des livres, parce que les gens gardaient tout leur temps et toute leur finance pour lire les journaux multipliés. Singulièrement elle nuisit à la librairie Bellais qui s'affichait dreyfusiste, qui fut rapidement notée, devant qui les antisémites manifestèrent, où les dreyfusistes fomentaient leurs manifestations. Le temps et la force employée à manifester pour Dreyfus était dérobée au travail de la librairie. La fatigue entassée dans l'action dreyfusiste retombait sur la librairie. La seule édition dreyfusiste que fit la maison nous fut onéreuse. Ainsi une affaire qui sans doute enrichit de finance ou de clientèle ou d'autorité les journaux et la librairie Stock appauvrit la librairie Bellais.

Je distingue des causes. Les secondaires sont nombreuses. Le gérant ne géra pas avec la tension qu'il fallait. Il est probable que si mon ami André Bourgeois avait alors été disponible, et s'il avait fait pour la librairie un travail équivalent à celui qu'il vient de faire pour les cahiers, l'événement aurait tourné vers un succès heureux. — Toutes les éditions que fit la maison furent onéreuses, ou bien parce que le livre se vendait peu, ou bien parce que le prix de vente, pour encourager la propagande, était scandaleusement abaissé. Même quand l'ouvrage était édité en partie par souscription, le calcul des frais n'impliquait pas les frais généraux de la maison. — Je mis toutes mes dernières finances, tout mon dernier travail sur le livre de Jaurès *l'action socialiste*. Je pensais que ce livre serait un merveilleux moyen de propagande moralement socialiste. Il y a là des pages vraiment impérissables et définitives. Le livre ne se vendit pas. Événement incroyable : on eut honte de lui. Au commencement des deux allées qui forment cette première série, au seuil des deux avenues les premières pages ne sont pas d'un socialisme exactement fixé. Rien de plus historique, de plus naturel, de plus convenable, de plus inévitable et je dirai de plus indispensable puisque justement il s'agit ici de l'explicitation d'un socialisme implicite d'abord, puisqu'il s'agit ici d'un socialisme en mouvement, en action. Comme si la propagande ne consistait pas justement à se situer au commencement des allées pour pouvoir se transporter avec le lecteur ou l'auditeur jusqu'à leur aboutissement. Comme si la conversion n'était pas un mouvement, un voyage en esprit. Mais le souci d'orthodoxie fixe, d'orthodoxie en repos qui a envahi tout le socialisme français déjà conspirait à étouffer ce livre. Jaurès, par humilité ou par embarras, n'en a jamais, du moins à ma connaissance, dit ou écrit un mot. *La Petite République* ne lui a jamais fait une sérieuse publicité. Il retomba de tout son poids sur le dos de l'éditeur.

Je distingue des causes qui sont pour ainsi dire de fondation. La première année d'une entreprise est toujours onéreuse. Quoi qu'on m'en ait dit, c'est une lourde occupation que de trouver un local et d'essuyer les plâtres.

Je distingue des causes qui à distance me font encore beaucoup de plaisir. J'accueillis comme éditeur *le Mouvement Socialiste* à sa naissance et lui procurai le plus d'abonnés que je pus. J'accueillis l'initiateur des *Journaux pour tous* et lui procurai, autant que je le pus, les moyens de sa réussite.

La désagrégation de la communauté se produisit non par éparpillement mais par séparation. Un groupe s'y dessinait peu à peu autour de M. Lucien Herr. Je me permets de citer ce nom parce que *le Cri de Paris* l'a cité avant moi, parce que cette signature a été imprimée jadis dans *la Volonté,* parce que ce nom figure aux *Notes Critiques,* parce que la *Société Nouvelle de librairie et d'édition* annonce de M. Herr un volume *la Révolution sociale.*

Je ne cacherai pas la grosse et souvent la profonde impression que me fit M. Herr quand enfin je le connus à l'école. Son parfait désintéressement, sa puissance de travail énorme, son gros travail anonyme, son érudition sans doute universelle et totale et, sur tout, sa brutale sincérité me donnèrent pour lui un profond attachement fidèle. Je fus en un sens vraiment son élève. Il m'enseigna parfois comme on travaille et souvent comme on agit. Il me fournit beaucoup de renseignements sincèrement exacts sur tout un monde que j'ignorais, monde littéraire, scientifique, politique. Sur tout il débrouilla pour moi les insincérités et les conventions où je me serais empêtré. Il me mit au courant de l'affaire Dreyfus, me donna les indications sans lesquelles on ne pouvait pas suivre intelligemment.

Cette fidélité dura jusqu'à la fin de l'affaire. Comme elle finissait il me sembla qu'elle avait malheureusement modifié la mentalité de plusieurs de nos camarades. Elle avait donné à plusieurs un certain goût de la puissance, de l'autorité, du commandement. Tel est le danger de ces crises. Pendant plusieurs mois le plus petit professeur de collège ou le plus mal payé des répétiteurs, si faible en temps ordinaire contre les tyrannies locales ordinaires les plus faibles, avait pesé lourdement sur les destinées générales du pays. Par le seul fait qu'il donnait son faible et pauvre nom à la liste qui passait, pétition aux pouvoirs publics, souscription, adresse, le pauvre universitaire de Coulommiers ou de Sisteron appuyait d'une relativement lourde pesée morale et matérielle sur les destinées de la France et du monde. Car on était à un aiguillage, et les forces contraires se balançaient. A plus forte raison les initiateurs de ces listes exerçaient-ils une extraordinaire poussée. Un nom mis au commencement de la première liste avait aussitôt une sur valeur immense. Or il suffit que l'on se reporte aux premières listes Zola pour y lire le nom de M. Herr et les noms de la plupart de ses amis, dont j'étais.

A mesure que l'affaire s'avançait deux tendances, deux mentalités se dessinèrent puis se manifestèrent parmi les anciens dreyfusards. Ayant communément exercé une action puissante pour la réalisation de la justice et pour la manifestation publique de la vérité, les uns continuèrent à chercher partout la réalisation de la justice et la manifestation de la vérité, mais la plupart commencèrent à préférer l'action, la puissance, la réalisation même et la manifestation. Les premiers, Picquart, Zola continuèrent comme ils pouvaient leurs véritables métiers. Picquart est encore un officier qui demande à passer en conseil de guerre. Zola est encore ce qu'il était, un romancier, et un citoyen libre. Mais la grande majorité ne pouvait renoncer à la tentation singulière d'exercer une influence énorme, intense, concentrée, condensée, un alcool d'influence, ayant un effet considérable sous un petit volume et pour un petit effort initial. Or l'ancienne action politique était justement un jeu imaginé à seule fin de satisfaire à ces anciennes ambitions. L'ancienne action politique est un jeu d'illusions, combiné pour faire croire que l'on peut exercer beaucoup d'action sans se donner beaucoup de peine et de soin, que l'effet utile est hors de proportion avec l'énergie dépensée, avec l'effort. L'ancienne action politique est un jeu de crises feintes imaginé pour faire accroire que l'action critique est l'action habituelle, ordinaire. Les dreyfusards qui se laissèrent séduire à cette illusion devinrent partisans de l'amnistie. Tous, et parmi eux Jaurès, ils retombèrent ou ils tombèrent dans l'ancienne action politique. Ils y ont fait tomber le socialisme français.

Parvenu à ce point de mon histoire, je m'aperçois que je ne puis la continuer sans pénétrer dans les problèmes généraux de l'action socialiste présente, et récente. Je n'oublie pas, d'ailleurs, que je dois un compte rendu fidèle aux citoyens qui ont bien voulu me confier le mandat de les représenter aux trois congrès de Paris. Ce compte sera rendu dans le cinquième cahier.

Le quatrième cahier sera tout entier de Lagardelle. Nous nous reposerons pendant les vacances du premier de l'an. Nous publierons huit cahiers de janvier à Pâques.

POUR MOI *

Cinquième cahier de la deuxième série (28 janvier 1901).

MON ami Pierre Baudouin et mon ami Pierre Deloire[1] vinrent me souhaiter la bonne année. Ils étaient soucieux. Ils marchaient de conserve. Ils me trouvèrent en proie à l'abonné Mécontent.

— Mon cher Péguy, me disait l'abonné Mécontent, tes cahiers me révoltent. J'ai reçu le troisième. Ils sont faits sans aucun soin. Ils sont pourris de coquilles. A la page 67, au titre courant, tu as mis *théâtre* sans accent aigu. A la page 43, au milieu de la deuxième ligne, tu as mis un c à camarades au lieu d'un e. Évidemment, tu deviens gâteux. J'en suis éploré, parce que je suis ton meilleur ami. A la page 50, au milieu de la page, tu as écrit socialiste avec deux s. Mais je soupçonne ici que tu as voulu jouer un mauvais tour à notre ami Lucien Herr. Sans compter les coquilles que je n'ai pas vues, car je ne les lis pas, tes cahiers. Je me désabonne.

Cette violence m'épouvantait et je faisais des platitudes.

— Mon cher Mécontent, je sais malheureusement bien qu'il y a des coquilles dans les cahiers. Mon ami René Lardenois me l'a déjà fait remarquer et sa lettre a été publiée dans le dixième cahier de la première série. Aussitôt que je le pourrai, je lui donnerai une réponse imprimée. En attendant je vais donner réponse orale aux trente-cinq reproches que tu m'as adressés —

— Non, mon cher Péguy, j'ai déjà dépensé huit quarts d'heure de mon temps à te faire ces reproches, parmi tant de reproches que l'on doit te faire. Je n'eusse pas dépensé huit quarts d'heure de mon temps, si ce n'était la profonde amitié que j'ai toujours eue pour toi. Je n'ai pas le temps d'écouter ta défense. Mon temps est

* Encore! — *Note de l'abonné.*

cher. Certains devoirs laïques me rappellent ailleurs. Adieu.

Il s'en alla sans me donner la main.

Mon ami Pierre Baudouin le philosophe et mon ami l'historien Pierre Deloire étaient devenus plus soucieux.

— Nous venons, dirent-ils, te souhaiter la bonne année.

— Nous venons te souhaiter la bonne année, répéta sérieusement Pierre Deloire. Au temps que j'avais ma grand mère, qui ne savait pas lire, et qui était la femme la meilleure que j'aie connue, je lui souhaitais la bonne année en lui disant : Grand mère, je te souhaite une bonne année et une bonne santé, et le paradis à la fin de tes jours. Telle était la formule usitée parmi le peuple de ma province. Ma grand mère est morte, et je ne sais pas si elle est en paradis, parce que je suis historien et que nous n'avons aucun monument qui nous renseigne sur l'histoire du paradis.

— Nous venons te souhaiter la bonne année, répéta gravement Pierre Baudouin. Au temps que nous vivons, cela veut dire que nous te souhaitons que tu sois et que tu demeures juste et vrai. Nous te souhaitons aussi que beaucoup d'honnêtes gens t'apportent beaucoup de bonne copie, que les compositeurs ne te fassent aucune coquille et que les imprimeurs ne t'impriment aucune bourde; enfin je te souhaite que les abonnés croissent et se multiplient.

— Mais, dit Pierre Deloire, comme l'histoire des événements nous fait voir que les souhaits ne suffisent pas, je t'apporte pour le mois de janvier les dix francs de souscription mensuelle que je prélève sur le produit des leçons que je vends.

— Pour la même raison, dit Pierre Baudouin, je t'apporte ces cinquante francs de souscription extraordinaire. Mes terres de Bourgogne se sont enfin vendues. Elles se sont vendues un assez bon prix, parce que les Bourguignons, ayant fait beaucoup de vin, pouvaient dépenser quelque argent. Elles m'ont rapporté quinze et quelques cents francs dont j'ai besoin pour la nourriture de ma famille; mais je tenais à prélever les cinquante francs que je voulais vous donner.

— Vos souscriptions m'étaient indispensables et vos souhaits sont les bienvenus. Car je suis en proie aux mauvais souhaits de plusieurs.

— Nous le savons, et c'est pour cela que nous venons te souhaiter la bonne année.

— Je suis en proie aux mauvais souhaits de plusieurs. C'est une grande souffrance que de savoir qu'il y en a plusieurs qui me souhaitent que la copie soit mauvaise et le tirage raté, que l'abonnement décroisse et que les cahiers meurent.

— Et comme l'histoire des événements nous fait voir que les souhaits ne suffisent pas, ils travaillent consciencieusement à la démolition des cahiers. Ils commencent par se désabonner. Ils se désabonnent.

— Pendant que je préparais le troisième cahier, j'ai reçu le premier désabonnement.

— Nous vous requérons de nous lire cette lettre.

Paris, mercredi matin 12 décembre 1900

Mon cher Péguy

La lecture de ton dernier cahier m'a révolté.

— Quel était ce cahier?

— Le premier de la deuxième série.

— Nous vous requérons de continuer.

La lecture de ton dernier cahier m'a révolté. Il n'y a pas d'autre mot.

1º Comment! tu t'amuses à recueillir les commérages du *Cri de Paris,* à les discuter d'une façon blessante et peu loyale pour les camarades que tu mets en cause! Herr peut avoir ses défauts, mais on ne peut méconnaître ses rares qualités de dévouement à la cause! L'œuvre qu'il a —

L'auteur avait mis d'abord : L'œuvre qu'il a fondée et fait vivre. Il a rectifié : L'œuvre qu'il a sinon fondée du moins fait vivre.

— Il a aussi bien fait de rectifier. Nous vous requérons de continuer.

— L'œuvre qu'il a sinon fondée du moins fait vivre, la librairie est maintenant le centre de réunion de tous les socialistes pensants. En ne rappelant pas les qualités et en ne retenant que les défauts de l'homme, je dis que ta critique n'est pas loyale. Je regrette d'y trouver des insinuations peu dignes de toi. —

— Nous sommes ici venus, dit Pierre Baudouin, pour te forcer à n'insinuer pas. Nous te requérons de continuer.

— Je regrette d'y trouver des insinuations peu dignes de toi; par exemple, quand tu dis : *L'admiration mutuelle n'avait pas cours parmi nous,* tu sous-entends que les amis de Herr pratiquent cette admiration mutuelle, etc. Est-ce bien à toi aussi de t'ériger en censeur pour des camarades à qui tu ne peux reprocher que des divergences de vues! Ne crains-tu pas que ta censure ne soit suspecte et qu'on ne dise que c'est la rancune plus que la vérité qui t'inspire? Enfin à quoi servent ces polémiques — qui sont lettre morte, heureusement, pour tes lecteurs de province? Le péril clérical et capitaliste et militariste n'est-il donc plus présent, pour que tu t'amuses ainsi à frapper. —

— Je te réponds, dit Pierre Baudouin, que l'on ne dira pas ce soir que tu t'amuses. Nous te requérons de continuer.

— pour que tu t'amuses ainsi à frapper sur nos amis? Ou veux-tu propager le scepticisme et le découragement dans notre parti? Si c'est cela, il m'est impossible de te suivre.

2º Quel besoin as-tu de renseigner bénévolement les journaux bourgeois et les gros bonnets universitaires sur la personnalité de —. Vous permettez que je passe le nom?

— Provisoirement nous te le permettons. Nous te requérons de continuer.

— Mettons : sur la personnalité de celui de nos camarades qui signe *un universitaire* à *la Petite République*. En écrivant que ce rédacteur appartient à une promotion de deux ans plus ancienne que toi, en ajoutant qu'il est en congé à Paris, tu le désignes très clairement.

Qu'est-ce aussi que les conseils — pires que des critiques — que tu te plais à lui donner? Veux-tu à l'avance affaiblir l'autorité de ses articles auprès des lecteurs de *la Petite République?* Je remarque encore que cette rage d'indiscrétion et de censure ne peut faire que les affaires de nos adversaires.

3° La plupart des lettres que tu insères n'ont d'intérêt que pour toi, puisqu'elles ne contiennent que des réserves à ton adresse ou des conseils.

4° A quoi bon revenir longuement sur le *Journal d'une femme de chambre*[1] et donner à cette ordure les proportions d'un événement? Tout ce que tu publies aujourd'hui a déjà été dit la dernière fois. Ce n'est que du réchauffé.

5° Les annonces de l'*école des hautes études sociales* occupent 15 pages de ton cahier[2]!

— Il pouvait dire *seize*.
— Il y en a seize.

— Nous te requérons de continuer et de finir.
— de ton cahier! Cette publication n'a aucune utilité, ni pour les lecteurs de province qui n'iront jamais à cette école, ni pour les lecteurs de Paris qui ont pu lire ces affiches sur tous les murs. Ne pouvais-tu remplir ces 15 pages par quelque chose de plus utile, par une critique d'un abus dont nous souffrons, par exemple?

6° L'amplification de Boutroux est parfaitement insignifiante, quand elle n'est pas infectée d'esprit métaphysique et bourgeois.

En résumé, je ne trouve dans ce cahier rien qui pût aider en quelque façon la propagande socialiste, rien qui pût faire l'éducation socialiste de tes lecteurs. J'y trouve en revanche des attaques toujours déplacées, souvent injustes, contre des camarades dont j'ai appris à apprécier la bonne foi, le dévouement, la continuité dans l'effort vers l'émancipation de l'humanité. J'y trouve l'expression de secrètes rancunes, qu'il faut savoir sacrifier au bien général. J'y retrouve ce ton de persiflage, ce dilettantisme que —

— Nous te donnons ma parole, dirent en même temps Baudouin et Deloire, que ce soir ils ne diront pas que tu es un dilettante. Mais nous te requérons de finir.

— ce dilettantisme que je t'ai déjà reproché, en d'autres occasions. Je n'y trouve pas cette vigoureuse critique de la société capitaliste que j'attendais. Je n'y trouve pas cette sommation adressée aux bourgeois de redevenir hommes. Je n'y trouve pas surtout ces chaudes paroles d'encouragement répandues sur les bonnes gens de province qui luttent, solitaires, contre l'oppression qui les étreint.

Enfin, alors que nous n'avons pas trop de tous nos efforts, et de nos maigres ressources pour combattre les forces du passé, plus menaçantes que jamais, tu nous annonces que tu vas publier des *romans!* des romans, comme si la réalité n'était pas assez tragique et que nous avions —

— *Ayons?*

— *avions* le temps de nous intéresser à des fioritures de phrases et à des divertissements d'esthètes!

— Il faut : comme si la réalité n'était pas — — et comme si nous avions — — — ou bien : comme si la réalité n'était pas — — et que nous ayons. Ce n'est pas la fioriture d'esthètes, mais bonne et grosse grammaire française. Avez-vous bientôt fini?

— Je ne me flatte pas de te convaincre. Je crains que tu n'aies ton siège fait. Mais je te préviens que si ton prochain cahier doit ressembler au précédent, il est inutile que tu me l'envoies.

J'écris cette lettre pour toi et non pour tes lecteurs. Je ne veux donc pas que tu la publies.

— Cela est raide. Nous verrons ce que nous y dirons. A-t-il fini?

— Ton ami qui regrette que tu fasses un si mauvais usage de tes qualités naturelles.

Vous permettez que je passe la signature?

— Provisoirement nous vous le permettons. Ensuite?

— Le troisième cahier descendait des compositeurs aux imprimeurs quand me parvint le deuxième désabonnement.

— Nous vous requérons de lire cette lettre. Nous laisserons tout passer sans interruption.

— Elle est plus courte.

Paris, vendredi 14 décembre 1900

Mon cher Péguy

Je ne veux plus recevoir les *Cahiers de la Quinzaine*, pour les raisons que voici :

1° Je ne crois pas que les romans annoncés constituent une propagande effective.

2° Le ton général des cahiers est, de plus en plus, un ton de dilettantisme. Peu de place est donnée aux questions qui importent; trop de place est donnée à des incidents, à des impressions particulières; et c'est plutôt une espèce de littérature qu'une espèce de propagande.

3° Il est bon de ne pas être aveuglé sur les défauts et les faiblesses de ceux qui se disent appartenir au même parti; mais il n'est pas bon de rappeler avec une persistance implacable des erreurs minimes, et de se taire sur les services incontestables.

4° Dans les premiers numéros, les dissidences qui se sont produites à la Librairie étaient rappelées par des allusions qui n'étaient pas trop disproportionnées avec les faits tels que tu les concevais; même ainsi, elles étaient de médiocre intérêt pour des lecteurs de campagne, pour des instituteurs, pour des professeurs de province. Aujourd'hui tu parais commencer, ou plutôt continuer une polémique de pures personnalités; tes attaques contre Herr dépassent tout ce que, même dans ton imagination, tu peux lui reprocher. Je ne veux m'associer, ni de près ni de loin, à cette œuvre de désorganisation, pour laquelle sont dépensées les cotisations que tu reçois, et que l'on t'offre pour de tout autres combats. Même à l'époque où je ne te donnais pas *tous* les torts, j'étais avec ceux qui organisent le travail contre ceux qui le désorganisent; aujourd'hui tu diminues même la sympathie qui allait à ta personne.

Tout ce que j'espère, c'est que tu ne continueras pas dans cette voie, et que nous te retrouverons avec nous, contre l'ennemi commun, que tu sers aujourd'hui indirectement. Ce JOUR-LA JE SERAI HEUREUX DE TE REVOIR TEL QUE JE CROIS T'AVOIR CONNU.

Vous permettez que je passe la signature?

— Provisoirement nous le permettons.

— Mais il y a un *post-scriptum*.

P. S. Boutroux, que les *catholiques* regardent comme un de leurs meilleurs alliés, ne doit pas être, à aucun degré, le *directeur* de gens comme nous.

Pendant que j'avais lu, Pierre Baudouin mâchonnait les interruptions qu'il m'avait promis qu'il ne ferait pas. Mais quand j'eus fini Pierre Deloire me demanda froidement :

— C'est tout?

— Non. Celui de mes camarades qui fut pendant cinq bonnes années mon ami le plus proche m'a écrit deux lettres qui m'ont fait beaucoup plus de peine.

— Cela s'entend. Nous vous requérons de nous les lire.

— La première est brève :

Toulouse, lundi matin 26 novembre 1900

Mon cher Péguy

— Pour fixer les idées, je maintiens que si tu avais été au comité général pour soutenir Jaurès et le père Longuet, tu eusses dit à haute voix ce que tu sentais; je maintiens qu'il eût mieux valu changer par une intervention active et réelle la scène historique, que de l'idéaliser et de la conserver par une reproduction typique et dramatique. Quoi qu'il en soit, je n'ai pas renoncé.

Je passe le nom. Vous le connaissez. La deuxième lettre est plus longue :

Mardi 4 décembre 1900

Mon cher Péguy

Je me permets de te répéter que l'action me paraît plus urgente que la critique, surtout que l'histoire immédiatement post-contemporaine que tu annonces, pas assez contemporaine pour diriger le mouvement, pas assez éloignée pour être vraiment de l'histoire et pour être *de nouveau* intéressante.

Si tu savais combien l'énorme masse est indifférente à tout cela, surtout l'énorme masse des professeurs, auxquels tu t'adresses, et qui sont, en grande majorité, réactionnaires bourgeois et cléricaux, et dont les 99/100 ne pensent qu'à leur métier, leur gagne-pain, leur avancement. S'il y en a par-ci par-là un qui partage nos idées — ou qui s'en sert — il peut d'abord être pour nous plus gênant qu'utile, et en tout cas ne peut pas faire grand chose, vu qu'il a assez à faire pour n'être pas déplacé par les ennemis ou les défenseurs de la République. Autant que je connais ton public, il n'y a pas beaucoup de tes lecteurs qui ne regrettent pas leurs huit ou leurs vingt francs, qui les intéressent plus que les divisions et les discussions entre socialistes.

D'ailleurs tu es forcé dès maintenant de faire des concessions à ton public : tu te lances bon gré mal gré dans la concurrence, dans la réclame, directement ou par prétérition, volontairement ou non, mais fatalement. En annonçant la sténographie de l'International, tu déprécies commercialement et moralement l'analytique de la maison Bellais; en annonçant du Pressensé et du Duclaux, tu fais concurrence au *Mouvement*. En d'autres termes, ton *Cahier de la Quinzaine* devient à la fois une revue semi-mouvement semi-historique, et une Bibliothèque d'éditions semi-socialiste semi-littéraire. Tu refais en abrégé la tentative de la librairie.

Tu y perds — ou tu y consacres, c'est la même chose — ton temps, tes forces, tu y épuises les forces de tes amis comme Bourgeois, tu y perds ton crédit sur ceux de tes amis qui sont moins immédiats et moins fidèles.

J'ai voulu, bien que je sache combien ce rôle de Cassandre est ingrat, te dire encore ce que beaucoup pensent en moins bonne part que moi. Je crois qu'il est toujours temps de s'arrêter ou de changer de direction. Je te prie de croire d'ailleurs que je ne demande qu'à être faux prophète, et qu'en tout cas je serai toujours ton ami.

La même enveloppe contenait une feuille simple :

Mercredi 5, soir

Mon cher Péguy

Hier matin j'ai écrit d'un jet la lettre ci-jointe; à la réflexion cela ne rend plus tout à fait ma pensée sur certains points. D'autre part je n'y ai pas dit un avis qui me paraît essentiel :

Il me paraît que tu dogmatises trop en ce sens que tu ériges en types des individus souvent très particuliers, et surtout insignifiants. Je crains que cela ne tienne à ce que connaissant bien certains individus en nombre limité, — vivant peu d'autre part en terrain varié soit dans les livres soit dans la société, — tu as tendance à approfondir et à généraliser à la fois. Par exemple je —

Mon ami ajoute ici en marge : tu simplifies et tu aggraves à la fois.

Et au bas de la page : cela va très bien pour Pascal, mais pour d'autres — —

Il continue : Par exemple je connais en province des variétés nombreuses de guesdistes parmi lesquels de très bons, — tel allemaniste pure crapule, — etc., des universitaires de valeur très inégale et très différente de celle qu'on leur attribue à Paris. Je crois que le mieux est d'entrer résolument dans l'action, qui seule dissipe les malentendus.

Maintenant il est entendu que tout cela n'est que précaution, réserve, correction et qu'en discutant avec tel de tes adversaires, je lui dirais bien des choses que tu me répondras sans doute.

Crois-moi ton ami.

— Cette lettre, dit Pierre Deloire, me paraît d'un ami véritable.

— Est-ce tout? demanda Baudouin.

— C'est tout. J'ai un désabonnement sans explication. J'en attends plusieurs, mais de gens que je ne connais pas.

— Eh bien je vous donne à présent ma parole que les cuistres qui liront ce que je veux dire aujourd'hui ne vous écriront pas que nous sommes un *dilettante*.

Je m'aperçus qu'une lente et profonde colère lui était montée. Mais Pierre Deloire intervint froidement :

— Les dix francs, me dit-il, que je te donne chaque mois ne sont pas levés sur mon superflu, mais prélevés sur mon nécessaire. Tu es comptable envers moi. Je suis inversement responsable de toi. Je te requiers formellement de nous faire entièrement et sur pièces la narration des relations que tu as eues, comme gérant des cahiers, avec la *Société Nouvelle de librairie et d'édition*. Commençons par les faits.

— Commencez par les faits, dit Pierre Baudouin. Vous ne m'empêcherez pas de dire aujourd'hui ce que je veux dire aujourd'hui.

— Quand en décembre 1899 je sortis écœuré du congrès de Paris, du premier congrès national, écœuré du mensonge et de l'injustice nouvelle qui s'imposeraient au nom d'un parti nouveau, la résolution me vint, en un coup de révolte spontané, de publier ce que mes amis sentaient, disaient, pensaient, voulaient, croyaient, savaient. C'était une résolution singulièrement audacieuse, puisque toute la puissance de la vieille et de la nouvelle autorité allait me retomber sur les reins, puisque je n'avais pas un sou vaillant, puisque j'étais épuisé, puisque je ne savais pas si j'écrirais ni ce que j'écrirais. Ma finance était épuisée puisque les trois cinquièmes qui m'en sont demeurés étaient immobilisés pour au moins deux ans dans la fondation de la même *Société Nouvelle*. Mes forces étaient épuisées par le travail que j'avais fait *dans le rang* depuis que j'étais devenu socialiste et dreyfusiste. Je ne savais pas comme j'écrirais, parce que depuis vingt mois, tout occupé d'éditer mes camarades et mes amis, j'avais négligé d'écrire, et parce que je n'avais jamais rien écrit qui ressemblât à ce que je voulais écrire. Mais je croyais que mes amis ne m'abandonneraient pas, puisque je ne serais pour ainsi dire que leur manifestation.

Je me présentai sans aucun retard devant le conseil d'administration de la *Société Nouvelle*. Je demandai, simple formalité, que la maison éditât la publication que je préparais. Je m'attendais que cela me fût accordé sans débat. Le sens de cette publication était conforme à la conscience de mes cinq amis et camarades. Je ne demandais à la *Société* que le travail d'administration, que je proposais de payer. Tout le déficit éventuel de l'édition me reviendrait. Je parlais encore et j'indiquais rapidement le plan de l'opération, que les conseillers m'interrompirent. Et au ton de leur interruption j'eus l'impression soudaine et ineffaçable que ces cinq administrateurs n'étaient plus mes camarades et n'étaient pas mes amis. Et non seulement cela, mais ils n'étaient plus les mêmes hommes, les hommes que j'avais connus, que je croyais que je connaissais, que j'avais aimés, que j'avais défendus, que j'avais institués, que j'avais élus d'acclamation, car enfin j'étais présent à cette admirable assemblée générale où vingt et quelques sociétaires avaient élu d'enthousiasme cinq sociétaires pour qu'ils devinssent les administrateurs de la commune *Société*. Mais le seul fait que ces hommes exerçaient une autorité, une autorité anonyme, le cinquième de l'autorité totale dans un monde clos, le seul fait qu'ils étaient un conseil, un comité, qu'ils délibéraient et votaient, qu'ils siégeaient, les avait faits méconnaissables.

L'exécution fut rapide. Ils démentaient leur langage de la veille et leur pensée intime, ils démentaient toute leur action précédente, ils démentaient leur vie. Je devins bête instantanément et me défendis mal. On me demanda ce qu'il y aurait là-dedans, ce que je mettrais dans le premier numéro. Je bafouillai. Vous savez, mes amis, comme il est pénible et gauche d'expliquer d'avance, d'échafauder pour un juge violent et railleur la carcasse des formes prochaines. Léon Blum, très courtoisement, me dit : Péguy, je ne veux pas traiter avec vous la question au fond. Ce que vous préparez me semble inopportun. Vous venez ou trop tard ou trop tôt. — C'était une opinion respectable, fondée ou non, qui demandait une amicale discussion. Simiand intervint, et confondant ses fonctions d'administrateur de la *Société Nouvelle* avec sa situation de critique sociologique il me dit : Je vois ce que c'est : tu veux faire une revue pour les imbéciles. — Dite avec ce sourire mince froid qui rend son auteur si redoutable aux imbéciles que nous sommes, cette indication me coupa le souffle. Je me suis dit depuis, pour me consoler, que sans doute il nommait imbéciles tous les citoyens qui n'ont pas fait de la sociologie, ainsi que l'on m'a dit que les anciens nommaient *stulti* les citoyens qui n'étaient pas philosophes. Mais d'abord ce mot ainsi prononcé me coupa la respiration. Herr m'acheva : Jusqu'ici, me dit-il fortement avec l'assentiment du conseil, nous vous avons trop souvent suivi par amitié dans des aventures qui nous déplaisaient. Maintenant c'est fini. Vous allez contre ce que nous préparons depuis plusieurs années. Vous êtes un anarchiste. — Je lui répondis que ce mot ne m'effrayait pas. — C'est bien cela, vous êtes un anarchiste : *nous marcherons contre vous de toutes nos forces*. Mario Roques a bien voulu m'assurer depuis que Herr était trop bon pour avoir tenu parole, et que sa déclaration de guerre lui avait coûté beaucoup à prononcer. Mais elle me coûta beaucoup plus à recevoir. Je me retirai abruti.

Je rédigeai le premier cahier dans cette angoisse et dans cette amertume. Résolu quand même à travailler pour la maison que j'avais fondée, je lui fis la meilleure place dans ce premier cahier de la première série. J'y rappelai soigneusement *le Prince de Bismarck,* de Charles Andler. J'y rappelai l'*Histoire des Variations de l'État-Major*. J'y annonçai l'édition du « Compte rendu sténographique officiel du Congrès général des Organisations Socialistes Françaises tenu à Paris en Décembre 1899 ». Vous êtes mes anciens abonnés. Vous avez chez vous ce cahier du 5 janvier 1900. Vous avez lu ces rappels studieux et ces annonces. Enfin, et surtout, voulant donner à la maison que j'ai fondée, à un livre que j'ai fait, la quatrième page de ma couverture je la disposai comme suit. Permettez que je la remette exactement sous vos yeux :

En même temps je demandai au conseil à faire en commun des éditions avec la librairie, à peu près comme seront faits en commun plusieurs fois les cahiers indépendants de cette seconde série[1]. On préparait alors la brochure de Gaston Moch sur l'armée de milices. On pouvait en faire un bon cahier. Je demandai que l'édition fût faite à frais communs, brochure pour la librairie et cahier pour les cahiers. Herr me donna cette réponse, recommandée à la poste et copiée au copie de lettres. J'omets les passages privés.

— Provisoirement nous vous permettons de les garder pour vous.

— *Société Nouvelle,* — 17, *rue Cujas,* —

13 janvier 1900

— — Il nous paraît impossible, aujourd'hui que vous êtes résolu à entreprendre une œuvre que nous sommes unanimes à juger mauvaise, de reprendre à l'heure présente une collaboration cordiale et utile. Nous vous demandons donc de reprendre régulièrement votre liberté, et de nous rendre la nôtre.

En conséquence nous vous demandons de nous remettre le dossier des affaires d'édition qui concernent la maison et qui peuvent être restées entre vos mains : nous vous demandons de nous remettre le travail de préparation fait en vue du deuxième volume de Jaurès, dont la publication incombe à la Société; nous vous demandons enfin de faire connaître régulièrement aux imprimeurs et fournisseurs avec lesquels vous avez été en relation au nom de la Société, que les ordres que vous donnerez et les commandes que vous ferez dorénavant n'engagent plus à aucun degré la Société.

— Vous prenait-il donc pour un escroc?

— Taisez-vous, dit Pierre Deloire. Nous devons écouter la lecture des documents.

Quant à la demande que vous nous avez adressée hier, nous estimons qu'il n'est pas possible que des articles déjà publiés dans un journal soient donnés une seconde fois dans un périodique avant leur réunion en brochure, sous peine de rendre la brochure elle-même superflue. Il nous paraît donc que votre proposition ne peut être admise.

A ce propos, et pour que l'indépendance de votre périodique ne fasse doute pour personne, nous vous demandons de ne pas donner à la quatrième page de votre couverture l'aspect que vous lui avez donné dans votre premier numéro, et qui donnerait à penser au public que le périodique est une publication de la Société, ou se publie d'accord avec la Société.

Croyez à tous mes sentiments dévoués.

Pour le Conseil d'administration
Lucien HERR

Quand se tint l'assemblée générale de la *Société,* en janvier, Herr lut au nom du Conseil d'administration un long rapport où j'étais mis en cause non seulement comme employé démissionnaire, mais comme sociétaire infidèle, comme auteur des *cahiers*.

— Nous vous demandons communication de ce rapport.

— Je ne l'ai pas.

— Demandez-le. Vous nous dites que vous y êtes mis en cause. Réclamez-le.

— Je l'ai demandé. On m'a répondu :

Paris, samedi 20 octobre

Mon cher ami,

La partie du rapport de Janvier qui vous concerne occupe quatre pages et demie, qu'il m'est matériellement impossible de copier. Je ne puis davantage songer à faire copier par un employé un document qui est confidentiel, et qui doit le rester. Il va de soi que les rapports lus aux assemblées générales restent toujours à la disposition des sociétaires qui veulent en prendre connaissance, et qu'il sera mis à la vôtre si vous pouvez venir un jour dans la matinée, à un moment où quelqu'un soit là pour vous le remettre.

Je passe un paragraphe personnel et privé.

— Provisoirement nous vous permettons de le passer.

Votre affectueusement dévoué
Lucien HERR

Sur une redemande un peu motivée il me répondit :

Paris, lundi

Mon cher ami,

Je crains de m'être mal exprimé. Vous paraissez croire que je détiens en ma possession privée les documents de la librairie, et qu'ils peuvent subir les mutations du personnel administratif. Toutes les pièces officielles sont et restent régulièrement aux archives de la Société, qui sont, naturellement, confiées à la garde des administrateurs actuels, mais qui ne sont point leur propriété. En cette qualité de pièces officielles des assemblées générales, elles sont, conformément à la loi et aux statuts, tenues constamment à la disposition des sociétaires, et d'eux seuls, c'est-à-dire que les pièces confidentielles ne peuvent être ni communiquées à des tierces personnes, ni publiées. Il va de soi, je vous le répète, que ces documents vous seront donc toujours communiqués selon votre désir, et que vous pourrez prendre copie des parties que vous jugerez bon, mais nous sommes obligés de vous demander l'engagement de ne les communiquer à aucune personne étrangère à la société, ni de les publier.

Votre affectueusement dévoué

Lucien Herr

Le jeudi matin j'allai en conseil expliquer pourquoi je tenais à ce que la communication des pages qui m'intéressaient me fût donnée sans condition ni réserve. L'entretien fut assez cordial, mais le conseil s'en tint à sa première décision. J'ai soumis la question à la prochaine assemblée générale. Ma demande viendra de jeudi en huit, le jeudi matin 10 courant. Voilà pourquoi je ne peux pas vous donner aujourd'hui communication des pages du rapport de janvier où je fus mis en cause.

— Que vous en rappelez-vous?

— Ce rapport n'était pas un réquisitoire implacable, mais un de ces réquisitoires mouillés de tendresse qui écrasent leur homme. L'auteur m'y reprochait d'avoir fondé une revue ayant le caractère et le format du *Mouvement Socialiste*. Je fus imbibé, liquidé. Je ne me défendis pas. Quand l'auteur eut fini sa lecture je répondis textuellement :

— Je ne veux pas dépenser le temps de l'assemblée générale pour un cas individuel. Ceux de vous qui après avoir entendu l'accusation voudront m'entendre en ma défense me trouveront au siège des *cahiers,* 19, rue des Fossés-Saint-Jacques, le lundi et le jeudi, de deux heures à sept heures.

— Y allèrent-ils?

— Quelques-uns, deux ou trois sur une vingtaine et quelques. J'étais si abasourdi que je ne pensai pas à demander la division, qui est de droit. Et comme je voulais approuver le restant du rapport, comme je voulais approuver hautement le travail considérable que les mêmes hommes avaient fait pour la réinstallation de la librairie, je votai *oui* sur l'ensemble du rapport, j'adoptai avec l'immense majorité des sociétaires la partie du rapport qui me maltraitait.

Je répondis à cette accusation en publiant dans le deuxième cahier, à la page trois de la couverture, cet avis :

Nous annonçons ici les publications que nous voulons signaler à nos lecteurs, sans demander aux éditeurs ni leur avis ni leur finance. Aucun éditeur ne peut s'offenser de cette annonce.

La seconde moitié de la troisième page et la quatrième page tout entière annonçaient le *Compte rendu sténographique officiel du Congrès général des Organisations socialistes françaises tenu à Paris du* 3 *au* 8 *décembre* 1899.

Pendant un an je saisis toutes les occasions de faire à la *Société Nouvelle* une utile publicité. Je rappelai sur la couverture du quatrième cahier, *pour mémoire, à tous ceux qui auraient entendu prononcer quelque réquisitoire contre ces cahiers qu'aussi longtemps qu'ils ne m'auront pas entendu en ma défense ils seront dans une situation exactement antidreyfusiste.* Ils ne vinrent pas plus. Sur la couverture du cinquième j'annonçai :

Vient de paraître à la Société Nouvelle de librairie et d'édition, 17, *rue Cujas, Paris : la Question de l'Enseignement secondaire en France et à l'étranger, par Ch.-V. Langlois, un volume de* 140 *pages, petit in-*18, *à* 1 *fr.* 50, *livre que nous aurons sans doute à citer quand nous présenterons les raisons pour et contre la liberté de l'enseignement.*

Vient de paraître à la même librairie : la Réforme militaire, Vive la Milice, par Gaston Moch, ancien capitaine d'artillerie; M. Gaston Moch a réuni et composé les articles qu'il avait donnés à la Petite République; une forte brochure de 64 *pages, in-*8°, *à* 0 *fr.* 30; *pour la propagande,* 50 *exemplaires,* 12 *fr.* 50, *et* 100 *exemplaires,* 20 *francs.*

Les cinquième et sixième cahiers avaient publié la *consultation internationale* ouverte à *la Petite République* sur *l'affaire Dreyfus* et *le cas Millerand.* Un libraire m'en demandait le tirage à part. Je le lui refusai. Je proposai à la *Société Nouvelle* de faire une édition commune avec les cahiers. On en demanda l'autorisation à Dejean. C'était vouloir que l'édition ne se fît pas. Dejean, me dit-on, réclama des droits d'auteur. Les imprimeurs distribuèrent.

Dans le septième cahier, page 53, *tenue du congrès national,* j'annonçais encore le *Compte rendu sténographique officiel* édité par la librairie. Sur la couverture, j'annonçai en bonne place :

Vient de paraître à la Société Nouvelle de librairie et d'édition, 17, *rue Cujas, Paris, le Procès des Assomptionnistes, réquisitoire du Parquet, exposé et réquisitoire du Procureur de la République, compte rendu sténographique partiel des débats, arrêt,* 1 *volume,* 256 *pages, imprimées très denses, in-*16, *pour cinquante centimes.*

Dans le huitième cahier j'annonçai à la dernière page de la couverture :

Demander à la Société Nouvelle de librairie et d'édition, 17, *rue Cujas, Paris, le premier roman de Jérôme et Jean Tharaud : le Coltineur débile, un beau volume in-*18 *jésus de* 116 *pages, pour un franc.*

Demander à la Société Nouvelle de librairie et d'édition, de Marcel et Pierre Baudouin, Jeanne d'Arc, drame en trois pièces, un volume lourd grand in-octavo de 752 *pages très peu denses, pour dix francs.*

— Rassure-toi : on ne l'a pas demandé.

— Tais-toi, dit Pierre Deloire, écoute la lecture des textes.

— J'avais annoncé déjà, et j'ai annoncé plusieurs fois *le Coltineur débile*. Septième cahier, *de la grippe*, je dis au docteur socialiste révolutionnaire moraliste internationaliste :

j'achèterai un petit Sophocle. La première fois —

— Qu'est-il devenu, le docteur socialiste révolutionnaire moraliste internationaliste?

— Je suis sans nouvelles.

— Taisez-vous, dit Pierre Deloire. Écoutons le texte.

— Je lui dis :

j'achèterai un petit Sophocle. La première fois que j'irai à Paris, j'irai en acheter un à la Société Nouvelle de librairie et d'édition, 17, rue Cujas.

Il me demande :

— Pourquoi là, mon ami?

— Pour beaucoup de raisons que je vous donnerai plus tard, docteur, mais surtout parce que cette maison est, à ma connaissance, la première et la seule coopérative de production et de consommation qui travaille à l'industrie et au commerce du livre.

Quand je fis le tirage à part de *la lumière*, je pressentis le seul conseiller d'administration qui m'eût manifesté sa courtoisie. *La lumière* ne pourrait sans doute recevoir l'hospitalité de la librairie.

Au demeurant, vous avez les cahiers de la deuxième série.

— Oui, mais nous vous requérons de nous énoncer les faits de la nouvelle année scolaire.

— *Premier fait.* — Je lus à Coulommiers, où je faisais mes vingt-huit jours, que le congrès socialiste *international* commençait le dimanche matin, jour de ma libération. C'était le vendredi. Je croyais savoir que l'international ne commencerait qu'après que le national serait fini.

J'avais été sans nouvelles pendant mon service et en particulier pendant les manœuvres de Beauce. Un mot à Corcos, fidèle sténographe. Je me débrouillai le samedi pour sauter dans le train. Je joignis Herr par hasard à la librairie. — Prenez-vous la sténographie du Congrès internationale? — Non, ce sera sans doute la confusion des langues. — Aucun ne la prend? — Non. — Alors je la prends. Corcos me joignit à la gare du Luxembourg. Le lendemain la sténographie fonctionnait pour les cahiers, que le président de la séance n'avait pas encore de papier à se mettre sous la main. J'ai la sténographie dans ma corbeille et nous la publierons bientôt.

Or la *Société Nouvelle de librairie et d'édition* avait, comme les cahiers l'ont annoncé plusieurs fois, édité le compte rendu *sténographique officiel* du premier congrès national. Pareillement elle préparait, après entente avec l'ancien *Comité général,* un compte rendu *sténographique officiel* du deuxième congrès national, et un compte rendu *analytique officiel* du congrès international. Ce dernier congrès prit une importance inattendue. Si mes renseignements sont exacts, — et, au cas où ils ne le seraient pas, je souhaite un démenti formel, — si j'en crois mes renseignements, *les délégués de la Société Nouvelle négocièrent et traitèrent avec les délégués du nouveau Comité général en leur laissant ignorer qu'il y avait par le monde une sténographie de ce congrès.* Ils gardèrent ainsi leur monopole de fait. Ils gardèrent l'investiture *officielle* pour un compte rendu *analytique* du Congrès international. Quand les délégués du nouveau Comité général furent avisés, on me dit qu'ils manifestèrent leur mécontentement. On répondit que l'on allait donner le *bon à tirer.* Ainsi nous aurons du Congrès international deux comptes rendus, un compte rendu analytique officiel, et un compte rendu sténographique non officiel.

— C'est cela, dit Pierre Baudouin sourdement, c'est cela qu'ils nomment organiser le travail. C'est là ce qu'ils nomment organiser le travail commun.

— Tais-toi. Écoutons le second fait.

— *Second fait :* un ami commun avait communiqué à M. Herr une liste, ou plutôt les matériaux d'où l'on pouvait extraire une liste assez utile des sociétés qui font en province de la libre pensée ou de l'enseignement laïque. Je la demandai innocemment. M. Herr, inquiet, me la promit sur un ton douteux et peiné. Je voulais ne faire des abonnés éventuels. M. Herr ne m'a pas fait parvenir cette liste.

— C'est donc cela, répéta Pierre Baudouin, qu'ils nomment organiser le travail?

— Taisez-vous, prononça Pierre Deloire, et discutons ces textes et ces faits.

Il avait pris des notes à mesure que j'avais lu. Il y jeta les yeux.

PREMIER CHEF D'ACCUSATION

— Pardon, dit Pierre Baudouin, je demande à savoir qui sont les accusateurs. J'en ai assez des anonymats et des pseudonymats. Je n'en veux plus.

— Il faut pourtant commencer par un bout, répondit Pierre Deloire. Je me suis efforcé de dégager de ce fatras quelques chefs généraux d'accusation. Je commence par le premier :

Péguy est accusé d'avoir accueilli ou mis dans les cahiers de la copie qui ne sert pas à la propagande. Accusé, levez-vous.

— Je n'ai pas envie de plaisanter, dit Pierre Baudouin.

— Moi non plus, dit Pierre Deloire. Je lui commande qu'il se défende.

— Il est trop bête. Je le défendrai. Qu'est-ce qu'ils nomment leur propagande? Croient-ils donc, ces rares génies, que la propagande soit un exercice qui se fasse de cinq à sept. Ils vont à la propagande comme les mauvais catholiques vont à la messe. Les mauvais catholiques vont à la messe le dimanche de dix à douze, avec des âmes apprêtées. Ils savent que c'est la messe. Et du midi de ce dimanche à dix heures de celui de la semaine suivante ils redeviennent ce qu'ils sont. Ainsi nos censeurs font de la propagande. C'est un office. Au contraire les bons catholiques sont catholiques en semaine, et le dimanche ne leur apporte qu'un rafraîchissement de leur foi. Ainsi nous sommes socialistes en semaine et nous ne savons pas quand nous faisons de la propagande. Je ne me suis jamais dit, avant un entretien : *Attention! tu vas faire de la propagande.* Mais je vis en socialiste et je parle uniment en socialiste. Je ne traite jamais personne en propagandable ou propagandisable, je ne suis pas un propagandeur ou propagandiseur ou propagandisateur. Quand je vois venir à moi mon meilleur ami, je ne me dis point : *Comment vais-je faire pour le propagander?* Mais je lui serre la main et je lui dis : *Bonjour mon vieux, comment vas-tu?* parce qu'il eſt mon meilleur ami. Et quand je vois un inconnu je lui dis : *Bonjour monsieur,* et je cherche à savoir comme il eſt, mais je ne cherche pas à savoir comme il eſt pour que je le propagandise. La propagandisation ainsi entendue comme ils veulent qu'on la pratique a toujours conduit à faire massacrer les impropagandisables par leurs anciens amis propagandisés. Voyez ce qu'il advient aux malheureux Chinois. La propagandisation eſt une forme de la conquête. Quand nos amis du Parti ouvrier français, fructueusement alliés aux radicaux, eurent enlevé aux réactionnaires le conseil municipal de Lille, vous vous rappelez sans doute l'enthousiasme avec lequel un journal ami, *la Petite République,* afficha une énorme manchette : *Lille conquise.* Un envahisseur militaire parlerait ainsi. Ou bien la propagandisation eſt une forme de l'acquisition, de l'appropriation. Or nous voulons supprimer la propriété même.

Au fond leur propagande revient à ceci : elle suppose un propagandeur et des propagandables; un propagandeur eſt quelqu'un qui sait; les propagandables, c'eſt tout le monde qui ne sait pas, les *imbéciles,* comme Simiand dit. Celui qui sait enseigne ceux qui ne savent pas. Pour les enseigner il transforme, — sans les déformer, — les réalités. Il masque certains faits, certains hommes, certains événements, certaines idées, certaines images. Il fait valoir certains faits, certains hommes, certains événements, certaines idées, certaines images. Il introduit certains jeux de lumière. Il dispose, propose et compose les plans. Il ordonne les perspectives. Il distribue, produit et contribue les couleurs. Il obtient ainsi un tableau commode. Le peuple voit ce que l'on veut, et ne voit pas ce que l'on ne veut pas. Le peuple entend ce que l'on veut, et n'entend pas ce que l'on ne veut pas qu'il entende.

Ce n'eſt pas ainsi du tout que je me représente l'action modeſte que j'exerce et l'action modeſte que je reçois. Quand je vois quelqu'un, je ne me dis jamais :

Propagandons. Mais je cause honnêtement avec ce quelqu'un. Je lui énonce très sincèrement les faits que je connais, les idées que j'aime. Il m'énonce tout à fait sincèrement les faits qu'il connaît et les idées qu'il aime et qui souvent sont fort différentes. Quand il me quitte j'espère qu'il s'est nourri de moi, de ce que je sais et de ce que je suis. Et moi je me suis toujours nourri de tout le monde, parce que tout le monde a beaucoup plus d'esprit que moi. J'ai pitié souvent quand je vois ces gens de propagande enseigner au peuple ce que le peuple sait mieux qu'eux, ce que le peuple saurait tout à fait si l'on n'avait jamais inventé les journaux. Le peuple sait beaucoup de ce que nous pouvons savoir quand il connaît l'amour, la naissance et la mort, la maladie et la santé, la jalousie envieuse et la haine, la misère et la prospérité, le chaud et le froid, les terres et les eaux, les rues et les bois, les bêtes et les plantes, quand il assiste à l'admirable croissance des enfants, à la décroissance compensatoire des vieux. Pour moi c'est sur les impériales des voitures et dans les *troisième classe* de l'Orléans que j'ai entendu le meilleur de ce que je sais. Et quand je parle avec un homme du peuple, ce qui m'arrive le plus souvent que je le puis, je n'ai aucune intention de le catéchiser. Car au fond leur propagande est une catéchisation, une catéchisation de plus. Je cause uniment avec l'homme du peuple. Je lui parle de son métier, non pour profiter seulement, mais parce que vraiment son métier est plus intéressant, plus profondément vrai que le mien. Je parle de sa vie, qui est plus passionnante que la leur. Je ne suis nullement l'intellectuel qui descend et condescend au peuple. Je suis peuple. Je cause avec l'homme du peuple de pair à compagnon, sans aucune arrière-pensée. Il n'est pas mon élève. Je ne suis pas son maître. Je ne veux pas lui monter le coup. Je communique avec lui. Je travaille avec lui. Mutuellement et solidairement. Nous collaborons. Leur propagande est un montage de coup organisé. Pour la bonne cause, pour la révolution sociale, pour la république socialiste. J'entends bien. Les montages de coup les plus redoutables à l'humanité furent toujours institués pour la bonne cause. Qui n'a pas sur soi sa bonne cause? Abd-ul-Hamid a sa bonne cause pour massacrer les Arméniens. Chamberlain défend en Afrique la bonne cause de la civilisation anglaise. Les alliés internationaux, comme les nommait à peu près Jaurès, ont épouvanté le monde chinois pour la bonne cause de la chrétienté chrétienne et marchande. On ne sait jamais tout ce qui peut sortir de vice et de souffrance d'un montage de coup bien intentionné.

— Assez causé, dit Pierre Deloire.

DEUXIÈME CHEF D'ACCUSATION

Péguy est accusé d'avoir accueilli ou mis dans les cahiers de la copie qui nuit à la propagande. Qu'il s'en défende.

— Il est trop bête. Je le défendrai. *Péguy trahit la République.* Si jeune! Et qu'ont-ils fait pour la République ceux qui l'accusent de trahir la République. Je veux savoir qui c'est.

— Nous examinerons plus tard si nous pouvons le savoir. Mais vous avez adopté la marche du cortège. Repoussez l'accusation en elle-même.

— Je l'ai repoussée, puisque c'est la même. Péguy trahit la République et nuit à la propagande parce qu'un jour il n'a pas voulu recevoir la consigne. Hier il avait raison d'écrire ce qu'il savait et ce qu'il pensait de Guesde. Il a tort aujourd'hui d'écrire ce qu'il sait et ce qu'il pense de Guesde. Demain il aura tort d'écrire ce qu'il sait et ce qu'il pense d'un second et d'un tiers. Hier il épurait. Aujourd'hui, ce matin, il désorganise. Hier il servait. Aujourd'hui, ce matin, il trahit. Un vote menteur a fait ces merveilles. Un vote menteur a fait passer la consigne. La discipline faisant la force principale des armées, il importe que tout inférieur obéisse exactement, sans hésitation ni murmure. Je désobéirai si la justice et la vérité le veut. Je suis réserviste. Si demain matin je recevais ma feuille de route pour aller en Chine, sachant comme je le sais ce que les Internationaux sont allés faire en Chine, je refuserais le service militaire, je déserterais. Je suis réserviste. Si demain matin je recevais ma feuille de route pour aller à Calais, sachant comme je le sais ce que les bourgeois font à nos amis ouvriers, je refuserais le service militaire, je déserterais. Pourquoi dès lors veut-on que dans le civil je reçoive et j'accueille le mot d'ordre et le mot de ralliement. O vanité des consignes anciennes! Quand j'étais à l'école en première année, tu te rappelles, Deloire, les consignes étaient les suivantes, et à ces consignes obsolètes nous avons en leur temps donné tout ce que nous avons eu de foi, de raison, de vouloir et de force. A ces consignes obsolètes nous avons donné le temps de nos études et l'amitié de nos meilleurs amis. Ces consignes étaient que le Sénat n'était qu'un ramassis de crapules réactionnaires et que la Chambre était l'espoir et la fleur de la République. Au nom du suffrage universel, au nom de sa souveraineté, au nom de sa primauté, il fallait balayer les vieux résidus du suffrage restreint. La consigne était qu'il ne fallait pas deux assemblées dans la République. La consigne était que le suffrage universel valait seul et valait tout, que le suffrage restreint ne nous donnait que des tyrans. Il fallait que le suffrage universel fût à un seul degré, le double degré ne pouvant qu'éliminer les meilleurs candidats. La consigne était que M. Léon Bourgeois préparait infailliblement la voie du seigneur socialisme révolutionnaire, moins résolument toutefois que M. Doumer. La consigne était que l'impôt progressif sur le revenu constituait la réforme la plus profonde, immédiatement après laquelle adviendraient les premiers décrets de la Révolution sociale. Et cependant que M. Léon Bourgeois était le précurseur et M. Doumer le sous-saint-Jean-Baptiste, ou l'aide-saint-Jean-Baptiste, la consigne était que M. Trarieux, un sénateur! était la plus réactionnaire des canailles ou le plus canaille des réactionnaires. La Révolution sociale avait un jour demandé que M. Godefroy Cavaignac, un civil, devînt ministre de la guerre. La Révolution sociale avait un intérêt puissant à ce que M. Casimir-Perier ne restât pas à la présidence de la République bourgeoise. Il fallait qu'il s'en allât. Pour qu'il s'en allât il fallait que Gérault fût élu député. Pour que Gérault fût élu dans le treizième il fallait que Rochefort lui donnât l'investiture nationaliste. Jaurès et Millerand allèrent donc à Bruxelles traiter avec le grand polémiste. Donnant donnant. Rochefort donna l'investiture. Les républicains donnèrent l'amnistie, l'ancienne, la deuxième. Gérault fut élu. Félix Faure aussi. Le polémiste rentra. Le président et le polémiste purent chauffer le second boulangisme. Il fallait alors que Rochefort eût de l'esprit et fût non seulement un bon républicain mais un bon révolutionnaire. Il faut à présent qu'il n'ait jamais eu d'esprit et qu'il ait toujours été une immonde canaille. Or M. le marquis de Rochefort avait de l'esprit quand il servait la république sous l'empire, et dès lors il était une spirituelle canaille. Rochefort a longtemps eu de l'esprit sous la république et il était encore en ce temps une spirituelle canaille. Tout le monde savait qu'il était une inépuisable canaille. Jaurès le savait quand il accueillait, au retour de l'exil doré, le virulent polémiste et le fougueux révolutionnaire. Comment veut-on que le bon peuple s'y reconnaisse? Comment veut-on que le peuple s'y reconnaisse? Comment veut-on que moi, peuple, je m'y reconnaisse?

— Un ami que j'ai, dit Pierre Deloire, a bien voulu aller à la Nationale me chercher ces quelques renseignements : L'amnistie fut votée à la Chambre le 28 janvier 1895. Le 29 il y eut dans *la Petite République* un article de Sembat, très raisonnable. Le 31 vote au Sénat. Le premier février, article de Fournière, enthousiaste : « En moins de quinze ans, Paris aura vu Rochefort revenir deux fois d'exil. Son retour en 1880 fut un triomphe. Il en sera de même dimanche. » — Fournière fait des restrictions sur le boulangisme de Rochefort. Puis : « Vraiment, ce retour simultané de Rochefort et de Gérault-Richard est d'un puissant symbolisme que tous comprendront. » — « Jean Grave et Drumont, ces deux démolisseurs, reviennent aussi, et ce retour complète le symbole. Ce que le peuple a voulu en exigeant, en imposant l'amnistie, c'est la liberté de tout dire. » — Le 3 février, portrait de Rochefort, sous le titre *Impressions quotidiennes,* signé Tabarant. On y lit : « On s'est exclamé et fort justement sur l'éternel rajeunissement de cet esprit auquel les imbéciles seuls refusent l'envergure et la solidité. » — Le 3, retour triomphal. Millerand, entouré de ses collaborateurs de *la Petite République,* va recevoir le virulent à la gare. Puis il vient le saluer à *l'Intransigeant.* Jaurès arrive ensuite. Il est en nage. Il présente Gérault-Richard à Rochefort qui lui tend les bras. — C'est à vous que je dois mon retour ici, dit Rochefort. — Oui, citoyen Rochefort; mais moi, je vous dois mon élection. René Viviani est présenté par Jaurès à Rochefort qui l'embrasse. Puis défilent — — — ». Je cite le compte rendu de *la Petite République* datée du 5 février. Jaurès n'a fait que partager la joie générale. Il ne paraît pas avoir dit de bêtises, et n'a rien écrit — dans *la Petite République* du moins — sur le retour du héros.

— Nous a-t-on assez lancés, répondit Pierre Baudouin, sur les libertés municipales de Paris, qui avait droit aux mêmes libertés que la plus petite commune de France. Où en serions-nous si le Paris nationaliste avait les libertés que nous avons réclamées pour le Paris révolutionnaire? Ne croyez pas, mon ami, que je rappelle ces souvenirs — et ces leçons — pour embêter Gérault ou pour faire de la peine à Jaurès. Aujourd'hui moins que jamais il ne faut leur faire de la peine, exposés qu'ils sont à la concurrence déloyale du *Petit Sou,* à la scandaleuse démagogie du scandaleux Edwards. Bouchor disait à un ami que les cahiers étaient tout de même un peu durs pour les malheureux qui se débattent vaillamment et honnêtement parmi les embarras de l'action publique. Ce n'est ni à Gérault, ni à Jaurès que j'en ai beaucoup. Je sais qu'ils sont abonnés aux cahiers, eux et leur entourage, et qu'ils paient, comme tout le monde, leur abonnement ordinaire. Je sais qu'ils n'auraient pas même la mauvaise pensée, comme certains amis de M. Herr l'ont eue et accueillie, de traduire un dissentiment, même intime, en essai de mise en quarantaine et d'affamement économique. J'en ai très exactement à ceux qui, étant devenus ou nés universitaires, fonctionnaires, travailleurs intellectuels ou travailleurs manuels, veulent introduire parmi nous les procédés et la mentalité des politiciens ou des politiques professionnels. J'admets que les politiciens et que les politiques professionnels fassent de la politique. Je ne suis pas un anarchiste professionnel. Je ne me fais pas des rentes en dénonçant au peuple, dans un journal, que les politiciens et que les journalistes se font des rentes en faisant semblant de le servir. —

— Attendez, dit sèchement Pierre Deloire. Faites-vous ici allusion au débat récemment ému entre Jean Grave et Urbain Gohier?

— Laissez-moi tranquille, je ne fais aucune allusion. *La Société mourante et l'anarchie* est le livre qui m'a le plus profondément remué. Mon discours est plein de noms propres. Je hais autant le sectaire prétendu anarchiste que le sectaire véritablement anarchiste. J'admets que certains socialistes fassent provisoirement de l'action politique ainsi que j'admets que certains Français fassent provisoirement de l'exercice militaire. Je dirai toute ma pensée : il me paraît indispensable que certains socialistes révolutionnaires fassent de l'action politique, parce que s'ils n'en faisaient pas toute l'action politique, dont l'effet me semble indéniable, retomberait toute pour écraser la révolution sociale et même la préparation de la révolution sociale. On me répond que la politique est un sale métier. Nous savons qu'il y a dans la société bourgeoise beaucoup de sales métiers, inévitables. Nous avons donc la plus grande et la plus sincère gratitude pour les citoyens qui veulent bien assumer ces métiers sacrifiés. Je le dis sérieusement : j'ai la plus vive et la plus profonde reconnaissance pour les citoyens qui veulent bien faire de la politique. J'ai aussi, comme Français, de la reconnaissance pour les pauvres bougres de soldats et d'officiers, quand ils sont honnêtes et bons citoyens. Mais je ne consens pas qu'il advienne au socialisme révolutionnaire la contamination qui est advenue à la nation française. La nation française avait une armée. Il était inévitable que la nation française eût une armée. Il était inévitable, dans la situation de concurrence internationale bourgeoise indéfiniment surexcitée où l'Europe se crève, il était inévitable que la nation française eût une armée, c'est-à-dire que pendant certaines années certains citoyens fissent leur métier de la préparation technique aux travaux de la guerre. Mais qu'est-il advenu? et c'est ici, vous m'entendez, qu'intervient ce que je nomme la contamination. Les citoyens qui se préparaient aux travaux déplorables de la guerre, au lieu de garder précieusement en eux l'esprit de la cité, se laissèrent contaminer par les passions qui naissent malheureusement de la guerre. Et il n'y eût eu que demi-mal, et contamination partielle. Mais la plupart des citoyens, dans les années où ils ne faisaient pas leur métier de la préparation à la guerre, avaient en eux et gardaient glorieusement les passions misérables belliqueuses. Ou bien ils recevaient la contamination de leurs voisins. Et au lieu d'avoir pour les citoyens militaires une reconnaissance exactement prudente ils se donnèrent ou accueillirent pour les soldats des sentiments d'humilité, de serve imitation, d'aveugle et enthousiaste admiration. Le métier sacrifié devint le métier guide, le métier modèle. Ainsi naquit et se développa ce militarisme envahissant dont vous savez que je suis l'un des adversaires les plus rigoureusement exacts.

Je redoute qu'une semblable contamination ne se soit effectuée dans le socialisme révolutionnaire. Il était indispensable que le socialisme révolutionnaire eût ses politiques professionnels. Dans la situation de concurrence politique bourgeoise indéfiniment surexcitée où crève lentement la nation française, tous les partis politiques bourgeois se fussent payés sur le dos du socialisme révolutionnaire si le socialisme révolutionnaire n'avait pas eu des militaires, comme il convient de nommer nos politiques professionnels. J'ai donc pour nos citoyens politiques une vive et profonde reconnaissance. On ne m'a pas vu leur jeter des tuiles sur la tête pendant qu'ils recevaient les tuiles des démagogues. Je les ai défendus tant que j'ai pu contre les démagogues. Je les défends tant que je peux. Je les défendrai tant que je pourrai. Pendant qu'ils se noyaient ou couraient le danger de se noyer, on n'a pas vu que je faisais mon petit maître d'école de la Fontaine. Je me suis fait de sérieux ennemis parmi leurs ennemis parce que je leur subvenais de toutes mes forces. Quand il y a des élections politiques je fais la campagne électorale et je vote. Quand il y a des élections universitaires je fais la campagne. Si j'étais citoyen actif universitaire, je voterais aussi dans les élections universitaires. Mais là je ne suis qu'un citoyen passif. Dans le petit village de banlieue extrême où je me suis réfugié [1], vous savez que j'ai suivi attentivement la campagne politique inaugurée pour les récentes élections municipales. Vous savez que j'ai voté le premier dimanche et le dimanche de ballottage pour la liste républicaine opposée aux grands bourgeois réactionnaires, aux châtelains et aux grands propriétaires fonciers de l'endroit. Car nous sommes inclus dans l'arrondissement de Marcel Habert, et chez nous les républicains sont unis, parce qu'ils sont impuissants.

Je demande que le socialisme révolutionnaire ne soit pas contaminé par son armée politique ainsi que la nation française fut contaminée par son armée militaire. Je demande que nous ayons pour nos citoyens politiques une reconnaissance exactement prudente et non pas une serve admiration, une humilité d'imitation. Or il suffit de regarder rapidement ce qui advient au socialisme révolutionnaire pour constater un incroyable envahissement de la mentalité politique.

J'ai comparu, moi aussi, devant le Conseil d'administration de la *Société Nouvelle*. Et j'ai participé aux Assemblées générales, simples chambres d'enregistrement qui étaient censées souveraines. C'était un des spectacles et un des événements les plus désolants que je connaisse. Les mêmes hommes administrateurs commettaient des actes qu'ils n'eussent pas imaginés quand ils étaient simples citoyens. La raison d'État, qu'ils avaient combattue trente et quelques mois avec un redoutable acharnement, leur paraissait non pas suffisante, mais opulente pourvu que l'État fût la société commerciale dont ils avaient l'administration. Permettez que je revienne sur les faits.

— Il est temps, dit froidement Pierre Deloire.

— Je me rappellerai toujours comme l'exécution fut brutale et prompte quand tu demandas et proposas au Conseil d'éditer les cahiers, dans des conditions commerciales qui étaient cependant fort avantageuses pour la maison commune. Je me rappellerai toujours, pour l'administration de ma vie, de quel ton Herre vous dit : Nous sommes *unanimes* à penser que vous allez marcher contre tout ce que nous avons fait ensemble. Nous sommes *unanimes* à n'accepter pas cette publication. — Ils étaient unanimes! Et qu'est-ce que cela prouve? Esprits à peu près identiques, ayant la même culture, les mêmes bonnes et les mêmes mauvaises qualités, les mêmes déformations et les mêmes alourdissements, ces cinq administrateurs étaient plus facilement unanimes entre eux que je ne suis unanime avec moi. Quand Herr discute avec Simiand il y a moins de profonde variété, moins de pénible et douloureuse incompatibilité que quand je discute avec moi. C'est dire qu'il y a dans leurs assemblées moins de véritable discussion que quand je m'assemble tout seul. Et ils seraient modestes, et ils n'accableraient personne et ils n'accableraient rien et ils n'écraseraient pas leurs anciens amis de leur commode unanimité s'ils n'avaient accueilli en eux la contamination politique de la puissance attribuée à la quantité numérique. Nous sommes cinq. Nous sommes cinq unanimes. Il eſt évident que nous avons raison. Nous avons raison contre la raison même. La raison n'eſt pas cinq. Et il en était de même aux assemblées générales. Puisque la raison y avait la minorité, la raison y avait tort.

Non pas qu'évitant le gouvernement de la minorité par la majorité je veuille asseoir le gouvernement de la majorité par la minorité. Je ne veux pas réparer une injuſtice par une injuſtice majeure, une lamentable déraison par une lamentable déraison majeure. Je demande que parmi nous, parmi les socialiſtes révolutionnaires agissant entre eux, et travaillant solidairement, on n'introduise pas, venues des assemblées bourgeoises, les présomptions autoritaires de la paresseuse et facile votation. Je demande que l'on ne croie pas que l'on a tout dit quand on a dit : nous sommes *unanimes,* ou bien : *nous sommes en majorité,* ou bien : *nous avons une forte majorité,* ou : *nous avons la majorité des deux tiers*. Nous demandons que ces conſtatations de quantités n'empêchent pas d'écouter scrupuleusement la voix de la raison. Nous demandons que ces conſtatations de quantités n'empêchent pas syſtématiquement d'écouter le bon sens en intelle&t, et le sens droit en morale. J'admets, je demande que le citoyen, certain dimanche, aille voter pour tels ou tels candidats au conseil municipal, au conseil d'arrondissement, au conseil législatif ou national, que nous nommons Chambre des Députés. Mais le citoyen qui, son bulletin mis, rentrant à la maison, dirait à sa femme : *à présent nous allons voter pour savoir si nous ferons ce soir un pot au feu* me semblerait un dangereux maniaque. Pourtant c'eſt là que nous en sommes. La votation parlementaire bourgeoise ne nous a pas seulement contaminés en ce sens que nous en faisons avec eux parmi eux, mais en ce sens beaucoup plus redoutable que nous ne faisons plus que de cela parmi nous avec nous. Chacun pense à *majoriser,* comme on dit, le voisin. L'hiſtoire des trois congrès, les deux nationaux et l'international, n'a été qu'une lamentable hiſtoire parlementaire.

Je pensai que je pourrais placer un mot :

— C'eſt ce que je dirai quand je rendrai compte à mes éle&teurs du mandat qu'ils ont bien voulu me confier pour le premier, le deuxième et le troisième congrès de Paris.

— Tais-toi tu es trop bête. L'histoire des congrès, sans aucune exception, l'histoire de l'ancien comité général, sans aucune exception, l'histoire des groupes élémentaires, des fédérations régionales, départementales ou provinciales, des organisations nationales, sauf exceptions, l'histoire, hélas, du grand parti national, est une lamentable histoire parlementaire. Beaucoup de coopératives et beaucoup de syndicats ont une histoire parlementaire. On n'entend partout parler que de majorité. Cela est incroyable d'un parti révolutionnaire, d'un parti qui ne tient dans le monde qu'un espace extrêmement mineur. Combien y a-t-il dans l'univers de socialistes véritablement socialistes? Moins que jamais. Et n'est-il pas évident que si la loi de majorité régissait le monde nous serions écrasés comme un nouveau-né chinois. Pendant toute l'affaire, les dreyfusards furent en France la minorité infime. Et depuis le commencement de cette affaire principale, plus longue, beaucoup plus vaste et non moins profonde, que nous nommons l'affaire de la Révolution sociale, nous les révolutionnaires nous avons toujours été en minorité infime. Et pour longtemps nous sommes en infimité. Pourquoi dès lors introduire dans nos relations mutuelles comme le seul régulateur cette loi bourgeoise immorale et dérationnelle que les bourgeois eux-mêmes ont soin de ne pas utiliser contre nous jusqu'en sa rigueur extrême.

Pourquoi? Parce que nos censeurs ne sont pas moins contaminés de l'insincérité bourgeoise qu'ils ne sont contaminés de l'autorité bourgeoise. Tout cela se tient. L'autoritaire ment. La seule raison ne ment pas. L'autoritaire est celui qui veut exercer une action plus grande que la raison ne le lui permet, que la raison ne la lui confère. Il veut avoir un effet plus grand qu'il n'est, raisonnablement, une cause. Il veut rompre à son avantage la juste et la raisonnable proportion. Il veut introduire frauduleusement un supplément d'effet dans son action. Quand le censeur vous accuse de trahir la République parce que vous diminuez l'autorité de Herr, de Jaurès ou du troisième *universitaire* auprès de leur public, très exactement le censeur souhaite, espère, désire qu'au moment que le lecteur ouvre son journal sur un article de Herr, de Jaurès, ou du troisième, il y ait, interposée entre l'entendement du lecteur et l'entendement de l'auteur, une certaine quantité de croyance fidèle. Et quand Jaurès monte à la tribune, le censeur veut qu'il y ait, interposée entre l'entendement de l'auditeur et l'entendement de l'orateur, une certaine quantité de croyance fidèlement déférente. Le censeur n'admet pas que le texte imprimé paraisse seul, pauvre et nu au regard du simple citoyen. Le censeur n'admet pas que le discours parvienne seul, pauvre et nu à l'ouïe du simple citoyen. Honte à ces habilleurs ! Nous demandons qu'en ce sens-là il n'y ait parmi nous aucune autorité individuelle, et encore moins une autorité collective. Nous demandons que le peuple accorde une large audience à tous ceux qui lui veulent parler. Mais quand il a entendu l'orateur ou l'auteur, nous demandons que le peuple, s'il y a lieu prononce lui-même selon la raison, sans aucune interférence de fidélité religieuse. Nous sommes de ces singuliers libéraux ou libertaires qui n'admettons aucune autorité. Nous sommes de ces singuliers révolutionnaires qui n'admettons pas l'autorité de la tradition. Nous sommes de ces singuliers libre-penseurs qui n'acceptons aucune Église. Au sens profond des mots, nous n'autorisons aucune congrégation. Que le peuple écoute volontiers tel ou tel en mémoire des auditions précédentes, si elles étaient bonnes, soit. Mais dresser le peuple ou le public à ce qu'un jour lisant un article ou entendant un discours le simple citoyen pense en lui-même : Ce raisonnement me paraît faux, mais j'admets qu'il est juste, puisqu'il est de *monsieur un tel;* — ou bien : Ce sentiment me paraît mauvais, mais il faut bien qu'il soit noble, puisqu'il est d'*un tel, noble citoyen :* que le peuple suive ainsi à la piste, nous ne le voulons pas, Jaurès ne le veut pas, s'il a de faux amis qui le veulent. Nous ne voulons pas qu'entre le texte et l'homme qui lit on glisse l'épaisseur d'une autorité, quand le texte serait de mon meilleur ami.

— Surtout, rectifia Pierre Deloire, si le texte était de mon meilleur ami.

— C'est ce que je voulais dire.

— Il faut dire ce que l'on veut dire.

— Nous demandons instamment que ceux qui aiment l'autorité se reclassent parmi les bourgeois, que ceux qui aiment la tradition se reclassent parmi les conservateurs, que ceux qui aiment la foi se classent à côté des chrétiens. Toutes ces anciennes humanités ne me paraissent nullement méprisables. Mais il est misérable que ceux qui en sont encore, au lieu d'y rester, soient venus faire la loi parmi nous. Ces ralliés ne trahissent pas la République, ils ne remettent pas la République aux mains des réactionnaires, ils ne mettent pas le socialisme aux mains des bourgeois, ils ne mettent pas la révolution aux mains des conservateurs, ni la libre-pensée aux mains des cléricaux, mais ils font ou ils essaient que les mêmes républicains soient réactionnaires, que les mêmes socialistes soient bourgeois, que les mêmes révolutionnaires soient conservateurs, que les mêmes libre-penseurs soient les cléricaux de la libre-pensée. Ils ne trahissent pas la République, ils n'ont aucune République.

Leur propagande supposant le montage de coup, nous voyons qu'elle produit le mensonge et l'injustice. Tout cela se tient. L'autoritaire ment, en ce sens que pour asseoir son autorité il faut qu'il donne au propagandisé une image menteuse du monde. Jamais le monde n'a marché aussi mal qu'aujourd'hui. Les massacres d'Arménie et la digestion de la Finlande[1], les sadismes africains et les sadismes chinois, la condamnation de Rennes et l'alcoolisme français, la guerre de Madagascar et la guerre du Transvaal, tant de guerres et tant d'épouvantes où le socialisme universel n'a rien tenté d'efficace ni d'effectif, sont faits pour donner quelque humilité à la génération que nous sommes, au socialisme que nous sommes. Loin de là : nos chefs s'enrouent à chanter les hymnes et les actions de grâces. Confondant en eux deux fonctions militaires, ils font à la fois la fanfare et le commandement. Quand les corps expéditionnaires de Chine sont partis, on a osé invoquer ce premier essai de confédération européenne. Et quand les chefs sont réunis en congrès, tout se passe comme si le socialisme universel n'avait qu'à dire un mot pour disposer du monde. Montage de coup. Le monde se fout de nous*. La démocratisation et la fausse démocratisation n'ont conduit qu'à donner aux peuples souverains ou fausse-

* Je prie qu'on pardonne à mon ami Pierre Baudouin la violence de cette expression. Il venait d'assister à la représentation du *Danton* et les gros mots lui venaient volontiers.

ment souverains les vices des capitaines. Le peuple français, le peuple anglais, le peuple allemand ont reçu et fomenté des perversités que le sort des âges révolus n'attribuait qu'aux chefs. Les peuples mêmes sont devenus pillards, menteurs, voleurs, assassins, nationalistes et militaristes. Alors pourquoi faire les malins? Nous avons contre nous la lourdeur de l'ignorance et le vice de la perversité de tous les peuples mêmes. Et pourquoi faire les petits bons dieux? Nous avons contre nous le monde même que nous voulons refaire. Sauf de rares exceptions, les passions bourgeoises croissent parmi les peuples mêmes comme elles ne croissaient pas jadis parmi les aristocraties et naguère parmi les bourgeoisies. Pourquoi nous le dissimuler. Quand il faut bâtir un immeuble de dix mètres et que les maçons arrivent au pied du mur, on ne voit pas que l'entrepreneur les assemble et leur annonce : Mes enfants, nous allons bâtir un tout petit mur de deux mètres et demi, — dans l'espoir qu'après que les maçons auront conduit le mur jusqu'à deux mètres et demi une seconde exhortation le leur fera pousser jusqu'à trois mètres et demi, et ainsi de suite. Ainsi nous, quand nous sommes assemblés au pied de la Révolution Sociale, pourquoi nos maîtres et contremaîtres veulent-ils nous faire accroire que c'est une petite affaire, à moitié faite sans qu'on s'en soit aperçu, et que tout se passera en douceur. C'est qu'au lieu de nous traiter comme des ouvriers raisonnables nos chefs nous traitent comme des soldats. Et non pas comme un officier raisonnable peut traiter des soldats raisonnables, mais comme un officier de l'ancienne armée traitait les mauvais soldats : *Allons, encore un coup d'épaule, il n'y a plus que deux kilomètres,* quand on sait qu'il y en a encore six ou huit. Ou bien si on attaque : *Hardi! en avant! ils ont peur! ils vont foutre le camp!* avec le refrain obligé : *il y a la goutte à boire là-haut!* C'est comme ça que les gens finissent par boire la goutte en bas. Nous ne voulons pas boire la goutte. Nous sommes des ouvriers. Nous acceptons, nous demandons que l'on nous guide quand il en est besoin. Nous acceptons, nous demandons des architectes et des ingénieurs, à condition qu'ils nous diront la vérité. Nous ne voulons pas d'entraîneurs. Nous ne sommes ni des chevaux ni des cyclistes. Nous ne faisons pas des courses. Nous voulons faire un travail raisonnable. Nous ne voulons pas de propagandeurs professionnels. Nous n'admettons pas que la propagande ne soit pas la communication pure et simple de la vérité que l'on sait. Ce qui revient à dire que c'est Péguy l'accusé qui fait de la propagande et que ce sont les censeurs qui n'en font pas. Ce sera le premier point de ma défense.

Il s'arrêta pour souffler un peu, parce qu'il était essoufflé.

— Nous en resterons donc au premier point, dit Pierre Deloire, parce que c'est assez causé pour aujourd'hui. Tu as de la chance que je ne sois pas un président de tribunal correctionnel bourgeois. Tu verrais si tu plaiderais ainsi. Tu as un discours singulier. On ne voit pas que tu suis aucun plan. Et cependant je me ferais un scrupule je ne dis pas de supprimer, mais de déranger un mot de ce que tu dis. Mais il importe que l'accusé rende compte enfin de son mandat. Il n'est pas seulement un accusé, il est un délégué. Je demande qu'il ait d'abord la parole comme délégué.

— Je lui cède mon tour, comme on dit dans les assemblées délibérantes, parce que, ce que je veux dire, je le dirai bien. Mais ce que j'ai dit aujourd'hui était indispensable avant de commencer. Mon premier point était en réalité un point préliminaire. Il fallait savoir si le compte rendu que Péguy nous doit sera un compte rendu de fausse propagande sur ce modèle : *Hardi les gars!* ou un compte rendu historique sur ce plan : *J'ai vu ceci et entendu ceci. Alors j'ai fait ceci.*

— Ce sera, dis-je, autant que je le pourrai, un compte rendu historique.

NOUS DEVONS NOUS PRÉPARER...

Quatorzième cahier de la troisième série (22 avril 1902).

Nous devons nous préparer aux élections. Nous prions nos abonnés de vouloir bien nous envoyer les programmes, affiches, circulaires intéressantes qui leur viendraient en mains. Nous en constituerons des dossiers. Nos abonnés sauront choisir, nous renseigner sans nous encombrer.

Il faut se promener, ces semaines-ci, par les rues et par les routes. Il faut lire les affiches. Il faut lire attentivement les journaux. Il faut lire les circulaires. Il faut collectionner les programmes. Il faut même, autant qu'on le peut, assister aux réunions, écouter les boniments. Ce commerce est d'un enseignement formidable.

Quoi que l'on pense et quoi que l'on puisse penser du devoir électoral, en fait il est impossible de nier que l'exercice du suffrage universel en France est devenu, sauf de rares et d'honorables exceptions, un débordement non encore éprouvé, un débordement de vice inouï. Exactement comme le nationalisme barbare, exactement comme l'alcoolisme, exactement comme l'antisémitisme barbare, exactement comme un certain militarisme, comme un certain colonialisme, comme l'africanisme, comme le surmenage industriel, comme la prostitution, comme la syphilis, comme les courses, comme et autant que tous les parlementarismes, le parlementarisme électoral est une maladie.

Toutes spéculations théoriques sur le suffrage universel étant réservées, en effet il est devenu incontestable que l'exercice du suffrage universel en France est devenu, sauf de rares et d'honorables exceptions, un jeu de mensonge, un abus de force, un enseignement de vice, une maladie sociale, un enseignement d'injustice.

Nous étudierons cette maladie aussitôt que nous le

pourrons; et quand nous l'étudierons nous nous apercevrons sans doute qu'elle présente une singulière analogie avec la prostitution. Car s'il est vrai que la prostitution est l'avilissement, la vulgarisation du corps et de l'âme, l'élection au suffrage universel, en particulier l'élection législative est devenue l'avilissement, la vulgarisation de l'esprit et de l'âme, et du corps même, au sens où le regard, la voix, le sourire, la poignée de main, l'attitude, les habits, le système nerveux, et le reste, sont du corps.

Nous étudierons cette maladie aussitôt que nous le pourrons; nous chercherons, nous étudierons les remèdes, s'il y en a. Elle est grave. La prostitution est grave parce qu'elle est l'avilissement de l'amour. La prostitution électorale est grave parce qu'elle est l'avilissement d'une institution qui fut aimée; par des hommes généreux; d'une institution pour qui ont pensé deux siècles de penseurs, pour qui ont travaillé deux siècles d'ouvriers, pour qui ont souffert, pour qui beaucoup d'hommes des générations précédentes sont morts. La prostitution électorale est au fond l'avilissement d'un grand amour humain.

La prostitution électorale est vraiment l'avilissement d'un ancien grand amour. Quand nous lisons dans les journaux les rares nouvelles que nous recevons de la Russie, les nouvelles répétées que nous recevons de Belgique, nous mesurons de quel amour, de quel effort nos pères nous ont conquis, acquis le bien que nous avons prostitué. Aujourd'hui encore des hommes pensent, travaillent, souffrent, meurent, comme nos pères sont morts, pour obtenir ce qu'ils croient être la liberté du suffrage; et nous qui avons ce bien, nous en avons fait une ignominieuse ripaille.

Quand nous assistons à l'immense effort de nos voisins, de nos amis, les uns pour avoir le suffrage universel même, les autres pour avoir un commencement de Parlement, de régime constitutionnel, nous mesurons d'un regard l'immense effort accompli par nos pères, nous mesurons ce que vaut deux siècles d'un grand peuple, et nous mesurons d'autant l'ignominie où nous sommes tombés.

Nous mesurons ce que c'est que deux siècles de la vie d'un grand peuple dans l'histoire de l'humanité; du premier peuple vraiment, de celui qui a marché le premier et le plus avant dans l'institution de la démocratie. Nous mesurons d'autant la faillite, la banqueroute immense que nous avons faite. Et que le monde a faite avec nous, car l'usage de la démocratie n'a pas donné en Amérique, en Angleterre, des résultats moins lamentables que ceux qu'il a donnés en France. Et quand nous voyons dans les journaux que tant de Russes, que tant de Belges combattent, meurent, nous nous demandons avec anxiété s'ils vivent et meurent pour qu'un jour dans leur pays un nouveau genre de vice déborde.

Faut-il croire que par une loi de fatalité, religieuse ou métaphysique, tout effort humain est damné? Faut-il croire que tous les biens de ce monde, bons à prendre, sont mauvais à garder. Faut-il croire que toute acquisition est bonne et que toute conservation est mauvaise? Tout cela n'est-il qu'un immense divertissement?

Quand je m'y suis mis quelquefois, à considérer les diverses agitations des hommes, et les périls et les peines où ils s'exposent, dans la cour, dans la guerre, d'où naissent tant de querelles, de passions, d'entreprises hardies et souvent mauvaises, etc., j'ai découvert que tout le malheur des hommes vient d'une seule chose, qui est de ne savoir pas demeurer en repos, dans une chambre. Un homme qui a assez de bien pour vivre, s'il savait demeurer chez soi avec plaisir, n'en sortirait pas pour aller sur la mer ou au siège d'une place. On n'achètera une charge à l'armée si cher, que parce qu'on trouverait insupportable de ne bouger de la ville; et on ne recherche les conversations et les divertissements des jeux que parce qu'on ne peut demeurer chez soi avec plaisir.

Mais quand j'ai pensé de plus près, et qu'après avoir trouvé la cause de tous nos malheurs, j'ai voulu en découvrir la raison, j'ai trouvé qu'il y en a une bien effective, qui consiste dans le malheur naturel de notre condition faible et mortelle, et si misérable, que rien ne peut nous consoler, lorsque nous y pensons de près.

Quelque condition qu'on se figure, si l'on assemble tous les biens qui peuvent nous appartenir, la royauté est le plus beau poste du monde, et cependant qu'on s'en imagine, accompagné de toutes les satisfactions qui peuvent le toucher, s'il est sans divertissement, et qu'on le laisse considérer et faire réflexion sur ce qu'il est, cette félicité languissante ne le soutiendra point, il tombera par nécessité dans les vues qui le menacent, des révoltes qui peuvent arriver, et enfin de la mort et des maladies qui sont inévitables; de sorte que, s'il est sans ce qu'on appelle divertissement, le voilà malheureux, et plus malheureux que le moindre de ses sujets, qui joue et se divertit.

De là vient que le jeu et la conversation des femmes, la guerre, les grands emplois sont si recherchés. Ce n'est pas qu'il y ait en effet du bonheur, ni qu'on s'imagine que la vraie béatitude soit d'avoir l'argent qu'on peut gagner au jeu, ou dans le lièvre qu'on court : on n'en voudrait pas s'il était offert. Ce n'est pas cet usage mol et paisible, et qui nous laisse penser à notre malheureuse condition, qu'on recherche, ni les dangers de la guerre, ni la peine des emplois, mais c'est le tracas qui nous détourne d'y penser et nous divertit.

Raisons pourquoi on aime mieux la chasse que la prise.

De là vient que les hommes aiment tant le bruit et le remuement, de là vient que la prison est un supplice si horrible; de là vient que le plaisir de la solitude est une chose incompréhensible. Et c'est enfin le plus grand sujet de félicité de la condition des rois, de [ce] *qu'on essaie sans cesse à les divertir et à leur procurer toutes sortes de plaisirs.*

Ces vieilles paroles reçoivent une extension prodigieuse, aujourd'hui que tant de penseurs ont annoncé, que tant d'ouvriers ont préparé, que tant de soldats ont installé, que tant de poètes ont chanté, que tant d'historiens ont conté la démocratie, le peuple souverain, le peuple roi.

Le peuple est environné de gens —

Le roi est environné de gens qui ne pensent qu'à divertir le roi, et l'empêcher de penser à lui. Car il est malheureux, tout roi qu'il est, s'il y pense.

Voilà tout ce que les hommes ont pu inventer pour se rendre heureux. Et ceux qui font sur cela les philosophes, et qui croient que le monde est bien peu raisonnable de passer tout le jour à courir après un lièvre qu'ils ne voudraient pas avoir acheté, ne connaissent guère notre nature. Ce lièvre ne nous garantirait pas de la vue de la mort et des misères, mais la chasse qui nous en détourne nous en garantit.

Le conseil qu'on donnait à Pyrrhus, de prendre le repos qu'il allait chercher par tant de fatigues, recevait bien des difficultés.

[*Dire à un homme qu'il vive en repos, c'est lui dire qu'il vive heureux; c'est lui conseiller d'avoir une condition tout heureuse et laquelle il puisse considérer à loisir, sans y trouver sujet d'affliction. Ce n'est donc pas entendre la nature.*

Aussi les hommes qui sentent naturellement leur condition

n'évitent rien tant que le repos, il n'y a rien qu'ils ne fassent pour chercher le trouble. Ce n'est pas qu'ils n'aient un instinct qui leur fait connaître la vraie béatitude...

Ainsi on se prend mal pour les blâmer; leur faute n'est pas en ce qu'ils cherchent le tumulte, s'ils ne le cherchaient que comme un divertissement; mais le mal est qu'ils le recherchent comme si la possession des choses qu'ils recherchent les devait rendre véritablement heureux, et c'est en quoi on a raison d'accuser leur recherche de vanité; de sorte qu'en tout cela et ceux qui blâment et ceux qui sont blâmés n'entendent la véritable nature de l'homme.]

Et ainsi quand on leur reproche que ce qu'ils recherchent avec tant d'ardeur ne saurait les satisfaire, s'ils répondaient, comme ils devraient le faire s'ils y pensaient bien, qu'ils ne recherchent en cela qu'une occupation violente et impétueuse qui les détourne de penser à soi, et que c'est pour cela qu'ils se proposent un objet attirant qui les charme et les attire avec ardeur, ils laisseraient leurs adversaires sans repartie. Mais ils ne répondent pas cela, parce qu'ils ne se connaissent pas eux-mêmes. Ils ne savent pas que ce n'est que la chasse, et non pas la prise, qu'ils recherchent.

(La danse : il faut bien penser où l'on mettra ses pieds. — Le gentilhomme croit sincèrement que la chasse est un plaisir grand et un plaisir royal; mais le piqueur n'est pas de ce sentiment-là.)

Ils s'imaginent que, s'ils avaient obtenu cette charge, ils se reposeraient ensuite avec plaisir, et ne sentent pas la nature insatiable de leur cupidité. Ils croient chercher sincèrement le repos, et ne cherchent en effet que l'agitation.

Ils ont un instinct secret qui les porte à chercher le divertissement et l'occupation au dehors, qui vient du ressentiment de leurs misères continuelles; et ils ont un autre instinct secret, qui reste de la grandeur de notre première nature, qui leur fait connaître que le bonheur n'est en effet que dans le repos et non pas dans le tumulte; et de ces deux instincts contraires, il se forme en eux un projet confus, qui se cache à leur vue dans le fond de leur âme, qui les porte à tendre au repos par l'agitation, et à se figurer toujours que la satisfaction qu'ils n'ont point leur arrivera, si, en surmontant quelques difficultés qu'ils envisagent, ils peuvent s'ouvrir par là la porte au repos.

Ainsi s'écoule toute la vie. On cherche le repos en combattant quelques obstacles; et si on les a surmontés, le repos devient insupportable. Car, ou l'on pense aux misères qu'on a, ou à celles qui nous menacent. Et quand on se verrait même assez à l'abri de toutes parts, l'ennui, de son autorité privée, ne laisserait pas de sortir au fond du cœur, où il a des racines naturelles, et de remplir l'esprit de son venin.

Ainsi l'homme est si malheureux, qu'il s'ennuierait même sans aucune cause d'ennui, par l'état propre de sa complexion; et il est si vain, qu'étant plein de mille causes essentielles d'ennui, la moindre chose, comme un billard et une balle qu'il pousse, suffit pour le divertir.

Mais, direz-vous, quel objet a-t-il en tout cela? Celui de se vanter demain entre ses amis de ce qu'il a mieux joué qu'un autre. Ainsi les autres suent dans leur cabinet pour montrer aux savants qu'ils ont résolu une question d'algèbre qu'on n'aurait pu trouver jusques ici; et tant d'autres s'exposent aux derniers périls pour se vanter ensuite d'une place qu'ils auront prise, et aussi sottement, à mon gré; et enfin les autres se tuent pour remarquer toutes ces choses, non pas pour en devenir plus sages, mais seulement pour montrer qu'ils les savent, et ceux-là sont les plus sots de la bande, puisqu'ils le sont avec connaissance, au lieu qu'on peut penser des autres qu'ils ne le seraient plus, s'ils avaient cette connaissance.

Tel homme passe sa vie sans ennui, en jouant tous les jours peu de chose. Donnez-lui tous les matins l'argent qu'il peut gagner chaque jour, à la charge qu'il ne joue point : vous le rendez malheureux. On dira peut-être que c'est qu'il cherche l'amusement du jeu, et non pas le gain. Faites-le donc jouer pour rien, il ne s'y échauffera pas et s'y ennuiera. Ce n'est donc pas l'amusement seul qu'il recherche : un amusement languissant et sans passion l'ennuiera. Il faut qu'il s'y échauffe et qu'il se pipe lui-même, en s'imaginant qu'il serait heureux de gagner ce qu'il ne voudrait pas qu'on lui donnât à condition de ne point jouer, afin qu'il se forme un sujet de passion, et qu'il excite sur cela son désir, sa colère, sa crainte, pour l'objet qu'il s'est formé, comme les enfants qui s'effrayent du visage qu'ils ont barbouillé.

D'où vient que cet homme, qui a perdu depuis peu de mois son fils unique, et qui, accablé de procès et de querelles, était ce matin si troublé, n'y pense plus maintenant? Ne vous en étonnez pas. Il est tout occupé à voir par où passera ce sanglier que les chiens poursuivent avec tant d'ardeur depuis six heures. Il n'en faut pas davantage. L'homme, quelque plein de tristesse qu'il soit, si on peut gagner sur lui de le faire entrer en quelque divertissement, le voilà heureux pendant ce temps-là; et l'homme quelque heureux qu'il soit, s'il n'eſt diverti et occupé par quelque passion ou quelque amusement qui empêche l'ennui de se répandre, sera bientôt chagrin et malheureux. Sans divertissement il n'y a point de joie, avec le divertissement il n'y a point de triſtesse. Et c'eſt aussi ce qui forme le bonheur des personnes de grande condition, qu'ils ont un nombre de personnes qui les divertissent, et qu'ils ont le pouvoir de se maintenir en cet état.

Prenez-y garde. Qu'eſt-ce autre chose d'être surintendant, chancelier, premier président, sinon d'être en une condition où l'on a dès le matin un grand nombre de gens qui viennent de tous côtés pour ne leur laisser pas une heure en la journée où ils puissent penser à eux-mêmes? Et quand ils sont dans la disgrâce et qu'on les renvoie à leurs maisons des champs, où ils ne manquent ni de biens, ni de domeſtiques pour les assiſter dans leurs besoins, ils ne laissent pas d'être misérables et abandonnés, parce que personne ne les empêche de songer à eux.

[*Cet homme si affligé de la mort de sa femme et de son fils unique, qui a cette grande querelle qui le tourmente, d'où vient qu'à ce moment il n'eſt pas triſte, et qu'on le voit si exempt de toutes ces pensées pénibles et inquiétantes? Il ne faut pas s'en étonner; on vient de lui servir une balle, et il faut qu'il la rejette à son compagnon, il eſt occupé à la prendre à la chute du toit, pour gagner une chasse; comment voulez-vous qu'il pense à ses affaires, ayant cette autre affaire à manier? Voilà un soin digne d'occuper cette grande âme, et de lui ôter toute autre pensée de l'eſprit. Cet homme, né pour connaître l'univers, pour juger de toutes choses, pour régir tout un État, le voilà occupé et tout rempli du soin de prendre un lièvre. Et s'il ne s'abaisse à cela et veuille toujours être tendu, il n'en sera que plus sot, parce qu'il voudra s'élever au-dessus de l'humanité, et il n'eſt qu'un homme, au bout du compte, c'eſt-à-dire capable de peu et de beaucoup, de tout et de rien : il eſt ni ange, ni bête, mais homme.*]

Les hommes s'occupent à suivre une balle et un lièvre; c'eſt le plaisir même des rois.

Ces vieilles paroles reçoivent une anticipation prodigieuse.

La dignité royale n'eſt-elle pas assez grande d'elle-même pour celui qui la possède, pour le rendre heureux par la seule vue de ce qu'il est? Faudra-t-il le divertir de cette pensée, comme les gens du commun? Je vois bien que c'est rendre un homme heureux, de le divertir de la vue de ses misères domestiques pour remplir toutes ses pensées du soin de bien danser. Mais en sera-t-il de même d'un roi, et sera-t-il plus heureux en s'attachant à ces vains amusements qu'à la vue de sa grandeur? Et quel objet plus satisfaisant pourrait-on donner à son esprit? Ne serait-ce donc pas faire tort à sa joie, d'occuper son âme à penser à ajuster ses pas à la cadence d'un air, ou à placer adroitement une [balle], au lieu de le laisser jouir en repos de la contemplation de la gloire majestueuse qui l'environne? Qu'on en fasse l'épreuve : qu'on laisse un roi tout seul, sans aucune satisfaction des sens, sans aucun soin dans l'esprit, sans compagnie, penser à lui tout à loisir; et l'on verra qu'un roi sans divertissement est un homme plein de misères. Aussi on évite cela soigneusement, et il ne manque jamais d'y avoir auprès des personnes des rois un grand nombre de gens qui veillent à faire succéder le divertissement à leurs affaires, et qui observent tout le temps de leur loisir pour leur fournir des plaisirs et des jeux, en sorte qu'il n'y ait point de vide; c'est-à-dire qu'ils sont environnés de personnes qui ont un soin merveilleux de prendre garde que le roi ne soit seul et en état de penser à soi, sachant bien qu'il sera misérable, tout roi qu'il est, s'il y pense.

Qu'on remplace roi par peuple; si le roi aime la chasse, la foule aime les courses.

Je ne parle point en tout cela des rois chrétiens comme chrétiens, mais seulement comme rois.

Qu'on remplace rois chrétiens par peuple républicain.

On charge les hommes, dès l'enfance, du soin de leur honneur, de leur bien, de leurs amis, et encore du bien et de l'honneur de leurs amis. On les accable d'affaires, de l'apprentissage des langues et d'exercices, et on leur fait entendre qu'ils ne sauraient être heureux sans que leur santé, leur honneur, leur fortune et celle de leurs amis soient en bon état, et qu'une seule chose qui manque les rendrait malheureux. Ainsi on leur donne des charges et des affaires qui les font tracasser dès la pointe du jour. — Voilà, direz-vous, une étrange manière de les rendre heureux! Que pourrait-on faire de mieux pour les rendre malheureux? — Comment! ce qu'on pourrait faire? Il ne fau-

drait que leur ôter tous ces soins; car alors ils se verraient, ils penseraient à ce qu'ils sont, d'où ils viennent, où ils vont; et ainsi on ne peut trop les occuper et les détourner. Et c'est pourquoi, après leur avoir tant préparé d'affaires, s'ils ont quelque temps de relâche, on leur conseille de l'employer à se divertir, à jouer, et à s'occuper toujours tout entiers.

Que le cœur de l'homme est creux et plein d'ordure!

Qui ne voit pas la vanité du monde est bien vain lui-même. Aussi qui ne la voit, excepté de jeunes gens qui sont tous dans le bruit, dans le divertissement, et dans la pensée de l'avenir? Mais, ôtez leur divertissement, vous les verrez se sécher d'ennui; ils sentent alors leur néant sans le connaître : car c'est bien être malheureux que d'être dans une tristesse insupportable, aussitôt qu'on est réduit à se considérer, et à n'en être point diverti.

In omnibus requiem quæsivi. *Si notre condition était véritablement heureuse, il ne nous faudrait pas divertir d'y penser pour nous rendre heureux.*

La mort est plus aisée à supporter sans y penser, que la pensée de la mort sans péril.

Les misères de la vie humaine ont fondé tout cela : comme ils ont vu cela, ils ont pris le divertissement.

Les hommes n'ayant pu guérir la mort, la misère, l'ignorance, ils se sont avisés, pour se rendre heureux, de n'y point penser.

Nonobstant ces misères, il veut être heureux, et ne veut être qu'heureux, et ne peut ne vouloir pas l'être; mais comment s'y prendra-t-il? Il faudrait, pour bien faire, qu'il se rendît immortel; mais, ne le pouvant, il s'est avisé de s'empêcher d'y penser.

Si l'homme était heureux, il le serait d'autant plus qu'il serait moins diverti, comme les saints et Dieu. — Oui; mais n'est-ce pas être heureux, que de pouvoir être réjoui par le divertissement? — Non; car il vient d'ailleurs et de dehors; et ainsi il est dépendant, et partant, sujet à être troublé par mille accidents, qui font les afflictions inévitables.

La seule chose qui nous console de nos misères est le divertissement, et cependant c'est la plus grande de nos misères. Car c'est cela qui nous empêche principalement de songer à nous, et qui nous fait perdre insensiblement. Sans cela, nous serions dans l'ennui, et cet ennui nous porterait à chercher un moyen plus solide d'en sortir. Mais le divertissement nous amuse, et nous fait arriver insensiblement à la mort.

La nature nous rendant toujours malheureux en tous états, nos désirs nous figurent un état heureux, parce qu'ils joignent à l'état où nous sommes les plaisirs de l'état où nous ne sommes pas; et, quand nous arriverions à ces plaisirs, nous ne serions pas heureux pour cela, parce que nous aurions d'autres désirs conformes à ce nouvel état.

LES ÉLECTIONS

Seizième cahier de la troisième série (24 mai 1902).

Nous publierons en un cahier avant la fin de la troisième série ou tout au commencement de la quatrième le recensement officiel des élections législatives. Nous y joindrons un recensement officieux des qualifications électorales. Nos anciens abonnés savent et nous prions nos nouveaux abonnés de vouloir bien noter que nos cahiers sont avant tout des cahiers d'enregistrement. Il sera utile pendant les quatre ou les six ans qui viennent de consulter, en un format commode, les nombres et les noms, vérifiés, que nous avons lus depuis deux mois dans les journaux. M. Charles Guieysse a bien voulu établir ce cahier [1].

Quelques-uns de nos abonnés se sont émus, amicalement, de ce que nous avons publié dans le quatorzième cahier de la troisième série, au commencement du cahier. Si l'on veut bien relire mon texte, on reconnaîtra que cette inquiétude n'est pas fondée. On m'oppose quelques élections dont la campagne était honorable. Aussi ai-je mis : *sauf de rares et d'honorables exceptions.* Je sais par exemple que la campagne électorale de Jaurès à Carmaux fut honorable. On m'oppose que, le suffrage universel étant comme il est, on doit tout de même s'en servir, puisque nous n'avons rien de mieux. Aussi ai-je mis : *Quoi que l'on pense et quoi que l'on puisse penser du devoir électoral,* et *Toutes spéculations théoriques sur le suffrage universel étant réservées.* Dans la quatrième série nous traiterons et nous causerons du devoir électoral, et de la théorie électorale [2], et nous reviendrons sur le fait électoral; dans le quatorzième cahier de la troisième série je ne pouvais que ramasser une impression de fait profonde. Que cette impression fût ou non justifiée, nous l'examinerons aussitôt que nous en aurons le loisir; nous l'examinerons quelque peu dès aujourd'hui sur les quelques documents que nous pourrons reproduire parmi tant de documents.

Les élections ont prouvé que la poussée nationaliste est beaucoup plus compacte, beaucoup plus dense, beaucoup plus serrée, beaucoup plus carrée qu'on ne s'y attendait. Les querelles individuelles des principaux antisémites et des principaux nationalistes ne peuvent nous masquer le danger antisémite et nationaliste. Au contraire si les partis nationalistes, aussi mal conduits par des chefs rivaux, ont obtenu pourtant les résultats que nous connaissons, qui ne voit qu'il faut que ces partis aient à leur service des passions compactes dans des masses compactes. On ne fabrique pas par stratagème, artifice, des mouvements aussi étendus, aussi profonds, aussi durables.

On me dit : « Les élections sont bonnes, parce qu'on pouvait redouter bien pire que ce qui est arrivé. » Je réponds que rien ne prouve autant la gravité du mal que cette consolation.

D'abord c'est un symptôme grave pour la santé de la République et pour la santé du pays que la répétition décennale des mêmes crises. Quand même les crises n'iraient pas s'aggravant, quand même elles resteraient égales, ce serait un symptôme évidemment grave que leur simple répétition. Pour qu'il y eût amélioration de l'état général, de la santé, il ne suffirait pas que les crises périodiques ne fussent pas en augmentation; il faudrait qu'elles fussent en diminution. Quand même elles resteraient égales, par cela seul qu'elles recommencent, il y aurait déperdition de la santé, aggravation de l'état général. Un qui a la fièvre quarte, premièrement on ne dit pas qu'il a une bonne santé sous prétexte qu'il va bien trois jours sur quatre, secondement on sait qu'il va plus mal dès que les crises recommencent régulièrement aussi fortes. Les forces d'un homme et d'un pays sont des forces limitées.

Nous devons nous demander, mutations faites, si les crises nationalistes et réactionnaires ne se comporteront pas envers la République ainsi que les États Généraux se sont comportés envers l'ancien régime. Au lycée nous avons tous entendu ou fait la leçon sur les États Généraux. C'était la dernière invention du genre. On prend successivement les États Généraux successifs : 1302, Philippe le Bel, Tours 1308, 1313, 1317, Paris 1355, 1356, 1357, 1359, Jean II dit le Bon, Charles V, Charles VII, 1420, Chinon 1428, Orléans 1439, Tours 1468, Tours 1484, Louis XI, Tours 1506, Orléans 1560, Poissy, Pontoise 1561, Blois Henri III 1576, Blois Henri III 1588, la Ligue Paris 1593, Paris Louis XIII 1614, Robert Miron, Jean Savaron, Henri de Mesme, Louis XVI Versailles 5 mai 1789; on étudie sur pièces, naturellement, et l'on s'aperçoit que tous ces États Généraux avaient la même institution, les mêmes événements, les mêmes accidents, les mêmes caractères, les mêmes résultats. Quand la leçon était mal faite, on apercevait clairement l'incontestable filiation de ces manifestations et de ces actions successives. Mais quand la leçon était bien faite, les différents États Généraux se ressemblaient tant qu'on ne voyait plus du tout pourquoi ça n'avait pas continué dans les siècles des siècles. Et pourtant il faut croire que des éléments nouveaux intervenaient peu à peu dans ces répétitions homologues; il faut croire que tout ne revient pas toujours au même, et qu'il y avait le 5 mai 1789 quelque chose qu'il n'y avait pas en 1302, puisque depuis le 5 mai 1789 on n'a jamais vu aucun roi de France ouvrir solennellement les États Généraux des trois ordres.

Pareillement on nous fait une leçon bien faite sur les crises nationalistes et réactionnaires qui assaillent périodiquement la troisième République. Mais ce qui m'inquiète, c'est justement qu'il faille nous faire une leçon. Le Seize-Mai, nous dit-on, le boulangisme et le nationalisme sont également inoffensifs parce que nous les battons régulièrement tous les dix ans. — Non, ils sont de plus en plus dangereux parce que nous avons à les battre périodiquement tous les dix ans. A force d'avoir des crises parfaitement régulières, il finira par y avoir une crise qui ne ressemblera pas aux autres, et qui emporterait la République. Ainsi procèdent les volcans et les tremblements de terre.

Ce qui revient à dire, et nous y parvenons ainsi par une première voie, que si nous employons aussi mal et aussi peu le décennat qui vient que le décennat qui s'en est allé, nous serons de grands insensés devant le pays et de grands coupables.

Par l'effort des antiministériels, et surtout des nationalistes, la bataille a fini par se livrer à peu près partout entre les ministériels et les antiministériels. Ainsi engagée, elle s'est terminée par un certain agrandissement des ministériels et un certain amoindrissement des antiministériels. Un classement ainsi obtenu a d'ailleurs un sens politique marqué. Mais ces résultats grossiers ne sont pas tout.

Disons-le hautement : ce qu'il y a de bon dans les deux scrutins n'a qu'un pouvoir suspensif, et ce qu'il y a de mauvais dans ces mêmes scrutins a le pouvoir d'une indication. Ce qu'il y a de mauvais dans le scrutin, les voix antiministérielles, antirépublicaines, représentent vraiment ce qu'elles indiquent, des mécontentements, des insanités, des colères, des intérêts, des espérances prêtes; les voix antiministérielles représentent vraiment des gens qui en ont assez de ce ministère; les voix antirépublicaines représentent vraiment des gens qui en ont assez de cette république; elles représentent vraiment des gens qui sont contre nous; elles ont donc leur plein pouvoir de représentation; elles ont le pouvoir d'une indication même sur l'avenir de ces sentiments, de ces intérêts, et de ces passions.

Au contraire ce qu'il y a de bon dans les deux scrutins, les voix ministérielles et républicaines, les voix de gauche, n'a que le pouvoir d'une suspension. Elles ne représentent pas des gens qui sont contents de ce ministère, contents de cette république. Elles ne représentent pas des gens qui sont pour nous. Elles signifient que ce pays nous accorde, accorde à la république, à la politique, à l'action républicaine un crédit beaucoup plus grand que celui que nous avons mérité. Elles signifient que ce pays a un fonds non encore épuisé de confiance et de résignation, de calme et de sagesse, de patience, d'endurance, et qu'il accorde à nos promesses un crédit que nos actes n'ont pas réussi à beaucoup décourager. Dans les voix ministérielles un contingent, de beaucoup le plus considérable, a été fourni par l'immense parti de la conservation.

Nous bénéficions encore aujourd'hui de l'immense effort accompli par nos pères pour l'invention, pour la propagande et pour l'établissement de la République. Cet effort est encore assez près de nous pour que le peuple en ait gardé la mémoire profonde, mais de plus en plus obscure. Ainsi le peuple n'a plus la mémoire de la révolution républicaine assez claire, assez présente pour la continuer en une révolution sociale. Mais il en a gardé la mémoire assez profonde pour se rappeler que ça coûte cher, que ça devait être bien, il faut dès lors conserver les résultats ; le peuple est devenu sinon conservateur de la révolution au moins conservateur des résultats de la révolution ; et en ce sens nous devons à l'instinct de la conservation cette constance populaire qui provisoirement sauvegarde les résultats et l'espoir de la révolution. Vraiment il s'agit là d'un crédit, dont nous ne pouvons ni mesurer la profondeur ni prévoir l'administration. Si donc pendant les quatre ou les six ans qui viennent les partis républicains recommencent les bafouillages politiques de ces dernières années, ils auront lieu de redouter le réveil de ce peuple et son retournement.

Les élections ont été particulièrement lâches à l'endroit de ce qui les commandait profondément, l'affaire Dreyfus. Les lâchetés de 1898 ont recommencé, aggravées par l'éloignement ; la répétition, l'habitude ; la gratuité. Ainsi les élections de 1902 furent un nouveau pas dans la voie de l'amnistie et dans la décomposition du dreyfusisme en France. Mais puisque *le Mouvement* a bien voulu citer ma *décomposition du dreyfusisme en France* à fin de m'embêter ou d'embêter les socialistes français, unité fédérative, qui furent dreyfusistes, on me permettra de spécifier ce que j'ai nommé la *décomposition du dreyfusisme en France*. D'autant plus qu'il n'y a pas de raison pour que j'écrive cette étude avant que l'affaire elle-même ait reçu la conclusion qu'elle comporte[1].

Je persiste à croire que si les dreyfusistes avaient poussé à fond l'avantage qu'ils avaient commencé de remporter pour le recouvrement de la justice et pour la reconnaissance de la vérité ; s'ils avaient poussé au fond, sans réserve, sans peur, et sans mesure ; en un mot s'ils avaient totalement refusé à l'universelle paresse, à la paresse de leurs ennemis, et surtout à la paresse de leurs amis, à leur propre paresse, toute espèce d'amnistie, c'est-à-dire d'amnésie; je persiste à croire que si les dreyfusards avaient exercé leur dreyfusisme jusqu'au bout, comme ils devaient, sans limite et sans halte, non seulement la conscience morale de ce pays et sa conscience mentale en eussent été libérées, mais les dreyfusards eux-mêmes se fussent trouvés en meilleure situation. C'est ce que j'essaierai de montrer quand nous traiterons de l'amnistie. Je persiste à croire que si quatre cents candidats dreyfusards, honnêtement, franchement, proprement, brutalement dreyfusards avaient sans relâche continué la campagne de démonstration que nous avons commencée, mais qu'ils ont abandonnée, sinon reniée, il y aurait quatre cents dreyfusards élus. Et la République ne se porterait pas aussi mal. C'est un fait que les purs dreyfusards, Jaurès, Pressensé, Paul Guieysse, Vazeille, dreyfusards impénitents et insolents, ont passé bien ou très bien. Le triomphe ne va pas aux incertains et aux faibles.

On a fait l'amnistie; et il y avait de bonnes raisons pour la faire; outre les raisons qu'on a communément publiées, Jaurès m'en a données, en conversation, qui me paraissent beaucoup plus fortes. Je persiste à croire que ces raisons beaucoup plus fortes étaient faibles devant les raisons de morale éternelle, de pragmatique, de méthode même et d'art qui prévalaient pour la totale recherche et pour la totale exécution de la justice. Et il est notable que Jaurès, à peine revenu à Carmaux, a conduit toute sa campagne électorale exactement comme s'il n'était jamais intervenu amnistie dans l'affaire Dreyfus.

A peine rentré dans son ancienne circonscription, Jaurès a dit mes chers concitoyens, je n'ai pu il y a quatre ans vous rendre compte de mon mandat comme je le devais, parce qu'il y avait les gendarmes et les bandes réactionnaires; aujourd'hui qu'il n'y a plus de gendarmes et que les bandes réactionnaires ne sont plus les plus fortes, je vais commencer par vous expliquer ce que c'est que l'affaire Dreyfus. Vous verrez par là si j'ai eu raison d'y agir comme j'ai fait. Et il s'est hautement glorifié auprès d'eux d'avoir été l'un des promoteurs dreyfusards. Il a littéralement traité son élection, conduit sa campagne sur le mode suivant : Gloire à moi. Gloire à moi parce que je fus et que je suis resté un dreyfusard. Ainsi le grand orateur pratiquait pour son compte et sous sa responsabilité la méthode qu'il n'avait pas voulu garder pour le pays tout entier. Jaurès homme politique avait plaidé pour l'amnistie. Jaurès candidat parla comme s'il n'y avait jamais eu d'amnistie. Et tout se passa dans la deuxième circonscription d'Albi, Tarn, exactement comme s'il n'y avait pas eu d'amnistie. En réalité ce ne fut pas son élection de 1902 que Jaurès fit en 1902; ce fut son élection de 1898, ajournée en 1898 pour cause d'accident, qu'il fit en 1902.

Cette méthode réussit; elle devait réussir; on embêta les autres candidats républicains du département et de la région avec l'affaire Dreyfus, dont ils n'avaient pas fait beaucoup. Mais on ne pouvait pas embêter Jaurès. — Nous ne pouvons pas lui reprocher l'affaire Dreyfus, disaient les réactionnaires, c'est lui qui s'en vante, il ne parle que de ça l'animal.

En devons-nous conclure, ainsi que le feraient beaucoup de bons socialistes, que Jaurès avait une politique double? Non, la contrariété si importante que nous avons notée dans la conduite et dans la pensée de Jaurès peut se résoudre assez facilement. Il suffit de supposer que Jaurès n'eût pas été partisan de l'amnistie en politique générale s'il avait pensé que toutes les circonscriptions de France étaient aussi solides que la circonscription de Carmaux, j'ajouterai : si tous les candidats républicains avaient été aussi solides que lui. Mais comme il savait que beaucoup de circonscriptions étaient beaucoup plus faibles que la circonscription de Carmaux, il n'aura pas voulu faire affronter au pays un risque dont il n'a pas eu peur pour sa propre circonscription. Ainsi contrairement à la plupart des candidats, qui ont peur pour leur circonscription beaucoup plus que pour le pays, Jaurès aurait eu peur pour le pays et n'a pas eu peur pour sa circonscription.

Ainsi interprétée la conduite et la pensée de Jaurès redevient à peu près constante; ou peut-être son attitude a-t-elle eu des causes beaucoup plus simples; à Paris, parmi les journalistes, les parlementaires, les hommes politiques, il inclinait à l'amnistie par le mouvement régulièrement accéléré de l'automatisme et de la lassitude. Mais quand il eut retouché terre, il sentit brusquement, d'instinct, que c'était au cœur de ce vieux débat qu'il fallait emporter la victoire. L'instinct de Jaurès est de beaucoup supérieur à ses raisonnements. Et ses véritables amis ont noté depuis longtemps que ce qu'il écrit dans la retraite et dans la solitude est de beaucoup supérieur à ce qu'il écrit dans la dispersion fatigante. C'est naturel ainsi.

La troisième crise réactionnaire de la troisième république est plus grave que les deux précédentes. Le Seize-Mai fut très grave en importance, en événement; il ne fut pas très grave en effet; et surtout il n'était pas très grave en indication, parce qu'il était beaucoup plus une survivance de la réaction versaillaise, de la vieille réaction, que le commencement des réactions prochaines. La bourgeoisie républicaine était là; les forces républicaines et populaires étaient neuves, sincères, franches, renaissantes et bientôt pleines.

Le boulangisme au contraire fut le commencement des prochaines réactions; il inaugura des formes nouvelles; à bien compter, il fut la première et non pas la deuxième crise réactionnaire de la troisième république.

La comparaison étant ainsi limitée au boulangisme et au nationalisme, et le nationalisme récent et contemporain devenant la deuxième crise réactionnaire de cette république, il me paraît que la deuxième crise est beaucoup plus grave que ne l'était la première.

Le boulangisme fut peut-être plus intensément grave pendant une période courte, et plus qu'aujourd'hui sans doute la république faillit alors sauter le pas. Le danger fut plus dramatique, plus apparent, plus prêt, au moins pendant quelques mois. Je ne crois pas qu'il fût aussi profond, ni que le mal fût aussi grand, ni la maladie aussi avancée, ni l'empoisonnement aussi caractérisé.

Il y avait dans le boulangisme un grand nombre de républicains fourvoyés, et la carrière honnête qu'ils ont fournie depuis dans les partis républicains a prouvé que de nombreux malentendus avaient avantagé le boulangisme. On ne peut donc pas compter à beaucoup près les forces de la coalition boulangiste comme étant les forces réactionnaires d'alors. Aujourd'hui au contraire, justement parce que c'est la deuxième fois que le cas se présente, justement parce que la première épreuve a servi, justement parce que le pays a reçu un premier avertissement, parce que l'éducation politique, au moins à cet égard, a été faite, parce qu'on ne peut plus arguer d'ignorance, nous devons compter à peu près sans aucune exception les forces de la coalition nationaliste comme étant les forces réactionnaires d'aujourd'hui. Ceux qui votaient pour les boulangistes pouvaient se tromper; ceux qui ont voté récemment pour les nationalistes savaient parfaitement ce qu'ils faisaient.

Aussi le nationalisme est-il beaucoup plus durable que ne le fut le boulangisme; commencé en 1886, le boulangisme était mort, avait fui en avril 1889; commencé en 1898, et même avant, le nationalisme est loin d'avoir fini en 1902. Ce qui a contribué beaucoup sans doute à nous sauver du boulangisme, c'est qu'il y avait Boulanger. Ce qui rend dangereux le nouveau nationalisme, c'est qu'il n'y a pas de Boulanger.

On nous dit : Les réactionnaires ont fait un si gros effort de travail et d'argent qu'ils sont épuisés et ne recommenceront pas. C'est connaître mal toute l'opiniâtreté de la réaction; c'est apprécier mal toutes les espérances qu'elle a reçues des derniers événements; et pour parler avec des hommes d'affaires le langage des affaires, c'est justement parce que la réaction a placé des capitaux considérables sur l'opération réactionnaire qu'elle continuera et qu'elle tâchera d'achever cette opération. Quand une affaire a mangé des capitaux, tant qu'elle dure, et laisse quelque chance, elle attire les capitaux.

Enfin c'est mal connaître la souple opiniâtreté de l'Église; au moment que nous nous croirons débarrassés du nationalisme réactionnaire, le nationalisme en France ne fera que commencer, car c'est alors que nous aurons affaire au nationalisme radical. Au moment que M. Jules Lemaître aura par devant notaire acheté sa ferme en Beauce, M. Paul Doumer commencera de fonctionner, au besoin contre M. Jules Lemaître.

Le nationalisme est si vivant que la situation politique est sensiblement la même qu'elle était il y a deux ans. Les quantités ministérielles sont plus nombreuses; mais les qualités ministérielles ne sont pas meilleures; les disponibilités ne sont pas plus abondantes; on est aussi embarrassé de former un ministère; les regards se tournent toujours vers le même homme.

On est aussi embarrassé de combattre le nationalisme; les mêmes expédients misérables se préparent; les mêmes imaginations précaires, les mêmes lâchetés ; aujourd'hui comme il y a deux ans des radicaux gribouillards se demandent si le meilleur moyen de repousser le nationalisme, ce ne serait pas de lui abandonner toute France, pourvu que l'opération fût faite sous le nom de radicalisme. Il y a des radicaux et des radicaux-socialistes qui nommeront si l'on veut M. Doumer président de la République afin d'intéresser le redoutable M. Doumer à la conservation de la république.

Les nationalistes ont gagné beaucoup. On nous dit : Tant mieux! puisque c'est aux dépens des progressistes. Il faudrait savoir d'abord si ce ne fut pas souvent aux dépens des républicains. Puis quand on dit tant mieux, si l'on entend que ce fut rigolo, j'y consens ; mais il ne faut pas que le rigolo exerce une influence trop considérable dans les événements de ce monde. Si l'univers était un immense guignol où seul importerait le jeu des sanctions grotesques, le remplacement de vingt progressistes, et plus, par autant de nationalistes serait tout à fait amusant ; les mélinistes ont tout fait pour chauffer la place aux nationalistes leurs complices ; et il est tout à fait amusant que leurs anciennes complaisances et que leurs anciennes lâchetés leur viennent sur le nez en échecs électoraux ; il est toujours amusant que le complaisant saute justement par le bénéficiaire de la complaisance ; il est toujours amusant que le Sganarelle soit battu par qui de droit. Mais nous n'avons pas été mis au monde et nous n'avons pas pénétré dans l'action pour y jouer un immense guignol. Ce qui importe, ce n'est pas que les mélinistes soient battus et contents, c'est que le pays aille bien. Nous ne jouons pas pour l'embêtement des mélinistes, nous travaillons pour le bien du pays. Ricaner à l'aspect amusant des mélinistes, ce serait jouer le jeu parlementaire. Nous ne le ferons pas. Nous ne considérons que la justice, et que le bien du pays. Or il est tout à fait évident que les nationalistes sont beaucoup plus dangereux pour la justice, et pour le bien du pays, que ne l'étaient les mélinistes.

Si au contraire quand on dit tant mieux on sait que les nationalistes sont beaucoup plus dangereux que les mélinistes, mais si on veut dire qu'il vaut mieux avoir des ennemis dangereux que des ennemis moins dangereux, on est un guesdiste, on est tombé dans le sophisme guesdiste, que de l'excès du mal vient le remède, le bien, la révolution même. Selon ce raisonnement, s'il est permis de le nommer ainsi, nous-mêmes il fallait que nous fissions passer partout des nationalistes. Nous avons réfuté si souvent le sophisme guesdiste que l'on nous permettra de n'en pas recommencer aujourd'hui la réfutation.

Les nationalistes sont beaucoup plus dangereux que ne l'étaient les mélinistes; on s'en apercevrait à l'usage; comme on doit distinguer parmi nous, nous devons distinguer parmi nos adversaires et parmi nos ennemis; de ce qu'ils sont eux-mêmes divisés, variés, comme la plupart des réalités politiques, nous aurions tort de conclure qu'ils ne formeraient pas bloc en certaines circonstances; mais de ce qu'ils forment bloc en certaines circonstances nous aurions tort de conclure que toujours et partout ils reviennent identiquement au même; il n'est pas fréquent dans l'action que rien revienne au même; une majorité nationaliste serait beaucoup plus dangereuse qu'une majorité méliniste; les nationalistes sont ingouvernables; des nationalistes feraient des coups de tête; les nationalistes sont des forcenés, sincères pour la plupart, j'entends les troupes; les nationalistes feraient des coups de folie; avec les nationalistes la menace d'une guerre contre l'Angleterre n'est plus une imminence tout à fait invraisemblable.

Nous ne devons pas jouer à aimer mieux les nationalistes que les mélinistes, parce que nous ne devons pas jouer sur un jeu niais de surenchère ou sur un jeu vicieux de sanction les destinées de la France et du monde.

Les socialistes ont perdu beaucoup, au moins les partis socialistes; ils ont subi un véritable désastre moral.

Depuis longtemps partagé en deux haines rivales, en deux jalousies envieuses contraires, le socialisme français, candidats, journaux, comités, la plupart des électeurs, s'est présenté au scrutin en deux formations contraires acharnées.

L'Unité Socialiste Révolutionnaire, Parti Socialiste de France, guesdo-blanquistes, avait résolu de présenter des candidats de classe dans toutes les circonscriptions; ou cette résolution n'avait aucun sens, ou elle signifiait que la coalition nouée parmi les antiministériels, ou plutôt contre les ministériels, présenterait des candidats dans les circonscriptions mêmes, très nombreuses, où elle n'avait aucune force, réelle, aucun travail fait, aucun résultat. Elle n'y a pas manqué. Jetées dans le jeu douteux et mouvementé des candidatures bourgeoises, des candidatures locales, ces prétendues candidatures de classe pouvaient, devaient jouer les aventures les plus dangereuses. Elles n'y ont pas manqué.

Les guesdistes présentaient honnêtement un certain nombre de candidatures sérieuses; les blanquistes présentaient honnêtement un certain nombre de candidatures sérieuses; plusieurs de ces candidatures échouèrent; quelques-unes réussirent. On a voulu nous faire croire qu'elles avaient mieux réussi que les candidatures interfédératives honnêtes, qu'elles avaient réussi d'une réussite éminente, parce que les candidats avaient affirmé plus officiellement, au sens nouveau que l'on veut donner à ce mot parmi les Socialistes Révolutionnaires, leur attachement à l'idéal socialiste révolutionnaire, à la méthode, à la politique socialiste révolutionnaire. Je ne crois pas que l'élection de Vaillant, de Sembat, soient des élections éminentes. Il est déjà notable qu'elles sont de bonnes élections. Les candidats socialistes révolutionnaires ont comme les candidats interfédératifs bénéficié des suffrages radicaux; les adversaires parlementaires les plus farouches de la défense républicaine ont dans la réalité des scrutins bénéficié de la défense républicaine. Ils ont cumulé seulement; et cela n'est pas une supériorité. Aux suffrages de défense républicaine ils ont ajouté sans doute, par une inconséquence, mais les inconséquences et les contrariétés sont usuelles aux scrutins, en particulier sous le régime électoral où nous vivons, et elles ne furent jamais aussi fréquentes, aussi graves qu'aux dernières élections, ils ont ajouté beaucoup de voix antiministérielles; inconsciemment ou plus ou moins consciemment beaucoup de mécontents, beaucoup d'opposants, quelques réactionnaires, des antiministériels enfin votèrent pour eux. Ils doublèrent ainsi leur contingent socialiste incontestable et incontesté d'un renforcement ministériel de défense républicaine et d'un renforcement antiministériel non moins incontestable.

On nous a dit qu'au premier tour et surtout au second

les voix radicales ou de défense républicaine, les orateurs, les programmes radicaux et radicaux-socialistes étaient ignominieux quand ils allaient au secours des portefoin, mais qu'ils étaient grandement louables quand ils allaient au secours des guesdistes. Je suis trop bête pour comprendre ce raisonnement-là; c'est beaucoup trop fort pour moi. Les candidats interfédéraux qui ont laissé blaguer le socialisme devant eux par leurs auxiliaires et par leurs adjoints radicaux sont grandement coupables, car la forme importe; mais l'acte était le même. Pelletan allant au secours de Viviani, ou Pelletan allant au secours de Ghesquière, c'est toujours le même Pelletan, et c'est toujours le même secours. Soyons justes. Ou bien approuvons également ces deux démarches. Ou bien blâmons-les également.

Il est singulier que des jeunes gens qui veulent introduire parmi nous l'hégémonie matérielle du matérialisme historique oublient aussi aisément le jeu des circonscriptions économiques. Si plusieurs élections socialistes révolutionnaires ont été plus hautes que plusieurs élections interfédérales, comme aussi on trouverait plusieurs élections interfédérales qui ont été plus hautes que plusieurs élections socialistes révolutionnaires, l'honneur n'en vient pas seulement à Vaillant, à Guesde, au *Petit Sou,* à la vertu socialiste révolutionnaire; l'honneur en vient surtout aux circonscriptions, qui étaient meilleures, moralement, et surtout économiquement meilleures, n'ayant pas depuis les derniers scrutins, ceux des élections municipales, et depuis les avant-derniers, ceux des élections législatives, subi certains mouvements de population ou en ayant profité; ces mouvements économiques ont eu la plus grande importance électorale, et je suis honteux d'avoir à le dire à des marxistes; à Paris en particulier les arrondissements du centre se sont peu à peu vidés de leur contenu populaire; le vieux peuple de Paris s'élimine; la population qui élisait Louis Blanc, qui élut Goblet, s'est peu à peu excentrée; aujourd'hui elle a débordé les boulevards intérieurs; aujourd'hui elle déborde les boulevards extérieurs; elle emplira demain la banlieue, la Seine et la Seine-et-Oise. Il suffit de jeter un regard sur les résultats comparés des scrutins depuis vingt ans pour suivre ce dégorgement de Paris. L'agent le plus considérable du changement électoral est constitué par les voies et moyens de communication. Une étude attentive des omnibus, des tramways, des rues, des boulevards, des expropriations, des percées, des bâtisses, des loyers, du métropolitain, des chemins de fer, des bateaux fournirait sur le mouvement de la population électorale, comme il fournirait sur le mouvement de la population générale, des renseignements tout à fait importants. Charles Guieysse et Moreau tâcheront de nous faire ce travail pour la quatrième série de nos cahiers[1].

Nous espérons aussi pouvoir publier dans la quatrième série un plan de Paris par métiers et professions.

Il est singulier que de jeunes marxistes, séduits par des haines et par des affections politiques, oublient à ce point le soubassement économique. Ou s'ils en parlent par profession, c'est pour oublier aussitôt dans l'application réelle ce qu'ils en ont dit. La plupart du temps, quand les socialistes révolutionnaires valent mieux, c'est que leurs circonscriptions valent mieux. Sans doute ils doivent recevoir l'honneur et l'avantage de leurs circonscriptions au sens et dans la mesure où ils ont fait ces circonscriptions. Mais ils n'en doivent recevoir ni l'avantage ni l'honneur au sens marxiste et dans la mesure où ces circonscriptions électorales recouvrent un soubassement de circonscriptions économiques. Je ne sais pas ce que l'on a contre M. Viviani. M. Viviani n'est point tant bête, et il ne demanderait pas mieux, lui, que d'avoir une bonne circonscription. Si la circonscription de M. Viviani était peuplée de purs socialistes révolutionnaires, M. Viviani, ayons-en l'assurance, M. Viviani candidat, M. Viviani député serait un pur socialiste révolutionnaire; il serait blanquiste autant que Vaillant et guesdiste un peu plus que Guesde. Ce n'est pas de sa faute à lui si sa circonscription s'en va, non pas dans un épouvantable accident cosmique, mais d'un évanouissement non moins cosmique, en un sens, d'une incessante, inévitable et finale dévolution, dans un de ces mouvements profonds et qui ne pardonnent pas, dans un de ces mouvements matériels économiques si puissants que toute force humaine est faible contre eux, à moins de monter jusqu'aux forces idéales. Que M. Viviani soit ou ne soit pas à la hauteur de son destin, c'est une autre affaire. Mais je demande ce que Zévaès ou

Delory eussent fait à sa place. Ou plutôt je le sais. Ils n'eussent pas moins flatté les petits commerçants, mais ils auraient pris la précaution de commencer par les intituler *petits commerçants de classe*, ou *commerçants de petite classe*. N'avons-nous pas le *programme agraire?*

Je ne sais pas ce que l'on a contre M. Viviani. Il aurait mieux aimé, lui, avoir des bons électeurs, des mineurs solides, ou des ouvriers d'usine. Ce n'est pas de sa faute si un profond mouvement naturel automatiquement lui a soutiré ses bons électeurs. Il ne lui est resté que les mauvais. Il fallait donc qu'il se fit mauvais, pour être un mandataire fidèle, un représentant qui représentât, qui fût image. Il n'a pas pu se faire aussi mauvais qu'Auffray. Il y a tâché.

Mettez-vous à sa place, à cet homme. Il n'avait pas de chance. Un vaste mouvement automatique lui avait soutiré ses bons électeurs. C'est un accident qui était arrivé dans sa circonscription. Ça pouvait arriver dans une autre. Ça lui était arrivé dans la sienne. C'est toujours comme ça. Il avait donc porté secours. Généreusement.

Il ne lui restait plus que des petits commerçants, dans sa circonscription. Il ne pouvait tout de même pas leur déclarer que les petits commerçants sont tous des canailles et que le socialisme supprime le petit commerce. D'abord il n'est pas vrai que tous les petits commerçants soient malhonnêtes. Il ne faut pas que l'on soit féroce. Il ne faut pas faire de la peine au monde. Il a mieux aimé dire aux petits commerçants le bien qu'il pensait des petits commerçants. Qui aurait le cœur de l'en blâmer? Autant vaudrait, sinon, ne plus faire de politique.

Sa circonscription se creusait, se vidait, s'effondrait.

Je consens qu'on rabaisse M. Viviani et les politiciens interfédéraux; mais il ne faut pas que ce soit devant les politiciens socialistes révolutionnaires.

Dans beaucoup de circonscriptions les guesdo-blanquistes ont fait au second tour et même au premier leur devoir de républicains; dans un très grand nombre de circonscriptions au premier tour, et surtout au second, ils ont fait, inconsciemment ou, presque toujours, consciemment, souvent avec une joie mauvaise et tenace

l'article d'Albert Goullé. Mais ce qui me lèse dans cette lettre à *l'Aurore* c'est le ton, ce ton de commandement dans la peur, de détachement artificiel dans la déroute, ce ton navrant de panique impérieuse, de fuite éperdue. La démarche de Rouanet-Viviani rappelle invinciblement à l'esprit la lamentable pérégrination de M. Brisson à la recherche d'une circonscription électorale et toutes ces démarches à la fois sonnaient la défaite et la tristesse au cœur de la bataille; elles avaient le même arrière-goût de vieille lâcheté radicale; c'étaient deux exagérations, apparentées, d'une lâcheté connue et dès longtemps cataloguée, la vieille lâcheté des soirs de l'affaire, la vieille lâcheté des tombées de la nuit.

Les socialistes interfédéraux, candidats, journaux, comités, l'immense majorité des électeurs, étaient emmêlés de bons éléments et d'éléments mauvais; les bons éléments étaient en minorité; mais les éléments mauvais n'étaient plus en opposition des bons éléments; ils n'étaient plus la contrefaçon des bons éléments; ils en étaient la dégradation, la dilution. Les guesdo-blanquistes étaient corrompus par duplicité vers la gauche et contrefaçon vers la droite; les interfédéraux étaient diminués par étendu d'eau, faiblesse, lâcheté, paresse, affadissement et limonade. Les mauvais éléments guesdistes étaient l'outrance et la caricature des bons éléments guesdistes; les mauvais éléments interfédéraux étaient la pâle image, la nulle imitation des bons éléments interfédéraux.

En plusieurs circonscriptions les socialistes interfédéraux jouèrent contre les socialistes révolutionnaires le jeu nationaliste que dans un très grand de circonscriptions les socialistes révolutionnaires jouèrent contre les socialistes interfédéraux et contre les républicains.

Les socialistes révolutionnaires et les socialistes interfédéraux se combattirent presque partout avec un acharnement sincère. Il faut l'optimisme inguérissable de Jaurès, optimisme qui serait si dangereux s'il affaiblissait beaucoup sa force de travail et sa force d'action, mais il n'affaiblit pas beaucoup sa force de travail, pour avoir osé parler de l'unité socialiste immédiatement après la proclamation des résultats.

Je ne veux pas revenir sur mon cahier des personnalités[1]. Mais je suis heureux qu'on se réjouisse un peu partout de ce qu'il y aura dans la prochaine Chambre un plus grand nombre de têtes : Jaurès, Briand, Pressensé, Buisson, comme on s'est réjoui qu'il y eût au Sénat Clemenceau. Du point de vue parlementaire, on a raison. A sens égal, à quantité, à contingent égal, mieux vaut des têtes. Mieux vaut dans une assemblée avoir Méline qu'un méliniste, Waldeck-Rousseau qu'un Waldeckiste, Clemenceau qu'un clemenciste, Guesde qu'un guesdiste, et Jaurès qu'un rédacteur à *la Petite République*.

Personnalité. On a voulu nous faire de l'élection Pressensé une élection éminente. C'est déjà beaucoup qu'elle fut une bonne élection. Je fus au courant de l'élection Pressensé peut-être avant le candidat lui-même; je connais assez l'initiateur, l'inventeur de la candidature Pressensé; il est aujourd'hui totalement débordé par son invention; nous avons pour cet inventeur une estime respectueuse, beaucoup d'estime; je lui dis dès le principe combien cette invention, combien cette imagination parlementaire me paraissait dangereuse.

Lagardelle nous dit dans *l'Aurore* du jeudi 15 mai :

> ... notre parti a remporté de réels succès. Ils tiennent, non pas au nombre des voix ou à la quantité des sièges, mais à la qualité de ses conquêtes nouvelles. Les lecteurs de *l'Aurore* sentent toute la portée, pour le rayonnement de notre parti, de l'élection de Pressensé. Quillard a indiqué ici-même comment une politique internationale socialiste va pouvoir enfin s'affirmer, dans tout son éclat, par la parole savante de Pressensé, en face de la politique traditionnelle d'oppression et de mensonge.

Non, mon cher camarade, Francis de Pressensé n'apporte pas à notre parti un rayonnement; il nous apporte ce qui vaut beaucoup mieux, ce que nous devons tous apporter, sa force de travail. Nous sommes un parti de travail et non pas un parti d'illuminations.

Je suis surpris désagréablement, et je ne suis pas le seul, de lire incessamment dans *l'Aurore,* depuis plusieurs semaines, un éloge particulier de Francis de Pressensé; je suis fatigué de l'entendre intituler *le juste;* je pense qu'il est un honnête homme, et c'est beaucoup, et c'est rare, au moins parmi les hommes politiques.

Mais il est toujours désagréable que dans un journal des rédacteurs employés cassent un encensoir sur le nez du patron. Combien de fois *la Petite République* ne nous a-t-elle pas dégoûtés par la plate insolence avec laquelle des collaborateurs attendris parlaient de Jaurès et de Gérault-Richard. Il serait déplorable, et en un sens il serait beaucoup plus grave, qu'un homme du talent de Lagardelle, étant devenu à *l'Aurore* un collaborateur tout à fait important, régulier, sans doute rémunéré, fit profession d'encenser l'homme de talent qui est évidemment devenu le maître du journal. Cela se fait à *la Libre Parole,* où le moindre échotier prend sur soi de déclarer que décidément M. Édouard Drumont est un grand sociologue.

Francis de Pressensé entre à la Chambre au même titre que plusieurs, aussi honorablement, aussi vaillamment que plusieurs; il n'y a pas de raisons pour que son élection soit plus éminente que l'élection de Jaurès ou que l'inélection de Guesde.

On peut penser beaucoup de bien de Pressensé, comme de Jaurès ou de Fournière, de Rouanet ou de Guesde. Mais le bien que je pense de Jaurès, de Fournière, je ne vais pas le dire dans *la Petite République*. Et si j'écrivais dans *la Petite République,* je ne parlerais pas de Jaurès comme je le fais dans les cahiers.

Si Pressensé entre au groupe socialiste parlementaire afin d'y travailler, ou au groupe socialiste révolutionnaire, tant mieux, du moins au point de vue parlementaire. Mais s'il y entre avec l'arrière-pensée de devenir chef, lui aussi, de fonder un groupe, un groupement, au moins officieux, un groupement dont il serait le chef, dont Lagardelle et son entourage deviendraient le prophète et le contingent; si entre le groupe socialiste parlementaire et le groupe socialiste révolutionnaire, afin d'accélérer le mouvement vers l'unité, on commence par nous préparer encore un petit groupe dans le coin, je ne marche pas.

Si Pressensé entre à la Chambre afin d'y faire un travailleur de plus, tant mieux, du moins au point de vue parlementaire. S'il y entre pour faire un chef de plus, non. Nous n'avons que trop de chefs. Si *l'Aurore* devient le journal d'un nouveau parti, non. Nous n'avons que trop de partis et trop de journaux de partis.

Pressensé apporte à la Chambre une compétence que l'on dit unique en politique étrangère. Mais ni Guesde, ni Vaillant, ni Jaurès, ni Rouanet, ni Sembat n'ont attendu Pressensé pour affirmer à la tribune, chacun selon son tempérament, le même internationalisme socialiste. Si Pressensé apporte une voix de plus, tant mieux, du moins au point de vue parlementaire. Mais il ne faut pas dire que cette voix sera la première en date.

L'expérience nous dira si elle sera la plus forte.

Pressensé pourra plaider à la Chambre la cause des malheureux Arméniens. Mais Rouanet et Sembat — Quillard[1] ne peut l'avoir oublié — n'ont pas attendu Pressensé pour plaider cette malheureuse cause. Et même il serait injuste d'oublier que M. Denys Cochin, député réactionnaire, s'est joint régulièrement aux deux députés socialistes, non seulement dans leurs discours, mais dans leurs démarches.

Il serait injuste d'oublier que le comte Albert de Mun est jadis intervenu dans ces débats.

Pour la compétence, M. D'Estournelles de Constant et M. Delcassé paraissent n'ignorer pas tout à fait la politique étrangère.

Et Quillard doit encore savoir par cœur l'admirable discours que Jaurès prononça pour les Arméniens pendant l'autre législature. On trouvera ce discours formidable dans l'*Action Socialiste,* première série. Faut-il que je demande à Quillard où Pressensé agissait alors, où il écrivait, quelle politique était la sienne, et de quel homme il recevait les inspirations.

Si Pressensé apporte une voix de plus en faveur des Arméniens, tant mieux pour l'humanité, du moins au point de vue parlementaire. Mais il ne faut pas dire que cette voix sera la seule, ou qu'elle sera la première en date.

Au moment où nous mettons sous presse[2]*,* nous lisons dans *l'Aurore* du lundi 19 mai les discours prononcés par les principaux convives au banquet Pressensé l'avant-veille samedi 17 mai. Les discours ainsi publiés ne laissent malheureusement aucun doute.

Qu'est-ce qu'un *banquet intime* où *la liste entière des citoyens qui tinrent à honneur de prendre part... ne comporterait pas moins de quatre-vingt-dix noms.* Quatre-vingt-dix intimes, c'est beaucoup pour un homme seul. Qu'est-ce qu'un tel banquet, sinon une grande manifestation politique? une manifestation parlementaire? une manifestation électorale? Qu'est-ce que ces discours où il n'est question que d'honneur, de très grand honneur, de politique et de cérémonie. Ayant lutté pendant quatre ans contre un État-Major militaire et contre un faux honneur de l'armée, allons-nous instituer parmi nous un État-Major parlementaire et un honneur spécial dreyfuso-socialiste?

Je lis dans le discours de Pierre Quillard ces paroles imprudentes :

Dans un discours prononcé à Remiremont, je crois, M. Méline souhaitait qu'il y eût à la Chambre des personnes capables de s'occuper des affaires étrangères. Du temps qu'il était premier ministre, il ne pensait point ainsi; il préférait machiner, avec son Gabriel Hanotaux et son André Lebon, l'imbécile aventure de Fashoda ou laisser égorger trois cent mille Arméniens, qu'il pouvait sauver.

Que M. Méline se réjouisse avec nous; désormais vous serez là...

Nous lisons dans l'allocution d'Émile Zola :

Voici ce que je voudrais dire à Pressensé : je considère son élection comme une très heureuse chose, comme une grande victoire, parce que maintenant nous sommes certains qu'il y aura à la Chambre un brave et un vaillant pour poser les questions nécessaires et dire les paroles utiles.

Zola espère donc que Pressensé sera non pas seulement un député rare, mais un député unique, tout à fait extraordinaire, comme il n'y en a jamais eu. Nous verrons. Zola paraît oublier qu'un assez grand nombre de députés socialistes révolutionnaires et de députés socialistes parlementaires ont depuis longtemps posé des questions nécessaires et dit des paroles utiles.

M. Psichari est beaucoup plus imprudent :

Vous êtes de ceux, rares, dont on peut dire qu'une fois députés ils ne changent pas, sinon pour déployer encore plus d'énergie chaque jour.

M. Psichari n'en sait rien. C'eſt là une assurance que l'on ne peut avoir qu'après épreuve. Nous en reparlerons dans quatre ans.

C'eſt en vain qu'Anatole France, avec son esprit, avec sa délicatesse, avec sa juſtesse, qui eſt de la juſtice, avait nommé quelques absents : *Avec Clemenceau, avec Jaurès, avec Guieysse et quelques autres vous avez montré que dans le combat la plus grande habileté eſt encore le courage.* L'assemblée délirante n'entendit pas même cette brève leçon de goût. Si nous vivions en un temps où le public saurait lire, où l'auditeur saurait écouter, je n'aurais pas l'ingrate obligation de souligner ici une indication aussi discrète. Le flot d'hégémonie et de congratulation coula de plus belle.

C'eſt en leur nom, messieurs,

dit Pierre Quillard,

Vous savez que je ne parle pas à titre personnel, ce n'aurait aucune importance; je vous exprime la gratitude et l'espoir d'amis lointains, de frères inconnus qui luttent contre l'exil, la faim, la prison, la mort. C'eſt en leur nom, messieurs, que je vous propose de boire à l'entrée dans le Parlement français de notre compagnon, Francis de Pressensé, citoyen du monde!

Ou citoyen du monde eſt un compliment de littérature, ou ça veut dire internationaliſte. Si ça veut dire internationaliſte, nous sommes tous internationaliſtes, et il y avait déjà au Parlement, parmi les socialiſtes, plusieurs internationaliſtes authentiques.

Le discours de Lagardelle cause beaucoup de triſtesse :

Citoyens,

Je suis sûr de traduire les sentiments intimes des jeunes socialiſtes qui sont ici ce soir, en disant quelle joie profonde ils éprouvent à rendre, comme vous, hommage à la haute personnalité de Francis de Pressensé.

Non, mon camarade, nous ne rendons pas des hommages. Et les plus hautes personnalités ne sont pour nous que des collaborateurs, comme tout le monde.

C'est pour cela que les jeunes socialistes qui sont ici se réjouissent profondément de communier avec vous dans cette fête donnée à Francis de Pressensé.

Qu'est-ce, communier, fête; quelle est cette phraséologie idéologique, — langage marxiste; mais non, mon camarade, nous ne communions pas; et nous sommes un parti de travail, nous ne sommes pas un parti de fêtes.

Il y a aussi une autre raison, c'est que Francis de Pressensé nous a fait à quelques-uns, avec Vaughan, le très grand honneur de nous appeler à mener autour de lui, à *l'Aurore,* le combat socialiste et à essayer de préciser, de répandre les idées socialistes.

Ou ces paroles n'ont aucun sens, — et nous ne pouvons supposer que dans un concours aussi solennel, dans une assemblée aussi importante, au commencement d'une action aussi concertée, notre jeune camarade ait parlé pour ne rien dire, — ou nous avons ci-dessus l'annonciation d'un nouveau parti. Je ne reviens pas sur *quelques-uns, très grand honneur, appeler, mener, autour de lui, combat socialiste.* Ces expressions traditionnelles, militaires, mondaines ou politiques ne sont pas moins malheureuses pour Francis de Pressensé que pour Hubert Lagardelle. Je veux m'en tenir au sens même des paroles. Ou elles ne signifient rien, ou elles signifient que Pressensé est devenu le maître de *l'Aurore,* que Vaughan, d'administrateur-directeur qu'il était, est devenu administrateur tout court, qu'il n'est plus le maître dans son journal, que Pressensé est le chef reconnu de la nouvelle rédaction, que Pressensé va se comporter comme un chef de parti, que *le Mouvement Socialiste* est entré à *l'Aurore.*

Si j'avais besoin de chercher confirmation de cette annonce, le discours de Pressensé tout entier témoignerait. Ou les mots n'ont aucun sens, ou le discours de Pressensé est un discours-programme, un discours-ministre. Et quel programme : Nous sommes de ceux, dit sentencieusement Pressensé, nous sommes de ceux qui estiment que si on veut faire un sillon bien droit et bien profond, comme le disait je ne sais plus quel philosophe, il faut atteler sa charrue à une étoile. — Non, mon camarade, laissons ce romantisme. Quand on veut faire un sillon bien droit et bien profond, dans de la vraie terre, on attelle sa charrue comme on peut et on travaille de son mieux, péniblement, laborieusement, patiemment, opiniâtrément. Et on souffle et on sue. Car tel est le sort échu à la race des hommes.

Je relève dans le discours de Pressensé ce paragraphe inouï de naïveté enfantine :

Une des conclusions logiques, Lagardelle l'a dit, ç'a été pour moi le socialisme, auquel je me suis donné sans retour, sans réserve. Et j'ai la joie de penser que je vais pouvoir le servir, non plus comme un simple soldat, mais dans la bataille même du Parlement, au Parlement. C'est pour moi une joie très grande, parce que je pense qu'à l'heure actuelle la situation n'est pas sans certaines difficultés au point de vue spécialement socialiste.

Nous qui beaucoup plus jeunes et depuis plus longtemps nous sommes donnés au socialisme sans retour, sans réserve, mais qui avons la joie de penser que nous continuerons toujours à le servir, sinon comme un simple soldat, du moins comme un simple citoyen, nous avons le droit et rigoureusement le devoir d'examiner quelle situation nous fait l'investiture d'un nouveau chef.

C'est un devoir pénible, mais un devoir impérieux. Nous avons fait ce travail pour Jaurès, nous ne pouvons pas ne pas le faire pour Lagardelle et Pressensé.

Témoignage personnel. Autant que personne j'estime le calme courage de Pressensé. Je n'examine rien de ce qu'il était avant l'affaire, de ce qu'il fit, de ce qu'il écrivait. Depuis le commencement de l'affaire nous connaissons toute sa bravoure froide. Aucun de nous jamais n'oubliera les expéditions que Mirbeau, Quillard et Pressensé firent dans la plupart des provinces; aucun n'oubliera les meetings tenus dans Paris. Je serais d'autant moins reçu à les oublier que moi-même simple soldat je recevais dans la rue les coups symétriques de ceux que nos orateurs affrontaient dans les assemblées. Depuis le commencement de la décomposition du dreyfusisme, Pressensé tint très étroitement pour l'entière exécution des poursuites et contre l'amnistie.

Mais c'est ici que je reviens à ma *décomposition du dreyfusisme en France* et que je demande à compléter. On veut limiter l'effet de ma recherche. On veut opposer la décomposition du dreyfusisme aux dreyfusards qui sont devenus partisans de l'amnistie. J'y consens.

Mais d'abord il ne faut pas que ce soit à l'avantage des citoyens qui n'ont pas été dreyfusards du tout. Nous qui avons été dreyfusards dès la deuxième heure nous pouvons demander compte à ceux de nous qui sont devenus partisans de l'amnistie; ceux de nous qui n'ont jamais été véritablement dreyfusards ne sont pas qualifiés pour le faire. Lagardelle, qui n'a jamais eu le sens profond, réel, moral, du dreyfusisme, qui n'a jamais vu le dreyfusisme qu'en politique et en utilitaire marxiste, n'a pas qualité pour demander compte à Jaurès. A plus forte raison ne peut-on inculper Jaurès et les partisans de l'amnistie au nom de Vaillant ou de Guesde, signataires du manifeste inoubliable, au nom des socialistes révolutionnaires, au nom de ceux qui, au fort de la bataille, nous poignardèrent dans le dos.

Réciproquement il ne suffit pas, pour être demeuré dreyfusard, d'avoir gardé dans l'affaire même et dans ses conséquences, en face de l'amnistie, une attitude exactement dreyfusiste. Il faut aussi avoir étendu à toutes les opérations de la vie, à toutes les actions, si ce n'était déjà fait avant l'affaire, les méthodes qui dans l'affaire Dreyfus reçurent leur application éminente. Garder dans l'affaire et dans les conséquences étroites de l'affaire une attitude effigielle et pour tout le reste conduire sa vie exactement comme s'il n'y avait jamais eu d'affaire, comme si l'on n'avait jamais reçu les enseignements de l'affaire, à parler proprement, c'est ne pas être demeuré dreyfusard.

C'est être devenu partisan de l'amnistie; non pas de cette amnistie parlementaire et législative qu'un ministre propose, que des orateurs soutiennent, que des orateurs combattent, qu'une Chambre vote, qu'un Sénat laisse passer, qu'un Président de la République promulgue; mais de cette amnistie beaucoup plus dangereuse, de cette amnistie morale que l'on s'accorde à soi-même au tribunal intérieur.

La première fois qu'après l'affaire j'ai vu un dreyfusard mentir, j'en ai eu un retournement.

J'ai senti d'un coup à cet instant que l'affaire ne recommencerait jamais, qu'elle était morte.

Et puis on s'y fait. J'en ai tant vu mentir depuis que l'on s'y habitue. Seulement je les classe antidreyfusards, partisans de l'amnistie.

C'est ici la grande amnistie. On se la vote soi-même. Et on va lancer des accusations contre les autres.

Quand je commençai les cahiers, je pensai que les grands dreyfusistes les accueilleraient justement. Je dirai sans doute quelque jour comme on nous reçut. Les mêmes hommes, qui faisaient publiquement et solennellement profession de réprouver les procédés de l'État-Major, nous condamnaient, nous exécutaient, nous boycottaient sans nous lire, sans nous regarder, sans nous entendre en nos moyens. Nous avons survécu parce que les dreyfusistes petites gens nous ont soutenus désespérément.

Pressensé, en même temps qu'il gardait, dans l'affaire même et dans ses conséquences, une attitude strictement dreyfusiste, a-t-il étendu à toute son action la méthode qui avait reçu pendant l'affaire Dreyfus une application éminente.

Il y a eu depuis l'affaire Dreyfus une affaire non moins passionnante, au moins moralement, car socialement, politiquement, économiquement, elle n'a pas reçu la même ampleur. C'est l'affaire Jaurès. Par une singulière coïncidence l'accusé ici était aussi accusé de trahison. Il n'était pas accusé d'avoir trahi son pays au profit de l'étranger; il était accusé d'avoir trahi la République, le socialisme, la liberté, au profit de l'Église et de la réaction [1]. Trahison qui serait capitale aussi. L'accusation était formelle. On ne la présentait pas comme une injure usuelle de politique, de polémique et d'élection. L'accusation était formelle et tous les jours paraissait dans le journal où Pressensé écrit et signe, puisqu'il y a un journal où il écrit et ne signe pas. Tous les jours dans *l'Aurore* un collaborateur de Pressensé accusait formellement Jaurès d'avoir trahi tout ce que nous défendons. Pressensé se taisait.

Tous les jours l'accusation paraissait.

Dans le même temps, si mes renseignements sont exacts, et au cas où ils ne le seraient pas je serai heureux d'enregistrer un démenti, dans le même temps Pressensé continuait à voir Jaurès quand des cérémonies communes les réunissaient. Pressensé continuait à donner la main à Jaurès. Pressensé parlait à Jaurès d'aller le voir un jour chez lui, ce qui revenait à lui proposer un rendez-vous.

Tous les jours l'accusation paraissait formelle. Pressensé profitait de sa compétence internationale pour parler d'autre chose. Les jours passaient. Les semaines et les mois passèrent. De semaine en semaine et de mois en mois nous avons attendu. En vain. Les bons dreyfusards se taisaient. Pressensé nous parlait des brouillards de la Tamise ou de la Constitution anglaise, qu'il connaît à merveille. Dans ce journal où il était censé libre, nous n'avons jamais pu savoir ce qu'il pensait, il n'éprouva jamais le besoin de nous dire ce qu'il savait, ce qu'il pensait du cas Jaurès. Quand il rompit le silence complice, quand il écrivit, ce fut pour exposer un antiministérialisme qui pouvait faire croire qu'il avait secrètement participé aux accusations.

Il avait le droit d'être antiministériel, ou antiministérialiste, ou antiwaldeckiste. Il est seulement regrettable qu'à peine élu député il soit devenu d'un ministérialisme et d'un waldeckisme auprès duquel Jaurès paraît tiède. Il a le droit d'être ministériel, ou ministérialiste, ou waldeckiste. J'admets que les députés n'aient pas les mêmes opinions que les candidats, j'admets que les candidats n'aient pas les mêmes opinions que les journalistes. Il n'est pas étonnant que ces hommes, ayant des situations politiques et sociales différentes, aient des vues différentes. Mais il faut qu'au moins les journalistes qui veulent devenir députés ne soient pas féroces contre les orateurs qui sont déjà devenus députés. Aucuns antiparlementaires ne sont aussi féroces et aussi injustes que les futurs parlementaires.

La candidature Pressensé eut ce tort initial qu'elle fut un manquement de parole. Quand Vaughan nous présenta *l'Aurore*, il fut entendu formellement que ce journal ne serait jamais un journal de parti, et pour donner à cet engagement une expression particulièrement accusée, il fut entendu formellement que les collaborateurs du journal ne solliciteraient jamais aucun mandat politique. Jamais ils ne seraient candidats. Que cet engagement fût ou ne fût pas abusif, excessif, nous ne traiterons pas cette question aujourd'hui. Elle n'importe aucunement au débat. Il suffit que Vaughan ait fait cette condition, et que ses collaborateurs, sans aucune exception, l'aient acceptée. Vaughan était majeur, et ses collaborateurs aussi. Les fondateurs de *l'Aurore* posaient leurs conditions, établissaient leur institution en toute liberté. Aujourd'hui, après quelques années d'existence, eux-mêmes ils brisent leur propre institution. N'est-ce pas encore une amnistie?

On me dit : L'engagement formel pris par Vaughan au nom de *l'Aurore,* et que nous nous rappelons fort bien, tant il nous avait frappés, ne pouvait lier Pressensé, parce que Pressensé est entré au journal dans des conditions un peu différentes; il n'était pas appointé; il fournissait du travail gratuit; il pouvait donc demeurer libre. Je n'accepte aucunement cette interprétation. Quand les collaborateurs d'un journal gardent la liberté de leur opinion, ce qui était officiellement le cas à *l'Aurore,* ils sont au moins liés par la solidarité financière, économique. Je ne crois pas que Pressensé pût se soustraire au moins à cette solidarité. Sinon nous abandonnons la morale de la solidarité, qui est la nôtre, et nous revenons à la morale de la charité; nous admettons qu'une aumône soit compensée par un privilège. Nous accordons à ceux de nous qui peuvent travailler gratuitement, c'est-à-dire qui ont des biens, un avantage injuste sur ceux qui n'en ont pas, soit qu'ils n'en aient jamais eus, soit qu'ils aient commencé par mettre dans l'action tout ce qu'ils avaient.

Je n'admets donc pas que Pressensé fût dans *l'Aurore* moins engagé que les autres; je regrette qu'il ait rompu un engagement constitutionnel; je regrette que cette rupture ait été fomentée, vantée, fêtée, toastée.

Plus je vais, et l'expérience des cahiers ne fait que me confirmer dans cette opinion, plus je crois profondément qu'il n'y a rien au monde qui pour l'action vaille la force d'une institution.

Rien n'est donc aussi grave que la rupture d'une institution; aucun avantage ne peut compenser la rupture d'une institution; ce n'est pas du même ordre.

Non seulement cela, mais il y avait pacte entre Vaughan et nous; il n'y avait pas seulement engagement et pacte entre les directeurs et collaborateurs de *l'Aurore,* mais il y avait pacte entre *l'Aurore* et nous son public.

Tout le monde sait que *l'Aurore* a subi des crises difficiles; depuis longtemps, et ce n'était un secret pour personne, la vie lui était devenue dure, financièrement. Vaughan l'a écrit plusieurs fois. Beaucoup de lecteurs aussi pensaient qu'elle subissait des crises de rédaction; beaucoup déploraient ce qu'ils nommaient ses erreurs ou ses injustices; beaucoup déploraient ses campagnes. Mais au plus fort de ses égarements il restait que ce n'étaient pas des égarements politiques. On pouvait faire à M. Gohier beaucoup de reproches : on ne peut pas lui reprocher d'être devenu un homme politique, un homme de parti, et ainsi même au travers des égarements la force de l'institution demeurait.

Car telle était la force de *l'Aurore,* tel était le secret de sa persistance. Elle était pour nous le seul journal qui ne fût pas un journal de parti. Ce n'était pas seulement le souvenir de l'affaire qui attachait à *l'Aurore* tant d'obscurs et de tenaces dévouements, c'était la continuation de l'affaire, non seulement dans l'espèce, mais de l'esprit de l'affaire, au sens profond, par la fidélité à la parole donnée.

J'ai peur que Vaughan, voulant remonter *l'Aurore,* n'ait fait récemment un mauvais calcul. Je sais que la vie lui était pénible; autour de lui les journaux de parti réussissaient plus ou moins; la tentation était grande; il a dû penser que devenue le journal d'un parti *l'Aurore* vivrait, comme tout le monde. J'ai peur qu'il ne se soit trompé. *L'Aurore* ne ressemblait pas aux autres journaux; la clientèle de *l'Aurore* ne ressemblait pas aux autres clientèles; ce qu'elle aimait dans *l'Aurore* était le contraire de ce que les autres clientèles aiment dans les autres journaux; altérer *l'Aurore,* en faire un journal de parti, c'est risquer au contraire de mécontenter la vieille clientèle. Et ce n'est pas se donner la chance d'attirer une clientèle nouvelle, parce que les clientèles de parti sont pourvues de journaux et que les journaux de parti satisfont leur clientèle.

J'ai peur que M. Vaughan n'ait pas vu où était sa véritable force; la véritable force de *l'Aurore* était où est la force de nos cahiers; la véritable force de *l'Aurore* étaient les petites gens qui donnaient leurs deux sous tous les matins. Il y a dans le discours de Pressensé, même jour, un véritable appel aux capitalistes. A l'usage Vaughan et Pressensé verront que, pour fournir des capitaux, les capitalistes ne valent pas le peuple. Outre que, sauf exceptions, les capitalistes font payer ce qu'ils donnent.

J'avais dès le principe redouté la candidature Pressensé. J'en ai suivi le développement sans enthousiasme.

En effet quelle devenait la politique de *l'Aurore* au moment où cette candidature fut annoncée, et quelle était la politique du *Mouvement,* politique récente, mais formellement recommandée? La politique de *l'Aurore* était antiministérielle; Pressensé lui-même était antiministériel; Gohier demandait que dans toutes les circonscriptions, et à Carmaux même, ce qui fut fait, l'Unité Socialiste Révolutionnaire présentât des candidats contre les socialistes ministériels; Pressensé n'était pas moins sévère. La politique du *Mouvement Socialiste* n'était pas moins antiministérialiste. Lagardelle nous recommandait cette *action parallèle* avec les anciens partis socialistes qui devenait huit jours après une action connexe; *le Mouvement Socialiste* était tout à la lutte de classe; et qu'avons-nous vu?

Justement dans la circonscription de Lyon où Pressensé a laissé poser sa candidature il y avait un candidat de classe, un vrai, un guesdiste, non un illustre intellectuel, mais un ouvrier menuisier, me dit-on, un syndicaliste, présenté par l'Unité Socialiste Révolutionnaire. Et c'est en partie contre ce candidat authentique de classe que la candidature Pressensé fut posée. Antiministériel, Pressensé se présenta contre un candidat qui avait l'investiture de l'Unité Socialiste Révolutionnaire. Et Lagardelle fit le voyage pour aller soutenir la candidature de Pressensé. Ainsi nos nouveaux chefs commencent par établir des règles absolues; puis ils font une seule exception; et comme par hasard cette exception leur profite personnellement; cette exception, c'est la leur.

C'est toujours le manquement à la parole donnée, le manquement à l'institution librement consentie.

Or je crois que rien au monde, argent, talent, théorie, dogme ou casuistique, ne vaut une institution.

Rien ne les force à faire de la lutte de classe; mais, s'ils en font, qu'ils en fassent sérieusement.

Or je ne suis pas suspect d'aimer la lutte de classe, mais je me représente ceux qui en font sérieusement. Je ne me représente absolument pas qu'on en fasse en amateur.

Ainsi au point de vue socialiste révolutionnaire au premier tour la candidature Pressensé faisait division. Mais au point de vue moral au second tour Francis de Pressensé a hérité les voix de M. Thévenet. Cet héritage n'est pas reluisant. Pressensé, littéralement, représente à la Chambre les électeurs de M. Thévenet. Cela ne suffit pas pour le discréditer. Cela suffit pour que son élection ne soit pas éminente; et pour que Lagardelle n'ait pas eu le droit de présenter l'élection de Carmaux comme une élection scandaleuse, après traité conclu entre Jaurès et radicaux. Si M. Thévenet et ses électeurs ne sont pas ignominieux pour Pressensé, les radicaux ne sont pas ignominieux pour Jaurès.

Pressensé a aimé sa candidature d'une affection qui nous surprend de sa part. Et à peine élu, comme il nous est revenu changé. Qu'est-ce que ce banquet, ces discours, ces honneurs? Où est l'ancienne simplicité? Comme il est déjà gagné de politique et de cérémonie; comme il supporte qu'on l'encense; comme ses préoccupations sont nouvelles; et comme il parle un langage nouveau.

Lisons attentivement ses articles : déjà il tranche du parlementaire; il donne des consultations ministérielles, parlementaires, politiques; il est entré dans le jeu; il fait des pronostics; il forme des combinaisons; il conseille et déconseille; un tel ferait bien à la présidence de la Chambre; on pourrait mettre tel autre à la présidence du conseil; il connaît les disponibilités, les éventualités, les cadres et fournitures. Nous lisons dans *l'Aurore* du jeudi 15 mai :

La France républicaine s'étonnerait à juste titre de se réveiller, au sortir d'une telle crise, sous la houlette fleurie de l'enjôleur, du bénisseur, du *courtier plus ou moins honnête* qui s'appelle Freycinet et qui, s'il a donné des gages à tous les partis, les a tous aussi également déçus. Ce serait une faute du même ordre que celle qui remettrait à la tête de la Chambre le *jeune premier* entre deux âges et entre deux opinions dont les grâces frelatées ne sauraient éternellement suppléer aux principes absents.

On voit à cela qu'il est de la maison.

Qui sait si la sagesse ne consisterait pas en maintenant au pouvoir un ministère rajeuni, retrempé, fortifié, débarrassé de la cause de faiblesse que lui était la présence d'un socialiste sans mandat de son parti, sûr, dans la limite de son action contre le nationalisme et de sa sincérité réformatrice, de l'appui conditionnel et désintéressé du groupe socialiste en même temps que de la fidélité plus disciplinée de la majorité radicale, de porter au fauteuil un homme dont les qualités mêmes ne seraient pas sans danger à la tête du gouvernement, mais dont les défauts mêmes ne seraient pas sans leurs avantages à la présidence?

Mixture et combinaison. Ce même jeudi je vis beaucoup de monde aux cahiers. Je demandai qui était l'homme dont les qualités mêmes ne seraient pas sans danger à la tête du gouvernement, mais dont les défauts mêmes ne seraient pas sans leurs avantages à la présidence. Quelques-uns, malavisés, conjecturèrent Brisson; la moitié conjectura Doumer, la moitié conjectura Bourgeois. Voilà comme on écrit quand on a commencé à faire de la politique.

Il paraît qu'il fallait conjecturer Bourgeois. Jaurès ayant eu la veille l'imprudence de penser à un ministère Bourgeois, Pressensé ne pouvait moins faire que d'imaginer un ministère Waldeck. Or, pour avoir un ministère Waldeck, il ne fallait pas avoir un ministère Bourgeois; et pour ne pas avoir un ministère Bourgeois, il fallait mettre M. Bourgeois à la présidence de la Chambre. Vous m'entendez. Ce sont là combinaisons que l'on entend, quand on veut. Le malheur est que Waldeck s'en va. Que devenir?

On m'assure que pour comprendre un article de Pressensé il faut désormais se reporter à *la Petite République* de la veille. Pressensé ferait la contre-partie de Jaurès, dirait blanc quand Jaurès dit noir, ainsi grossièrement. On doit exagérer. Il faut que *l'Aurore* ait une existence propre et ne soit pas la réplique de *la Petite République*. Sinon elle équivaudrait, en un sens, à *la Petite République*. Elle mérite d'avoir une existence propre. Elle en est digne.

Pendant deux ans Pressensé journaliste antiministériel a traité durement Jaurès parlementaire et journaliste ministériel; après deux ans Jaurès pense que le ministère Waldeck a fait son œuvre de restitution républicaine et qu'un ministère radical est indiqué. Aussitôt Pressensé devient waldeckiste, s'aperçoit que les radicaux sont faibles, demande la continuation d'un ministère Waldeck. Mais Waldeck — serait-il jaurésiste? verrait-il comme Jaurès? — Waldeck s'en va. Que deviennent les combinaisons?

Les deux attitudes étaient tenables. J'admets qu'au point de vue politique on fût ministériel ou antiministériel. Je suis très libéral. Mais ce qui m'inquiète, c'est ce brusque changement, et surtout cette sévérité pour des situations que soi-même on aura bientôt.

Dans le même numéro l'article de Lagardelle commençait ainsi :

Le socialisme ne sort pas diminué des élections. Il a légèrement accru le nombre de ses voix et compensé les pertes subies par des conquêtes nouvelles. Il demeure une force politique importante et son action parlementaire sera nécessairement décisive.

Pourquoi nécessairement? Nous n'avons pas renoncé l'optimisme de Jaurès pour endosser un nouvel optimisme, fataliste.

Le même article finit ainsi :

... Mais les mystères de la diplomatie et les obscurités de la politique internationale ne peuvent être percés que par ceux-là qui les connaissent. C'est ne froisser personne parmi nos camarades de combat que de reconnaître sur ce point l'exclusive compétence d'un Pressensé.

Sous l'action de si hautes individualités, notre parti pourra reprendre, à la Chambre et dans le pays, la place que lui ont fait perdre, en partie, les querelles intérieures et les déviations ministérialistes.

Prêcher la paix sur un mot de guerre, cela est encore de la politique.

Sans se laisser aller à un optimisme de commande, il est permis d'affirmer que, sous l'action des circonstances, vont s'imposer à notre parti des formations nouvelles, qui, mieux que par le passé, maintiendront l'idéal socialiste.

Ou les mots n'ont aucun sens, ou *formations nouvelles* signifient un tiers parti, un nouveau parti dans le parti.

Le discours de Lagardelle au banquet Pressensé finissait ainsi :

Citoyens, c'est pour ce socialisme-là qu'à côté de Pressensé et de Vaughan et de nos autres camarades, nous continuerons à lutter dans *l'Aurore,* en essayant de donner des renseignements sur tout le mouvement national et international, sur le mouvement politique comme sur le mouvement ouvrier, saisissant en somme toutes les manifestations de la vie socialiste dans le monde.

Mais non, camarade, on ne saisit pas, même en somme, toutes les manifestations. Aujourd'hui encore nous ignorons ce qui s'est passé vraiment en Belgique.

Citoyens, les jeunes hommes qui sont venus au socialisme ont le droit d'être optimistes,

Ce ton de pontificat cérémonieux, dans un banquet, m'exaspère.

Citoyens, les jeunes hommes qui sont venus au socialisme ont le droit d'être optimistes, lorsque se pose pour eux le problème de la conduite à tenir. Ils savent qu'ils peuvent sans hésitation aucune marcher de l'avant, parce qu'ils ont un terrain sûr qui ne se dérobera pas sous eux, un terrain qui est le prolétariat moderne, qui est la création de nouvelles institutions.

On peut objecter que nous nous trompons sur la portée du mouvement ouvrier et sur sa valeur révolutionnaire. Je ne le crois pas, mais ce que nous pouvons dire, sans crainte, c'est que nous avons le droit d'être optimistes, de croire que le monde est en train de faire une révolution, puisque nous marchons avec l'agent essentiel de la Révolution. Citoyens, les jeunes hommes qui, à *l'Aurore,* à côté de Francis de Pressensé lutteront pour la doctrine nouvelle, auront au milieu de la lutte, la joie profonde de se dire — et peu de générations se le seront dit : Nous marchons avec l'histoire.

Quel sera donc le sens, quelle sera la valeur, quelle sera l'utilité du nouveau tiers parti. Ce sera un parti de plus, dans une situation où il y a déjà trop de partis; ce sera un parti socialiste de plus, dans une situation où il y a déjà trop de partis socialistes; comme parti socialiste je ne vois ni sa place ni son utilité.

Je ne suis pas suspect d'aimer le guesdisme et je ne l'ai jamais flatté; mais au moins le guesdisme on sait ce que c'est; comme on sait ce que c'est que les interfédéraux. Je ne me représente pas la situation du tiers parti. J'ai peur qu'il ne cumule tous les défauts des guesdistes avec tous les défauts des interfédéraux, et qu'il n'ait les avantages ni des uns ni des autres; c'est ainsi du moins qu'il a commencé; il aura toute la raideur guesdiste sans aucune rigidité; il aura toute la fluctuation interfédérale sans aucune souplesse. Il fera de la lutte de classe avec et parmi des bourgeois.

Ainsi au banquet Pressensé on se nommait amis, messieurs, citoyens et compagnons; Lagardelle faisait de la lutte de classe devant M. Ludovic Trarieux. Si les convives s'étaient pris au sérieux, comme on le doit, ils n'auraient pas dîné ensemble. Car la lutte de classe eût mis en fuite M. Ludovic Trarieux; et la situation politique et sociale de M. Trarieux eût indisposé Lagardelle.

Quand on fait de la lutte de classe, on vote pour le candidat de classe.

L'Aurore sera un journal officiel du nouveau parti, et cependant *l'Aurore* ne sera pas un journal officiel. Or on est officiel ou on ne l'est pas. Si une qualité ne se partage pas, c'est l'officialité. Lagardelle nous parle toujours d'organisation; et pour commencer il s'établit dans le journal justement qui n'est d'aucune organisation, qui ne représente aucune organisation.

Non seulement Pressensé à Lyon se présenta contre un candidat de classe, mais antiministériel et alors antiwaldeckiste il fut à Lyon le candidat, au moins officieux, des Portefoin. Il fut, comme il nous l'a dit une fois rentré, candidat de défense républicaine. Il eut l'investiture, au moins officieuse, de l'Unité Fédérative. Il fut soutenu, annoncé par *la Petite République*. Aussitôt élu *la Petite République* l'inscrit dans le Groupe Socialiste parlementaire.

Voilà ce que la politique fait d'un homme, d'un honnête homme et d'un homme courageux. On me dit : *Le Mouvement Socialiste* ne fait rien que *la Revue Socialiste* ne fasse depuis longtemps; Lagardelle ne fait rien que ne fasse Rouanet; Pressensé ne fait rien que Jaurès ne fasse; tous les partis font ou préparent des banquets; *l'Aurore* ne fera rien que *la Petite République* n'ait fait depuis longtemps. — Si cette raison suffit à Lagardelle, à Pressensé, au *Mouvement* et à *l'Aurore,* si cette assimilation les contente, je me tais. Mais pourquoi Lagardelle, Pressensé, *le Mouvement* et *l'Aurore* ont-ils tant blâmé Rouanet, Jaurès et *la Petite République?*

Si Lagardelle pense que nous devons recommencer identiquement l'action de nos aînés, je me tais.

D'ailleurs on me dit au contraire : Qu'importent ces deux hommes. Ils sont tombés dans la politique. C'est qu'ils devaient quelque jour y tomber. Ils ont descendu la pente que l'on ne remonte pas. Ils mentiront plus de sept fois par jour. L'action commencée avec eux continuera sans eux. Il n'y a pas d'hommes nécessaires.

Ainsi parlent des anarchistes moralistes. Ce détachement inhumain ne me satisfait pas. Nous ne sommes pas si nombreux que deux militants puissent disparaître sans dommage. Nous ne sommes pas si heureux que deux militants amis puissent nous quitter sans affliction. Pour eux et pour nous, pour l'action, il était grandement désirable que l'ancienne entente ne fût pas diminuée.

Ce qui déplaît aussi dans le banquet Pressensé, dans les discours, c'est cette vieille idée indéracinable que l'entrée d'un homme au Parlement peut changer la face du monde. Ainsi tantôt on nie l'importance légitime des personnalités, tantôt on l'exagère. Non l'entrée d'un homme au Parlement n'est que l'entrée d'un homme au Parlement.

L'entrée d'un homme au Parlement est beaucoup moins importante que l'entrée d'un homme au ministère.

Généralité. Si la *Ligue française pour la défense des Droits de l'Homme et du Citoyen* veut avoir un organe outre son bulletin bi-mensuel, si elle veut avoir un quotidien, mieux vaut qu'elle ait un organe officiel que d'avoir un organe officieux; un organe officieux a tous les inconvénients d'un officiel; mais il n'a aucun des avantages; les responsabilités s'y diffusent; la suspicion du public est la même, au moins; et l'action manque de vigueur, d'exactitude, de loyauté.

Si la *Ligue* veut restituer l'ancienne action dreyfusiste, ce n'est point par des banquets et des congratulations qu'elle y réussira. Laissons aux partis politiques les banquets, les discours, les programmes. Laissons aux partis religieux les cérémonies, fêtes et consécrations. Laissons aux partis vainqueurs les réjouissances et commémorations. Ne faisons pas comme les militaristes français, qui célèbrent les anniversaires de toutes nos défaites militaires. Nous n'avons déjà pas à être si fiers de ce que nous avons fait, de ce qui nous est arrivé, de ce que nous avons obtenu. Le droit est resté violé. Nous-mêmes nous avons oublié nos méthodes.

Si la *Ligue* veut restituer l'ancienne activité dreyfusiste, elle n'y parviendra point en instituant un parti dreyfusiste, un parti politique dreyfusiste. Composé des anciens éléments dreyfusistes, ce parti dreyfusiste n'aurait aucun programme politique. M. Ludovic Trarieux et Lagardelle ne peuvent pas faire de la politique ensemble. Ils pouvaient ensemble faire de l'action morale et même socialiste. Non seulement ils ne peuvent ensemble faire de la politique socialiste, mais ils ne peuvent ensemble faire aucune politique.

Le dreyfusisme ayant été la libération de l'action publique, son affranchissement des partis politiques, fonder un parti dreyfusiste, avec un organe officieux, un parti politique dreyfusiste, par définition c'est justement cesser d'être dreyfusiste.

En ce sens, et en beaucoup de sens, le banquet Pressensé aura été une importante contribution à la décomposition du dreyfusisme en France.

Les dreyfusistes, officiels au moins, la Ligue des Droits de l'Homme, l'État-Major dreyfusiste, font beaucoup trop de cérémonies, de commémorations. De l'action vaudrait mieux.

Ne pas être un homme de parti, ne pas être un journal de parti, ce n'est pas seulement ne pas être l'homme, et ne pas être le journal des partis existants; c'est aussi ne pas être l'homme ou le journal d'un parti nouveau, de son propre parti, du parti que l'on fait autour de soi. C'est avant tout ne pas fonder de parti.

Nous serons heureux que Pressensé fasse entendre en faveur des peuples poursuivis une voix autorisée; mais s'il est vraiment le mandataire de ces peuples auprès de nous, il ne peut intervenir dans nos querelles intérieures qu'avec beaucoup de ménagements; sinon il risque d'aliéner à ses clients les hommes ou les partis français dont il se ferait des ennemis propres; et il risque de se faire avantager dans la lutte politique de l'autorité qu'il doit à cette noble fonction, avantage qui serait injuste. Pressensé a ici une situation comparable à celle de Quillard. J'ai toujours peur quand je vois un homme comme Quillard mêlé à nos débats. Quillard est vraiment parmi nous l'ambassadeur des Arméniens persécutés. De tels hommes ont vraiment parmi nous un droit d'asile, un droit souverain, une exterritorialité. Un tel privilège demande en réciproque un discernement, une discrétion souveraine.

Si Pressensé veut plaider à la tribune en toute liberté, en pleine autorité politique et morale pour les peuples opprimés, il devient indispensable qu'il renonce à la haute situation professionnelle qu'il occupe dans un grand journal bourgeois du soir. Déjà la double situation qu'il avait dans ce grand journal bourgeois modéré opportuniste et à *l'Aurore* n'allait pas sans quelque difficulté. On répondait qu'il fallait bien, fournissant à *l'Aurore* du travail gratuit, qu'il continuât de gagner honnêtement sa vie de son métier. D'abord il faudrait savoir si le métier de journaliste est un métier neutre que l'on puisse continuer en tout état de cause pour gagner honnêtement sa vie, quoi que l'on fasse, quoi que l'on écrive, et où que ce soit. Puis je ne crois pas que ces raisons du travail gratuit vaillent dans la morale de la solidarité. Comme elles revenaient précédemment à compenser une aumône par un privilège, elles reviennent ici à compenser une aumône par une licence, par le privilège d'une licence. La vraie solution, la solution normale, régulière, et surtout la solution socialiste, c'est-à-dire celle qui assurait la bonne administration du travail, était que Pressensé fût rémunéré à *l'Aurore* pour son travail, juste assez pour vivre, et que *l'Aurore* marchât; ainsi le cas de conscience ne se fût pas même présenté. Or pour beaucoup de cas de conscience, en particulier pour les économiques, la meilleure solution est souvent d'instituer une situation où ils ne se posent plus.

Le maintien de Pressensé dans le grand journal du soir permettrait aux nationalistes, aux réactionnaires, contre les socialistes, contre les Arméniens, des effets de tribune un peu faciles.

Ce qui me fait croire que la Ligue des Droits de l'Homme a une politique, et Pressensé aussi, au moins dans *l'Aurore,* c'est la manière dont on a traité Gohier, dont Pressensé a traité Gohier. On sait que Gohier a quitté *l'Aurore,* de son plein gré, sur un incident, quelques jours avant les élections. Les accusations de Gohier contre Jaurès battaient dans *l'Aurore* côte à côte avec la place, avec l'emplacement où Pressensé pouvait faire imprimer ce qu'il voulait. Il n'a pas dit un mot. Entre ces deux hommes dont l'un était son ami et l'autre son collaborateur, il a passé inattaqué, inattaquable; comme les sages pendant la Terreur, il a vécu; j'aurais préféré qu'il prît au moins parti pour Gohier.

On me rapporte un propos, et si mes renseignements sont inexacts je serai heureux d'enregistrer une rectification. C'est un propos de salle de rédaction, pour qui on ne demandait pas le secret, pour qui on ne m'a pas demandé la confidence. On parlait devant Pressensé de ma brève intervention dans l'affaire Jaurès et du beau cahier, *Études Socialistes,* que nous avons formé en réunissant, quatrième cahier de la troisième série, des articles de Jaurès. Il a eu tort, dit Pressensé; il ne faut pas soutenir Jaurès, parce qu'en ce moment sa politique fait le plus grand tort au socialisme.

Ainsi Pressensé journaliste et ancien dreyfusiste, autant qu'il était en lui, dans la mesure de son action, traitait l'affaire Jaurès par le silence, qui est l'appropriation, l'adaptation individuelle du huis clos; et quand il en parlait il abandonnait Jaurès. Mais je le demande, qu'est-ce qui était en cause? Était-ce de savoir si la politique de Jaurès était mauvaise, ou était-ce de savoir si Jaurès, au sens littéral des mots, avait trahi. Confondre les deux questions, répondre sur la première quand c'était la deuxième qui était posée, répondre sur la première comme si c'était la deuxième, voilà ce que je nomme de la politique; et c'est en ce premier sens que je dis que Pressensé fait de la politique.

Survinrent les élections. Brusquement on se débarrassa de Gohier. Nous publierons bientôt le dossier de cette affaire [1]. Des pièces que nous publierons, des renseignements que j'ai, des renseignements que nous aurons quelque jour, il semble malheureusement résulter que l'expulsion de Gohier fut un coup de politique. Entre qui fut-elle concertée? Vaughan adopta brusquement une attitude que rien ne faisait prévoir. Pressensé — encore le huis clos — n'écrivit pas un mot pendant la crise. Il allait à Lyon, travaillait sa candidature. Tout à coup, Gohier parti, Pressensé se trouve le prince du nouveau journal — voir le discours de Lagardelle.

Ainsi Pressensé n'a pas affronté Gohier, qu'il fallait affronter; il a éliminé Gohier, qu'il ne fallait pas éliminer. Il a éliminé quand il fallait affronter. Il n'a pas affronté quand il fallait affronter. Affronter, c'est-à-dire opposer des raisons, en toute liberté économique. Éliminer, c'est-à-dire opposer des servitudes économiques.

Quand je vois ce qu'a duré Allemane au feu de fièvre de la politique parlementaire, je me demande ce que Pressensé va durer.

Soit dit sans offenser Pressensé, Allemane paraissait un rude homme.

J'ai l'impression que Pressensé va monnayer en politique son capital de dreyfusisme; quand je dis capital, je suis le premier à déclarer par là qu'il avait acquis beaucoup par son courage.

Ligue des Droits de l'Homme. C'est toujours la même hésitation. La Ligue a pris part aux élections. Elle a fait juste assez de politique pour compromettre son action dans les autres domaines. Elle en a fait juste assez peu pour ne pas enfoncer la *Ligue de la Patrie Française*.

Certains dreyfusistes, oubliant trop ce qui reste à faire, n'ont pas oublié assez leurs mérites et leurs histoires. Nous connaissons ces événements, dont nous fûmes une petite part. Et on nous en a déjà parlé beaucoup. *M. Trarieux prononce un dernier discours. C'est un toast au colonel Picquart :*

Messieurs,

Le 9 juin 1898, ma maison a été le théâtre d'un crime véritable. C'est chez moi qu'a été arrêté le colonel Picquart. *(Mouvement)*

Je comprends ce mouvement. On ne s'attendait plus à cette révélation. Depuis le 9 juin 1898 il coule de l'eau sous les ponts et il y a eu beaucoup de crimes véritables. Ne nous laissons pas fasciner. Ne tombons pas dans le fétichisme.

Socialisme. Si les partis socialistes ont perdu aux élections, il ne semble pas que le socialisme lui-même ait été atteint. Il ne pouvait pas beaucoup perdre parce que dans la réalité il n'a pas beaucoup. La déperdition apparente vient au contraire de ce que l'on avait embauché hâtivement dans le socialisme, et classé sans contrôle, par vanité, par mensonge, par politique, une innombrable quantité de non socialistes; de mécontents, de brouillons, ou de réactionnaires, parmi les socialistes-révolutionnaires; de radicaux parmi les indépendants.

Jaurès a bien raison de dire que pour la première fois depuis la fondation de la troisième république les élections indiquent formellement une majorité, un ministère. Cela prouverait en faveur du régime parlementaire. Malheureusement la majorité indiquée est celle du seul parti en France qui n'ait aucune idée. Le ministère indiqué est celui du seul ministrable qui ne veuille plus avoir la présidence du conseil.

On a souvent reproché au parti radical de manquer d'hommes. Cela est vrai. Mais il y aurait lieu d'examiner s'il ne manque pas d'hommes parce qu'il manque totalement d'idée. Le nationalisme a un sens. L'opportunisme a un sens. Le mélinisme a un sens. Le socialisme révolutionnaire a un sens. Le socialisme opportuniste a un sens. Le radicalisme et le radical-socialisme n'a rigoureusement aucun sens.

Waldeck s'en va. Il n'attend pas même le débat liminaire et la sanction que demandait Jaurès. Immédiatement on sent que les vieux bafouillages vont recommencer. Les potins politiques reprennent le même son qu'il y a cinq ans, onze ans, seize ans.

Quelle situation nous est désormais faite par la domination sénile du radicalisme et du radical-socialisme, c'est ce que nous examinerons dans un des premiers cahiers de la quatrième série.

Le Petit Sou ne paraît plus depuis le 15 de ce mois; né du caprice d'un capitaliste véreux, l'organe officiel de l'Unité Socialiste Révolutionnaire, Parti Socialiste de France, est mort comme il était né.

Vendredi 23 mai 1902. Pressensé ne parle plus que de politique, et de politique parlementaire. Après avoir pendant deux ans querellé M. Waldeck-Rousseau parce que M. Waldeck-Rousseau ne quittait pas le pouvoir, il querelle aujourd'hui M. Waldeck-Rousseau parce que M. Waldeck-Rousseau quitte le pouvoir. Enfin M. Waldeck-Rousseau n'est pas à ses ordres.

Nous lisons dans *l'Aurore* de ce matin :

UNE CRISE INUTILE

Voilà, paraît-il, qui est une affaire faite. M. Waldeck-Rousseau n'entend pas seulement quitter le pouvoir : il est démissionnaire, il n'a pas voulu attendre la nouvelle Chambre, il a placé le pays, le président et le Parlement en face d'un fait accompli.

... C'est précisément cette manière de voir qui me faisait et me fait encore envisager la continuation du ministère Waldeck-Rousseau — avec les quelques modifications nécessaires — comme l'issue la plus naturelle et la plus heureuse de la crise électorale.

Des volontés, qu'il n'eût peut-être pas été impossible à un certain moment de plier à un meilleur parti, en ont décidé autrement. On me permettra de regretter que le ministère même, s'il croyait devoir passer la main, n'ait pas compris la haute utilité, je dirai presque la nécessité morale et politique d'une rencontre avec la Chambre.

L'esprit de la Constitution, tous les précédents du régime parlementaire faisaient presque une loi de cette comparution suprême qui, après tout, peut seule assurer la réalité et l'efficacité des responsabilités politiques. Dans les conjonctures actuelles, l'intérêt majeur de la cause républicaine demandait un grand débat dans lequel le passé eût été mis en pleine lumière et l'avenir dégagé.

La Chambre est novice. Elle vient à peine de naître. Toute assemblée a besoin, à ses premiers pas, d'une main ferme qui la guide, qui l'oriente, qui lui fasse voir ce qu'elle veut, qui l'accouche, en quelque sorte, de ses volontés obscures dont son expérience n'a pas pleinement conscience. Et cela était plus nécessaire que jamais avec un Parlement où sans doute le nationalisme, écrasé malgré un effort désespéré, est en minorité, mais où la majorité comprend des éléments douteux — ou douteurs — et n'a que des limites flottantes.

Déjà nous constatons le regrettable effet de cette espèce d'abdication préalable. Dès que l'on a senti que la main d'un véritable homme d'État ne tenait plus la barre,...

Je ne puis parvenir à me passionner pour ces questions.

Nous avons reçu deux désabonnements qui tiennent au Mouvement Socialiste; *nous espérons que ce mouvement s'arrêtera là; je veux croire que Lagardelle dissuadera ses amis de jouer ce jeu dangereux.*

Je demande à ceux de nos amis qui le peuvent de rester abonnés au Mouvement Socialiste. *Notre constitution nous interdit de donner à nos dissentiments des sanctions économiques. Un avenir prochain fera voir qui étaient les véritables amis de Lagardelle, de ceux qui ont tout fait, qui ont risqué la rupture même et l'inimitié pour l'empêcher de tomber dans la politique et dans le journal, ou de ceux qui, parce qu'ils y avaient avantage, l'y ont encouragé.*

AVERTISSEMENT

Onzième cahier de la cinquième série (1er mars 1904).

J'AI dit plusieurs fois dans ces cahiers, je redirai autant que je le pourrai, autant qu'il sera nécessaire, autant qu'il sera convenable, à quel point et pourquoi je suis personnellement opposé à la fabrication de catéchismes laïques; provisoirement nous publions ci-après la traduction française d'un catéchisme rationaliste américain.

Premièrement ce nouvel exemple, après tant d'autres, et avant tant d'autres, prouve que, intellectuellement, nos différents cahiers sont, dans les séries, parfaitement libres.

Deuxièmement le catéchisme rationaliste américain dont nous publions ci-après la traduction française a des qualités toutes particulières; qu'on oublie pour un instant, qu'on ajourne ou qu'on laisse à leur place les critiques préalables que nous avons accoutumé de faire à tout catéchisme, et ces qualités apparaîtront.

Étant donné que le vice profond des catéchismes religieux est le dogmatisme, l'audace et l'affirmation dogmatique, étant donné d'autre part que les catéchismes laïques s'opposent aux catéchismes religieux comme une puissance à une autre puissance, et qu'une opposition est tentée de ressembler à la position à qui elle s'oppose, la tentation d'un catéchisme laïque est d'opposer au catéchisme religieux, à l'autorité de commandement exercée par le catéchisme religieux, une autorité de commandement, égale, ou plutôt supérieure, et de sens contraire; ainsi le vice profond des catéchismes laïques est aussi le dogmatisme, l'audace, l'affirmation dogmatique; les catéchismes laïques, étatistes, que nous connaissons ne sont pour la plupart que des catéchismes religieux, en particulier des catéchismes catholiques, retournés, des catéchismes contre-catholiques, des contrecatéchismes; ils ne se proposent pas de libérer l'esprit humain; ils ne se proposent que d'exercer une autorité de commandement; ils parlent de la société moderne, ils traitent, ils enseignent de l'État moderne et du monde moderne au moins aussi catégoriquement, au moins aussi merveilleusement, au moins aussi miraculeusement que les vieux catéchismes enseignaient de l'Église et de la chrétienté; ils ne sont pas moins mystiques; ils ne sont pas moins autoritaires; ils ne sont pas même une réplique aux catéchismes religieux; ils ont de leur droite filiation; ils sont des catéchismes religieux plus particulièrement affectés au culte rituel d'un nouveau Dieu qui est l'État moderne.

Le *nouveau catéchisme* de M. M. Mangasarian n'est nullement un catéchisme religieux, un catéchisme catholique retourné.

C'est ce que l'on verra dès la première page : le baptême liminaire du vingtième siècle *au nom de la Paix, de la Liberté et du Progrès* n'est nullement un de ces baptêmes laïques et civils, répliques, imitations grossières et contrefaçons grotesques d'une cérémonie religieuse, du baptême catholique; cette invocation, cette réclamation, cette revendication du vingtième siècle est profondément humaine; et, pour qui ne s'arrête pas à quelques imitations de forme, symboliques et voulues, elle est profondément originale; pareillement les épigraphes ne sont pas deux citations, produites superstitieusement, de nouveaux livres saints.

Par l'*introduction* anglaise on connaîtra qui est l'auteur américain, et comment le livre est né; l'auteur du livre, M. M. Mangasarian, est Arménien d'origine, et pour nous qui nous sommes tant occupés de l'Arménie et des Arméniens, qui personnellement connaissons quelques Arméniens, cette origine est extrêmement intéressante; l'auteur est le conférencier de la Société de Religion indépendante de Chicago, *lecturer of the Independent Religious Society of Chicago,* que le traducteur français aimerait mieux traduire : *orateur de la Société de Libre Pensée religieuse de Chicago;* on nous dit qu'une assemblée de deux mille personnes entend toutes les semaines sa parole; ce sont là des mœurs que nous n'avons guère en France, et qui, à première vue, pourraient nous déplaire un peu; pour ce qui est d'un service hebdomadaire, nos prétendus libres-penseurs n'ont su rien imaginer que de manger gras, rituellement, tous les vendredis; et, véritables libres penseurs, nous nous représentons malaisément ces sortes de sermons laïques américains; mais nous sommes internationalistes; nous admettons en notre entendement les mœurs des peuples étrangers, pourvu qu'elles soient honnêtes; il ne nous suffit pas qu'une coutume s'établisse, qu'une institution naisse et fonctionne en dehors de cette nation française pour que nous la réprouvions; nous n'avons rien de commun avec ces radicaux de gouvernement nationalistes qui croient avoir tout dit contre l'Église catholique aussitôt qu'ils ont découvert, dans le catéchisme de leur enfance, qu'elle était l'Église romaine; si l'Église catholique nous apportait la vérité, nous accepterions que l'Église et que la vérité, l'un portant l'autre, nous vînt de Rome; c'est parce que nous croyons que l'Église catholique ne nous apporte pas la vérité, non parce qu'elle est romaine, que nous avons rejeté ses enseignements; et nous ne croyons pas qu'il suffise que l'État français réside à Paris pour que les enseignements de l'État soient, plus que ceux de l'Église, miraculeusement soustraits aux critiques légitimes rationnelles.

Édité par la *Open Court publishing company* de Chicago, ce nouveau catéchisme obtint plusieurs éditions; édité par la *Rationalist Press Association*, de Londres, on m'assure qu'il s'en est vendu plusieurs milliers d'exemplaires, quatre ou six mille, en quelques semaines, quatre mille en six semaines; on ne doit pas m'attribuer l'initiative de la présente édition française; notre collaborateur habituel, M. Jean le Clerc de Pulligny [1], ayant connu ce catéchisme nouveau, nous apporta la traduction toute prête.

Je dois avouer que j'hésitai longtemps à en faire un cahier; j'avais tort; mais pour les raisons que j'ai dites et pour celles que l'on devine ce mot et cette forme de catéchisme éveillent en nous des hésitations, des appréhensions peut-être exagérées; aujourd'hui je suis revenu de presque toutes ces appréhensions.

En même temps que ce cahier parvient à nos abonnés paraît chez MM. Cornély et compagnie, éditeurs, 101, rue de Vaugirard, Paris, un volume identique, sous cette réserve que le présent avertissement n'y est pas reproduit; ce volume a été tiré à quinze cents exemplaires, au moins pour la première édition; il forme la seule édition française qui soit aujourd'hui mise dans le commerce; elle est donc la seule aussi qui soit en vente à la *librairie des cahiers;* l'auteur, le traducteur, les éditeurs ont entendu en faire une édition de propagande; ils ont donc marqué le volume un franc cinquante, ce qui est un prix de propagande, un prix réduit, un prix inférieur au prix de revient strictement économique, au prix commercial, au prix marchand.

Le traducteur et les éditeurs, considérant que le mot de *catéchisme* avait subi en français une dépréciation que le mot de *catechism* n'avait pas subie dans l'anglais et dans l'américain, ont jugé qu'il valait mieux intituler la traduction française *le monde sans Dieu;* toutefois, par loyauté intellectuelle bien entendue, par simple fidélité de traducteur, ils ont, sur le livre français, fait mention du titre américain : *a new catechism;* nous avons, pour le cahier correspondant, respecté scrupuleusement leurs intentions.

Quelque opinion que l'on ait de ce catéchisme nouveau, nous le présentons d'abord à nos abonnés, et les éditeurs le présentent au public particulier de leur maison, historiquement et géographiquement parlant, comme un exemple, comme un *specimen* de ce que l'on fait en Amérique, et peut-être comme un modèle de ce que, une fois le genre admis, on peut se proposer de faire en France.

A ce titre, comme *specimen,* et peut-être comme modèle, quel accueil peut-on prévoir pour ce catéchisme nouveau?

Je suis pleinement rassuré sur l'accueil que nos abonnés feront à ce nouveau cahier; ils recevront ce cahier comme ils reçoivent tous nos cahiers, d'un esprit libre, d'une critique ouverte; ils le liront pour se renseigner, pour travailler; ce n'est pas en vain que depuis bientôt cinq années viennent régulièrement à nous, pour nous lire et pour nous critiquer, pour travailler avec nous et par nous, pour travailler eux-mêmes, spontanément et librement, pour que nous travaillions avec eux et par eux, tant d'hommes libres, tant de lecteurs qui savent lire, tant d'auditeurs qui savent écouter.

Je suis beaucoup moins rassuré sur l'accueil que ce catéchisme nouveau recevra du public spécial, du public anticlérical particulier français.

Son origine américaine le servira peu, si elle ne le dessert, auprès d'un public naïvement nationaliste.

Ses qualités propres le desserviront sans doute auprès d'un public singulièrement gâté; l'anticléricalisme, l'anticatholicisme français n'a jamais été bien fort, même celui du dix-huitième siècle, jadis tant vanté, même celui de Voltaire, même celui du dix-neuvième siècle, même celui de Renan, naguère tant célébré; le socialisme seul fournirait une base d'appui suffisante, je ne dis pas pour attaquer, car on ne doit pas attaquer pour attaquer, avant toute critique, avant toute expérience, mais pour critiquer honnêtement le christianisme, en particulier le catholicisme; mais qui parle encore de socialisme? le plus grand mouvement des temps modernes, remis criminellement aux mains des politiques parlementaires, a versé presque entièrement dans la plus basse démagogie radicale.

Reste l'anticléricalisme, l'anticatholicisme radical et radical-socialiste, politique, parlementaire, autoritaire, bourgeois, traditionnel, conservateur, démocratique, démagogique, prétendu rationaliste, prétendu libre-penseur, gouvernemental, préfectoral, vulgaire, électoral.

Je dis anticatholicisme et non pas anticléricalisme seulement; c'est en effet la première tartufferie de ce mouvement bourgeois, sa première hypocrisie, qu'officiellement il est dirigé contre le cléricalisme, c'est-à-dire contre l'autorité de commandement exercée par l'Église, contre l'abus et contre l'ingérence de l'Église dans le domaine gouvernemental, mais qu'officieusement et dans la réalité, dans ses journaux, dans ses discours, dans ses entraînements, dans ses prétentions, il est dirigé contre le catholicisme, c'est-à-dire contre une certaine autorité de compétence exercée dans les consciences par des moyens religieux; qu'il soit juste, qu'il soit convenable, qu'il soit inévitable de combattre le catholicisme même et non pas seulement le cléricalisme, c'est une opinion parfaitement soutenable, et qui au moins mérite la discussion; mais la seule discussion qu'elle puisse mériter, et qu'elle puisse invoquer, est la discussion rationnelle; attaquer le catholicisme même par les moyens du gouvernement dans les consciences, comme on le fait tous les jours, et déclarer officiellement qu'on n'attaque rien que le cléricalisme, c'est effectuer une opération gouvernementale d'hypocrisie bourgeoise.

En tout état de la cause, on ne doit procéder contre une religion que par la voie de la raison; nulle autorité de commandement, en particulier nulle autorité de gouvernement, nulle autorité d'État, ne vaut dans les débats de la conscience.

Anticléricalisme, anticatholicisme radical, flottant, titubant d'un individualisme égoïste à un étatisme qui n'est lui-même qu'un individualisme égoïste, ne vaut, ne peut rien de conscientiel contre la charité chrétienne, en particulier catholique; la seule solidarité socialiste peut, vaut quelque opération conscientielle au regard et en face de la charité chrétienne, en particulier catholique; la seule solidarité socialiste peut, vaut contre la charité chrétienne, catholique.

Anticléricalisme, anticatholicisme radical-socialiste, s'il est radical, n'est nullement socialiste, et s'il est socialiste, n'est nullement radical, car il n'y a rien de si contraire au socialisme que le radicalisme, comme je me proposais de le dire dans une leçon récente et comme j'ai l'intention de le démontrer quelque jour; mais en réalité, en un temps où le prétendu socialisme lui-même, abandonné aux politiques parlementaires, n'est lui-même qu'un radicalisme atténué, timide, à plus forte raison le radical-socialisme, inventé, imaginé par les politiques parlementaires, n'est-il qu'un radicalisme masqué, trompeur, et, comme tel, supporte-t-il, et au delà, tous les reproches que l'on peut faire au simple radicalisme.

Anticléricalisme, anticatholicisme politique, subordonnant la morale à la politique, traitant les personnes morales comme des moyens politiques et non comme des fins morales, employant les hommes et les institutions, les personnes morales, comme des moyens politiques, admettant, professant que la fin justifie les moyens en particulier que la fin politique, tout immorale soit-elle, justifie les moyens politiques, tout immoraux soient-ils, admettant, professant, enseignant le mensonge, le parjure et la trahison, ne peut rien, ne vaut rien contre la morale chrétienne, en particulier contre la morale catholique; seule une morale socialiste, strictement kantienne en sa forme, astreinte à ne jamais traiter les hommes et les institutions comme des moyens, mais à les traiter toujours et sans exception comme des fins morales, peut et vaut elle-même comme institution conscientielle au regard et en face de la morale chrétienne, en particulier de la morale catholique, au besoin contre la morale chrétienne, en particulier contre la morale catholique.

En morale comme en physique et en chimie, les déplacements ne se font pas au hasard; ils ne se font pas à l'avantage des vanités; les plus graves déplacent les moins graves; les plus efficients déplacent les moins efficients; un État politique peut opprimer; mais moralement il ne peut pas déplacer une *cité de Dieu;* une cité morale seule peut déplacer une cité religieuse.

Anticléricalisme, anticatholicisme politique, subordonnant la sociale à la politique, ignorant, négligeant, méconnaissant les besoins économiques légitimes, ignorant, négligeant, méconnaissant le travail économique indispensable et dû, ignorant, négligeant, méconnaissant toute organisation du travail économique, toute organisation de la production économique, toute organisation de la consommation économique, ignorant, négligeant, méconnaissant toute servitude économique, ne la connaissant que pour la subir servilement, ou pour la détourner aux fins politiques, ne la connaissant pas pour en libérer le travail humain, bref un anticléricalisme, un anticatholicisme inéconomique et misérablement politique ne peut rien, ne vaut rien contre le mysticisme chrétien, en particulier contre le mysticisme catholique; seule une sociale, une économique socialiste, seul un socialisme, n'omettant rien de l'économique en sa matière, seule une sociale économique, strictement économique en sa matière, astreinte à ne jamais traiter les travailleurs et les institutions de travail, tout le travail économique, tout le travail social, comme un moyen négligeable, mais à le traiter toujours et sans exception ou bien comme une fin, ou bien au moins comme un moyen respectable, et en quelque sorte final, subsidiairement final, peut et vaut comme institution sociale, et pour la genèse d'institutions sociales, au regard et en face de la mystique chrétienne, en particulier de la mystique catholique, au besoin contre la mystique chrétienne, en particulier contre la mystique catholique.

En sociale comme en morale et ailleurs, les déplacements ne se font pas au hasard; et ils ne se font pas à l'avantage des vanités; les plus graves déplacent les moins graves; les plus efficients déplacent les moins efficients; un État politique, livré par ignorance, inertie, malfaçon aux servitudes économiques, peut opprimer; mais socialement il ne peut pas déplacer une *cité de Dieu;* une cité sociale, outillée pour sauver le monde humain des servitudes économiques, seule peut déplacer une cité religieuse.

Une politique ne déplace pas une religion; une politique ne déplace pas une mystique; une morale déplace une religion; une sociale, une économique déplace une mystique.

A cette idée éternelle, à cette idée infinie, chrétienne, en particulier catholique, du salut éternel, une seule idée peut s'opposer, pour le débat, ou pour la simple confrontation, une seule idée peut se mesurer : l'idée, socialiste, économique, du salut temporel; parce que, ainsi que je l'ai démontré ou montré toutes les fois que j'ai parlé de la misère, dans des cahiers précédents, en particulier traitant de *Jean Coste,* les servitudes, les avilissements, les supplices, les hontes, les crimes et les condamnations, les fermetures des misères économiques sont infinies, éternelles, absolues, autant, au même titre, exactement, que les damnations religieuses, chrétiennes, catholiques, représentées; ainsi le salut économique, au sens où l'entendent les quelques socialistes qui ont survécu, étant la révolution, l'éversion de la misère, éternelle, infinie, absolue, étant donc lui-même le résultat d'une opération éternelle, infinie, absolue, exigeant une telle opération, peut se mesurer au salut éternel; il exige une opération du même ordre; il met en mouvement des grandeurs du même ordre.

Les misères des misères économiques sont du même ordre de grandeur que les misères des damnations religieuses; le salut hors des misères économiques est donc du même ordre de grandeur que le salut hors des damnations religieuses.

Or une révolution ne peut affronter une conservation, ne peut se mesurer à elle, que si elle est au moins du même ordre de grandeur.

Anticléricalisme, anticatholicisme parlementaire peut valoir contre ce qu'il y a de parlementaire dans l'Église contemporaine; il ne peut rien, il ne vaut pas contre ce qu'il y a de populaire dans une religion; seul un socialisme populaire peut et vaut au regard et en face d'une religion, au besoin contre une religion beaucoup plus populaire que ne le disent ou que ne le croient ses adversaires, ses ennemis, ses docteurs, ses maîtres, — ses parlementaires.

Anticléricalisme, anticatholicisme autoritaire, exerçant une autorité de commandement, une autorité de gouvernement, une autorité d'État, peut valoir contre une Église exerçant elle-même une autorité de commandedement, une autorité de gouvernement, une autorité d'État; l'État-Église peut valoir contre l'Église-État; il n'a aucune autorité de compétence; il ne peut exercer aucune autorité morale, aucune autorité conscientielle, aucune autorité dans l'administration des croyances, dans les prières, dans les élévations, dans les contemplations, dans les méditations des consciences; un socialisme seul, exprimant un mouvement profond de vie intérieure, ayant une valeur intrinsèque, manifestant un mouvement profond originel, répondant à une inquiétude profonde intérieure, exerçant, accomplissant, satisfaisant un profond désir intérieur de solidarité, accomplissant une opération intérieure de solidarité, toute une révolution intérieure, ayant sa source au plus profond de la conscience et de la connaissance, au cœur même de la vie morale, seul un socialisme peut exercer une autorité morale, une autorité conscientielle, une autorité de vie intérieure, une autorité intrinsèque, une autorité dans l'administration des croyances, dans le travail, dans les méditations des consciences.

Anticléricalisme, anticatholicisme autoritaire peut s'opposer comme une puissance à la puissance de l'Église; il peut opposer à son autorité de commandement, à sa soif de domination, une autorité de commandement, une soif de domination égale, au moins égale, plutôt supérieure, et de sens contraire; mais pourquoi veut-on que l'humanité ne s'affranchisse d'une autorité de commandement que pour tomber sous une autorité de commandement au moins égale et de sens contraire; pourquoi veut-on que l'humanité ne se sauve d'une domination que pour tomber sous une domination au moins égale et de sens contraire; pourquoi surajouter tout un travail, tout un effort humain de libération, d'affranchissement, à tout un travail d'asservissement pour n'aboutir, en fin de compte, qu'à changer de servitude, pour n'aboutir, somme faite, qu'à remplacer une servitude par une servitude au moins égale et de sens contraire, pour n'aboutir qu'à substituer à une servitude insupportable une servitude au moins également insupportable et de sens contraire; — et sans doute une servitude pire, car une servitude qui se présente comme un dogme, c'est-à-dire comme une servitude intellectuelle, et non pas comme une liberté, parce qu'elle est loyale, en ceci au moins, est moins dangereuse, plus honorable, moins avilissante, moins asservissante qu'une servitude qui est servitude et qui se présente comme une liberté; et une servitude ancienne, ayant eu le temps qu'on l'ait généralement reconnue comme servitude, est moins dangereuse qu'une servitude récemment fondée, qui ne manque pas de se présenter comme une liberté, sous prétexte que son établissement a nécessité qu'on se libérât de la servitude précédente antagoniste; — seul un socialisme libertaire justifie le mouvement, le travail, tout l'effort de libération qu'il demande à l'humanité, car il ne lui demande pas cet effort pour fonder sur la libération même une servitude nouvelle; mais au contraire sur l'affranchissement économique c'est l'affranchissement total qu'il se propose de fonder.

Anticléricalisme, anticatholicisme bourgeois ne peut soulever le monde ouvrier, ne peut émouvoir le prolétariat que par un perpétuel abus de confiance, par un perpétuel détournement du dévouement ouvrier, du travail et de l'effort prolétarien; car le bourgeois voltairien, contre son adversaire, contre son ennemi, contre son concurrent le bourgeois catholique, fait perpétuellement appel au dévouement ouvrier, au travail, à l'effort prolétarien; généralement l'ouvrier, le prolétariat répond à cet appel; et même il y répond avec enthousiasme; en échange de quoi, toutes les fois que les intérêts de classe ou les revendications ouvrières opposent les patrons ou les autres bourgeois voltairiens aux ouvriers, au prolétariat, une expérience constante, et qui n'a jamais souffert aucune exception, nous montre que le patron voltairien, comme patron, que le bourgeois voltairien, comme bourgeois, n'est pas moins féroce que le patron, que le bourgeois catholique, s'il ne l'est pas davantage; — par exemple, et pour ne citer qu'un seul exemple, aujourd'hui, en temps de paix, le préfet de police est maître de Paris comme il ne l'a jamais été sous les précédents gouvernements réactionnaires; M. Lépine a commis impunément sous le gouvernement, historiquement et constitutionnellement responsable, de M. Combes, des abus d'autorité de commandement, — envahissement de la Bourse du Travail, et quantité d'autres, — qui n'avaient pas été commis sous le gouvernement de M. Méline; — le réactionnaire de gauche n'est pas moins féroce que le réactionnaire de droite; un gouvernement réactionnaire bourgeois de gauche emprisonne et fusille autant qu'un gouvernement réactionnaire bourgeois de droite; les quelques atténuations apparentes s'expliquent toutes par des intérêts politiques parlementaires, en particulier par des considérations électorales; regardez vers vos circonscriptions; ces apparences tombent avec ces intérêts; elles n'impliquent pas une modification profonde de l'attitude gouvernementale; sommairement les bourgeois voltairiens, les patrons voltairiens, au nom de la liberté générale, au nom de la culture générale, au nom de la civilisation, au nom de la société moderne et du progrès, au nom du salut de l'humanité, invoquent l'énergie ouvrière, la révolution prolétarienne contre les bourgeois et les patrons chrétiens, en particulier contre les bourgeois et les patrons catholiques, leurs adversaires, au moins momentanés, leurs ennemis, au moins momentanés, leurs concurrents perpétuels, concurrents économiques et concurrents politiques; le danger passé, quelquefois en plein danger, concurremment avec le danger, ils se retournent contre leurs auxiliaires, ils retombent sur le prolétaire avec une lourdeur, une férocité au moins égale à celle des bourgeois chrétiens, catholiques, des patrons chrétiens, catholiques.

Ce qu'il y a d'admirable, c'est que cette manœuvre, séduction, détournement et retournement, réussit toujours; le prolétariat marche toujours pour la bourgeoisie voltairienne et contre la bourgeoisie chrétienne, en particulier catholique; et toutes les fois que le mouvement de la bourgeoisie voltairienne contre la bourgeoisie catholique rate, c'est contre et sur le prolétariat que retombe le ressentiment féroce de la bourgeoisie catholique; mais toutes les fois que le mouvement de la bourgeoisie voltairienne contre la bourgeoisie catholique réussit, c'est contre et sur le prolétariat que tombe l'ingrate vacance féroce de la bourgeoisie voltairienne enfin libre.

Non qu'il faille attribuer au prolétariat un dévouement sublime, une vertu surnaturelle, un amour merveilleux et comme religieux, chrétien, du sacrifice, — d'un perpétuel sacrifice de classe pour le salut de la culture humaine.

Il y a dans le prolétariat conscient des parties entières qui vont perpétuellement au secours de la bourgeoisie voltairienne contre la bourgeoisie catholique et généralement chrétienne consciemment, sachant parfaitement le peu que vaut la bourgeoisie voltairienne, attendant de la bourgeoisie voltairienne exactement le traitement que peut en attendre un prolétariat conscient; ces fractions du prolétariat conscient, averties, désabusées, vont tout de même perpétuellement au secours de la bourgeoisie voltairienne contre la bourgeoisie chrétienne et particulièrement catholique; c'est qu'elles se proposent perpétuellement de sauver, de conserver, même sous une forme restreinte, en attendant de les pouvoir généraliser, universaliser, certaines vérités, certaines libertés, en particulier de penser, de conscience, dont la bourgeoisie voltairienne, tout indigne, est, dit-on, provisoirement dépositaire; selon ces fractions du prolétariat dit organisé, qu'il vaut mieux nommer prolétariat conscient, la bourgeoisie voltairienne est, par l'effet d'événements qui la dépassent, provisoirement dépositaire de vérités et de libertés qui la dépassent, et que nous devons provisoirement sauvegarder en elle, au risque de la sauvegarder elle-même, en défendant le tout ensemble, dépôt et dépositaire, humanité future, éventuelle, et bourgeoisie présente, actuelle, ensemble contre la bourgeoisie réactionnaire de droite, catholique, généralement chrétienne, contre le patronat catholique, généralement chrétien; le raisonnement de ces fractions prolétariennes est éminemment respectable; il demanderait un examen sérieux; mais dans l'examen sérieux que l'on en ferait il faudrait faire entrer en ligne de compte ceci que la bourgeoisie voltairienne, ayant depuis longtemps découvert elle-même le point cardinal de son détournement et le secret de sa force, exerce un véritable chantage historique sur ces fractions du prolétariat, chanterie dont le gage est précisément ce trésor de vérités et de libertés humaines, supérieures à la bourgeoisie, dont des événements qui la dépassent l'ont faite provisoirement dépositaire.

De telles raisons respectables et discutables ne peuvent décider que quelques fractions particulièrement éclairées du prolétariat; c'est pour des causes beaucoup plus basses, et beaucoup plus mêlées, ce n'est pas pour des raisons et aussi hautes, et aussi pures, que la grande masse du populaire, inconscient, appuie le mouvement de la bourgeoisie anticatholique; c'est pour des causes qui ne tiennent aucunement à la culture humaine, à la civilisation, aux vérités humaines, aux libertés humaines; c'est enfin pour des causes qui ne relèvent que de la plus basse démagogie.

La grande masse du populaire appuie le mouvement de la bourgeoisie voltairienne contre la bourgeoisie catholique, ou plutôt se jette à corps perdu dans le débat et prend à son compte pour ainsi dire ce mouvement parce que la grande masse du populaire a une imbécillité mentale et une imbécillité sentimentale; une imbécillité mentale qui la livre désarmée à tous les sophismes, à tous les entraînements de la démagogie; et une imbécillité sentimentale qui lui fait aimer d'une affection particulière tous les vices, tous les entraînements de la démagogie.

Ainsi quand la grande masse du populaire emboîte le pas aux bourgeois anticatholiques, généralement aux bourgeois antichrétiens, quand la grande masse du populaire endosse même devant l'histoire et devant l'humanité la lourde responsabilité des mouvements anticatholiques, généralement des mouvements antichrétiens, il y a dans son cas énormément d'imbécillité mentale; premièrement ce populaire inconscient et inorganisé demande aux bourgeois, aux bourgeois voltairiens, de lui accorder quelques fragments de justice sociale non pas comme les objets d'une revendication légitime et comme des objets justement exigibles, mais comme les récompenses facultatives d'un appui militaire prêté pour une bataille politique; ainsi ce populaire ignorant et vénal remplace la révolution sociale, c'eſt-à-dire la revendication légitime de toute la juſtice sociale, par une servile demande gracieuse de faveurs partielles troquées pour une avance de force, d'autorité de commandement.

Deuxièmement il faut une énorme imbécillité mentale pour croire, pour compter que les bourgeois voltairiens, une fois victorieux, tiendront leurs promesses, leurs engagements; énorme imbécillité mentale doublée d'une énorme ignorance de l'hiſtoire, puisqu'il n'y a pas d'exemple que les bourgeois voltairiens, une fois débarrassés ou victorieux de leurs adversaires, de leurs ennemis, de leurs concurrents catholiques, généralement chrétiens, une fois nantis du pouvoir politique, aient tenu envers la classe ouvrière les engagements souscrits à l'heure d'un danger que l'on disait commun.

Premièrement ensemble et deuxièmement le populaire ainsi abusé remplace la révolution sociale entière et légitime, universelle et droite, non seulement par un marché diminué, avili, fragmentaire, gauche, mais, ce qui double cette imbécillité mentale, par un perpétuel marché de dupes. Premièrement le populaire achète ce qui n'eſt pas à vendre; il transforme en marchandise la juſtice; et deuxièmement la livraison de la marchandise n'a jamais lieu.

Imbécillité sentimentale, beaucoup plus profonde encore et plus grave que l'imbécillité mentale; si le populaire ainsi abusé abandonne lâchement la revendication légitime de toute une révolution sociale pour un vil marché fragmentaire, ce n'eſt pas qu'il ne voit pas clair seulement, et si pour un perpétuel marché de dupe, ce n'eſt pas seulement qu'il ne sait pas escompter; beaucoup plus profondément, et beaucoup plus gravement, c'eſt qu'il aime d'une affection singulière les entraînements de la démagogie.

Là eſt vraiment son cœur; là sa dilection; là eſt sa voie, sa vérité, sa vie.

Les citoyens qui parlent au peuple de travail et d'action, d'une révolution sociale de juſtice, d'une révolution sociale profonde essayée, commencée, patiemment poursuivie, achevée, accomplie, obtenue par le travail et par l'action, par l'effort, sont désagréables et impopulaires; mais les flatteurs et les perpétuels courtisans, les inventeurs de panacées reçoivent des fortunes immédiates et momentanément illimitées; surtout si leurs panacées politiques, surtout si leurs démagogies apportent un heureux assouvissement, et spécieusement justifié, aux éternels sentiments de la haine, et de l'envie, et de la jalousie.

Un des moyens qui réussissent le mieux parmi les innombrables moyens heureux de l'éternelle démagogie consiste à lancer le populaire, préalablement entraîné, sur une minorité habilement circonscrite; le populaire est naturellement lâche, comme l'homme; comme il est naturellement bête; il ne demande qu'à se ruer sur des minorités déterminées; mais son bonheur est sans égal si on peut lui fournir en outre cette apparence, qu'en se ruant ainsi sur des minorités il se sacrifie noblement pour quelque grande cause, pour quelque salut de l'humanité; tomber sur de plus faibles ne procure qu'un bonheur mélangé; mais tomber sur de plus faibles, et se représenter cette opération comme un grand sacrifice, un tel redoublement donne le bonheur pur.

Telle fut la double opération tentée naguère par la démagogie antisémitique, réactionnaire, nationaliste, antidreyfusiste; et qui réussit pendant plusieurs années; l'économie de cette opération était simple; et les politiciens catholiques réactionnaires, qui la mirent en représentation, ne se fatiguèrent pas la mentalité; il s'était formé une minorité dreyfusiste résolue; la démagogie consistait premièrement à représenter cette minorité dreyfusiste comme une minorité sémitique, ce qu'elle n'était pas, comme une minorité maçonnique, ce qu'elle n'était absolument pas, et pour cause, deuxièmement à représenter cette minorité juive comme dominante, comme écrasant la nation; de manière premièrement à lancer le populaire sur cette minorité représentée comme juive et deuxièmement à représenter ce populaire à lui-même comme accomplissant une insurrection sainte, comme se sacrifiant, noblement, comme se révoltant contre une oligarchie souveraine au prix des plus grands dangers; cette double opération réussit plusieurs années; le populaire avait le bonheur de se ruer sur une minorité, le double bonheur de sauver la France en se ruant sur cette minorité.

C'est une double opération du même ordre, une double opération analogue et de tous points comparable que la double opération tentée aujourd'hui par la démagogie anticléricale, anticatholique, réactionnaire, nationaliste; et qui réussit depuis plusieurs années; l'économie de cette seconde opération double n'est pas plus compliquée; les politiciens radicaux réactionnaires, qui la mettent en représentation, ne se fatiguent pas davantage la mentalité, pour ainsi dire; ils ont un peu artificiellement constitué, circonscrit une minorité catholique, assez irrésolue; la démagogie consiste premièrement à représenter cette minorité catholique comme une minorité cléricale, deuxièmement à représenter cette minorité cléricale comme dominante, comme écrasant la nation; de manière premièrement à lancer le populaire sur cette minorité représentée comme cléricale et deuxièmement à représenter ce populaire à lui-même comme accomplissant une insurrection sainte, comme se sacrifiant, noblement, comme se révoltant contre une oligarchie souveraine au prix des plus graves dangers; l'insurrection est le plus sacré des devoirs; cette seconde opération double réussit depuis plusieurs années; le populaire a le bonheur de se ruer sur une minorité, le double bonheur de sauver la République en se ruant sur cette minorité.

J'entends bien qu'on prétend que les catholiques dans l'État constituent une écrasante majorité, non une simple, faible et persécutée minorité; c'est du moins ce que prétendent leurs ennemis, leurs adversaires, leurs concurrents les bourgeois voltairiens; c'est ce que croit plus ou moins complaisamment ou fait semblant de croire le populaire plié aux entraînements de la démagogie.

Nous ne pouvons entamer un aussi gros débat d'évaluation dans ce simple *avertissement;* mais personnellement je crois que dans presque toute l'histoire de l'humanité, je crois qu'en particulier dans l'histoire de la France contemporaine la majorité de force et de domination, la majorité souveraine et de domination n'est constituée par aucun parti ayant un sens, par aucune minorité; elle n'est aujourd'hui et en France constituée ni par la minorité dreyfusiste, ni par la toute différente minorité sémitique, ni par la minorité maçonnique parasitaire, ni par la minorité nationaliste, ni par la minorité antisémitique, ni par la minorité catholique, ni par la moindre minorité protestante; mais à tour de rôle, selon les événements de l'histoire et selon les combinaisons politiques, parlementaires, des hommes, selon les fortunes et les évolutions et les dévolutions des entreprises, des institutions, chacune de ces minorités, pour se sauver elle-même de la persécution, ou pour asseoir sa domination propre, et se donner à son tour le rare plaisir d'exercer à son tour une persécution, autant qu'elle peut, par politique et par démagogie, exerce l'entraînement de la véritable majorité; qui est donc cette véritable majorité? cette véritable et perpétuelle majorité, c'est la lourde et lâche masse du populaire informe; car ce n'est pas seulement dans les assemblées parlementaires qu'il y a des masses flottantes, des libéraux populistes, des plaines et des marais; ces planitudes parlementaires ne font que représenter d'énormes planitudes populaires; c'est ici un des rares cas où la représentation parlementaire en effet représente; il y a dans le pays des plaines infinies, des marais immenses.

Les politiciens réactionnaires catholiques exerçaient incontestablement, il y a plusieurs années, une énorme autorité de commandement, une extrêmement dangereuse domination; mais il ne s'ensuit nullement, comme voudraient nous le faire croire leurs adversaires, leurs ennemis, leurs concurrents, leurs émules les politiciens bourgeois réactionnaires anticatholiques, il ne s'ensuit nullement que depuis plusieurs années leur situation soit demeurée la même; leur force en effet, leur autorité de commandement, leur force de domination ne résidait pas en eux-mêmes; elle résidait dans les forces populaires, dans les masses que leur démagogie, au nom de la France, au nom de l'idée nationale, avait momentanément entraînées.

Quand donc, de ce que les politiciens catholiques réactionnaires, il y a plusieurs années, ont commis les attentats les plus odieux contre la justice, contre la vérité, contre l'humanité, on conclut qu'aujourd'hui encore, et depuis plusieurs années, le catholicisme est également odieux, et également redoutable, nous, dreyfusistes de la première heure, nous nions formellement la conséquence; la démagogie a tourné depuis; elle est, comme toujours, du côté du plus fort; et nous qui en temps utile avons défendu la liberté, la justice, la vérité, l'humanité contre les servitudes, contre les iniquités, contre les abus, contre les injures et les injustices, contre les faux et les parjures, contre les forfaitures, les crimes et les inhumanités de la démagogie antisémitique réactionnaire, nous reconnaissons parfaitement aujourd'hui où est la réaction, où est la démagogie, où est la domination.

Nous avons depuis les premiers temps de l'affaire connu le goût même, la saveur, l'arrière-goût de la domination tyrannique; cette connaissance fut le résultat d'un apprentissage que nous avons fait; aujourd'hui, formés par cet apprentissage même, nous connaissons où est le goût de la domination tyrannique.

Momentanément et en fait, l'autorité de commandement dominante n'est pas dans le catholicisme; et nous qui depuis les tout premiers commencements de l'affaire avons appris à connaître notre personnel politique parlementaire, et les masses populaires aussi, nous n'en voulons que cette preuve : si le catholicisme était aujourd'hui et depuis plusieurs années aussi dangereux qu'il était il y a plusieurs années, nous ne verrions point partir en guerre contre le catholicisme tant de politiciens valeureux, tant de comités intrépides, et tant de masses impétueuses, qui le flattaient, qui le ménageaient, qui le servaient du temps qu'il était redoutable.

Un simple recensement de comparaison nous en donne la certitude; il y a plusieurs années, dreyfusistes libertaires, nous avions contre nous la formidable ruée de tout le populaire, la trahison et l'oppression de tous les politiciens; aujourd'hui, comme alors, socialistes libertaires, aujourd'hui et depuis plusieurs années, depuis quelques années seulement, pour combien d'années? nous avons contre nous le mauvais vouloir et sur nous la suspicion de tout le populaire, la trahison et l'oppression de tous les politiciens; comme l'avancement des hommes dans l'acheminement de la vie n'est point merveilleux et instantané, comme les générations de populaire et les générations de politiciens ne se renouvellent pas instantanément, ni en quelques années, à moins de supposer que dans un corps donné il peut y avoir deux majorités absolues qui n'aient pas d'éléments communs, ce à quoi l'arithmétique s'oppose immanquablement, à moins de supposer que dans un corps donné il peut y avoir deux unanimités qui ne soient pas formées des mêmes éléments, ce à quoi s'oppose infailliblement et la même arithmétique, et la logique formelle, par le principe d'identité, par le principe de non-contradiction, il faut bien admettre que ce sont les mêmes éléments populaires et parlementaires, sommairement, il faut bien que ce soient les mêmes masses et les mêmes politiciens qui naguère exerçaient la démagogie antisémitique et aujourd'hui qui exercent la démagogie anticatholique. Une simple inspection du personnel que nous connaissons, une simple expérience de recensement vérifie les résultats de ce simple raisonnement; naturellement les tout premiers éléments des états-majors, trop évidemment engagés, n'ont pu permuter avec toute la célérité désirable; mais dans les états-majors même, combien de retournements de vestes instantanés; c'était ce même Viger, aujourd'hui sénateur, qui fut ministre de l'agriculture dans le ministère de M. Brisson, c'était ce même Bourrat, toujours député, qui voulaient nous fusiller ou nous faire enfumer dans nos tanières; ce n'est que dans une *histoire du dreyfusisme en France* qu'il y aurait lieu de poursuivre, sans jamais l'épuiser, ce recensement.

Qu'il nous suffise aujourd'hui, et dans ce bref *avertissement,* de constater que l'opération démagogique effectuée par les politiciens bourgeois anticatholiques est exactement symétrique de l'opération démagogique précédemment effectuée par les politiciens catholiques bourgeois; les démagogues radicaux se servent de la République exactement comme les démagogues nationalistes s'étaient servis de la France.

Ni la France, tout de même cette grande nation de liberté, ni la République, ce régime de liberté, somme toute, ne sont responsables de ces accaparements, de ces contrefaçons et de ces détournements politiques; il y a dans la réalité de la vie politique et sociale une importante minorité catholique sincère; comme il y a une importante minorité socialiste sincère; comme il y a une importante minorité de libres-penseurs sincères; cette importante minorité catholique sincère a été exploitée, dans sa sincérité même, par tout un personnel de politiciens prétendus catholiques; afin d'établir leur domination, ces politiciens prétendus catholiques, par les moyens de la démagogie, entraînaient la lourde masse amorphe contre la minorité socialiste sincère et contre la minorité des libres-penseurs sincères; et pendant tout le temps que cette opération d'entraînement réussissait, pendant tout ce temps les politiciens professionnels du socialisme et de la libre-pensée, les politiciens prétendus socialistes et libres-penseurs, parasites, en réalité, du socialisme et de la libre-pensée, voyant que les affaires ne marchaient pas, se taisaient, se terraient, se défilaient, — ou pactisaient avec l'ennemi, flattaient l'ennemi, traitaient avec l'ennemi, se faisaient ennemis; — et justement pour justifier l'entraînement de démagogie exercé, par eux, de la masse populaire et de la masse parlementaire, au nom et en exploitation de la minorité catholique sincère, contre la minorité socialiste et de libres-penseurs sincère, les politiciens catholiques, insincères, professionnels, reprochaient, attribuaient à cette minorité sincère ennemie justement les mauvaises qualités, les crimes et les vices des politiciens correspondants; d'autre part une minorité socialiste et de libres-penseurs sincère, exploitée, dans sa sincérité même, par tout un personnel de politiciens prétendus socialistes et prétendus libres-penseurs, bourgeois en réalité, bourgeois, dogmatiques et parasites; afin d'établir aujourd'hui leur domination, ces politiciens radicaux, radicaux-socialistes, socialistes parlementaires, prétendus socialistes, prétendus libres-penseurs, par les moyens de la démagogie, entraînent la lourde masse amorphe, la masse populaire et la masse parlementaire, contre la minorité catholique sincère; — ici reconnaissons un manque dans la symétrie; avouons que si les mêmes platitudes et les mêmes abaissements se précipitent aux pieds de la démagogie anticatholique réactionnaire qui se précipitaient aux pieds de la démagogie réactionnaire catholique, du moins les politiciens, prétendus catholiques, les politiques parlementaires, les chefs nommément catholiques paraissent avoir un peu plus, un peu mieux couvert leurs troupes que dans des événements symétriques nos chefs ne nous avaient couverts; les chefs catholiques résistent à la bourrasque anticatholique un peu mieux que les chefs radicaux et radicaux-socialistes et socialistes parlementaires et socialistes prétendus révolutionnaires n'avaient résisté à la bourrasque antidreyfusiste; — aussitôt après la symétrie reprend, en ce que, pour justifier l'entraînement de démagogie exercé, par eux, de la masse populaire et de la masse parlementaire, au nom et en exploitation de la minorité socialiste et de libres-penseurs sincère, contre la minorité catholique sincère, les politiciens radicaux, radicaux-socialistes, socialistes parlementaires, socialistes prétendus révolutionnaires même, insincères, professionnels, reprochent, attribuent à cette minorité catholique sincère justement les mauvaises qualités, les crimes et les vices, les forfaitures et les faux, les injures et les iniquités des politiciens qui lui correspondent; et dans la deuxième opération de démagogie, comme dans la première, le populaire et le parlementaire marche, parce que le populaire et le parlementaire se plaît à marcher magnifiquement, héroïquement, en troupe, en foule, ensemble du côté du plus fort.

En morale, en sociale, ces deux opérations sont équivalentes, comme étant symétriques; également immorales; de part et d'autre une minorité sincère; de part et d'autre un personnel taré de politiciens professionnels, plus ou moins parlementaires, exploitant cette minorité, usurpant la représentation de cette minorité; de part et d'autre, pour faire le poids, la même masse populaire, que représente sensiblement la même masse parlementaire; de part et d'autre, comme levier, une grande idée innocente, la France, des nationalistes, la République, des radicaux; de part et d'autre, comme prétexte, et pour la justification, pour l'apparence, l'attribution, par le personnel politicien dominant, à la minorité adverse persécutée, des abus exercés, des crimes commis, en face du personnel dominant et au même niveau que lui, en haut, par l'autre personnel politicien, par le personnel politicien symétrique lui-même et de tout point correspondant.

Attribution également injuste de part et d'autre; et mal fondée; car il est aussi injuste d'attribuer les crimes et les abus politiques des politiciens catholiques aux hommes qui ont fondé le *comité catholique pour la défense du droit,* qu'il serait injuste de nous attribuer les crimes et les abus politiques des hommes qui se réclament de nous, du socialisme et de la pensée libre.

Anticléricalisme, anticatholicisme traditionnel ne peut rien, ne vaut rien contre un christianisme, en particulier contre un catholicisme éminemment traditionnel; c'est un fait que l'anticléricalisme, que l'anticatholicisme radical est honteusement traditionnel; j'entends par là premièrement qu'il est traditionnel, et deuxièmement que lui-même en même temps il en a honte, qu'il s'en cache; et qu'il essaie de se faire passer pour ce qu'il n'est pas, pour nouveau, réformateur, novateur; et même révolutionnaire; il n'a ainsi ni pleinement la force traditionnelle, ni pleinement la force révolutionnaire.

Anticléricalisme, anticatholicisme radical est traditionnel en ce premier sens qu'il n'a pas apporté à l'humanité pensante un mode nouveau de penser, de travailler, une méthode nouvelle, une matière nouvelle, une révolution mentale, une mentalité nouvelle; mais au contraire que rien n'est si ancien, que rien n'est si vieux, si connu, si aboli, si entendu et réglé que ce que l'on me pardonnera de nommer la mentalité radicale anticléricale anticatholique; tout homme quelque peu habitué, quelque peu exercé au travail intellectuel, au maniement des idées, au travail mental, sans hésitation, sans tâtonnement, du premier regard, au premier aspect, au son, à la simple résonance, reconnaîtra du premier coup, du premier abord une imagination radicale, une invention, une fiction radicale, à beaucoup de marques, mais en particulier à ce qu'elle a de vieux, de déjà vu, d'imité, souvent de contrefait, de péniblement recommencé; le radicalisme est principalement un système de vieux qui veut se faire passer pour du neuf; un socialisme seul peut rompre une tradition; un socialisme seul, neuf, entièrement nouveau, du moins autant qu'une institution humaine, actuellement, est entièrement nouvelle, un socialisme, sincèrement et profondément, intérieurement nouveau, peut briser une antique tradition, dans la mesure et au sens où il est permis honnêtement, où il est convenable de rompre une aussi antique tradition que la tradition catholique et généralement chrétienne.

La situation du radicalisme et d'un socialisme envers la tradition catholique et généralement chrétienne est sommairement la suivante : le christianisme et particulièrement le catholicisme est essentiellement, profondément, intérieurement traditionnel; et non seulement cela, mais il n'en est pas honteux, il n'en demeure pas confus, comme le radicalisme; au contraire il s'en vante, il s'en fait gloire; il se réclame de sa haute antiquité; il sait, il dit, et il proclame que l'antiquité catholique et généralement chrétienne est la plus haute, la plus ancienne, la plus antique antiquité réalisée dans le monde occidental de culture, d'inquiétude, et d'avancement.

En face et au regard de cette fierté, contre cette fierté, contre cette superbe, qui vaudra; contre cette antiquité, contre cette réclamation, contre cette revendication, contre une antiquité aussi hautement revendiquée, aussi hautement traditionnelle, qui vaudra; sera-ce une antiquité, une ancienneté bassement dissimulée, une ancienneté à la fois aussi ancienne et beaucoup moins ancienne; aussi ancienne en ce sens qu'elle enveloppe, qu'elle implique les mêmes antiques bassesses, les mêmes antiques vilenies, les mêmes antiques misères, — les mêmes antiques infirmités, les mêmes antiques platitudes, vanités, faiblesses, habiletés, habitudes et débilités humaines, — les mêmes antiques servitudes, les mêmes antiques avilissements humains; et beaucoup moins ancienne en ce sens qu'elle n'implique pas les mêmes grandeurs antiques, les mêmes antiques forces, les mêmes antiques puissances et la même continuité; non, tout radicalisme, étant à la fois traditionnel et honteux de ce qu'il est traditionnel, ne peut avoir pleinement ni l'avantage de la situation traditionnelle, ni l'avantage de la situation révolutionnaire; traditionnel en réalité, il ne peut jamais donner que les illusions et les contrefaçons d'un mouvement révolutionnaire; honteux de cette réalité, il ne peut jamais donner que les apparents démentis, en réalité les contrefaçons d'une conservation traditionnelle; en comparaison du christianisme et particulièrement du catholicisme, le radicalisme manque de tout ce qui fait l'antique force traditionnelle; en comparaison d'un socialisme, et en face du catholicisme, le radicalisme manque de tout ce qui fait une force neuve, révolutionnaire.

Le christianisme et particulièrement le catholicisme a pleinement l'avantage d'une situation traditionnelle; un socialisme a pleinement l'avantage d'une situation révolutionnaire; le radicalisme, traditionnel, ne peut avoir pleinement l'avantage d'une situation révolutionnaire, honteux, ne peut avoir pleinement l'avantage d'une situation traditionnelle.

Or ce qui peut valoir seulement contre une pleine situation traditionnelle, c'est une pleine situation révolutionnaire; contre une pleine situation révolutionnaire une situation révolutionnaire atténuée ne vaut pas ; contre une pleine situation traditionnelle une situation traditionnelle atténuée ne vaut pas ; contre une pleine situation traditionnelle rien ne vaut qu'une pleine situation révolutionnaire.

Ce qui fait la force d'une pleine situation traditionnelle, c'est que située actuellement elle ramasse dans l'action présente, et dans la vie actuelle, toute une pleine humanité passée, toute une antiquité de vie et d'action, de pensée, de sentiment, de passion, d'histoire ; contre cela rien, absolument rien ne vaut qu'une pleine action, une pleine situation révolutionnaire, c'est-à-dire non pas un renversement arbitraire, un retournement factice, une éversion politique, parlementaire, scolaire, livresque, mais au contraire un appel intérieur, un appel plus profond à d'autres forces humaines, à des humanités plus profondes, un nouveau et plus profond coup de sonde aux antiques, inépuisables et communes ressources.

Contre une situation traditionnelle pleinement traditionnelle, contre une pleine situation traditionnelle, rien, absolument rien ne vaut qu'une pleine situation révolutionnaire, c'est-à-dire non pas une situation de transbordement ou de chambardement autoritaire, arbitraire et livresque, mais, au fond, un appel à une tradition plus profonde ; une révolution est un appel d'une tradition moins parfaite à une tradition plus parfaite, un appel d'une tradition moins profonde à une tradition plus profonde, un reculement de tradition, un dépassement en profondeur ; une recherche à des sources plus profondes ; au sens littéral du mot, une ressource ; ce n'est pas seulement parce qu'elles sont également puissantes, ce n'est pas seulement parce qu'elles sont également fortes, parce qu'elles sont des grandeurs du même ordre que seule une pleine situation révolutionnaire peut affronter une pleine situation traditionnelle ; ce n'est pas seulement parce qu'elles sont des grandeurs du même ordre ; c'est, beaucoup plus profondément, parce qu'elles sont des grandeurs de même espèce, de même nature ; c'est parce qu'elles constituent des opérations de même nature, la même opération à des profondeurs variables, et, autant que nous le pouvons, croissantes ; une révolution n'est vraiment et pleinement révolutionnaire et ne réussit comme révolution que si elle atteint, comme d'un coup de sonde, que si elle fait surgir et sourdre une humanité plus profonde que l'humanité de la tradition à qui elle s'oppose, à qui elle s'attaque; elle ne vaut que si elle met dans le commerce une humanité plus profonde et, proprement, plus traditionnelle, que l'humanité courante, que l'humanité actuelle, usuelle, que l'humanité connue; elle ne vaut que si elle apporte ce merveilleux renouvellement, ce merveilleux rafraîchissement de l'humanité, par approfondissement, qui donne tant de jeune ivresse aux véritables crises révolutionnaires, dans toute leur peine, dans toute leur misère, dans tout leur effort; au fond une révolution n'est une pleine révolution que si elle est une plus pleine tradition, une plus pleine conservation, une antérieure tradition, plus profonde, plus vraie, plus ancienne, et ainsi plus éternelle; une révolution n'est une pleine révolution que si elle met pour ainsi dire dans la circulation, dans la communication, si elle fait apparaître un homme, une humanité plus profonde, plus approfondie, où n'avaient pas atteint les révolutions précédentes, ces révolutions de qui la conservation faisait justement la tradition présente. Une pleine révolution, il faut littéralement qu'elle soit plus pleine, s'étant emplie de plus d'humanité, il faut qu'elle soit descendue en des régions humaines antérieures, il faut qu'elle ait, plus profondément, découvert des régions humaines inconnues; il faut qu'elle soit plus pleinement traditionnelle que la pleine tradition même à qui elle s'oppose, à qui elle s'attaque; il faut qu'elle soit plus traditionnelle que la tradition même; il faut qu'elle passe et qu'elle vainque l'antiquité en antiquité; non pas en nouveauté curieuse, comme on le croit trop généralement, en actualité fiévreuse et factice; il faut que par la profondeur de sa ressource neuve plus profonde, elle prouve que les précédentes révolutions étaient insuffisamment révolutionnaires, que les traditions correspondantes étaient insuffisamment traditionnelles et pleines; il faut que par une intuition mentale, morale et sentimentale plus profonde elle vainque la tradition même en traditionnel, en tradition, qu'elle passe en dessous; loin d'être une super-augmentation, comme on le croit beaucoup trop généralement, une révolution est une excavation, un approfondissement, un dépassement de profondeur.

De si loin revenons au radicalisme; anticléricalisme, anticatholicisme radical est traditionnel en ce deuxième sens, particulier, que loin d'apporter à l'humanité pensante un mode nouveau de penser, de travailler, une méthode nouvelle, une matière nouvelle, une révolution mentale, une mentalité nouvelle, non seulement il n'apporte que du vieux, du déjà connu, mais ce vieux, ce déjà connu est du vieux catholique, du déjà connu catholique; tout homme quelque peu habitué, quelque peu exercé aux comparaisons, aux rapprochements, aux analogies, aux méthodes comparatoires, au maniement de ces méthodes, qui ont tant contribué à l'avancement de nos connaissances, et aussi tout homme qui aura de quelque manière subi l'oppression de la domination catholique, et tout homme surtout qui, ayant subi de quelque manière l'oppression de la domination catholique, pour avoir tenu la même conduite morale et sociale, ensuite aura, exactement de la même manière, subi l'oppression de la domination radicale, tout homme réaliste, éprouvé, sans hésitation, sans tâtonnement, du premier regard, au premier aspect, au son, à la simple résonance, reconnaîtra du premier coup, au premier abord, dans une imagination radicale, dans une invention, dans une fiction radicale, toujours une inspiration catholique, retournée, grossièrement, imitée, obtenue par extrait et descendance, toujours le perpétuel esprit catholique, l'éternelle imagination, invention, fiction catholique; c'est un fait d'histoire aujourd'hui si universellement admis, que le radicalisme, autoritaire, dogmatique, politique, parlementaire, gouvernemental est un cas particulier du catholicisme, exactement un cas particulier de retournement du catholicisme, que l'on me permettra de n'y pas insister davantage dans cet *avertissement;* tout ce que j'en veux provisoirement dire est que c'est un cas si parfaitement réalisé que l'on pourrait, dans le besoin, en faire un cas modèle, un cas *specimen;* c'est un cas si parfaitement réalisé qu'il dépasse les cas imaginaires mêmes; si, avant l'expérience de l'histoire, on avait voulu imaginer un cas particulier de retournement de catholicisme, on n'aurait jamais osé le supposer aussi typique, aussi parfait.

Anticléricalisme, anticatholicisme radical, étant conservateur, ne vaut pas contre un christianisme, et particulièrement contre un catholicisme aussi puissamment conservateur; un socialisme seul, pleinement révolutionnaire, peut affronter une aussi énorme puissance de conservation; qui veut de la tradition, il va aux pleins traditionnalistes, aux chrétiens, aux catholiques; et qui généralement veut de la conservation, il va aux pleins conservateurs, aux chrétiens, aux catholiques; mais qui ne veut ni tradition, ni conservation, il va aux pleins révolutionnaires, aux socialistes, libertaires, anarchistes; les situations bâtardes, les traditions atténuées, les conservations atténuées, comme les révolutions atténuées, n'obtiendront jamais que des fortunes accidentelles, des réussites politiques, truquées, des autorités de commandement précaires; un radicalisme, politique, n'obtiendra jamais ni des dévouements entiers, ni des collaborations entières, ni des fortunes entières.

Les dévouements entiers, les collaborations entières, les fortunes et les infortunes entières ne se sont jamais données qu'aux idées entières, aux théories entières, aux sentiments entiers, aux systèmes entiers.

Les idées entières, les théories entières, les sentiments, les systèmes entiers seuls vivent et meurent, vivent ou meurent, vivent puis meurent, se réalisent dans la vie ou s'éternisent dans la mort; à eux seuls reviennent ces deux formes de la réalité, la vie et la mort; les autres se meuvent dans l'irréel, dans l'imaginaire; les autres ne vivent pas, comme ils ne meurent pas : ils font de la politique.

Une mort de réalité est plus éminente, plus importante, plus vivante, qu'une vie non réelle, imaginaire, politique.

Revenons au radicalisme anticatholique. Il est conservateur, mais partiellement, misérablement conservateur; il veut conserver ce qui est à lui et ne conserver pas ce qui n'est pas à lui; misérables distinctions; ni les conservations, ni les révolutions ne peuvent distinguer ainsi; les conservations ne se tiennent et ne peuvent conserver que si elles prétendent conserver tout un système social ou moral ou mental, tout un monde; les révolutions ne prennent ou n'entament et ne réussissent que si elles prétendent renverser, éverser tout un système social et moral ou mental; ni une tradition atténuée, timide, ni généralement une conservation, atténuée, timide, ne réussit à conserver, ni une révolution atténuée, timide, ne réussit à éverser.

Ni une tradition, une conservation, ni en face une révolution ne consiste à faire des mixtures, des combinaisons, calculées, politiques, à fabriquer des arrangements ; une tradition, une conservation consiste à faire vivre, dans la réalité, à maintenir la vie, réelle, de toute une organisation, vivante, réalisée, de tout un système social, moral, mental, de tout un monde ; une révolution consiste à faire vivre, dans la réalité, à instaurer la vie, réelle, de toute une organisation, qu'il faut qui soit vivante, réalisée, de tout un système social, moral, mental, à faire intervenir, de tout un monde à naître ; une conservation consiste à continuer à faire vivre, exactement à continuer à faire continuer de vivre ; une révolution consiste à commencer à faire vivre, exactement à commencer à faire commencer de vivre ; le point d'appui de la tradition, de la conservation, est dans la réalité présente ; mais le point d'appui de la révolution ne peut être que dans une réalité à venir, dans une réalité au moins éventuelle ; dans une réalité à faire, à élaborer, à réaliser ; une révolution qui n'aurait qu'un point d'appui tout imaginaire ne serait elle-même qu'une révolution imaginaire ; elle ne serait pas une révolution ; elle ne serait qu'une imagination, une invention, une fiction de révolution ; à une tradition, à une conservation qui maintient, qui conserve de la réalité, il ne peut rien être opposé, qu'une révolution qui apporte de la réalité.

Ainsi une révolution n'est pas le contraire d'une conservation sur le même plan ; elle ne s'oppose pas, elle ne s'attaque pas à une conservation comme une anticonservation, comme une opération égale et de sens contraire ; une révolution n'est rien, si elle n'est pas l'introduction d'un nouveau plan, si elle n'engage pas tout un nouveau regard, toute une nouvelle vue, toute une nouvelle vie, si elle n'introduit pas tout un nouveau plan, social, moral, mental ; une révolution n'est révolution que si elle est entière, globale, totale, absolue.

La conservation, elle, n'a pas tant de précautions à prendre, ni autant d'attention à donner ; par cela seul que ce qu'elle maintient, que ce qu'elle conserve, c'est du présent, donc du réalisé, elle est assurée que c'est en quelque sens du réel; au contraire la révolution, travaillant dans le futur, dans l'éventuel, se proposant de faire naître, ne se peut assurer de rien; n'ayant fait aucune expérience, du moins totale, qui seule vaudrait, n'ayant, somme toute, pas éprouvé la réalité qu'elle présente à l'acceptation de l'humanité, — car une expérience totale de la révolution reviendrait à être la révolution même, — une révolution ne peut rigoureusement garantir la réalité, — en pareille matière la réalisation exige la réalité même, — une révolution ne peut rigoureusement garantir la réalité de son idéal, et ainsi la possibilité de sa réalisation, sur aucune épreuve, sur aucune expérience; puisque par définition même il n'y a jamais eu aucune réalisation de cet idéal; de ce que nous avons dit il résulte en effet que s'il y avait eu jamais quelque véritable réalisation, la révolution serait faite; donc une révolution ne peut garantir la réalité de son idéal, et ainsi la possibilité de sa réalisation, que sur le témoignage du génie, qui est proprement le seul substitut de la réalité, le seul équivalent, le seul remplaçant de la réalité, qui en matière sociale peut en devenir le substitut provisoire, l'équivalent, le remplaçant provisoire; car le talent, et encore quand il est bon et vrai, ne fait qu'un aménagement de la réalité, tandis que le génie, à lui seul, et lui seul, en est un substitut, en fait un remplacement; ou plutôt le talent, quand il est vrai, quand il est bon, fait un aménagement de la réalité réalisée; le génie est fort d'une intuition; l'opération du génie est une intuition, le sens, l'intuition de la réalité non réalisée.

Ainsi la conservation ne demande que des hommes ordinaires, ou des hommes de talent; la révolution demande et des hommes ordinaires, et des hommes de talent, et, en outre, elle exige du génie, que ce soit le génie d'un homme, ou de plusieurs hommes, ou le génie plus profond d'une race, ou d'un peuple, ou d'une classe, ou enfin ce génie particulièrement profond qui naît d'une expérience continuée de la misère.

La conservation ne requiert aucun génie, parce que la réalité réalisée, qu'elle conserve, lui confère de la réalité de quoi s'emplir; la révolution au contraire exige impérieusement un génie, qui, ayant l'intuition d'une réalité non réalisée, lui confère cette réalité de quoi s'emplir.

Une révolution est en face de la conservation correspondante non pas comme un adversaire, non pas comme un ennemi sur le même plan, non pas comme un antagoniste, mais comme un candidat au remplacement total.

Ainsi une atténuation de la révolution est forcément à l'avantage de la conservation, puisque la conservation occupe; une atténuation de la révolution, diminuant le remplacement ou l'éventualité du remplacement, renforce d'autant ce qui est, ce qui existe, ce qui est réalisé, puisque, en attendant, cela est toujours.

Mais une atténuation de la conservation n'est pas forcément à l'avantage de la révolution, car la révolution n'occupe pas; elle attend; elle n'occupe qu'en idée, en génie; elle n'occupe qu'une réalité éventuelle, une réalité non présentement, non actuellement vivante, une réalité non fonctionnant, non réalisée, non actuelle; une atténuation de la conservation peut fort bien tourner à l'avantage d'une autre situation réactionnaire, d'une situation plus réactionnaire même, ou simplement d'une autre conservation; ou généralement, et malheureusement, une atténuation de la conservation peut tourner en corruption; l'atténuation de la conservation romaine impériale n'a pas, dans la réalité, tourné à l'avantage de la révolution chrétienne; elle n'a servi qu'à léguer à la révolution chrétienne les germes, les corruptions de vice et d'autorité de commandement de la Rome impériale; l'atténuation de la conservation politique en France dans les dernières années du second Empire n'a pas, dans la réalité, tourné à l'avantage de la troisième République; elle n'a servi qu'à léguer à la troisième République les germes, les corruptions de vice et d'autorité de gouvernement du second Empire; logiquement, la diminution, l'atténuation de la conservation romaine impériale pouvait tourner à l'avantage de la révolution chrétienne, et la diminution de la conservation, de l'autorité politique en France pendant les dernières années du second Empire pouvait tourner à l'avantage de la troisième République; mais, en fait, il n'en a pas été ainsi; que la faute en soit aux premiers chrétiens et aux premiers républicains, ou à des circonstances, à des événements indépendants de leur action, les faits sont là, et on pourrait multiplier les exemples; et ils ne font que vérifier le raisonnement; une atténuation de la révolution est forcément, automatiquement, à l'avantage de la conservation; une atténuation de la conservation n'est pas forcément, automatiquement, à l'avantage de la révolution; la conservation, la réaction joue à qui perd peut gagner; la révolution joue à qui perd ne gagne rien; la conservation ne risque pas tout; la révolution risque toujours son tout.

S'il en est ainsi, quiconque atténue, diminue la révolution fait en réalité les affaires de la conservation, quand il ne fait pas les affaires de la réaction; quiconque atténue au contraire, diminue la conservation ne fait pas forcément ni automatiquement les affaires de la révolution; c'est pour cela qu'il est rigoureusement vrai de dire que l'on voit dans la réalité beaucoup d'anciens ou de prétendus révolutionnaires trahir la cause de la révolution; tandis que, pour cette raison et pour beaucoup d'autres, on ne voit pas d'anciens ou de prétendus conservateurs trahir la cause de la conservation; qui n'est pas pour la révolution est contre elle; qui n'est pas contre la conservation est pour elle; une révolution a contre elle tous les neutres et tous les indifférents; la conservation a pour elle tous les neutres et tous les indifférents.

Ainsi encore tout ce qui est perdu pour une révolution est gagné forcément, automatiquement pour la conservation, ou pour de la réaction; mais tout ce qui est perdu pour la conservation n'est pas gagné forcément, automatiquement pour la révolution.

Tout ce qui est gagné sur une révolution est gagné forcément, automatiquement pour la conservation, ou pour de la réaction; mais tout ce qui est gagné sur la conservation n'est pas gagné forcément, automatiquement pour la révolution.

Ainsi enfin les fragments, les fractions de révolution ne constituent pas la révolution, tandis que les fragments, les fractions, les appoints de conservation constituent ou renforcent la conservation.

Ce qui est gagné sur la conservation n'est gagné pour la révolution que si c'est total, ou au moment où ce devient total; pour la révolution un gain n'est gain que s'il est un gain total, ou au moment où il devient un gain total.

Tout est gagné pour la conservation; tout gain est gain pour elle.

Un commencement de révolution ne fait pas une révolution, même commencée, ne fait pas de la révolution, pas pour la valeur même de ce commencement; un commencement de conservation fait une conservation, fait de la conservation, au moins pour la valeur de ce commencement.

Un tiers de révolution ne fait pas de révolution, même pour un tiers; un tiers de conservation fait de la conservation, au moins pour un tiers.

Comme trois tiers de preuve ne font pas une preuve, ainsi trois tiers de révolution ne font pas une révolution; trois tiers de conservation font de la conservation pour ces trois tiers.

Parce qu'une révolution, n'ayant à sa disposition aucune réalité, réalisée, organisée, qui lui soit propre, qui soit sa matière et qui soit en elle, doit apporter elle-même, doit être elle-même une organisation; au lieu qu'une conservation, ayant à sa disposition toute, ou presque toute la réalité politique et sociale, réalisée, par conséquent organisée, qui lui appartient, qui est sa matière et qui est en elle, n'a plus besoin d'apporter elle-même, d'être elle-même une organisation; or c'est le propre d'une organisation qu'elle n'est une organisation que si elle est totale, globale, absolue; elle ne s'obtient point par une addition, par une juxtaposition de ses parties, mais elle n'existe que par une organisation, par une composition de ses membres.

C'est pour cela que les fractions de conservation, même inorganisées, sont valables pour la conservation; tandis que les fractions de révolution, si elles sont distinctes, si elles restent séparées, ne peuvent s'organiser et devenir valables pour la révolution, ni du fait de la révolution, ni du fait de la réalité; tant que les fractions de révolution restent inorganisées elles-mêmes, tant qu'elles n'ont pas une organisation intrinsèque, elles ne peuvent attendre, de la révolution, de la réalité, une organisation introduite.

Quand on fait sa part à la révolution, quand on limite la révolution, on ne fait pas de révolution, on tue la révolution; quand on fait sa part à la conservation, quand on limite la conservation, on fait de la conservation, on fait vivre la conservation, elle trouve la part bonne et s'en fait un avantage.

On ne peut pas faire de la révolution; on est tenu de faire, on ne peut faire que la révolution; tandis qu'on peut parfaitement faire de la conservation, sans faire absolument la conservation.

Si l'on veut bien prêter quelque attention à cette profonde disparité intérieure de la conservation et de la révolution, sans nier qu'il y ait eu des trahisons, des défaillances, des déviations individuelles ou personnelles, politiques, parlementaires, partielles, on s'apercevra que cette imparité profonde intérieure est peut-être la principale cause pourquoi il est si facile de faire de la conservation, et si difficile de faire la révolution; pourquoi, par suite, il y a tant de gens qui font de la conservation, et si peu de citoyens qui font la révolution, tant de véritables conservateurs, si peu de véritables révolutionnaires; enfin pourquoi nous voyons tant d'anciens ou de prétendus révolutionnaires devenir de véritables conservateurs; ils suivent la ligne de la plus grande pente; pourquoi nous voyons si peu de véritables conservateurs devenir de véritables révolutionnaires; ils sont ou ils seraient contraints de remonter.

Il est sage d'être conservateur, si l'on croit que la conservation vaut mieux que la révolution; il est sage d'être absolument révolutionnaire, si l'on croit que la révolution vaut mieux que la conservation; il n'est pas sage de fragmenter la révolution, si l'on croit que la conservation n'est pas bonne.

Loin que ce soient les modérés, les socialistes parlementaires, les socialistes radicaux, les socialistes opportunistes, les radicaux-socialistes, les radicaux, les opportunistes, les modérés, les progressistes qui soient sages et les socialistes révolutionnaires qui soient fous, ce sont au contraire tous les républicains non socialistes révolutionnaires qui ne sont pas sages, parce qu'ils veulent fragmenter un tout indivisible, et ce sont les conservateurs et les socialistes révolutionnaires, de part et d'autre, chacun de leur bord, qui sont sages.

Nous avons vu précédemment, et dans un certain détail, quelle était la situation du radicalisme anticlérical, anticatholique envers un catholicisme traditionnel, par ce qu'elle était envers la tradition même; mais la tradition n'est qu'un cas particulier de la conservation;

la tradition est la conservation des usages, des habitudes, la conservation des mœurs; la conservation est la tradition de tout; la situation particulière du radicalisme anticlérical, anticatholique envers un catholicisme traditionnel et envers la tradition ne fait qu'annoncer la situation générale de ce même radicalisme envers un catholicisme conservateur, envers la conservation même, situation générale non moins misérable, non moins stérile, non moins précaire, non moins inégale; car à une situation pleinement conservatoire, une situation pleinement révolutionnaire se peut seule opposer; le radicalisme entend conserver la propriété individuelle des moyens de production et d'échange dans la mesure où cette conservation profite à ses intérêts politiques, parlementaires; il entend ne conserver pas cette propriété, ou la supprimer, dans la mesure où elle nuit à ses intérêts politiques, parlementaires, par exemple quand il s'agit des biens ecclésiastiques; il entend conserver la petite propriété, la petite agriculture, la petite industrie et le petit commerce, la petite boutique, dans la mesure où cette conservation profite à ses intérêts politiques, parlementaires; il entend ne les conserver pas, ou les supprimer, dans la mesure où ils nuisent à ses intérêts politiques, parlementaires; il entend conserver la petite propriété, agriculture, industrie, commerce, boutique, pourvu qu'elle soit radicale; mais il entend ne la conserver pas, ou la supprimer, pourvu qu'elle soit réactionnaire et catholique; il entend conserver le capitalisme, le plus grand capitalisme, le patronat le plus injurieux, et même il décore les patrons des rubans les plus rouges d'honneur, pourvu que les capitalistes subventionnent les journaux radicaux, pourvu que les patrons subventionnent, entretiennent les députés radicaux, soit directement et personnellement, soit subventionnant les comités; quand ce ne sont pas les grands patrons eux-mêmes et les grands capitalistes qui sont, comme c'est le cas le plus fréquent, députés radicaux; il entend conserver le nationalisme quand le nationalisme profite à ses intérêts politiques, parlementaires, par exemple contre le catholicisme romain; il entend ne le conserver pas quand il nuit à ses intérêts politiques, parlementaires, quand il est par exemple le nationalisme catholique, réactionnaire; ennemi du nationalisme réactionnaire, il ne se propose que de passer les nationalistes réactionnaires en nationalisme même; il flatte bassement les associations militaires, les sociétés de tir et de gymnastique; il entend conserver le surnaturel, merveilleux, miraculeux, il entend conserver le miracle quand la conservation du miracle profite à ses intérêts politiques, parlementaires, quand il s'agit par exemple du miracle politique, patriotique, démocratique, du miracle que l'on nous demande aujourd'hui d'accorder pour la reconnaissance surnaturelle de l'État moderne; il entend ne pas les conserver quand le miracle nuit à ses intérêts politiques, parlementaires, quand il est, par exemple, le miracle catholique, ecclésiastique.

CHARLES PÉGUY

Je suis contraint de continuer cet avertissement *à la quatrième page de la couverture.*

Le radicalisme anticlérical, anticatholique entend conserver tout ce qui profite à ses intérêts politiques parlementaires; il entend ne conserver pas, au besoin supprimer tout ce qui nuit à ses intérêts politiques parlementaires, quand bien même c'est du même ordre; ni les pleines et seules vraies conservations, ni les pleines et seules vraies révolutions n'admettent de ces marchandages; à toute une vie, comme est la vie chrétienne, en particulier catholique, rien ne se peut mesurer que toute une vie nouvelle, toute une révolution; c'est-à-dire un fouissement plus profond; *res nova,* disaient les Latins; *vita nova,* dirons-nous, car une révolution revient essentiellement à fouir plus profondément dans les ressources non épuisées de la vie intérieure; et c'est pour cela que les grands hommes d'action révolutionnaire sont éminemment des grands hommes de grande vie intérieure, des méditatifs, des contemplatifs; ce ne sont pas les hommes en dehors qui font les révolutions, ce sont les hommes en dedans.

Je continuerai cet *avertissement,* si je le puis, dans un prochain cahier[1].

NOTES
ET VARIANTES

MARCEL

P. 11

1. Sur Marcel Baudouin, cf. chronologie, année 1893 à 1897, et note de la page 199.

P. 33

1. Nous suivons ici rigoureusement le texte de l'édition originale.

LETTRE DU PROVINCIAL

P. 89

1. Il eﬆ bien évident que cette lettre, qui eﬆ le programme même des *Cahiers de la Quinzaine,* eﬆ fictive, et que le personnage du provincial eﬆ fictif; ou si l'on préfère c'eﬆ un personnage collectif : il représente les nombreux camarades de Péguy à l'École Normale qui se trouvent dispersés à travers la France, en attendant que l'avancement permette à certains d'entre eux de revenir à Paris. Ce sont ces camarades qui avaient précédemment cotisé pour rassembler — projet chimérique — les capitaux nécessaires à l'établissement d'un *journal vrai,* d'un journal *socialiﬆement socialiﬆe.* Les *Cahiers de la Quinzaine* vont tenir lieu dans une certaine mesure de ce *journal vrai.* Et telle eﬆ la raison de leur caractère assez particulier, — du moins au cours de la première série.

P. 90

1. Les deux frères Tharaud notamment firent d'assez nombreux séjours en Europe centrale.

2. Charles Péguy était abonné à ces trois journaux, et en conservait les collections, soigneusement enliassées, dans son grenier. Il ne détruisit ces collections que lorsqu'il déménagea pour venir à la Maison des Pins. — Le *Mouvement socialiﬆe* était une revue éditée par la Société nouvelle de Librairie et d'Édition que Charles Péguy venait de quitter pour fonder les *Cahiers.*

P. 91

1. Andler germaniﬆe. Voir T. II, p 1117.

P. 92

1. Tels étaient les sentiments de Péguy lui-même, au début de sa carrière, pour Jaurès. Jaurès était d'ailleurs un jeune professeur de philosophie à l'époque où Péguy préparait l'agrégation de philosophie, et c'était un lien de plus entre les deux hommes.

P. 99

1. Cf. note 2 de la page 123.

P. 100

1. La « Librairie Georges Bellais » — qui en réalité était une librairie Charles Péguy — prit ce nom lorsqu'elle fut transformée en cette société anonyme que Charles Péguy dut quitter, fin 1899, à la suite de son désaccord sur l'opportunité de la création des *Cahiers.*

P. 101

1. Péguy veut dire de la copie d'ordre littéraire, roman ou poème. Quand il rédige ce texte, il songe sans doute à *la lumière,* de J. et J. Tharaud. Cette nouvelle sera publiée en trois fragments dans la première série des *Cahiers.* Ce sera le seul texte de cette nature publiée dans cette série, et il semble que Péguy ait voulu remercier les frères Tharaud de l'hospitalité qu'ils lui offraient 19 rue des Fossés-Saint-Jacques. Péguy, qui habitait alors à Saint-Clair, entre Orsay et Limours, recevait pour la gérance des *Cahiers* dans la chambre des Tharaud, les lundi et jeudi, de deux heures à sept. Peut-être songe-t-il aussi à *Jean Coste* d'Antonin Lavergne, roman qui fut refusé par la Société nouvelle de Librairie et d'Édition et que Péguy, qui admirait beaucoup ce texte, publia dans la série suivante.

RÉPONSE

P. 102

1. Une tradition veut que cet article ait été rédigé pour *la Revue blanche,* où Péguy venait d'écrire un certain nombre d'articles dans la rubrique « Notes politiques et sociales », et qu'il ait été refusé comme trop long. — Mais il se peut, et ceci nous paraît plus vraisemblable, qu'il ait été destiné au *Mouvement socialiste* où, le premier novembre 1899 Charles Péguy avait fait paraître *les récentes œuvres de Zola.*

LE « TRIOMPHE DE LA RÉPUBLIQUE »

P. 103

1. Voir note précédente et introduction.

P. 104

1. Deshairs, qui devint directeur de l'École des Arts Décoratifs, avait été le camarade de Péguy à Sainte-Barbe. Nous lui devons un remarquable portrait au crayon de Charles Péguy, alors que ce dernier était normalien.

P. 118

1. Il y a bien Saint-Louis, et non saint Louis dans le texte. Libre penseur, Charles Péguy considère en quelque sorte « Saint-Louis » comme un surnom.

P. 119

1. Cf. note de la page 104.

DE LA GRIPPE

P. 123

1. Nous ne savons si Charles Péguy désigne par ce terme un de ses amis, que nous n'avons pu identifier, ou s'il s'agit là d'un personnage fictif. — Cette seconde hypothèse nous semble d'ailleurs la plus probable.

2. Le 14 juillet 1899, Charles Péguy avait quitté son appartement de la rue de l'Estrapade, dans le quartier latin, pour venir habiter Saint-Clair, à une trentaine de kilomètres au sud de Paris. Sa maison, en contre-bas de la route de Chartres, était humide et difficile à chauffer.

P. 124

1. Rue des Fossés-Saint-Jacques se trouvait la chambre des frères Tharaud, où Péguy recevait. (Cf. note de la page 101). A Suresnes, alors desservie par la Compagnie des Chemins de fer de l'Ouest, se trouvait l'imprimerie Payen où Péguy se rendait fort souvent, au début des *Cahiers,* faisant la mise en page sur place, pour gagner du temps. Il habitait d'autre part Saint-Clair, desservi par la halte de Bures (compagnie d'Orléans).

P. 127

1. Il s'agit bien évidemment de Lucien Herr, bibliothécaire à l'École Normale. Herr était l'un des cinq administrateurs de la Société nouvelle d'Édition, et ce fut lorsque Charles Péguy, quelques semaines plus tôt, demanda à cette société d'éditer, à ses propres frais, les *Cahiers,* que Lucien Herr, non content de refuser, annonça qu'il marcherait contre Péguy « de toutes ses forces ».

P. 128

1. Cf. note 2 de la page 123.

P. 129

1. Il s'agit du docteur Debord, qui habitait la bourgade proche d'Orsay. Quelques années plus tard, le gendre du docteur Debord, le docteur André, devint à son tour le médecin — et l'ami — de Charles Péguy.

P. 136

1. La Société nouvelle d'Édition, où Charles Péguy était délégué à l'édition, — et dont le conseil devait par la suite, comme nous l'avons vu, refuser d'entreprendre la publication des *Cahiers*.

ENCORE DE LA GRIPPE

P. 139

1. Voir note de la page 123. Écrivant non un ouvrage mais un texte paraissant en quelque sorte en feuilleton, de quinzaine en quinzaine, Ch. Péguy organise ce découpage du texte par cet artifice du retour du docteur socialiste révolutionnaire. — Il est vraisemblable que les trois articles *de la grippe* ont été écrit d'un seul coup. Charles Péguy rédigeait très vite.

P. 142

1. Humbert, à qui Péguy devait dédier sa *note sur M. Bergson*.

P. 161

1. A son arrivée à Orléans, la grand-mère maternelle de Charles Péguy, qui par la suite devait apprendre à rempailler les chaises, était laveuse. On peut supposer que c'est d'elle que Charles Péguy tenait la réflexion qui suit.

TOUJOURS DE LA GRIPPE

P. 176

1. Cf. note de la page 118.

P. 181

1. Louis Baillet, qui avait été à Sainte-Barbe le condisciple de Charles Péguy, et devint bénédictin. Il dut, par la suite s'exiler à Oosterhout, en Hollante, et Péguy lui écrivit alors : « Pendant ces persécutions stupides, injustes, je veux te renouveller l'assurance d'une amitié qui demeure entière ». — Baillet était venu dire à Saint-Clair une de ses premières messes, à l'époque où Charles Péguy écrivait *de la grippe*.

P. 182

1. Sans doute la clinique du Fischmarket, où Baillet revint, atteint d'une rechute, en 1913 et où il mourut.

P. 192

1. Déjà Charles Péguy avait prêté à Jeanne d'Arc cet effroi devant le problème de la damnation dans le drame qu'il avait fini d'écrire en juillet 1897. — Il devait revenir sur le problème de la damnation dans *de Jean Coste* et de nouveau affirmer dans cet essai que beaucoup de chrétiens sérieux s'étaient silencieusement détournés du christianisme pour ne pas avoir à admettre l'enfer. — Tout permet de penser que ce fut la question de l'enfer qui détourna Charles Péguy de la foi (vraisemblablement lorsqu'il était élève de philosophie, à Orléans), et en aucune façon les excès d'un certain cléricalisme.

P. 194

1. Malgré l'attitude inamicale du Conseil d'Administration, lors de la fondation des *Cahiers,* Charles Péguy se refuse à boycoter cette société. Il annonce bien souvent dans les *Cahiers* les publications de cette librairie.

P. 198

1. Sans doute à l'Odéon (actuellement salle Luxembourg) car, lorsqu'il alla à Orange, c'était Œdipe-roi qui fut joué par Mounet.

P. 199

1. Marcel Baudouin fut un condisciple de Charles Péguy au collège Sainte-Barbe, et devint rapidement son meilleur ami. Nous ne savons pas exactement quelle part il prit à la composition du drame de *Jeanne d'Arc.* Son influence sur Charles Péguy porte surtout sur la première pièce, *à Domremy,* la seule qui était achevée en juillet 1896, date de la mort de Marcel Baudouin. (C'est donc inexactement que Péguy écrit ici : « qu'ils finirent d'écrire en juin 1897 »). En mémoire de son ami, Charles Péguy signa la pièce Marcel et Pierre Baudouin.

Par la suite il fit de Pierre Baudouin un personnage imaginaire, qui dans ses dialogues devient un interlocuteur de Charles Péguy. — Pierre Deloire, autre pseudonyme de Charles Péguy (pour ses articles de la *Revue Socialiste*), devient aussi un personnage imaginaire, et un interlocuteur. Pierre Baudouin, c'est en quelque sorte Péguy parlant en philosophe, et Pierre Deloire, Péguy parlant en historien.

P. 200

1. Ce nouveau personnage, qui va intervenir dans ces essais dialogués que l'on rencontre dans les premières séries des *Cahiers,* n'est point fictif, et ce cousin, de son métier ouvrier fumiste, Désiré Péguy, a bien existé.

P. 203

1. Cet incident nous est conté tout au long dans *compte rendu de mandat.* (Cf. p. 338.)

ENTRE DEUX TRAINS

P. 205

1. Cf. note de la page 101.

2. Sans doute un personnage imaginaire. Il ne nous a, de toutes façons, point été possible de trouver qui ce pourrait être.

P. 213

1. Il eſt vraisemblable que ces personnages, dont les noms sont manifeſtement forgés, sont fictifs, et représentent plutôt des catégories d'amis de Péguy — et des *Cahiers* — que des personnages réels.

P. 217

1. Il ne s'agit point de Joseph Lotte, qui était professeur de lettres, et non de philosophie. Lotte était d'ailleurs à cette époque professeur à Loudun, et ne vint à Coutances qu'en 1910.

P. 218

1. Voir note de la page 199. Marcel Baudouin eſt mort en 1896. Pierre Baudouin, c'eſt-à-dire Charles Péguy lui-même, était tombé malade de la grippe en février 1900, comme il nous l'indique dans les articles précédents. Dans ce qui suit, Charles Péguy parlant de sa visite récente à son ami Pierre Baudouin, « dans la maison de campagne où il demeure » décrit en réalité sa propre maison, à Saint-Clair.

P. 220

1. Sur le drame de *Jeanne d'Arc,* nous renvoyons au tome consacré aux *œuvres poétiques complètes.*

P. 228

1. Cf. note de la page 199, et la note précédente.

RÉPONSE BRÈVE A JAURÈS

P. 239

1. Sur ce personnage fictif de Pierre Baudouin, voir note de la page 199.

2. Sur le *Mouvement socialiſte,* voir note de la page 409. — Charles Péguy avait d'autre part collaboré à *la Revue Socialiſte* de 1897 à 1898.

P. 258

1. Nous trouvons ici un des principes même de la « cité harmonieuse ».

P. 267

1. Cf. *les récentes œuvres de Zola* paru peu de mois auparavant (1er et 15 novembre 1899); articles publiés page 537 de ce volume.

P. 277

1. On sait que par la suite Julien Benda devait devenir un collaborateur des *Cahiers de la Quinzaine*. (Cf. T. II, p. 1305 et note de cette page.)

CASSE-COU

P. 303

1. Sur les interlocuteurs fictifs de ces dialogues, — qui ne sont autres que Péguy lui-même, — cf. note de la page 199.

P. 310

1. On comprend mal pourquoi Péguy parle ici de lui à la troisième personne. Faut-il penser que c'est Pierre Baudouin qui parle censément ici? Le texte semble l'indiquer quelques pages plus loin.

P. 334

1. On sait que Charles Péguy avait collaboré à la *Revue blanche*, précisément sous cette rubrique des *notes politiques et sociales*. D'où peut-être l'amertume dont il fait preuve ici.

COMPTE RENDU DE MANDAT

P. 338

1. C'est dans *toujours de la grippe*, paru dans la série précédente (septième cahier de la première série, du 5 avril 1900) que Charles Péguy parle pour la première fois de son cousin Désiré Péguy, qui devait venir visiter l'Exposition, et de cette affaire du compte rendu de mandat. (Cf. p. 200).

P. 339

1. Voir note de la page 199.

P. 354

1. Henri Roy avait été le camarade de Péguy au Lycée Lakanal. Il devait par la suite devenir directeur du *Progrès du Loiret* et sénateur du Loiret. Cf. *Orléans vu de Montargis*, p. 665 de ce volume.

P. 355

1. La Société nouvelle de Librairie et d'Édition.

P. 359

1. En réalité il s'agit là de Louis Boitier, que Péguy juge bon

de désigner sous un pseudonyme. Sur Boitier, cf. T. II, p. 348 et note de cette page.

P. 368

1. Il s'agit toujours de la Société nouvelle de Libraire et d'Édition.

COMPTE RENDU DE CONGRÈS

P. 379

1. Sur Pierre Baudouin et Pierre Deloire, interlocuteurs imaginaires, qui interviennent sans cesse dans ces dialogues, voir note de la page 199. Sur Désiré Péguy, cousin de Charles Péguy, voir note de la page 200. — « Pendant les loisirs des vacances. » *Compte rendu de congrès* passe en effet en tête du premier cahier de la troisième série, qui paraît le premier octobre 1900.

P. 380

1. Mademoiselle Louise Lévi devait donner plus tard aux *Cahiers* une traduction du *Maximilien Robespierre* de Karl Brunnemann (huitième cahier de la cinquième série).

P. 385

1. *Cf. Pierre, commencement d'une vie bourgeoise.*

P. 390

1. Charles Péguy fut toujours sévère envers les antimilitaristes, et il semble qu'il veuille, ici, se désolidariser du rédacteur resté anonyme d'un article passé en fin du cahier : *attentats dans l'Yonne.* Cet article, consacré au cas Hervé, était favorable à ce dernier. Charles Péguy, qui ne mâchait pas les mots devait bientôt traiter Hervé de *traître.*

P. 392

1. Encore un souvenir que Péguy avait évoqué dans *Pierre, commencement d'une vie bourgeoise.* Songe-t-il, à cette époque, à reprendre cette autobiographie inachevée?

VRAIMENT VRAI

P. 398

1. *Vraiment vrai* sert d'avant-propos au deuxième cahier de la troisième série, du 17 octobre 1901 : Charles Guieysse, *les universités populaires et le mouvement ouvrier.* — Charles Guieysse était directeur de *Pages libres,* qui partageait alors avec les *Cahiers* la boutique du 8 de la rue de la Sorbonne. — *Pages Libres* devait, par la suite, fusionner avec *la Grande Revue* de Crouzet, et c'est

alors que toute la boutique fut utilisée par les seuls *Cahiers,* Charles Péguy prenant comme bureau le local primitivement utilisé par *Pages Libres.*

2. La documentation sur les Universités Populaires devait former non point un, mais deux cahiers : dixième et vingtième cahiers de la série, consacrés, l'un à Paris, l'autre aux départements.

Ce n'est que beaucoup plus tard, le 24 novembre 1903 que Romain Rolland devait donner son *Théâtre du Peuple* (quatrième cahier de la cinquième série).

P. 403

1. Cf. note 1 de la page 398.

P. 404

1. Notamment Louis Boitier. Cf. T. II, p. 348 et note.

2. Ici, ces mots ne sont pas le « cliché » dont on abuse trop souvent dans le monde de l'édition. Ce fut réellement alors que les 72 pages du cahier allaient être imposées que Charles Péguy ajoute ces quelques phrases, peut-être rédigées à l'imprimerie même. — Il restait, à la fin de son texte, et avant le faux-titre de Guieysse (faux titre que l'on ne pouvait faire sauter, parce qu'il y avait un texte au verso), environ une demie page blanche. Péguy l'utilise, en mettant en italique. Puis, aucune autre page n'étant disponible dans le corps du cahier, le texte de Guieysse finissant en bas de la 72, le texte suit, en romain sur la page trois couverture, puis sur la quatre. Il y a là une disposition typographique impossible à rendre convenablement dans une réédition.

P. 405

1. Début du texte sur page trois couverture.

2. Début du texte sur page quatre couverture. Il ne reste plus que quelques lignes disponibles, Charles Péguy voulant passer une annonce pour *Pages libres* sur cette couverture.

DE LA RAISON

P. 407

1. En principe, ce texte est une introduction à un gros cahier de Jean Jaurès : *Études socialistes* (il s'agissait d'un recueil d'articles parus dans *la Petite République*). — Mais, en réalité *de la raison* est un texte complètement indépendant des articles de Jaurès. On peut même dire que depuis la fondation des *Cahiers* jamais Péguy n'avait écrit un texte d'une telle indépendance, un texte aussi détaché de toutes ces contingences qui le plus souvent servaient de point de départ à ses écrits, au cours des premières séries des *Cahiers.*

Bien que beaucoup plus bref, et plus concis, cet essai s'apparente plutôt à *Marcel, premier dialogue de la cité harmonieuse.* — La *raison* apparaissant ici comme une étape vers *l'harmonie*, ou si l'on veut comme un agent créateur de l'harmonie.

Ayant achevé le *premier dialogue de la cité harmonieuse*, Charles Péguy met en chantier d'autres dialogues, — qu'il n'écrit pas, puisqu'il ne nous en reste que les pages de couverture, et les faux-titres, portant il est vrai des annotations typographiques fort précises : Nous devions avoir le *dialogue de l'individu*, le *dialogue de la cité*, le *dialogue de la cité juste*, le *dialogue de la cité charitable*, enfin un *deuxième dialogue de la cité harmonieuse*. — Péguy songe-t-il à introduire, maintenant, la raison à côté de la justice et de la charité comme une nouvelle marche vers la cité harmonieuse?

P. 408

1. Cf. *Mémoire et dossiers pour la liberté du personnel enseignant*, — quinzième cahier de la deuxième série, du 23 juillet 1901.

P. 411

1. On ne peut lier plus expressément *de la raison* au *premier dialogue de la cité harmonieuse*.

P. 412

1. Certaines phrases du *premier dialogue* sont ici presque textuellement reprises.

P. 423

1. Ceci fut écrit à l'époque où Péguy préparait les cahiers de dossiers sur les universités populaires, ce qui le mettait en rapport presque journalier avec les dirigeants de cette entreprise, dont il semble dès cette époque prévoir l'échec.

LETTRE A M. CHARLES GUIEYSSE

P. 428

1. *Pages libres* et les *Cahiers* se partageaient alors la boutique de la rue de la Sorbonne. Cf. note de la page 398.

P. 429

1. *Jean Coste, ou l'instituteur de village*, roman de Antonin Lavergne, que Charles Péguy tenait particulièrement en estime. — Les *Courriers de Chine* de Challaye. — *Danton*, de Romain Rolland. — *Mémoire et dossiers pour les libertés du personnel enseignant*.

PERSONNALITÉS

P. 434

1. *M. Gustave Téry*. (16 janvier 1902).
2. *La préparation du congrès socialiste national*. (20 janvier 1900).

P. 461

1. La Société nouvelle de Librairie et d'Édition.

P. 465

1. Nous n'avons pu retrouver ce texte.

2. Charles Péguy reviendra sur cette question dans *nous sommes des vaincus.*

P. 469

1. Ce *Mouvement socialiste* — auquel Péguy avait donné jadis, en 1899, ses *récentes œuvres de Zola* — était une publication de la Société nouvelle de Librairie et d'Édition. Était-ce faute de pouvoir y collaborer plus largement que Péguy voulut fonder, à cette même librairie, une nouvelle publication? Était-ce par crainte de la concurrence que le Conseil d'Administration de la Société nouvelle, en réalité, refusa? Nous ne savons. Mais Péguy fut toujours, depuis, sévère pour le *Mouvement socialiste.*

P. 475

1. Cf. note de la page 398.

P. 477

1. André Bourgeois. — *quatre jours à Montceau* (neuvième cahier de la deuxième série, du 19 mars 1901).

P. 478

1. Félicien Challaye. — *la Russie vue de Vladivostock* (quatorzième cahier de la troisième série, du 22 avril 1902.

P. 484

1. Charles Péguy. — *M. Gustave Téry* (septième cahier de la troisième série, du 16 janvier 1902).

2. Le texte de l'édition originale porte *rabiot.* La correction que nous proposons semble s'imposer.

DE JEAN COSTE

P. 487

1. Comme on peut le voir plus loin, Charles Péguy publie cet essai à l'occasion de la réédition par Ollendorff du roman d'Antonin Lavergne, *Jean Coste,* que les *Cahiers* avaient précédemment édités. Ce texte forme un cahier indépendant, fait assez rare à cette époque, où Charles Péguy publie en règle générale ses textes dans des cahiers renfermant également d'autres articles. Il y a tout lieu de penser qu'il attachait à *de Jean Coste* une importance toute particulière.

2. Nous sommes à l'époque de l'expulsion, parfois violente, des Congrégations. Charles Péguy est alors athée et anticlérical, mais il ne peut admettre que la liberté qu'il demande pour lui et pour les siens soit refusée à ses adversaires.

P. 492

1. Et c'eſt pourquoi Péguy s'intéresse à lui, comme aux autres *personnalités* qu'il étudie.

P. 501

1. Ancien normalien, beau-frère de Gide.

P. 518

1. Georges Sorel avait également donné aux *Cahiers : quelques mots sur Proudhon* (treizième cahier de la deuxième série, du 22 juin 1901), *de l'Église et de l'État* (quatorzième cahier de la troisième série, du 22 avril 1902). Un peu plus tard paraîtra *socialismes nationaux* (quatorzième cahier de la troisième série, du 22 avril 1902. — Enfin le 9 avril 1907, il fera paraître, comme sixième cahier de la huitième série *les préoccupations métaphysiques des physiciens modernes*.

P. 519.

1. Les autres écrits de Lavergne sont en effet très secondaires.

P. 522

1. Fautras. Cf. *l'argent*.

P. 523

1. Cf. *l'argent*.
2. Ces deux inſtitutions partageaient avec les *Cahiers* la petite boutique de la rue de la Sorbonne. Péguy avait la plus grande eſtime pour leurs fondateurs, Émile Boivin, et Charles Guieysse.

P. 525

1. Le refus par le Conseil d'adminiſtration de la Société nouvelle de Librairie et d'Édition de publier le volume.
2. Tiré à 3.000 ex., chiffre exceptionnel pour les *Cahiers*, le volume fut en effet rapidement épuisé.

P. 530

1. Or, il ne doit y avoir aucune autorité au service de la raison; elle se suffit à elle-même. Voir *de la raison*.

P. 531

1. Les *Cahiers* venaient de donner en édition originale *l'affaire Crainquebille*, d'Anatole France (premier cahier de la quatrième série, du 9 oċtobre 1902).

P. 533

1. Charles Péguy est devenu sévère envers cette *Ligue :* Cf. *la délation aux Droits de l'homme*.
2. Quelques années plus tard, Péguy devait au contraire se montrer fort sévère envers ce miniſtre, responsable des persécutions religieuses en France.

LES RÉCENTES ŒUVRES DE ZOLA

P. 537

1. Sur le *Mouvement socialiste,* voir note de la page 409. Il est bien évident que les sentiments de Péguy envers Zola sont fort partagés : en tant que dreyfusiste, il l'admirait sans réserve; et lorsque Zola, à la suite de sa *Lettre,* fut condamné, Péguy fut au premier rang des manifestants et se fit arrêter par la police. Il est beaucoup plus réservé envers Zola romancier, dès 1899, et ce ne sont pas les derniers romans de l'écrivain qui ont pu le faire changer d'avis, — d'où ce « chapeau » un peu désabusé.

DÉBATS PARLEMENTAIRES

P. 564

1. Directeur de *Pages libres,* dont le bureau se trouvait 8 rue de la Sorbonne, dans la même boutique que celui des *Cahiers.*

REPRISE POLITIQUE PARLEMENTAIRE

P. 599

1. Sur Bernard-Lazare, Cf. T. II, *notre jeunesse,* page 552 et suivante, ainsi que la note 2 de la page 14.

P. 604

1. Charles Péguy avait publié deux gros recueils d'articles de Jaurès : *Action socialiste,* dans les « éditions antérieures », et les *Études socialistes* (quatrième cahier de la troisième série, du 5 décembre 1901). *De la raison* (page 407 de ce volume) a été écrit par Charles Péguy comme introduction à ce dernier ouvrage.

ORLÉANS VU DE MONTARGIS

P. 665

1. Henri Roy, Orléanais comme Charles Péguy, avait été son condisciple à Lakanal, et comme lui avait été refusé au concours d'entrée à l'École Normale en 1892. Tous deux se retrouvent en 1893 au Collège Sainte-Barbe. Par la suite Roy devint sénateur.

2. Le douzième cahier de la cinquième série, du 15 mars 1904, *petites garnisons,* est formé de deux parties : *la France vue de Laval,* de Félicien Challaye, et *Orléans vu de Montargis,* de Charles Péguy. Challaye avait précédemment donné, dans le quatorzième cahier de la troisième série; du 22 avril 1902 : *la Russie vue de Vladivostock,*

journal d'un expulsé. L'article de Challaye dans *petites garnisons* se présente comme « un courrier réciproque », « parce que toutes les servitudes ne résident pas en Russie ».

P. 666

1. Parmi ces « vieux radicaux orléanais » il faut certainement compter Louis Boitier, qui eut une certaine influence sur Péguy enfant. Cf. T. II, note de la page 348.

ZANGWILL

P. 679

1. Le troisième cahier de la sixième série, du 30 octobre 1904 est une nouvelle de Zangwill, *Chad Gadya!* — Charles Péguy veut, comme il le fait souvent, présenter l'œuvre à ses abonnés, mais, comme il lui arrive également fort souvent, ceci n'est que le point de départ d'un essai assez long, et auquel Péguy attachait une importance toute particulière : il y voyait une ébauche de la série *de la situation faite...*

Ce n'est que le 19 décembre 1909 que les abonnés ont quelques renseignements sur Zangwill, par un cahier d'André Spire, le cinquième cahier de la onzième série, *Israël Zangwill.*

P. 687

1. On sait que *Pierre Deloire* est à la fois un pseudonyme de Charles Péguy, et un personnage imaginaire auquel il attribue toutes sortes de propos.

P. 702

1. Sans doute mademoiselle Louise Lévi, qui venait assez souvent rue de la Sorbonne, et avait donné aux *Cahiers* un *compte rendu analytique du Congrès de Lyon* (quatorzième cahier de la deuxième série, du 6 juillet 1901), et une traduction annotée de *Maximilien Robespierre,* du Dr Karl Brunnemann (huitième cahier de la cinquième série, du 19 janvier 1904).

UN ESSAI DE MONOPOLE

P. 743

1. Le cahier que Charles Péguy nous présente ainsi est *l'enseignement primaire des indigènes à Madagascar,* quatrième cahier de la sixième série, du 8 novembre 1904, de Raoul Allier. Assez gros cahier, puisqu'il renferme 180 pages fort denses, non compris cet avertissement de Charles Péguy.

Raoul Allier devait donner un peu plus tard aux *Cahiers* (4 avril 1905) *la séparation des Églises et de l'État* (quatorzième cahier de la sixième série), puis le 26 octobre 1905, *la séparation au Sénat* (quatrième cahier de la septième série).

P. 745

1. C'est-à-dire en caractères de *six points*. En typographie, on n'utilise pas le système métrique, mais le point, vieille mesure qui fut toujours conservée dans ce métier. Nous indiquons à titre d'exemple que le présent tome est composé en neuf, les notes en huit, — c'est-à-dire en un caractère un peu plus fort que ne l'étaient les *Cahiers*.

P. 771

1. Ce cahier est le *testament politique de Waldeck-Rousseau.*

LA DÉLATION AUX DROITS DE L'HOMME

P. 772

1. Sous le prétexte de défendre la République, le gouvernement a-t-il le droit d'enquêter sur la vie privée, sur les opinions personnelles des fonctionnaires, — et pour ce faire, d'inciter à la délation? — Les *Cahiers* avaient déjà traité de la question dans *mémoires et dossiers pour les libertés du personnel enseignant,* quinzième cahier de la deuxième série, du 23 juillet 1901. — La question rebondit maintenant, le *Comité central de la Ligue française pour la défense des Droits de l'Homme et du citoyen* faisant l'apologie de cette délation, ce qui ne va pas sans soulever des protestations indignées d'un certain nombre de ligueurs qui, depuis l'affaire Dreyfus, ont gardé une idée autrement haute du rôle que la *Ligue* devait jouer. — D'où un certain nombre d'articles, de rapports, de lettres que les *Cahiers* vont publier. Et Charles Péguy va nous indiquer ici pourquoi il va procéder à cette publication, qu'il poursuivra dans les cahiers suivants de la même série : dixième cahier (7 février 1905), onzième cahier (21 février) et quatorzième cahier (4 avril).

Cet ensemble forme un des exemples les plus typiques de cette publication de cahiers de documentation, qui était le but primitif des *Cahiers*. Ce sera d'ailleurs un des derniers cas de telles publications; les *Cahiers* vont bientôt prendre un autre caractère, et les essais que Charles Péguy va bientôt publier auront une allure beaucoup plus personnelle que ces introductions à des publications de documents.

P. 795

1. Ce commentaire — *un essai de monopole* — est publié page 741 de ce volume.

NOTRE PATRIE

P. 801

1. Comme nous l'avons indiqué dans notre *introduction,* Charles Péguy, jusqu'en 1905, avait passé ses vacances à préparer la pro-

chaine *série* des *Cahiers*. En outre, l'année précédente, il avait perdu énormément de temps à rédiger le *catalogue analytique sommaire de nos cinq premières séries*. — Le voici décidé maintenant à profiter des quelques semaines de répit que lui donnent l'interruption de la publication des *Cahiers* pour faire une œuvre personnelle de quelque importance. — Mais en quoi cette menace allemande l'empêche-t-elle de développer le plan qu'il vient de tracer? Et pourquoi écrit-il, à la place, cet *Esprit de système,* qu'il laisse inachevé, et qui ne porte que sur un point très limité, qui n'est qu'une critique, assez médiocre, de certains travers des militants socialistes? C'est là un point qui ne sera sans doute jamais éclairci.

P. 810

1. Voir note précédente.

P. 811

1. Quelques semaines plus tôt, dans le premier cahier de la série, Péguy avait déjà noté : « Inoubliables semaines de juin; tout un peuple, un vieux peuple, certes, un peuple ancien, le père du monde moderne et de la liberté, un grand peuple encore, et, somme toute, le premier des peuples, tout un peuple tenu plusieurs mois sous la plus brutale des menaces militaires; un nouveau duc de Brunswick, sorti de la même race allemande, menaçant le même peuple de la même subversion totale... »

P. 812

1. *La vie et les prophéties du comte de Gobineau,* de Robert Dreyfus, seizième et avant-dernier cahier de la série précédente, formait un cahier de 372 pages.

P. 814

1. Il s'agit de l'appartement d'Alexandre Millerand, qui était l'ami de Charles Péguy, et son avocat.

P. 815

1. Allusion à un cahier de Romain Rolland (quatrième cahier de la cinquième série, du 24 novembre 1903) qui s'apparentait à la série de cahiers consacrés aux Universités populaires.

2. *La séparation des Églises et de l'État,* de Raoul Allier (quatorzième cahier de la sixième série, du 4 avril 1905) formait un cahier de 308 pages.

P. 817

1. Deux ou trois ans plus tôt, Charles Péguy s'était montré très partisan de ces Universités populaires, et avait publié plusieurs cahiers de documentation sur cette entreprise. Il a changé d'avis.

P. 833

1. *Notre patrie* est le troisième cahier de la septième série. Le

deuxième avait été *la paix et la guerre,* de Charles Richet. C'est peut-être un peu en réaction contre le cahier Richet que Péguy a écrit *notre patrie.*

COURRIER DE RUSSIE

P. 854

1. Cette étude de Charles Péguy est publiée en tête du cinquième cahier de la septième série, du 14 novembre 1905, *le 22 janvier nouveau style.* — C'est un exemple typique de ces longues introductions à certaines œuvres de ses collaborateurs qui représentent, à cette époque, une large partie de son activité.

P. 855

1. L'imprimerie de Suresnes, où étaient imprimés les *Cahiers.*
2. *Action socialiste,* dans les *éditions antérieures des Cahiers,* et *Études socialistes,* quatrième cahier de la troisième série, du 5 décembre 1901. *De la raison* fut écrit comme introduction à ce dernier recueil d'articles de Jaurès.

P. 864

1. Léon Blum fut un des cinq administrateurs de la Société nouvelle de Librairie et d'Édition. — Charles Péguy ne lui pardonne pas son attitude hostile, lors de la création des *Cahiers.*

P. 865

1. Sur Daniel Halévy, et sa collaboration aux *Cahiers,* cf. T. II, note de la page 505.

LES SUPPLIANTS PARALLÈLES

P. 869

1. Le texte est, cette fois, une introduction au cahier de François Porché : *les suppliants* (septième cahier de la septième série, du 12 décembre 1905). Mais le texte de Porché ne comprend que quelques pages, et *les suppliants parallèles* font presque cent pages.

P. 882

1. Rappelons que Charles Péguy fut à cette représentation.

P. 896

1. La nécessité de franciser dans une certaine mesure les noms grecs est peut-être due aussi dans une large mesure au fait que, si nous ne francisons pas, nous nous trouvons accentuer fortement, en français, une syllabe qui ne l'est pas en grec.

P. 911

1. En 1894, Charles Péguy s'était rendu à Orange pour y assister.

P. 935

1. Nous avons toutes raisons de croire que *de la situation faite à l'histoire et à la sociologie dans les temps modernes* fut écrit seulement en 1906. Le titre de la thèse déposée en Sorbonne était d'ailleurs *de la situation faite à l'histoire dans la philosophie générale du monde moderne,* texte qu'il ne rédige, partiellement, qu'en 1908.

LOUIS DE GONZAGUE

P. 936

1. Louis de Gonzague fut publié en tête du cahier de Spire, *et vous riez,* ce qui explique que certains paragraphes du texte ont le caractère d'un prière d'insérer.

P. 945

1. Voir note précédente.

P. 947

1. Sur le personnage de Pierre Baudouin, voir note de la page 199.

2. Eddy Marix, jeune collaborateur des *Cahiers,* pour lequel Péguy avait beaucoup d'affection, et qui mourut jeune, avait publié aux *Cahiers* une *tragédie de Tristan et d'Iseut,* en vers classiques.

CAHIERS DE LA QUINZAINE

P. 950

1. Les frères Tharaud écrivent, à cette époque, des textes généralement fort courts, et pour en faire des cahiers d'épaisseur normale Charles Péguy joint le plus souvent des textes de lui-même. — Comme les textes des Tharaud, strictement littéraires, ne prêtent pas à des observations ou commentaires, ceux de Charles Péguy sont plus ou moins des notes de gérances, publiées sous le titre de *cahiers de la quinzaine.* — Ici, le texte de Jérôme et Jean Tharaud est la nouvelle *les frères ennemis.*

DE LA SITUATION FAITE A L'HISTOIRE ET A LA SOCIOLOGIE DANS LES TEMPS MODERNES

P. 991

1. *De la situation faite...* Deux ans durant tous les essais écrits par Charles Péguy débuteront par ces mots. Dans la précédente

série, la septième, 1905-1906, nous avions déjà eu *de la situation faite à l'enseignement supérieur en France,* de Ferdinand Lot, et *de la situation faite à la défense militaire de la France,* du lieutenant-colonel Picquart. Mais il est fort vraisemblable que c'est Charles Péguy qui a inventé cette forme de titre, et qui l'a, pour les cahiers indiqués plus haut, imposée à ses collaborateurs. C'est un latinisme (*de senectute, de bello gallico,* etc.) ; nous en rencontrons bien d'autres dans le style de Péguy.

P. 995

Zangwill. — Troisième cahier de la sixième série, du mardi 25 octobre 1904. Cette longue étude (90 pages) est une introduction à *Chad Gadya!*, nouvelle d'Israël Zangwill traduite par Mathilde Salomon. — Ce texte est reproduit page 679 de ce volume.

P. 1000

1. Soit-disant érudit qui prétendait que Pascal avait fabriqué des faux. Cf. *un nouveau théologien. M. Fernand Laudet.* (*Pléiade II*, p. 940).

P. 1018

1. Nous sommes déjà dans une période où Charles Péguy considère l'affaire Dreyfus comme entrée dans le passé. Cette page sera considérablement développée dans *notre jeunesse.*

P. 1026

1. Ceci est le thème essentiel de *l'argent.*

P. 1027

1. *Le monument de Renan.* Troisième cahier de la cinquième série, du mardi 10 novembre 1903.

DE LA SITUATION FAITE AU PARTI INTELLECTUEL DANS LE MONDE MODERNE

P. 1031

1. Ce nouveau cahier paraît moins d'un mois après la précédente *de la situation faite...* Malgré le changement de titre il y a lieu de considérer que c'est le même texte qui continue (texte d'ailleurs vraisemblablement écrit pendant les vacances 1906, les bons à tirer des deux cahiers étant respectivement du 30 octobre et du 27 novembre). — A cette époque, il était d'usage aux *Cahiers* de découper un certain nombre de textes en cahiers de 72 pages (une feuille double jésus, 76/112, pliée en in-18), afin de multiplier le nombre de cahiers par série, et de pouvoir faire paraître un cahier par quinzaine.

P. 1034

1. *Note sur épreuves :* les guillemets devant les italiques sont exprès. [les vers sont en italique du corps dans l'édition originale].

P. 1037

1. *Sept cinquante.* — Autrefois, les prix étaient beaucoup plus unifiés que de nos jours en librairie. Les gros ouvrages de philosophie, in-octavo, étaient vendus sept francs cinquante. Les romans, in-16 ou in-18 étaient, eux, des *trois cinquante.*

P. 1048

1. L'affaire Dreyfus, évidemment.

P. 1061

1. Sur ce *Parti Intellectuel,* cf. notamment *un nouveau théologien* et *l'argent suite.*

2. Il semble que ce soit Lucien Herr, bibliothécaire de l'École Normale, qui soit visé ici.

P. 1062

1. Sans doute Charles Péguy songe plus particulièrement à Jaurès, qui fut professeur de philosophie avant de devenir un homme politique.

P. 1073

1. Daniel Halévy. — *Histoire de quatre ans, 1997-2001* Sixième cahier de la cinquième série, du 8 décembre 1903.

P. 1078

1. MM. Mangasarian, lecturer of the Independent Religious Society of Chicago. — *le monde sans Dieu.* — a new catechism. Onzième cahier de la cinquième série, du premier mars 1904. — Charles Péguy avait écrit pour ce cahier une importante introduction, que l'on trouvera page 1354 de ce volume. La traduction était due à Le Clerc de Pulligny, qui, après avoir lu ce paragraphe, écrira à Charles Péguy, comme on le verra dans la *situation* suivante.

DE LA SITUATION FAITE A L'HISTOIRE ET A LA SOCIOLOGIE ET DE LA SITUATION FAITE AU PARTI INTELLECTUEL DANS LE MONDE MODERNE

P. 1079

1. Cette troisième *situation* est un texte nouveau, indépendant des deux cahiers précédents. Écrit, comme on peut le voir, à la suite d'une lettre de Jean le Clerc de Pulligny. — Le bon à tirer de la *situation* précédente est du 27 novembre, et le cahier paraît le 2 décembre. Pulligny, qui était abonné aux *Cahiers* a dû le lire

presque immédiatement, et c'est aussi presque immédiatement que Péguy commence sa réponse.

Quand cet essai fut-il achevé? nous n'en savons rien. Mais il est certain que ce fut au plus tard en janvier puisqu'il paraît dans le onzième cahier de la huitième série : Jérôme et Jean THARAUD. — *Bar Cochebas*. Bon à tirer du 29 janvier 1907.

On peut se demander pourquoi Charles Péguy n'a point fait de cette *situation*, — qui de ce fait est longtemps restée inaperçue, — un cahier distinct, au lieu de passer le texte à la suite de la nouvelle des frères Tharaud qui seule titre le volume. Désir de paraître plus vite? Ou bien Charles Péguy considérait-il son texte comme un de ces courriers qu'il plaçait si souvent à la fin des ouvrages de ses collaborateurs? — Le fait que l'étude est sur-titrée : *Cahiers de la quinzaine*, — titre sous lequel il avait tant de fois fait paraître de tels courriers — peut nous faire pencher pour cette dernière hypothèse.

Quoi qu'il en soit, c'est la dernière fois qu'un texte de quelque importance de Péguy paraît aux *Cahiers* dans de telles conditions. Désormais, tous ses textes formeront des cahiers distincts.

2. *Zangwill* a été publié le 30 octobre 1904.

P. 1080

1. Sur Pulligny, voir note de la page 1078. Le cahier sur les poisons industriels est resté à l'état de projet.

2. André Bourgeois, ami d'enfance de Charles Péguy, était administrateur des *Cahiers* et comme tel s'occupait du service de librairie.

P. 1083

1. Nous suivons ici textuellement l'édition originale, où se trouve cette phrase incomplète.

P. 1090

1. Georges Sorel avait donné aux *Cahiers* quelques essais dont le principal était *socialismes nationaux*. Il était surtout connu des habitués de la *boutique* par ses causeries le jeudi, dans le bureau de Bourgeois. Voir, T. II, note de la page 82.

P. 1104

1. Henri Bergson.

DE LA SITUATION FAITE AU PARTI INTELLECTUEL DANS LE MONDE MODERNE DEVANT LES ACCIDENTS DE LA GLOIRE TEMPORELLE

P. 1115

1. Au contraire des trois premières *situations*, qui sont étroitement liées par les sujets traités, ce quatrième essai est une œuvre

complètement indépendante, et qui déjà amorce une nouvelle période de la vie littéraire de Charles Péguy : d'une part c'est le grand combat contre le parti intellectuel, simplement esquissé précédemment, qui est engagé cette fois à fond, — et ainsi cette situation prépare *notre jeunesse* et surtout *l'argent suite,* — d'autre part, une certaine recherche d'effets de style, soulignée parfois par une disposition typographique anormale, annonce les *dialogues de l'histoire,* et les *mystères.*

Cette *situation* est cahier de rentrée (c'est-à-dire premier cahier) de la neuvième série. Il paraît le 6 octobre 1907. Charles Péguy avait pu y travailler à tête reposée pendant les vacances, et corriger les épreuves sans avoir à se soucier en même temps de la fabrication d'autres cahiers. La correction du cahier est très particulièrement soignée, avec quelques ajouts (nous avons noté les plus importants). Cela montre aussi que le temps des *mystères* approche. De très nombreuses notes indiquent formellement aux typos que telle ou telle disposition typographique, telle ou telle locution peu usuelle sont voulues.

Cette fois, Charles Péguy n'a point voulu couper en deux cet essai, qui aurait pu donner deux cahiers de 72 pages. Il veut que sa pensée soit donnée en un seul bloc à ses amis et à ses abonnés. C'est désormais ainsi qu'il va procéder. Avec ce cahier finit un certain éparpillement des écrits de Charles Péguy qui a beaucoup nui — et qui nuit encore — à son œuvre. Maintenant nous n'aurons plus, en dehors de cahiers entièrement rédigés par Charles Péguy, que des *notes de gérance,* fort brèves, et qui désormais n'ont plus guère d'importance.

Deux autres *de la situation faite...* devaient suivre :

En premier lieu : *du cas éminent de M. Théodore Reinach,* Charles Péguy prend vivement à partie l'*intellectuel* Théodore Reinach pour avoir accepté la vice-présidence d'un groupe parlementaire constitué pour défendre les intérêts des villes de jeux, ce qui prouve, comme Charles Péguy l'avait écrit au début de la situation précédente que « le goût de la domination intellectuelle confinait, ou plutôt était apparenté au goût de la domination politique ». — Mais Charles Péguy s'arrête au bout de quatre pages.

L'autre *situation* aurait très certainement été beaucoup plus importante, et aurait fait un cahier, et même un gros cahier. Le titre : *de la situation faite au parti intellectuel dans la mémoire scolaire qui est devenue la mémoire même de l'humanité.* (Sur ces deux projets nous renvoyons à notre *introduction.*)

Avec cette *situation* inachevée, Charles Péguy abandonne cette façon de titrer, — et l'essai suivant, écrit immédiatement après qu'il eut laissé inachevée *de la situation faite au parti intellectuel dans la mémoire scolaire,* est titré : *Deuxième élégie XXX* (essai lui aussi inachevé).

P. 1119

1. Sur Andler et Lanson nous renvoyons aux notes que nous

avons données T. II, et naturellement aux textes mêmes auxquels ces notes se rapportent, notamment le début de *l'argent suite,* p. 1109 et suivantes.

P. 1125

1. Sur les motifs d'inimitié de Péguy envers Blum, voir *pour ma maison.*

2. Sur Sorel, cf. p. 518, et note de cette page.

P. 1126

1. On sait que Charles Péguy avait vivement pris à partie cet antimilitariste, notamment dans *pour la rentrée,* et dans les pages retranchées de cet article, qui ont été publiées dans le tome XVI des *Œuvres complètes (par ce demi-clair matin)*, p. 259.

P. 1127

1. Édouard Berth, ami et disciple de Sorel, avait donné aux *Cahiers : la politique anticléricale et le socialisme,* onzième cahier de la quatrième série, du 3 février 1903.

P. 1131

1. *De Jean Coste,* troisième cahier de la quatrième série, du 4 novembre 1905.

P. 1135

1. Sur la polémique de Charles Péguy avec Gustave Téry, voir notre bibliographie critique (troisième série) où se trouvent analysés les principaux textes relatifs à cette polémique.

P. 1136

1. Ce président du conseil, violemment anticlérical, s'est, d'autre part, signalé par une persécution des Congrégations que Péguy n'admettait point.

2. C'est-à-dire : Charles-Victor Langlois. (C'est sur épreuves que Charles Péguy met *Cinq* en italique.)

P. 1138

1. *Variante.* Cette variante forme plusieurs pages pleines, dont la première est foliotée 93, et les autres non foliotées. Texte publié dans les *Œuvres complètes*, T. XX (La Thèse), p. 345. — Le fait que la dernière page, se terminant au milieu d'une phrase, est une page pleine, nous indique que la fin de la variante est perdue.

l'esprit, qui censément attendait, aux puissances d'esprit, contrairement à ce que l'on pouvait espérer, quand on était mal averti, à ce qu'espéraient en effet les démolisseurs de l'ancien monde et les introducteurs du monde moderne; tout est allé aux seules puissances de force qui fussent demeurées, aux puissances d'argent.

Cette remise des anciennes puissances, qui étaient, comme la gloire, des puissances plus ou moins spirituelles, aux mains des puissances temporelles, et des puissances temporelles vraiment les plus brutales, cette capitulation totale des arts et des lettres aux mains des puissances d'argent, qui ne s'était peut-être jamais produite à ce point depuis que le monde est monde est certainement la révolution la plus importante, l'événement capital qu'il y ait eu, notamment dans l'histoire de la littérature, à l'avènement des temps modernes. Si vous considérez l'histoire sociale en général, particulièrement l'histoire politique et sociale en général au regard de l'histoire de la littérature, c'est déjà un événement des plus importants. Mais si au contraire vous considérez l'histoire de la littérature en elle-même, en dedans, c'est une histoire capitale, et peut-être la plus capitale qui lui soit arrivé depuis qu'il y a une histoire des littératures. Aussi n'en cherchez point trace dans les livres de nos maîtres. Il y a tout dans l'histoire de M. Lanson, tout, excepté cela, qui commande tout.

Ce qu'il y a de plus fort, c'est que nos maîtres ont une tendance on ne peut plus généreuse et peut-être même un peu philanthropique à sortir de la Sorbonne, et même de l'ancienne École Normale, pour faire ce que dans les milieux universitaires on nomme encore de l'*action sociale,* ce que les anciens partis opportunistes et radical nommaient plus simplement de l'*action publique.* Il en sortent à toutes heures du jour et par toutes les portes. Mais avec une certaine sûreté de discernement ils font, à très peu près, très exactement le contraire de ce qu'il y avait à faire. Quand ils font de l'*action sociale,* sortis de chez eux, ne croyez point qu'ils soient sortis de leurs habitudes professionnelles; quand ils disent qu'ils font de l'action sociale; c'est de la littérature qu'ils font, encore, dans les questions sociales, qu'ils transportent toute habituée dans les questions politiques et sociales. Et dans leur métier, dans leur propre métier, où ils pourraient au moins s'y attendre un peu, et se méfier, dans leur propre métier ils ne voient pas, ils ne veulent pas voir, ils ne savent pas voir cette invasion brutale et capitale, et qui ne s'était jamais produite, à ce point d'achèvement d'oppression, de toute une force temporelle, de la plus brutale de toutes et de la plus vile, des puissances d'argent, dans la littérature et pour eux dans l'histoire de la littérature.

C'est ici une des manies les plus caractérisées de l'âge moderne : ne pas faire son métier, et faire, de préférence, n'importe quoi d'autre, mais plutôt quelque chose de public, de politique, surtout de *social.* Ne pas faire son métier dans son métier, et involontairement transporter les tares et les manies, parfaitement honorables d'ailleurs, — mais il ne s'agit pas uniquement d'honorable en tout ceci, il s'agit de juste et de vrai, de réel, — transporter involontairement, et plus ou moins consciemment, les désuétudes bonnes ou mauvaises de son métier dans tout ce qui n'est pas de son métier; et pendant ce temps-là la réalité, qui est plus forte que chacun de nous, et même que nous tous pris ensemble, pendant ce temps-là l'événement, par une sorte de jeu des quatre coins qui n'eſt pas mal amusant pour le *public,* pendant que vous le cherchiez un peu partout chez lui, il y a longtemps qu'il était chez vous, il y a longtemps qu'il avait fait irruption chez vous, dans votre métier, qui eſt le seul endroit du monde où vous ne l'apercevrez jamais.

Ainsi nos maîtres cherchaient le social où il eſt, en effet, et pour cela mettaient de la littérature un peu partout. Et pendant qu'ils répandaient cette littérature, le compère social, qui connaît son jeu, s'était malicieusement amusé à faire dans leur littérature professionnelle, dans la vraie littérature, une des plus belles intrusions qu'il ait jamais faites quelque part. Le malicieux réel social s'était payé cet amusement, et nos maîtres sont bien les seuls qui n'en aient jamais rien su.

Lisez en effet un manuel très bien fait, comme eſt par exemple le manuel de M. Lanson. Vous n'y trouverez pas trace, pas la plus petite indication de ce qu'à partir d'une certaine date, à compter d'une date qui eſt la date sensiblement de l'avènement du monde moderne, qu'à dater de cet avènement toutes les puissances intellectuelles sont irrémissiblement tombées asservies aux mains des puissances d'argent.

Je crois nos maîtres sincères. Comment l'auraient-ils appris? De qui tiendraient-ils ce secret d'une réalité? Il faut avoir été roulé là-dedans, il faut avoir lutté là-contre pour savoir à quel point d'asservissement cette mainmise eſt aujourd'hui, universellement, un fait accompli. Un public ſtupide et comme on n'en avait jamais vu pèse de toute sa puissance d'achat, qui eſt une puissance d'argent disséminée, mais tout aussi lourde, sur le marché du livre et du périodique, sur le marché de tout l'imprimé, comme il pèse sur le marché du tableau et de la ſtatue, sur tous les marchés d'art. En face de ce public, pour faire la réplique, pour lui donner réponse, un certain nombre de maisons d'éditions, puissances d'argent ellesmêmes, se sont hiſtoriquement conſtituées. Il fallait qu'elles fussent elles.

P. 1150

1. Il y a lieu de noter que *moderne,* sous la plume de Charles Péguy, se présente en effet généralement comme une injure...

P. 1158

1. *Variante.* Cette variante forme plusieurs pages dont la première eſt foliotée 159 et les autres non foliotées. Première page pleine, la dernière creuse de deux lignes. La coupure finale provient donc cette fois du fait que Charles Péguy s'eſt arrêté au milieu d'une phrase. Texte publié dans le tome XX des *Œuvres complètes* (La Thèse), p. 249.

mécanisme, moins apparent mais d'autant plus profond, une deuxième partie de l'opération, beaucoup plus profonde, étroitement ajuſtée d'ailleurs, imbriquée dans la première, étroitement complémentaire de la première, beaucoup plus importante, beaucoup plus dans le cœur, est d'avilir.

enterrement de Berthelot

Le monde moderne avilit. Il a, il éprouve un besoin impérieux d'avilir. C'est peut-être son besoin le plus profond, sa vocation mystérieuse, la manifestation de son essence même, le creux de son cœur et la fatalité de sa destination. Il avilit tout. Il avilit toujours. En quelques années nous l'avons vu avilir, c'est-à-dire, étymologiquement, réduire au plus bas prix, sur le marché des valeurs morales, au vil prix, nous l'avons vu avilir le christianisme, avilir particulièrement le catholicisme, avilir l'hellénisme, avilir le socialisme, d'où pouvait naître un monde nouveau, avilir en quelques semaines le dreyfusisme, qui fit une des plus grandes crises morales que l'humanité ait jamais traversée et qui ne devint plus en quelques semaines que la plus grossière escroquerie, et la plus grave, que le monde ait jamais vu commettre. Avilir la science même, qui était pourtant son instrument de règne, son appareil de domination, la science dont il voulait et devait, et pouvait peut-être faire son Dieu, dont il n'a réussi qu'à faire son idole, même avec une S grande capitale, et une idole avilie. Avilir enfin même la République; et pourtant elle était sa forme de gouvernement, sa forme propre, inventée pour lui, introduite par lui, et elle avait originellement assez de force, et dessous la rude écorce assez de sève pour instituer dans l'histoire de l'humanité une forme aussi marquée, aussi mémoriale que pouvait l'avoir été la cité antique. Et par ce nouveau chemin nous recoupons ce que nous avons indiqué tant de fois : que le monde moderne est aussi, essentiellement, le monde de l'ingratitude.

Il est le monde de l'avilissement, ainsi défini. Il a dans les viscères, il éprouve au creux du ventre le besoin d'avilir tout ce qu'il touche, même sa propre idole, même sa propre forme de gouvernement. On ne nous parle que depuis quelques années de sabotage. Mais le sabotage, qui est peut-être ce qu'il y a de plus haïssable dans les imaginations de relations sociales, n'est pas, seulement, de ces quelques dernières années. Il est de tout le monde moderne et il en est une des pratiques les plus attendues, je veux dire une des pratiques les plus indiquées, une des plus parentes, une de celles qui entraient le plus et le mieux dans le sens et dans l'indication du monde moderne.

Ainsi s'explique, ainsi se peut expliquer seulement qu'il y ait moins de fédéralisme et moins de liberté, moins du goût, moins de la saveur, moins de la senteur, moins de cet arôme et de ce goût propre, de cette faim particulière de la liberté dans Proudhon même ou dans Bakounine ou dans le prince Kropotkine, ou dans Grave ou dans Gohier, que dans le dernier article du dernier testament du dernier des hobereaux de la dernière des gentilshommières de l'ancien régime français.

Je ne parle pas des plus grands, bien entendu; je ne parle pas du plus grand de tous, Pascal, où il y a des paroles d'une audace effrayante, d'une liberté effrayante, et non pas seulement sur les libertés temporelles. Je ne dis pas seulement un Rabelais, un Montaigne, et je ne vous demande pas après si vous savez ce que c'est que la liberté d'esprit. Je ne vous demande pas un Molière, et pas même un La Bruyère, où pourtant il y a des paroles d'une avancée, d'une sûreté un peu précieuse effrayante, et non pas seulement

2. *Note sur épreuves :* bien ainsi pour l'euphonie arrières-intentions.

P. 1161

1. *Note sur épreuves :* bien ainsi deux y.

2. Romain Rolland est en effet non point seulement un romancier célèbre, mais un historien de la musique.

P. 1170

1. *Votre* gare, parce que Charles Péguy, habitant Orsay, puis Lozère, arrivait à Paris gare du Luxembourg pour se rendre aux *Cahiers*.

P. 1179

1. François Porché avait donné aux *Cahiers : les suppliants,* septième cahier de la septième série, du 12 décembre 1905. *Les suppliants parallèles* sont une introduction à ce poème.

2. Blanchard, camarade de Péguy à Normale, devenu professeur de géographie à la Faculté des Lettres de Grenoble.

P. 1181

1. Alinéa ajouté sur épreuves. Il y a *Fère* sur cet ajout, mais les typos ont composé le mot en romain dans l'édition originale.

P. 1185

1. Daniel Halévy habitait Jouy-en-Josas, alors que Charles Péguy habitait Lozère. Les deux localités étaient séparées par un plateau de quatre à cinq kilomètres, au milieu duquel se trouvait le village de Saclay. Les deux amis se promenaient souvent sur ce plateau.

2. Sixième cahier de la cinquième série, du 24 décembre 1903.

P. 1204

1. Alinéa ajouté sur épreuves.

P. 1209

1. *Note sur épreuves :* le jeu des ; ou des . en fin de paragraphes

le jeu des GRANDES CAPITALES en tête des paragraphes sont bien ainsi.

P. 1211

1. Note sur épreuve : bien ainsi/). dessine

PIERRE

P. 1229

1. Fautras. Voir le début de *l'argent*.

P. 1230

1. C'est en octobre 1880 que Charles Péguy est entré à l'école primaire.

P. 1241

1. C'est après la guerre de 1870 que l'État établit le monopole des allumettes. Tout ceci est donc inexact.

POUR LA MAISON

P. 1248

1. En réalité, l'article est de Charles Péguy lui-même, mais celui-ci, encore élève de l'École Normale, avait dû prendre un pseudonyme. Par la suite, Charles Péguy fait de Pierre Deloire un personnage, qui intervient dans de nombreux dialogues, où il a Péguy pour interlocuteur. — De même Pierre Baudouin, autre pseudonyme de Péguy devient pour lui un personnage de ces dialogues.

P. 1249

1. Georges Renard était le directeur de la *Revue Socialiste*. Son neveu, Weuleresse, était camarade de Péguy à l'École, et c'est sans doute lui qui incita Péguy à collaborer à la *Revue Socialiste*.

POUR MOI

P. 1263

1. Voir note de la page 1248.

P. 1267

1. Roman d'Octave Mirbeau, que Péguy se refusait de considérer comme un « roman social », et que la *Revue blanche* avait publié.

2. Cette école venait de mettre gracieusement un local à la disposition des *Cahiers,* 16 rue de la Sorbonne. C'est vraisemblablement pour la remercier que Péguy publie in-extenso le programme.

P. 1277

1. C'est une de ces opérations de co-édition que Charles Péguy devait par la suite pratiquer fort souvent, et qui permettait d'amortir les frais de composition.

P. 1292

1. Saint-Clair, entre Orsay et Limours.

P. 1297

1. Les *Cahiers* publient une importante documentation sur cette barbarie moderne, — outre les cahiers consacrés à la persécution des juifs, on peut noter :

Jean Deck, *pour la Finlande* (vingt-et-unième cahier de la troisième série, du 16 août 1902).

Pierre Quillard, *pour l'Arménie* (dix-neuvième cahier de la troisième série, du 24 juin 1902).

D. Morel et Pierre Mille, *le Congo léopoldien* (sixième cahier de la septième série, du 21 novembre 1905).

Félicien Challaye, *le Congo français* (douzième cahier de la même série, du 20 février 1906).

Pierre Mille et Félicien Challaye, *les deux Congo* (seizième cahier de la même série, du 20 février 1906).

Sur les massacres en Chine, deux « courriers » de Lionel Landry dans les cinquième et quatorzième cahiers de la deuxième série.

Enfin, sur la question du Transval, on pourrait citer le *Dingley,* de J. et J. Tharaud, bien qu'il s'agisse d'un roman.

LES ÉLECTIONS

P. 1310

1. Ce cahier n'a point paru.
2. Ici encore nous trouvons un projet qui n'a pas eu de suites.

P. 1314

On sait que Charles Péguy n'a jamais écrit cette histoire de la *décomposition du dreyfusisme en France.*

P. 1323

1. Encore un projet qui n'eut aucune suite.

P. 1328

1. C'est-à-dire le douzième cahier de la troisième série, paru quelques mois plus tôt, le 24 mai 1902.

P. 1330

1. Quillard avait publié aux *Cahiers* un dossier sur la question arménienne. (Cf. note de la page 1297).

2. Le bon à tirer du seizième cahier de la troisième série est du samedi 24 mai. Tout ce qui suit a donc été écrit, composé, corrigé et mis en page en cinq ou six jours. C'est là un exemple typique de la façon dont Charles Péguy travaillait lors des premières séries des *Cahiers*.

P. 1336

1. La fille de Jaurès avait fait sa première communion. D'où cette accusation de « trahison », lancée par les anticléricaux.

P. 1350

1. Le dossier est publié dans le dix-huitième cahier de la série, du 10 juin 1902 : *monographies*.

AVERTISSEMENT

P. 1356

1. En réalité de Pulligny n'a publié que quelques pages aux *Cahiers*. Il semble que Péguy aurait voulu une collaboration plus suivie, notamment un cahier sur les *poisons industriels*.

P. 1388

1. Cet *avertissement* ne fut jamais repris par Péguy.

BIBLIOGRAPHIE

Si nous faisons exception pour *Jeanne d'Arc,* drame en trois pièces, et pour *Marcel, premier dialogue de la cité harmonieuse,* Charles Péguy ne nous laisse, ainsi que nous l'avons dit dans notre introduction, au début de sa carrière d'écrivain, que des écrits courts, souvent même très courts, et d'importance très inégale. Trop pris par ses besognes d'éditeur, tout d'abord à la librairie socialiste de la rue Cujas, puis aux *Cahiers,* le temps lui manque, comme il nous le dit dans *personnalités,* pour écrire des œuvres personnelles de quelque importance.

Nous comptons, pour la période qui s'étend de 1897 à 1909, de 230 à 240 de ces textes, — souvent quelques lignes seulement sur une couverture, mais quelques lignes que nous ne pouvons point négliger, comme cette phrase, inscrite en disposition lapidaire sur la quatrième page d'une couverture : « La révolution sociale sera morale ou elle ne sera pas ».

Ces textes, nous ne pouvions, comme nous l'avons indiqué plus haut, les reproduire tous. Nous en avons choisi quarante. Pour ces textes reproduits dans le présent volume, notre bibliographie se présente sous la forme ordinaire, c'est-à-dire que nous avons simplement indiqué, à la suite de la référence à l'édition originale, le cas échéant, les rééditions, en terminant par le présent volume.

Pour les autres textes, afin de donner un aperçu un peu plus complet de l'œuvre de Charles Péguy à cette époque, et pour donner des bases à ceux qui voudraient poursuivre des études sur certains points, nous avons fait de cette bibliographie une bibliographie critique, c'est-à-dire que nous avons donné pour tous les textes présentant quelque intérêt une analyse sommaire de ces textes, avec, en de nombreux cas, des citations des passages essentiels, citations plus ou moins copieuses, selon que les textes nous paraissaient plus ou moins importants : c'est ainsi que nous avons cité fort longuement à propos du cahier *M. Gustave Téry,* texte qui nous paraissait un peu trop périmé actuellement pour être reproduit in-extenso dans le corps du volume, mais qui était un exemple, typique, précisément, de ces polémiques que Péguy engageait fort souvent avec ses contemporains, parfois maintenant un peu oubliés, et qui portent sur des questions paraissant de nos jours bien secondaires : la condamnation de Hervé en conseil supérieur de l'Instruction Publique n'a plus guère d'intérêt, et encore moins les responsabilités de Hervé dans cette affaire. Mais un arriviste est toujours un arriviste, et il n'est point sans intérêt de voir comment Péguy disait son fait à un arriviste.

Nous avons indiqué, entre crochets, à la suite de chaque titre, le nombre de pages que comporte le texte, dans l'édition des *Cahiers*. C'est là évidemment une indication purement quantitative, et par là secondaire. — Nous n'avons pas porté cette indication lorsque le texte, comprenant de trop nombreuses citations, une telle indication n'avait plus aucun sens.

Pour chacun des cahiers où des textes de Charles Péguy ont paru, et bien évidemment pour ceux-là seulement, puisque nous ne faisons pas une bibliographie générale des *Cahiers*, nous avons donné des indications aussi précises que possible : date exacte, chiffre du tirage, etc. — Lorsque plusieurs textes de Charles Péguy se trouvent dans le même cahier, ce qui est fréquent dans les premières séries, nous n'avons naturellement point répété ces indications, mais simplement indiqué « même cahier ».

Lors de la première série, aucun cahier n'est titré, les cahiers ayant alors le caractère d'une revue. La première page de la couverture porte uniformément l'indication : *Cahiers de la Quinzaine*. — Dans la suite, cette indication globale subsiste pour quelques numéros, ainsi parfois que le titre général *cahier de courrier*. Mais le plus souvent, chaque numéro est titré, soit que le cahier ne comporte qu'une seule œuvre, soit que Charles Péguy ait jugé bon de titrer d'après l'œuvre qui vient en tête, ou qui lui paraît la plus importante.

Les titres des cahiers ou celui des œuvres sont parfois surtitrés, ou sous-titrés en petits caractères. Nous indiquons ces sous-titres ou sur-titres non en CAPITALES comme les titres proprement dits, mais en *italique*.

Bien souvent Péguy aurait donc dû faire figurer son nom sur la couverture, mais il ne le fait guère. Par modestie, il titre bien souvent d'après l'œuvre d'un collaborateur, qui a donné dans le cahier une œuvre moins importante, — ou disons plus simplement beaucoup plus courte. Le cahier titré *les suppliants* ne renferme que quelques pages de Porché, le reste étant formé des *suppliants parallèles*. De même *Bar-Cochebas*, de Tharaud, n'est qu'une très courte nouvelle, et le reste du cahier est de Péguy. Plus générale il n'y a aucun cahier de J. et J. Tharaud qui ne renferme un assez long texte de Péguy.

Dans ces conditions, pour faciliter les recherches nous avons indiqué non seulement le numéro et la série des cahiers où se trouvaient des textes de Péguy, mais les titres portés sur les couvertures, titres qui, comme nous venons de le dire, sont le plus souvent ceux d'ouvrages d'autres auteurs. Il était d'ailleurs utile, en certains cas, de noter avec quel texte d'un de ses collaborateurs paraissait le texte de Péguy.

REVUES DIVERSES

LA REVUE SOCIALISTE.

[Le premier des articles publiés par Charles Péguy dans la *revue socialiste* est signé C. P., les suivants Pierre Deloire. — Péguy avait pris ce pseudonyme parce qu'il était alors encore élève de l'École Normale. — On sait que par la suite, il fait de Pierre Deloire un personnage fictif qui intervient dans ses dialogues parus dans les premières séries des *Cahiers*. — C'est en quelque sorte Péguy parlant en tant qu'historien. — Quand il reprend la publication d'un de ces articles, à titre de citation, il continue à feindre que l'article n'est point de lui, mais de son collaborateur et ami Pierre Deloire Cf. note de la page 199.]

Un économiste socialiste : M. Léon Walras.
La Revue Socialiste, numéro 146, de février 1897.

A propos des affaires d'Orient.
La Revue Socialiste, numéro 147, de mars 1897.

Autour du catholicisme social de George Goyau.
La Revue Socialiste, revue des livres, numéro 151, de juillet 1897.

De la cité socialiste.
La Revue Socialiste, numéro 152, d'août 1897.

L'article est repris sous forme de piqûre de 8 pages, éditée par cette même revue.

Il est repris d'autre part, à titre de citation dans *pour ma maison,* troisième cahier de la deuxième série, du 21 décembre 1900 (voir, dans le présent tome, p. 1253).

Le texte de l'article est repris dans le présent tome, p. 3.

Le suicide.
La Revue Socialiste, revue des livres. — Émile Durkheim, professeur de sociologie à la Faculté des Lettres de Bordeaux. — *Le suicide,* — étude de sociologie. — Numéro 155, de novembre 1897.

Le problème de la presse.
La Revue Socialiste, revue des revues, littérature et philosophie, numéro 157, de janvier 1898.

Cet article est repris, à titre de citation, dans *pour ma maison,* troisième cahier de la deuxième série, du 21 décembre 1900. Voir dans le présent tome, p. 1248.

LITTÉRATURE ET CONFÉRENCES POPULAIRES.

La revue Socialiste, revue des livres. — Paul Crouzet. — *Littérature* et conférences populaires. — Numéro 158, de février 1898.

L'ESSOR.

DE LA RÉCENTE ACTION SOCIALISTE.

Dans le numéro spécial du 6 février 1898 : *hommage des jeunes écrivains à Zola.* — L'article est signé : Charles Péguy, licencié ès lettres.

LE MOUVEMENT SOCIALISTE

LES RÉCENTES ŒUVRES DE ZOLA.

Le Mouvement socialiste, numéro des premier et 15 novembre 1899.

L'article est repris dans le cinquième cahier de la quatrième série, du 4 décembre 1902. Voir *bibliographie,* p. 1483. Le texte de l'article se trouve dans le présent tome, p. 537.

LA REVUE BLANCHE

(Notes politiques et sociales).

Ces articles ont été repris en un volume, avec avant-propos de André Boisserie, par *les Cahiers de l'Amitié Charles Péguy.* N° 11, du 2 février 1957.

SERVICE MILITAIRE.

La Revue blanche, numéro 136, du premier février 1899.

Selon Charles Péguy, tandis que l'armée est « un instrument de haine internationale », et « une école de guerre civile », « la nation elle-même, armée pour la défense de sa liberté nationale », est, « pour parler exactement », non pas une armée, mais une « contre-armée ». — La distinction entre l'armée et la contre-armée peut paraître subtile, dans un pays où le service militaire est obligatoire. En réalité, ce que Péguy critique dans « l'armée », c'est d'une part les exactions des troupes coloniales (formées de volontaires), et d'autre part un certain corps d'officiers de carrière dont certains, ainsi que le montre l'affaire Dreyfus (par exemple les membres des deux Conseils de Guerre), font preuve d'une mentalité plutôt fâcheuse.

Ce qui explique que Péguy, tout en attaquant ainsi « l'armée », non seulement effectue très scrupuleusement ses périodes d'instruction, mais encore se montre assez sévère envers ceux qui se dérobent aux obligations militaires : un appelé se trouve en réalité servir dans une certaine « contre-armée » incluse dans l'armée.

Quelques égarés.
La Revue blanche, numéro 138, du premier mars 1899.

Félix Faure étant mort « opportunément en état de péché mortel », un nouveau président est élu. C'est M. Loubet, qui est un « président républicain ». Déroulède et « quelques égarés » tentent un coup d'État qui échoue. L'affaire n'aurait guère d'importance, si M. Dupuy, président du Conseil ne se trouvait pas quelque peu compromis moralement.

Dessaisissement.
La Revue blanche, numéro 139, du 15 mars 1899.

C'est primitivement la Chambre criminelle de la Cour de Cassation qui devait examiner le dossier Dreyfus, et dire s'il y avait lieu à révision du procès. — Mais une loi, proposée par le Gouvernement, votée sans encombre à la Chambre, mais plus longuement discutée au Sénat, décide que le dossier sera examiné par la Cour de Cassation toutes chambres réunies. C'est le « déssaisissement ».
M. Charles Dupuy promet que les débats définitifs seront publics, en sorte qu'il « aura fini par dessaisir la Cour elle-même au bénéfice du public ».

L'opinion publique.
La Revue blanche, numéro 140, du premier avril 1899.

Ainsi donc l'Affaire va être évoquée, officiellement cette fois, devant « l'opinion publique ». Mais qu'est-ce que cette « opinion publique » ? A-t-elle une valeur infaillible?
Il faut se réjouir de ce que l'opinion publique soit redevenue saine. Mais pour un vrai dreyfusiste l'essentiel n'est pas d'avoir l'opinion publique pour lui — et les tribunaux pour lui. C'est d'avoir raison, de dire la vérité. La vérité n'est ni augmentée ni diminuée par les fluctuations de l'opinion publique.

L'enquête publiée.
La Revue blanche, numéro 141, du 15 avril 1899.

M. Dupuy a promis de publier l'enquête faite par la Chambre criminelle de la Cour de Cassation. Et dès maintenant le *Figaro* publie cette enquête par morceaux.

Associations.
La Revue blanche, numéro 143, du 15 mai 1899.

Charles Péguy oppose à la Ligue française pour la défense des droits de l'homme et du citoyen les deux ligues qui s'opposent à son action, la Ligue des Patriotes, déjà ancienne, et la Ligue antisémitique de France. Il est surtout sévère pour cette dernière « un peu plus factice et beaucoup plus fausse » qui propose aux Français, « pour que la France leur fût rendue, de se mettre à plusieurs millions pour tenir au bagne un officier français innocent ».

ENSEIGNEMENTS.
La Revue blanche, numéro 144, du premier juin 1899.

Il s'agit des enseignements que l'on peut tirer d'une grève de 24 heures des facteurs, au cours de laquelle des soldats, guidés par des sergents de ville, distribuèrent les lettres.

M. Dupuy est très fier de cette distribution improvisée, qui ne fut pourtant qu'un semblant de service, les services n'étant point en réalité assurés. Si les facteurs se mettaient en grève pour de bon, il faudrait six mois pour réorganiser les services : si les facteurs ont repris leur service, ce n'est pas parce qu'ils ont eu peur, mais parce qu'ils n'ont point voulu abuser de la situation.

Et si tous les corps de métier cessaient en même temps leur travail? M. Dupuy aurait-il assez de soldats? Et si les soldats, commandés pour être facteurs, refusaient, et devenaient grévistes facteurs... en attendant peut-être de venir des grévistes soldats.

LA CRISE ET LE PARTI SOCIALISTE.
La Revue blanche, numéro 147, du 15 juillet 1899.

Mais le ministère Dupuy est finalement renversé et remplacé par un ministère Waldeck-Rousseau. Ministère « républicain » cette fois. Il y a même un socialiste, Alexandre Millerand, qui fera une sérieuse besogne, au point de vue de la législation sociale. Par contre il est assez fâcheux que le ministre de la guerre soit le marquis de Gallifet, qui lors de la répression par les armes de la Commune, fut responsable du massacre de quelques dizaines de milliers d'insurgés.

Le lundi 26 mai, le nouveau ministère se présente à la Chambre, accueilli par les socialistes par les cris : « assassin! assassin! », ce qui était une manifestation un peu « littéraire ».

Peut-être eût-il été plus intelligent de soutenir le ministère, malgré la présence de Gallifet, et de ne point chercher noise à Millerand, qui se refusait à prendre hâtivement certaines mesures sociales, ce que ne manque pas de faire Vaillant. Cette division des socialistes en groupes et en sous-groupes, les uns votant pour le ministère, les autres contre, risque d'entraîner la chute du nouveau ministère, et de mettre la République en péril. Il n'y eut que 26 voix de majorité pour Waldeck.

Trop de chefs d'école, trop de sous-chefs d'école. Trop d'insincérité surtout dans les déclarations de tous ces hommes. Il fau-